Financial Modeling
fourth edition

ファイナンシャル・モデリング

Uses EXCEL

Simon Benninga
サイモン・ベニンガ

中央大学大学院教授
大野 薫●監訳

ロギカ書房

FINANCIAL MODELING

FINANCIAL MODELING

Simon Benninga

With a section on Visual Basic for Applications
by Benjamin Czaczkes

FOURTH EDITION

The MIT Press
Cambridge, Massachusetts
London, England

© 2014 Massachusetts Institute of Technology

All rights reserved. No part of this book may be reproduced in any form by any electronic or mechanical means (including photocopying, recording, or information storage and retrieval) without permission in writing from the publisher.

MIT Press books may be purchased at special quantity discounts for business or sales promotional use. For information, please email special_sales@mitpress.mit.edu.

New copies of this book include a card affixed to the inside back cover with a unique access code. Access codes are required to download Excel worksheets and solutions to end-of-chapter exercises. If you purchased a used copy of this book, you may separately purchase a unique access code at http://mitpress.mit.edu/FM4.

This book was set in Times Roman by Toppan Best-set Premedia Limited. Printed and bound in the United States of America.

Library of Congress Cataloging-in-Publication Data

Benninga, Simon.
  Financial modeling / Simon Benninga.—Fourth edition.
    pages cm
  Includes bibliographical references and index.
  ISBN 978-0-262-02728-1 (hardcover : alk. paper)
  1. Finance—Mathematical models. 2. Microsoft Visual Basic for applications. I. Title.
HG173.B46 2014
332.01′5118—dc23
                                            2013032409

10 9 8 7 6 5 4 3 2 1

To the memory of our parents:

    Helen Benninga (1913–2008)
    Groningen, Netherlands – Jerusalem, Israel

    Noach Benninga (1909–1994)
    Eenrum, Netherlands – Asheville, North Carolina

    Esther Czaczkes (1931–2012)
    Jerusalem, Israel – Jerusalem, Israel

    Alfred Czaczkes (1923–1997)
    Vienna, Austria – Jerusalem, Israel

訳者序文

　本書は Simon Benninga（2014）Financial Modeling 4th, The MIT Press の全訳である。原著はファイナンスの主要分野の理論と Microsoft Excel による実装を解説した定評ある名著であり、初版刊行から十数年、英米の当該分野の学生や実務家に受け入れられ、順調に版を重ねている。内容についても、改版の都度、ファイナンスの主要トピックを加えて充実され、本書第 4 版では原著・翻訳とも 1000 頁を超える大著となっている。

　原著者 Simon Benninga 教授は序文で本書をファイナンス研究の "cookbook" であると述べている。"cookbook" とは物理学、化学や生物学のようなサイエンスの各分野で、研究者が実際に実験して仮説の検証や理論を確認する際の方法、レシピ、を記述したものを言う研究者間の隠語（jargon）である。ファイナンス、金融経済学の分野も同じサイエンスであり、理論を学んだ後、現実の数値で理論を適用、確認する必要がある。読者は本書の説明にしたがって Microsoft Excel でワークシートや VBA（Visual Basic for Applications）を実装して、ファイナンスの主要理論のトピックを読者の PC で実際に確認することができる。各章で説明されている Excel ワークシートのファイルはロギカ書房のサイトよりダウンロードして使用することができる。本書の本文説明に使用されていないワークシートは、一部、原著添付のまま（英語）になっていること、また、ワークシートの VBA については翻訳者の PC 上で動作確認を行っているが、読者各位の PC 上での動作保証はできかねること等、ご容赦いただきたい。

　本書の翻訳は、中央大学大学院国際会計研究科出身の実務家があたった。うち数名は、2005 年清文社より刊行された原著第 2 版翻訳（『ファイナンシャル・モデリング』）にあたったファイナンシャル・モデリング研究会のメンバーである。

　本書は、第 2 版の翻訳書を手がけた清文社編集部の橋詰氏の強い熱意のもとで企画され、監訳者に中央大学大学院国際会計研究科長大野薫教授を迎えることで翻訳が可能になった。橋詰氏はこのたび清文社を退職され、出版人としての理想追求のため自身の出版社であるロギカ書房を立ち上げられた。本書がロギカ書房の記念すべき第 1 号の発行書籍となったことは、翻訳者一同の喜びであり名誉とするところである。

　また、本書の翻訳のさなか、現地代理人より原著者 Simon Benninga 教授が急逝されたとの訃報に接した。謹んでご冥福をお祈り申し上げる。故 Simon Benninga

教授は、本書第2版の翻訳書出版に際して、快く原著者序文を寄せられた。本書刊行にあたり序文をいただけないことは大変残念であるが、本書第4版が日本の読者各位に広く受け入れられ、専攻分野の研究や実務に少しでも貢献できれば、原著者の遺志を果たすことになるであろう。翻訳者としてもこれに過ぎる喜びはない。

2017年新春

訳者一同

目次

序文
第3版への序文
第2版への序文
第1版への序文

0 何よりも先に 1

0.1 データ・テーブル 1
0.2 Getformula とは何か？ 1
0.3 Excel ブックへの Getformula の追加方法 1
0.4 Excel ブックの保存：Windows 4
0.5 Excel ブックの保存：Mac 5
0.6 Getformula をそれぞれの Excel ブックに追加しなければならないのか？ 6
0.7 Getformula を使用するためのショートカット 6
0.8 Getformula の記録：Windows の場合 7
0.9 Getformula の記録：Mac の場合 9

I コーポレート・ファイナンスとバリュエーション 11

1 ファイナンス計算の基礎 13

1.1 概要 13
1.2 現在価値（Present Value; PV）と正味現在価値（Net Present Value; NPV） 14
1.3 内部収益率（Internal Rate of Return; IRR）と回収予定表 20
1.4 複数の内部収益率 25
1.5 均等返済スケジュール 27
1.6 将来価値と応用 29
1.7 年金の問題 ―複雑な将来価値の問題 31
1.8 連続複利 36
1.9 日付のあるキャッシュフローの割引 39
練習問題 42

2 企業価値評価の概要 — 49

2.1 概要 — 49
2.2 事業価値（Enterprise Value；EV）を計算する4つの方法 — 50
2.3 会計上の帳簿価額を使用して会社を評価する（会計上の事業価値） — 50
2.4 企業評価のための効率的市場アプローチ — 54
2.5 フリー・キャッシュフローの現在価値としての事業価値（EV）：DCF"トップ・ダウン"バリュエーション — 56
2.6 連結キャッシュフロー計算書（CSCF）を基にしたフリー・キャッシュフロー — 58
2.7 ABC Corp., の連結キャッシュフロー計算書（CSCF） — 60
2.8 予測財務諸表を基にしたフリー・キャッシュフロー — 63
2.9 まとめ — 64
練習問題 — 65

3 加重平均資本コスト（WACC）の計算 — 67

3.1 概要 — 67
3.2 企業の株主資本価値 E の計算 — 69
3.3 企業の負債価値 D の計算 — 70
3.4 企業の税率 T_C の計算 — 71
3.5 企業の負債コスト r_D の計算 — 72
3.6 企業の株主資本コスト r_E を計算する2つのアプローチ — 77
3.7 r_E のためのゴードン・モデルの実装 — 78
3.8 CAPM：ベータ（β）の計算 — 85
3.9 証券市場線（SML）を用いた Merck の株主資本コスト（r_E）の計算 — 91
3.10 市場に対する期待収益率 $E(r_M)$ を計算する3つのアプローチ — 94
3.11 CAPM における無リスク金利 r_f とは何か？ — 97
3.12 WACC の計算―3つのケース — 98
3.13 Merck（MRK）における WACC の計算 — 99
3.14 Whole Foods（WFM）における WACC の計算 — 100
3.15 Caterpillar（CAT）における WACC の計算 — 101
3.16 モデルが機能しないのはいつか？ — 104
3.17 まとめ — 109

目次 xi

　　練習問題　　109

4　連結キャッシュフロー計算書を基にしたバリュエーション　　115

4.1　概要　　115
4.2　フリー・キャッシュフロー（FCF）：事業によって生み出されるキャッシュの測定　　117
4.3　簡単な例　　119
4.4　Merck：市場価値のリバース・エンジニアリング　　121
4.5　まとめ　　123
　　練習問題　　123

5　予測財務諸表モデル　　125

5.1　概要　　125
5.2　財務モデルの機能：理論と最初の例　　125
5.3　フリー・キャッシュフロー（FCF）：事業によって生み出されるキャッシュの測定　　132
5.4　フリー・キャッシュフロー（FCF）を用いた企業と株主資本の評価　　134
5.5　バリュエーションの手続に関する留意点　　136
5.6　固定資産の代替モデル　　138
5.7　感度分析　　140
5.8　プラグとしての債務　　141
5.9　目標負債株主資本比率の予測財務諸表への組入れ　　144
5.10　プロジェクト・ファイナンス：債務の返済スケジュール　　145
5.11　株主資本利益率の計算　　147
5.12　繰越欠損金　　149
5.13　まとめ　　151
　　練習問題　　151

6　予測モデルの構築：Caterpillar のケース　　155

6.1　概要　　155
6.2　Caterpillar の財務諸表（2007 年–2011 年）　　156
6.3　財務諸表を分析する　　160
6.4　Caterpillar のモデル　　170

6.5	モデルを用いて Caterpillar を評価する	171
6.6	まとめ	172

7　リースの財務分析　　173

7.1	概要	173
7.2	簡単な、しかし紛らわしい例	173
7.3	リースと企業の資金調達: 等価ローン法	175
7.4	賃貸人の問題: 許容可能な最低リース料の計算	178
7.5	資産の残存価額とその他の考慮すべきこと	181
7.6	レバレッジド・リース	183
7.7	レバレッジド・リースの例	184
7.8	まとめ	187
練習問題		187

II　ポートフォリオ・モデル　　189

8　ポートフォリオ・モデル—導入　　191

8.1	概要	191
8.2	Apple（AAPL）と Google（GOOG）の投資収益率の計算	191
8.3	ポートフォリオの平均と分散の計算	196
8.4	ポートフォリオの平均と分散 —N 資産のケース	199
8.5	包絡線ポートフォリオ	204
8.6	結論	207
練習問題		207
補論 8.1：配当の調整		209
補論 8.2：連続複利収益率と幾何収益率		212

9　効率的ポートフォリオの導出　　215

9.1	概要	215
9.2	いくつかの予備的な定義と表記法	215
9.3	効率的ポートフォリオと CAPM についての 5 つの命題	217
9.4	効率的フロンティアの計算: 例題	221
9.5	ワンステップで効率的ポートフォリオを見つける	226

9.6	最適化過程についての3つの注意点	229
9.7	市場ポートフォリオを見つける：資本市場線（Capital Market Line; CML）	232
9.8	SMLの検証——命題3から命題5を実装する	235
9.9	まとめ	238
	練習問題	238
	数学的補論	240

10 分散共分散行列の計算　　245

10.1	概要	245
10.2	分散共分散行列を計算する	245
10.3	相関行列	250
10.4	大域的最小分散ポートフォリオ（Global Minimum Variance Portfolio）を計算する	253
10.5	標本分散共分散行列についての4つの代替的方法	255
10.6	標本分散共分散行列の代替的方法：シングル・インデックス・モデル（SIM）	256
10.7	標本分散共分散行列の代替的方法：一定相関モデル（constant correlation）	258
10.8	標本分散共分散行列の代替的方法：縮小推定法（Shrinkage Mothods）	260
10.9	オプション市場からの情報を用いた分散行列の計算	262
10.10	分散共分散行列の計算にどの方法をつかうべきか？	265
10.11	まとめ	266
	練習問題	266

11 β の推定と証券市場線　　269

11.1	概要	269
11.2	SMLの検証	272
11.3	われわれは何かを学んだのか？	276
11.4	「市場ポートフォリオ」の非効率性	279
11.5	では現実の市場ポートフォリオは何か？どのようにしてCAPMを検証できるか？	281
11.6	超過収益率の利用	282
11.7	まとめ：CAPMに使い道があるのか？	284

練習問題　284

12　空売りがない場合の効率的ポートフォリオ　287

12.1　概要　287
12.2　数値例　288
12.3　空売りの制約がある場合の効率的フロンティア　294
12.4　空売りの制約がある場合の効率的フロンティアの VBA プログラム　295
12.5　他の保有制約　298
12.6　まとめ　299
練習問題　299

13　Black-Litterman アプローチによるポートフォリオの最適化　301

13.1　概要　301
13.2　単純な問題　303
13.3　最適化問題に対する Black-Litterman の解決策　309
13.4　ステップ1：市場はどう考えているか？　309
13.5　ステップ2：意見の導入——ジョアンナはどう考えているか？　312
13.6　国際資産分散投資への Black-Litterman アプローチの適用　320
13.7　まとめ　324
練習問題　325

14　イベント・スタディ　327

14.1　概要　327
14.2　イベント・スタディの概略　327
14.3　最初のイベント・スタディ：P&G 社による Gillette 社の買収　331
14.4　より完全なイベント・スタディ：業績発表の株価への影響　338
14.5　イベント・スタディへの2ファクターモデルの適用　346
14.6　Excel オフセット関数を使用して、データ内の回帰の位置を特定する　351
14.7　まとめ　353

III　オプションの評価　355

15　オプション入門　357

15.1	概要	357
15.2	オプションの基本的な定義及び用語	357
15.3	いくつかの例	360
15.4	オプションのペイオフと損益パターン	361
15.5	オプション戦略: オプションと株式のポートフォリオからのペイオフ	366
15.6	オプション裁定命題	368
15.7	まとめ	375
	練習問題	375

16 二項オプション・プライシング・モデル 379

16.1	概要	379
16.2	2時点二項プライシング	379
16.3	状態価格	381
16.4	多期間二項モデル	385
16.5	二項プライシング・モデルを用いたアメリカン・オプションのプライシング	391
16.6	二項オプション・プライシング・モデルのVBAプログラミング	394
16.7	二項プライシングのブラック・ショールズ価格への収束	400
16.8	二項モデルを用いた従業員ストック・オプションのプライシング	404
16.9	二項モデルを用いた標準的でないオプションのプライシング: 例	413
16.10	まとめ	415
	練習問題	416

17 ブラック・ショールズ・モデル 421

17.1	概要	421
17.2	ブラック・ショールズ・モデル	421
17.3	VBAを用いたブラック・ショールズ・プライシング関数の定義	423
17.4	ボラティリティの計算	426
17.5	インプライド・ボラティリティを求めるVBA関数	430
17.6	ブラック・ショールズに対する配当の調整	433
17.7	ブラック・ショールズ式を用いた仕組証券のプライシング	437
17.8	オプションによる出費に見合うだけの価値	451
17.9	債券オプション評価のためのBlack（1976）によるモデル	453

17.10	まとめ	456
	練習問題	456

18　オプションのギリシア文字　　461

18.1	概要	461
18.2	ギリシア文字の定義と計算	462
18.3	コールのデルタ・ヘッジ	468
18.4	カラーのヘッジ	470
18.5	まとめ	479
	練習問題	480
	補論：ギリシア文字に関するVBA	480

19　リアル・オプション　　487

19.1	概要	487
19.2	拡張オプションの簡単な例	488
19.3	中止オプション	491
19.4	一連のプットとしての中止オプションの評価	497
19.5	バイオテクノロジー・プロジェクトの評価	499
19.6	まとめ	505
	練習問題	506

IV　債券の評価　　509

20　デュレーション　　511

20.1	概要	511
20.2	2つの例	511
20.3	デュレーションは何を意味するか？	514
20.4	デュレーションのパターン	518
20.5	不定期な支払いを伴う債券のデュレーション	519
20.6	フラットでない期間構造とデュレーション	527
20.7	まとめ	530
	練習問題	530

21 イミュニゼーション戦略　　533

21.1 概要　　533
21.2 基本的で単純なイミュニゼーション・モデル　　533
21.3 数値例　　535
21.4 コンベクシティ: イミュニゼーションの実験の続き　　539
21.5 より良い方法の構築　　541
21.6 要約　　545
練習問題　　545

22 期間構造のモデル化　　547

22.1 概要　　547
22.2 基本例　　547
22.3 同じ満期を持つ複数の債券　　552
22.4 関数形式を期間構造に適合する　　556
22.5 Nelson-Siegel 期間構造の性質　　560
22.6 米国財務省中期証券の期間構造　　563
22.7 更なる計算の改善　　565
22.8 Nelson-Siegel-Svensson モデル　　567
22.9 まとめ　　568
補論: 本章で用いた VBA 関数　　569

23 債券のデフォルト調整後期待収益率の計算　　573

23.1 概要　　573
23.2 1 期間のフレームワークにおける期待収益率の計算　　575
23.3 多期間のフレームワークにおける債券の期待収益率の計算　　576
23.4 数値例　　581
23.5 設例による検証　　583
23.6 実際の債券で債券期待収益率を計算する　　585
23.7 半年毎の推移行列　　590
23.8 債券ベータの計算　　593
23.9 まとめ　　596
練習問題　　597

V モンテカルロ法　599

24　乱数の生成及び使用　601

24.1　概要　601
24.2　Rand( ) と Rnd: Excel 及び VBA の乱数ジェネレーター　602
24.3　乱数ジェネレーターの検証　605
24.4　正規分布する乱数の生成　611
24.5　Norm.Inv 関数：正規乱数生成のもう 1 つの方法　622
24.6　相関を有する乱数の生成　624
24.7　なぜ相関に関心を持つのか？簡単な事例　629
24.8　多次元の相関を有する乱数：コレスキー分解　632
24.9　平均がゼロではない多次元正規乱数　640
24.10　多次元一様乱数のシミュレーション　642
24.11　要約　645
練習問題　645

25　モンテカルロ法の導入　649

25.1　概要　649
25.2　モンテカルロ法を用いた π の計算　649
25.3　VBA プログラムを書く　655
25.4　他のモンテカルロ法の問題：投資と退職の問題[5]　657
25.5　投資問題に関するモンテカルロ・シミュレーション　661
25.6　まとめ　665
練習問題　665

26　株価のシミュレーション　669

26.1　概要　669
26.2　株価は何に似ているように見えるか？　670
26.3　価格の対数正規分布及び幾何拡散過程　675
26.4　対数正規分布はどのように見えるか？　678
26.5　対数正規価格経路のシミュレーション　682
26.6　テクニカル分析　686
26.7　株価から得られる対数正規分布のパラメータの計算　688

26.8	まとめ	690
練習問題		690

27 投資のためのモンテカルロ・シミュレーション　　**693**

27.1	概要	693
27.2	単独株式の価格とリターンのシミュレーション	694
27.3	2つの株式のポートフォリオ	696
27.4	無リスク資産を加える	700
27.5	複数株式のポートフォリオ	702
27.6	年金のための貯蓄のシミュレーション	704
27.7	ベータとリターン	709
27.8	まとめ	714
練習問題		714

28 バリュー・アット・リスク（VaR）　　**717**

28.1	概要	717
28.2	非常に簡単な例	717
28.3	Excelでの分位点の設定	719
28.4	3つの資産の問題：分散・共分散行列の重要性	722
28.5	データのシミュレーション：ブートストラップ法	724
補論：ブートストラップ法のやり方：Excelでビンゴ・カードを作る		730

29 オプション及びオプション戦略のシミュレーション　　**739**

29.1	概要	739
29.2	不完全だがキャッシュ不要となるコールオプションの複製	741
29.3	ポートフォリオ・インシュアランスのシミュレーション	744
29.4	ポートフォリオ・インシュアランスのいくつかの特性	752
29.5	余談：ポートフォリオのリターン全てに保険を掛ける	753
29.6	バタフライ戦略のシミュレーション	759
29.7	まとめ	765
練習問題		766

30 オプション・プライシングのためのモンテカルロ法の活用　　**769**

30.1	概要	769
30.2	モンテカルロ法を用いたプレーン・バニラ・コール・オプションの評価	771
30.3	状態価格、確率、及びリスク中立	774
30.4	二項モンテカルロモデルを用いたコール・オプションの評価	776
30.5	モンテカルロ法によるプレーン・バニラ・コール・オプション価格はブラック・ショールズ価格に収束する	780
30.6	アジアン・オプションの評価	788
30.7	VBAプログラムを用いたアジアン・オプションの評価	796
30.8	モンテカルロ法を用いたバリア・オプションの評価	801
30.9	VBA及びモンテカルロ法を用いたバリア・オプションの評価	805
30.10	まとめ	811
	練習問題	811

VI Excelに関するテクニック 815

31 データ・テーブル 817

31.1	概要	817
31.2	設例	817
31.3	1次元データ・テーブルの作成	818
31.4	2次元データ・テーブルの作成	820
31.5	美観のための注意: セルの数式の非表示	821
31.6	Excelのデータ・テーブルは配列である	822
31.7	空白セルに係るデータ・テーブル（応用）	823
31.8	データ・テーブルはパソコンを停止させるかもしれない	829
	練習問題	830

32 行列 833

32.1	概要	833
32.2	行列の計算	834
32.3	逆行列	837
32.4	連立1次方程式の解法	839
32.5	自家製行列関数	840
	練習問題	845

33 Excel 関数 — 849

- 33.1 概要 — 849
- 33.2 財務関数 — 849
- 33.3 日付/時刻関数 — 857
- 33.4 XIRR 関数、XNPV 関数 — 863
- 33.5 統計関数 — 869
- 33.6 Excel による回帰分析 — 873
- 33.7 条件関数 — 883
- 33.8 Large 及び Rank、Percentile 及び Percentrank — 884
- 33.9 Count、CountA、CountIf、AverageIf、AverageIfs — 885
- 33.10 ブール（Boolean）関数 — 888
- 33.11 Offset — 890

34 配列関数 — 893

- 34.1 概要 — 893
- 34.2 いくつかの組み込まれた配列関数 — 893
- 34.3 自家製配列関数 — 898
- 34.4 行列に関する配列数式 — 901
- 練習問題 — 905

35 Excel のヒント — 907

- 35.1 概要 — 907
- 35.2 素早いコピー: 入力済みの列に隣接するセルへのデータ入力 — 907
- 35.3 連続データの入力 — 909
- 35.4 行が複数になったセル — 910
- 35.5 文字列操作の式での行が複数になったセル — 911
- 35.6 複数のスプレッドシートへの記述 — 912
- 35.7 Excel ブック内の複数のシートの移動 — 913
- 35.8 Excel の Text 関数 — 914
- 35.9 グラフタイトルの更新 — 914
- 35.10 ギリシア文字のセルへの入力 — 918
- 35.11 上付き文字と下付き文字 — 919

35.12	名前が付けられたセル	920
35.13	セルの非表示	922
35.14	数式の検証	924
35.15	百万を千として書式設定する	926
35.16	Excel の個人用マクロブック: 頻出する手順を自動化する	928

VII ビジュアル・ベーシック・フォー・アプリケーション (VBA)　937

36　VBA によるユーザー定義関数　939

36.1	概要	939
36.2	VBA エディタを用いてユーザー定義関数を構築する	939
36.3	関数ウィザードでユーザー定義関数のヘルプを表示する	949
36.4	VBA コンテンツを含む Excel ワークブックの保存	952
36.5	VBA におけるミスの修正	954
36.6	条件付実行: VBA 関数における If ステートメントの使用	957
36.7	論理型演算子と比較演算子	961
36.8	ループ	964
36.9	VBA における Excel 関数の使用	971
36.10	ユーザー定義関数におけるユーザー定義関数の使用	973
練習問題		975
補論: Excel 及び VBA におけるセル・エラー		980

37　変数と配列　983

37.1	概要	983
37.2	関数変数を宣言する	983
37.3	配列と Excel のセル範囲	986
37.4	簡単な VBA 配列	990
37.5	多次元配列	1000
37.6	動的配列と ReDim ステートメント	1002
37.7	配列の割り当て	1004
37.8	配列を格納するバリアント	1006
37.9	関数のパラメータとしての配列	1007

37.10	データ型の使用	1010
37.11	まとめ	1011
練習問題		1012

38　サブルーチンとユーザー・インタラクション　　1017

38.1	概要	1017
38.2	サブルーチン	1017
38.3	ユーザー・インターフェイス	1024
38.4	サブルーチンを使った Excel ワークブックの変更	1027
38.5	モジュール	1030
38.6	まとめ	1035
練習問題		1035

39　オブジェクトとアドイン　　1041

39.1	概要	1041
39.2	Worksheet オブジェクトの導入	1041
39.3	Range オブジェクト	1043
39.4	With ステートメント	1047
39.5	コレクション	1049
39.6	Names	1055
39.7	アドインと統合	1058
39.8	まとめ	1062
練習問題		1062

厳選された参考文献	1067
索引	1079

本文の設例および練習問題ワークシートの Excel ファイルのダウンロードについて

　本書の本文説明で使用されたワークシートや各章の末尾にある練習問題のワークシートの Excel ファイルは、（株）ロギカ書房の下記ホームページからダウンロードできます。http://logicashobo.co.jp/

　パスワードは下記の 15 文字です。（o はすべてアルファベット、1 は数字です。）

35Logica15Shobo

- Windows、Excel は米国 Microsoft Corporation の米国その他の国における登録商標です。その他の本文中で使用する製品名等は一般的に各社の商標または登録商標です。
- 本文中では、Copyright、TM、R マーク等は省略しています。
- 本文ならびに本書に付属する Excel ワークシート及び VBA（Visual Basic for Applications）プログラムの使用に起因する直接、間接のいかなる損害についても、著作権者、監訳者、訳者及び当社は一切の責任を負いません。
- 当社ホームページよりダウンロードして使用できるプログラムのワークシートは、Windows 用 Excel2010 以上、Mac 用 Excel2011 以上のバージョンでご使用ください。それ以下のバージョンではプログラムが作動しない場合があります。
- ワークシートの VBA（Visual Basic for Applications）については、訳者の PC で動作確認を行っていますが、読者の使用する PC での動作保証はできません。

序文

ファイナンシャル・モデリングの過去 3 つの版は、嬉しいことに読者から好意的な反応を得た。説明と Excel による具体例を組み合わせたこの「クック・ブック」は、教育及び実務家双方の市場において、ファイナンスの入門コースで一般的に学習するファイナンスの基本を実践するには、別の、より計算的かつ実装的なアプローチが必要であると気付いた読者のニーズを満たした。ファイナンスで最も広く使われている計算ツールである Excel は、この教材への理解を深めるためのうってつけの手段である。

このファイナンシャル・モデリングの第 4 版では、モンテカルロ法に関するセクション (第 24 章〜第 30 章) を加えた。ファイナンシャル・モデルのシミュレーションに焦点を当てる意図である。モデルの統計的な理解 (「ポートフォリオ・リターンの平均と標準偏差は何か？」) は、不確実性のインパクトを過小評価すると、私は確信するようになった。モデルとリターンの過程をシミュレートすることによってのみ、不確実性の大きさをよく感じ取ることができるのである。

モンテカルロ法に関して追加したセクションによって、ファイナンシャル・モデリングは今や 7 つのセクションで構成される。本書の最初の 5 つのセクションはそれぞれ、ファイナンスの特定の分野に関連している。これらは全てそのファイナンスの分野にいくらか馴染みがあることを前提としていることに読者は気付くべきであるが (ファイナンシャル・モデリングは入門用のテキストではない)、これらのセクションは互いに独立している。セクション I (第 1 章〜第 7 章) はコーポレート・ファイナンスの話題を、セクション II (第 8 章〜第 14 章) はポートフォリオ・モデル、セクション III (第 15 章〜第 19 章) はオプション・モデル、そしてセクション IV (第 20 章〜第 23 章) は債券に関連する話題を扱う。セクション V は、上記で説明したように、ファイナンスにおけるモンテカルロ法を読者に紹介する。

ファイナンシャル・モデリングの残る 2 つのセクションは、技術的な性格のものである。セクション VI (第 31 章〜第 35 章) は本書を通して使われる様々な Excel の話題に関連している。セクション VI の章は必要に応じて読んで利用すればよい。セクション VII (第 36 章〜第 39 章) は、Excel のプログラミング言語である Visual Basic for Applications (VBA) を扱っている。VBA は、作業を楽にする関数やルーチンを構築するためにファイナンシャル・モデリングのいたる所で使われているが、決してこれを押し付けるものではない。原則として読者は

VBAの章を必要とすることなく、ファイナンシャル・モデリングの他の全ての章の教材を理解することができる。

新しい教材とアップデート

ファイナンシャル・モデリングの今回の版は、多くの新規及び更新された教材を含んでいる。モンテカルロ法についての新しいセクションについては既に言及した。バリュエーションに関する 2 つの章（第 2 章と第 4 章）と、期間構造モデルに関する章（第 22 章）もやはり新しい。多くの教材には微調整や改良がなされている。例えば、Excel の財務関数に関する議論では、今回 XIRR と XNPV の議論を、これらの関数の不具合の修正を含めて、取り上げている。

Getformula

この版の Excel ファイルには、利用者がセルの内容を辿ることができる **Getformula** と呼ばれる関数が含まれている。**Getformula** は第 0 章で解説され、またファイナンシャル・モデリングのウェブサイトからダウンロードできるファイルにもある。**Getformula** を有効にするには、［**ファイル**］－［**オプション**］－［**セキュリティセンター**］に行く。

セキュリティセンターでは、以下の設定を推奨する。

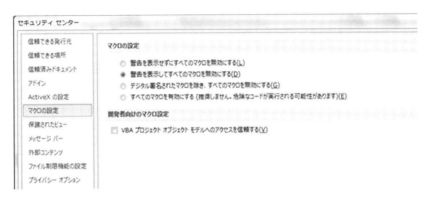

このように設定すると、Excelのブックを最初に開けたときに、以下の警告が出てくる。

本書のウェブサイトからダウンロードできるブックでは、ブック内の式を有効にする**コンテンツの有効化**を安心してクリックしてよい。

Excelのバージョン

本書を通して、設例にはExcel2013を使用した。読者には些細で自明な調整がいくつか要求されるかもしれないが、私の知る限り、2003、2007、2010、そして2011（Mac版）のExcelバージョンで全てのスプレッドシートが動く。

第4版のファイル

ファイナンシャル・モデリングの購入者は、各章と練習問題の全てのExcelファイルが利用できる。

大学のコースにおけるファイナンシャル・モデリングの使用

ファイナンシャル・モデリングは、モデリング/Excelのスキルと、その根底にあるファイナンシャル・モデルのより深い理解との組み合わせを重視する、多くの上級ファイナンスの科目で選択される本になった。ファイナンシャル・モデリングに基づくコースは、たいてい学部の3年次または4年次か、MBAコースの2年

次にある。それらのコースは様々で、講師固有のインプットを多く含んでいるが、共通の一般的な特徴もいくつか見受けられる。

- 典型的なコースは、ファイナンシャル・モデリングに必要なExcelのスキルに重点を置いた2、3回の授業から始まる。こうしたコースはたいていコンピューター室で行われる。ほとんど全てのビジネス・スクールの学生はExcelを知っているが、データ・テーブル（第31章）や、いくつかの基本的な財務関数（第1章及び第33章）及び配列関数（第34章）の素晴らしさを知らないことが多い。
- たいていの半期コースは、その後ファイナンシャル・モデリングのセクションを1つ取り扱うのがやっとである。典型的な大学のコースを想定すると、1週間に1章をこなすのが上限になる（多くの章は2週間を要する）。そして、典型的なコースでは、コーポレート・ファイナンス（第1章〜第7章）、ポートフォリオ・モデル（第8章〜第14章）、またはオプション（第15章〜第19章）のいずれかに集中するだろう。ひょっとしたら、講師が一気に少し短めの債券セクション（第20章〜第23章）を盛り込むかもしれない。
- コンピューター室での最初の数授業の後、講師が通常の教室に移動することを勧める。これにより、教室の重点を理論と実装の議論に置き、学生が実際のスプレッドシートに集中するのは宿題にできる。

コンピューターに基づくコースに伴う主要な問題の1つは、最終試験の構築の仕方である。2つの解決策が有効と思われる。1つの選択肢は、学生（単独でもチームでも）に最終プロジェクトを提出させることである。コースが本書のセクションⅠに基づいているなら企業価値評価、セクションⅡならイベント・スタディ、セクションⅢならオプションに基づいたプロジェクト、あるいはセクションⅣに重点があるなら債券の期待収益率の計算、といった例が挙げられる。2つ目の選択肢は、厳格に時間を制限して、スプレッドシートに基づいた試験をEメールで提出させることである。本書を使っているある講師は、彼のクラスに最終試験（スプレッドシートの問題の要約）を午前9時に送り、スプレッドシートの解答を添付したEメールを正午までに送るよう要求している。

謝辞

この版に大変重要なコメントをくれた以下の多くの方々に感謝したい。

Meni Abudy, Zvika Afik, Javierma Bedoya, Lisa Bergé, Elizabeth Caulk,

Sharon Garyn-Tal, Victor Lampe, Jongdoo Lee, Erez Levy, Warren Miller, Tal Mofkadi, Roger Myerson, Siddhartha Sarkar, Maxim Sharov, Permjit Singh, Sondre Aarseth Skjerven, Alexander Suhov, Kien-Quoc Van Pham, ChaoWang, Tim Wuu である。

最後に、MIT Press の編集者 John Covell, MIT Press のディレクター Ellen Faran, Books By Design の Nancy Benjamin と彼女の編集チームに感謝したい。彼らはいつも忍耐強く援助してくれた。

免責事項

本書の教材は、実世界で遭遇する状況に似た例を説明するために、指導・教育目的のためにのみ提供されるものである。実世界の状況には直接適用できるとは限らない。著者と MIT Press は実装の結果についていかなる責任も負わないものとする。

第3版への序文

ファイナンシャル・モデリングの過去2つの版は、嬉しいことに読者から好意的な反応を得た。説明とExcelによる具体例を組み合わせたこの「クック・ブック」は、教育及び実務家双方の市場において、ファイナンスの入門コースで一般的に学習するファイナンスの基本を実践するには、別の、より計算的かつ実装的なアプローチが必要であると気付いた読者のニーズを満たした。ファイナンスで最も広く使われている計算ツールであるExcelは、この教材への理解を深めるためのうってつけの手段である。

謝辞

素晴らしい編集者の方々に感謝することから始めたい。John Covell, Nancy Lombardi, Elizabeth Murry, Ellen Pope, そしてPeter Reinhartである。続いての感謝はファイナンシャル・モデリングの原稿を読んでくれた熱心な同僚の方々に捧げる。Michael Chau, Jaksa Cvitanic, Arindam Bandopadhyaya, Richard Harris, Aurele Houngbedji, Iordanis Karagiannidis, Yvan Lengwiler, Nejat Seyhun, Gökçe Soydemir, David Y. Sukである。

ファイナンシャル・モデリングのこの版における変更点の多くは、本書に助言と改良を申し出ることに熱心であった、読者のコメントによるものである。この版に反映されたコメントをくれた読者に謝辞を示すという、ファイナンシャル・モデリングの最初の2つの版から始まった伝統に従う。

Meni Abudy, Zvika Afik, Gordon Alexander, Apostol Bakalov, Naomi Belfer, David Biere, Vitaliy Bilyk, Oded Braverman, Roeland Brinkers, Craig Brody, Salvio Cardozo, Sharad Chaudhary, Israel Dac, Jeremy Darhansoff, Toon de Bakker, Govindvyas Dharwada, Davey Disatnik, Kevin P. Dowd, Brice Dupoyet, Cederik Engel, Orit Eshel, Yaara Geyra, Rana P. Ghosh, Bjarne Jensen, Marek Jochec, Milton Joseph, Erez Kamer, Saggi Katz, Emir Kiamilev, Brennan Lansing, Paul Ledin, Paul Legerer, Quinn Lewis, David Martin, Tom McCurdy, Tsahi Melamed, Tal Mofkadi, Geoffrey Morrisett, Sandip Mukherji, Max Nokhrin, Michael Oczkowski, David Pedersen, Mikael Petitjean, Georgio Questo, Alex Riahi, Arad Rostampour, Joseph Rubin, Andres Rubio, Ofir Shatz, Natalia Simakina, Ashutosh Singh, Permijit Singh, Gerald Strever, Shavkat Sultanbekov, Ilya Talman, Mel Tukman, Daniel Vainder, Guy Vishnia, Torben Voetmann, Chao Wang, James Ward, Roberto Wessels, Geva Yaniv, Richard Yeh, そして Werner Zitzman である。

　最後に、とても辛抱強い私の妻、Terry に感謝したい。2 つの本と過去 5 年間のビジネス・スクールの学部長職の間中、彼女は彼女自身と私の心の平衡を保ってくれた。

第 2 版への序文

本書の目的は、依然として Excel を用いて一般的なファイナンシャル・モデルを実装するための「クック・ブック」を提供することである。この版は、ファイナンス計算、資本コスト、バリュー・アット・リスク（Value at Risk; VaR）、リアル・オプション、期限前行使の限界値、そして期間構造モデルを扱う 6 つの章を追加して拡張された。また、Excel のヒントをまとめた技術的な章の追加もある。

（第 1 版の序文で挙げた方々に加え）多くの方々から助力と助言をいただいた。Andrew A. Adamovich, Alejandro Sanchez Arevalo, Yoni Aziz, Thierry Berger-Helmchen, Roman Weissman Bermann, Michael Giacomo Bertolino, John Bollinger, Enrico Camerini, Manuel Carrera, Roy Carson, John Carson, Lydia Cassorla, Philippe Charlier, Michael J. Clarke, Alvaro Cobo, Beni Daniel, Ismail Dawood, Ian Dickson, Moacyr Dutra, Hector Tassinari Eldridge, Shlomy Elias, Peng Eng, Jon Fantell, Erik Ferning, Raz Gilad, Nir Gluzman, Michael Gofman, Doron Greenberg, Phil Hamilton, Morten Helbak, Hitoshi Hibino, Foo Siat Hong, Marek Jochec, Russell W. Judson, Tiffani Kaliko, Boris Karasik, Rick Labs, Allen Lee, Paul Legerer, Guoli Li, Moti Marcus, Gershon Mensher, Tal Mofkadi, Stephen O'Neil, Steven Ong, Oren Ossad, Jackie Rosner, Steve Rubin, Dvir Sabah, Ori Salinger, Meir Shahar, Roger Shelor, David Siu, Maja Sliwinski, Bob Taggart, Maurry Tamarkin, Mun Hon Tham, Efrat Tolkowsky, Mel Tukman, Sandra van Balen, Michael Verhofen, Lia Wang, Roberto Wessels, Ethan Weyand, Ubbo Wiersema, Weiqin Xie, Ke Yang, Ken Yook, George Yuan, Khurshid Zaynutdinov, Ehud Ziegelman, そして Eric Zivot である。また、再度大変な助力をいただいた編集者の、Nancy Lombardi, Peter Reinhart, Victoria Richardson と Terry Vaughn にも感謝を表したい。

第1版への序文

前著 "Numerical Techniques in Finance" 同様、本書の目標は、いくつかの重要なファイナンシャル・モデルを提示し、Excel を用いた、それらの数値的な解き方、および/または、シミュレーションの仕方を示すことにある。この意味で、本書はファイナンスの「クック・ブック」である。全てのクック・ブック同様、本書は、材料リストと調理の仕方の指示を記載したレシピを示す。全てのコックが知っている通り、レシピはスタート地点でしかない。何回もレシピに従うことで、自分自身のバリエーションを考え、成果を自分の嗜好や必要性に合致させることができる。

ファイナンシャル・モデリングは、コーポレート・ファイナンス、財務諸表シミュレーション、ポートフォリオ問題、オプション、ポートフォリオ・インシュアランス、デュレーション、そしてイミュニゼーションの分野における標準的なファイナンシャル・モデルを扱っている。各ケースの目標は、Excel を用いたモデルの実装を、明瞭かつ簡潔に説明することである。数値的実装を理解するために必要な場合を除き、理論は極力示されない。

Excel は、高度な業務用の計算（ポートフォリオが一例である）に使うためのツールとしては適当でないことが多いものの、ファイナンシャル・モデルに関連する複雑な計算を理解するための素晴らしいツールである。モデルの完全な理解は、それらを計算することで得られることが多いが、Excel はこの目的のために利用可能な、最も入手しやすく、力強いツールの1つである。

ここに至るまでには、多くの学生、同僚、そして友人（これらは排他的な区分ではない）が、助言や意見で私に協力してくれた。特に、Olivier Blechner, Miryam Brand, Elizabeth Caulk, John Caulk, Benjamin Czaczkes, John Ferrari, John P. Flagler, Dan Fylstra, Kunihiko Higashi, Julia Hynes, Don Keim, Anthony Kim, Ken Kunimoto, Rick Labs, Adrian Lawson, Philippe Nore, Isidro Sanchez Alvarez, Nir Sharabi, Edwin Strayer, Robert Taggart, Mark Thaler, Terry Vaughn, そして Xiaoge Zhou に感謝を表したい。

最後に、素晴らしい編集者達である、Nancy Lombardi, Peter Reinhart, Victoria Richardson と Terry Vaughn に感謝を表する。

0 何よりも先に

0.1 データ・テーブル

ファイナンシャル・モデリングはデータ・テーブルを広範に利用する。本書の読者には、まずデータ・テーブル（第 31 章 1 節から 5 節を読むこと）を確実に理解しているか、確認することを勧める。データ・テーブルは、ほとんどのファイナンシャル・モデルの要素である感度分析において、決定的に重要である。少し複雑かもしれないが、ファイナンシャル・モデリングを行う者にとって、モデル化の武器が計り知れなく強化される。

この短い章の残りでは、**Getformula** について論じる。

0.2 Getformula とは何か？

ファイナンシャル・モデリング第 4 版の Excel ブックは、スプレッドシートに注記をつける際に役立つ **Getformula** と呼ばれる関数を含んでいる。以下の例では、セル C5 がセル B5 に含まれる数式を示している。対象となる数式は、元本 165,000 ドル・期間 7 年・金利 8 ％のローンの年間返済額を計算する。セル C5 には関数 =**Getformula(B5)** が入力されている。

	A	B	C
2	元本	165,000	
3	金利	8%	
4	期間	7	<-- 年
5	年間支払額	31,691.95	<-- =PMT(B3,B4,-B2)

この短い章では、Excel ブックにこの関数を追加する方法を説明する。Mac ユーザーへ。これは Excel2011 でのみ機能する。

0.3 Excel ブックへの Getformula の追加方法

1. この関数を有効にしたい Excel ブックを開く。

2. VBA エディタを開く。

- Windows コンピューター：[Alt] + F11 を押す。
- Mac（Excel2011）：[ツール] − [マクロ] − [**Visual Basic Editor**] を選択する。

3. VBA エディタを開くとこうなる。

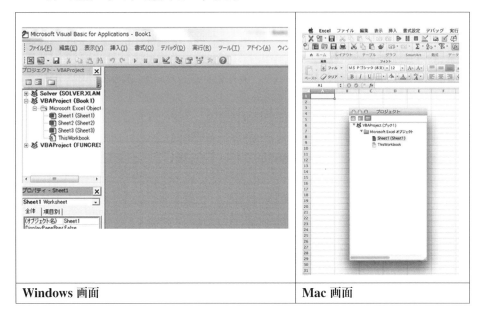

| **Windows 画面** | **Mac 画面** |

4. 画面の最上部で［挿入］−［標準モジュール］を選択する。

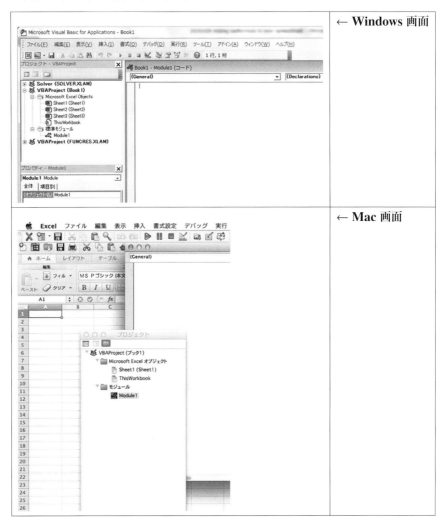

5. ここでモジュール・ウィンドウ（**General** と書かれている）に以下のテキストを挿入する。下記のテキストをコピー/ペーストするだけでよい。

```
'8/5/2006 Thanks to Maja Sliwinski and
'Beni Czaczkes
Function getformula(r As Range) As String
    Application.Volatile
    If r.HasArray Then
    getformula = "<-- " & _
      " {" & r.FormulaArray & "}"
    Else
    getformula = "<-- " & _
      " " & r.FormulaArray
    End If
End Function
```

Windowsでは、VBAウィンドウを閉じる（保存する必要はない）。Macでは、スプレッドシートでの作業を続ければよい。この関数はスプレッドシートの一部となり、連動して保存される。

0.4　Excelブックの保存：Windows

VBAの**Getformula**マクロを含むブックを保存するには、**マクロ有効ブック**として保存する必要がある。

マクロ有効ブックは、通常の Excel ブックが拡張子 .xlsx をとるのに対し、拡張子 .xlsm をとる。ブックの利用者はその違いが決して分からないだろう。マクロ有効ブックをデフォルトにするため、Excel の設定（[**ファイル**] - [**オプション**] - [**保存**]）を変更した。

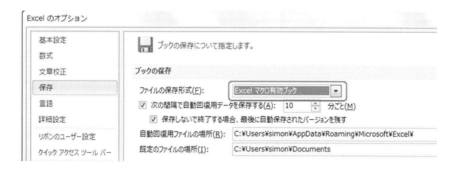

0.5 Excel ブックの保存：Mac

マクロ有効ブックとして保存するとき、Mac の画面ではこのように見える。

0.6 Getformula をそれぞれの Excel ブックに追加しなければならないのか？

素っ気ない回答は、「その通り」である。**Getformula** を含む Excel のアドイン（第 39 章を参照）を作成することもできるが、これはそのブックの共有をより難しくする。新しく作成するスプレッドシート毎に **Getformula** を追加するほうがよい。

0.7 Getformula を使用するためのショートカット

一度 Excel ブックに **Getformula** を追加したら、使わない手はないだろう！我々がこの関数を使用した例の 90 %は、関数自身の左側のセルを表示する。

	A	B	C	D	E
1		問題2			
2	金利	11%			
3					
4	年	資産1	資産2	資産3	
5	1	1,000	0	0	
6	2	1,000	0	0	
7	3	1,000	1,700	0	
8	4	1,000	1,700	0	以下のセルには
9	5	1,000	1,700	3,000	Getformula(D13)が
10	6	1,000	0	4,000	入力されている
11	7	1,000	0	5,000	
12					
13	価値	4,712	3,372	6,327	<-- =NPV($B$2,D5:D11)
14					
15					

　個人用マクロブックにこの手順を自動化する短いマクロを入れた。本節の残りでは **Getformula** の手順を自動化する方法を説明する。

手順の自動化

Getformula をセルに入力する手順を自動化したい。

- マクロに記録する。
- キーシーケンス（我々のケースでは、[Ctrl] + t）をマクロに追加する。

- Excel のスプレッドシートで、マクロとキーシーケンスを有効にする。

このマクロを**個人用マクロブック**（**Personal.xlsb**）ファイルに保存する。このファイルは Excel を起動するたびに有効となる。これは自分だけのものであり、スプレッドシートの他の利用者が見ることはない。以下に、Windows と Mac 両方の手順を説明する。

0.8 Getformula の記録： Windows の場合

Windows でマクロを記録する手順はこうである。

- メニューバーの**開発**タブを有効にする。
- マクロを個人用マクロブックに保存するために**マクロの記録**を使う。

開発タブを有効にする

［ファイル］－［オプション］－［リボンのユーザー設定］を開き、**開発**タブを以下に示すように有効にする。

マクロの記録の使用

開発タブはマクロを記録し、個人用マクロブックの一部として保存することを可能にする。画像のコピーを使って説明する。

1. 空の Excel ブックを開き、**開発**タブをクリックして、その後**マクロの記録**をクリックする。

Excel は記録の詳細を求める。ここには私が記載した例を挙げる。これを**個人用マクロブック**として保存し、ショートカット［Ctrl］＋ t を使う。

2. それからスプレッドシートに行き、**Getformula** で表示させたいセルの左側のセルをポイントして、**Getformula** を使用する。以下のスプレッドシートでは、セル B4 に、=Getformula(A4) と打ち込んだ。

3. **開発**タブに戻り、記録を終了する。

4. Excelを閉じる。Excelは**個人用マクロブック**を保存するか尋ねるだろう。答えは、もちろん、イエスである。

これにより以下のファイルが作成される（"simon benninga"は、もちろん私のコンピューターのユーザーネームである。あなたの場合はあなたのユーザーネームに置き換わる）。

C:/Users/simon benninga/AppData/Roaming/Microsoft/Excel/XLSTART/
PERSONAL.XLSB

マクロの使用

これからは、いつあなたのコンピューター上のファイルを開いても、ある領域を可視化して書き出すために［Ctrl］+ t を使うことができる。素晴らしい！

0.9 Getformula の記録：Mac の場合

Excelでマクロを記録するには、［ツール］−［マクロ］−［新しいマクロの記録］を使う。

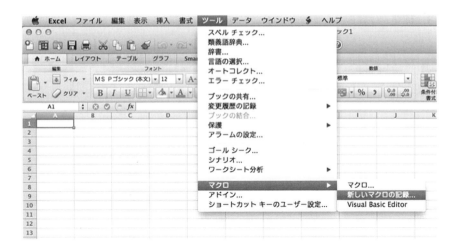

記録を止めるには、以下のようにする。

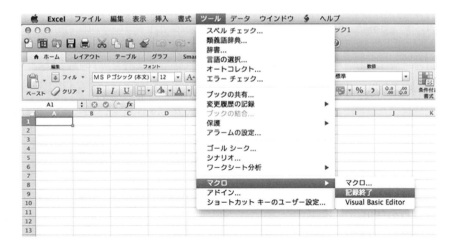

Windows の場合と同様、マクロに名前をつけ、コントロールキーシーケンスを割り当てるように指示されるだろう。このスプレッドシートを保存する際、個人用マクロブックを保存するか聞かれる。もちろんだ！

I コーポレート・ファイナンスとバリュエーション

本書ファイナンシャル・モデリングの最初の7章は、コーポレート・ファイナンスにおける基本的な問題と技法を対象としている。第1章は、Excelを使ったファイナンスの基礎的な計算に関するイントロダクションである。第2章は、企業に適用される様々なバリュエーション手法の簡単な概要である。第3章で議論する資本コストは、事業価値を求めるために、企業のキャッシュフローを割り引く率である。この率の計算は些細なことではなく、この章で議論する理論的なモデルと数値計算の両方の組み合わせを必要とする。

第4章と第5章では、2つの基本的なバリュエーション手法について議論する。第4章では、連結キャッシュフロー計算書から、バリュエーションに必要なフリー・キャッシュフローの導き方を示す。第5章では、企業の損益計算書や貸借対照表をシミュレートするための予測モデルの作り方を示す。予測モデルは、事業計画、信用分析、バリュエーションなど、コーポレート・ファイナンスにおける多くの応用において、核心をなすものである。このモデルは、ファイナンス、会計、Excelの融合を必要とする。第6章では、Caterpillar Corporation を評価するための予測モデルを展開する。ここで展開する例は、多くの合併・買収のバリュエーションに付随する作業の典型である。

最後に、第7章でリースの財務分析を議論して、セクションIを終える。

1 ファイナンス計算の基礎

1.1 概要

本章の目的は、ファイナンスの基礎と、Excel におけるそれらの実装を示すことである。ファイナンスの優れた入門コースを既に受講しているなら、この章はちょっとした復習になるだろう。[1]

本章では、以下をカバーしている。

- 正味現在価値（Net Present Value; NPV）
- 内部収益率（Internal Rate of Return; IRR）
- 支払スケジュールと返済（回収）予定表
- 将来価値
- 年金と利殖の問題
- 連続複利
- 定期的でないキャッシュフロー（Excel 関数の **XNPV** と **XIRR**）

　ファイナンスに関するほぼ全ての問題は、*将来にわたり受領する一連のキャッシュの現時点における価値*を求めることが中心となる。キャッシュの受領（あるいはキャッシュフローともいい、以降、これを使用する）は確実かもしれないし、不確実かもしれない。時点 t で受け取ることが予想されるキャッシュフロー CF_t の現在価値は、$\dfrac{CF_t}{(1+r)^t}$ である。式の分子は、通常 t 期の期待キャッシュフローであると理解され、また、分母にある割引率 r は、期待キャッシュフローのリスクに応じて調整される。リスクが高いほど、割引率は高くなる。

　現在価値の計算における基本的な概念は、*機会コスト*である。機会コストは、ある投資を、他の同様な投資に対して実行可能な代替案とするために要求される収益率である。ファイナンスの文献では、機会コストの同義語がたくさん見られ、それには割引率、資本コスト、利子率といったものがある。リスクのあるキャッシュフローに適用される場合、機会コストのことをリスク調整後割引率（risk-adjusted discount rate; RADR）、あるいは、加重平均資本コスト（weighted average cost

---

[1]. 私の著書である *"Principles of Finance with Excel"*（Oxford University Press, 2nd edition, 2008）では、多くの基本的な Excel とファイナンスの論点を詳細に議論している。

of capital; WACC）と呼ぶこともある。この割引率がリスク調整後であることは言うまでもなく、標準的なファイナンスの文献の多くはリスク調整の方法について議論している。後で説明するように、正味現在価値を計算する場合、投資の機会コストを割引率として使用する。内部収益率を計算する場合には、投資の価値を判定するために、計算された収益率と、その投資の機会コストとを比較する。

1.2 現在価値（Present Value; PV）と正味現在価値（Net Present Value; NPV）

これらはいずれも、将来予想される一連のキャッシュフローの*現時点*における*価値*に関係した概念である。例えば、今後5年間、毎年末に100ドルずつ受け取ることが約束されている投資を評価するとしよう。キャッシュフローは無リスクであると仮定する。即ち、100ドルずつ5回という一連の支払いが実際に行われることは確実である。もし、銀行が5年間の預金に対して年利10％の利息を支払うなら、この10％が投資の機会コストであり、投資と比較すべき代替的なベンチマークの収益率である。この機会コストを割引率として用い、キャッシュフローを割り引くことによって、投資の価値を計算することができる。

	A	B	C	D
1		現在価値の計算		
2	割引率	10%		
3				
4	年	キャッシュフロー	現在価値	
5	1	100	90.9091	<-- =B5/(1+$B$2)^A5
6	2	100	82.6446	<-- =B6/(1+$B$2)^A6
7	3	100	75.1315	<-- =B7/(1+$B$2)^A7
8	4	100	68.3013	<-- =B8/(1+$B$2)^A8
9	5	100	62.0921	<-- =B9/(1+$B$2)^A9
10				
11	正味現在価値			
12	セルC5からC9の合計		379.08	<-- =SUM(C5:C9)
13	ExcelのNPV関数を使用		379.08	<-- =NPV(B2,B5:B9)
14	ExcelのPV関数を使用		379.08	<-- =PV(B2,5,-100)

現在価値（Present Value; PV）379.08ドルが、投資の*現時点*における*価値*である。競争市場において、現在価値はキャッシュフローの市場価格と一致する。スプレッドシートでは、現在価値を得るための3つの方法を示している。

- セル C5 から C9 にある個々の現在価値を合計する。コピーを簡略化するために、累乗を表す "^" と、相対参照及び絶対参照の両方を使用することに留意されたい（例：セル C5 にある「=B5/(1+$B$2)^A5」）。
- Excel の **NPV** 関数を使用する。次ページで示すように、Excel の **NPV** 関数は不幸にも誤って名付けられており、実際には正味現在価値ではなく、現在価値が計算される。
- Excel の **PV** 関数を使用する。この関数は、一連の定額払いの現在価値を計算する。**PV(B2,5, –100)** は、セル B2 の割引率における、それぞれ 100 の 5 回払いの現在価値である。PV 関数は、正のキャッシュフローに対して負の値を返す。したがって、このような不幸な出来事を防ぐため、PV 関数におけるキャッシュフローを負の値にしている。[2]

Excel の PV 関数と NPV 関数の違い

上記のスプレッドシートでは、**PV** と **NPV** は全く同じ計算を行うという誤った印象を残すかもしれない。しかし、これは正しくない。**NPV** はあらゆる一連のキャッシュフローを扱えるのに対して、**PV** は定額のキャッシュフローしか扱えない。

	A	B	C	D
1	現在価値の計算 これはキャッシュフローが等しくない例である それぞれのキャッシュフローを個々に割り引くか、または、ExcelのNPV関数を使用する このケースではExcelのPV関数は機能しない			
2	割引率	10%		
3				
4	年	キャッシュフロー	現在価値	それぞれのキャッシュフローの現在価値
5	1	100	90.9091	<-- =B5/(1+$B$2)^A5
6	2	200	165.2893	<-- =B6/(1+$B$2)^A6
7	3	300	225.3944	<-- =B7/(1+$B$2)^A7
8	4	400	273.2054	<-- =B8/(1+$B$2)^A8
9	5	500	310.4607	<-- =B9/(1+$B$2)^A9
10				
11	正味現在価値			
12	セルC5からC9の合計	1,065.26	<-- =SUM(C5:C9)	
13	ExcelのNPV関数を使用	1,065.26	<-- =NPV(B2,B5:B9)	

---

2. 正のキャッシュフローに対して負の値を返すというこの不思議な特性は、例えば PMT や PV のような、他には欠点のない幾つかの Excel 関数で共通に見られる。これらの関数について、Microsoft がこのように記述するに至ったやや入り組んだロジックは、説明するに値しない。

ExcelのNPV関数は誤った名前を付けられた！

標準的なファイナンス用語では、一連のキャッシュフローの*現在価値*は、将来キャッシュフローの現時点における価値である。

$$現在価値 = \sum_{t=1}^{N} \frac{CF_t}{(1+r)^t}$$

*正味現在価値*は、現在価値から資産の取得に要した費用（ゼロ時点におけるキャッシュフロー）を控除したものである。

$$正味現在価値 = \sum_{t=0}^{N} \frac{CF_t}{(1+r)^t} = \underbrace{CF_0}_{\substack{\uparrow \\ \text{多くの場合 } CF_0 < 0 \text{ である。こ} \\ \text{れは資産に対して支払われた額を} \\ \text{表していることを意味する。}}} + \underbrace{\sum_{t=1}^{N} \frac{CF_t}{(1+r)^t}}_{\substack{\uparrow \\ \text{これが現在価値であり、Excel} \\ \text{の NPV 関数によって求めら} \\ \text{れる。}}}$$

割引キャッシュフローに関するExcel用語は、通常のファイナンス用語と若干異なっている。Excelを用いて、ファイナンスでいう一連のキャッシュフローの*正味現在価値*を計算するためには、将来キャッシュフローの*現在価値*を計算し（ExcelのNPV関数を用いる）、この現在価値から時点0のキャッシュフローを考慮しなければならない（これは大抵、対象となる資産の取得原価である）。

正味現在価値（NPV）

上記の投資が400ドルで売られているものと仮定しよう。明らかに、これは購入対価に見合う価値はない。なぜなら、代替的な収益率（割引率）10％を所与とすると、この投資は379.08ドルの価値しかないからである。*正味現在価値*（Net Present Value; NPV）は、ここで適用できる概念である。投資の適切な割引率を r とすると、NPVは以下のように計算される。

$$NPV = CF_0 + \sum_{t=1}^{N} \frac{CF_t}{(1+r)^t}$$

ここで、CF_t は時点 t におけるこの投資のキャッシュフローであり、CF_0 は現時点におけるキャッシュフローである。

例として、5年間にわたり毎年100ドルが得られる一連のキャッシュフローが250ドルで売られているとしよう。下記の通り、このときのNPVは129.08と

なる。

	A	B	C	D
1		正味現在価値の計算		
2	割引率	10%		
3				
4	年	キャッシュフロー	現在価値	
5	0	-250	-250.00	<-- =B5/(1+$B$2)^A5
6	1	100	90.91	<-- =B6/(1+$B$2)^A6
7	2	100	82.64	<-- =B7/(1+$B$2)^A7
8	3	100	75.13	<-- =B8/(1+$B$2)^A8
9	4	100	68.30	<-- =B9/(1+$B$2)^A9
10	5	100	62.09	<-- =B10/(1+$B$2)^A10
11				
12	正味現在価値			
13	セルC5からC10の合計		129.08	<-- =SUM(C5:C10)
14	ExcelのNPV関数を使用		129.08	<-- =B5+NPV(B2,B6:B10)

NPV は、キャッシュフローを購入した者の富の増加を表す。5 年間にわたり毎年 100 が得られる一連のキャッシュフローを 250 で購入した場合には、今日の富は 129.08 増加する。競争市場においては、一連のキャッシュフローの NPV はゼロになるはずである。即ち、現在価値はキャッシュフローの市場価格に相当するため、NPV はゼロとなるべきである。換言すれば、5 年間にわたり毎年 100 が得られる一連のキャッシュフローの市場価格は、競争市場における正しいリスク調整後割引率が 10 %であるならば、379.08 になるはずである。

アニュイティの現在価値—いくつかの便利な公式[3]

アニュイティは、将来のそれぞれの期間において一定の金額を支払う証券である。アニュイティには、有限の支払いと無限の支払いがある。アニュイティが有限であり、かつ、適用される割引率が r の場合、アニュイティの現時点の価値は、以下の現在価値となる。

$$\text{有限アニュイティの } PV = \frac{C}{1+r} + \frac{C}{(1+r)^2} + \cdots + \frac{C}{(1+r)^n}$$

$$= C\left(\frac{1 - \frac{1}{(1+r)^n}}{r}\right)$$

---

[3] この項にある全ての公式は、良く知られた、しかし忘れられがちな高等学校の代数に依存している。

アニュイティが将来にわたって無限の定額払いを約束する場合には、この公式は次のようにまとめられる。

$$無限アニュイティのPV = \frac{C}{1+r} + \frac{C}{(1+r)^2} + \cdots = \frac{C}{r}$$

これらの公式は、いずれもExcelで計算することができる。以下では3つの方法、即ち、公式を使用する方法（セルB6）、ExcelのPV関数を使用する方法（セルB7）、そしてExcelのNPV関数を使用する方法で、有限アニュイティの価値を計算している。

	A	B	C
1	有限アニュイティの価値の計算		
2	期間支払額（C）	1,000	
3	将来の支払回数（n）	5	
4	割引率（r）	12%	
5	アニュイティの現在価値		
6	公式の使用	3,604.78	<-- =B2*(1-1/(1+B4)^B3)/B4
7	ExcelのPV関数の使用	3,604.78	<-- =PV(B4,B3,-B2)
8			
9	期間	アニュイティ支払額	
10	1	1,000.00	<-- =B2
11	2	1,000.00	
12	3	1,000.00	
13	4	1,000.00	
14	5	1,000.00	
15			
16	ExcelのNPV関数を使用した現在価値	3,604.78	<-- =NPV(B4,B10:B14)

無限アニュイティの価値の計算は、さらに簡単である。

	A	B	C
1	無限アニュイティの価値の計算		
2	期間支払額（C）	1,000	
3	割引率（r）	12%	
4	アニュイティの現在価値	8,333.33	<-- =B2/B3

成長アニュイティの価値

成長アニュイティは、期間あたり成長率 g で成長する金額 C を支払うものである。このアニュイティが有限の場合、その現時点の価値は次の通りとなる。

$$\text{有限成長アニュイティの } PV = \frac{C}{1+r} + \frac{C(1+g)}{(1+r)^2} + \frac{C(1+g)^2}{(1+r)^3}$$
$$+ \cdots + \frac{C(1+g)^{n-1}}{(1+r)^n}$$
$$= \frac{C\left(1 - \left(\frac{1+g}{1+r}\right)^n\right)}{r-g}$$

この式において n を無限大にすれば、無限成長アニュイティの価値が計算できる。

$$\text{無限成長アニュイティの } PV = \frac{C}{1+r} + \frac{C(1+g)}{(1+r)^2} + \frac{C(1+g)^2}{(1+r)^3} + \cdots$$
$$= \frac{C}{r-g} \quad \left(\text{ただし、} \left|\frac{1+g}{1+r}\right| < 1\right)$$

これらの公式は、Excel で容易に実行することができる。以下では、上記の公式と Excel の **NPV** 関数を使用して、有限成長アニュイティの価値を計算している。

	A	B	C
1	有限成長アニュイティの価値の計算		
2	最初の支払額（C）	1,000	
3	支払額の成長率（g）	6%	
4	将来の支払回数（n）	5	
5	割引率（r）	12%	
6	アニュイティの現在価値		
7	公式の使用	4,010.91	<-- =B2*(1-((1+B3)/(1+B5))^B4)/(B5-B3)
8			
9	期間	アニュイティ支払額	
10	1	1,000.00	<-- =B2
11	2	1,060.00	<-- =$B$2*(1+$B$3)^(A11-1)
12	3	1,123.60	<-- =$B$2*(1+$B$3)^(A12-1)
13	4	1,191.02	<-- =$B$2*(1+$B$3)^(A13-1)
14	5	1,262.48	<-- =$B$2*(1+$B$3)^(A14-1)
15			
16	Excelの**NPV**関数を使用した現在価値	4,010.91	<-- =NPV(B5,B10:B14)

成長アニュイティが無限に続く場合には、以下の通りとなる。

	A	B	C
1	無限成長アニュイティの価値の計算		
2	期間支払額（C）	1,000	<--期間1から開始
3	支払額の成長率（g）	6%	
4	割引率（r）	12%	
5	アニュイティの現在価値	16,666.67	<-- =B2/(B4-B3)

ゴードン式

ゴードン式は、将来予想される配当を、資本コスト r_E で割り引くことによって、株式を評価する。P_0 を現時点における株式の価値、Div_0 を現在の配当額、g を将来の配当成長率とすると、株式の価値 P_0 は次の通りとなる。

$$P_0 = \sum_{t=1}^{\infty} \frac{Div_0(1+g)^t}{(1+r_E)^t} = \frac{Div_0(1+g)}{r_E - g}$$

無限成長アニュイティの公式を使用すると、この式は次のように書くことができる。

$$P_0 = \frac{Div_0(1+g)}{r_E - g} \quad (ただし、|g| < |r_E|)$$

式を反対にすると、次のようになる。

$$r_E = \frac{Div_0(1+g)}{P_0} + g$$

ゴードン式は、本書、ファイナンシャル・モデリングの第2章、第4章、第5章及び第6章において企業の継続価値をモデル化するために使用され、また、第3章において企業の資本コスト r_E をモデル化するために使用される。

1.3 内部収益率（Internal Rate of Return; IRR）と回収予定表

内部収益率（Internal Rate of Return; IRR）は、NPV をゼロと等しくするような複利の収益率 r として定義される。

$$CF_0 + \sum_{t=1}^{N} \frac{CF_t}{(1+r)^t} = 0$$

これを理解するために、以下の表の2行目から10行目にある例を考えてみよう。ここでは、ゼロ年におけるコストが800であるプロジェクトが、1年目から5年目の年末にそれぞれ異なる一連のキャッシュフローをもたらしている。このプロジェクトの IRR（セル B10）は 22.16 % である。

ファイナンス計算の基礎

	A	B	C
1		内部収益率	
2	年	キャッシュフロー	
3	0	-800	
4	1	200	
5	2	250	
6	3	300	
7	4	350	
8	5	400	
9			
10	内部収益率	22.16%	<-- =IRR(B3:B8)

ExcelのIRR関数は、この投資に関する全てのキャッシュフローを引数とし、最初のキャッシュフロー −800（このケースではマイナス）も含んでいることに留意されたい。

試行錯誤法による内部収益率の決定

内部収益率を計算する簡単な公式は存在しない。ExcelのIRR関数は試行錯誤法を使用しており、以下で示すように、スプレッドシートで試行錯誤法を使用することによって再現することができる。

	A	B	C
1		内部収益率	
2	割引率	12%	
3			
4	年	キャッシュフロー	
5	0	-800	
6	1	200	
7	2	250	
8	3	300	
9	4	350	
10	5	400	
11			
12	正味現在価値（NPV）	240.81	<-- =B5+NPV(B2,B6:B10)

割引率をいろいろと試すか、Excelのゴールシーク（［データ］－［What-If分析］の下にある。第31章を参照のこと）を用いることによって、内部収益率が22.16％のときに、セルB12の正味現在価値がゼロになると特定できる。

	A	B	C
1		内部収益率	
2	割引率	22.16%	
3			
4	年	キャッシュフロー	
5	0	-800	
6	1	200	
7	2	250	
8	3	300	
9	4	350	
10	5	400	
11			
12	正味現在価値（NPV）	0.00	<-- =B5+NPV(B2,B6:B10)

以下は、正しい解答を得る前の、*ゴールシーク*の入力画面である。

	A	B	C	D
1		内部収益率		
2	割引率	12%		
3				
4	年	キャッシュフロー		
5	0	-800		
6	1	200		
7	2	250		
8	3	300		
9	4	350		
10	5	400		
11				
12	正味現在価値（NPV）	240.81	<-- =B5+NPV(B2,B6:B10)	

ゴールシーク　　？　×
数式入力セル(E):　$B$12
目標値(V):　0
変化させるセル(C):　$B$2
OK　キャンセル

回収予定表と内部収益率

IRRは、*投資により得られる複利での収益率*である。これを完全に理解するためには、投資に係るキャッシュフローの内訳を、利息収入と投資元本の回収に分けて示す、*回収予定表*を作成することが役立つ。

ファイナンス計算の基礎

	A	B	C	D	E	F
1		内部収益率				
2	年	キャッシュフロー				
3	0	-800				
4	1	200				
5	2	250				
6	3	300				
7	4	350				
8	5	400				
9						
10	内部収益率	22.16%	<-- =IRR(B3:B8)			
11						
12	回収予定表におけるIRRの利用					
13		=-B3	=$B$10*B15	キャッシュフローの内訳 (利息収入と元本回収)		
14	年	年初の投資	年末のキャッシュフロー	収入	元本の回収	
15	1	800.00	200.00	177.28	22.72	<-- =C15-D15
16	2	777.28	250.00	172.25	77.75	
17	3	699.53	300.00	155.02	144.98	
18	4	554.55	350.00	122.89	227.11	
19	5	327.44	400.00	72.56	327.44	
20	6	0.00				
21	=B15-E15		最終のキャッシュフロー後の年における投資元本の残高はゼロである。これは、元本の全てが返済されたことを示している。			

　回収予定表は資産から生じるキャッシュフローを、それぞれ収入部分と元本回収部分に分ける。各年末における収入部分は、IRR と年初の元本残高との積である。最後の年の年初における元本（この例では 327.44）が、確かにその年末における元本の回収と等しくなっていることに注目されたい。

　この回収予定表を用いて、内部収益率を求めることができる。現時点において 1,000 の原価がかかり、1,2,…,5 年目の年末に以下に示すキャッシュフローの回収がなされる投資を考えてみよう。15％の金利では（セル B2）、6 年目の年初の元本はマイナスであり、収入による受取額が極めて少ないことを示している。したがって、IRR は 15％より大きくなければならない。

	A	B	C	D	E	F
1			IRRを見つけるための回収予定表の利用			
2	IRR?	15.00%				
3						
4				キャッシュフローの内訳 （利息収入と元本回収）		
5	年	年初の元本	年末の キャッシュフロー	収入	元本の 回収	
6	1	1,000.00	300	150.00	150.00	<-- =C6-D6
7	2	850.00	200	127.50	72.50	
8	3	777.50	150	116.63	33.38	
9	4	744.13	600	111.62	488.38	
10	5	255.74	900	38.36	861.64	
11	6	-605.89				
12		=B6-E6		=$B$2*B6		
13						

セル B2 の金利が実際に IRR であるのなら、セル B11 は 0 とならなければならない。ここで、Excel のゴールシーク（［データ］-［**What-If 分析**］の下にある）を用いて、IRR を計算することができる。

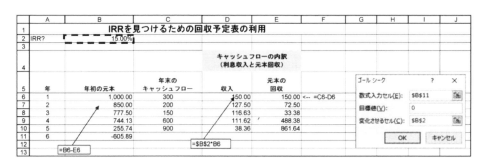

次に示す通り、IRR は 24.44 ％である。

	A	B	C	D	E	F
1			IRRを見つけるための回収予定表の利用			
2	IRR?	24.44%				
3						
4				キャッシュフローの内訳 （利息収入と元本回収）		
5	年	年初の元本	年末の キャッシュフロー	収入	元本の 回収	
6	1	1,000.00	300	244.36	55.64	<-- =C6-D6
7	2	944.36	200	230.76	-30.76	
8	3	975.13	150	238.28	-88.28	
9	4	1,063.41	600	259.86	340.14	
10	5	723.26	900	176.74	723.26	
11	6	0.00				
12		=B6-E6		=$B$2*B6		
13						

回収予定表は、IRR が投資期間を通して投資を回収し終えることになる金利であることを効果的に例証する。もちろん、**IRR** 関数を使って、手順を簡単にすることもできる。

	A	B	C	D
15		IRRを直接計算する		
16	年	キャッシュフロー		
17	0	-1,000		
18	1	300		
19	2	200		
20	3	150		
21	4	600		
22	5	900		
23				
24	IRR	24.44%	<-- =IRR(B17:B22)	

Excel の Rate 関数

Excel の **Rate** 関数は、将来にわたる一連の定額払いに関する IRR を計算する。下の例では、今後 30 年間にわたって年間 100 ドルを受け取るために、今日 1,000 ドルを支払う。**Rate** 関数は、この IRR が 9.307 % であることを示している。

	A	B	C
1	IRRを計算するためのExcelのRATE関数の利用		
2	当初の投資	1,000	
3	年間キャッシュフロー	100	
4	受取回数	30	
5	IRR	9.307%	<-- =RATE(B4,B3,-B2)

注：**Rate** 関数は、本章の別の箇所で議論した **PMT** 関数や **PV** 関数とまったく同じように機能するため、当初の投資と年間キャッシュフローとの間で正負の変換が必要となる（セル B5 で「-B2」を使っていることに注意）。また、Rate 関数では、毎年のキャッシュフローを年初に受け取るか、あるいは、年末に受け取るかを選択することもできる（上の例では示されていない）。

1.4 複数の内部収益率

ときに、一連のキャッシュフローが 2 つ以上の IRR を持つことがある。次の例

では、NPV のグラフが x 軸と 2 回交わっていることから、セル B6 から B11 のキャッシュフローは 2 つの IRR を持っていることが分かる。

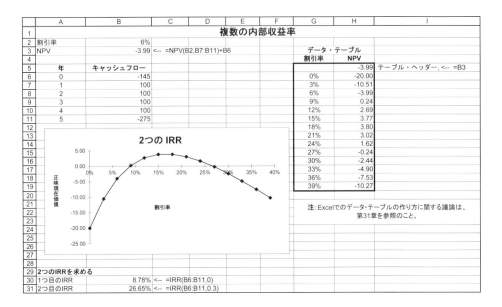

Excel の **IRR** 関数では、両方の IRR を見つける手助けとなる追加の引数を加えることができる。**=IRR(B6:B11)** と入力する代わりに、**=IRR(B6:B11, 推定値)** と入力するのである。引数の**推定値**は、Excel が IRR を求めるために用いるアルゴリズムの出発点である。**推定値**を調整することによって、両方の IRR を求めることができる。B30 と B31 のセルは、その例を示している。

この手順に関しては、2 つの点に留意しなければならない。

- 引数の**推定値**は、単に IRR に近くなければならないだけであり、唯一の値ではない。例えば、推定値を 0.1 と 0.5 にしても、依然として同じ IRR を得る。

	A	B	C	D
29	2つのIRRを求める			
30	1つ目のIRR	8.78%	<--	=IRR(B6:B11,0.1)
31	2つ目のIRR	26.65%	<--	=IRR(B6:B11,0.5)

- IRR の個数とおおよその値を確認するために、(上で示したように) 投資の NPV を様々な割引率の関数として、グラフを作成することがとても役に立つ。内部収益

率はグラフがx軸と交わる点であり、これらの点に関するおおよその位置を、IRR関数の推定値として用いるべきである。[4]

　純粋に技術的な観点からは、少なくとも2回符号が変わる場合にのみ、一連のキャッシュフローが複数のIRRを持つ可能性がある。多くの典型的なキャッシュフローは、1回しか符号が変わらない。例えば、クーポン10％、額面価額1,000ドル、満期まであと8年の債券を購入する場合のキャッシュフローを考えてみよう。この債券の現在の市場価格が800ドルなら、キャッシュフローは（0年目のマイナスから、1〜8年目のプラスへ）1回しか符号を変えない。したがって、IRRは1つしかない。

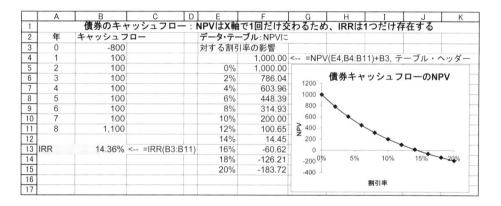

1.5 均等返済スケジュール

別の一般的な問題として、借入金に対する"均等"返済額の計算がある。10,000ドルを年利7％で借りる例を考えてみよう。銀行は、借入金と利息を6年間で完済するように、一連の支払いを行わせたいと考えている。以下のようにExcelの**PMT**関数を用いて、1年当たりの支払額をいくらにするべきかを算定することができる。

4．（前節で行ったように）推定値を入力しない場合、Excelはデフォルト値である推定値0.1を用いる。したがって、ここでの例では、IRR(B6:B11)は8.78％を返す。

28　第1章

	A	B	C	D	E	F	G
1				均等返済スケジュール			
2	借入元本	10,000					
3	金利	7%					
4	借入期間		6	<-- 借入金を返済する年数			
5	年支払額	2,097.96	<--	=PMT(B3,B4,-B2)			

関数の引数　　　　　　　　　　　　　　　　　　　　　　　？　　×

PMT

利率　　B3　　　　　　　　　　　= 0.07
期間　　B4　　　　　　　　　　　= 6
現在価値　-B2　　　　　　　　　　= -10000
将来価値　　　　　　　　　　　　= 数値
支払期日　　　　　　　　　　　　= 数値

　　　　　　　　　　　　　　　　= 2097.957998

一定利率の支払いが定期的に行われる場合の、ローンの定期支払額を算出します。

　　　現在価値　には投資の現在価値、つまり、将来行われる一連の支払いを現時点で一括払いした場合の合計金額、または元金を指定します。

数式の結果 = 2097.957998

この関数のヘルプ(H)　　　　　　　　　　　　　　OK　　　キャンセル

　「現在価値」(当初の借入元本を意味するExcel用語)に、マイナスの符号をつけて入力していることに注目されたい。上で議論した通り、もしそうしなければExcelはマイナスの支払額を返すことになる(少しイラつく)。返済予定表を作ることによって、この2,097.96という答えが正しいことを確認できる。

	A	B	C	D	E	F	G
1				均等返済スケジュール			
2	借入元本		10,000				
3	金利		7%				
4	借入期間		6	<-- 借入金を返済する年数			
5	年支払額		2,097.96	<-- =PMT(B3,B4,-B2)			
6							
7						支払額の内訳	=$B$3*C9
8			年	年初の元本	年末の支払額	利息	元本返済
9			1	10,000.00	2,097.96	700.00	1,397.96
10			2	8,602.04	2,097.96	602.14	1,495.82	=D9-E9
11			3	7,106.23	2,097.96	497.44	1,600.52
12		=C9-F9	4	5,505.70	2,097.96	385.40	1,712.56
13			5	3,793.15	2,097.96	265.52	1,832.44
14			6	1,960.71	2,097.96	137.25	1,960.71
15			7	0.00			

　セルC15のゼロは、6年間かけてローンが完済されたことを示している。6年間

にわたる支払額の現在価値は、当初元本の 10,000 であることが簡単に確認できる。

1.6 将来価値と応用

簡単なところから始めよう。今日、口座に 1,000 を預金し、それを 10 年間そのままにしておくとする。そして、その口座は 10 %の年利を生むとする。10 年目の年末にはいくらになっているだろうか。次のスプレッドシートに示されているように、答えは 2,593.74 である。

	A	B	C	D	E
1			簡単な将来価値		
2	金利		10%		
3					
4	年	年初の口座残高	年間の利息収入	年末の口座残高合計	
5	1	1,000.00	100.00	1,100.00	<-- =C5+B5
6	2	1,100.00	110.00	1,210.00	<-- =C6+B6
7	3	1,210.00	121.00	1,331.00	
8	4	1,331.00	133.10	1,464.10	
9	5	1,464.10	146.41	1,610.51	=$B$2*B
10	6	1,610.51	161.05	1,771.56	
11	7	1,771.56	177.16	1,948.72	
12	8	1,948.72	194.87	2,143.59	
13	9	2,143.59	214.36	2,357.95	
14	10	2,357.95	235.79	2,593.74	
15	11	2,593.74			
16				=D5	
17	より簡単な方法		2,593.74	<-- =B5*(1+B2)^10	

セル C17 が示しているように、これらの複雑な計算を全て行う必要はない。年利 10 %での 10 年後における 1,000 の 将来価値 は、以下により求められる。

$$FV = 1{,}000 * (1 + 10\%)^{10} = 2{,}593.74$$

次に、以下の若干複雑な問題を考えてみよう。ここでも預金口座を開設することを考えている。今日、1,000 を最初に預金し、2, 3, ⋯ , 10 年目の年初においても同様の預入れが続けられる。口座が 10 %の年利を生むとすると、10 年目の年

末における口座残高はいくらになっているだろうか。

この問題は、Excelで簡単にモデル化できる。

	A	B	C	D	E	F
1		年払い積立預金の将来価値				
2	金利	10%				
3	年払い積立額	1,000	<-- 今日及び今後9年間の年初に積み立てられる			
4	積立回数	10				
5						
6	年	年初の口座残高	年初の積立額	年間の利息収入	年末の口座残高合計	
7	1	0.00	1,000	100.00	1,100.00	<-- =D7+C7+B7
8	2	1,100.00	1,000	210.00	2,310.00	<-- =D8+C8+B8
9	3	2,310.00	1,000	331.00	3,641.00	
10	4	3,641.00	1,000	464.10	5,105.10	=$B$2*(B7+C7)
11	5	5,105.10	1,000	610.51	6,715.61	
12	6	6,715.61	1,000	771.56	8,487.17	
13	7	8,487.17	1,000	948.72	10,435.89	
14	8	10,435.89	1,000	1,143.59	12,579.48	
15	9	12,579.48	1,000	1,357.95	14,937.42	
16	10	14,937.42	1,000	1,593.74	17,531.17	
17					=E7	
18	将来価値		17,531.17	<-- =FV(B2,B4,-B3,,1)		

このように、10年後の年末口座残高は17,531.17になるというのが解答である。これと同じ解答は、それぞれの預入れの将来価値を合計する数式として示すことができる。

$$10年後の年末における合計額 = 1{,}000*(1+10\%)^{10} + 1{,}000*(1+10\%)^9$$
$$+ \cdots + 1{,}000*(1+10\%)^1$$
$$= \sum_{t=1}^{10} 1{,}000*(1+10\%)^t$$

Excel関数：セルB18が示しているように、Excelにはこの合計額を与える**FV**関数があることに留意されたい。**FV**関数によって表示されるダイアログ・ボックスは、以下の通りである。

この関数については、次の3点に留意しなければならない。

- プラスの預入れに対して、**FV**関数はマイナスの数値を返す。これは、**PV**関数や**PMT**関数と共通する、この関数のイライラさせる特徴である。マイナスの数値を避けるために、ここでは**定期支払額**を −1,000 と入力している。
- ダイアログ・ボックスの**現在価値**の欄は、一連の預入れが行われるとき、口座に0以外の当初残高があるという状況を想定している。上の例では、この欄はブランクのままで、口座の当初残高が0であることを示している。
- 図で注記されているように、「支払期日」(1または0)は、預入れが各期の初めに行われるか、終わりに行われるかを指定する(この例では前者のケース)。

1.7 年金の問題 — 複雑な将来価値の問題

典型的な問題としては、次のものがある。あなたは現在55歳であり、60歳で退職する予定である。そして、退職後の生活をより快適なものにするため、退職口座を始めるつもりである。

- 1年目、2年目、3年目、4年目、5年目の各年初(即ち、現時点及び翌4年間の各開始時点)において、退職口座に預金するつもりである。また、その口座は、

8％の年利を生むと考えている。
- あなたは60歳で退職した後、さらに8年間生きると想定している。[5] この間それぞれの年初に、退職口座から毎年30,000ドルずつ引き出したいと考えている。なお、あなたの口座残高は、8％の金利を生み続ける。

あなたは毎年いくらずつ口座に積み立てればよいだろうか。以下のスプレッドシートは、この種の問題において、いかに簡単に間違いを犯してしまうかを示している。このケースでは、8年間にわたり毎年30,000ドルずつ引き出すために、最初の5年間に毎年240,000ドル/5=48,000ドルずつ預け入れることが必要であると計算してしまっている。しかしながら、スプレッドシートが示すように、退職後8年目の年末には多額の資金が残る結果となってしまう！（その理由は、複利の強い影響を無視していることである。スプレッドシートで金利を0％とすれば、あなたは正しい）。

	A	B	C	D	E	F
1		退職の問題				
2	金利	8%				
3	年預入額	48,000.00				
4	退職後年引出額	30,000.00				
5						=$B$2*(C7+B7)
6	年	年初の口座残高	年初の積立額	年間の利息収入	年末の口座残高合計	
7	1	0.00	48,000.00	3,840.00	51,840.00	<-- =D7+C7+B7
8	2	51,840.00	48,000.00	7,987.20	107,827.20	
9	3	107,827.20	48,000.00	12,466.18	168,293.38	
10	4	168,293.38	48,000.00	17,303.47	233,596.85	
11	5	233,596.85	48,000.00	22,527.75	304,124.59	
12	6	304,124.59	-30,000.00	21,929.97	296,054.56	
13	7	296,054.56	-30,000.00	21,284.36	287,338.93	
14	8	287,338.93	-30,000.00	20,587.11	277,926.04	
15	9	277,926.04	-30,000.00	19,834.08	267,760.12	
16	10	267,760.12	-30,000.00	19,020.81	256,780.93	
17	11	256,780.93	-30,000.00	18,142.47	244,923.41	
18	12	244,923.41	-30,000.00	17,193.87	232,117.28	
19	13	232,117.28	-30,000.00	16,169.38	218,286.66	
20						
21	注：この問題は5回の預入れと8回の年引出しからなり、全て年初に行われる。13年目の年初が退職プランの最終年度である。もし年預入額が正しく計算されていれば、引き出した後の13年目の年末残高はゼロとなるはずである。					

---
[5]. もちろん、あなたはもっと長生きするつもりだろう！そして、私もあなたの健康を願っている！この問題の年数は、ページの大きさにうまく収まるするように決められただけである。

この問題を解くためには、いくつかの方法がある。1つ目の方法はExcelの**ソルバー**である。ソルバーは［**データ**］メニューで見つけることができる。[6]

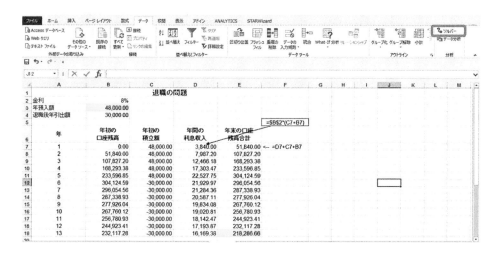

---

[6] ソルバーが［データ］メニューに表示されなかった場合、ソルバーを取り込む必要がある。ソルバーを取り込むには、［**ファイル**］ー［**オプション**］ー［**アドイン**］を開き、プログラムのリストから**ソルバーアドイン**をクリックする。また、**ゴールシーク**を用いて、この問題を解くこともできることに留意しよう。このような簡単な問題であれば、**ソルバー**と**ゴールシーク**に大きな違いはない。**ソルバー**の1つの利点（些少なことではない）は、ソルバーは前回の引数を記憶しており、同じスプレッドシートで再度ソルバーを立ち上げた場合、前回の計算で何を行ったかが分かることである。後の章では、**ゴールシーク**では解くことができず、**ソルバー**を使うことが必要になる問題を説明する。

第1章

　ソルバーをクリックすると、ダイアログ・ボックスが開く。以下では、次のように入力している。

ここで**解決**（**S**）をクリックすると、解答が得られる。

	A	B	C	D	E	F
1				退職の問題		
2	金利	8%				
3	年預入額	29,386.55				
4	退職後年引出額	30,000.00				
5						=$B$2*(C7+B7)
6	年	年初の 口座残高	年初の 積立額	年間の 利息収入	年末の口座 残高合計	
7	1	0.00	29,386.55	2,350.92	31,737.48	<-- =D7+C7+B7
8	2	31,737.48	29,386.55	4,889.92	66,013.95	
9	3	66,013.95	29,386.55	7,632.04	103,032.54	
10	4	103,032.54	29,386.55	10,593.53	143,012.62	
11	5	143,012.62	29,386.55	13,791.93	186,191.10	
12	6	186,191.10	-30,000.00	12,495.29	168,686.39	
13	7	168,686.39	-30,000.00	11,094.91	149,781.30	
14	8	149,781.30	-30,000.00	9,582.50	129,363.81	
15	9	129,363.81	-30,000.00	7,949.10	107,312.91	
16	10	107,312.91	-30,000.00	6,185.03	83,497.94	
17	11	83,497.94	-30,000.00	4,279.84	57,777.78	
18	12	57,777.78	-30,000.00	2,222.22	30,000.00	
19	13	30,000.00	-30,000.00	0.00	0.00	

ファイナンスの数式を用いて退職の問題を解く

割引のプロセスを理解していれば、この問題をより知的な方法で解くことができる。8％で割り引かれる場合、一連の支払い全体の現在価値は0でなければならない。

$$\sum_{t=0}^{4} \frac{\text{最初の預入れ}}{(1.08)^t} - \sum_{t=5}^{12} \frac{30,000}{(1.08)^t} = 0$$

$$\Rightarrow \text{最初の預入れ} = \left.\sum_{t=5}^{12} \frac{30,000}{(1.08)^t} \right/ \sum_{t=0}^{4} \frac{1}{(1.08)^t}$$

$\sum_{t=5}^{12} \frac{30,000}{(1.08)^t} = \frac{1}{(1.08)^4} \sum_{t=1}^{8} \frac{30,000}{(1.08)^t}$ と書き直すと、Excel の **PV** 関数及び **PMT** 関数を用いて問題を解くことができる。

	A	B	C
1		退職の問題	
2	金利	8%	
3	退職後年引出額	30,000.00	
4	引出しの年数	8	
5	預入れの年数	5	
6	引出額の現在価値	117,331.98	<-- =-PV(B2,B4,B3)/(1+B2)^B5
7	年預入額	29,386.55	<-- =PMT(B2,B5,-B6)

1.8 連続複利

5％の年利を生む銀行口座に1,000ドルを預金するとしよう。これは1年後に、1,000ドル*(1.05) = 1,050ドルを保有することを意味する。次に、"5％の年利"について、銀行が2.5％の金利を1年に2回支払う意味であるとしよう。したがって、6ヶ月後には1,025ドルを保有し、1年後には1,000ドル*$\left(1 + \dfrac{0.05}{2}\right)^2$ = 1,050.625ドルを保有することになる。この論理によって、利息を1年間にn回受け取る場合、年末残高は1,000ドル*$\left(1 + \dfrac{0.05}{n}\right)^n$になる。$n$が増加するほどこの金額は大きくなり、Excelで**Exp**関数として示される$e^{0.05}$に収束する(すぐ後で分かるが、かなり急速に)。nが無限大のとき、これを*連続複利*という(スプレッドシートのセルに「**Exp(1)**」と入力すると、$e = 2.7182818285\cdots$であることが分かる)。

次の画面が示すように、1年間5％の連続複利で、1,000ドルは年末に1,000ドル*$e^{0.05}$ = 1,051.271ドルに増える。t年間の連続複利では、1,000ドル*$e^{0.05*t}$に増える。なお、tは整数である必要はない(例えば、$t = 4.25$とすると、複利終価係数$e^{0.05*4.25}$は、当初の投資額が4年3ヶ月にわたり、年利5％の連続複利で増えることを計算する)。

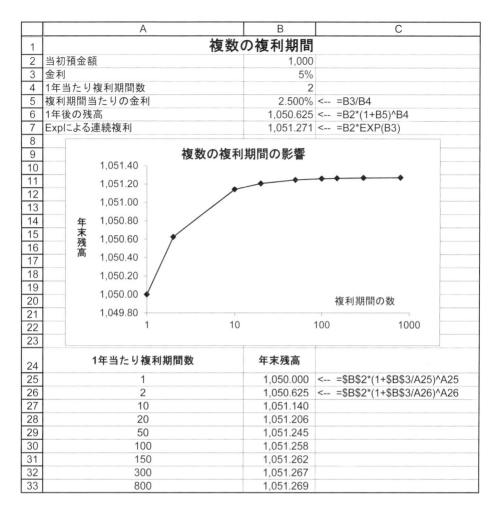

結論：明らかな漸近値があるものの、複利期間数が多ければ多いほど、将来の価値は増加する。以下で見るように、t 年にわたる増加では、その値は e^{rt} となる。

ファイナンスに戻ると 一連続複利での割引

金利 r、期間 t 年における連続複利の増加ファクターが e^{rt} なら、同じ期間における割引ファクターは e^{-rt} である。したがって、t 年に発生し、連続金利 r で割り引かれたキャッシュフロー C_t は、現時点において $C_t e^{-rt}$ の価値となる。以下はその例証である。

	A	B	C	D
1			連続複利での割引	
2	金利	8%		
3				
4	年	キャッシュフロー	連続複利で割り引かれたPV	
5	1	100	92.312	<-- =B5*EXP(-$B$2*A5)
6	2	200	170.429	<-- =B6*EXP(-$B$2*A6)
7	3	300	235.988	
8	4	400	290.460	
9	5	500	335.160	
10				
11	現在価値		1,124.348	<-- =SUM(C5:C9)

価格データから連続複利収益率を計算する

時点 0 において、銀行に 1,000 ドルを保有しており、1 年後には 1,200 ドルを保有していたとしよう。このときの収益率はいくらだろうか？この解答は明白であると思われるかもしれないが、実際には複利方式に依存している。銀行が 1 年に 1 回だけ利息を支払う場合、収益率は次の通り 20 % となる。

$$\frac{1,200}{1,000} - 1 = 20\%$$

しかしながら、銀行が 1 年に 2 回、利息を支払う場合には、収益率を計算するために以下の方程式を解く必要がある。

$$1,000 * \left(1 + \frac{r}{2}\right)^2 = 1,200 \Rightarrow \frac{r}{2} = \left(\frac{1,200}{1,000}\right)^{1/2} - 1 = 9.5445\%$$

したがって、利息が 1 年に 2 回支払われる場合の年間収益率は、$2 * 9.5445\% = 19.089\%$ である。

一般に、1 年に n の複利期間がある場合には $\frac{r}{n} = \left(\frac{1,200}{1,000}\right)^{1/n} - 1$ を解く必要があり、さらに、その結果を適切な数と掛け合わせる必要がある。もし n が非常に大きければ、収益率は $r = \ln\left(\frac{1,200}{1,000}\right) = 18.2322\ \%$ に収束する。

	A	B	C
1	価格から収益率を計算する		
2	当初預入額	1,000	
3	年末残高	1,200	
4	複利期間数	2	
5	年間インプライド・レート	19.09%	<-- =((B3/B2)^(1/B4)-1)*B4
6			
7	連続複利での収益率	18.23%	<-- =LN(B3/B2)
8			
9	複利期間数がnのときの年間インプライド・レート		
10	複利期間数	金利	
11		19.09%	<-- =B5, データ・テーブル・ヘッダー
12	1	20.00%	
13	2	19.09%	
14	4	18.65%	
15	8	18.44%	
16	20	18.32%	
17	1000	18.23%	

なぜ連続複利を用いるのか？

ここで述べたことは全て、若干難解に感じられるかもしれない。しかし、連続複利及び連続複利による割引は、ファイナンスの計算において頻繁に用いられる。本書では、連続複利はポートフォリオの収益率を計算するために用いられ（第 8 章～第 13 章）、また、ほとんど全てのオプションの計算で用いられる（第 15 章～第 19 章）。

連続複利を用いる理由は他にもあり、それは計算が容易な点である。例えば、1,000 ドルが 1 年 9 ヶ月後に 1,500 ドルに増えるとしよう。このときの年間収益率は、いくらだろうか？これを行うための最も容易かつ一貫した方法は、連続複利の年間収益率を計算することである。1 年 9 ヶ月は 1.75 年であるため、この収益率は以下の通りとなる。

$$1,000 * \exp[r * 1.75] = 1,500 \Rightarrow r = \frac{1}{1.75} \ln \left[\frac{1,500}{1,000} \right] = 23.1694\%$$

1.9 日付のあるキャッシュフローの割引

本章におけるほとんどの計算は、一定の間隔で生じるキャッシュフローを考慮した。我々が見る典型的なキャッシュフローは時点 $0, 1, \cdots, n$ で発生し、その期間は 1 年、半年、あるいはその他の一定間隔である。**XIRR** 関数と **XNPV** 関数の

2 つの Excel 関数は、等間隔である必要のない、特定の日に生じるキャッシュフローの計算をすることができる。[7]

次の例では、2014 年 1 月 1 日に 1,000 ドルを投資し、その後特定の日に入金がある場合の IRR を計算している。

	A	B	C
1	XIRR関数を使用した 年間内部収益率の計算		
2	日付	キャッシュフロー	
3	1-Jan-14	-1,000	
4	3-Mar-14	150	
5	4-Jul-14	100	
6	12-Oct-14	50	
7	25-Dec-14	1,000	
8			
9	IRR	37.19%	<-- =XIRR(B3:B7,A3:A7)

XIRR 関数は、年率換算された収益率を出力する。即ち、次のように日次 IRR を計算し、それを年率化させているのである。

$$XIRR = (1 + 日次 IRR)^{365} - 1$$

XNPV 関数は、特定の日に生じる一連のキャッシュフローの正味現在価値を計算する。

	A	B	C
1	XNPV関数を使用した 正味現在価値の計算		
2	年割引率	12%	
3			
4	日付	キャッシュフロー	
5	1-Jan-14	-1,000	
6	3-Mar-15	100	
7	4-Jul-15	195	
8	12-Oct-16	350	
9	25-Dec-17	800	
10			
11	正味現在価値	16.80	<-- =XNPV(B2,B5:B9,A5:A9)
12			
13	XNPVは、NPVとは異なる構文（シンタックス）を持つことに注意しよう！ XNPVが最初のキャッシュフローを含む全てのキャッシュフローを必要とする一方、 NPVは最初のキャッシュフローが1期間後に生じるものと仮定している。		

---

7. もしこれらの関数が見つからない場合には、ツールバーの［ファイル］-［オプション］-［アドイン］に行き、**分析ツール**をチェックすれば追加される。

XNPV 関数と XIRR 関数のバグを修正する

XNPV 関数と XIRR 関数の両方に、Microsft が Excel の幾つかのバージョンで修正していないバグがある。本章のファイルには、**NXNPV** 関数及び **NXIRR** 関数と呼ばれる、これらのバグを修正した関数が含まれている。[8]

- **XNPV** 関数は、ゼロまたはマイナスの金利では機能しない。
- **XIRR** 関数は、複数の内部収益率を認識しない。

次の表にある **XNPV** 関数は、ゼロまたはマイナスの割引率に正しく対処できないという、この関数の機能不全を示している。

	A	B	C
1	**XNPVの問題** ーXNPVはゼロまたはマイナスの割引率では機能しないー		
2	割引率	-3.00%	
3	正味現在価値	#NUM!	<-- =XNPV(B2,B7:B13,A7:A13)
4		-194.87	<-- =nXNPV(B2,B7:B13,A7:A13)
5			
6	日付	キャッシュフロー	
7	30-Jun-14	-500	
8	14-Feb-15	100	
9	14-Feb-16	300	
10	14-Feb-17	400	
11	14-Feb-18	600	
12	14-Feb-19	800	
13	14-Feb-20	-1,800	

NXNPV 関数は、この問題を修正している。

XIRR 関数のバグは、**XIRR** 関数で入力した**推定値**が機能しないことである。次の問題を考えてみよう。

---

8. これらのバグの修正は、私の同僚である Benjamin Czaczkes によって開発された。

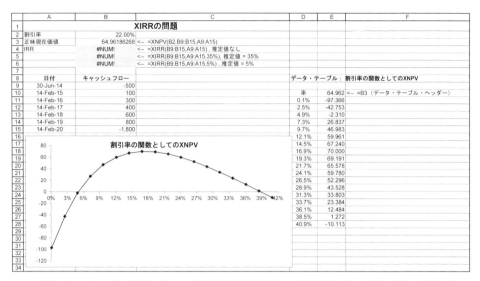

データ・テーブルより、2つの内部収益率があることは明らかである（約5％と約39％）。しかしながら、**XIRR** 関数はいずれも識別しない（セル B4 から B6 を参照のこと）。

NXIRR 関数は、このバグを修正している。

	A	B	C
1		NXIRR関数はXIRR関数のバグを修正している	
2	割引率	-3.00%	
3	IRR	5.06%	<-- =nXIRR(B8:B14,A8:A14) , 推定値なし
4		38.77%	<-- =nXIRR(B8:B14,A8:A14,35%), 推定値 = 35%
5		5.06%	<-- =nXIRR(B8:B14,A8:A14,5%) , 推定値 = 5%
6			
7	日付	キャッシュフロー	
8	30-Jun-14	-500	
9	14-Feb-15	100	
10	14-Feb-16	300	
11	14-Feb-17	400	
12	14-Feb-18	600	
13	14-Feb-19	800	
14	14-Feb-20	-1,800	

練習問題

1. 今後10年間、毎年末に100ドルのキャッシュフローが得られる、原価600ドルの資産をオファーされた。

a. この資産に対する適切な割引率が 8 % であるとき、購入するべきか？
b. この資産の IRR はいくらか？

2. 10,000 ドルの 5 年ローンを組んだ。各年末の支払いは定額（毎年均等）で、金利は 15 % である。各年の元本と金利の内訳を示しつつ、適切な返済予定表を作成しなさい。

3. 以下の条件で投資をオファーされた。

   • 投資原価は 1,000。
   • 投資は 1 年目の年末に合計 X の収入をもたらす。この収入額はその後 10 年間、1 年当たり 10 % で増加する。

   割引率が 15 % であるとき、この資産の購入を考えたくなる最小の X を計算しなさい。例えば、以下の図で示されているように、$X = 100$ ドルでは正味現在価値がマイナスとなるため小さ過ぎる。

	A	B	C
1	割引率	15%	
2	当初支払額	129.2852	
3	NPV	-226.52	<-- =B6+NPV(B1,B7:B17)
4			
5	年	キャッシュフロー	
6	0	-1,000.00	
7	1	100.00	<-- 100
8	2	110.00	<-- =B7*1.1
9	3	121.00	<-- =B8*1.1
10	4	133.10	
11	5	146.41	
12	6	161.05	
13	7	177.16	
14	8	194.87	
15	9	214.36	
16	10	235.79	
17	11	259.37	

4. 以下のキャッシュフロー・パターンは、2 つの IRR を持つ。Excel を用いて、このキャッシュフローの **NPV** を、割引率の関数としてグラフを描きなさい。また、**IRR** 関数を用いて 2 つの IRR を求めなさい。機会コストが 20 % の場合、このプロジェクトに投資するだろうか？

	A	B
4	年	キャッシュフロー
5	0	-500
6	1	600
7	2	300
8	3	300
9	4	200
10	5	-1,000

5. この問題では、反復計算により内部収益率を求める。原価が 800 で、1 年目から 5 年目に 300, 200,150,122, 133 というキャッシュフローを持つ投資を考えよう。以下の回収予定表を作成すると、10 % は IRR よりも大きいことが分かる（5 年目の年末の元本回収額が、年初元本よりも小さいため）。

	A	B	C	D	E	F	G	H
1	IRR?	10.00%						
2					回収予定表		受取額の内訳	
3	年	キャッシュフロー		年	年初の元本	年末の受取額	利息	元本
4	0	-800		1	800.00	300.00	80.00	220.00
5	1	300		2	580.00	200.00	58.00	142.00
6	2	200		3	438.00	150.00	43.80	106.20
7	3	150		4	331.80	122.00	33.18	88.82
8	4	122		5	242.98	133.00	24.30	108.70
9	5	133		6	134.28	<-- IRRを求めるにはここがゼロとなるようにする		

IRR? のセルを 3 % とすると、3 % は IRR よりも小さいことが分かる。これは、5 年目の年末の元本回収額が、5 年目の年初元本よりも大きいためである。IRR? のセルを変化させ、この投資の内部収益率を求めなさい。

	A	B	C	D	E	F	G	H
1	IRR?	3.00%						
2					回収予定表		受取額の内訳	
3	年	キャッシュフロー		年	年初の元本	年末の受取額	利息	元本
4	0	-800		1	800.00	300.00	24.00	276.00
5	1	300		2	524.00	200.00	15.72	184.28
6	2	200		3	339.72	150.00	10.19	139.81
7	3	150		4	199.91	122.00	6.00	116.00
8	4	122		5	83.91	133.00	2.52	130.48
9	5	133		6	-46.57	<-- IRRを求めるにはここがゼロとなるようにする		

6. IRR のもう 1 つの定義は、6 年目の年初元本をゼロにする率である。[9] これは、上の図で示されており、セル E9 に 6 年目の年初元本が与えられている。Excel の**ゴールシーク**機能を用いて、この率を求めなさい（どのような画面が表示されるかを下に示しておく）。

	A	B	C	D	E	F	G	H	I
1	IRR?	10.00%							
2					回収予定表		受取額の内訳		
3	年	キャッシュフロー		年	年初の元本	年末の受取額	利息	元本	
4	0	-800		1	800.00	300.00			
5	1	300		2	580.00	200.00			
6	2	200		3	438.00	150.00			
7	3	150		4	331.80	122.00			
8	4	122		5	242.98	133.00			
9	5	133		6	134.28	<-- IRRを求めるには			
10									
11									
12	IRR	5.07%	<-- Excel 関数 =IRR(B4:B9) を使用する						
13									

ゴールシーク ダイアログ:
数式入力セル(E): $E$9
目標値(V): 0
変化させるセル(C): $B$1

---

[9] もちろん、一般的に IRR は、最終の支払いの翌年の元本をゼロにする収益率である。

(もちろん、Excel の **IRR** 関数を用いて、あなたが行った計算をチェックすべきである。)

7. 金利 13 % の 5 年ローン 100,000 ドルを返済するのに必要な、均等年間返済額を計算しなさい。

8. 自動車ローンを 15,000 ドル組んだ。ローンの期間は 48 ヶ月で、年利は 15 % である（銀行は 15 % /12 =1.25 % の月利に換算する）。48 回の支払いは（今後 48 ヶ月の毎月末に行われる）、全て均等額である。

    a. ローンの月次支払額を計算しなさい。
    b. 返済予定表により、各月の月初ローン元本残高を計算しなさい。また、各月の支払額を利息と元本返済に分割しなさい。
    c. 各月初の元本が、残りのローン返済額のローン金利における現在価値であることを示しなさい（**NPV** 関数か **PV** 関数のいずれかを用いること）。

9. 地元の自動車ディーラーから車を購入することを検討している。ディーラーは 2 つの支払方法を提示した。

    • 現金で 30,000 ドル支払う。
    • 「支払繰延プラン」。現時点においてディーラーに 5,000 ドルを現金で支払い、以後 30 ヶ月、毎月末に 1,050 ドル支払う。

    ディーラーの支払繰延プランの代替案として、地元の銀行に行ったところ、月利 1.25 % の自動車ローン 25,000 ドルを勧めてくれた。

    a. 1.25 % が機会コストであると仮定して、ディーラーの「支払繰延プラン」における全支払額の現在価値を計算しなさい。
    b. ディーラーにより課される実効金利はいくらか。次のようなスプレッドシートを準備して、この計算を行いなさい（スプレッドシートの一部のみが示されており、この計算を 30 ヶ月全てについて行う必要がある）。

	D	E	F	G	H
2	月	現金での支払額	支払繰延プランにおける支払額	差額	
3	0	30,000	5,000	25,000	<-- =E3-F3
4	1	0	1,050	-1,050	<-- =E4-F4
5	2	0	1,050	-1,050	
6	3	0	1,050	-1,050	
7	4	0	1,050	-1,050	
8	5	0	1,050	-1,050	
9	6	0	1,050	-1,050	
10	7	0	1,050	-1,050	
11	8	0	1,050	-1,050	

    ここで、「差額」列（G 列）の IRR を計算しなさい。これは、支払繰延プラン

10. 今後5年間、毎年末に15,000ドルの預金が必要になる貯蓄プランを検討している。このプランの金利が10％ならば、5年目の年末にはいくら貯まっているだろうか。以下のスプレッドシートを完成させることにより、計算しなさい。なお、このスプレッドシートは、計算を2回行っている。1回はＦＶ関数を用いて、もう1回は毎年初の貯蓄額を示す簡単な表を用いて行っている。

	A	B	C	D
1	年間支払額	15,000		
2	金利	10%		
3	年数	5		
4	総価値	$91,576.50	<-- =FV(B2,B3,-B1,,0)	
5				
6	年	年初の貯蓄額	年末の支払額	年間利息
7	1	0	15,000	0.00
8	2	15,000	15,000	1,500.00
9	3	31,500		
10	4			
11	5			
12	6			

11. 5回の預入れを今年及び以後4年間の年初に行うものとして、前の問題の計算を再度行いなさい。5年目の年末にはいくら貯まっているだろうか。

12. あるミューチュアル・ファンドは、直近10年間、そのファンドに月々250ドル預け入れていれば、85,000ドル貯めることができたと宣伝している。これらの預入れが120ヶ月間、毎月初に行われたものとして、ファンドの投資家が得た実効年次収益率を計算しなさい。

（ヒント）以下のスプレッドシートを作成し、**ゴールシーク**を用いる。

	A	B	C
1	月間支払額	250	
2	月数	120	
3			
4	実効月次収益率は？		
5	貯蓄額		<-- =FV(B4,B2,-B1,,1)

ここで、実効年次収益率は2つの方法のいずれかで計算できる。

- $(1 + 月次収益率)^{12} - 1$：これは複利計算された年次収益率であり、各月の利益の再投資を考慮しているため、より好ましい。
- $12 * 月次収益率$：この方法は、しばしば銀行により用いられる。

13. あなたは、ちょうど35歳になったところで、退職に備えて貯蓄を始めるつもりである。30年後（65歳になったとき）に退職し、以降20年間、毎年100,000ドルの収入を得ることを望んでいる。退職後の収入を賄うため、今から65歳に

なるまでの間に貯蓄しなければならない金額を計算しなさい。なお、以下の仮定をおくこと。

- 貯蓄は全額、年 10 % の複利で利息がつく。
- 現時点で最初の支払いを行い、64 歳になった時点で最後の支払いを行う（30 回払い）。
- 65 歳になった時点で最初の払戻しを行い、84 歳になった時点で最後の払戻しを行う（20 回払い）。

14. 現在、あなたは 5 % の利息を生む、銀行の普通預金 25,000 ドルを保有している。事業に 25,000 ドルが必要になり、2 つの選択肢を検討している。

    (a) 普通預金の資金を使用する。
    (b) 銀行から 6 % で資金を借り、普通預金の資金はそのままにしておく。

    財務アナリストは上記(b)の方が良いと提案している。その論理は次の通りである。6 % のローンにかかる利息合計額は、同じ期間に 25,000 ドルの預金から得られる利息よりも小さい。彼の計算は、以下に示されている。この論理が間違っていることを示しなさい（考えてみれば、銀行から 5 % の利息を得ているとき、6 % のローンを組むことが好ましいはずがない。しかし、この説明は自明ではないだろう）。

	A	B	C	D	E	F
1		問題 14－財務アナリストの計算				
2	利息収入	5%				
3	利息支払	6%				
4	当初預金額	25,000				
5					=PMT($B$3,2,-$B$4)	
6		6%ローン				
7	年	年初元本	年末の支払額	支払利息	元本の返済	
8		1	25,000.00	13,635.92	1,500.00	12,135.92	<-- =C8-D8
9		2	12,864.08	13,635.92	771.84	12,864.08	
10			支払利息合計		2,271.84		
11						
12		普通預金				
13	年	年初の普通預金残高	年末の受取利息	年末の預金残高		
14		1	25,000.00	1,250.00	26,250.00		
15		2	26,250.00	1,312.50	27,562.50		
16			受取利息合計	2,562.50			

15. **XIRR** 関数を使用して、次の投資の内部収益率を計算しなさい。

	A	B
1	日付	キャッシュフロー
2	30-Jun-07	-899
3	14-Feb-08	70
4	14-Feb-09	70
5	14-Feb-10	70
6	14-Feb-11	70
7	14-Feb-12	70
8	14-Feb-13	1,070

16. **XNPV** 関数を使用して、次の投資の価値を計算しなさい。年次割引率は 15 % とする。

	A	B
4	日付	キャッシュフロー
5	30-Jun-07	-500
6	14-Feb-08	100
7	14-Feb-09	300
8	14-Feb-10	400
9	14-Feb-11	600
10	14-Feb-12	800
11	14-Feb-13	-1,800

17. 問題 16 の投資に係る 2 つの内部収益率を求めなさい。

2 企業価値評価の概要

2.1 概要

第 3 章から第 6 章では、ファイナンスにおいて最も扱いにくい論点の 1 つである、企業価値評価に関する様々な観点について議論する。本章の目的は、この複雑な論点に関する概要を端的に提供することである。続く章では、資本コストの計算（第 3 章）、連結キャッシュフロー計算書に基づいたフリー・キャッシュフローの直接評価（第 4 章）、予測財務諸表の見積り（第 5 章及び第 6 章）の順で、バリュエーションの構成要素を見ていくこととする。

企業価値評価とは何なのか？

会社のバリュエーションを議論する際には、次の用語を参照することになる。

- 事業価値（Enterprise value）[†]：会社の生産活動を評価することにより算定される。
- 株主資本（Equity）：会社の株式を評価することにより算定される。これは、1 株を購入したり売却したりする目的の場合と、企業買収を目的として株主資本の全てを評価する場合がある。
- 負債（Debt）：会社の負債を評価することにより算定される。負債にリスクがある場合、その価値は負債を発行する会社の価値に依存する。
- その他：会社に関連するその他の証券を評価することがある（例えば、会社の新株予約権、オプション、従業員ストック・オプションなど）。

本書の第 2 章〜第 6 章では、これらの用語のうち初めの 2 つを議論し、負債とその他の証券の評価は後の章に残す。[1]

[†] 訳者脚注："Enterprise value" は、一般的に「企業価値」とも訳される。
[1] リスクのある債券の評価は第 23 章で議論される。また、デリバティブ証券の評価については、第 15 章〜第 19 章、第 29 章及び第 30 章で議論される。

2.2 事業価値（Enterprise Value；EV）を計算する4つの方法

会社を評価する際の重要な概念は*事業価値*である。事業価値（EV）は、企業のコアとなる事業活動の価値であり、多くの企業価値評価モデルの基本型である。事業価値を計算するために、ここでは4つのアプローチを区別する。

- EV の会計的アプローチでは、各項目を貸借対照表に移動する。その結果、営業活動に関する項目の全ては貸借対照表の左側となり、財務項目の全ては貸借対照表の右側となる。多くの学者はこのアプローチを鼻で笑うが、事業価値について考えるにはしばしば有益な出発点となる。
- EV の効率的市場アプローチは、会計的アプローチにおける貸借対照表上の各項目を、可能な限り市場価値に再評価する。自明な再評価は、企業の株主資本の帳簿価額を、当該株主資本の市場価値に置き換えることである。その他の債務（負債や年金負債など）の市場価値も、分かる範囲で、それらの帳簿価額から置き換えられる。
- 割引キャッシュフロー（Discounted cash flow; DCF）アプローチでは、企業の将来予想されるフリー・キャッシュフロー（FCFs）を、加重平均資本コスト（Weighted average cost of capital；WACC）で割り引いた現在価値として、EVを評価する。FCFs は、企業の生産用資産（運転資本、固定資産、のれんなど）によって生み出されるキャッシュフローとして考えると、一番理解しやすい。
- 本書では、DCF アプローチに関する2つの方法を実践する。これらのアプローチは、企業のフリー・キャッシュフローの導き方に違いがある。

  ○ 第4章では、企業の連結キャッシュフロー計算書の分析を基に、将来予想される FCFs を見積もる。
  ○ 第5章と第6章では、企業の財務諸表に関する予測モデルを基に、将来予想される FCFs を見積もる。

2.3 会計上の帳簿価額を使用して会社を評価する（会計上の事業価値）

会計上の数値を用いて会社を評価することはまずないが、会社の貸借対照表はバリュエーション過程の有益な開始フレームワークである。本節では、会計帳簿がどのように*事業価値*（EV）の概念を明確にする手助けになるかを示す。出発点と

して、XYZ Corp. の貸借対照表を考えてみよう。

	A	B	C	D	E
1	**XYZ CORP の貸借対照表**				
2	資産			負債及び株主資本	
3	流動資産			流動負債	
4	現金預金	1,000		仕入債務	1,500
5	市場性ある有価証券	1,500		未払税金	200
6	棚卸資産	1,500		1年内返済予定の長期債務	1,000
7	売上債権	3,000		短期債務	500
8					
9	固定資産			長期債務	1,500
10	土地	150		年金負債	800
11	有形固定資産（取得原価）	2,500			
12	（控除）減価償却累計額	-700		優先株式	200
13	固定資産（帳簿価額）	1,950		少数株主持分	100
14					
15				株主資本	
16	のれん	1,000		資本金（額面）	1,000
17				利益剰余金	3,500
18				自己株式	-350
19	**資産合計**	**9,950**		**負債及び株主資本合計**	**9,950**

この貸借対照表を次の通り書き換える。

- 流動資産と流動負債について、営業項目と財務項目に分ける。
- 営業項目に分けられた流動負債を、貸借対照表の左側に移動する。
- 全ての負債（短期債務、1年内返済予定の債務、長期債務）を、1つの債務項目にまとめる。

XYZの貸借対照表
－事業用流動負債を左側に移動し、全ての金融負債を右側の1項目にまとめる－

	A	B	C	D	E	F
2	資産			負債及び株主資本		
3	当座資産（現金預金＋市場性ある有価証券）	2,500		金融債務		
4				1年内返済予定の長期債務	1,000	
5	事業用流動資産			短期債務	500	
6	棚卸資産	1,500		長期債務	1,500	
7	売上債権	3,000		金融債務合計	3,000	
8	（控除）事業用流動負債					
9	仕入債務	-1,500				
10	未払税金	-200		年金負債	800	
11	純運転資本	2,800	<-- =SUM(B6:B10)			
12				優先株式	200	
13	固定資産	1,950		少数株主持分	100	
14						
15	のれん	1,000		株主資本	4,150	
16						
17	書換え後貸借対照表の左側	8,250	<-- =B11+B13+B15+SUM(B3:B4)	書換え後貸借対照表の右側	8,250	<-- =E7+E10+SUM(E12:E15)

　次のステップとして、会社の金融債務の純額を算定するため、当座資産（現金預金及び市場性のある有価証券）を金融債務から控除する。このステップを終えれば、貸借対照表の左側に全ての生産用資産が、また、右側には全ての財務項目が集まる。最終の貸借対照表の左側が会社の*事業価値*であり、会社の事業用資産の価値として定義される。これらは、会社の実際の事業活動にキャッシュフローをもたらす資産である。

	A	B	C	D	E	F
1			XYZの事業価値貸借対照表			
2	資産			負債及び株主資本		
3	純運転資本	2,800		金融債務合計	3,000	
4				（控除）当座資産	-2,500	
5	固定資産	1,950		債務の純額	500	
6						
7	のれん	1,000		年金負債	800	
8						
9				優先株式	200	
10				少数株主持分	100	
11						
12				株主資本	4,150	
13						
14	事業価値	5,750	<-- =B3+B5+B7	事業価値	5,750	<-- =E5+E7+SUM(E9:E12)

Caterpillar Corporation[2]

2011 年 12 月 31 日現在における Caterpillar Corp.（CAT）の貸借対照表を使って、実際の貸借対照表の書き換えを示してみよう。

Caterpillar Corp., の貸借対照表
－2011年12月31日現在－

流動資産		流動負債	
現金及び現金同等物	3,057,000	仕入債務	16,946,000
短期投資		短期債務	9,648,000
債権（純額）	19,533,000	その他流動負債	1,967,000
棚卸資産	14,544,000	流動負債合計	28,561,000
その他流動資産	994,000		
流動資産合計	38,128,000	長期債務	24,944,000
		その他負債	14,539,000
長期投資	13,211,000		
有形固定資産（帳簿価額）	14,395,000	少数株主持分	46,000
のれん	7,080,000	負債合計	68,090,000
無形資産	4,368,000		
その他資産	2,107,000	新株予約権等	473,000
長期繰延資産	2,157,000	資本金	4,273,000
		利益剰余金	25,219,000
		自己株式	-10,281,000
		その他株主持分	-6,328,000
		株主資本合計	13,356,000
資産合計	**81,446,000**	**負債及び資本合計**	**81,446,000**

　Caterpillar の事業価値貸借対照表を得るため、財務項目を左側から右側に移動するとともに、事業用流動負債を貸借対照表の右側から左側に移動する。また、当座資産（現金預金及び市場性のある有価証券）を金融債務から控除していることに留意されたい。これは、これらの資産が Caterpillar のコアとなる事業活動に必要不可欠なものではないと仮定していることによる。

　Caterpillar の簿価ベース事業価値は、次の通り 59,476,000 ドルとなる。

---

[2]. CAT については、第 3 章において加重平均資本コストの算定で、また、第 4 章において予測財務諸表の構築で、再度取り上げる。

	A	B	C	D	E	F
1	CATERPILLAR CORP., の2011年事業価値貸借対照表 —簿価ベース—					
2	純運転資本	16,158,000	<-- =19533000+14544000+994000-16946000-1967000	金融債務（純額）	31,535,000	<-- =9648000+24944000-3057000
3	長期投資	13,211,000		その他負債	14,539,000	
4	有形固定資産	14,395,000				
5	のれん	7,080,000		少数株主持分	46,000	
6	無形資産	4,368,000				
7	その他資産	2,107,000		株主資本	13,356,000	
8	長期繰延資産	2,157,000				
9	事業価値	59,476,000	<-- =SUM(B2:B8)	事業価値	59,476,000	<-- =SUM(E2:E7)

2.4 企業評価のための効率的市場アプローチ

先のCaterpillarの例は、帳簿価額が会社の正しい価値であると仮定している。しかし、簡単な計算をすれば、これがいかに問題を含んでいるか分かる。2011年末時点で、Caterpillarの発行済株式数は624.72百万株で、1株当たりの株価は90.60ドルだった。これは、Caterpillarの事業価値が102,720百万ドルであることを示唆し、簿価ベースの事業価値59,476百万ドルとは著しく異なっている。

	A	B	C
1	CATERPILLARの株主資本及び財務負債の評価 —効率的市場アプローチ— （単位：千ドル）		
2	発行済み株式数（単位：千株）	624,722.72	
3	1株当たり株価	90.60	<--2011年12月30日現在
4	株主資本価値（時価総額）	56,599,878	<-- =B2*B3
5			
6	現金及び現金同等物	3,057,000	
7	短期債務及び1年内返済予定の長期債務	9,648,000	
8	長期債務	24,944,000	
9	債務（純額）	31,535,000	<-- =SUM(B7:B8)-B6
10			
11	その他負債	14,539,000	
12			
13	少数株主持分	46,000	
14	優先株式	0	
15			
16	事業価値（株主資本＋債務（純額）＋その他負債＋少数株主持分）	102,719,878	<-- =SUM(B4,B9,B11,B13)

　Caterpillarの株主資本及び財務負債の評価における効率的市場アプローチは、会社の株式または債務の市場価値が単に評価時点の市場価値であると仮定する。こ

のアプローチは、前節の会計的アプローチよりも優れており、また、次以降の節や第 5 章及び第 6 章で例証する DCF 法よりもはるかに簡単である。さらに、理論的にも強固で、その背後の学術研究もたくさんある。もし市場が機能していれば（会社の株式を取引する多数の市場参加者がおり、対象会社に関する情報が豊富に存在し、評価者はいかなる特別な情報も持っていない、という点において）、会社の真の価値として市場価格を受け入れないことはあり得ない。[3]

Caterpillar の事業価値貸借対照表に効率的市場アプローチを適用することにより、事業価値貸借対照表の右側の 102,719,878 が導かれる。これはもちろん、貸借対照表の左側を再評価する必要があることを意味する。この事業価値貸借対照表の貸借を一致させる 1 つの方法は、純運転資本の帳簿価額が市場価値とほぼ近似していると仮定することである。これにより、貸借対照表の貸借が一致するように、会社の長期資産の市場価値を再計算することができる。

	A	B	C	D	E	F
1	CATERPILLAR CORP., の2011年事業価値貸借対照表 ─右側は市場価値で再評価し、左側は長期資産を調整することで右側と貸借一致させる─					
2	純運転資本	16,158,000	<-- =19533000+14544000+994000-16946000-1967000	金融債務（純額）	31,535,000	<-- =9648000+24944000-3057000
3	長期投資			その他負債	14,539,000	
4	有形固定資産					
5	のれん	86,561,878	<-- =E10-B2	少数株主持分	46,000	
6	無形資産					
7	その他資産			株主資本	56,599,878	<-- 時価総額
8	長期繰延資産					
9						
10	事業価値	102,719,878	<-- =SUM(B2:B8)	事業価値	102,719,878	<-- =SUM(E2:E7)

時価評価は、貸借対照表の右側にある他の項目にも適用できることに留意されたい。即ち、金融債務、その他負債、または少数株主持分の再評価を試みることもできる。ただし、通常は、これらの負債の帳簿価額がその市場価値と大きく異なるという確証的なケースでない限り、実施しない。

---

3. 市場価格は時の経過とともに、しばしば急激に変化することに注意が必要である。効率的市場仮説は、現在の市場に織り込まれた情報を超えて株価を予測することは不可能であるということのみを主張している。

2.5 フリー・キャッシュフローの現在価値としての事業価値（EV）：DCF "トップ・ダウン" バリュエーション

前節では、株主資本の市場価値と、場合によっては他の財務項目の市場価値を用いた、事業価値貸借対照表の右側の市場価値によって EV を評価した。本節では、事業価値貸借対照表の左側に着目する。

ディスカウント・キャッシュフロー（DCF）法は、2 つの主要な概念に焦点を当てる。

- 企業のフリー・キャッシュフロー（FCFs）は、当該企業の事業活動によって生み出されたキャッシュと定義される。
- 企業の加重平均資本コスト（WACC）は、フリー・キャッシュフローのリスクにふさわしいリスク調整後割引率である（第 3 章参照）。
- 企業の事業価値（EV）は、WACC で割り引かれる将来 FCFs の現在価値である。

$$EV = \sum_{t=1}^{\infty} \frac{FCF_t}{(1 + WACC)^t}$$

この考え方は、FCFs の現在価値を検討することによって会社の価値を評価するというものである。ここで、FCFs は、企業の資産から当該企業にもたらされるキャッシュフローとして定義される（資産という用語は幅広く使用され、固定資産、知的財産や商標権、あるいは純運転資本も該当する）。この概念については、すぐ後で、より詳細に議論する。

- 上記に関連する章においては、2 つの追加的な仮定を設ける。1 つは FCFs の予測期間を有限とすることであり、もう 1 つはキャッシュフローが 1 年を通じて発生するというものである。これにより、次が導かれる。

$$EV = \sum_{t=1}^{N} \frac{FCF_t}{(1 + WACC)^{t-0.5}} + \frac{継続価値}{(1 + WACC)^{N-0.5}}$$

$$= \underbrace{\left[\sum_{t=1}^{N} \frac{FCF_t}{(1 + WACC)^t} + \frac{継続価値}{(1 + WACC)^N}\right]}_{\uparrow \text{Excel の NPV 関数で計算される}}(1 + WACC)^{0.5}$$

バリュエーション目的において、キャッシュフローがおおよそ年央に発生するという仮定は、ほとんどの企業のキャッシュフローが年間を通して発生し、また、それゆえキャッシュフローが年末に発生するとして評価することは間違いであるという事実を捉えることを意図している。上の公式から分かる通り、年央の仮定は Excel

で簡単に計算できる。単に Excel の **NPV** 関数を選択し、それに $(1 + WACC)^{0.5}$ を乗じれば良い。

フリー・キャッシュフロー（FCF）を定義する

フリー・キャッシュフロー（FCF）は、企業の事業活動によってどれくらいのキャッシュが生み出されるかを示す測定値である。FCF には、一般に受け入れられている2つの定義がある（もちろん、そのいずれも究極的には同一のものに集約される）。

	損益計算書を基にしたフリー・キャッシュフロー
税引後利益	これは事業の収益性に関する基本的な尺度であるが、減価償却費のような非現金費用と同様、財務的なフロー（例えば、利息）も含む会計上の尺度である。税引後利益は、企業の運転資本の変化や新規固定資産の購入を考慮せず、これらはいずれも企業における重要なキャッシュ流出となる可能性がある。
＋減価償却費その他の非現金費用	減価償却費は非現金費用であるため、FCF の計算においては税引後利益に足し戻される。損益計算書にその他の非現金費用がある場合には、それらも足し戻される。
－事業用流動資産の増加	企業の売上高が増加したとき、在庫や売上債権等に対して、より多くの投下資本が必要になる。このような流動資産の増加は税務上の費用ではないが（したがって、税引後利益では無視される）、会社のキャッシュ流出となる。なお、流動資産に関連して FCF を調整する際には、例えば、現金預金や市場性がある有価証券のように、売上高に直接関連しない財務項目は含めないことに留意する。
＋事業用流動負債の増加	売上高の増加は、しばしば売上高に関連する資金調達（例えば、仕入債務や未払税金）が増加する原因となる。このような売上高に関連した流動負債の増加は、企業にキャッシュをもたらす。これは売上高に直接関連するため、このキャッシュをフリー・キャッシュフローの計算に含める。なお、流動負債に関連して FCF を調整する際には、売上高に直接関連しない財務項目は含めないことに留意する（短期債務や1年内返済予定の長期債務の増減が、その最も顕著な例である）。
－固定資産取得価額の増加（資本的支出）	固定資産（会社の長期的な生産用資産）の増加は、キャッシュの支出であり、企業のフリー・キャッシュフローを減少させる。
＋税引後支払利息（純額）	FCF は、企業の事業活動によって生み出されるキャッシュを測定しようとするものである。企業の利益に対する利息受払いの影響をなくすため、以下を調整する。 ● 債務に係る税引後支払利息を足し戻す（支払利息は損金算入できるため、税引後となる）。 ● 現金預金及び市場性ある有価証券に係る税引後受取利息を控除する。

もう 1 つの同等の定義は、企業の利払前・税引前利益 (earnings before interest and taxes; EBIT) に基づくものである。

EBIT（利払前・税引前利益）を基にしたフリー・キャッシュフロー

EBIT	
＋減価償却費その他の非現金費用	
− 事業用流動資産の増加	「− 事業用流動資産の増加」と「＋ 事業用流動負債の増加」の合計は、「純運転資本の増減」となる。
＋事業用流動負債の増加	
− 固定資産取得価額の増加（資本的支出）	

将来 FCFs をどのように予測するか？

会社の評価におけるもっとも重要な観点は、予想される将来のフリー・キャッシュフローを見積もることである。本書では、これらのキャッシュフローを算定する 2 つの方法を探究する。いずれの方法も、主として会計データを基にする。会計データは過去のものであるため、これらが将来どのように変化していくかについて、若干の判断を加える必要がある。

- 1 つ目の方法は、企業の連結キャッシュフロー計算書（consolidated statement of cash flows; CSCF）に基づいて、将来のフリー・キャッシュフローを予測するものである（第 4 章参照）。
- 2 つ目の方法は、企業の一連の予測財務諸表を見積もり、これらの財務諸表からフリー・キャッシュフローを導くものである（第 5 章参照）。

次の数節で、2 つの方法を簡単に概説する。

2.6 連結キャッシュフロー計算書（CSCF）を基にしたフリー・キャッシュフロー

連結キャッシュフロー計算書は、財務諸表に必ず含まれているものである。これは、そのビジネスによってキャッシュがいくら生み出されたか、また、そのキャッシュがどのようにして生み出されたかに関する会計士の説明である。連結キャッ

シュフロー計算書（CSCF）は3つの区分、即ち、営業活動によるキャッシュフロー、投資活動によるキャッシュフロー、財務活動によるキャッシュフローからなる。フリー・キャッシュフローを算定するために連結キャッシュフロー計算書を使う際には、次の一般的な手順を用いる（補足説明は、以後の項及び第4章でも再び行う）。

- 営業活動によるキャッシュフローは、企業が報告した通りに受け入れる。
- 投資活動によるキャッシュフローは、注意深く調査する。即ち、生産活動に関連した投資キャッシュフローはFCFとして残し、金融資産への投資に関連した投資キャッシュフローは消去する。
- 財務活動によるキャッシュフローは、いかなるものもFCFには含めない。
- すべての場面で、特定の項目が1回きりのものか、または繰り返されるものかについて留意する。1回きりの項目は、検討対象から外す。
- 修正された連結キャッシュフロー計算書の合計額を、支払利息の純額を足し戻すことによって調整する。

以下では、さらなる説明を行う。また、実践した例を次節で掲げる。

連結キャッシュフロー計算書の区分1：営業活動によるキャッシュフロー

営業活動によるキャッシュフローでは、当期純利益から控除されている非資金項目及び事業活動における純運転資本の変化について、当期純利益を調整する。近代会計の財務諸表は多くの非資金項目を含んでいるため、勘定科目の現金ベースへの転換は多くの調整を必要とする。典型的な調整は、当期純利益に減価償却費を足し戻すことである。減価償却費は利益から控除されている非資金の費用であるため、現金ベースに調整するときには足し戻さなければならない。もっとも、減価償却費は非資金項目として氷山の一角である。

- 企業が従業員に対してストック・オプションを発行した場合、これらのストック・オプションの価値は当該企業の純利益から控除される。この背景にある論理（即ち、従業員に対してオプションを付与することは、企業の損益計算書に計上すべき何らかの価値を彼らに与えたことになるということ）は、至極もっともである。しかしながら、実際のオプションの計上は非資金控除項目であり、連結キャッシュフロー計算書において、それは足し戻される。
- 企業の損益計算書は、のれんの減少を反映しなければならない（いわゆる「減

損」)。この減損(企業が購入した無形資産に係る経済価値の損失)は、企業の株主にとって経済的な損失である。しかし、それはキャッシュフローの損失ではなく、連結キャッシュフロー計算書において足し戻される。

- 第4章で見る通り、このリストには非常に多くの追加項目を含めることができる。

企業のフリー・キャッシュフローを算定する目的において、通常は、連結キャッシュフロー計算書における「営業活動によるキャッシュフロー」区分にある項目は全て残すことができる。

連結キャッシュフロー計算書の区分2:投資活動によるキャッシュフロー

連結キャッシュフロー計算書における2つ目の区分には、企業が行う全ての投資が含まれる。また、これらの投資には、証券に対する投資と企業の事業用資産に対する投資の両方が含まれる。

- 証券に対する投資は、企業が所有している証券の売却または取得が当てはまる。フリー・キャッシュフローは、企業のコアとなる事業活動に関連したキャッシュフローのみを測定することを意図しているので、証券に対する投資は企業のフリー・キャッシュフローを構成しない。
- 固定資産に対する投資は、通常、企業のフリー・キャッシュフローに該当する。

企業のフリー・キャッシュフローを算定する目的においては、通常、財務的な投資に係るキャッシュフロー(FCFを構成しない)と、企業の事業収入を生み出すために使用される資産に対する投資(FCFを構成する)とを、区別する必要がある。

連結キャッシュフロー計算書の区分3:財務活動によるキャッシュフロー

連結キャッシュフロー計算書における最後の区分は、企業の財務項目の変動を扱う。フリー・キャッシュフローの目的からは、この区分は無視することができる。

2.7 ABC Corp., の連結キャッシュフロー計算書(CSCF)

ABC Corp. の5年にわたる連結キャッシュフロー計算書は、以下の通りである。

	A	B	C	D	E	F	G
1		**ABC CORPORATION** 連結キャッシュフロー計算書(2008年～2012年)					
2		2008	2009	2010	2011	2012	
3	営業活動によるキャッシュフロー						
4	当期純利益	479,355	495,597	534,268	505,856	520,273	
5	当期純利益を営業活動によって獲得したキャッシュ純額に一致させるための調整						
6	減価償却費及び償却額の戻し(加算)	41,583	47,647	46,438	45,839	46,622	
7	事業資産及び負債の増減						
8	売上債権の増加(減算)	9,387	25,951	-12,724	1,685	-2,153	
9	棚卸資産の増加(減算)	-37,630	-22,780	-16,247	-15,780	-5,517	
10	前払費用その他資産の増加(減算)	-52,191	13,573	16,255	14,703	-2,975	
11	仕入債務、未払費用、年金負債、その他負債の増加(加算)	29,612	51,172	6,757	40,541	60,255	
12	営業活動によって獲得したキャッシュ純額	470,116	611,160	574,747	592,844	616,505	<-- =SUM(F4:F11)
13							
14	投資活動によるキャッシュフロー						
15	短期投資(純額)	-5,000	-55,000	50,000	-10,000	20,000	
16	有形固定資産の取得	-48,944	-70,326	-89,947	-37,044	-88,426	
17	有形固定資産の売却による収入	197	6,956	22,942	6,179	28,693	
18	投資活動によって使用したキャッシュ純額	-53,747	-118,370	-17,005	-40,865	-39,733	<-- =SUM(F15:F17)
19							
20	財務活動によるキャッシュフロー						
21	債務の返済	0	0	-300,000	0	-7,095	
22	回転信用枠からの借入による収入	1,242,431	0	0	0	250,000	
23	株式の発行による収入	48,286	114,276	69,375	68,214	37,855	
24	配当金の支払額	-332,986	-344,128	-361,208	-367,499	-378,325	
25	株式の買戻し	-150,095	-200,031	-200,038	-200,003	-597,738	
26	財務活動によって使用したキャッシュ純額	807,636	-429,883	-791,871	-499,288	-695,303	<-- =SUM(F21:F25)
27							
28	キャッシュの増減額	1,224,005	62,907	-234,129	52,691	-118,531	<-- =F12+F18+F26
29							
30	キャッシュフロー情報の追加開示						
31	当期中のキャッシュの支払額						
32	法人所得税	255,043	175,972	314,735	283,618	305,094	
33	利息	83,553	83,551	70,351	57,151	57,910	
34							
35	法人税率	34.73%	26.20%	37.07%	35.92%	36.96%	<-- =F32/(F4+F32)

　この連結キャッシュフロー計算書をフリー・キャッシュフローに転換するために、次のことを行う。

- 営業活動にある項目は、全てこのまま残す。
- 投資活動によるキャッシュフローの区分において、事業活動に関連しない項目を消去する。例えば、投資活動によるキャッシュフローにある「短期投資(純額)」は、金融資産の購入と売却を表しているため消去する。
- 財務活動によるキャッシュフローにあるキャッシュフローは、完全に無視する。
- 当期純利益からの利息の減算をなかったことにするため、残りの項目の合計に税引後利息(純額)を足し戻す。

62 第2章

	A	B	C	D	E	F	G
1				ABC CORPORATION			
		—連結キャッシュフロー計算書からフリー・キャッシュフロー（FCF）への書換え—					
2		2008	2009	2010	2011	2012	
3	営業活動によるキャッシュフロー						
4	当期純利益	479,355	495,597	534,268	505,856	520,273	
5	当期純利益を営業活動によって獲得したキャッシュ純額に一致させるための調整						
6	減価償却費及び償却額の戻し（加算）	41,583	47,647	46,438	45,839	46,622	
7	事業資産及び負債の増減						
8	売上債権の増加（減算）	9,387	25,951	-12,724	1,685	-2,153	
9	棚卸資産の増加（減算）	-37,630	-22,780	-16,247	-15,780	-5,517	
10	前払費用その他の資産の増加（減算）	-52,191	13,573	16,255	14,703	-2,975	
11	仕入債務、未払費用、年金負債、その他負債の増加（加算）	29,612	51,172	6,757	40,541	60,255	
12	営業活動によって獲得したキャッシュ純額	470,116	611,160	574,747	592,844	616,505	<-- =SUM(F4:F11)
13							
14	投資活動によるキャッシュフロー						
15	短期投資（純額）						
16	有形固定資産の取得	-48,944	-70,326	-89,947	-37,044	-88,426	
17	有形固定資産の売却による収入	197	6,956	22,942	6,179	28,693	
18	投資活動によって使用したキャッシュ純額	-53,747	-118,370	-67,005	-30,865	-59,733	<-- =SUM(F15:F17)
19							
20	財務活動によるキャッシュフロー						
21	債務の返済						
22	回転信用枠からの借入による収入						
23	株式の発行による収入						
24	配当金の支払額						
25	株式の買戻し						
26	財務活動によって使用したキャッシュ純額						<--
27							
28	利息調整前のフリー・キャッシュフロー	416,369	492,790	507,742	561,979	556,772	<-- =F12+F18+F26
29	税引後利息（純額）の足し戻し	54,537	61,658	44,271	36,620	36,504	<-- =(1-F37)*F35
30	フリー・キャッシュフロー（FCF）	470,906	554,448	552,013	598,599	593,276	<-- =F28+F29
31							
32	キャッシュフロー情報の追加開示						
33	当期中のキャッシュの支払額						
34	法人所得税	255,043	175,972	314,735	283,618	305,094	
35	利息	83,553	83,551	70,351	57,151	57,910	
36							
37	法人税率	34.73%	26.20%	37.07%	35.92%	36.96%	<-- =F34/(F4+F34)

第4章では、これら過年度のフリー・キャッシュフローが、キャッシュフロー予測の基礎としてどのように使うことができるのかについて議論する。会社の1つのバリュエーションとしては、次のようになるかもしれない。

	A	B	C	D	E	F	G	H
1			ABC CORP. のバリュエーション					
2	2012年12月31日終了事業年度のフリー・キャッシュフロー（FCF）	593,276	<--	593275.77278229				
3	1年目から5年目までのFCF成長率	8.00%	<--	短期成長率につき、楽観的				
4	長期FCF成長率	5.00%	<--	長期成長率につき、より悲観的				
5	加重平均資本コスト（WACC）	10.70%						
6								
7	年	2012	2013	2014	2015	2016	2017	
8	FCF		640,738	691,997	747,357	807,145	871,717	<-- =F8*(1+$B$3)
9	継続価値						16,057,940	<-- =G8*(1+B4)/(B5-B4)
10	合計		640,738	691,997	747,357	807,145	16,929,657	<-- =G8+G9
11								
12	事業価値	13,063,055	<--	=NPV(B5,C10:G10)*(1+B5)^0.5				
13	当初の現金預金及び市場性ある有価証券の足し戻し	73,697	<--	直近の貸借対照表より				
14	2012年の財務負債の減算	1,379,106	<--	直近の貸借対照表より				
15	株主資本価値	11,757,646	<--	=B12+B13-B14				
16	1株当たり価値（発行済株式数：1,000,000株）	11.76	<--	=B15/1000000				

2.8 予測財務諸表を基にしたフリー・キャッシュフロー

フリー・キャッシュフローを見積もるもう1つの方法は、会社とその財務諸表に関する理解を基にして、一連の予測財務諸表を構築することである。このようなモデルの構築については第5章で議論し、また、Caterpillarを使った完全な実践例を第6章で取り上げる。典型的なモデルとしては、次のようになるかもしれない。

	A	B	C	D	E	F	G
1		予測財務モデル					
2	売上高成長率	10%					
3	流動資産/売上高	15%					
4	流動負債/売上高	8%					
5	固定資産(帳簿価額)/売上高	77%					
6	売上原価/売上高	50%					
7	減価償却率	10%					
8	債務の金利	10.00%					
9	現金預金及び市場性ある有価証券の金利	8.00%					
10	税率	40%					
11	配当性向	40%					
12							
13	年	0	1	2	3	4	5
14	損益計算書						
15	売上高	1,000	1,100	1,210	1,331	1,464	1,611
16	売上原価	(500)	(550)	(605)	(666)	(732)	(805)
17	債務の支払利息	(32)	(32)	(32)	(32)	(32)	(32)
18	現金預金及び市場性ある有価証券からの受取利息	6	9	14	20	26	33
19	減価償却費	(100)	(117)	(137)	(161)	(189)	(220)
20	税引前利益	374	410	450	492	538	587
21	税金	(150)	(164)	(180)	(197)	(215)	(235)
22	税引後利益	225	246	270	295	323	352
23	配当	(90)	(98)	(108)	(118)	(129)	(141)
24	留保利益	135	148	162	177	194	211
25							
26	貸借対照表						
27	現金預金及び市場性ある有価証券	80	144	213	289	371	459
28	流動資産	150	165	182	200	220	242
29	固定資産						
30	取得価額	1,070	1,264	1,486	1,740	2,031	2,364
31	減価償却累計額	(300)	(417)	(554)	(715)	(904)	(1,124)
32	帳簿価額	770	847	932	1,025	1,127	1,240
33	資産合計	1,000	1,156	1,326	1,513	1,718	1,941
34							
35	流動負債	80	88	97	106	117	129
36	債務	320	320	320	320	320	320
37	資本	450	450	450	450	450	450
38	利益剰余金	150	298	460	637	830	1,042
39	負債及び株主資本合計	1,000	1,156	1,326	1,513	1,718	1,941

2.5節で見たフリー・キャッシュフローの定義を使用すると、次の通りとなる。

	A	B	C	D	E	F	G
41	年	0	1	2	3	4	5
42	フリー・キャッシュフローの計算						
43	税引後利益		246	270	295	323	352
44	減価償却費の戻し（加算）		117	137	161	189	220
45	流動資産の増加（減算）		(15)	(17)	(18)	(20)	(22)
46	流動負債の増加（加算）		8	9	10	11	12
47	固定資産取得価額の増加（減算）		(194)	(222)	(254)	(291)	(333)
48	債務に係る税引後支払利息（加算）		19	19	19	19	19
49	現金預金及び市場性ある有価証券に係る税引後受取利息（減算）		(5)	(9)	(12)	(16)	(20)
50	フリー・キャッシュフロー		176	188	201	214	228

これで、これらのフリー・キャッシュフローを使用して、会社の事業価値（下表の62行目）及び株式価値（セルB67）を算定することができる。

	A	B	C	D	E	F	G	H
53	企業価値の計算							
54	加重平均資本コスト	20%						
55	長期フリー・キャッシュフロー成長率	5%						
56								
57	年	0	1	2	3	4	5	
58	FCF		176	188	201	214	228	
59	継続価値						1,598	<-- =G58*(1+B55)/(B54-B55)
60	合計		176	188	201	214	1,826	
61								
62	60行目の事業価値	1,348	<-- =NPV(B54,C60:G60)*(1+B54)^0.5					
63	当初（0年目）現金預金及び市場性ある有価証券の加算	80	<-- =B27					
64	0年目の資産価値	1,428	<-- =B63+B62					
65	現時点の債務の価値（減算）	-320	<-- =-B36					
66	株主資本価値	1,108	<-- =B64+B65					
67	1株当たり価値（100株）	11.08	<-- =B66/100					

2.9 まとめ

本章では、次の4つの事業価値評価の手法を紹介した。

- 帳簿価額アプローチは、適切に修正された企業の貸借対照表の数値を使用して、事業価値を評価する。
- 効率的市場アプローチは、金融資産及び金融負債の帳簿価額を可能な限り市場価値に代えた上で、企業の実物資産を評価するために適切な調整を行う。
- 企業のフリー・キャッシュフロー（FCFs）を割り引く1つのアプローチは、当該企業の連結キャッシュフロー計算書に基づいて将来FCFsの見積りを行うものである。その際、これらのFCFsは、適切な加重平均資本コスト（WACC、第3章参照）で割り引かれる。
- 企業のフリー・キャッシュフローを割り引く2つ目のアプローチは、当該企業の将来における見積財務諸表（予測財務諸表）モデルからFCFsを構築するもので

ある。1つ目のアプローチと同様、この FCFs は適切な WACC で割り引かれる。

練習問題

1. Cisco の 3 年間における貸借対照表が本書のウェブサイトからダウンロードできるファイルに与えられている。会計上の事業価値が左側にくるように、この貸借対照表を書き換えなさい。

2. Cisco の株主資本に係るここ数年間における年度末数値は、次の通りである。事業価値を市場価値に書き換えなさい。

	A	B	C	D	E
1	**CISCO の株主資本データ**				
2		27-Jul-12	29-Jul-11	30/Jul/10	
3	発行済株式				
4	1 株当たり株価	15.69	15.97	23.07	
5	発行済株式数（百万株）	5,370	5,529	5,732	
6	**時価総額（百万ドル）**	**84,255**	**88,298**	**132,237**	<-- =D4*D5

3. Cisco の連結キャッシュフロー計算書（本書のウェブサイトからダウンロードできるファイルにある）を考察し、それをフリー・キャッシュフローに変換しなさい。

4. 2.7 節にある ABC Corp. のバリュエーションのテンプレートを使用して、Cisco の株式を評価しなさい。Cisco の加重平均資本コストは 12.6%、1 年目から 5 年目の成長率は 4%、長期成長率は 0% と仮定する（詳細とテンプレートは、本書のウェブサイトからダウンロードできるファイルにある）。

3 加重平均資本コスト（WACC）の計算

3.1 概要

本章では、企業の加重平均資本コスト（weighted average cost of capital; WACC）の計算について議論する。ファイナンスにおいて、WACCには2つの重要な使い道がある。

- WACCを企業の予想フリー・キャッシュフロー（FCFs）に対する割引率として使用することで、会社の事業価値を計算する。FCFについては既に第2章で議論し、また、第4章から第6章において再度詳細に議論するが、ここでは、FCFが企業のコアとなる事業活動から生み出されるキャッシュフローであるという点だけ述べておく。また、これらの章では、企業のバリュエーションにおけるWACCの適用方法についても示す。
- WACCは、企業のキャッシュフローの平均的なリスクと同じリスクを持つプロジェクトに対する適切なリスク調整後割引率でもある。この文脈で使う際には、WACCはしばしば企業の「ハードル・レート」と呼ばれる。

WACCは企業の株主資本コスト r_E と負債コスト r_D の加重平均であり、企業の株主資本（E）と債務（D）の市場価値に基づく加重を伴うものである。

$$WACC = \frac{E}{E+D}r_E + \frac{D}{E+D}r_D(1-T_C)$$

ここで、
E =企業の株主資本の市場価値
D =企業の負債の市場価値
T_C =企業の法人税率
r_E =企業の株主資本コスト
r_D =企業の負債コスト

本章では、WACCの5つの構成要素、即ち、企業の株主資本の市場価値 E、企業の負債の市場価値 D、企業の法人税率 T_C、企業の負債コスト r_D、そして企業の株主資本コスト r_E について議論する。また、最終的には、企業のWACCの計算方法に関する詳細な例を示す。読者は、ここで議論されるモデルを適用するに

あたり、多くの判断が要求される点に気を付けなければならない。WACC の計算には、サイエンスとアートが均等に必要なのである！

主たる技術的な問題は、企業の株主資本コスト r_E の計算である。ここでは、株主に帰属するキャッシュフローに適用される割引率である株主資本コスト r_E を計算するための 2 つのモデルを検討する。

- ゴードン・モデルは、企業の株主に支払われる予想キャッシュフローを基にして、株主資本コストを計算する。ゴードン・モデルの実装では、予想株主キャッシュフローとして、将来一定率で成長する配当が最も一般的に使用される。ここでは、ゴードン・モデルにおける 2 つのバリエーション、即ち、複数の将来成長率と株主に帰属するキャッシュフロー合計額を探求する。
- 資本資産価格モデル（capital asset pricing model; CAPM）は、企業の株式リターンと、大きな分散化された市場ポートフォリオ・リターンの間の相関関係を基に、株主資本コストを計算する。また、このモデルのバリエーションには税の枠組みが含まれ、モデル自体がその中で定義される。

資本コストにおいて扱いづらいもう 1 つの構成要素は、企業の借入れの予想将来コストである負債コスト r_D である。本書では、負債コストを計算するためのモデルを 3 つ扱っている。そのうち 2 つを本章で議論し、3 つ目の方法は第 28 章で別途議論する。

- 負債コスト r_D は、最も一般的には、企業の直近の利息支払額の純額を、債務純額の平均で割ることによって計算される（債務純額＝債務 − 現金預金及び市場性ある有価証券）。
- もう 1 つの方法は、格付調整後イールド・カーブから当該企業の負債コストを推定することによって r_D を計算する。
- 最後の方法は、負債コストの代用として、当該企業の債券の期待収益率を計算する。この方法は、第 28 章で別途議論する。

用語法に関する注意：「資本コスト」は、一連のキャッシュフローに適用される「適切な割引率」と同義である。ファイナンスにおける「適切な」とは、ほとんどの場合、「リスク調整後」と同義である。したがって、資本コストは、別名「リスク調整後割引率」（risk-adjusted discount rate; RADR）とも呼ばれる。

加重平均資本コスト（WACC）の計算　**69**

本章の構成

これからの節では、WACC の様々な構成要素について、それぞれの計算方法の例と合わせて議論する。

- 3.2 節：株主資本の価値 E の計算
- 3.3 節：企業の負債価値 D の計算
- 3.4 節：企業の法人税率 T_C の計算
- 3.5 節：企業の負債コスト r_D の計算
- 3.6 節～3.9 節：企業の株主資本コスト r_E の計算。ここでは、r_E を計算するために、ゴードンの配当モデルと資本資産価格モデル（CAPM）の使い方を示す。いずれのモデルも多くのひねりとバリエーションがあり、これらの節で議論される。
- 3.10 節～3.11 節：CAPM における市場の期待収益率 $E(r_M)$ と無リスク金利 r_f の計算
- 3.12 節～3.15 節：WACC の計算に関する 3 つの実践例。ここでは、WACC の計算を理解するのに役立つ統一的なテンプレートを提供する。
- 3.16 節：配当モデルと CAPM を使用することの問題点について議論する。これは、非上場企業における WACC の決定に関する事例を含む。

3.2　企業の株主資本価値 E の計算

WACC に関連した全ての計算のうち、企業の株主資本価値の計算は最も簡単である。会社が上場している限り、E は発行済株式数に 1 株当たりの株価を乗じた結果として得ることができる。

例として、ニューヨーク証券取引所に上場しており、ガスパイプラインとガス貯蔵施設を所有している El Paso Pipeline Partners（EPB）を考えてみよう。2012 年 6 月 29 日現在、EPB は 205.7 百万株を発行していて、1 株 33.80 ドルで取引されている。この時の会社の株主資本価値は 6,953 百万ドルである。[1]

---

[1]. ほとんどの市場トレーダーは、この数値を株式時価総額（"market capitalization" または "market cap"）と呼ぶ。

3.3 企業の負債価値 D の計算

	A	B	C
1	El Paso Pipeline Partners（EPB）における 株主資本価値（E）の計算		
2	発行済株式数	205.70	<-- 百万株
3	2012年6月29日の株価	33.80	
4	株主資本の価値（時価総額）	6,953	<-- =B3*B2, 百万ドル

企業の負債価値は、金融債務の市場価値から、余剰な当座資産の市場価値を控除することにより計算される。この数値は、一般的に、企業の貸借対照表における債務の額から、現金預金の残高及び市場性ある有価証券の価値を控除した額に近似する。以下は、Kroger の例である。

	A	B	C	D
1	Krogerに係る債務（純額）の計算 （単位：千ドル）			
2		2010	2011	
3	現金預金	825,000	188,000	
4	市場性ある有価証券	0	0	
5				
6	短期債務及び1年内 返済予定の長期債務	588,000	1,315,000	
7	長期債務	7,304,000	6,850,000	
8				
9	債務（純額）	7,067,000	7,977,000	<-- =SUM(C6:C7)-SUM(C3:C4)

　加重平均資本コストを計算する目的では、債務の定義から、年金負債や繰延税金などの債務に似た項目を除外する。これらの項目は債務として考えられるものの、これらをコストに結び付けることは難しいため、当座資産を控除した後の財務的な義務のみを使って WACC を見積もることが好ましい。

　企業にとって、債務の純額が負の値になることは珍しくない。これは、企業が、現金預金及び市場性のある有価証券を債務よりも多額に持っている場合に発生する。この状況では、WACC の計算における D が負の値となる。Intel と Whole Foods Market の例を挙げると、次の通りとなる。

加重平均資本コスト（WACC）の計算 71

	A	B	C	D
1	Intelにおけるマイナスの債務（純額）（単位：百万ドル）			
2		2010	2011	
3	現金預金	5,498	5,065	
4	市場性ある有価証券	16,387	9,772	
5				
6	短期債務及び1年内返済予定の長期債務	38	247	
7	長期債務	2,077	7,084	
8	債務（純額）	-19,770	-7,506	<-- =SUM(C6:C7)-SUM(C3:C4)
9				
10	Whole Foodsにおけるマイナスの債務（純額）（単位：千ドル）			
11		2010	2011	
12	現金預金	218,798	303,960	
13	市場性ある有価証券	329,738	442,320	
14				
15	短期債務及び1年内返済予定の長期債務	410	466	
16	長期債務	508,288	17,439	
17	債務（純額）	-39,838	-728,375	<-- =SUM(C15:C16)-SUM(C12:C13)

3.4 企業の税率 T_C の計算

WACC の公式において、T_C は本来、企業の*限界*税率を測定するものであるが、一般的には企業の*報告*税率を計算することによって測定される。次の例が示すように、通常は、その方法によっても何ら問題はない。

	A	B	C	D	E
1	Whole Foods Marketの税率				
2		2009	2010	2011	
3	税引前利益	250,942	411,781	551,712	
4	税金費用	104,138	165,948	209,100	
5	税率(Tc)	41.50%	40.30%	37.90%	<-- =D4/D3

Whole Foods の税率は、おおよそ 38 % から 41 % で安定している。WACC の計算では、直近の税率か、または過去数年間の平均を使用することが多い。

しかしながら、次の例が示す通り、時にこれが機能しないことがある。

	A	B	C	D	E
1	**Merckの税率**				
2		2009	2010	2011	
3	税引前利益	15,290,000	1,653,000	7,334,000	
4	税金費用	2,268,000	671,000	942,000	
5	**税率(Tc)**	14.83%	40.59%	12.84%	<-- =D4/D3

Merck のような会社はその所得を有利な租税地に配置することが得意であり、合理的な税率の見積りは 13％から 15％の間のどこかにあるように見える。Merck にとって低所得となった 2010 年は、これらのタックス・プランニング戦略が明らかに機能しなかった。Merck の将来の利益が、好業績であった 2009 年と 2011 年の 2 年に表されているとすると、おそらく Merck 社の将来税率 T_C は、2009 年の税率と 2011 年の税率の間になると仮定されるだろう。

3.5 企業の負債コスト r_D の計算

次に、負債コスト r_D の計算に移る。原則として、r_D は企業の追加的な借入 1 ドルに対する限界コスト（税引前）である。企業の負債コストの計算には、少なくとも 3 つの方法がある。ここでは、それらの方法を下で簡単に述べた後、理論的には完全ではないかもしれないが、実際に使用されることが多い 2 つの方法の適用例を示す。

- 実務的には、負債コストはしばしば、企業における既存負債の*平均コスト*を取ることで見積もることができる。この方法の問題点は、*過去のコスト*を、実際に測定したい*将来の予想負債コスト*と混同してしまう危険をはらんでいることである。
- 同程度のリスクを持ち、新規発行された企業証券の利回りを用いることができる。ある会社が A 格に格付けされていて、ほとんどが中期の負債を発行しているのであれば、この会社の負債コストとして中期・A 格の負債の平均利回りを用いることができる。ただし、この方法には若干問題があることに注意が必要である。負債コストは企業の負債に対する*期待収益率*であるのに対し、債券の利回りは*約束された収益率*であるからである。通常はデフォルト・リスクがあるため、約束された収益率は一般に期待収益率よりも高くなる。とはいえ、このような問題を含んでいたとしても、この方法はしばしば良い妥協案である。
- 企業の債券価格、予想デフォルト確率、デフォルト時の債券保有者に対する予想ペイオフに関するデータから、負債コストを推定するモデルを用いることができ

る。この方法は多くの作業を必要とし、数学的にも大変なものである。したがって、この議論は第 28 章まで延期する。資本コストの計算では、分析している企業に多額のリスク負債がある場合にのみ、これが実際に用いられることになるだろう。

上記のうち、最初の 2 つは適用が比較的容易で、多くの場合において、これらの方法で生じる問題や誤りは重大なものではない。[2] しかしながら、理論的には、これらの方法は共に、企業の負債コストに対して適切なリスク調整ができない。企業の債務に対する期待収益率を計算する 3 つ目の方法は、標準的なファイナンス理論により合致するものであるが、適用することもまた難しい。したがって、その努力をする価値はないかもしれない。

本節の残りでは、最初の 2 つの方法を適用して、U.S. Steel と Merck の負債コストを計算する。

方法 1 ： U.S. Steel の平均負債コスト

U.S. Steel の平均負債コストを、次のように計算する。

$$r_D = \frac{当期における利息支払額の純額}{当期及び前期の債務（純額）の平均}$$

この計算には、注意すべきいくつかの側面が存在する。

	A	B	C	D	E
1		U.S. Steelの負債コスト			
2		2009	2010	2011	
3	現金預金	1,218,000	578,000	408,000	
4	短期投資	0	0	0	
5					
6	短期債務及び1年内返済予定の長期債務	19,000	216,000	400,000	
7	長期債務	3,828,000	3,517,000	3,345,000	
8					
9	債務（純額）	2,629,000	3,155,000	3,337,000	<-- =SUM(D6:D7)-SUM(D3:D4)
10	利息	190,000	195,000	159,000	
11	インプライド負債コスト(r_D)		6.74%	4.90%	<-- =D10/AVERAGE(C9:D9)

---

2. 資本コストの計算は多くの仮定を必要とし、必ずしも正確な答えがでるとは限らないことは、繰り返し言及する価値がある。資本コストの推定は、サイエンスではなくアートである。資本コストの推定値を用いる場合には、常に計算された数値を中心とした感度分析を行うべきである。分析対象の会社のデータを考えると、資本コスト計算のある程度のいい加減さ（これは時間の節約にもなる）は好都合かもしれない。

- 財務諸表から負債コスト r_D を計算する場合、短期項目と長期項目を区別することなく、全ての金融債務を含めることが重要である。
- 現金預金や現金同等物のような当座資産は、マイナスの*債務*として取り扱い、企業の債務から控除する。企業は債務の一部を返済するためにキャッシュを使うことができるため、企業の事実上の債務調達額は、金融債務からキャッシュを控除したものであるというのが、ここでの考え方である。とはいえ、この特殊な理論の実践は、多分に主観的な判断になる。我々は、債務の返済の可能性だけにキャッシュを限定したくないかもしれず、キャッシュが稼ぐ利息とは対照的に、企業の借入コストを計算する場合もある。

U.S. Steel における将来の負債コスト r_D の予測値として平均負債コストを使うのであれば、WACC の計算で、おそらく直近のコスト $r_D = 4.90$ %を使うことになるだろう。これは我々が、過去の負債コストには、将来コストを予測する能力がほとんどないと確信するからである。

キャッシュは負債コストを引き上げる: Merck の場合

企業が借入コストよりも少ない利息しか生み出さないキャッシュ残高を有していると、利息の純額と債務の純額を基に計算される平均負債コストは、借入コストよりも大きくなる。これを理解するために、キャッシュに対する金利（i_{Cash}）が、債務に対して支払われる金利（i_{Debt}）よりも、ε だけ小さいと仮定する。

$$
\begin{aligned}
\text{平均負債コスト} &= \frac{\text{支払利息} - \text{受取利息}}{\text{債務} - \text{キャッシュ}} \\
&= \frac{\text{債務} * i_{Debt} - \text{キャッシュ} * i_{Cash}}{\text{債務} - \text{キャッシュ}} \\
&= \frac{\text{債務} * i_{Debt} - \text{キャッシュ} * (i_{Cash} - \varepsilon)}{\text{債務} - \text{キャッシュ}} \\
&= \frac{(\text{債務} - \text{キャッシュ}) * i_{Dept} + \varepsilon * \text{キャッシュ}}{\text{債務} - \text{キャッシュ}} \\
&= i_{Debt} + \frac{\text{キャッシュ}}{\text{債務} - \text{キャッシュ}} * \varepsilon > i_{Debt}
\end{aligned}
$$

ここで、若干ドラマチックな Merck の例を見てみよう。

加重平均資本コスト（WACC）の計算

	A	B	C	D	E
1		\multicolumn{3}{c}{Merckの負債コスト(r_D)}		
2		2009	2010	2011	
3	現金預金	9,311,000	10,900,000	13,531,000	
4	短期投資	293,000	1,301,000	1,441,000	
5	当座資産合計	9,604,000	12,201,000	14,972,000	<-- =D4+D3
6					
7	短期債務及び1年内返済予定の長期債務	1,379,000	2,400,000	1,990,000	
8	長期債務	16,095,000	15,482,000	15,525,000	
9	金融債務合計	17,474,000	17,882,000	17,515,000	<-- =D7+D8
10					
11	債務（純額）	7,870,000	5,681,000	2,543,000	<-- =D9-D5
12	受取利息	210,000	83,000	199,000	
13	支払利息	460,000	715,000	749,000	
14	利息（純額）	250,000	632,000	550,000	<-- =D13-D12
15	インプライド負債コスト(r_D)		9.33%	13.38%	<-- =D14/AVERAGE(C11:D11)
16					
17	受取利息の金利		0.76%	1.46%	<-- =D12/AVERAGE(SUM(D3:D4),SUM(C3:C4))
18	支払利息の金利		4.04%	4.23%	<-- =D13/AVERAGE(SUM(D7:D8),SUM(C7:C8))

　2011年において、Merckの借入コストは4.23%であり、また、会社はその巨額の現金預金と短期投資に対して、1.46%という尊敬に値する数字を稼いでいる。このことは、Merckの債務純額の平均コストがこの2つの数値の間にあることを意味するのだと、単純に思ってしまうかもしれない。しかしながら、r_Dを計算すると、次のようにr_D = 13.38%になるのである！

$$r_D = \frac{2011\text{年における利息（純額）}}{2010\text{年と}2011\text{年における債務（純額）の平均}} = \frac{550{,}000}{4{,}112{,}000} = 13.38\%$$

このr_Dの推定値は、このような低い財務リターンを提供する大きな当座資産の蓄えを保有するコストを反映している。純粋なファイナンスの観点からは、Merckは、当座資産を使って債務を返済するか、あるいは、配当か株式の買戻しに使えば、株主のためになっていただろう。[3]

　WACC式において借入れの限界コストを表すためには、どの数値を選択すればよいだろうか？これは、我々がMerckの財務方針をどのように見るかに大きく依存する。もし、会社が多額の金融債務を維持しながら、キャッシュの蓄えを蓄積している過程にあると見るなら、13.38%は負債コストとして合理的な値であるかもしれない。一方、Merckの限界的な債務の調達を、並行して蓄積するキャッシュを伴わない借金であると見るなら、4%前後の値がr_Dをより適切に表すことになるだろう。[4]

---

3. ただし、この文章は、当座資産のオプション価値、即ち、財務的な自由度をMerckにもたらす力を無視している。
4. 3.13節で見るように、Merckの場合、実質的に無借金会社であるため、このことはほとんど違いをもたらさない。

方法 2：Merck の格付調整後利回りとしての r_D

Merck の借入れに対する負債コストを測定するための別の方法がある。即ち、適切な負債のイールド・カーブから、Merck の債務の限界コストを導く方法である。Merck は、Fitch で A+、Standard & Poor's で BBB+、Moody's で BAA2 に格付されている。Fitch で A に格付されている債券は、Yahoo から 1,000 以上集めることができる。以下のスクリーン・ショットでは、データの多くを非表示にしている。

	A	B	C	D	E	F
1		FITCHのA格債（2012年8月17日（金））				
2		価格	クーポン	満期	満期までの期間	満期利回り
3	CITIGROUP INC	103.88	5.63%	27/Aug/12	0.0274	0.36%
4	LINCOLN NATL CORP IND	105.42	5.65%	27/Aug/12	0.0274	-1.62%
5	GOLDMAN SACHS GROUP INC	104.68	5.70%	1/Sep/12	0.0411	-0.52%
6	WELLS FARGO & CO NEW	104.85	5.13%	1/Sep/12	0.0411	-1.28%
7	BANK OF AMERICA CORPORATION	102.91	5.38%	11/Sep/12	0.0685	1.60%
8	BANK OF AMERICA CORPORATION	102.81	4.88%	15/Sep/12	0.0795	1.29%
996	GOLDMAN SACHS GRP INC MTN BE	103.30	5.75%	15/Jul/41	28.9288	5.52%
997	HEWLETT PACKARD CO	118.45	6.00%	15/Sep/41	29.0986	4.83%
998	VERIZON COMMUNICATIONS INC	106.63	4.75%	1/Nov/41	29.2274	4.35%
999	AMGEN INC	101.52	5.15%	15/Nov/41	29.2658	5.05%
1000	ANHEUSER BUSCH COS INC	135.00	6.50%	1/May/42	29.7233	4.40%
1001	CATERPILLAR INC DEL	151.00	6.95%	1/May/42	29.7233	4.03%
1002	ANHEUSER BUSCH COS INC	138.85	6.50%	1/Feb/43	30.4795	4.24%
1003	BOEING CO	142.90	6.88%	15/Oct/43	31.1808	4.37%
1004	BELLSOUTH TELECOM	104.75	5.85%	15/Nov/45	33.2685	5.54%
1005	BELLSOUTH TELECOM	123.96	7.00%	1/Dec/95	83.3452	5.64%
1006	CITIGROUP INC	107.55	6.88%	15/Feb/98	85.5562	6.39%
1007	CUMMINS INC	99.25	5.65%	1/Mar/98	85.5945	5.69%

　これらのデータをグラフにすると、データが広範囲にわたる真の信用リスクをカバーしているか、あるいは市場が全く効率的でないかの、いずれかを示している。

加重平均資本コスト（WACC）の計算　77

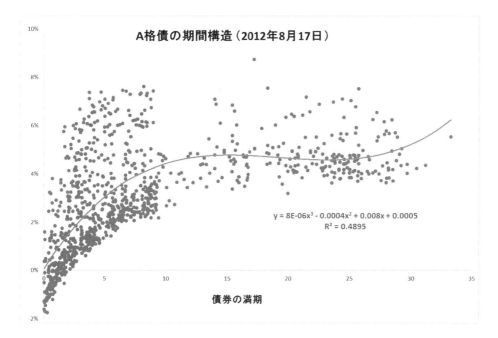

この多項式回帰曲線は、満期までの期間の関数として、利回りの変動の約 50 % を説明している。Merck の債務の平均満期が 7 年であると仮定してこの回帰式を使うと、Merck の借入コストは 3.96 % となる。

	A	B	C
1	**A格債のイールド・カーブを使用したMerckのr_Dの計算**		
2	満期までの平均期間（年）	7	
3	利回り	3.96%	<-- =0.000008*B2^3 - 0.0004*B2^2 + 0.008*B2 + 0.0005

3.6　企業の株主資本コスト r_E を計算する 2 つのアプローチ

加重平均資本コスト（WACC）の式は、次の通りである。

$$WACC = \frac{E}{(E+D)} * r_E + \frac{D}{(E+D)} * r_D * (1 - T_C)$$

本章では、ここまで WACC 式の 5 つのパラメータのうち 4 つ、即ち、E、D、T_C、r_D の見積りについて議論した。次に、WACC に関する計算でもっとも問題をはら

んでいる株主資本コスト r_E の計算について検討する。r_E を簡単に計算する方法として、2つのアプローチがある。

- ゴードンの配当モデルは、直近の配当額 Div_0、直近の株価 P_0、予想配当成長率 g を基にして、r_E を計算する。

$$r_E = \frac{Div_0(1+g)}{P_0} + g$$

- 資本資産価格モデル（capital asset pricing model；CAPM）は、無リスク金利 r_f、市場の期待収益率 $E(r_M)$、企業ごとのリスクを測るベータ β を基にして、r_E を計算する。

$$r_E = r_f + \beta[E(r_M) - r_f]$$

ここで、

$r_f =$ 市場における無リスク金利

$E(r_M) =$ 市場ポートフォリオの期待収益率

$\beta =$ 企業毎のリスク測定値 $= \dfrac{Cov(r_{stock}, r_M)}{Var(r_M)}$

それぞれのモデルにバリエーションと問題点があり、次の2つの節で（うんざりするほど？）議論する。

3.7　r_E のためのゴードン・モデルの実装

ゴードン配当モデルは、次の驚くほど簡単な記述から株主資本コストを導く。

株式の価値は、株式から将来予想される配当流列の現在価値であり、そこでは将来予想される配当が、適切にリスク調整された株主資本コスト r_E で割り引かれる。[5]

ゴードン・モデルの最も簡単な適用例は、将来の予想配当成長率が一定のケースである。直近の株価を P_0、直近の配当額を Div_0、将来の予想配当成長率を g と仮定しよう。ゴードン・モデルは、この株価が将来の配当を（適切な株主資本コスト r_E で）割り引いた額に等しいとする。

---

5. このモデルは、"Dividends, Earnings and Stock Prices," *Review of Economics and Statistics* という論文で、この式を最初に発表した M. J. Gordon にちなんで名付けられている。

$$P_0 = \frac{Div_0(1+g)}{1+r_E} + \frac{Div_0*(1+g)^2}{(1+r_E)^2} + \frac{Div_0*(1+g)^3}{(1+r_E)^3} + \frac{Div_0*(1+g)^4}{(1+r_E)^4} \cdots$$

$$= \sum_{t=1}^{\infty} \frac{Div_0*(1+g)^t}{(1+r_E)^t}$$

もし $|g| < r_E$ なら、式 $\sum_{t=1}^{\infty} \frac{Div_0*(1+g)^t}{(1+r_E)^t}$ は、$\frac{Div_0(1+g)}{r_E - g}$ に簡略化できる（高校で通常学ぶ等比級数の公式を基にしているが、この導出は免除しよう）。したがって、一定の予想配当成長率が与えられれば、ゴードン・モデルによる株主資本コストを次のように導くことができる。

$$P_0 = \frac{Div_0(1+g)}{r_E - g} \quad \text{（ただし、}|g| < r_E\text{）}$$

この式を r_E について解くと、ゴードン・モデルによる株主資本コストの公式が得られる。

$$r_E = \frac{Div_0(1+g)}{P_0} + g \quad \text{（ただし、}|g| < r_E\text{）}$$

この公式の最後にある条件に注意が必要である。公式の1行目の無限和が有限の解を持つためには、配当成長率は割引率よりも小さくなければならない。ただし、（後に見ることとなる）並外れた成長率を伴うゴードン・モデルの議論において、このことが当てはまらないケースを考察する。

直近の1株当たり配当額 Div_0 が3ドル、株価 P_0 が50ドルである企業を想定して、この式を当てはめてみよう。配当は1年毎に12％成長すると予想されている。このとき、企業の株主資本コスト r_E は 17.6 ％になる。

	A	B	C
1	ゴードン・モデルによる株主資本コスト		
2	直近の株価（P_0）	60	
3	直近の配当額（Div_0）	3	
4	予想配当成長率（g）	12%	
5	ゴードン・モデルによる株主資本コスト（r_E）	17.60%	<-- =B3*(1+B4)/B2+B4

ゴードン・モデルを使って Merck の株主資本コストを計算する

過去10年間の配当が以下の通りである Merck に対して、ゴードン・モデルを適用する（一部のデータが非表示になっていることに注意）。

Merckにおける配当の推移

	A	B	C	D	E	F
1				Merckにおける配当の推移		
2	日付	1株当たり配当額			配当成長率	
3	4/Sep/02	0.36			全期間	
4	4/Dec/02	0.36		四半期成長率	0.39%	<-- =(B43/B3)^(1/40)-1
5	5/Mar/03	0.36		年間成長率	1.55%	<-- =(1+E4)^4-1
6	4/Jun/03	0.36				
7	20/Aug/03	2.88			直近5年間	
8	3/Sep/03	0.37		四半期成長率	0.50%	<-- =(B43/B23)^(1/20)-1
9	3/Dec/03	0.37		年間成長率	2.02%	<-- =(1+E8)^4-1
10	3/Mar/04	0.37				
11	2/Jun/04	0.37				
12	1/Sep/04	0.38				
40	13/Sep/11	0.38				
41	13/Dec/11	0.42				
42	13/Mar/12	0.42				
43	13/Jun/12	0.42				

過年度における Merck の配当の年率換算成長率は、考慮する期間によって、1.55 %か 2.02 %のいずれかであるかもしれない。株主資本コスト r_E を計算する目的からすると、問題はどちらの率が将来の予想配当成長率をより適切に予測しているかということである。[6] 次のスプレッドシートでは、両方の可能性を認めている。Merck の 2012 年 6 月末における株価 P_0 =41.75 ドルを使って計算すると、次の通りとなる。

	A	B	C
1	ゴードン・モデルによるMerckのr_Eの計算		
2	Merckの株価P_0（2012年6月29日）	41.75	
3	直近の配当額		
4	四半期	0.42	
5	年換算した配当額（Div_0）	1.68	<-- =4*B4
6	配当成長率（g）		
7	最近5年間	2.02%	
8	最近10年間	1.55%	
9			
10	ゴードン・モデルによる株主資本コスト(r_E)		
11	最近5年間の成長率を使った場合	6.13%	<-- =$B$5/$B$2*(1+B7)+B7
12	最近10年間の成長率を使った場合	5.64%	<-- =$B$5/$B$2*(1+B8)+B8

---

6. あるいは、どちらでもないかである！ことによれば、我々は全く別のストーリーを使って予想将来配当成長率を予測したほうが良いのだろうか？企業の予想配当支払額を予測するために、我々は予測モデル（第 5 章で議論する）を使うこともできる。

将来の予測にある程度の誤差があることを前提にすれば、実務上、これらの値は等しいといえる。念のために言うと、我々は、過去の支払配当額を基に、将来の配当成長率の予測を試みているのである。

株主資本に対する全てのキャッシュフローを説明できるようにゴードン・モデルを拡張する

先述の例の通り、ゴードン・モデルは1株当たりを単位として、配当のみを考慮して計算される。しかしながら、企業の株主資本を評価する目的からすれば、ゴードン・モデルは、株主資本に対する全てのキャッシュフローを含むように拡張されるべきである。配当に加えて、株主資本に対するキャッシュフローには少なくとも次の2つの要素が含まれる。

- 株式の買戻しは、いまや米国企業が株主に対して支払うキャッシュ総額の約50％を占めている。[7]
- 企業による株式の発行は、*株主資本に対する重要な負のキャッシュフロー*である。多くの企業においてもっとも重要な株式の発行事例は、従業員によるストック・オプションの権利行使である。

株主資本に対するこれらの追加的なキャッシュフローを説明するためには、株主資本価値合計の観点から、ゴードン・モデルを書き直す必要がある。基本的なゴードンのバリュエーション・モデルは、次のようになる。

$$株主資本の市場価値 = \sum_{t=1}^{\infty} \frac{0時点の株主資本におけるキャッシュフロー * (1+g)^t}{(1+r_E)^t}$$

ここで、g = 株主資本に対するキャッシュフローの予想成長率である。

これにより、株主資本コスト r_E の式は次のようになる。

$$r_E = \frac{0時点の株主資本に対するキャッシュフロー * (1+g)}{株主資本の市場価格} + g \quad (ただし、|g| < r_E の場合)$$

例として、以下のMerckのデータを考える。

---

[7]. "Corporate Payout Policy" Harry DeAngelo, Linda DeAngelo, and Douglas J. Skinner, *Foundations and Trends in Finance*, 2008 を参照。なお、www.ssrn.com. でも入手することができる。

82 第3章

	A	B	C	D	E	F
1		Merckの株主資本における支払に係るゴードン・モデル				
2		配当	株式の買戻し	ストック・オプションの権利行使による収入	株主資本における支払額合計	
3	29/Jun/05	3,307	1,430	899	3,838	<-- =B3+C3-D3
4	30/Jun/05	3,279	2,725	102	5,901	
5	1/Jul/05	3,215	0	186	3,029	
6	2/Jul/05	4,734	1,593	363	5,964	
7	3/Jul/05	4,818	1,921	321	6,418	
8						
9	成長率	13.71%	<-- =(E7/E3)^(1/4)-1			
10						
11	株主資本における支払額合計を基礎としたゴードン・モデル株主資本コストr_E の計算					
12	発行済株式数（百万株）	3,041				
13	1株当たり株価	41.75				
14	株主資本の市場価値	126,955	<-- =B12*B13, 百万ドル			
15						
16	ゴードン・モデル 株主資本コスト(r_E)	19.46%	<-- =E7*(1+B9)/B14+B9			

Merck の株主資本に対するキャッシュフローの歴史的成長率 13.71 ％が将来も無限に継続すると仮定すると、株主資本コスト r_E は 19.46 ％になる。[8] これはかなり高いように感じられる。次に、1 つの回答を提供するかもしれない、ゴードン・モデルのもう 1 つのバリエーションを提示する。

「並外れた成長」とゴードン・モデル

ゴードン式 $r_E = \dfrac{Div_0(1+g)}{P_0} + g$ の基本的な条件は、$|g| < r_E$ である。[9] ファイナン

---

[8] ほとんどの企業は、株式の買戻しと従業員によるストック・オプションの行使を年次でのみ報告する。したがって、これらの数字に関する入手可能なデータは、年次データのみである。一方、配当は四半期毎に報告され、また、株価データ（これは、3.9 節で議論する CAPM のベータ (β) を計算するために使用する）は日次ベースで入手可能である。

[9] この節では、ゴードン式の Div_0 を、1 株当たり配当額または総配当額のいずれかを意味するものとして解釈する。

スの事例において、$|g| < r_E$ が満たされない状態は、通常、非常に速い成長をしている企業で生じる。このような企業では、少なくとも短い期間において、$g > r_E$ となる非常に高い成長率が予想される。もし、そのような「並外れた」成長が長期間にわたる場合には、配当を割り引く当初の式は、$g > r_E$ なら $\sum_{t=1}^{\infty} \frac{Div_0 * (1+g)^t}{(1+r_E)^t} = \infty$ となるため、P_0 が無限の価値を持つことを示す。したがって、非常に高い配当成長率の期間（$g > r_E$）の後には、長期配当成長率が資本コストよりも小さい期間（$g < r_E$）が続かなければならない。

会社は、期間 1 から期間 m までの間は高成長の配当を支払う予定で、その後の期間では配当成長率が低くなる見込みであると仮定しよう。これらの予想将来配当額の割引価値は、次のように書くことができる。

現時点の株式価値 ＝ 配当の現在価値

$$= \underbrace{\sum_{t=1}^{m} \frac{Div_0 * (1+g_1)^t}{(1+r_E)^t}}_{\substack{\uparrow \\ \text{高配当成長率 } g_1 \text{ における } m \text{ 年} \\ \text{間の現在価値}}} + \underbrace{\sum_{t=m+1}^{\infty} \frac{Div_m * (1+g_2)^{t-m}}{(1+r_E)^t}}_{\substack{\uparrow \\ \text{通常の配当成長率 } g_2 \text{ における} \\ \text{残りの期間の現在価値}}}$$

問題は、通常、予想成長率から資本コスト r_E を決定することである。次の例では、VBA 関数 **TwoStageGordon** を使って、上の式の両辺が等しくなるような r_E を計算する。[10] 会社の現在の株価は $P_0 = 30$、直近の配当額は $Div_0 = 3$、今後 5 年間の配当成長率は 35 ％で、その後は 8 ％に下がる見込みであると仮定する。以下のように、r_E は 32.76 ％となる。

	A	B	C
1	2つの成長率を持つゴードン・モデル －TwoStageGordon 関数を使用して－		
2	直近の配当額（Div_0）	3.00	
3	1年目からm年目までの「並外れた」成長率（g_1）	35%	
4	6年目以降の成長率（g_2）	8%	
5	並外れた成長の年数 （m）	5	
6	株価	30.00	
7	株主資本コスト	32.76%	<-- =twostagegordon(B6,B2,B3,5,B4)

---

10. **TwoStageGordon** の構造は、本節の最後で議論する。

Merck に対する 2 段階ゴードン・モデルの実装

以下では、Merck の株主資本コストを計算するために、2 段階モデルを用いる。株主資本からの支払額合計の 5 年平均成長率 13.71 %は、次の 2 年間しか続かず、その後の成長率は 5 %になると仮定する。このとき、株主資本コストは、$r_E = 11.20$ %となる。これは、配当のみを使ったゴードン・モデル(前節を参照)で計算した r_E よりも高い。

	A	B	C	D	E	F
1		2段階ゴードン・モデルを使用したMerckの株主資本コスト				
2		配当	株式の買戻し	ストック・オプションの行使による収入	株主資本からの支払額合計	
3	29/Jun/05	3,307	1,430	899	3,838	<-- =B3+C3-D3
4	30/Jun/05	3,279	2,725	102	5,901	
5	1/Jul/05	3,215	0	186	3,029	
6	2/Jul/05	4,734	1,593	363	5,964	
7	3/Jul/05	4,818	1,921	321	6,418	
8						
9	成長率	13.71%	<-- =(E7/E3)^(1/4)-1			
10						
11		株主資本の支払額合計と2段階ゴードン・モデルを基礎としたゴードン・モデル株主資本コストr_E の計算				
12	発行済株式数(百万株)	3,041				
13	1株当たり株価	41.75				
14	株主資本の市場価値	126,955	<-- =B12*B13, 百万ドル			
15						
16	高成長率(g_{high})					
17	高成長の年数(m)	2				
18	通常の成長率(g_{normal})	5.00%	<--筆者の予想			
19						
20	twostagegordon関数を使用した株主資本コスト(r_E)	11.20%	<-- =twostagegordon(B14,E7,B9,B17,B18)			

テクニカル・ノート

本章のファイルにある **TwoStageGordon** 関数は、2 段階ゴードン・モデルで株主資本コスト r_E を計算する。この関数は、現在の株価と、株主資本に対する将来キャッシュフローの現在価値が等しくなるように、割引率 r_E を計算する。

```
Function TwoStageGordon(P0, Div0, Highgrowth, _
Highgrowthyrs, Normalgrowth)
    high = 1
    low = 0

    Do While (high - low) > 0.00001
    Estimate = (high + low) / 2
    factor = (1 + Highgrowth) / _
    (1 + Estimate)
    Term1 = Div0 * factor * (1 - factor ^ _
    Highgrowthyrs) / (1 - factor)
    Term2 = Div0 * factor ^ Highgrowthyrs * _
    (1 + Normalgrowth) / (Estimate - _
    Normalgrowth)
    If (Term1 + Term2) > P0 Then
        low = (high + low) / 2
        Else:  high = (high + low) / 2
    End If
    Loop
    TwoStageGordon = (high + low) / 2
End Function
```

3.8 CAPM：ベータ（β）の計算

資本資産価格モデル（Capital asset pricing model; CAPM）は、ゴードン・モデルの代わりに資本コストの計算を行うことができる、唯一の実行可能な方法である。また、CAPMは、理論的な優雅さと実装の容易さという両面の理由から、最も広く使用されている株主資本コストのモデルである。CAPMは、企業の資本コストを市場リターン（収益率）との共分散から算定する。[11] 企業の株主資本コストに対する基本的CAPM式は、次の通りである。

$$r_E = r_f + \beta \left[E(r_M) - r_f \right]$$

---
[11] CAPMの詳細は、第8章から第11章で議論する。ここでは、理論には踏み込まず、資本コストの算定におけるモデルの適用について概説する。

ここで、

r_f = 市場における無リスク金利
$E(r_M)$ = 市場ポートフォリオの期待収益率
β = 企業毎のリスク測定値 = $\dfrac{Cov(r_{stock}, r_M)}{Var(r_M)}$

　本節の残りの部分では、企業の β を測定することに焦点を当て、次の節では、企業の株主資本コスト r_E を見つけるための CAPM の適用方法を示す。

ベータは市場収益率に対する企業の株式収益率の回帰係数である

次のスプレッドシートでは、Merck と S&P500（株式市場全体を表す代用として使用する）の 5 年間にわたる月次の価格と収益率が示されている。セル B2 から B4 では、次のように Merck の収益率を S&P500 の収益率で回帰している。

$$r_{Merck, t} = \alpha_{Merck} + \beta_{Merck} r_{SP, t}$$
$$= -0.0018 + 0.6435 r_{SP, t}, \quad R^2 = 0.2245$$

加重平均資本コスト（WACC）の計算

	A	B	C	D	E	F	G
1		**Merckにおけるベータの計算** －MerckとSP500の月次収益率（2007-2012）－					
2	アルファ	0.0018	<-- =INTERCEPT(E11:E70,F11:F70)				
3	ベータ	0.6435	<-- =SLOPE(E11:E70,F11:F70)				
4	R^2	0.2245	<-- =RSQ(E11:E70,F11:F70)				
5	アルファのt統計量	0.2059	<-- =tintercept(E11:E70,F11:F70)				
6	ベータのt統計量	4.0979	<-- =tslope(E11:E70,F11:F70)				
7							
8			価格			収益率	
9	日付	Merck	SP500		Merck	SP500	
10	1/Jun/07	39.90	1,503.35				
11	2/Jul/07	39.78	1,455.27		-0.30%	-3.25%	<-- =LN(C11/C10)
12	1/Aug/07	40.20	1,473.99		1.05%	1.28%	<-- =LN(C12/C11)
13	4/Sep/07	41.73	1,526.75		3.74%	3.52%	<-- =LN(C13/C12)

Merck の収益率vs SP500（2007-2012）

y = 0.6435x + 0.0018
R^2 = 0.2245

この回帰から分かることは、次の通りである。

- Merck のベータ（β_{Merck}）は、市場収益率に対する株式収益率の感度を表している。これは、次の式により計算される。

$$\beta_{Merck} = \frac{Cov(SP500の収益率, Merckの収益率)}{Var(SP500の収益率)}$$

ベータは、この式を直接使うか、または、Excel の **Slope** 関数（上表のセル B3）を使うことによって計算できる。対象期間にわたって、S&P500 の月次収益率 1 %の増減は、Merck の収益率 0.6435 %の増減を伴っていた。また、ベータの統計量である **TSlope**（セル B6）は、β_{Merck} が非常に有意であることを示している（この関数がどのように作成されたかについては、以下を参照のこと）。[12]

- Merck のアルファ（α_{Merck}）は、対象期間にわたって、S&P500 の変化に関係な

く、Merck の月次収益率が 0.18 %上回っていたことを示している（$\alpha_{Merck} = 0.18$ %）。これは、年率換算すると 2.18 %（= 0.18 % * 12）となり、金融市場の専門用語で言えば、Merck は当該期間にわたって優れたパフォーマンスをあげたことを示しているように見える。しかしながら、ここで **TIntercept** 関数（セル B5）に注目しよう。この関数（Excel での作り方は次に議論する）は、切片がゼロと有意に異ならないことを示している。

- 回帰の R^2 は、Merck 収益率の変動の 22.45 %が、S&P500 の変動によって説明されることを示している。22 %の R^2 は低く見えるかもしれないが、CAPM の文献では珍しいことではない。これは、Merck 収益率の変動のおおよそ 22 %が、S&P500 収益率の変動で説明できるということである。Merck 収益率の変動の残りは、分散化された株式ポートフォリオに Merck 株式を含めることによって取り除くことができる。株式の平均的な R^2 はおおよそ 30 %から 40 %であり、これはマーケットファクターが株式の変動のおおよそこの割合を説明し、残りはその株式固有の要因が説明することを意味する。ここで見た通り、Merck の R^2 は若干低い数値であるが、これは Merck が平均的な株式と比べて、固有リスク（idiosyncratic risk）をより多く有していることを意味する。

本章に付随するスプレッドシートは、回帰を行う 3 つの方法を示している。1 つ目の方法は、**Intercept** 関数、**Slope** 関数、**Rsq** 関数を使うものである。2 つ目の方法は、Excel の **Covar** 関数と **VarP** 関数の使用を伴うものである。3 つ目の方法は、Excel の **Trendline** 関数を必要とするものである。Merck と SP500 の収益率を**散布図**でグラフに描いた後、次のことを行う。

---

12. t 統計量の正確な意味を知るには、統計に関する良書を参照する必要がある。さしあたり、1.96 を上回る t 統計量は、議論中の変数（**TIntercept** 関数を使う場合は切片、**TSlope** 関数を使う場合は傾き）が、95 %の確率でゼロとは有意に異なることを示していると理解すれば足りる。したがって、切片の t 統計量 0.2059 は、切片がゼロとは有意に異ならないことを示す一方、傾きの t 統計量 4.0979 は、傾きがゼロとは有意に異なることを示している。

加重平均資本コスト（WACC）の計算　89

図表 3.1
回帰を行うためのコマンドの手順は、Excel の「**散布図**」に従って行う。プロットされた点を選んでから右クリックして、「**近似曲線の追加**（**R**）**...**」を選択する（図表の左画面）。ここで、「線形近似（**L**）」を選び（図表の中央）、「グラフに数式を表示する（**E**）」と「グラフに R-2 乗値を表示する（**R**）」にチェックマークを付す。

自家製の関数である TIntercept と TSlope

前出のスプレッドシートは、切片と傾きの t 統計量を計算するために 2 つの関数を使用している。これらの関数は、第 33 章で議論する **Linest** 関数を基に作られている。収益率のデータに **Linest** 関数を適用すると、次を得る。

	I	J	K	L
9			セル J13:K17は、	
10			{=LINEST(E11:E70,F11:F70,,1)}により	
11			算定される。	
12			傾き	切片
13		傾き -->	0.6435	0.0018	<-- 切片
14		傾きの標準誤差 -->	0.1570	0.0088	<-- 切片の標準誤差
15		R^2 -->	0.2245	0.0682	<-- y の価値の標準誤差
16		F 統計量 -->	16.7925	58.0000	<-- 自由度
17		平方和$_{xy}$ -->	0.0781	0.2696	<-- SSE（= 残差平方和）

　Excel の **Index** 関数を用いて、**Linest** によって算出された切片項の値（**Linest** 出力の 1 行目、2 列目）を、切片の標準誤差（2 行目、2 列目）で除するものとして、VBA 関数の **TIntercept** を定義する。切片の t 統計量に関する関数は、次の通りである。

```
Function tintercept(yarray, xarray)
    tintercept = Application.Index(Application. _
    LinEst(yarray, xarray, , 1), 1, 2) / _
    Application.Index(Application.LinEst(yarray, _
    xarray, , 1), 2, 2)
End Function
```

同様に、傾きの t 統計量を得るものとして、**TSlope** 関数を定義できる。

```
Function tslope(yarray, xarray)
    tslope = Application.Index(Application. _
    LinEst(yarray, xarray, , 1), 1, 1) / _
    Application.Index(Application.LinEst(yarray, _
    xarray, , 1), 2, 1)
End Function
```

これらの関数はいずれも、本章のスプレッドシートに組み込まれている。

Excel の「データ分析」アドインの使用

回帰結果を作成する 4 つ目の方法がある。[データ] - [データ分析] - [回帰分析] をクリックすることで、t 統計量を含むより多くの統計値を計算する、高機能な Excel のツールを使うことができる。この機能により作成された出力結果は、次の図表で示されている。

	I	J	K	L	M	N	O	P	Q
3	概要								
4									
5		回帰統計							
6	重相関 R	0.473836264							
7	重決定 R2	0.224520805							
8	補正 R2	0.211150474							
9	標準誤差	0.068184238							
10	観測数	60							
11									
12	分散分析表								
13		自由度	変動	分散	観測された分散比	有意 F			
14	回帰	1	0.078069683	0.078069683	16.79246425	0.000131232			
15	残差	58	0.26964724	0.00464909					
16	合計	59	0.347716923						
17									
18		係数	標準誤差	t	P-値	下限 95%	上限 95%	下限 95.0%	上限 95.0%
19	切片	0.001813136	0.008806331	0.205890007	0.837597818	-0.015814651	0.019440922	-0.01581465	0.019440922
20	X 値 1	0.643502885	0.157033851	4.097860936	0.000131232	0.329165479	0.957840291	0.329165479	0.957840291

この出力結果の作成には、［データ］-［データ分析］-［回帰分析］を使用した。設定は次の通りである。

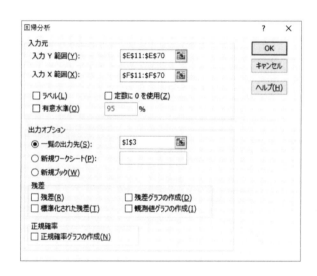

［データ］-［データ分析］-［回帰分析］は多くのデータを作成する一方で、1つの大きな欠点がある。入力元のデータが変わっても、出力結果が自動的に更新されないことである。この理由により、説明した他の方法を使うことが好ましい。

3.9 証券市場線（SML）を用いた Merck の株主資本コスト（r_E）の計算

資本資産価格モデルでは、リスク調整後資本コストを計算するために、証券市場

線(Security Market Line; SML)が用いられる。本節では、SML の 2 つの定式化を検討する。これら 2 つの方法の違いは、資本コスト式への税金の組み入れ方に関係している。

方法 1: 基本的 SML

基本的 CAPM 式は、税金を無視した証券市場線(SML)の式を用いる。

$$株主資本コスト(r_E) = r_f + \beta\left[E(r_M) - r_f\right]$$

ここで、r_f は経済全体における無リスク収益率であり、$E(r_M)$ は市場に対する期待収益率である。SML パラメータの値の選択は、しばしば問題をはらむ。一般的なアプローチでは、以下の通り選択される。

- r_f は、経済全体の無リスク金利と等しい(例えば、米国財務省短期証券の利回り)。短期利率を用いるか、あるいは長期利率を用いるかという問題は、3.11 節まで未解決のままにしておく。ここでは、説明の都合上、$r_f = 2\%$ を用いる。
- $E(r_M)$ は、市場収益率のヒストリカル平均と等しく、広範な市場ポートフォリオの平均収益率として定義される。市場マルチプルを基にした別のアプローチもあり、これらはいずれも以下で議論する。本節では、$E(r_M) = 8\%$ を使用する。

次のスプレッドシートでは、Merck の株主資本コストを算定するための基本的 CAPM の株主資本コストの計算が示されている。

	A	B	C
1	**Merckの株主資本コストの計算** ―基本的CAPM: $r_E = r_f + \beta^*[E(r_M) - r_f]$―		
2	Merckのベータ(β)	0.6435	
3	無リスク金利(r_f)	2.00%	
4	期待市場収益率($E(r_M)$)	8.00%	
5	Merck の株主資本コスト(r_E)	5.86%	<-- =B3+B2*(B4-B3)

方法 2: 税金調整後 SML

基本的 CAPM のアプローチは、税金を考慮しない。Benninga-Sarig(1997)は、

SML が経済全体における限界税率で調整されなければならないことを示した。[13] 法人税率を T_C とすると、Benninga-Sarig 税金調整後 SML は以下のようになる。

株主資本コスト$(r_E) = r_f(1 - T_C) + \beta\left[E(r_M) - r_f(1 - T_C)\right]$

基本的 CAPM の r_f を $r_f(1 - T_C)$ に置き換えることで、この式を用いることができる。税金調整後株主資本コストは、次のように、基本的 CAPM と比べてより低い切片と、より高い傾きを持つことに注意されたい。

- 切片は、r_f の代わりに $r_f(1 - T_C)$ となる。この切片は、基本的 CAPM の切片 r_f よりも低い。
- 傾きは、$E(r_M) - r_f$ の代わりに $E(r_M) - r_f(1 - T_C)$ となる。この傾きは、基本的 CAPM に $T_C r_f$ を加えたもので、$E(r_M) - r_f(1 - T_C) = \left[E(r_M) - r_f\right] + T_C r_f$ として書くことができる。

したがって、税金調整後株主資本コストについて別の書き方をすると、次のようになる。

$$\begin{aligned}
\text{税金調整後株主資本コスト} &= r_f(1 - T_C) + \beta\left[E(r_M) - r_f(1 - T_C)\right] \\
&= \underbrace{r_f + \beta\left[E(r_M) - r_f\right]}_{\text{基本的 CAPM}(r_E)} + T_C r_f[\beta - 1]
\end{aligned}$$

この書き換えは、基本的 r_E と税金調整後 r_E との差が、法人税率 T_C、無リスク金利 r_f、株式ベータ β の関数であることを明確にする。[14] Merck では、税金調整後アプローチによると、次の通り若干高い株主資本コストとなる。

	A	B	C
1	Merckの株主資本コストの計算 —税金調整後CAPM: $r_E = r_f^*(1-T_C) + \beta^*[E(r_M) - r_f^*(1-T_C)]$ —		
2	Merckのベータ(β)	0.6435	
3	Merckの税率(T_C)	12.84%	<-- ='Page 72'!D5
4	無リスク金利(r_f)	2.00%	
5	期待市場収益率$(E(r_M))$	8.45%	
6	Merckの税金調整後株主資本コスト(r_E)	6.06%	<-- =B4*(1-B3)+B2*(B5-B4*(1-B3))

---

13. Benninga-Sarig アプローチの論理は、拙著 "Corporate Finance: A Valuation Approach" (McGraw-Hill, 1997) で概説されている。このモデルに関するより厳密な導出は、Oded Sarig との共著論文である "Risk, Return and Values in the Presence of Differential Taxation"（Journal of Banking and Finance, 2003）にある。
14. 本書の執筆時、短期の無リスク金利はゼロに近いため、税金調整後 CAPM と基本的 CAPM の差もごく僅かである。恐らく、これは将来のいずれかの時点で変わるだろう。

税金調整後 CAPM は、課税を伴う実経済により整合的であるが、株主資本コストの計算には多くの不確実性が伴うことを考えれば、基本的 CAPM と税金調整後 CAPM との違いは、手間をかけるだけ無駄かもしれないと告白しておこう。

3.10 市場に対する期待収益率 $E(r_M)$ を計算する3つのアプローチ

CAPM を使った株主資本コスト r_E の計算には、2つの重大な問題が残っている。

- 市場に対する期待収益率 $E(r_M)$ とは何か？それは過去のデータから計算されるものなのか？（もしそうなら、どれくらいの期間のデータ系列が必要か？）あるいは、過去に頼ることなく、現在の市場データから計算することができるのか？
- 無リスク金利 r_f とは何か？それは短期間の利率か、あるいは、長期間の利率か？

本節では1つ目の問題を扱い、r_f の計算は 3.11 節に持ち越す。$E(r_M)$ の計算には、3つの主要なアプローチがある。

- 主要な市場インデックスにおけるヒストリカル収益率
- 市場インデックスにおけるヒストリカル市場リスク・プレミアム
- ゴードン・モデル

3つのアプローチ全てを、本節で解説する。また、Merck の株主資本コストの計算に対するそれらの影響は、本節の最後で説明する。

市場ポートフォリオに対するヒストリカルな平均収益率としての $E(r_M)$

$E(r_M)$ を計算する簡単なアプローチは、主要な市場インデックスにおける過去の収益率の平均として見ることである。下の計算では、市場の代用としてバンガード 500 インデックス・ファンドを使うことにより、このアプローチを説明している。[15] このファンドの 1987 年以来の年率換算収益率は、8.27 % である。これは、S&P500 保有から得られる過去の年次平均収益率の信頼できる代替値として、見なすことができる。

---

15. バンガード・ファンドの価格は、S&P500 の配当が組み込まれている。多くのインデックスの数値は（例えば、Yahoo の^GSPC で入手できるようなもの）、配当を組み込んでいない。

加重平均資本コスト（WACC）の計算 95

	A	B	C	D
1	過去のデータを使用したE(r_M) の測定 —バンガード500インデックス・ファンド（ティッカーシンボル： VFINX）の価格（配当を含む）からの導出— (April 1987 - June 2012)			
2	平均月次収益率	0.69%	<-- =AVERAGE(C10:C311)	
3	月次標準偏差	4.58%	<-- =STDEV(C10:C311)	
4				
5	年率換算収益率	8.27%	<-- =12*B2	
6	年率換算標準偏差	15.87%	<-- =SQRT(12)*B3	
7				
8	日付	価格	収益率	
9	1/Apr/87	15/Jan/00		
10	1/May/87	15/Jan/00	1.02%	<-- =LN(B10/B9)
11	1/Jun/87	16/Jan/00	4.93%	<-- =LN(B11/B10)
12	1/Jul/87	17/Jan/00	4.82%	<-- =LN(B12/B11)
13	3/Aug/87	18/Jan/00	3.77%	<-- =LN(B13/B12)
293	1/Dec/10	22/Apr/00	6.46%	
294	3/Jan/11	24/Apr/00	2.32%	
295	1/Feb/11	28/Apr/00	3.36%	
296	1/Mar/11	28/Apr/00	0.03%	
297	1/Apr/11	2/May/00	2.90%	
298	2/May/11	30/Apr/00	-1.15%	
299	1/Jun/11	28/Apr/00	-1.69%	
300	1/Jul/11	26/Apr/00	-2.07%	
301	1/Aug/11	19/Apr/00	-5.61%	
302	1/Sep/11	12/Apr/00	-7.32%	
303	3/Oct/11	23/Apr/00	10.36%	
304	1/Nov/11	23/Apr/00	-0.24%	
305	1/Dec/11	24/Apr/00	1.02%	
306	3/Jan/12	29/Apr/00	4.37%	
307	1/Feb/12	4/May/00	4.22%	
308	1/Mar/12	8/May/00	3.23%	
309	2/Apr/12	7/May/00	-0.64%	
310	1/May/12	30/Apr/00	-6.21%	
311	1/Jun/12	4/May/00	3.53%	

市場リスク・プレミアム $E(r_M) - r_f$ を直接計算する

市場リスク・プレミアムを直接計算することもできる。これには、あと少し作業が必要となる。下のスプレッドシートには、S&P500の月次収益率と米国財務省短期証券の月次支払金利が示されている。S&P500の平均年次リスク・プレミアムは、4.40％である。

過去のデータを使用した市場リスク・プレミアム（E(r_M) - r_f）の測定
－バンガード500インデックス・ファンド（ティッカーシンボル: VFINX）マイナス財務証券－
(April 1987 - June 2012)
すべての測定値はSP500の月次収益率、r_{Mt}、財務証券の利率（r_f）に関連している

	A	B	C	D	E	F
2	平均月次リスク・プレミアム	0.37%	<--	=AVERAGE(E10:E311)		方法論に関する注: ここでは、3ヶ月財務証券のデータとして、セントルイス連邦準備銀行のFREDデータを使用している。このデータは年率換算されており、月次収益率を得るために12で除している。データは事前的収益率として取ることができるため、1987年4月の率は1987年5月に影響を与えている。また、1ヶ月財務証券のデータは多くの問題があるため、ここでは1ヶ月ではなく3ヶ月を使用している。
3	月次標準偏差	4.58%	<--	=STDEV(E10:E311)		
4						
5	年率換算リスク・プレミアム	4.40%	<--	=12*B2		
6	年率換算標準偏差	15.85%	<--	=SQRT(12)*B3		
7						
8	日付	価格	収益率	財務証券の利率	市場リスク・プレミアム	
9	1/Apr/87	15/Jan/00				
10	1/May/87	15/Jan/00	1.02%	0.48%	0.53%	<-- =C10-D10
11	1/Jun/87	16/Jan/00	4.93%	0.49%	4.45%	<-- =C11-D11
12	1/Jul/87	17/Jan/00	4.82%	0.49%	4.33%	
13	3/Aug/87	18/Jan/00	3.77%	0.49%	3.28%	
295	1/Feb/11	28/Apr/00	3.36%	0.01%	3.35%	
296	1/Mar/11	28/Apr/00	0.03%	0.01%	0.01%	
297	1/Apr/11	2/May/00	2.90%	0.01%	2.90%	
298	2/May/11	30/Apr/00	-1.15%	0.01%	-1.16%	
299	1/Jun/11	28/Apr/00	-1.69%	0.00%	-1.69%	
300	1/Jul/11	26/Apr/00	-2.07%	0.00%	-2.07%	
301	1/Aug/11	19/Apr/00	-5.61%	0.00%	-5.61%	
302	1/Sep/11	12/Apr/00	-7.32%	0.00%	-7.32%	
303	3/Oct/11	23/Apr/00	10.36%	0.00%	10.36%	
304	1/Nov/11	23/Apr/00	-0.24%	0.00%	-0.24%	
305	1/Dec/11	24/Apr/00	1.02%	0.00%	1.02%	
306	3/Jan/12	29/Apr/00	4.37%	0.00%	4.37%	
307	1/Feb/12	4/May/00	4.22%	0.01%	4.22%	
308	1/Mar/12	8/May/00	3.23%	0.01%	3.22%	
309	2/Apr/12	7/May/00	-0.64%	0.01%	-0.65%	
310	1/May/12	30/Apr/00	-6.21%	0.01%	-6.21%	
311	1/Jun/12	4/May/00	3.53%	0.01%	3.53%	

　Merckの株主資本コストの計算で、このリスク・プレミアムを直接適用すると、次の通り5％に近い株主資本コストr_Eを得る（依然としてr_fの問題が解決していないことに注意されたい）。

	A	B	C
1	市場リスク・プレミアム（E(r_M) - r_f）を使用したMerckの株主資本コストの計算		
2	Merckのベータ（β）	0.6435	<-- ='Page 92'!B2
3	SPの価格と収益率から導出したE(r_M)	4.40%	<-- ='Page 96, top'!B5
4	Merckの税率（T_C）	12.84%	<-- ='Page 93'!B3
5	無リスク金利（r_f）	2.00%	<-- 続いて議論される
6	Merckの株主資本コスト（$r_{E,\ Merck}$）		
7	基本的CAPM	4.83%	<-- =B5+B2*B3
8	税金調整後CAPM	4.74%	<-- =B5*(1-B4)+B2*(B3+B4*B5)
9			
10	注: セルB8の税金調整後モデルは、次の等式を使用している。 　　E(r_M) - r_f(1-T_C) = E(r_M) - r_f + T_C*r_f この例における低水準の税率と低い無リスク金利であれば、2つのアプローチに実質的な違いはない。		

ゴードン・モデルを使用した期待市場収益率の計算

$E(r_M) = 4.40\%$ と置くことは、米国における 1987 年から 2012 年までの過去の市場収益率とほぼ同じである。もし、将来の期待収益率が過去の平均と一致すると考えるのであれば、過去の平均は適切である。その一方で、将来予想される市場利回りを直接計算するために、現在の市場データを採用したいと思うかもしれない。

この計算は、ゴードン・モデルを使えば可能である。3.6 節において、このモデルは、株主資本コスト r_E が次のように求められるとしていたことを思い出そう。

$$r_E = \frac{Div_0(1+g)}{P_0} + g$$

この公式は市場ポートフォリオにも適用されるため、次のように書くこともできる。

$$r_E = \frac{Div_0(1+g)}{P_0} + g \quad (ただし、Div_0 は直近の配当、P_0 は価格、g は市場ポートフォリオの成長率)$$

ここで、企業は配当として利益の一定割合 a を支払うと仮定しよう。このとき、直近の 1 株当たり利益を EPS_0 と表すと、$Div_0 = a * EPS_0$ になる。g を会社の利益成長率であると解釈すれば、次のように書くことができる。

$$E(r_M) = \frac{a * EPS_0(1+g)}{P_0} + g = \frac{a*(1+g)}{P_0/EPS_0} + g$$

式の右辺の項にある P_0/EPS_0 は、市場における株価収益率である。$E(r_M)$ を計算するためにこの公式を使うことができるため、株主資本コストを現在観察可能な市場のパラメータに結び付けることが可能になる。以下は、この実装である。

	A	B	C
1	**市場マルチプルを使ったE(r_M)の計算**		
2	市場価格/利益のマルチプル（2012年6月）	15.20	
3	株主資本の払戻し比率	50.00%	<-- おおよそ米国における配当＋自己株式の買戻額
4	株主資本払戻額の期待成長率	5.00%	<-- アナリストの予想
5	期待市場収益率(E(r_M))	8.45%	<-- =B3*(1+B4)/B2+B4

本章の残りでは、$E(r_M)$ に関してこの推定値を用いる。

3.11 CAPM における無リスク金利 r_f とは何か？

これに関する意見は、広く異なっているようにみえる。ある著者は短期の利率を

使うよう提案し、また、別の著者は中期、あるいは長期の利率を使用する。本書の著者はいずれの提案もした覚えがあるが、本書の執筆時点においては短期の利率を使用すべきだと考えている。[16] 以下は、本章の例のために 2012 年 6 月 29 日の Yahoo ファイナンスから取ったデータである。

US Treasury Bonds Rates				
Maturity	Yield	Yesterday	Last Week	Last Month
3 Month	0.06	0.06	0.06	0.05
6 Month	0.14	0.14	0.13	0.12
2 Year	0.30	0.30	0.30	0.26
3 Year	0.39	0.39	0.41	0.35
5 Year	0.71	0.69	0.75	0.69
10 Year	1.64	1.58	1.68	1.62
30 Year	2.75	2.68	2.76	2.71

3.12 WACC の計算―3 つのケース

続く節では、3 つの会社、即ち、Merck、Whole Foods、Caterpillar の WACC を計算する。これらの例においては、$E(r_M)$ =8.45 %（3.10 節において S&P500 の価格/利益のマルチプルから計算した）、3 ヶ月財務省証券の利率 r_f =0.06 %（3.11 節で議論した通り）を使用する。

Merck、Whole Foods、Caterpillar、これら 3 つの例は異なる状況を示し、また、WACC の計算にはいかに場当たり的なところがあるかを例証する。[17]

---

16. 理由：CAPM は全てのリスク資産に適用されるべきであるため、債券にも適用される（財務省証券のようなデフォルト・リスクがない債券でさえ、大幅な価格変動にさらされているためリスクがある）。これは、リスク資産の β が、保有期間リスクを含む債券のリスクを含み、適切な無リスク金利 r_f が短期利率であること示唆する。しかし、1997 年の拙著 "*Principles of Corporate Finance: A Valuation Approach*"（Oded Sarig との共著）において、我々は中期または長期の財務省証券利率を r_f として使うことを提唱した。まさに Emerson の言う通りである。「愚かな一貫性は狭量なる心の表れであり、ちっぽけな政治家、哲学者、聖職者に崇められる。」（Emerson は学者を挙げるのを忘れている …）
17. Wiktionary（http://en.wiktionary.org）は、「場当たり的な」（"ad hocery"）を「即興の理論」（"improvised reasoning"）と定義している。ファイナンス理論と組み合わせて使用するとき、我々はこれを現実と理論の間にある中庸として考えることを好む。

3.13 Merck (MRK) における WACC の計算

Merck の株主資本コスト r_E と負債コスト r_D は、前節で議論した。次のテンプレートは、これらの計算をまとめたものである。

	A	B	C
1		**MerckにおけるWACCの計算**	
2	発行済株式	3.04	<-- 10億株
3	株価（2012年6月29日）	41.75	
4	株主資本価値（E）	126.92	<-- =B2*B3
5	債務の純額（D）	2.59	<-- 10億ドル
6	税率(T_C)	12.84%	<-- ='Page 93'!B3
7	負債コスト(r_D)	4.23%	<-- 0.0423
8	期待市場収益率($E(r_M)$)	8.45%	<-- ='Page 97'!B5
9	無リスク金利(r_f)	2.00%	
10	株主資本のベータ(β)	0.6435	<-- ='Pages 87,89'!B3
11			
12	ゴードン（1株当たり配当）を基礎としたWACC		
13	直近の配当額/株式数	1.68	<-- =4*'Page 80, top'!B43
14	成長率	2.02%	<-- ='Page 80, top'!E9
15	株主資本コスト(r_E)	6.13%	<-- =B13*(1+B14)/B3+B14
16	WACC	6.08%	<-- =B15*$B$4/($B$4+$B$5)+B7*(1-$B$6)*$B$5/($B$4+$B$5)
17			
18	ゴードン（株主資本の払戻額）を基礎としたWACC		
19	直近の株主資本払戻額	6,418	<-- ='Page 82'!E7
20	成長率	13.71%	<-- ='Page 82'!B9
21	株主資本コスト(r_E)	11.20%	<-- ='Page 84'!B20
22	WACC	13.90%	<-- =B21*$B$4/($B$4+$B$5)+B13*(1-$B$6)*$B$5/($B$4+$B$5)
23			
24	基本的CAPMを基礎としたWACC		
25	株主資本コスト(r_E)	6.15%	<-- =B9+B10*(B8-B9)
26	WACC	6.03%	<-- =B25*$B$4/($B$4+$B$5)+B17*(1-$B$6)*$B$5/($B$4+$B$5)
27			
28	税金調整後CAPMを基礎としたWACC		
29	株主資本コスト(r_E)	6.06%	<-- =B9*(1-B6)+B10*(B8-B9*(1-B6))
30	WACC	6.14%	<-- =B29*$B$4/($B$4+$B$5)+B21*(1-$B$6)*$B$5/($B$4+$B$5)
31			
32	推定WACC?	6.08%	<-- =AVERAGE(B16,B26,B30)

Merck の推定 WACC（セル B32）は、個人的判断が含まれている。即ち、算出された 1 つの推定値は極端にみえるので除外し、互いに近似した 3 つの推定値を平均した。

3.14 Whole Foods (WFM) における WACC の計算

前半の節において、Whole Foods (WFM) は、会社の当座資産が債務を超過している、マイナスの債務純額の例であると指摘した。会社の配当は、過去 5 年間にわたって減少しており、また、2008 年 7 月から 2011 年 1 月までは中断していることが示されている。

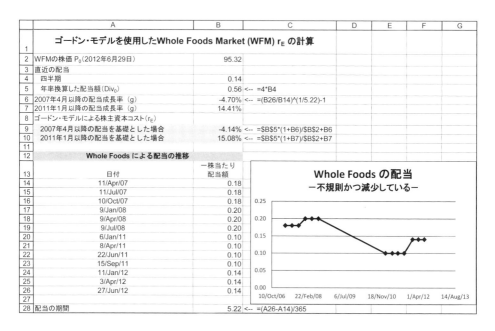

本節の最後にある WACC テンプレートでは、B6 と B7 にある 2 つの配当成長率の平均を用いる。

Whole Foods の株主資本からの支払額合計は、過去 3 年間に資本市場から株主資本を調達したことを示している。株主資本支払額合計の成長率に、WACC の計算で用いることができるものがあるとは考えられない。Whole Foods の WACC テンプレートでは、株主資本コストを計算するこの方法は無視することとする。

加重平均資本コスト（WACC）の計算　101

	A	B	C	D	E	F
1		Whole Foods の株主資本からの支払に係るゴードン・モデル				
2			配当	普通株式の発行	ストック・オプションの権利行使による収入	株主資本からの支払額合計	
3	2007	96,742	54,383		42,359	<-- =B3-C3
4	2008	109,072	18,019		91,053	
5	2009	0	4,286		-4,286	
6	2010	0	46,962		-46,962	
7	2011	52,620	296,719		-244,099	

	A	B	C
1		Whole Foods Market（WFM）におけるWACCの計算	
2	発行済株式	183.56	<-- 百万株
3	株価（2012年6月29日）	95.32	
4	株主資本価値（E）	17,497	<-- =B2*B3, 百万ドル
5	債務の純額（D）	-728	<-- 百万ドル
6	税率（T_C）	37.90%	<-- ='Page 71, bottom'!D5
7	負債コスト（r_D）	4.72%	<-- 借入金の金利（財務諸表より）
8	期待市場収益率（E(r_M)）	8.45%	<-- ='Page 97'!B5
9	無リスク金利（r_f）	0.06%	
10	株主資本のベータ（β）	0.51	<-- Yahooより
11			
12	ゴードン（1株当たり配当）を基礎としたWACC		
13	直近の配当額/株式数	0.56	<-- ='Page 100'!B5
14	成長率	4.85%	<-- =AVERAGE('Page 100'!B6:B7)
15	株主資本コスト（r_E）	5.47%	<-- =B13*(1+B14)/B3+B14
16	WACC	5.58%	<-- =B15*$B$4/($B$4+$B$5)+B7*(1-$B$6)*$B$5/($B$4+$B$5)
17			
18	ゴードン（株主資本の払戻額）を基礎としたWACC		
19	直近の株主資本払戻額		
20	成長率		
21	株主資本コスト（r_E）	該当なし	
22	WACC		
23			
24	基本的CAPMを基礎としたWACC		
25	株主資本コスト（r_E）	4.34%	<-- =B9+B10*(B8-B9)
26	WACC	4.53%	<-- =B25*$B$4/($B$4+$B$5)+B17*(1-$B$6)*$B$5/($B$4+$B$5)
27			
28	税金調整後CAPMを基礎としたWACC		
29	株主資本コスト（r_E）	4.33%	<-- =B9*(1-B6)+B10*(B8-B9*(1-B6))
30	WACC	4.52%	<-- =B29*$B$4/($B$4+$B$5)+B21*(1-$B$6)*$B$5/($B$4+$B$5)
31			
32	推定WACC?	4.88%	<-- =AVERAGE(B16,B26,B30)

3.15　Caterpillar（CAT）における WACC の計算

Caterpillar の負債コストは、大変低い。

	A	B	C	D	E
1		**Caterpillarの債務と負債コスト(r_D)**			
		(単位：千ドル)			
2		31/Dec/09	31/Dec/10	31/Dec/11	
3	現金預金	4,867,000	3,592,000	3,057,000	
4					
5	短期債務	9,648,000	7,981,000	9,784,000	
6	長期債務	24,944,000	20,437,000	21,847,000	
7					
8	債務の純額	29,725,000	24,826,000	28,574,000	
9					
10	支払利息	389,000	343,000	396,000	
11	負債コスト(r_D)?		1.26%	1.48%	<-- =D10/AVERAGE(C8:D8)

Caterpillar の税率は、多額の利益を計上した年で約 25 ％と、適度なものである。

	A	B	C	D	E
1		**Caterpillar の税率**			
2		31/Dec/09	31/Dec/10	31/Dec/11	
3	税引前利益	569,000	3,750,000	6,725,000	
4	税金費用	-270,000	968,000	1,720,000	
5	計算上の税率	-47.45%	25.81%	25.58%	<-- =D4/D3

以下は、CAT の 10 年間の配当推移である。このモデルでは、ゴードン配当モデルを使って CAT の r_E を計算するため、直近 5 年間の年次配当成長率を採用する。

加重平均資本コスト（WACC）の計算　103

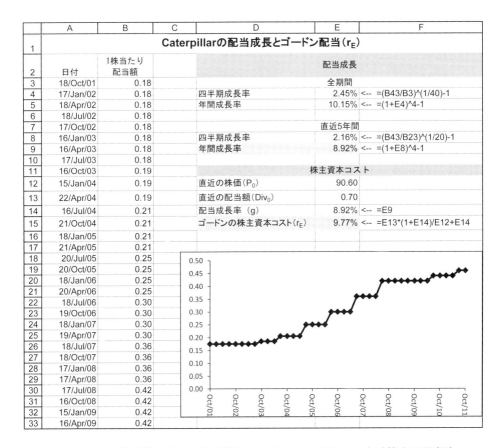

Caterpillar の株式配当は大きく変動している。ここでは、r_E を計算する配当法に対して、直近 2 年間の成長率を用いる。

	A	B	C	D	E	F
1		Caterpillarの株主資本における支払額				
2		配当	株式の発行	自己株式の買戻し	株主資本における支払額合計	
3	31/Dec/07	845	-328	2,405	2,922	<-- =B3+C3+D3
4	31/Dec/08	953	-135	1,800	2,618	
5	31/Dec/09	1,029	-89		940	
6	31/Dec/10	1,084	-296		788	
7	31/Dec/11	1,159	-123		1,036	
8						
9	4年間の成長率	-22.84%	<-- =(E7/E3)^(1/4)-1			
10	直近2年間の成長率	4.98%	<-- =(E7/E5)^(1/2)-1			

これらの値を用いて、Caterpillar の WACC を算定する次のテンプレートができる。

	A	B	C
1		Caterpillar（CAT）におけるWACCの計算	
2	発行済株式	624.72	<-- 百万株
3	株価（2012年6月29日）	90.60	
4	株主資本価値（E）	56.60	<-- =B2*B3/1000
5	債務の純額（D）	28.57	<-- 10億ドル
6	税率（T_C）	25.58%	<-- ='Page 102, bottom'!D5
7	負債コスト（r_D）	1.48%	<-- ='Page 102, top'!D11
8	期待市場収益率（$E(r_M)$）	8.45%	<-- ='Page 97'!B5
9	無リスク金利（r_f）	0.06%	
10	株主資本のベータ（β）	1.98	<-- Yahoo
11			
12	ゴードン（1株当たり配当）を基礎としたWACC		
13	直近の配当額/株式数	0.70	<-- =4*'Page 103, top'!B3
14	成長率	9.77%	<-- ='Page 103, top'!E15
15	株主資本コスト（r_E）	10.61%	<-- =B13*(1+B14)/B3+B14
16	WACC	7.42%	<-- =B15*$B$4/($B$4+$B$5)+B7*(1-$B$6)*$B$5/($B$4+$B$5)
17			
18	ゴードン（株主資本の払戻額）を基礎としたWACC		
19	直近の株主資本払戻額	1.036	<-- ='Page 103, bottom'!E7/1000
20	成長率	4.98%	<-- ='Page 103, bottom'!B10
21	株主資本コスト（r_E）	6.90%	<-- =B19*(1+B20)/B4+B20
22	WACC	4.96%	<-- =B21*$B$4/($B$4+$B$5)+B7*(1-$B$6)*$B$5/($B$4+$B$5)
23			
24	基本的CAPMを基礎としたWACC		
25	株主資本コスト（r_E）	16.68%	<-- =B9+B10*(B8-B9)
26	WACC	11.08%	<-- =B25*$B$4/($B$4+$B$5)+B17*(1-$B$6)*$B$5/($B$4+$B$5)
27			
28	税金調整後CAPMを基礎としたWACC		
29	株主資本コスト（r_E）	16.70%	<-- =B9*(1-B6)+B10*(B8-B9*(1-B6))
30	WACC	12.82%	<-- =B29*$B$4/($B$4+$B$5)+B21*(1-$B$6)*$B$5/($B$4+$B$5)
31			
32	推定WACC?	11.95%	<-- =AVERAGE(B26,B30)

　WACCの推定値は2つのグループに分けられる。2つのゴードンに基づくモデルは、2つのCAPMに基づくモデルに比べて、かなり低い r_E とWACCの推定値を算出する。このケースでは、後者2つの計算の平均を採用する（一般的には、多くの場合で配当モデルよりもCAPMの方が好まれる）。

3.16 モデルが機能しないのはいつか？

全てのモデルには問題があり、完全なものはない。[18] 本節では、ゴードン・モデルと資本資産価格モデルの潜在的な問題点のいくつかを議論する。

ゴードン・モデルの問題点

企業が配当を支払わず、また、（近い将来において）配当を支払うつもりがないと

18.「幸福とは、現実と希望の最大合意である。」（Stalin）

思われる場合、ゴードン・モデルは明らかに機能しない。[19] しかし、配当を支払っている企業であっても、このモデルを適用することは難しいかもしれない。多くの場合で特に問題となるのは、過去の配当に基づく将来の配当性向の算出である。

例えば、Ford Motor Company の 1989 年～1998 年における配当の推移を考えてみよう。

	A	B	C
1	**Ford Motor Co. における配当の推移** （1989-1998）		
2	年	配当	
3	1989	3.00	
4	1990	3.00	
5	1991	1.95	
6	1992	1.60	
7	1993	1.60	
8	1994	1.33	
9	1995	1.23	
10	1996	1.46	
11	1997	1.64	
12	1998	22.81	
13	1989-1997の成長率	-7.27%	<-- =(B11/B3)^(1/8)-1
14	1989-1998の成長率	25.28%	<-- =(B12/B3)^(1/9)-1

ここでの問題は簡単に見つけることができる。1997 年まで継続的に配当を減らしてきた Ford は、定期的な四半期配当（1998 年は合計 1.72 ドル）に加えて、1998 年に 21.09 ドルの現金配当を支払った。過去の推移を用いて将来を予測する場合、特別な現金配当の算入は、将来の配当成長率を過大に見積もる原因となる。とはいえ、21.09 ドルの配当を除外することはまた、実際の状況を反映しないということになる。

恐らく Ford の配当の 10 年間の推移は、将来の配当支払いを導く最良の手段ではないようである。ゴードン・モデルを使いたい人には、いくつかの解決策がある。

- 1998 年における 21.09 ドルの特別配当を除外すれば、1998 年までの 4 年間における配当成長率は 6.64 ％と立派な値になる。Ford の将来の予想配当成長率をこの率と見積もった場合、1998 年末の株価 58.69 ドルを所与とすれば、ゴードン・モデルの株主資本コストは 9.77 ％となる。

---

[19] 企業は、*絶対に*配当を支払わない、と意図することはできない。そのような意図は、理論的には株式価値がゼロであることを意味するからである。

	A	B	C
17	1998年における$21.09の配当を除外したFordの配当		
18	年	配当	
19	1989	3.00	
20	1990	3.00	
21	1991	1.95	
22	1992	1.60	
23	1993	1.60	
24	1994	1.33	
25	1995	1.23	
26	1996	1.46	
27	1997	1.64	
28	1998	1.72	
29	1994-1998の成長率	6.64%	<-- =(B28/B24)^(1/4)-1
30	1998年末におけるFordの株価	58.69	
31	ゴードンの株主資本コスト	9.77%	<-- =B28*(1+B29)/B30+B29

- より望ましい方法は、本章で説明したように、Fordの株主資本からの支払額合計を使うことかもしれない。しかしながら、この方法であっても、個人的な判断から逃れることはできない（我々の、2段階ゴードン・モデルの広範な適用例がその証拠である）。
- Fordの資本コストを求める最後の方法は、同社の本格的な財務モデルを用いることにより、将来の配当を予測することである。そのようなモデル（第4章、第5章で説明）は、しばしばアナリストに用いられている。それらは複雑で、構築するために時間がかかるが、企業の生産及び財務活動の全てを考慮する。したがって、それらは配当をより正確に予測する可能性がある。

CAPMの問題点

次のスプレッドシートの一部は、S&P500とBig City Bagelsの収益率を示したものである。この回帰結果から、Big Cityの β は -0.6408 であることが分かる。

加重平均資本コスト（WACC）の計算

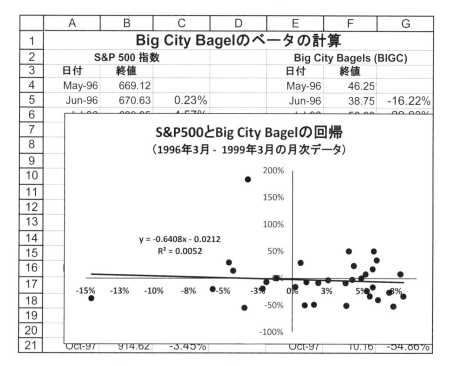

Big City Bagels 株は明らかにリスクが高い。その収益率の年次標準偏差は、同期間における S&P500 の約 17 ％に対し、152 ％となっている。しかしながら、Big City Bagels の β は -0.6408 であり、Big City Bagels が（ポートフォリオの観点からは）負のリスクを有することを示している。これが正しければ、ポートフォリオへの Big City の追加は、Big City の無リスク金利より低いリターンを十分に正当化するほど、ポートフォリオの分散が低減することを意味するかもしれない。これはいくつかの株式には当てはまるかもしれないが、長期的に Big City の β が実際に負であると信じるのは難しい。[20]

Big City と S&P500 における収益率の回帰の R^2 は実質的にゼロであり、これは単純に、S&P500 が Big City の収益率の変動を全く説明しないことを意味する。統計の専門家のために言えば、この切片と傾きの t 統計量は、いずれもゼロと有意に異ならないことを示している。要するに、S&P500 に対する Big City Bagels の過去の収益率の回帰は、この 2 つの間に全く何の関係もないことを示しているのである。

---

20. よりもっともらしい説明は、対象となる期間については、Big City の収益率は市場収益率と全く*関係がない*ということである。

この状況から何が言えるだろうか。また、どのように Big City の資本コストを計算すべきだろうか？いくつかの代替法がある。

- Big City の β は -0.6408 と仮定できる。1999年3月における会社の法人税率は実質的にゼロであるため、基本的 CAPM と税金調整後の CAPM は一致する。

	A	B	C
1	Big City Baglesにおける株主資本コスト r_E の計算 (1999年3月)		
2	Big Cityのベータ	-0.6408	
3			
4	無リスク金利(r_f)	4.40%	
5	期待市場収益率($E(r_M)$)	12.80%	
6	株主資本コスト(r_E)	-0.98%	<-- =B4+B2*(B5-B4)

- Big City の β が実際にはゼロであると仮定できる。Big City の β 推定値の標準偏差を所与とすると、β はゼロとの差が統計的に有意でなく、この仮定は意味をなす。これは、Big City の全てのリスクが分散可能であり、Big City の適正な株主資本コストが無リスク金利であることを意味する。
- Big City と S&P500 の共分散（あるいはそれがないこと）は、将来の相関関係を暗示するものではないと仮定できる。このことは結局、Big City のリスクが同じような会社のリスクと同等であるという結論を導く。同期間におけるスナック・フード会社の β に関する小規模な研究は、それらの β が 1 をかなり上回ることを示している。例えば、New World Coffee の β は 1.15、Pepsico の β は 1.42、Starbucks の β は 1.84 である。したがって、Big City の β は、（市場との将来の相関という意味では）1.15 と 1.84 の間のどこかにあると結論づけても良い。もちろん、これは次のように、Big City の株主資本コストに決定的な違いをもたらすことになる。

	A	B	C
1	Big City Baglesにおける株主資本コスト r_E の計算 (将来予測ベータ＝1.3と仮定した場合)		
2	Big Cityのベータ	1.3000	
3			
4	無リスク金利(r_f)	4.40%	
5	期待市場収益率($E(r_M)$)	12.80%	
6	株主資本コスト(r_E)	15.32%	<-- =B4+B2*(B5-B4)

（どれほど役に立つか分からないが、著者なら後者のケースに従う…）

3.17 まとめ

本章では、株主資本コストを計算するための2つのモデル、即ち、ゴードン配当モデルとCAPMの適用方法を詳細に説明した。また、負債コストを計算するための4つの実行可能なモデルのうち、3つを検討した。これらのモデルの適用には多くの判断を伴うため、次のアドバイスが挙げられる。

- 常に複数のモデルを用いて資本コストを計算すること。
- 時間があれば、分析している企業だけでなく、同じ産業に属する他の企業についても、資本コストを計算してみること。
- 自分の分析から、コンセンサスとなる資本コストの推定値を拾い出してみること。合理的でないと考えられる数値（例えば、Big Cityの負のベータ）を除外することをためらわないこと。

要するに、資本コストの計算は単なる機械的作業ではないのである！

練習問題

1. ABC Corp.の株価は、$P_0 = 50$ ドルである。同社は1株当たり3ドルの配当を支払ったところであり、見識のある株主は、この配当が1年当たり5％で成長していくと考えている。ゴードンの配当モデルを用いて、ABCの株主資本コストを計算しなさい。

2. Unheardof, Inc.,は1株当たり5ドルの配当を支払ったところである。この配当は、1年当たり15％で増加すると予想されている。Unheardofの株主資本コストが25％であるとき、同社の株式の市場価値はいくらになるか？

3. Dismal.Comは衰退しているインターネット製品の製造会社である。同社は現在、配当を支払っていないが、最高財務責任者は3年後から1株当たり15ドルの配当支払い開始することが可能で、配当は1年当たり20％で成長していくと考えている。Dismal.Comの株主資本コストを35％と仮定して、配当の割引きを基礎とした1株当たりの価値を評価しなさい。

4. 以下のChryslerの配当及び株価データを考える。

	A	B	C	D	E
1		**CHRYSLER CORPORATION (C)**			
2	年	年末の株価	1株当たり配当額	成長率	
3	1986		0.40		
4	1987		0.50	25.00%	<-- =C4/C3-1
5	1988		0.50	0.00%	<-- =C5/C4-1
6	1989		0.60	20.00%	<-- =C6/C5-1
7	1990		0.60	0.00%	<-- =C7/C6-1
8	1991		0.30	-50.00%	<-- =C8/C7-1
9	1992		0.30	0.00%	
10	1993		0.33	10.00%	
11	1994		0.45	36.36%	
12	1995		1.00	122.22%	
13	1996	35.00	1.40	40.00%	

配当のみを考慮したゴードン・モデルを用いて、1996 年末における Chrysler の株主資本コストを計算しなさい。

5. TransContinental Airways の現在の株価は、1 株当たり 65 ドルである。直近で、TCA は 1 株当たり 3 ドルの年間配当を支払っている。この配当額は、過去 5 年にわたり、23 ％の年率で成長している。ある評判のアナリストは、現在の配当成長率はこの先 5 年間にわたって維持され、その後は年次 5 ％の成長率に下がるだろうと予想している。**twostagegordon** 関数を使って、株主資本コストを計算しなさい。[21]

6. ABC Corp. は 1 株当たり 3 ドルの配当を支払ったところである。熟練アナリストであるあなたは、同社の今後 10 年間の配当成長率が 1 年当たり 15 ％となることを確信している。そして、10 年目以降の同社の配当成長率は業界平均に減速し、1 年当たり約 5 ％になると考えている。ABC の株主資本コストが 12 ％なら、同社の株式 1 株の現時点における価値はいくらになるか？

7. $\beta_{equity} = 1.5$、$\beta_{debt} = 0.4$ の会社を考える。無リスク金利を 6 ％、期待市場収益率 $E(r_M)$ を 15 ％、法人税率を 40 ％とする。同社の資本構成が、株主資本 40 ％、負債 60 ％であるとき、基本的 CAPM と税金調整後 CAPM をそれぞれ用いて、加重平均資本コストを計算しなさい。

8. 次のスプレッドシートは、Cisco の株価と S&P500 指数の月次データである。式 $r_{CSCO,t} = \alpha_{CSCO} + \beta_{CSCO} r_{SP,t}$ を計算しなさい。なお、式と係数に対する R^2 と t 統計量も含めること。[22]

---

[21]. この問題を解くには、Chapter ファイルのスプレッドシートから、解答用のスプレッドシートに、式をコピーする必要がある。詳細は第 0 章を参照のこと。

[22]. この問題を解くには、**tintercept** 関数と **tslope** 関数を、Chapter ファイルから解答用のスプレッドシートにコピーする必要がある。脚注 21 を参照のこと。

	A	B	C
1	**CISCO (CSCO) と S&P 500 の価格** （2002年7月 - 2007年7月）		
2	日付	S&P 500	CSCO
3	3-Jul-02	911.62	13.19
4	1-Aug-02	916.07	13.82
5	3-Sep-02	815.28	10.48
6	1-Oct-02	885.76	11.18
7	1-Nov-02	936.31	14.92
8	2-Dec-02	879.82	13.10
9	2-Jan-03	855.70	13.37
10	3-Feb-03	841.15	13.98
11	3-Mar-03	848.18	12.98
12	1-Apr-03	916.92	15.00
13	1-May-03	963.59	16.41
14	2-Jun-03	974.50	16.79
15	1-Jul-03	990.31	19.49
16	1-Aug-03	1008.01	19.14
17	2-Sep-03	995.97	19.59
18	1-Oct-03	1050.71	20.93
19	3-Nov-03	1058.20	22.70
20	1-Dec-03	1111.92	24.23
21	2-Jan-04	1131.13	25.71
22	2-Feb-04	1144.94	23.16

9. 非常にリスクの高い会社の社債を購入することを検討している。額面 100 ドル、1 年満期、クーポン利率 22 ％の債券が 95 ドルで取引されている。同社が実際に存続し、社債を償還する確率は 80 ％と考えている。また、同社は 20 ％の確率でデフォルトし、この場合 40 ドルを回収できると考えている。

   a. この社債の期待収益率はいくらになるか？
   b. この会社の株主資本コスト r_E = 25 ％、税率 T_C = 35 ％、資本構成の 40 ％が株主資本であるなら、加重平均資本コスト（WACC）はいくらになるか？

10. 今日は 1997 年 1 月 1 日である。Normal America, Inc.（NA）は、最近 10 年間の各年において年末配当を支払ってきており、その状況は以下の表に示されている。

	A	B	C	D	E	F
1			NORMAL AMERICA, INC.			
2	年	12月31日の株価	12月15日の1株当たり配当額			S&P 500 収益率
3	1986	33.00				
4	1987	30.69	2.50		1987	4.7%
5	1988	35.38	2.50		1988	16.2%
6	1989	42.25	3.00		1989	31.4%
7	1990	34.38	3.00		1990	-3.3%
8	1991	36.25	1.60		1991	30.2%
9	1992	32.25	1.40		1992	7.4%
10	1993	43.00	0.80		1993	9.9%
11	1994	42.13	0.80		1994	1.2%
12	1995	52.88	1.10		1995	37.4%
13	1996	55.75	1.60		1996	22.9%

a. S&P500 に対する NA の β を計算しなさい。
b. 米国財務省短期証券の利率が 5.5 %であり、期待市場収益率 $E(r_M) = 13$ %であるとする。法人税率 T_C =35 %として、基本的 CAPM と税金調整後 CAPM の両方を使って NA の株主資本コストを計算しなさい。
c. NA の負債コストを 8 %とする。この会社が、1/3 を株主資本で、2/3 を負債で資金調達されていたら、2 つの CAPM モデルを使ったそれぞれの加重平均資本コストはいくらになるか？

11. 2007 年 6 月末時点で、S&P500 の株価収益率（PER）は 17.5 であった。この指数は市場の代用であり、また、配当性向が 50 %、配当が 7 %で成長すると期待されていると仮定する。$E(r_M)$ を計算しなさい。

12. Exercise 12 のテンプレートには、バンガード 500 インデックス・ファンド（ティッカーシンボル：VFINX）の価格が与えられている。このファンドの価格は、配当を再投資した S&P500 を複製する。このデータを使って、全てのデータを使用した場合と、直近 2 年間のデータを使用した場合の 2 つについて、S&P500 の期待収益率を予想しなさい（この練習問題は、期待収益率を予想するために過去の市場データを使うことの問題を示している）。

13. S&P500 の株価収益率（PER）は 17.5、S&P の配当性向は 50 %で、将来の配当の成長率を 7 %と予想していると仮定しよう。$E(r_M)$ はいくらか？

	A	B	C
1	市場の株価収益率から $E(r_M)$ を計算する		
2	現在の S&P 500 株価収益率	17.5	
3	配当性向	50%	
4	配当成長率	7%	
5	E(rM)		

14. Exercise 14 のテンプレートには、10 年間にわたる Intel の 4 半期毎の配当の

推移が与えられている。ゴードン配当モデルを使って、Intel の株主資本コスト r_E を計算しなさい。また、過去 10 年の成長率を基に計算した株主資本コストと、過去 5 年の成長率を基に計算した株主資本コストを比較しなさい。

4 連結キャッシュフロー計算書を基にしたバリュエーション

4.1 概要

本書の第 2 章では、企業のバリュエーションを行うための 4 つのアプローチを定義した。それらは全て、企業の将来フリー・キャッシュフロー（FCFs）の現在価値として定義される、企業の事業価値（Enterprise value; EV）の計算を基にしている。

- EV の会計的アプローチでは、貸借対照表の各項目を移動させる。その結果、全ての営業活動に関する項目は貸借対照表の左側となり、また、全ての財務項目は貸借対照表の右側となる。
- EV の効率的市場アプローチでは、会計的アプローチの貸借対照上の各項目を、可能な限り市場価値に再評価する。分かりやすい再評価は、株主資本の帳簿価額を当該株主資本の市場価値に置き換えることである。
- ディスカウント・キャッシュフロー（DCF）アプローチでは、企業の将来予想されるフリー・キャッシュフロー（FCFs）を加重平均資本コスト（Weighted average cost of capital：WACC）で割り引いた現在価値として、EV を評価する。FCFs は、企業の生産用資産（運転資本、固定資産、のれんなど）によって生み出されるキャッシュフローである。本書では、2 つの DCF アプローチの実装を用いる。これらのアプローチは、企業のフリー・キャッシュフローの導き方に違いがある。

　本章では、企業の連結キャッシュフロー計算書の分析を基に、将来予想される FCFs の見積りを行う。この方法は、実装するのが容易であり、（どれも多くの時間を費やすバリュエーション手法の中でも）比較的シンプルである。

　第 5 章と第 6 章では、企業の財務諸表に関する予測モデルを基に、将来予想される FCFs の見積りを行う。予測財務諸表は、バリュエーションはもちろんのこと、事業計画にも使うことができる強力なツールであるが、実装するのがやっかいで時間がかかる。

　第 4 章（本章）と第 5 章では、割り引かれるフリー・キャッシュフローの導出方法に違いがあるが、双方の章が次のテンプレートに要約される。

	A	B	C	D	E	F	G	H
1	基本的なキャッシュフロー・バリュエーションのテンプレート							
2	直近のフリー・キャッシュフロー（FCF）	1,000						
3	1年目から5年目のFCF成長率	8.00%						
4	長期FCF成長率	5.00%						
5	加重平均資本コスト（WACC）	11.00%						
6								
7	年		0	1	2	3	4	5
8	将来のFCFs			1,080	1,166	1,260	1,360	1,469 <-- =F8*(1+$B$3)
9	継続価値							25,713 <-- =G8*(1+B4)/(B5-B4)
10	合計			1,080	1,166	1,260	1,360	27,183 <-- =G8+G9
11								
12	事業価値	20,933	<-- =NPV(B5,C10:G10)*(1+B5)^0.5					
13	当初キャッシュの戻し（加算）	2,000	<-- 直近の貸借対照表より					
14	債務の控除（減算）	10,000	<-- 直近の貸借対照表より					
15	株主資本価値	12,933	<-- =B12+B13-B14					
16	1株当たり株主資本価値（1,000株）	12.93	<-- =B15/1000					

　2つの DCF アプローチの違いは、将来 FCFs の導出にある。本章では、企業の連結キャッシュフロー計算書（CSCFs）を検証し、それを将来 FCFs を予測するための基礎として使用する。その上で、加重平均資本コスト（WACC）（上表の 11%）の計算方法について第 3 章で学んだことを前提として、短期成長率（上表の 8%）及び長期成長率（5%）の見積りに関連した議論を行う。

　ここでは、いくつかの重要な技術的問題に焦点を当てる。

- 連結キャッシュフロー計算書（CSCFs）からフリー・キャッシュフロー（FCF）を導くまでに必要となる調整。この調整には、次のものが含まれる。
    - 財務的な調整
    - 会計ルールの突然の変更に対する修正
    - 先が見通せない項目の除去
- 日付の不一致。日付は、等しい間隔にならないことが頻繁にある。例えば、12 月 31 日を末日とする年次財務諸表から予測するとき、実際の評価日は 9 月であるかもしれない。バリュエーションでは、これについてどのように対処すればよいのだろうか？これから見るように、解答は **XNPV** 関数を使うことである。
- 総資産利益率の見積りか、あるいは、株主資本利益率の見積りか。これについては、**XIRR** 関数が解答をもたらしてくれる。

　最後に、現実を我々のテンプレートにフィットさせる方法論について議論する（あるいは逆か？時々分からなくなる！）。

4.2 フリー・キャッシュフロー（FCF）：事業によって生み出されるキャッシュの測定

フリー・キャッシュフロー（FCF）は、資金調達方法を考慮することなしに事業によって生み出されるキャッシュとして定義され、事業によって生み出されるキャッシュの最善の尺度である。FCF の定義は第 2 章で議論したので、ここでは定義だけをおさらいしておこう。

フリー・キャッシュフローの定義		
税引後利益	企業の収益性に関する会計上の測定値。これはキャッシュフローではない。	
＋減価償却費	この非現金費用は、税引後利益に足し戻される。	
－事業用流動資産の増加	売上高に関連した流動資産の増加は税務上の費用ではないが（したがって、税引後利益では無視される）、会社のキャッシュ流出となる。	FCF の目的からは、流動資産や流動負債の定義にはキャッシュや債務のような財務項目を含めない。
＋事業用流動負債の増加	売上高に関連した流動負債の増加は、企業にキャッシュをもたらす。	
－固定資産取得価額の増加	固定資産（会社の長期的な生産用資産）の増加は、キャッシュを支出するものであり、企業のフリー・キャッシュフローを減少させる。	
＋税引後支払利息（純額）	FCF は、企業の事業活動によって生み出されるキャッシュを測定する。税引後利益に含まれる利息部分を相殺するため、税引後支払利息（純額）を足し戻す。	

　本章では、企業の連結キャッシュフロー計算書（CSCFs）を基にして、フリー・キャッシュフロー（FCF）の計算を行う。

継続価値の計算

事業価値（EV）は、将来の全ての FCFs の現在価値であると定義される。即ち、$EV = \sum_{t=1}^{\infty} \frac{FCF_t}{(1+WACC)^t}$ である。ここでのバリュエーション・モデルでは、短期（1 年目から 5 年目）の FCF 成長率と、長期（6 年目以降）の FCF 成長率を仮定する。短期成長率を ST_g、長期成長率を LT_g と表すと、会社の事業価値は次のように書くことができる。

$$EV = \underbrace{\sum_{t=1}^{5} \frac{FCF_0(1+ST_g)^t}{(1+WACC)^t}}_{\uparrow} + \underbrace{\frac{1}{(1+WACC)^5}}_{\uparrow} \underbrace{\sum_{t=1}^{\infty} \frac{FCF_5(1+LT_g)^t}{(1+WACC)^t}}_{\uparrow}$$

$t=1\sim5$ にわたり短期成長率で成長するキャッシュフローの現在価値
継続価値の 0 時点までの割引
継続価値($t>5$ において長期成長率で成長するキャッシュフローの現在価値)

標準的な技法を使うと、次の通り示すことができる。

$$\begin{aligned}継続価値 &= \sum_{t=1}^{\infty} \frac{FCF_5 * (1+LT_g)^t}{(1+WACC)^t} \\ &= \frac{FCF_5 * (1+LT_g)}{WACC - LT_g} \quad \text{(ただし } WACC > LT_g \text{ のときであり、これを満たさない場合には定義されない。)}\end{aligned}$$

年央の割引

継続価値を含むように事業価値（EV）を書き直すと、次のようになる。

$$EV = \sum_{t=1}^{5} \frac{FCF_t}{(1+WACC)^t} + \frac{1}{(1+WACC)^5} \frac{FCF_5(1+LT_g)}{(WACC - LT_g)}$$

この式は、全てのキャッシュフローが年末に発生すると仮定している。しかし実際には、ほとんどの企業のキャッシュフローは、年間を通して発生する。この現実に近づけるように、第 t 年に平均して生じたキャッシュフローを、その年の年央に発生したものと仮定すると、EV 式は次のように書き直すことができる。

$$EV = \sum_{t=1}^{5} \frac{FCF_t}{(1+WACC)^{t-0.5}} + \frac{1}{(1+WACC)^{4.5}} \frac{FCF_5(1+LT_g)}{(WACC - LT_g)}$$

ここでちょっとした代数学を使えば、これをどのように Excel の **NPV** 関数に適合できるかについて、次のように示すことができる。

$$EV = \underbrace{\left[\sum_{t=1}^{5} \frac{FCF_t}{(1+WACC)^t} + \frac{1}{(1+WACC)^5} \frac{FCF_5(1+LT_g)}{(WACC - LT_g)}\right]}_{\uparrow \text{Excel の }\textbf{NPV}\text{ 関数で計算することができる。}} *(1+WACC)^{0.5}$$

この EV 式は、本節を通して使用していく。

4.3 簡単な例

ABC Corp. の過去 5 年間における連結キャッシュフロー計算書が、次の通り与えられている。

	A	B	C	D	E	F	G
1		\multicolumn{5}{c}{ABC Corporation 連結キャッシュフロー計算書（2008年〜2012年）}		
2		2008	2009	2010	2011	2012	
3	営業活動によるキャッシュフロー：						
4	当期純利益	479,355	495,597	534,268	505,856	520,273	
5	当期純利益を営業活動によって獲得したキャッシュ純額に一致させるための調整						
6	減価償却費及び償却額の戻し（加算）	41,583	47,647	46,438	45,839	46,622	
7	事業用資産及び負債の増減						
8	売上債権の増加（減算）	9,387	25,951	-12,724	1,685	-2,153	
9	棚卸資産の増加（減算）	-37,630	-22,780	-16,247	-15,780	-5,517	
10	前払費用その他資産の増加（減算）	-52,191	13,573	16,255	14,703	-2,975	
11	仕入債務、未払費用、年金負債、その他負債の増加（加算）	29,612	51,172	6,757	40,541	60,255	
12	営業活動によって獲得したキャッシュ純額	470,116	611,160	574,747	592,844	616,505	<-- =SUM(F4:F11)
13							
14	投資活動によるキャッシュフロー：						
15	短期投資（純額）	-5,000	-55,000	50,000	-10,000	20,000	
16	有形固定資産の取得	-48,944	-70,326	-89,947	-37,044	-88,426	
17	有形固定資産の売却による収入	197	6,956	22,942	6,179	28,693	
18	投資活動によって使用したキャッシュ純額	-53,747	-118,370	-17,005	-40,865	-39,733	<-- =SUM(F15:F17)
19							
20	財務活動によるキャッシュフロー：						
21	債務の返済	0	0	-300,000	0	-7,095	
22	回転信用枠からの借入による収入	1,242,431	0	0	0	250,000	
23	株式の発行による収入	48,286	114,276	69,375	68,214	37,855	
24	配当の支払額	-332,986	-344,128	-361,208	-367,499	-378,325	
25	株式の買戻し	-150,095	-200,031	-200,038	-200,003	-597,738	
26	財務活動によって使用したキャッシュ純額	807,636	-429,883	-791,871	-499,288	-695,303	<-- =SUM(F21:F25)
27							
28	キャッシュ残高の増減	1,224,005	62,907	-234,129	52,691	-118,531	<-- =F12+F18+F26
29							
30	キャッシュフロー情報の追加開示						
31	当期中のキャッシュ支払額						
32	法人所得税	255,043	175,972	314,735	283,618	305,094	
33	利息	83,553	83,551	70,351	57,151	57,910	
34							
35	法人税率	34.73%	26.20%	37.07%	35.92%	36.96%	<-- =F32/(F4+F32)

この連結キャッシュフロー計算書（CSCFs）をフリー・キャッシュフロー（FCFs）に転換するために、財務項目は全て消去する。また、税引後利息（純額）を足し戻すことができるように、表を修正する。さらに、将来に見込まれる FCFs を算出するために CSCFs を使用したいので、再び発生することが見込まれない事業活動の項目あるいは投資活動の項目も消去する。[1] ほとんどのケースにおいて、これらの調整は次のものからなる。

- CSCF にある営業活動はすべて受け入れる。
- 財務活動はすべて不要とする。

---

1. 今回の例では、このような項目はない。

- 投資活動については慎重に調査し、財務項目に該当するものは消去するとともに、営業項目に該当するものは残す。
- 税引後利息は足し戻す。

今回の例では、次の通りとなる。

	A	B	C	D	E	F	G
1		\multicolumn{5}{c}{ABC Corporation 連結キャッシュフロー計算書（2008年～2012年）}		
2		2008	2009	2010	2011	2012	
3	営業活動によるキャッシュフロー：						
4	当期純利益	479,355	495,597	534,268	505,856	520,273	
5	当期純利益を営業活動によって獲得したキャッシュ純額に一致させるための調整						
6	減価償却費及び償却額の戻し（加算）	41,583	47,647	46,438	45,839	46,622	
7	事業用資産及び負債の増減：						
8	売上債権の増加（減算）	9,387	25,951	-12,724	1,685	-2,153	
9	棚卸資産の増加（減算）	-37,630	-22,780	-16,247	-15,780	-5,517	
10	前払費用その他資産の増加（減算）	-52,191	13,573	16,255	14,703	-2,975	
11	仕入債務、未払費用、年金負債、その他負債の増加（加算）	29,612	51,172	6,757	40,541	60,255	
12	営業活動によって獲得したキャッシュ純額	470,116	611,160	574,747	592,844	616,505	<-- =SUM(F4:F11)
13							
14	投資活動によるキャッシュフロー：						
15	短期投資（純額）						
16	有形固定資産の取得	-48,944	-70,326	-89,947	-37,044	-88,426	
17	有形固定資産の売却による収入	197	6,956	22,942	6,179	28,693	
18	投資活動によって使用したキャッシュ純額	-53,747	-118,370	-67,005	-30,865	-59,733	<-- =SUM(F15:F17)
19							
20	財務活動によるキャッシュフロー：						
21	債務の返済						
22	回転信用枠からの借入による収入						
23	株式の発行による収入						
24	配当の支払額						
25	株式の買戻し						
26	財務活動によって使用したキャッシュ純額						
27							
28	利息調整前のフリー・キャッシュフロー	416,369	492,790	507,742	561,979	556,772	<-- =F12+F18+F26
29	税引後利息（純額）の足し戻し	54,537	61,658	44,271	36,620	36,504	<-- =(1-F37)*F35
30	フリー・キャッシュフロー（FCF）	470,906	554,448	552,013	598,599	593,276	<-- =F28+F29
31							
32	キャッシュフロー情報の追加開示						
33	当期中のキャッシュの支払額						
34	法人所得税	255,043	175,972	314,735	283,618	305,094	
35	利息	83,553	83,551	70,351	57,151	57,910	
36							
37	法人税率	34.73%	26.20%	37.07%	35.92%	36.96%	<-- =F34/(F4+F34)

事業価値と1株当たり価値

この時点で、我々はABC社に関する過年度FCFsの推定値を有している。ここでの方法を適用するためには、次の3つのパラメータを推定することが必要となる。

- ABCのキャッシュフローに関する短期成長率
- ABCのキャッシュフローに関する長期成長率
- 加重平均資本コスト（WACC）

直観と経験を交えてちょっとした分析を行うと、次のパラメータ選択とバリュエーションが導かれる。この**データ・テーブル**は、長期成長率と WACC に基づく感度分析を行っている。

	A	B	C	D	E	F	G	H
1			**ABC Corp. のバリュエーション**					
2	2012年12月31日終了事業年度のフリー・キャッシュフロー（FCF）	593,276	<-- ='Page 122'!F30					
3	１年目から５年目までのFCF成長率	8.00%	<-- 短期成長率については楽観的					
4	長期FCF成長率	5.00%	<-- 長期成長率についてはより悲観的					
5	加重平均資本コスト（WACC）	10.70%						
6								
7	年		2012	2013	2014	2015	2016	2017
8	FCF			640,738	691,997	747,357	807,145	871,717	<-- =F8*(1+$B$3)
9	継続価値							30,510,086	<-- =G8*(1+B4)/(B3-B4)
10	合計			640,738	691,997	747,357	807,145	31,381,803	<-- =G8+G9
11								
12	事業価値	22,209,831	<-- =NPV(B5,C10:G10)*(1+B5)^0.5					
13	当初の現金預金及び市場性ある有価証券の戻し（加算）	73,697	<-- 直近の貸借対照表より					
14	2012年の財務負債の控除（減算）	1,379,106	<-- 直近の貸借対照表より					
15	株主資本価値	20,904,422	<-- =B12+B13-B14					
16	1株当たり価値（発行済株式：100万株）	20.90	<-- =B15/1000000					
17								
18	**データ・テーブル：1株当たり価値 vs 長期成長率とWACC**							
19	データ・テーブル・ヘッダー：				長期成長率↓			
20	=IF(B5>B4,B16,"nmf") -->	20.90	0%	3%	6%	9%	12%	
21		6%	10.31	15.74	nmf	nmf		
22	WACC →	8%	9.48	14.48	34.45	nmf		
23		10%	8.74	13.33	31.73	-60.24	nmf	
24		12%	8.06	12.30	29.26	-55.55	nmf	
25		14%	7.44	11.35	27.02	-51.29	-12.14	
26		16%	6.87	10.49	24.98	-47.44	-11.23	
27		18%	6.36	9.71	23.12	-43.93	-10.40	

データ・テーブル・ヘッダー（**データ・テーブル**が実際に計算するものに対する専門用語）は、**IF** 関数を含んでいる。これは、上で示されている通り、長期成長率が WACC よりも小さい場合にのみ、継続価値の式が有効であるからである。続く節では、このバリュエーション過程で生じるいくつかの問題を扱う。

4.4 Merck：市場価値のリバース・エンジニアリング

本章で議論している方法は、成長に関する市場予測を引き出すために使われることが多い。例として、Merck を考えてみよう。CSCF を調整することにより、2011年の FCF は 10,346 百万ドルと計算された。第 3 章で計算した 5.66% の WACC を使用し、短期及び長期の FCF 成長率を任意に与えると、次の Merck に関するバリュエーション・テンプレートを得ることができる。[2]

---

2. 細かい説明の多くを飛ばしているが、本章の Excel ファイルで入手できる。

Merck のキャッシュフロー・バリュエーション・テンプレート

	A	B	C	D	E	F	G	H
1		Merck のキャッシュフロー・バリュエーション・テンプレート						
2	直近のフリー・キャッシュフロー（FCF）	10,346	<--	='Merck Free Cash Flow'!D51				
3	1年目から5年目までのFCF成長率	3.00%						
4	長期FCF成長率	3.00%	<--	重要な問題				
5	加重平均資本コスト（WACC）	5.66%	<--	第3章				
6								
7	年	0	1	2	3	4	5	
8	FCF		10,656	10,976	11,305	11,645	11,994	<-- =F8*(1+$B$3)
9	継続価値						464,423	<-- =G8*(1+B4)/(B5-B4)
10	合計（FCF＋継続価値）		10,656	10,976	11,305	11,645	476,417	<-- =G8+G9
11								
12	事業価値	411,797	<--	=NPV(B5,C10:G10)*(1+B5)^0.5				
13	当初キャッシュの戻し（加算）	14,972	<--	=13531+1441				
14	債務の控除（減算）	17,515	<--	直近の貸借対照表より				
15	株主資本価値	409,254	<--	=B12+B13-B14				
16	発行済株式数	3,040,838,643	<--	Merck の財務諸表				
17	このモデルによる1株当たり価値	134.59	<--	=B15/B16*1000000				
18	実際の株価（2011年12月30日）	37.70						

　Merck の WACC については第 3 章で議論しており、妥当な推定値は 5% から 7% の範囲内であることを確認した。そして第 3 章では、これら妥当な推定値の平均として、WACC = 5.66% と決定した。もし短期成長率を 6%、長期成長率を 3% とすると、このモデルによる 1 株当たり価値は 154.43 ドルとなり、Merck の株価 37.70 ドルよりもかなり大きくなってしまう。そこで、長期成長率と WACC の観点から、現在の市場価格が何を表しているのかを見つけるために、次の**データ・テーブル**を使用する。

	A	B	C	D	E	F	G
20	データ・テーブル：短期FCF成長率を6%としたときの長期成長率とWACCの関数としてのモデル1株当たり価値						
21			長期成長率 ↓				
22	=IF(B5>B4,B17,"nmf") -->	154.43	-5%	-4%	-3%	-2%	0%
23		5.0%	51.83	56.09	61.42	68.28	90.21
24		5.2%	50.77	54.83	59.89	66.35	86.71
25		5.4%	49.76	53.63	58.43	64.52	83.48
26	WACC -->	5.6%	48.78	52.48	57.03	62.79	80.47
27		5.8%	47.84	51.37	55.70	61.15	77.67
28		6.0%	46.93	50.31	54.43	59.59	75.06
29		6.2%	46.06	49.29	53.22	58.11	72.62
30		6.4%	45.22	48.31	52.05	56.70	70.33
31		6.6%	44.40	47.36	50.94	55.35	68.18
32		6.8%	43.62	46.45	49.87	54.07	66.15
33		7.0%	42.86	45.58	48.85	52.84	64.25
34		7.2%	42.12	44.74	47.86	51.67	62.44
35		7.4%	41.41	43.92	46.91	50.54	60.74

　Excel の**条件付き書式**を用いて、Merck の現在の市場価格の +/−20% となる株式価値のセルを強調表示している。ここで、Merck のフリー・キャッシュフローに対して、市場はマイナスの長期成長率を織り込むことが明らかになった。また、短期成長率に対する感度分析を行うこともできる（おそらく、Merck の長期成長率がこんなに低くて、短期成長率が 6% というのは、つじつまが合わない）。短期成長率を 3% に変更すると、次の**データ・テーブル**が導出される。

連結キャッシュフロー計算書を基にしたバリュエーション 123

	A	B	C	D	E	F	G
20	データ・テーブル：短期FCF成長率を3％としたときの長期成長率とWACCの関数としてのモデル１株当たり価値						
21			長期成長率 ↓				
22		=IF(B5>B4,B17,"nmf") -->	134.59	-5%	-4%	-3%	-2%	0%
23		5.0%	45.71	49.40	54.02	59.96	78.96
24		5.2%	44.79	48.31	52.69	58.28	75.93
25		5.4%	43.91	47.26	51.42	56.70	73.12
26		WACC --> 5.6%	43.06	46.26	50.21	55.20	70.51
27		5.8%	42.24	45.30	49.05	53.77	68.09
28		6.0%	41.45	44.38	47.95	52.42	65.82
29		6.2%	40.69	43.49	46.90	51.13	63.70
30		6.4%	39.96	42.64	45.89	49.91	61.72
31		6.6%	39.25	41.82	44.92	48.74	59.85
32		6.8%	38.57	41.03	43.99	47.62	58.10
33		7.0%	37.91	40.27	43.10	46.56	56.44
34		7.2%	37.27	39.54	42.24	45.54	54.88
35		7.4%	36.66	38.83	41.42	44.56	53.40

結論は変わらない。Merck の長期成長率に関する市場予測はマイナスのようである。

4.5 まとめ

本章では、比較的簡単な企業評価技法を説明した。連結キャッシュフロー計算書から導出したフリー・キャッシュフローから始めることで、たった４つのパラメータ（直近の FCF、短期 FCF 成長率、長期 FCF 成長率、加重平均資本コスト（WACC））の関数からなる簡単なバリュエーション・テンプレートを構築した。この技法により、主要なバリュエーション・パラメータに焦点を当てることができ、また、現在の市場価格に織り込まれた成長率及び WACC の期待値のリバース・エンジニアリングを行うことも可能になる。

練習問題

本書に付属しているファイルには、Kellogg に関する情報が含まれている。この情報と 4.1 節のテンプレートを使用して、Kellogg の価値を評価しなさい。

5 予測財務諸表モデル

5.1 概要

企業の財務マネジメントにとって、財務諸表予測が有益であることは言うまでもない。*予測財務諸表*と呼ばれるこのような予測は、多くの企業財務分析に不可欠なものである。本章と次章では、企業及び企業の構成要素である証券を評価するための予測財務諸表の使用法に焦点を当てるが、予測財務諸表は多くの信用分析の土台でもある。即ち、予測財務諸表を検討することによって、企業が将来どれだけの資金調達が必要になるのか予測することができる。また、慣例的なシミュレーション・モデルの "what if" ゲームを行うことが可能になる上、財務や売上高のパラメータの変化が原因で、企業にどのような負荷が掛かるかもしれないのか探るために、予測財務諸表を用いることができる。

本章では、様々な財務モデルを紹介する。全てのモデルは売上高に基づいている。即ち、貸借対照表及び損益計算書の項目の多くが、直接あるいは間接的に売上高と関連していると仮定される。モデルを解くための数学的構造は、将来の貸借対照表と損益計算書の両方を予測する一組の連立一次方程式の解を求めることを必要とする。しかしながら、スプレッドシートのユーザーは、モデルの解法について全く心配する必要はない。スプレッドシートが反復法によりモデルの財務的な関係を解くことができるという事実は、我々が Excel モデルで、関連する会計上の関係を正しく表すことだけを注意すれば良いことを意味する。

5.2 財務モデルの機能: 理論と最初の例

ほとんど全ての財務諸表モデルが*売上高*に基づいている。これは、最も重要な財務諸表変数のできる限り多くが、企業の売上水準の関数として仮定されていることを意味する。例えば、売上債権はしばしば企業の売上高の一定割合として捉えられる。若干複雑な例としては、固定資産(あるいはその他の勘定)が、次のような売上高水準の階段関数として仮定されるかもしれない。

$$固定資産 = \begin{cases} a & 売上高 < A のとき \\ b & A \leq 売上高 < B のとき \\ など & \end{cases}$$

財務計画モデルを解くためには、売上高及び他の財務諸表項目の関数となっている財務諸表項目と、政策的判断を要する財務諸表項目とを区別しなければならない。通常、貸借対照表の資産サイドは、関数の関係にのみ依存すると仮定される。流動負債もまた関数の関係にのみ従うとすることができ、長期負債と株主資本の構成が政策的判断として残されることになる。

以下に簡単な例を挙げる。現在の貸借対照表と損益計算書が次の通りである企業の財務諸表を予測したい。

	A	B
13	年	0
14	**損益計算書**	
15	売上高	1,000
16	売上原価	(500)
17	債務の支払利息	(32)
18	現金預金及び市場性のある有価証券からの受取利息	6
19	減価償却費	(100)
20	税引前利益	374
21	税金	(150)
22	税引後利益	225
23	配当	(90)
24	留保利益	135
25		
26	**貸借対照表**	
27	現金預金及び市場性のある有価証券	80
28	流動資産	150
29	固定資産	
30	取得価額	1,070
31	減価償却累計額	(300)
32	帳簿価額	770
33	**資産合計**	1,000
34		
35	流動負債	80
36	債務	320
37	資本	450
38	利益剰余金	150
39	**負債及び株主資本合計**	1,000

今年度（0年目）の売上高は1,000である。会社は、売上高が1年当たり10%の率で成長すると予想し、以下の財務諸表上の関係を想定する。

流動資産:	年末における売上高の15%と仮定。
流動負債:	年末における売上高の8%と仮定。
固定資産帳簿価額:	年末における売上高の77%。
減価償却費:	資産の年間平均帳簿価額の10%。
固定資産取得価額:	固定資産帳簿価額と減価償却累計額の合計。
債務:	同社は、予測範囲である5年間は既存債務を一切返済せず、追加的な借入れもしない。
現金預金及び市場性のある有価証券:	これは貸借対照表の プラグ（以下の説明を参照）である。現金預金及び市場性のある有価証券の平均残高は、8%の利息を生むと仮定される。

「プラグ」

財務諸表モデルにおいて、恐らく最も重要な財務政策上の変数は「プラグ」（栓）である。これは、どの貸借対照表項目がモデルを「閉じる」のか、に関する意思決定と関連している。

- 資産と負債が同額になることをどのように保証するか（これは会計的な意味での「閉じる」である）？
- 企業は増分投資をどのように資金調達するか（これは「財務的に閉じる」である）？

一般に、予測モデルにおけるプラグは、財務に関する次の3つの貸借対照表項目のうちの1つである。

(i) 現金預金及び市場性のある有価証券
(ii) 負債
(iii) 株主資本 [1]

例として、最初の予測モデルの貸借対照表を考えてみよう。

---

1. 第3章で述べた通り、現金預金はしばしばマイナスの債務と考えられ、また、逆も同様である。5.5節においてこの点に戻る。

資産	負債及び株主資本
現金預金及び市場性のある有価証券 流動資産 固定資産 　　固定資産取得価額 　　－減価償却累計額 　　固定資産帳簿価額	流動負債 債務 株主資本 　　資本（株主から直接拠出された資金） 　　利益剰余金（社外流出していない利益）
資産合計	**負債及び株主資本合計**

この例では、現金預金及び市場性のある有価証券がプラグであると仮定している。この仮定は、2つの意味を持つ。

1. *プラグの技術的な意味*: 形式的に次のように定義する。

$$現金預金及び市場性のある有価証券 = 負債及び株主資本合計 - 流動資産 - 固定資産帳簿価額$$

この定義を用いることで、資産と負債及び株主資本合計が常に等しいことが保証される。

2. *プラグの財務的な意味*：プラグを現金預金及び市場性のある有価証券と定義することにより、企業が企業自身で資金を調達する方法についても述べていることになる。例えば、以下のモデルでは、企業は追加的な株式を一切発行せず、既存債務を一切返済せず、また、追加的な債務も一切調達しない。この定義は、企業の追加的な資金調達は（必要であれば）、現金預金及び市場性のある有価証券勘定から行われることを意味する。また、これは企業が追加的なキャッシュを得た場合には、この勘定に計上されることも意味する。

次年度の貸借対照表と損益計算書の予測

0年目の財務諸表は既に与えられている。次に、1年目の財務諸表を予測する。

	A	B	C	D
1		財務諸表モデルのセットアップ		
2	売上高成長率	10%		
3	流動資産/売上高	15%		
4	流動負債/売上高	8%		
5	固定資産(帳簿価額)/売上高	77%		
6	売上原価/売上高	50%		
7	減価償却率	10%		
8	債務の金利	10.00%		
9	現金預金及び市場性のある有価証券の金利	8.00%		
10	税率	40%		
11	配当性向	40%		
12				
13	年	0	1	
14	損益計算書			
15	売上高	1,000	1,100	<-- =B15*(1+$B$2)
16	売上原価	(500)	(550)	<-- =-C15*$B$6
17	債務の支払利息	(32)	(32)	<-- =-C15*$B$8
18	現金預金及び市場性のある有価証券からの受取利息	6	9	<-- =$B$9*(B27+C27)/2
19	減価償却費	(100)	(117)	<-- =-$B$7*(C30+B30)/2
20	税引前利益	374	410	<-- =SUM(C15:C19)
21	税金	(150)	(164)	<-- =-C20*$B$10
22	税引後利益	225	246	<-- =C21+C20
23	配当	(90)	(98)	<-- =-$B$11*C22
24	留保利益	135	148	<-- =C23+C22
25				
26	貸借対照表			
27	現金預金及び市場性のある有価証券	80	144	<-- =C39-C28-C32
28	流動資産	150	165	<-- =C15*$B$3
29	固定資産			
30	取得価額	1,070	1,264	<-- =C32-C31
31	減価償却累計額	(300)	(417)	<-- =B31+C19
32	帳簿価額	770	847	<-- =C15*$B$5
33	資産合計	1,000	1,156	<-- =C32+C28+C27
34				
35	流動負債	80	88	<-- =C15*$B$4
36	債務	320	320	<-- =B36
37	資本	450	450	<-- =B37
38	利益剰余金	150	298	<-- =B38+C24
39	負債及び株主資本合計	1,000	1,156	<-- =SUM(C35:C38)

数式はほとんど自明である(数式をコピーするときに、モデルのパラメータの参照セルが変化しないよう指示する$記号は、非常に重要である!これを入力し忘れると、2年目以降を予測する際、モデルが正しくコピーされない)。以下では、モデルのパラメータが太字で表されている。

損益計算書の等式

- 売上高 = 初年度売上高 * $(1+売上高成長率)^{年数}$
- 売上原価 = 売上高 * **売上原価/売上高**

この仮定は、売上高に関連する唯一の費用が売上原価ということである。ほと

んどの会社は、販売費及び一般管理費（Selling, General and Administrative expenses; SG&A）と呼ばれる費用項目も帳簿に設けている。この項目を調整するために行うべき変更は自明である（章末の練習問題を参照のこと）。

- 債務の支払利息 = **債務の金利** * 年間平均債務

この式で、債務の返済及び異なる金利での債務の借り換えによるモデルの変化を調整できる。現在のバージョンのモデルでは債務は一定であるが、以下で議論する他のバージョンのモデルでは、債務が時の経過に従って変化することに注意が必要である。

- 現金預金及び市場性のある有価証券からの受取利息 = **現金預金の金利** * 現金預金及び市場性のある有価証券の年間平均
- 減価償却費 = **減価償却率** * 固定資産取得価額の年間平均

この計算は、全ての新規固定資産が、年間を通じて購入されると仮定する。また、固定資産の廃棄はないと仮定する。

- 税引前利益 = 売上高 − 売上原価 − 債務の支払利息 + 現金預金及び市場性のある有価証券からの受取利息 − 減価償却費
- 税金 = **税率** * 税引前利益
- 税引後利益 = 税引前利益 − 税金
- 配当 = **配当性向** * 税引後利益

会社は利益の一定割合を、配当として支払うと仮定される。別の方法として、会社は1株当たりの目標配当額を有していると仮定することもある。

- 留保利益 = 税引後利益 − 配当

貸借対照表の等式

- 現金預金及び市場性のある有価証券 = 負債及び株主資本合計 − 流動資産 − 固定資産帳簿価額

既に説明したように、この式は現金預金及び市場性のある有価証券が貸借対照表のプラグであることを意味する。

- 流動資産 = **流動資産/売上高** * 売上高
- 固定資産帳簿価額 = **固定資産帳簿価額/売上高** * 売上高 [2]
- 減価償却累計額 = 前年度の減価償却累計額 + **減価償却率** * 固定資産取得価額の年間平均

---

2. これは、固定資産のモデルとして唯一のものではない。別の方法として、固定資産帳簿価額は一定であると仮定されることもある。実装の例は、5.6 節を参照のこと。

- 固定資産取得価額 = 固定資産帳簿価額 + 減価償却累計額
　このモデルは、工場、建物及び器具備品 (plant property and equipment; PP&E) と、土地のような他の固定資産とを区別していないことに注意されたい。
- 流動負債 = **流動負債/売上高** ＊ 売上高
- 負債は変化しないと仮定される。なお、後で考察する別のモデルでは、負債が貸借対照表のプラグであると仮定する。
- 資本は変化しない（株主は追加的な直接投資を行わない。即ち、会社は新株の発行や自己株式の取得（買戻し）を行わないと仮定される）。
- 利益剰余金 = 前年度の利益剰余金 + 当年度に増加した利益剰余金

Excel における循環参照

Excel の財務諸表モデルは、ほとんど常に相互に関連したセルを含んでいる。その結果、モデルの解は、循環参照を解決する Excel の能力に依存している。反復計算を含むスプレッドシートを開き、かつ、スプレッドシートの循環参照の設定がなされていないと、次のような Excel のエラー・メッセージが表示されるであろう。

スプレッドシートが確実に再計算を行うようにするには、[**ファイル**] - [**オプション**] - [**数式**] に行き、**反復計算を行う (I)** のボックスをクリックする必要がある。

---

2 年目以降へのモデルの拡張

これでモデルの準備ができたので、列をコピーすることによってこれを拡張することができる。

	A	B	C	D	E	F	G
1		最初の財務モデル					
2	売上高成長率	10%					
3	流動資産/売上高	15%					
4	流動負債/売上高	8%					
5	固定資産(帳簿価額)/売上高	77%					
6	売上原価/売上高	50%					
7	減価償却率	10%					
8	債務の金利	10.00%					
9	現金預金及び市場性のある有価証券の金利	8.00%					
10	税率	40%					
11	配当性向	40%					
12							
13	年	0	1	2	3	4	5
14	損益計算書						
15	売上高	1,000	1,100	1,210	1,331	1,464	1,611
16	売上原価	(500)	(550)	(605)	(666)	(732)	(805)
17	債務の支払利息	(32)	(32)	(32)	(32)	(32)	(32)
18	現金預金及び市場性のある有価証券からの受取利息	6	9	14	20	26	33
19	減価償却費	(100)	(117)	(137)	(161)	(189)	(220)
20	税引前利益	374	410	450	492	538	587
21	税金	(150)	(164)	(180)	(197)	(215)	(235)
22	税引後利益	225	246	270	295	323	352
23	配当	(90)	(98)	(108)	(118)	(129)	(141)
24	留保利益	135	148	162	177	194	211
25							
26	貸借対照表						
27	現金預金及び市場性のある有価証券	80	144	213	289	371	459
28	流動資産	150	165	182	200	220	242
29	固定資産						
30	取得価額	1,070	1,264	1,486	1,740	2,031	2,364
31	減価償却累計額	(300)	(417)	(554)	(715)	(904)	(1,124)
32	帳簿価額	770	847	932	1,025	1,127	1,240
33	資産合計	1,000	1,156	1,326	1,513	1,718	1,941
34							
35	流動負債	80	88	97	106	117	129
36	債務	320	320	320	320	320	320
37	資本	450	450	450	450	450	450
38	利益剰余金	150	298	460	637	830	1,042
39	負債及び株主資本合計	1,000	1,156	1,326	1,513	1,718	1,941

列が2つの財務モデルから、ここでのモデルに移行する際に良くある誤りは、モデルのパラメータに$記号を付け忘れることである。この誤りを犯すと、数値となるべきところがゼロになってしまう。

5.3　フリー・キャッシュフロー（FCF）：事業によって生み出されるキャッシュの測定

これでモデルができたので、これを用いて財務予測を行うことができる。バリュエーション目的のために最も重要な計算は、フリー・キャッシュフロー（Free Cash Flow; FCF）である。FCF（事業により生み出されるキャッシュであり、事業の資金調達方法を考慮しない）は、事業によって生み出されるキャッシュの最も優れ

た測定基準である。FCF に関する広範な議論は、第 2 章で行った。参考までに、第 2 章にある定義を簡単に繰り返しておく。

フリー・キャッシュフローの定義	
税引後利益	企業の収益性に関する会計上の測定値である。これはキャッシュフローではない。
＋減価償却費	この非現金費用は税引後利益に足し戻される。
－事業用流動資産の増加	売上高に関連した流動資産の増加は、税務上の費用ではないが（したがって、税引後利益では無視される）、会社のキャッシュ流出となる。 FCF の目的からは、流動資産や流動負債の定義にはキャッシュや債務のような財務項目を含めない。
＋事業用流動負債の増加	売上高に関連した流動負債の増加は、企業にキャッシュをもたらす。
－固定資産取得価額の増加	固定資産（会社の長期的な生産用資産）の増加は、キャッシュを支出するものであり、企業のフリー・キャッシュフローを減少させる。
＋税引後支払利息（純額）	FCF は企業の事業活動によって生み出されるキャッシュを測定する。税引後利益に含まれる利息部分を相殺するために、税引後支払利息（純額）を足し戻す。

この企業における計算は、次の通りである。

	A	B	C	D	E	F	G
40							
41	年	0	1	2	3	4	5
42	フリー・キャッシュフローの計算						
43	税引後利益		246	270	295	323	352
44	減価償却費の戻し（加算）		117	137	161	189	220
45	流動資産の増加（減算）		(15)	(17)	(18)	(20)	(22)
46	流動負債の増加（加算）		8	9	10	11	12
47	固定資産取得価額の増加（減算）		(194)	(222)	(254)	(291)	(333)
48	債務に係る税引後支払利息（加算）		19	19	19	19	19
49	現金預金及び市場性のある有価証券に係る税引後受取利息（減算）		(5)	(9)	(12)	(16)	(20)
50	フリー・キャッシュフロー		176	188	201	214	228

キャッシュ残高の調整

フリー・キャッシュフローの計算は、財務諸表の 1 つである連結キャッシュフロー計算書とは異なる。連結キャッシュフロー計算書の目的は、貸借対照表におけるキャッシュ勘定の増加を、企業の営業活動、投資活動及び財務活動からのキャッシュフローの結果として説明することである。本節の予測例では、現金預金及び

市場性のある有価証券を、貸借対照表におけるプラグとして取り扱う。しかしながら、それは標準的な会計キャッシュフロー計算書からも導くことができる。

	A	B	C	D	E	F	G	H
53			連結キャッシュフロー計算書：キャッシュ残高の調整					
54	営業活動によるキャッシュフロー							
55	税引後利益		246	270	295	323	352	<-- =G22
56	減価償却費の戻し（加算）		117	137	161	189	220	<-- =G19
57	運転資本の増減に対する調整：							
58	流動資産の増加（減算）		(15)	(17)	(18)	(20)	(22)	<-- =-(G28-F28)
59	流動負債の増加（加算）		8	9	10	11	12	<-- =G35-F35
60	営業活動によるキャッシュ（純額）		356	400	448	502	562	<-- =SUM(G55:G59)
61								
62	投資活動によるキャッシュフロー							
63	固定資産の購入－資本的支出		(194)	(222)	(254)	(291)	(333)	<-- =-(G30-F30)
64	投資有価証券の購入		0	0	0	0	0	<-- このモデルにはない
65	投資有価証券の売却による収入		0	0	0	0	0	<-- このモデルにはない
66	投資活動に使用したキャッシュ（純額）		(194)	(222)	(254)	(291)	(333)	<-- =SUM(G63:G65)
67								
68	財務活動によるキャッシュフロー							
69	借入による収入（純額）		0	0	0	0	0	<-- =G36-F36
70	株式の発行による収入あるいは買戻し（純額）		0	0	0	0	0	<-- =G37-F37
71	配当金の支払い		(98)	(108)	(118)	(129)	(141)	<-- =G23
72	財務活動によるキャッシュ（純額）		(98)	(108)	(118)	(129)	(141)	<-- =SUM(G69:G71)
73								
74	現金及び現金同等物の増加（純額）		64	70	76	82	88	<-- =G72+G66+G60
75	検算：現金預金及び市場性のある有価証券の増減額		64	70	76	82	88	<-- =G27-F27

　75 行目は、連結キャッシュフロー計算書を通じて求めたキャッシュ勘定の増減額が、この財務モデル（キャッシュをプラグとして使用）で求めたキャッシュ勘定の増減額と一致するか確かめている。見て分かる通り、このモデルは、連結キャッシュフロー計算書におけるキャッシュ残高の増減が、予測モデルにおける予測貸借対照表のキャッシュ残高と実際に一致しているという意味で機能している。

5.4 フリー・キャッシュフロー（FCF）を用いた企業と株主資本の評価

企業の*事業価値*は、企業の予測将来キャッシュフローの現在価値である。企業の事業価値は、予測 FCF の計画と資本コストを用いて算定することができる。ある会社の加重平均資本コスト(Weighted Average Cost of Capital; WACC)が 20%に算定されたとしよう（第 2 章で WACC の計算について議論した）。この時、会社の*事業価値*は、会社の予測 FCF に継続価値を加えたものの割引価値となる。

$$事業価値 = \sum_{t=1}^{\infty} \frac{FCF_t}{(1+WACC)^t}$$

多くの財務アナリストは、無限に続くフリー・キャッシュフローを予測することなどおこがましいと考えている。したがって、予測キャッシュフローはしばしば、ある任意の日付で中断され、それ以降のキャッシュフローは*継続価値*に置き換えられる。

$$事業価値 = \frac{FCF_1}{(1+WACC)^1} + \frac{FCF_2}{(1+WACC)^2} + \cdots + \frac{FCF_5}{(1+WACC)^5}$$
$$+ \frac{5\,年目の継続価値}{(1+WACC)^5}$$

この式において、5 年目の継続価値は、6 年目以降の全ての FCF の現在価値の代わりとなる値である。最も一般的な継続価値モデルでは、6 年目以降の全ての FCF を予測する代わりに、5 年目のフリー・キャッシュフローが長期成長率 LTg で成長すると仮定する。

$$5\,年目の終わりにおける継続価値 = \sum_{t=1}^{\infty}\frac{FCF_{t+5}}{(1+WACC)^t} = \sum_{t=1}^{\infty}\frac{FCF_5*(1+LTg)^t}{(1+WACC)^t}$$
$$= \frac{FCF_5*(1+LTg)}{WACC-LTg}$$

ただし、$|LTg| < WACC$

このモデルは（成長アニュイティの現在価値公式に基づくものであり、1.2 節を参照のこと）、5 年目のキャッシュフローが一定の長期成長率で成長を続けると仮定している。この公式は、長期成長率である LTg が加重平均資本コストよりも大きいか、あるいは等しい場合には意味をなさないことに留意されたい。そのような場合には、継続価値が無限大になってしまう（明らかに不可能なことである）。

以下の表は、ここでの予測を用いた例である。

	A	B	C	D	E	F	G	H
53	**企業価値の計算**							
54	加重平均資本コスト	20%						
55	フリー・キャッシュフローの長期成長率	5%	<-- 実質成長率 2% + インフレーション 3%?					
56								
57	年	0	1	2	3	4	5	
58	FCF		176	188	201	214	228	
59	継続価値						1,598	<-- =G58*(1+B55)/(B54-B55)
60	合計		176	188	201	214	1,826	
61								
62	事業価値（60行目の現在価値）	1,231	<-- =NPV(B54,C60:G60)					
63	当初（0年目）現金預金及び市場性のある有価証券の加算	80	<-- =B27					
64	0年目の資産価値	1,311	<-- =B63+B62					
65	現時点における企業の債務の価値の減算	-320	<-- =-B36					
66	株主資本価値	991	<-- =B64+B65					

セル B55 の FCF 長期成長率は、132 ページにあるスプレッドシートのセル B2 にある売上高成長率とは異なることに注意しよう。売上高成長率は、1 年目から 5 年目までの期待成長率である。一方、長期成長率は、その企業が属する市場分野のより現実的な成長率を評価することによって、恐らくより良い推定値が得られる。成熟した市場に属する企業に対しては、FCF 長期成長率は、しばしば実質成長率に予想インフレ率を加えたものとして推定される。

5.5 バリュエーションの手続に関する留意点

本節では、5.4 節で概説したバリュエーションに関連したいくつかの論点を取り扱う。

継続価値

継続価値の決定には、第 1 章で説明した成長アニュイティ・モデルの考え方を用いている。5 年間の予測期間より後のキャッシュフローは、5%の長期成長率で成長すると仮定した。これにより、継続価値は次のように与えられる。

$$5 年目の終わりにおける継続価値 = \frac{FCF_5 * (1 + 長期 FCF 成長率)}{WACC - 長期 FCF 成長率}$$

前節で示した通り、この公式は長期 FCF 成長率が WACC よりも小さい場合にのみ有効である。

継続価値を計算する他の方法もある。以下に掲げるものは全て、我々のモデルのフレームワークで実装可能な、一般的なバリエーションである（章末の練習問題を参照のこと）。

- 継続価値 =5 年目の債務の帳簿価額 + 株主資本
  この計算は、帳簿価額が市場価値を正しく予測すると仮定している。
- 継続価値 =（企業の時価/帳簿価額倍率）*（5 年目の債務 + 株主資本の帳簿価額）
- 継続価値 = 株価収益率 *5 年目の利益 +5 年目の債務の帳簿価額
- 継続価値 =EBITDA 倍率 *5 年目の予想 EBITDA

（EBITDA; Earnings before interest, taxes, depreciation and amortization 利払い、税金、償却前利益）

バリュエーションにおける現金預金及び市場性のある有価証券の取扱い

企業価値を得るために、予測 FCF の現在価値に当初キャッシュ残高を足し戻した。この手続は以下を仮定している。

- 現金預金及び市場性のある有価証券の 0 年目の残高は、それ以降の年における FCF の創出に必要ではない。
- 現金預金及び市場性のある有価証券の 0 年目の残高は、企業の将来の経済的な

業績に影響を与えることなく、株主によって引き出されたり、支払われたりすることができる余剰である。

当初キャッシュ残高をマイナスの債務と仮定するというこれと全く同様の仮定が、ときにインベストメント・バンカーや株式アナリストによってなされることがある。この仮定を置くならば、株主資本は以下のように評価されるであろう。

	A	B	C	D
68	マイナスの債務としての現金預金及び市場性のある有価証券			
69	60行目のNPV＝事業価値	1,231	<-- =B62	
70	0年目の債務：債務－現金預金	-240	<-- =-B36+B27	
71	株主資本価値	991	<-- =B69+B70	

年央の割引

NPV式は、全てのキャッシュフローが年末に発生すると仮定しているが、年間を通して均一に発生すると仮定する方がより論理的である。したがって、割り引くという目的のためには、キャッシュフローは平均すれば年央で発生したとして割り引くべきである。これは、事業価値が次のように計算されるほうが、より論理的であることを意味する。

$$\begin{aligned}
事業価値 &= \frac{FCF_1}{(1+WACC)^{0.5}} + \frac{FCF_2}{(1+WACC)^{1.5}} + \cdots \\
&\quad + \frac{FCF_5}{(1+WACC)^{4.5}} + \frac{5年目の継続価値}{(1+WACC)^{4.5}} \\
&= \underbrace{\left[\begin{array}{l} \dfrac{FCF_1}{(1+WACC)^1} + \dfrac{FCF_2}{(1+WACC)^2} + \cdots \\ + \dfrac{FCF_5}{(1+WACC)^5} + \dfrac{5年目の継続価値}{(1+WACC)^5} \end{array}\right]}_{\text{これはExcelのNPV関数を使うことで計算できる。}} \\
&\quad * (1+WACC)^{0.5}
\end{aligned}$$

この年央の割引を企業価値の計算に加味すると、以下の表が得られる。

	A	B	C	D	E	F	G	H	I	J
74	企業価値の計算－年央の割引を実施									
75	加重平均資本コスト	20%								
76	長期フリー・キャッシュフロー成長率	5%								
77										
78	年	0	1	2	3	4	5			
79	FCF		176	188	201	214	228			
80	継続価値						1,598	<-- =G79*(1+B76)/(B75-B76)		
81	合計		176	188	201	214	1,826			
82										
83	事業価値（81行目のNPV）	1,348	<-- =NPV(B75,C81:G81)*(1+B75)^0.5							
84	当初（0年目）現金預金及び市場性のある有価証券の加算	80	<-- =B27							
85	0年目の資産価値	1,428	<-- =B84+B83							
86	現時点における企業の債務の価値の減算	-320	<-- =B65							
87	株主資本価値	1,108	<-- =B85+B86							

5.6 固定資産の代替モデル

本章におけるモデルは、固定資産帳簿価額（NFA; net fixed assets）が売上高の関数であると仮定している。事実上、これは固定資産の減価償却が、実際に経済的な意味を持つと仮定することを意味する。したがって、これらの資産の生産能力は減価償却後の価値によって決定される。本章の予測モデルの概念的なレベルでは、これは受け入れ可能な仮定であるように思われる。

しかしながら、財務モデル構築者が考慮したくなるかもしれない2つの代替モデルがある。そのうちの1つは、減価償却が何ら経済的な意味を持たないと仮定するものである。この場合には、固定資産取得価額が売上高の関数である。2つ目の代替モデルは、現存の固定資産基盤が適切に維持されれば、将来売上高の合理的な水準に対応できると仮定するものである。[3] いずれの代替モデルも、既に構築した予測フレームワークに容易に適応可能であり、本節の残りで例証することとする。

固定資産取得価額は売上高の関数である

減価償却が何の経済的意味も持たず、よって固定資産の取得価額が資産の将来の生産能力を表すとする。[4] これは、前述のモデルにほんの少しだけ修正を必要とする。

---

3. 3つ目の代替モデルは、将来の固定資産に対する支出額にまで拡張するものである。これは、財務モデルに"現実"味を加えるものの、しばしば多くの財務的かつモデル構築上の混乱を加えるだけになる。
4. もちろん減価償却は、課税対象利益を減らすというキャッシュフロー効果を持ち続ける。

	A	B	C	D	E	F	G	H
1		固定資産取得価額は売上高の関数である						
2	売上高成長率	10%						
3	流動資産/売上高	15%						
4	流動負債/売上高	8%						
5	固定資産(取得価額)/売上高	107%						
6	売上原価/売上高	50%						
7	減価償却率	10%						
8	債務の金利	10.00%						
9	現金預金及び市場性のある有価証券の金利	8.00%						
10	税率	40%						
11	配当性向	40%						
26	貸借対照表							
27	現金預金及び市場性のある有価証券	80	229	398	589	805	1,049	
28	流動資産	150	165	182	200	220	242	
29	固定資産							
30	取得価額	1,070	1,177	1,295	1,424	1,567	1,723	<-- =$B$5*G15
31	減価償却累計額	(300)	(412)	(536)	(672)	(821)	(986)	<-- =F31+G19
32	帳簿価額	770	765	759	752	745	737	<-- =G30+G31
33	資産合計	1,000	1,158	1,338	1,541	1,770	2,028	

固定資産帳簿価額は一定である

ある場合には、現時点の固定資産が適切に維持されれば、将来売上高の合理的な水準に対応できると仮定することが適切かもしれない。スーパーマーケットのケースはその一例だろう。もし減価償却を、現在の顧客基盤へのサービスに必要なメンテナンスや資産の入替えを意味する経済的な表現であると捉えるならば、これは、固定資産帳簿価額が長期にわたり一定であるということを意味する。この仮定は、ハーバードにおける数多くのケーススタディで用いられている。[5]

このバリエーションは、基本モデルから次のように簡単に作ることができる。

	A	B	C	D	E	F	G	H
1		固定資産帳簿価額は一定である －減価償却は固定資産に再投資される－						
2	売上高成長率	10%						
3	流動資産/売上高	15%						
4	流動負債/売上高	8%						
5	固定資産帳簿価額	一定						
6	売上原価/売上高	50%						
7	減価償却率	10%						
8	債務の金利	10.00%						
9	現金預金及び市場性のある有価証券の金利	8.00%						
10	税率	40%						
11	配当性向	40%						
26	貸借対照表							
27	現金預金及び市場性のある有価証券	80	223	386	570	777	1,010	
28	流動資産	150	165	182	200	220	242	
29	固定資産							
30	取得価額	1,070	1,183	1,307	1,445	1,597	1,765	<-- =G32-G31
31	減価償却累計額	(300)	(413)	(537)	(675)	(827)	(995)	<-- =F31+G19
32	帳簿価額	770	770	770	770	770	770	<-- =F32
33	資産合計	1,000	1,158	1,337	1,539	1,767	2,022	

このモデルは、減価償却は資本支出に等しいということを示唆する。これは、フリー・キャッシュフローの中に見ることができる。

---

5. William Fruhan 著 "Financial Strategy: Studies in the Creation, Transfer, and Destruction of Shareholder Value" (Irwin, 1979) の 161 ページを参照のこと。

	A	B	C	D	E	F	G	H
41	年	0	1	2	3	4	5	
42	フリー・キャッシュフローの計算							
43	税引後利益		251	284	320	361	406	
44	減価償却費の戻し（加算）		113	124	138	152	168	<-- =G19
45	流動資産の増加（減算）		(15)	(17)	(18)	(20)	(22)	
46	流動負債の増加（加算）		8	9	10	11	12	
47	固定資産取得価額の増加（減算）		(113)	(124)	(138)	(152)	(168)	<-- =(G30-F30)
48	債務に係る税引後支払利息（加算）		19	19	19	19	19	
49	現金預金及び市場性のある有価証券に係る税引後受取利息（減算）		(7)	(15)	(23)	(32)	(43)	
50	フリー・キャッシュフロー		255	281	308	339	372	

5.7 感度分析

あらゆる Excel モデルと同様、バリュエーションについても様々な感度分析を行うことができる。5.3 節の例を基にして、例えば、企業の株主資本価値に対する売上高成長率の影響を調べることができる。

セル B91 から C100 には、データ・テーブルが入力されている（テーブルの作り方が分からない場合は、第 31 章を参照のこと）。売上高成長率の初期の増加は企業の価値を高める一方で、非常に高い売上高成長率は実のところ企業価値を減少させる。これは高い売上高固定資産比率に起因しているが、確認は読者に任せよう。

もう 1 つのバリエーションは、株主資本価値に対する、長期 FCF 成長率と WACC 双方の影響を計算するものである。しかしながら、注意しなければならない。以下の継続価値の式を調べてみれば、この計算は WACC が成長率よりも大きい場合にのみ意味をなすことが分かるだろう。[6]

[6.] 成長率が WACC より大きい場合、継続価値 $= \sum_{t=1}^{\infty} \frac{FCF_5 * (1 + 長期FCF成長率)^t}{(1 + WACC)^t} = \infty$ となる。
したがって、WACC は長期 FCF 成長率に対して有効な境界を与える。

$$継続価値 = \frac{FCF_5 * (1 + 長期FCF成長率)}{WACC - 長期FCF成長率}$$

この問題を解決するために、データ・テーブルのセル B108 を次のように定義する（データ・テーブルでは、このセルの計算を基に感度分析が行われる）。

	A	B	C	D	E	F	G	H	I	J	K
107			WACC ↓								
108	=IF(B75<=B76,"nmf",B87)	1,108.37	10%	12%	14%	16%	18%	20%	22%	24%	26%
109		0%	2,038.12	1,660.04	1,390.52	1,188.82	1,032.29	907.35	805.37	720.58	649.00
110	長期FCF成長率 -->	2%	2,447.00	1,915.96	1,562.34	1,310.08	1,121.12	974.36	857.11	761.31	681.59
111		4%	3,128.45	2,299.84	1,802.89	1,471.75	1,235.34	1,058.12	920.35	810.19	720.10
112		6%	4,491.36	2,939.65	2,163.72	1,698.09	1,387.62	1,165.81	999.40	869.93	766.32
113		8%	8,580.08	4,219.26	2,765.09	2,037.61	1,600.82	1,309.39	1,101.03	944.61	822.81
114		10%	nmf	8,058.09	3,967.84	2,603.47	1,920.62	1,510.41	1,236.55	1,040.62	893.42
115		12%	nmf	nmf	7,576.07	3,735.18	2,453.61	1,811.94	1,426.27	1,168.64	984.20
116		14%	nmf	nmf	nmf	7,130.34	3,519.60	2,314.48	1,710.85	1,347.86	1,105.25
117		16%	nmf	nmf	nmf	nmf	6,717.58	3,319.58	2,185.15	1,616.70	1,274.71

5.8 プラグとしての債務

これまでのモデルでは、現金預金及び市場性のある有価証券がプラグで、債務は一定だった。しかし、モデル・パラメータの値によっては、現金預金及び市場性のある有価証券がマイナスになり得る。以下の例を考えてみよう。これは、これまでと同じモデルであるが、スプレッドシートに示されているように、いくつか異なったパラメータの値が与えられている。

	A	B	C	D	E	F	G
1		マイナスのキャッシュ残高（例）					
2	売上高成長率		20%	<-- 10%から増加させた			
3	流動資産/売上高		20%	<-- 15%から増加させた			
4	流動負債/売上高		8%				
5	固定資産（帳簿価額）/売上高		80%	<-- 77%から増加させた			
6	売上原価/売上高		50%				
7	減価償却率		10%				
8	債務の金利		10.00%				
9	現金預金及び市場性のある有価証券の金利		8.00%				
10	税率		40%				
11	配当性向		50%	<-- 40%から増加させた			
12							
13	年	0	1	2	3	4	5
14	損益計算書						
15	売上高	1,000	1,200	1,440	1,728	2,074	2,488
16	売上原価	(500)	(600)	(720)	(864)	(1,037)	(1,244)
17	債務の支払利息	(40)	(40)	(40)	(40)	(40)	(40)
18	現金預金及び市場性のある有価証券からの受取利息	6	4	(0)	(6)	(13)	(21)
19	減価償却費	(100)	(124)	(156)	(194)	(242)	(299)
20	税引前利益	366	440	524	624	742	884
21	税金	(147)	(176)	(210)	(249)	(297)	(354)
22	税引後利益	220	264	314	374	445	530
23	配当	(110)	(132)	(157)	(187)	(223)	(265)
24	留保利益	110	132	157	187	223	265
25							
26	貸借対照表						
27	現金預金及び市場性のある有価証券	80	28	(36)	(113)	(209)	(325)
28	流動資産	200	240	288	346	415	498
29	固定資産						
30	取得価額	1,100	1,384	1,732	2,157	2,675	3,306
31	減価償却累計額	(300)	(424)	(580)	(774)	(1,016)	(1,315)
32	帳簿価額	800	960	1,152	1,382	1,659	1,991
33	資産合計	1,080	1,228	1,404	1,615	1,865	2,163
34							
35	流動負債	80	96	115	138	166	199
36	債務	400	400	400	400	400	400
37	資本	450	450	450	450	450	450
38	利益剰余金	150	282	439	626	849	1,114
39	負債及び株主資本合計	1,080	1,228	1,404	1,615	1,865	2,163

　これらの変更により、現金預金及び市場性のある有価証券勘定（上の例の27行目）は2年目からマイナスに変わるが、明らかにおかしな結果である。とはいえ、これらのマイナスの値の経済的な意味は明白である。即ち、売上高成長率の上昇、流動資産や固定資産の必要額の増加、配当性向の上昇により、企業はより多くの資金調達が必要になるのである。[7]

　ここで必要なのは、以下を認識するモデルである。

- キャッシュは、ゼロよりも小さくならない。
- 企業が追加的な資金調達を必要とする場合は、*借入れ*をする。

---

7. ここで構築しているモデルを調べれば、この追加的な資金調達は、現金預金及び市場性のある有価証券の金利からもたらされると暗に仮定していることが分かるだろう。この勘定を、金利を伴う決済口座の一種とみなせば、モデルは暗に、会社がその口座に対して支払われる金利と同じ金利で、この口座から借越しできると仮定しているのである。

予測財務諸表モデル 143

そのモデルは次のようになる。

	A	B	C	D	E	F	G	H
1		キャッシュ残高をマイナスとしない場合						
2	売上高成長率	20%	<-- 10%から増加させた					
3	流動資産/売上高	20%	<-- 15%から増加させた					
4	流動負債/売上高	8%						
5	固定資産(帳簿価額)/売上高	80%	<-- 77%から増加させた					
6	売上原価/売上高	50%						
7	減価償却率	10%						
8	債務の金利	10.00%						
9	現金預金及び市場性のある有価証券の金利	8.00%						
10	税率	40%						
11	配当性向	50%	<-- 40%から増加させた					
12								
13	年	0	1	2	3	4	5	
14	損益計算書							
15	売上高	1,000	1,200	1,440	1,728	2,074	2,488	
16	売上原価	(500)	(600)	(720)	(864)	(1,037)	(1,244)	
17	債務の支払利息	(40)	(40)	(42)	(47)	(56)	(67)	
18	現金預金及び市場性のある有価証券からの受取利息	6	4	1	-	-	-	
19	減価償却費	(100)	(124)	(156)	(194)	(242)	(299)	
20	税引前利益	366	440	524	622	739	878	
21	税金	(147)	(176)	(209)	(249)	(296)	(351)	
22	税引後利益	220	264	314	373	443	527	
23	配当	(110)	(132)	(157)	(187)	(222)	(263)	
24	留保利益	110	132	157	187	222	263	
25								
26	貸借対照表							
27	現金預金及び市場性のある有価証券	80	28	0	0	0	0	<-- =G39-G28-G32
28	流動資産	200	240	288	346	415	498	
29	固定資産							
30	取得価額	1,100	1,384	1,732	2,157	2,675	3,306	
31	減価償却累計額	(300)	(424)	(580)	(774)	(1,016)	(1,315)	
32	帳簿価額	800	960	1,152	1,382	1,659	1,991	
33	資産合計	1,080	1,228	1,440	1,728	2,074	2,488	
34								
35	流動負債	80	96	115	138	166	199	
36	債務	400	400	436	514	610	728	<-- =MAX(G28+G32-G35-G37-G38,F36)
37	資本	450	450	450	450	450	450	
38	利益剰余金	150	282	439	626	847	1,111	
39	負債及び株主資本合計	1,080	1,228	1,440	1,728	2,074	2,488	

現金預金（27行目）と債務（36行目）の算式は、5年目の入力式を説明しているものである。これらの式が行っていることを会計的な表現で表すと、次の通りとなる。

- 現金預金及び市場性のある有価証券は、このモデルでもプラグのままである。
- 貸借対照表における債務は、以下の条件に従う。
    ○ 流動資産＋固定資産（帳簿価額）＞流動負債＋*前年度の債務*＋資本＋利益剰余金の場合

    この場合、現金預金及び市場性のある有価証券がゼロであっても、企業の生産活動に対する資金調達のために、債務残高を増やす必要がある。

    ○ 流動資産＋固定資産（帳簿価額）＜流動負債＋*前年度の債務*＋資本＋利益剰余金の場合

    この関係が成り立つ場合には、債務を増やす必要性はなく、実際、企業は調整項目として、プラスの現金預金及び市場性のある有価証券を保有していなければならない。キャッシュをプラグとすることで、この問題を処理しているのである。

    ○ Excelのプログラム的な表現では、この式は「Max（G28+G32-G35-G37-

G38,F36)」となる（これは5年目の式であるが、それ以前の各年についても、同様の式となる）。

本章の練習問題で示されるように、このモデルは、最低キャッシュ残高が設定された状況にも容易に対応することができる。

5.9 目標負債株主資本比率の予測財務諸表への組入れ

ここで、プラグに関連したもう1つの変更を、モデルに加えてみたい。企業が目標負債株主資本比率を持っていて、1年目から5年目の各年において、貸借対照表の負債株主資本比率をある決まった比率にしたいとしよう。この状況は、以下の例に示されている。

A	B	C	D	E	F	G	H
1	目標負債株主資本比率 －キャッシュは固定し、負債株主資本比率を各年で変化させる－						
2 売上高成長率	10%						
3 流動資産/売上高	15%						
4 流動負債/売上高	8%						
5 固定資産(帳簿価額)/売上高	77%						
6 売上原価/売上高	50%						
7 減価償却率	10%						
8 債務の金利	10.00%						
9 現金預金及び市場性のある有価証券の金利	8.00%						
10 税率	40%						
11 配当性向	60%						
12							
13 年	0	1	2	3	4	5	
14 損益計算書							
15 売上高	1,000	1,100	1,210	1,331	1,464	1,611	
16 売上原価	(500)	(550)	(605)	(666)	(732)	(805)	
17 債務の支払利息	(32)	(30)	(29)	(28)	(29)	(32)	
18 現金預金及び市場性のある有価証券からの受取利息	6	6	6	6	6	6	
19 減価償却費	(100)	(117)	(137)	(161)	(189)	(220)	
20 税引前利益	374	409	445	483	521	560	
21 税金	(150)	(164)	(178)	(193)	(208)	(224)	
22 税引後利益	225	246	267	290	313	336	
23 配当	(135)	(147)	(160)	(174)	(188)	(202)	
24 留保利益	90	98	107	116	125	134	
25							
26 貸借対照表							
27 現金預金及び市場性のある有価証券	80	80	80	80	80	80	
28 流動資産	150	165	182	200	220	242	
29 固定資産							
30 取得価額	1,070	1,264	1,486	1,740	2,031	2,364	
31 減価償却累計額	(300)	(417)	(554)	(715)	(904)	(1,124)	
32 帳簿価額	770	847	932	1,025	1,127	1,240	
33 資産合計	1,000	1,092	1,193	1,305	1,427	1,562	
34							
35 流動負債	80	88	97	106	117	129	
36 債務	320	287	284	276	302	331	<-- =G41*(G37+G38)
37 資本	450	469	457	451	412	372	<-- =G33-G35-G36-G38
38 利益剰余金	150	248	355	471	596	730	
39 負債及び株主資本合計	1,000	1,092	1,193	1,305	1,427	1,562	(当初(0年目)負債株主資本比率: =B36/(B37+B38))
40							
41 目標負債株主資本比率	0.53	0.40	0.35	0.30	0.30	0.30	

スプレッドシートの41行目は、1年目から5年目の各年における目標負債株主資本比率を示している。会社は、現在53%の負債株主資本比率を、次の2年間で

30%に下げたいと考えている。最初のモデルの数式に対する変更は、次の通りである。

- 債務＝**目標負債株主資本比率** ＊（資本＋利益剰余金）
- 資本＝資産合計 − 流動負債 − 債務 − 利益剰余金

注意すべき点として、会社は 4 年目と 5 年目に、新たな債務を調達する。また、1 年目に資本は増加するが（新株が発行されたことを示している）、それ以降の年では資本は減少する（株主資本の買戻しを示している）。

5.10 プロジェクト・ファイナンス: 債務の返済スケジュール

ここで、予測モデルに関するもう 1 つの利用法を示す。いわゆる「プロジェクト・ファイナンス」の典型的なケースでは、企業はプロジェクトの資金調達のために借入れをする。借入れには、しばしば次のような条件が付く。

- 企業は、債務を完済するまで、配当を支払うことが一切許されない。
- 企業は、新株を発行することが一切許されない。
- 企業は、特定の期間にわたって、債務を返済しなければならない。

以下の簡略化した例では、キャッシュ残高を伴う基本モデルのバリエーションを用いる。新しい会社、もしくはプロジェクトが立ち上げられたとしよう。0 年目において、

- 会社は資産 2,200 を保有しており、その資金は、流動負債 100、株主資本 1,100、債務 1,000 によって調達されている。
- 債務は今後 5 年間にわたって、元本均等払いで返済しなければならない。債務が完済されるまで、会社は配当を支払うことが許されない（余剰現金がある場合には、現金預金及び市場性のある有価証券勘定に計上される）。

	A	B	C	D	E	F	G	H
1			プロジェクト・ファイナンス ―配当なし、債務は均等返済、固定資産帳簿価額は一定―					
2	売上高成長率	15%						
3	流動資産/売上高	15%						
4	流動負債/売上高	8%						
5	売上原価/売上高	45%						
6	減価償却率	10%						
7	債務の金利	10.00%						
8	現金預金及び市場性のある有価証券の金利	8.00%						
9	税率	40%						
10	配当性向	0%	<-- 債務を完済するまで配当はしない					
11								
12	年	0	1	2	3	4	5	
13	損益計算書							
14	売上高		1,150	1,323	1,521	1,749	2,011	
15	売上原価		-518	-595	-684	-787	-905	
16	債務の支払利息		-90	-70	-50	-30	-10	
17	現金預金及び市場性のある有価証券からの受取利息		1	3	9	21	40	
18	減価償却費		-211	-233	-257	-284	-314	
19	税引前利益		333	428	539	669	822	
20	税金		-133	-171	-216	-268	-329	
21	税引後利益		200	257	323	401	493	
22	配当		0	0	0	0	0	
23	留保利益		200	257	323	401	493	
24								
25	貸借対照表							
26	現金預金及び市場性のある有価証券	0	19	64	173	359	633	<-- =G38-G27-G31
27	流動資産	200	173	198	228	262	302	
28	固定資産							
29	取得価額	2,000	2,211	2,443	2,700	2,985	3,299	
30	減価償却累計額	0	-211	-443	-700	-985	-1,299	<-- =F30-$B$6*(G29+F29)/2
31	帳簿価額	2,000	2,000	2,000	2,000	2,000	2,000	<-- 固定資産帳簿価額は変動しない
32	資産合計	2,200	2,192	2,262	2,401	2,621	2,935	
33								
34	流動負債	100	92	106	122	140	161	
35	債務	1,000	800	600	400	200	0	<-- =F35-$B$35/5
36	資本	1,100	1,100	1,100	1,100	1,100	1,100	
37	利益剰余金	0	200	456	780	1,181	1,674	
38	負債及び株主資本合計	2,200	2,192	2,262	2,401	2,621	2,935	

債務の返済条件は、単に各年末の債務残高を特定することによって、モデルに組み入れられている。会社は（借入れの財務制限条項に従い）新株は発行しないと仮定されているため、モデルのプラグが貸借対照表の負債サイドに来ることはできない。このモデルでは、プラグは現金預金及び市場性のある有価証券勘定である。

モデルは、固定資産についてしばしば置かれる、もう1つの仮定も組み入れている。即ち、固定資産帳簿価額はプロジェクト期間中、一定に保たれると仮定する。これは本質的に、減価償却が固定資産に関する資本維持を正確に反映していることを意味する。上表の29行目から31行目を見ると分かるように、この仮定は、固定資産取得原価が、毎年、減価償却累計額の増加と同額増加することを意味する。これはまた、減価償却による正味キャッシュフローが生じないということも意味している。

	A	B	C	D	E	F	G	H
41	フリー・キャッシュフローの計算							
42	年	0	1	2	3	4	5	
43	税引後利益		200	257	323	401	493	
44	減価償却費の戻し（加算）		211	233	257	284	314	減価償却により生み出されるキャッシュフローは、資本支出額に等しい。
45	流動資産の増加（減算）		28	-26	-30	-34	-39	
46	流動負債の増加（加算）		-8	14	16	18	21	
47	固定資産取得価額の増加（減算）		-211	-233	-257	-284	-314	
48	債務に係る税引後支払利息（加算）		54	42	30	18	6	
49	現金預金及び市場性のある有価証券に係る税引後受取利息（減算）		-0	-2	-6	-13	-24	
50	フリー・キャッシュフロー		273	285	334	391	457	

この例では、会社が債務の元本返済を行うことに、全く問題は生じない。我々は、クレジット・アナリストのように、会社の支払能力が様々なパラメータの値によってどのように影響を受けるのか、関心があるかもしれない。以下の例では、売上原価率を上昇させた。新しいパラメータの値の下では、もはや会社は1年目から3年目に、債務の返済を行うことができない。この事実は予測財務諸表に見ることができる。1年目から4年目の現金預金及び市場性のある有価証券の残高はマイナスで、ローン元本の返済をするため、会社が借入れをしなければならないことを示している。[8]

	A	B	C	D	E	F	G	H
1			プロジェクト・ファイナンス ―プロジェクトが債務を返済できなくなるパラメータの例―					
2	売上高成長率		15%					
3	流動資産/売上高		15%					
4	流動負債/売上高		8%					
5	売上原価/売上高		55%					
6	減価償却率		10%					
7	債務の金利		10.00%					
8	現金預金及び市場性のある有価証券の金利		8.00%					
9	税率		40%					
10	配当性向		0%	<-- 債務を完済するまで配当はしない				
11								
12	年		0	1	2	3	4	5
13	損益計算書							
14	売上高			1,150	1,323	1,521	1,749	2,011
15	売上原価			-633	-727	-836	-962	-1,106
16	債務の支払利息			-90	-70	-50	-30	-10
17	現金預金及び市場性のある有価証券からの受取利息			-2	-6	-7	-4	4
18	減価償却費			-211	-233	-257	-284	-314
19	税引前利益			215	287	370	469	585
20	税金			-86	-115	-148	-187	-234
21	税引後利益			129	172	222	281	351
22	配当			0	0	0	0	0
23	留保利益			129	172	222	281	351
24								
25	貸借対照表							
26	現金預金及び市場性のある有価証券		0	-52	-92	-83	-18	114	<-- =G38-G27-G31（プラグ）
27	流動資産		200	173	198	228	262	302
28	固定資産							
29	取得価額		2,000	2,211	2,443	2,700	2,985	3,299
30	減価償却累計額		0	-211	-443	-700	-985	-1,299
31	帳簿価額		2,000	2,000	2,000	2,000	2,000	<-- 固定資産帳簿価額は変動しない
32	資産合計		2,200	2,121	2,107	2,145	2,244	2,416
33								
34	流動負債		100	92	106	122	140	161
35	債務		1,000	800	600	400	200	0
36	資本		1,100	1,100	1,100	1,100	1,100	1,100
37	利益剰余金		0	129	301	523	804	1,155
38	負債及び株主資本合計		2,200	2,121	2,107	2,145	2,244	2,416

5.11 株主資本利益率の計算

本章の予測モデルは、期待株主資本利益率を計算するためにも使うことができる。前の例を見てみよう。このプロジェクトの株主は、0年目に1,100を支払わなけれ

---

[8] コーポレート・ファイナンスの観点からは、キャッシュのプラス残高は、債務のマイナス残高と同様である。したがって、キャッシュがマイナスの場合、企業は借入れをしているのと同じである。

ばならない。彼らは、1年目から4年目までは支払いを全く受けられないが、5年目には会社を所有する。資産の帳簿価額が、正確に市場価値を反映しているとしよう。この時、5年目の終わりに、企業の株主資本は、資本＋利益剰余金 =2,255 の価値がある。株主資本利益率（Return on Equity; ROE）は、以下のように計算される。

	A	B	C	D	E	F	G	H
56	株主資本利益率（ROE）							
57	年	0	1	2	3	4	5	
58	株主資本のキャッシュフロー	-1,100	-	-	-	-	2,255	<-- =G22+G36+G37
59	株主資本利益率（ROE）	15.44%	<-- =IRR(B58:G58)					

株主資本投資額が減るにつれ、株主資本利益率が上昇するということに留意されたい。[9] 企業が当初 1,500 を借り入れ、株主が 600 を投資するケースを考えてみよう。

	A	B	C	D	E	F	G	H
56	株主資本利益率（ROE）							
57	年	0	1	2	3	4	5	
58	株主資本のキャッシュフロー	-600	-	-	-	-	1,602	<-- =G22+G36+G37
59	株主資本利益率（ROE）	21.70%	<-- =IRR(B58:G58)					

以下のデータ・テーブルとグラフが示すように、当初の株主資本投資額が減少するほど、株主資本利益率が高まる。

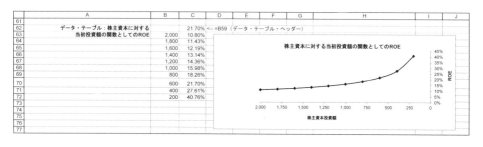

最初のフル・モデルにおける ROE

5.3 節から 5.5 節のモデルは年次配当であった。ここで、企業価値を評価するために 5.5 節で説明した年央での割引を使えば、時点 0 における株主資本価値で会社

---

9. 興味深いが驚くことではない。株主資本投資額が減少するにつれ、プロジェクトにはより大きなレバレッジがかかり、したがって、株主にとって、よりリスクが高くなる。利益率の上昇は、株式投資家に対し、この追加的なリスクの埋め合わせをすることになる。本当に興味深い問題（ここでは解答しない）は、利益率の上昇が実際にリスクの代償になるかどうかである。

を買収し、5年間配当を受け取った後に、帰属する株主資本の継続価値で売却する投資家の株主資本利益率（ROE）を計算することができる。

	A	B	C	D	E	F	G	H
1		最初の財務モデルにおけるROEの計算						
2	売上高成長率	10%						
3	流動資産/売上高	15%						
4	流動負債/売上高	8%						
5	固定資産(帳簿価額)/売上高	77%						
6	売上原価/売上高	50%						
7	減価償却率	10%						
8	債務の金利	10.00%						
9	現金預金及び市場性のある有価証券の金利	8.00%						
10	税率	40%						
11	配当性向	40%						
12								
13	年	0	1	2	3	4	5	
14	損益計算書							
15	売上高	1,000	1,100	1,210	1,331	1,464	1,611	
51								
52								
53	企業価値の計算（年央での割引）							
54	加重平均資本コスト	20%						
55	長期フリーキャッシュフロー成長率	5%						
56								
57	年	0	1	2	3	4	5	
58	FCF		176	188	201	214	228	
59	継続価値						1,598	<-- =G58*(1+B55)/(B54-B55)
60	合計		176	188	201	214	1,826	
61								
62	事業価値（60行目の現在価値）	1,348	<-- =NPV(B54,C60:G60)*(1+B54)^0.5					
63	当初（0年目）現金預金及び市場性のある有価証券の加算	80	<-- =B27					
64	0年目の資産価値	1,428	<-- =B63+B62					
65	現時点における企業の債務の価値の減算	-320	<-- =B36					
66	株主資本価値	1,108	<-- =B64+B65					
67								
68								
69	株主資本利益率（ROE）							
70	年	0	1	2	3	4	5	
71	予定配当	-1,108	98	108	118	129	141	
72	5年目の期末株主資本価値						1,737	<-- 継続価値＋5年目のキャッシュ−5年目の債務
73	株主資本からのキャッシュフロー	-1,108	98	108	118	129	1,878	<-- =SUM(G71:G72)
74	株主資本利益率（ROE）	18.29%	<-- =IRR(B73:G73)					

5.12 繰越欠損金

企業は、現在の税金債務を減らすために累積損失を用いることができる。本節では、予測モデルにおいてそのような繰越欠損金のモデルの作り方を示す。基本モデルにいくつかの変更を行うが、重要な点は以下の通りである。

- 企業は、売上高の一定割合である売上原価のほか、売上高の基礎となる年間固定費も有していると仮定する（下の Excel において、この金額はセル B6 の 440 である）。
- 0 年目において、企業は当初の累積欠損金を 100 有していると仮定する（セル B11）。

第5章

	A	B	C	D	E	F	G	H
1			繰越欠損金のモデル構築					
2	売上高成長率	11%						
3	流動資産/売上高	15%						
4	流動負債/売上高	8%						
5	固定資産(帳簿価額)/売上高	45%						
6	固定費	440						
7	売上原価/売上高	55%						
8	減価償却率	10%						
9	債務の金利	10.00%						
10	現金預金及び市場性のある有価証券の金利	8.00%						
11	当初の繰越欠損金	-100						
12	税率	40%						
13	配当性向	40%						
14								
15	年		0	1	2	3	4	5
16	損益計算書							
17	売上高		1,000	1,110	1,232	1,368	1,518	1,685
18	固定費			(440)	(440)	(440)	(440)	(440) <-- =-$B$6
19	売上原価			(611)	(678)	(752)	(835)	(927)
20	債務の支払利息			3	9	15	21	27
21	現金預金及び市場性のある有価証券からの受取利息			1	(8)	(14)	(16)	(17) <-- =$B$10*AVERAGE(F34:G34)
22	減価償却費			(82)	(96)	(112)	(130)	(152)
23	税引前利益			(18)	20	65	118	177
24	税金			-	-	-	(34)	(71) <-- =-MAX($B$12*G30,0)
25	税引後利益			(18)	20	65	84	106
26	配当			-	8	26	34	42 <-- =IF(G25<0,0,$B$13*G25)
27	留保利益			(18)	27	91	118	149
28								
29	前期からの繰越欠損金			(100)	(118)	(99)	(34)	- <-- =MIN(F29+F23,0)
30	税金利益		0	0	0	0	84	177 <-- =MAX(G23+G29,0)
31	実効税率			0%	0%	0%	29%	40% <-- =-G24/G23

それぞれの年において、繰越欠損金を算定する(29行目)。前年が損失となっている場合(例えば、1年目は18の損失)、累積損失はその金額だけ増加する(セルD29)。前年が利益となっている場合(2年目)、累積繰越欠損金はゼロに近づくことになる(セルE29)。ある時点で(この例では4年目)、欠損金を完全に使い切ってしまうかもしれない。

年によっては、税金利益が30行目に計上される。累積繰越欠損金がその年の利益よりも大きい場合、税金はかからない。そうでない場合には、利益との差額にだけ課税される(例えば、4年目に注目せよ)。これらの違いは、31行目の実効税率に反映されている。

実効税率は、以下に示すように、フリー・キャッシュフローの計算にも用いられる。

	A	B	C	D	E	F	G	H
48	年		0	1	2	3	4	5
49	フリー・キャッシュフローの計算							
50	税引後利益			(18)	20	65	84	106
51	減価償却費の戻し(加算)			82	96	112	130	152
52	流動資産の増加(減算)			(17)	(18)	(20)	(23)	(25)
53	流動負債の増加(加算)			9	10	11	12	13
54	固定資産取得価額の増加(減算)			(131)	(151)	(173)	(198)	(227)
55	債務に係る税引後支払利息(加算)			(3)	(9)	(15)	(21)	(27) <-- =-(1-$C$31)*G20
56	現金預金及び市場性のある有価証券に係る税引後受取利息(減算)			(1)	8	14	16	17 <-- =-(1-$C$31)*G21
57	フリー・キャッシュフロー			(79)	(45)	(7)	1	9

5.13 まとめ

予測財務諸表モデルの構築は、企業財務分析の基本的なスキルの1つであり、ファイナンス、会計基準の適用、そしてスプレッドシートに関するスキルの複雑な組合せである。財務モデルを有用なものとするには、それを実際の状況に適合させる必要がある。しかし財務モデルは、なぜ その結果が生じたのか（バリュエーションや、信用力、あるいは単に企業やプロジェクトの数年後の見通しといった常識的な予測であれ）、ユーザーが容易に理解できるように、十分に単純である必要もある。

練習問題

1. これは、財務諸表モデルを構築する手順を理解するのに有用な、基本的な問題である。5.1 節のモデルを複製しなさい。つまり、セルに正しい数式を入力し、本書と同じ結果が得られることを確認しなさい。（これはファイナンスの問題というよりも、会計の問題であるということが分かる。読者が多くの財務モデル構築担当者と同じであれば、忘れてしまっている会計的要素があることに気づくだろう！）

2. 5.1 節のモデルには売上原価は含まれているが、販売費及び一般管理費（SG&A）は含まれていない。会社には、売上高に関係なく、この費用が毎年 200 ドルかかるとする。

   a. モデルを変更し、新しい仮定に対応させなさい。さらに、損益計算書、貸借対照表、フリー・キャッシュフロー、バリュエーションの結果を示しなさい。
   b. SG&A の水準に対する株主資本価値の感度を示すデータ・テーブルを作成しなさい。なお、SG&A は、1 年当たり 0 ドルから 600 ドルまで変化させること。

3. 5.1 節のモデルにおいて、1 年目から 5 年目の固定資産取得価額が、売上高の 100%であると仮定する（現在のモデルでは、固定資産帳簿価額が売上高の関数である）。それに従って、モデルを変更しなさい。そして、1 年目から 5 年目までの損益計算書、貸借対照表、フリー・キャッシュフローの結果を示しなさい。（0 年目において固定資産勘定は、5.2 節に示された通りとする。0 年目は所与であるため（1 年目から 5 年目は将来の予測であるのに対し、0 年目は企業の現況である。）、0 年目の比率が、1 年目から 5 年目に予測される比率と一致する必要はない）。

4. 5.1 節の基本モデルに戻り、固定資産取得価額が以下の階段関数に従うと仮定しなさい。

$$固定資産取得価額 = \begin{cases} 100\% * 売上高 & 売上高 \leq 1,200 \text{ のとき} \\ 1,200 + 90\% * (売上高 - 1,200) & 1,200 < 売上高 \leq 1,400 \text{ のとき} \\ 1,380 + 80\% * (売上高 - 1,400) & 売上高 > 1,400 \text{ のとき} \end{cases}$$

この関数をモデルに組み入れなさい。

5. 5.8 節のモデル(負債がプラグになっている)を考えよう。

   a. 会社は 1,000 株を発行しており、1 年目に 1 株当たり 15 セントの配当を支払うことを決定したとする。さらに同社は、それ以降の年に、この 1 株当たり配当を 1 年当たり 12%で成長させたいと考えているとする。これらの変更を予測モデルに組み入れなさい。
   b. 年間配当成長率が負債株主資本比率に与える影響を示す感度分析を行いなさい。その際、年間成長率を 0%から 18%まで、2%ずつ変化させなさい。なお、この問題においては、債務を「債務の純額」(即ち、「債務 − 現金預金及び市場性のある有価証券」)と定義しなさい(WACC が 20%であるため、成長率は 20%よりも小さくなければならないことに注意せよ)。

6. 5.8 節のモデルにおいて、会社が各年末に最低キャッシュ残高 25 を有している必要があるとしよう。この制約をモデルに組み入れなさい。

7. 5.4 節のバリュエーションの練習では、キャッシュフローにゴードン配当モデルを用いて継続価値を計算している。この継続価値を、5 年目の債務と株主資本の帳簿価額の合計額で置き換えなさい。この置換えは、実質的に、帳簿価額が市場価値を正しく予測すると仮定することを意味する。

8. 上記問題の繰り返しであるが、今度は継続価値を、EBITDA (Earning before interest, taxes, depreciation, and amortization) 倍率と 5 年目の予想 EBITDA の積で置き換えなさい。また、5 年目の予想 EBITDA 倍率の関数として企業の*株主資本価値*のグラフを示し、この倍率を 6 から 14 まで変化させなさい。

9. 5.10 節のプロジェクト・ファイナンスの予測財務諸表では、企業が当初の債務 1,000 を 5 年間にわたり、元本均等払いで返済すると仮定している。この仮定を変更し、企業はその債務を 5 年間にわたり、元利均等払いで返済すると仮定しなさい。

   ヒント: これは、**PMT** 関数を用いて年間支払額を求める必要があることを意味する。そして、返済予定表(第 1 章と同様)を作成し、年間支払額を利息と元本返済とに区分しなさい。なお、PMT 関数の代わりに、34 章で見る **PPMT** 関数と **IPMT** 関数を使用することもできる。

10. この問題では、持続可能な配当の概念を紹介する。以下のような財務状況の企

業が、今後 5 年間、キャッシュ残高 80 を維持したいと考えている。また、同社は新株発行や現在の債務水準の変更を望んでいない。これは、配当が貸借対照表のプラグとなることを意味する。この状況をモデル化しなさい（パラメータの水準によってはマイナスの配当となり、持続可能な配当水準が存在しない場合があることに留意せよ）。

	A	B	C	D	E	F	G
1		持続可能な配当－テンプレート					
2	売上高成長率	10%					
3	流動資産/売上高	15%					
4	流動負債/売上高	8%					
5	固定資産（帳簿価額）/売上高	77%					
6	売上原価/売上高	50%					
7	減価償却率	10%					
8	債務の金利	10.00%					
9	現金預金及び市場性のある有価証券の金利	8.00%					
10	税率	40%					
11							
12	年	0	1	2	3	4	5
13	**損益計算書**						
14	売上高	1,000					
15	売上原価	(500)					
16	債務の支払利息	(32)					
17	現金預金及び市場性のある有価証券からの受取利息	6					
18	減価償却費	(100)					
19	税引前利益	374					
20	税金	(150)					
21	税引後利益	225					
22	配当	(90)					
23	留保利益	135					
24							
25	**貸借対照表**						
26	現金預金及び市場性のある有価証券	80	80	80	80	80	80
27	流動資産	150					
28	固定資産						
29	取得価額	1,070					
30	減価償却累計額	(300)					
31	帳簿価額	770					
32	**資産合計**	1,000					
33							
34	流動負債	80					
35	債務	320	320	320	320	320	320
36	資本	450	450	450	450	450	450
37	利益剰余金	150					
38	**負債及び株主資本合計**	1,000					

6 予測モデルの構築：Caterpillar のケース

6.1 概要

本章では、Caterpillar Inc. の財務モデルを構築するために、第 5 章で議論した予測モデルの技法を実装する。Caterpillar は、本書のほとんどの読者が間違いなく知っているように、大型土木機械の製造・販売における世界的リーダーである。

第 5 章で説明したフォーマットに当てはめるために、本章では、Caterpillar の 2007 年から 2011 年までの財務諸表を理解することに注力する。これはたやすい課題ではなく、Caterpillar における事業の理解、モデル構築のスキル、そして若干の財務的なごまかしを組み合わせる必要がある（さもなければ、永遠にこの課題の解決にたどり着かないだろう）。

警告：この章は、精神衛生上、有害かもしれない[1]

本章にある素材は、*複雑*でいらいらするものであるが、*難しくはない*。なぜいらいらするのか？それは、予測財務諸表モデルが、多くの仮定と分析を必要とするからである。あらゆる項目が、他のほとんど全てのものに関連している。また、基本的な会計の概念を思い出すことも必要となる。これらは全ていらいらするものである！

しかしながら、本章のケースは、もっとも重要なコーポレート・ファイナンス適用例の 1 つを解説する。即ち、会計及び財務に関するパラメータのフレームワークにおける会社の価値評価である。このような価値評価は、ほとんどの事業計画、企業のファイナンシャル・プランニング・モデル、そして（聡明な）アナリストによる価値評価の中核である。

---

1. 筆者の精神的安定性には確実に影響した…

6.2 Caterpillar の財務諸表（2007 年-2011 年）

Caterpillar の 2007 年から 2011 年までの 5 年間の財務諸表は、以下の通りである。

	A	B	C	D	E	F
1	Caterpillarの損益計算書（2007年－2011年）					
2	売上及び営業収入	2007	2008	2009	2010	2011
3	機械及びパワーシステム売上	41,962	48,044	29,540	39,867	57,392
4	金融商品収入	2,996	3,280	2,856	2,721	2,746
5	売上及び営業収入合計	44,958	51,324	32,396	42,588	60,138
6						
7	営業費用:					
8	売上原価	32,626	38,415	23,886	30,367	43,578
9	販売費及び一般管理費	3,821	4,399	3,645	4,248	5,203
10	研究開発費	1,404	1,728	1,421	1,905	2,297
11	金融商品の利息費用	1,132	1,153	1,045	914	826
12	繰延税金	1,054	1,181	1,822	1,191	1,081
13	営業費用合計	40,037	46,876	31,819	38,625	52,985
14						
15	営業利益	4,921	4,448	577	3,963	7,153
16						
17	金融商品以外の利息費用	288	274	389	343	396
18	その他収入（費用）	357	327	381	130	-32
19						
20	連結税引前利益	4,990	4,501	569	3,750	6,725
21						
22	法人税等（利益）	1,485	953	-270	968	1,720
23	連結会社からの利益	3,505	3,548	839	2,782	5,005
24						
25	非連結関連会社の持分利益（損失）	73	37	-12	-24	-24
26						
27	連結会社及び関連会社からの利益	3,578	3,585	827	2,758	4,981
28	控除: 非支配株主に属する利益（損失）	37	28	-68	58	53
29						
30	利益	3,541	3,557	895	2,700	4,928

Caterpillarの貸借対照表（2007年－2011年）

	A	B	C	D	E	F
2	資産	2007	2008	2009	2010	2011
3	流動資産					
4	現金預金及び短期投資	1,122	2,736	4,867	3,592	3,057
5	売上債権	8,249	9,397	5,611	8,494	10,285
6	貸付金	7,503	8,731	8,301	8,298	7,668
7	繰延税金及び未収還付法人税等	816	1,223	1,216	931	1,580
8	前払費用その他の流動資産	583	765	862	908	994
9	棚卸資産	7,204	8,781	6,360	9,587	14,544
10	流動資産合計	25,477	31,633	27,217	31,810	38,128
11						
12	有形固定資産（帳簿価額）	9,997	12,524	12,386	12,539	14,395
13	長期売上債権	685	1,479	971	793	1,130
14	長期貸付金	13,462	14,264	12,279	11,264	11,948
15	非連結関連会社に対する投資	598	94	105	164	133
16	長期繰延税金及び未収還付法人税等	1,553	3,311	2,714	2,493	2,157
17	無形資産	475	511	465	805	4,368
18	のれん	1,963	2,261	2,269	2,614	7,080
19	その他の資産	1,922	1,705	1,632	1,538	2,107
20	**資産合計**	**56,132**	**67,782**	**60,038**	**64,020**	**81,446**
21						
22	**負債**	2007	2008	2009	2010	2011
23	流動負債					
24	短期借入金					
25	機械及びパワーシステム	187	1,632	433	204	93
26	金融商品	5,281	5,577	3,650	3,852	3,895
27	未払金	4,723	4,827	2,993	5,856	8,161
28	未払費用	3,178	4,121	2,641	2,880	3,386
29	未払給与、賃金及び福利厚生費	1,126	1,242	797	1,670	2,410
30	前受金	1,442	1,898	1,217	1,831	2,691
31	未払配当金	225	253	262	281	298
32	その他流動負債	951	1,027	1,281	1,521	1,967
33	1年内返済予定長期借入金					
34	機械及びパワーシステム	180	456	302	495	558
35	金融商品	4,952	5,036	5,399	3,430	5,102
36	流動負債合計	22,245	26,069	18,975	22,020	28,561
37						
38	1年超の長期借入金					
39	機械及びパワーシステム	3,639	5,736	5,652	4,505	8,415
40	金融商品	14,190	17,098	16,195	15,932	16,529
41	退職後給付に係る負債	5,059	9,975	7,420	7,584	10,956
42	その他の負債	2,003	2,190	2,496	2,654	3,583
43	負債合計	47,136	61,068	50,738	52,695	68,044
44						
45	償還可能非支配株主持分	0	524	477	461	473
46	株主資本					
47	資本金（1株当たり1.00ドル、					
48	発行済株式総数814,894,624株）	2,744	3,057	3,439	3,888	4,273
49	自己株式	-9,451	-11,217	-10,646	-10,397	-10,281
50	従業員給付に係る利益	17,398	19,826	19,711	21,384	25,219
51	その他の包括利益累計額（損失）	-1,808	-5,579	-3,764	-4,051	-6,328
52	非支配株主持分	113	103	83	40	46
53	株主資本合計	8,996	6,190	8,823	10,864	12,929
54	**負債及び資本合計**	**56,132**	**67,782**	**60,038**	**64,020**	**81,446**
55						
56						
57	自己株式（株式数）	190,908,490	213,267,983	190,171,905	176,071,910	167,361,280
58	発行済株式数（ネット）	623,986,134	601,626,641	624,722,719	638,822,714	647,533,344

	A	B	C	D	E	F
1	Caterpillarのキャッシュフロー計算書（2007年－2011年）					
2	営業活動によるキャッシュフロー	2007	2008	2009	2010	2011
3	連結会社及び関連会社からの利益	3,578	3,585	827	2,758	4,981
4	非資金原価項目の調整：					
5	減価償却費	1,797	1,980	2,336	2,296	2,527
6	その他	162	355	137	469	457
7	資産及び負債の増減（買収及び事業分離考慮後）					
8	売上債権	899	-545	4,014	-2,320	-1,345
9	棚卸資産	-745	-833	2,501	-2,667	-2,927
10	未払金	387	-4	-2,034	2,570	1,555
11	未払費用	231	660	-505	117	308
12	未払給与、賃金及び福利厚生費	576	286	-534	847	619
13	繰延税金	66	-470	-646	604	173
14	その他の資産（純額）	1,004	-217	235	358	-91
15	その他の負債（純額）			12	-23	753
16	営業活動によって得られた（使用した）キャッシュの純額	7,955	4,797	6,343	5,009	7,010
17						
18	投資活動によるキャッシュフロー					
19	資本支出－他にリースされた設備を除く	-1,700	-2,445	-1,348	-1,575	-2,515
20	他にリースされた設備の取得による支出	-1,340	-1,566	-968	-1,011	-1,409
21	リース資産及び有形固定資産の売却による収入	408	982	1,242	1,469	1,354
22	貸付けによる支出	-13,946	-14,031	-7,107	-8,498	-10,001
23	貸付金の回収による収入	10,985	9,717	9,288	8,987	8,874
24	貸付金の売却による収入	866	949	100	16	207
25	投資及び買収（取得した現金預金のネット後）	-229	-117	-19	-1,126	-8,184
26	事業及び投資の売却による収入（売却した現金預金のネット後）	290	0	0	0	376
27	売却可能有価証券の売却による収入	282	357	291	228	247
28	売却可能有価証券の取得による支出	-485	-339	-349	-217	-336
29	その他（純額）	461	197	-128	132	-40
30	投資活動によって得られた（使用した）キャッシュの純額	-4,408	-6,296	1,002	-1,595	-11,427
31						
32	財務活動によるキャッシュフロー					
33	配当金の支払額	-845	-953	-1,029	-1,084	-1,159
34	非支配株主への配当金の支払額	-20	-10	-10	0	-3
35	株式の発行による収入（自己株式の再発行を含む）	328	135	89	296	123
36	株式の買い戻しに係るデリバティブ契約による支出	-56	-38			
37	自己株式の取得による支出	-2,405	-1,800			
38	株式報酬による節税効果の超過額	155	56	21	153	189
39	非支配持分の取得による支出	0	0	-6	-132	-8
40	債務の発行による収入（当初期間は3ヶ月超）：					
41	- 機械及びパワーシステム	224	1,673	458	216	4,587
42	- 金融商品	10,815	16,257	11,833	8,108	10,873
43	債務の返済による支出（当初期間は3ヶ月超）：					
44	- 機械及びパワーシステム	-598	-296	-918	-1,298	-2,269
45	- 金融商品	-10,290	-14,143	-11,769	-11,163	-8,324
46	短期借入金の増減額（当初期間は3ヶ月以内）	-297	2,074	-3,884	291	-43
47	財務活動によって得られた（使用した）キャッシュの純額	-2,989	2,955	-5,215	-4,613	3,966
48						
49	金融商品を除く利息費用	288	274	389	343	396
50	税率	29.76%	21.17%	-47.45%	25.81%	25.58%

貸借対照表の書換え

貸借対照表をより簡単に理解するために、貸借対照表を書き換えて、短期金融債務項目と長期金融債務項目をまとめる。また、全ての事業用（即ち「非財務」）流動資産と事業用流動負債を1項目として記載する。

	A	B	C	D	E	F
1	Caterpillarの貸借対照表（2007年－2011年） －事業用流動資産、事業用流動負債、金融債務をまとめて書き換え－					
2	資産	2007	2008	2009	2010	2011
3	流動資産					
4	現金預金及び短期投資	1,122	2,736	4,867	3,592	3,057
5	事業用流動資産	24,355	28,897	22,350	28,218	35,071
6						
7	有形固定資産（帳簿価額）	9,997	12,524	12,386	12,539	14,395
8	長期債権	14,147	15,743	13,250	12,057	13,078
9	非連結関連会社に対する投資	598	94	105	164	133
10	長期繰延税金及び未還付法人税等	1,553	3,311	2,714	2,493	2,157
11	無形資産	475	511	465	805	4,368
12	のれん	1,963	2,261	2,269	2,614	7,080
13	その他の資産	1,922	1,705	1,632	1,538	2,107
14	資産合計	56,132	67,782	60,038	64,020	81,446
15						
16	負債	2007	2008	2009	2010	2011
17	事業用流動負債	11,645	13,368	9,191	14,039	18,913
18						
19	金融債務	28,429	35,535	31,631	28,418	34,592
20						
21	退職後給付に係る負債	5,059	9,975	7,420	7,584	10,956
22	その他の負債	2,003	2,190	2,496	2,654	3,583
23	負債合計	47,136	61,068	50,738	52,695	68,044
24						
25	償還可能非支配株主持分	0	524	477	461	473
26	株主資本					
27	資本金（814,894,624株）	2,744	3,057	3,439	3,888	4,273
28	自己株式	-9,451	-11,217	-10,646	-10,397	-10,281
29	従業員給付に係る利益	17,398	19,826	19,711	21,384	25,219
30	その他の包括利益累計額（損失）	-1,808	-5,579	-3,764	-4,051	-6,328
31	非支配株主持分	113	103	83	40	46
32	株主資本合計	8,996	6,190	8,823	10,864	12,929
33	負債及び資本合計	56,132	67,782	60,038	64,020	81,446

6.3 財務諸表を分析する

次に、第 5 章の技法を使って、Caterpillar の実際の財務諸表とおおよそ同じ様式で、1 組の財務諸表を構築する。このモデルは将来に向けてのものであるが、Caterpillar の過去の財務諸表を基にしている。モデルのパラメータの選択は、過年度の分析と、いくつかの主観的判断による。

売上予測

売上予測は、このモデルにおいて最も重要な要素の 1 つである。これは、Caterpillar の過去の売上分析に基づくべきだろうか？あるいは、重機産業の潜在的な成長率に関する専門家の意見に基づくべきだろうか？短期（将来 5 年間）の成長率と長期成長率は区別すべきだろうか？

これらの疑問には、いずれも満足のいく回答がない。ここで、いくつかの方法を解説し、様々な回答が価値に影響を及ぼすのか、読者自身が予測モデルを使って実験することを勧める。以下の Excel では、次が示されている。

- 毎年の売上高成長率
- 年平均成長率（CAGR）
- その年の売上回帰

予測モデルの構築：Caterpillar のケース　**161**

上記 Excel の 2 つの数字に着目しよう。

- セル B17 の年平均成長率（Compound Annual Growth Rate; CAGR）は、

$$CAGR = \left(\frac{売上高_{2011}}{売上高_{2000}}\right)^{\left(\frac{1}{11}\right)} - 1 = 10.44\% である。$$

CAGR はよく利用される値であるが、終点に依存するがゆえに問題をはらんでいる。別の期間で検証しない限り、それは疑わしい長期成長率の測定値である。上の 2 つ目のグラフが描くように、Caterpillar の年間成長率は大きな変動性を示している。上の Excel では、これらの終点を用いて、CAGR が 3.22% から 13.79% まで変化しうることが分かる。

- 年間売上高の各年への回帰は、最初の売上高と最後の売上高だけに依存しない。したがって、それは多くの場合、将来の売上高成長率のより良い推定を提供する。

$$売上高_t = a + b * 年_t$$
$$= -6,320,495 + 3,169 * 年, R^2 = 75.79\%$$

この回帰直線は、売上高が年間約 3,169 ずつ成長することを示唆する。直近の売上高（上記のセル B14）にこの推定値を当てはめると、5.27% の年間成長率とな

る。全体として、これは売上高成長率に関する、より満足できる推定値である。[2]

流動資産と流動負債

流動資産売上高比率と流動負債売上高比率は、5年間にわたってしっかりと安定しているように見える。モデルのパラメータ値として、2011年の比率を採用する。

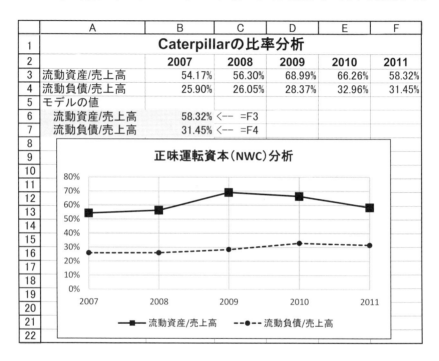

---

[2]. 基本的な先入観として、伝統的な事業を行っている老舗企業にとって、成長率はおおよそ経済の実質成長率にインフレ率を加えたものになるはずである。5.27%という値は、この先入観の枠組みの中に入っている。

営業費用

ほとんどの工業関連企業と同様、Caterpillar の営業費用には減価償却費が含まれる。第 5 章のモデルに従って、他の営業費用から減価償却費を分けたいので、減価償却費を除く営業費用を計算するために、連結キャッシュフロー計算書を参照する。営業費用はこの 5 年間でかなり変化している。

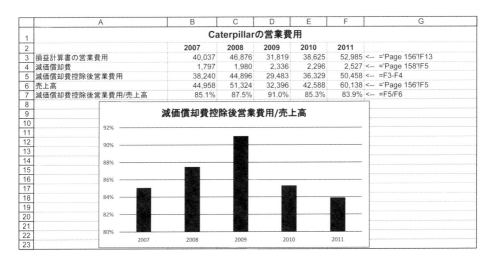

営業費用の割合は、売上高の増加関数であることが分かる（下記参照）。これは、大きな変動費構成項目であることを示している。このモデルを作り、回帰を行った結果、ここでは営業費用を売上高の線形関数としてモデル化することを選択した。

$$営業費用 = 3,833 + 0.7789 * 売上高$$

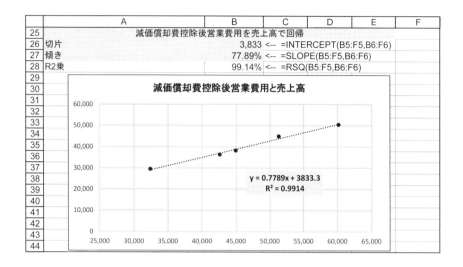

この回帰は、Caterpillar の予測モデルで使用する。

固定資産と売上高

Caterpillar の固定資産に関するモデルを決める必要がある。これには、次の 2 つの意思決定が関連する。

- 固定資産に関する極めて重要なモデルの比率として、「固定資産帳簿価額/売上高」と「固定資産取得価額/売上高」のどちらが最善か。より経済的な意味があると思われるので、筆者としては前者の方が若干好みである。[3]
- 適切な平均減価償却率は何か？

この項では、最初の質問を扱う。減価償却率については、次節で議論する。

---

3. 減価償却が何らかの経済的な意味を有しているなら、より多くの売上を生み出すにはより多くの純固定資産が必要になる。

予測モデルの構築：Caterpillar のケース

	A	B	C	D	E	F
1		Caterpillar — 固定資産の分析				
2		2007	2008	2009	2010	2011
3	土地	189	575	639	682	753
4	建物及び土地改良費	3,625	4,647	4,914	5,174	5,857
5	機械装置その他	9,756	12,173	12,917	13,414	14,435
6	リース設備	4,556	4,561	4,717	4,444	4,285
7	建設仮勘定	1,082	1,531	1,034	1,192	1,996
8						
9	有形固定資産合計（取得価額）	19,208	23,487	24,221	24,906	27,326
10	控除: 減価償却累計額	-9,211	-10,963	-11,835	-12,367	-12,931
11	有形固定資産（帳簿価額）	9,997	12,524	12,386	12,539	14,395
12						
13	売上高	44,958	51,324	32,396	42,588	60,138
14						
15	有形固定資産帳簿価額/売上高	22.24%	24.40%	38.23%	29.44%	23.94%
16	有形固定資産取得価額/売上高	42.72%	45.76%	74.77%	58.48%	45.44%
17	モデル値： 固定資産帳簿価額/売上高	25.00%	<-- =AVERAGE(B15,C15,E15,F15)			

固定資産取得価額よりも固定資産帳簿価額のほうが、若干、売上高との良い関係があるように見える。したがって、固定資産帳簿価額をモデルに使用する。

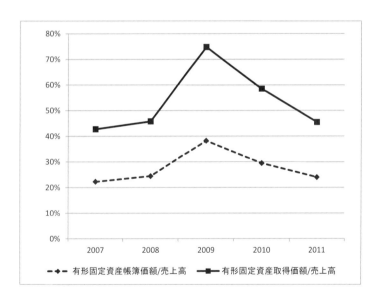

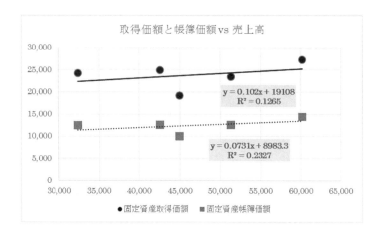

減価償却

Caterpillar における 2011 年アニュアル・レポートの注記 8 では、固定資産の分類ごとにおおよその耐用年数が記載されている。

（単位：百万ドル）	耐用年数	2011	2010	2009
土地	—	753	682	639
建物及び土地改良費	20-45	5,857	5,174	4,914
機械装置その他	3-10	14,435	13,414	12,917
リース設備	1-10	4,285	4,444	4,717
建設仮勘定	—	1,996	1,192	1,034
有形固定資産合計（取得価額）		27,326	24,906	24,221
控除：減価償却累計額		(12,931)	(12,367)	(11,835)
有形固定資産（帳簿価額）		14,395	12,539	12,386

　下の 28 行目では、Caterpillar の加重平均減価償却率を計算するために **SumProduct** 関数を使用する。B29 では、モデル減価償却率を計算するため、これらの値を平均している。

	A	B	C	D	E	F	G
19	**減価償却分析**						
20	%建物及び土地改良費	20.21%	21.73%	21.79%	22.46%	23.83%	<-- =F4/SUM(F$4:F$6)
21	%機械装置その他	54.39%	56.93%	57.29%	58.24%	58.73%	<-- =F5/SUM(F$4:F$6)
22	%リース設備	25.40%	21.33%	20.92%	19.29%	17.44%	<-- =F6/SUM(F$4:F$6)
23							
24	**減価償却率**						
25	建物及び土地改良費	3.1%	<-- =1/32.5				
26	機械装置その他	15.4%	<-- =1/6.5				
27	リース設備	18.2%	<-- =1/5.5				
28	平均減価償却率	13.61%	13.31%	13.29%	13.16%	12.94%	<--
29	モデル減価償却率	13.26%	<-- =AVERAGE(B28:F28)				=SUMPRODUCT($B$25:
30							$B$27,F20:F22)

配当

Caterpillar の配当合計額は、1 年当たり 8.22%の年間成長率で伸びている。モデルでは、この値を使用する。様々な始点と終点がほとんど同じ推定値になるので、前述した CAGR に対する異議はここでは成立しない。なお、1 株当たり配当額ではなく、配当合計額を使用するほうが好ましい。

	A	B	C	D	E	F
1			**Caterpillar の配当**			
2			2007	2008	2009	2010	2011
3	配当額		845	953	1,029	1,084	1,159
4	年成長率			12.78%	7.97%	5.34%	6.92%
5	配当合計額のCAGR						
6	2007-2011		8.22%	<-- =(F3/B3)^(1/4)-1			
7	2008-2011		6.74%	<-- =(F3/C3)^(1/3)-1			
8							
9	1 株当たり配当額		1.38	1.62	1.68	1.74	1.82
10	1 株当たり配当額のCAGR						
11	2007-2011		7.16%	<-- =(F9/B9)^(1/4)-1			
12	2008-2011		3.96%	<-- =(F9/C9)^(1/3)-1			

その他の負債と年金

率直に言って、これら 2 つの項目には混乱する。なぜ、その他の負債と年金負債が売上高よりも高い率で成長するのか？良い回答は持ち合わせていないが、モデルでは、これらの重要な負債が将来わずかに減速すると仮定する。

	A	B	C	D	E	F
1		その他の負債と年金				
2		2007	2008	2009	2010	2011
3	その他の負債	2,003	2,190	2,496	2,654	3,583
4	年成長率		9.34%	13.97%	6.33%	35.00%
5	全期間	15.65%	<--	=(F3/B3)^(1/4)-1		
6	2011を除く	9.83%	<--	=(E3/B3)^(1/3)-1		
7						
8	年金負債	5,059	9,975	7,420	7,584	10,956
9	年成長率		97.17%	-25.61%	2.21%	44.46%
10	全期間	21.31%	<--	=(F8/B8)^(1/4)-1		
11	2011を除く	14.45%	<--	=(E8/B8)^(1/3)-1		
12	モデル値	17.88%	<--	=AVERAGE(B10:B11)		

Caterpillar の税率

問題のある 2009 年を除き、Caterpillar の税率は平均で約 26%である。モデルでは、この値を使用する。

	A	B	C	D	E	F
1		Caterpillar の税率分析				
2		2007	2008	2009	2010	2011
3	税引前利益	4,990	4,501	569	3,750	6,725
4	税金	1,485	953	-270	968	1,720
5	税率	29.76%	21.17%	-47.45%	25.81%	25.58%
6	モデル値	25.58%	<--	=AVERAGEIF(B5:F5,">0")		

長期債権

Caterpillar は、設備を購入する顧客に対して資金を提供するための販促ツールとして長期債権を使用しているので、この項目が売上高と同じ率で成長するのは納得できる。

債務のコスト

Caterpillarは、金融市場において評価の高い借り手である。モーニングスターの図表は（http://quicktake.morningstar.com/stocknet/bonds.aspx?symbol=cat）、Caterpillarの債務の期間構造を示している。ここでは、会社の債務の平均コストを 4%と仮定する。

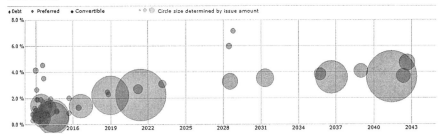

現金預金及び短期証券からの受取利息

本章の執筆時点で、短期金利は非常に低い。そこで、Caterpillar は短期投資から 1%稼ぐと仮定する。

プラグは何か？

プラグは、次の財務項目、即ち、現金預金及び市場性のある有価証券、債務、または自己株式のうちの1つである。いくつかの分析の結果、以下の売上高現金預金比率と資産負債比率を使用する。したがって、このモデルでは、自己株式がプラグとして残ることになる。

	A	B	C	D	E	F	G
1		Caterpillar： さまざまなプラグと売上高その他					
2		2007	2008	2009	2010	2011	
3	売上高	44,958	51,324	32,396	42,588	60,138	<-- ='Page 156'!F5
4							
5	キャッシュ	1,122	2,736	4,867	3,592	3,057	<-- ='Page 157'!F4
6	キャッシュ/売上高	2.50%	5.33%	15.02%	8.43%	5.08%	<-- =F5/F3
7	債務	28,429	35,535	31,631	28,418	34,592	<-- ='Page 159'!F19
8	債務/売上高	63.23%	69.24%	97.64%	66.73%	57.52%	<-- =F7/F3
9	債務/総資産	50.65%	52.43%	52.68%	44.39%	42.47%	<-- =F7/'Page 157'!F20
10							
11	モデル値						
12	現金預金/売上高	5.08%	<-- =F6				
13	債務/資産	42.47%	<-- =F9				

6.4 Caterpillar のモデル

Caterpillar のために計算された各値を使用することで、次の予測モデルにたどり着く。

	A	B	C	D	E	F	G	H
1			**Caterpillar の予測モデル**					
2	売上高成長率	5.27%	<--	='Page 161'!B19				
3	流動資産/売上高	58.32%	<--	='Page 162'!B6				
4	流動負債/売上高	31.45%	<--	='Page 162'!B7				
5	固定資産(帳簿価額)/売上高	27.65%	<--	=AVERAGE('Page 165-167, top'!B15:F15)				
6	売上原価/売上高	83.90%	<--	='Page 163-164'!F7				
7	長期債権成長率	5.27%	<--	この成長率は売上高成長率と同率であると仮定する				
8	減価償却率	13.26%	<--	='Page 165-167, top'!B29				
9	年金負債成長率	17.88%	<--	='Page 168, top'!B12				
10	その他の負債成長率	9.83%	<--	='Page 168, top'!B6				
11	キャッシュ/売上高	5.08%	<--	='Page 169'!B12				
12	債務/資産	42.47%	<--	='Page 169'!B13				
13	債務の金利	4.00%	<--	筆者による見積り				
14	現金預金及び市場性のある有価証券の金利	1.00%	<--	筆者による見積り				
15	税率	25.58%	<--	='Page 168, middle'!B6				
16	配当成長率	8.22%	<--	='Page 167, middle'!B6				
17								
18	年	2011	2012	2013	2014	2015	2016	
19	**損益計算書**							
20	売上高	60,138	63,307	66,642	70,154	73,850	77,742	<-- =F20*(1+$B$2)
21	売上原価	-50,458	-53,117	-55,915	-58,862	-61,963	-65,228	<-- =-$B$6*G20
22	債務の支払利息		-1,482	-1,546	-1,614	-1,684	-1,759	<-- =-$B$13*G50
23	現金預金及び市場性のある有価証券からの受取利息		31	33	35	37	39	<-- =$B$14*AVERAGE(F32:G32)
24	減価償却費	-2,527	-3,711	-4,524	-5,301	-6,196	-7,225	<-- =G38-F38
25	税引前利益	7,153	5028	4,689	4,412	4,044	3,568	<-- =SUM(G20:G24)
26	税金	-1,720	-1,286	-1,200	-1,129	-1,034	-913	<-- =-$B$15*G25
27	税引後利益	5,433	3,742	3,490	3,283	3,009	2,656	<-- =G25+G26
28	配当	1,159	1,254	1,357	1,469	1,590	1,720	<-- =F28*(1+$B$16)
29	留保利益		2,488	2,132	1,814	1,420	935	<-- =G27-G28
30								
31	**貸借対照表**	2011	2012	2013	2014	2015	2016	<-- 2016
32	現金預金及び市場性のある有価証券	3,057	3,218	3,388	3,566	3,754	3,952	<-- =$B$11*G20
33	流動資産	35,071	36,919	38,864	40,912	43,068	45,337	<-- =$B$3*G20
34	固定資産							<--
35	土地	753	753	753	753	753	753	<-- =F35
36	建設仮勘定	1,996	1,996	1,996	1,996	1,996	1,996	<-- =F36
37	償却性資産（取得価額）	24,577	31,397	36,844	43,117	50,335	58,635	<-- =G39-G38-G36-G35
38	減価償却累計額	-12,931	-16,642	-21,167	-26,468	-32,664	-39,889	<-- =F38-$B$8*AVERAGE(F37:G37)
39	有形固定資産（帳簿価額）	14,395	17,504	18,427	19,398	20,420	21,496	<-- =$B$5*G20
40								<--
41	長期債権	13,078	13,767	14,493	15,256	16,060	16,906	<-- =F41*(1+$B$7)
42	非連結関連会社に対する投資	133	133	133	133	133	133	<-- =F42
43	長期繰延税金及び未収還付法人税等	2,157	2,157	2,157	2,157	2,157	2,157	<-- =F43
44	無形資産その他	13,555	13,555	13,555	13,555	13,555	13,555	<-- =F44
45	**資産合計**	81,446	87,253	91,016	94,977	99,147	103,536	<-- =G32+G33+G39+SUM(G41:G44)
46								
47	流動負債	18,913	19,910	20,959	22,063	23,225	24,449	<-- =$B$4*G20
48	年金負債	10,956	12,915	15,224	17,946	21,155	24,937	<-- =F48*(1+$B$9)
49	その他の負債	3,583	3,935	4,322	4,748	5,214	5,727	<-- =F49*(1+$B$10)
50	債務	34,592	37,059	38,657	40,339	42,110	43,974	<-- =$B$12*G45
51	償還可能非支配株主持分	473	473	473	473	473	473	<-- =F51
52	資本	2,744	2,744	2,744	2,744	2,744	2,744	<-- =F52
53	自己株式	-9,451	-9,667	-13,380	-17,168	-21,027	-24,956	<-- =G45-SUM(G47:G52)-G54
54	利益剰余金	17,398	19,886	22,018	23,832	25,252	26,187	<-- =F54+G29
55	**負債及び資本合計**	79,208	87,253	91,016	94,977	99,147	103,536	<-- =SUM(G47:G54)

このモデルでは、次のフリー・キャッシュフロー予測となる。

	A	B	C	D	E	F	G	H
58	年	2011	2012	2013	2014	2015	2016	
59	フリー・キャッシュフロー							
60	税引後利益		3,742	3,490	3,283	3,009	2,656	<-- =G27
61	減価償却費の戻し（加算）		3,711	4,524	5,301	6,196	7,225	<-- =-G24
62	純運転資本の控除							
63	流動資産の増加（減少）		-1,848	-1,945	-2,048	-2,156	-2,269	<-- =F33-G33
64	流動負債の増加（減少）		997	1,049	1,104	1,163	1,224	<-- =G47-F47
65	資本的支出の控除（減算）		-6,820	-5,447	-6,272	-7,218	-8,301	<-- =-(SUM(G35:G37)-SUM(F35:F37))
66	税引後利息の戻し（加算）		1,127	1,175	1,227	1,281	1,338	<-- =-(1-$B$15)*(G22-G23)
67	フリー・キャッシュフロー		908	2,846	2,596	2,275	1,872	<-- =SUM(G60:G66)

6.5 モデルを用いて Caterpillar を評価する

第 3 章では、Caterpillar の資本コストについて議論し、WACC が 10.84% であるという結論に至った。モデルにこの値を使用し、長期 FCF 成長率が 9% であると仮定すると、次の FCF 評価をもたらす。

	A	B	C	D	E	F	G	H
70	WACC	10.84%						
71	長期FCF成長率	9.00%						
72								
73	年		2011	2012	2013	2014	2015	2016
74	FCF			908	2,846	2,596	2,275	1,872	<-- =G67
75	継続価値							110,884	<-- =G74*(1+B71)/(B70-B71)
76	合計			908	2,846	2,596	2,275	112,755	<-- =G74+G75
77									
	事業価値:							
78	FCFと継続価値の現在価値	77,853	<-- =NPV(B70,C76:G76)*(1+B70)^0.5					
79	当初キャッシュの戻し(加算)	3,057	<-- =B32					
80	資産価値	80,910	<-- =B78+B79					
81	0年目の債務の控除(減算)	-49,604	<-- =-SUM(B48:B51)					
82	株主資本価値	31,306	<-- =B80+B81					
83	発行済株式総数	647,533,344	<-- ='Page 157'!F58					
84	株式価値	48.35	<-- =B82/B83*1000000					
85	直近の1株当たり市場価値	90.60						

このモデルの価値評価によると、Caterpillar は直近では過大に評価されている。

長期成長率と加重平均資本コストの**データ・テーブル**（Data Table）は、以下のテーブルを作り出す。直近の市場価値である 90.60 よりも大きい価値のセルにはマーカーを付けており、また、WACC が長期成長率よりも小さいセルは、バリュエーション・モデル（5.4 節参照）とは一致しないので、空欄にしている。注意すべき点として、ある組み合わせでは、モデルは株主資本価値がマイナスであると予測しており、これは Caterpillar の 0 年目の債務が資本の価値を上回っていることを意味する。

	A	B	C	D	E	F	G
87			長期成長率↓				
88		48.35	6.0%	7.0%	8.0%	9.0%	10.0%
89	WACC-->	6.0%					
90		6.5%	403.49				
91		7.0%	167.71				
92		7.5%	89.10	388.33			
93	=IF(B70>B71,B84,"")	8.0%	49.78	160.18			
94		8.5%	26.17	84.11	373.79		
95		9.0%	10.42	46.05	152.95		
96		9.5%	-0.84	23.20	79.31	359.85	
97		10.0%	-9.29	7.96	42.47	146.01	
98		10.5%	-15.87	-2.93	20.36	74.71	346.46

6.6 まとめ

一方では、予測財務モデルは途方もなく労力を要する企業価値評価の方法である。他方では、Caterpillar に関するモデリングの過程において、会社の事業活動の方法と、我々がその財務諸表をどれだけ理解しているか（あるいは、理解していないか）について多くの発見があった。

予測モデル技法は気軽に取り組むことはできないが、会社の仕組みについて徹底的な調査が必要であるなら、これが進むべき道である。

7 リースの財務分析

7.1 概要

リースとは、資産の所有者（賃貸人）が、その資産を賃借人に貸すという契約上の取り決めである。本章では、資産の耐用年数の大半が賃借人の下で使用される長期リースを分析する。本章で考察するリースは、経済的には、賃借人にとって資産購入の代替案と考えられる。本章の分析は長期設備リースの多くには当てはまるが、短期リース（例えば、レンタカー）には当てはまらない。ファイナンス理論では、そのようなリースを本質的には債務契約であるとみなす。賃借人にとって、リースは債務を伴う資産購入の代替案であり、賃貸人は、それを本質的には賃借人に対する資金供給であると考えている。

以下の例では、設備を購入するか、あるいはリースするか、という選択に直面している会社を考える。その設備からの営業収入及び営業支出は、所有形態に影響されないものとする。即ち、資産の所有形態（所有されているか、リースされているか）にかかわらず、所有者/賃借人は同じ売上高をあげ、設備維持の責任を負わなくてはならない。米国財務会計基準審議会基準書第13号(FASB13)の表現によると、ここで考察するリースは、賃借人に資産の所有に伴う全ての便益とリスクを実質的に移転する取引である。

本章の分析では、特にリースからのキャッシュフローに重点を置く。賃貸人はリース賃貸からの収入について税金を支払い、資産の減価償却によるタックス・シールド（節税効果）を得るものとし、賃借人はリース料を費用として主張できるものとする。分析では、税務当局が賃貸人を資産の所有者、賃借人を資産の使用者として取り扱うことを仮定する。[1]

7.2 簡単な、しかし紛らわしい例

分析の本質は、以下の簡単な例から理解できる。ある会社が、取得価額600,000

---

[1] 経済的な観点からは、この仮定に害が無いとは言えない。賃借人がその資産における真の経済的な所有者である場合、なぜ減価償却をしないという結論になろうか？しかし、現実はそうではない。

ドルの機械を使用することを決めた。購入した場合、機械は残存価額がゼロになるまで定額法に基づき減価償却される。機械の見積耐用年数は 6 年で、同社の税率 T_C は 40%である。

　機械の購入に代わる同社の選択肢は、それを 6 年間リースすることである。賃貸人は年間 140,000 ドルで、機械を同社にリースすることを提案している。最初の支払いは現時点で行われ、さらに 5 回の支払いは翌 5 年間の各年初に行われる。

　この問題を分析する 1 つの方法（誤った方法だと後に分かる）は、資産をリースした場合と購入した場合に会社が得るキャッシュフローの現在価値を比較することである。会社は、リース料の支払いと減価償却によるタックス・シールドは無リスクだと考えている。さらに、無リスク金利は 12%とする。以下の計算に基づくと、会社は資産をリースすべきである。[2]

$$NPV(リース) = \sum_{t=0}^{5} \frac{(1-T_C) * リース料}{(1+12\%)^t} = \sum_{t=0}^{5} \frac{(1-T_C) * 140,000}{(1+12\%)^t} = 386,801$$

$NPV(購入) = 資産の取得価額 - PV(減価償却のタックス・シールド)$

$$= 600,000 - \sum_{t=1}^{6} \frac{0.40 * 100,000}{(1+12\%)^t} = 435,544$$

スプレッドシートで示すと、次の通りとなる。

	A	B	C
1	リース分析とは言えない方法		
2	資産の取得価額	600,000	
3	金利	12%	
4	リース料の支払	140,000	
5	年間減価償却費	100,000	
6	税率	40%	
7			
8	NPV （リース）	386,801	<-- =-PV(B3,5,B4*(1-B6))+B4*(1-B6)
9	NPV （購入）	435,544	<-- =B2+PV(B3,6,B6*B5)

　この分析は、資産のリースが購入よりも好ましいことを示している。しかし、これはリースが、ほとんどローンによる資産購入のようなものであるという事実を無視しており、誤解を招く。リース（ローンでの資金調達による購入を暗に意味する）を、ローンでの資金調達のない単純な購入と比較する場合、財務上のリスクが異なるのである。会社が資産のリースを厭わないなら、恐らく借入れをして資

---

[2]. この段階では、耐用年数経過後における資産の残存価額はゼロとしている。7.5 節では、この仮定を外す。

産を購入することも厭わないだろう。この借入れはキャッシュフローのパターンを変え、税務上の便益を生み出す可能性もある。したがって、ローンの可能性を考慮すれば、ここでのリースの意思決定は変わる可能性がある。

以下の節では、どのような種類のローンが、リースが生み出すキャッシュフローと同等なキャッシュフローを生み出すのか（したがって財務リスクも）考えることによって、この問題に対処するリース分析の方法を提示する。このようなリース分析の方法は、*等価ローン法*と呼ばれる。

7.3　リースと企業の資金調達：等価ローン法

等価ローン法の背後にある考え方は、どうにかしてリースと等価になる仮想ローンを案出するということである。[3] これにより、資産のリースかあるいは購入のどちらが好ましいかを、理解しやすくなる。

等価ローン法を理解する最も簡単な方法は、例に拠ることである。前の例に戻ってみよう。

	A	B	C	D	E	F	G	H	I
1			等価ローン法—借手の観点から						
2	資産の取得価額	600,000							
3	金利	12%							
4	リース料の支払	140,000							
5	年間減価償却費	100,000							
6	税率	40%							
7									
8	年	0	1	2	3	4	5	6	
9	リースの税引後キャッシュフロー								
10	税引後リース料	-84,000	-84,000	-84,000	-84,000	-84,000	-84,000		<-- =-$B$4*(1-$B$6)
11									
12	資産購入の税引後キャッシュフロー								
13	資産の取得価額	-600,000							
14	減価償却のタックス・シールド		40,000	40,000	40,000	40,000	40,000	40,000	<-- =$B$5*$B$6
15	購入の純キャッシュ	-600,000	40,000	40,000	40,000	40,000	40,000	40,000	<-- =G13+G14
16									
17	差額キャッシュフロー：リースは借手を救う								
18	リース—購入	516,000	-124,000	-124,000	-124,000	-124,000	-124,000	-40,000	<-- =G10-G15
19									
20	差額キャッシュフローのIRR	8.30%	<-- =IRR(B18:H18,0)						
21	意思決定??	購入	<-- =IF(B20<(1-B6)*B3,"リース","購入")						

2行目から6行目に、この問題の様々なパラメータを示している。そして、スプレッドシートでは、2つの*税引後*キャッシュフロー、即ちリースと購入のキャッシュフローを比較している。アウトフローをマイナス、インフロー（減価償却のタックス・シールド等）をプラスとしている。

---

[3]. この方法は Myers, Dill, and Bautista（1976）に拠っている。若干理解しやすい説明は、Levy and Sarnat（1979）に見ることができる。

- 資産リースのキャッシュフローは 0 年目から 5 年目の各年において、(1−*税率*) ＊*リース料*である。
- 資産購入のキャッシュフローは、0 年目における資産の取得価額（アウトフローなのでマイナス）と、1 年目から 6 年目における資産の減価償却のタックス・シールド、即ち*税率* ＊*減価償却費*（インフローなのでここではプラス）である。

*差額キャッシュフロー*は、リースと購入の意思決定の差額である。この行は、購入に代えて資産をリースすることで、賃貸人のキャッシュフローが以下の結果になることを示している。

- 0 年目のキャッシュインフロー 516,000 ドル。このインフローは、リースによって*節約された時点 0 のキャッシュ*である。資産の購入費用が 600,000 ドルであるのに対して、資産をリースする費用は税引後ベースでたったの 84,000 ドルである。したがって、リースは借り手にとって当初 516,000 ドルの節約となる。
- 1 年目から 5 年目のキャッシュアウトフロー 124,000 ドル及び 6 年目のアウトフロー 40,000 ドル。このアウトフローは、各年における*購入に対するリースの税引後費用*に対応する。この費用は、税引後リース料（84,000 ドル）と、賃借人がリースした場合は資産の減価償却のタックス・シールド（40,000 ドル）を得られないという、2 つの構成要素から成っている。

したがって、資産を購入する代わりにリースすることは、1 年目から 5 年目の税引後返済額が 124,000 ドルで、6 年目の税引後返済額が 40,000 ドルとなる、516,000 ドルのローンを受けるようなものである。換言すれば、リースは、資産の資金調達における代替手段とみなすことができる。*リースを購入と比較するためには、この資金調達コストを代替的な資金調達コストと比較すべきである。*差額キャッシュフローの内部収益率 8.30％は、リースに織り込まれた税引後資金調達コストを示している。これは企業の税引後借入コストよりも高い。このケース（企業の税率は 40％、借入コストは 12％）では、税引後借入コストは 7.20％になるからである。結論としては、リースよりも購入が望ましいということになる。

リースを退ける理由

これまでの議論で、全ての人が完全に納得するわけではない。したがって、この項では別の議論を提示する。ここでは、企業が 12 ％で借入れ可能なら、リースと購入を

比較して得られるのと同じ税引後支払額のスケジュールで、より多くの借入れができる、ということを示す。この仮想ローンは、次の表で示されている。

	A	B	C	D	E	F	G	H
24	=D26+B26-B27				ローン支払額の内訳		=B26-B27	
25	年	年初元本	ローンの年末支払額	利息	元本返済	ローンの税引後支払額	差額キャッシュフロー（リース−購入）	
26	1	532,070	149,539	63,848	85,691	124,000	124,000	
27	2	446,379	145,426	53,565	91,861	124,000	124,000	<-- {=TRANSPOSE(C18:H18)}
28	3	354,518	141,017	42,542	98,475	124,000	124,000	
29	4	256,044	136,290	30,725	105,565	124,000	124,000	
30	5	150,479	131,223	18,057	113,166	124,000	124,000	
31	6	37,313	41,791	4,478	37,313	40,000	40,000	
32								
33	=NPV((1-$B$6)*$B$3,G26:$G$31)							
34				=$B$3*B26				

この表（第1章で議論した返済予定表の1つのバージョン）は、金利12%での仮想の銀行ローンの元本を表している。例えば、0年目の初め（即ち、会社が資産の購入かリースをした時点）で、会社は532,070ドルを銀行から借り入れる。その年末に、会社は銀行に149,539ドルを返済するが、そのうち63,848ドルは利息（63,848ドル＝12%＊532,070ドル）で、残りの85,691ドルは元本返済である。1年目における正味の税引後返済額は、利払いが全額損金算入できるとして、(1−40%)＊63,848ドル＋85,691ドル＝124,000ドルになる。もちろん、これは当初のスプレッドシートで計算された、税引後の差額キャッシュフローと同じである。

翌年以降の支払いは、前の段落の説明と同様に計算される。6年目の初めにおいて、依然として元本37,313ドルが残っているが、これはその年末に税引後支払額40,000ドルで完済される。

この例のポイントは何だろうか？リースがもたらす516,000ドルの資金を得るために、会社が資産のリースを考えているなら、代わりに銀行から12%で532,070ドルを借り入れるべきである。リースに織り込まれたのと同じ税引後キャッシュフローで、このより大きな借入れを返済することができる。結論としては、依然として購入が資産のリースよりも好ましいということになる。

上で示した代替的な返済予定表は、以下の方法で作成された。
1年目から6年目の各年初における元本は、(1−40%)*12%で割り引かれた、リースと購入の差額アウトフローの現在価値である。したがって、例えば以下のようになる。

$$532{,}070 = \sum_{t=1}^{5} \frac{124{,}000}{(1+(1-0.40)\cdot 0.12)^t} + \frac{40{,}000}{(1+(1-0.40)\cdot 0.12)^6}$$

$$446{,}379 = \sum_{t=1}^{4} \frac{124{,}000}{(1+(0.40)\cdot 0.12)^t} + \frac{40{,}000}{(1+(1-0.40)\cdot 0.12)^5}$$

$$\vdots$$

$$37{,}313 = \frac{40{,}000}{(1+(1-0.40)\cdot 0.12)}$$

一旦、各年初の元本が分かれば、残りの列を作成するのは簡単なことである。

利息 = 12% * 年初元本

支払額合計 = t 年目の利息 + t 年目の元本返済

t 年目の税引後支払額 = (1 − 税率) * 利息 + 元本返済

7.4 賃貸人の問題: 許容可能な最低リース料の計算

賃貸人の問題は、賃借人の問題の逆となる。

• 賃借人は、リース資産のリース料を所与として、資産の購入とリースのどちらが好ましいかを決めなければならない。
• 賃貸人は、リースに出すための資産の購入を正当化する、*最低リース料*を決めなければならない。

賃貸人の問題を解く1つの方法は、上記の分析を逆にすることである。Excelのゴールシーク([データ] − [**What-If**分析] − [ゴールシーク])を用いて、賃貸人の許容可能なリース料の最低額 134,826 ドルを求めることができる。

	A	B	C	D	E	F	G	H
1		賃貸人の問題　　許容可能な最低リース料率の計算							
2	資産の取得価額	600,000							
3	金利	12%							
4	許容可能な最低リース料	134,822	<-- ゴールシークまたはソルバーにより計算される						
5	年間減価償却費	100,000							
6	税率	40%							
7									
8	年	0	1	2	3	4	5	6
9	賃貸人におけるリースの税引後キャッシュフロー								
10	税引後リース料		80,893	80,893	80,893	80,893	80,893	80,893	
11									
12	賃貸人における資産購入の税引後キャッシュフロー								
13	資産の取得価額	-600,000							
14	減価償却のタックス・シールド		40,000	40,000	40,000	40,000	40,000	40,000
15	購入の純キャッシュ	-600,000	40,000	40,000	40,000	40,000	40,000	40,000
16									
17	賃貸人のキャッシュフロー								
18	リース＋購入	-519,107	120,893	120,893	120,893	120,893	120,893	40,000
19									
20	差額キャッシュフローのIRR	7.22%	<-- =IRR(B18:H18)						

ゴールシークの設定は、次のようになる。

ゴールシーク
- 数式入力セル(E): $B$20
- 目標値(V): 7.22%
- 変化させるセル(C): $B$4

また、[データ] – [ソルバー] を用いてこの問題を解く場合は、次のようになる。

ソルバーのパラメーター
- 目的セルの設定:(T) $B$20
- 目標値: ○最大値(M) ○最小値(N) ●指定値:(V) 0.0722
- 変数セルの変更:(B) $B$4

ミニ・ケース：いつリースは賃貸人と賃借人の両者にとって利益となるのか？

賃借人の問題と賃貸人の問題との間の対称性は、賃借人がリースを望む場合、賃貸人がリースするために資産を購入することは利益にならないということを示唆する。

しかし、場合によっては、賃借人と賃貸人の税率の違いにより、リース契約をアレンジすることが両者にとって利益となる可能性がある。ここに1つの例を挙げよう。Greenville Electric Corp. は、税金を支払わない公益企業である。Greenville Electric の全ての債務はグリーンビル市によって保証されているため、信用格付は最も高い水準にある。Greenville Electric は、新しいタービンを調達することを決定した。タービンの費用は 10,000,000 ドルであり、5 年間にわたり残存価格がゼロになるまで償却される。Greenville Electric は、6%で借入れを行う。

Greenville は、当該設備についてリースと購入のいずれも行うことができる。リース条件は、6 年間にわたり（本日開始）、年間 1,800,000 ドルであり、賃貸人はタービンの製造会社である United Turbine Corp., の専属リース子会社である。また、United Turbine Leasing も 6 %で借入れを行い、40%の税率が課せられる。

下に示した通り、このリースは賃貸人と賃借人の両者にとって利益となる。Greenville Electric は 6 %の借入コストに対して 3.19%のコストで資金調達ができ、また、United Turbine は 3.6%の税引後借入コストに対して、4.3%の税引後リターンを得ている。Greenville Electric と United Turbine の両方が得をしているのである。[4]

---

[4]. 誰が損をしているのか？もちろん政府である！リースが利益になるということは、そうでなければ使用されない減価償却タックス・シールドを活用するということである。

	A	B	C	D	E	F	G	H
1		Greenville Electric Corp.						
2	タービンの費用	10,000,000						
3	Greenvilleの借入金利	6.00%						
4	リース料の支払	1,800,000						
5								
6	年	0	1	2	3	4	5	6
7	賃借人にとっての税引後リース費用							
8	税引後リース料	-1,800,000	-1,800,000	-1,800,000	-1,800,000	-1,800,000	-1,800,000	
9								
10	賃借人にとっての税引後購入費用							
11	資産の取得価額	-10,000,000						
12	減価償却のタックス・シールド（Greenville Electricの税率 = 0）		0	0	0	0	0	0
13	購入の純キャッシュ	-10,000,000	0	0	0	0	0	0
14								
15	リースにより節約されたキャッシュ							
16	差額キャッシュフロー（リース－購入）	8,200,000	-1,800,000	-1,800,000	-1,800,000	-1,800,000	-1,800,000	0
17								
18	差額キャッシュフローのIRR	3.19%	<-- =IRR(B16:G16,0)					
19	Greenvilleの税引後借入コスト	6.00%	<-- =B3					
20								
21		United Turbine Leasing Corporation						
22	タービンの費用	10,000,000						
23	リース料の支払	1,800,000						
24	耐用年数（年）	5						
25	減価償却費（定額法、5年）	2,000,000						
26	United Turbineの借入金利	6.00%						
27	United Turbineの税率	40%						
28								
29	年	0	1	2	3	4	5	6
30	賃貸人のキャッシュフロー							
31	設備の取得価額	-10,000,000						
32	税引後リース料	1,080,000	1,080,000	1,080,000	1,080,000	1,080,000	1,080,000	
33	減価償却のタックス・シールド		800,000	800,000	800,000	800,000	800,000	800,000
34	賃貸人のキャッシュフロー合計	-8,920,000	1,880,000	1,880,000	1,880,000	1,880,000	1,880,000	800,000
35								
36	賃借人のキャッシュフローのIRR	4.30%	<-- =IRR(B34:H34)					
37	United Turbineの税引後借入コスト	3.60%	<-- =B26*(1-B27)					

7.5 資産の残存価額とその他の考慮すべきこと

上記の例では、資産の残存価額（リース期間の終わりにおける期待市場価値）を無視した。機械的な意味では、残存価額を計算に含めるのは容易である（しかし、これには注意しなければならない。次の数値例の後の警告を参照のこと）。例えば、資産が7年目に100,000ドルの市場価値を有すると考えているとする。この価値が完全に課税されるとすると（結局、最初の6年間で資産価額をゼロまで償却してしまっている）、税引後残存価額は（1−税率）*100,000ドル =60,000ドルとなる。

リース分析における残存価額

	A	B	C	D	E	F	G	H	I
1									
2	資産の取得価額	600,000							
3	金利	12%							
4	リース料の支払	140,000							
5	年間減価償却費	100,000							
6	税率	40%							
7	残存価額	100,000	<-- 7年目に実現すると予測され、完全に課税される。						
8									
9	年	0	1	2	3	4	5	6	7
10	リースの税引後キャッシュフロー								
11	税引後リース料	-84,000	-84,000	-84,000	-84,000	-84,000	-84,000		
12									
13	資産購入の税引後キャッシュフロー								
14	資産の取得価額	-600,000							
15	減価償却のタックスシールド		40,000	40,000	40,000	40,000	40,000	40,000	
16	税引後残存価額								60,000
17	購入の純キャッシュ	-600,000	40,000	40,000	40,000	40,000	40,000	40,000	60,000
18									
19	差額キャッシュフロー								
20	リース - 購入	516,000	-124,000	-124,000	-124,000	-124,000	-124,000	-40,000	-60,000
21									
22	差額キャッシュフローのIRR	10.49%	<-- =IRR(B20:I20,0)						
23	意思決定??	購入	<-- =IF(B22<(1-B6)*B3,"リース","購入")						

驚くことではないが、資産保有から追加のキャッシュフローが実現する可能性により、リースの魅力は以前より一層低下する（この違いは、セル B22 の収益率、即ち、差額キャッシュフローの IRR が当初の例の 8.30%から 10.49%に上昇していることに留意することで分かる）。

しかし、ここで少し注意されたい。スプレッドシートでは残存価額を、減価償却のタックス・シールドやリース料と同様の実現可能性を有しているものとして取り扱っている。これは、真実からかけ離れている！この問題には、実践的で良い解決策はない。これを処理するとりあえずの方法は、実現の不確実性を表すファクターによって 100,000 ドルを減じることかもしれない。これをファイナンスの技術的な専門用語で言えば「確実性等価ファクター」であり、ファイナンスのいかなる基本テキストにも見出すことができる。[5] 次のスプレッドシートでは、残存価額の確実性等価ファクターを 0.7 と仮定している。

---

[5]. 確実性等価に関する更なる文献としては、Brealey-Myers-Allen（2011、第 9 章）を参照のこと。しかし、この文献も本テキストも（他のいかなるテキストも）、確実性等価ファクターの計算方法を正確には述べていない。これは、個人のリスクに対する志向に依存する。

	A	B	C	D	E	F	G	H	I	J
1			リース分析における残存価額 実現する残存価額の不確実性を表した確実性等価ファクターを乗じた見積残存価額							
2	資産の取得価額	600,000								
3	金利	12%								
4	リース料の支払	140,000								
5	年間減価償却費	100,000								
6	税率	40%								
7	残存価額	100,000	<-- 7年目に実現すると予測され、完全に課税される。							
8	残存価額の確実性等価ファクター	0.70								
9										
10	年	0	1	2	3	4	5	6	7	
11	リースの税引後キャッシュフロー									
12	税引後リース料	-84,000	-84,000	-84,000	-84,000	-84,000	-84,000			
13										
14	資産購入の税引後キャッシュフロー									
15	資産の取得価額	-600,000								
16	減価償却のタックスシールド		40,000	40,000	40,000	40,000	40,000	40,000		
17	税引後残存価額									42,000	<-- =(1-B6)*B7*B8
18	購入の純キャッシュ	-600,000	40,000	40,000	40,000	40,000	40,000	40,000	42,000	
19										
20	差額キャッシュフロー									
21	リース-購入	516,000	-124,000	-124,000	-124,000	-124,000	-124,000	-40,000	-42,000	
22										
23	差額キャッシュフローのIRR	9.88%	<-- =IRR(B21:I21,0)							
24	意思決定??	購入	<-- =IF(B23<(1-B6)*B3,"リース","購入")							

7.6 レバレッジド・リース

これまでは、賃借人(資産の長期使用者)と賃貸人(資産の所有者であり、それを賃借人に貸し出している)の両者の観点から、リースか購入かの意思決定を分析した。この節では、レバレッジド・リースを分析する。レバレッジド・リースでは、賃貸人はリース資産を購入する資金を負債で調達する。賃借人の観点からは、レバレッジド・リースの分析とノンレバレッジド・リースの分析に違いはない。しかし、賃貸人の観点からは、レバレッジド・リースのキャッシュフローは興味深い問題をいくつか提示することになる。

一般的に、レバレッジド・リースには少なくとも6つの関係者が関与する。即ち、賃借人、リースの出資者、出資者への貸し手、オーナー受託者、契約受託者、そして資産の製造業者である。ほとんどの場合、リース・パッケージャー(ブローカーもしくはリース会社)が7番目の関係者として関与する。184ページの図表7.1は、典型的なレバレッジド・リースにおける6つの関係者の関係を示している。

レバレッジド・リースの分析に関する2つの主要な問題は、次の通りである。

- *賃貸人の観点からのリースの単純な財務分析*。これは賃貸人が得るキャッシュフローの計算と、キャッシュフローの現在価値(Net Present Value; NPV)もしくは内部収益率(Internal Rate of Return; IRR)の計算に関係する。
- *リースの会計分析*。会計士は*多段階法*(Multiple Phases Method; MPM)と呼ばれる方法を用いて、レバレッジド・リースの収益率を計算する。MPM収益率

は内部収益率（IRR）とは異なる。効率的市場仮説によればキャッシュフローだけが問題であるため、通常のファイナンスの観点からは、これは全く重要ではない。しかし、効率的ではない世界においては、人々は財務諸表の見栄えを非常に気にする傾向がある。リースの会計上の収益率は計算するのが難しいため、Excelを用いてこれを計算し、さらに、その結果を分析する。

図表 7.1

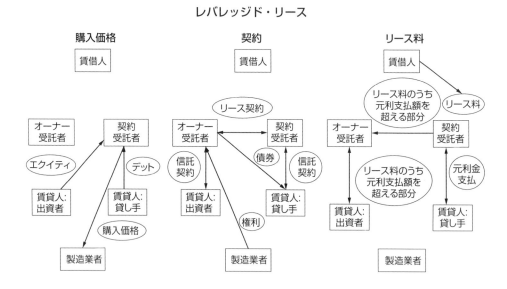

レバレッジド・リース

7.7 レバレッジド・リースの例

リース会計に関する会計専門家の最高傑作である、FASB13 補論 E の例に基づいた設例の検討により、これらの問題を探求することができる。

　あるリース会社は、取得価額 1,000,000 ドルの資産の購入を検討している。資産は、同社の自己資金 200,000 ドル及び負債 800,000 ドルによって購入される。負債の金利は 10％であるため、15 年間にわたる負債の利息と元本の年間支払額は 105,179 ドルになる。[6]

　会社は、資産を年 110,000 ドルでリースに供し、これは毎年末に支払われる。

---

6. これには、Excel を用いる。=PMT(10%,15,−800,000) により、105,179 を得る。

リース期間は 15 年である。耐用年数 7 年の資産に対する標準 IRS 減価償却スケジュールを用いると、資産は 8 年間にわたって減価償却される。[7] このような資産の減価償却スケジュールは、以下の通りである。

年	償却率
1	14.28%
2	24.49%
3	17.49%
4	12.5%
5	8.92%
6	8.92%
7	8.92%
8	4.48%

資産は、売却される時点(16 年目)において完全に減価償却されているため、予想される残存価額(300,000 ドル)の全額が課税されることになる。同社の税率は 40％であるため、残存価額からの税引後キャッシュフローは、(1−40%)∗300,000 = 180,000 ドルになる。

これらの事実は次のスプレッドシートに要約されており、そこでは賃貸人のキャッシュフローも計算されている。

---

[7]. この減価償却スケジュールは、修正加速償却制度(Modified Cost Recovery System; MACRS)を参照している。詳細は基本的なファイナンスの教科書か、あるいは多くのウェブサイト(例えば、www.real-estate-owner.com/depreciation-chart.html)から得ることができる。

	A	B	C	D	E	F	G	H	I	J
1				基本的なレバレッジド・リースの例						
2	資産の取得価額	1,000,000								
3	リース期間	15								
4	残存価額	300,000	<-- 16年目に実現する							
5	自己資金	200,000								
6	負債	800,000	<-- 15年物ローン、元利均等払い							
7	金利	10%								
8	負債の年間支払額	105,179	<-- =PMT(B7,B3,-B6)							
9	リース料の年間受領額	110,000					=(1-tax)*C14+tax*D14-(1-tax)*G14-H14			
10	税率	40%								
11										
12	年		自己資金投資額	リース料又は残価	減価償却費	年初元本	ローンの支払額	利息	元本返済	出資者のキャッシュフロー
13	0		-200,000							-200,000
14	1			110,000	142,800	800,000	105,179	80,000	25,179	49,941
15	2			110,000	244,900	774,821	105,179	77,482	27,697	89,774
16	3			110,000	174,900	747,124	105,179	74,712	30,467	60,666
17	4			110,000	125,000	716,657	105,179	71,666	33,513	39,487
18	5			110,000	89,200	683,144	105,179	68,314	36,865	23,827
19	6			110,000	89,200	646,280	105,179	64,628	40,551	22,352
20	7			110,000	89,200	605,728	105,179	60,573	44,606	20,730
21	8			110,000	44,800	561,122	105,179	56,112	49,067	1,186
22	9			110,000		512,056	105,179	51,206	53,973	-18,697
23	10			110,000		458,082	105,179	45,808	59,371	-20,856
24	11			110,000		398,711	105,179	39,871	65,308	-23,231
25	12			110,000		333,403	105,179	33,340	71,839	-25,843
26	13			110,000		261,565	105,179	26,156	79,023	-28,716
27	14			110,000		182,542	105,179	18,254	86,925	-31,877
28	15			110,000		95,617	105,179	9,562	95,617	-35,354
29	16			300,000						180,000
30										
31						キャッシュフローのIRR			12.46%	<-- =IRR(I13:I29)

　最後の列は、資産の出資者持分へのキャッシュフローを示している。出資者持分に対する典型的な年間キャッシュフローは、次のように計算される。

$$キャッシュフロー(t) = (1-税率)*リース料 + 税率*減価償却費 \\ -(1-税率)*利息(t) - 元本返済(t)$$

　典型的な長期レバレッジド・リースのキャッシュフローは、通常、リース期間の当初はプラスであり、時間の経過とともに減少し、最後に残存価額を得て再びプラスに転じる。この事象には3つの理由がある。

- 減価償却に起因するキャッシュフローは、一般的にリース期間終了前に終了するか、急速に減少する。減価償却方法が加速的になるほど、資産の耐用年数の当初における減価償却限度額は大きくなる（したがって、減価償却のタックス・シールドも大きくなる）。
- リース期間後半においては、負債の年間支払額のうち（損金算入できる）利息に割り当てられる割合が減少する一方、負債の年間支払額のうち（損金算入できない）元本返済となる割合が増加する。
- もちろん、最終的にはリース期間満了時における資産の残存価額の実現により、大きなキャッシュフローを期待できる。

7.8 まとめ

本章では、リースか購入かの意思決定を考察した。我々は、(i) 全ての事業ファクターはリースも購入も同等である、(ii) ある資産を使用することが必要であるという基本的な会社の意思決定がすでになされている、という仮定のもと、リースの意思決定を純粋な財務的意思決定として検証した。この基本的な仮定の下では、リースか購入かの意思決定は、等価ローン法を使うことで行うことができた。

レバレッジド・リースは、資産の所有者である賃貸人が、負債と資本の組み合わせによってその投資資金を調達する取り決めである。本章では、レバレッジド・リースにおける賃貸人の自己資金収入を分析した。リースのキャッシュフローに関する経済分析は、リース期間のある時点において、出資者持分がマイナスの株主資本価値となることを示している。

練習問題

1. ある会社が、取得価額 1,000,000 ドルの資産を購入するか、あるいはリースするかを検討している。購入した場合、資産は残存価額がゼロとなるまで 6 年間にわたり定額法で減価償却される。リース会社は、その資産を年 300,000 ドルでリースすることを望んでいる。リースの最初の支払はリースが引き受けられたとき（即ち 0 年目）に支払われ、残り 5 回の支払は 1 年目から 5 年目の年初に支払われる。同社の税率（T_c）は 40%であり、銀行から 10%で借入れをすることができる。

    a. 会社は資産をリースすべきか、購入すべきか？
    b. 支払いが合意されるリース料の最高額はいくらか？

2. ABC Corp. は、XYZ Corp. から資産をリースすることを検討している。以下に関連する情報を示す。

資産の取得価額	1,000,000 ドル	
減価償却スケジュール	1 年目:	20%
	2 年目:	32%
	3 年目:	19.20%
	4 年目:	11.52%
	5 年目:	11.52%
	6 年目:	5.76%
リース期間	6 年	
リース料	0, 1, ⋯, 5 年目の年初に、1 年当たり 200,000 ドル	
資産の残存価額	ゼロ	
税率	ABC 社:T_C = 0%（ABC 社は税務上の繰越損失を有しており、追加的なタックス・シールドを一切利用できない。） XYZ 社: T_C = 40%	

ABC Corp. の金利は 10%で、XYZ Corp. の金利は 7%である。ABC が資産をリースすることと、XYZ が ABC にリースするために資産を購入することが、両社にとって有利であることを示しなさい。

3. 同じ例を続けよう。ABC が支払うリース料の*最高額*と、XYZ が許容するリース料の*最低額*を求めなさい。

4. 差額キャッシュフローの IRR が、確実性等価ファクターによってどのように変化するかを示し、7.5 節の確実性等価ファクターに関する感度分析を行いなさい（［データ］-［テーブル］を用いること）。

5. Hemp Airlines（HA, "我々は高く飛ぶ"）は、コミュータージェット CFA3000 を 5 機購入しようとしている。飛行機の購入費用は、いずれも 50 百万ドルである。ある親切な銀行は、取引の資金を集めるために借款団を組成した。借款団は、20%の自己資金投資と、80%の借入れにより構成される。借入れは年 8%の金利で、借入期間は 10 年である。HA は、10 年間のそれぞれの年末に、35 百万ドルのリース料を支払っていく。また Hemp は、10 年間のリース期間の最後に、1 機当たり 10 百万ドルで飛行機を購入するオプションを有しており、飛行機が予想された公正市場価値で値付けされているとき、オプションを行使するものと予想されている。飛行機は、残存価額がゼロで、5 年間にわたり均等償却される。

　リースの共同出資者の税率が 35%である場合、期待される複利収益率はいくらか？

II ポートフォリオ・モデル

Harry Markowitz、John Lintner、Jan Mossin、William Sharpe の研究を起源とするモダン・ポートフォリオ理論は、ファイナンスにおいて多大な進歩を遂げた分野の1つである。第8章から第14章では、これらの研究者の考え方をいくつか実装し、ファイナンスにおける標準的なポートフォリオ問題の計算方法を示す。これらの章では、Excel の行列関数と配列関数、データ・テーブルを多用する（第32章、34章及び第31章を参照）。

第8章では、ポートフォリオ計算の基本的な仕組みを概観する。価格データから始め、資産とポートフォリオの収益率を計算する。単純な2資産ポートフォリオ問題からはじめ、その後多資産ポートフォリオの計算に一般化する。第9章では、空売りに対する制限がない場合の、効率的ポートフォリオの理論と計算の仕組み双方について議論する。Excel の行列関数を使うと、2つの効率的ポートフォリオを計算でき、それらを用いて効率的フロンティア全体をプロットできる。

このセクションの残りの章では、コンピューターによる計算上及び実装上の問題を議論する。

- 第10章では、収益率データを用いて、分散共分散行列を算出する方法を示す。Excel の行列処理能力により、このような計算を容易に行うことができる。
- 第11章では、β の計算について議論し、資本資産価格モデル（Capital Asset Pricing Model; CAPM）の簡単な検証について考察する。いくつかの市場データを用いて、証券市場線（Security Market Line; SML）を導出する。次に、この結果と、このような検証に対する Roll の批判との関係を説明する。Excel により、これらの検証に必要な回帰分析を容易に行うことができる（回帰分析は第33章で議論されている）。
- ここまでの章では、ポートフォリオを最適化する上で、証券を空売りできると仮定している。第12章では、Excel の**ソルバー**を用いて、空売りが禁じられた場合に、効率的ポートフォリオを導出する方法を示す。また、別のポートフォリオ制約条件を最適化問題に統合する方法を示す。
- 第13章では、Black-Litterman model について議論する。この広く利用されているモデルはベンチマークポートフォリオの最適性を開始点とし、この仮定を用

いて市場の超過リターンを導出する。次に、この最適化プログラムは、ユーザー自身の見通しを反映するように、資産配分を調整することができる。

• 第14章では、資本市場や企業活動における特定のイベントが、はたして会社の株式パフォーマンスに影響したかどうかの結論を試みる、イベント・スタディのやり方を示す。イベント・スタディの方法論は、企業固有のイベントを、証券市場および/または産業固有なイベントから分離することを目的とし、しばしば市場の効率性に関する肯定や否定の証拠として用いられてきた。

8 ポートフォリオ・モデル—導入

8.1 概要

本章では、ポートフォリオ導出の基本的な方法を見る。単純な 2 資産の例から始め、過去の価格データから収益率の分布を導出する方法を示す。次に、N 資産に一般化した場合について議論する。この場合、行列表記を用い、Excel の行列処理能力を活用することが便利になる。

議論を進める前に、いくつかの基本的な表記を再確認することが有用である。資産 i（ここでの数値例の大部分は株式に限定するが、株式、債券、不動産、その他何であっても構わない）は、数個の統計量によって特徴付けられる。即ち、資産 i の期待収益率 $E(r_i)$、資産 i の収益率の分散 $Var(r_i)$、そして資産 i と資産 j の収益率の共分散 $Cov(r_i, r_j)$ である。時々、資産 i の期待収益率を μ_i と表記する。加えて、多くの場合、$Cov(r_i, r_j)$ を σ_{ij}、$Var(r_i)$ を（通常の σ_i^2 とする代わりに）σ_{ii} と表記するのが便利になる。同じ資産の収益率同士の共分散 $\sigma_{ii} = Cov(r_i, r_i)$ は、実際には、その資産の収益率の分散であるため、この表記は簡単というだけでなく、理にもかなっている。

8.2 Apple（AAPL）と Google（GOOG）の投資収益率の計算

本節では、Apple（株式シンボル AAPL）と Google（株式シンボル GOOG）の 2 つの株式の収益率統計を計算する。以下は、株価と収益率のデータである。収益率は配当金を含んでいる。詳細は補論 8.1 参照。

第 8 章

	A	B	C	D	E	F	G
1		APPLEとGOOGLEの株価と収益率 2007年6月〜2012年6月					
2	月次収益率の平均	2.61%	-0.24%	<--	=AVERAGE(F11:F71)		
3	月次収益率の分散	0.0125	0.0102	<--	=VAR.S(F11:F71)		
4	月次収益率の標準偏差	11.17%	10.09%	<--	=STDEV.S(F11:F71)		
5							
6	収益率の年次換算	31.31%	-2.91%	<--	=12*C2		
7	分散の年次換算	0.1497	0.1221	<--	=12*C3		
8	標準偏差の年次換算	38.70%	34.94%	<--	=SQRT(12)*C4		
9							
10	日付	株価 (AAPL)	株価 (Google)		連続複利収益率 (AAPL)	連続複利収益率 (Google)	
11	1/Jun/07	122.04	580.11				
12	2/Jul/07	131.76	645.90		0.0766	0.1074	<-- =LN(C12/C11)
13	1/Aug/07	138.48	599.39		0.0497	-0.0747	<-- =LN(C13/C12)
66	3/Jan/12	456.48	522.70		0.1197	0.0246	<-- =LN(C66/C65)
67	1/Feb/12	542.44	497.91		0.1725	-0.0486	<-- =LN(C67/C66)
68	1/Mar/12	599.55	471.38		0.1001	-0.0548	
69	2/Apr/12	583.98	458.16		-0.0263	-0.0284	
70	1/May/12	577.73	449.45		-0.0108	-0.0192	
71	1/Jun/12	584.00	501.50		0.0108	0.1096	

各株式の各月末時点における終値がデータとして与えられている。収益率を以下のように定義する。

$$r_t = \ln\left(\frac{P_t}{P_{t-1}}\right)$$

EXCEL シートの上方で、各株式の収益率の統計量を計算する。*月次収益率*は、特定の $t-1$ 月末に株式を購入し、翌月末に売却した投資家が得る収益率である。

株式の連続複利収益率、$r_t = \ln(P_t/P_{t-1})$ を用いていることに留意しよう。この代わりに、離散収益率 $P_t/P_{t-1} - 1$ が用いられることもある。本章末の補論 2 で、連続複利収益率を選択した理由を議論している。

ここで思い切った仮定を置くことにする。過去 60 ヶ月の収益率データは翌月の収益率の分布を表すと仮定する。したがって、収益率が将来たどる道筋について、過去が何らかの情報を与えてくれると仮定することになる。この仮定により、各株式のヒストリック・データの平均値が*期待月次収益率*を表すと仮定できる。また、ヒストリック・データから、将来の収益率の分散がどのようなものであるかについても学ぶことができると仮定できる。Excel 関数 **Average, Var.s, Stdev.s** を使用して、収益率の分布についての統計量を計算する。

ポートフォリオ・モデル一導入　**193**

	A	B	C	D	E	F
2	月次収益率の平均	2.61%	-0.24%	<--	=AVERAGE(F11:F71)	
3	月次収益率の分散	0.0125	0.0102	<--	=VAR.S(F11:F71)	
4	月次収益率の標準偏差	11.17%	10.09%	<--	=STDEV.S(F11:F71)	
5						
6	収益率の年次換算	31.31%	-2.91%	<--	=12*C2	
7	分散の年次換算	0.1497	0.1221	<--	=12*C3	
8	標準偏差の年次換算	38.70%	34.94%	<--	=SQRT(12)*C4	
9						

注意：標本と母集団の統計量と Excel

このポートフォリオ計算の議論を中断して、手短に統計計算に関する注意をする。統計学では、標本統計と母集団統計を区別するのが一般的である。もし、所与のランダム変数に対して、全部の範囲の可能性を調べるなら、我々は*母集団*を扱っている。もし、ランダム変数に対して、一部の結果を取り扱うなら、我々は*標本*を扱っている。ポートフォリオ収益率統計の場合、ほとんどいつも母集団全体ではなく、標本を扱っている。

下の表は母集団と標本の統計量の定義と、これらを計算する Excel 関数を示している。

	母集団	標本
平均, average, μ	Average = $\frac{1}{N}\sum_{i=1}^{N} r_i$	Average = $\frac{1}{N}\sum_{i=1}^{N} r_i$
分散	Var.p = $\frac{1}{N}\sum_{i=1}^{N}(r_i - \bar{r})^2$	Var.s = $\frac{1}{N-1}\sum_{i=1}^{N}(r_i - \bar{r})^2$
標準偏差	Stdev.p = $\sqrt{\frac{1}{N}\sum_{i=1}^{N}(r_i - \bar{r})^2}$	Stdev.s = $\sqrt{\frac{1}{N-1}\sum_{i=1}^{N}(r_i - \bar{r})^2}$
共分散	Covariance.p= $\frac{1}{N}\sum_{t=1}^{N}(r_{it} - \bar{r}_i)(r_{jt} - \bar{r}_j)$	Covariance.s= $\frac{1}{N-1}\sum_{t=1}^{N}(r_{it} - \bar{r}_i)(r_{jt} - \bar{r}_j)$
相関係数	Correl(i, j) = $\frac{\text{Covar.p}(i,j)}{\text{Stdev.p}(i) * \text{Stdev.p}(j)}$	= $\frac{\text{Covar.s}(i,j)}{\text{Stdev.s}(i) * \text{Stdev.s}(j)}$

	母集団	標本
過去バージョンからの代替 Excel、まだ動く	**Var, VarP, Stdev, StdevP** **Covar** 母集団共分散を計算する。 Excel の新バージョンでは母集団と標本の共分散を区別する。	**VarS, StdevS**
回帰直線の傾き	Excel 関数 **Slope** これは以下の式に等しい。 $\text{slope}(i\_data, M\_data) = \dfrac{\text{Covar.p}(i, M)}{\text{Var.p}(i, M)} = \dfrac{\text{Covar.s}(i, M)}{\text{Var.s}(i, M)}$	

標本か母集団か？それは問題か？

母集団統計と標本統計に関するこの議論の全てが、大して重要ではないかもしれない。筆者は Press 他による素晴らしい著書「*Numerical Recipes*」が言及した見方を好む。「なぜ分母が N の代わりに $N-1$ なのかについては、長いストーリーがある。もし、このストーリーを聞いたことがなければ、あなたは良い統計学の教科書のどれでも参照できる。もう 1 つコメントすると、もし N と $N-1$ の相違がいつかあなたに問題になったら、いずれにしてもどうにもならない一例) 不十分なデータで疑わしい仮説を立証しようとしている。[1]」

ポートフォリオの例に戻る

次に収益率の共分散の計算をしたい。

	A	B	C	D	E	F	G	H
1		共分散と相関（係数）の計算						
2		収益率			収益率－平均収益率			
3	日付	AAPL	Google		AAPL	Google	Product	
4	2/Jul/07	7.66%	10.74%	=B4-$B$65 -->	0.0505	0.1099	0.0056	<-- =E4*F4
5	1/Aug/07	4.97%	-7.47%	=B5-$B$65 -->	0.0237	-0.0723	-0.0017	<-- =E5*F5
59	1/Feb/12	17.25%	-4.86%		0.1464	-0.0462	-0.0068	
60	1/Mar/12	10.01%	-5.48%		0.0740	-0.0523	-0.0039	
61	2/Apr/12	-2.63%	-2.84%		-0.0524	-0.0260	0.0014	
62	1/May/12	-1.08%	-1.92%		-0.0369	-0.0168	0.0006	
63	1/Jun/12	1.08%	10.96%		-0.0153	0.1120	-0.0017	
64								
65	収益率の平均	2.61%	-0.24%					
66	収益率の分散	0.0125	0.0102	<-- =VAR.S(C4:C63)		共分散の計算		
67	収益率の標準偏差	0.1117	0.1009	<-- =STDEV.S(C4:C63)			0.0020	<-- =AVERAGE(G4:G63)
68		0.1117	0.1009	<-- =SQRT(C66)			0.0020	<-- =COVARIANCE.P(B4:B63,C4:C63)
69							0.0020	<-- =COVAR(B4:B63,C4:C63)
70		0.0123	0.0100	<-- =VAR.P(C4:C63)			0.0020	<-- =AVERAGE(G4:G63)*60/59
71		0.1108	0.1000	<-- =STDEV.P(C4:C63)			0.0020	<-- =COVARIANCE.S(B4:B63,C4:C63)
72		0.1108	0.1000	<-- =SQRT(C70)				
73						相関（係数）の計算		
74							0.1765	<-- =CORREL(B4:B63,C4:C63)
75							0.1765	<-- =G68/(B71*C71)
76							0.1765	<-- =G71/(B67*C67)

---

1. William H.Press et al., *Numerical Recipes*（Cambridge University Press,1986）p.456 参照。

Product の列は、各月の平均値からの偏差を乗じている。即ち、式にすると $(r_{AAPL,t} - E(r_{AAPL}))(r_{GOOG,t} - E(r_{GOOG}))$、ここで $t = 1, \cdots, 12$

母集団共分散は **Average(product)**=0.0020 である。このように共分散を少なくとも 1 回は計算してみることは価値があるが、上のエクセル画面でも示しているように、もっと簡単な方法がある。Excel 関数 **Covariance.P(AAPL,GOOG)** と **Covariance.S(AAPL,GOOG)** は母集団と標本の共分散を直接計算する。[2] 収益率と収益率の平均の偏差を求める必要はない。上の例のように、関数 **Covariance.P** と **Covariance.S** を列にそのまま使う。

共分散の大きさは、収益率を測定した単位に依存するので、解釈するのが難しい数字である。もし、収益率をパーセントで表せば（例えば 0.04 の代わりに 4）、共分散は 20 で、我々が計算した数字の 1 万倍になる。また、*相関係数* ρ_{AB} も計算できる。定義は以下になる。

$$\rho_{AAPL,GOOG} = \frac{Cov(r_{AAPL}, r_{GOOG})}{\sigma_{AAPL}\sigma_{GOOG}}$$

相関係数は単位に無関係である。我々の例で計算すると $\rho_{AAPL,GOOG} = 0.1765$ となる。上で例示したように、相関係数は Excel 関数 **Correl(AAPL,GOOG)** を使って直接計算することができる。

相関係数は株式 A と株式 B の収益率の線形関係の度合いを計測する。相関係数について、以下の事実が証明可能である。

- 相関係数は常に +1 と −1 の間にある。$-1 \leq \rho_{AB} \leq 1$
- もし相関係数が +1 なら、2 資産の収益率は正の傾きの線形関係にある。即ち、$\rho_{AB} = 1$ なら、

$r_{At} = c + dr_{Bt}$、ここで $d > 0$

- もし相関係数が −1 なら、2 資産の収益率は負の傾きの線形関係にある。即ち、$\rho_{AB} = -1$ なら、

$r_{At} = c + dr_{Bt}$、ここで $d < 0$

---

2. 関数 **Covar** は Excel2013 以前のバージョンで使われていて母集団の共分散を計算する。これは現在のバージョンでも機能する。他でも指摘したように、過去のバージョンの Excel には **VarP, StdevP, VarS, StdevS** という関数がある（未だに機能するが、現在は **Var.P, Stdev.P, Var.S, Stdev.S** に置き換えられた）。我々の例では、標本と母集団の共分散の差異が非常に小さいことに注目しよう。

- もし収益率の分布が独立なら、相関係数はゼロになる（逆は真ならず。仮に相関係数がゼロでも、収益率が独立であるとは必ずしも意味しない。例えば、練習問題を参照）。

相関係数の別の見方

相関係数の別の見方は、Apple と Google の収益率を同じ軸でグラフ化することである。Excel 関数 **Trendline** 機能を使って Google と Apple の収益率の回帰を求める。（Excel 関数 **Trendline** は回帰方程式を計算する、第 33 章で説明）。読者は前の計算から、回帰の決定係数 R^2 が相関係数の平方根であることを確認できる。

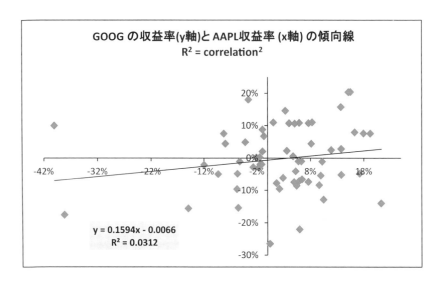

8.3 ポートフォリオの平均と分散の計算

本節では、ポートフォリオの平均と分散の基本的計算方法を示す。AAPL と GOOG に均等に投資したポートフォリオを作ったとしよう。このポートフォリオの平均と分散は、どのようになるだろうか。少なくとも 1 回は Excel で力技の計算をする価値はある。

ポートフォリオ・モデル―導入

	A	B	C	D	E
1	**2資産のポートフォリオの収益率と標準偏差の計算**				
2	AAPLの投資比率	0.5			
3	GOOGの投資比率		0.5	<-- =1-B2	
4					
5		収益率（AAPL）	収益率（GOOG）	ポートフォリオ収益率	
6	2/Jul/07	7.66%	10.74%	9.20%	<-- =$B$2*B6+$B$3*C6
7	1/Aug/07	4.97%	-7.47%	-1.25%	<-- =$B$2*B7+$B$3*C7
8	4/Sep/07	10.28%	-1.13%	4.57%	<-- =$B$2*B8+$B$3*C8
9	1/Oct/07	21.33%	-14.03%	3.65%	
10	1/Nov/07	-4.15%	4.91%	0.38%	
11	3/Dec/07	8.35%	10.97%	9.66%	
12	2/Jan/08	-38.07%	-17.58%	-27.83%	
13	1/Feb/08	-7.95%	4.37%	-1.79%	
14	3/Mar/08	13.79%	2.81%	8.30%	
15	1/Apr/08	19.24%	7.55%	13.40%	
16	1/May/08	8.17%	4.44%	6.30%	
17	2/Jun/08	-11.98%	-2.15%	-7.06%	

この例の統計量を計算する。

	G	H	I	J
5	個別資産の収益率	AAPL	GOOG	
6	収益率の平均	2.61%	-0.24%	<-- =AVERAGE(C6:C65)
7	収益率の分散	0.0125	0.0102	<-- =VAR.S(C6:C65)
8	標準偏差	11.17%	10.09%	<-- =STDEV.S(C6:C65)
9	共分散		0.0020	<-- =COVARIANCE.S(B6:B65,C6:C65)
10				
11	ポートフォリオの平均収益率			
12			1.18%	<-- =AVERAGE(D6:D65)
13			1.18%	<-- =B2*H6+B3*I6
14	ポートフォリオ収益率の分散			
15			0.0067	<-- =VAR.S(D6:D65)
16			0.0067	<-- =B2^2*H7+B3^2*I7+2*B2*B3*H9
17	ポートフォリオ収益率の標準偏差			
18			0.0816	<-- =SQRT(H16)
19			0.0816	<-- =STDEV.S(D6:D65)

等配分ポートフォリオの期待収益率は、2 つの資産の期待収益率をちょうど平均した値である。

ポートフォリオの期待収益率 $= E(r_p) = 0.5E(r_{AAPL}) + 0.5E(r_{GOOG})$

一般に、ポートフォリオの平均収益率は、それを構成する株式の*加重平均収益率*となる。x を株式 AAPL への投資比率、$1-x$ を株式 GOOG への投資比率とすると、ポートフォリオの期待収益率は以下のようになる。

$E(r_p) = xE(r_{AAPL}) + (1-x)E(r_{GOOG})$

しかしながら、ポートフォリオの分散は、株式の 2 つの分散の平均ではない！分散の公式は以下の通りである。

$Var(r_p) = x^2 Var(r_{AAPL}) + (1-x)^2 Var(r_{GOOG}) + 2x(1-x)Cov(r_{AAPL}, r_{GOOG})$

もう 1 つの方法でこれを表すと、次のようになる。

$\sigma_p^2 = x^2 \sigma_{AAPL}^2 + (1-x)^2 \sigma_{GOOG}^2 + 2x(1-x)\rho_{AAPL,GOOG}\sigma_{AAPL}\sigma_{GOOG}$

しばしば行われる練習では、様々なポートフォリオ比率 x について、平均と標準偏差をグラフにする。これを行うには、Excel コマンド［データ］-［**what-if 分析**］-［**データ・テーブル**］を用いて、テーブルを作成する（第 31 章を参照）。セル B16 と C16 には、それぞれセル B11 と B10 を参照するデータ・テーブルのヘッダーが格納されている。

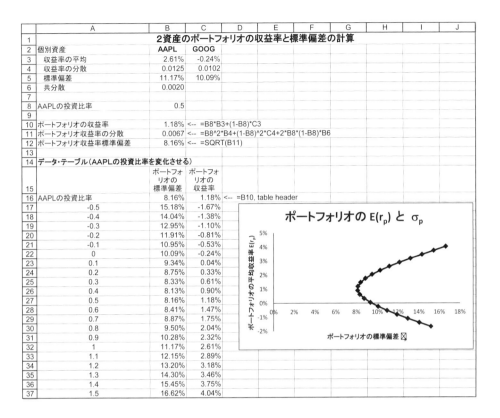

8.4 ポートフォリオの平均と分散 —N 資産のケース

前節では、2つの資産のみからポートフォリオが構成される場合の、ポートフォリオの平均、分散、標準偏差の計算を議論した。本節では、この議論を2資産以上のポートフォリオに拡張する。この場合、行列で表記すると、ポートフォリオ問題の記述が非常に簡単になる。[3] N 資産という一般的な場合において、ポートフォリオ内の資産 i の比率を x_i とする。$\sum_i x_i = 1$ という条件を課すが、x_i の符号については何の制約も設けない。もし $x_i > 0$ なら、これは資産 i の購入を表し、$x_i < 0$

---

3. 第32章では、本書に掲載する全ての問題を取り扱うのに十分なレベルの、行列入門を提示している。Excel の行列関数 **MMult** と **MInverse** を使ったポートフォリオ問題は、本章で議論する。

なら空売りを表す。[4] 我々は通常、ポートフォリオの構成比率 x と平均収益率 $E(r)$ のベクトルを、列ベクトルとして表記する（一貫性を貫くとは言わない。便利な場合、これらを行ベクトルとして表記する）。

$$x = \begin{bmatrix} x_1 \\ x_2 \\ x_3 \\ \vdots \\ x_N \end{bmatrix} \quad E(r) = \begin{bmatrix} E(r_1) \\ E(r_2) \\ E(r_3) \\ \vdots \\ E(r_N) \end{bmatrix}$$

これら 2 つのベクトルの転置行列として、x^T と $E(r^T)$ と表記する

$$x^T = [x_1, x_2, x_3, \cdots, x_N] \quad E(r)^T = [E(r_1), E(r_2), E(r_3), \cdots, E(r_N)]$$

資産構成比率が X で与えられるポートフォリオの期待収益率は、個々の資産の期待収益率の加重平均である。

$$E(r_x) = \sum_{i=1}^{N} x_i E(r_i)$$

行列表記では、以下のように書ける。

$$E(r_p) = \sum_{i=1}^{N} x_i E(r_i) = x^T E(r) = E(r)^T x$$

ポートフォリオの分散は以下で与えられる。

$$Var(r_x) = \sum_{i=1}^{N} (x_i)^2 Var(r_i) + 2 \sum_{i=1}^{N} \sum_{j=i+1}^{N} x_i x_j Cov(r_i, r_j)$$

これはいかにも難解そうに見えるが、実際は前の 2 資産ポートフォリオの分散についての表現を、そのまま拡張したものである。各資産の分散は、ポートフォリオの資産構成比率で二乗されて、一度登場する。各資産ペアの共分散は、個々の資産構成比率の積の 2 倍を掛けて、一度登場する。分散を表すもう 1 つの方法では、以下の表記を用いる。

$$Var(r_i) = \sigma_{ii}, \quad Cov(r_i, r_j) = \sigma_{ij}$$

この場合、ポートフォリオ x の分散は以下のようになる。

---

[4]. 第 12 章で、空売り制限がある場合のポートフォリオ最適化について議論する。それまでは、空売りは自由であると仮定する。

$$Var(r_x) = \sum_i \sum_j X_i X_j \sigma_{ij}$$

ポートフォリオの分散の最も簡潔な表記には、行列表記を用いる。これはまた、Excelで大きなポートフォリオを実装するための、最も簡単な表記でもある。この表記では、i行j列にσ_{ij}を持つ行列を、**分散共分散行列**と呼び、以下のように表わす。

$$S = \begin{bmatrix} \sigma_{11} & \sigma_{12} & \sigma_{13} & \cdots & \sigma_{1N} \\ \sigma_{21} & \sigma_{22} & \sigma_{23} & \cdots & \sigma_{2N} \\ \sigma_{31} & \sigma_{32} & \sigma_{33} & \cdots & \sigma_{3N} \\ \vdots & & & & \\ \sigma_{N1} & \sigma_{N2} & \sigma_{N3} & \cdots & \sigma_{NN} \end{bmatrix}$$

そして、ポートフォリオの分散は$Var(r_p) = x^T S x$で与えられる。Excel式では、これは配列関数として、**mmult(mmult(transpose(x),S),x)** と表記される。[5]

2つのポートフォリオの共分散の計算

2つのポートフォリオが、行ベクトル$x = [x_1, x_2, x_3, \cdots, x_N]$と$y = [y_1, y_2, y_3, \cdots, y_N]$で表されるなら、この2つのポートフォリオの共分散は$Cov(x,y) = x S y^T = y S x^T$で与えられる。Excel式では、これは配列関数 **MMult(MMult(x,S),Transpose(y))** となる。

行列を使ったポートフォリオの計算一例

上記の公式を、数値例で実装する。4つのリスク資産があり、以下の期待収益率と分散共分散行列を持つとしよう。

---

[5]. 配列関数は第34章で議論している。以下の多くの例ではポートフォリオ最適化に関して配列関数の使い方を例示する。

	A	B	C	D	E	F
1			4資産のポートフォリオ問題			
2		分散共分散行列, S				平均収益率 E(r)
3	0.10	0.01	0.03	0.05		6%
4	0.01	0.30	0.06	-0.04		8%
5	0.03	0.06	0.40	0.02		10%
6	0.05	-0.04	0.02	0.50		15%

2つのリスク資産のポートフォリオを考える。

	A	B	C	D	E
8	ポートフォリオ x	0.20	0.30	0.40	0.10
9	ポートフォリオ y	0.20	0.10	0.10	0.60

2つのポートフォリオの平均、分散、共分散を計算する。Excel の配列関数 **MMult** を行列のかけ算に、配列関数 **Transpose** を行ベクトルから列ベクトルへの転換に使用する。[6]

	A	B	C	D	E	F	G
1			4資産のポートフォリオ問題				
2		分散共分散行列, S				平均収益率 E(r)	
3	0.10	0.01	0.03	0.05		6%	
4	0.01	0.30	0.06	-0.04		8%	
5	0.03	0.06	0.40	0.02		10%	
6	0.05	-0.04	0.02	0.50		15%	
7							
8	ポートフォリオ x	0.20	0.30	0.40	0.10		
9	ポートフォリオ y	0.20	0.10	0.10	0.60		
10							
11	ポートフォリオxポートフォリオyの統計：平均、分散、共分散、相関係数						
12	平均収益率, $E(r_x)$	9.10%		平均収益率, $E(r_y)$		12.00%	<-- {=MMULT(B9:E9,F3:F6)}
13	分散 σ_x^2	0.1216		分散 σ_y^2		0.2034	<--
14	共分散(x,y)	0.0714					{=MMULT(MMULT(B9:E9,A3:D6),TRANSPOSE(B9:E9))}
15	相関係数 ρ_{xy}	0.4540	<-- =B14/SQRT(B13*E13)				

これでポートフォリオ x とポートフォリオ y の組み合わせの標準偏差と収益率を計算できる。2つのポートフォリオの平均、分散、共分散を計算したら、どのようなポートフォリオの平均、分散の計算も、2資産の場合と同じであることに注意して欲しい。[7]

---

6. 第34章から、**MMult** と **Transpose** は配列関数であり、[Ctrl] + [Shift] + [enter] キーを同時に押して入力しなければならないことを思いだそう。
7. この文章は重要である。次の章で見るように、N 資産の全てのポートフォリオ問題が、最終的に2資産の問題に帰着する。

	A	B	C	D	E	F	G
1			4資産のポートフォリオ問題				
2			分散共分散行列, S			平均収益率 E(r)	
3		0.10	0.01	0.03	0.05		6%
4		0.01	0.30	0.06	-0.04		8%
5		0.03	0.06	0.40	0.02		10%
6		0.05	-0.04	0.02	0.50		15%
7							
8	ポートフォリオ x	0.20	0.30	0.40	0.10		
9	ポートフォリオ y	0.20	0.10	0.10	0.60		
10							
11	ポートフォリオxポートフォリオyの統計：平均、分散、共分散、相関係数						
12	平均収益率, $E(r_x)$	9.10%		平均収益率, $E(r_y)$		12.00%	<-- {=MMULT(B9:E9,F3:F6)}
13	分散 σ_x^2	0.1216		分散 σ_y^2		0.2034	<--
14	共分散(x,y)	0.0714					{=MMULT(MMULT(B9:E9,A3:D6),TRANSPOSE(B9:E9))}
15	相関係数 ρ_{xy}	0.4540	<-- =B14/SQRT(B13*E13)				
16							
17	ポートフォリオxとポートフォリオyの組み合わせの計算						
18	ポートフォリオxの比率	0.3					
19	ポートフォリオの平均収益率, $E(r_p)$	11.13%	<-- =B18*B12+(1-B18)*E12				
20	ポートフォリオの分散 σ_p^2	0.1406	<-- =B18^2*B13+(1-B18)^2*E13+2*B18*(1-B18)*B14				
21	ポートフォリオの標準偏差 σ_p	37.50%	<-- =SQRT(B20)				
22							
23	収益率の表 (データ・テーブルを使用)						
24	ポートフォリオ x の比率	標準偏差	収益率				
25		37.50%	11.13%				
26	-0.5	61.72%	13.45%				
27	-0.4	58.15%	13.16%				
28	-0.3	54.68%	12.87%				
29	-0.2	51.33%	12.58%				
30	-0.1	48.13%	12.29%				
31	0.0	45.10%	12.00%				
32	0.1	42.29%	11.71%				
33	0.2	39.74%	11.42%				
34	0.3	37.50%	11.13%				
35	0.4	35.63%	10.84%				
36	0.5	34.20%	10.55%				
37	0.6	33.26%	10.26%				
38	0.7	32.84%	9.97%				
39	0.8	32.99%	9.68%				
40	0.9	33.67%	9.39%				
41	1.0	34.87%	9.10%				

ポートフォリオの収益率と標準偏差

8.5 包絡線ポートフォリオ

*包絡線ポートフォリオ*とは、同じ期待収益率を持つ全てのポートフォリオのうち、収益率の分散が最小であるリスク資産のポートフォリオである。*効率的ポートフォリオ*は、同じ分散を持つ全てのポートフォリオのうち、最大の期待収益率を持つポートフォリオである。数学的には、包絡線ポートフォリオを以下のように定義できる。所与の収益率 $\mu = E(r_p)$ に対して、効率的ポートフォリオ $p = [x_1, x_2, \ldots, x_N]$ は次の式を解くことによって得られる。

$$\min \sum_i \sum_j x_i x_j \sigma_{ij} = Var(r_p)$$

ただし、

$$\sum_i x_i r_i = \mu = E(r_p)$$
$$\sum_i x_i = 1$$

*包絡線*とは、全ての包絡線ポートフォリオの集合で、効率的フロンティアは全ての効率的ポートフォリオの集合である。[8] Black (1972) が示したように、包絡線は、任意の 2 つの包絡線ポートフォリオの全ての凸結合の集合である。[9] これは、$x = [x_1, x_2, \cdots, x_N]$ と $y = [y_1, y_2, \cdots, y_N]$ 双方が包絡線ポートフォリオで、a が定数なら、次の式で定義されるポートフォリオ Z もまた、包絡線ポートフォリオであることを意味する。

$$z = ax + (1-a)y = \begin{bmatrix} ax_1 + (1-a)y_1 \\ ax_2 + (1-a)y_2 \\ \vdots \\ ax_N + (1-a)y_N \end{bmatrix}$$

したがって、任意の 2 つの包絡線ポートフォリオを求めることができれば、全ての包絡線フロンティアを計算することができる。

---

[8] 第 9 章では、包絡線ポートフォリオと効率的ポートフォリオの違いについて議論する。一言でいえば、効率的フロンティアは最適化ポートフォリオだけを含む包絡線の部分集合である。
[9] 次の章で Black の定理を、より広範に議論する。

この定理により、一旦 2 つの効率的ポートフォリオ x、y を求めることができれば、他のあらゆる効率的ポートフォリオは、x と y の凸結合であることが分かる。x と y の平均と分散をそれぞれ $\{E(r_x), \sigma_x^2\}$、$\{E(r_y), \sigma_y^2\}$ と表し、$z = ax + (1 - a)y$ とすると、次のようになる。

$$E(r_z) = aE(r_x) + (1 - a)E(r_y)$$
$$\sigma_z^2 = a^2\sigma_x^2 + (1 - a)^2\sigma_y^2 + 2a(1 - a)Cov(x, y)$$
$$= a^2\sigma_x^2 + (1 - a)^2\sigma_y^2 + 2a(1 - a)x^T S y$$

効率的ポートフォリオの計算に関する、さらなる詳細については第 9 章で議論する。

ポートフォリオ x とポートフォリオ y が包絡線にない場合

包絡線ポートフォリオと効率的ポートフォリオの概念が重要であることを説明するために、前の例で組み合わせをグラフにした 2 つのポートフォリオが、包絡線でもなくまた効率的でもないことを示す。これは個別株式の数値を含むようにデータ・テーブルを拡張すれば容易に分かる。

	A	B	C	D	E	F	G
1				4資産のポートフォリオ問題			
2		分散共分散行列, S				平均収益率 E(r)	
3		0.10	0.01	0.03	0.05	6%	
4		0.01	0.30	0.06	-0.04	8%	
5		0.03	0.06	0.40	0.02	10%	
6		0.05	-0.04	0.02	0.50	15%	
7							
8	ポートフォリオ x	0.20	0.30	0.40	0.10		
9	ポートフォリオ y	0.20	0.10	0.10	0.60		
10							
11	ポートフォリオxxポートフォリオyの統計：平均、分散、共分散、相関係数						
12	平均収益率, $E(r_x)$	9.10%		平均収益率, $E(r_y)$	12.00%	<-- {=MMULT(B9:E9,F3:F6)}	
13	分散 σ_x^2	0.1216		分散 σ_y^2	0.2034	<--	
14	共分散(x,y)	0.0714				{=MMULT(MMULT(B9:E9,A3:D6),TRANSPOSE(B9:E9))}	
15	相関係数 ρ_{xy}	0.4540	<-- =B14/SQRT(B13*E13)				
16							
17	ポートフォリオ x とポートフォリオ y の組み合わせの計算						
18	ポートフォリオ x の比率	0.3					
19	ポートフォリオの平均収益率, $E(r_p)$	11.13%	<-- =B18*B12+(1-B18)*E12				
20	ポートフォリオの分散 σ_p^2	0.1406	<-- =B18^2*B13+(1-B18)^2*E13+2*B18*(1-B18)*B14				
21	ポートフォリオの標準偏差 σ_p	37.50%	<-- =SQRT(B20)				
22							
23	収益率の表 (データ・テーブルを使用)						
24	ポートフォリオ x の比率	標準偏差	収益率				
25		37.50%	11.13%				
26	-1.0	80.60%	14.90%				
27	-0.8	72.88%	14.32%				
28	-0.6	65.38%	13.74%				
29	-0.4	58.15%	13.16%				
30	-0.2	51.33%	12.58%				
31	0.0	45.10%	12.00%				
32	0.2	39.74%	11.42%				
33	0.4	35.63%	10.84%				
34	0.6	33.26%	10.26%				
35	0.8	32.99%	9.68%				
36	1.0	34.87%	9.10%				
37	1.2	38.60%	8.52%				
38	1.4	43.69%	7.94%				
39	1.6	49.74%	7.36%				
40	1.8	56.44%	6.78%				
41	2.0	63.58%	6.20%				
42	2.2	71.02%	5.62%				
43	2.4	78.69%	5.04%				
44	2.6	86.53%	4.46%				
45	2.7	90.49%	4.17%				
46	株式1	31.62%		6.00%			
47	株式2	54.77%		8.00%			
48	株式3	63.25%		10.00%			
49	株式4	70.71%		15.00%			

ポートフォリオの収益率と標準偏差

包絡線上に 2 つのポートフォリオがあるなら、全ての個別株式はグラフの曲線上か内側に位置することになる。上記のケースでは、2 つの株式収益率（株式 1 と株式 4）が、ポートフォリオ x とポートフォリオ y の組み合わせによるフロンティアの外側にある。したがって、ポートフォリオ x とポートフォリオ y は、効率的ポートフォリオではあり得ない。第 9 章では、効率的ポートフォリオと包絡線ポートフォリオの計算を学ぶ。そしてそこで分かるように、これにはかなりの計算が必要になる。

8.6 結論

本章では、ポートフォリオの基礎的な概念と計算方法について概観した。以降の章では、資産の収益率からどのように分散共分散行列を計算し、効率的ポートフォリオを導出するのか説明する。

練習問題

1. 本章の練習問題ファイルには、Kellogg と IBM の株価の月次データが入っている。収益率統計を計算し、2 つの株式を組み合わせたフロンティアのグラフを描きなさい。
2. 下の表の 2 つの株式について考える。2 つの株式を組み合わせたフロンティアのグラフを描きなさい。相関係数を −1 から +1 に変化させ、フロンティアに及ぼす影響を示しなさい。

	A	B	C	D	E	F
1		2つの株式 相関係数を変化させる				
2		株式 A	株式 B			
3	平均	3.00%	8.00%			
4	標準偏差	15.00%	22.00%			
5	相関係数	0.3000				

3. 練習問題のファイルには、2 本の Vanguard Funds—Vanguard Index500 fund (VFINX) と Vangurad High-Yield Corporate Bond fund (VWEHX) の 5 年間の月次基準価額がある。最初のファンドは S&P500 指数をトラックし、VWEHX はジャンクボンドのファンドである。これらの 2 つファンドの、月次収益率と組み合わせのフロンティアを計算しなさい。
4. 2 つのランダムな変数 X と Y （以下の表に価格が示されている）を考える。こ

こで、X と Y は完全に相関しているが、おそらく線形相関ではないことに留意して、両者の相関係数を計算しなさい。

	A	B
1	X	Y
2	-5	25
3	-4	16
4	-3	9
5	-2	4
6	-1	1
7	0	0
8	1	1
9	2	4
10	3	9
11	4	16
12	5	25

5. 資産 A と資産 B の平均収益率と分散が練習問題ファイルにある。次の図に、3つの相関係数、$\rho_{AB} = -1, 0, +1$、のケースを同じ xy 軸に描いて、以下のグラフを作成しなさい。

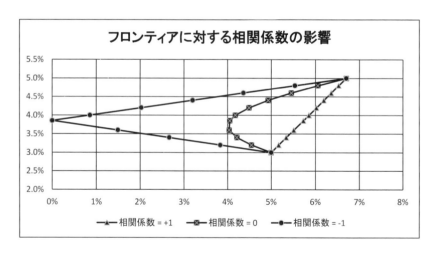

6. 次のような平均収益率と分散共分散行列を持つ3つの資産がある。

	A	B	C	D	E	F
1		分散共分散行列				平均
2		0.30	0.02	-0.05		10%
3		0.02	0.40	0.06		12%
4		-0.05	0.06	0.60		14%
5						
6		ポートフォリオ1	ポートフォリオ2			
7	資産1	30%	50%			
8	資産2	20%	40%			
9	資産3	50%	10%			

    a. ポートフォリオの統計量（平均収益率、分散、標準偏差、共分散、相関係数）を計算しなさい。
    b. ポートフォリオの組み合わせの平均収益率と標準偏差の図を作成しなさい。
    c. 個別資産の収益率を図に追加しなさい。2つのポートフォリオは効率的フロンティア上にあるか？

7. 下のデータを用いて、ポートフォリオの期待収益率が14%になる資産構成比率を求めなさい。そのポートフォリオの標準偏差はいくらか？

	A	B	C
1		平均収益率	収益率の標準偏差
2	株式1	12%	35%
3	株式2	18%	50%
4	共分散(r_1, r_2)	0.08350	

8. 前問で、標準偏差が45%になる2つのポートフォリオを求めなさい（この問題には解析解があるが、**Solver** によっても解ける）。

補論 8.1: 配当の調整

Yahooや他のソースから株価データをダウンロードしたとき、「調整済み株価」には配当金調整額が含まれている。この補論では、この調整を行う2つの方法を議論する。[10] 第一の、そして最もシンプルな配当の調整方法は、年間の株価変化に配当を加えるものである。以下の例では、GM株式を1986年末に1株当たり33ドルで購入し、1年間保有したとすると、年末には0.57%の収益率を得ていたことになる。

---

[10]. Web上の利用可能な無料データソースは自動的にこの調整が行われているので、この補論の詳細は無駄な議論になるかもしれない。とはいえ、我々は興味深い洞察をもたらすと考えている（もし、同意しないなら、頁をめくって結構！）。

$$1987 \text{年の離散複利収益率} = \frac{30.69 + 2.50}{33.00} - 1 = 0.568\%$$

連続複利収益率は以下のように計算される。

$$1987 \text{年の連続複利収益率} = \ln\left[\frac{30.69 + 2.50}{33.00}\right] = 0.567\%$$

(離散複利と連続複利の選択は、補論 8.2 で議論する。)

	A	B	C	D	E	F
1				General Motors (GM)社株式 配当金の調整		
2	年	年末株価	1株当たり配当	離散複利収益率	連続複利収益率	=(B4+C4)/B3-1
3	1986	33.00				
4	1987	30.69	2.50	0.57%	0.57%	<-- =LN((C4+B4)/B3)
5	1988	41.75	2.50	44.20%	36.60%	
6	1989	42.25	3.00	8.38%	8.05%	
7	1990	34.38	3.00	-11.54%	-12.26%	
8	1991	28.88	1.60	-11.35%	-12.04%	
9	1992	32.25	1.40	16.54%	15.30%	
10	1993	54.88	0.80	72.64%	54.60%	
11	1994	42.13	0.80	-21.78%	-24.56%	
12	1995	52.88	1.10	28.13%	24.79%	
13	1996	55.75	1.60	8.46%	8.12%	
14						
15	算術年間収益率			13.43%	9.92%	<-- =AVERAGE(E4:E13)
16	収益率の標準偏差			27.15%	22.84%	<-- =STDEVP(E4:E13)

配当の再投資

収益率を計算するもう 1 つの方法は、配当が株式に再投資されると仮定するものである。

ポートフォリオ・モデル—導入 211

	G	H	I	J	K	L	M	N
1			General Motors (GM)社株式 配当金の再投資					
2	年	年初保有 実効株数	年末株価	1株当たり 配当	受取配当 合計	年末株数	年末の株式 価値	=H5+K5/I5
3	1986		33.00				33.000	
4	1987	1.00	30.69	2.500	2.500	1.081	33.188	
5	1988	1.08	41.75	2.500	2.704	1.146	47.855	<-- =L5*i5
6	1989	1.15	42.25	3.000	3.439	1.228	51.867	
7	1990	1.23	34.38	3.000	3.683	1.335	45.882	
8	1991	1.33	28.88	1.600	2.136	1.409	40.677	
9	1992	1.41	32.25	1.400	1.972	1.470	47.403	
10	1993	1.47	54.88	0.800	1.176	1.491	81.835	
11	1994	1.49	42.13	0.800	1.193	1.520	64.014	
12	1995	1.52	52.88	1.100	1.672	1.551	82.021	
13	1996	1.55	55.75	1.600	2.482	1.596	88.963	
14								
15		年間連続収益率					9.92%	<-- =LN(M13/M3)/10
16		幾何複利収益率					10.43%	<-- =(M13/M3)^(1/10)-1
17				==H5*J5				
18								

　最初に1987年を考える。1986年末に株式を購入したので、1987年末には1株を保有している。1987年の配当を、1987年末の株価で株式に投資する場合、この配当で0.081株を追加的に購入することができる。

$$1987年末に新たに購入される株式 = \frac{2.50}{30.69} = 0.081$$

したがって、1988年は1.081株で投資を開始することになる。1988年の1株当たり配当は2.50ドルなので、保有株式に対して受け取る配当は、合計で$1.081 * 2.50$ドル$= 2.704$ドルになる。この配当を株式に再投資すると、次のようになる。

$$1988年末に新たに購入される株式 = \frac{2.704}{41.75} = 0.065$$

したがって、1988年末にGM株の保有者は、累積で$1 + 0.081 + 0.065 = 1.146$株を保有する。

　上のスプレッドシートの一部が示すように、この配当の再投資は、1996年末に88.963ドルの価値がある1.596株を保有することになる。

　この投資の収益率は、2つの方法のいずれかで計算することができる。

$$\begin{aligned}連続複利収益率 &= \ln\left[\frac{1996年末の価値}{初期投資額}\right]\bigg/10 \\ &= \ln\left[\frac{88.963}{33.00}\right]\bigg/10 = 9.92\%\end{aligned}$$

この連続複利収益率（本書で推奨する方法）は、この補論の最初のスプレッドシートで年間収益率から計算された値（セル E15）と一致していることに留意しよう。

別の方法として、幾何収益率を計算する方法もある。

$$幾何複利収益率 = \left[\frac{1996\text{ 年末の価値}}{初期投資額}\right]^{1/10} - 1$$

$$= \left[\frac{88.963}{33.00}\right]^{1/10} - 1 = 10.43\%$$

補論 8.2: 連続複利収益率と幾何収益率

連続複利収益率の使用は、$P_t = P_{t-1}e^{r_t}$ を仮定する。ここで、r_t は期間 $(t-1, t)$ における収益率である。$r_1, r_2, \cdots, r_{12}$ を 12 期間（1 期間は月でも年でも構わない）の収益率とすると、12 期間の期末時点における株価は次のようになる。

$$P_{12} = P_0 e^{r_1 + r_2 + \cdots + r_{12}}$$

この株価と収益率の表記により、*平均期間収益率*が $r = (r_1 + r_2 + \cdots + r_{12})/12$ であると仮定できる。12 期間の収益率のデータが、翌期間の収益率の分布を表していると仮定したいので、連続複利収益率が適切な収益率の測定値であり、離散複利収益率 $r_t = (P_{At} - P_{A,t-1})/P_{A,t-1}$ ではないということになる。

連続複利収益率と離散複利収益率はどれくらい違うのか?

連続複利収益率は、常に離散複利収益率よりも小さくなるが、その差は通常大きなものではない。以下の表では、8.2 節の例について、その差を示している。

	A	B	C	D	E	F	G	H
1			APPLE と GOOGLE 連続収益率と離散収益率の比較					
2								
3	日付	株価（AAPL）	連続収益率	離散収益率		株価（Google）	連続収益率	離散収益率
4	1/Jun/07	122.04				580.11		
5	2/Jul/07	131.76	7.66%	7.96%	<-- =B5/B4-1	645.90	10.74%	11.34%
6	1/Aug/07	138.48	4.97%	5.10%		599.39	-7.47%	-7.20%
59	3/Jan/12	456.48	11.97%	12.71%		522.70	2.46%	2.49%
60	1/Feb/12	542.44	17.25%	18.83%		497.91	-4.86%	-4.74%
61	1/Mar/12	599.55	10.01%	10.53%		471.38	-5.48%	-5.33%
62	2/Apr/12	583.98	-2.63%	-2.60%		458.16	-2.84%	-2.80%
63	1/May/12	577.73	-1.08%	-1.07%		449.45	-1.92%	-1.90%
64	1/Jun/12	584.00	1.08%	1.09%		501.50	10.96%	11.58%
65								
66	月次収益率の平均		2.61%	3.24%	=AVERAGE(G5:G64) -->		-0.24%	0.26%
67	月次収益率の標準偏差		11.17%	10.69%	=STDEV.S(G5:G64) -->		10.09%	10.07%
68								
69	月次収益率の年次換算		31.31%		=12*G66 -->		-2.91%	
70	月次収益率の分散		134.04%		=12*G67 -->		121.05%	
71	月次収益率の標準偏差		115.78%		=SQRT(G70) -->		110.02%	

期間収益率から年次収益率と分散を計算する

一連の連続複利月次収益率 $r_1, r_2, \cdots, r_n$ を計算し、次に年次収益率の平均と分散を計算したいとする。明らかに、平均年次収益率は以下の式で与えられる。

$$平均年次収益率 = 12 \left[\frac{1}{n} \sum_{t=1}^{n} r_t \right]$$

年次収益率の分散を計算するため、月次収益率は独立同一分布に従うランダム変数であると仮定する。もし連続複利収益率を使うなら、$Var(r) = 12 \left[\frac{1}{n} \sum_{t=1}^{n} Var(r_t) \right] = 12\sigma^2_{月次}$ となり、年次収益率の標準偏差は $\sigma = \sqrt{12}\sigma_{月次}$ となる。[11]

---

11. 離散複利収益率に対しては、これが当てはまらないことに注意しよう。それゆえ、分散と標準偏差の計算は連続複利を使った方が簡単になる。

9 効率的ポートフォリオの導出

9.1 概要

本章では、基本的な資本資産価格モデル（Capital Asset Pricing Model; CAPM）の2つのバージョンに必要な理論と計算を取り扱う。無リスク資産に基づく CAPM（Sharp-Lintner-Mossin モデルとしても知られる）と、Black（1972）によるゼロ・ベータ CAPM（無リスク資産の仮定を必要としない）である。スプレッドシートを用いることで、必要な計算を簡単に行えることが分かるだろう。

本章の構成は以下の通りである。まず、予備的な定義と表記法から始める。次に、重要な結論（この証明は章末の補論で示される）を述べる。そして、それ以降の節では、以下を説明しながら、これらの結論を実装する。

- 効率的ポートフォリオの導出方法
- 効率的フロンティアの導出方法

本章は、他の大部分の章と比べ、理論的な内容を多く含んでいる。9.2 節では、効率的ポートフォリオ及び第 11 章の証券市場線（Security Market Line; SML）双方の計算の根底にある、ポートフォリオに関する命題を扱う。9.2 節の理論的な説明が難しければ、最初は飛ばして、9.3 節の計算例をたどって見ると良い。本章では分散共分散行列は所与であると仮定する：分散共分散行列の様々な計算方法については第 10 章まで持ち越す。

9.2 いくつかの予備的な定義と表記法

本章を通じて以下の表記法を用いる。各々の期待収益率が $E(r_i)$ である N 個のリスク資産がある。行列 $E(r)$ は、これらの資産の期待収益率の列ベクトルである。

$$E(r) = \begin{bmatrix} E(r_1) \\ E(r_2) \\ \vdots \\ E(r_N) \end{bmatrix}$$

そして、S は $N \times N$ の分散共分散行列である。

$$S = \begin{bmatrix} \sigma_{11} & \sigma_{21} & \cdots & \sigma_{N1} \\ \sigma_{12} & \sigma_{22} & \cdots & \sigma_{N2} \\ \vdots & & & \\ \sigma_{1N} & \sigma_{2N} & \cdots & \sigma_{NN} \end{bmatrix}$$

リスク資産のポートフォリオ（意図が明らかな場合には、単にポートフォリオと記す）は、その成分の合計が1となる列ベクトル x である。

$$x = \begin{bmatrix} x_1 \\ x_2 \\ \vdots \\ x_N \end{bmatrix}, \quad \sum_{i=1}^{N} x_i = 1$$

各成分 x_i は、リスク資産 i に投資されるポートフォリオの投資比率を表す。

ポートフォリオ x の期待収益率 $E(r_x)$ は、x と R の積によって与えられる。

$$E(r_x) = x^T \cdot R \equiv \sum_{i=1}^{N} x_i E(r_i)$$

ポートフォリオ x の収益率の分散 $\sigma_x^2 \equiv \sigma_{xx}$ は、以下の積で与えられる。

$$x^T S x = \sum_{i=1}^{N} \sum_{j=1}^{N} x_i x_j \sigma_{ij}$$

2つのポートフォリオ x と y の収益率の共分散 $Cov(r_x, r_y)$ は、以下の積で定義される。

$$\sigma_{xy} = x^T S y = \sum_{i=1}^{N} \sum_{j=1}^{N} x_i y_j \sigma_{ij} \quad \text{ただし、} \quad \sigma_{xy} = \sigma_{yx}$$

以下のグラフは4つの概念を示している。実現可能ポートフォリオは、その資産比率の合計が1となる、全てのポートフォリオである。*実現可能集合*とは、実現可能ポートフォリオからもたらされる、ポートフォリオの平均と標準偏差の集合である。即ち、この実現可能集合は、グラフの曲線の右内側の領域ということになる。実現可能ポートフォリオは、所与の平均収益率に対して最小の分散を持つ場合、実現可能集合の*包絡線上*にある。最後に、ポートフォリオ x は、所与のポートフォリオの分散（あるいは標準偏差）に対して収益率を最大化するなら、*効率的ポートフォリオ*である。即ち、$E(R_y) > E(R_x)$ かつ $\sigma_y < \sigma_x$ となるポートフォリオ y が他に存在しない場合、ポートフォリオ x は効率的である。全ての効

率的ポートフォリオの集合は*効率的フロンティア*と呼ばれ、このフロンティアはグラフにおいて太線で示されている。

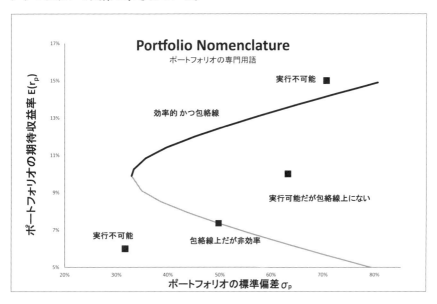

9.3 効率的ポートフォリオと CAPM についての 5 つの命題

本章の補論では、CAPM 計算の基礎となる、以下の結論を証明している。これらの命題は全て、効率的フロンティアと証券市場線を導出する際に用いられる。なお、数値例は次節と次章以降で示す。

命題 1 c を定数とする。以下の列ベクトルを表すために、$E(r) - c$ という表記を用いる。

$$E(r) - c = \begin{bmatrix} E(r_1) - c \\ E(r_2) - c \\ \vdots \\ E(r_N) - c \end{bmatrix}$$

ベクトル z で、連立一次方程式 $E(r) - c = Sz$ を解く。すると、この解は以下の方法で、実現可能集合の包絡線上にあるポートフォリオ x を導く。

$$z = S^{-1}\{E(r) - c\}$$
$$x = \{x_1, \cdots, x_N\}$$

ここで、

$$x_i = \frac{z_i}{\sum_{j=1}^{N} z_j}$$

さらに、全ての包絡線ポートフォリオが、この形である。

直感的理解 この命題の正式な証明は本章の補論で示されるが、直感的理解は、シンプルで視覚的である。ある定数 c を取り、この c から直線を引いて、実現可能集合との接点となる効率的ポートフォリオ x を求めるとしよう。

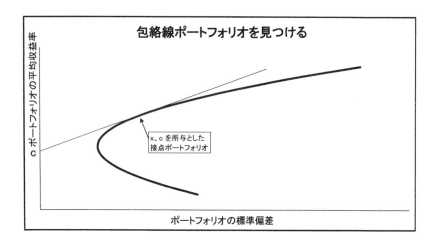

命題1は x を見つける手順を提供する。さらに、この命題は、全ての包絡線ポートフォリオ（特に全ての効率的ポートフォリオ）が、命題で述べられた手順の結果であると言明する。即ち、x が包絡線ポートフォリオのどれかなら、$Sz = E(r) - c$ かつ $x = z/\sum_i z_i$ を満たすような、定数 c 及びベクトル z が存在する。

命題2 Black (1972) が最初に証明した定理によって、包絡線全体を導出するためには、任意の2つの包絡線ポートフォリオで十分である。任意の2つの包絡線ポートフォリオ $x = \{x_1, \cdots, x_N\}$ と $y = \{y_1, \cdots, y_N\}$ を所与とすると、全ての包絡

線ポートフォリオは x と y の凸結合である。これは、任意の定数 a を所与とした場合、次のポートフォリオが包絡線上にあることを意味する。

$$ax + (1-a)y = \begin{bmatrix} ax_1 + (1-a)y_1 \\ ax_2 + (1-a)y_2 \\ \vdots \\ ax_N + (1-a)y_N \end{bmatrix}$$

命題 3 y が任意の包絡線ポートフォリオであるとき、他の全てのポートフォリオ（包絡線上にあるかどうかを問わない）x に対して、次の関係がある。

$$E(r_x) = c + \beta_x[E(r_y) - c]$$

ここで、

$$\beta_x = \frac{Cov(x,y)}{\sigma_y^2}$$

さらに c は、y との共分散が 0 である、全てのポートフォリオ z の期待収益率である。

$$c = E(r_z)$$

ここで、

$$Cov(y,z) = 0$$

注 y が包絡線上にあるとき、任意の全てのポートフォリオ x の y に対する回帰は、線形関係を与える。この型の CAPM（1972 年の論文でこの結論を証明した Fischer Black に敬意を表し、通常、「Black のゼロ・ベータ CAPM」として知られる）においては、Sharpe-Lintner-Mossin の証券市場線（SML）は、特定の包絡線ポートフォリオ y に関してゼロ・ベータとなるポートフォリオが無リスク資産の役割を担う SML に置き換えられる。この結論は、いかなる包絡線ポートフォリオ y に対しても当てはまることに留意しよう。

命題 3 の逆もまた真である。

命題 4 任意のポートフォリオ x に対して以下の関係を持つようなポートフォリオ y が存在するとしよう。

$$E(r_x) = c + \beta_x[E(r_y) - c]$$

ここで、

$$\beta_x = \frac{Cov(x,y)}{\sigma_y^2}$$

このときポートフォリオ y は包絡線ポートフォリオである。

　命題 3 と命題 4 は、全てのポートフォリオの収益率を包絡線ポートフォリオに対し決定係数 $R^2 = 100$ ％で回帰する場合にのみ、SML の関係が成り立つことを明らかにしている。Roll (1977, 1978) は、これらの命題が、SML が成立することを示す CAPM の検証を行うだけでは不十分であることを証明している、と強く指摘した。[1] CAPM の唯一かつ真の検証は、*現実の市場ポートフォリオがはたして平均・分散効率的である*かということである。この論点は第 10 章で再び取り上げる。

市場ポートフォリオ　市場ポートフォリオ M は経済全体に存在する全てのリスク資産からなるポートフォリオで、各資産は、その価値に応じた比率を占める。この説明をさらに具体的にするため、N 個のリスク資産が存在し、各資産 i の市場価値が V_i であるとする。このとき、市場ポートフォリオは以下の比率となる。

$$M における資産 i の比率 = \frac{V_i}{\sum_{h=1}^{N} V_h}$$

もし、市場ポートフォリオが効率的なら（これは、第 11 章と第 13 章で見るように、大きな"もし"である）、命題 3 は市場ポートフォリオに対しても真である。即ち、定数 c を $E(r_z)$ で置き換えても、証券市場線は成立する。

$$E(r_x) = E(r_z) + \beta_x[E(r_M) - E(r_z)]$$

ここで

$$\beta_x = \frac{Cov(x,M)}{\sigma_M^2} \quad かつ \quad Cov(z,M) = 0$$

この形の証券市場線は、CAPM の全ての実証研究で、最も注目を集めてきた。第 11 章で、β の計算方法と証券市場線の計算方法を示す。ここでは、これらの実証研究に対する Roll の批判の考察を続ける。次のグラフから、どのように実現可能な包絡線集合上のゼロ・ベータ・ポートフォリオを特定するか、簡単に分かる。

---

[1]. Roll の 1977 年の論文の方が引用されることが多く、包括的であるが、1978 年の論文の方が格段に読みやすく、直観的である。この分野の文献に興味があるなら、後者から取り掛かると良い。

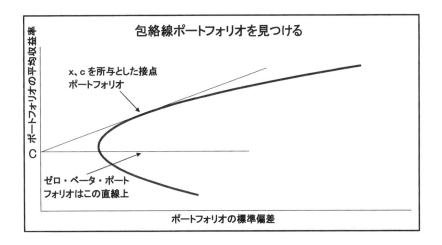

無リスク資産があるとき、命題3は特殊な例として基本的CAPMの証券市場線になる。

命題5 収益率 r_f の無リスク資産が存在するとき、以下のような包絡線ポートフォリオ M が存在する。

$$E(r_x) = r_f + \beta_x[E(r_M) - r_f]$$

ここで、

$$\beta_x = \frac{Cov(x, M)}{\sigma_M^2}$$

Sharpe（1964）、Lintner（1965）、Mossin（1966）の著名な論文が明らかにしたように、全ての投資家がポートフォリオの平均収益率と標準偏差だけを基準にしてポートフォリオを選択した場合、命題5のポートフォリオ x は、市場ポートフォリオ M である。

本章の残りの節では、Excel の数値例を用いて、これらの命題の意味を探求する。

9.4 効率的フロンティアの計算: 例題

本節では、Excel を用いて効率的フロンティアを計算する。ここでは、以下の期待収益率と分散共分散行列を持つ4つのリスク資産が存在する世界を考える。

	A	B	C	D	E	F	G	H
1	効率的フロンティアの計算							
2	分散共分散行列, S					平均収益率 E(r)	E(r) マイナス 定数c	
3	0.10	0.01	0.03	0.05		6%	2.00%	<-- =F3-$B$8
4	0.01	0.30	0.06	-0.04		8%	4.00%	
5	0.03	0.06	0.40	0.02		10%	6.00%	
6	0.05	-0.04	0.02	0.50		15%	11.00%	
7								
8	定数, c	4.00%						

E(r) マイナス定数 c と名付けられた列ベクトルの個々のセルには、所与の資産の平均収益率から定数 c（この場合、$c=4\%$）を引いた数字が入力されている。この列ベクトルを使って、以下で述べる 2 つ目の包絡線ポートフォリオを求める。

計算を 2 つの部分に分ける。次の節では、実現可能集合の包絡線上にある 2 つのポートフォリオを計算する。その次の節では、効率的フロンティアを計算する。

2 つの包絡線ポートフォリオの計算

命題 2 によって、効率的フロンティア全体を特定するためには 2 つの効率的ポートフォリオを求める必要がある。また、命題 1 によって、それぞれの包絡線ポートフォリオは、連立方程式 $R - c = Sz$ を z について解くことで求める。2 つの効率的ポートフォリオを特定するため、c について 2 つの異なる値を用いる。c のそれぞれの値で z を解き、次に $x_i = z_i \big/ \sum_h z_h$ として効率的ポートフォリオを求める。

ここで解く式の c は任意の値であるが（第 9.6 節参照）、計算を楽にするために、最初は $c = 0$ で、この連立方程式を解く。これは以下の結果をもたらす。

	A	B	C	D	E	F	G	H
10	包絡線ポートフォリオの計算（定数 = 0）							
11	z					包絡線ポートフォリオ x		
12	0.3861	<-- {=MMULT(MINVERSE(A3:D6),F3:F6)}				0.3553	<-- =A12/SUM($A$12:$A$15)	
13	0.2567					0.2362		
14	0.1688					0.1553		
15	0.2752					0.2532		
16					Sum	1.0000	<-- =SUM(F12:F15)	

セルの数式は次の通りである。

- z には、配列関数 **MMult(MInverse(A3:D6),F3:F6)** を利用。セル範囲 A3:D6 には分散共分散行列が入力されており、セル F3:F6 には資産の平均収益率が入力されている。
- x に関しては、各セルに、対応する z の値を、全ての z の合計値で除した値が入力されている。従って、例えば、セル F12 には数式 **=A12/SUM($A$12:$A$15)** が入力されている。

2つめの包絡線ポートフォリオを求めるために、$c = 0.04$（セル B8）と置いて方程式を解く。

	A	B	C	D	E	F	G	H
18	包絡線ポートフォリオの計算(定数 = 4.00%)							
19	z					包絡線ポートフォリオ y		
20	0.0404	<--	{=MMULT(MINVERSE(A3:D6),G3:G6)}			0.0782	<--	=A20/SUM($A$20:$A$23)
21	0.1386					0.2684		
22	0.1151					0.2227		
23	0.2224					0.4307		
24					合計	1.0000	<--	=SUM(F20:F23)

セル F20:F23 のポートフォリオ y は、命題1によって、包絡線ポートフォリオである。y に関するベクトル z は、セルの配列関数が **MMult(MInverse(A3:D6),G3:G6)** であることを除いて、最初のベクトルと同じように計算される。ベクトルの G3:G6 は、期待収益率から定数 0.04 を引いた値である。

基本的計算を完了するために、ポートフォリオ x とポートフォリオ y の収益率について、平均値、標準偏差、共分散を計算する。

	A	B	C	D	E	F	G	H	I	J	K
26	期待収益率(X)	9.37%			期待収益率(Y)	11.30%	<--	{=MMULT(TRANSPOSE(F20:F23),F3:F6)}			
27	分散(X)	0.0862			分散(Y)	0.1414	<--	{=MMULT(MMULT(TRANSPOSE(F20:F23),A3:D6),F20:F23)}			
28	標準偏差(X)	29.37%			標準偏差(Y)	37.60%	<--	=SQRT(F27)			
29											
30	共分散(x,y)	0.1040	<--	{=MMULT(MMULT(TRANSPOSE(F12:F15),A3:D6),F20:F23)}							
31	相関係数Corr(x,y)	0.9419	<--	=B30/(B28*F28)							

x と y の転置ベクトルは、配列関数 **Transpose** を用いて入力されている（配列関数に関する議論は第34章を参照）。これで平均、分散及び共分散を以下のように計算できる。

平均収益率 E(x)　　配列数式 **MMult(transpose_x,means)** を使用。関数 **Sum**

224 第9章

	Product(x,means) も利用可能な点に注意。
分散 Var(x)	配列数式 MMult(MMult(transpose_x,var_cov),x) を使用。
標準偏差 Sigma(x)	数式 Sqrt(var_x) を使用。
共分散 Cov(x,y)	配列数式 MMult(MMult(transpose_x,var_cov),y) を使用。
相関係数 Corr(x,y)	数式 cov(x,y)/(sigma_x*sigma_y) を使用。

以下のスプレッドシートは、この項で行った全てを示している。

	A	B	C	D	E	F	G	H
1			効率的フロンティアの計算					
2		分散共分散行列, S				平均収益率 E(r)	E(r) マイナス定数c	
3	0.10	0.01	0.03	0.05		6%	2.00%	<-- =F3-$B$8
4	0.01	0.30	0.06	-0.04		8%	4.00%	
5	0.03	0.06	0.40	0.02		10%	6.00%	
6	0.05	-0.04	0.02	0.50		15%	11.00%	
7								
8	定数, c	4.00%						
9								
10	包絡線ポートフォリオの計算(定数 = 0)							
11	z					包絡線ポートフォリオ x		
12	0.3861	<-- {=MMULT(MINVERSE(A3:D6),F3:F6)}				0.3553	<-- =A12/SUM($A$12:$A$15)	
13	0.2567					0.2362		
14	0.1688					0.1553		
15	0.2752					0.2532		
16					合計	1.0000	<-- =SUM(F12:F15)	
17								
18	包絡線ポートフォリオの計算(定数 = 4.00%)							
19	z					包絡線ポートフォリオ y		
20	0.0404	<-- {=MMULT(MINVERSE(A3:D6),G3:G6)}				0.0782	<-- =A20/SUM($A$20:$A$23)	
21	0.1386					0.2684		
22	0.1151					0.2227		
23	0.2224					0.4307		
24					合計	1.0000	<-- =SUM(F20:F23)	
25								
26	期待収益率(X)	9.37%			期待収益率(Y)	11.30%	<-- {=MMULT(TRANSPOSE(F20	
27	分散(X)	0.0862			分散(Y)	0.1414	<-- {=MMULT(MMULT(TRANSP	
28	標準偏差(X)	29.37%			標準偏差(Y)	37.60%	<-- =SQRT(F27)	
29								
30	共分散(x,y)	0.1040	<-- {=MMULT(MMULT(TRANSPOSE(F12:F15),A3:D6),F20:F23)}					
31	相関係数Corr(x,y)	0.9419	<-- =B30/(B28*F28)					

包絡線の計算

9.3 節の命題 2 により、前節で計算した 2 つのポートフォリオの凸結合から、実現可能集合の包絡線全体を計算できる（当然、これには効率的フロンティアが含まれる）。比率 a をポートフォリオ x に、比率 $(1-a)$ をポートフォリオ y に投資するポートフォリオを、p とする。この時、第 8 章で議論したように、p の収益率の平均と標準偏差は以下になる。

$$E(r_p) = aE(r_x) + (1-a)E(r_y)$$

$$\sigma_p = \sqrt{a^2\sigma_x^2 + (1-a)^2\sigma_y^2 + 2a(1-a)Cov(x,y)}$$

ここに 2 つのポートフォリオについての計算例を示す。

	A	B	C	D	E	F	G
34	単一ポートフォリオの計算						
35	ポートフォリオxの比率	0.3					
36	$E(r_p)$	10.72%	<--	=B35*B26+(1-B35)*F26			
37	σ_p^2	0.1207	<--	=B35^2*B27+(1-B35)^2*F27+2*B35*(1-B35)*B30			
38	σ_p	34.75%	<--	=SQRT(B37)			

　この計算を用いてデータ・テーブル（第 31 章を参照）を作成すると、以下の表を得る。

	A	B	C	D
34	単一ポートフォリオの計算			
35	ポートフォリオxの比率	0.3		
36	E(r_p)	10.72%	<--	=B35*B26+(1-B35)*F26
37	σ_p^2	0.1207	<--	=B35^2*B27+(1-B35)^2*F27+2*B35*(1-B35)*B30
38	σ_p	34.75%	<--	=SQRT(B37)
39				
40	データ・テーブル：有効フロンティアをグラフにするためポートフォリオxの比率を変化させる			
41	ポートフォリオ x の比率	標準偏差	平均収益率	
42		34.75%	10.72%	<-- =B36, データテーブルのヘッダー
43	-1.5	54.56%	14.20%	
44	-1.2	50.93%	13.62%	
45	-1.0	48.56%	13.23%	
46	-0.8	46.24%	12.85%	
47	-0.6	43.97%	12.46%	
48	-0.4	41.77%	12.08%	
49	-0.2	39.64%	11.69%	
50	0.0	37.60%	11.30%	
51	0.3	35.20%	10.82%	
52	0.5	33.00%	10.34%	
53	0.8	31.04%	9.86%	
54	0.8	30.68%	9.76%	
55	1.0	29.37%	9.37%	
56	1.2	28.27%	8.99%	
57	1.4	27.42%	8.60%	
58	1.6	26.83%	8.21%	
59	1.8	26.53%	7.83%	
60	2.0	26.52%	7.44%	
61	2.2	26.80%	7.06%	
62	2.4	27.37%	6.67%	
63	2.6	28.21%	6.28%	
64	2.8	29.30%	5.90%	
65	3.0	30.60%	5.51%	

凸結合が包絡線を構成する2つのポートフォリオxとyには、マーカーを付けている。他のポートフォリオにもマーカーを付けているが、その内の一部はxかyの空売りポジションを含んでいる。凸結合の全てが包絡線線上にあるが、必ずしも効率的ではないかもしれない点に注意が必要である。1つの例は、データ・テーブルの最後の点で、ポートフォリオxが300％、ポートフォリオyが−200％となっている。したがって、全ての効率的ポートフォリオは任意の2つの効率的ポートフォリオの凸結合であるが、任意の2つの効率的ポートフォリオの凸結合が全て効率的であるとは限らないのである。

9.5 ワンステップで効率的ポートフォリオを見つける

第9.4節の例では、ポートフォリオの大部分の構成要素をスプレッドシートに個

別に書き出すことによって、効率的ポートフォリオを見つけている。しかしながら、ある目的では、一度に効率的ポートフォリオを計算したい場合がある。ここにその例を示す。

	A	B	C	D	E	F	G
1			包絡線ポートフォリオの導出：ワンステップでの導出				
2		分散共分散行列, S				平均収益率 E(r)	
3		0.10	0.01	0.03	0.05	6%	
4		0.01	0.30	0.06	-0.04	8%	
5		0.03	0.06	0.40	0.02	10%	
6		0.05	-0.04	0.02	0.50	15%	
7							
8	定数	4%					
9							
10	包絡線ポートフォリオ						
11		0.0782					
12		0.2684	<-- {=MMULT(MINVERSE(A3:D6),F3:F6-B8)/SUM(MMULT(MINVERSE(A3:D6),F3:F6-B8))}				
13		0.2227					
14		0.4307					
15							
16	ポートフォリオの平均	11.30%	<-- =SUMPRODUCT(A11:A14,F3:F6)				
17	ポートフォリオの標準偏差	37.60%	<-- {=SQRT(MMULT(MMULT(TRANSPOSE(A11:A14),A3:D6),A11:A14))}				

この方法には多くの Excel 技法を必要とするが、そのほとんどは配列関数の正しい使用に関するものである。結論として、命題 1 の包絡線ポートフォリオに関する式は、$x = \dfrac{S^{-1}\{E(r) - c\}}{Sum[S^{-1}\{E(r) - c\}]}$ として、1 つのセルに入力することができる。

- セル A11:A14 で、期待収益率からセル B8 の定数を引くために、配列関数 F3:F6-B8 を用いた。
- これらと同じセルで、式の分母を得るために **SUM(MMult(MInverse(A3:D6), F3:F6-F8))** を用いた。

$$x = \frac{S^{-1}\{E(r) - c\}}{Sum[S^{-1}\{E(r) - c\}]}$$

分かりやすくするためにセルに名前を付ける

セルの名前機能を使うことによって、全体の過程をさらに分かりやすくできる。セルの名前を定義するためには、単純にセルや複数セルの範囲を選択し、下で示すように**名前ボックス**に移動すれば良い。

	A	B	C	D
1		包絡線ポートフォリオ(		
2		分散共分散行列, S		
3	0.10	0.01	0.03	0.05
4	0.01	0.30	0.06	-0.04
5	0.03	0.06	0.40	0.02
6	0.05	-0.04	0.02	0.50

ボックス内で、セルの名前を入力できる。

	A	B	C	D	E
1		包絡線ポートフォリオの導出			
2		分散共分散行列, S			
3	0.10	0.01	0.03	0.05	
4	0.01	0.30	0.06	-0.04	
5	0.03	0.06	0.40	0.02	
6	0.05	-0.04	0.02	0.50	

これで下の例示のように、セルの名前を使うことができる。

	A	B	C	D	E	F	G
1	包絡線ポートフォリオの導出：ワンステップでの導出							
2	分散共分散行列, S					平均収益率 E(r)	
3	0.10	0.01	0.03	0.05		6%	
4	0.01	0.30	0.06	-0.04		8%	
5	0.03	0.06	0.40	0.02		10%	
6	0.05	-0.04	0.02	0.50		15%	
7							
8	定数	4%					
9							
10	包絡線ポートフォリオ						
11	0.0782						
12	0.2684	<--	{=MMULT(MINVERSE(varcov),means-B8)/SUM(MMULT(MINVERSE(varcov),means-B8))}				
13	0.2227						
14	0.4307						
15							
16	ポートフォリオの平均	11.30%	<-- =SUMPRODUCT(portx,means)				
17	ポートフォリオの標準偏差	37.60%	<-- {=SQRT(MMULT(MMULT(TRANSPOSE(portx),varcov),portx))}				

9.6 最適化過程についての3つの注意点

本節では、包絡線ポートフォリオの算出に導く、命題1による最適化過程に関して、3つの追加的事項を指摘する。

注意1：すべての道はローマに通じる。包絡線は、任意の2つの定数 c で決定される。

命題2によって、包絡線は任意の2つのポートフォリオによって決定される。これは、包絡線の算定において、我々がどのような2つのポートフォリオを使おうと関係がないことを意味する。この点を胸に刻んでもらうため、下のスプレッドシートでは3つの包絡線ポートフォリオを計算している。

- 包絡線ポートフォリオ x は定数 $c = 0$ ％で計算
- 包絡線ポートフォリオ y は定数 $c = 4$ ％で計算
- 3つめの包絡線ポートフォリオ z は定数 $c = 6$ ％で計算（セル D11:D14）

20行から26行に示されているように、ポートフォリオ z はポートフォリオ x とポートフォリオ y の凸結合からなっている。これは、任意の x、y、z に対して真である。

この小さな演習は、包絡線を決定する定数 c が完全に任意であることを示している。どのような 2 つの定数も同一の包絡線を決定する。

	A	B	C	D	E	F	G
1			包絡線ポートフォリオの計算 すべての定数 c は同じ包絡線を導く				
2		分散共分散行列, S				平均収益率 E(r)	
3		0.10	0.01	0.03	0.05	6%	
4		0.01	0.30	0.06	-0.04	8%	
5		0.03	0.06	0.40	0.02	10%	
6		0.05	-0.04	0.02	0.50	15%	
7							
8	定数		0%	4%	6%		
9							
10			ポートフォリオ x	ポートフォリオ y	ポートフォリオ z		
11			0.3553	0.0782	-0.5724	<-- {=MMULT(MINVERSE(varcov),means-D8)/SUM(MMULT(MINVERSE(varcov),means-D8))}	
12			0.2362	0.2684	0.3439		
13			0.1553	0.2227	0.3811		
14			0.2532	0.4307	0.8474		
15							
16	ポートフォリオの平均		9.37%	11.30%	15.84%	<-- =SUMPRODUCT(portfolioz,means)	
17	ポートフォリオの標準偏差		29.37%	37.60%	65.20%	<-- {=SQRT(MMULT(MMULT(TRANSPOSE(portfolioz),varcov),portfolioz))}	
18							
19							
20	例示: ポートフォリオ z はポートフォリオxとポートフォリオyの線形比例である						
21	比率		-2.34822	<-- =(D11-C11)/(B11-C11)			
22	確認						
23	z1		-0.5724	<-- =$B$21*B11+(1-$B$21)*C11			
24	z2		0.3439	<-- =$B$21*B12+(1-$B$21)*C12			
25	z3		0.3811	<-- =$B$21*B13+(1-$B$21)*C13			
26	z4		0.8474	<-- =$B$21*B14+(1-$B$21)*C14			

注意 2：定数 c の数値には、非効率的な包絡線ポートフォリオに導くものもある。

命題 1 の最適化過程によって、決まるポートフォリオ x は、以下の比率になる。

$$x = \frac{S^{-1}\{E(r) - c\}}{Sum[S^{-1}\{E(r) - c\}]}$$

常に包絡線上にあるにもかかわらず、このポートフォリオは必ずしも効率的ではない。下の例が示すように、定数 $c = 0.11$ では非効率ポートフォリオに導く。

効率的ポートフォリオの導出　231

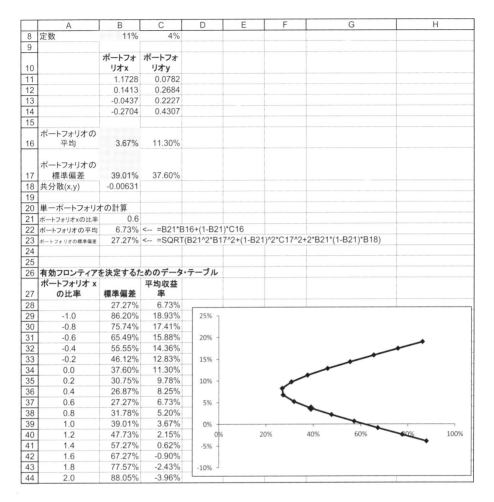

	A	B	C	D
8	定数	11%	4%	
9				
10		ポートフォリオx	ポートフォリオy	
11		1.1728	0.0782	
12		0.1413	0.2684	
13		-0.0437	0.2227	
14		-0.2704	0.4307	
15				
16	ポートフォリオの平均	3.67%	11.30%	
17	ポートフォリオの標準偏差	39.01%	37.60%	
18	共分散(x,y)	-0.00631		
19				
20	単一ポートフォリオの計算			
21	ポートフォリオxの比率	0.6		
22	ポートフォリオの平均	6.73%	<-- =B21*B16+(1-B21)*C16	
23	ポートフォリオの標準偏差	27.27%	<-- =SQRT(B21^2*B17^2+(1-B21)^2*C17^2+2*B21*(1-B21)*B18)	
24				
25				
26	有効フロンティアを決定するためのデータ・テーブル			
27	ポートフォリオxの比率	標準偏差	平均収益率	
28		27.27%	6.73%	
29	-1.0	86.20%	18.93%	
30	-0.8	75.74%	17.41%	
31	-0.6	65.49%	15.88%	
32	-0.4	55.55%	14.36%	
33	-0.2	46.12%	12.83%	
34	0.0	37.60%	11.30%	
35	0.2	30.75%	9.78%	
36	0.4	26.87%	8.25%	
37	0.6	27.27%	6.73%	
38	0.8	31.78%	5.20%	
39	1.0	39.01%	3.67%	
40	1.2	47.73%	2.15%	
41	1.4	57.27%	0.62%	
42	1.6	67.27%	-0.90%	
43	1.8	77.57%	-2.43%	
44	2.0	88.05%	-3.96%	

注意 3：定数 $c = r_f$ のポートフォリオは最適である

命題 1 の議論でこれは既に語り尽くしたが、繰り返す価値がある。[2] もし定数 c を無リスク金利と等しくおき、その結果求められる最適化ポートフォリオ $x = \dfrac{S^{-1}\{E(r) - c\}}{Sum[S^{-1}\{E(r) - c\}]}$ が効率的なら、このポートフォリオは、平均収益率と標準偏差という点だけでポートフォリオを選好する投資家にとって、最適な投資ポートフォリオである。下の例では、$r_f = 4\%$ を仮定する。

---

[2]. そして、これは第 13 章における Black-Litterman モデルの議論の土台となる。

最適化ポートフォリオ $x = \dfrac{S^{-1}\{E(r) - c\}}{Sum[S^{-1}\{E(r) - c\}]}$ を包絡線上で探すと、それが効率的であることを示している。したがって、この場合の最適な投資ポートフォリオは、x によって与えられる。

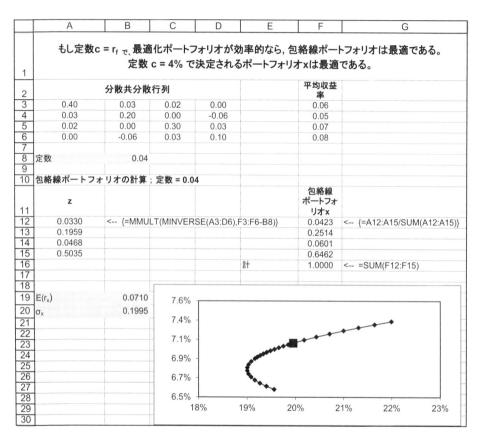

9.7 市場ポートフォリオを見つける: 資本市場線 (Capital Market Line; CML)

無リスク資産が存在し、この資産が r_f の期待収益率を持つとする。M を、以下の連立方程式の解となる効率的ポートフォリオとする。

$E(r) - r_f = Sz$

$$M_i = \frac{z_i}{\sum_{i=1}^{N} z_i}$$

ここで、ポートフォリオ M と無リスク資産 r_f の凸結合を考える。例えばこのようなポートフォリオにおける無リスク資産の比率を a とする。この時、ポートフォリオの収益率と標準偏差の一般的な式から、以下が導かれる。

$$E(r_p) = ar_f + (1-a)E(r_M)$$
$$\sigma_p = \sqrt{a^2\sigma_{rf}^2 + (1-a)^2\sigma_M^2 + 2a(1-a)Cov(r_f, r_M)} = (1-a)\sigma_M$$

$a \geq 0$ における、全てのこのような組み合わせの軌跡は、資本市場線（CML）として知られる。これを効率的フロンティアとともにグラフに示すと、以下のようになる。

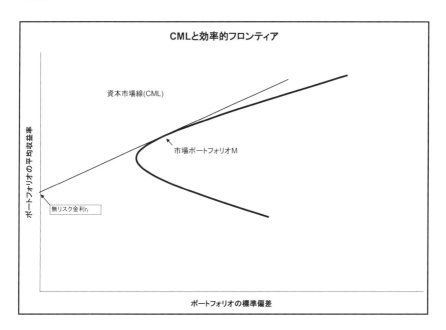

次のいくつかの理由により、ポートフォリオ M は市場ポートフォリオと呼ばれる。

- 投資家は、ポートフォリオの統計的情報（即ち、期待収益率のベクトル $E(r)$ と分散共分散行列 S）に関して見解が一致しているとする。さらに、投資家は、ポートフォリオの標準偏差 σ を所与として、ポートフォリオの期待収益率を最大化

することにだけ関心があるとする。この場合、全ての最適ポートフォリオはCML上に存在することになる。

• さらに上記の場合、ポートフォリオMは、任意の最適ポートフォリオに含まれる唯一のリスク資産のポートフォリオになる。したがって、ポートフォリオMは全てのリスク資産を、各資産の市場価値の比率に応じて含まなければならない。即ち、次のようになる。

$$\text{ポートフォリオ}M\text{におけるリスク資産}i\text{の比率} = \frac{V_i}{\sum_{i=1}^{N} V_i}$$

ここで、V_iは資産iの市場価値である。

r_fが分かっていれば、Mを求めるのは難しくない。単に定数$c = r_f$を所与として、効率的ポートフォリオを解けば良い。r_fが変わると、異なる「市場」ポートフォリオを得ることになる。これは定数r_fを所与とした単なる効率的ポートフォリオである。例えば、数値例として、無リスク金利が$r_f = 5$%とすると、連立方程式$E(r) - r_f = Sz$を解くことにより、以下が得られる。

	A	B	C	D	E	F	G	H
1	定数c = r_f のとき、包絡線ポートフォリオは市場ポートフォリオMである。							
2		分散共分散行列				期待収益率 E(r)		
3	0.40	0.03	0.02	0.00		0.06		
4	0.03	0.20	0.00	-0.06		0.05		
5	0.02	0.00	0.30	0.03		0.07		
6	0.00	-0.06	0.03	0.10		0.08		
7								
8	定数	0.05						
9								
10	包絡線ポートフォリオは市場ポートフォリオM							
11	0.0314							
12	0.2059		<-- {=MMULT(MINVERSE(A3:D6),F3:F6-B8)/SUM(MMULT(MINVERSE(A3:D6),F3:F6-B8))}					
13	0.0597							
14	0.7031							
15								
16	ポートフォリオ期待収益率、E(Rm)	7.26%	<-- =SUMPRODUCT(A11:A14,F3:F6)					
17	ポートフォリオ標準偏差、σ M	21.21%	<-- {=SQRT(MMULT(MMULT(TRANSPOSE(A11:A14),A3:D6),A11:A14))}					

9.8 SML の検証 — 命題 3 から命題 5 を実装する

命題 3-5 を例証するために、4 つのリスク資産のデータについて考える。

	A	B	C	D	E	F
1	命題3-5についての例証					
2	日付	資産1	資産2	資産3	資産4	
3	1	-6.63%	-2.49%	-4.27%	11.72%	
4	2	8.53%	2.44%	-3.15%	-8.33%	
5	3	1.79%	4.46%	1.92%	19.18%	
6	4	7.25%	17.90%	-6.53%	-7.41%	
7	5	0.75%	-8.22%	-1.76%	-1.44%	
8	6	-1.57%	0.83%	12.88%	-5.92%	
9	7	-2.10%	5.14%	13.41%	-0.46%	
10						
11	平均収益率	1.15%	2.87%	1.79%	1.05%	<-- =AVERAGE(E3:E9)

行 3 から行 7 には 7 日間の資産の収益率が、行 11 には平均収益率が与えられている。

分散共分散行列を計算するため、少し高度な配列関数を使う。

	A	B	C	D	E	F	G
13	分散共分散行列							
14		資産1	資産2	資産3	資産4		
15	資産1	0.0024	0.0019	-0.0015	-0.0024		
16	資産2	0.0019	0.0056	-0.0007	-0.0016	セル B15:E18 には計算式を入力	
17	資産3	-0.0015	-0.0007	0.0057	-0.0005	{=MMULT(TRANSPOSE(B3:E9-B11:E11),B3:E9-	
18	資産4	-0.0024	-0.0016	-0.0005	0.0094	B11:E11)/7}	
19							
20	効率的ポートフォリオ w の検出						
21	定数	0.50%					
22							
23	資産1	0.3129					
24	資産2	0.2464	←	セル B23:B26 には計算式を入力			
25	資産3	0.2690		{=MMULT(MINVERSE(B15:E18),TRANSPOSE(B11:E11)-			
26	資産4	0.1717		B21)/SUM(MMULT(MINVERSE(B15:E18),TRANSPOSE(B11:E11)-B21))}			

定数 $c = 0.5$ % を所与とした効率的ポートフォリオは、セル B23：B26 で与えられる。このポートフォリオは命題 1 の方法を使用して計算している。[3] このポートフォリオを w とする。ポートフォリオ w の第 1 日から第 7 日までの収益率は、以下の G 列に与えられている。

---

3. 第 9.6 節での議論に続き、命題 1 はこのポートフォリオが包絡線上にあると保証しているだけなのを、注意深い読者は覚えているだろう。しかし、実際に、それは効率的なのである。

	A	B	C	D	E	F	G	H
2	日付	資産1	資産2	資産3	資産4		効率的ポートフォリオ w	
3	1	-6.63%	-2.49%	-4.27%	11.72%		-1.82%	<-- {=MMULT(B3:E9,B23:B26)}
4	2	8.53%	2.44%	-3.15%	-8.33%		0.99%	
5	3	1.79%	4.46%	1.92%	19.18%		5.47%	
6	4	7.25%	17.90%	-6.53%	-7.41%		3.65%	
7	5	0.75%	-8.22%	-1.76%	-1.44%		-2.51%	
8	6	-1.57%	0.83%	12.88%	-5.92%		2.16%	
9	7	-2.10%	5.14%	13.41%	-0.46%		4.14%	
10								
11	平均収益率	1.15%	2.87%	1.79%	1.05%	<-- =AVERAGE(E3:E9)	1.73%	

命題 3 から命題 5 を 2 段階で例証する。

- ステップ 1：効率的ポートフォリオの収益率に対して、各資産の収益率を回帰する。$i = 1, \cdots, 4$ で、$r_{it} = \alpha_i + \beta_i r_{wt} + \varepsilon_{it}$ の回帰を行う。この回帰分析はしばしば *first pass regression*（1 回目の回帰）と呼ばれる。得られた結果を以下に示す。

	A	B	C	D	E	F	G
29	命題 3-5の実行—SMLの検出						
30	ステップ 1: 効率的ポートフォリオwの収益率に対する個別資産の収益率の回帰						
31		資産1	資産2	資産3	資産4		
32	α	0.0024	-0.0047	-0.0002	0.0028	<-- =INTERCEPT(E3:E9,$G$3:$G$9)	
33	β	0.5284	1.9301	1.0490	0.4578	<-- =SLOPE(E3:E9,$G$3:$G$9)	
34	決定係数	0.0897	0.5241	0.1505	0.0167	<-- =RSQ(E3:E9,$G$3:$G$9)	

- ステップ 2：次に、各資産の平均収益率に対して、それらの β を回帰する。$\bar{r}_i = \gamma_0 + \gamma_1 \beta_i + \varepsilon_i$ の回帰を行うと、以下の結果を得る。

	A	B	C	D	E
36	ステップ 2: 各資産のベータに対する平均収益率の回帰				
37	切片		0.50%	<-- =INTERCEPT(B11:E11,B33:E33)	
38	傾き		0.0123	<-- =SLOPE(B11:E11,B33:E33)	
39	決定係数		1.0000	<-- =RSQ(B11:E11,B33:E33)	

命題 3 から命題 5 の帰結を確認するため、検証テストを実行する。

	A	B	C	D	E	F
41	命題 3と命題 4の確認: ステップ 2 の相関は以下のようになる: 切片(Intercept) = c, 傾き(Slope) = E(r_w) - c					
42	切片 = c ?	yes	<-- =IF(ROUND(B37-B21,10)=0,"yes","no")			
43	傾き = E(r_w) - c ?	yes	<-- =IF(B38=G11-B21,"yes","no")			

「完璧な」回帰結果（セル B39 の決定係数 $R^2 = 1$ に注目）は、命題 3 から命題 5 が約束した結果である。

- The second pass regression（2 回目の回帰）の切片は c に等しく傾きは $E(r_w) - c$ に等しい。

- もし収益率が $c = r_f$ である無リスク資産が存在するなら、命題5は、2回目の回帰で必ず $\bar{r}_i = \gamma_0 + \gamma_1 \beta_i + \varepsilon_i, \gamma_0 = r_f$ かつ $\gamma_1 = E(r_w) - r_f$ になると言明する。
- もし無リスク資産が存在しないなら、命題3は、2回目の回帰で、$\gamma_0 = E(r_z)$ かつ $\gamma_1 = E(r_w) - E(r_z)$ になると言明する。ここで z は w との共分散がゼロのポートフォリオである。
- 最後に、任意のポートフォリオ w に、説明した2段階の回帰を実行して「完全な回帰」が得られた場合、命題4は、w が実際に効率的であることを保証する。

この技法が常に機能するという点を胸に刻んでもらうために、異なる値の c（セル B21、強調されている）を用いた全ての計算結果を示す。命題3から命題5で証明されたように、結果は依然として β に対する平均収益率の完璧な回帰である。

	A	B	C	D	E	F	G	H
1			**命題3-5についての例証**					
2			今回は定数=2%（セルB21）				効率的ポートフォリオ w	
	日付	資産1	資産2	資産3	資産4			
3	1	-6.63%	-2.49%	-4.27%	11.72%		-2.95%	<-- {=MMULT(B3:E9,B23:B26)}
4	2	8.53%	2.44%	-3.15%	-8.33%		3.64%	
5	3	1.79%	4.46%	1.92%	19.18%		5.16%	
6	4	7.25%	17.90%	-6.53%	-7.41%		-2.40%	
7	5	0.75%	-8.22%	-1.76%	-1.44%		2.24%	
8	6	-1.57%	0.83%	12.88%	-5.92%		0.01%	
9	7	-2.10%	5.14%	13.41%	-0.46%		-0.26%	
10								
11	平均収益率	1.15%	2.87%	1.79%	1.05%	<-- =AVERAGE(E3:E9)	0.78%	
12								
13	分散共分散行列							
14		資産1	資産2	資産3	資産4			
15	資産1	0.0024	0.0019	-0.0015	-0.0024			
16	資産2	0.0019	0.0056	-0.0007	-0.0016	セル B15:E18 には計算式を入力		
17	資産3	-0.0015	-0.0007	0.0057	-0.0005	{=MMULT(TRANSPOSE(B3:E9-B11:E11),B3:E9-		
18	資産4	-0.0024	-0.0016	-0.0005	0.0094	B11:E11)/7}		
19								
20	効率的ポートフォリオ w の検出							
21	定数	2.00%						
22								
23	資産1	0.8234						
24	資産2	-0.2869	←	セル B23:B26 には計算式を入力				
25	資産3	0.2278		{=MMULT(MINVERSE(B15:E18),TRANSPOSE(B11:E11)-				
26	資産4	0.2357		B21)/SUM(MMULT(MINVERSE(B15:E18),TRANSPOSE(B11:E11)-B21))}				
27								
28								
29	命題 3-5 の実行—SMLの検出							
30	ステップ 1: 効率的ポートフォリオ w の収益率に対する個別資産の収益率の回帰							
31		資産1	資産2	資産3	資産4			
32	α	0.0061	0.0342	0.0165	0.0044	<-- =INTERCEPT(E3:E9,$G$3:$G$9)		
33	β	0.6968	-0.7075	0.1752	0.7776	<-- =SLOPE(E3:E9,$G$3:$G$9)		
34	決定係数	0.1570	0.0709	0.0042	0.0506	<-- =RSQ(E3:E9,$G$3:$G$9)		
35								
36	ステップ 2: 各資産のベータに対する平均収益率の回帰							
37	切片	2.00%	<-- =INTERCEPT(B11:E11,B33:E33)					
38	傾き	-0.0122	<-- =SLOPE(B11:E11,B33:E33)					
39	決定係数	1.0000	<-- =RSQ(B11:E11,B33:E33)					
40								
41	命題 3 と命題 4 の確認: ステップ 2 の相関は以下のようになる: 切片（Intercept）= c, 傾き（Slope）= $E(r_w)$ - c							
42	切片 = c ?	yes	<-- =IF(ROUND(B37-B21,10)=0,"yes","no")					
43	傾き = $E(r_w)$ - c ?	yes	<-- =IF(B38=G11-B21,"yes","no")					

9.9 まとめ

本章では効率的ポートフォリオに関する定理を提示し、効率的フロンティアを見つけるためにこれらの定理をどのように実装するのか示した。2つの基本的命題によって、実行可能なポートフォリオ集合の包絡線と包絡線上のポートフォリオを求めることができる。更に3つの命題は、任意の資産やポートフォリオの期待収益率を、任意の効率的ポートフォリオの期待収益率に関連づける。ある条件下では、これによって、基本的なCAPMの証券市場線（SML）と資本市場線（CML）を導出することが可能になる。

次章以降では、CAPMの実装について議論する。分散共分散行列の計算方法（第10章）、証券市場線の検証方法（第11章）、空売り制約条件が存在する場合の最適化の方法（第12章）、有効集合数学の知識を用いた有用なポートフォリオ最適化手順導出の方法（第13章で扱うBlack-Litterman Model）を議論する。

練習問題

1. 以下の家具会社6社のデータを考える。

	A	B	C	D	E	F	G	H	I
2	分散共分散行列	La-Z-Boy	Kimball	Flexsteel	Leggett	Miller	Shaw		平均
3	La-Z-Boy	0.1152	0.0398	0.1792	0.0492	0.0568	0.0989		29.24%
4	Kimball	0.0398	0.0649	0.0447	0.0062	0.0349	0.0269		20.68%
5	Flexsteel	0.1792	0.0447	0.3334	0.0775	0.0886	0.1487		25.02%
6	Leggett	0.0492	0.0062	0.0775	0.1033	0.0191	0.0597		31.64%
7	Miller	0.0568	0.0349	0.0886	0.0191	0.0594	0.0243		15.34%
8	Shaw	0.0989	0.0269	0.1487	0.0597	0.0243	0.1653		43.87%

   a. この行列を所与とし、無リスク金利を0％として、これら6社の効率的ポートフォリオを導出しなさい。
   b. 無リスク金利を10％として、同じ計算をしなさい。
   c. これらの2つのポートフォリオを用いて、家具会社6社の効率的フロンティアを作成しなさい。また、このフロンティアのグラフにしなさい。
   d. 全ての資産がプラスの比率となる効率的ポートフォリオは存在するだろうか？

2. 正の資産比率となる効率的ポートフォリオを導く十分条件は、分散共分散行列が対角行列であること、即ち、$i \neq j$のとき、$\sigma_{ij} = 0$である。同時に、分散共分散行列の非対角成分が、対角成分に比して十分小さい場合にも、正の比率のポートフォリオになる。ここで、上記行列の変換を考えてみよう。

$$\sigma_{ij} = \begin{cases} \varepsilon\sigma_{ij}^{Original} & , i \neq j \text{ のとき} \\ \sigma_{ii}^{Original} & \end{cases}$$

$\varepsilon = 1$ のとき、この変換は元の分散共分散行列を与え、$\varepsilon = 0$ のとき、この変換は完全な対角行列を与える。$r = 10$ %について、全てのポートフォリオ比率がプラスとなる、最大の ε を求めなさい。

3. 以下の例で Excel を用いて、効率的ポートフォリオ y に関する β がゼロとなる包絡線ポートフォリオを求めなさい。
 ヒント: 共分散が線形であるため、β も線形となることに注意。$z = \lambda x + (1-\lambda)y$ を x と y の凸結合とし、β_z を求めるものとする。このとき、次のようになる。

$$\beta_z = \frac{Cov(z,y)}{\sigma_y^2} = \frac{Cov[\lambda x + (1-\lambda)y, y]}{\sigma_y^2}$$
$$= \frac{\lambda Cov(x,y)}{\sigma_y^2} + \frac{(1-\lambda)Cov(y,y)}{\sigma_y^2} = \lambda \beta_x + (1-\lambda)$$

	A	B	C	D	E	F
1		分散共分散行列				平均収益率
2	0.400	0.030	0.020	0.000		0.06
3	0.030	0.200	0.001	-0.060		0.05
4	0.020	0.001	0.300	0.030		0.07
5	0.000	-0.060	0.030	0.100		0.08

4. 以下の 4 資産の包絡線集合を求め、個別の資産が全て包絡線集合の内側にあることを示しなさい。

	A	B	C	D	E	F
1		4資産のポートフォリオ問題				
2		分散共分散				平均収益率
3	0.10	0.01	0.03	0.05		6%
4	0.01	0.30	0.06	-0.04		8%
5	0.03	0.06	0.40	0.02		10%
6	0.05	-0.04	0.02	0.50		15%

以下のようなグラフが得られるはずである。

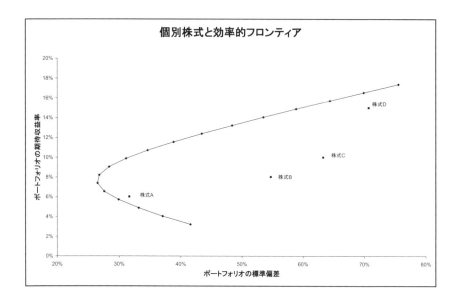

数学的補論

この補論では、本章でなされた言明に関する様々な証明をまとめている。本章と同様、N個のリスク資産に対するデータを検証していると仮定する。「実現可能性」や「最適性」は全て、このデータ集合との関連で定義されるという点に留意することが重要である。従って、「効率的」という用語は、実際には「検証している N 個の資産集合に関して効率的」ということを意味する。

命題 0 リスク資産からなる全ての実現可能ポートフォリオの集合は凸集合である。

証明 ポートフォリオ x は、ポートフォリオ比率の合計が 1 になるとき、かつ、そのときに限り、実現可能である。即ち、N をリスク資産の数とすると、$\sum_{i=1}^{N} x_i = 1$ である。x と y を実現可能ポートフォリオとし、λ を 0 から 1 の間の任意の値とする。このとき、$z = \lambda x + (1 - \lambda) y$ もまた実現可能であることは自明である。

命題 1 c を定数とし、平均収益率のベクトルを R で表す。ポートフォリオ x が次の連立方程式の正規化された解であるとき、かつ、そのときに限り、x は N 個の資産の標本集合に関して包絡線上にある。

$$R - c = Sz$$
$$x_i = \frac{z_i}{\sum_h z_h}$$

証明 ポートフォリオ x が y 軸上の任意の点 c と実現可能集合とを結ぶ線上の接点にあるとき、かつ、そのときに限り、x はポートフォリオの実現可能集合の包絡線上にある。このようなポートフォリオは、必ず比率 $\dfrac{x(R-c)}{\sigma^2(x)}$ を最大化、あるいは最小化する。ここで、$x(R-c)$ は定数 c に対するポートフォリオの期待超過収益率を与えるベクトルの内積であり、また、$\sigma^2(x)$ はポートフォリオの分散である。最大（あるいは最小）となるときの、この比率の値を λ とする。このとき、このポートフォリオは次を満たさなければならない。

$$\frac{x(R-c)}{\sigma^2(x)} = \lambda$$
$$\Rightarrow x(R-c) = \sigma^2(x)\lambda = xS x^T \lambda$$

h を特定の資産とし、最後の式を x_h について微分する。これにより、$\bar{R}_h - c = S x^T \lambda$ となる。ここで、$z_h = \lambda x_h$ とすると、ポートフォリオが連立方程式 $R - c = Sz$ の解であるとき、かつ、そのときに限り、そのポートフォリオは効率的であることが分かる。その成分の合計が 1 となるように z を正規化すると、望む結果が得られる。

命題2 任意の 2 つの包絡線ポートフォリオの凸結合は、実現可能集合の包絡線上にある。

証明 x と y を包絡線上のポートフォリオとする。命題 1 により、次を満たす 2 つのベクトル z_x, z_y と、2 つの定数 c_x, c_y が存在することとなる。

- x は z_x の合計が 1 になる正規化ベクトル、即ち、$x_i = \dfrac{z_{xi}}{\sum_h z_{xh}}$ であり、y は z_y の合計が 1 になる正規化ベクトルである。
- $R - c_x = Sz_x$ かつ $R - c_y = Sz_y$

さらに、z は比率 $\dfrac{z(R-c)}{\sigma^2(z)}$ を最大化するので、z の全ての正規化ベクトルも、この比率を最大化させる。したがって、一般性を損なうことなく、z の合計が 1 となることを仮定できる。

これにより、任意の実数 a に対して、ポートフォリオ $az_x + (1-a)z_y$ は、連立方程式 $R - [ac_x + (1-a)c_y] = Sz$ の解となる。この結果により、上記の主張が証明される。

命題3 N 個の資産集合からなる任意の包絡線ポートフォリオを y とする。このとき、他の任意のポートフォリオ x （単一の資産からなるポートフォリオが含まれる可能性もある）について、x の期待収益率とポートフォリオ y の期待収益率との間に、以下の関係が

成立するような定数 c が存在する。

$$E(r_x) = c + \beta_x[E(r_y) - c]$$

ここで、

$$\beta_x = \frac{Cov(x, y)}{\sigma_y^2}$$

さらに、z を $Cov(z, y) = 0$ となる任意のポートフォリオとすると、$c = E(r_z)$ となる。

証明 y を特定の包絡線ポートフォリオとし、x を他の任意のポートフォリオとする。また、ポートフォリオ x, y ともに列ベクトルとする。このとき、

$$\beta_x = \frac{Cov(x, y)}{\sigma_y^2} = \frac{x^T S y}{y^T S y}$$

であることに注目する。

ここで、y は包絡線上にあるため、連立方程式 $Sw = R - c$ 及び $y = w/\sum_i w_i = w/a$ の解となるベクトル w と定数 c が存在することは既知である。この式を β_x の式に代入すると次を得る。

$$\beta_x = \frac{Cov(x, y)}{\sigma_y^2} = \frac{x^T S y}{y^T S y} = \frac{x^T (R-c)/a}{y^T (R-c)/a} = \frac{x^T (R-c)}{y^T (R-c)}$$

次に、$\sum_i x_i = 1$ であることに着目すれば、$x^T I(R-c) = E(r_x) - c$ 及び $y^T I(R-c) = E(r_y) - c$ となる。この関係は次を示す。

$$\beta_x = \frac{E(r_x) - c}{E(r_y) - c}$$

これは、次のように書き換えることができる。

$$E(r_x) = c + \beta_x[E(r_y) - c]$$

この証明を終えるため、y との共分散が 0 であるポートフォリオを z とする。このとき、上記の論拠により、$c = E(r_z)$ が示される。これにより上記の主張が証明される。

命題 4 N 個のリスク資産に加えて、収益率 r_f の無リスク資産が存在するとき、標準的な*証券市場線*は、以下の通り成立する。

$$E(r_x) = r_f + \beta_x[E(r_M) - r_f]$$

ここで、

$$\beta_x = \frac{Cov(x, M)}{\sigma_M^2}$$

証明 無リスク証券が存在するとき、この証券から効率的フロンティアへの接線は、他の全ての実現可能ポートフォリオよりも有利となる。効率的フロンティア上の接点を M とすると、上記の結果が導かれる。

注：「市場ポートフォリオ」という用語が、この場合「N 個の資産の標本集合に関する市場ポートフォリオ」を指すことは重要であるため、繰り返し述べておく。

命題 5 任意のポートフォリオ x について、以下の関係が成立するようなポートフォリオ y が存在するとする。

$$E(r_x) = c + \beta_x [E(r_y) - c]$$

ここで、

$$\beta_x = \frac{Cov(x, y)}{\sigma_y^2}$$

このとき、ポートフォリオ y は包絡線上にある。

証明 β_x の定義を代入すると、任意のポートフォリオ x について、以下の関係が成立する。

$$\frac{x^T S y}{\sigma_y^2} = \frac{x^T R - c}{y^T R - c}$$

x を1つ目のリスク資産のみからなるベクトル、即ち、$x = \{1, 0, \cdots, 0\}$ とする。このとき、上記の方程式は次のようになる。

$$S_1 y \frac{y^T R - c}{\sigma_y^2} = E(r_1) - c$$

これは、次のように書ける。

$$S_1 a y = E(r_1) - c$$

ここで、S_1 は分散共分散行列 S の第1行である。$a = \dfrac{y^T R - c}{\sigma_y^2}$ は、その値がベクトル x から独立した定数であることに注目する。x を i 番目のリスク資産のみからなるベクトルとすると、以下を得る。

$$S_i a y = E(r_i) - c$$

この結果は、ベクトル $z = ay$ が連立方程式 $Sz = R - c$ の解であることを証明し、したがって、命題1より、z の正規化ベクトルは包絡線上にある。しかし、この正規化ベクトルは、単にベクトル y にすぎない。

10 分散共分散行列の計算

10.1 概要

効率的ポートフォリオを導出するためには、株式の収益率データから分散共分散行列を計算できるようになる必要がある。本章では、Excel での計算方法を示しながら、この問題を議論する。最も自明な計算は、*標本分散共分散行列*である。これは過去の収益率データから直接計算される行列である。標本分散共分散行列を計算するいくつかの方法を例示する。これには、超過収益率の行列を用いてスプレッドシートで直接計算する方法と、この方法の VBA による実装が含まれる。

標本分散共分散行列は疑いようのない選択にみえるかもしれないが、多くの研究は、これが分散共分散行列の最善の推定値ではない可能性を認めている。標本分散共分散行列に対する失望は、しばしば非現実的な推定値をもたらすことと、予測能力がないことの双方に起因する。これらの問題は 10.5 節と 10.6 節で簡単に議論する。標本行列に代わる選択肢として、10.7 節から 10.10 節では、分散共分散の推定を向上させるための、いわゆる「縮小推定法 (shrinkage methods)」を議論する。[1]

本章を始める前に、配列関数を取り扱う第 34 章を熟読した方が良いかもしれない。配列関数とは、ベクトルや行列を引数とする Excel 関数であり、その使い方は通常の Excel 関数とは若干異なっている。本章では、配列関数 **Transpose( )** と **MMult( )** はもちろん、他の「自家製」配列関数も多用する。

10.2 分散共分散行列を計算する

ここで、N 資産の収益率データが M 期分あるとする。期間 t における資産 i の収益率を r_{it} と表記すると、資産 i の平均収益率は以下で表せる。

$$\bar{r}_i = \frac{1}{M} \sum_{t=1}^{M} r_{it}, \ i = 1, \cdots, N$$

次に、資産 i と資産 j の収益率の共分散を、以下のように計算する。

---
1. 第 13 章で、ポートフォリオ最適化に関する Black-Litterman モデルを議論し、予測の論点を再訪する。

$$\sigma_{ij} = Cov(i,j) = \frac{1}{M-1} \sum_{t=1}^{M} (r_{it} - \bar{r}_i) \cdot (r_{jt} - \bar{r}_j), \; i, j = 1, \cdots, N$$

これらの共分散（もちろん、$i=j$ の場合の分散を含む）の行列は、*標本分散共分散行列*である。ここでの問題は、このような共分散を効率的に計算することである。*超過収益率行列*を以下のように定義する。

$$A = 超過収益率行列 = \begin{bmatrix} r_{11} - \bar{r}_1 & \cdots & r_{N1} - \bar{r}_N \\ r_{12} - \bar{r}_1 & \cdots & r_{N2} - \bar{r}_N \\ \vdots & & \vdots \\ r_{1M} - \bar{r}_1 & \cdots & r_{NM} - \bar{r}_N \end{bmatrix}$$

行列 A の各列は、個別資産の収益率から平均収益率を引いたものである。この転置行列は次のようになる。

$$A^T = \begin{bmatrix} r_{11} - \bar{r}_1 & r_{12} - \bar{r}_1 & \cdots & r_{1M} - \bar{r}_1 \\ \vdots & \vdots & & \vdots \\ r_{N1} - \bar{r}_N & r_{N2} - \bar{r}_N & \cdots & r_{NM} - \bar{r}_N \end{bmatrix}$$

A^T に A を掛け、期間数 $M-1$ で割ることにより、標本分散共分散行列が得られる。

$$S = [\sigma_{ij}] = \frac{A^T \cdot A}{M-1}$$

計算的側面を考えて、$N=10$ 銘柄の株式の $M=60$ ヶ月分の収益率データを用いる。下のスプレッドシートは株価データ（配当金調整後）を示している。

	A	B	C	D	E	F	G	H	I	J	K	L
1					10銘柄の株式とSP500指数の5年間の株価							
2			McDonalds	US Steel	Arcelor–Mittal	Microsoft	Apple	Kellogg	General Electric	Bank of America	Pfizer	Exxon	S&P500
3	日付		MCD	X	MT	MSFT	AAPL	K	GE	BAC	PFE	XOM	^GSPC
4	1-Feb-07		37.57	84.74	44.84	25.53	84.61	43.45	28.97	44.68	19.57	64.20	1406.82
5	1-Mar-07		38.74	94.76	46.63	25.26	92.91	44.83	29.34	44.85	19.80	67.58	1420.86
6	2-Apr-07		41.52	97.03	47.10	27.14	99.80	46.12	30.59	44.74	20.74	71.10	1482.37
57	1-Jul-11		85.26	39.80	30.54	27.02	390.48	54.85	17.57	9.68	18.65	78.37	1292.28
58	1-Aug-11		89.74	30.01	21.74	26.40	384.83	53.84	16.00	8.15	18.60	73.18	1218.89
59	1-Sep-11		87.16	21.94	15.74	24.70	381.32	52.72	15.07	6.11	17.32	71.81	1131.42
60	3-Oct-11		92.16	25.27	20.51	26.43	404.78	53.73	16.55	6.82	18.87	77.20	1253.30
61	1-Nov-11		95.52	27.26	18.89	25.58	382.20	49.16	15.76	5.44	19.86	80.00	1246.96
62	1-Dec-11		100.33	26.42	18.19	25.96	405.00	50.57	17.91	5.56	21.42	84.30	1257.60
63	3-Jan-12		99.05	30.14	20.52	29.53	456.48	49.52	18.71	7.13	21.18	83.28	1312.41
64	1-Feb-12		99.99	31.01	23.30	30.77	493.17	50.21	19.67	8.18	21.14	84.88	1351.95

Excel 関数 $\mathbf{Ln(P_t/P_{t-1})}$ を使用して、月次収益率を計算する。

	A	B	C	D	E	F	G	H	I	J	K	L
1					10銘柄の株式とSP500指数の5年間の月次収益率							
2	日付	MCD	X	MT	MSFT	AAPL	K	GE	BAC	PFE	XOM	^GSPC
3	1-Mar-07	3.07%	11.18%	3.91%	-1.06%	9.36%	3.13%	1.27%	0.38%	1.17%	5.13%	0.99%
4	2-Apr-07	6.93%	2.37%	1.00%	7.18%	7.15%	2.84%	4.17%	-0.25%	4.64%	5.08%	4.24%
5	1-May-07	4.59%	11.02%	12.16%	2.80%	19.42%	2.55%	1.91%	0.73%	4.89%	5.09%	3.20%
6	1-Jun-07	0.41%	-3.98%	3.93%	-4.06%	0.70%	-4.14%	2.60%	-3.66%	-7.23%	0.85%	-1.80%
7	2-Jul-07	-5.85%	-10.11%	-2.23%	-1.66%	7.66%	0.04%	1.24%	-3.06%	-8.39%	1.49%	-3.25%
8	1-Aug-07	2.83%	-3.72%	8.65%	-0.53%	4.97%	6.42%	0.28%	6.66%	6.70%	1.09%	1.28%
54	1-Jun-11	3.35%	-0.15%	3.86%	3.86%	-3.56%	-2.97%	-3.24%	-6.90%	-4.07%	-2.53%	-1.84%
55	1-Jul-11	2.53%	-14.09%	-10.97%	5.24%	15.12%	0.82%	-5.16%	-12.05%	-6.79%	-1.97%	-2.17%
56	1-Aug-11	5.12%	-28.23%	-33.99%	-2.32%	-1.46%	-1.86%	-9.36%	-17.20%	-0.27%	-6.85%	-5.85%
57	1-Sep-11	-2.92%	-31.32%	-32.29%	-6.66%	-0.92%	-2.10%	-5.99%	-28.81%	-7.13%	-1.89%	-7.45%
58	3-Oct-11	5.58%	14.13%	26.47%	6.77%	5.97%	1.90%	9.37%	10.99%	8.57%	7.24%	10.23%
59	1-Nov-11	3.58%	7.58%	-8.23%	-3.27%	-5.74%	-8.89%	-4.89%	-22.61%	5.11%	3.56%	-0.51%
60	1-Dec-11	4.91%	-3.13%	-3.78%	1.47%	5.79%	2.83%	12.79%	2.18%	7.56%	5.24%	0.85%
61	3-Jan-12	-1.28%	13.17%	12.05%	12.88%	11.97%	-2.10%	4.37%	24.87%	-1.13%	-1.22%	4.27%
62	1-Feb-12	0.94%	2.85%	12.71%	4.11%	7.73%	1.38%	2.22%	13.74%	-0.19%	1.90%	2.97%
63												
64	平均収益率	1.63%	-1.68%	-1.09%	0.31%	2.94%	0.24%	-0.69%	-2.83%	0.13%	0.47%	-0.07%

以下で、超過収益率と分散共分散行列を計算する。

	A	B	C	D	E	F	G	H	I	J	K	L
66												
67						分散共分散行列						
68		MCD	X	MT	MSFT	AAPL	K	GE	BAC	PFE	XOM	
68	MCD	0.0020	0.0037	0.0028	0.0015	0.0017	0.0007	0.0020	0.0031	0.0015	0.0011	
69	X	0.0037	0.0380	0.0284	0.0076	0.0111	0.0031	0.0127	0.0176	0.0043	0.0043	
70	MT	0.0028	0.0284	0.0267	0.0065	0.0097	0.0031	0.0102	0.0133	0.0038	0.0039	
71	MSFT	0.0015	0.0076	0.0065	0.0063	0.0049	0.0010	0.0046	0.0079	0.0018	0.0014	
72	AAPL	0.0017	0.0111	0.0097	0.0049	0.0126	0.0016	0.0049	0.0049	0.0007	0.0020	
73	K	0.0007	0.0031	0.0031	0.0010	0.0016	0.0026	0.0028	0.0046	0.0011	0.0003	
74	GE	0.0020	0.0127	0.0102	0.0046	0.0049	0.0028	0.0122	0.0163	0.0041	0.0022	
75	BAC	0.0031	0.0176	0.0133	0.0079	0.0049	0.0046	0.0163	0.0393	0.0080	0.0017	
76	PFE	0.0015	0.0043	0.0038	0.0018	0.0007	0.0011	0.0041	0.0080	0.0041	0.0011	
77	XOM	0.0011	0.0043	0.0039	0.0014	0.0020	0.0003	0.0022	0.0017	0.0011	0.0026	
78			<-- [=MMULT(TRANSPOSE(B83:K142),B83:K142)/59]									
79												
80												
81						超過収益率：$r_{ij} - r_i$						
82		MCD	X	MT	MSFT	AAPL	K	GE	BAC	PFE	XOM	
83	1-Mar-07	0.0144	0.1285	0.0501	-0.0137	0.0642	0.0289	0.0196	0.0321	0.0104	0.0467	<-- =K3-K$64
84	2-Apr-07	0.0530	0.0404	0.0209	0.0687	0.0422	0.0260	0.0486	0.0258	0.0451	0.0461	<-- =K4-K$64
85	1-May-07	0.0296	0.1269	0.1325	0.0249	0.1648	0.0231	0.0260	0.0356	0.0476	0.0462	<-- =K5-K$64
86	1-Jun-07	-0.0122	-0.0231	0.0502	-0.0437	-0.0224	-0.0438	0.0329	-0.0083	-0.0736	0.0039	<-- =K6-K$64
87	2-Jul-07	-0.0748	-0.0843	-0.0114	-0.0197	0.0473	-0.0020	0.0193	-0.0023	-0.0852	0.0102	
88	1-Aug-07	0.0119	-0.0205	0.0974	-0.0084	0.0204	0.0618	0.0097	0.0949	0.0657	0.0063	
89	4-Sep-07	0.0845	0.1313	0.1795	0.0217	0.0734	0.0168	0.0768	0.0327	-0.0180	0.0720	
90	1-Oct-07	0.0762	0.0351	0.0310	0.2197	0.1839	-0.0615	0.0009	-0.0121	0.0058	-0.0108	
91	1-Nov-07	-0.0120	-0.0806	-0.0644	-0.0911	-0.0709	0.0268	-0.0652	-0.0171	-0.0238	-0.0321	
92	3-Dec-07	-0.0088	0.2299	0.0576	0.0547	0.0541	-0.0327	-0.0170	-0.0690	-0.0458	0.0449	
93	2-Jan-08	-0.1111	-0.1537	-0.1419	-0.0913	-0.4101	-0.0948	-0.0403	0.0960	0.0260	-0.0937	
94	1-Feb-08	0.0003	0.0810	0.1464	-0.1801	-0.1088	0.0629	-0.0489	-0.0770	-0.0345	0.0148	
95	3-Mar-08	0.0140	0.1737	0.0892	0.0392	0.1085	0.0332	0.1172	-0.0022	-0.0637	-0.0331	
96	1-Apr-08	0.0497	0.2102	0.0963	0.0019	0.1631	-0.0292	-0.1169	0.0186	-0.0416	0.0910	
97	1-May-08	-0.0207	0.1332	0.1197	-0.0066	0.0523	0.0163	-0.0553	-0.0705	-0.0223	-0.0476	
98	2-Jun-08	-0.0635	0.0843	0.0120	-0.0319	-0.1492	-0.0786	-0.1228	-0.3064	-0.1040	-0.0118	

分散共分散行列を計算する VBA 関数

この手順を自動化するため、Excel 関数 **Covariance. S** を使って分散共分散行列を計算する VBA 関数を作成する。**Covariance. S** のような Excel 関数のピリオドは、VBA 内で用いる時は、**Covariance_S** のようにアンダースコアになる。

```
'Amir Kirsh に感謝する。
'Revised 2012 by Benjamin Czaczkes and _
Simon Benninga
Function VarCovar(rng As Range) As Variant
  Dim i As Integer
  Dim j As Integer
  Dim numcols As Integer
  numcols = rng.Columns.Count
  numrows = rng.Rows.Count
  Dim matrix() As Double
  ReDim matrix(numcols - 1, numcols - 1)
  For i = 1 To numcols
    For j = 1 To numcols
      matrix(i - 1, j - 1) = _
      Application.WorksheetFunction. Covariance_S(rng.Columns(i), _
      rng.Columns(j))
    Next j
  Next i
  VarCovar = matrix
End Function
```

VBAは分散共分散行列の全ての入力値に対して、Covariance_Sを計算する。[2] 結果はこうなる。

	A	B	C	D	E	F	G	H	I	J	K	L
1					月次データによるポートフォリオ分析							
2						分散共分散行列						
3		MCD	X	MT	MSFT	AAPL	K	GE	BAC	PFE	XOM	
4	MCD	0.0020	0.0037	0.0028	0.0015	0.0017	0.0007	0.0020	0.0031	0.0015	0.0011	<-- {=varcovar('Page 247'!B3:K62)}
5	X	0.0037	0.0380	0.0284	0.0076	0.0111	0.0031	0.0127	0.0176	0.0043	0.0043	
6	MT	0.0028	0.0284	0.0267	0.0065	0.0097	0.0031	0.0102	0.0133	0.0038	0.0039	
7	MSFT	0.0015	0.0076	0.0065	0.0063	0.0049	0.0010	0.0046	0.0079	0.0018	0.0014	
8	AAPL	0.0017	0.0111	0.0097	0.0049	0.0126	0.0016	0.0049	0.0049	0.0007	0.0020	
9	K	0.0007	0.0031	0.0031	0.0010	0.0016	0.0026	0.0028	0.0046	0.0011	0.0003	
10	GE	0.0020	0.0127	0.0102	0.0046	0.0049	0.0028	0.0122	0.0163	0.0041	0.0022	
11	BAC	0.0031	0.0176	0.0133	0.0079	0.0049	0.0046	0.0163	0.0393	0.0080	0.0017	
12	PFE	0.0015	0.0043	0.0038	0.0018	0.0007	0.0011	0.0041	0.0080	0.0041	0.0011	
13	XOM	0.0011	0.0043	0.0039	0.0014	0.0020	0.0003	0.0022	0.0017	0.0011	0.0026	

$M-1$で割るべきか、あるいは、Mで割るべきか？

上記の計算で、分散と共分散の不偏推定量を得るために、Mの代わりに$M-1$で割って、標本共分散（ExcelではCovariance. S、VBAではCovariance_S）を使った。我々はこれを大して重要だとは思わないが、より高い権威者の意見を参照するため、8.2節のM対$M-1$の議論を薦める。

Excel2010から、マイクロソフト社はかつて存在したExcelのMか$M-1$のどちらで割るのかという点について、多くの混乱を解消した。Excelの新バージョンでは、これらの関数の用語と計算を標準化した。

Excel2010 以降の バージョン	その他（過去の） バージョンの関数 （未だ機能する）	コメント	VBAを使用した場合
Covariance. S		$M-1$で割った 標本分散	**Application. WorksheetFunction. Covariance_S**
Covariance. P	Covar	Mで割った 母集団分散	**Application. WorksheetFunction. Covariance_P**

---

[2]. 共分散行列は対称的なので、実は余計な計算をしている。しかし、コンピューターのスピードを考えたら、誰が気にするのか？

Excel2010 以降の バージョン	その他（過去の） バージョンの関数 （未だ機能する）	コメント	VBA を使用した場合
Var.S	VarS	標本分散	Application. WorksheetFunction. Var_S Application. WorksheetFunction. VarS
Var.P	VarP	母集団分散	Application. WorksheetFunction. Var_P Application. WorksheetFunction. VarP

混乱しただろうか？心配無用！第 8 章の議論が示唆するように、おそらく大した問題ではない。

10.3 相関行列

Excel 関数 Correl を使用して、収益率の相関行列を計算できる。

```
Function CorrMatrix(rng As Range) As Variant
  Dim i As Integer
  Dim j As Integer
  Dim numcols As Integer
  numcols = rng.Columns.Count
  numrows = rng.Rows.Count
  Dim matrix() As Double
  ReDim matrix(numcols - 1, numcols - 1)
  For i = 1 To numcols
    For j = 1 To numcols
    matrix(i - 1, j - 1) = _
    Application.WorksheetFunction.Correl(rng. _
    Columns(i), rng.Columns(j))
```

```
      Next j
   Next i
   CorrMatrix = matrix
End Function
```

	A	B	C	D	E	F	G	H	I	J	K
1					相関行列						
2		McDonalds	US Steel	Arcelor-Mittal	Microsoft	Apple	Kellogg	General Electric	Bank of America	Pfizer	Exxon
3		MCD	X	MT	MSFT	AAPL	K	GE	BAC	PFE	XOM
4	MCD	1.0000	0.4199	0.3859	0.4238	0.3379	0.2920	0.4064	0.3506	0.5411	0.4741
5	X	0.4199	1.0000	0.8898	0.4898	0.5062	0.3078	0.5904	0.4556	0.3491	0.4361
6	MT	0.3859	0.8898	1.0000	0.5044	0.5277	0.3692	0.5659	0.4103	0.3602	0.4620
7	MSFT	0.4238	0.4898	0.5044	1.0000	0.5497	0.2416	0.5312	0.5050	0.3542	0.3581
8	AAPL	0.3379	0.5062	0.5277	0.5497	1.0000	0.2827	0.3964	0.2205	0.0945	0.3425
9	K	0.2920	0.3078	0.3692	0.2416	0.2827	1.0000	0.4846	0.4559	0.3487	0.1234
10	GE	0.4064	0.5904	0.5659	0.5312	0.3964	0.4846	1.0000	0.7461	0.5842	0.3926
11	BAC	0.3506	0.4556	0.4103	0.5050	0.2205	0.4559	0.7461	1.0000	0.6328	0.1723
12	PFE	0.5411	0.3491	0.3602	0.3542	0.0945	0.3487	0.5842	0.6328	1.0000	0.3435
13	XOM	0.4741	0.4361	0.4620	0.3581	0.3425	0.1234	0.3926	0.1723	0.3435	1.0000
14				<-- {=CorrMatrix('Page 247'!B3:K62)}							

もう1つ別のバージョンの相関行列を示す。今度は上半分だけである。

```
'Triangular correlation matrix
Function CorrMatrixTriangular(rng As Range) _
As Variant
   Dim i As Integer
   Dim j As Integer
   Dim numcols As Integer
   numcols = rng.Columns.Count
   numrows = rng.Rows.Count
   Dim matrix() As Variant
   ReDim matrix(numcols - 1, numcols - 1)
   For i = 1 To numcols
      For j = 1 To numcols
      If i <= j Then
         matrix(i - 1, j - 1) = _
      Application.WorksheetFunction.Correl(rng. _
      Columns(i), rng.Columns(j))
```

```
        Else
            matrix(i - 1, j - 1) = ""
        End If
    Next j
Next i
CorrMatrixTriangular = matrix
End Function
```

	A	B	C	D	E	F	G	H	I	J	K
16		McDonalds	US Steel	Arcelor-Mittal	Microsoft	Apple	Kellogg	General Electric	Bank of America	Pfizer	Exxon
17		MCD	X	MT	MSFT	AAPL	K	GE	BAC	PFE	XOM
18	MCD	1.0000	0.4199	0.3859	0.4238	0.3379	0.2920	0.4064	0.3506	0.5411	0.4741
19	X		1.0000	0.8898	0.4898	0.5062	0.3078	0.5904	0.4556	0.3491	0.4361
20	MT			1.0000	0.5044	0.5277	0.3692	0.5659	0.4103	0.3602	0.4620
21	MSFT				1.0000	0.5497	0.2416	0.5312	0.5050	0.3542	0.3581
22	AAPL					1.0000	0.2827	0.3964	0.2205	0.0945	0.3425
23	K						1.0000	0.4846	0.4559	0.3487	0.1234
24	GE							1.0000	0.7461	0.5842	0.3926
25	BAC								1.0000	0.6328	0.1723
26	PFE									1.0000	0.3435
27	XOM										1.0000
28				<-- {=CorrMatrixTriangular('Page 247'!B3:K62)}							

相関係数の幾つかの統計値を示す。標本データの相関係数の平均値 (0.4226) は少し高めである (通常、株式の標本データでは、平均相関係数は 0.2 から 0.3 の間の数値になる)。相関係数の最大値 ($\rho_{\text{Arclor,US Steel}} = 0.8898, \rho_{\text{GE,BankAmerica}} = 0.7461$) は、おそらく経済的な理由があるのだろうが、きわめて高いように見える。[3]

	A	B	C	D	E	F	G	H	I	J
30				相関係数に関する統計値						
31	平均値	0.4226	<-- =AVERAGEIF(B18:K27,"<1")							
32	最大値	0.8898	<-- =LARGE(B18:K27,11)			最小値	0.0945	<-- =SMALL($B$18:$K$27,1)		
33	2番目に大きい値	0.7461	<-- =LARGE(B18:K27,12)			2番目に小さい値	0.1234	<-- =SMALL($B$18:$K$27,2)		
34	etc.	0.6328	<-- =LARGE(B18:K27,13)			etc.	0.1723	<-- =SMALL($B$18:$K$27,3)		
35	etc.	0.5904	<-- =LARGE(B18:K27,14)			etc.	0.2416	<-- =SMALL($B$18:$K$27,5)		
36	etc.	0.5842	<-- =LARGE(B18:K27,15)			etc.	0.2416	<-- =SMALL($B$18:$K$27,5)		

---

[3]. もちろん、Arcelor-Mittal と U.S.Steel は共に鉄鋼会社である。GE は世界中で最も大規模な財務活動を行っている企業の 1 つである。おそらく、これが GE と Bank of America の収益率の相関が高いことの説明ではないだろうか？あるいは、おそらく単なるデータの気まぐれか？

10.4 大域的最小分散ポートフォリオ（Global Minimum Variance Portfolio）を計算する

分散共分散行列の最も重要な 2 つの使用法は、大域的最小分散ポートフォリオ（Global Minimum Variance Portfolio；GMVP）を見つけることと、効率的ポートフォリオを見つけることである。どちらの使用法でも、標本データを用いることの諸問題を例証し、標本分散共分散行列の代案を議論する 10.7 節から 10.10 節で必要な導入を提供する。

　分散共分散行列 S を持つ N 個の資産を考える。GMVP は全ての実現可能なポートフォリオの中で最も低い分散を持つポートフォリオ $x = \{x_1, x_2, \ldots, x_N\}$ である。最小分散ポートフォリオは次のように定義される。

$$x_{GMVP} = \{x_{GMVP,1}, x_{GMVP,2}, \ldots, x_{GMVP,N}\} = \frac{1_{行} \cdot S^{-1}}{1_{行} \cdot S^{-1} \cdot 1_{行}^T}$$

ここで

$$1_{行} = \underbrace{\{1, 1, \ldots, 1\}}_{\substack{\uparrow \\ 1 \text{ の N 次元行ベクトル}}} \frac{1_{行} \cdot S^{-1}}{\text{合計（分子）}}$$

$$x_{GMVP} = \begin{Bmatrix} x_{GMVP,1} \\ x_{GMVP,2} \\ \vdots \\ x_{GMVP,N} \end{Bmatrix} = \frac{S^{-1} \cdot 1_{列}}{1_{列}^T \cdot S^{-1} \cdot 1_{列}}$$

ここで

$$1_{列} = \underbrace{\begin{Bmatrix} 1 \\ 1 \\ \vdots \\ 1 \end{Bmatrix}}_{\substack{\uparrow \\ 1 \text{ の N 次元列ベクトル}}}$$

$$= \frac{S^{-1} \cdot 1_{列}}{\text{合計（分子）}}$$

この式は Merton による。[4]

最小分散ポートフォリオに特有な魅力は、これが計算に資産の期待収益率を必要としない、効率的フロンティア上で唯一のポートフォリオであることである。最小分散ポートフォリオの平均 μ_{GMVP} と分散 σ^2_{GMVP} は、以下で与えられる。

$$\mu_{GMVP} = x_{GMVP} \cdot E(r), \quad \sigma^2_{GMVP} = x_{GMVP} \cdot S \cdot x^T_{GMVP}$$

以下は、前出の例に、これらの公式を実装したものである。列ベクトルと行ベクトルに2つの VBA 関数を使用する。

```
'Priyush Singh と Ayal Itzkovitz に感謝する。
Function UnitrowVector(numcols As Integer) _
As Variant
  Dim i As Integer
  Dim vector() As Integer
  ReDim vector(0, numcols - 1)
  For i = 1 To numcols
    vector(0, i - 1) = 1
  Next i
  UnitrowVector = vector
End Function

Function UnitColVector(numrows As Integer) _
As Variant
  Dim i As Integer
  Dim vector() As Integer
  ReDim vector(numrows - 1, 0)
  For i = 1 To numrows
    vector(i - 1, 0) = 1
  Next i
  UnitColVector = vector
End Function
```

---

4. Robert C. Merton, "An Analytical Derivation of Efficient Portfolio Frontier" *Journal of Financial and Quantitattive Analysis* (1973) 参照

これを 10 資産の例に適用すると、次の通りとなる。

	A	B	C	D	E	F	G	H	I	J	K
1				大域的最小分散ポートフォリオ（GMVP）の計算							
2						分散共分散行列					
3		MCD	X	MT	MSFT	AAPL	K	GE	BAC	PFE	XOM
4	MCD	0.0020	0.0037	0.0028	0.0015	0.0017	0.0007	0.0020	0.0031	0.0015	0.0011
5	X	0.0037	0.0380	0.0284	0.0076	0.0111	0.0031	0.0127	0.0176	0.0043	0.0043
6	MT	0.0028	0.0284	0.0267	0.0065	0.0097	0.0031	0.0102	0.0133	0.0038	0.0039
7	MSFT	0.0015	0.0076	0.0065	0.0063	0.0049	0.0010	0.0046	0.0079	0.0018	0.0014
8	AAPL	0.0017	0.0111	0.0097	0.0049	0.0126	0.0016	0.0049	0.0049	0.0007	0.0020
9	K	0.0007	0.0031	0.0031	0.0010	0.0016	0.0026	0.0028	0.0046	0.0011	0.0003
10	GE	0.0020	0.0127	0.0102	0.0046	0.0049	0.0028	0.0122	0.0163	0.0041	0.0022
11	BAC	0.0031	0.0176	0.0133	0.0079	0.0049	0.0046	0.0163	0.0393	0.0080	0.0017
12	PFE	0.0015	0.0043	0.0038	0.0018	0.0007	0.0011	0.0041	0.0080	0.0041	0.0011
13	XOM	0.0011	0.0043	0.0039	0.0014	0.0020	0.0003	0.0022	0.0017	0.0011	0.0026
14											
15	GMVP 列	0.0326	0.2117	0.1754	0.0705	0.0873	0.0340	0.1166	0.1891	0.0493	0.0335
16			<-- {=MMULT(unitrowvector(10),B4:K13)/SUM(MMULT(unitrowvector(10),B4:K13))}								
17											
18		0.0326									
19	GMVP 行	0.2117	<-- {=MMULT(B4:K13,unitcolvector(10))/SUM(MMULT(B4:K13,unitcolvector(10)))}								
20		0.1754									
21		0.0705									
22		0.0873									
23		0.0340									
24		0.1166									
25		0.1891									
26		0.0493									
27		0.0335									
28											
29		GMVP の統計値									
30	平均	-0.80%	=T(B15:K15,'Page 247'!B64:K64)								
31	分散	0.0130	<-- {=MMULT(MMULT(B15:K15,B4:K13),B18:B27)}								
32	標準偏差	11.40%	<-- =SQRT(B31)								

10.5 標本分散共分散行列についての4つの代替的方法

続く数節では、標本分散共分散行列について4つの代替的計算方法を示す。

- シングル・インデックス・モデル（**single-index model**）は、分散リスクの源泉が市場の分散と資産の β のみであると仮定する
- 一定相関モデル（**constant correlation model**）は、全資産間の収益率の相関係数が一定で、その結果 $\sigma_{ij} = \rho \sigma_i \sigma_j$ になると仮定する。
- 縮小推定法（**Shrinkage Methods**）は、分散共分散行列が、標本分散共分散と、主対角成分が分散でその他がゼロの対角行列との、凸結合であると仮定する。
- オプション法（**Option Methods**）は、オプションを用いて資産の収益率の標準偏差を推定する。10.9節では、これに一定相関モデル法を組合せて、分散共分散行列を計算する。

最初の 3 つのモデルは、将来のデータの共分散を推定するのに、収益率のデータが頼りにならないことに起因している。オプション取引のデータを用いる第 4 の方法は、更に踏み込んで、たとえ標本分散でも、将来の分散の不正確な予測値であると仮定する。

10.6 標本分散共分散行列の代替的方法：シングル・インデックス・モデル（SIM）

シングル・インデックス・モデル（SIM）は、分散共分散行列を計算する際のいくつかの複雑な計算を単純にするための試みとして始まった。[5] SIM の基本的な仮定は、各資産の収益率が市場インデックス x の収益率に線形回帰できるというものである。

$$\tilde{r}_i = \alpha_i + \beta_i \tilde{r}_x + \tilde{\varepsilon}_i$$

ここで、ε_i と ε_j の相関係数はゼロである。この仮定を所与とすると、以下の 2 つの事実を容易に確立できる。

$$E(\tilde{r}_i) = \alpha_i + \beta_i E(\tilde{r}_x)$$

$$\sigma_{ij} = \begin{cases} \beta_i \beta_j \sigma_x^2 & i \neq j \text{ のとき} \\ \sigma_i^2 & i = j \text{ のとき} \end{cases}$$

　SIM は、本質的に標本分散ではなく、共分散の推定値の変化に関わっている。ちょっとした VBA コードを書くことで、SIM の計算手順を自動化できる。

---

[5] W. M. Sharp, "A Simlified Model for Portfolio Analysis," *Management Science*(1963) を参照。

```
Function sim(assetdata As Range, marketdata As Range) _
As Variant
    Dim i As Integer
    Dim j As Integer
    Dim numcols As Integer
    numcols = assetdata.Columns.Count
    Dim matrix() As Double
    ReDim matrix(numcols - 1, numcols - 1)

    For i = 1 To numcols
    For j = 1 To numcols
       If i = j Then
       matrix(i - 1, j - 1) = Application. _
       WorksheetFunction.Var_S(assetdata.Columns(i))
       Else
       matrix(i - 1, j - 1) = _
     Application.WorksheetFunction.Slope(assetdata. _
     Columns(i), marketdata) * _
     Application.WorksheetFunction.Slope(assetdata. _
     Columns(j), marketdata) * _
     Application.WorksheetFunction.Var_S(marketdata)
    End If
    Next j
    Next i
    sim = matrix
End Function
```

この関数の2つの引数は、資産の収益率と市場の収益率である。この関数を例題に適用する。

	A	B	C	D	E	F	G	H	I	J	K	L
1					単一インデックスの分散共分散行列の計算							
2		MCD	X	MT	MSFT	AAPL	K	GE	BAC	PFE	XOM	
3	MCD	0.0020	0.0036	0.0031	0.0013	0.0016	0.0006	0.0021	0.0032	0.0009	0.0006	
4	X	0.0036	0.0380	0.0198	0.0085	0.0105	0.0038	0.0137	0.0204	0.0059	0.0042	
5	MT	0.0031	0.0198	0.0267	0.0073	0.0090	0.0033	0.0117	0.0175	0.0051	0.0036	
6	MSFT	0.0013	0.0085	0.0073	0.0063	0.0038	0.0014	0.0050	0.0075	0.0022	0.0015	
7	AAPL	0.0016	0.0105	0.0090	0.0038	0.0126	0.0017	0.0062	0.0092	0.0027	0.0019	
8	K	0.0006	0.0038	0.0033	0.0014	0.0017	0.0026	0.0022	0.0034	0.0010	0.0007	
9	GE	0.0021	0.0137	0.0117	0.0050	0.0062	0.0022	0.0122	0.0121	0.0035	0.0025	
10	BAC	0.0032	0.0204	0.0175	0.0075	0.0092	0.0034	0.0121	0.0393	0.0052	0.0037	
11	PFE	0.0009	0.0059	0.0051	0.0022	0.0027	0.0010	0.0035	0.0052	0.0041	0.0011	
12	XOM	0.0006	0.0042	0.0036	0.0015	0.0019	0.0007	0.0025	0.0037	0.0011	0.0026	
13					<-- {=sim(B16:K75,L16:L75)}							
14												
15	日付	MCD	X	MT	MSFT	AAPL	K	GE	BAC	PFE	XOM	^GSPC
16	1-Mar-07	3.07%	11.18%	3.91%	-1.06%	9.36%	3.13%	1.27%	0.38%	1.17%	5.13%	0.99%
17	2-Apr-07	6.93%	2.37%	1.00%	7.18%	7.15%	2.84%	4.17%	-0.25%	4.64%	5.08%	4.24%
18	1-May-07	4.59%	11.02%	12.16%	2.80%	19.42%	2.55%	1.91%	0.73%	4.89%	5.09%	3.20%
19	1-Jun-07	0.41%	-3.98%	3.93%	-4.06%	0.70%	-4.14%	2.60%	-3.66%	-7.23%	0.85%	-1.80%
20	2-Jul-07	-5.85%	-10.11%	-2.23%	-1.66%	7.66%	0.04%	1.24%	-3.06%	-8.39%	1.49%	-3.25%
21	1-Aug-07	2.83%	-3.72%	8.65%	-0.53%	4.97%	6.42%	0.28%	6.66%	6.70%	1.09%	1.28%
67	1-Jun-11	3.35%	-0.15%	3.86%	3.86%	-3.56%	-2.97%	-3.24%	-6.90%	-4.07%	-2.53%	-1.84%
68	1-Jul-11	2.53%	-14.09%	-10.97%	5.24%	15.12%	0.82%	-5.16%	-12.05%	-6.79%	-1.97%	-2.17%
69	1-Aug-11	5.12%	-28.23%	-33.99%	-2.32%	-1.46%	-1.86%	-9.36%	-17.20%	-0.27%	-6.85%	-5.85%
70	1-Sep-11	-2.92%	-31.32%	-32.29%	-6.66%	-0.92%	-2.10%	-5.99%	-28.81%	-7.13%	-1.89%	-7.45%
71	3-Oct-11	5.58%	14.13%	26.47%	6.77%	5.97%	1.90%	9.37%	10.99%	8.57%	7.24%	10.23%
72	1-Nov-11	3.58%	7.58%	-8.23%	-3.27%	-5.74%	-8.89%	-4.89%	-22.61%	5.11%	3.56%	-0.51%
73	1-Dec-11	4.91%	-3.13%	-3.78%	1.47%	5.79%	2.83%	12.79%	2.18%	7.56%	5.24%	0.85%
74	3-Jan-12	-1.28%	13.17%	12.05%	12.88%	11.97%	-2.10%	4.37%	24.87%	-1.13%	-1.22%	4.27%
75	1-Feb-12	0.94%	2.85%	12.71%	4.11%	7.73%	1.38%	2.22%	13.74%	-0.19%	1.90%	2.97%

10.7 標本分散共分散行列の代替的方法：一定相関モデル（constant correlation）

Elton and Gruber（1973）の一定相関モデルは、資産収益率の分散は標本収益率の分散であるが、共分散は全て、同一の相関係数によって関連づけられていると仮定して、分散共分散行列を計算する。この相関係数は、一般に当該資産間の相関係数の平均値であるとみなされる。$Cov(r_i r_j) = \sigma_{ij} = \rho_{ij}\sigma_i\sigma_j$ なので、これは一定相関モデルにおいて、以下になることを意味する。

$$\sigma_{ij} = \begin{cases} \sigma_{ii} = \sigma_i^2 & i = j \text{ のとき} \\ \sigma_{ij} = \rho\sigma_i\sigma_j & i \neq j \text{ のとき} \end{cases}$$

例題の10銘柄のデータを使って、一定相関モデルを実装できる。最初に全ての株式の相関係数を計算する。

分散共分散行列の計算

	A	B	C	D	E	F	G	H	I	J	K
1			CONSTANT CORRELATIONモデルに基づく分散共分散行列の推定								
2	相関	0.20									
3											
4		MCD	X	MT	MSFT	AAPL	K	GE	BAC	PFE	XOM
5	MCD	0.0020	0.0018	0.0015	0.0007	0.0010	0.0005	0.0010	0.0018	0.0006	0.0005
6	X	0.0018	0.0380	0.0064	0.0031	0.0044	0.0020	0.0043	0.0077	0.0025	0.0020
7	MT	0.0015	0.0064	0.0267	0.0026	0.0037	0.0017	0.0036	0.0065	0.0021	0.0017
8	MSFT	0.0007	0.0031	0.0026	0.0063	0.0018	0.0008	0.0017	0.0031	0.0010	0.0008
9	AAPL	0.0010	0.0044	0.0037	0.0018	0.0126	0.0012	0.0025	0.0044	0.0014	0.0011
10	K	0.0005	0.0020	0.0017	0.0008	0.0012	0.0026	0.0011	0.0020	0.0007	0.0005
11	GE	0.0010	0.0043	0.0036	0.0017	0.0025	0.0011	0.0122	0.0044	0.0014	0.0011
12	BAC	0.0018	0.0077	0.0065	0.0031	0.0044	0.0020	0.0044	0.0393	0.0025	0.0020
13	PFE	0.0006	0.0025	0.0021	0.0010	0.0014	0.0007	0.0014	0.0025	0.0041	0.0007
14	XOM	0.0005	0.0020	0.0017	0.0008	0.0011	0.0005	0.0011	0.0020	0.0007	0.0026
15				<-- {=constantcorr('Page 247'!B3:K62,'Page 259'!B2)}							

収益率データから、この行列を計算する VBA 関数をプログラムしている。

```
Function constantcorr(data As Range, corr As Double) _
As Variant
    Dim i As Integer
    Dim j As Integer
    Dim numcols As Integer
    numcols = data.Columns.Count
    numrows = data.Rows.Count
    Dim matrix() As Double
    ReDim matrix(numcols - 1, numcols - 1)
    If Abs(corr) >= 1 Then GoTo Out
    For i = 1 To numcols
    For j = 1 To numcols
        If i = j Then
        matrix(i - 1, j - 1) = Application. _
        WorksheetFunction.Var_S(data.Columns(i))
        Else
        matrix(i - 1, j - 1) = corr * jjunk(data, i) * _
        jjunk(data, j)
        End If
    Next j
    Next i
Out:
    If Abs(corr) >= 1 Then constantcorr = VarCovar(data) _
    Else constantcorr = matrix
End Function
```

10.8 標本分散共分散行列の代替的方法：縮小推定法（Shrinkage Methods）

3番目の分散共分散の推定方法は、最近人気を集めている。いわゆる「*縮小推定法 (shrinkage methods)*」は、分散共分散行列が、標本共分散行列と他の行列との凸結合であると仮定する。

縮小推定による分散共分散行列 $= \lambda \cdot$ *標本分散共分散行列* $+ (1 - \lambda) \cdot$ *他の行列*

以下の例では、「他の」行列は分散とゼロだけの対角行列である。縮小ファクターは $\lambda = 0.3$（セル B20）である。

	A	B	C	D	E	F	G	H
1		\multicolumn{7}{c	}{収縮アプローチを利用した分散共分散行列の推定 0.30 (縮小ファクター)を標本分散共分散行列にかけて 0.70を分散とゼロだけの対角行列にかける。}	
2	収益率のデータ							
3	日付	GE	MSFT	JNJ	K	BA	IBM	
4	3-Jan-94	56.44%	-1.50%	6.01%	-9.79%	58.73%	21.51%	
5	3-Jan-95	18.23%	33.21%	41.56%	7.46%	-0.24%	6.04%	
6	2-Jan-96	56.93%	44.28%	57.71%	37.76%	65.55%	27.33%	
7	2-Jan-97	42.87%	79.12%	22.94%	-5.09%	54.34%	41.08%	
8	2-Jan-98	47.11%	38.04%	17.62%	32.04%	37.11%	2.63%	
9	4-Jan-99	34.55%	85.25%	26.62%	-10.74%	15.05%	-2.11%	
10	3-Jan-00	28.15%	11.20%	3.41%	-48.93%	43.53%	23.76%	
11	2-Jan-01	4.61%	-47.19%	10.69%	11.67%	28.29%	21.76%	
12	2-Jan-02	-19.74%	4.27%	23.11%	19.90%	-15.09%	4.55%	
13	2-Jan-03	-44.78%	-29.47%	-5.67%	10.88%	-23.23%	15.54%	
14	2-Jan-04	35.90%	18.01%	-1.27%	15.49%	39.82%	31.80%	
15								
16	平均	23.66%	21.38%	18.43%	5.51%	27.63%	17.63%	<-- =AVERAGE(G4:G14)
17	標準偏差	32.17%	40.71%	18.97%	23.86%	29.93%	13.56%	<-- =STDEV(G4:G14)
18	分散	0.1035	0.1657	0.0360	0.0570	0.0896	0.0184	<-- =VAR(G4:G14)
19								
20	収縮ファクターλ		0.3	<-- これは標本分散共分散にかける。				
21								
22	縮小行列： 配列関数 {=B20*B34:G39+(1-B20)*B44:G49}を使って縮小共分散行列を計算する。							
23		GE	MSFT	JNJ	K	BA	IBM	
24	GE	0.1035	0.0228	0.0066	-0.0013	0.0257	0.0037	
25	MSFT	0.0228	0.1657	0.0124	-0.0016	0.0114	-0.0007	
26	JNJ	0.0066	0.0124	0.0360	0.0054	0.0030	-0.0012	
27	K	-0.0013	-0.0016	0.0054	0.0570	-0.0023	-0.0014	
28	BA	0.0257	0.0114	0.0030	-0.0023	0.0896	0.0074	
29	IBM	0.0037	-0.0007	-0.0012	-0.0014	0.0074	0.0184	
30								
31								
32	配列関数 {=MMULT(TRANSPOSE(B4:G14-B16:G16),B4:G14-B16:G16)/10}を使って一様な標本共分散行列を計算する。縮小分散共分散行列はこの行列にλをかけて求める。							
33		GE	MSFT	JNJ	K	BA	IBM	
34	GE	0.1035	0.0758	0.0222	-0.0043	0.0857	0.0123	
35	MSFT	0.0758	0.1657	0.0412	-0.0052	0.0379	-0.0022	
36	JNJ	0.0222	0.0412	0.0360	0.0181	0.0101	-0.0039	
37	K	-0.0043	-0.0052	0.0181	0.0570	-0.0076	-0.0046	
38	BA	0.0857	0.0379	0.0101	-0.0076	0.0896	0.0248	
39	IBM	0.0123	-0.0022	-0.0039	-0.0046	0.0248	0.0184	
40								
41								
42	配列関数 {=MMULT(TRANSPOSE(B4:G14-B16:G16),B4:G14-B16:G16)/10*IF(A44:A49=B43:G43,1,0)}を使って分散とゼロだけの対角行列を計算する。縮小分散共分散行列はこの行列に1－λをかけて求める。							
43		GE	MSFT	JNJ	K	BA	IBM	
44	GE	0.1035	0.0000	0.0000	0.0000	0.0000	0.0000	
45	MSFT	0.0000	0.1657	0.0000	0.0000	0.0000	0.0000	
46	JNJ	0.0000	0.0000	0.0360	0.0000	0.0000	0.0000	
47	K	0.0000	0.0000	0.0000	0.0570	0.0000	0.0000	
48	BA	0.0000	0.0000	0.0000	0.0000	0.0896	0.0000	
49	IBM	0.0000	0.0000	0.0000	0.0000	0.0000	0.0184	

適切な縮小ファクターを選ぶための理論はほとんど存在しない。[6] 我々は、GMVP が完全に正になるような縮小ファクター λ を選ぶことを提案する (詳細は次節参照)。

10.9 オプション市場からの情報を用いた分散行列の計算 [7]

分散行列を計算するためのもう1つの方法は、オプション市場からの情報を用いることである。各株式に対するアット・ザ・マネー・コールオプションのインプライド・ボラティリティを利用し、一定相関モデルを使って、分散行列を計算する。

$$\sigma_{ij} = \begin{cases} \sigma^2_{i,\text{インプライド}} & if\ i = j \\ \rho \sigma_{i,\text{インプライド}} \sigma_{j,\text{インプライド}} & if\ i \neq j \end{cases}$$

以下は 10 銘柄の株式の例である。オプション市場のデータと、第 17 章で議論する VBA 関数 CallVolatility を使って、10 株式と S&P500 指数のインプライド・ボラティリティを計算する。また、5 年間の収益率のデータ・セットを使って、ヒストリカル・ボラティリティを計算する。

---

6. Olivier Ledoit and Michael Wolf による 3 つの論文が、何らかの指針を提供するかもしれない: "Improved Estimation of the Covariance Matrix of Stock Returns with an Application to Portfolio Selection" *Journal of Empirical Finance*, 2003. "Well-Conditioned Estimator for Large-Dimensional Covariance Matrices," *Journal of Multivariate Analysis*, 2004." Honey, I Shrunk the Sample Covariance Matrix," *Journal of Portfolio Management*, 2004.

7. 本節では、オプションに関する章から、いくつか情報を用いる。

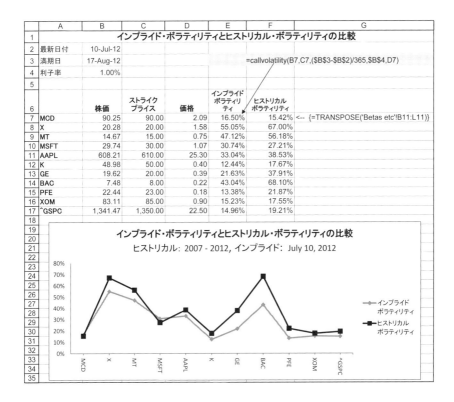

次に、インプライド・ボラティリティを基にして、一定相関モデルで分散共分散行列を計算できる。

	A	B	C	D	E	F	G	H	I	J	K
1				インプライド・ボラティリティの一定相関行列							
2	相関	0.20									
3											
4			MCD	X	MT	MSFT	AAPL	K	GE	BAC	PFE	XOM
5	MCD	0.0272	0.0182	0.0156	0.0101	0.0109	0.0041	0.0071	0.0142	0.0044	0.0050
6	X	0.0182	0.3031	0.0519	0.0338	0.0364	0.0137	0.0238	0.0474	0.0147	0.0168
7	MT	0.0156	0.0519	0.2221	0.0290	0.0311	0.0117	0.0204	0.0406	0.0126	0.0143
8	MSFT	0.0101	0.0338	0.0290	0.0945	0.0203	0.0076	0.0133	0.0265	0.0082	0.0094
9	AAPL	0.0109	0.0364	0.0311	0.0203	0.1091	0.0082	0.0143	0.0284	0.0088	0.0101
10	K	0.0041	0.0137	0.0117	0.0076	0.0082	0.0155	0.0054	0.0107	0.0033	0.0038
11	GE	0.0071	0.0238	0.0204	0.0133	0.0143	0.0054	0.0468	0.0186	0.0058	0.0066
12	BAC	0.0142	0.0474	0.0406	0.0265	0.0284	0.0107	0.0186	0.1852	0.0115	0.0131
13	PFE	0.0044	0.0147	0.0126	0.0082	0.0088	0.0033	0.0058	0.0115	0.0179	0.0041
14	XOM	0.0050	0.0168	0.0143	0.0094	0.0101	0.0038	0.0066	0.0131	0.0041	0.0232
15					<-- {=ImpliedVolvarcov(B5:K14,E22:E31,B2)}						
16											
17	最新日付	10-Jul-12									
18	満期日	17-Aug-12									
19	利子率	1.00%									
20											
21		株価	ストライクプライス	価格	インプライドボラティリティ						
22	MCD	90.25	90.00	2.09	16.50%	<-- =callvolatility(B22,C22,($B$18-$B$17)/365,$B$19,D22)
23	X	20.28	20.00	1.58	55.05%						
24	MT	14.67	15.00	0.75	47.12%						
25	MSFT	29.74	30.00	1.07	30.74%						
26	AAPL	608.21	610.00	25.30	33.04%						
27	K	48.98	50.00	0.40	12.44%						
28	GE	19.62	20.00	0.39	21.63%						
29	BAC	7.48	8.00	0.22	43.04%						
30	PFE	22.44	23.00	0.18	13.38%						
31	XOM	83.11	85.00	0.90	15.23%						

ImpliedVolVarCov のプログラムは、本章で既出の VBA の例と似たものである。

```
Function ImpliedVolVarCov(varcovarmatrix As _
    Range, volatilities As Range, corr As Double)
    As Variant
    Dim i As Integer
    Dim j As Integer
    Dim numcols As Integer
    numcols = varcovarmatrix.Columns.Count
    numrows = numcols
    Dim matrix() As Double
    ReDim matrix(numcols - 1, numcols - 1)
    If Abs(corr) >= 1 Then GoTo Out
    For i = 1 To numcols
        For j = 1 To numcols
```

```
      If i = j Then
      matrix(i - 1, j - 1) = volatilities(i) ^ 2
      Else
      matrix(i - 1, j - 1) = corr * _
        volatilities(i) * volatilities(j)
      End If
    Next j
    Next i
Out:
    If Abs(corr) >= 1 Then ImpliedVolVarCov = _
      "ERR" Else ImpliedVolVarCov = matrix
End Function
```

10.10 分散共分散行列の計算にどの方法をつかうべきか？

本章では、分散共分散行列の計算方法として5つの代替的方法を説明した。

- 標本分散共分散
- シングル・インデックス・モデル
- 一定相関アプローチ
- 縮小推定法（Shrinkage methods）
- インプライド・ボラティリティを基にした分散共分散行列

　これらの代替的方法をどう比較すればよいだろうか？どれを選択するべきだろうか？例えば、異なる方法による **GMVP** の代替値といった、それぞれの方法を用いた技術的結果を比較することはできるが、これは大きく的外れな議論である。
　分散共分散行列の計算方法の選択は、主として、読者が資本市場をどう見るかという問題である。もし、過去が未来を予言すると強く信じるなら、おそらく標本分散共分散行列を使うという選択をすべきである。著者は過去から逃れることを好むので、変化する相関係数を伴う、オプションを基にしたボラティリティモデルを選択する。「平常時」には、0.2 から 0.3 の「平常の」相関係数を用い、危機の時にはもっと高い相関、例えば $\rho = 0.5$ から 0.6 を使うだろう。

10.11 まとめ

本章では、あらゆるポートフォリオ最適化の中心である、分散共分散行列の計算方法を考察した。標準的な標本分散共分散行列から始め、ポートフォリオ計算を改善するかもしれない方法として文献に登場した、いくつかの代替的計算方法の使い方も示した。

練習問題

1. 以下の表では、1982 年から 1992 年における、6 つの家具会社の年間収益率データが示されている。これらのデータを用いて、収益率の分散共分散行列を計算しなさい。

	A	B	C	D	E	F	G	H
1				**6社の家具会社のデータ**				
2		La-Z-Boy	Kimball	Flexsteel	Leggett & Platt	Herman Miller	Shaw Industries	
3	1982	36.67%	0.20%	41.54%	21.92%	26.13%	22.50%	
4	1983	122.82%	61.43%	195.09%	62.27%	73.38%	117.89%	
5	1984	14.44%	63.51%	-38.38%	-1.27%	45.15%	7.80%	
6	1985	21.39%	28.42%	1.30%	81.17%	24.27%	38.14%	
7	1986	45.36%	-7.44%	21.89%	19.83%	10.73%	54.48%	
8	1987	20.19%	48.27%	9.11%	-10.21%	-11.92%	26.82%	
9	1988	-8.94%	-11.28%	12.65%	13.77%	7.06%	-6.24%	
10	1989	27.02%	12.85%	12.08%	32.55%	-7.55%	123.03%	
11	1990	-11.64%	2.42%	-17.13%	-6.48%	1.31%	15.48%	
12	1991	20.29%	6.90%	3.62%	50.12%	-5.54%	19.92%	
13	1992	34.08%	22.21%	33.46%	84.40%	5.71%	62.76%	
14								
15	ベータ	0.80	0.95	0.65	0.85	0.85	1.40	
16	平均収益率	29.24%	20.68%	25.02%	31.64%	15.34%	43.87%	<-- =AVERAGE(G3:G13)

残りの練習問題は、本書に付属する練習問題のスプレッドシートのタブ **Price data** のデータを参照する。このタブには 6 つの株式と、市場の代用として S&P500 指数の、3 年間の株価データがある。

2. 各株式の収益率と統計値（平均収益率、収益率の分散と標準偏差、β）を計算しなさい。

3. 6 つの株式の標本分散共分散行列と相関行列を計算しなさい。

4. 本章で定義した関数 **SIM** を使って、シングル・インデックス・モデルの分散共分散行列を計算しなさい。

5. 標本分散共分散行列を使って、大域的最小分散ポートフォリオ（GMVP）を計算しなさい。

6. 一定相関モデルによる共分散行列を使って、GMVP を計算しなさい。

11 βの推定と証券市場線

11.1 概要

資本資産評価モデル（CAPM）は、20世紀後半のファイナンス理論における、最も影響力の大きい2つのイノベーションのうちの1つである。[1] 効用理論によるポートフォリオの意思決定と、資産価格の統計的な振る舞いを統合することによって、CAPMの考案者達は、現在、株価の分析で一般的に用いられるパラダイムを定義した。

CAPMは実際、何を述べているのか？ CAPMの実証的な含意は何か？ 大ざっぱに言えば、CAPMの含意は2種類に分けることができる。第一に、資本市場線（CML）が、自己の最適ポートフォリオの平均収益率と分散に関心を持つ投資家に対して、*個々の最適ポートフォリオを明確にする*。第二に、資産収益率の統計的な特性ならびに平均-分散最適化の重要性に関する投資家間の合意を所与として、証券市場線（SML）が、*個々の資産に対するリスク-リターンの関係を明確にする*。

無リスク資産が存在する場合と、無リスク資産が存在しない場合に分けて考えると有益である。[2]

ケース1：無リスク資産が存在する場合

収益率の無リスク資産が存在し、収益率 r_f を持つとする。投資家の個人的な最適化と、CAPMの一般均衡の含意は、区別することができる。

- *個人的な最適化*：投資家はポートフォリオの期待収益率と標準偏差に基づいて最適化する（ファイナンスの専門用語で言うと、投資家は「平均-分散」選好を持つ）と仮定すると、CAPMは、各個人投資家の最適ポートフォリオが、直線

---

[1] もう1つの注目すべきイノベーションは、オプション価格理論である。これは第15章〜19章で議論される。これら2つのイノベーションは、ともに多くのノーベル経済学賞を受けている：Harry Markowiz（1990）、William Sharpe（1990）、Myron Scholes（1997）、と Robert Merton（1997）である。しかし、その早すぎる死去がなければ、これらの理論に関わった Jan Mossin（1936-1987）と Fischer Black（1938-1995）もまた、間違いなくノーベル賞を受賞していただろう。
[2] 無リスク資産の存在（あるいは不在）は、投資ホライズン（期間）に密接に関連している。短期の無リスク資産は、長期では無リスクではないかもしれない。

$E(r_p) = r_f + \sigma_p[E(r_x - r_f)]$ 上に位置すると言明する。ここで、ポートフォリオ x は、実現可能な全てのポートフォリオ y について、$\dfrac{E(r_y) - r_f}{\sigma_y}$ を最大化するポートフォリオである。第 9 章の命題 1 は、x が

$$x = \{x_1, x_2, \cdots, x_N\} = \dfrac{S^{-1}\left[E(r) - r_f\right]}{\sum S^{-1}\left[E(r) - r_f\right]}$$

で計算できることを示した。S はリスク資産の収益率の分散共分散行列で、$E(r_i) = \{E(r_1), E(r_2), \cdots, E(r_N)\}$ は期待資産収益率のベクトルである。

- *一般均衡*：もし全ての投資家が、分散共分散行列 S と期待資産収益率のベクトル $E(r)$ という、モデルの統計的仮定に関して合意し、また、無リスク資産が存在するなら、個々の資産収益率は、以下の証券市場線（SML）によって規定される。

$$E(r_i) = r_f + \dfrac{Cov(r_i, r_M)}{\sigma_M^2}\left[E(r_M) - r_f\right]$$

ここで M は、全てのリスク資産を時価総額で加重した市場ポートフォリオを表す。式 $\dfrac{Cov(r_i, r_M)}{\sigma_M^2}$ は一般的に、資産のベータと呼ばれる。

$$\beta_i = \dfrac{Cov(r_i, r_M)}{\sigma_M^2}$$

ケース 2：無リスク資産が存在しない場合

もし無リスク資産が存在しない場合、個人的な最適化と一般均衡双方に対する CAPM の含意は、Black（1972）のゼロ・ベータ・モデル（第 9 章の命題 3）によって明確にされる。

- *個人的な最適化*：無リスク資産がない場合、個人的な最適ポートフォリオは効率的フロンティアに沿って位置する。第 9 章の命題 2 で示したように、このフロンティアは、任意の 2 つの最適化ポートフォリオの凸結合によって作られた、平均収益率と標準偏差の組み合わせの上向きの部分になる。即ち、$x = \dfrac{S^{-1}[E(r) - c_1]}{\sum S^{-1}[E(r) - c_1]}$ と $y = \dfrac{S^{-1}[E(r) - c_2]}{\sum S^{-1}[E(r) - c_2]}$ で、c_1 と c_2 は任意の定数である。

- *一般均衡*：無リスク資産が無い場合、もし全ての投資家が、分散共分散行列 S と期待資産収益率のベクトル $E(r)$ という、モデルの統計的仮定に関して合意するな

ら、個々の資産収益率は、以下の証券市場線（SML）によって規定される。

$$E(r_i) = E(r_z) + \frac{Cov(r_i, r_y)}{\sigma_y^2}[E(r_y) - E(r_z)]$$

ここで y は任意の効率的ポートフォリオで、z は y との共分散がゼロのポートフォリオ（いわゆる「ゼロ・ベータ・ポートフォリオ」）である。

　無リスク資産が存在しない場合は、無リスク資産が存在する場合に比べて、明らかに理論的に弱いものになる。もし無リスク資産が存在するなら、一般均衡バージョンのCAPMは、全てのポートフォリオが、単一の、合意された線上に位置すると言明する。もし無リスク資産が存在しないなら、全ての最適ポートフォリオが同一フロンティア上にあるものの、この場合、式 $E(r_i) = E(r_z) + \frac{Cov(r_i, r_y)}{\sigma_y^2}[E(r_y) - E(r_z)]$ を満たすポートフォリオ y が数多く存在するので、資産のベータは異なる可能性がある。

規範的かつ記述的ツールとしてのCAPM

以上の議論からわかるように、CAPMは*規範的かつ記述的*である。

　規範的ツールとして、CAPMは平均-分散スタイルの投資家に、最適ポートフォリオの選択方法を教える。式 $\frac{S^{-1}[E(r) - c_1]}{\sum S^{-1}[E(r) - c_1]}$ のポートフォリオを求めることによって、投資家はデータ集合の中から最適ポートフォリオを識別することができる。

　記述的ツールとして、CAPMは市場における期待収益率の構造に関して、一般化することが可能な条件を提示する。無リスク資産の有無にかかわらず、これら条件は、投資家が分散共分散行列と期待収益率という資産収益率の統計的構造について、合意すると仮定する。この場合、全ての収益率は以下の形の証券市場線（SML）上にあると期待される。

$$E(r_i) = r_f + \frac{Cov(r_i, r_M)}{\sigma_M^2}\left[E(r_M) - r_f\right] \quad \text{（無リスク資産が存在する場合）}$$

あるいは

$$E(r_i) = E(r_z) + \frac{Cov(r_i, r_y)}{\sigma_y^2}\left[E(r_y) - E(r_z)\right] \quad \text{（無リスク資産が存在しない場合）}$$

本章では

本章では、いくつかの資本市場の典型的なデータを考察し、CAPM の記述的な部分に対する簡単な検証を再現する。これは、一連の資産に対してベータを計算し、次に証券市場線（SML）の式を算定しなければならないことを意味する。本章の検証は、CAPM の最も簡単で可能なテストである。CAPM の検証における、考え得る統計学的、方法論的な落とし穴について議論している文献は膨大にある。手始めとしては、Elton, Gruber, Brown, and Goetzmann（2009）や Bodeie, Kane, and Marcus（2010）による教科書が良い。[3]

11.2 SML の検証

証券市場線（SML）の典型的な検証は、一連のリスク資産の収益率データから始まる。検証のステップは以下のようになる。

- 市場ポートフォリオ M の候補を決定する。ここでの例では、S&P500 指数を、M の候補として使用する。これは決定的に重要なステップである。原理的には、「真の」市場ポートフォリオは、第 9 章で指摘したように、市場の全てのリスク資産をその価値の割合に応じて含まなければならない。この理論的市場ポートフォリオを計算することは明らかに不可能であり、したがって、代用品で間に合わせる必要がある。続く 2 節で分かるように、第 9 章の命題は、どのように市場の代用品の選択が、CAPM の回帰分析テストにおける決定係数に影響を及ぼすのか、多くの指針を与えてくれる。
- 対象とする資産のそれぞれについて、資産ベータ $\beta_i = \dfrac{Cov(r_i, r_M)}{\sigma_M^2}$ を算定する。これはしばしば、*1 回目の回帰*（*first - pass regression*）と呼ばれる。
- それぞれの関連するベータに対して、資産の平均収益率を回帰する（*2 回目の回帰*、"*second pass regression*"）：

$$\bar{r}_i = \gamma_0 + \gamma_1 \beta_i$$

もし CAPM の記述的な形が成立するなら、2 回目の回帰は証券市場線（SML）に

---

[3]. さらなる文献は、本書の末尾にある「参考文献」を参照。筆者が評論的に好きなのは、Roll による論文 "Ambiguity When Performance Is Measured by the Securities Market Line," *Journal of Finance*（1978）である。

なるはずである。[4]

ダウ工業株 30 銘柄の株式データを用いた簡単な数値例で、CAPM の検証を例示する。S&P500 指数（^GSPC）とダウ工業株の株式の価格から始める（一部の行と列は非表示）。

	A	B	C	D	E	F	G	H	I	J	K	L	M	N
1				THE DOW-JONES 工業株とSTANDARD AND POORS 500指数の価格データ July 2001 - July 2006										
2	日付	S&P 500 Index ^GSPC	Alcoa AA	American International Group AIG	American Express AXP	Boeing BA	Citigroup C	Caterpillar CAT	DuPont DD	Disney DIS	General Electric GE	General Motors GM	Home Depot HD	Honeywell HON
3	3-Jul-01	1211.23	35.37	81.32	33.73	53.64	40.97	24.73	36.29	25.02	38.33	49.72	48.26	32.75
4	1-Aug-01	1133.58	34.50	76.43	30.46	47.06	37.49	22.45	35.01	24.14	36.04	43.14	44.06	33.27
5	4-Sep-01	1040.94	28.06	76.24	24.30	30.79	33.15	20.11	32.07	17.68	32.93	33.81	36.79	23.57
6	1-Oct-01	1059.78	29.34	76.82	24.68	29.97	37.26	20.23	34.18	17.65	32.23	32.56	36.66	26.38
7	1-Nov-01	1139.45	35.09	80.54	27.60	32.43	39.34	21.45	38.21	19.43	34.08	39.63	44.78	29.77
8	3-Dec-01	1148.08	32.32	77.64	29.93	35.83	41.46	23.63	36.63	19.88	35.63	38.75	48.97	30.38
9	2-Jan-02	1130.20	32.59	72.51	30.13	37.83	39.06	22.90	38.06	20.21	33.03	40.77	48.09	30.19
10	1-Feb-02	1106.73	34.31	72.38	30.64	42.64	37.29	25.29	40.68	22.07	34.39	42.67	48.00	34.43
51	1-Jul-05	1234.18	27.48	59.76	47.68	65.02	42.62	53.28	41.22	25.37	33.53	34.89	42.97	38.43
52	1-Aug-05	1220.33	26.38	58.92	47.89	66.26	42.89	54.85	38.55	24.93	32.66	32.86	39.92	37.66
53	1-Sep-05	1228.81	24.05	61.67	49.79	67.18	44.60	58.07	38.16	23.88	32.94	29.42	37.76	36.89
54	3-Oct-05	1207.01	23.92	64.49	49.41	63.91	44.86	52.22	40.62	24.11	33.17	26.33	40.63	33.65
55	1-Nov-05	1249.48	27.16	66.82	51.04	67.67	48.04	57.37	42.02	24.67	34.94	21.44	41.46	36.15
56	1-Dec-05	1248.29	29.30	67.91	51.08	69.71	48.02	57.36	41.77	23.97	34.53	19.01	40.17	36.85
57	3-Jan-06	1280.08	31.21	65.15	52.19	67.79	46.09	67.69	38.48	25.31	32.27	23.56	40.24	38.01

最初に、これらの価格データを収益率に変換する。

	A	B	C	D	E	F	G	H	I	J	K	L	M	N
1				DOW-JONES 工業株とSTANDARD AND POORS 500指数の収益率データ July 2001 - July 2006										
2	日付	S&P 500 Index ^GSPC	Alcoa AA	American International Group AIG	American Express AXP	Boeing BA	Citigroup C	Caterpillar CAT	DuPont DD	Disney DIS	General Electric GE	General Motors GM	Home Depot HD	Honeywell HON
3														
4	平均収益率	0.07%	-0.09%	=AVERAGE(C9:C68)		0.67%	0.30%	1.79%	0.18%	0.29%	-0.23%	-0.87%	-0.52%	0.29%
5	β	1.00	1.90	0.9	=SLOPE(C9:C68,$B$9:$B$68)			1.39	1.00	1.28	0.84	1.41	1.55	1.66
6	α	0	-0.23%	-0.61				1.69%	0.11%	0.20%	-0.30%	-0.97%	-0.63%	0.17%
7	決定係数	1	0.6085	=INTERCEPT(C9:C68,$B$9:$B$68)				0.5158	0.4362	0.3845	0.3221	0.2607	0.5288	0.5473
8														
9	1-Aug-01	-6.63%	-2.49%	-6.20%	-10.20%	-13.09%	-8.88%	-9.67%	-3.59%	-3.58%	-6.16%	-14.20%	-9.11%	1.58%
10	4-Sep-01	-8.53%	-20.66%	=RSQ(C9:C68,$B$9:$B$68)			-12.30%	-11.01%	-8.77%	-31.14%	-9.02%	-24.37%	-18.03%	-34.47%
11	1-Oct-01	1.79%	4.46%				11.69%	0.59%	6.37%	-0.17%	-2.15%	-3.77%	-0.35%	11.26%
12	1-Nov-01	7.25%	17.90%	4.73%	11.18%	7.89%	5.43%	5.86%	11.15%	9.61%	5.58%	19.65%	20.01%	12.09%
13	3-Dec-01	0.75%	-8.22%	-3.67%	8.10%	9.97%	5.25%	9.68%	-4.22%	2.29%	4.45%	-2.25%	8.94%	2.03%
14	2-Jan-02	-1.57%	0.83%	-6.84%	0.67%	5.43%	-5.96%	-3.09%	3.83%	1.65%	-7.58%	5.08%	-1.81%	-0.63%
15	1-Feb-02	-2.10%	5.14%	-0.18%	1.68%	11.97%	-4.64%	9.88%	6.66%	8.80%	4.03%	4.55%	-0.19%	13.14%
16	1-Mar-02	3.61%	0.47%	-2.52%	11.66%	4.85%	9.02%	2.38%	0.66%	0.36%	-2.89%	13.20%	-2.72%	0.41%

1 回目の回帰（The first-pass regression）

行 4 は、各資産の 60 ヶ月間の月次平均収益率である（年次換算するには、12 をかける）。行 5-7 は、1 回目の回帰の結果である。各資産 i に対して、$r_{it} = \alpha_i + \beta_i r_{S P, t}$ の回帰結果を示している。各資産の β の計算には Excel 関数 **Slope** を使い、それ

---

4. これは第 9 章の命題 3 と命題 4 の直接的な帰結である。

ぞれの回帰の α と決定係数R^2 の計算には関数 **Intercept** と **Rsq** を使う。

確認として、S&P500 指数の α、β、決定係数も計算した（B 列）。驚くにはあたらないが、$\alpha_{SP} = 0, \beta_{SP} = 1, R^2 = 1$ である。

2 回目の回帰（The second-pass regression）

証券市場線（SML）は、各証券の平均収益率がそのベータと線型関係になるはずであると要請する。過去のデータが、将来の収益率分布の正確な描写を提供すると仮定すれば、$E(R_i) = \alpha + \beta_i \Pi + \varepsilon_i$ が推論される。ここで α と Π の定義は、11.1 節のケース 1 かあるいはケース 2 であるかに依存する。

$$\alpha = \begin{cases} r_f & \text{ケース1}: 無リスク資産が存在する。\\ E(r_z) & \text{ケース2}: 無リスク資産が存在しない。z は効率的ポートフォリオ y \\ & \text{と相関係数ゼロ} \end{cases}$$

$$\Pi = \begin{cases} E(r_M) - r_f & \text{ケース 1} \\ E(r_y) - E(r_z) & \text{ケース 2} \end{cases}$$

CAPM 検証の第 2 ステップでは、ベータに対して平均収益率を回帰することによって、この仮説を検証する。

	A	B	C	D	E	F	G	H
1			2回目の(The Second-Pass)回帰分析					
2	株式	平均月次収益率	β	α				
3	Alcoa AA	-0.09%	1.9028	-0.0023		2回目の回帰；β に関する月次収益率の回帰分析		
4	American International Group AIG	-0.54%	0.9936	-0.0061		切片	0.0036	<-- =INTERCEPT(B3:B32,C3:C32)
5	American Express AXP	0.72%	1.3784	0.0062		傾き	-0.0020	<-- =SLOPE(B3:B32,C3:C32)
6	Boeing BA	0.67%	1.1515	0.0058		決定係数	0.0238	<-- =RSQ(B3:B32,C3:C32)
7	Citigroup C	0.30%	1.2952	0.0021				
8	Caterpillar CAT	1.79%	1.3903	0.0169		t-値(切片)	1.2381	<-- =tintercept(B3:B32,C3:C32)
9	DuPont DD	0.18%	1.0009	0.0011		t-値(傾き)	-0.8254	<-- =tslope(B3:B32,C3:C32)
10	Disney DIS	0.29%	1.2805	0.0020				
11	General Electric GE	-0.23%	0.8420	-0.0030				
12	General Motors GM	-0.87%	1.4060	-0.0097				
13	Home Depot HD	-0.52%	1.5528	-0.0063				
14	Honeywell HON	0.29%	1.6640	0.0017				
15	Hewlitt Packard HPQ	0.61%	1.9594	0.0046				
16	IBM	-0.47%	1.5764	-0.0058				
17	Intel INTC	-0.73%	2.2648	-0.0089				
18	Johnson & Johnson JNJ	0.34%	0.2471	0.0032				
19	JP Morgan JPM	0.18%	1.7917	0.0005				
20	Coca Cola KO	0.12%	0.3590	0.0009				
21	McDonalds MCD	0.35%	1.2646	0.0025				
22	3M MMM	0.64%	0.6504	0.0059				
23	Altria MO	1.30%	0.6633	0.0125				
24	Merck MRK	-0.63%	0.6099	-0.0068				
25	Microsoft MSFT	-0.35%	1.1219	-0.0043				
26	Pfizer PFE	-0.74%	0.5572	-0.0078				
27	Proctor Gamble PG	0.94%	0.1687	0.0093				
28	AT&T T	-0.41%	1.1275	-0.0050				
29	United Technologies UTX	1.03%	1.0659	0.0095				
30	Verizon VZ	-0.49%	1.0231	-0.0057				
31	Walmart WMT	-0.25%	0.6000	-0.0030				
32	Exxon Mobil XOM	0.88%	0.6455	0.0083				

結果(セル F4:G6)は非常に落胆させるものである。検証の結果、以下の SML になった。

$$E(r_i) = \underbrace{0.0036}_{\gamma_0} - \underbrace{0.0020}_{\gamma_1}\beta_i, \quad R^2 = 0.0238$$

これらの数値に、理論に対する自信を奮い立たせるものは何もない。

- γ_0 は、期間を通した無リスク金利と一致するはずである。11.9 節では、この金利が調査対象の 60 ヶ月の間に大きく変動したことを議論する。この時点では、無リスク金利の月次平均が 0.18 %(あるいは 0.0018、ちょうど γ_0 の半分)だったと指摘すれば十分である。
- γ_1 は $E(r_M) - r_f$ と一致するはずである。この期間の S&P500 指数の平均月次収益率は −0.10 %で、無リスク金利の月次平均は 0.18 %だったので、γ_1 はおおよそ −0.28 %(あるいは 0.0028)にならなければならない。
- 切片 i の t 値(セル G8)と傾きの t 値(セル G9)の両方が、統計的にゼロと異ならないことを示している。[5]

我々の SML の検証は失敗に終わった。CAPM には規範的な妥当性があるかもしれないが、我々のデータを説明していない。

結果はなぜこれほど悪いのか?

証券市場線をプロットすることによって CAPM を検証するという我々が行った実験は、到底上手く行ったとは思えない。SML を支持する証拠はほとんどないように見える。回帰決定係数も t 値も、期待収益率とポートフォリオのベータとの間に関連があるという証拠を大して提供しない。

なぜ失望する結果になったのか、いくつか理由が考えられる。

- 1 つの理由は、おそらく CAPM 自体が成立しないということである。様々な理由でこれは正しいかもしれない。
  ◇ たぶん市場では資産の空売りが制限されている。CAPM の導出は(第 9 章の効率的ポートフォリオ参照)、空売りの制限がないことを仮定している。明らかに、これは非現実的な仮定である。空売りが制限される場合の効率的ポートフォ

---

[5]. 関数 TIntercept と関数 TSlope は筆者が作成した。本章のスプレッドシートにこれらを付けているが、第 3 章で議論した。

リオの計算は、第 12 章で考察する。しかしながら、この場合には、資産の収益率とベータに、シンプルな関係（第 9 章で証明したような）が存在しない。とりわけ、空売りが制限される場合、証券市場線（SML）が成立すると期待する理由はない。

◦ たぶん、個人が同質的な確率予想を持たないか、あるいは彼らが、収益率、分散、共分散に関して同じ期待を持っていない。

- おそらく CAPM はポートフォリオに対してのみ成立し、個々の資産には成立しない。
- おそらく我々の資産集合は十分に大きくない。結局のところ、CAPM がすべてのリスク資産について語っているのに対して、我々は例示の目的のために、これらの資産の非常に小さな部分集合に関して検証を行うことを選択した。CAPM の検証に関する文献には、債券、不動産、そして人的資源のような分散できない資産でさえ含むようにリスク資産を拡大して検証しているものもある。
- おそらく「市場ポートフォリオ」は効率的でない。この可能性は効率的ポートフォリオに関する第 9 章の数学的議論によって示唆されたが、この示唆についてさらに次節で探求する。
- おそらく CAPM は、市場の収益率が正の場合にのみ成立する（観測期間では、平均してマイナスだった）。

11.3 われわれは何かを学んだのか？

11.1 節の演習の結果は、全くがっかりさせるものだった。我々はこの演習から何か前向きなことを学んだのだろうか。もちろんである。例えば、回帰モデルは、S&P500 指数との関係で個別資産の収益率を記述するのに、かなり良い仕事をする。

β の推定と証券市場線　277

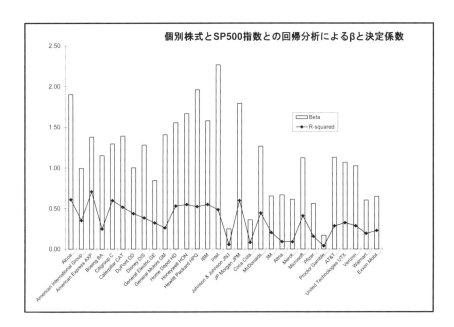

平均して、S&P500 指数は、1.12 の平均ベータを持つ DowJones30 指数銘柄の変動の約 35 ％を説明する。もし決定係数 R^2 が最も低い 7 銘柄を除外すれば、S&P500 指数はこれらの株式収益率の変動のほぼ 43 ％を説明する。

	A	B	C	D	E	F	G	H	I
1			我々のSML演習: 何かを学んだのだろうか？						
2	αの平均	0.06%	<-- =AVERAGE('Page 273 bottom'!C6:AF6)						
3	βの平均	1.12	<-- =AVERAGE('Page 273 bottom'!C5:AF5)						
4	決定係数の平均	0.3510	<-- =AVERAGE('Page 273 bottom'!C7:AF7)						
5									
6	最良回帰の決定係数の平均								
7	決定係数のカットオフ	0.2	<-- この数値より大きな決定係数を下限とする						
8		9.8258	<-- =SUMIF('Page 273 bottom'!C7:AF7,">"&TEXT(B7,"0.00"))						
9		23	<-- =COUNTIF('Page 273 bottom'!C7:AF7,">"&TEXT(B7,"0.00"))						
10	決定係数のカットオフ平均	0.4272	<-- =B8/B9						
11									
12	切片と傾きのt値								
13			Alcoa AA	American International Group AIG	American Express AXP	Boeing BA	Citigroup C	Caterpillar CAT	DuPont DD	Disney DIS
14	切片のt-値	0.3144	0.6324	-1.0525	-1.0525	-0.1584	-0.2013	-1.6120	-0.0192	-0.0371
15	傾きのt-値	9.4942	5.6112	11.7783	4.3815	9.2729	7.8607	6.6993	6.0199
16									
17	切片のt-値の絶対値の平均	0.3998	<-- {=AVERAGE(ABS(B14:AE14))}						
18	傾きのt-値の平均	5.7866	<-- =AVERAGE(B15:AE15)						

上のセル B10 は、決定係数が 0.2 より大きい場合の、回帰分析の平均決定係数を計算している。これは DowJones30 指数の 23 銘柄である。そのため、平均して 1 回目の回帰は非常に有意である。我々が基本的証券市場線（SML）の 1 回目の回帰で得た 35 ％という平均決定係数は、ファイナンスでは本当に立派な数字である。過度に熱心な統計教師と過度に線形的な世界観に影響された学生は、しばしば、説得力がある回帰の決定係数には、少なくとも 90 ％が必要であると感じる。ファイナンスは、それほど真っ直ぐな職業であるようには見えない。1 つのよい経験則は、決定係数が 80 ％以上になるファイナンスの回帰はどれも、モデル指定の間違いで誤解を生む可能性があるということである。[6]

我々の結果の意義を確認するもう 1 つの方法は、1 回目の回帰の切片と傾きの t 値を計算することである（第 14～15 行）。切片の t 値はゼロと有意に異ならないが（t 値は 2 未満なので）、傾きは非常に有意である。

Excel に関する注意：配列数の絶対値の計算

上記の計算では、配列関数（第 34 章参照）に関係する巧妙な Excel の技を使っている。配列関数として **abs** を用いることで（即ち、［Ctrl］＋［Shift］＋［Enter］キー使って関数を入力する）、ベクトル数の絶対値の平均を計算できる。簡単な例を以下に示す。

	A	B	C	D	E	F
1	配列関数でABS関数の利用 Excel 関数 "ABS" は絶対値を計算する もしこの関数を配列関数として利用した場合、範囲数を適用できる。					
2						
3	数値	1	-2	-3	-6	8
4						
5	平均	-0.4000	<-- =AVERAGE(B3:F3)			
6	絶対値の平均	4.0000	<-- {=AVERAGE(ABS(B3:F3))}			
7	配列関数としてではない絶対値	1.0000	<-- =AVERAGE(ABS(B3:F3))			

セル B7 に注目：通常の関数として同じ関数を使うと、正しい結果が得られない。

---

6. この有益なルールの例外は、分散化されたポートフォリオに関係する。ここでは決定係数が劇的に大きくなる。

11.4 「市場ポートフォリオ」の非効率性

11.1 節で証券市場線（SML）を計算したとき、市場ポートフォリオの収益率に対して各資産の平均収益率を回帰した。効率的ポートフォリオに関する第 9 章の命題は、我々が十分な結果を得られなかった原因が、選択した 6 銘柄の集合に関して S&P500 指数のポートフォリオが効率的ではないという事実に起因する可能性を示唆する。第 9 章の命題 3 は、もし我々が選択した資産集合自身に関して効率的であるポートフォリオに対して資産の収益率を回帰したら、100 % の決定係数が得られることを言明する。第 9 章の命題 4 は、もし 100 % の決定係数を得たなら、資産収益率を回帰するポートフォリオは、必然的に資産集合に関して効率的であることを示している。本節では、これらの命題の数値例を提示する。

以下のスプレッドシートで、B 列に「正体不明のポートフォリオ」を作成する。このポートフォリオ（組成については、次の小節で解説する）は、DowJones30 指数に関して効率的である。セル A10:B12 で分かるように、2 回目の回帰（正体不明のポートフォリオに関して計算したベータに対して個別資産の平均収益率を回帰する）を行うと、完璧な結果が得られる。回帰の結果は、切片が 0.0030 で、傾きが 0.0425 である。なにより重要なのは、決定係数が 100 % ということである。

	A	B	C	D	E	F	G	H	I	J	K	L	M	N
1				DOW-JONES 工業株とSTANDARD AND POORS 500指数の収益率データ July 2001 - July 2006										
2	日付	正体不明のポートフォリオ	Alcoa AA	American International Group AIG	American Express AXP	Boeing BA	Citigroup C	Caterpillar CAT	DuPont DD	Disney DIS	General Electric GE	General Motors GM	Home Depot HD	Honeywell HON
3														
4	収益率の平均	4.55%	-0.09%	-0.54%	0.72%	0.67%	0.30%	1.79%	0.18%	0.29%	-0.23%	-0.87%	-0.52%	0.29%
5	β		-0.09	-0.20	0.10	0.09	0.00	0.35	-0.03	0.00	-0.13	-0.28	-0.19	0.00
6	α		0.33%	0.36%	0.27%	0.27%	0.30%	0.19%	0.31%	0.30%	0.34%	0.38%	0.36%	0.30%
7	決定係数		0.0025	0.0242	0.0064	0.0024	0.0000	0.0579	0.0006	0.0000	0.0126	0.0176	0.0143	0.0000
8														
9	SML-β に関する平均収益率の回帰分析													
10	切片	0.0030	<-- =INTERCEPT(C4:AF4,C5:AF5)											
11	傾き	0.0425	<-- =SLOPE(C4:AF4,C5:AF5)											
12	決定係数	1.0000	<-- =RSQ(C4:AF4,C5:AF5)											
13														
14														
15	1-Aug-01	-1.01%	-2.49%	-6.20%	-10.20%	-13.09%	-8.88%	-9.67%	-3.59%	-3.58%	-6.16%	-14.20%	-9.11%	1.58%
16	4-Sep-01	0.40%	-20.66%	-0.25%	-22.59%	-42.42%	-12.30%	-11.01%	-8.77%	-9.02%	-24.37%	-18.03%	-0.35%	-34.47%
17	1-Oct-01	4.71%	4.46%	0.76%	1.55%	-2.70%	11.69%	0.59%	6.37%	-0.17%	-2.15%	-3.77%	-0.35%	11.26%
18	1-Nov-01	-1.33%	17.90%	4.73%	11.18%	7.89%	5.43%	5.86%	11.15%	9.61%	5.58%	19.65%	20.01%	12.09%
19	3-Dec-01	8.11%	-8.22%	-3.67%	8.10%	9.97%	5.25%	9.68%	-4.22%	2.29%	4.45%	-2.25%	8.94%	2.03%

正体不明のポートフォリオは効率的である。

第 9 章の命題から、たった 1 つの結論が残る。「正体不明のポートフォリオ」は、DowJones30 指数に関して効率的に違いない。そしてその通りなのである。以下

のスプレッドシートでは、第 9 章の命題に従って、この効率的ポートフォリオの組成を示す。

- まず、第 10 章で定義された関数 **Var-covar** を使って、分散共分散行列 S を作る。
- 次に、式 $\dfrac{S^{-1}[E(r)-c]}{\sum S^{-1}[E(r)-c]}$ を解いて効率的ポートフォリオを計算する。以下のスプレッドシートでは定数 $c = 0.0030$ を用いる。これは後に、2 回目の回帰の切片であることが判明する。

	A	B	C	D	E	F	G	H	I	J	K	L	M	N
1				DOW-JONES 工業株とSTANDARD AND POORS 500指数の収益率データ July 2001 - July 2006										
2	Date	SP 500 Index ^SPX	Alcoa AA	American International Group AIG	American Express AXP	Boeing BA	Citigroup C	Caterpillar CAT	DuPont DD	Disney DIS	General Electric GE	General Motors GM	Home Depot HD	Honeywell HON
3														
4	収益率の平均	0.07%	-0.09%	=AVERAGE(C9:C68)		0.67%	0.30%	1.79%	0.18%	0.29%	-0.23%	-0.87%	-0.52%	0.29%
5	β	1.00	1.90	0	=SLOPE(C9:C68,$B$9:$B$68)	1.30	1.39	1.00	1.28	0.84	1.41	1.55	1.66
6	α	0	-0.23%	-0.61%			0.21%	1.69%	0.11%	0.20%	-0.30%	-0.97%	-0.63%	0.17%
7	決定係数	1	0.6085	=INTERCEPT(C9:C68,$B$9:$B$68)		0.5972	0.5158	0.4362	0.3845	0.3221	0.2620	0.5288	0.5473
8														
9	1-Aug-01	-6.63%	-2.49%	-6.20%	-10.20%	-13.09%	-8.88%	-9.67%	-3.59%	-3.58%	-6.16%	-14.20%	-9.11%	1.58%
10	4-Sep-01	-8.53%	-20.66%	=RSQ(C9:C68,$B$9:$B$68)			-12.30%	-11.01%	-8.77%	-31.14%	-9.02%	-24.37%	-18.03%	-34.47%
11	1-Oct-01	1.79%	4.46%				11.69%	0.59%	6.37%	-0.17%	-2.15%	-3.77%	-0.35%	11.26%
12	1-Nov-01	7.25%	17.90%	4.73%	11.18%	7.89%	5.43%	5.86%	11.15%	9.61%	5.58%	19.65%	20.01%	12.09%
13	3-Dec-01	0.75%	-8.22%	-3.67%	8.10%	9.97%	5.25%	9.68%	-4.22%	2.29%	4.45%	-2.25%	8.94%	2.03%
14	2-Jan-02	-1.57%	0.83%	-6.84%	0.67%	5.43%	-5.96%	-3.09%	3.83%	1.65%	-7.58%	5.08%	-1.81%	-0.63%
15	1-Feb-02	-2.10%	5.14%	-0.18%	1.68%	11.97%	-4.64%	9.88%	6.66%	8.80%	4.03%	4.55%	-0.19%	13.14%
67	1-Jun-06	0.01%	2.00%	-2.92%	-2.13%	-1.62%	-2.15%	2.08%	-2.21%	-1.65%	-3.14%	10.09%	-5.91%	-2.16%
68	3-Jul-06	-0.37%	3.61%	-0.14%	-2.08%	-2.37%	1.71%	-2.58%	-2.58%	-0.57%	1.03%	-1.05%	-1.18%	-3.38%
69														
70														
71	以下のセルでは関数を利用してDJ工業株の分散共分散を計算している。利用する関数{=varcovar(C9:AF68)}													
72		AA	AIG	AXP	BA	C	CAT	DD	DIS	GE	GM	HD	HON	HPQ
73	AA	0.0093	0.0032	0.0038	0.0045	0.0033	0.0046	0.0040	0.0042	0.0024	0.0046	0.0046	0.0061	0.0060
74	AIG	0.0032	0.0044	0.0020	0.0010	0.0023	0.0022	0.0022	0.0015	0.0015	0.0019	0.0021	0.0027	0.0024
75	AXP	0.0038	0.0020	0.0042	0.0030	0.0031	0.0029	0.0020	0.0037	0.0019	0.0033	0.0033	0.0042	0.0050
76	BA	0.0045	0.0010	0.0030	0.0083	0.0014	0.0029	0.0021	0.0037	0.0020	0.0043	0.0026	0.0053	0.0042
99	UTX	0.0038	0.0012	0.0031	0.0050	0.0022	0.0026	0.0021	0.0038	0.0018	0.0030	0.0023	0.0049	0.0048
100	VZ	0.0028	0.0018	0.0019	0.0007	0.0023	0.0022	0.0018	0.0014	0.0013	0.0006	0.0016	0.0024	0.0030
101	WMT	0.0018	0.0014	0.0011	0.0003	0.0015	0.0011	0.0014	0.0009	0.0009	0.0012	0.0024	0.0008	0.0008
102	XOM	0.0024	0.0010	0.0010	0.0017	0.0009	0.0021	0.0012	0.0004	0.0007	0.0020	0.0007	0.0020	0.0012
103														
104	効率的ポートフォリオの計算													
105	定数	0.30%												
106														
107	AA	5.45%	<-- {=MMULT(MINVERSE(varcov),TRANSPOSE(C4:AF4)-B105)/SUM(MMULT(MINVERSE(varcov),TRANSPOSE(C4:AF4)-B105))}												
108	AIG	-11.77%												
109	AXP	-5.78%												
110	BA	-13.94%												
111	C	-36.60%												
112	CAT	76.26%												
113	DD	-22.55%												
114	DIS	-17.05%												
115	GE	-8.80%												
116	GM	-37.73%												
117	HD	-37.21%												
118	HON	-17.40%												
119	HPQ	39.79%												
120	IBM	-26.38%												
121	INTC	-18.62%												
122	JNJ	65.08%												
123	JPM	53.61%												
124	KO	-12.95%												
125	MCD	-12.18%												
126	MMM	-2.07%												
127	MP	42.15%												
128	MRK	8.29%												
129	MSFT	3.61%												
130	PFE	-61.19%												
131	PG	54.67%												
132	T	-8.38%												
133	UTX	44.05%												
134	VZ	-36.55%												
135	WMT	64.78%												
136	XOM	29.40%												
137	Sum	100.00%												

「正体不明のポートフォリオ」は 1 つだけではない。以下では、別の定数 c

(訳注：0.5 %)を使って、別の証券市場線（SML）が得られることを示す。

	A	B	C	D	E	F	G	H	I	J	K	L	M	N
1				DOW-JONES 工業株とSTANDARD AND POORS 500指数の収益率データ July 2001 - July 2006										
2	日付	正体不明の ポートフォリオ	Alcoa AA	American International Group AIG	American Express AXP	Boeing BA	Citigroup C	Caterpillar CAT	DuPont DD	Disney DIS	General Electric GE	General Motors GM	Home Depot HD	Honeywell HON
3														
4	収益率の平均	8.88%	-0.09%	-0.54%	0.72%	0.67%	0.30%	1.79%	0.18%	0.29%	-0.23%	-0.87%	-0.52%	0.29%
5	β		-0.07	-0.12	0.03	0.02	-0.02	0.15	-0.04	-0.02	-0.09	-0.16	-0.12	-0.03
6	α		0.54%	0.56%	0.49%	0.49%	0.51%	0.42%	0.52%	0.51%	0.54%	0.58%	0.56%	0.51%
7	決定係数		0.0061	0.0399	0.0019	0.0005	0.0015	0.0467	0.0045	0.0010	0.0256	0.0259	0.0237	0.0009
8														
9	SML-β に関する平均収益率の回帰分析													
10	切片	0.0050	<--	=INTERCEPT(C4:AF4,C5:AF5)										
11	傾き	0.0838	<--	=SLOPE(C4:AF4,C5:AF5)										
12	決定係数	1.0000	<--	=RSQ(C4:AF4,C5:AF5)										

たとえ 2 回目の回帰の決定係数が 100 %であったとしても（「正体不明のポートフォリオ」は効率的なので）、1 回目の回帰の個々の決定係数は、決して顕著なものではないことに注意しよう。

11.5 では現実の市場ポートフォリオは何か？どのようにして CAPM を検証できるか？

少し熟考すると、前節の「正体不明」のポートフォリオは DowJones 指数の 30 銘柄に対して効率的かもしれないが、たとえ DowJones30 銘柄がリスク証券集合の全部だったとしても、それが真の*市場ポートフォリオ*ではあり得ないことが分かる。これは、それらの銘柄の多くが、「正体不明のポートフォリオ」で負の比率になるからである。間違いなく、市場ポートフォリオの最小限の特徴は、全ての株式が正の構成比率を持つことである。

Roll（1977, 1978）は、次の質問に答えることが CAPM の唯一の検証であると提案する。*真の市場ポートフォリオは平均-分散効率的か？* もし、この質問に対する答えが「イエス」なら、第 9 章の命題 3 の帰結として、各ポートフォリオの平均収益率とベータの間には、線型関係が成立する。我々の例では、効率的フロンティア上にあるポートフォリオの資産比率の表を作成することによって、この疑問に多少の光を照らすことができる。

以下の表で、DowJones30 指数に対する全ての効率的ポートフォリオが、著しいショート（空売り）ポジションを含むといういくらかの証拠を提示する。Excel **データ・テーブル**の驚きの機能を使い、それぞれが独自の定数 c で定義される一連の効率的ポートフォリオについて、最大のショート・ポジションとロング（買い）ポジションを計算する。これらのポートフォリオの全てが、大きなショート・

ポジションを含んでいる（そして、見ての通り、大きなロング・ポジションも）。

	A	B	C	D	E	F	G	H	I	J	K
105	効率的ポートフォリオ			データ・テーブル: 所与の定数cで最大の空売りと買いポジションを計算している							
106	定数	0.30%			最大の空売り	最大の買い					
107				定数 c			<-- データ・テーブルは右のセルに隠れている =B141				
108	AA	5.5%		0.00%	-32.64%	52.33%					
109	AIG	-11.8%		0.05%	-35.51%	53.58%					
110	AXP	-5.8%		0.10%	-38.87%	55.05%					
111	BA	-13.9%		0.15%	-42.86%	56.79%					
112	C	-36.6%		0.20%	-47.69%	59.70%					
113	CAT	76.3%		0.25%	-53.65%	67.01%					
114	DD	-22.6%		0.30%	-61.19%	76.26%					
115	DIS	-17.0%		0.35%	-71.01%	88.32%					
116	GE	-8.8%		0.40%	-84.36%	104.71%					
117	GM	-37.7%		0.45%	-103.56%	128.28%					
118	HD	-37.2%		0.50%	-133.51%	165.05%					
119	HON	-17.4%		0.55%	-186.77%	230.42%					
120	HPQ	39.8%		0.60%	-307.86%	379.08%					
121	IBM	-26.4%		0.65%	-853.66%	1049.09%					
122	INTC	-18.6%		0.70%	-1398.93%	1140.50%					
123	JNJ	65.1%		0.75%	-422.59%	345.18%					
124	JPM	53.6%		0.80%	-249.90%	204.50%					
125	KO	-13.0%									
126	MCD	-12.2%									
127	MMM	-2.1%									
128	MP	42.1%									
129	MRK	8.3%									
130	MSFT	3.6%									
131	PFE	-61.2%									
132	PG	54.7%									
133	T	-8.4%									
134	UTX	44.1%									
135	VZ	-36.6%									
136	WMT	64.8%									
137	XOM	29.4%									
138	Sum	100.0%									
139											
140	最大の空売り	-61.2%	<-- =MIN(B108:B137)								
141	最大の買い	76.3%	<-- =MAX(B108:B137)								

　我々の憂鬱な結論はこうなる。もし、DowJones30銘柄とS&P500指数からのデータが代表的なものだとすると、資本市場の記述的理論としてのCAPMは機能しないように見える。[7]

11.6 超過収益率の利用

　おそらく我々は、株式の月次収益率と無リスク金利との差という超過収益率の観点から、CAPMの検証を行うべきだったのではないだろうか？本節では、実験に関してこのバリエーションを行い、分析結果がほとんど改善しないことを示す。
　以下は、同じDowJones30指数のデータに、財務省短期証券金利の列を追加したものである。短期金利は、期間を通して大幅に変化している。

---

[7]. 全てが失われたわけではない！第13章で、ポートフォリオ選択についてもっと実証的なアプローチであるBlack-Littermanモデルを検討する。

β の推定と証券市場線　283

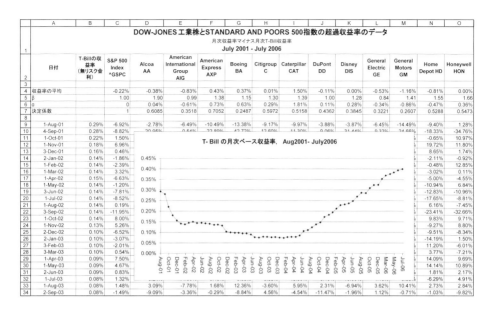

2回目の回帰を実行すると、11.2節の結果と比較して、ほんの僅かな変化だけが見られる。

	A	B	C	D	E	F	G	H
1		超過収益率の2回目の回帰分析						
2	株式	超過収益率の月次平均	β	α				
3	Alcoa AA	-0.38%	1.9028	0.0004		2回目の回帰分析、β に関する月次収益率の回帰分析		
4	American International Group AIG	-0.83%	0.9936	-0.0061		切片	0.0007	<-- =INTERCEPT(B3:B32,C3:C32)
5	American Express AXP	0.43%	1.3784	0.0073		傾き	-0.0020	<-- =SLOPE(B3:B32,C3:C32)
6	Boeing BA	0.37%	1.1515	0.0063		決定係数	0.0238	<-- =RSQ(B3:B32,C3:C32)
7	Citigroup C	0.01%	1.2952	0.0029				
8	Caterpillar CAT	1.50%	1.3903	0.0181		t-値(切片)	0.2439	<-- =tintercept(B3:B32,C3:C32)
9	DuPont DD	-0.11%	1.0009	0.0011		t-値(傾き)	-0.8254	<-- =tslope(B3:B32,C3:C32)
10	Disney DIS	0.00%	1.2805	0.0028				
11	General Electric GE	-0.53%	0.8420	-0.0034				
12	General Motors GM	-1.16%	1.4060	-0.0086				

11.7 まとめ： CAPM に使い道があるのか？

ゲームに負けたのか？ CAPM を諦めなければならないか？完全に負けてはいない。

- 第一に、平均収益率は、市場ポートフォリオに対する回帰によって近似的に説明されるという可能性がある。CAPM のこの代替的説明において、我々は（多少の正当性をもって）、資産のベータ（市場収益率に対する、資産の収益率の依存度を測定する）は、資産のリスクの重要な尺度であると主張する。
- 第二に、CAPM は、ポートフォリオ選択方法に関して、良い規範的説明かもしれない。第 3 章の補論で示したように、より大きな分散化されたポートフォリオは、ベータによってかなり上手く説明される。それゆえ、十分に分散化されたポートフォリオの平均ベータは、ポートフォリオ・リスクの妥当な描写かもしれない。

練習問題

1. 有名な論文で、Roll (1978) は、4 資産の場合の SML の検証を議論している。

分散共分散行列					収益率
0.10	0.02	0.04	0.05		0.06
0.02	0.20	0.04	0.01		0.07
0.04	0.04	0.40	0.10		0.08
0.05	0.01	0.10	0.60		0.09

   a. この 4 資産モデルにおける、2 つの効率的ポートフォリオを導出し、効率的フロンティアのグラフを描きなさい。
   b. 以下の 4 つのポートフォリオのそれぞれが、上で導出した 2 つのポートフォリオの凸結合であると証明することによって、効率的であることを示しなさい。

証券1	0.59600	0.40700	-0.04400	-0.49600
証券2	0.27621	0.31909	0.42140	0.52395
証券3	0.07695	0.13992	0.29017	0.44076
証券4	0.05083	0.13399	0.33242	0.53129

   c. 市場ポートフォリオが、各資産同じ比率で構成されているとする（つまり、市場ポートフォリオは 0.25, 0.25, 0.25, 0.25 の比率で構成される）。この結果として生じる SML を計算しなさい。このポートフォリオ (0.25, 0.25, 0.25, 0.25) は効率的だろうか？
   d. この問題を繰り返す。ただし、問題 b の 4 つポートフォリオの 1 つを、市場ポートフォリオの代用として置き換える。
      最後の質問は 10 銘柄の株式のデータ・セットに関するものである。データ

β の推定と証券市場線　285

は本章の練習問題のファイルにある。

	A	B	C	D	E	F	G	H	I	J	K	L
1		価格データ: 10株式とS&P 500指数, Jan2008-Jul2012　S&P 500 指数はVanguard's Index 500 fund (includes dividends)で代表されている。										
2		1	2	3	4	5	6	7	8	9	10	11
3		Apple	Google	Whole Foods	Seagate	Comcast	Merck	Johnson-Johnson	General Electric	Hewlett Packard	Goldman Sachs	S&P 500
4	日付	AAPL	GOOG	WFM	STX	CMCSA	MRK	JNJ	GE	HPQ	GS	VFINX
5												
6	7/Jan/08	134.17	564.30	37.53	17.89	16.56	36.76	53.37	29.01	40.93	188.57	114.97
7	1/Feb/08	123.92	471.18	33.45	19.04	17.82	35.32	52.72	27.43	44.72	160.30	111.23
8	3/Mar/08	142.24	440.47	31.37	18.48	17.69	30.53	55.19	30.64	42.82	156.29	110.74
9	1/Apr/08	172.42	574.29	31.25	16.76	18.80	30.60	57.08	27.07	43.46	181.18	116.12
10	1/May/08	187.09	585.80	27.76	19.02	20.58	31.34	57.18	25.43	44.13	167.02	117.61
11	2/Jun/08	165.97	526.42	22.68	16.99	17.35	30.62	55.13	22.34	41.53	165.59	107.67
12	1/Jul/08	157.55	473.75	21.41	13.40	18.93	26.73	58.67	23.68	42.08	174.58	106.78
13	1/Aug/08	168.04	463.29	17.68	13.35	19.44	28.98	60.74	23.52	44.07	155.54	108.32
14	2/Sep/08	112.66	400.52	19.34	10.85	18.02	25.92	59.75	21.63	43.51	121.42	98.69

2. 以下のテンプレートファイルを埋めなさい。

	A	B	C	D	E	F	G	H	I	J	K	L
1		収益率のデータ: 10株式とSP500指数										
2		1	2	3	4	5	6	7	8	9	10	11
3		Apple	Google	Whole Foods	Seagate	Comcast	Merck	Johnson-Johnson	General Electric	Hewlett Packard	Goldman Sachs	S&P 500
4	月次の統計量											
5	平均											
6	分散											
7	標準偏差											
8												
9	年次統計量											
10	平均											
11	分散											
12	標準偏差											
13												
14	S&P 500について個別資産の回帰											
15	アルファ											
16	ベータ											
17	決定係数											
18	切片のt値											
19	傾きのt値											
20												
21												
22		収益率のデータ										
23	日付	AAPL	GOOG	WFM	STX	CMCSA	MRK	JNJ	GE	HPQ	GS	SP500
24	1/Feb/08											
25	3/Mar/08											
26	1/Apr/08											
27	1/May/08											
28	2/Jun/08											
29	1/Jul/08											
30	1/Aug/08											
31	2/Sep/08											
32	1/Oct/08											
33	3/Nov/08											
34	1/Dec/08											
35	2/Jan/09											

3. 2回目の回帰を行うこと。資産のベータに対して、月次平均収益率を回帰する。結果は S&P500 指数が効率的であると裏付けるか？

4. 10銘柄の分散共分散行列を計算すること。また、月次平均収益率と月次無リス

ク金利 0.20 %を使って、効率的ポートフォリオを計算しなさい。ここにテンプレートを示す。

	A	B	C	D	E	F	G	H	I	J	K	L	M
1					**10株式の効率的ポートフォリオの計算**								
2													
3						分散共分散行列							
4			AAPL	GOOG	WFM	STX	CMCSA	MRK	JNJ	GE	HPQ	GS		平均収益率
5	AAPL													
6	GOOG													
7	WFM													
8	STX													
9	CMCSA													
10	MRK													
11	JNJ													
12	GE													
13	HPQ													
14	GS													
15													
16													
17	無リスク金利	0.20%											
18													
19		効率的ポートフォリオ											
20	AAPL												
21	GOOG												
22	WFM												
23	STX												
24	CMCSA												
25	MRK												
26	JNJ												
27	GE												
28	HPQ												
29	GS												

5. S&P500 指数の代わりに効率的ポートフォリオを使って

   a. 効率的ポートフォリオの月次収益率を計算しなさい。
   b. 効率的ポートフォリオについて、株式の月次収益率を、ベータに回帰しなさい。
   c. 第9章の命題3と命題4に照らして、あなたの求めた結果を説明しなさい。

12 空売りがない場合の効率的ポートフォリオ

12.1 概要

第9章では、効率的ポートフォリオを見つける問題を議論した。そこで示したように、この問題は、ポートフォリオの実現可能集合の包絡線上における接線ポートフォリオを求める問題として表すことができる。

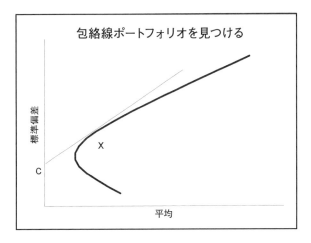

このような効率的ポートフォリオを解くための第9章補論の証明は、以下の問題の解を求めることに関係していた。

$$\max \Theta = \frac{E(r_x) - c}{\sigma_p}$$

ただし、

$$\sum_{i=1}^{N} x_i = 1$$

ここで、

$$E(r_x) = x^T \cdot R = \sum_{i=1}^{N} x_i E(r_i)$$

$$\sigma_p = \sqrt{x^T S x} = \sqrt{\sum_{i=1}^{N}\sum_{j=1}^{N} x_i x_j \sigma_{ij}}$$

第9章の命題1は、この問題を解くための方法論を与える。この最大化の問題に対する解は、マイナスのポートフォリオ比率を許容する。即ちこれは、$x_i < 0$ のとき、i 番目の証券は投資家によって空売りされ、この空売り代金は、ただちに投資家が利用できるようになると仮定している。

もちろん現実は、この空売りの学術モデルに比べ、かなり複雑である。特に、通常はブローカーが空売り代金の一部または全部を預託金として保管するので、空売り代金の全てが、投資時点で投資家の手に渡ることはまずない。また、投資家が完全に空売りを禁止されることもありうる（実際、多くの小口投資家は、空売りができないという前提で行動しているようにみえる）。[1]

本章では、これらの問題を検討する。ここでは、空売りが制限される場合に、資産の効率的ポートフォリオを見つけるための Excel ソルバーの使い方を示す。[2]

12.2 数値例

まず、空売りが禁止される場合に、最適ポートフォリオを見つける問題から始める。ここで解く問題は、前述の最大化の問題と似ているが、資産比率に $x_i > 0$ という空売りの制約条件を加える。

$$\max \Theta = \frac{E(r_x) - c}{\sigma_p}$$

ただし、

$$\sum_{i=1}^{N} x_i = 1$$
$$x_i \geq 0, \; i = 1, \cdots, N$$

ここで、

---

[1] 空売りを実行するための実際の手順は単純では無い。よく書かれている最近の学術サーベイ論文は Gene D'Avolio, "The Market for Borrowing Stock？ *Journal of Financial Economics*（2003）である。もう1つ素晴らしい記事もある。2003年12月1日付の *The New Yorker* 誌に掲載された James Surowiecki による "Get Shorty," である。
[2] 資産の空売りが制限される場合の、効率的集合の数学には立ち入らない。これには Kuhn-Tucker 条件が関わるが、この議論は、Edwin Elton, Martin Gruber, Stephen Brown, and W. N. Goetzmann, *Modern Portfolio Theory and Investment Analysis*（Wiley, 8th edition, 2009）に見いだすことができる。

$$E(r_x) = x^T \cdot R = \sum_{i=1}^{N} x_i E(r_i)$$

$$\sigma_p = \sqrt{x^T S x} = \sqrt{\sum_{i=1}^{N}\sum_{j=1}^{N} x_i x_j \sigma_{ij}}$$

制約条件のないポートフォリオ問題を解く

状況を設定するために、以下の最適化問題を考える。ここでは、空売り制限なしで解く。スプレッドシートは、4資産の分散共分散行列と、関連する期待収益率を示している。定数 $c = 3\%$ を所与とした、最適ポートフォリオはセル B11:B14 で与えられる。セル B19 の θ に注目する。これはポートフォリオのシャープ・レシオで、定数 c を上回る超過収益率を標準偏差で割った比率、$\theta = \dfrac{E(r_x) - c}{\sigma_x}$ である。最適ポートフォリオは、シャープ・レシオ θ を最大化する。

	A	B	C	D	E	F	G	H
1				空売り可能な場合のポートフォリオの最適化 第9章の命題1による				
2			分散共分散行列				平均収益率	
3			0.10	0.03	-0.08	0.05	8%	
4			0.03	0.20	0.02	0.03	9%	
5			-0.08	0.02	0.30	0.20	10%	
6			0.05	0.03	0.20	0.90	11%	
7								
8		c		3.0%	<-- This is the constant			
9								
10	空売り制限のない場合の最適ポートフォリオ (第9章, 命題1)							
11		x_1	0.6219	<-- {=MMULT(MINVERSE(B3:E6),G3:G6-C8)/SUM(MMULT(MINVERSE(B3:E6),G3:G6-C8))}				
12		x_2	0.0804					
13		x_3	0.3542					
14		x_4	-0.0565					
15	合計		1	<-- =SUM(B11:B14)				
16								
17	ポートフォリオの平均収益率		8.62%	<-- {=MMULT(TRANSPOSE(B11:B14),G3:G6)}				
18	ポートフォリオの標準偏差		19.39%	<-- {=SQRT(MMULT(TRANSPOSE(B11:B14),MMULT(B3:E6,B11:B14)))}				
19	θ = シャープレシオ = (平均収益率 - 定数)/標準偏差		28.99%	<-- =(B17-C8)/B18				

この制約条件のない問題を解く別の方法がある。好きなポートフォリオ（以下のスプレッドシートでは $x_1 = x_2 = x_3 = x_4 = 0.25$）から始めて、**ソルバー**で解を求める。

このソルバーの解は、セル B15（資産比率の合計）が 1 になることを制限条件として、θ（セル B19）を最大化する。[3] **解決**をクリックすると、前に行ったのと同じ解を得る。

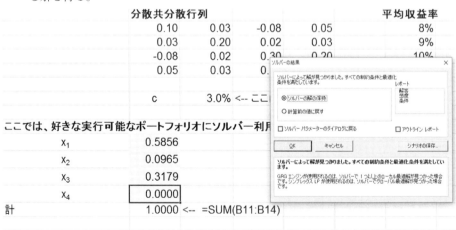

---

[3]. もし、[**ツール**] - [**ソルバー**] が機能しない場合、ソルバーのアドインを組み入れていない可能性がある。組み入れるには、[**ツール**] - [**アドイン**] をクリックして、**ソルバーアドイン**をチェックする。

制約条件のあるポートフォリオ問題の解決

前出の最適解は、4番目の資産にショート・ポジションを含んでいる。空売りを制限するには、**ソルバー**に空売り禁止の制約条件を追加する。好きな資産比率を入力し、以下のように**ソルバー**を立ち上げる。

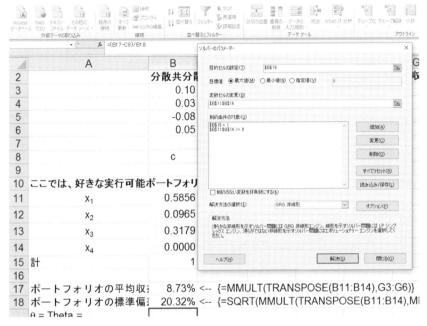

解決をクリックすると、以下の解が出る。

	A	B	C	D	E	F	G	H
1				空売りのできない場合のポートフォリオ最適化				
				好きな実行可能ポートフォリオから始めた、ソルバーの解				
2		分散共分散行列					平均収益率	
3		0.10	0.03	-0.08	0.05		8%	
4		0.03	0.20	0.02	0.03		9%	
5		-0.08	0.02	0.30	0.20		10%	
6		0.05	0.03	0.20	0.90		11%	
7								
8		c	3.0%	<-- ここは定数である。				
9								
10	ここでは、好きな実行可能ポートフォリオから始め、ソルバーを用いる。							
11	x_1	0.5856						
12	x_2	0.0965						
13	x_3	0.3179						
14	x_4	0.0000						
15	計	1	<--	=SUM(B11:B14)				
16								
17	ポートフォリオの平均収益率	8.73%	<--	{=MMULT(TRANSPOSE(B11:B14),G3:G6)}				
18	ポートフォリオの標準偏差	20.32%	<--	{=SQRT(MMULT(TRANSPOSE(B11:B14),MMULT(B3:E6,B11:B14)))}				
19	θ = Theta = (平均収益率 - 定数)/標準偏差	28.21%	<--	=(B17-C8)/B18				

正の数値しか許容しない制約は、**ソルバー**のダイアログ・ボックスの**追加**ボタンをクリックして追加する。以下のウィンドウが立ち上げる（ここでは、既に入力済み）。

2 番目の制約（ポートフォリオ比率の合計が 1 になるという制約）も、同じようにして追加する。

別の方法

これを行う別の方法がある。**ソルバー**には、「制約のない変数を非負数にする」オプションがある。このオプションをクリックすれば同じ結果が得られる。

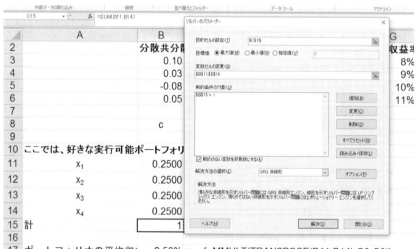

スプレッドシートの c の値を変化させることによって、他のポートフォリオを算定できる。以下の例では、定数 c を 8.50 %に設定した。

	A	B	C	D	E	F	G	H
1			空売りのできない場合のポートフォリオ最適化					
			好きな実行可能ポートフォリオから始めた、ソルバーの解					
2		分散共分散行列					平均収益率	
3			0.10	0.03	-0.08	0.05	8%	
4			0.03	0.20	0.02	0.03	9%	
5			-0.08	0.02	0.30	0.20	10%	
6			0.05	0.03	0.20	0.90	11%	
7								
8			c	8.5%	<-- ここは定数である。			
9								
10	ここでは、好きな実行可能ポートフォリオから始め、ソルバーを用いる。							
11		x_1	0.0000					
12		x_2	0.2514					
13		x_3	0.4885					
14		x_4	0.2601					
15	計		1	<-- =SUM(B11:B14)				
16								
17	ポートフォリオの平均収益率		10.01%	<-- {MMULT(TRANSPOSE(B11:B14),G3:G6)}				
18	ポートフォリオの標準偏差		45.25%	<-- {=SQRT(MMULT(TRANSPOSE(B11:B14),MMULT(B3:E6,B11:B14)))}				
19	θ = Theta = (平均収益率 - 定数)/標準偏差		3.33%	<-- =(B17-C8)/B18				

両方の例で、空売りの制約は効果があり、いくつかの比率にゼロがみられる。しかしながら、c の全ての値が、空売りの制約を受けるポートフォリオを生み出すわけではない。例えば、定数が 8 %なら、以下になる。

	A	B	C	D	E	F	G	H
1			空売りのできない場合のポートフォリオ最適化					
			好きな実行可能ポートフォリオから始めた、ソルバーの解					
2		分散共分散行列					平均収益率	
3			0.10	0.03	-0.08	0.05	8%	
4			0.03	0.20	0.02	0.03	9%	
5			-0.08	0.02	0.30	0.20	10%	
6			0.05	0.03	0.20	0.90	11%	
7								
8			c	8.0%	<-- ここは定数である。			
9								
10	ここでは、好きな実行可能ポートフォリオから始め、ソルバーを用いる。							
11		x_1	0.2004					
12		x_2	0.2587					
13		x_3	0.4219					
14		x_4	0.1190					
15	計		1	<-- =SUM(B11:B14)				
16								
17	ポートフォリオの平均収益率		9.46%	<-- {MMULT(TRANSPOSE(B11:B14),G3:G6)}				
18	ポートフォリオの標準偏差		31.91%	<-- {=SQRT(MMULT(TRANSPOSE(B11:B14),MMULT(B3:E6,B11:B14)))}				
19	θ = Theta = (平均収益率 - 定数)/標準偏差		4.57%	<-- =(B17-C8)/B18				

$c = 3$ %の例でみたように、c が小さくなるにつれ、資産 4 に対して空売りの制約条件が効果を持ち始める。非常に大きい c では（以下の例は $c = 11$ %を例証）、資産 4 だけが最大化ポートフォリオに含まれる。

	A	B	C	D	E	F	G	H
8		c	11.0%	<-- ここは定数である。				
9								
10	ここでは、好きな実行可能ポートフォリオから始め、ソルバーを用いる。							
11	x_1		0.0000					
12	x_2		0.0000					
13	x_3		0.0000					
14	x_4		1.0000					
15	計		1	<-- =SUM(B11:B14)				
16								
17	ポートフォリオの平均収益率		11.00%	<-- {=MMULT(TRANSPOSE(B11:B14),G3:G6)}				
18	ポートフォリオの標準偏差		94.87%	<-- {=SQRT(MMULT(TRANSPOSE(B11:B14),MMULT(B3:E6,B11:B14)))}				
19	θ = Theta = (平均収益率 - 定数)/標準偏差		0.00%	<-- =(B17-C8)/B18				

12.3 空売りの制約がある場合の効率的フロンティア

空売りの制約がある場合の効率的フロンティアのグラフを作成したい。第 9 章で議論した空売りの制約がない場合を思い出すと、効率的フロンティア全体を算定するためには、2 つの効率的ポートフォリオを見つければ十分だった（これは第 9 章の命題 2 で証明された）。空売りの制約を課した場合、この言明はもはや正しくない。この場合、効率的フロンティアを定めるには、非常に多くの点を描く必要がある。これを行う唯一の効率的な（しゃれをご容赦！）方法は、**ソルバー**を繰り返し実行し、その解を表に出力する VBA プログラムを用いることである。

12.3 節では、このようなプログラムを説明する。このプログラムと空売りがない場合の効率的フロンティアのグラフがあれば、この効率的フロンティアと、空売りが可能な場合の効率的フロンティアを比較することができる。

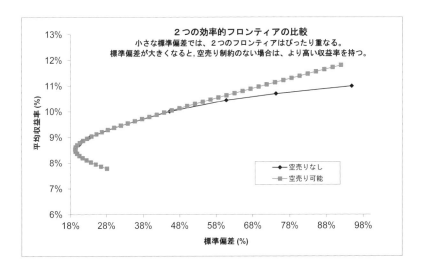

この2つのグラフの関係は、それほど驚くべき事ではない。

- 一般に、空売りがある場合の効率的フロンティアは、空売りがない場合の効率的フロンティアより優位である。空売りの制約は最大化問題に追加的な制約を課すので、これは明らかにそうでなければならない。
- 一部の場合では、2つの効率的フロンティアが一致する。そのような点はたとえば、前に示したように $c = 8\%$ の場合で起こる。

これらの2つのグラフを1つの座標軸に描いてみると、空売りの制約は、主により高い収益率と標準偏差を持つポートフォリオに影響することが分かる。

12.4 空売りの制約がある場合の効率的フロンティアの VBA プログラム

第 12.3 節で示した、空売りの制約がある場合の出力結果は、以下の VBA プログラムで生成された。

```
Sub Solve()
    SolverOk SetCell:="$B$19", MaxMinVal:=1,
    ValueOf:="0", ByChange:="$B$11:$B$14"
    SolverSolve UserFinish:=True
End Sub
Sub Doit()
    Range("Results").ClearContents
    For counter = 1 To 40
        Range("constant") = -0.04 + counter * 0.005
        Solve
        Application.SendKeys ("{Enter}")
        Range("Results").Cells(counter, 1) _
        ActiveSheet.Range("constant")
        Range("Results").Cells(counter, 2) _
        ActiveSheet.Range("portfolio_sigma")
        Range("Results").Cells(counter, 3) _
        ActiveSheet.Range("portfolio_mean")
        Range("Results").Cells(counter, 4) _
        ActiveSheet.Range("x_1")
        Range("Results").Cells(counter, 5) _
        ActiveSheet.Range("x_2")
        Range("Results").Cells(counter, 6) _
        ActiveSheet.Range("x_3")
        Range("Results").Cells(counter, 7) _
        ActiveSheet.Range("x_4")
    Next counter
End Sub                ActiveSheet.Range("x_3")
        Range("Results").Cells(counter, 7) = _
            ActiveSheet.Range("x_4")
    Next counter
End Sub
```

　このプログラムは2つのサブルーチンを含んでいる。Solveサブルーチンは Excelのソルバーを実行する。また、Doitサブルーチンは、constantと名付けられたセル範囲（これはスプレッドシートのセルC8である）に異なる値を入力してソルバーを繰り返し実行し、その結果をResultが指定するセル範囲に記入する。

最終的な出力結果は、このようになる。

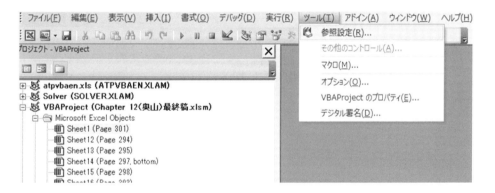

VBA エディターでソルバー参照を追加する

もし上のルーチンが機能しない場合、VBA エディターで**ソルバー参照を追加する**必要があるかもしれない。［Alt］＋F11 キーを押してエディターを起動し、その後、［**ツール**］－［**参照設定**］へ進む。

もし参照がなかったら、VBA メニューの［**ツール**］－［**参照設定**］へ行き、ソルバーがチェックされているか確認する。

12.5 他の保有制約

EXCEL とソルバーが他の保有制限に対応できることは言うまでもない。例えば投資家が、どの資産にも最低限 5 %、最大限 40 %を投資したいとしよう。これはソルバーに簡単に設定できる。

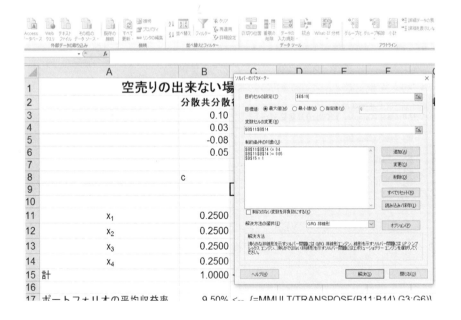

これは以下の解をもたらす。

	A	B	C	D	E	F	G
1		**より複雑な制約条件下のポートフォリオ最適化**					
2			分散共分散行列				平均収益率
3			0.10	0.03	-0.08	0.05	8%
4			0.03	0.20	0.02	0.03	9%
5			-0.08	0.02	0.30	0.20	10%
6			0.05	0.03	0.20	0.90	11%
7							
8			c	5.0%	<-- ここは定数である。		
9							
10	ここでは、好きな実行可能ポートフォリオから始め、ソルバーを用いる。						
11		x_1	0.4000				
12		x_2	0.2270				
13		x_3	0.3230				
14		x_4	0.0500				
15	計		1	<-- =SUM(B11:B14)			
16							
17	ポートフォリオの平均収益率		9.02%	<-- {=MMULT(TRANSPOSE(B11:B14),G3:G6)}			
18	ポートフォリオの標準偏差		23.81%	<-- {=SQRT(MMULT(TRANSPOSE(B11:B14),MMULT(B3:			
19	θ = シャープレシオ = (平均収益率 - 定数)/標準偏差		16.89%	<-- =(B17-C8)/B18			

12.6 まとめ

空売りの制約があろうとなかろうと、Excel がポートフォリオの最大化問題を簡単に解く方法を提供すると主張する者はいないだろう。しかしながら、Excel を用いて関連する原理を説明することができ、また、Excel の**ソルバー**は、これらの問題を設定するために、使いやすく、直感的なインターフェースを提供する。

練習問題

以下のデータが与えられている。

a. 空売りが許されないと仮定して、効率的フロンティアを計算しなさい。
b. 空売りが許されると仮定して、効率的フロンティアを計算しなさい。
c. 2つの効率的フロンティアのグラフを同じ座標軸上に描きなさい。

	A	B	C	D	E	F	G	H	I
3			A	B	C	D	E	F		平均収益率
4		A	0.0100	0.0000	0.0000	0.0000	0.0000	0.0000		0.0100
5		B	0.0000	0.0400	0.0000	0.0000	0.0000	0.0000		0.0200
6		C	0.0000	0.0000	0.0900	0.0000	0.0000	0.0000		0.0300
7		D	0.0000	0.0000	0.0000	0.1500	0.0000	0.0000		0.0400
8		E	0.0000	0.0000	0.0000	0.0000	0.2000	0.0000		0.0500
9		F	0.0000	0.0000	0.0000	0.0000	0.0000	0.3000		0.0550

13 Black-Litterman アプローチによるポートフォリオの最適化

13.1 概要

第8章から第12章では、1950年代に Harry Markowitz によって初めて展開され、続いて Sharp（1964）、Lintener（1965）、Mossin（1966）によって拡張された、ポートフォリオの最適化に対する基本的なアプローチを解説した。膨大な学術的、実証的論文（並びにいくつかのノーベル経済学賞）が、資産評価とポートフォリオ選択に関するこの新しい見方の衝撃を物語っている。今日、ベータへの言及なしに株式のリスクを語ることは不十分であり、またポートフォリオ・パフォーマンスの議論では常にアルファが引き合いに出されると述べても、まったく誇張ではない（この2つのテーマは第11章で議論した）。

　Markowitz、Sharpe、Lintner、Mossin の各氏はインベストメント・マネジメントのパラダイムを変えた。Markowitz らが登場する前、個人投資家は「分散化」が重要で、「全ての卵を1つのバスケットに入れる」べきではないと知っていた。しかし、Markowitz と彼に続く研究者たちは、これらの決まり文句に、統計的かつ実装的な意味を与えたのである。現代ポートフォリオ理論（Modern Portfolio Theory; MPT）は、聡明な投資家が投資を議論する方法を変えた。

　それにもかかわらず、MPT は人々を落胆させた。ポートフォリオの最適化に関する標準的なテキストの議論を読めば、個人的な選好に関する少しの知識と、一連の決められた数学的最適化手法の組み合わせで、投資家の最適ポートフォリオを決めるのに十分であるという印象を受けることができる。市場データを用いてポートフォリオ最適化の実装を試みた者なら誰も、この夢が多くの場合悪夢であることを知っている。ポートフォリオ理論の実装は、巨大なショート・ポジションと、それに対応する非現実的なロング・ポジションで、激しく非現実的なポートフォリオを作り出す。第12章で例示したように、空売りを制限すれば、これらの問題の幾つかが解決できると思うかもしれない。しかしながら空売り制限は、投資可能な資産のユニバースを厳しく制限する。

　ポートフォリオ最適化の機械的な実装に伴う主な問題点は、過去の資産収益率のデータが、将来の資産収益率に関して悪い予測を生み出すことである。過去のデータによる、資産収益率間の共分散推定値と期待収益率の推定値（ポートフォ

リオ理論の土台）は、しばしば信じがたい数字をもたらす。

第10章では、これらの問題のいくつかについて、分散共分散行列の推計プロセスの中で言及した。そこでは、過去のデータが分散共分散行列を推定する最善の方法ではないかもしれず、別の方法、特にいわゆる「縮小推定法（Shrinkage methods）」が、より信頼できる共分散の推定値を提供するかもしれないことを示した。本章では、さらに一歩先に進む。10資産のポートフォリオ問題を使って、標準的なポートフォリオ最適化の問題を例証する。我々のデータでMPTによる最適化を行うと、多くの巨大なロング・ポジションとショート・ポジションを伴う、正気の沙汰とは思えない「最適」ポートフォリオが出現する。我々の例が示すこのポートフォリオ最適化の問題は、不幸にも、例外的なものではない。データを機械的に用いて「最適」ポートフォリオを求める手法は、端的に言って使えない。[1]

1991年、Goldman SachsのFischer BlackとRobert Littermanは、ポートフォリオ最適化の問題の多くに対処するアプローチを発表した。[2] BlackとLittermanは、投資家が所与の資産のグループから最適ポートフォリオを選択するという仮定から始める。この資産のグループ（S&P500指数か、Russell2000か、あるいは国際的な指数の組み合わせかもしれない）が、投資家が自身のポートフォリオを選択する枠組みを決める。投資家の資産ユニバースが、「ベンチマーク」ポートフォリオを決定するのである。

Black-Littermanのモデルは、何の追加情報もない場合、ベンチマークをアウトパフォームすることはできないという仮定を出発点とみなす。この仮定は、典型的な十分に分散化されたベンチマークをアウトパフォームすることは非常に困難であるという、多くの研究に基づいている。[3]

要するに、Black-Littermanモデルは現代ポートフォリオ理論を逆さまにする。

---

[1]. DeMiguel, Garlappi, and Uppal, "Optimal Versus Naive Diversification: How Inefficient Is the 1/N Portfolio Strategy?", *The Review of Financial Studies*（2009）は、機械的な最適化がいかに酷い仕事をするか例証している。著者らは10業種のポートフォリオ間で、最適な資産配分を検証し、市場価値に関わりなく各ポートフォリオに均等に投資するという単純なポートフォリオ資産配分ルールが、データに基づくもっと高度な最適化よりもパフォーマンスが良いことを見いだした。

[2]. Fischer Black and Robert Littermann, "Global Asset Allocation with Equities, Bonds and Currencies," Goldman, Sachs & Co., Fixed Income Research（1991）。Black and Littermanは、彼らの発表内容の多くが、Sharpeによる初期の論文、"Imputing Expected Security Return from Portfolio Composition", *Journal of Financial and Quantitative Research*（1974）に含まれていたことについて全く知らなかったようだ。Sharpeの論文では、ポートフォリオ構成からポートフォリオの収益率を「リバース・エンジニアリング」することを議論している。

[3]. 「Lipper Analytical Servicesによれば、2000年6月までの過去10年間、『一般株式』投資信託（普通の株式ファンドという意味）の80％以上のパフォーマンスが、S&P500指数（株式投資信託の主要なベンチマーク）を下回っている」（www.fool.com/Seminars/OLA/2001/Retire1_4C.htmより引用）。あるいは、有名な論文から、「米国と外国いずれでも、プロのファンド・マネージャー

データを入力して最適ポートフォリオを求める代わりに、Black-Litterman アプローチは、所与のポートフォリオが最適であると仮定し、この仮定からベンチマーク構成要素の期待収益率を導出する。ベンチマークが内包するインプライド期待収益率のベクトルが、Black-Litterman モデルの出発点なのである。

Black-Litterman のインプライド資産収益率は、ベンチマーク・ポートフォリオ内の各資産の将来の収益率に関する市場の情報として解釈することができる。もし投資家がこの市場の評価に同意すれば、それで完了である。投資家はベンチマークが最適であると理解して、ベンチマークを購入すれば良い。しかし、もし投資家がインプライド収益率の1つ以上に同意しなかったらどうだろう？ Black-Litterman は、どのようにしたら投資家の意見を最適化問題に組み込んで、投資家に取ってより良いポートフォリオを構築できるのか提示する。

本章では、MPT の問題点の例示から始める。その後、Black-Litterman アプローチの解説に進む。

13.2 単純な問題

単純だが代表的な問題から始める。Super Duper ファンドは、主要 10 銘柄から構成されるポートフォリオを、ベンチマーク・ポートフォリオに設定した。Super Duper ファンドの新任ポートフォリオ・アナリストであるジョアンナ・ローは、このベンチマークに基づいた最適なポートフォリオの持ち株を推奨するためにポートフォリオ理論を用いることを決めた。以下の画面は、2006 年 7 月 1 日における、これらの銘柄の 5 年間の月次株価データである（一部の行が隠れていることに注意)。

たちの実績は、インデックス・ベンチマークよりも劣る」、Burton G. Malkiel, "Reflections on the Efficient Market Hypothesis:30 Year later," *The Financial Review*（2005）。

第 13 章

	A	B	C	D	E	F	G	H	I	J	K	L
1					10社の株価と時価総額							
2		General Motors GM	Home Depot HD	International Paper IP	Hewlett-Packard HPQ	Altria MO	American Express AXP	Alcoa Aluminum AA	DuPont DD	Merck MRK	MMM	
3	時価総額 (10億 $)	16.85	73.98	15.92	88.37	153.33	65.66	28.16	38.32	79.51	60.9	
4	ベンチマークの投資比率	2.71%	11.91%	2.56%	14.23%	24.69%	10.57%	4.53%	6.17%	12.80%	9.81%	<-- =K3/SUM($B$3:$K$3)
5												
6	月次ベースの株価(配当金含む)											
7	1-Jun-01	50.31	45.26	31.22	26.47	38.74	32.47	36.06	40.88	50.74	51.56	
8	2-Jul-01	49.72	48.26	35.64	22.83	35.61	33.82	35.37	36.29	53.98	50.55	
9	1-Aug-01	43.14	44.06	35.32	21.48	37.10	30.54	34.50	35.01	51.96	47.30	
10	4-Sep-01	33.81	36.79	30.66	14.92	37.79	24.37	28.06	32.07	53.16	44.71	
11	1-Oct-01	32.56	36.66	31.50	15.65	36.63	24.75	29.34	34.18	50.93	47.43	
12	1-Nov-01	39.63	44.78	35.37	20.45	36.92	27.68	35.09	38.21	54.07	52.33	
13	3-Dec-01	38.75	48.97	35.73	19.17	36.34	30.02	32.32	36.63	47.18	53.99	
14	2-Jan-02	40.77	48.09	36.99	20.64	39.71	30.22	32.59	38.06	47.48	50.70	
15	1-Feb-02	42.67	48.00	38.86	18.78	41.73	30.72	34.31	40.68	49.21	54.16	
16	1-Mar-02	48.69	46.71	38.30	16.81	42.21	34.52	34.47	40.95	46.46	52.81	
17	1-Apr-02	51.67	44.56	36.90	16.02	43.62	34.64	31.08	38.65	43.85	57.77	
61	1-Dec-05	19.01	40.17	33.12	28.48	73.08	51.23	29.30	41.77	31.10	76.60	
62	3-Jan-06	23.56	40.24	32.15	31.02	70.75	52.33	31.21	38.48	33.73	71.91	
63	1-Feb-06	20.11	41.83	32.53	32.64	70.32	53.76	29.19	39.91	34.09	73.20	
64	1-Mar-06	21.06	42.13	34.32	32.81	70.06	52.43	30.43	41.87	34.83	75.29	
65	3-Apr-06	22.66	39.77	36.09	32.38	72.34	53.81	33.63	43.74	34.03	84.98	
66	1-May-06	26.93	37.97	33.98	32.29	71.54	54.36	31.72	42.53	33.29	83.66	
67	1-Jun-06	29.79	35.79	32.30	31.68	73.43	53.22	32.36	41.60	36.43	80.75	

第 3 行は現時点での各ベンチマーク銘柄の時価総額で、第 4 行は個別銘柄の時価総額をベンチマークの時価総額で割り、ベンチマークの構成比を計算する。

第 8 章と第 9 章で説明した手順に従い、ジョアンナはまず株価データを収益率に変換し、その後、これらの収益率の分散共分散行列を計算する。

	A	B	C	D	E	F	G	H	I	J	K
1			The Super Duperベンチマークポートフォリオの収益率データ								
2		General Motors GM	Home Depot HD	International Paper IP	Hewlett-Packard HPQ	Altria MO	American Express AXP	Alcoa Aluminum AA	DuPont DD	Merck MRK	MMM
3	時価総額 (10億 $)	16.85	73.98	15.92	88.37	153.33	65.66	28.16	38.32	79.51	60.9
4	ベンチマークの投資比率	2.71%	11.91%	2.56%	14.23%	24.69%	10.57%	4.53%	6.17%	12.80%	9.81%
5											
6	平均収益率	-0.87%	-0.39%	0.06%	0.30%	1.07%	0.82%	-0.18%	0.03%	-0.55%	0.75%
7	収益率の標準偏差	10.78%	8.41%	6.23%	10.80%	8.71%	6.43%	9.54%	6.12%	8.06%	5.54%
8											
9	日付	GM	HD	IP	HPQ	MO	AXP	AA	DD	MRK	MMM
10	2-Jul-01	-1.18%	6.42%	13.24%	-14.79%	-8.42%	4.07%	-1.93%	-11.91%	6.19%	-1.98%
11	1-Aug-01	-14.20%	-9.11%	-0.90%	-6.10%	4.10%	-10.20%	-2.49%	-3.59%	-3.81%	-6.65%
12	4-Sep-01	-24.37%	-18.03%	-14.15%	-36.44%	1.84%	-22.57%	-20.66%	-8.77%	2.28%	-5.63%
13	1-Oct-01	-3.77%	-0.35%	2.70%	4.78%	-3.12%	1.55%	4.46%	6.37%	-4.29%	5.91%
14	1-Nov-01	19.65%	20.01%	11.59%	26.75%	0.79%	11.19%	17.90%	11.15%	5.98%	9.83%
15	3-Dec-01	-2.25%	8.94%	1.01%	-6.46%	-1.58%	8.12%	-8.22%	-4.22%	-13.63%	3.12%
16	2-Jan-02	5.08%	-1.81%	3.47%	7.39%	8.87%	0.66%	0.83%	3.83%	0.63%	-6.29%
60	1-Sep-05	-11.06%	-5.56%	-3.48%	5.32%	5.28%	3.90%	-9.25%	-1.02%	-3.66%	3.05%
61	3-Oct-05	-11.10%	7.33%	-2.08%	-4.05%	1.81%	-0.78%	-0.54%	6.25%	3.63%	3.50%
62	1-Nov-05	-20.55%	2.02%	8.56%	5.66%	-3.06%	3.28%	12.70%	3.39%	5.40%	3.77%
63	1-Dec-05	-12.03%	-3.16%	6.39%	-3.32%	3.67%	0.08%	7.58%	-0.60%	7.86%	-1.26%
64	3-Jan-06	21.46%	0.17%	-2.97%	8.54%	-3.24%	2.12%	6.32%	-8.20%	8.12%	-6.32%
65	1-Feb-06	-15.83%	3.88%	1.18%	5.09%	-0.61%	2.70%	-6.69%	3.65%	1.06%	1.78%
66	1-Mar-06	4.62%	0.71%	5.36%	0.52%	-0.37%	-2.51%	4.16%	4.79%	2.15%	2.82%
67	3-Apr-06	7.32%	-5.76%	5.03%	-1.32%	3.20%	2.00%	10.00%	4.37%	-2.32%	12.11%
68	1-May-06	17.26%	-4.63%	-6.02%	-0.28%	-1.11%	1.02%	-5.85%	-2.81%	-2.20%	-1.57%
69	1-Jun-06	10.09%	-5.91%	-5.07%	-1.91%	2.61%	-2.12%	2.00%	-2.21%	9.01%	-3.52%

単純な最適化

収益率データを使って、ジョアンナは第 10 章で例示したように、超過収益率の標本分散共分散行列を計算する。ポートフォリオの最適化を実行するには、財務省短期証券（T-Bill）の金利データが必要になる。2006 年 7 月 1 日の財務省短期証券の金利は年利 4.83 ％で、月次では 4.83 ％/12 = 0.40 ％である。分散共分散行列、財務省短期証券金利、過去の平均収益率を用い、以下の方程式を解いて「最適」ポートフォリオを計算する。

$$\text{最適ポートフォリオ } \{x_1, x_2, \ldots, x_{10}\} = \frac{S^{-1} \begin{bmatrix} \bar{r}_{GM} - r_f \\ \bar{r}_{HD} - r_f \\ \vdots \\ \bar{r}_{MMM} - r_f \end{bmatrix}}{[1, 1, \cdots, 1] * S^{-1} * \begin{bmatrix} \bar{r}_{GM} - r_f \\ \bar{r}_{HD} - r_f \\ \vdots \\ \bar{r}_{MMM} - r_f \end{bmatrix}}$$

$$= \frac{S^{-1} \begin{bmatrix} \bar{r}_{GM} - r_f \\ \bar{r}_{HD} - r_f \\ \vdots \\ \bar{r}_{MMM} - r_f \end{bmatrix}}{Sum \begin{bmatrix} S^{-1} * \begin{bmatrix} \bar{r}_{GM} - r_f \\ \bar{r}_{HD} - r_f \\ \vdots \\ \bar{r}_{MMM} - r_f \end{bmatrix} \end{bmatrix}}$$

以下にこのポートフォリオを示す（強調箇所）

	A	B	C	D	E	F	G	H	I	J	K	L	M
1				Super Duper ベンチマークポートフォリオ—単純な最適化									
2			General Motors GM	Home Depot HD	International paper IP	Hewlett-Packard HPQ	Altria MO	American Express AXP	Alcoa Aluminum AA	DuPont DD	Merck MRK	MMM	
3	時価総額 (10億$)		16.85	73.98	15.92	88.37	153.33	65.66	28.16	38.32	79.51	60.9	
4	ベンチマークの比率		2.71%	11.91%	2.56%	14.23%	24.69%	10.57%	4.53%	6.17%	12.80%	9.81%	
5													
6	超過収益率の分散共分散行列												
7			GM	HD	IP	HPQ	MO	AXP	AA	DD	MRK	MMM	平均収益率
8	GM		0.0118	0.0031	0.0024	0.0042	0.0014	0.0033	0.0046	0.0018	0.0010	0.0014	-0.87%
9	HD		0.0031	0.0072	0.0019	0.0043	0.0022	0.0033	0.0046	0.0020	0.0002	0.0018	-0.39%
10	IP		0.0024	0.0019	0.0040	0.0031	0.0001	0.0024	0.0043	0.0021	0.0012	0.0016	0.06%
11	HPQ		0.0042	0.0043	0.0031	0.0119	0.0026	0.0049	0.0061	0.0033	0.0020	0.0022	0.30%
12	MO		0.0014	0.0022	0.0001	0.0026	0.0077	0.0016	0.0018	0.0009	0.0007	0.0008	1.07%
13	AXP		0.0033	0.0033	0.0024	0.0049	0.0016	0.0042	0.0038	0.0019	0.0011	0.0014	0.82%
14	AA		0.0046	0.0046	0.0043	0.0061	0.0018	0.0038	0.0093	0.0041	0.0018	0.0024	-0.18%
15	DD		0.0018	0.0020	0.0021	0.0033	0.0009	0.0019	0.0041	0.0038	0.0017	0.0019	0.03%
16	MRK		0.0010	0.0002	0.0012	0.0020	0.0007	0.0011	0.0018	0.0017	0.0066	0.0005	-0.55%
17	MMM		0.0014	0.0018	0.0016	0.0022	0.0008	0.0014	0.0024	0.0019	0.0005	0.0031	0.75%
18													
19	現在の財務省短期証券の金利		0.40%	<-- =4.83%/12									
20													
21	「最適」ポートフォリオ												
22	GM		480.2%	<-- {=MMULT(MINVERSE(B8:K17),M8:M17-B19)/SUM(MMULT(MINVERSE(B8:K17),M8:M17-B19))}									
23	HD		981.8%										
24	IP		689.3%										
25	HPQ		221.3%										
26	MO		-263.7%										
27	AXP		-1763.7%										
28	AA		-324.5%										
29	DD		528.8%										
30	MRK		469.5%										
31	MMM		-918.9%										
32	投資比率の合計		1.00000	<-- =SUM(B22:B31)									

セル B22:B31 に示された「最適」ポートフォリオは、明らかに実際には実行不可能である。このポートフォリオは、あまりに多くの大きなポジション（マイナスとプラスの両方）を含んでいる。例えば、AXP 株のマイナス 1763.7 %のショート・ポジションや DD 株の 528.8 %のポジションに注目されたい。ほとんどの投資信託は、ショート・ポジションを取ることが禁じられている、また空売りを行うファンドでも AXP 株をファンド価値の 17.63 倍も空売りしたり、MMM 株にファンド価値の 9.19 倍も投資することは難しい。これらの空売りポジションの結果による巨大なロング・ポジション（例えば、HD 株に対するファンド価値の 9.82 倍の投資）は、同様に実行不可能である。

なぜ単純な最適化は失敗するのか？

ある程度、不可思議なポートフォリオ「最適化」比率は予想可能だった。以下のスプレッドシートでは、この異常な「最適化」ポートフォリオを部分的に説明できるデータの危うい特徴のいくつかを、強調表示している。

- 過去の平均収益率の多くがマイナスである。もし相関の効果を無視すれば、マ

イナスの期待収益率は株式のショート・ポジションを意味するはずである。[4] しかしながら、過去の収益率を将来の期待収益率の代用として用いることには、もっと奥深い哲学的疑問が存在している。たとえ過去の収益率がマイナスであったとしても、これが将来の期待収益率もマイナスになることを意味すると、決めてかかる根拠は何もない。これは、将来に関する予想を引き出すために過去のデータを使用する際の問題の 1 つである。

- 資産収益率間の相関が、いくつかのケースで非常に大きい。特定の株式の大きな相関は、収益率は低いが相関がもっと普通な他の株式を好むように導く可能性がある。

以下のスプレッドシートでは、過去の収益率がマイナスの株式と、相関が 0.5 以上の株式を、強調表示している。

	A	B	C	D	E	F	G	H	I	J	K	L
1					マイナスの収益率や高い相関係数の場合							
2		General Motors GM	Home Depot HD	International Paper IP	Hewlett-Packard HPQ	Altria MO	American Express AXP	Alcoa Aluminum AA	DuPont DD	Merck MRK	MMM	
3	時価総額 (10億 $)	16.85	73.98	15.92	88.37	153.33	65.66	28.16	38.32	79.51	60.9	
4	ベンチマークの投資比率	2.71%	11.91%	2.56%	14.23%	24.69%	10.57%	4.53%	6.17%	12.80%	9.81%	
5												
6	平均収益率	-0.87%	-0.39%	0.06%	0.30%	1.07%	0.82%	-0.18%	0.03%	-0.55%	0.75%	
7	収益率の標準偏差	10.78%	8.41%	6.23%	10.80%	8.71%	6.43%	9.54%	6.12%	8.06%	5.54%	
8												
9												
10		GM	HD	IP	HPQ	MO	AXP	AA	DD	MRK	MMM	
11	GM	1.0000	0.3320	0.3459	0.3534	0.1428	0.4676	0.4430	0.2737	0.1109	0.2277	<-- =CORREL($B$24:$B$83,K24:K83)
12	HD		1.0000	0.3512	0.4618	0.3012	0.6061	0.5618	0.3891	0.0260	0.3800	<-- =CORREL($C$24:$C$83,K24:K83)
13	IP			1.0000	0.4580	0.0159	0.5772	0.7181	0.5400	0.2362	0.4575	<-- =CORREL($D$24:$D$83,K24:K83)
14	HPQ				1.0000	0.2682	0.6965	0.5770	0.4924	0.2232	0.3666	
15	MO					1.0000	0.2839	0.2145	0.1647	0.0955	0.1645	
16	AXP						1.0000	0.6034	0.4855	0.2038	0.3798	
17	AA							1.0000	0.6863	0.2294	0.4525	
18	DD								1.0000	0.3287	0.5606	
19	MRK									1.0000	0.1079	
20	MMM										1.0000	

分散共分散行列を変えてはどうだろうか?

第 10 章で分散共分散行列を縮小する様々な方法について議論した。思い出すと、「縮小推定 (shrinkage)」は、標本分散共分散行列と分散だけの対角行列を凸結合する、ちょっとした専門用語である。縮小推定法は、大域的最小分散ポートフォリオ (GMVP) のパフォーマンス向上に効果的であることが示されている。

縮小推定は、単純なポートフォリオ最適化の極端な配分比率を解決する手助けに

---

[4]. 原理的には、マイナスの収益率の株式が、ポートフォリオ全体の分散を低くするのに十分な他の株式とのマイナスの相関を持つなら、自分のポートフォリオに組み入れたいかもしれない。しかしながら、これはめったに起こらない。

なるのだろうか。次に示すスプレッドシートでこれを試みる。セル B11:K20 は、標本共分散行列（B41:K50）と分散だけからなる全対角行列（B54:K63）の加重結合である。標本共分散行列に課すウェイト λ はセル B7 にある。

$\lambda = 0.3$ では、確かに「最適」ポートフォリオに極端なロングやショートのポジションは少ない。だが、縮小推定がデータの根本的な問題（過去の収益率がマイナスであるデータを期待収益率の代用として用いると、必ず最適化でいくつかのマイナスのポートフォリオ・ポジションを生み出す）を決して解決できないことは明らかである。Black と Litterman が解決し、次節で議論するのがまさにこの問題である。

	A	B	C	D	E	F	G	H	I	J	K	L	M
1	Super Duperベンチマークポートフォリオ—縮小推定による分散共分散行列による単純な最適化												
2		General Motors GM	Home Depot HD	International paper IP	Hewlett-Packard HPQ	Altria MO	American Express AXP	Alcoa Aluminum AA	DuPont DD	Merck MRK	MMM		
3	時価総額 (10億 $)	16.85	73.98	15.92	88.37	153.33	65.66	28.16	38.32	79.51	60.9		
4	ベンチマークの投資比率	2.71%	11.91%	2.56%	14.23%	24.69%	10.57%	4.53%	6.17%	12.80%	9.81%		
5													
6	超過収益率の分散共分散行列												
7	縮小 ファクター, λ			0.3	<-- 標本分散行列で加重平均								
8													
9	以下の行列は標本共分散行列と分散のみの対角行列を加重平均して結合している。{=B7*B39:K48+(1-B7)*B52:K61}												
10		GM	HD	IP	HPQ	MO	AXP	AA	DD	MRK	MMM		平均収益率
11	GM	0.0118	0.0009	0.0007	0.0013	0.0004	0.0010	0.0014	0.0006	0.0003	0.0004		-0.87%
12	HD	0.0009	0.0072	0.0006	0.0013	0.0007	0.0010	0.0014	0.0006	0.0001	0.0005		-0.39%
13	IP	0.0007	0.0006	0.0040	0.0009	0.0000	0.0007	0.0013	0.0006	0.0004	0.0005		0.06%
14	HPQ	0.0013	0.0013	0.0009	0.0119	0.0008	0.0015	0.0018	0.0010	0.0006	0.0007		0.30%
15	MO	0.0004	0.0007	0.0000	0.0008	0.0077	0.0005	0.0005	0.0003	0.0002	0.0002		1.07%
16	AXP	0.0010	0.0010	0.0007	0.0015	0.0005	0.0042	0.0011	0.0006	0.0003	0.0004		0.82%
17	AA	0.0014	0.0014	0.0013	0.0018	0.0005	0.0011	0.0093	0.0012	0.0005	0.0007		-0.18%
18	DD	0.0006	0.0006	0.0006	0.0010	0.0003	0.0006	0.0012	0.0038	0.0005	0.0006		0.03%
19	MRK	0.0003	0.0001	0.0004	0.0006	0.0002	0.0003	0.0005	0.0005	0.0066	0.0001		-0.55%
20	MMM	0.0004	0.0005	0.0005	0.0007	0.0002	0.0004	0.0007	0.0006	0.0001	0.0031		0.75%
21													
22	現在の財務省短期証券の金利	0.40%	<-- =4.83%/12										
23													
24	「最適」ポートフォリオ												
25	GM		84.3%	<-- {=MMULT(MINVERSE(B11:K20),M11:M20-B22)/SUM(MMULT(MINVERSE(B11:K20),M11:M20-B22))}									
26	HD		96.4%										
27	IP		50.2%										
28	HPQ		-3.6%										
29	MO		-76.1%										
30	AXP		-134.6%										
31	AA		32.5%										
32	DD		62.5%										
33	MRK		112.1%										
34	MMM		-123.8%										
35	投資比率の合計		1.0000	<-- =SUM(B25:B34)									

13.3 最適化問題に対する Black-Litterman の解決策

Black-Litterman（BL）のアプローチは、上記の最適化問題に対して初期の解決策を提供する。BL アプローチは 2 つのパートから構成される。

ステップ 1：*市場は何を考えているか？* 膨大な量のファイナンスの研究結果は、ベンチマーク・ポートフォリオの収益率に打ち勝つのが困難であることを示している。BL アプローチの第 1 ステップは、この研究結果を出発点として受け入れる。ベンチマークが最適であると仮定して、この仮定のもとで各資産の期待収益率を導出する。これを別な言い方で述べると、ステップ 1 では、第 9 章から第 11 章の最適化のテクニックを用いると、投資家がベンチマークを選択することになる、各資産の期待収益率を計算する。

ステップ 2：*投資家の意見を組み入れる*。第 1 ステップでは、BL は最適性の前提を基に、ベンチマークの資産収益率をどのように計算するか示す。投資家は、これら市場ベースの期待収益率に対して、様々な意見を持っているとしよう。第 2 ステップは、これらの意見をどのように最適化過程に組み入れるか示す。資産間に相関があるので、投資家のある特定の資産収益率に関する意見は、他の全ての資産の期待収益率に影響することに注意しよう。第 2 ステップにおける重要な部分は、投資家の任意の収益率に関する意見に対して、全ての資産の収益率を調整することである。

Black-Litterman の手順に従う投資家は、期待収益率に対して市場資産ウェイトが何を示唆するのか見極めることから始める。その後、投資家は任意の資産の期待収益率に関する自分の意見を加えることによって、これらの比率を調整する。以下の 2 節では、これら 2 つのステップの詳細について議論する。

13.4 ステップ 1：市場はどう考えているか？

第 9 章で示したように、最適ポートフォリオは以下の方程式を解かねばならない。

$$\begin{bmatrix} 効率的 \\ ポートフォリオ \\ の割合 \end{bmatrix} = \underbrace{\begin{bmatrix} 分散 \\ 共分散 \\ 行列 \end{bmatrix}^{-1}}_{\uparrow \text{合計=1 に正規化する}} * \left\{ \begin{bmatrix} 期待 \\ ポートフォリオ \\ 収益率 \end{bmatrix} - \begin{matrix} 無リスク \\ 金利 \end{matrix} \right\}$$

期待ポートフォリオ収益率のベクトルに関して方程式を解くには、効率的ポートフォリオが以下の方程式を解かなければならないことを意味する。

$$\begin{bmatrix} 期待 \\ ポートフォリオ \\ 収益率 \end{bmatrix} = \begin{bmatrix} 分散 \\ 共分散 \\ 行列 \end{bmatrix} \begin{bmatrix} 効率的 \\ ポートフォリオ \\ の割合 \end{bmatrix} * 正規化ファクター + 無リスク金利$$

ジョアンナは、市場に関して何の追加情報や意見を持っていないので、ポートフォリオの現在の市場ウェイトが、効率的なウェイトを表していると仮定した。彼女は来月のベンチマークの月次期待収益率を1％であると推定し、この推定値を使って正規化ファクターを設定した。[5]

2番目の方程式の最初の部分（正規化ファクターを除く）を解くと以下を得る。

	A	B	C	D	E	F	G	H	I	J	K	L	M
1		\multicolumn{11}{c}{Super Duper ベンチマークポートフォリオ—市場は何を考えているのか？ 正規化ファクターのない場合}		
2	ベンチマークの予想収益率	1.00%	<--	=12%/12									
3	現在の財務省短期証券の金利	0.40%											
4													
5		General Motors GM	Home Depot HD	International Paper IP	Hewlett-Packard HPQ	Altria MO	American Express AXP	Alcoa Aluminum AA	DuPont DD	Merck MRK	MMM		
6	時価総額 (10億 $)	16.85	73.98	15.92	88.37	153.33	65.66	28.16	38.32	79.51	60.9		
7	ベンチマークの投資比率	2.71%	11.91%	2.56%	14.23%	24.69%	10.57%	4.53%	6.17%	12.80%	9.81%		
8													
9	分散共分散行列												
10		GM	HD	IP	HPQ	MO	AXP	AA	DD	MRK	MMM		正規化ファクターなし
11	GM	0.0118	0.0031	0.0024	0.0042	0.0014	0.0033	0.0046	0.0018	0.0010	0.0014		0.28%
12	HD	0.0031	0.0072	0.0019	0.0043	0.0022	0.0033	0.0046	0.0020	0.0002	0.0018		0.32%
13	IP	0.0024	0.0019	0.0040	0.0031	0.0001	0.0024	0.0043	0.0021	0.0012	0.0016		0.18%
14	HPQ	0.0042	0.0043	0.0031	0.0119	0.0026	0.0049	0.0061	0.0033	0.0020	0.0022		0.47%
15	MO	0.0014	0.0022	0.0001	0.0026	0.0077	0.0016	0.0018	0.0009	0.0007	0.0008		0.31%
16	AXP	0.0033	0.0033	0.0024	0.0049	0.0016	0.0042	0.0038	0.0019	0.0011	0.0014		0.28%
17	AA	0.0046	0.0046	0.0043	0.0061	0.0018	0.0038	0.0093	0.0041	0.0018	0.0024		0.38%
18	DD	0.0018	0.0020	0.0021	0.0033	0.0009	0.0019	0.0041	0.0038	0.0017	0.0019		0.22%
19	MRK	0.0010	0.0002	0.0012	0.0020	0.0007	0.0011	0.0018	0.0017	0.0066	0.0005		0.18%
20	MMM	0.0014	0.0018	0.0016	0.0022	0.0008	0.0014	0.0024	0.0019	0.0005	0.0031		0.16%
21													
22	チェック: ベンチマークの期待収益率か？		0.29%	<-- {=MMULT(B7:K7,M11:M20)}				セルM11:M20 には次の配列数式が入力されている					
23								{=MMULT(B11:K20,TRANSPOSE(B7:K7)+B3)}					
24													

---

5. 1ヶ月に1パーセントは、12％の年次期待ベンチマーク収益率を推定するのと等しい。

ここで留意すべき点は、第 7 行のウェイトに基づくと、期待ベンチマーク収益率は、ジョアンナがセル B2 で設定した月次 1.0 % とは対照的に、月次 0.29 % となることである。この期待ベンチマーク収益率を得るためには、正規化ファクターで第 7 行を乗算する。

$$\begin{bmatrix} ベンチマーク・\\ ポートフォリオ \\ の収益率 \end{bmatrix} = \begin{bmatrix} 分散\\ 共分散\\ 行列 \end{bmatrix} \begin{bmatrix} ベンチマーク・\\ ポートフォリオ\\ の比率 \end{bmatrix} * 正規化ファクター + 無リスク金利$$

$$= \begin{bmatrix} 分散\\ 共分散\\ 行列 \end{bmatrix} \begin{bmatrix} ベンチマーク・\\ ポートフォリオ\\ の比率 \end{bmatrix}$$

$$* \underbrace{\left(\frac{期待ベンチマーク収益率 - 無リスク金利}{\left(\begin{bmatrix} ベンチマーク・\\ ポートフォリオ\\ の比率 \end{bmatrix}^T \begin{bmatrix} 分散\\ 共分散\\ 行列 \end{bmatrix} \begin{bmatrix} ベンチマーク・\\ ポートフォリオ\\ の比率 \end{bmatrix}\right)} \right)}_{正規化ファクター} + 無リスク金利$$

この手順を以下で例示する。

第13章

	A	B	C	D	E	F	G	H	I	J	K	L	M
1				Super Duperベンチマークポートフォリオ—市場は何を考えているのか？ ベンチマークの予想収益率に基づいてセルB4で正規化ファクターを計算 期待収益率はベンチマークを最適化する								
2	ベンチマークの予想収益率	1.00%	<--	=12%/12									
3	現在の財務省短期証券の金利	0.40%											
4	正規化ファクター	2.12	<--	{=(B2-B3)/MMULT(MMULT(B8:K8,B12:K21),TRANSPOSE(B8:K8))}									
5													
6			General Motors GM	Home Depot HD	International Paper IP	Hewlett-Packard HPQ	Altria MO	American Express AXP	Alcoa Aluminum AA	DuPont DD	Merck MRK	MMM	
7	時価総額 (10億$)		16.85	73.98	15.92	88.37	153.33	65.66	28.16	38.32	79.51	60.9	
8	ベンチマークの投資比率		2.71%	11.91%	2.56%	14.23%	24.69%	10.57%	4.53%	6.17%	12.80%	9.81%	
9													
10	分散共分散行列												
11			GM	HD	IP	HPQ	MO	AXP	AA	DD	MRK	MMM	正規化ファクターあり
12		GM	0.0118	0.0031	0.0024	0.0042	0.0014	0.0033	0.0046	0.0018	0.0010	0.0014	0.96%
13		HD	0.0031	0.0072	0.0019	0.0043	0.0022	0.0033	0.0046	0.0020	0.0002	0.0018	1.05%
14		IP	0.0024	0.0019	0.0040	0.0031	0.0001	0.0024	0.0043	0.0021	0.0012	0.0016	0.77%
15		HPQ	0.0042	0.0043	0.0031	0.0119	0.0026	0.0049	0.0061	0.0033	0.0020	0.0022	1.36%
16		MO	0.0014	0.0022	0.0001	0.0026	0.0077	0.0016	0.0018	0.0009	0.0007	0.0008	1.05%
17		AXP	0.0033	0.0033	0.0024	0.0049	0.0016	0.0042	0.0038	0.0019	0.0011	0.0014	0.97%
18		AA	0.0046	0.0046	0.0043	0.0061	0.0018	0.0038	0.0093	0.0041	0.0018	0.0024	1.17%
19		DD	0.0018	0.0020	0.0021	0.0033	0.0009	0.0019	0.0041	0.0038	0.0017	0.0019	0.84%
20		MRK	0.0010	0.0002	0.0012	0.0020	0.0007	0.0011	0.0018	0.0017	0.0066	0.0005	0.77%
21		MMM	0.0014	0.0018	0.0016	0.0022	0.0008	0.0014	0.0024	0.0019	0.0005	0.0031	0.73%
22													
23	チェック：ベンチマークの期待収益率か？	1.00%	<--	{=MMULT(B8:K8,M12:M21)}			セルM12:M21以下の配列数式が入力されている {=(MMULT(B12:K21,TRANSPOSE(B8:K8))*B4)+B3}						
24													
25													
26													
27	追加チェック： 「最適」ポートフォリオ												
28	GM	2.71%	<--	{=MMULT(MINVERSE(B12:K21),M12:M21-B3)/SUM(MMULT(MINVERSE(B12:K21),M12:M21-B3))}									
29	HD	11.91%											
30	IP	2.56%			セルM12:M21の期待収益率について の第9章の最適化と分散共分散行列が 最適ポートフォリオとしての市場ウェ イトを計算することに注意								
31	HPQ	14.23%											
32	MO	24.69%											
33	AXP	10.57%											
34	AA	4.53%											
35	DD	6.17%											
36	MRK	12.80%											
37	MMM	9.81%											
38	Sum of proportions	100.0%	<--	=SUM(B28:B37)									

　上のスプレッドシートでは、現在の財務省短期証券の金利0.40％とセルM12:M21の期待収益率をもとに、最適ポートフォリオを導出することによって、追加のチェックを実施した。結果は、第8行のベンチマークの比率に戻るはずである。

13.5 ステップ2：意見の導入—ジョアンナはどう考えているか？

(i) ベンチマークは効率的である、(ii) ベンチマークの期待収益率は月次で1％である、という2つの仮定を置いた上で、ジョアンナはベンチマーク構成銘柄のそれぞれに対して期待収益率を求めた（セルM12:M21）。これで資産収益率に関するジョアンナの考えを紹介する準備が整った。大ざっぱな考えとして、もし彼女が市場リターンに同意しないなら、ベンチマークと異なる比率のポートフォリオを求めるため、第9章の最適化手順を使うことができる。

　しかしながら、注意しなければならない。資産収益率は相関しているので、1つ

の資産の収益率に関するジョアンナの何らかの意見は、他の全ての資産の収益率に関する意見に影響を与える。この点を例証するために、ジョアンナが GM の来月の収益率を、市場の意見 0.96％ではなく、1.1％になると考えているとしよう。するとこれは、次のように転換される。

	A	B	C	D	E	F	G	H	I	J	K
1				アナリストの見解についてベンチマークを調整しているこの例ではGMについて、意見が1つある							
2	ベンチマークの予想収益率	1.00%	<-- =12%/12								
3	現在の財務省短期証券の金利	0.40%									
4	正規化ファクター	2.12	<-- {=(B2-B3)/MMULT(MMULT(B8:K8,B12:K21),TRANSPOSE(B8:K8))}								
5											
6		General Motors GM	Home Depot HD	International Paper IP	Hewlett-Packard HPQ	Altria MO	American Express AXP	Alcoa Aluminum AA	DuPont DD	Merck MRK	MMM
7	時価総額 (10億 $)	16.85	73.98	15.92	88.37	153.33	65.66	28.16	38.32	79.51	60.9
8	ベンチマークの投資比率	2.71%	11.91%	2.56%	14.23%	24.69%	10.57%	4.53%	6.17%	12.80%	9.81%
9											
10	分散共分散行列										
11		GM	HD	IP	HPQ	MO	AXP	AA	DD	MRK	MMM
12	GM	0.0118	0.0031	0.0024	0.0042	0.0014	0.0033	0.0046	0.0018	0.0010	0.0014
13	HD	0.0031	0.0072	0.0019	0.0043	0.0022	0.0033	0.0046	0.0020	0.0002	0.0018
14	IP	0.0024	0.0019	0.0040	0.0031	0.0001	0.0024	0.0043	0.0021	0.0012	0.0016
15	HPQ	0.0042	0.0043	0.0031	0.0119	0.0026	0.0049	0.0061	0.0033	0.0020	0.0022
16	MO	0.0014	0.0022	0.0001	0.0026	0.0077	0.0016	0.0018	0.0009	0.0007	0.0008
17	AXP	0.0033	0.0033	0.0024	0.0049	0.0016	0.0042	0.0038	0.0019	0.0011	0.0014
18	AA	0.0046	0.0046	0.0043	0.0061	0.0018	0.0038	0.0093	0.0041	0.0018	0.0024
19	DD	0.0018	0.0020	0.0021	0.0033	0.0009	0.0019	0.0041	0.0038	0.0017	0.0019
20	MRK	0.0010	0.0002	0.0012	0.0020	0.0007	0.0011	0.0018	0.0017	0.0066	0.0005
21	MMM	0.0014	0.0018	0.0016	0.0022	0.0008	0.0014	0.0024	0.0019	0.0005	0.0031
22											
23											
24	ベンチマークの期待収益率意見のない場合	アナリストの見解, δ		意見調整後の収益率						意見調整後の最適化ポートフォリオ	
25	0.96%	0.14%	GM	1.10%	<-- =A25+B12/$B$12*$B$25					7.85%	GM
26	1.05%	0.00%	HD	1.08%	<-- =A26+B13/$B$12*$B$25					11.28%	HD
27	0.77%	0.00%	IP	0.80%	<-- =A27+B14/$B$12*$B$25					2.43%	IP
28	1.36%	0.00%	HPQ	1.41%						13.48%	HPQ
29	1.05%	0.00%	MO	1.07%	セル J25:J34 には以下の配列数式が入力されている {=MMULT(MINVERSE(B12:K21),D25-B3)/SUM(MMULT(MINVERSE(B12:K21),D25:D34-B3))}					23.39%	MO
30	0.97%	0.00%	AXP	1.00%						10.01%	AXP
31	1.17%	0.00%	AA	1.23%						4.30%	AA
32	0.84%	0.00%	DD	0.86%						5.84%	DD
33	0.77%	0.00%	MRK	0.78%						12.13%	MRK
34	0.73%	0.00%	MMM	0.75%						9.29%	MMM

上のセル B25 の δ は、Black-Litterman の基本ケースとジョアンナの意見の差を表している。上の例では、ジョアンナは、GM の収益率が、市場収益率の 0.96％（セル A25）から、$\delta_{GM} = 0.14$％（セル B25）に異なると考えている。この例が意味するのは、資産収益率が分散共分散行列を通して相関しているので、1 つの資産の収益率に関する見解（この例では GM）が、他の全ての資産に関するジョアンナの期待収益率にも影響するということである。資産収益率間の共分散のため、これは例えば、彼女が予想する HD の収益率が、1.08％になることを意味する。

$$r_{HD, 意見調整後} = r_{HD, 市場} + \frac{Cov(r_{HD}, r_{GM})}{Var(r_{GM})} \delta_{GM} = 1.08\%$$

$$r_{IP,\text{意見調整後}} = r_{IP,\text{市場}} + \frac{Cov(r_{IP}, r_{GM})}{Var(r_{GM})} \delta_{GM} = 0.80\%$$

等々。

新たに最適化されたポートフォリオは、セル J24:J33 に与えられている。GM の収益率に関するジョアンナのポジティブな見解は、予想通り、彼女のポートフォリオにおける GM の比率を増加させた。しかし、GM に関する彼女の見解はまた、他の全てのポートフォリオの比率にも影響を及ぼした。

	J	K	L
24	意見調整後の最適化ポートフォリオ		ベンチマークポートフォリオ、意見の無い場合
25	7.85%	GM	2.71%
26	11.28%	HD	11.91%
27	2.43%	IP	2.56%
28	13.48%	HPQ	14.23%
29	23.39%	MO	24.69%
30	10.01%	AXP	10.57%
31	4.30%	AA	4.53%
32	5.84%	DD	6.17%
33	12.13%	MRK	12.80%
34	9.29%	MMM	9.81%

Black-Litterman トラッキング行列

ジョアンナが複数銘柄に関して見解を持つ場合、他の銘柄に対する彼女の見解の影響は、多変量回帰のようになる。

$$r_{GM,意見調整後} = r_{GM,市場} + \frac{\sigma_{GM,GM}}{\sigma_{GM}^2}\delta_{GM} + \frac{\sigma_{HD,GM}}{\sigma_{GM}^2}\delta_{HD}$$
$$+ \frac{\sigma_{IP,GM}}{\sigma_{GM}^2}\delta_{IP} + \cdots + \frac{\sigma_{MMM,GM}}{\sigma_{GM}^2}\delta_{MMM}$$
$$r_{HD,意見調整後} = r_{HD,市場} + \frac{\sigma_{GM,HD}}{\sigma_{HD}^2}\delta_{GM} + \frac{\sigma_{HD,HD}}{\sigma_{HD}^2}\delta_{HD}$$
$$+ \frac{\sigma_{IP,HD}}{\sigma_{HD}^2}\delta_{IP} + \cdots + \frac{\sigma_{MMM,HD}}{\sigma_{HD}^2}\delta_{MMM}$$

Black-Litterman トラッキング行列を次のように定義する。

$$BLトラッキング = \begin{bmatrix} \frac{\sigma_{GM,GM}}{\sigma_{GM}^2} & \frac{\sigma_{GM,HD}}{\sigma_{GM}^2} & \cdots & \frac{\sigma_{GM,MMM}}{\sigma_{GM}^2} \\ \frac{\sigma_{HD,GM}}{\sigma_{HD}^2} & \frac{\sigma_{HD,HD}}{\sigma_{HD}^2} & \cdots & \frac{\sigma_{HD,MMM}}{\sigma_{HD}^2} \\ \cdots & \cdots & & \cdots \\ \frac{\sigma_{MMM,GM}}{\sigma_{MMM}^2} & \frac{\sigma_{MMM,HD}}{\sigma_{MMM}^2} & \cdots & \frac{\sigma_{MMM,MMM}}{\sigma_{MMM}^2} \end{bmatrix}$$

$$= \begin{bmatrix} 1 & \frac{\sigma_{GM,HD}}{\sigma_{GM}^2} & \cdots & \frac{\sigma_{GM,MMM}}{\sigma_{GM}^2} \\ \frac{\sigma_{HD,GM}}{\sigma_{HD}^2} & 1 & \cdots & \frac{\sigma_{HD,MMM}}{\sigma_{HD}^2} \\ \cdots & \cdots & & \cdots \\ \frac{\sigma_{MMM,GM}}{\sigma_{MMM}^2} & \frac{\sigma_{MMM,HD}}{\sigma_{MMM}^2} & \cdots & 1 \end{bmatrix}$$

すると、意見調整後の収益率は、以下のようになる。

$$\begin{bmatrix} r_{GM,\text{市場}} \\ r_{HD,\text{市場}} \\ \vdots \\ r_{MMM,\text{市場}} \end{bmatrix} + \begin{bmatrix} 1 & \dfrac{\sigma_{GM,HD}}{\sigma_{GM}^2} & \cdots & \dfrac{\sigma_{GM,MMM}}{\sigma_{GM}^2} \\ \dfrac{\sigma_{HD,GM}}{\sigma_{HD}^2} & 1 & \cdots & \dfrac{\sigma_{HD,MMM}}{\sigma_{HD}^2} \\ \cdots & \cdots & \cdots & \cdots \\ \dfrac{\sigma_{MMM,GM}}{\sigma_{MMM}^2} & \dfrac{\sigma_{MMM,HD}}{\sigma_{MMM}^2} & \cdots & 1 \end{bmatrix} * \begin{bmatrix} \delta_{GM} \\ \delta_{HD} \\ \vdots \\ \delta_{MMM} \end{bmatrix}$$

$$= \begin{bmatrix} r_{GM,\text{意見調整後}} \\ r_{HD,\text{意見調整後}} \\ \vdots \\ r_{MMM,\text{意見調整後}} \end{bmatrix}$$

VBA 関数 **BLtracking** は、分散共分散行列を引数として受け取り、以下のように定義される。

```
'BLtracking's argument is the variance-
'covariance matrix
Function BLtracking(rng As Range) As Variant
  Dim i As Integer
  Dim j As Integer
  Dim numcols As Integer
  numcols = rng.Columns.Count
  Dim matrix() As Double
  ReDim matrix(numcols - 1, numcols - 1)
  For i = 1 To numcols
    For j = 1 To numcols
      matrix(i - 1, j - 1) = rng(i, j) _
        / rng(i, i)
    Next j
  Next i
  BLtracking = matrix
End Function
```

ここで例題の計算結果を示す。

	A	B	C	D	E	F	G	H	I	J	K
1			BLACK-LITTERMAN トラッキング行列 トラッキングファクター = cov(i,j)/var(i)								
2	トラッキング行列										
3			GM	HD	IP	HPQ	MO	AXP	AA	DD	MRK	MMM
4	GM		1.0000	0.2589	0.1999	0.3540	0.1153	0.2788	0.3920	0.1555	0.0829	0.1169
5	HD		0.4257	1.0000	0.2603	0.5934	0.3119	0.4635	0.6376	0.2834	0.0250	0.2501
6	IP		0.5985	0.4738	1.0000	0.7940	0.0222	0.5954	1.0994	0.5306	0.3056	0.4063
7	HPQ		0.3527	0.3594	0.2642	1.0000	0.2162	0.4145	0.5097	0.2791	0.1665	0.1878
8	MO		0.1769	0.2909	0.0114	0.3328	1.0000	0.2096	0.2351	0.1158	0.0884	0.1046
9	AXP		0.7843	0.7927	0.5595	1.1704	0.3845	1.0000	0.8956	0.4624	0.2556	0.3270
10	AA		0.5006	0.4950	0.4690	0.6533	0.1957	0.4066	1.0000	0.4404	0.1938	0.2625
11	DD		0.4820	0.5343	0.5496	0.8687	0.2342	0.5097	1.0694	1.0000	0.4327	0.5067
12	MRK		0.1483	0.0272	0.1826	0.2991	0.1032	0.1626	0.2715	0.2497	1.0000	0.0741
13	MMM		0.4437	0.5772	0.5151	0.7156	0.2588	0.4412	0.7802	0.6202	0.1571	1.0000
14						<-- {=bltracking(B18:K27)}						
15												
16	分散共分散行列											
17			GM	HD	IP	HPQ	MO	AXP	AA	DD	MRK	MMM
18	GM		0.0118	0.0031	0.0024	0.0042	0.0014	0.0033	0.0046	0.0018	0.0010	0.0014
19	HD		0.0031	0.0072	0.0019	0.0043	0.0022	0.0033	0.0046	0.0020	0.0002	0.0018
20	IP		0.0024	0.0019	0.0040	0.0031	0.0001	0.0024	0.0043	0.0021	0.0012	0.0016
21	HPQ		0.0042	0.0043	0.0031	0.0119	0.0026	0.0049	0.0061	0.0033	0.0020	0.0022
22	MO		0.0014	0.0022	0.0001	0.0026	0.0077	0.0016	0.0018	0.0009	0.0007	0.0008
23	AXP		0.0033	0.0033	0.0024	0.0049	0.0016	0.0042	0.0038	0.0019	0.0011	0.0014
24	AA		0.0046	0.0046	0.0043	0.0061	0.0018	0.0038	0.0093	0.0041	0.0018	0.0024
25	DD		0.0018	0.0020	0.0021	0.0033	0.0009	0.0019	0.0041	0.0038	0.0017	0.0019
26	MRK		0.0010	0.0002	0.0012	0.0020	0.0007	0.0011	0.0018	0.0017	0.0066	0.0005
27	MMM		0.0014	0.0018	0.0016	0.0022	0.0008	0.0014	0.0024	0.0019	0.0005	0.0031

これで、2つ以上の見解が存在する状況を議論するために、トラッキング行列を使うことができる。

2つ以上の見解

ジョアンナは、GM の月次収益率が市場収益率 0.96 %ではなく 1.10 %に、また、HD の月次収益率が市場収益率 1.05 %ではなく 1 %になると、確信しているとするとしよう。ジョアンナはまた、GM と HD 以外の他の全ての銘柄の期待収益率は正しいと確信している。

ジョアンナの見解をどのように反映させることができるだろうか？ここで、この期待収益率に関して解をもたらす、一意に定まる一組のデルタを計算するために、**BL トラッキング行列**を用いる。

$$r_{HD, 意見調整後} = r_{HD, 市場} + \frac{Cov(r_{HD}, r_{GM})}{Var(r_{GM})} \delta_{GM} = 1.08 \%$$

$$r_{IP, 意見調整後} = r_{IP, 市場} + \frac{Cov(r_{IP}, r_{GM})}{Var(r_{GM})} \delta_{GM} = 0.80 \%$$

以下は、Excel の実装である。

	A	B	C	D	E	F	G	H	I	J	K	L
23	ベンチマークの期待収益率 意見のない場合	アナリストの見解,δ		Joannaの見解						意見調整後の最適化ポートフォリオ		ベンチマークポートフォリオ、意見の無い場合
24	0.96%	0.19%	GM	1.10%	<--	0.011				10.35%	GM	2.71%
25	1.05%	-0.09%	HD	1.00%	<--	0.01				6.04%	HD	11.91%
26	0.77%	-0.01%	IP	0.77%	<--	=A26				1.28%	IP	2.56%
27	1.36%	0.00%	HPQ	1.36%	<--	=A27				14.09%	HPQ	14.23%
28	1.05%	0.01%	MO	1.05%	<--	=A28	セル J24:J33 以下の配列数式を入力している			25.07%	MO	24.69%
29	0.97%	-0.06%	AXP	0.97%	<--	=A29				9.65%	AXP	10.57%
30	1.17%	-0.04%	AA	1.17%	<--	=A30	{=MMULT(MINVERSE(B11:K20),D24:D33-B3)/SUM(MMULT(MINVERSE(B11:K20),D24:D33-B3))}			3.88%	AA	4.53%
31	0.84%	0.03%	DD	0.84%	<--	=A31				7.16%	DD	6.17%
32	0.77%	-0.01%	MRK	0.77%	<--	=A32				11.91%	MRK	12.80%
33	0.73%	0.01%	MMM	0.73%	<--	=A33				10.57%	MMM	9.81%
34				↑ {=MMULT(MINVERSE(tracking),D24:D33-A24:A33)}								
35												
36	トラッキング行列											
37		GM	HD	IP	HPQ	MO	AXP	AA	DD	MRK	MMM	
38	GM	1.0000	0.2589	0.1999	0.3540	0.1153	0.2788	0.3920	0.1555	0.0829	0.1169	
39	HD	0.4257	1.0000	0.2603	0.5934	0.3119	0.4635	0.6376	0.2834	0.0250	0.2501	
40	IP	0.5985	0.4738	1.0000	0.7940	0.0222	0.5954	1.0994	0.5306	0.3056	0.4063	
41	HPQ	0.3527	0.3594	0.2642	1.0000	0.2162	0.4145	0.5097	0.2791	0.1665	0.1878	
42	MO	0.1769	0.2909	0.0114	0.3328	1.0000	0.2096	0.2351	0.1158	0.0884	0.1046	
43	AXP	0.7843	0.7927	0.5595	1.1704	0.3845	1.0000	0.8956	0.4624	0.2556	0.3270	
44	AA	0.5006	0.4950	0.4690	0.6533	0.1957	0.4066	1.0000	0.4404	0.1938	0.2625	
45	DD	0.4820	0.5343	0.5496	0.8687	0.2342	0.5097	1.0694	1.0000	0.4327	0.5067	
46	MRK	0.1483	0.0272	0.1826	0.2991	0.1032	0.1626	0.2715	0.2497	1.0000	0.0741	
47	MMM	0.4437	0.5772	0.5151	0.7156	0.2588	0.4412	0.7802	0.6202	0.1571	1.0000	

ここでは 3 つのコメントがある。

- セル B24:B33 の δ は、GM と HD の期待収益率に対するジョアンナの見解を反映し、また、他の全ての銘柄の期待収益率は、当初の計算から変わらないように計算されている。
- このベクトル δ を計算する式は第 34 行で与えられている。
- GM と HD に関する 2 つの見解を所与として、改訂された最適ポートフォリオはセル J24:J33 で計算されている。

2 つ以上の見解、異なる解釈

ジョアンナの見解に対して、もう 1 つの解釈がある。彼女は、GM の月次収益率が市場収益率 0.96 % ではなく 1.10 % に、また、HD の月次収益率が市場収益率 1.05 % ではなく 1 % になると、確信しているとする。さらに 2 つの見解は、相互

に反映し合い(即ち、δ_{GM} が HD の収益率に影響し、逆もまた同様)、また他の全ての資産に対しても反映すると認識しているとしよう。

この代替的な解釈に対して、新しい最適ポートフォリオを容易に求めることができる。

	A	B	C	D	E	F	G	H	I	J	K	L
23	ベンチマークの期待収益率 意見のない場合	アナリストの見解,δ		意見調整後の月次収益率						意見調整後の最適化ポートフォリオ		ベンチマークポートフォリオ、意見の無い場合
24	0.96%	0.14%	GM	1.08%						6.19%	GM	2.71%
25	1.05%	-0.05%	HD	1.06%	<-- {=A24:A33+MMULT(tracking,B24:B33)}					6.71%	HD	11.91%
26	0.77%	0.00%	IP	0.83%						6.97%	IP	2.56%
27	1.36%	0.00%	HPQ	1.39%						9.10%	HPQ	14.23%
28	1.05%	0.00%	MO	1.06%	セル J24:J33 には以下の配列数式を入力している {=MMULT(MINVERSE(B11:K20),D24:D33-B3)/SUM(MMULT(MINVERSE(B11:K20),D24:D33-B3))}					22.19%	MO	24.69%
29	0.97%	0.00%	AXP	1.04%						18.88%	AXP	10.57%
30	1.17%	0.00%	AA	1.22%						0.19%	AA	4.53%
31	0.84%	0.00%	DD	0.88%						9.11%	DD	6.17%
32	0.77%	0.00%	MRK	0.79%						10.61%	MRK	12.80%
33	0.73%	0.00%	MMM	0.77%						10.05%	MMM	9.81%

ジョアンナの見解の相反する解釈のどちらが正しいのか、決めるのは読者に残しておく。もちろん、この問題に対して、「科学的」な解答は存在しない。

あなたは自分の意見を信じるか?

われわれは自分自身の意見を本当に信じているだろうか?われわれは自分が信じていることに、本当に自信があるだろうか?自分の意見に対するベイズ調整の理論体系が存在する。これは Theil (1971) で説明されている。[6] ポートフォリオ・モデル構築への適用は、Black and Litterman (1999) やその他の関連する論文に見いだすことができる。筆者は、これら論文が気力を挫くほど複雑で実装が困難であると感じる。自身の問題にアプローチするより簡単な方法は、市場ウェイトと意見調整後のウェイトの凸結合に基づいたポートフォリオを構築することである。

$$\text{ポートフォリオの比率} = (1-\gamma)*\text{市場ウェイト} + \gamma*\text{意見調整後のウェイト}$$

ここで γ は、意見についての、自信度である。直前の例題への適用例を以下に示す。

---

6. Henri Theil, *Principles of Econometrics* (Wiley,1971)

	A	B	C	D	E	F	G	H	I	J	K	L
23	ベンチマークの期待収益率 意見のない場合	アナリストの見解,δ		意見調整後の収益率						意見調整後の最適化ポートフォリオ		ベンチマークポートフォリオ、意見の無い場合
24	0.96%	0.19%	GM	1.10%	<-- 0.011					10.35%	GM	2.71%
25	1.05%	-0.09%	HD	1.00%	<-- =1%					6.04%	HD	11.91%
26	0.77%	-0.01%	IP	0.77%	<-- =A26					1.28%	IP	2.56%
27	1.36%	0.00%	HPQ	1.36%	<-- =A27					14.09%	HPQ	14.23%
28	1.05%	0.01%	MO	1.05%	<-- =A28	セル J24:J33 には以下の配列数式を入力している {=MMULT(MINVERSE(B11:K20),D24-B3)/SUM(MMULT(MINVERSE(B11:K20),D24:D33-B3))}				25.07%	MO	24.69%
29	0.97%	-0.06%	AXP	0.97%	<-- =A29					9.65%	AXP	10.57%
30	1.17%	-0.04%	AA	1.17%						3.88%	AA	4.53%
31	0.84%	0.03%	DD	0.84%						7.16%	DD	6.17%
32	0.77%	-0.01%	MRK	0.77%						11.91%	MRK	12.80%
33	0.73%	0.01%	MMM	0.73%	<-- =A33					10.57%	MMM	9.81%
34			↑ {=MMULT(MINVERSE(B52:K61),D24:D33-A24:A33)}									
35												
36	γ, 意見に対する確信度			0.6	<-- アナリストの見解をウェイト付け							
37												
38	意見と意見の確信度で調整されたポートフォリオ											
39	GM			7.29%	<-- {=B36*J24:J33+(1-B36)*L24:L33}							
40	HD			8.39%								
41	IP			1.79%								
42	HPQ			14.15%								
43	MO			24.92%								
44	AXP			10.02%								
45	AA			4.14%								
46	DD			6.77%								
47	MRK			12.27%								
48	MMM			10.27%								

13.6 国際資産分散投資への Black-Litterman アプローチの適用 [7]

5 つの国際的な指数のデータに BL モデルを適用して、本章を終える。以下のスプレッドシートには、主要な 5 つの国際的株式市場指数データを示している。

- S&P500 指数、米国大企業 500 社株式の時価総額加重インデックス。
- MSCI World ex-US index：The Morgan Stanley Capital International（MSCI）world ex-US 指数は、1 人当たり GDP に基づいた先進 21 ヶ国の株式から構成される。
- Russell 2000 Index: The Russell 3000 指数は、時価総額で加重され、米国市場における投資可能銘柄の 98 % を取り入れている。Russell 2000 指数は、Russell 3000 指数のうち時価総額の小さい企業 2000 銘柄から構成される。
- MSCI Emerging Markets Index: The Morgan Stanley Capital International（MSCI）Emerging Market 指数は、26 カ国の新興国の株式から構成される。
- LB Global Aggregate index: この Lehman Brothers のインデックスは、政府債、クレジット債、担保債を含む、グローバルな投資適格な固定利付債の、最も

---

7. データといくつかのアドバイスを提供してくれた、ノーザン・トラスト社の Steven Shoenfeld に感謝する。

Black-Litterman アプローチによるポートフォリオの最適化 **321**

流動債が高い部分をカバーする。

	A	B	C	D	E	F	G	H	I
1				インデックスのデータ, 2001-2005					
2	2005年12月末から5年間								
3	相関係数		S&P 500	MSCI World ex-US	Russell 2000	MSCI Emerging	LB Global aggregate	ウェイト	標準偏差
4	S&P 500		1.0000	0.8800	0.8400	0.8100	-0.1600	24%	14.90%
5	MSCI World ex-US		0.8800	1.0000	0.8300	0.8700	0.0700	26%	15.60%
6	Russell 2000		0.8400	0.8300	1.0000	0.8300	-0.1400	3%	19.20%
7	MSCI Emerging		0.8100	0.8700	0.8300	1.0000	-0.0500	3%	21.00%
8	LB Global aggregate		-0.1600	0.0700	-0.1400	-0.0500	1.0000	44%	5.80%
9							-	100%	

第 H 列は、2005 年 12 月末における合成ポートフォリオ内の各指数の時価ウェイトで、第 I 列は各構成指数の標準偏差である。

分散共分散行列

Excel の配列関数（第 34 章）を使って、上の相関行列から 5 つの指数の分散共分散行列を計算する。

	A	B	C	D	E	F	G	H
12	分散共分散行列: 以下のセルには次の式を含む {=I4:I8*TRANSPOSE(I4:I8)*B4:F8}							
13	分散共分散行列	S&P 500	MSCI World ex-US	Russell 2000	MSCI Emerging	LB Global aggregate		
14	S&P 500	0.0222	0.0205	0.0240	0.0253	-0.0014		
15	MSCI World ex-US	0.0205	0.0243	0.0249	0.0285	0.0006		
16	Russell 2000	0.0240	0.0249	0.0369	0.0335	-0.0016		
17	MSCI Emerging	0.0253	0.0285	0.0335	0.0441	-0.0006		
18	LB Global aggregate	-0.0014	0.0006	-0.0016	-0.0006	0.0034		
19								
20	チェック							
21	分散共分散行列の第1列	0.0222	0.0205	0.0240	0.0253	-0.0014	<-- =I4*I8*F4	
22	標準偏差の合成	8.72%	<-- {=SQRT(MMULT(MMULT(TRANSPOSE(H4:H8),B14:F18),H4:H8))}					

セル B14:F18 にある不思議な式、**I4:I8 * Transpose(I4:I8) * B4:F8**、は 2 つの部分から構成される。

- **I4:I8 * Transpose(I4:I8)** は、行ベクトル I4:I8 にその転置ベクトルを掛け合わせる。これは、以下の乗算に等しい。

これにより、配列関数の素晴らしい世界で、共分散行列が与えられる。

- 上と相関行列 B4:F8 を乗算して、分散共分散行列が得られる。
- もちろん、配列関数 **I4:I8* Transpose(I4:I8) * B4:F8**、は全て［Ctrl］＋［Shift］＋［Enter］で入力する。

第 21 行と第 22 行で、計算過程の 2 つのチェックをしている。第 21 行は、分散共分散行列の第 1 列を力業で計算したもので、配列関数が宣伝通りに機能したか確認するためである。セル B22 では、5 つの指数ポートフォリオの相対的比率を使って標準偏差を計算している。

Black-Litterman アプローチによるポートフォリオの最適化

	A	B	C	D	E	F
25	無リスク金利	5.00%				
26	S&P 500の期待収益率	12.00%				
27						
28	**Black-Litterman モデルが前提とする収益率**					
29	S&P 500	12.00%	<-- {=MMULT(B14:F18,H4:H8)*(B26-B25)/INDEX((MMULT(B14:F18,H4:H8)),1,1)+B25}			
30	MSCI World ex-US	12.97%				
31	Russell 2000	13.30%				
32	MSCI Emerging	14.45%				
33	LB Global aggregate	5.76%				

Black-Litterman のインプライド期待収益率は、以下の 3 つの仮定に基づいている。

- 5 つの指数の加重ポートフォリオは、"Mean-Variance Optimal"（平均-分散平面で最適）である。
- 予想無リスク金利は 5 ％である。
- S&P500 指数の期待収益率は 12 ％である。

これらの仮定を所与として、5 つの指数ポートフォリオの期待収益率がセル B29：B33 で与えられる。これらのセルの配列式が以下であることに注意すること。

$=\text{MMulut}(B14:F18, H4:H8)*(B26 - B25)$
$/\text{Index}((\text{MMult}(B14:F18, H4:H8)), 1, 1) + B25$

この式は S&P500 指数の期待収益率を使って、収益率を正規化する。これは以下に等しい。

$$\begin{bmatrix} ベンチマーク・\\ ポートフォリオ\\ の収益率 \end{bmatrix} = \begin{bmatrix} 分散\\ 共分散\\ 行列 \end{bmatrix} \begin{bmatrix} ベンチマーク・\\ ポートフォリオ\\ 比率 \end{bmatrix} * 正規化ファクター + 無リスク金利$$

$$= \begin{bmatrix} 分散\\ 共分散\\ 行列 \end{bmatrix} \begin{bmatrix} ベンチマーク・\\ ポートフォリオ\\ 比率 \end{bmatrix}$$

$$* \underbrace{\left(\frac{S\&P500指数の期待収益率 - 無リスク金利}{\begin{bmatrix} ベンチマーク・\\ ポートフォリオ\\ 比率 \end{bmatrix}^T \begin{bmatrix} 分散\\ 共分散\\ 行列 \end{bmatrix} \begin{bmatrix} ベンチマーク・\\ ポートフォリオ\\ 比率 \end{bmatrix}} \right)}_{\uparrow 正規化ファクター} + 無リスク金利$$

結論は何か？

この世界ポートフォリオが効率的であると信じるなら（そしてこれ以上の情報がなく、他を信ずる理由がないなら）、各構成要因からの期待収益率は、Black-Littermanモデル、無リスク金利、期待収益率に関する追加的仮定（我々の事例では、S&P500指数の期待収益率）で与えられる。本章の練習問題では、最後の仮定について、いくつかの別のバリエーションを探求する。

13.7 まとめ

ポートフォリオ理論の適用とは、期待収益率や共分散を得るために、単に市場のヒストリカルデータを使用するという問題ではない。最適ポートフォリオを導出するために標本データを盲目的に適用すると（13.1節のように）、一般に不合理な結果が導かれる。Black-Litterman アプローチは、アナリストの意見やその他の情報がない場合、ベンチマークの市場ウェイトと現在の無リスク金利が、将来の資産収益率を正確に予測すると最初に仮定することによって、これらの不合理性を回避する。その結果、導き出される資産収益率は、その後、意見及び意見の自信

度で調整され、最適ポートフォリオが導出される。

練習問題

1. あなたは DowJones 工業株 30 指数の、ベータが高い構成銘柄で、独自のハイ・ベータ・インデックスを作成すると決めた。Yahoo の Stock screener 機能を使って、以下のデータを入手した。
   a. 収益率の分散共分散行列を計算しなさい。
   b. 無リスク金利を年率 5.25 %（= 5.25 % ÷ 12 = 0.44 %月次）、ハイ・ベータ・インデックスの年次期待収益率を 12 %（= 1 %月次）と仮定し、各銘柄の Black-Litterman 月次期待収益率を計算しなさい。

	A	B	C	D	E	F	G	H	I	J	K	L	M	N	O
1					DJ30指数の構成銘柄のハイ・ベータ指数										
2		3M Company MMM	Alcoa AA	American Express AXP	American International Group AIG	Caterpillar CAT	DuPont DD	Exxon XOM	Hewlett Packard HPQ	Home Depot HD	Honeywell HON	Intel INTC	IBM	McDonalds MCD	Merck MRK
3	時価総額 (10億$)	65.66	39.11	77.91	180.72	55.7	49.08	519.89	126.75	78.37	47.55	146.76	172.03	62.88	106.93
4	ベータ	1.07	1.37	1.06	1.17	1.98	1.06	1.13	1.6	1.2	1.3	1.9	1.81	1.37	1.16
5															
6	株価														
7	2-Jul-02	56.69	24.41	29.46	61.98	20.21	35.54	32.85	13.22	29.07	28.77	17.76	67.04	22.57	38.95
8	1-Aug-02	56.56	22.64	30.12	60.89	19.73	34.46	31.88	12.54	31.00	26.78	15.78	71.94	21.67	39.67
9	3-Sep-02	49.78	17.41	26.05	53.08	16.83	30.84	28.69	10.96	24.61	19.37	13.14	55.65	16.11	36.16
10	1-Oct-02	57.47	19.91	30.46	60.70	18.64	35.27	30.27	14.84	27.23	21.41	16.37	75.34	16.52	42.91
64	2-Apr-07	82.31	35.32	60.52	69.75	72.32	48.81	79.04	42.07	37.66	53.95	21.39	101.81	48.28	51.06
65	1-May-07	87.96	41.28	64.82	72.34	78.25	52.32	83.17	45.63	38.65	57.91	22.18	106.60	50.55	52.06
66	1-Jun-07	86.79	40.53	61.03	70.03	77.97	50.84	83.88	44.62	39.35	56.28	23.74	105.25	50.76	49.80
67	2-Jul-07	90.21	43.08	64.51	69.04	83.20	52.62	91.94	48.54	39.39	60.96	24.55	114.81	52.09	49.02

2. あなたは、前問のハイ・ベータ DowJones30 銘柄ポートフォリオに投資するアナリストである。あなたは MMM の月次収益率が 1 %になると信じている。あなたが推薦する最適ポートフォリオの投資比率はどれくらいか？

3. 別のアナリストは、今後 1 年間の HD の収益率が 0.5 %にしかならないと信じている。彼女が推薦するポートフォリオ比率はどれくらいか？

14 イベント・スタディ*

14.1 概要

イベント・スタディは、本書の第8章から第11章で議論した資本価格理論（CAPM）の、最も強力で広く用いられている幾つかの応用の1つである。イベント・スタディは、資本市場や企業活動における特定のイベントが、はたして会社の株式パフォーマンスに影響を与えたかどうか、判定を試みる。イベント・スタディの方法論は、市場から企業に特有の、および/または産業に特有のイベントを分離することを目的とし、しばしば市場の効率性についての証拠あるいは反証として利用されてきた。

イベント・スタディの目的は、あるイベントや発表が企業の株価に異常な値動きを引き起こしたかどうかを判定することである。アブノーマル・リターン（AR）は、株式の実際の収益率と期待収益率との差異として計算される。ここでの期待収益率は通常、株式市場インデックスのみで期待収益率を推定する市場モデルを用いて測定される。[1] 市場モデルを使うと、個別株式の収益率と、それに対応する市場収益率との相関を測定できる。一部のケースではアブノーマル・リターンを合計して、特定期間（イベント・ウィンドウとも呼ばれる）にわたるイベントの総インパクトを測定する累積アブノーマル・リターン（CAR；cumulative abnormal return）を求める。

14.2 イベント・スタディの概略

本節では、イベント・スタディの方法論を概観する。続く節では、この方法論をいくつかの異なるケースに適用する。

イベント・スタディは、3つの時間枠から構成される。*推定ウィンドウ*（ときには統制期間と呼ばれる）、イベント・ウィンドウ、そしてイベント発生後ウィンドウ

---

* 本章は、Brattle Group の代表でサンフランシスコ大学の非常勤教授でもある Torben Voetmann 博士 (Torben.Voetmann@brattle.com) との共著である。
1. アブノーマル・リターンはレジデュアル・リターンとも呼ばれ、本章では2つの用語を互換的に用いる。

である。次のチャートは、これらの時間枠を図解する。

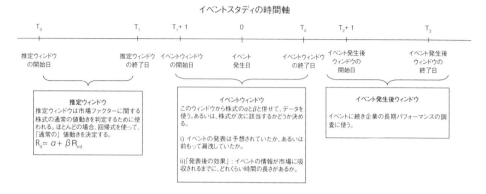

　時間軸は、イベントのタイミング・シーケンスを表している。推定ウィンドウの長さは T_0 から T_1 までである。イベントは時点ゼロで発生し、イベント・ウィンドウは T_1+1 から T_2 までである。イベント発生後ウィンドウの長さは T_2+1 から T_3 までである。

　イベントは、企業が発表したときか、または重大な市場イベントが発生したときの時点として定義される。例えば、株式市場に及ぼす M&A の影響について研究しているなら、通常、M&A の発表日が肝心な時点である。もし、業績修正に対して市場がどのように反応するのか検証中なら、イベント・ウィンドウは、企業が業績修正を発表したイベント日から始まる。実際には、イベント・ウィンドウは、イベント日と翌営業日の、2 営業日に延長されるのが普通である。これは仮に取引終了直前あるいは取引終了後にイベント発表されたとしても、市場の動きを捉えるために行われる。

　イベント・ウィンドウは、しばしば実際のイベント日の数日前から始まる。イベント・ウィンドウの期間は、イベント発表を中心として、通常 3 日、5 日、あるいは 10 日である。これにより、イベント発生前の情報漏洩の調査が可能になる。

　推定ウィンドウもまた、市場インデックスや業種インデックスに関する、株式収益率の通常のふるまいを判定するために使われる。推定ウィンドウにおける株式収益率の推定には、「通常の」値動きのモデルを定義することが必要である。ほとんどの場合、この目的のために回帰モデルを使う。[2]

　推定ウィンドウの期間は通常 252 営業日（あるいは 1 暦年）であるが、時には標本にこれだけ多くの日数がないかもしれない。もしそうなら、保有する観測デー

---

2. 回帰モデルは、第 11 章で議論した 1 回目の回帰に似ている。更なる議論は後述を参照。

タが、信頼できる結果を得るのにはたして十分かどうかを判断する必要がある。ガイドラインとしては、最低限、126 個の観測データを用意すべきである。もし推定ウィンドウの観測データの数が 126 以下なら、市場モデルのパラメータは正しい株価の値動き（よって株式収益率と市場収益率の関係）を示さないかもしれない。選択された推定ウィンドウは、何の問題もないと考えられるものであり、すなわち、株価の通常の値動きを反映する期間である。[3]

イベント発生後ウィンドウは、ほとんどの場合、大きな企業買収や IPO 発表後の企業パフォーマンスの調査に使われる。イベント発生後ウィンドウで、イベントの長期的な影響を測定することができる。イベントによって、イベント発生後ウィンドウは、短くて 1 ヶ月間、長くて数年間になる可能性がある。

推定ウィンドウ及びイベント・ウィンドウにおける株式の値動きの測定

その名が示す通り、*推定ウィンドウ*は、「普通の」状況下における株式収益率のモデルを推定するために使われる。この目的に使われる最も一般的なモデルは市場モデルで、これは基本的に企業の株価収益率と市場インデックスの収益率との回帰である。[4] 株式 i の市場モデルは以下のように記述される。

$r_{it} = \alpha_i + \beta_i r_{Mt}$

ここで、r_{it} と r_{Mt} は、第 t 日の株式と市場の収益率を表している。係数 α_i と β_i は、推定ウィンドウにおける最小二乗法（Ordinary Least Squares）回帰を行うことによって推定される。

市場インデックスまたは業種インデックスを選ぶための最も一般的な規準は、その企業が NYSE や NYSE MKT LLC、あるいは NASDAQ に上場しているかどうかと、データ利用に何らかの制約を課されているかどうかである。一般に、市場インデックスは幅広い銘柄をベースにした、時価総額加重平均か、浮動株調整後時価総額加重平均であるべきである。業種インデックスは、分析対象企業に特定なものでなければならない。訴訟目的のために、代替的な S&P500 や MSCI インデックスを用いる代わりに、業種インデックスを構築することが一般的である。

---

3. もちろん、このように長い期間には、四半期予測の発表、配当金の発表、対象企業に関するニュース、等、いつも何かが起きている。われわれの仮定は、これらのイベントがせいぜい「ノイズ」であり、調査するイベントに関して、重大な影響を与えないということである。
4. 金融エコノミストは、ほとんどの場合、証券の期待収益率の推定に市場モデルを使うが、ときには市場調整モデルや 2 ファクターの市場モデルを使用することもある。14.3 節の 2 ファクターモデルの例を参照。

ほとんどの業種インデックスは Yahoo! から手に入れることができる。[5]

推定ウィンドウの式 $r_{it} = \alpha_i + \beta_i r_{Mt}$ を所与とすると、次に、イベント・ウィンドウにおいて、あるイベントの株式収益率に対する影響を計測することができる。イベント・ウィンドウ内の特定な日 t のアブノーマル・リターンを、実際の収益率と予測収益率との差として定義する。

$$AR_{it} = \underbrace{r_{it}}_{\substack{\text{イベント・ウィンド} \\ \text{ウの } t \text{ 日における} \\ \text{現実の株式収益率}}} - \underbrace{(\alpha_i + \beta_i r_{Mt})}_{\substack{\text{株式の } \alpha \text{ と } \beta \text{ 及び} \\ \text{市場収益率によっ} \\ \text{て予測された収益}}}$$

イベント・ウィンドウにおけるアブノーマル・リターンを、イベントが証券の市場価値に与えた影響の測定値として解釈する。これはイベントが、その証券の市場価値の変化に関して外生的であると仮定している。

累積アブノーマル・リターンは、イベント・ウィンドウにおける総体的なアブノーマル・リターンの測定値である。累積アブノーマル・リターン CAR_t は、イベント・ウィンドウのイベント開始日 T_1 から特定の第 t 日までの、アブノーマル・リターンの合計である。

$$CAR_t = \sum_{j=1}^{t} AR_{T_1+j}$$

市場調整モデルと2ファクターモデル

上述したように、証券の期待収益率を計算するために、幾つかの代替的モデルを使うことができる。市場調整モデルは設計が最もシンプルで、株価変動の第一印象を得るために頻繁に使われる。市場調整モデルを使う場合は、証券の実際の収益率と市場インデックスの実際の収益率の差を取って、アブノーマル・リターンを計算する。それゆえ、パラメータ推定のために、最小二乗法（OLS）回帰を行う必要は無い。実際、必要なのはイベント発生時の収益率だけである。しかしながら、アブノーマル・リターンの統計的有意性を検証する際には、やはり推定期間の収益率を集める必要がある。

2ファクターモデルは、市場と業種からの収益率を利用する。推定期間内の市場

---

[5]. Yahoo は、おそらく、インデックス・データの情報源としては最良のものではない（無料ではあるが！）。産業データに広く利用される情報源は Bloomberg である。業種ポートフォリオ・データの素晴らしい無料情報源は、Fama-French（http://mba.tuck.dartmouth.edu/pages/faculty.ken.french/data_library.html）からできる。

及び業種に対する実際の収益率の回帰に基づくパラメータを使って、株式の期待収益率を計算する。業種収益率は主として、市場特有の情報に加え、業種特有の情報を説明するために含まれる。アブノーマル・リターンを計算するには、実際の収益率から、切片、市場、及び業種によって説明される部分を引く。2ファクターモデルは 14.3 節で詳しく例示する。

Brown and Warner（1985）が示したように、イベントの大きなサンプルにおける結果は、推定モデルの選択に特に敏感ではない。[6] しかしながら、小さなサンプルを扱っているなら、代替的モデルの可能性を調べるべきである。

14.3 最初のイベント・スタディ： P&G 社による Gillette 社の買収

2005 年 1 月 28 日、Procter&Gamble 社は Gillette 社に対する買収提案をアナウンスした。337 頁のプレスリリースから分かるように、買収提案は Gillette 社の株式の市場価格に 18 ％のプレミアムを乗せていた。予想通り、買収提案は Gillette 社の株価に劇的な効果をもたらした。

---

6. Stephen Brown and Jerold Warner, "Using Daily Stock Returns: The Case of Event Studies," *Journal of Financial Economics*（1985）。

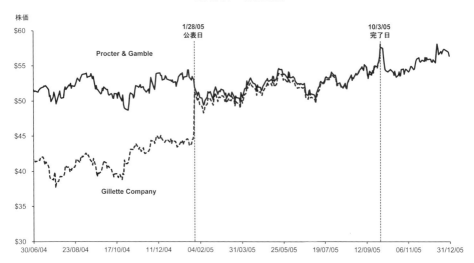

Gillette 社と Procter & Gamble 社
株価（終値）
6/30/04 – 12/31/05

グラフから、Procter&Gamble 社の株価の下落もまたあったように見える。

推定ウィンドウ

Gillette 社と Procter&Gamble 社の収益率に対する、この買収発表の影響を判断するために、イベント・スタディを試みる。このため、最初に推定ウィンドウを、2005 年 1 月 28 日発表の 2 日前から、252 営業日前と決める。

イベント・スタディ　333

	A	B	C	D	E	F	G
1			GILLETTE 社の収益率: 推定ウィンドウ 及びイベントウィンドウ				
2	切片		0.0007	<-- =INTERCEPT($C$11:$C$262,$B$11:$B$262)			
3	傾き		0.6364	<-- =SLOPE($C$11:$C$262,$B$11:$B$262)			
4	R-squared（決定係数）		0.1315	<-- =RSQ($C$11:$C$262,$B$11:$B$262)			
5	Steyx（回帰予測値yの標準誤差）		0.0113	<-- =STEYX($C$11:$C$262,$B$11:$B$262)			
6							
7	推定ウィンドウの日数		252	<-- =COUNT(A11:A262)			
8							
9						イベントウィンドウ	
10	Date	NYSE	Gillette		期待収益率	アブノーマル・リターン (AR)	累積アブノーマル・リターン (CAR)
11	2004年1月27日	-0.48%	-0.42%				
12	2004年1月28日	-1.26%	-1.27%				
13	2004年1月29日	0.00%	-0.94%				
14	2004年1月30日	-0.06%	-1.39%		セルD263には以下の計算式を含む =$B$2+$B$3*B263		
15	2004年2月2日	0.26%	-0.74%				
258	2005年1月19日	-0.78%	-0.09%				
259	2005年1月20日	-0.69%	-0.56%			セルE263には以下の計算式を含む =C263-D263	
260	2005年1月21日	-0.20%	-1.50%				
261	2005年1月24日	-0.18%	0.57%				
262	2005年1月25日	0.21%	1.44%				
263	2005年1月26日	0.68%	0.07%	0.50%	-0.44%	-0.44%	<-- =E263
264	2005年1月27日	1.89%	0.09%	1.80%	1.36%		<-- =F263+E264
265	2005年1月28日	-0.24%	12.94%	-0.09%	13.03%	14.39%	<-- =F264+E265
266	2005年1月31日	0.82%	-1.71%	0.59%	-2.30%	12.09%	
267	2005年2月1日	0.80%	-0.83%	0.57%	-1.40%	10.69%	
268	2005年2月2日	0.32%	0.80%	0.27%	0.52%	11.21%	
269	2005年2月3日	-0.29%	-0.59%				

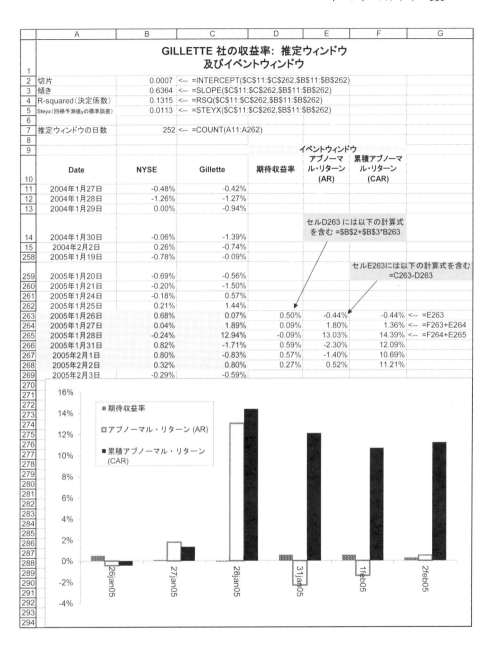

回帰分析の結果は、推定ウィンドウにおける Gillette 社の通常の値動きが、$r_{Gillette,t} = 0.0007 + 0.6346 r_{NYSE,t}$ であることを示唆した。**Steyx** 関数は、回帰予測値 y の標準誤差を計算する。以下では、イベントのアブノーマル・リターンの有意性を測るために、この数値の使い方を示す。

イベント・ウィンドウ

イベント・ウィンドウを、アナウンスメントの 2 日前から 3 日後と定義する。イベント・ウィンドウにおけるアナウンスメント効果の影響を測定するために、市場モデル $r_{Gillette,t} = 0.0007 + 0.6346 r_{NYSE,t}$ を使う。イベント・ウィンドウにおけるこの式は、上のスプレッドシートにある。見て分かるように、Procter&Gamble 社による Gillette 社の買収発表は、イベント・ウィンドウにおける Gillette 社の幾つかのアブノーマル・リターンに繋がった。

アブノーマル・リターンの有意性を測るため、回帰予測値の標準誤差、**Steyx** 関数を使うことができる。アブノーマル・リターンの 2 つだけ（イベント発生日 1 月 28 日と翌営業日）が、実際に 5 ％水準で有意になっている。

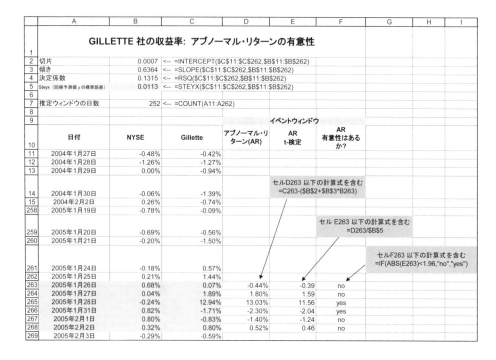

アブノーマル・リターンをセル B5 の **Steyx** 関数で割ることによって、検定統計量を計算する。回帰の残差が正規分布に従うと仮定すると、もし検定統計量の絶対値が 1.96 より大きければ、そのアブノーマル・リターンは 95％水準で有意（アブノーマル・リターンがランダムで有意で無い可能性が 5％未満であることを意味する）になる。もし検定統計量が 2.58 より大きければ、1％水準で有意である。上の第 263 行から 268 行で分かるように、1％水準では、アナウンスメント日だけが有意なアブノーマル・リターンを伴っている。[7]

Procter&Gamble 社についてはどうか？

ここまでは、企業買収の標的である Gillette 社に対するイベントの影響に集中してきた。同じ方法論を Procter&Gamble 社の株式収益率に適用すると、アナウンスメントが同社の株価収益率にネガティブな影響を及ぼしたことが分かる。2005 年 1 月 28 日の発表前に、若干の情報漏洩もまたあったかのもしれない。

---

7. **Steyx** の限界の 1 つが、分散がやや低く評価されるという点である。市場モデルの真の分散は、**Steyx** による推定分散と、$α_i$ と $β_i$ の標本誤差による追加的な分散である。しかしながら、標本誤差は、推定ウィンドウの期間が長くなるにつれて、ゼロに近づく。我々は推定ウィンドウに 252 営業日を用いることを推奨するので、標本誤差の影響は最小限であり、したがって、アブノーマル・リターンの分散を計算する際に、しばしば無視されるのである。

第 14 章

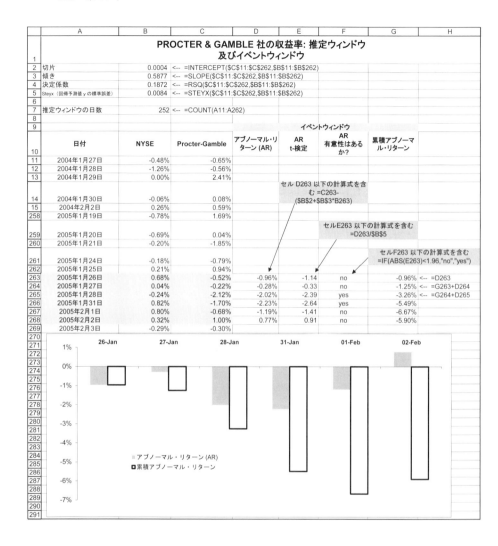

まとめ：買収発表日に何が起きたのか？

2005年1月28日、Procter&Gamble社はGillette社の買収を発表した。Gillette社の株式は1株当たりProcter&Gamble社の株式0.975株で購入された。有意水準5％で、発表日と翌日についてのみ、買収アナウンスメントはGillette社とProcter&Gamble社の株価に対して有意な影響を及ぼした。Gillette社に対する最初のプラスの影響（1月28日のイベント日に通常の株式期待収益率から13.03％上昇、さらに1月31日に-2.30％）と、Procter&Gamble社に対する最初のマイナスの影響（1月28日に-2.03％、1月31日に-2.23％）の後、発表日近辺で、株価に対する有意な追加的影響はなかった。累積効果は、以下にまとめてある。

GILLETTE 社の買収（PROCTER & GAMBLE 社）
イベントウィンドウのシナジーの計測

	潜在株式 (千株)	株価, 25jan05	時価総額, 25jan05 (10億$)
Gillette	1,000,000	44.53	44.53
P&G	2,741,000	53.49	146.62

セル F12 以下の計算式を含む
=$D$3*SUM($B$12:B12)/1000

セル G12 以下の計算式を含む
=$D$4*SUM($C$12:C12)/1000

日付	アブノーマル・リターン (AR)			累積アブノーマル・リターン (billion $)			
	Gillette	P&G	合計	Gillette	P&G	合計	
2005年1月26日	-0.44%	-0.96%	-1.40%	-0.19	-1.41	-1.61	<-- =F12+G12
2005年1月27日	1.80%	-0.28%	1.52%	0.61	-1.83	-1.22	
2005年1月28日	13.03%	-2.02%	11.01%	6.41	-4.78	1.63	
2005年1月31日	-2.30%	-2.23%	-4.52%	5.38	-8.04	-2.66	
2005年2月1日	-1.40%	-1.19%	-2.59%	4.76	-9.78	-5.02	
2005年2月2日	0.52%	0.77%	1.29%	4.99	-8.66	-3.66	

　上の表では、Gillette 社と Procter&Gamble 社の累積アブノーマル・リターン（CAR）をイベント・ウィンドウ前の日付の時価総額に掛けて、アナウンスメントの短期的な相乗効果を測定しようと試みている。このイベント・ウィンドウで測定された短い期間では、Gillette 社の株主に対するプラスの価値創造を、P&G 社に対するマイナスの影響が上回り、累積的な相乗効果はマイナスであるように見える。[8]

14.4 より完全なイベント・スタディ： 業績発表の株価への影響

　前節では、標的企業（Gillette 社）と買収企業（Procter&Gamble 社）双方の株価収益率に及ぼす買収発表の影響を探求するために、イベント・スタディの方法論を用いた。本節では、特定のタイプのイベントに対する市場の反応を評価するために、イベントの収益率を集計する方法を示す。食料品業界における一連のチェーン店企業に対する利益発表の影響を考察する。

---

[8]. 買収提案後に、マサチューセッツ州務長官（the Massachusetts Secretary of the Commonwealth）William F.Galvin 氏が委託したある研究は、220 億ドルから 280 億ドルの合併シナジーの大部分が Procter&Gamble 社に獲得されたことを示唆している。本書に付随するファイルの *Business Week* 誌の記事とレポートを参照。

最初の例: 2006年7月20日、Safeway社の増益サプライズ

お膳立てのため、2006年7月20日にSafeway社が行った利益発表を考えよう。この日Safeway社は、0.42ドルの1株当たり利益（EPS）を発表した。この数字は市場コンセンサス予想の0.36ドルを6セント上回っていた。[9] 同じ日、S&P500指数は0.85％下落し、Safeway社の株式は8.39％上昇した。以下のスプレッドシートは、2006年7月20日のSafeway社の利益発表の例を示している。この利益サプライズに対する市場の反応を測定するために、イベント・スタディの方法論を使う。

	A	B	C
1	SAFEWAY社による増益の利益発表サプライズの市場の反応 20 July 2006		
2	発表日	20-Jul-06	
3	一株あたり利益	$0.42	
4	利益予想のコンセンサス	$0.36	
5	利益のサプライズ (予測の誤り)	$0.06	
6			
7	利益のサプライズを市場はどう解釈したか？		
8	Safeway	8.39%	
9	S&P 500	-0.85%	
10			
11	市場モデルを使ったS&P500指数の収益率とSafeway社の収益率の回帰: Safeway = 0.0001 + 0.9289*SP		
12	切片	0.0001	<--
13	傾き	0.9289	=INTERCEPT(OFFSET(Data3!$A$2,138,8,252,1),OFFSET(Data3!$A$2,138,2,252,1))
14	Steyx（回帰予測値yの標準誤差）	0.0118	
15			
16	残差収益率 株式の予想収益率－実際の収益率		
17	期待収益率	-0.78%	<-- =B13*B9+B12
18	残差収益率	9.17%	<-- =B8-B17
19	t-検定量	7.75	<-- =B18/B14

セルB12:B14で、発表前の252営業日間について、Safeway社の日次収益率をS&P500指数の日次収益率に回帰した。回帰の結果は、$r_{Safeway} = 0.0001 + 0.9289 * r_{S\&P500}$ で、推定値の標準誤差は0.0118だった。

これらのデータを所与とすると、利益サプライズがない場合、発表日のS&P500指数の収益率が–0.85なので、Safeway社の予想された収益率は–0.78％になるはずだったことが分かる。これは、利益発表の影響を測定するアブノーマル・リターンが9.17％（上のセルB18）だったことを意味する。収益率のt検定量は

---

9. Yahooが我々の増益サプライズデータの情報源である（以下参照）。

7.75 で、高い有意性を示している。

利益サプライズの数字

以下のスクリーンショットが示すように、利益サプライズの数字は Yahoo から取得した。Yahoo は賞賛すべきデータソースであるが、アナリスト予想と実際の収益値のヒストリカルなデータベースを提供していない。そのようなデータは Bloomberg の Best Consensus Earnings Estimetes や、その他の商業データベースから利用可能である。

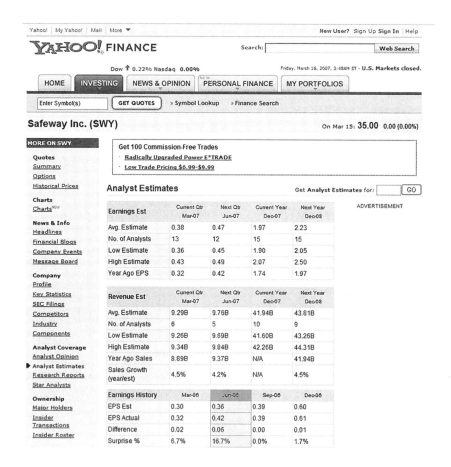

イベント・スタディ：食料品産業

食品スーパー 4 社による 2006 年会計年度の 16 個の四半期利益発表を考察することで、Safeway 社の研究を拡大する。[10]

	A	B	C	D	E	F	G	H	I	J	K	L	M	N	O	P	Q
1							2006年7月の利益発表 KROGER (KR)社, SUPERVALU (SVU)社, SAFEWAY (SWY)社, WHOLE FOODS (WFMI)各社による										
2	暦日	ティッカー	利益予想コンセンサス	実際の利益発表	サプライズ：=D3-C3		開始時点	切片	傾き	Steyx (回帰予測 y の標準誤差)		現実の収益率	S&P 500 の収益率	期待収益率：=H3+I3*M3	アブノーマル・リターン：=L3-N3	t-値	
3	2006年3月7日	KR	0.36	0.39	0.03		44	0.0003	0.6662	0.0123		1.36%	-0.19%	-0.09%	1.46%	1.1808	<-- =O3/J3
4	2006年6月20日	KR	0.42	0.42	0.00		117	0.0004	0.6063	0.0113		5.05%	0.00%	0.04%	5.01%	4.4355	<-- =O4/J4
5	2006年9月12日	KR	0.29	0.29	0.00		175	0.0006	0.5628	0.0108		-5.67%	1.03%	0.64%	-6.31%	-5.8201	<-- =O5/J5
6	2006年12月5日	KR	0.28	0.30	0.02		234	0.0003	0.4483	0.0118		5.08%	0.40%	0.21%	4.87%	4.1297	
7	2006年4月18日	SVU	0.56	0.55	-0.01		73	0.0002	0.7049	0.0123		-0.28%	1.69%	1.11%	-1.39%	-1.1313	
8	2006年7月26日	SVU	0.57	0.53	-0.04		142	0.0000	0.5416	0.0122		-7.09%	-0.04%	-0.05%	-7.03%	-5.7632	
9	2006年10月10日	SVU	0.53	0.61	0.08		195	-0.0002	0.6014	0.0128		4.36%	0.20%	0.10%	4.26%	3.3170	
10	2007年1月9日	SVU	0.56	0.54	-0.02		256	0.0003	0.5238	0.0130		-1.70%	-0.05%	0.00%	-1.70%	-1.3061	
11	2006年4月27日	SWY	0.30	0.32	0.02		80	0.0001	1.0139	0.0130		2.88%	0.33%	0.34%	2.54%	1.9473	
12	2006年7月20日	SWY	0.36	0.42	0.06		138	0.0001	0.9289	0.0118		8.39%	-0.85%	-0.78%	9.17%	7.7519	
13	2006年10月12日	SWY	0.39	0.39	0.00		197	0.0003	0.7533	0.0134		-1.43%	0.45%	0.95%	-2.18%	-1.6265	
14	2007年2月27日	SWY	0.60	0.61	0.01		289	0.0012	0.7505	0.0131		-3.95%	-3.53%	-2.54%	-1.41%	-1.0814	
15	2006年5月4日	WFMI	0.35	0.36	0.01		85	0.0006	0.8345	0.0175		12.50%	0.32%	0.33%	12.17%	6.9434	
16	2006年8月1日	WFMI	0.34	0.35	0.01		146	-0.0007	1.2329	0.0164		-12.51%	-0.45%	-0.63%	-11.88%	-7.2345	
17	2006年11月3日	WFMI	0.29	0.29	0.00		213	-0.0014	1.3199	0.0195		-26.21%	-0.22%	-0.43%	-25.78%	-13.2186	
18	2007年2月22日	WFMI	0.40	0.38	-0.02		286	-0.0020	1.5321	0.0243		13.13%	-0.09%	-0.33%	13.46%	5.5465	

セルG18 以下の数式を入力：
=COUNTIF(Data3!$A$3:$A$551,"<="&TEXT(A18,"0"))-252

ポジティブサプライズ　2.65%　<-- =SUMIF($E$3:$E$18,">0",$O$3:$O$18)/COUNTIF(E3:E18,">0")

ポジティブでないサプライズ　-3.24%　<-- =SUMIF($E$3:$E$18,"<=0",$O$3:$O$18)/COUNTIF(E3:E18,"<=0")

セル H18 以下の数式を入力：
=INTERCEPT(OFFSET(Data3!$A$2,$G18,10,252,1),OFFSET(Data3!$A$2,$G18,2,252,1))

セルI18 以下の数式を入力：
=SLOPE(OFFSET(Data3!$A$2,$G18,10,252,1),OFFSET(Data3!$A$2,$G18,2,252,1))

セルJ18 以下の数式を入力：
=STEYX(OFFSET(Data3!$A$2,$G18,10,252,1),OFFSET(Data3!$A$2,$G18,2,252,1))

それぞれのアナウンスメントについて、発表前 252 日間の、市場モデルの回帰の切片と傾きを測定した。[11] 以下は、上のスプレッドシートからの具体例である。

	A	B	C	D	E	F	G	H	I	J	K	L	M	N	O	P
2	暦日	ティッカー	利益予想コンセンサス	実際の利益発表	サプライズ：=D3-C3		開始時点	切片	傾き	Steyx (回帰予測 y の標準誤差)		現実の収益率	S&P 500 の収益率	期待収益率：=H3+I3*M3	アブノーマル・リターン：=L3-N3	T-値
3	2006年3月7日	KR	0.36	0.39	0.03		44	0.0003	0.6662	0.0123		1.36%	-0.19%	-0.09%	1.46%	1.1808
18	2007年2月22日	WFMI	0.40	0.38	-0.02		286	-0.0020	1.5321	0.0243		13.13%	-0.09%	-0.33%	13.46%	5.5465

---

10. サンプルには Kroger、Supervalu、Safeway、Whole Foods 各社だけを入れた。これはカバーする企業とアナウンスメント数の双方の観点から、明らかに不完全なサンプルである。しかしながら、この拡張例は本物のイベント・スタディの感じを伝えることを意図している。
11. イベント・ウィンドウは G 列「開始時点」によって定義される。G 列では、株式収益率データベース内のイベント発生日の 252 営業日前の日にちを突き止めるために関数 **Countif** を使っている。「開始時点」は H 列の **Intercept**、I 列の **Slope**、J 列の **Rsq** の式で使われている。

第 3 行は、2006 年 3 月 7 日の利益発表前の 252 営業日間における、S&P500 指数に対する Kroger 株の市場モデルをたどっている。この市場モデルは、$r_{Kroger} = 0.0003 + 0.6662 * r_{S\&P500}$ である。発表日の Kroger 社の実際の収益率は 1.36 ％で、市場モデルが予測していたものより 1.46 ％高い。しかしながら、この 1.46 ％をアブノーマル・リターンの標準偏差（回帰残差）（**Steyx**= 0.0123）で割った t 値は 1.1808 になり、5 ％水準で有意ではない。

第 18 行は、2007 年 2 月 21 日市場終了後の利益発表前の 1 年間における、S&P500 指数に対する Whole Foods 株の市場モデルをたどっている。この市場モデルは、$r_{Whole\ Foods} = -0.0020 + 1.5321 * r_{S\&P500}$ で、**Steyx**= 0.0243 である。発表日のアブノーマル・リターン 13.46 ％は、1 ％水準で有意である（それでセル P18 は太字）。この解釈を和らげるため、利益発表の日、Whole Foods 社は Wild Oats Markets 社との合併を発表したことを特筆しておく。これは、この利益発表に対する市場の真の反応を読み取ることを難しくする。一般に、多くの区別できない情報と共にイベントが発表された場合は、アブノーマル・リターンの解釈には注意しなければならない。

累積アブノーマル・リターン

以下のスプレッドシートでは、**Offset** 関数を使って若干異なる形式にデータを変換し、それから利益発表の前後 10 日間に渡るイベント・ウィンドウ内のアブノーマル・リターンを計算している。

	A	B	C	D	E	F	G	H	I	J	K	L	M	N	O	P	Q
1						ウィンドウの前後マイナス10日プラス10日における累積アブノーマル・リターン											
2	暦日	7-Mar-06	20-Jun-06	12-Sep-06	5-Dec-06	18-Apr-06	26-Jul-06	10-Oct-06	9-Jan-07	27-Apr-06	20-Jul-06	12-Oct-06	27-Feb-07	4-May-06	1-Aug-06	3-Nov-06	22-Feb-07
3	ティッカー	KR	KR	KR	KR	SVU	SVU	SVU	SVU	SWY	SWY	SWY	SWY	WFMI	WFMI	WFMI	WFMI
4	利益予想のコンセンサス	0.36	0.42	0.29	0.28	0.56	0.56	0.53	0.56	0.3	0.36	0.39	0.6	0.35	0.34	0.29	0.4
5	実際の利益	0.39	0.42	0.29	0.3	0.55	0.53	0.61	0.54	0.32	0.42	0.39	0.61	0.36	0.35	0.29	0.38
6	サプライズ	0.03	0.00	0.00	0.02	-0.01	-0.04	0.08	-0.02	0.02	0.06	0.00	0.01	0.01	0.01	0.00	-0.02
7																	
8	開始時点	44	117	175	234	73	142	195	256	80	138	197	289	85	146	213	286
9	切片	0.0003	0.0004	0.0006	0.0003	-0.0008	-0.0003	-0.0002	0.0003	0.0001	0.0001	0.0003	0.0012	0.0006	-0.0007	-0.0014	-0.0020
10	傾き	0.6662	0.6063	0.5628	0.4483	0.7049	0.5416	0.6014	0.5238	1.0139	0.9289	0.7533	0.7505	0.8345	1.2329	1.3199	1.5321
11	Steyx(「回帰予測値」の標準誤差)	0.0123	0.0113	0.0108	0.0118	0.0123	0.0122	0.0128	0.0130	0.0130	0.0118	0.0134	0.0131	0.0175	0.0164	0.0195	0.0243
12																	
13																	
14	イベントからの日数							アブノーマル・リターン									
15	-10	0.59%	-0.07%	0.72%	-0.46%	-0.68%	-1.81%	-1.04%	0.47%	0.32%	-0.01%	0.36%	0.46%	-0.52%	-3.87%	0.05%	0.26%
16	-9	-1.19%	0.89%	0.38%	-1.20%	-1.06%	0.33%	-0.43%	0.36%	0.65%	-0.96%	-0.94%	0.29%	-1.94%	0.93%	-0.06%	0.94%
17	-8	1.08%	0.58%	-0.32%	0.00%	0.25%	-0.35%	0.29%	-0.92%	-0.65%	0.21%	0.22%	0.60%	-1.20%	-0.33%	-0.98%	1.82%
18	-7	-0.67%	-1.34%	0.85%	-0.23%	-0.86%	1.30%	0.05%	0.66%	0.90%	-0.78%	-0.16%	-0.96%	-1.27%	-0.18%	0.53%	-0.87%
19	-6	0.98%	-0.35%	-0.59%	-0.67%	-0.55%	1.24%	-0.66%	-0.48%	-2.40%	0.20%	-3.61%	0.33%	-0.59%	-1.79%	0.10%	-0.11%
20	-5	-0.34%	1.41%	-0.84%	0.42%	0.29%	0.13%	2.44%	-1.05%	-0.66%	0.19%	-4.99%	0.68%	-1.35%	-0.97%	0.25%	0.35%
21	-4	-0.23%	0.11%	0.49%	0.62%	-0.71%	0.79%	-0.63%	0.71%	-0.57%	0.93%	0.88%	0.21%	0.09%	-1.88%	0.31%	0.35%
22	-3	-1.55%	-1.16%	-0.39%	-1.92%	-1.01%	-0.64%	-0.11%	-0.46%	-0.80%	0.92%	1.21%	-3.80%	0.41%	0.85%	-1.52%	1.22%
23	-2	0.93%	-0.59%	1.97%	0.98%	0.34%	0.49%	-0.05%	0.68%	0.61%	1.79%	2.36%	-1.12%	-0.28%	1.38%	0.03%	-1.01%
24	-1	0.03%	-0.26%	0.29%	2.63%	0.29%	-0.60%	2.95%	-0.79%	0.82%	-1.33%	0.30%	0.60%	1.08%	0.01%	-4.74%	-0.39%
25	0	1.46%	5.01%	-6.31%	4.87%	-1.39%	-7.03%	4.26%	-1.70%	2.54%	9.17%	-2.18%	-1.41%	12.17%	-11.88%	-25.78%	13.46%
26	1	1.43%	-0.63%	0.38%	-1.35%	-1.12%	-4.37%	0.58%	-1.57%	-0.12%	0.63%	-2.34%	1.01%	1.42%	-0.14%	-0.94%	-2.45%
27	2	-1.15%	-0.56%	0.93%	-0.15%	1.43%	-2.64%	0.99%	1.59%	1.33%	-1.44%	0.34%	0.37%	0.37%	-0.19%	2.02%	0.06%
28	3	1.08%	1.15%	-2.90%	-0.24%	-0.82%	0.87%	0.20%	-0.91%	-3.28%	-0.24%	0.35%	-1.44%	-1.78%	0.67%	3.11%	0.94%
29	4	0.03%	1.37%	0.27%	2.61%	0.36%	0.20%	-0.71%	-0.56%	-1.34%	-0.23%	1.26%	-0.06%	-0.40%	0.24%	0.14%	-1.13%
30	5	0.11%	-0.31%	-0.31%	1.19%	-0.99%	0.62%	-0.47%	-0.53%	0.58%	0.76%	-1.94%	-0.59%	0.04%	-4.00%	0.44%	-1.13%
31	6	-0.12%	2.70%	0.50%	-0.42%	-0.23%	-0.76%	0.83%	0.04%	1.02%	-1.13%	0.93%	-0.40%	-0.76%	-1.24%	0.84%	0.41%
32	7	-0.20%	0.35%	-0.96%	0.75%	0.63%	0.11%	0.27%	1.26%	-0.45%	-0.09%	0.13%	1.20%	1.25%	-0.02%	0.25%	1.97%
33	8	-0.18%	0.73%	1.90%	0.33%	0.46%	-0.41%	-0.02%	1.75%	-1.43%	0.26%	-0.12%	-0.46%	1.25%	-0.34%	-0.63%
34	9	-1.34%	-0.52%	0.14%	-2.86%	0.23%	-1.15%	-0.23%	0.04%	-0.82%	1.04%	0.13%	-0.12%	-1.59%	7.14%	-0.99%	-1.50%
35	10	0.86%	0.08%	-0.14%	-1.19%	-0.88%	-1.27%	0.00%	0.48%	0.46%	-0.33%	0.92%	-0.12%	-0.85%	2.10%	-0.12%	-0.63%

イベント・ウィンドウ内の各日について、平均アブノーマル・リターン (AAR) と累積アブノーマル・リターン (CAR) を計算することができる。以下の表では、プラスの利益発表とマイナスの利益発表に分けて、この計算を行っている。

	S	T	U	V	W	X	Y	Z
3				セル U11 には以下の数式が入力されている				
4				{=SQRT(SUMPRODUCT(IF($B$6:$Q$6>0,$B$11:$Q$11),IF($				
5				B$6:$Q$6>0,$B$11:$Q$11))*(1/COUNTIF($B$6:$Q$6,">0")^2)				
6				)}				
7								
8								
9			クロスセクションエラーの調整なし 正符号（Positive）			クロスセクションエラーの調整なし 非正符号（Non-Positive）		
10								
11			0.49%			0.54%		
12								
13			ポジティブな利益発表			ポジティブでない利益発表		
14	イベントからの日数	AAR	T-値	累積アブノーマル・リターン		AAR	T-値	累積アブノーマル・リターン
15	-10	-0.57%	-1.1615	-0.57%		-0.09%	-0.1632	-0.09%
16	-9	-0.48%	-0.9931	-1.05%		0.10%	0.1944	0.02%
17	-8	0.00%	0.0026	-1.05%		0.04%	0.0670	0.05%
18	-7	-0.39%	-0.8046	-1.44%		0.01%	0.0251	0.07%
19	-6	-0.57%	-1.1777	-2.01%		-0.54%	-1.0058	-0.48%
20	-5	0.05%	0.1043	-1.96%		-0.55%	-1.0278	-1.03%
21	-4	-0.18%	-0.3753	-2.14%		0.37%	0.6774	-0.67%
22	-3	-0.75%	-1.5410	-2.89%		-0.34%	-0.6376	-1.01%
23	-2	0.53%	1.0900	-2.36%		0.54%	0.9917	-0.47%
24	-1	0.85%	1.7437	-1.51%		-0.74%	-1.3685	-1.21%
25	0	2.65%	**5.4406**	1.13%		-3.24%	**-6.0062**	-4.46%
26	1	0.46%	0.9409	1.59%		-1.63%	**-3.0190**	-6.08%
27	2	0.02%	0.0335	1.61%		0.40%	0.7356	-5.69%
28	3	-0.63%	-1.2939	0.98%		0.22%	0.4121	-5.47%
29	4	0.02%	0.0355	0.99%		0.24%	0.4434	-5.23%
30	5	-0.30%	-0.6087	0.70%		-0.52%	-0.9620	-5.75%
31	6	-0.28%	-0.5690	0.42%		0.55%	1.0269	-5.19%
32	7	0.34%	0.6998	0.76%		0.47%	0.8643	-4.72%
33	8	-0.36%	-0.7326	0.41%		0.14%	0.2680	-4.58%
34	9	0.15%	0.3154	0.56%		-0.45%	-0.8382	-5.03%
35	10	0.12%	0.2425	0.68%		-0.20%	-0.3614	-5.23%
36								
37								
38		セル T35 には以下の数式が入力されている =SUMIF($B$6:$Q$6,">0",B35:Q35)/COUNTIF($B$6:$Q$6,">0")				セル X35 には以下の数式が入力されている =SUMIF($B$6:$Q$6,"<=0",B35:Q35)/COUNTIF($B$6:$Q$6,"<=0")		
39								
40			セルU35 には以下の数式が入力されている =T35/$U$11				セルY35 には以下の数式が入力されている =X35/$Y$11	
41								
42								
43				セルV35 以下の数式を入力 =T35+V34				セル Z35 以下の数式を入力 =X35+Z34

プラスの利益発表とマイナスの利益発表の検定統計量は、各日の平均アブノーマル・リターン（AAR）を、特定のタイプの収益率に対する適切な横断的誤差で除することによって計算されている（セル U11 と Y11）。

セル U11: $\sqrt{\dfrac{\text{プラスの利益発表に関する回帰予測値 } y \text{の標準誤差の単純合計}}{(\text{プラスの利益発表の数})^2}}$

セル Y11: $\sqrt{\dfrac{\text{マイナスの利益発表に関する回帰予測値 } y \text{の標準誤差の単純合計}}{(\text{マイナスの利益発表の数})^2}}$

CAR のグラフを描くと以下のようになる。

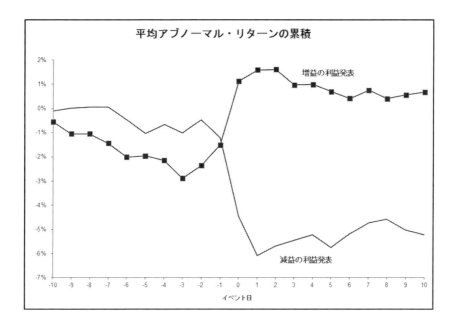

平均して、良いニュースも悪いニュースも、発表日の前に情報漏れはほとんどなかったようである。市場は発表された情報を速やかに織り込んだようにみえる。発表日（イベント日 0）以降は、追加的な反応はほとんどみられない。

14.5 イベント・スタディへの 2 ファクターモデルの適用

14.2 節で使ったモデルは、均衡モデル $r_{it} = \alpha_i + \beta_i r_{Mt}$ を仮定している。このいわゆる「1 ファクター」モデルは、対象とする株式の収益率が、1 つの市場インデックスのみによって動くと仮定する。本節では、2 ファクターモデルを例示する。ここでは収益率が、市場と業種ファクター双方の関数であると仮定する。

$$r_{it} = \alpha_i + \beta_{i,Market} r_{Mt} + \beta_{i,Industry} r_{Industry,t}.$$

そしてこのモデルを使って、特定のイベントが収益率に影響したかどうかとその方向性を判定する。

取り上げるイベントは、2006 年 11 月 16 日のものである。この日 Wendy's 社は、1 株当たり価格 35.75 ドルで、応札による 22,418,000 株の自社株買いを発表した。この自社株買いは、会社の株主資本の約 19 ％に相当した。Wendy's 株は、2006 年 11 月 16 日、35.66 ドルで取引を終えた。

Wendy's Announces Final Results of its Modified "Dutch Auction" Tender Offer

DUBLIN, Ohio (November 22, 2006) – Wendy's International, Inc. (NYSE:WEN) today announced the final results of its modified "Dutch Auction" tender offer, which expired at 5:00 p.m., Eastern Time, on November 16, 2006.
 The Company has accepted for purchase 22,413,278 of its common shares at a purchase price of $35.75 per share, for a total cost of $801.3 million.
 Shareholders who deposited common shares in the tender offer at or below the purchase price will have all of their tendered common shares purchased, subject to certain limited exceptions.
 American Stock Transfer & Trust Company, the depositary for the tender offer, will promptly issue payment for the shares validly tendered and accepted for purchase under the tender offer.
 The number of shares the Company accepted for purchase in the tender offer represents approximately 19% of its currently outstanding common shares.

自社株買いは Wendy's 社の収益率に影響したか？

2006 年 11 月 16 日の公開買付発表前の 252 日間について、Wendy's 社の日次収益率を S&P500 指数ならびに S&P500 外食指数に回帰することから始める。この計算には配列関数 **Linest** を使う。[12] **Linest** のボックスは以下のようになる。

---

12. 関数 **Linest** を使った重回帰については第 33 章で議論している。これは Excel 関数の中で、最も使いやすいというものではない。

	A	B	C	D
2		産業セクター	市場	切片
3	傾き -->	0.4157	0.5095	0.0012
4	標準誤差 -->	0.0851	0.1410	0.0007
5	決定係数 -->	0.3140	0.0103	#N/A
6	F 統計量 -->	56.9738	249	#N/A
7	SS_{xy} -->	0.0122	0.0266	#N/A

（上の#N/A は Excel が出力したもので、単にこの列には何も入力されないことを意味する。）

このボックスから、Wendy's 社の収益率は、市場と業種両方に対して敏感であると結論できる。

$$r_{Wendys,t} = 0.0012 + \underbrace{0.5095}_{\substack{\text{市場の反応係数、標}\\\text{準誤差 0.1410}}} * r_{M,t} + \underbrace{0.4157}_{\substack{\text{業種の反応係数、標}\\\text{準誤差 0.0851}}} * r_{Industry,t}$$

この **Linest** ボックスを再び提示する（下記参照）。係数を対応する標準誤差（第 9 行）で割ると、両方とも 1 ％水準で有意であることが分かる。セル C4 は、y 推定値の標準誤差を示していることに注意しよう。これをアブノーマル・リターンの有意性を判断する分析に用いる。スプレッドシートの続きでさらに分析を行う。

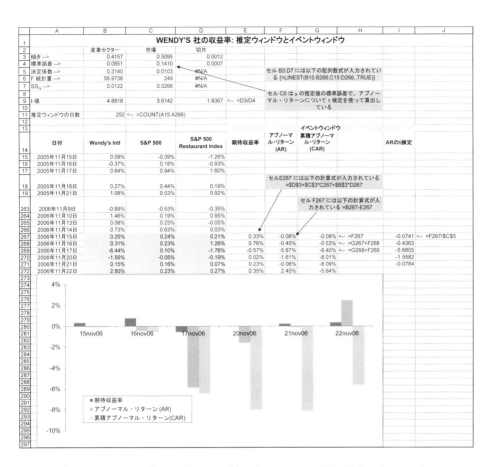

スプレッドシートの第 267 行〜272 行では、Wendy's 社の発表によるアブノーマル・リターン (AR) と累積アブノーマル・リターン (CAR) の分析に、2 ファクターモデルを使う。発表前には AR と CAR がほとんどないが、11 月 16 日の発表は、翌日 (11 月 17 日に −5.87 %アブノーマル・リターン) と、その次の日 (11 月 20 日に −1.61 %のアブノーマル・リターン) に、Wendy's 社の収益率に対してかなりの影響を及ぼしたことは明らかである。アブノーマル・リターンをセル C5 の標準誤差で割ると、イベント日のアブノーマル・リターンだけが、5 %水準で有意であることが分かる。

さらに、市場と業種ファクターに分けたアナウンスメントの分析は、11 月 16 日発表後の両方の日で、Wendy's 社の収益率に対する市場インデックスの影響が軽微であったことを示している。しかしながら、11 月 20 日にはなかった Wendy's

社の収益率に対する S&P500 外食指数によるかなりの影響が、11 月 17 日に存在した。

これを理解するために、まずイベント発生日の翌日、2006 年 11 月 17 日、について議論する。

	A	B	C	D	E	F	G	H
13						イベントウィンドウ		
14	日付	Wendy's Intl	S&P 500	S&P 500 Restaurant Index	期待収益率	アブノーマル・リターン (AR)	累積アブノーマル・リターン (CAR)	
266	2006年11月14日	0.73%	0.63%	0.03%				
267	2006年11月15日	0.25%	0.24%	0.21%	0.33%	-0.08%	-0.08%	<-- =F267
268	2006年11月16日	0.31%	0.23%	1.26%	0.76%	-0.45%	-0.53%	<-- =G267+F268
269	2006年11月17日	-6.44%	0.10%	-1.78%	-0.57%	-5.87%	-6.40%	<-- =G268+F269
270	2006年11月20日	-1.59%	-0.05%	-0.19%	0.02%	-1.61%	-8.01%	
271	2006年11月21日	0.15%	0.16%	0.07%	0.23%	-0.08%	-8.09%	
272	2006年11月22日	2.80%	0.23%	0.27%	0.35%	2.45%	-5.64%	

11 月 17 日に、S&P500 指数は 0.10 %上昇し、S&P500 外食指数は 1.78 %下落した。回帰式 $r_{Wendys,t} = 0.0012 + 0.5095 * r_{M,t} + 0.4157 * r_{Industry,t}$ を所与とすると、S&P500 指数の変化は Wendy's 社の収益率におおよそ +0.05 %（= 0.5095 * 0.10 %）影響を与え、また、業種インデックスの変化はおおよそ −0.74 %（= 0.4157 * −1.78 %）影響を与えていたことになる。しかし、同日、Wendy's 社は −6.44 %だけ下落した。これは、2 つのファクターいずれの影響をも大幅に上回っている。

以下は、11 月 20 日のデータである。

	A	B	C	D	E	F	G	H
13						イベントウィンドウ		
14	日付	Wendy's Intl	S&P 500	S&P 500 Restaurant Index	期待収益率	アブノーマル・リターン (AR)	累積アブノーマル・リターン (CAR)	
266	2006年11月14日	0.73%	0.63%	0.03%				
267	2006年11月15日	0.25%	0.24%	0.21%	0.33%	-0.08%	-0.08%	<-- =F267
268	2006年11月16日	0.31%	0.23%	1.26%	0.76%	-0.45%	-0.53%	<-- =G267+F268
269	2006年11月17日	-6.44%	0.10%	-1.78%	-0.57%	-5.87%	-6.40%	<-- =G268+F269
270	2006年11月20日	-1.59%	-0.05%	-0.19%	0.02%	-1.61%	-8.01%	
271	2006年11月21日	0.15%	0.16%	0.07%	0.23%	-0.08%	-8.09%	
272	2006年11月22日	2.80%	0.23%	0.27%	0.35%	2.45%	-5.64%	

11 月 20 日には、S&P500 指数は 0.05 %だけ下落し、S&P 外食指数は 0.19 %だけ下落した。回帰式 $r_{Wendys,t} = 0.0012 + 0.5095 * r_{Mt} + 0.4157 * r_{Industry,t}$ を所与とすると、S&P500 指数の変化は Wendy's 社の収益率におおよそ −0.08 %影響を与え、また、業種インデックスの変化はおおよそ −0.03 %影響を与えた。しかし、同日、Wendy's 社は −1.59 %だけ下落した。これは、2 つのファクターいずれの影響をも、再び大幅に上回っている。

発表の影響はイベント発生後の 3 日目でも感じられたが、この分析は読者に任

せる。

14.6 Excel オフセット関数を使用して、データ内の回帰の位置を特定する

14.2 節で行った分析では、回帰の出発点をある特定日の 252 営業日前として、特定な株式の収益率を S&P500 指数の収益率に回帰させることが必要だった。14.2 節のテクニックは、いくつかの Excel 関数を使っている。

- 関数 **Intercept**, **Slope**, **Rsq** は回帰直線の切片、傾き、決定係数である。これらの関数は第 2 章及びポートフォリオの前の章で例示している。関数 **Steyx** は、回帰残差の標準偏差を与える。
- 関数 **Countif** は、範囲内で特定条件に合致するセルの個数を数える。**Countif** の構文は、**CountIf(データ, 条件)** となる。しかしながら、条件はテキスト条件（この例では、Excel 関数 **Text** を使って、日付をテキスト数字に変換することを意味する。詳細は後で）でならなければならない。
- 関数 **Offset**（第 33 章も参照）は、配列内のセルやセルのかたまりを特定することができる。

問題を例示するため、以下の General Mills（GIS）社と S&P500 指数の収益率データを考える。1997 年 1 月 29 日以前の 10 日間について、GIS 社の収益率を S&P500 指数の収益率に回帰したい。

	A	B	C	D	E	F	G
1		**OFFSET関数, COUNTIF関数, TEXT関数を使って** **データセットの回帰を決定する**					
2	日付	General Mills GIS	収益率		SP500	収益率	
3	1997年1月3日	57.96			748.03		
4	1997年1月6日	58.19	0.0040	<-- =LN(B4/B3)	747.65	-0.0005	<-- =LN(E4/E3)
5	1997年1月7日	59.33	0.0194		753.23	0.0074	
6	1997年1月8日	59.33	0.0000		748.41	-0.0064	
7	1997年1月9日	59.91	0.0097		754.85	0.0086	
8	1997年1月10日	59.91	0.0000		759.5	0.0061	
9	1997年1月13日	59.68	-0.0038		759.51	0.0000	
10	1997年1月14日	59.91	0.0038		768.86	0.0122	
11	1997年1月15日	59.56	-0.0059		767.2	-0.0022	
12	1997年1月16日	59.56	0.0000		769.75	0.0033	
13	1997年1月17日	59.56	0.0000		776.17	0.0083	
14	1997年1月20日	59.44	-0.0020		776.7	0.0007	
15	1997年1月21日	60.71	0.0211		782.72	0.0077	
16	1997年1月22日	61.4	0.0113		786.23	0.0045	
17	1997年1月23日	62.09	0.0112		777.56	-0.0111	
18	1997年1月24日	61.63	-0.0074		770.52	-0.0091	
19	1997年1月27日	61.29	-0.0055		765.02	-0.0072	
20	1997年1月28日	61.06	-0.0038		765.02	0.0000	
21	1997年1月29日	62.09	0.0167		772.5	0.0097	
22	1997年1月30日	62.21	0.0019		784.17	0.0150	
23	1997年1月31日	62.44	0.0037		786.16	0.0025	
24	1997年2月3日	62.09	-0.0056		786.73	0.0007	
25							
26	開始日	29-Jan-97					
27	データのトップから開始日までの行数		19	<-- =COUNTIF(A3:A24,"<="&TEXT(B26,"0"))			
28	**回帰**						
29	切片		0.0022	<-- =INTERCEPT(OFFSET(A3:F24,B27-11,2,10,1),OFFSET(A3:F24,B27-11,5,10,1))			
30	傾き		0.5198	<-- =SLOPE(OFFSET(A3:F24,B27-11,2,10,1),OFFSET(A3:F24,B27-11,5,10,1))			
31	決定係数		0.1413	<-- =RSQ(OFFSET(A3:F24,B27-11,2,10,1),OFFSET(A3:F24,B27-11,5,10,1))			
32							
33							
34	**チェック**						
35	切片		0.0022	<-- =INTERCEPT(C11:C20,F11:F20)			
36	傾き		0.5198	<-- =SLOPE(C11:C20,F11:F20)			
37	決定係数		0.1413	<-- =RSQ(C11:C20,F11:F20)			

　この回帰を実行するには、まず関数 **CountIf(データ, 条件)** を使って、開始日があるデータの行番号を算定する。**条件**はテキスト入力しなければならないので、関数 **Text(b26, "0")** を使ってセル B26 の日付をテキストに変換する。これで Excel 関数 =**CountIf(A3:A24, "="&Text(B26, "0"))** は、列 A3:A24 で、セル B26 の日付以下であるセルの数を計算する。答えは、セル B27 で分かるように、19 である。

　次に、関数 **Offset(A3:F24, B27-11, 2, 10, 1)** を使って、開始日で示された 19 番目の行から、10 行前の GIS の収益率を特定する。これは間違えやすい関数である！

Offset (A3:F24 , B27-11 ,　　2　　,　　10　　,　　1　)
　　　　　↑　　　　↑　　　　　↑　　　　　　↑　　　　　↑
　　　　配列の参照　配列の参照　配列の参照の　開始するコーナー　データ列は
　　　　　　　　　の開始行　上隅から2列　から10行下　　 1行だけ
　　　　　　　　　　　　⎵⎵⎵⎵⎵⎵⎵⎵⎵⎵　　⎵⎵⎵⎵⎵⎵⎵
　　　　　　　　　　　考慮されるデータから配　　　考慮される
　　　　　　　　　　　列参照の開始セルを固定　　　　データ

これで、関数 **Intersept**、**Slope**、**Rsq** を、**Offset(A3:F24,B27-11,2,10,1)** 及び **Offset(A3:F24,B27-11,5,10,1)** と共に使うことができる。

=intercept (Offset (A3:F24,B27-11,2,10,1),
　　　　　⎵⎵⎵⎵⎵⎵⎵⎵⎵⎵⎵⎵⎵⎵⎵⎵⎵⎵
　　　　　　　　　　↑
　　　　　　　　　yデータ
Offset (A3:F24,B27-11,5,10,1))
⎵⎵⎵⎵⎵⎵⎵⎵⎵⎵⎵⎵⎵⎵⎵⎵⎵
　　　　　↑
　　　　xデータ

14.7 まとめ

個別株式に対する特定の市場効果、あるいは一連の株式に対する一般的な市場効果の影響を判定するために使われるイベント・スタディは、実践的なファイナンスで最も広く使われるテクノロジーの1つである。Excel はイベント・スタディを行うための最適なツールではないかもしれないが、本章ではイベント・スタディの2つの使用例を例示するために Excel を用いた。Excel は、1ファクターあるいは2ファクターのイベント・スタディのどちらを実施するにも、容易に使うことができるのを示した。用いられた Excel のテクニックは、洗練されたユーザーにとっては簡単に利用できるものである。

III オプションの評価

　第 15 章〜第 19 章では、オプション・プライシングとその応用について取り扱う。第 15 章はオプション入門である。オプション用語を定義した後、第 15 章ではオプションのペイオフと基本的なオプションの裁定命題を議論する。第 16 章では、二項オプション・プライシング・モデルと Excel での実装を議論する。二項モデルがどのように機能するかを示した後、Visual Basic for Application（VBA）を用いて、ヨーロピアン及びアメリカン・オプションについて、二項オプション・プライシング関数を構築する。議論される応用例の 1 つは、従業員ストック・オプションのプライシングである。

　第 17 章では、ヨーロピアン・コール及びプットに関する、ブラック・ショールズ・プライシング式を議論する。スプレッドシートで直接計算する方法でも、VBA を用いて新たなスプレッドシート関数を構築する方法でも、この式を実装することができる。配当支払いのある株式のプライシングに対するブラック・ショールズ・モデルの拡張（いわゆるマートン・モデル）も実装する。オプション・プライシング・モデルを仕組証券の評価に適用する方法についても示す。第 18 章では、「グリークス（ギリシア文字）」の計算について議論する。これは、様々なパラメータに対するオプション評価の感度を示す、オプション・プライシング式の導関数である。

　第 19 章では、実物投資に対するオプション・プライシング・モデルの適用である、リアル・オプションについて議論する。

　これらの章のアイデアを習得した後に、本書のモンテカルロに関するセクションを紹介する。第 24 章から第 30 章では、オプション・プライシング戦略を Excel でシミュレートできるようにする方法を示す。これらの章では、モンテカルロ法を用いて、より複雑なオプション（その支払いが経路依存的であるもの）をプライシングする方法についても示す。

15 オプション入門

15.1 概要

本章では、オプションの簡単な導入を示す。本章は、既に知識のある読者にも、導入としては有用だろう。オプションについて何も知らない場合には、ファイナンスの基礎テキストで、このテーマの導入部分を読んでほしい。[1] ここでは、基本的な定義とオプション用語から始め、オプションのペイオフのグラフ及び「損益図」の議論に進み、最後に、より重要なオプションの裁定命題（プライシングの線形制約と呼ばれることもある）のいくつかを議論する。次章以降では、オプションの2つのプライシング方法、二項オプション・プライシング・モデル（第16章）とブラック・ショールズ・オプション・プライシング・モデル（第17章）を議論する。

15.2 オプションの基本的な定義及び用語

*株式オプション*とは、事前に決められた価格で、ある一定の日またはそれ以前に、株式1株を購入または売却する権利を保有者に与える証券である。以下は、オプションの分野で用いられる用語及び表記法の簡単な一覧である。

- *コール*(C)：事前に決められた価格で、ある一定の日またはそれ以前に、株式を購入する権利を保有者に与えるオプションである。
- *プット*(P)：事前に決められた価格で、ある一定の日またはそれ以前に、株式を売却する権利を保有者に与えるオプションである。
- *行使価格*(X)：保有者が原株式を購入または売却できる価格。ストライク・プライスと呼ばれることもある。
- *行使期限*(T)：保有者はこの日またはそれ以前に原株式を購入または売却できる。
- *株価*(S_t)：時点 t において原株式が取引されている価格。現在の株価は S_0 と示される。

---

[1] 以下のテキストに分かりやすい章がある。John Hull, *Options, Futures and Other Derivatives* (Prentice Hall, 8th edition, 2011); Zvi Bodie, Alex Kane, and Alan J. Marcus, *Investments* (McGraw-Hill, 9th edition, 2011)

- オプション価格: オプションが売却または購入される価格

アメリカン・オプションとヨーロピアン・オプション: オプション市場の専門用語では、アメリカン・オプションは行使期限 T またはそれ以前に行使できるオプションであり、ヨーロピアン・オプションは行使期限 T にのみ行使できるオプションである。この用語は 2 つの理由により混乱を招く。

- ヨーロッパとアメリカのオプション取引所で取引されているオプションは、ほとんど全てがアメリカン・オプションである。
- 最も簡単なオプション・プライシング式(これらには、第 17 章で議論する有名なブラック・ショールズ・オプション・プライシング式も含まれる)は、ヨーロピアン・オプションに関するものである。15.6 節で示すように、多くの場合には、あたかもヨーロピアン・オプションのようにアメリカン・オプションをプライシングできる。

ここでは、C_t を用いて時点 t におけるヨーロピアン・コールの価格を示し、P_t を用いてヨーロピアン・プットの価格を示す。オプション価格が現時点における価格を表しているのが明らかな場合には、しばしば下付文字を落とし、C_0 や P_0 の代わりに C や P と書く。より完全な表記が必要な場合には、原株式価格 S_t、行使価格 X、行使期限 T であるときの、時点 t におけるコールの価格を $C_t(S_t, X, T)$ と書くことにする。オプション・プライシング式がアメリカン・オプションに関係することを明示したい場合、上付文字の A を用い、C_t^A、$C_t^A(S_t, X, T)$、または $P_t^A(S_t, X, T)$ とする。上付文字なしで書かれた場合、そのオプション・プライシングはヨーロピアン・オプションを指す。

アット・ザ・マネー、イン・ザ・マネー、アウト・オブ・ザ・マネー: コールまたはプットの行使価格 X が株式の現在の価格 S_0 と等しいとき、そのオプションは、アット・ザ・マネーである。アメリカン・オプションを直ちに行使することでプラスのキャッシュフローが得られるとき(即ち、コールについては $S_0 - X > 0$、プットについては $X - S_0 > 0$)、そのオプションはイン・ザ・マネーである。[2]

---

[2] アメリカン・オプションを購入し、直ちに行使して、即座に利益を得られるというのは、もちろん合理的でない。したがって、アメリカン・コールについては $C_0 > S_0 - X$、アメリカン・プットについては $P_0 > X - S_0$ となる。イン・ザ・マネー及びアウト・オブ・ザ・マネーは、オプション価格を考慮に入れず、単に S_0 と X との間の関係についてのみ言及するものである。

オプションの売却とオプションの購入: キャッシュフロー

コール・オプション1個の買い手は、所与の価格で時点 T またはそれ以前に株式1株を購入する権利を得て、購入時点でこの権利に対する支払いをする。このコール・オプションの売り手(ライター)とは、このような権利の売り手である。売り手は、コールの買い手が要求した場合には、将来、行使価格で株式1株を引き渡す義務を負う代わりに、現時点においてオプション価格の支払いを受ける。キャッシュフローの観点からは、オプションの買い手には、常に当初マイナスのキャッシュフロー(オプション価格)が生じ、将来、最悪でもゼロ(オプションを行使する価値がない場合)か、そうでなければプラス(オプションが行使された場合)のキャッシュフローが生じる。オプションの売り手のキャッシュフロー・ポジションは逆になる。当初プラスのキャッシュフローとなった後、最後のキャッシュフローは最高でもゼロである。

　同様のペイオフ・パターンが株式に対するプット・オプションの買い手と売り手のキャッシュフローにも当てはまる。

15.3 いくつかの例

2012 年 10 月 22 日に最も活発に取引されたオプションを以下に示す（http://biz.yahoo.com/opt/stat1.html）。それぞれのオプションは、原資産 100 単位に対する取引を意味する（そのため、11 月 29 日限の Microsoft のコール 36,371 単位は、MSFT 株式 3.6 百万株に対する行使価格 29 ドルのコール・オプションになる）。「未決済建玉」とは、その日の終わりに決済されていない契約数である。MSFT については、10 月 22 日に 36,371 単位のコールが取引され、その日の終わりに 206,064 単位のコールが未決済だった。

オプション入門 361

				2012年10月22日に最も活発に取引されたオプション					
		オプション行使価格	コールまたはプット	オプションの行使期限	株価終値	オプション価格			原資産の概略
順位	株式					終値	前日比	出来高	未決済建玉	
1	XLF	17	コール	2012年11月17日	16.11	0.06	0.01	433,998	2,358,344	Tracks index of financial stocks
2	SPY	143	プット	2012年11月17日	143.41	1.94	-0.23	89,617	1,803,974	Tracks SP500
3	QQQ	65	プット	2012年11月17日	66.02	0.81	-0.25	52,780	759,554	Tracks Nasdaq 100
4	IWM	78	プット	2012年11月17日	81.83	0.54	-0.09	43,168	448,734	Tracks Russell 2000
5	MSFT	29	コール	2012年11月17日	28	0.23	-0.20	36,371	206,064	Microsoft
6	HPQ	17	プット	2013年5月18日	14.71	3.23	-0.18	26,425	6,984	Hewlett-Packard
7	SLV	34	コール	2012年11月17日	31.39	0.15	0.01	26,250	121,974	Tracks silver price
8	UTX	72.5	プット	2012年11月17日	77.83	0.38	-0.01	24,515	22,674	United Technologies
9	FB	21	コール	2012年11月17日	19.32	0.78	0.10	24,390	183,944	Facebook
10	INTC	22	コール	2012年11月17日	21.46	0.20	0.01	23,339	190,434	Intel
11	ECA	26	コール	2012年11月17日	23.02	0.18	-0.23	20,252	219,634	Encana Corp.
12	GE	22	コール	2012年11月17日	21.7	0.31	-0.15	19,603	227,984	General Electric
13	BTU	16	コール	2013年1月19日	29.95	13.00	3.00	19,091	218,994	Peabody Energy
14	NLY	8	プット	2015年1月17日	15.94	0.66	0.05	16,771	177,934	Annaly Capital Management (a REIT)
15	CSCO	19	コール	2012年11月17日	18.19	0.36	0.00	16,654	569,894	Cisco
16	AET	45	コール	2012年11月17日	44.2	1.26	0.35	16,486	22,004	Aetna
17	EEM	41	プット	2012年12月22日	41.9	1.14	-0.22	15,454	444,464	Tracks MSCI emerging markets index
18	MS	19	コール	2012年11月17日	17.45	0.14	-0.05	14,654	289,574	Morgan Stanley
19	NXY	20	プット	2012年12月22日	24.14	0.77	0.27	14,645	71,564	Nexen (energy)
20	FXI	37	コール	2012年11月17日	37.67	1.16	0.25	13,948	1,127,324	Tracks China 25 index

このリストについて、いくつかの事実が注目される。

- オプションのうち7つが指数に対するものである。これらのオプションは、投資家・投機家が、広範な市場の動きに賭けることを可能にする。
- このリストは、プット（20銘柄のうち8銘柄）とコールに、ほぼ等しく分かれている。このことは常に成り立つものではない。投資家が将来の市場の動きに楽観的な場合は、最も活発に取引される銘柄の中で、コールが支配的になる傾向があり、逆もまた然りである。
- 最も活発に取引された銘柄リストに含まれるオプションは、短期のオプションであることが多い。より長期のオプションは存在するが、短期のものに比べて、これらが取引されることは少ない。

15.4 オプションのペイオフと損益パターン

オプションの魅力の1つは、保有者が原資産のペイオフのパターンを変えることを可能にすることである。本節では以下を検討する。

- コール・オプション、プット・オプション及び株式の基本的なペイオフと損益パターン
- オプションと株式の様々な組み合わせのペイオフ・パターン

株式の損益パターン

株式の購入からのペイオフ・パターンから始めよう。7月に General Pills 株式1株を、その時点の市場価格40ドルで購入したとする。もし9月に株価が70ドルなら、30ドルの利益を得るし、もし株価が30ドルなら、10ドルの損失（またはマイナスの利益）を被ることになる。[3] 9月の株価を S_T、7月の株価を S_0 と表すことで、これを一般化する。そして、この株式からの損益の関数を次のように書き表す。

株式からの損益 $= S_T - S_0$

株式の空売りからのペイオフ

7月に GP 株式1株を空売りしていて、そのときの市場価格は40ドルだったとする。もし9月に GP 株式の市場価格が70ドルになり、その時点で空売りを解消したら（即ち、当初の空売りにおける貸し手に株式を返却するため、市場価格で株式1株を購入する）、損益は -30 ドルになる。

$$株式の空売りからの損益 = S_0 - S_T$$
$$= -(株式の購入からの損益)$$

空売りからの損益は、購入からの損益のマイナスであることに注目しよう。これは常に成り立つ（以下で検討するオプションについても同様）。

株式の損益パターンのグラフの作成

以下の Excel のグラフは、GP 株式1株の購入と空売り両方の損益パターンをグラフ化したものである。

---

[3] この節での*損益*という単語の使い方は、用語及びこの単語の標準的なファイナンス上の概念を若干誤用している。なぜなら、資産の購入に関する金利のコストを無視しているからである。しかし、ここでは、このような用語の誤用は伝統的であり、害はない。

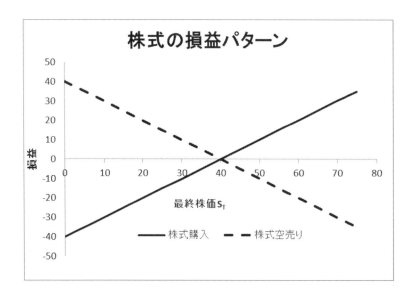

コール・オプションの損益パターン

株式の場合と同様に、**コール購入からのペイオフ・パターン**から始める。前節のGeneral Pills（GP）オプションを振り返る。行使価格 40 で 9 月限の GP コール 1 個を、7 月に 4 ドルで購入したとする。[4] 9 月に GP 株式の市場価格が 40 ドルよりも高い場合にのみ、このコールを行使することになる。当初（7 月）のコール価格を C_0 とすると、9 月におけるこのコールからの損益の関数を以下の様に表すことができる。

$$
\begin{aligned}
\text{9月におけるコールの損益} &= \max(S_T - X, 0) - C_0 \\
&= \max(S_T - 40, 0) - 4 \\
&= \begin{cases} -4 & S_T \leq 40 \text{のとき} \\ S_T - 44 & S_T > 40 \text{のとき} \end{cases}
\end{aligned}
$$

---

4. このコールの行使価格は株式の現在の市場価格と等しいため、アット・ザ・マネーのコールと呼ばれる。コールの行使価格が現在の市場価格よりも高いときは、アウト・オブ・ザ・マネーのコールと呼ばれ、行使価格が現在の市場価格よりも低いとき、コールはイン・ザ・マネーのコールとなる。

コール売却からのペイオフ・パターン

オプション市場において、コールの買い手は、コールを発行したカウンターパーティからコールを購入する。オプションの専門用語では、コールの発行者はコール・ライターと呼ばれる。コールの買い手と売り手により取引される証券の違いについて、少し検討することは有用である。

- コールの買い手は、*価格 X で時点 T またはそれ以前に、株式 1 株を購入する権利を与える*証券を購入する。この権利のコストはコール価格 C_0 であり、これはコールが購入された時に支払われる。したがって、コールの買い手は当初マイナスのキャッシュフロー（購入価格 C_0）を有する。しかし、時点 T のキャッシュフローはマイナスになることはなく、$\max(S_T - X, 0)$ である。
- コールの売り手は、コールが購入された時に C_0 を得る。この価格の代わりに、コールの売り手は、*価格 X で時点 T またはそれ以前に、株式 1 株を売却することに同意する*。コールの買い手は選択権を保有している一方、コールの売り手は義務を負っていることに注目しよう。さらに、コールの売り手のキャッシュフローのパターンが、コールの買い手のものと反対になっていることに留意しよう。売り手の当初のキャッシュフローはプラス（$+C_0$）であり、時点 T のキャッシュフローはプラスになることはなく、$-\max(S_T - X, 0)$ である。

コールの売り手の損益は、コールの買い手のものと反対である。GP オプションの場合、次のようになる。

$$
\begin{aligned}
9\text{月におけるコールの売り手の損益} &= C_0 - \max(S_T - X, 0) \\
&= 4 - \max(S_T - 40, 0) \\
&= \begin{cases} +4 & S_T \leq 40 \text{のとき} \\ 44 - S_T & S_T > 40 \text{のとき} \end{cases}
\end{aligned}
$$

コール購入とコール売却の損益パターンのグラフを作成すると、以下のようになる。

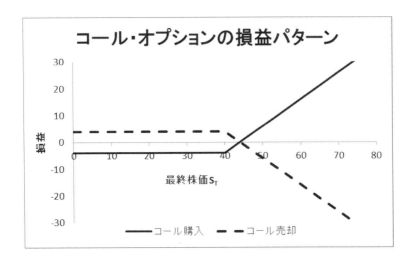

プット・オプションの損益パターン

プット購入からのペイオフ・パターン

7月に、行使価格40で9月限のGPプット1個を2ドルで購入したとすると、9月にGP株式の市場価格が40ドル未満である場合にのみ、プットを行使することになる。当初（7月）のプット価格をP_0とすると、9月におけるこのプットからの損益の関数を以下のように表すことができる。

$$9月におけるプット損益 = \max(X - S_T, 0) - P_0$$

$$= \max(40 - S_T, 0) - 2$$

$$= \begin{cases} 38 - S_T & S_T \leq 40のとき \\ -2 & S_T > 40のとき \end{cases}$$

プット売却からのペイオフ・パターン

プット・ライターは、プットの行使価格Xで、時点Tまたはそれ以前に、GP株式1株を購入する義務を負う。このような不利な立場に自らを置くことに対して、プットが売却された時点で、プットの売り手はプット価格P_0を受け取る。したがって、行使価格40で9月限のGP株式プットを売却することによるペイオフ・

パターンは、次のようになる。

$$9月におけるプットの売り手の損益 = P_0 - \max(X - S_T, 0)$$
$$= 2 - \max(40 - S_T, 0)$$
$$= \begin{cases} -38 + S_T & S_T \leq 40のとき \\ 2 & S_T > 40のとき \end{cases}$$

プット購入とプット売却の損益パターンのグラフを作成すると、以下のようになる。

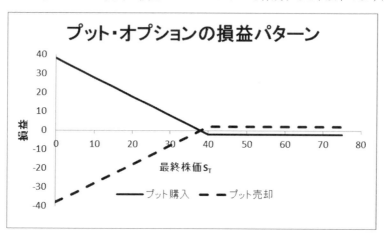

15.5 オプション戦略: オプションと株式のポートフォリオからのペイオフ

オプションと株式のポートフォリオからの合計損益パターンのグラフを作成することは有益である。これらのパターンにより、オプションを用いて株式や債券のような「標準的な」証券のペイオフ・パターンを変える方法について、示唆を得ることができる。以下、いくつか例を示す。

プロテクティブ・プット

以下の組み合わせを考えよう。

- S_0 で購入される株式 1 株
- P で購入される行使価格 X のプット 1 個

このオプション戦略は、しばしば「プロテクティブ・プット」戦略または「ポートフォリオ・インシュアランス」と呼ばれる。第 29 章では、この論点に戻り、より詳細に検討する。プロテクティブ・プットのペイオフ・パターンは以下により与えられる。

$$\text{株式の損益} + \text{プットの損益} = S_T - S_0 + \max(X - S_T, 0) - P$$

$$= \begin{cases} S_T - S_0 + X - S_T - P & S_T \leq X \text{のとき} \\ S_T - S_0 - P & S_T > X \text{のとき} \end{cases}$$

$$= \begin{cases} X - S_0 - P & S_T \leq X \text{のとき} \\ S_T - S_0 - P & S_T > X \text{のとき} \end{cases}$$

GP 株式の例(株式 1 株を 40 ドルで購入し、$X = 40$ ドルのプット 1 個を 2 ドルで購入する)に当てはめると、この式により以下のグラフが得られる。

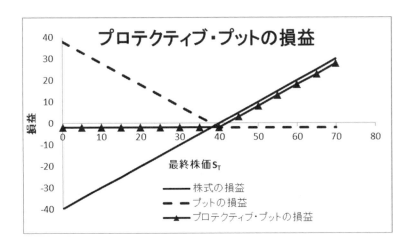

このパターンは、コールからのペイオフ・パターンと非常に良く似ている。[5]

---

[5]. 15.5 節では、プット・コール・パリティの定理を証明し、説明する。この定理により、コールは $C = P + S_0 - Xe^{-rT}$ を満たす価格 C でプライシングされなければならない。したがって、この定理に従って、コールが正しくプライシングされれば、プット + 株式の組み合わせからのペイオフは、コール + 債券の組み合わせからのペイオフと同じである。次節で、この定理を証明し、例を示す。

スプレッド

もう1つの組み合わせは、異なる行使価格のコールの購入及び売却である。購入されたコールが低い行使価格で、売却されたコールが高い行使価格であるとき、この組み合わせはブル・スプレッドと呼ばれる。例えば、行使価格40ドルのコール1個を（4ドルで）購入し、行使価格50ドルのコール1個を（2ドルで）売却したとする。このブル・スプレッドにより、次の損益を得られる。

$\max(S_T - 40, 0) - 4 - (\max(S_T - 50, 0) - 2)$

$= \begin{cases} -4 + 2 = -2 & S_T \leq 40 のとき \\ S_T - 40 - 4 + 2 = S_T - 42 & 40 < S_T \leq 50 のとき \\ S_T - 40 - 4 - (S_T - 50 - 2) = 8 & S_T > 50 のとき \end{cases}$

以下のExcelのグラフは、2つのコールそれぞれと、その結果生じるスプレッドの損益を示している。

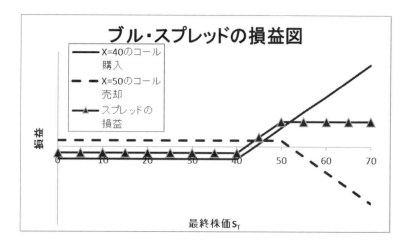

15.6 オプション裁定命題

次章以降では、オプションが発行される原資産（通常は株式）の確率分布に関する

特定の仮定を所与として、オプションをプライシングする。しかしながら、このような確率に関する特定の仮定を置かなくても、オプションのプライシングについて多くを学ぶことができる。本節では、オプション・プライシングに対するいくつかの裁定制約を考える。ここでの記述は決して網羅的なものではなく、オプション・プライシングについての洞察を与えてくれるものか、あるいは後の節で用いられる命題に集中した。

全体を通して、唯一の無リスク金利が存在し、これにより債券がプライシングされると仮定する。また、この無リスク金利は連続複利であると仮定し、その結果、時点 T で X を支払う無リスク証券の現在価値は、$e^{-rT}X$ で与えられる。

命題1 オプションの行使期限 T 以前に配当を支払わない株式に対して発行されたコール・オプションを考える。このコール・オプション価格の下限は次により与えられる。

$$C_0 \geq \max(S_0 - Xe^{-rT}, 0)$$

コメント この命題を証明する前に、その意味を考察することが有用である。無リスク金利が10%であり、現在の株価 $S_0 = 83$ の株式に対して発行された、$X = 80$、満期 $T = 1/2$(即ち、オプションの行使期限が現時点から半年後)のアメリカン・コール・オプションを保有していると仮定する。このオプション価格の下限を求める安直なアプローチは、このオプションは3ドルの利益で即座に行使できるので、少なくとも3ドルの価値があると主張するものだろう。命題1は、オプション価値が少なくとも $83 - e^{-0.10*0.5}80 = 6.90$ であることを示している。さらに、以下の証明を注意深く検討すると、この事実はオプションがアメリカン・オプションであることに*依存せず*、ヨーロピアン・オプションにも当てはまることが分かる。

	A	B	C
1	**命題1--コール価格のより高い下限**		
2	現在の株価S_0	83	
3	オプションの満期までの期間T	0.5	
4	オプションの行使価格X	80	
5	金利r	10%	
6			
7	安直な最低オプション価格 Max(S_0-X,0)	3	<-- =MAX(B2-B4,0)
8	命題1によるオプション価格の下限 Max(S_0 - Exp(-rT)X,0)	6.902	<-- =MAX(B2-EXP(-B5*B3)*B4,0)

命題1の証明 標準的な裁定の証明は、特定の戦略からのキャッシュフローの考察を基に組み立てられる。この場合の戦略は以下の通りである。

時点 0（現時点）

- 株式 1 株を購入する
- オプション行使価格 X の現在価値（PV）を借り入れる
- コール・オプション 1 個を売却する

時点 T

- 利益を得られる場合、オプションを行使する
- 借り入れた資金を返済する

この戦略は以下のキャッシュフローを生み出す。

	現時点	時点 T	
アクション	キャッシュフロー	$S_T < X$	$S_T \geq X$
株式の購入	$-S_0$	$+S_T$	$+S_T$
X の PV の借入れ	$+Xe^{-rT}$	$-X$	$-X$
コールの売却	$+C_0$	0	$-(S_T - X)$
合計	$-S_0 + Xe^{-rT} + C_0$	$S_T - X < 0$	0

時点 T において、この戦略から生じるキャッシュフローはマイナス（コールが行使されない場合）かゼロ（$S_T \geq X$ の場合）であることに留意しよう。将来プラスでないペイオフのみを有する金融資産（この場合、株式の購入、X の PV の借入れ、コールの売却の組み合わせ）は、当初プラスのキャッシュフローを持つ必要がある。したがって、次のようになる。

$C_0 - S_0 + Xe^{-rT} > 0$ または $C_0 > S_0 - Xe^{-rT}$

この証明を終えるために、コール価値は決してゼロ未満になり得ないことに注意する。したがって、$C_0 \geq \max\left(S_0 - Xe^{-rT}, 0\right)$ を得て、これにより命題が証明される。

命題1は、即時かつ非常に興味深い結論をもたらす。多くの場合、アメリカン・コール・オプションの期限前行使という特徴は、価値をもたない。これは、アメリカン・コール・オプションを、ヨーロピアン・コールであるかのように評価できるということを意味する。正確な条件は以下の通りである。

命題 2 オプションの行使期限 T より前に配当を全く支払わない株式に対して発

行されたアメリカン・コール・オプションを考える。満期より前に、このオプションを行使することが最適になることはない。

命題2の証明 オプションの保有者が $t<T$ のある時点 t で、期限前行使することを考えているとする。このような期限前行使を考える唯一の理由は、$S_t - X > 0$ であり、ここで S_t は時点 t における原株式の価格である。しかし、命題1により、時点 t におけるオプションの市場価値は、少なくとも $S_t - Xe^{-r(T-t)}$ である（r は無リスク金利）。$S_t - Xe^{-r(T-t)} > S_t - X$ なので、オプション保有者は、オプションを行使するよりも市場で売却する方が有利だということになる。

命題2は、多くのアメリカン・コール・オプションが、ヨーロピアン・コールであるかのようにプライシングできることを意味する。このことは、原株式が配当を支払わない場合においても、アメリカン・プットについては成り立たないことに留意しよう（第16章で、二項モデルの文脈でいくつか例を示す）。

命題3（プットの限界値） プット・オプション価値の下限は次の通りである。

$$P_0 \geq \max\left(0, Xe^{-rT} - S_0\right)$$

命題3の証明 この命題の証明は、前の定理の証明と同じ形である。戦略の表を次のように作成する。

アクション	現時点 キャッシュフロー	時点 T $S_T < X$	$S_T \geq X$
株式の空売り	$+S_0$	$-S_T$	$-S_T$
X の PV の貸付け	$-Xe^{-rT}$	$+X$	$+X$
コールの売却	$+P_0$	$-(X-S_T)$	0
合計	$P_0 + S_0 - Xe^{-rT}$	0	$X - S_T \leq 0$

この戦略は、将来マイナスかゼロのペイオフのみを有するため、現時点においてプラスのキャッシュフローを持つ必要がある。したがって、次のように結論できる。

$$P_0 - Xe^{-rT} + S_0 \geq 0$$

プット価値は決してマイナスになり得ないという事実と合わせて、この命題が証明される。

命題4（プット・コール・パリティ） 現在の価格が S_0 である株式に対して発行された、行使価格 X のヨーロピアン・コール価格を C_0 とする。また、同じ株式に対する、同じ行使価格 X のヨーロピアン・プット価格を P_0 とする。プット、コール両方の行使日を T、連続複利の金利を r とすると、次のようになる。

$$C_0 + Xe^{-rT} = P_0 + S_0$$

命題4の証明 この証明は、前の2つの命題と同じ形である。4資産（プット、コール、株式、債券）の組み合わせを考え、プライシングの関係式が成立しなければならないことを示す。

	現時点	時点 T	
アクション	キャッシュフロー	$S_T < X$	$S_T \geq X$
コールの購入	$-C_0$	0	$+S_T - X$
時点 T でペイオフ X がある債券の購入	$-Xe^{-rT}$	X	X
プットの売却	$+P_0$	$-(X - S_T)$	0
株式の空売り	$+S_0$	$-S_T$	$-S_T$
合計	$-C_0 - Xe^{-rT} + P_0 + S_0$	0	0

この戦略は、株価がどうなったとしても、将来のペイオフがゼロになるため、この戦略の当初のキャッシュフローもまたゼロでなければならない。[6] これは以下を意味する。

$$C_0 + Xe^{-rT} - P_0 - S_0 = 0$$

これにより命題は証明される。

プット・コール・パリティは、株価 S_0、行使価格 X のコール価格 C_0、行使価格 X のプット価格 P_0 が、金利 r により同時に決定されることを言明する。以下は、コール価格 C_0、オプションの行使価格 X、現在の株価 S_0、金利 r を用いて、行使価格 X、満期までの期間 T のプット価格を計算した例である。

---

6. これはファイナンスにおいて、基本的な事実である。あるファイナンス戦略が、常にゼロとなる将来のペイオフを有するなら、その戦略の現在のコストもゼロでなければならない。同様に、あるファイナンス戦略が、マイナスにならない将来のペイオフを有するなら、その戦略の時点0におけるペイオフはマイナスでなければならない（即ち、何らかのコストがかからなければならない）。

	A	B	C
1		プット・コール・パリティ	
2	現在の株価S_0	55	
3	オプションの満期までの期間T	0.5	
4	オプションの行使価格X	60	
5	金利r	10%	
6	コール価格C_0	3	
7	プット価格P_0	5.0738	<-- =B6+B4*EXP(-B5*B3)-B2
8			
9	このスプレッドシートでは、プット・コール・パリティを用いて、コール価格C_0、金利r、満期までの期間T、行使価格Xから、プット価格P_0を求めている。		

命題5(コール・オプション価格の凸性) 3つのヨーロピアン・コールを考える。これらは全て、配当の支払いがない同じ株式に対して発行され、同じ行使期限Tを有している。コールの行使価格をX_1, X_2, X_3とし、対応するコール価格をC_1, C_2, C_3とする。さらに、$X_2 = \frac{X_1 + X_3}{2}$と仮定すると、次のようになる。

$$C_2 < \frac{(C_1 + C_3)}{2}$$

したがって、コール・オプション価格は、行使価格の凸関数である。

命題5の証明 この命題を証明するために、行使価格が$X_1 < X_2 < X_3$である3つのコールについて、以下の戦略を考える。行使価格X_1, X_3のコール・オプション1個ずつを購入し、行使価格X_2のコール2個を売却することを仮定する。このような戦略は一般的に「バタフライ」と呼ばれる。[7]

	時点0	時点T			
アクション	キャッシュフロー	$S_T < X_1$	$X_1 \leq S_T < X_2$	$X_2 \leq S_T < X_3$	$X_3 \leq S_T$
行使価格X_1のコールの購入	$-C_1$	0	$S_T - X_1$	$S_T - X_1$	$S_T - X_1$
行使価格X_3のコールの購入	$-C_3$	0	0	0	$S_T - X_3$
行使価格X_2のコール2単位の売却	$+2C_2$	0	0	$-2(S_T - X_2)$	$-2(S_T - X_2)$
合計	$2C_2 - C_1 - C_3$	0	$S_T - X_1 \geq 0$	$2X_2 - X_1 - S_T$ $= X_3 - S_T > 0$	0

---

7. 3つの行使価格のオプション(コールまたはプット)からなる戦略で、両極端の行使価格のオプション1個ずつを購入または売却し、かつ、真ん中の行使価格のオプション2個で逆のポジションをとるものは全て、バタフライと呼ばれる。

将来のペイオフは全てマイナスではないため（プラスになる正の確率を伴う）、このポジションの当初のキャッシュフローはマイナスでなければならない。

$$2C_2 - C_1 - C_3 < 0 \Rightarrow C_2 < \frac{C_1 + C_3}{2}$$

これにより命題が証明される（$X_2 = \frac{X_1 + X_3}{2}$ という仮定は簡便のために置かれたものであり、議論の一般性には影響しないことに留意しよう）。

証明は省くが、プットについて同様の命題を示す。

命題 6（プット価格の凸性） 3 つのヨーロピアン・プットを考える。これらは全て、配当の支払いがない同じ株式に対して発行され、同じ行使期限 T を有している。プットの行使価格を X_1, X_2, X_3 とし、対応するプット価格を P_1, P_2, P_3 とする。さらに、$X_2 = \frac{X_1 + X_3}{2}$ とする。このとき、プット価格は行使価格の凸関数となる。

$$P_2 < \frac{P_1 + P_3}{2}$$

証明は省くが、プットから構成されたバタフライについて同様の命題を示す。

命題 7（既知の将来配当を伴うコール・オプションの境界値） 行使価格 X、満期 T のコールを考える。$t<T$ のある時点 t で、この株式は確実に配当 D を支払うものとする。このとき、このコール・オプション価格の下限は、次により与えられる。

$$C_0 \geq \max\left(S_0 - De^{-rt} - Xe^{-rT}, 0\right)$$

命題 7 の証明 この証明は、単に命題 1 の証明を若干修正するだけである。

アクション	現時点 キャッシュフロー	時点 t	時点 T $S_T < X$	時点 T $S_T \geq X$
株式の購入	$-S_0$	$+D$	$+S_T$	$+S_T$
配当 D の PV の借入れ	$+De^{-rt}$	$-D$		
X の PV の借入れ	$+Xe^{-rT}$		$-X$	$-X$
コールの売却	$+C_0$		0	$-(S_T - X)$
合計	$-S_0 + De^{-rt}$ $+Xe^{-rT} + C_0$	0	$S_T - X < 0$	0

これにより命題が証明される。

15.7 まとめ

本章では、オプションの基本的な定義と特徴についてまとめた。しかしながら、事前知識のない読者にとっては、これらの複雑な証券についての十分な入門では決してない。オプションの神秘を読み解くために、オプションに関する良いテキストの入門的な章を学ぶことを勧める。

練習問題

1. ABC 株式に対するオプションの相場を新聞で見ると、$X = 37.5$ の 2 月限コール・オプションが 6.375 でプライシングされている一方、同じ行使価格の 4 月限コール・オプションが 6 でプライシングされていた。これらの価格から裁定取引を考えることはできるだろうか。また、この新聞の相場について説明できるだろうか？

2. 現時点の株価が $S = 60$ の株式に対して、アメリカン・コール・オプションが発行される。このコールの行使価格は $X = 45$ である。

   a. このコール価格が 2 のとき、裁定を用いて即座に利益を得る方法を説明しなさい。
   b. オプションが時点 $T = 1$ 年で行使可能であり、金利が 10%のとき、このオプションの最低価格はいくらか。命題 1 を用いなさい。

3. 現在の株価が $S = 80$ の株式に対して、ヨーロピアン・コール・オプションが発行される。行使価格は $X = 80$、金利が $r = 8\%$、オプションの行使までの期間は $T = 1$ 年である。この株式は時点 $t = 1/2$ において、配当 3 を支払うと考えられている。命題 7 を用いて、このコール・オプションの最低価格を求めなさい。

4. 行使価格 50 のプット価格は 6 であり、同じ株式に対する行使価格 60 のコール価格は 10 である。プット、コールは両方とも同じ行使期限である。同じ座標軸上に次の損益図を記しなさい。

   a. プット 1 個の購入及びコール 1 個の購入
   b. プット 2 個の購入及びコール 1 個の購入
   c. プット 3 個の購入及びコール 1 個の購入
   d. 3 つの線は各々同じ S_T の値で交わる。この値を求めなさい。

5. 以下の 2 つのコールを考える。

   • コールは両方とも、現在の株価が 100 ドルの ABC Corp. の株式に対して発

行される。ABC は配当を支払わない。
- コールは両方とも、満期までの期間が 1 年である。
- 一方のコールは $X_1 = 90$ で価格 30、もう一方は $X_2 = 100$ で価格 20 である。
- 連続複利の無リスク金利は 10% である。

スプレッド・ポジション（即ち、一方のコールを購入し、もう一方のコールを売却する）を組むことにより、2 つのコール価格の差が大きすぎること及び無リスクの裁定が存在することを示しなさい。

6. ABC Corp. の株式 1 株は 95 ドルで取引されている。この株式に対する行使価格 90 ドルのコール 1 個は 8 ドルで取引されている。

   a. 株式 1 株及びこの株式に対するコール 1 個の購入からの損益パターンのグラフを作成しなさい。
   b. 株式 1 株及びコール 2 個の購入からの損益パターンのグラフを作成しなさい。
   c. 株式 1 株及びコール N 個の購入からの損益パターンを考える。いくらの株価で全ての損益線が交差するか？

7. 満期 6 ヶ月、行使価格 $X = 80$ のヨーロピアン・コールが、現在の株価が 85 である株式に対して発行され、12.00 ドルで取引されている。また、同じ株式に対して発行された、同じ満期で、同じ行使価格のヨーロピアン・プットは 5.00 ドルで取引されている。年利 10%（連続複利）であるとき、この状態から裁定を構築しなさい。

8. 命題 6 を証明しなさい。さらに、以下の問題を解きなさい。
   XYZ 株式に対する同じ行使期限の 3 つのプットが、以下の価格で取引されている。

   行使価格 40: 6
   行使価格 50: 4
   行使価格 60: 1

   これらの価格から利益を得ることを可能にする裁定戦略を示し、それが機能することを証明しなさい。

9. ABC Corp. の現在の株価は 50 である。ABC 株式に対する 6 ヶ月物コール価格は以下の表で与えられている。このとき、次の戦略の損益図を書きなさい。行使価格 40 のコール 1 個購入、行使価格 50 のコール 2 個売却、行使価格 60 のコール 1 個購入、行使価格 70 のコール 2 個売却。

コール	価格
40	16.5
50	9.5
60	4.5
70	2

10. 以下のオプション戦略を考える。これらはコールだけで構成されている。

行使価格	購入/売却及び数量	コール・オプション単価
20	1 個売却	45
30	2 個購入	33
40	1 個売却	22
50	1 個購入	18
60	2 個売却	17
70	1 個購入	16

a. この戦略の損益図を作成しなさい。
b. 与えられた価格には、裁定条件に反するものを 1 つ含んでいる。これを見つけ出し、説明しなさい。

11. Formila Corp. の株式 1 株は現在 38.50 ドルで取引されており、Formila 株式に対する $X = 40$ の 1 年物コール・オプション 1 個は 3 ドルで取引されている。無リスク金利は 4.5% である。

a. この株式に対する $X = 40$ の 1 年物プット・オプション 1 個の価格はいくらになるべきか。それはなぜか。
b. プット 1 個の価格が 2 ドルであるとき、裁定戦略を構築しなさい。
c. プット 1 個の価格が 4 ドルであるとき、裁定戦略を構築しなさい。

16 二項オプション・プライシング・モデル

16.1 概要

二項オプション・プライシング・モデルは、ブラック・ショールズ・モデル（第17章で議論する）に次いで、最も広く用いられているオプション・プライシング・モデルである。これには多くの利点がある。シンプルなモデルであり、オプション・プライシングに対する多くの洞察を与えてくれることに加え、容易にプログラミングが可能で、多くの、そしてしばしば非常に複雑なオプションプ・プライシングの問題に適応できる。多期間に拡張された場合、二項モデルは、他の資産の市場価格に依存したペイオフを有する、オプションのような証券を評価する、最も強力な方法の1つとなる。

二項モデルは、リスク資産の価値を計算するために、状態価格を用いることに依存している。このモデルが基礎とする、状態価格の原理を理解すれば、条件付き資産プライシングの経済学について、より深い洞察を得ることができる。本章では、二項モデルの簡単な使用例を示すが、状態価格の導出と使用にかなりの紙幅を割いている。第29章及び第30章では、二項モデルに戻り、条件付き証券のモンテカルロ法によるプライシングにおいて、これを用いる。

16.2 2時点二項プライシング

二項モデルの使い方を説明するために、以下の非常に簡単な例から始める。

- 1つの期間と2つの時点があり、時点0は現時点、時点1は現時点から1年後である。
- 2つの「基本的な」資産である株式と債券がある。また、1つの派生資産、即ち、この株式に対して発行されたコール・オプションがある。
- 現時点の株価は50ドルであり、時点1では10％上昇するか3％下落する。
- 1期間の金利は6％である。
- コール・オプションは時点1で満期となり、行使価格 $X=50$ ドルである。

以下は、このモデルを組み込んだスプレッドシートからの図である。セル B2, B3, B6 において、1 プラス 10 %の上昇、1 プラス −3 %の下落、1 プラス 6 %の金利という形での値を用いていることに留意しよう。大文字 U, D, R を用いて、これらの値を表す。[1]

	A	B	C	D	E	F	G	H	I	J
1				1期間モデルにおける二項コール・オプション・プライシング						
2	上昇U	1.10								
3	下落D	0.97								
4										
5	当初の株価	50.00								
6	金利R	1.06								
7	行使価格	50.00								
8										
9			株価				債券価格			
10				55.00	<-- =$B$11*B2				1.06	<-- =$G$11*B6
11		50.00						1.00		
12				48.50	<-- =$B$11*B3				1.06	<-- =$G$11*B6
13										
14			コール・オプション							
15				5.00	<-- =MAX(D10-$B$7,0)					
16		???								
17				0.00	<-- =MAX(D12-$B$7,0)					

コール・オプションをプライシングしたい。ここでは、コール・オプションのペイオフを正確に複製する、債券と株式の組み合わせがあることを示すことでプライシングする。このことを示すために、基本的な線形代数を用いる。以下を満たす株式 A 株及び債券 B 単位を見つけるとする。

$$55A + 1.06B = 5$$
$$48.5A + 1.06B = 0$$

この連立方程式を解くと、以下を得る。

$$A = \frac{5}{55 - 48.5} = 0.7692$$
$$B = \frac{0 - 48.5A}{1.06} = -35.1959$$

したがって、株式 0.77 株を購入し、6 %で 1 期間 35.20 ドルを借り入れると、株価が上昇した場合には 5 ドル、下落した場合には 0 ドルのペイオフを得られる。これはコール・オプションのペイオフである。オプション価格は、そのペイオフを複製するコストと等しくならなければならないため、次のようになる。

コール・オプション価格 $= 0.7692 * 50$ ドル $- 35.1959$ ドル $= 3.2656$ ドル

このロジックは「裁定によるプライシング」と呼ばれる。2 資産または一組の資産

---

[1]. 1.10（1 プラス 10 %の株価上昇）と 10 %（上昇それ自体）を区別する必要がある場合、前者について U を、後者について小文字 u を用いる。

(ここでの場合、コール・オプション及び株式 0.77 株と債券 −35.20 ドルのポートフォリオ) が同じペイオフを有するとき、これらは同じ市場価格でなければならない。

	A	B	C	D	E	F	G
19	ポートフォリオ問題を解く: 株式A株 + 債券B単位の組み合わせはオプションのペイオフを与える						
20	A	0.7692	<--	=D15/(D10-D12)			
21	B	-35.1959	<--	=-D12*B20/B6			
22							
23	コール価格	3.2656	<--	=B20*B5+B21			

同じロジックをプットについて当てはめると、プット価格 0.4354 を得る。

	A	B	C	D	E	F	G
1			1期間モデルにおける二項プット・オプション・プライシング				
2	上昇U	1.10					
3	下落D	0.97					プット価格を求める
4							55*A+1.06*B=0
5	当初の株価	50.00					48.5*A+1.06*B=1.5
6	金利R	1.06					
7	行使価格	50.00					A=-1.5/(55-48.5)
8		プット・オプション					B=-55*A/1.06
9				0.00	<-- =MAX($B$7-B5*B2,0)		
10		???					
11				1.50	<-- =MAX($B$7-B5*B3,0)		
12							
13	ポートフォリオ問題を解く: 株式A株 + 債券B単位の組み合わせはオプションのペイオフを与える						
14	A	-0.2308	<--	=-D11/(B5*(B2-B3))			
15	B	11.9739	<--	=-B5*B2*B14/B6			
16							
17	プット価格	0.4354	<--	=B14*B5+B15			

以降の節では、このような簡単な裁定の議論を多期間に拡張できることを示す。しかし、とりあえずのところは、次節において、このロジックを一般化するにとどめる。

16.3 状態価格

実際には、この問題を解くための、より簡単な (そして、より一般的な) 方法がある。現時点から見て、次の時点には 2 つの可能性しかない。即ち、株価が上昇するか下落するかである。「上昇」状態における 1 ドルの価格 q_U と、「下落」状態における 1 ドルの価格 q_D が決定されている市場を考えてみよう。この場合、債券と株式の両方が、これらの状態価格を用いてプライシングされなければならない。

$$q_U * S * U + q_D * S * D = S \Rightarrow q_U U + q_D D = 1$$
$$q_U * R + q_D * R = 1$$

したがって、状態価格は、線形プライシング原理の一例である。即ち、株価が1期後にファクター U で上昇、ファクター D で下落する可能性があり、1 プラス1期分の金利が R であるとき、他の全ての資産は、「上昇」状態におけるペイオフを q_U で割り引き、「下落」状態におけるペイオフを q_D で割り引くことによりプライシングされる。

上記の2式を解くと次を得る。

$$q_U = \frac{R - D}{R(U - D)}, \quad q_D = \frac{U - R}{R(U - D)}$$

ここでの例では、これらの状態価格は以下のように求められる。

	A	B	C
1	状態価格の導出		
2	上昇U	1.10	
3	下落D	0.97	
4	金利R	1.06	
5			
6	状態価格		
7	q_U	0.6531	<-- =(B4-B3)/(B4*(B2-B3))
8	q_D	0.2903	<-- =(B2-B4)/(B4*(B2-B3))
9			
10	確認: 状態価格により、株式と債券が実際にプライシングされていることを確認しよう。		
11	株式のプライシング: 1 = q_U*U+q_D*D?	1	<-- =B7*B2+B8*B3
12	債券のプライシング: 1/R = q_U+q_D ?	1.06	<-- =1/(B7+B8)

行11及び12では、この状態価格によって実際に金利と株価が逆算されることを確かめている。

これで、この状態価格を用いて、この株式に対するコール及びプットをプライシングすることができ、また、プット・コール・パリティが成立していることを確認できる。コール・オプション及びプット・オプションは以下によりプライシングされる。

$$C = q_U \max(S * U - X, 0) + q_D \max(S * D - X, 0)$$
$$P = q_U \max(X - S * U, 0) + q_D \max(X - S * D, 0)$$

または、プット・コール・パリティによりプライシングすれば、以下の通りである。

$$P = C + PV(X) - S$$

スプレッドシートでは以下の通り。

	A	B	C
1	**1期間(2時点)モデルにおける状態価格を用いた二項オプション・プライシング**		
2	上昇U	1.10	
3	下落D	0.97	
4	金利R	1.06	
5	当初の株価S	50.00	
6	オプション行使価格X	50.00	
7			
8	状態価格		
9	q_U	0.6531	<-- =(B4-B3)/(B4*(B2-B3))
10	q_D	0.2903	<-- =(B2-B4)/(B4*(B2-B3))
11			
12	コール及びプットのプライシング		
13	コール価格	3.2656	<-- =B9*MAX(B5*B2-B6,0)+B10*MAX(B5*B3-B6,0)
14	プット価格	0.4354	<-- =B9*MAX(B6-B5*B2,0)+B10*MAX(B6-B5*B3,0)
15			
16	プット・コール・パリティ		
17	株式 + プット	50.4354	<-- =B5+B14
18	コール + PV(X)	50.4354	<-- =B13+B6/B4
19			
20	プット・コール・パリティにおけるPV(X)についての注: 連続時間のフレームワーク(標準的なブラック・ショールズのフレームワーク)においては、PV(X) = X*Exp(-r*T)。ここでのフレームワークは離散時間であるため、PV(X)も離散時間で計算される。即ち、PV(X)=X/(1+r)=X/R。		

ここで用いた式は以下の通りである（$S = 50, X = 50, U = 1.10, D = 0.97, R = 1.06$）。

コールについては、

$$C = q_U \max(S * U - X, 0) + q_D \max(S * D - X, 0)$$
$$= 0.6531 * 5 + 0.2903 * 0 = 3.2657$$

プットについては、

$$P = q_U \max(X - S * U, 0) + q_D \max(X - S * D, 0)$$
$$= 0.6531 * \max(50 - 55, 0) + 0.2903 * \max(50 - 48.5, 0) = 0.4354$$

予想通り、この特定のプットとコールについて、プット・コール・パリティ定理が成立する（セル B17:B18）。

$$P + S = 0.4354 + 50 = C + \frac{X}{R} = 3.27 + \frac{50}{1.06}$$

状態価格かリスク中立価格か

状態価格に 1 プラス金利である R を乗じることで、リスク中立価格が得られる。

$$\pi_U = q_U R, \pi_D = q_D R$$

リスク中立価格は合計すると 1 になるので、状態の確率分布のように見える。

$$\pi_U + \pi_D = q_U R + q_D R = \frac{R-D}{R(U-D)}R + \frac{U-R}{R(U-D)}R = 1$$

さらに、リスク中立価格によるプライシングと状態価格によるプライシングとには、基本的な等価性がある。ある資産が状態に依存したペイオフを有するものとし、2時点モデルの「上昇」状態におけるペイオフを X_U、「下落」状態におけるペイオフを X_D とする。このとき、状態価格によるこの資産の現時点の価格は $q_U X_U + q_D X_D$ である。また、リスク中立価格によるこの資産の現時点の価格は、資産の期待ペイオフの割引額であり、ここで期待値は、まるで実際の状態確率であるかのようにリスク中立価格を用いて計算される。

$$\frac{\pi_U X_U + \pi_D X_D}{R} = \frac{\text{リスク中立価格による資産の「期待」ペイオフ}}{1+r}$$
$$= q_U X_U + q_D X_D$$

もちろん、状態価格によるプライシングとリスク中立価格によるプライシングは同じである。著者は状態価格を用いることを好んでいるが、多くの研究者はリスク中立価格の疑似確率を用いて「期待」ペイオフを割り引くことがより簡便であると考えている。

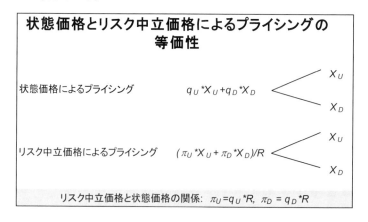

状態価格とリスク中立価格の等価性を強調するため、この項を数値例で締めくくる。

	A	B	C
1		リスク中立価格か状態価格か	
2	上昇U	1.10	
3	下落D	0.97	
4	金利R	1.06	
5	当初の株価S	50.00	
6	オプション行使価格X	50.00	
7			
8	状態価格		
9	q_U	0.6531	<-- =(B4-B3)/(B4*(B2-B3))
10	q_D	0.2903	<-- =(B2-B4)/(B4*(B2-B3))
11			
12	リスク中立価格		
13	$\pi_U = q_U * R$	0.6923	<-- =B9*$B$4
14	$\pi_D = q_D * R$	0.3077	<-- =B10*$B$4
15			
16	状態価格によるコール及びプットのプライシング		
17	コール価格	3.2656	<-- =B9*MAX(B5*B2-B6,0)+B10*MAX(B5*B3-B6,0)
18	プット価格	0.4354	<-- =B9*MAX(B6-B5*B2,0)+B10*MAX(B6-B5*B3,0)
19			
20	リスク中立価格によるコール及びプットのプライシング		
21	コール価格	3.2656	<-- =(B13*MAX(B5*B2-B6,0)+B14*MAX(B5*B3-B6,0))/B4
22	プット価格	0.4354	<-- =(B13*MAX(B6-B5*B2,0)+B14*MAX(B6-B5*B3,0))/B4

16.4 多期間二項モデル

二項モデルは容易に 2 期間以上に拡張できる。例えば、以下の特徴を有する 2 期間（3 時点）二項モデルを考えてみよう。

- 各期において、株価は前期の株価から 10 % 上昇するか -3 % 下落する。これは、$U = 1.10, D = 0.97$ を意味する。
- 各期において、金利は 6 % であり、$R = 1.06$。

各期において、U, D, R は同一であるから、以下のようになる。

$$q_U = \frac{R-D}{R(U-D)} = 0.6531, q_D = \frac{U-R}{R(U-D)} = 0.2903$$

これで、これらの状態価格を用いて、この株式に対して発行された 2 期間のコール・オプションの価格を求めることができる。前と同様、当初の株価は 50 ドルで、2 期間後のコールの行使価格 X は 50 であると仮定する。これにより以下の図

が得られる。

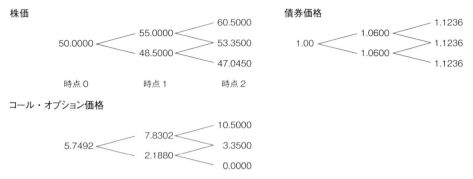

5.7492 のコール・オプション価格は、どのように求められたのだろうか。これには、第 2 期から始めて、遡って行く。

時点 2: 2 期間の終わりの時点において、株価は 60.50 ドル（株価の 2 回の「上昇」に対応）か、53.35 ドル（1 回の「上昇」と 1 回の「下落」）か、あるいは 47.05 ドル（株価の 2 回の「下落」）のいずれかである。行使価格 $X = 50$ を所与とすると、これは第 2 期における最終的なオプションのペイオフが 10.50 ドル、3.35 ドルか、あるいは 0 ドルになることを意味する。

時点 1: 時点 1 では、2 つの可能性がある。1 つは「上昇」状態となる場合で、現在の株価が 55 ドルとなり、オプションは次の期に 10.50 ドルか 3.35 ドルのペイオフとなる。

```
             10.5000
  ???? <
             3.3500
```

状態価格 $q_U = 0.6531$ 及び $q_D = 0.2903$ を用いて、この状態におけるオプションをプライシングする。

時点 1 の「上昇」状態におけるオプション価格 $= 0.6531 * 10.50 + 0.2903 * 3.35 = 7.8302$

もう 1 つの可能性は第 1 期の「下落」状態にある場合である。

同じ状態価格（これは結局のところ、株価の「上昇」及び「下落」の動きと金利のみに依存している）を用いて次を得る。

*時点1の「下落」状態に
おけるオプション価格* $= 0.6531 * 3.35 + 0.2903 * 0 = 2.1880$

時点0: このように後ろに遡って行くことで、以下の図を埋めた。

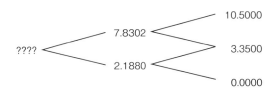

したがって、第0期においてオプションの購入者は、原株式の収益が「上昇」する場合には7.83ドル、「下落」する場合には2.19ドルの価値がある証券を保有していることになる。再び状態価格を用いて、このオプションを評価することができる。

時点0におけるオプション価格 $= 0.6531 * 7.830 + 0.2903 * 2.188 = 5.749$

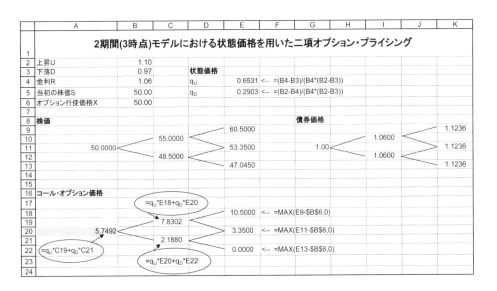

二項プライシング・モデルを多期間に拡張する

上の例のロジックが多期間に拡張できることは明らかである。前と同じ「上昇」と「下落」のパラメータを用いた5時点モデルを表したExcelの図を以下に示す。

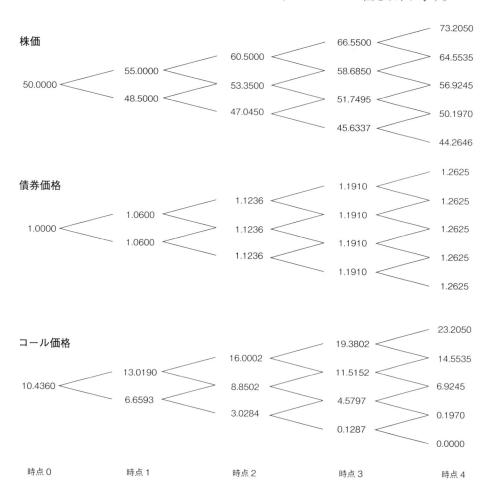

本当に全てを後ろに遡ってプライシングする必要があるのか?

答えは「ノー」である。コールがヨーロピアンである限り、[2] 最終時点から各ノードで「後ろに遡って」、コール価格のペイオフをプライシングする必要はない。それぞれの最終ノードに至る経路の数を正確に数えれば、それぞれの最終ペイオフを状態価格によりプライシングするだけで十分である。以下に、同じ例を用いた図を示す。

	A	B	C	D	E	F	G	H
1			4期間(5時点)モデルにおける状態価格を用いた二項オプション・プライシング					
2	上昇U	1.10						
3	下落D	0.97		状態価格				
4	金利R	1.06		q_U	0.6531	<-- =(B4-B3)/(B4*(B2-B3))		
5	当初の株価S	50.00		q_D	0.2903	<-- =(B2-B4)/(B4*(B2-B3))		
6	オプションの行使価格X	50.00						
7								
8								
9	最終時点における「上昇」ステップ数	最終時点における「下落」ステップ数	最終時点の株価 = S*U^(上昇ステップ数) *D^(下落ステップ数)	最終状態におけるオプション・ペイオフ	最終時点に対する状態価格 = q_U^(上昇ステップ数) *q_D^(下落ステップ数)	最終状態に至る経路数	価値 =ペイオフ*状態価格*経路数	
10	4	0	73.2050	23.2050	0.1820	1	4.2224	
11	3	1	64.5535	14.5535	0.0809	4	4.7078	
12	2	2	56.9245	6.9245	0.0359	6	1.4933	
13	1	3	50.1970	0.1970	0.0160	4	0.0126	
14	0	4	44.2646	0.0000	0.0071	1	0.0000	
15						コール価格	10.4360	<-- =SUM(G10:G14)
16						プット価格	0.0407	<-- =G15+B6/B4^4-B5
17								
18	注							
19	このモデルには時点は5つ(0, 1, ..., 4)があるが、期間は4つしかなく、「上昇」または「下落」ステップ数は4つしかない。							
20	セルG16のプット価格はプット・コール・パリティを用いて計算されている: プット = コール + PV(X) - 株価							

上記の表の説明を以下に示す。最終オプション・ペイオフそれぞれについて、以下を検討する。

---

[2]. 16.5節でアメリカン・オプションを議論する際、後ろに遡るプライシングが極めて重要であることを見る。

どのようにして、この最終ペイオフに至るか。株式は、いくつの上昇ステップと、いくつの下落ステップを経ているか？		例: 最終ペイオフ 14.5535 は、株価が 64.5535 の時に生じている。これは、株価が 3 回上昇し、1 回下落した場合に生じる。
特定の状態におけるペイオフ 1 ドル当たりの価格はいくらか？	状態価格 $= q_U^{上昇ステップ数} q_D^{下落ステップ数}$	例: 上で検討した最終ペイオフの、時点 0 における価値は $0.6531^3 * 0.2903^1 = 0.0809$
同じ最終ペイオフに至る経路はいくつあるか？	答えは二項係数により得られる。 $\binom{期間数}{「上昇」ステップ数}$	例: 最終株価 64.5535 を与える経路は $\binom{4}{3} = 4$。Excel 関数 **Combin(4,3)** により、この二項係数が得られる。
特定の最終ペイオフの時点 0 における価値はいくらか？	答えはペイオフ、状態価格、経路数の積である。	例: $14.5535 * 0.0809 * 4 = 4.7078$
時点 0 におけるオプションの価値はいくらか？	各ペイオフの価値の合計である。	総価値: 10.4360。これは 5 時点（4 期間）二項モデルにおける、多期間コール・オプションの価値である。

　ヨーロピアン・プットは、上記のロジックを用いても、（上記のセル G16 のように）プット・コール・パリティを用いても、プライシングすることができる。

　要約すると、n 期間の二項モデルにおけるヨーロピアン・コール・オプションの価格は、次により与えられる。

$$\text{コール価格} = \sum_{i=0}^{n} \binom{n}{i} q_U^i q_D^{n-i} \max\left(S * U^i D^{n-i} - X, 0\right)$$

$$\text{プット価格} = \begin{cases} \sum_{i=0}^{n} \binom{n}{i} q_U^i q_D^{n-i} \max\left(X - S * U^i D^{n-i}, 0\right) & \text{直接のプライシング} \\ \text{コール価格} + \dfrac{X}{R^n} - S & \text{プット・コール・パリティによる方法} \end{cases}$$

　16.7 節では、これらの数式を VBA で実装する。

16.5 二項プライシング・モデルを用いたアメリカン・オプションのプライシング

ヨーロピアン・オプションと同様、二項プライシング・モデルを用いて、アメリカン・オプションの価格を計算することもできる。ここで、前述の基本モデル（即ち、$U_p = 1.10$, $D_{own} = 0.97$, $R = 1.06$, $S = 50$, $X = 50$）を再び検討する。3時点バージョンのモデルを考察する。第15章を思い出すと、配当支払いのない株式に対するアメリカン・コール・オプションは、ヨーロピアン・コール・オプションと同じ価値を持つ。したがって、アメリカン・プットのプライシングから始める方がより興味深い。株式と債券のペイオフ・パターンは前述の通りであり、$X = 50$ のプット・オプションのペイオフ・パターンを検討することのみが残っている。以下の記号を用いて状態を参照する。

状態を示す記号

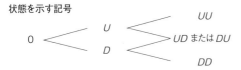

時点2におけるプットのペイオフ

以下は、株式の価値と、時点2のプットのペイオフである。

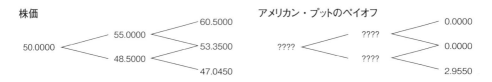

時点1においてアメリカン・プットの保有者は、プットを保有し続けるか、あるいは行使するかを選択できる。したがって、価値を表す以下の関数を得る。

$$\text{時点1、状態 } U \text{ のプット価値} = \max \begin{cases} \text{行使した場合のプット価値} = \max(X - S_U, 0) \\ q_U * \text{状態 } UU \text{のプットのペイオフ} + q_D * \text{状態 } UD \text{ のプットのペイオフ} \end{cases}$$

同様の関数が、時点 1 の状態 D におけるプット価値についても成り立つ。結果として得られるツリーは次のようになる。

アメリカン・プットのペイオフ

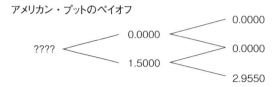

以下は説明である。

- 状態 U において、プットは価値がない。株価が 55 ドルであるとき、$\max(X - S_U, 0) = \max(50 - 55, 0) = 0$ なので、プットには期限前行使する価値はない。一方、状態 U 以後のプットの将来ペイオフはゼロなので、これら将来ペイオフの状態依存現在価値(前述の式の 2 行目)もゼロとなる。
- これに対して、状態 D では、プットの保有者がプットを行使した場合、$\max(50 - 48.5, 0) = 1.5$ を得る。しかしながら、プットを行使せず保有し続ける場合、プットの市場価値は将来ペイオフの状態依存価値であり、

$$q_U * 0 + q_D * 2.9550 = 0.6531 * 0 + 0.2903 * 2.9550 = 0.8578$$

となる。明らかに、プットを保有し続けるより、この状態で行使する方が有利である。

時点 0 においても、価値を表す同様の関数を繰り返す。

$$\textit{時点 0 のプット価値} = \max \begin{cases} \textit{行使した場合のプット価値} = \max(X - S_0, 0) \\ q_U * \textit{状態}U\textit{のプットのペイオフ} + q_D * \textit{状態}D\textit{のプットのペイオフ} \end{cases}$$

スプレッドシートは以下のようになる。

	A	B	C	D	E	F	G	H	I	J	K
1				2期間モデルにおけるアメリカン・プットのプライシング							
2	上昇U	1.10									
3	下落D	0.97		状態価格							
4	金利R	1.06		q_U	0.6531	<-- =(B4-B3)/(B4*(B2-B3))					
5	当初の株価S	50.00		q_D	0.2903	<-- =(B2-B4)/(B4*(B2-B3))					
6	オプションの行使価格X	50.00									
7											
8											
9											
10		株価					債券価格				
11					60.5000						1.1236
12			55.0000						1.0600		
13		50.0000			53.3500		1.0000				1.1236
14			48.5000						1.0600		
15					47.0450						1.1236
16											
17											
18	アメリカン・プット・オプション										
19						=MAX(MAX(X-S*U,0),q_U*プット・ペイオフ$_{UU}$+q_D*プット・ペイオフ$_{UD}$)					
20					0.0000						
21			0								
22		0.4354			0.0000						
23			1.5								
24					2.9550	=MAX(MAX(X-S*D,0),q_U*プット・ペイオフ$_{UD}$+q_D*プット・ペイオフ$_{DD}$)					
25											
26											
27			=MAX(MAX(X-S,0),q_U*プット価値$_U$+q_D*プット価値$_D$)								
28											
29											
30	ヨーロピアン・プット・オプション										
31					0.0000						
32			0								
33		0.2490			0.0000						
34			0.8578								
35					2.9550						

第15章の命題2より、アメリカン・コールとヨーロピアン・コールの価値は一致しなければならないことがわかっているが、同じロジックを用いて、アメリカン・コール・オプションをプライシングすることができる。そして、実際その通りになる。

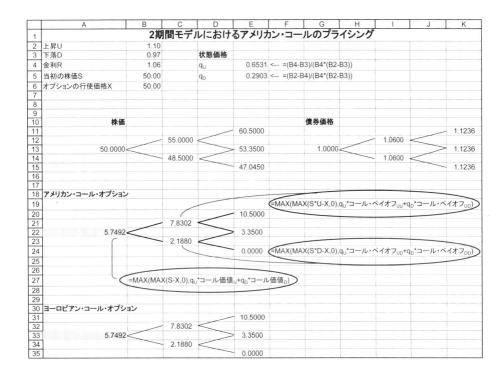

16.6 二項オプション・プライシング・モデルの VBA プログラミング

前述の例で用いたプライシングの手順は、Excel の VBA プログラミング言語を用いて、容易にプログラムを組むことができる。二項モデルでは、各期で、価格は上昇か下落する可能性がある。q_U が上昇に対応する状態価格、q_D が下落に対応する状態価格とすると、二項モデルにおけるヨーロピアン・オプション価格は以下により与えられる。

$$\text{二項ヨーロピアン・コール} = \sum_{i=0}^{n} \binom{n}{i} q_U^i q_D^{n-i} \max\left(S * U^i D^{n-i} - X, 0\right)$$

$$\text{二項ヨーロピアン・プット} = \begin{cases} \sum_{i=0}^{n} \binom{n}{i} q_U^i q_D^{n-i} \max\left(X - S * U^i D^{n-i}, 0\right) \\ \text{またはプット・コール・パリティによる} \end{cases}$$

ここで、U は株価の上昇、D は下落、$\binom{n}{i}$ は二項係数（全部で n 回の動きのうちの上昇回数）である。

$$\binom{n}{i} = \frac{n!}{i!\,(n-i)!}$$

二項係数の値は、Excel の **Combin(n,i)** を用いて得る。

　以下は、二項ヨーロピアン・コール及びプットの価値を計算する 2 つの VBA 関数である。関数 **Binomial_eur_put** は、プット・コール・パリティを用いてプットをプライシングする。

```
Function Binomial_eur_call(Up, Down, Interest, _
Stock, Exercise, Periods)
   q_up = (Interest - Down) / _
   (Interest * (Up - Down))
   q_down = 1 / Interest - q_up
   Binomial_eur_call = 0
 For Index = 0 To Periods
   Binomial_eur_call = Binomial_eur_call _
   + Application.Combin(Periods, Index) _
   * q_up ^ Index * q_down ^ (Periods - Index) _
   * Application.Max(Stock * Up ^ Index * Down _
   ^ (Periods - Index) - Exercise, 0)
 Next Index
End Function

Function Binomial_eur_put(Up, Down, Interest, _
Stock, Exercise, Periods)
  Binomial_eur_put = Binomial_eur_call _
  (Up, Down, Interest, Stock, Exercise, _
  Periods) + Exercise / Interest ^ Periods - Stock
End Function
```

これをスプレッドシートに実装することで、以下のように 16.4 節の 4 期間バージョンが得られる。

	A	B	C
1	コール及びプットのVBA関数		
2	上昇U	1.10	
3	下落D	0.97	
4	金利R	1.06	
5	当初の株価S	50.00	
6	オプションの行使価格X	50.00	
7	期間数n	4	
8			
9	ヨーロピアン・コール	10.4360	<-- =binomial_eur_call(B2,B3,B4,B5,B6,B7)
10	ヨーロピアン・プット	0.0407	<-- =binomial_eur_put(B2,B3,B4,B5,B6,B7)
11			
12	プット・コール・パリティの確認		
13	株式 + プット	50.0407	<-- =B5+B10
14	コール + PV(X)	50.0407	<-- =B9+B6/B4^B7

アメリカン・プットのプライシング

15.6 節の命題 2 によれば、配当支払いのない株式に対するアメリカン・コールの価格は、ヨーロピアン・オプションの価格と同じである。しかしながら、アメリカン・プットのプライシングは異なる可能性がある。以下の VBA 関数は、16.5 節と同様の二項オプション・プライシング・モデルを用いて、アメリカン・プットをプライシングする。

```
Function Binomial_amer_put(Up, Down, Interest, _
Stock, Exercise, Periods)
    q_up = (Interest - Down) / (Interest * _
    (Up - Down))
    q_down = 1 / Interest - q_up

    Dim OptionReturnEnd() As Double
    Dim OptionReturnMiddle() As Double
    ReDim OptionReturnEnd(Periods + 1)

    For State = 0 To Periods
    OptionReturnEnd(State) = Application.Max(Exercise _
    - Stock * Up ^ State * Down ^ (Periods - State), 0)
    Next State

    For Index = Periods - 1 To 0 Step -1
        ReDim OptionReturnMiddle(Index)
        For State = 0 To Index
           OptionReturnMiddle(State) = Application.Max _
           (Exercise - Stock * Up ^ State * Down ^ _
           (Index - State), _
           q_down * OptionReturnEnd(State) + q_up * _
           OptionReturnEnd(State + 1))
        Next State
        ReDim OptionReturnEnd(Index)
        For State = 0 To Index
            OptionReturnEnd(State) = _
            OptionReturnMiddle(State)
        Next State
    Next Index
    Binomial_amer_put = OptionReturnMiddle(0)
End Function
```

この関数では、**OptionReturnEnd** 及び **OptionReturnMiddle** と名付けた 2 つの配列を用いる。これらの配列は、各時点 t において、その時点と次の時点 $(t+1)$ のオプション価値を格納する。

以下は、16.5 節の 2 期間 3 時点の例を用いて、スプレッドシートに実装した例である。

	A	B	C
1		**コール及びプットのVBA関数**	
2	上昇U	1.10	
3	下落D	0.97	
4	金利R	1.06	
5	当初の株価S	50.00	
6	オプションの行使価格X	50.00	
7	期間数n	2	
8			
9	アメリカン・プット	0.4354	<-- =binomial_amer_put(B2,B3,B4,B5,B6,B7)
10	ヨーロピアン・プット	0.2490	<-- =binomial_eur_put(B2,B3,B4,B5,B6,B7)
11	アメリカン・コール	5.7492	<-- =binomial_amer_call(B2,B3,B4,B5,B6,B7)
12	ヨーロピアン・コール	5.7492	<-- =binomial_eur_call(B2,B3,B4,B5,B6,B7)

セル B9 と B10 の値は、それぞれアメリカン・プットとヨーロピアン・プットに対するもので、これらの値は、16.5 節で提示した値に対応している。セル B11 では、アメリカン・プットの関数と同様の関数を用いて、アメリカン・コールをプライシングしている。第 15 章の命題 2 を所与とすれば当然であるが、この関数はヨーロピアン・コールの二項プライシング関数と同じ値を与える。

この VBA 関数はより多くの期間についてもうまく機能する。[3] 以下の例では、1 年のうち $T = 0.75$ で満期となるアメリカン・プット及びコールの価値を計算している。株式のリターンを定める確率過程は、平均 $\mu = 15\%$、標準偏差 $\sigma = 35\%$ である。年次連続複利金利は $r = 6\%$ であり、各年は 25 の期間に細分されるので、1 期間の長さは $\Delta t = 1/25 = 0.04$ である。これらの値を所与として、Up, Down, R は、$Up = e^{\mu \Delta t + \sigma \sqrt{\Delta t}}$, $Down = e^{\mu \Delta t - \sigma \sqrt{\Delta t}}$, $R = e^{r \Delta t}$ と定められる。

以下に、アメリカンとヨーロピアンのコール及びプットのプライシングを示す。

---

[3] これ以降の議論は、第 17 章及び第 26 章の後に読むのがベストかもしれない。

	A	B	C
1		**コール及びプットのVBA関数** **1年あたりn分割 Δt = 1/n** **Up=exp(μ*Δt + σ*sqrt(Δt)), Down = exp(μ*Δt - σ*sqrt(Δt))**	
2	1年あたりの平均リターン μ	15%	
3	1年あたりのリターンの標準偏差 σ	35%	
4	年金利 r	6%	
5			
6	当初の株価 S	50.00	
7	オプションの行使価格 X	50.00	
8	オプションの行使時点 (年)	0.75	
9	1年を分割する数	25	<-- 各年は25の期間に細分される
10	1期間の長さ Δt	0.04	<-- =1/B9
11	Δtあたりの上昇	1.078963	<-- =EXP(B2*B10+B3*SQRT(B10))
12	Δtあたりの下落	0.938005	<-- =EXP(B2*B10-B3*SQRT(B10))
13	Δtあたりの金利	1.002403	<-- =EXP(B4*B10)
14			
15	満期までの期間数 n	19	<-- =ROUND(B8*B9,0)
16			
17	アメリカン・プット	5.1311	<-- =binomial_amer_put(B11,B12,B13,B6,B7,B15)
18	ヨーロピアン・プット	4.9213	<-- =binomial_eur_put(B11,B12,B13,B6,B7,B15)
19	アメリカン・コール	7.1501	<-- =binomial_amer_call(B11,B12,B13,B6,B7,B15)
20	ヨーロピアン・コール	7.1501	<-- =binomial_eur_call(B11,B12,B13,B6,B7,B15)

　ここで Excel の **Round** 関数を用いることで、期間数について妥協していることに注意しよう。1年が25分割され、オプションの満期が $T = 0.75$ であることから、満期までの実際の期間数は $25*0.75$ となり、これは端数が出る数字だからである。

　この手順は、非常に多くの期間数についてもうまく機能する。以下の例では、オプションの満期は $T = 0.5$ で、基本となる1年間は400の期間に細分される。かなりの計算量が必要になるが、Excelはアメリカン・プットとコールの価値をたやすく計算する。

	A	B	C
1		**コール及びプットのVBA関数** **1年あたりn分割 Δt = 1/n** **Up=exp(μ*Δt + σ*sqrt(Δt)), Down = exp(μ*Δt - σ*sqrt(Δt))**	
2	1年あたりの平均リターン μ	15%	
3	1年あたりのリターンの標準偏差 σ	35%	
4	年金利 r	6%	
5			
6	当初の株価 S	50.00	
7	オプションの行使価格 X	50.00	
8	オプションの行使時点 (年)	0.50	
9	1年を分割する数	400	<-- 各年は400の期間に細分される
10	1期間の長さ Δt	0.0025	<-- =1/B9
11	Δtあたりの上昇	1.018036	<-- =EXP(B2*B10+B3*SQRT(B10))
12	Δtあたりの下落	0.983021	<-- =EXP(B2*B10-B3*SQRT(B10))
13	Δtあたりの金利	1.00015	<-- =EXP(B4*B10)
14			
15	満期までの期間数 n	200	<-- =ROUND(B8*B9,0)
16			
17	アメリカン・プット	4.2882	<-- =binomial_amer_put(B11,B12,B13,B6,B7,B15)
18	ヨーロピアン・プット	4.1471	<-- =binomial_eur_put(B11,B12,B13,B6,B7,B15)
19	アメリカン・コール	5.6248	<-- =binomial_amer_call(B11,B12,B13,B6,B7,B15)
20	ヨーロピアン・コール	5.6248	<-- =binomial_eur_call(B11,B12,B13,B6,B7,B15)

16.7 二項プライシングのブラック・ショールズ価格への収束

本節では、二項モデルのブラック・ショールズ・プライシング式への収束を議論する。ここでの議論は、(第26章で議論する) 対数正規性及び第17章で議論するブラック・ショールズ・オプション・プライシング式についての一定の理解を前提とする。したがって、本節を飛ばして、後で戻ってもよい。

オプション・プライシング式の有限の近似を考える場合は常に、上昇と下落の近似を用いる必要がある。金利 r と株式のボラティリティ σ を、二項モデルに必要な「上昇」または「下落」に変換する上で、広く用いられる1つの方法は以下の通りである。

$$\Delta t = T/n \qquad R = e^{r\Delta t}$$
$$U = 1 + 上昇 = e^{\sigma\sqrt{\Delta t}} \qquad D = 1 + 下落 = e^{-\sigma\sqrt{\Delta t}}$$

この近似は、$\Delta t \to 0$ (つまり $n \to \infty$) のとき、結果として得られる株式収益率の

分布が、対数正規分布に近づくことを保証する。[4]

以下は、この方法をスプレッドシートに実装した例である。**Binomial_Eur_call** 関数は先に定義したものと同じである。**BSCall** 関数はブラック・ショールズ式であり、第 17 章で定義し、議論する。

	A	B	C
1		ブラック・ショールズ及び二項プライシング	
2	S	60	現在の株価
3	X	50	オプションの行使価格
4	T	0.5000	オプション行使までの時間 (年)
5	r	8%	年金利
6	σ	30%	株式のリスク
7	n	20	Tを細分する数
8			
9	Δt = T/n	0.0250	<-- =B4/B7
10	上昇U	1.0486	<-- =EXP(B6*SQRT(B9))
11	下落D	0.9537	<-- =EXP(-B6*SQRT(B9))
12	金利R	1.0020	<-- =EXP(B5*B9)
13			
14	二項ヨーロピアン・コール	12.8055	<-- =binomial_eur_call(B10,B11,B12,B2,B3,B7)
15	ブラック・ショールズ・コール	12.8226	<-- =BSCall(B2,B3,B4,B5,B6)

二項モデルは、ブラック・ショールズの良い近似値を提供する（セル B14:B15）。n が大きくなるにつれて、ブラック・ショールズ価格への収束はスムーズではないものの、この近似は良くなっていく。

---

[4] 対数正規価格過程に収束するもう 1 つの近似方法を次の項で説明する。また、Omberg (1987)、Hull (2006)、Benninga, Steinmetz, and Stroughair (1993) も参照。

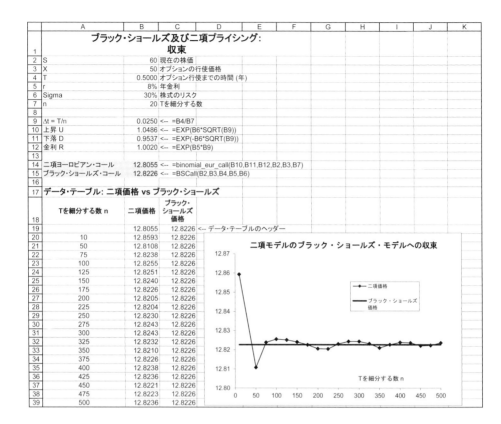

対数正規を近似するもう1つの方法

本節の前半部分で扱った近似は、うまく機能する唯一の近似ではない。株価が平均 μ、標準偏差 σ の対数正規分布に従うとき、以下の近似を用いることもできる。

$$\Delta t = T/n \qquad R = e^{r\Delta t}$$
$$U = 1 + 上昇 = e^{\mu\Delta t + \sigma\sqrt{\Delta t}} \qquad D = 1 + 下落 = e^{\mu\Delta t - \sigma\sqrt{\Delta t}}$$

これをスプレッドシートに実装すると以下のようになる。

	A	B	C	D	E	F	G	H	I	J
1		ブラック・ショールズ及び二項プライシング: $U=\exp(\mu\Delta t + \sigma \cdot \mathrm{sqrt}(\Delta t))$, $D=\exp(\mu\Delta t - \sigma \cdot \mathrm{sqrt}(\Delta t))$								
2	S		60	現在の株価						
3	X		50	オプションの行使価格						
4	T		0.5000	オプション行使までの時間 (年)						
5	r		8%	年金利						
6	平均収益率μ		12%							
7	σ		30%	株式のリスク						
8	n		20	Tを細分する数						
9										
10	Δt = T/n		0.0250	<-- =B4/B8						
11	上昇U		1.0517	<-- =EXP(B6*B10+B7*SQRT(B10))						
12	下落D		0.9565	<-- =EXP(B6*B10-B7*SQRT(B10))						
13	金利R		1.0020	<-- =EXP(B5*B10)						
14										
15	二項ヨーロピアン・コール		12.8388	<-- =binomial_eur_call(B11,B12,B13,B2,B3,B8)						
16	ブラック・ショールズ・コール		12.8226	<-- =BSCall(B2,B3,B4,B5,B7)						
17										
18	データ・テーブル: 二項価格 vs ブラック・ショールズ									
19	Tを細分する数n	二項価格	ブラック・ショールズ価格							
20		12.8388	12.8226	<-- データ・テーブルのヘッダー						
21	10	12.8158	12.8226							
22	20	12.8388	12.8226							
23	60	12.8271	12.8226							
24	100	12.8237	12.8226							
25	125	12.8191	12.8226							
26	150	12.8162	12.8226							
27	175	12.8184	12.8226							
28	200	12.8194	12.8226							
29	225	12.8196	12.8226							
30	250	12.8192	12.8226							
31	275	12.8195	12.8226							
32	300	12.8210	12.8226							
33	325	12.8222	12.8226							
34	350	12.8230	12.8226							
35	375	12.8234	12.8226							
36	400	12.8233	12.8226							
37	425	12.8227	12.8226							
38	450	12.8216	12.8226							
39	475	12.8211	12.8226							
40	500	12.8225	12.8226							

最終的な結果は同じであるが、この近似法によるブラック・ショールズへの収束は、ややスムーズさに欠ける。[5]

---

5. 両方の方法が実際にかなり早く収束することに注意しよう。数十ステップ以内に、二項モデルはブラック・ショールズ価格から 0.01 の範囲内に収まる。

16.8 二項モデルを用いた従業員ストック・オプションのプライシング[6]

従業員ストック・オプション（Employee Stock Option; ESO）とは、会社が従業員に対し、報酬パッケージの一部として支給するコール・オプションである。全てのコール・オプション同様に、ESOの価値は、現在の株価、オプションの行使価格、行使までの時間に依存する。しかしながら、ESOは典型的にいくつかの特別な条件を備えている。

- オプションに待機期間がある。この期間中は、従業員はオプションを行使することが認められていない。待機期間前に会社を退職した従業員は、オプションを喪失する。本節におけるモデルでは、会社の典型的な従業員が、1年当たり退職率eで退職することを仮定する。
- 待機期間後に会社を退職する従業員は、オプションを直ちに行使することを強制される。
- 税務上の理由から、ほとんど全てのESOは、行使価格が、オプション発行日の株価と同じになっている。

Hull and Whiteの論文（2004年）を基にした以下のモデルでは、株価がESOの行使価格Xのある倍数m倍を超えたとき、従業員がオプションの行使を選択すると仮定する。はじめにモデルの実装例と結果を提示し、次に、これらの結果をもたらすVBAプログラムについて議論する。

	A	B	C
1	従業員ストック・オプションの二項モデルによるプライシング Hull-White (2004) に基づく		
2	S	50	現在の株価
3	X	50	オプションの行使価格
4	T	10.00	オプション行使までの時間 (年)
5	待機期間 (年)	3.00	
6	金利	5.00%	年金利
7	σ	35%	株式のリスク
8	株式の配当利回り	2.50%	株式の年間配当利回り
9	退職率e	10.00%	
10	オプション行使の倍率m	3.00	
11	n	50	1年を細分する数
12			
13	従業員ストック・オプションの価値	13.56	<-- =ESO(B2,B3,B4,B5,B6,B7,B8,B9,B10,B11)
14	ブラック・ショールズ・コール	19.18	<-- =BSCall(B2*EXP(-B8*B4),B3,B4,B6,B7)

---

[6]. 本節は、Brattle GroupのTorben Voetmann、エルサレムのヘブライ大学のZvi Wienerとの議論が活きている。

セル B13 の **ESO** 関数は、セル B2:B11 に列挙された 10 の変数に依存する。この関数の画面は次の通りとなる。

上記の例では、従業員ストック・オプションは株価が 50 ドルのときに付与される。この ESO は行使価格 $X = 50$ ドルである。オプションの満期は 10 年で、待機期間は 3 年である。金利は年 5 % であり、株式は株価の 2.5 % の年間配当を支払う。従業員が会社を退職する割合は年 10 % である。モデルは、待機期間後、株価がオプション行使価格の 3 倍以上であるとき、従業員がオプションの行使を選択すると仮定する。[7] セル B13 の計算を行う二項モデルは、各年を 50 に分割する。

これらの仮定を所与とすると、この従業員ストック・オプションは 13.56 ドルと評価される（セル B13）。これと比較可能な、配当支払いのある株式に対するブラック・ショールズ・オプションは、19.18 ドルと評価される。[8]

ESO の評価と FASB123

米国財務会計基準審議会（American Financial Accounting Standards Board; FASB）及び国際会計基準審議会（International Accounting Standards Board; IASB）は、上記で検討した種類のモデルを用いて役員ストック・オプションをプライシングすべきであることに同意しており、また、付与されるオプションの価値を企業の純利益に反映させるべきであることに同意している。例えば、上記のスプレッドシートに示されている種類のオプションを、企業が 100 万個発行している場合、これらのオプションは 13,564,600 ドルと評価される。

---

[7] Hull and White (2004) で引用されている研究では、ESO の保有者がオプションを行使する際の、株価と行使価格の比率の平均は、2.2 から 2.8 の間であることが示されている。
[8] ここでは先走ってしまっている！配当支払いのある株式に対するブラック・ショールズの適用は、17.6 節で提示する。

ESO モデルの VBA プログラム

このモデルの VBA プログラムを以下に示す。また、プログラムの後で、簡単な議論を行う。

```
Function ESO(Stock As Double, X As Double, T As _
Double, Vest As Double, Interest As Double, _
Sigma As Double, Divrate As Double, _
Exitrate As Double, Multiple As Double, _
n As Single)

  Dim Up As Double, Down As Double, _
  R As Double, Div As Double, _
  piUp As Double, piDown As Double, _
  Delta As Double, i As Integer, j As Integer

  ReDim Opt(T * n, T * n)
  ReDim S(T * n, T * n)
  Up = Exp(Sigma * Sqr(1 / n))
  Down = Exp(-Sigma * Sqr(1 / n))
  R = Exp(Interest / n)
  Div = Exp(-Divrate / n)
  '上昇と下落のリスク中立確率
  piUp = (R * Div - Down) / (Up - Down)
  piDown = (Up - R * Div) / (Up - Down)

  '株価を定義する
  'j は上昇ステップの数
  For i = 0 To T * n
     For j = 0 To i
     S(i, j) = Stock * Up ^ j _
     * Down ^ (i - j)
     Next j
  Next i

  'ツリーの最後のノードにおけるオプションの価値
  For i = 0 To T * n
     Opt(T * n, i) = _
```

```
            Application.Max(S(T * n, i) - X, 0)
    Next i
    '待機期間後、株価>倍率＊行使価格の場合の期限前行使
    For i = T * n - 1 To 0 Step -1
    For j = 0 To i
    If i > Vest * n And S(i, j) >= Multiple * X _
    Then Opt(i, j) = Application.Max(S(i, j) - X, 0)
    If i > Vest * n And S(i, j) < Multiple * X _
    Then Opt(i, j) = ((1 - Exitrate / n) * _
    (piUp * Opt(i + 1, j + 1) + piDown * _
    Opt(i + 1, j)) / R + Exitrate / n * _
    Application.Max(S(i, j) - X, 0))
    If i <= Vest * n Then Opt(i, j) = _
    (1 - Exitrate / n) * (piUp * _
    Opt(i + 1, j + 1) + piDown * Opt(i + 1, j)) / R

    Next j
    Next i

    ESO = Opt(0, 0)
End Function
```

VBA プログラムの説明 [9]

この VBA プログラムはいくつかの部分から構成される。最初の部分では、変数を定義し、各年を n 分割することに対して、上昇、下落、1 プラス金利 R を調整する。この調整を行った後、プログラムはリスク中立確率 π_{Up} 及び π_{Down} を定義する。

```
Up = Exp(Sigma * Sqr(1 / n))
Down = Exp(-Sigma * Sqr(1 / n))
R = Exp(Interest / n)
Div = Exp(-Divrate / n)
'上昇と下落のリスク中立確率
piUp = (R * Div - Down) / (Up - Down)
piDown = (Up - R * Div) / (Up - Down)
```

株価は配列 $S(i, j)$ として定義される。ここで、i は期間 ($i = 0, 1, \cdots, T * n$) を定め、j は各期間における上昇ステップ数 ($j = 0, 1, \cdots, i$) を定める。プログラムの次の部分で、株価を定義する。

```
'株価を定義する
    'j は上昇ステップの数
For i = 0 To T * n
    For j = 0 To i
        S(i, j) = Stock * Up ^ j _
        * Down ^ (i - j)
    Next j
Next i
```

---

9. この項は退屈であり、飛ばしてもよい。ただし、次の項は見ておくこと。そこでは、**データ・テーブル**を用いて感度分析を行う。

オプションの価値はプログラムの次の部分で定義され、ここが、この従業員ストック・オプション関数の核心である。オプションの価値は配列 Opt(*i* ,*j*) として定義される。

```
'ツリーの最後のノードにおけるオプションの価値
For i = 0 To T * n
    Opt(T * n, i) = _
    Application.Max(S(T * n, i) - X, 0)
Next i

'待機期間後、株価＞倍率＊行使価格の場合の期限前行使
For i = T * n - 1 To 0 Step -1
For j = 0 To i
If i > Vest * n And S(i, j) >= Multiple * X _
Then Opt(i, j) = Application.Max(S(i, j) - X, 0)
If i > Vest * n And S(i, j) < Multiple * X _
Then Opt(i, j) = ((1 - Exitrate / n) * _
(piUp * Opt(i + 1, j + 1) + piDown * _
Opt(i + 1, j)) / R + Exitrate / n * _
Application.Max(S(i, j) - X, 0))
If i <= Vest * n Then Opt(i, j) = _
(1 - Exitrate / n) * (piUp * _
Opt(i + 1, j + 1) + piDown * Opt(i + 1, j)) / R

Next j
Next i
```

プログラムのこの部分は以下を意味している。

$$Opt(i,j) = \begin{cases} \max[S(T*n, j) - X, 0] & \text{最終ノード} \\ \max[S(i, j) - X, 0] & \text{待機期間後、} \\ & S(i,j) \geq m*X \text{ の場合} \\ (1 - \text{退職率}/n) * \dfrac{\pi_{Up}Opt(i+1, j+1) + \pi_{Down}Opt(i+1, j)}{R} & \text{待機期間後、} \\ + \text{退職率}/n * \max(S(i,j) - X, 0) & S(i,j) < m*X \text{ の場合} \\ (1 - \text{退職率}/n) * \dfrac{\pi_{Up}Opt(i+1, j+1) + \pi_{Down}Opt(i+1, j)}{R} & \text{待機期間前} \end{cases}$$

最終ノードでは、単純にオプションを行使する。待機期間後、最終ノードまでは、株価が行使価格の希望する倍数 m 倍を超えているかどうかを確認する。超えている場合には、オプションを行使する。$S(i,j) < m*X$ の場合には、ESO のペイオフは従業員が会社を退職するかどうかに依存する。確率 $(1-\text{退職率}/n)$ で従業員は会社を退職せず、この場合、オプション・ペイオフは翌期の期待ペイオフを割り引いた額になる。

$(1 - \text{退職率}/n) * \dfrac{\pi_{Up}Opt(i+1, j+1) + \pi_{Down}Opt(i+1, j)}{R}$

他方、従業員が退職し、待機期間が経過している場合には、従業員はオプションを行使できるか否かの確認を試みるので、以下の期待ペイオフとなる。

$\text{退職率}/n * \max[S(i,j) - X, 0]$

最後に、待機期間前においては、ESO の価値は単純に、翌期の期待ペイオフ（リスク中立確率による）を割り引いた価値を持つ。

$(1 - \text{退職率}/n) * \dfrac{\pi_{Up}Opt(i+1, j+1) + \pi_{Down}Opt(i+1, j)}{R}$

プログラムの最後の部分は、$ESO = Opt(0, 0)$ として、ESO 関数の値を定める。

感度分析

データ・テーブルを用いて **ESO** 関数についての感度分析を行うことができる。

	A	B	C	D	E	F
1		1年を細分する数nに対するESO関数の感度				
2	S		50	現在の株価		
3	X		50	オプションの行使価格		
4	T		10.0000	オプション行使までの時間 (年)		
5	待機期間 (年)		3.00			
6	金利		5.00%	年金利		
7	σ		35%	株式のリスク		
8	株式の配当利回り		2.50%	株式の年間配当利回り		
9	退職率e		10.00%			
10	オプション行使の倍率m		3.00			
11	n		25	1年を細分する数		
12						
13	従業員ストック・オプションの価値		13.5275	<-- =ESO(B2,B3,B4,B5,B6,B7,B8,B9,B10,B11)		
14	ブラック・ショールズ・コール		19.1842	<-- =BSCall(B2*EXP(-B8*B4),B3,B4,B6,B7)		
15						
16	細分する数nに対するESOの価値の感度					
17	n		13.5275	<-- =B13, データ・テーブルのヘッダー		
18	2		12.8213			
19	5		13.2870			
20	10		13.4312			
21	25		13.5275			
22	50		13.5646			
23	75		13.5733			
24	100		13.5753			
25	200		13.5810			

このグラフは、ESO を評価するには $n=25$ または 50 で足りるという十分な証拠を示している。n の値がより大きくなると計算時間がかかるようになるので、小さめの値を推奨する。

以下のグラフでは、従業員の退職率 e に対する ESO の価値の感度を示している。この率は各年において従業員が会社を退職する率である。

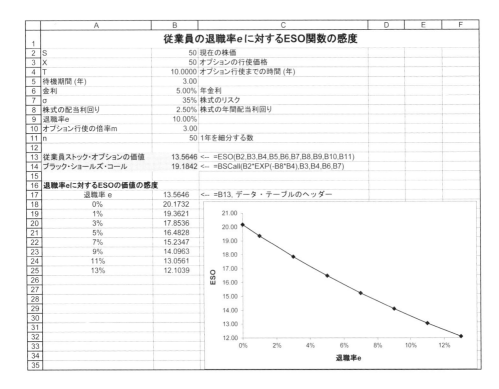

　退職率は ESO の価値に大きな影響を有しており、従業員の退職率が高くなるほど、従業員ストック・オプションの価値は低くなる。FASB123 の評価の点からみると、退職率 e は評価の重要なファクターである。

　最後に、行使する際の倍数 m に対する ESO の価値の感度を分析する。ハル・ホワイト・モデルを思い出すと、ESO を保有する従業員は、株価がオプション行使価格 X の m 倍であるとき、オプションを行使すると仮定される。一般に、コール・オプションは満期まで保有されるべきなので、これは根本的に従業員を準最適な戦略に固定する（ただし、ここでのケースでは、オプションが配当支払いのある株式に対して発行されており、場合によっては期限前行使が最適となる可能性があることに注意）。以下の例で、ESO の期限前行使が最適でないことが明白に見てとれる。倍数 m が大きくなるにつれて、ESO の価値が高くなる。

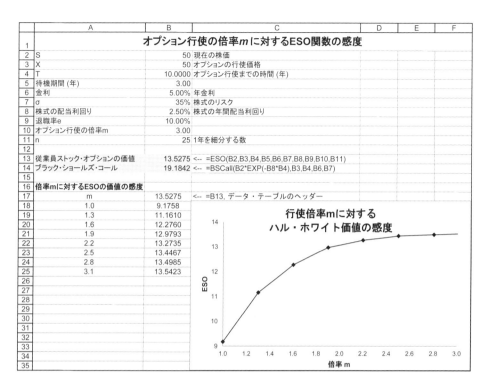

最後に重要な点

ハル・ホワイト・モデルは ESO オプション評価の数値的な近似であるが、閉じた数式ではない。Cvitanić, Wiener, and Zapatero による近年の論文（2006 年）では、従業員ストック・オプション価値の解析的な導出解が示されている。数式は活字で 16 ページを超える長さがあり、ここでは提示しない。この式の Excel での実装例は存在し、http://pluto.mscc.huji.ac.il/~mswiener/research/ESO.htm で、ダウンロード可能である。

16.9 二項モデルを用いた標準的でないオプションのプライシング: 例

二項モデルを用いて、標準的でないオプションをプライシングすることもできる。以下の例を考えてみよう。ある会社の株式を購入するオプションを保有している。

このオプションは期限前行使できるが、行使を選択した時点に応じて行使価格が変わる。ここで考える例では、オプションは以下の条件を備えている。

- 行使可能な時点は n 個しかない（即ち、オプションはこれらの時点でのみ行使可能である）。
- 時点 t における行使は、$s>t$ となる全ての時点 s における行使を不可能にする。しかしながら、時点 s において行使しなければ、$t>s$ となる時点 t で引き続き行使することができる。
- 時点 t における行使価格は X_t で、これは行使価格が時間と共に変わる可能性があることを意味する。

二項モデルのフレームワークを用いて、このオプションを評価したい。そのためには、これが基本的に、3つの異なる行使価格を持つアメリカン・オプションに過ぎないことを認識する。

以下は、16.5 節で説明したアメリカン・オプション評価のロジックを用いて、この問題をスプレッドシートに構築したものである。

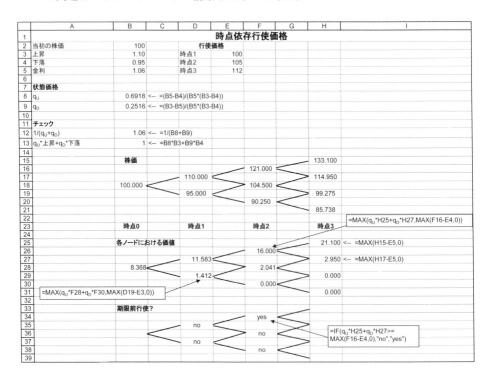

このスプレッドシートのほとんどの部分が、16.5節に従っている。セル B15 から H21 は時間の経過に伴う株価を表しており、これは「上昇」= 1.10、「下落」= 0.95（セル B3 と B4）の二項プロセスに従う。この評価における興味深い点を以下に示す。

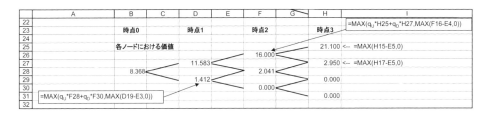

アメリカン・オプションで普通行うように、ツリーの各ノードで、行使した場合と保有し続けた場合のどちらの方が、オプションにより価値があるかを考える。しかし、上の図では、行使価格が時点に従って変化するため、時点 3 における行使価格は E5、時点 2 における行使価格は E4、時点 1 における行使価格は E3 であることに留意する。

セル B28 に見られるように、このアメリカン・コール・オプションの価値は 8.368 である。

16.10 まとめ

二項モデルは直観的であり、実装が容易である。ブラック・ショールズによるプライシングに対する、広く用いられる代替的手法として、このモデルは簡単にスプレッドシートに構築し、VBA のプログラムを組むことができる。本章では、二項モデルの基本的な使用法及びアメリカン・オプションや他の標準的でないオプションをプライシングする実装例の両方を検討した。従業員ストック・オプションについての節では、これらのオプションの評価のために、ハル・ホワイト・モデル（2004 年）を実装する方法を示した。本章を通じて、このモデルを実装する際の状態価格の役割を特に強調した。

練習問題

1. 現時点において 25 ドルで取引されている株式は、1 年後に 35 ドルか 20 ドルの価値となる。金利が 8 %のとき、この株式に対する、行使価格 30 ドルの 1 年物コール・オプションの現時点における価値はいくらか。16.2 節の連立方程式によるアプローチを用いて、オプションをプライシングしなさい。

2. 問題 1 で、状態価格 q_U 及び q_D を計算し、これらの価格を用いて、この株式に対する、行使価格 30 ドルの 1 年物プット・オプションの現時点における価値を計算しなさい。さらにプット・コール・パリティが成り立つことを示しなさい。即ち、この問題の解答と前の問題の解答を用いて次を示しなさい。

$$コール価格 + \frac{X}{1+r} = 現時点における株価 + プット価格$$

3. 二項モデルにおいて、同じ株式に対してコール・オプションとプット・オプションが発行される。コール・オプションの行使価格は 30 で、プット・オプションの行使価格は 40 である。さらに、コール・オプションのペイオフは 0 と 5 で、プット・オプションのペイオフは 20 と 5 である。コール価格は 2.25 で、プット価格は 12.25 である。

   a. 無リスク金利はいくらか。基礎となる期間を 1 年とする。
   b. 現時点における株価はいくらか？

4. 信頼できるアナリスト全員が、現在 50 ドルで取引されている ABC Corp. の株式が、1 年後に 65 ドルかあるいは 45 ドルになると見解が一致している。さらに、これらの事象の確率がそれぞれ 0.6 と 0.4 であることについても見解が一致している。市場の無リスク金利は 6 %である。行使価格 50 ドルで、1 年後に満期となる、ABC 株式に対するコール・オプションの価値はいくらか？

5. ある株式が現在 60 で取引されている。年末の株価は 25 %上昇するか、あるいは 20 %下落すると予想されている。無リスク金利は 5 %である。この株式に対する行使価格 55 のヨーロピアン・プットの価格を計算しなさい。二項オプション・プライシング・モデルを用いること。

6. 以下のスプレッドシートで???と表示されている全てのセルを埋めなさい。アメリカン・コールについてのプライシング・ツリーがないのはなぜか？

3時点二項オプション・プライシング

	A	B	C	D	E	F	G	H	I	J	K
1				3時点二項オプション・プライシング							
2	上昇U	1.35									
3	下落D	0.95		状態価格							
4				q_u							
5	当初の株価	40		q_d							
6	金利R	1.25									
7	行使価格	40									
8											
9	株価						債券価格				
10					???						???
11				???					???		
12		40			???		1			???	
13				???					???		
14					???						???
15											
16	ヨーロピアン・コール・オプション						ヨーロピアン・プット・オプション				
17											
18					???						???
19				???					???		
20		???			???		???			???	
21				???					???		
22					???						???
23											
24							アメリカン・プット・オプション				
25											
26											???
27									???		
28							???			???	
29									???		
30											???

7. 以下の 2 期間二項モデルを考える。年金利は 9 % で、株価は 1 期間当たり 15 % 上昇するか 10 % 下落する。

株価

債券価格

a. この株式に対する、行使価格 60 のヨーロピアン・コールをプライシングしなさい。
b. この株式に対する、行使価格 60 のヨーロピアン・プットをプライシングしなさい。
c. この株式に対する、行使価格 60 のアメリカン・コールをプライシングしなさい。
d. この株式に対する、行使価格 60 のアメリカン・プットをプライシングしなさい。

8. 以下の 3 時点二項モデルを考える。

- 株価は各期において 30 % 上昇するか 10 % 下落する。
- 1 期間の金利は 25 % である。

株価 債券価格

a. $X=30, T=2$ のヨーロピアン・コールを考える。ツリーのブランクを埋めなさい。

コール・オプション価格

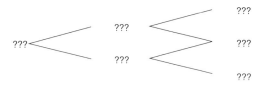

b. $X=30, T=2$ のヨーロピアン・プットをプライシングしなさい。
c. $X=30, T=2$ のアメリカン・プットを考える。ツリーのブランクを埋めなさい。

アメリカン・プット・オプション価格

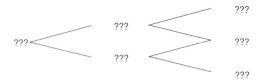

9. ある有名な証券会社は最近新しい金融商品を導入した。「Best of Both World」(略してBOBOW) と呼ばれるこの商品は、価格10ドルである。これは5年後に満期となり、その時点で投資家は10ドルの価格プラスS&P500指数のプラスのリターンの120%を受け取る。満期前の支払いはない。

例えば、S&P500が現在1,500で、5年後に1,800の場合、BOBOWの保有者は 12.40 ドル = 10 ドル $* [1 + 1.2 * (1,800/,1500 - 1)]$ の払戻しを受ける。S&P500が5年後に1,500以下の場合、BOBOWの保有者は10ドルの払戻しを受ける。

5年物割引債の連続複利の年金利を6%とする。さらに、S&P500は現在1,500で、5年後に2,500か1,200になると予想しているとする。二項オプション・プライシング・モデルを用いて、BOBOWが割安にプライシングされていることを示しなさい。

10. この問題は16.6節の議論の続きである。$n \to \infty$ のとき、二項ヨーロピアン・プット価格がブラック・ショールズ・プット価格に収束することを示しなさい (本章のChapterファイルに、ブラック・ショールズ・プット価格を計算する

BSPut という関数が含まれている)。

11. これは問題 10 の上級編である。二項モデルの別の近似法を考える。

$$\Delta t = T/n \qquad R = e^{r\Delta t}$$
$$上昇 = e^{(r-\sigma^2/2)\Delta t + \sigma\sqrt{\Delta t}} \qquad q_U = \frac{R - 下落}{R * (上昇 - 下落)}$$
$$下落 = e^{(r-\sigma^2/2)\Delta t - \sigma\sqrt{\Delta t}} \qquad q_D = \frac{1}{R} - q_U$$

この近似法について、VBA で二項ヨーロピアン・コール及びプット・オプション・プライシング関数を作り、これらもブラック・ショールズ式に収束することを示しなさい(ここでのメッセージは、二項モデルにおける上昇及び下落の近似法は唯一ではないということである)。

12. 現在の価格が 50 ドルの株式に対してコール・オプションが発行される。このオプションの満期は 3 年であり、この期間に株価が 1 年当たり 25 %上昇するか 10 %下落すると予想されている。年金利は 6 %で一定である。このオプションは時点 1 において価格 55 ドル、時点 2 において価格 60 ドル、時点 3 において価格 65 ドルで行使可能である。現時点におけるその価値はいくらか。このオプションを期限前行使するだろうか?

13. 再度、上記の問題を考える。時点 1 における行使価格が X、時点 2 における行使価格が $X * (1 + r)$、時点 3 における行使価格が $X * (1 + r)^2$ であるとき、このオプションを期限前行使しないことを示しなさい。[10]

14. ある投資銀行は、現在から 2 年後の Bisco 株式の価格にリンクした証券を販売している。この株式は現在 1 株当たり 3 ドルである。2 期間後における Bisco 株価を S_2 で表す。販売されているこの証券のペイオフは、$\max(S_2^3 - 40, 0)$ である。今後 2 期間の各期において、Bisco 株式は 50 %上昇するか、20 %下落すると見込まれる。年金利は 8 %である。この証券をプライシングしなさい。

---

[10] 行使価格が金利よりも緩やかに上昇する場合、この特性が成り立つと示すこともできる。したがって、16.5 節で検討した問題では、行使価格の上昇率が金利を上回る場合にのみ、アメリカン・コールの期限前行使がある。

17 ブラック・ショールズ・モデル

17.1 概要

Fischer Black と Myron Scholes は、1973 年に発表した革新的な論文において、配当支払のない株式に対するヨーロピアン・コール及びプット・オプションのプライシング式を証明した。彼らのモデルは恐らく、現代ファイナンスにおける最も有名なモデルである。ブラック・ショールズ式は比較的使いやすく、多くの場合、より複雑なオプション価格を十分に近似できる。本章では、モデルの本格的な展開は行わない。これには確率過程の知識と、数学への少なからぬ注力が必要になる。その代わりに、ここではモデルの仕組みを説明し、Excel にモデルを実装する方法を示す。仕組資産の評価におけるブラック・ショールズ式のいくつかの使用例についても説明する。

17.2 ブラック・ショールズ・モデル

株価が対数正規分布に従う株式を考える。[1] ブラック・ショールズ・モデルでは、以下の式を用いて、株式に対するヨーロピアン・コールをプライシングする。

$$C = SN(d_1) - Xe^{-rT}N(d_2)$$

ここで、

$$d_1 = \frac{\ln(S/X) + (r + \sigma^2/2)T}{\sigma\sqrt{T}}$$
$$d_2 = d_1 - \sigma\sqrt{T}$$

C はコール価格、S は原株式の価格、X はコールの行使価格、T はコールの行使までの期間、r は金利、σ は株式収益率の対数の標準偏差を表す。また、$N(\ )$ は標準正規分布の値を表す。株式は時点 T より前に配当を支払わないことが仮定される。

---
[1]. 対数正規分布については第 26 章で議論するが、ブラック・ショールズ・モデルを適用する目的においては、17.4 節で十分である。

プット・コール・パリティ定理により（第15章を参照）、同じ株式に対して発行された、同じ行使時点 T、同じ行使価格 X のプットは、価格 $P = C - S + Xe^{-rT}$ となる。この等式の C に代入し、若干変形すると、ヨーロピアン・プットのブラック・ショールズ・プライシング式が得られる。

$$P = Xe^{-rT}N(-d_2) - SN(-d_1)$$

第16章において、ブラック・ショールズ式の証明の1つの形をほのめかした。そこでは、以下の場合にブラック・ショールズ式と二項オプション・プライシング・モデルの式が一致することが数値的に示されていた。即ち、(i) 基準となる期間の長さ →0、(ii) 二項モデルにおける「上昇」と「下落」の動きが対数正規株価過程に収束、そして、(iii) 金利の期間構造がフラットな場合である。

ブラック・ショールズ式のスプレッドシートにおける実装

コール及びプットのプライシングのためのブラック・ショールズ式は、スプレッドシートに容易に実装できる。以下の例では、行使価格 $X = 45$、年金利 $r = 4$ %、$\sigma = 30$ %の場合において、現在の株価 $S = 50$ の株式に対して発行されたコール・オプション価格を計算する方法を示している。このオプションは行使まで $T = 0.75$ 年である。3つのパラメータ T、r、σ は、全て年次換算された数値であると仮定される。[2]

	A	B	C
1	ブラック・ショールズ・オプション・プライシング式		
2	S	50	現在の株価
3	X	45	行使価格
4	r	4.00%	無リスク金利
5	T	0.75	オプションの満期までの期間(年)
6	σ	30%	株式のボラティリティσ
7			
8	d_1	0.6509	<-- (LN(S/X)+(r+0.5*σ^2)*T)/(σ*SQRT(T))
9	d_2	0.3911	<-- d_1-σ*SQRT(T)
10			
11	$N(d_1)$	0.7424	<-- 数式NormSDist(d_1)を使用
12	$N(d_2)$	0.6521	<-- 数式NormSDist(d_2)を使用
13			
14	コール価格	8.64	<-- S*N(d_1)-X*exp(-r*T)*N(d_2)
15	プット価格	2.31	<-- コール価格 - S + X*Exp(-r*T): プット・コール・パリティより
16		2.31	<-- X*exp(-r*T)*N(-d_2) - S*N(-d_1): 直接求める式

---

2. 第26章の26.7節で、非年次データを所与として、対数正規プロセスにおける年次換算された σ を計算する方法を議論する。

スプレッドシートでは、プット価格を 2 回算出している。セル B15 では、プット・コール・パリティを用いてプット価格を計算し、セル B16 では、ブラック・ショールズ式を用いて直接計算している。

このスプレッドシートを用いて、通常の感度分析を行うことができる。例えば、以下の**データ・テーブル**（第 31 章を参照）は、株価 S が変化した場合の、コールの本源的価値（即ち、$\max(S - X, 0)$）と比較した、コールのブラック・ショールズ価値を示している。

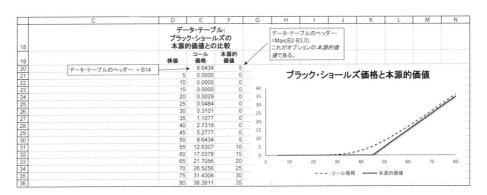

17.3 VBA を用いたブラック・ショールズ・プライシング関数の定義

前節で説明した、ブラック・ショールズ式のスプレッドシートにおける実装で充分な場合もあるが、Excel で直接使用できる閉じた形の関数を持っていたい場合もある。VBA で、これを行うことができる。以下に、関数 **dOne**、**dTwo**、**BSCall** を定義する。

```
Function dOne(Stock, Exercise, Time, _
Interest, sigma)
    dOne = (Log(Stock / Exercise) + _
    Interest * Time) / (sigma * Sqr(Time)) _
        + 0.5 * sigma * Sqr(Time)
End Function

Function dTwo(Stock, Exercise, Time, _
Interest, sigma)
    dTwo = dOne(Stock, Exercise, Time, _
    Interest, sigma) - sigma * Sqr(Time)
End Function

Function BSCall(Stock, Exercise, Time, _
Interest, sigma)
    BSCall = Stock * Application.NormSDist _
    (dOne(Stock, Exercise, Time, Interest, _
    sigma)) - Exercise * Exp(-Time * Interest) * _
    Application.NormSDist(dTwo(Stock, Exercise, _
    Time, Interest, sigma))
End Function
```

標準正規分布を返す Excel 関数 **NormSDist** を用いていることに留意しよう。[3]

---

[3] ここで、この関数の新しいバージョンである **Norm.S.Dist(x, TRUE** または **FALSE)** を用いることもできる。**TRUE** は累積分布を返し、**FALSE** は確率密度を返す。累積分布を返すこの関数の古いバージョン、**NormSDist** を用いる方が単純であるように思える。

プットのプライシング

プット・コール・パリティ定理より、プットは $P = C - S + Xe^{-rT}$ という式でプライシングされることが分かっている。もう1つの VBA 関数 **BSPut** に、これを実装することができる。

```
Function BSPut(Stock, Exercise, Time, _
Interest, sigma)
    BSPut = BSCall(Stock, Exercise, Time, _
    Interest, sigma) + Exercise * _
    Exp(-Interest * Time) - Stock
End Function
```

Excel のスプレッドシートにおけるこれら関数の使用

以下は、これらの関数を Excel で用いた例である。グラフはデータ・テーブルにより作成されている(図示する場合、通常、このようなテーブルの最初の行は非表示としているが、ここではそれを表示した)。

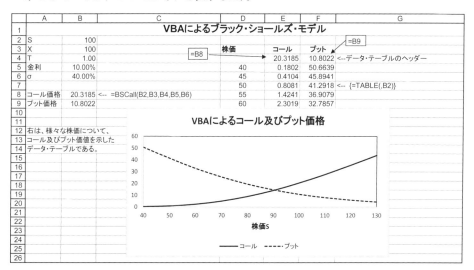

17.4 ボラティリティの計算

ブラック・ショールズ式は、株価 S、オプションの行使価格 X、オプションの満期までの期間 T、金利 r、オプションの原資産である株式の収益率の標準偏差 σ という5つのパラメータに依存する。これら5つのパラメータのうち4つは簡単であるが、5番目のパラメータ σ は問題をはらんでいる。シグマ σ を計算する2つの一般的な方法がある。

- 株式の*過去の収益率*に基づいて σ を計算することができる。
- 株式のインプライド・ボラティリティに基づいて σ を計算することができる。

以下の2つの項では、σ を計算する両方の方法を説明し、それらを適用して Standard & Poor's 500（証券コードは SPY、「スパイダー」と呼ばれる）に対するオプションをプライシングする。

過去の収益率のボラティリティ

過去の株式収益率を用いてボラティリティを計算することができる。その方法は以下の通りである。

- 所与の時間枠と収益率の頻度に対して、期間当たりのボラティリティを計算する。一般的に用いられる時間枠はかなり多様である。例えば30日という短期間を用いる実務家もいれば、かなり長い（1年までの）期間を用いる者もいる。同様に、収益率の頻度も日次、週次、時には月次とすることもできる。オプションはほとんどが短期なので、短い期間の方が、より一般的である。
- 1年当たりの期間数の平方根を乗じて、期間当たりのボラティリティを年率換算する。したがって、以下のようになる。

$$\sigma_{年次} = \begin{cases} \sqrt{12} * \sigma_{月次} \\ \sqrt{52} * \sigma_{週次} \\ \sqrt{250} * \sigma_{日次} \end{cases}$$

1年当たりの日数については議論の余地がある。ほとんどの実務家は、1年当たりの取引日数である 250 または 252 を用いる。しかしながら、365 を用いている例も見られる。

以下のスプレッドシートでは、SPDR S&P500 (SPY) の 1 年間の日次の価格を示している。これは、Standard & Poor's 500 と連動する上場投資信託（Exchange-Traded Fund; ETF）である。SPY の過去の価格と、そこから得られるヒストリカル・ボラティリティは以下のように計算される。

	A	B	C	D	E	F	G	H
1				SPYの過去の価格(日次データ)				
2	日付	調整後終値	収益率			1年間の収益率の統計値		
3	2011年10月10日	117.07				件数	252	<-- =COUNT(C:C)
4	2011年10月11日	117.19	0.10%	<-- =LN(B4/B3)		平均日次収益率	0.08%	<-- =AVERAGE(C:C)
5	2011年10月12日	118.22	0.88%	<-- =LN(B5/B4)		日次収益率の標準偏差	1.03%	<-- =STDEV.S(C:C)
6	2011年10月13日	117.98	-0.20%					
7	2011年10月14日	120	1.70%			年換算した日次収益率	0.99%	<-- =12*G4
8	2011年10月17日	117.71	-1.93%			年換算したσ	16.34%	<-- =SQRT(252)*G5
9	2011年10月18日	120.01	1.94%					
10	2011年10月19日	118.59	-1.19%			直近半年間の収益率の統計値		
11	2011年10月20日	119.11	0.44%			件数	126	<-- =COUNT(C130:C255)
12	2011年10月21日	121.37	1.88%			平均日次収益率	0.05%	<-- =AVERAGE(C130:C255)
13	2011年10月24日	122.86	1.22%			日次収益率の標準偏差	0.87%	<-- =STDEV.S(C130:C255)
14	2011年10月25日	120.47	-1.96%					
15	2011年10月26日	121.69	1.01%			年換算した日次収益率	0.59%	<-- =12*G12
16	2011年10月27日	125.93	3.42%			年換算したσ	13.76%	<-- =SQRT(252)*G13
17	2011年10月28日	125.9	-0.02%					
18	2011年10月31日	122.87	-2.44%					
19	2011年11月1日	119.44	-2.83%					
20	2011年11月2日	121.39	1.62%					

1 年間のデータ全てに基づくヒストリカル・ボラティリティは 16.34 % であり、直近 6 ヶ月についてのボラティリティは 13.76 % である。

インプライド・ボラティリティ

インプライド・ボラティリティは過去を無視し、その代わりに、実際のオプション価格に基づいてオプションの σ を算定する。ヒストリカル・ボラティリティは後ろ向きのボラティリティであるのに対し、インプライド・ボラティリティは前向きの推定値である。[4]

2013 年 1 月 19 日に満期を迎える SPY コールについてインプライド・ボラティリティを推定するため、σ に関してブラック・ショールズ式を解く。この σ は BS 価格が、現在の市場価格と同じになるものである。

---

[4]. 「後ろ向き」に対する「前向き」という用語は、インプライド・ボラティリティの方が常にヒストリカル・ボラティリティより優れているかのように聞こえる。もちろん、そのような意図はない。

2013年1月物SPYオプションの インプライド・ボラティリティ

	A	B	C
2	現在の日付	9-Oct-12	
3	オプションの満期日	19-Jan-13	
4			
5	現在のSPYの価格S	144.2	
6	オプションの行使価格X	144	
7	満期までの期間T	0.279452	<-- =(B3-B2)/365
8	金利	0.08%	
9			
10	実際のコール価格	4.74	
11	実際のプット価格	4.91	
12			
13	コールのインプライド・ボラティリティ	15.22%	<-- =CallVolatility(B5,B6,B7,B8,B10)
14	証明: ブラック・ショールズによるコール価格	4.74	<-- =BSCall(B5,B6,B7,B8,B13)
15			
16	プットのインプライド・ボラティリティ	16.54%	<-- =PutVolatility(B5,B6,B7,B8,B11)
17	証明: ブラック・ショールズによるプット価格	4.91	<-- =BSPut(B5,B6,B7,B8,B16)

　コールのインプライド・ボラティリティは 15.22 %であり、プットのインプライド・ボラティリティは 16.54 %である。セル B14 と B17 で示されているように、これらのボラティリティをブラック・ショールズ式に代入すると、現在の市場価格が返ってくる。ここでは、以下で説明する **CallVolatility** と **PutVolatility** 関数を用いている。

アット・ザ・マネーの SPY オプションのプライシング

　アット・ザ・マネーの SPY オプションを全ての満期に対してヒストリカル・ボラティリティでプライシングすると、年間ヒストリカル・ボラティリティを σ の代わりとして用いたブラック・ショールズ・モデルが、コールのプライシングで、納得のいく仕事をすることが分かる。

	A	B	C	D	E	F	G	H
1					アット・ザ・マネーのSPYコール・オプションのプライシング ヒストリカル・ボラティリティとインプライド・ボラティリティ			
2	現在の日付	9-Oct-12						
3	現在のSPYの価格S	144.2						
4	行使価格X	144						
5	σ	16.34%	<-- ='Page 427'!G8					
6								
7	満期	市場価格	金利	満期までの期間T	ヒストリカル σによるBS		コールのインプライド・ボラティリティ	
8	2012年10月20日	1.40	0.08%	0.0301	1.73	<-- =BSCall($B$3,$B$4,D8,C8,$B$5)	12.99%	<-- =CallVolatility($B$3,$B$4,D8,C8,B8)
9	2012年11月17日	2.80	0.08%	0.1068	3.18	<-- =BSCall($B$3,$B$4,D9,C9,$B$5)	14.33%	<-- =CallVolatility($B$3,$B$4,D9,C9,B9)
10	2012年12月22日	3.93	0.08%	0.2027	4.34		14.75%	
11	2012年12月31日	4.06	0.08%	0.2274	4.59		14.40%	
12	2013年1月19日	4.74	0.08%	0.2795	5.08		15.22%	
13	2013年3月16日	5.88	0.08%	0.4329	6.30		15.23%	
14	2013年3月28日	6.25	0.12%	0.4658	6.55		15.58%	
15	2013年6月22日	8.37	0.12%	0.7014	8.02		17.07%	
16	2013年6月28日	8.53	0.12%	0.7178	8.11		17.20%	
17	2013年9月21日	9.55	0.12%	0.9507	9.33		16.74%	
18	2013年9月30日	10.18	0.12%	0.9753	9.45		17.64%	
19	2014年1月18日	11.93	0.18%	1.2767	10.85		18.01%	

ヒストリカル・ボラティリティは、これらのコール・オプションのプライシングにおいてうまく機能する。

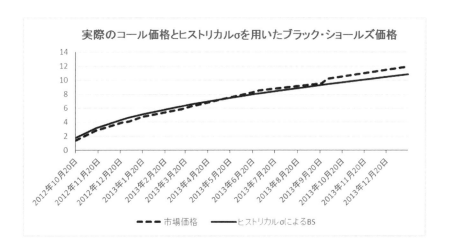

プットについてのSPYのデータも同じような結果であるが、それほどうまくは機能していない。

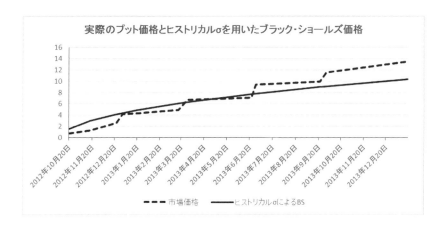

アット・ザ・マネーのプットとコールのインプライド・ボラティリティも計算した。

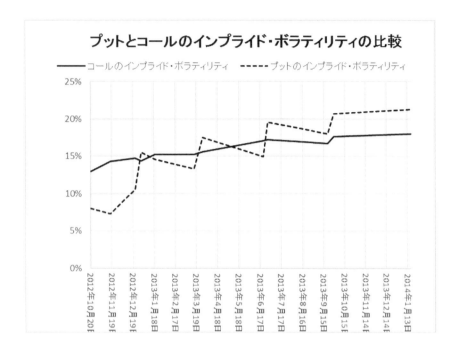

ヒストリカル・ボラティリティとインプライド・ボラティリティの比較

オプションのプライシングに関して、これら2つの方法のどちらが優れているのか断定することは不可能である。一方では、将来予想される収益率の予想材料として、過去の収益率に何かしらの妥当性があると考えることは一般的である。しかし、他方では、インプライド・ボラティリティは、市場が現在何を考えているかについて、良い目安を与えてくれる。ここでのアドバイスは、両方を用いて比較すべきだということである。

17.5 インプライド・ボラティリティを求める VBA 関数

ここでは、インプライド・ボラティリティを計算する VBA 関数を設計する。こ

のために、まず、オプション価格が σ に関して単調増加関数であることに注意する。以下は、ブラック・ショールズの基本スプレッドシートからの**データ・テーブル**である。

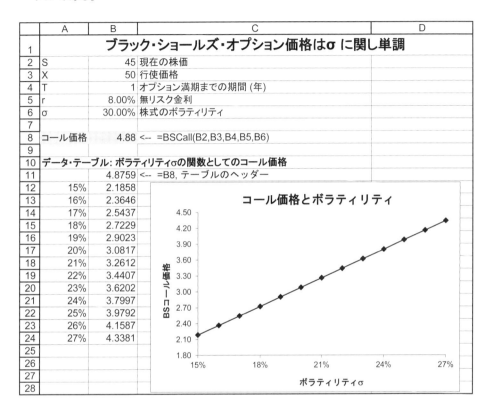

VBA を用いてコール・オプションの σ 見つける関数 **CallVolatility** を定義する。この関数は **CallVolatility(Stock, Exercise, Time, Interest, Target)** として定められ、定義は以下の通りである。

Stock は、株価 S
Exercise は、オプションの行使価格 X
Time は、オプションの満期までの期間 T
Interest は、金利 r
Target は、コール価格 C

この関数はブラックショールズ式 $= C$ となる σ を見つける。

```
Function CallVolatility(Stock, Exercise, Time, _
Interest, Target)
    High = 2
    Low = 0
    Do While (High - Low) > 0.0001
    If BSCall(Stock, Exercise, Time, Interest, _
    (High + Low) / 2) > Target Then
            High = (High + Low) / 2
            Else: Low = (High + Low) / 2
    End If
    Loop
    CallVolatility = (High + Low) / 2
End Function
```

　この関数で用いられるテクニックは、試行錯誤のテクニックと非常に似ている。まず、可能性のある σ の2つの予測値から始める。予測値 **High** は200％、予測値 **Low** は0％である。そして以下を行う。

• ブラックショールズ式に **High** と **Low** の平均値を代入する。これにより、**CallOption(Stock,Exercise,Time,Interest,(High+Low)/2)** が求まる（関数 **CallVolatility** は、関数 **CallOption** がスプレッドシートで利用可能であると仮定している点に留意）。

• もし **CallOption(Stock,Exercise,Time,Interest,(High+Low)/2)＞Target** なら、現在の σ の予測値 **(High+Low)/2** は高すぎるため、**(High+Low)/2** で **High** の値を置き換える。

• もし **CallOption(Stock,Exercise,Time,Interest,(High+Low)/2)＜Target** なら、現在の σ の予測値 **(High+Low)/2** は低すぎるため、**(High+Low)/2** で **Low** の値を置き換える。

　この手順（しばしば、二分法と呼ばれる）を、**High-Low** の差が0.0001（あるいは他の任意の定数）より小さくなるまで繰り返す。

17.6 ブラック・ショールズに対する配当の調整

ブラック・ショールズ式は、オプションの原資産である証券が行使日 T より前に配当を支払わないことを仮定する。特定の場合には、配当に関してモデルを調整することが容易である。本節では、そのような調整の2つを見ることにする。まず、将来の配当が確実に分かっている場合のオプション・プライシングを考察し、それから、原資産である証券が連続配当を支払う場合のオプション・プライシングを検討する。2つの場合の基礎をなす原理は同じである。即ち、オプションの購入日からオプションの行使日までの間に支払われる配当の現在価値を差し引いた、原資産の調整価値に基づいて、オプションをプライシングする。

オプションの満期前に支払われる既知の配当

往々にして、株式の将来の配当は、オプションが取引される時点で分かっている。既に配当が発表されている場合が最も一般的なケースであるが、多くの株式はかなり規則的にほぼ決まった配当を支払うので、ここでもまた起こりうる。この場合、オプションは、現在の株価 S ではなく、オプションの満期日 T までに予想される（1回または複数回の）配当の現在価値を株価から引いた値に基づいて、プライシングされるべきである。

以下に例を示す。Coca-Cola（証券コード KO）は、毎年3月、6月、9月、11月の中旬に四半期配当を支払う。配当（図 17.1 参照）はかなり安定的に見える。2006 年 7 月 28 日において、直近 2 回の配当は 1 株当たり 0.31 ドルであった。

第 17 章

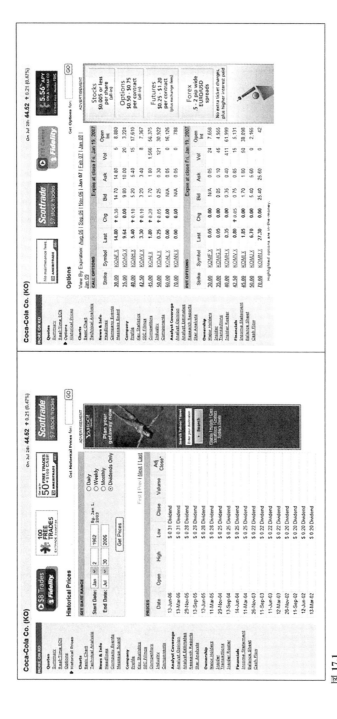

図 17.1
Coca-Cola に関する Yahoo のデータ。配当の安定性に注目しよう。2006 年 7 月 28 日において、株価終値は 44.52 ドルである。

Coca-Cola の 2007 年 1 月限のコールとプットについてインプライド・ボラティリティを計算すると、予想される配当を考慮した場合、プライシングに著しい差が生じることが分かる。また、配当を考慮したボラティリティ（セル B19:B20）の近接度に対して、配当を考慮しないボラティリティ（セル B22:B23）の隔たりを比較すると、前者が正しいと推論することができる。

	A	B	C	D	E
1		COCA-COLAの2007年1月限コール及びプットのプライシング			
2	現在の日付	2006年7月28日			
3	オプションの満期日	2007年1月19日			
4	現在の株価	44.52			
5	金利	5.00%			
6					
7		日付	予想配当	現在価値	
8	9月中旬	2006年9月13日	0.31	0.31	<-- =C8*EXP(-$B$5*((B8-$B$2)/365))
9	11月末	2006年11月29日	0.31	0.30	<-- =C9*EXP(-$B$5*((B9-$B$2)/365))
10					
11	PV(配当)をネットした株価	43.91	<-- =B4-SUM(D8:D9)		
12	行使価格X	45.00	<-- ほぼアット・ザ・マネー		
13	満期までの期間T	0.4795	<-- =(B3-B2)/365		
14	金利r	5.00%	無リスク金利		
15	コール価格	1.80	<-- 2006年7月28日のコール価格		
16	プット価格	1.85	<-- 2006年7月28日のプット価格		
17					
18	インプライド・ボラティリティ				
19	コール(配当を控除したS)	14.95%	<-- =CallVolatility(B11,B12,B13,B14,B15)		
20	プット(配当を控除したS)	15.15%	<-- =PutVolatility(B11,B12,B13,B14,B16)		
21					
22	コール(配当を含むS)	12.19%	<-- =CallVolatility(B4,B12,B13,B14,B15)		
23	プット(配当を含むS)	17.45%	<-- =PutVolatility(B4,B12,B13,B14,B16)		

連続的な配当支払いに関する配当調整 —マートン・モデル

前の項では、将来の配当が既知の場合を考察した。この項では、連続配当を支払う株式に対するオプションのプライシングに関する、Merton (1973) によるモデルを議論する。連続配当は奇妙な仮定のように見えるかもしれない。しかし、S&P500 指数や Dow Jones 30 種のような株式のバスケットは、多くの株式を含み、指数の構成銘柄がほとんど 1 年を通して配当を支払うので、連続配当支払いの仮定によって、最もうまく近似できる。

連続配当の利回りを k とし、Merton は以下のコール・オプション・プライシング式を証明した。

$$C = Se^{-kT}N(d_1) - Xe^{-rT}N(d_2)$$

ここで、

$$d_1 = \frac{\ln(S/X) + (r - k + \sigma^2/2)T}{\sigma\sqrt{T}}$$

$$d_2 = d_1 - \sigma\sqrt{T}$$

以下では、このモデルを用いて、S&P500 指数と連動する取引所上場ファンドをプライシングしている。

	A	B	C
1		MERTONの配当調整オプション・プライシング・モデル S&P 500 スパイダー (証券コード: SPY) のプライシング	
2	S	127.98	現在の株価
3	X	127.00	行使価格
4	T	0.6329	<-- オプション満期日 16-Mar-07, 現在の日付 28-Jul-06
5	r	5.00%	無リスク金利
6	k	1.70%	配当利回り
7	σ	14%	株式のボラティリティ
8			
9	d_1	0.3122	<-- =(LN(B2/B3)+(B5-B6+0.5*B7^2)*B4)/(B7*SQRT(B4))
10	d_2	0.2008	<-- =B9-B7*SQRT(B4)
11			
12	$N(d_1)$	0.6226	<--- 関数NormSDist(d_1)を使用
13	$N(d_2)$	0.5796	<--- 関数NormSDist(d_2)を使用
14			
15	コール価格	7.51	<-- S*Exp(-k*T)*N(d_1)-X*exp(-r*T)*N(d_2)
16	プット価格	3.94	<-- コール価格 - S*Exp(-k*T) + X*Exp(-r*T): プット・コール・パリティによる
17		3.94	<-- X*exp(-r*T)*N(-d_2)-S*Exp(-k*T)*N(-d_1): 直接計算

マートン・モデルは、しばしば通貨オプションのプライシングに用いられる。ここでは、ユーロに対するオプションを取り上げるとしよう。このオプションは、ユーロに対するドルの交換レートを定める (以下の例のコール・オプションは、0.0575 年後に、1 ユーロに対し 1.285 ドルで、10,000 ユーロ購入できるものである)。このオプションの原資産は、金利 r_ϵ のユーロ建て利付証券である。

	A	B	C	D
1		ドル建てでユーロを購入するオプションのプライシング		
2	S	1.276	現在の為替レート: 1ユーロのUSドル価格	直感: この通貨オプションの原資産はユーロである。ユーロは配当を支払い、ここでの配当とはユーロ金利である。従って、マートン・モデルが適用できる。ここで、原資産の価格はS*exp(-r_ϵ*T)であり、r_ϵ はユーロ金利である。d_1 の違いにも注目しよう。通常のブラック・ショールズ式におけるr_{US}の代わりにr_{US} -r_ϵ が用いられている。
3	X	1.285	行使価格	
4	r_{US}	5.00%	U.S.金利	
5	r_ϵ	5.50%	ユーロ金利	
6	T	0.0575	オプションの満期までの期間 (年)	
7	σ	4.70%	ドルに対するユーロのボラティリティ	
8	d_1	-0.6095	<--(LN(S/X)+(r_{US}-r_ϵ+0.5*σ^2)*T)/(σ*SQRT(T))	
9	d_2	-0.6208	<-- d_1 - σ*SQRT(T)	
10				
11	コール1契約あたりのユーロ	10,000		
12				
13	$N(d_1)$	0.2711	<--- 関数NormSDist(d_1)を使用	
14	$N(d_2)$	0.2674	<--- 関数NormSDist(d_2)を使用	
15				
16	コール価格	23.69	<-- (S*Exp(-r_ϵ*T)*N(d_1)-X*exp(-r_{US}*T)*N(d_2))*B11	
17	プット価格	112.23	<-- (X*exp(-r_{US}*T)*N(-d_2)-S*Exp(-r_ϵ*T)*N(-d_1))*B11: 直接計算	

17.7 ブラック・ショールズ式を用いた仕組証券のプライシング

「仕組証券」とは、株式、オプション、債券の組み合わせを組み込んだ証券を指す、ウォール街の業界用語である。本節では、そのような証券の3つの例を示し、ブラック・ショールズ・モデルを用いて、それらをプライシングする方法を説明する。[5] その過程で、第16章の議論にも戻り、オプション戦略の損益図が、それらの証券を理解する上でいかに有益であるかを示す。

単純な仕組証券：元本保護プラス市場上昇の動きに基づく分配

シンプルで人気がある仕組証券は、投資家に元本保証に加えて、市場の上昇の動きに基づく一定の分配を提供する。以下に例を示す。Homeside Bank は、顧客に対して、以下の「元本保証、上昇チャンス」(Principal Protected, Upside Potential; PPUP) 証券を販売している。

- 証券に対する当初投資額: 1,000 ドル。
- 証券に対して支払われる利息なし。
- 5 年後に、PPUP は 1,000 ドルに加えて S&P 500 指数の上昇分の 50 % を払い戻す。現時点における指数の値を S_0、5 年後における指数の値を S_T とすると、PPUP のペイオフは以下のように表せる。

$$1{,}000 \text{ ドル} \left[1 + 50\ \% * \max\left(\frac{S_T}{S_0} - 1, 0 \right) \right]$$

PPUP を分析するため、まず、満期における支払いを以下のように書き直す。

$$1{,}000 \text{ ドル} \left[1 + 50\ \% * \max\left(\frac{S_T}{S_0} - 1, 0 \right) \right]$$

$$= \underbrace{1{,}000 \text{ ドル}}_{\text{ゼロクーポン債のペイオフ}} + 1{,}000 \text{ ドル} * \frac{50\ \%}{S_0} * \underbrace{\max(S_T - S_0, 0)}_{\substack{\text{アット・ザ・マネーのコール} \\ \text{オプションのペイオフ}}}$$

これにより、PPUP のペイオフが、以下の2つの要素により構成されていること

---

5. 全ての証券が、ブラック・ショールズを用いてプライシングできるわけではない。より複雑で、経路依存する証券は、しばしば、第24章及び第25章で議論するモンテカルロ法を用いてプライシングする必要がある。

が分かる。

- 1,000 ドルの元本の返金。この元本に対して利息は支払われないため、現時点における価値は、この支払いの無リスク金利による現在価値である。即ち、1,000 ドル $* e^{-rT}$ であり、ここで r は金利、$T = 5$ は PPUP の満期である。
- S&P 500 に対するアット・ザ・マネーのコールの現時点における価値の 1,000 ドル $* \dfrac{50\%}{S_0}$ 倍。

以下のスプレッドシートを用いて、この証券をプライシングできる。

	A	B	C
1	単純な仕組商品の分析 1,000ドルの預金及びS&Pの5年間の上昇分の50%の分配		
2	当初のS&P500の値S_0	950	<-- PPUP発行時におけるS&P 500の値
3	仕組証券の行使価格X	950	
4	5年間の無リスク金利r	5.00%	
5	満期までの期間T	5	
6	S&P 500のボラティリティ σ_{SP}	25%	
7	分配率	50%	<-- PPUP保有者に対して支払われるS&Pの上昇分の分配率
8			
9	仕組証券の構成要素, 現時点における価値		
10	満期において1000ドルを支払う債券	778.80	<-- =EXP(-B4*B5)*1000
11	分配率/S_0*S&P 500に対するアット・ザ・マネーのコール	162.52	<-- =1000*B7/B2*BSCall(B2,B3,B5,B4,B6)
12	現時点における仕組証券の価値	941.32	<-- =SUM(B10:B11)

この仕組証券の価値は 941.32 ドルである (セル B12)。この評価は 2 つの部分を含んでいる。

- PPUP の債券部分の現在価値は 778.80 ドルである (セル B10)。
- S&P に対するアット・ザ・マネーのコール 1,000 ドル $* \dfrac{50\%}{950}$ 個の価値は 162.52 ドルである。

セル B2:B7 のパラメータを所与とすると、PPUP は割高である。1,000 ドルで取引されているのに、その市場価格は 941.32 ドルとなるべきだからである。この仕組証券を考えるもう 1 つの方法は、そのインプライド・ボラティリティを計算することである。σ_{SP} (セル B6) の値がいくらであれば、Homeside Bank が要求する 1,000 ドルの価格と等しくなるような、PPUP の市場価格 (セル B12) が得られるだろうか。**ゴールシーク**または**ソルバー**のどちらかで、この問題を解くことができる。

単純な仕組商品の分析
1,000ドルの預金及びS&Pの5年間の上昇分の50%の分配

	A	B	C
2	当初のS&P 500の値S_0	950	<-- PPUP発行時におけるS&P 500の値
3	仕組証券の行使価格X	950	
4	5年間の無リスク金利r	5.00%	
5	満期までの期間T	5	
6	S&P 500のボラティリティσ_{SP}	42.00%	
7	分配率	50%	<-- PPUP保有者に対して支払われるS&Pの上昇分の分配率
8			
9	仕組証券の構成要素, 現時点における価値		
10	満期において1000ドルを支払う債券	778.80	<-- =EXP(-B4*B5)*1000
11	分配率/S_0*S&P 500に対するアット・ザ・マネーのコール	221.20	<-- =1000*B7/B2*BSCall(B2,B3,B5,B4,B6)
12	現時点における仕組証券の価値	1000.00	<-- =SUM(B10:B11)

より複雑な仕組商品

以下のペイオフ・パターンを有する証券を作りたいと考えているとしよう。

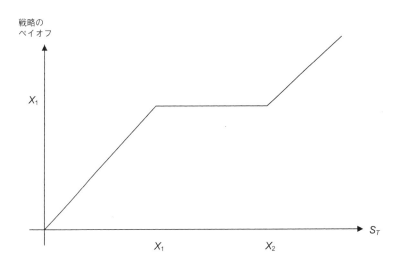

　原資産の最終価格が $0 \leq S_T \leq X_1$ の範囲で増加するにつれ、このペイオフ・パターンは（1ドルにつき1ドルで）増加する。X_1 から X_2 の間では、ペイオフ・パターンはフラットである。そして、$X_2 \leq S_T$ では、ペイオフは再び原資産価格1ドルにつき1ドルで増加する。このペイオフ・パターンの代数的な式は、以下のようになる。

$$X_1 - \max(X_1 - S_T, 0) + \max(S_T - X_2, 0)$$

　この式が上のグラフを描くことを証明する。

$$X_1 - \underbrace{\max(X_1 - S_T, 0)}_{\substack{\uparrow \\ \text{プット売却のペイオフ}}} + \underbrace{\max(S_T - X_2, 0)}_{\substack{\uparrow \\ \text{コール購入のペイオフ}}}$$

$$= \begin{cases} X_1 - X_1 + S_T = S_T & S_T < X_1 \\ X_1 & X_1 \le S_T < X_2 \\ X_1 + S_T - X_2 & X_2 \le S_T \end{cases}$$

若干複雑なペイオフ・パターンは以下のようなものである。

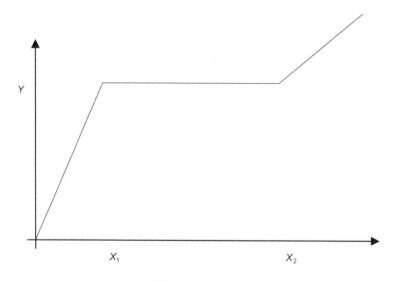

ペイオフの最初の部分は傾き Y/X_1 であり、ペイオフ・パターンの2番目の増加部分は傾き Y/X_2 である。このペイオフ・パターンは以下の式から作られている。

$$Y - \underbrace{\frac{Y}{X_1} \max(X_1 - S_T, 0)}_{\substack{\uparrow \\ \text{プット} \frac{Y}{X_1} \text{個売却のペイオフ}}} + \underbrace{\frac{Y}{X_2} \max(S_T - X_2, 0)}_{\substack{\uparrow \\ \text{コール} \frac{Y}{X_2} \text{個購入のペイオフ}}}$$

これがまさにペイオフそのものであることを証明する。

$$Y - \underbrace{\frac{Y}{X_1} \max(X_1 - S_T, 0)}_{\substack{\uparrow \\ \text{プット} \frac{Y}{X_1} \text{個売却のペイオフ}}} + \underbrace{\frac{Y}{X_2} \max(S_T - X_2, 0)}_{\substack{\uparrow \\ \text{コール} \frac{Y}{X^2} \text{個購入のペイオフ}}}$$

$$= \begin{cases} Y - \dfrac{Y}{X_1}(X_1 - S_T) = \dfrac{Y}{X_1} S_T & S_T < X_1 \\ Y & X_1 \leq S_T < X_2 \\ Y + \dfrac{Y}{X_2}(S_T - X_2) = \dfrac{Y}{X_2} S_T & X_2 \leq S_T \end{cases}$$

この種のペイオフを有する仕組証券の例として、442 ページの図 17.2 に、ABN アムロ銀行が発行する仕組商品のタームシートを示している。この「Airbag」証券の支払いは、Stoxx50（欧州株式の指数）に依存する。以下は詳細である。

- 発行日: 2003 年 3 月 24 日
- 満期日: 2008 年 3 月 24 日
- 価格 1,020 ユーロ
- 満期日における支払い:

満期における支払い

$$= \begin{cases} 1,000 * 1.33 * \left(\dfrac{Stoxx50_{満期}}{Stoxx50_{当初}}\right) & Stoxx50_{満期} < 1,618.50 の場合 \\ 1,000 & 1,618.50 < Stoxx50_{満期} < 2,158 の場合 \\ 1,000 * \left(\dfrac{Stoxx50_{満期}}{Stoxx50_{当初}}\right) & Stoxx50_{満期} > 2,158 の場合 \end{cases}$$

この証券は、既に議論した形のペイオフを有する証券だと分かる。

$$\underbrace{Y}_{\text{債券のペイオフ}} - \underbrace{\dfrac{Y}{X_1} \max(X_1 - S_T, 0)}_{\text{行使価格 } X_1 \text{ の プット } \frac{Y}{X_1} \text{ 個売却}} + \underbrace{\dfrac{Y}{X_2} \max(S_T - X_2, 0)}_{\text{行使価格 } X_2 \text{ の コール } \frac{Y}{X_2} \text{ 個購入}}$$

ここで、

$X_1 = 1,618.50$

$X_2 = 2,158$

$Y = 1,000$

443 ページのスプレッドシートは、このペイオフを示している。セル B7 は、Airbag の発行者によるペイオフの定義を示し、セル B8 は、上記で定義したオプションの表現によるペイオフを示している。セル B14:C29 のデータ・テーブルは、これら 2 つの定義が等価であることを示している。

AirBag on the Euro STOXX 50

17 March 2003

FINAL TERMS AND CONDITIONS

We are pleased to present for your consideration the transaction described below. We are willing to negotiate a transaction with you because we understand that you have sufficient knowledge, experience and professional advice to make your own evaluation of the merits and risks of a transaction of this type and you are not relying on ABN AMRO Bank N.V. nor any of the companies in the ABN AMRO group for information, advice or recommendations of any sort other than the factual terms of the transaction. This term sheet does not identify all the risks (direct or indirect) or other considerations which might be material to you when entering into the transaction. You should consult your own business, tax, legal and accounting advisors with respect to this proposed transaction and you should refrain from entering into a transaction with us unless you have fully understood the associated risks and have independently determined that the transaction is appropriate for you. Due to the proprietary nature of this proposal please understand that it is confidential.

SUMMARY	Issuer & Lead Manager:	ABN AMRO Bank N.V. (Senior Long Term Debt Rating: Moody's Aa3, S&P AA-)
	Issue:	AirBag on the Euro STOXX 50
	Underlying:	Euro STOXX 50 (Bloomberg: SX5E)
	Spot Reference (SX5E(t)):	2158.00
	Issue Price:	EUR 1,020
	Entitlement:	1
	Issue Size:	5,000 Certificates
	AirBag Start:	100% of the Spot Reference (2158.00)
	AirBag Stop:	75% of the Spot Reference (1618.50)
	Percentage drop without any loss:	25%
	SX5E(t1):	Official closing level of the Underlying on the Valuation Date

Redemption:

1. If SX5E(t1) is less than or equal to the AirBag Stop:

$$\text{EUR } 1{,}000 \times 1.33 \times \left(\frac{\text{SX5E}(t1)}{\text{SX5E}(t)} \right)$$

2. If SX5E(t1) is greater than the AirBag Stop but less than or equal to the AirBag Start: EUR 1,000 x 100%

3. If SX5E(t1) is greater than the AirBag Start:

$$\text{EUR } 1{,}000 \times \left(\frac{\text{SX5E}(t1)}{\text{SX5E}(t)} \right)$$

	Form:	Global bearer (permanent)
	Clearing:	Euroclear Bank SA, Clearstream Banking SA
	ISIN Code:	XS0165647966
	Valoren Code:	1578781
	Common Code:	16564796
	Minimum Trading Size:	1 AirBag Certificate
	Quoted on:	Reuters page: ABNPB15, Bloomberg page: AAPB, Internet: www.abnamro-sp.com
	Listing:	None
	Applicable Law:	English
	Selling Restrictions:	No sales to US persons or into the US, standard Dutch and UK selling restrictions apply.
TIMETABLE	Launch Date:	17/03/03
	Pricing Date:	17/03/03
	Issue & Payment Date:	24/03/03
	Valuation & Expiration Date:	14/03/08
	Final Settlement Date:	21/03/08

This term sheet is for information purposes only and does not constitute an offer to sell or a solicitation to buy any security or other financial instrument. All prices are indicative and dependent upon market conditions and the terms are liable to change and completion in the final documentation.

図 **17.2**
ABN アムロのユーロ Stoxx50 Airbag 証券に関するタームシート

ABNアムロのAIRBAG

	A	B	C	D
1				ABNアムロのAIRBAG
2	Y	1,000.00		
3	X_1	1,618.50		
4	X_2	2,158.00		
5	S_T	2,373.80		
6	Airbagのペイオフ			
7	Airbagの定義による	1,100.00	<--	=IF(B5<B3,B2*(B4/B3)*B5/B4,IF(B5>B4,B2*B5/B4,1000))
8	オプションの数式による	1,100.00	<--	=B2-B2/B3*MAX(B3-B5,0)+B2/B4*MAX(B5-B4,0)
9				
10				
11	ペイオフのデータ・テーブル			
12	S_T	Airbagの定義	オプションの数式	
13				<-- データ・テーブルのヘッダー(非表示)
14	0	0.00	0.00	
15	100	61.79	61.79	
16	500	308.93	308.93	
17	750	463.39	463.39	
18	1,000	617.86	617.86	
19	1,250	772.32	772.32	
20	1,618.5	1,000.00	1,000.00	
21	1,750	1,000.00	1,000.00	
22	2,000	1,000.00	1,000.00	
23	2,158	1,000.00	1,000.00	
24	2,500	1,158.48	1,158.48	
25	2,750	1,274.33	1,274.33	
26	3,000	1,390.18	1,390.18	
27	3,250	1,506.02	1,506.02	
28	3,500	1,621.87	1,621.87	
29	3,750	1,737.72	1,737.72	

Airbagのプライシングがどうであるかを見るため、ブラック・ショールズ・モデルを用い、また、Airbagの価格からStoxx50のインプライド・ボラティリティを求める。

第17章

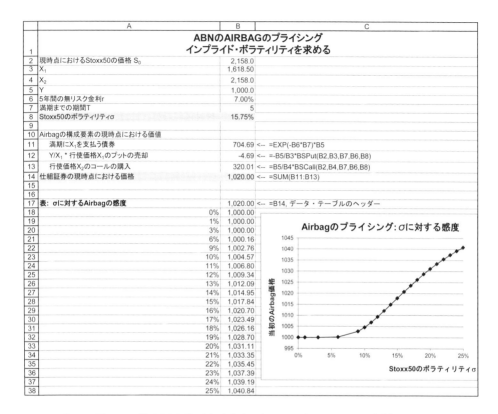

	A	B	C
1		ABNのAIRBAGのプライシング インプライド・ボラティリティを求める	
2	現時点におけるStoxx50の価格 S_0	2,158.0	
3	X_1	1,618.50	
4	X_2	2,158.0	
5	Y	1,000.0	
6	5年間の無リスク金利r	7.00%	
7	満期までの期間T	5	
8	Stoxx50のボラティリティσ	15.75%	
9			
10	Airbagの構成要素の現時点における価値		
11	満期にX_1を支払う債券	704.69	<-- =EXP(-B6*B7)*B5
12	Y/X_1 * 行使価格X_1のプットの売却	-4.69	<-- =-B5/B3*BSPut(B2,B3,B7,B6,B8)
13	行使価格X_2のコールの購入	320.01	<-- =B5/B4*BSCall(B2,B4,B7,B6,B8)
14	仕組証券の現時点における価格	1,020.00	<-- =SUM(B11:B13)
15			
16			
17	表: σに対するAirbagの感度	1,020.00	<-- =B14, データ・テーブルのヘッダー
18		0%	1,000.00
19		1%	1,000.00
20		3%	1,000.00
21		6%	1,000.16
22		9%	1,002.76
23		10%	1,004.57
24		11%	1,006.80
25		12%	1,009.34
26		13%	1,012.09
27		14%	1,014.95
28		15%	1,017.84
29		16%	1,020.70
30		17%	1,023.49
31		18%	1,026.16
32		19%	1,028.70
33		20%	1,031.11
34		21%	1,033.35
35		22%	1,035.45
36		23%	1,037.39
37		24%	1,039.19
38		25%	1,040.84

　Stoxx50のσが15.75％であるとき（セルB8）、Airbagの価格は1,020ユーロである（セルB14）。表は、σに対する価格の感度を示している。Airbagの価値のσに対する感度が、それほど高くはないことに注目しよう。σを10％から20％に倍増させると、Airbagの価値は17ユーロ増加する。これは、Airbagに含まれるプットの売却とコールの購入が価値を相殺するためである。

　Airbagの課題をもう1つ見よう。2次元の**データ・テーブル**を用いて、満期までの期間 T とStoxx50のボラティリティ σ の両方に対する、Airbag価格の感度を調べる。

ブラック・ショールズ・モデル

	A	B	C	D	E	F	G	H
1	満期までの期間とσに対するABNアムロのAIRBAGの感度							
2	現時点におけるStoxx50の価格S_0	2,158.0						
3	X_1	1,618.50						
4	X_2	2,158.0						
5	Y	1,000.0						
6	5年間の無リスク金利r	7.00%						
7	満期までの期間T	5						
8	Stoxx50のボラティリティσ	15.75%						
9								
10	Airbagの構成要素の現時点における価値							
11	満期にX_1を支払う債券	704.69	<-- =EXP(-B6*B7)*B5					
12	Y/X_1 * 行使価格X_1のプットの売却	-4.69	<-- =-B5/B3*BSPut(B2,B3,B7,B6,B8)					
13	行使価格X_2のコールの購入	320.01	<-- =B5/B4*BSCall(B2,B4,B7,B6,B8)					
14	仕組証券の現時点における価格	1,020.00	<-- =SUM(B11:B13)					
15								
16			満期までの期間T					
17	データ・テーブルのヘッダー: =B14	1020.00	5	4	3	2	1	0.0001
18		5%	1000.02	1000.07	1000.20	1000.59	1001.77	1000.20
19		10%	1004.57	1006.22	1008.40	1011.13	1013.78	1000.40
20		15%	1017.84	1021.09	1024.72	1028.28	1029.65	1000.59
21		20%	1031.11	1035.21	1039.61	1043.69	1044.54	1000.79
22	Stoxx50のボラティリティσ -->	25%	1040.84	1045.48	1050.44	1055.14	1056.54	1000.99
23		30%	1047.16	1052.22	1057.69	1063.09	1065.58	1001.19
24		35%	1050.86	1056.29	1062.26	1068.39	1072.19	1001.39
25		40%	1052.66	1058.44	1064.88	1071.75	1076.95	1001.59
26		45%	1053.10	1059.19	1066.10	1073.70	1080.28	1001.79
27		50%	1052.55	1058.94	1066.29	1074.59	1082.53	1001.99

　Airbagはかなり安定的な証券である。さまざまなσの値と、ほとんど全ての満期までの期間に対して、価格は10%を超える変動をしない。

リバース・コンバーチブル: UBSの「Goals」の分析

　スイスの銀行であるUBSは、「Goals」と呼ばれる、株式にリンクした一連の証券を発行している。Goalsは全て、当初価格に対して利息を支払う。最後の返済は、原株式の市場価格に依存する。株価が高い場合には、Goalsの投資家は当初投資額を回収する。株価が低い場合には、Goalsの投資家は当初投資額より価値の低い株式のパッケージにより支払いを受ける。

　このような証券の例として、2001年1月17日にUBSが発行した、Cisco株式にリンクしたGoalsがある。この証券の主な詳細は以下の通りである。

- 購入者はUBSに対して2001年1月23日に1,000ドルを支払う。その代わりに、購入者は2001年7月23日、2002年1月23日、2002年7月23日の3回、97.50ドル $\left(= \dfrac{19.50\%}{2} * 1{,}000\text{ドル}\right)$ の支払いを受ける。
- 2002年7月23日には、97.50ドルの支払いに加えて、
  - 1株当たりのCisco株価>39ドルなら、この証券の購入者は1,000ドルを受け取る。

- 1株当たりの Cisco 株価<39 ドルなら、購入者は $\frac{1,000}{39}$ = 25.641 株の Cisco 株式を受け取る。
- 2001 年 1 月 23 日の Cisco 株式の終値は 42.625 だった。
- Goals 発行時における連続複利無リスク金利は年 5.2 %（半年 2.6 %）だった。

Cisco 株式リンク Goals を分析するため、まず、キャッシュフローが以下のように表せることに注目する。

時点	0	1	2	3
	-1,000	97.50	97.50	97.50 1,000-25.641*Max(39-S_T,0)

このことを示すため、定義による Goals のペイオフを上記のペイオフと比較する、簡単なスプレッドシートを構築した。

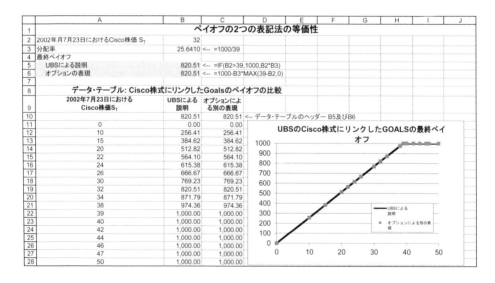

これら 2 つの定義の等価性は、Cisco 株式リンク Goals の購入者について、以下を意味する。

- 半年で 9.75 %の金利を支払う債券 1,000 ドルを購入。
- 行使価格 X = 39、満期までの期間 T = 1.5 のプット 25.641 個を UBS に売却。

Goals が発行された時点において、半年間の金利は概ね 2.6 % で、9.75 % よりはるかに低かった。したがって、Goals の債券部分には 1,000 ドルをはるかに超える価値があった。他方で、Goals の購入者は UBS に対して 25.641 個のプットを*提供していた*。この「ギフト」の価値は、Goals のどのような分析においても明らかにされるべきものである。

ここでは Goals を評価する 2 つの方法を示す。最初の方法は、いかなる証券の NPV も、均衡においては、ゼロにならなければならないと仮定する。UBS の証券について、これを当てはめると以下のようになる。

$$\underbrace{-1{,}000 + \frac{97.50}{(1+r)^{0.5}} + \frac{97.50}{(1+r)^{1.0}} + \frac{1{,}097.50}{(1+r)^{1.5}}}_{\uparrow\ r=2.6\ \%における価値\ 205.11\ ドル}$$

$-25.641 * Cisco株式に対するプット\ (X = 39, T = 1.5) = 0$

以下のスプレッドシートでは、このロジックを用いて、UBS の証券に組み込まれたプットをプライシングし、その価格をブラック・ショールズによる価格と比較している。

$$プットの潜在的な価値 = \frac{1}{25.641}\left[\begin{array}{l}-1{,}000 + \dfrac{97.50}{(1+2.6\ \%)^{0.5}} \\ + \dfrac{97.50}{(1+2.6\ \%)^{1.0}} + \dfrac{1{,}097.50}{(1+2.6\ \%)^{1.5}}\end{array}\right]$$

$$= \frac{205.11\ ドル}{25.641} = 8.00\ ドル$$

UBS は Goals の購入者に対し、Cisco 株式に対するプット 1 個当たり 8.00 ドルを暗黙のうちに支払っている。しかしながら、以下に示すように、このようなプットのブラック・ショールズによる価格は、$\sigma = 80\ \%$ の場合、[6] 11.71 ドルである。これによれば、Goals は不利な投資である。

---

[6]. Cisco 株式リンク Goals は、2000 年代前半の NASDAQ 暴落の最中に発行された。この期間における Cisco 株式のインプライド・ボラティリティは 80 % から 120 % の間で変動していた。

	A	B	C
1	**UBSのGOALSの黙示的なプットのプライシング**		
2	年間の無リスク金利	5.20%	
3	クーポンレート	19.50%	
4	当初コスト	1,000	
5	転換比率: 株価が低い場合に受け取るCisco株式数	25.641	<-- =1000/39
6			
7	**5.20%における固定支払額の評価**		
8	固定支払額		
9	日付	キャッシュフロー	
10	2001年1月23日	-1,000.00	
11	2001年7月23日	97.50	<-- =$B$3*B4/2
12	2002年1月23日	97.50	
13	2002年7月23日	1,097.50	
14	**Goalsの債券部分のPV**	205.11	<-- =XNPV(B2,B10:B13,A10:A13)
15			
16	Goalsに組み込まれたプット25.641個の価値	205.11	<-- =B14
17	**プット1単位あたりの価値**	8.00	<-- =B16/25.641
18	UBSがGoalsの購入者に対し、組み込まれたプットの対価として支払う額。		
19			
20	**ブラック・ショールズによるプットの評価**		
21	S	42.625	現在の株価
22	X	39	行使価格
23	r	5.20%	無リスク金利
24	T	1.5	オプションの満期までの期間 (年)
25	σ	80%	株式のボラティリティ
26	プットの価格	11.71	<-- =BSPut(B21,B22,B24,B23,B25)
27			
28	Goalsは有利な投資か？	No	<-- =IF(B17>B26,"Yes","No")
29			
30	**技術的な注**: 教科書的な明確さを期せば、この計算では、Goalsの債券部分の評価(10-14行目)とオプションの評価の両方について、金利として5.2%を用いている。半年間の離散的な金利2.6%を所与とすれば、オプションの計算においては、これと等価となる連続複利による金利**LN((1.026)^2)**を用いる方が、技術的にはより正確であろう。読者は、この修正の影響が無視できるものであることを確認できるだろう。		

 Goals を考察する、もう 1 つの方法がある。Goals を購入するとともに、$T = 1.5$、$X = 39$ の Cisco 株式に対するプット 25.641 個を購入する、Goals の購入者を考えてみよう。このような、Goals+ プット 25.641 個の「設計された」組み合わせは、無リスク証券を組成する。

$$Goals + \begin{matrix} \text{プット}25.641\text{個} \\ \text{のペイオフ} \end{matrix} = \begin{cases} 1{,}000\text{ドル} - \underbrace{25.641*(39-S_T)}_{\substack{\uparrow \\ \text{Goals に埋め込まれたプット} \\ \text{からの支払い}}} \\ +\underbrace{25.641*(39-S_T)}_{\substack{\uparrow \\ \text{購入したプットからの支払い}}} = 1{,}000\text{ドル} \quad S_T < 39 \\ 1{,}000\text{ドル} \hspace{5.5cm} S_T \geq 39 \end{cases}$$

以下のスプレッドシートでは、購入したプットがブラック・ショールズを用いてプライシングされたと仮定し、この「設計された」証券の利回りを無リスク金利と比較する。

	A	B	C
1		UBSのGOALSとプット25.641個による無リスク証券の組成	
2	当初のキャッシュフロー		
3	UBSの証券の購入	-1,000.00	
4	プット25.641個の購入	-300.21	<-- =-25.641*BSPut(B16,B17,B19,B18,B20)
5			
6		「設計された」証券のキャッシュフロー: GOALS + 購入したプット25.641個	
7	日付	キャッシュフロー	
8	2001年1月23日	(1,300.21)	<-- =SUM(B3:B4)
9	2001年7月23日	97.50	
10	2002年1月23日	97.50	
11	2002年7月23日	1,097.50	
12			
13	上記のIRR	-0.43%	<-- =XIRR(B8:B11,A8:A11)
14			
15	セルB4のブラック・ショールズ式のインプット		
16	S	42.625	現在の株価
17	X	39	行使価格
18	r	5.20%	無リスク金利
19	T	1.5	オプションの満期までの期間(年)
20	σ	80%	株式のボラティリティ

セル B13 では、Excel 関数 **XIRR**(第 33 章参照)を用いて、設計された証券の年間内部利益率を計算している。この利益率は明らかに、市場で得ることのできる、代替的な無リスク金利(5.2 %)よりも低い。これが、Goals は不利な投資であるという事実を確認する、もう 1 つの方法である。

```
            THE SEC FILING FOR UBS AG $60,000,000 GOALS
                              UBS AG
                           $60,000,000
                    19.5% GOALs DUE JULY 23, 2002
------------------------------------------------------------------


    Each note being offered has the following terms:

- - Issuer:            UBS AG
- - Issue:             $60,000,000 USD principal amount
                       of GOALs due July 23, 2002 linked
                       to shares in the common stock of
                       Cisco Systems, Inc.
- - Coupon:            19.5% per annum, payable
                       semi-annually in arrears on each
                       January 23 and July 23 which shall
                       be composed of (1) an interest
                       coupon representing a rate of 5.2%
                       per annum and (2) a coupon
                       representing an option premium of
                       14.3% per annum
- - Initial price of   $39.00 per share, subject to underlying stock
                       antidilution adjustments (strike price):
- - Key dates:         Trade: January 17, 2001
                       Settlement: January 23, 2001
                       Determination: July 18, 2002
                       Maturity: July 23, 2002

Proceeds at maturity are based on the closing price of Cisco Systems,
Inc. common stock three business days before maturity:

If the closing price of Cisco Systems, Inc. common stock is at or
above the initial price per share of $39.00, holders will receive a
cash payment equal to the principal amount of their GOALs.

If the closing price of Cisco Systems, Inc. is lower than the initial
price per share of $39.00, holders will receive 25.641 shares of Cisco
Systems, Inc. common stock for each $1,000 principal amount of their
GOALs (the stock redemption amount). Fractional shares will be paid in
cash. The number of shares received for each $1,000 invested will be
calculated by dividing the initial price per share of $39.00 into
$1,000. The stock redemption amount and the initial price per share of
$39.00 (strike price) may change due to stock splits or other
corporate actions.
```

図 17.3
UBS の Cisco 株式リンク Goals に関する SEC 提出書類より。

17.8 オプションによる出費に見合うだけの価値

本節では、ブラック・ショールズ式のもう1つの応用を示す。ある株式が、極めて短期間に値上がりすることを確信しているとしよう。そして、この株式に対するコールで、「出費に見合うだけの価値」が最大であるものを購入したいと考えている。即ち、オプション投資の利益率を最大にしたいと考えている。ブラック・ショールズ式を用いると、以下の行うべき事が容易に示される。

- 可能な限り短い満期のコールを購入する。
- 最も大きくアウト・オブ・ザ・マネーとなっている（即ち、可能な限り高い行使価格の）コールを購入する。

以下は、スプレッドシートによる説明である。

	A	B	C
1		**オプションによる「出費に見合うだけの価値」**	
2	S	25	現在の株価
3	X	25	行使価格
4	r	6.00%	無リスク金利
5	T	0.5	オプションの満期までの期間 (年)
6	σ	30%	株式のボラティリティ
7			
8	d_1	0.2475	<-- (LN(S/X)+(r+0.5*σ^2)*T)/(σ*SQRT(T))
9	d_2	0.0354	<-- d_1-σ*SQRT(T)
10			
11	$N(d_1)$	0.5977	<-- 数式NormSDist(d_1)を使用
12	$N(d_2)$	0.5141	<-- 数式NormSDist(d_2)を使用
13			
14	コール価格	2.47	<-- S*N(d_1)-X*exp(-r*T)*N(d_2)
15	プット価格	1.73	<-- コール価格 - S + X*Exp(-r*T): プット・コール・パリティによる
16			
17	コールの見返り	6.0483	<-- =B11*B2/B14
18	プットの見返り	5.8070	<-- =NORMSDIST(-B8)*B2/B15

セル B17 で定義されているコールの見返りは、単にコール価格の変化率を株価の変化率で割ったものである（経済学では「価格弾力性」として知られる）。

$$\text{コールの見返り} = \frac{\partial C/C}{\partial S/S} = \frac{\partial C}{\partial S}\frac{S}{C} = N(d_1)\frac{S}{C}$$

同様に、プットについても、「出費に見合うだけの価値」は以下の式で定義される（もちろん、プットの「出費に見合うだけの価値」の背景には、株価が下落すると確信しているというストーリーがある）。

$$\text{プットの見返り} = \frac{\partial P/P}{\partial S/S} = \frac{\partial P}{\partial S}\frac{S}{P} = -N(-d_1)\frac{S}{P}$$

これは、セル B18 で定義されている。数値を容易に理解できるように、ここではマイナス記号を落とし、「プットの見返り」= $N(-d_1)\frac{S}{P}$ としている。

以下のグラフは、コールとプット両方について「出費に見合うだけの価値」を示している。

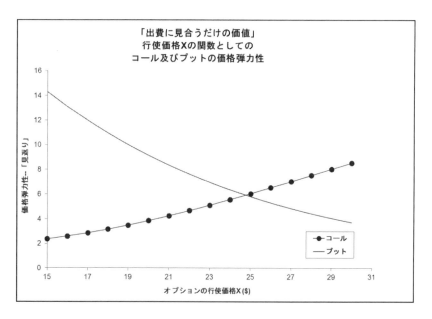

スプレッドシートでいろいろと試してみれば、満期までの期間が長いほど、「出費に見合うだけの価値」が小さくなることが分かるだろう（これら全てを言い換えると、最もリスクの高いオプションとは、最も大きくアウト・オブ・ザ・マネーで、最も期間の短いオプションである）。

	D	E	F	G	H	I
23		データ・テーブル:「コールの見返り」に対するS及びTの影響				
24	データ・テーブルのヘッダー:=B17					
25			T--オプション行使までの期間			
26		6.0483	0.25	0.5	0.75	1
27		15	25.8566	14.1767	10.1698	8.1113
28		16	23.3203	12.9886	9.4124	7.5625
29		17	20.9931	11.9035	8.7218	7.0623
30		18	18.8591	10.9122	8.0913	6.6056
31		19	16.9055	10.0067	7.5154	6.1882
32		20	15.1222	9.1804	6.9891	5.8062
33		21	13.5006	8.4274	6.5082	5.4565
34		22	12.0334	7.7424	6.0691	5.1362
35		23	10.7137	7.1205	5.6682	4.8426
36		24	9.5347	6.5572	5.3025	4.5737
37		25	8.4892	6.0483	4.9691	4.3272
38		26	7.5694	5.5896	4.6655	4.1012
39		27	6.7664	5.1773	4.3892	3.8941
40		28	6.0706	4.8074	4.1379	3.7043
41		29	5.4720	4.4764	3.9094	3.5303
42		30	4.9598	4.1807	3.7019	3.3708

17.9 債券オプション評価のための Black（1976）によるモデル[7]

Black（1976）は、債券やフォワードに対するオプションの単純な評価にしばしば用いられるブラック・ショールズ・モデルの適用例を提案した。ある資産のフォワード価格を F とすると、17.2 節で示したブラック・ショールズ式は以下のように置き換えられる。

$$C = e^{-rT}[FN(d_1) - XN(d_2)]$$

ここで、

$$d_1 = \frac{\ln(F/X) + \sigma^2 T/2}{\sigma \sqrt{T}}$$

$$d_2 = d_1 - \sigma\sqrt{T}$$

これに対応するプット価格は以下により与えられる。

$$P = e^{-rT}[XN(-d_2) - FN(-d_1)]$$

Black（1976）モデルを用いるため、ゼロ・クーポン債に対するオプションのケー

---

[7]. 本節は上級編であり、最初に読む際には飛ばしてもよい。債券に対するオプションのプライシングについての完全な議論は、本書の現在の版の範囲を超える。しかしながら、このように非常に有益で、しばしば用いられるブラック・モデルの適用例は、本節に追加できるほど単純である。

スを考える。オプションの満期は $T = 0.5$ である。このオプションは時点 T において、行使価格 $X = 130$ で、この債券を購入する機会を保有者に与える。無リスク金利は $r = 4$ % と仮定する。この債券の行使日までのフォワード価格が $F = 133$ で、フォワード価格のボラティリティが $\sigma = 6$ % である場合、Black（1976）モデルを用いた、この債券オプションのプライシングは以下のようになる。

	A	B	C
1		**BLACK (1976)モデルを用いた 債券オプションのプライシング**	
2	F	133.011	<-- 債権のフォワード価格
3	X	130.000	<-- 行使価格
4	r	4.00%	<-- 無リスク金利
5	T	0.5	
6	σ	6%	<-- 債券のフォワード価格のボラティリティσ
7			
8	d_1	0.5609	<-- =(LN(B2/B3)+B6^2*B5/2)/(B6*SQRT(B5))
9	d_2	0.5185	<-- =B8-SQRT(B5)*B6
10			
11	コール価格	3.97	<-- =EXP(-B4*B5)*(B2*NORMSDIST(B8)-B3*NORMSDIST(B9))
12	プット価格	1.02	<-- =EXP(-B4*B5)*(B3*NORMSDIST(-B9)-B2*NORMSDIST(-B8))

したがって、この債券に対するコールは 3.97 の価値があり、プットは 1.02 の価値がある。

債券のフォワード価格の決定

金利のフォワード・レートとは、将来のローンに関して現時点で固定することができる金利である。以下の例では、現在の 7 年物金利は 6 % で、4 年物金利は 5 % である。1 つの満期の預金と、もう 1 つの満期のローンを同時に行うことで、4 年目及び 7 年目を除く全ての時点で、キャッシュフローがゼロとなる証券を組成することができる。

ブラック・ショールズ・モデル

	A	B	C	D	E	F	G	H	I	J
1				フォワード・レート						
2	債券の満期W	7								
3	オプションの満期T	4								
4	W年物割引債利回り	6%								
5	T年物割引債利回り	5%								
6										
7	離散的な複利による金利									
8			0	1	2	3	4	5	6	7	8
9	6.00%での7年預金		100.00							-150.36	
10	5.00%での4年物ローン		-100.00				121.55				
11	上記の合計: 4年目における3年物預金		0.00				121.55			-150.36	
12											
13	離散的な複利による4年目から7年目までのフォワード・レート	7.35%	<-- =(-I11/F11)^(1/(B2-B3))-1							
14											
15	連続複利による金利										
16			0	1	2	3	4	5	6	7	8
17	6.00%での7年預金		100.00							-152.20	
18	5.00%での4年物ローン		-100.00				122.14				
19	上記の合計: 4年目における3年物預金		0.00				122.14			-152.20	
20											
21	連続的な複利による4年目から7年目までのフォワード・レート	7.33%	<-- =LN(-I19/F19)/(B2-B3)							

上記のスプレッドシートは2つのフォワード・レートの計算を示している。金利が離散的な複利による場合、4年目から7年目のフォワード・レートは以下により与えられる。

$$\text{離散的な複利による4年目から7年目までのフォワード・レート} = \left[\frac{(1+r_7)^7}{(1+r_4)^4}\right]^{(1/3)} - 1$$

$$= \left[\frac{(1+6\%)^7}{(1+5\%)^4}\right]^{(1/3)} - 1$$

$$= \left(\frac{1.5036}{1.2155}\right)^{(1/3)} - 1 = 7.35\%$$

金利が(ブラック・モデルやほとんどのオプション計算のように)連続複利の場合、以下のようになる。

$$\text{連続複利による4年目から7年目までのフォワード・レート} = \left(\frac{1}{3}\right)\ln\left[\frac{e^{r_7*7}}{e^{r_4*4}}\right]$$

$$= \left(\frac{1}{3}\right)\ln\left[\frac{1.5220}{1.2214}\right] = 7.33\%$$

前の項の例にフォワード・レートを適用するため、対象の債券が満期2年、満期における額面147であると仮定する。そして、2年物金利が $r_2 = 6\%$、オプションの満期までの金利が $r_{0.5} = 4\%$ とすると、債券のフォワード価格は、以下に示

すように、F = 133.011 となる。

	A	B	C
1	債券のフォワード価格の決定		
2	債券の満期N	2	
3	オプションの満期T	0.5	
4	債券の満期における価値	147	
5			
6	Nまでの金利	6%	
7	Tまでの金利	4%	
8			
9	債券のTまでのフォワード価格	133.011	<-- =B4*EXP(-B6*B2)*EXP(B7*B3)

17.10 まとめ

オプション・プライシングのためのブラック・ショールズ式は、ファイナンスにおける最も強力なイノベーションの1つである。この式は、オプションのプライシングのみならず、複雑な証券を分析する際の概念的なフレームワークとしても、広く用いられている。本章では、ブラック・ショールズ式の実装例を探求した。Excelの普通のスプレッドシートで、ブラック・ショールズによるオプションのプライシングをすることができる。また、VBAを使って、オプションのブラック・ショールズ価格とインプライド・ボラティリティを算定することができる。最後に、ブラック・ショールズを用いて仕組商品（オプション、株式、債券の組み合わせ）をプライシングする方法を示した。

練習問題

1. ブラック・ショールズ・モデルを用いて、以下をプライシングしなさい。

    - 行使価格 $X = 50$、$T = 0.5$、$r = 10\%$、$\sigma = 25\%$ で、現在の株価50の株式に対するコール・オプション
    - 同じパラメータのプット・オプション

2. 問題1のデータとデータ・テーブルを用いて、以下を示すグラフを作成しなさい。

- 当初の株価 S の変化に対する、ブラック・ショールズ・コール価格の感度
- σ の変化に対する、ブラック・ショールズ・プット価格の感度
- 満期までの期間 T の変化に対する、ブラック・ショールズ・コール価格の感度
- 金利 r の変化に対する、ブラック・ショールズ・コール価格の感度
- 行使価格 X の変化に対する、プット価格の感度

3. コールの*本源的価値*（$\max(S - X, 0)$ と定義される）とブラック・ショールズ価格を比較するグラフを作成しなさい。このグラフから、ブラック・ショールズによってプライシングされたコールの期限前行使が、決して最適にならないことを推論できるに違いない。

4. プットの本源的価値（$\max(X - S, 0)$）とブラック・ショールズ価格を比較するグラフを作成しなさい。このグラフから、ブラック・ショールズ式によってプライシングされたプットの期限前行使が、最適となる可能性があることを推論できるに違いない。

5. 以下の表は、2007 年 7 月 12 日における American Airlines (AMR) オプションの価格を示している。行使価格 $X = 27.50$ ドルのオプションが、アット・ザ・マネーのオプションであると仮定する。

   a. 各オプションのインプライド・ボラティリティを計算しなさい（本章で定義した関数 **CallVolatility** 及び **PutVolatility** を用いる）。
   b. これらのボラティリティのグラフを作成しなさい。ボラティリティ「スマイル」になっているだろうか？

	A	B	C	D	E	F	G
1			AMRオプション				
2	株価		27.82				
3	現在の日付	2007年7月12日					
4	満期日	2007年11月16日					
5	満期までの期間 T		0.35	<-- =(B4-B3)/365			
6	金利		5%				
7							
8	行使価格	コール・オプション価格	インプライド・ボラティリティ		行使価格	プット・オプション価格	インプライド・ボラティリティ
9	15.0	13.50			15.0	0.15	
10	17.5	10.40			17.5	0.25	
11	20.0	8.40			20.0	0.55	
12	22.5	7.20			22.5	1.06	
13	25.0	4.90			25.0	1.90	
14	27.5	3.30			27.5	2.95	
15	30.0	2.30			30.0	4.30	
16	32.5	1.65			32.5	6.10	
17	35.0	1.00			35.0	7.40	
18	37.5	0.70			37.5	9.60	
19	40.0	0.45			40.0	12.70	
20	45.0	0.25					
21	50.0	0.05					

6. 前の問題の AMR の $X = 17.50$ のコールを再び検討しよう。

   a. このコールは正しくプライシングされているだろうか？
   b. インプライド・ボラティリティが 60 %になるには、このコールは価格がいくらである必要があるだろうか？

7. Excel のソルバーを用いて、コール・オプションのブラック・ショールズ価格と本源的価値との差が最大になる株価を求めなさい。以下の値を用いる。$S = 45$、$X = 45$、$T = 1$、$\sigma = 40\%$、$r = 8\%$

8. 本章で示したように、Merton（1973）は、価格 S で、連続複利による配当利回り k を支払う資産の場合、以下のコール・オプション・プライシング式が導かれることを示した。

   $$C = Se^{-kT}N(d_1) - Xe^{-rT}N(d_2)$$

   ここで、

   $$d_1 = \frac{\ln(S/X) + \left(r - k + \sigma^2/2\right)T}{\sigma\sqrt{T}}$$
   $$d_2 = d_1 - \sigma\sqrt{T}$$

   a. 本章で定義した関数 **BSCall** 及び **BSPut** を、マートン・モデルに当てはまるように修正しなさい。
   b. この関数を用いて、現在の価格が $S = 1,500$ である指数に対する、アット・ザ・マネーのオプションを、オプションの満期 $T = 1$、配当利回り $k = 2.2\%$、標準偏差 $\sigma = 20\%$、金利 $r = 7\%$ の場合について、プライシングしなさい。

9. 2007 年 7 月 12 日において、1 ユーロ当たり 1.37 ドルで 10,000 ユーロを購入及び売却するコール及びプット・オプションがフィラデルフィア・オプション取引所で取引されている。オプションの満期日は 2007 年 12 月 20 日である。ドル金利が 5 %、ユーロ金利が 4.5 %、ユーロのボラティリティが 6 %であるとき、コール及びプットの価格はいくらであるべきか？

10. コール・オプション・プレミアムの行使価格に対する比率を、S/X の関数として、ブラック・ショールズ式を用いて計算できることに留意しよう。

    $$C = SN(d_1) - Xe^{-rT}N(d_2) \Rightarrow \frac{C}{X} = \frac{S}{X}N(d_1) - e^{-rT}N(d_2)$$

    ここで、

    $$d_1 = \frac{\ln(S/X) + \left(r + \sigma^2/2\right)T}{\sigma\sqrt{T}}$$

$$d_2 = d_1 - \sigma\sqrt{T}$$

この計算をスプレッドシートに実装しなさい。

11. ブラック・ショールズ式によるプット・オプション・プレミアムの行使価格に対する比率を、S/X の関数として計算できることにも留意しよう。

$$P = -SN(-d_1) + Xe^{-rT}N(-d_2) \Rightarrow \frac{P}{X} = e^{-rT}N(-d_2) - \frac{S}{X}N(-d_1)$$

ここで、

$$d_1 = \frac{\ln(S/X) + (r + \sigma^2/2)T}{\sigma\sqrt{T}}$$
$$d_2 = d_1 - \sigma\sqrt{T}$$

この計算をスプレッドシートに実装しなさい。$T = 0.5$、$\sigma = 25\%$、$r = 10\%$ のとき、C/X と P/X が交差する比率 S/X を求めなさい（グラフを用いることも、Excel のソルバーを用いることもできる）。この交点は金利とオプションの満期には影響されるが、σ には影響されないことに留意しよう。

12. 以下のような種類の仕組証券を考える。購入者は 1,000 ドルを投資し、3 年後に、当初の投資額プラス現在の価格が 100 である市場指数の上昇分の 95 ％の払い戻しを受ける。連続複利金利は 1 年当たり 6 ％である。この証券が公正にプライシングされていると仮定すると、この市場指数のインプライド・ボラティリティはいくらか？

18 オプションのギリシア文字

18.1 概要

本章では、ブラック・ショールズ式の様々なパラメータに対する感度について議論する。「ギリシア文字（Greeks）」とは、ブラック・ショールズ式の引数に関する偏導関数である（それらのほとんどを表すためにギリシア文字を用いることから、このように呼ばれる）。ギリシア文字は、オプションの持つリスクの程度を示すものとして考えることができる。

- デルタ（Δ）は、原株式価格に関するオプション価格の偏導関数である。即ち、$\Delta_{Call} = \dfrac{\partial \text{Call}}{\partial S}, \Delta_{Put} = \dfrac{\partial \text{Put}}{\partial S}$。デルタ（$\Delta$）は、原資産価格が変化した際の、オプション価格の変動性の尺度として考えることができる。
- ガンマ（Γ）は、原株式に関するオプション価格の2次偏導関数である。ガンマは、株価に関するオプション価格の凸性を示す。ブラック・ショールズ式によりプライシングされるオプションに関しては、コールとプットは同じガンマを有する。即ち、$\Gamma_{Call} = \dfrac{\partial^2 \text{Call}}{\partial S^2} = \Gamma_{Put} = \dfrac{\partial^2 \text{Put}}{\partial S^2}$。
- ベガは、原株式の収益率の標準偏差 σ に対するオプション価格の感度である。理由は明らかではないが、ギリシア文字のカッパ（κ）を用いてベガを表すこともある。ブラック・ショールズ式を所与とすれば、コールとプットは同じベガを有する。即ち、$\kappa = \dfrac{\partial \text{Call}}{\partial \sigma} = \dfrac{\partial \text{Put}}{\partial \sigma}$。
- セータ（θ）は、満期までの期間が短くなる際の、オプション価値の変化である。一般的には、時間の経過とともにオプションの価値は減少していくことが予想される（しかし、これが常に正しいとは限らないことが判明する）。オプションの満期までに残っている期間を T とし、セータを、T に関するオプション価格の偏導関数のマイナスに等しいと定める。即ち、$\theta_{Call} = -\dfrac{\partial \text{Call}}{\partial T}, \theta_{Put} = -\dfrac{\partial \text{Put}}{\partial T}$。
- ロー（ρ）は、オプションの金利に対する感度を測定する。即ち、$\rho_{Call} = -\dfrac{\partial \text{Call}}{\partial r}, \rho_{Put} = -\dfrac{\partial \text{Put}}{\partial r}$。

本章では、オプションのギリシア文字を測定する方法と、それらをヘッジで用いる方法とを示す。議論の一般性のために、ここではマートン・モデル（第17章6節）を用いて説明する。これは、連続的な配当支払いのある株式や、通貨に対して適用できる、ブラック・ショールズ式の拡張版である。

18.2 ギリシア文字の定義と計算

ギリシア文字は、ある変数に関するオプション価格の感度である。以下の表では、連続配当を支払う原資産に対して定義されたオプションについて、ギリシア文字を整理している。17.6節で議論したように、このようなオプションはマートン・モデルを用いてプライシングされる。もちろん、配当利回り $k = 0$ とすることで、マートン・モデルから標準的なブラック・ショールズ・モデルが得られる。通貨オプションは、S を現在の為替レート、X をオプション行使の際の為替レート、r を国内金利、k を海外金利とすることにより、マートン式でプライシングできる。

マートン版のブラック・ショールズ式は以下により与えられる。

$$C = Se^{-kT}N(d_1) - Xe^{-rT}N(d_2)$$
$$P = -Se^{-kT}N(-d_1) + Xe^{-rT}N(-d_2)$$

ここで、

$$d_1 = \frac{\ln\left(\frac{S}{X}\right) + \left(r - k + \sigma^2/2\right)T}{\sigma\sqrt{T}}$$
$$d_2 = d_1 - \sigma\sqrt{T}$$

463ページの表は、この式に関するギリシア文字を示している。本章の補論では、これらの式の VBA による実装を提示する。

ブラック・ショールズのギリシア文字

	測定方法	コール	プット
デルタ (Δ または δ)	オプションの価格感度, $\dfrac{\partial V}{\partial S}$	$\Delta_{Call} = e^{-kT} N(d_1)$	$\Delta_{Put} = e^{-kT}(N(d_1) - 1)$ $= -e^{kT} N(-d_1)$
ガンマ (Γ)	2次の価格感度, $\dfrac{\partial^2 V}{\partial S^2}$ 原資産価格に関するオプションの凸性	$\dfrac{e^{-kT} N'(d_1)}{S\sigma\sqrt{T}} = \dfrac{e^{(d_1)^2/2 - kT}}{S\sigma\sqrt{2T\pi}}$	
ベガ (ギリシア文字ではないが、ギリシア文字カッパ κ が用いられることがある)	ボラティリティに対する感度, $\dfrac{\partial V}{\partial \sigma}$	$S e^{-kT} N'(d_1)\sqrt{T} = \dfrac{S\sqrt{T} e^{-(d_1)^2/2 - kT}}{\sqrt{2\pi}}$	
セータ (θ)	期間に対する感度, $-\dfrac{\partial V}{\partial T}$	$-\dfrac{S e^{-kT} N'(d_1)\sigma}{2\sqrt{T}} + k S e^{-kT} N(d_1)$ $- r X e^{-rT} N(d_2)$	$-\dfrac{S e^{-kT} N'(d_1)\sigma}{2\sqrt{T}} - k S e^{-kT} N(-d_1)$ $+ r X e^{-rT} N(-d_2)$
ロー (ρ)	金利に対する感度	$X T e^{-rT} N(d_2)$	$-X T e^{-rT} N(-d_2)$

注: $d_1 = \dfrac{\ln(S/X) + \left(r - k + \dfrac{\sigma^2}{2}\right) T}{\sigma\sqrt{T}}, d_2 = d_1 - \sigma\sqrt{T}, N'(x) = \dfrac{1}{\sqrt{2\pi}} e^{\left(-x^2/2\right)}$

以下のスプレッドシートにギリシア文字を実装した。ここでは、各ギリシア文字の力ずくの計算ならびに VBA 関数の実装を示している。

	A	B	C
1			ブラック・ショールズのギリシア文字 連続配当を支払う株式についてマートン・モデルを適用
2	S	100	現在の株価
3	X	90	行使価格
4	T	0.5	オプションの満期までの期間 (年)
5	r	6.00%	無リスク金利
6	k	2.00%	配当利回り
7	σ	35%	株式のボラティリティ
8			
9	d_1	0.6303	<-- =(LN(B2/B3)+(B5-B6+0.5*B7^2)*B4)/(B7*SQRT(B4))
10	d_2	0.3828	<-- d_1-σ*SQRT(T)
11			
12	$N(d_1)$	0.7357	<-- 数式NormSDist(d_1)を使用
13	$N(d_2)$	0.6491	<-- 数式NormSDist(d_2)を使用
14			
15	コール価格	16.1531	<-- =B2*EXP(-B6*B4)*B12-B3*EXP(-B5*B4)*B13
16		16.1531	<-- =bsmertoncall(B2,B3,B4,B5,B6,B7)
17	プット価格	4.4882	<-- =B3*EXP(-B5*B4)*NORMSDIST(-B10)-B2*EXP(-B6*B4)*NORMSDIST(-B9)
18		4.4882	<-- =bsmertonput(B2,B3,B4,B5,B6,B7)
19			
20			コールのギリシア文字(力ずくでの計算)
21	デルタ	0.7284	<-- =EXP(-B6*B4)*NORMSDIST(B9)
22	ガンマ	0.0131	<-- =EXP(-(B9^2)/2-B6*B4)/(B2*B7*SQRT(2*B4*PI()))
23	ベガ	22.8976	<-- =B2*SQRT(B4)*EXP(-(B9^2)/2)*EXP(-B6*B4)/SQRT(2*PI())
24	テータ	-9.9587	<-- =-B2*EXP(-(B9^2)/2-B6*B4)*B7/SQRT(8*B4*PI())+B6*B2*EXP(-B6*B4)*B12-B5*B3*EXP(-B5*B4)*B13
25	ロー	28.3446	<-- =B3*B4*EXP(-B5*B4)*NORMSDIST(B10)
26			
27			コールのギリシア文字(VBA関数)
28	デルタ	0.7284	<-- =deltacall(B2,B3,B4,B5,B6,B7)
29	ガンマ	0.0131	<-- =optiongamma(B2,B3,B4,B5,B6,B7)
30	ベガ	22.8976	<-- =vega(B2,B3,B4,B5,B6,B7)
31	テータ	-9.9587	<-- =Thetacall(B2,B3,B4,B5,B6,B7)
32	ロー	28.3446	<-- =rhocall(B2,B3,B4,B5,B6,B7)

以下はプットに関するギリシア文字の計算である。

	E	F	G
20			**プットのギリシア文字(力ずくでの計算)**
21	デルタ	-0.2616	<-- =-EXP(-B6*B4)*NORMSDIST(-B9)
22	ガンマ	0.0131	<-- =EXP(-(B9^2)/2-B6*B4)/(B2*B7*SQRT(2*B4*PI()))
23	ベガ	22.8976	<-- =B2*EXP(-(B9^2)/2-B6*B4)*SQRT(B4)/SQRT(2*PI())
24	テータ	-6.6984	<-- =-B2*EXP(-(B9^2)/2-B6*B4)*B7/SQRT(8*B4*PI())-B6*B2*EXP(-B6*B4)*(1-B12)+B5*B3*EXP(-B5*B4)*(1-B13)
25	ロー	-15.3255	<-- =-B3*B4*EXP(-B5*B4)*NORMSDIST(-B10)
26			
27			**プットのギリシア文字(VBA関数)**
28	デルタ	-0.2616	<-- =deltaput(B2,B3,B4,B5,B6,B7)
29	ガンマ	0.0131	<-- =optiongamma(B2,B3,B4,B5,B6,B7)
30	ベガ	22.8976	<-- =vega(B2,B3,B4,B5,B6,B7)
31	テータ	-6.6984	<-- =Thetaput(B2,B3,B4,B5,B6,B7)
32	ロー	-15.3255	<-- =rhoput(B2,B3,B4,B5,B6,B7)

Excel を用いて、様々なパラメータに対するギリシア文字の感度を調べることができる。以下にいくつかの例を示す。図 18.1 及び 18.2 は、株価の関数としてのデルタと、コール・オプションのマネーネスの関数としてのデルタを示している。

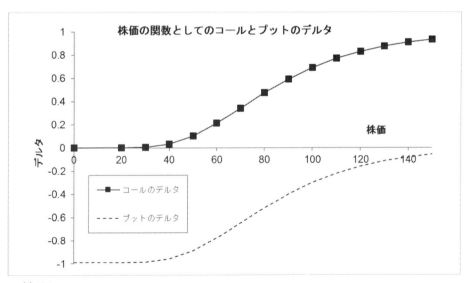

図 18.1

コールまたはプットがよりイン・ザ・マネーになるのに伴い、デルタは、コールでは +1、プットでは −1 に近づく傾向がある。本質的に、コールまたはプット価格は、原株式の価格と歩調を合わせて変動する。著しくアウト・オブ・ザ・マネーのプットまたはコールは、デルタ =0 となる。

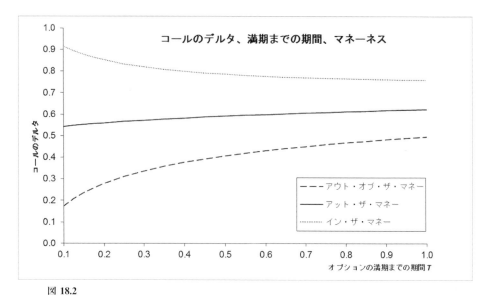

図 18.2

オプションの満期 T が長くなるのに伴い、アット・ザ・マネー及びアウト・オブ・ザ・マネーのコールのデルタは大きくなるが、イン・ザ・マネーのコールのデルタは小さくなる。

図 18.3 と 18.4 は、株価の関数としてのコールのセータと、オプション満期までの期間の関数としてのコールのセータを示している。

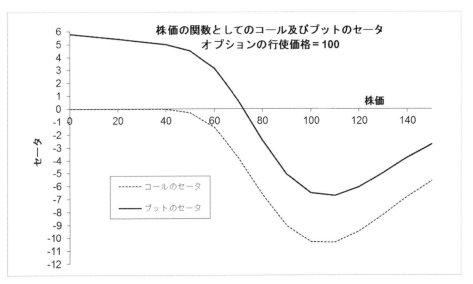

図 18.3

大きくイン・ザ・マネーのプットは、プラスのセータを持ちうる。これは、満期までの期間が短くなるのに伴い、プットの価値が増すことを意味する。この場合を除き、オプションは一般的にマイナスのセータをもつ。これは、満期までの期間が短くなるのに伴い、価値を減らすことを意味する。

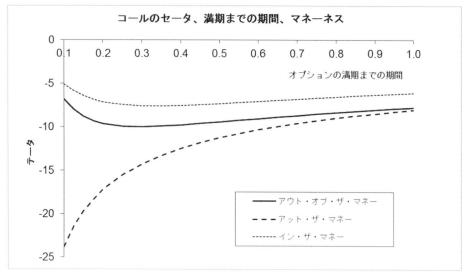

図 18.4

コールは常にマイナスのセータをもつ（これは、満期までの期間が短くなるのに伴い、価値を減らすことを意味する）。しかし、価値を減らす程度は、コールのマネーネスにより異なる。

18.3 コールのデルタ・ヘッジ[1]

デルタ・ヘッジはオプション・プライシングにおける基本的なテクニックである。その考え方は、ブラック・ショールズ式が定めるポートフォリオ構成比をもつ株式と債券のポートフォリオによって、オプションを複製するというものである。

満期までの期間が12週間であるアット・ザ・マネーのヨーロピアン・コール・オプションを複製することに決めたとしよう。このオプションが発行される株式は $S_0 = 40$ で、行使価格が $X = 35$ ドル、金利は $r = 4\%$、株式のボラティリティは $\sigma = 25\%$ である。このオプションのブラック・ショールズ価格は5.44である。

---

1. このテーマは、第29章で再び議論する。

オプションのギリシア文字 **469**

	A	B	C	D	E	F	G	H
1				コールのデルタ・ヘッジ				
2	現在の株価S		40.00					
3	行使価格X		35.00					
4	金利r		2.00%	ブラック・ショールズを用い				
5	配当利回りk		0.00%	た、コールの初期的なプライ				
6	満期T		0.2308	<-- =12/52	シング			
7	σ		25%					
8								
9	BS価値		5.44	<-- =bsmertoncall(B2,B3,B6,B4,B5,B7)				
10								
11					ヘッジ・ポートフォリオ			
12		満期までの週	満期までの期間	株価	株式 = =C13*deltacall(C13,$B$3,B13,$B$4,0,$B$7)	株式への投資	債券	ポートフォリオの価値	ポートフォリオのキャッシュフロー
13		12	0.2308	40.000	35.48		-30.04	5.44	5.44
14		11	0.2115	38.502	31.66	-2.4930	-27.56	4.10	0.00
15		10	0.1923	37.034	26.94	-3.5067	-24.06	2.88	0.00
16		9	0.1731	36.162	23.69	-2.6156	-21.45	2.24	0.00
17		8	0.1538	37.847	30.66	5.8605	-27.32	3.33	0.00
18		7	0.1346	36.785	26.91	-2.8856	-24.45	2.46	0.00
19		6	0.1154	35.033	18.64	-6.9845	-17.47	1.17	0.00
20		5	0.0962	35.440	20.87	2.0081	-19.49	1.38	0.00
21		4	0.0769	37.057	30.04	8.2222	-27.72	2.33	0.00
22		3	0.0577	35.975	24.96	-4.2073	-23.52	1.44	0.00
23		2	0.0385	34.528	14.03	-9.9244	-13.61	0.43	0.00
24		1	0.0192	34.235	9.29	-4.6243	-8.99	0.30	0.00
25		0	0.0000	33.285				0.04	
26									
27	ヘッジ・ポジションのペイオフ		0.04	<-- =G25	最初の時点において、株式と債券のポジションは、ブラック・ショールズ式を用				
28	コールの実際のペイオフ		0.00	<-- =MAX(C25-B3,0)	いて定められる。すなわち、株式 = SN(d₁)、債券 = -X*exp(-rT)N(d₂)。				
29					それ以降の各時点において、株式のポジションはS_t*Δ_callに調整される。債券				
30					のポジションは、ポートフォリオのネットキャッシュフローがゼロとなるように調				
31	数式				整される。				
32	セルD14:	=C14*deltacall(C14,$B$3,B14,$B$4,0,$B$7)							
33	セルE14:	=D14-D13*C14/C13			最後の時点において、株式と債券のポートフォリオは清算される。				
34	セルF14:	=F13*EXP($B$4/52)-E14							
35	セルG14:	=D14+F14							
36	セルH14:	=(D13*C14/C13-D14)+F13*EXP($B$4*(B13-B14))-F14							

　ここでは、関数 **BSMertoncall** を用いているが、配当利回り $k = 0\%$ としており、実質的に通常の BS コール・オプションであることに留意しよう。

　上記のスプレッドシートでは、デルタ・ヘッジを用いて、BS オプション・プライシング式を週次ベースで複製することによって、このオプションを作り出す。

- オプション満期から 12 週前の最初の時点において、コール = $SN(d_1) - Xe^{-rT}N(d_2)$ という式に従って、株式・債券ポートフォリオを決定する。したがって、ドル・ベースで $SN(d_1)$ の株式と、$Xe^{-rT}N(d_2)$ の借入れをポートフォリオに保有することになる。12 週の期間最初におけるポートフォリオの構成を決定したので、次にそれ以降の各週におけるポートフォリオの構成を以下のように決定する。
- 以降の各週で、ポートフォリオに含まれる株式の保有を式 $SN(d_1)$ に従って設定するが、ポートフォリオの借入れは、ポートフォリオの正味キャッシュフローがゼロになるように設定する。$SN(d_1) = S\Delta_{Call}$ であるため、「デルタ・ヘッジ」という名称であることに留意しよう。
- 12 週間の最後に、ポートフォリオを清算する。

デルタ・ヘッジは、ポートフォリオを連続的にリバランスすれば完璧になる。しかし、ここでは週次でしかリバランスしていない。完璧なヘッジをしていれば、ポートフォリオのペイオフは $\max[S_{最終} - X, 0]$ となっただろう（セル B27）。ヘッジの実際のペイオフ（セル B28）はわずかに異なっている。第 31 章で説明する、空白のセルにかかる**データ・テーブル**のテクニックを用いて、このシミュレーションを繰り返し、望ましいペイオフとヘッジ・ポジションのペイオフとの間の乖離を確認している。

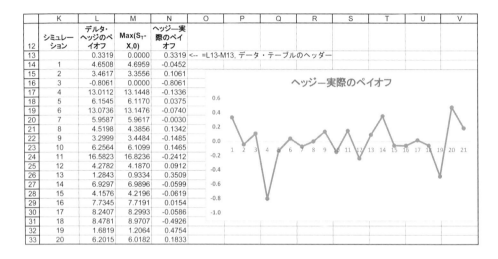

18.4 カラーのヘッジ

カラーとは、価格下落の可能性に対して、株式パッケージの保有者を守るように設計されたオプション戦略である。通常のカラーは、コールの売却とプットの購入の組み合わせで、ポジションの正味コストがゼロになるように設計される。したがって、カラーは、その保有者にコストのかからない防御を提供する。以下に例を示す。2008 年 1 月 1 日に、ある銀行の顧客は XYZ Corp. の株式 5,000,000 株を保有している。1 株は現在 55 ドルの価値がある。この株式は現在制限されているので、顧客は今から 1 年後になるまで、株式を売却することができない。しかしながら、彼は株価が下落することを心配しており、カラーの購入を望んでいる。

顧客は、ある投資銀行に以下のパッケージを設計するよう依頼した。

- 彼は、この株式に対する、$T = 1$ 年、行使価格 $X_{Put} = 49.04$ ドルのプットを購入したい。
- 彼は、この株式に対する、$T = 1$ 年、行使価格 $X_{Call} = 70.00$ ドルのコールを売却したい。

行使価格は、コールとプットのブラック・ショールズ価値が等しくなるように設定されている。

	A	B	C	D
1	カラー: 購入者はコールを売却しプットを購入する			
2		コール	プット	
3	S	55.00	55.00	
4	X	70.00	49.04	
5	T	1	1	
6	金利r	4.00%	4.00%	
7	配当利回りk	0.00%	0.00%	
8	σ	40%	40%	
9				
10	BSオプション価値	4.74	4.74	<-- =bsmertonput(C3,C4,C5,C6,C7,C8)
11				
12	コールマイナスプット	0.00	<-- =B10-C10	
13				
14				
15				=bsmertoncall(B3,B4,B5,B6,B7,B8)

コールの $X_{Call} = 70$ を所与として、プットの行使価格は**ソルバー**を用いて決定された。

第 18 章

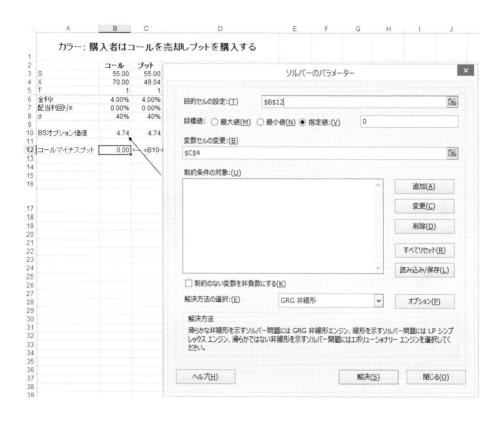

　カラーの特徴は、限定されたダウンサイド・リスクとともにアップサイド・ポテンシャルを購入者にもたらすことである。例えば上記の例では、プット、コール、カラーの最終ペイオフは以下のようになる。

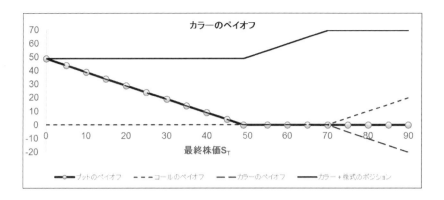

この顧客はカラーに加えて株式のポートフォリオも保有している。カラーと株式の保有者に対するペイオフは、決して49ドル未満にならない。もちろん、これこそが、この顧客が求めていた防御である。

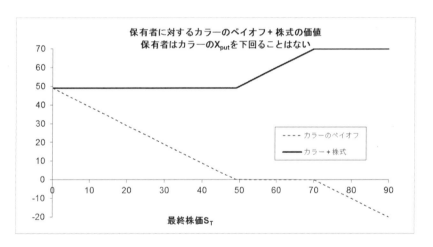

少し長い議論

カラーのブラック・ショールズ価値は当初ゼロであるのに、実際には投資銀行は顧客にカラーを5ドルで販売した。顧客がこの代金を支払いたいと考えるかもしれない、いくつかの理由がある。

- おそらくオプションは流動性が低く（これは、より長い期間のオプションで、し

ばしば生じる)、銀行は実際には価値のある流動性サービスを提供している。
● このオプションは実際には存在しないかもしれない。当該の特定長期間のオプションが取引されていないためか、または、特定の原株式に対するオプションが存在していないためかもしれない（これは、特定のポートフォリオについて、しばしば生じる）。この場合、銀行は、株式と債券の適切なポートフォリオを構築し、時間の経過とともにポートフォリオ比率を変化させることによって（次の項を参照）、カラーの基になるオプションを実際に作り出している。このようなポートフォリオを組成し、絶えずモニタリングすることは、対価を支払う価値のあるサービスである。

カラーのデルタ・ヘッジ：銀行の問題

カラーの顧客は、コールを売却し、プットを購入する。銀行は、顧客のポートフォリオに対応し、カラーの満期に顧客に支払いを行う資金が得られるよう、同様な投資を行いたい。ブラック・ショールズ式の観点からは、これは、銀行の正味ポジションが株式の空売りとその資金による債券投資となることを意味する。

$$-\underbrace{\left[SN(d_1[X_{\text{Call}}]) - X_{\text{Call}}e^{-rT}N(d_2[X_{\text{Call}}])\right]}_{\uparrow \atop \text{コールの売却}}$$

$$\underbrace{-SN(-d_1[X_{\text{Put}}]) + X_{\text{Put}}e^{-rT}N(-d_2[X_{\text{Put}}])}_{\uparrow \atop \text{プットの購入}}$$

$$= \underbrace{-S\left(N(d_1[X_{\text{Call}}]) + N(-d_1[X_{\text{Put}}])\right)}_{\uparrow \atop \text{株式の売却ポジション}}$$

$$+\underbrace{e^{-rT}\left[X_{\text{Call}}N(d_2[X_{\text{Call}}]) + X_{\text{Put}}N(-d_2[X_{\text{Put}}])\right]}_{\uparrow \atop \text{債券の購入ポジション}}$$

これをギリシア文字について変形する。

オプションのギリシア文字 **475**

$$\underbrace{-S\,(N(d_1\,[X_{\text{Call}}]) + N(-d_1\,[X_{\text{Put}}]))}_{\uparrow \text{株式の売却ポジション}}$$

$$\underbrace{+e^{-rT}\,[X_{\text{Call}}N(d_2\,[X_{\text{Call}}]) + X_{\text{Put}}N(-d_2\,[X_{\text{Put}}])]}_{\uparrow \text{債券の購入ポジション}}$$

$$= -S\,(\Delta_{\text{Call}}(X_{\text{Call}}) - \Delta_{\text{Put}}(X_{\text{Put}})) + e^{-rT}\begin{bmatrix} X_{\text{Call}}N(d_2\,[X_{\text{Call}}]) \\ +X_{\text{Put}}N(-d_2\,[X_{\text{Put}}]) \end{bmatrix}$$

以下に、このポジションを1年にわたってシミュレートした例を示す。このシミュレーションでは、ポジションは $\Delta t = 0.05$ ごとに更新される。1年間に営業日が250日と仮定すると、これはほぼ12日ごとである。

	A	B	C	D	E	F	G
1			カラーのデルタ・ヘッジ				
2	S	55.00					
3	X_call	70.00					
4	X_put	49.04					
5	r	4.00%					
6	配当利回りk	0.00					
7	σ	40%					
8					=(C10*B11/B10-C11)+D10*EXP($B$5*(A10-A11))		
9	満期までの期間	株価	株式 =-B10*(deltacall(B10,$B$3,A10,$B$5,$B$6,$B$7)-deltaput(B10,$B$4,A10,$B$5,$B$6,$B$7))	債券	ポートフォリオの価値	ポートフォリオのキャッシュフロー	
10	1.00	55.00	-36.28	36.28	0.00	0.00	
11	0.95	58.21	-38.44	36.39	-2.05	0.00	<-- =(C10*B11/B10-C11)-(D11-D10*EXP($B$5*(A10-A11)))
12	0.90	48.60	-31.41	35.79	4.38	0.00	<-- =(C11*B12/B11-C12)-(D12-D11*EXP($B$5*(A11-A12)))
13	0.85	49.58	-31.47	35.28	3.81	0.00	<-- =(C12*B13/B12-C13)-(D13-D12*EXP($B$5*(A12-A13)))
14	0.80	56.96	-35.62	34.81	-0.81	0.00	
15	0.75	56.95	-34.92	34.19	-0.72	0.00	
16	0.70	65.24	-42.47	36.73	-5.74	0.00	
17	0.65	64.35	-40.64	35.55	-5.09	0.00	
18	0.60	56.23	-31.92	32.03	0.11	0.00	
19	0.55	53.00	-29.22	31.23	2.01	0.00	
20	0.50	52.02	-28.00	30.61	2.61	0.00	
21	0.45	54.78	-27.82	29.00	1.19	0.00	
22	0.40	51.38	-25.95	28.92	2.97	0.00	
23	0.35	49.49	-25.41	29.39	3.98	0.00	
24	0.30	48.69	-25.09	29.55	4.45	0.00	
25	0.25	45.93	-27.36	33.29	5.94	0.00	
26	0.20	41.90	-32.48	40.89	8.41	0.00	
27	0.15	34.02	-33.60	48.19	14.60	0.00	
28	0.10	35.00	-34.82	48.54	13.73	0.00	
29	0.05	36.59	-36.57	48.80	12.23	0.00	<-- =(C28*B29/B28-C29)-(D29-D28*EXP($B$5*(A28-A29)))
30	0.00	38.17			10.76		<-- =C29*B30/B29+D29*EXP($B$5*(A29-A30))
31							
32	確認: 顧客に対する時点0におけるカラーのペイオフ						
33	コール売却のペイオフ	0.00	<-- =-MAX(B30-B3,0)				
34	プット購入のペイオフ	10.87	<-- =MAX(B4-B30,0)				
35	合計	10.87	<-- =SUM(B33:B34)				
36							
37	銀行に対するデルタ・ヘッジからのペイオフ						
38		10.76	<-- =E30				
39							
40	銀行に対する最終キャッシュフロー	-0.11	<-- =-B35+B38				

このスプレッドシートで行っていることは以下のとおりである。

- 当初の株式と債券のポジション（10 行目）は、ブラック・ショールズ式により決定される。株式のポジションは $-S\,(\Delta_{\text{Call}}\,(X_{\text{Call}}) - \Delta_{\text{Put}}\,(X_{\text{Put}}))$ であり、債券のポジションは $e^{-rT}\,[X_{\text{Call}}N\,(d_2\,[X_{\text{Call}}]) + X_{\text{Put}}N\,(-d_2\,[X_{\text{Put}}])]$ である。当然ながら、このポートフォリオの正味価値はゼロであり、これがカラーの X_{Call} と X_{Put} を決定した方法である。
- 以下の各行において、株式のポジションはブラック・ショールズ式により決定され、ポートフォリオの正味キャッシュフローがゼロとなるように債券のポジションが決定される。

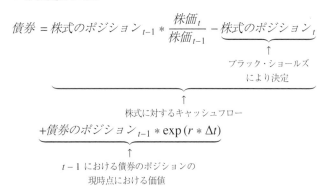

- 最終時点（30 行目）で、ポートフォリオは清算される。

$$株式のポジション_{最終} = 株式のポジション_{その前} * \frac{株価_{最終}}{株価_{その前}}$$
$$+ 債券のポジション_{その前} * \exp(r * \Delta t)$$

- 最終時点で、カラーの購入者はコールの売却ポジションとプットの購入ポジションからの収支を得る（セル B35）。銀行はそのポジションの価値の収支を得る（セル E30 または B38）。最終的な銀行の正味キャッシュフローは、これら 2 つの差である（セル B40）。

空白のセルにかかる**データ・テーブル**を用いて、多くのシミュレーションを示すことができる。詳細については、本章のスプレッドシートを参照すること。以下は、カラーに対するデルタ・ヘッジ戦略について、21 回のシミュレーションを行った際の銀行の純損益を示したグラフである。

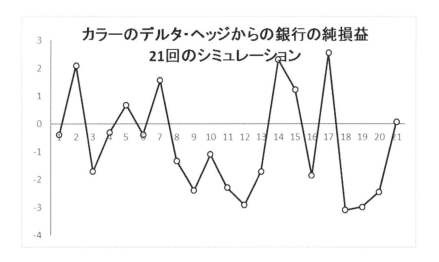

カラーのガンマを中立にする

オプションが満期に近づくにつれ、ヘッジ・ポジションは株価の小さな変化に対して感度が大きくなる可能性があり、これは、カラーのガンマが著しく増大する可能性があることを意味する。

カラーのガンマを抑えるために、2つの解決策がある。

- カラーの満期日に近づくにつれ、ヘッジの頻度を増すことができる。
- オプションの満期日に近づくにつれ、ヘッジのガンマを抑えるために、ヘッジ戦略を変えることができる。

以下で両方の解決策を検討する。

ヘッジの頻度を増やす

このヘッジの主な問題は、満期に近い時点に関するもののように見える。当初のオプションは満期 $T = 1$ なので、これは、ヘッジ期間の最後 2 ヶ月間は、非常に気をつけなければならないことを意味する。容易に反例を挙げられるものの、ポジションのデルタ・ヘッジの頻度を増すことは機能するかもしれない。

第18章

カラーのガンマの抑制
この例はT =0.20で始まり、Delta_t = 0.01ごとにヘッジを行う。

	A	B	C	D	E	F
2	S	55.00				
3	X_{call}	70.00				
4	X_{put}	49.04				
5	r	4.00%				
6	配当利回りk	2.00%				
7	σ	40%				
8						
9	満期までの期間	株価	株式=-B10*(deltacall(B10,$B$3,A10,$B$5,$B$6,$B$7)-deltaput(B10,$B$4,A10,$B$5,$B$6,$B$7))	債券	ポートフォリオの価値	ポートフォリオのキャッシュフロー
10	0.20	55.00	-18.29	18.29	0.00	0.00
11	0.19	53.62	-18.43	18.90	0.47	0.00
12	0.18	54.12	-17.55	17.85	0.30	0.00
13	0.17	54.65	-16.60	16.74	0.14	0.00
14	0.16	50.15	-21.44	22.96	1.51	0.00
15	0.15	51.18	-19.49	20.58	1.08	0.00
16	0.14	50.05	-21.20	22.72	1.52	0.00
17	0.13	51.20	-18.76	19.80	1.04	0.00
18	0.12	50.71	-19.42	20.65	1.23	0.00
19	0.11	48.61	-24.11	26.15	2.04	0.00
20	0.10	50.83	-18.55	19.49	0.95	0.00
21	0.09	47.75	-26.65	28.73	2.08	0.00
22	0.08	44.94	-34.04	37.70	3.66	0.00
23	0.07	45.97	-32.46	35.36	2.90	0.00
24	0.06	41.06	-39.37	45.75	6.38	0.00
25	0.05	40.60	-39.75	46.59	6.84	0.00
26	0.04	38.35	-38.27	47.33	9.06	0.00
27	0.03	36.60	-36.58	47.40	10.82	0.00
28	0.02	36.28	-36.27	47.43	11.16	0.00
29	0.01	35.73	-35.72	47.45	11.73	0.00
30	0.00	36.36			11.11	<-- =C29*[
31						
32	確認: 顧客に対する時点0におけるカラーのペイオフ					
33	コール売却のペイオフ	0.00	<-- =-MAX(B30-B3,0)			
34	プット購入のペイオフ	12.68	<-- =MAX(B4-B30,0)			
35	合計	12.68	<-- =SUM(B33:B34)			
36						
37	銀行に対するデルタ・ヘッジからのペイオフ					
38		11.11	<-- =E30			
39						
40	銀行に対する最終キャッシュフロー	-1.56	<-- =-B35+B38			

このヘッジのシミュレーションを繰り返すと、かなりうまく機能することが分かる。

ヘッジのガンマを中立にする

もう1つの戦略は、ガンマを中立にするため、もう1つの資産をヘッジ・ポジションに追加することである。以下の例では、コールの大きなガンマを中立にするため、アウト・オブ・ザ・マネーのプットをポジションに追加している。

	A	B	C	D	E
1		\multicolumn{3}{c}{カラーのヘッジ: デルタとガンマ この例では、コールの大きなガンマを無コストで中立にしている}		
2		コール	プット	もう1つのプット	
3	S	48.00	48.00	48.00	
4	X	70.00	49.04	35.00	
5	r	5.00%	5.00%	5.00%	
6	配当利回りk	0.00%	0.00%	0.00%	
7	T	0.0200	0.0200	0.0200	
8	σ	40.00%	40.00%	40.00%	
9					
10	オプション価格	0.00	1.66	0.00	
11					
12	デルタ	0.0000	-0.6304	0.0000	<-- =deltaput(D3,D4,D7,D5,D6,D8)
13	ガンマ	0	0	0	<-- =optiongamma(D3,D4,D7,D5,D6,D8)
14					
15					
16	銀行のポジション: X = 70.00のコールの売却 + X = 49.04のプットの購入 + X = 35.00のプットの購入				
17	コール X = 70.00	-1			
18	プット X = 49.04	1			
19	プット X = 35.00	0.002			
20					
21	ポジションのデルタ	-0.6304	<-- {=SUMPRODUCT(TRANSPOSE(B17:B19),B12:D12)}		
22	ポジションのガンマ	0.1390	<-- {=SUMPRODUCT(TRANSPOSE(B17:B19),B13:D13)}		
23					
24	ポジションのコスト				
25	2つ目のプットなし	1.6604	<-- =B17*B10+B18*C10		
26	2つ目のプットあり	1.6604	<-- =B17*B10+B18*C10+B19*D10		
27					
28	もとのカラーのデルタ	-0.6304	<-- =-B12+C12		

この例のプットはほとんどコストがかからないので（セルD10）、これは非常に小さなコストで行うことができる。もちろん、コストをかけずにガンマを中立にすることは、常に可能ではないかもしれない。その場合には、ある程度の妥協が必要になる。

18.5 まとめ

本章では、オプション・プライシング式の様々なパラメータに対する感度を探求した。これらのギリシア文字を用いて、株式と債券の組み合わせでオプションのポ

ジションを複製する有用なテクニックである、複雑なデルタ・ヘッジについて掘り下げた。興味のある読者には、このテーマに関して、さらに多くの論点があることを知ってもらいたい。さらに学ぶ際の良い出発点は、Hull（2006）と Taleb（1997）である。ギリシア文字を含むオプション・プライシング式の広範なまとめは、Haug（2006）にある。

練習問題

1. 図 18.2 と同様のグラフをプットについて作成しなさい。
2. 図 18.4 は、満期までの期間の関数として、コールのセータを示している。同様のグラフをプットについて作成しなさい。
3. 一般的に θ はマイナスであるが、プラスになる場合がある（典型的には高い金利の場合）。例えば、以下のような場合である。

   - 高い金利の場合の、イン・ザ・マネーのプット
   - 高い金利の通貨に対する、イン・ザ・マネーのコール（または、これと同じであるが、非常に高い配当利回りの株式に対する、イン・ザ・マネーのコール）

   例を 2 つ見つけなさい。

補論: ギリシア文字に関する VBA

本章で用いられているギリシア文字に関する VBA

ブラック・ショールズ関数

本章を通じて、連続的な配当利回りの場合のオプションをプライシングする、ブラック・ショールズ式のマートン版を用いている（詳細については、第 17 章を参照）。このモデルに関する VBA を以下に示す。

```
Function dOne(stock, exercise, time, _
interest, divyield, sigma)
    dOne = (Log(stock / exercise) + _
    (interest - divyield) * time) / _
    (sigma * Sqr(time)) + 0.5 * sigma * _
    Sqr(time)
End Function
Function dTwo(stock, exercise, time, _
interest, divyield, sigma)
    dTwo = dOne(stock, exercise, time, _
    interest, divyield, sigma) - sigma * _
    Sqr(time)
End Function

Function BSMertonCall(stock, exercise, time, _
interest, divyield, sigma)
    BSMertonCall = stock * Exp(-divyield * _
    time) * Application.NormSDist _
    (dOne(stock, exercise, time, _
    interest, divyield, sigma)) - exercise * _
    Exp(-time * interest) * Application.NormSDist _
    (dTwo(stock, exercise, time, interest, _
    divyield, sigma))
End Function

'プットのプライシング関数はプット・コール・パリティ定理を用いている
Function BSMertonPut(stock, exercise, time, _
interest, divyield, sigma)
    BSMertonPut = BSMertonCall(stock, exercise, _
    time, interest, divyield, sigma) + _
    exercise * Exp(-interest * time) - _
    stock * Exp(-divyield * time)
End Function
```

正規分布の定義

上記のオプション・プライシング関数は古いバージョンの Excel 関数 **NormSDist** を用いている。Excel 2010 以降では、もう 1 つの関数 **Norm.S.Dist(x,False/True)** がある。この関数で 2 つ目のパラメータを **False** とすると、正規分布の確率密度を計算する。パラメータを **True** とすると、正規分布の関数を計算する。[2]

これらの関数を VBA で記述する際には、**Application.Norm_S_Dist(x,0 または 1)** となる。ここでは一貫性を気にせず、ギリシア文字の VBA プログラムで、これらの関数の両方のバージョンを用いている。

正規分布の確率密度については、以下に定義する自前の関数を用いることが便利な場合もある。

```
'標準正規分布の確率密度
'これは N'(x) である
Function normaldf(x)
    normaldf = Exp(-x ^ 2 / 2) / _
    (Sqr(2 * Application.Pi()))
End Function
```

ギリシア文字の定義

以下に、ギリシア文字の VBA プログラムを提示する。

```
Function DeltaCall(stock, exercise, time, interest, _
   divyield, sigma)
   DeltaCall = Exp(-divyield * time) * _
   Application.NormSDist(dOne(stock, exercise, _
   time, interest, divyield, sigma))
End Function
Function DeltaPut(stock, exercise, time, interest, _
```

---

2. Excel では、**False** または **True** の代わりに、0 または 1 を用いることもできる。これらの関数を VBA で用いる場合には、0 または 1 が強制される。

```
        divyield, sigma)
    DeltaPut = -Exp(-divyield * time) * _
    Application.NormSDist(-dOne(stock, exercise, _
    time, interest, divyield, sigma))
End Function
```

VBAには、オプションと全く関係のない Gamma という関数がもともとある。したがって、ここでは、**OptionGamma** を用いて、原資産価格に関するオプションの凸性を示すギリシア文字である $\partial^2 V/\partial S^2$ を定義する。

```
Function OptionGamma(stock, exercise, time, _
interest, divyield, sigma)
    temp = dOne(stock, exercise, time, _
    interest, divyield, sigma)
    OptionGamma = Exp(-divyield * time) * _
    Application.Norm_S_Dist(temp, 0) / _
    (stock * sigma * Sqr(time))
End Function

Function Vega(stock, exercise, time, _
interest, divyield, sigma)
    Vega = stock * Sqr(time) * _
    normaldf(dOne(stock, exercise, _
    time, interest, divyield, sigma)) _
    * Exp(-divyield * time)
End Function
Function ThetaCall(stock, exercise, time, _
interest, divyield, sigma)
    ThetaCall = -stock * normaldf _
    (dOne(stock, exercise, time, _
    interest, divyield, sigma)) * _
    sigma * Exp(-divyield * time) / _
    (2 * Sqr(time)) + divyield * stock * _
    Application.NormSDist(dOne(stock, _
```

```
    exercise, time, interest, _
    divyield, sigma)) * Exp(-divyield * time) _
    - interest * exercise * Exp(-interest * _
    time) * Application.NormSDist _
    (dTwo(stock, exercise, time, _
    interest, divyield, sigma))
End Function

Function ThetaPut(stock, exercise, time, _
interest, divyield, sigma)
    ThetaPut = -stock * normaldf _
    (dOne(stock, exercise, _
    time, interest, divyield, sigma)) * _
    sigma * Exp(-divyield * time) / _
    (2 * Sqr(time)) - divyield * stock _
    * Application.NormSDist(-dOne(stock, _
    exercise, time, interest, divyield, _
    sigma)) * Exp(-divyield * time) _
    + interest * exercise * Exp _
    (-interest * time) * Application.NormSDist _
    (-dTwo(stock, exercise, time, _
    interest, divyield, sigma))
End Function
Function RhoCall(stock, exercise, time, _
interest, divyield, sigma)
    RhoCall = exercise * time * _
    Exp(-interest * time) * _
    Application.NormSDist(dTwo _
    (stock, exercise, time, interest, _
    divyield, sigma))
End Function

Function RhoPut(stock, exercise, time, _
interest, divyield, sigma)
    RhoPut = -exercise * time * _
    Exp(-interest * time) * _
```

```
        Application.NormSDist(-dTwo _
        (stock, exercise, time, interest, _
        divyield, sigma))
End Function
```

19 リアル・オプション

19.1 概要

資本予算の標準的な正味現在価値（Net Present Value; NPV）分析は、プロジェクトの期待キャッシュフローをリスク調整後資本コストで割り引くことにより、プロジェクトを評価する。この*割引*キャッシュフロー（Discounted Cash Fow; DCF）法は、企業の買収や設備の購入といった資本プロジェクトを評価するために、圧倒的に広く用いられている慣例である。しかしながら、標準的な NPV 分析は、資本予算のプロセスに内在する*柔軟性*を考慮に入れていない。資本予算のプロセスの複雑さの一因は、企業が状況に応じて意思決定をダイナミックに変更できるということである。

以下に 2 つの例を示す。

1. ある企業が、機械を新型のものに交換することを検討している。全ての機械を一緒に交換する代わりに、まず 1 台の機械を交換することができる。それから最初に交換された機械の実績に基づいて、企業は残りの機械を交換するかどうか決めることができる。この「待機オプション」（あるいは拡張オプション）は、標準的な NPV プロセスでは評価されない。これは本質的にコール・オプションである。

2. ある企業が、時間と共に（不確実な）キャッシュフローを生み出すプロジェクトに投資することを検討している。1 つのオプション（標準的な NPV のフレームワークでは評価されない）は、その実績が満足できないものであれば、プロジェクトを*中止*するというものである。*中止*オプションは、後で見るように、多くのプロジェクトに内在するプット・オプションである。これは「縮小オプション」と呼ばれることもある。

他にも多くのリアル・オプションがある。リアル・オプションの評価に関する主要な文献である Trigeorgis (1996) では、以下の一般的なリアル・オプションを列挙している。

- 天然資源開発やプラント建設の際の、延期あるいは待機オプション
- 建設時期のオプション（段階的投資）：各段階において、投資を再評価し、（場

合によっては）中止あるいは拡張することが可能である。
- 事業規模変更（拡張、縮小、閉鎖、再開）オプション
- 中止オプション
- 投入あるいは産出変更オプション
- 成長オプション。プロジェクトに対する初期の投資が、後日「市場参入」するオプションを生み出す。

リアル・オプションの認識は、NPV のテクニックの重要な拡張である。しかしながら、リアル・オプションのモデル化と評価は、DCF 法による標準的なキャッシュフローのモデル化や評価より難しい。以下の例は、これらの難しさを例証する。DCF 法はプロジェクトのリアル・オプションを無視するため、プロジェクトの価値を誤って判定するという認識に基づき、リアル・オプションを実装することが、多くの場合において最良である。通常の結論では、リアル・オプションはプロジェクトに価値を追加するので、NPV は真の価値を過小評価するということになる。

19.2 拡張オプションの簡単な例

本節では、拡張オプションの簡単な例を提示する。ABC 社という、6 台の小型機械を保有している会社を考える。ABC は古い機械をそれぞれ、1 台 1,000 ドルする新しい機械に交換することを検討している。新しい機械の耐用年数は 5 年である。新しい機械の予想キャッシュフローは以下の通り。[1]

	A	B	C	D	E	F	G
1		拡張オプション					
2	年	0	1	2	3	4	5
3	機械1台のCF	-1000	220	300	400	200	150
4							
5	機械のキャッシュフローの割引率 (リスク調整後)	12%					
6	無リスク割引率	6%					
7	機械の将来キャッシュフローの現在価値	932.52	<-- =NPV(B5,C3:G3)				
8	機械1台のNPV	-67.48	<-- =NPV(B5,C3:G3)+B3				

この交換プロジェクトに従事している財務アナリストは、プロジェクトの資本コストを 12% と見積もっている。予想キャッシュフローと 12% の資本コストを用いると、以下のように NPV がマイナスになるため、古い機械 1 台を新しい機械 1 台

---

[1] これらのキャッシュフローは、古い機械 1 台を新しい機械 1 台に交換した場合の増分キャッシュフローである。計算には税金、増分減価償却費、古い機械の売却額を含む。

に交換することは利益を生まないと、アナリストは結論した。

$$-1000 + \underbrace{\frac{220}{1.12} + \frac{300}{(1.12)^2} + \frac{400}{(1.12)^3} + \frac{200}{(1.12)^4} + \frac{150}{(1.12)^5}}_{\text{機械の将来キャッシュフローの現在価値}} = -67.48$$

ここで別の見方（リアル・オプション）が登場する。生産ラインを管理する製造主任は、「新しい機械1台を1年間試してみたい。1年後に、この試用が上手くいっていれば、ラインにある他の同型の機械5台を新しい機械に交換したい」と言う。

これは、機械1台の交換に関する、前述の否定的な結論を変えるだろうか。答えは「イエス」である。これを理解するために、考慮すべきは以下のパッケージであるということを理解しよう。

- 現時点における機械1台の交換。これは –67.48 の NPV を有する。
- 1年後に、さらに機械5台を交換するオプション。無リスク金利を6%とする。次に、このようなオプションをそれぞれ、機械の将来キャッシュフローの現在価値に等しい現時点の価値 S を有する資産に対するコール・オプションとして考える。上記のセル B7 から分かるように、この現在価値は $S = 932.52$ である。オプションの行使価格は $X = 1,000$ である。当然ながら、これらのコール・オプションは、現時点において1台目の機械を購入する場合にのみ、行使が可能である。[2]

ブラック・ショールズ・オプション・プライシング・モデルにより、このオプションをプライシングできると仮定しよう。この場合、以下を得る。

---

2. ここで実際に行っているのは、勉強代のプライシングである！

	A	B	C	D	E	F	G
1		拡張オプション					
2	年	0	1	2	3	4	5
3	機械1台のCF	-1000	220	300	400	200	150
4							
5	機械のキャッシュフローの割引率 (リスク調整後)	12%					
6	無リスク割引率	6%					
7	機械の将来キャッシュフローの現在価値	932.52	<-- =NPV(B5,C3:G3)				
8	機械1台のNPV	-67.48	<-- =NPV(B5,C3:G3)+B3				
9							
10	翌年購入する機械の台数	5					
11	1年後に購入される機械1台のオプション価値	143.98	<-- =B24				
12	プロジェクト全体のNPV	652.39	<-- =B8+B10*B11				
13							
14	ブラック・ショールズ・オプション・プライシング式						
15	S	932.52	機械のCFのPV				
16	X	1000.00	行使価格 = 機械の取得価額				
17	r	6.00%	無リスク金利				
18	T	1	オプションの満期までの期間(年)				
19	σ	40%	<-- ボラティリティ				
20	d_1	0.1753	<-- =(LN(S/X)+(r+0.5*σ^2)*T)/(σ*SQRT(T))				
21	d_2	-0.2247	<-- d_1 - σ*SQRT(T)				
22	$N(d_1)$	0.5696	<-- 数式NormSDist(d_1)を使用				
23	$N(d_2)$	0.4111	<-- 数式NormSDist(d_2)を使用				
24	オプション価値 = BSコール価格	143.98	<-- S*N(d_1)-X*exp(-r*T)*N(d_2)				

セルB12に示されているように、プロジェクト全体の価値は652.39である。

結論:1年後にさらに機械5台を購入するオプションがあると知った上で、現時点において機械1台を購入することは、価値のあるプロジェクトである。ここでの重要な要素はボラティリティである。ボラティリティが低いほど(即ち、不確実性が小さいほど)、このプロジェクトの価値は小さくなる。

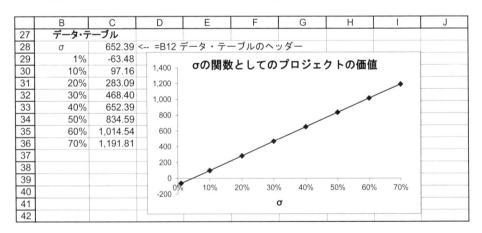

	B	C
27	データ・テーブル	
28	σ	652.39 <-- =B12 データ・テーブルのヘッダー
29	1%	-63.48
30	10%	97.16
31	20%	283.09
32	30%	468.40
33	40%	652.39
34	50%	834.59
35	60%	1,014.54
36	70%	1,191.81

これはあまり驚くものではない。全体としてのプロジェクトの価値は、現時点から1年後の実際のキャッシュフローに関する不確実性からもたらされる。この不確実性(σによって計測される)が小さいほど、プロジェクトの価値は小さくなる。

補足: ブラック・ショールズはリアル・オプションの適切な評価手法か?

答えは、ほぼ確実にノーである。ブラック・ショールズは適切な手法ではない。しかしながら、ブラック・ショールズ・モデルは、あらゆる種類のオプションを評価するための、数値的な扱いが抜群に容易な（即ち、最も簡単な）モデルである。リアル・オプションの評価では、せいぜい実際のオプション価値の近似値を得られる程度であることを認識しながら、ブラック・ショールズ・モデルを用いることがしばしばある。人生とはそんなものだ。

これを踏まえて、連続的な取引、一定の金利、オプション満期前の行使禁止といった、ブラック・ショールズ・オプション評価モデルの仮定は、本章で検討するリアル・オプションには必ずしも適切ではないと認識すべきである。多くの場合に、リアル・オプションは、証券オプションでいうところの、配当支払いのある証券および/または期限前行使と考えられるものを含んでいる。以下に2つの例を示す。

- 徐々に投資を拡張あるいは縮小する機会があるとき、段階的投資のリアル・オプションは、本質的に期限前行使可能なオプションである。
- 投資の中止オプションが存在するとき、投資が継続中で、中止されていない限り、キャッシュフローという形で「配当」が支払い続けられる。

ブラック・ショールズ・モデルが、リアル・オプションの本質的なオプション価値の近似値を与えることを祈るしかない。

19.3 中止オプション

以下の資本予算プロジェクトを考える。

	A	B	C	D	E
12	プロジェクトのキャッシュフロー				
13					
14					150
15			100		
16					80
17		-50			
18					80
19			-50		
20					-60

見て分かるように、このプロジェクトの初期コストは 50 ドルである。1 期後にプロジェクトは、100 ドルか、あるいは −50 ドルのキャッシュフローを生み出す。即ち、一定の状況下では損失を被る。2 期後、プロジェクトには再び、損失発生（最悪の場合）か、あるいは利益獲得の機会がある。

プロジェクトの評価

このプロジェクトを評価するために、オプションのプライシングにおける状態価格を利用する。[3] 状態価格 q_U は、次の期間の「上昇」状態で支払われる 1 ドルの現時点における価格であり、状態価格 q_D は、「下落」状態で支払われる 1 ドルの現時点における価格である。以下のスプレッドシートは関連項目の詳細を示しており、プロジェクトの評価は −29.38 ドルとなる（プロジェクトの却下を意味する）。

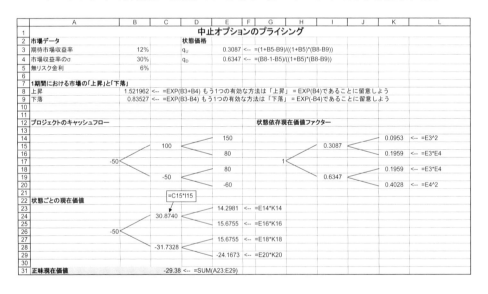

この方法は、状態依存現在価値ファクターを計算し（この方法は後で議論する）、これらのファクターを個々の状態依存キャッシュフローに乗じるというものである。ツリーの各ノードは、そのノードに関連した状態価格で割り引かれる。例えば、時点 2 で発生するキャッシュフロー 80 は $q_U q_D$ で割り引かれる。プロジェクトの NPV は全ての割引キャッシュフローと当初コストの合計（セル C31）である。

---

3. 状態価格の計算方法については以下の議論を参照。

中止オプションは価値を高めることができる

ここで、キャッシュフローが –50 ドルになる「恐れ」がある場合、時点 1 でプロジェクトを中止できるものとする。さらに、この中止は、それ以降のキャッシュフローも全てゼロになることを意味するものとする。以下の図が示すように、このようなプロジェクトの中止オプションは、プロジェクトの価値を高める。

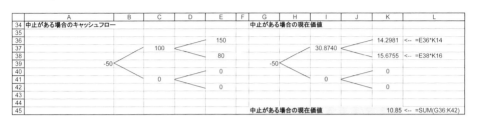

これについて更に考えると、プロジェクトを中止するために支払いをすることが、価値を持つ可能性さえあることは明らかである。困難な状態でプロジェクトを中止するために 10 ドル支払う場合、プロジェクトがどのようになるかを以下に示す（この支払額は、施設を閉鎖するコスト等を表していると考えることができる）。

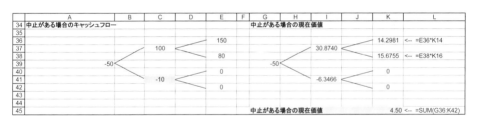

設備を売却する場合における中止

もちろん、もう 1 つの可能性は、「中止」が設備の売却を意味する場合である。この場合、中止によりプラスのキャッシュフローとなる可能性さえある。例として、資産を 15 ドルで売却できるとする。

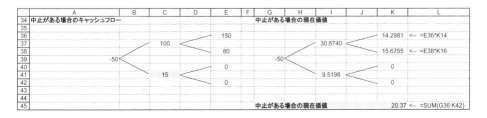

状態価格の決定

上記で状態価格の決定に用いている方法は、第 16 章でより詳細に説明した。ここでは、市場ポートフォリオ（S&P500 のような、大規模で分散された株式市場ポートフォリオを意味する）が、各期に「上昇」または「下落」すると仮定している。これらの動きの大きさは、市場ポートフォリオの平均収益率 μ 及び市場ポートフォリオ収益率の標準偏差 σ によって決定される。市場ポートフォリオの収益率が、平均 $\mu = 12\%$ であり、収益率の標準偏差 $\sigma = 30\%$ であると仮定して、前の例では次のように計算している。

$$上昇 = \exp[\mu + \sigma] = 1.53, \quad 下落 = \exp[\mu - \sigma] = 0.84$$

1 期後の「上昇」状態における 1 ドルの、現時点における価格を q_U と表記し、1 期後の「下落」状態における 1 ドルの、現時点における価格を q_D と表記する。このとき、第 16 章で説明したように、状態価格は以下の連立 1 次方程式を解くことによって計算される。

$$1 = q_U * 上昇 + q_D * 下落$$
$$\frac{1}{1+r} = q_U + q_D$$

この連立方程式の解は次のようになる。

$$q_U = \frac{R - 下落}{R * (上昇 - 下落)}, \quad q_D = \frac{上昇 - R}{R * (上昇 - 下落)}$$

上記のスプレッドシートでは、この方法が示されている。

	A	B	C	D	E	F	G	H	I	J	K
2	市場データ			状態価格							
3	期待市場収益率	12%		q_U	0.3087	<-- =(1+B5-B9)/((1+B5)*(B8-B9))					
4	市場収益率のσ	30%		q_D	0.6347	<-- =(B8-1-B5)/((1+B5)*(B8-B9))					
5	無リスク金利	6%									
6											
7	1期間における市場の「上昇」と「下落」										
8	上昇	1.521962	<-- =EXP(B3+B4) もう1つの有効な方法は「上昇」= EXP(B4)であることに留意しよう								
9	下落	0.83527	<-- =EXP(B3-B4) もう1つの有効な方法は「下落」= EXP(-B4)であることに留意しよう								

状態価格決定のもう1つの方法

状態価格を計算するもう1つの方法は、状態価格をプロジェクトの資本コストに一致させてみることである。上記で議論したプロジェクトをもう一度考え、各状態が発生する実際の確率は2分の1であるとする。さらに、無リスク金利は6%であるとする。最後に、プロジェクトの割引率は、いかなるオプションもない場合、22%であると仮定する。このとき、リアル・オプションがない場合のプロジェクトのNPVを、12.48ドルと計算することができる。

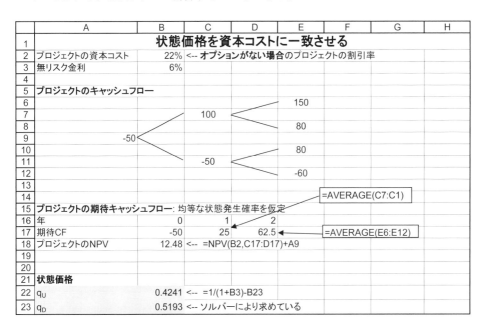

セルB22及びB23で状態価格 q_U 及び q_D を求めている。これらは、以下の2つの特性を有している。

1. 無リスク金利と整合的である。これは、$q_U + q_D = \dfrac{1}{R} = \dfrac{1}{1.06}$ を意味する。
2. 状態価格は、資本コストにより計算された場合と等しい、プロジェクトのNPVをもたらす。

2つ目の要件は、状態価格を求めるのに、Excel の**ソルバー**を用いる必要があることを意味する。以下に、解がどのようになるかを示す（**ソルバー**の使い方に関する議論は、スプレッドシートの後に示す）。

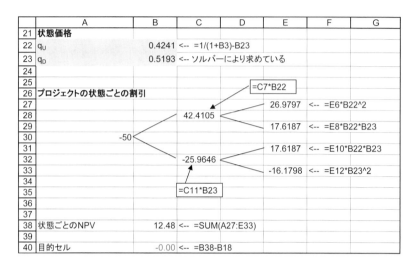

状態価格を求めるために、**ソルバー**（［**ツール**］－［**ソルバー**］）を用いる。

もう 1 つの注：ゴールシーク（[**ツール**] – [**ゴールシーク**]）を用いて、同じ結果を得ることもできる。しかし、Excel のゴールシークは前回の設定を記憶しない。これは、この計算を繰り返すごとに、セルの参照を設定しなおす必要があることを意味する。以下に、ゴールシークのダイアログ・ボックスを示す。

19.4 一連のプットとしての中止オプションの評価

上記の例は、中止オプションが価値を持ちうる場合及びその理由を示している。この例はまた、中止オプションのもう 1 つの、より厄介な特徴も例証している。即ち、評価が非常に難しい場合があるということである。期待キャッシュフローを見積もることも充分に難しいが、複雑なプロジェクトについて状態ごとのキャッシュフロー及び状態価格を見積もることは更に困難である。

中止オプションの評価において考えうる妥協策は、一連のキャッシュフローに、一連のブラック・ショールズ・プット・オプションが足されたものとして、プロジェクトを評価することである。以下の例を考える。以下に示されている期待キャッシュフローと、12%のリスク調整後割引率を伴う 4 年間のプロジェクトを評価する。見て分かるように、プロジェクトの NPV はマイナスである。

	A	B	C	D	E	F
1	標準的なDCFによるプロジェクトの評価					
2	プロジェクトのキャッシュフロー					
3	年	0	1	2	3	4
4	キャッシュフロー	-750	100	200	300	400
5						
6	リスク調整後割引率		12%	このプロジェクトの資本コスト		
7	オプションがない場合のNPV	-33.53	<-- =B4+NPV(B6,C4:F4)			

翌 4 年間の各年末において、設備を 300 ドルで売却し、プロジェクトを中止できるものとする。この中止オプションはアメリカン・オプションであり、ブラック・ショールズ・オプションではないが、ここでは一連のブラック・ショールズ・プット・オプションとして評価する。それぞれの場合において、最初に年末のキャッシュフローを受け取り、次に残存プロジェクト価値に対する中止オプションを評価すると仮定する。

- *1 年目の年末*：1 年目の年末における資産の期待価値は、将来の期待キャッシュフローの割引価値 $702.44 = \dfrac{200}{1.12} + \dfrac{300}{(1.12)^2} + \dfrac{400}{(1.12)^3}$ となる。中止オプションは、以後 3 年の間に、資産を 300 ドルで売却できることを意味する。この資産の価値のボラティリティを 50%とする。このとき、満期までの期間が 3 年のブラック・ショールズ・プットとして評価すると、このオプションの価値は 19.53 となる。以下のスプレッドシートでは、第 17 章で定義した VBA 関数 **BSPut** を用いている。

	A	B	C	D	E	F
1		中止の価値--1年目の計算の詳細				
2	プロジェクトのキャッシュフロー					
3	年	0	1	2	3	4
4	キャッシュフロー	-750	100	200	300	400
5						
6	リスク調整後割引率		12%	このプロジェクトの資本コスト		
7	オプションがない場合のNPV	-33.53	<-- =B4+NPV(B6,C4:F4)			
8						
9	1年目における中止プットの評価					
10	1年目の年末におけるプロジェクトの価値	702.44	<-- =NPV(B6,D4:F4)			
11	中止価値	300	プットの数式における行使価格に相当			
12	オプションの満期までの期間 (年)	3				
13	無リスク金利	6%				
14	σ	50%				
15						
16	プットの価値	19.53	<-- =bsput(B10,B11,B12,B13,B14)			

- *2 年目の年末*：ここでは、$586.73 = \dfrac{300}{1.12} + \dfrac{400}{(1.12)^2}$ の価値を持つ資産に対する、行使価格 300 ドルのプット・オプションを保有している。この中止オプションを、行使までの期間が 2 年のブラック・ショールズ・プットとして評価すると、オプションの価値は（$\sigma = 50\%$ のとき）17.74 となる。
- *3 年目の年末*：ここでは、$357.14 = \dfrac{400}{1.12}$ の価値を持つ資産に対する、行使価格 300 ドルのプット・オプションを保有している。オプションは、満期まであと 1 年

残っており、32.47 ドルの価値がある。
- *4年目の年末*：将来の予想キャッシュフローという点では資産に価値はないが、300 ドル（資産のスクラップ価値あるいは再利用価値）で中止することができる。中止オプションは 300 ドルの価値がある。

次のスプレッドシートでは、資産が以下の合計として評価されている。

- 将来の期待キャッシュフローの現在価値。上で示したように、これは -33.53 ドルである。
- 一連のブラック・ショールズ・プットの、（無リスク金利における）現在価値。この価値は 299.10 ドルである。

プロジェクトの総価値は -33.53 ドル $+ 299.10$ ドル $= 265.57$ ドル となる。

	A	B	C	D	E	F	G
1		一連のプットとしての中止オプションのプライシング					
2	プロジェクトのキャッシュフロー						
3	年		0	1	2	3	4
4	キャッシュフロー		-750	100	200	300	400
5							
6	リスク調整後割引率		12%	このプロジェクトの資本コスト			
7							
8	オプションがない場合のNPV		-33.53	<-- =NPV(B6,C4:F4)+B4			
9							
10	σ		50%				
11	無リスク金利		6%				
12	中止価値		300	プロジェクトは各年度末にこの金額で中止できる			
13							
14	キャッシュフローのRADRによるNPV		-33.53	<-- =B8			
15	中止オプションの価値		299.10	<-- =NPV(B11,C20:F20)			
16	修正現在価値		265.57	<-- =B15+B14			
17					セルD19の数式：=NPV($B$6,E4:$F$4)		
18							
19	残りのキャッシュフローの年度末における価値		702.44	586.73	357.14	0.00	
20	プット・オプションの価値		19.53	17.74	32.47	300.00	
21							
22				セルD20の数式：=bsput(D19,$B$12,$F$3-D3,$B$11,$B$10)			

19.5 バイオテクノロジー・プロジェクトの評価[4]

バイオテック産業の興味深い特徴の 1 つは、収益が全くないのに高く評価されて

---
4. この例の別のバージョンは、もともと Benninta and Tolkowsky（2002）に掲載された。

いる企業が存在することである。これらの企業の価値が将来のキャッシュフローの機会にあることは、一般的な理解である。したがって、これらの企業を評価する場合、定性的な投資機会の定量的な評価への変換を理解することが、極めて重要である。本節では、リアル・オプション法を用いて、バイオテクノロジー・プロジェクトを評価し、リアル・オプション・アプローチの適用例を説明する。

以下の例を考えよう。[5] ある企業が、新薬の研究に着手することを検討している。この薬の開発には、3つの段階があることが分かっている。

- **発見フェーズ**においては、会社はアイデアの実現性について、予備的な研究を行う。この研究には1年を要し、その年の初めに1,000ドルのコストがかかる。50%の確率で、研究の次のステージに進むのに十分な、前向きな結果が得られる。
- 発見フェーズが成功を生んだ場合、この薬は**臨床フェーズ**に入り、薬が試験される。このステージは1年続き、その年の初めに2,000ドルのコストがかかる。また、30%の確率で、次のステージに進むのに十分な、前向きな結果を生む。
- 薬が臨床フェーズを成功裡に通過した場合、**販売ステージ**に進み、この薬が市販される。このフェーズは、(各年の初めに) 1年当たり15,000ドルのコストがかかり、平均して5年続く。成功した薬であれば、平均して20,000ドルの収益で販売フェーズを始めることが期待できる。この収益は年平均10%、標準偏差 $\sigma = 100\%$ で成長する。

この種のプロジェクトに対する期待収益率は25%である。この値を、割引キャッシュフロー (Discounted Cash Flow; DCF) による評価を行う際の、プロジェクトの資本コストとして仮定する。

---

[5] 理解しやすいスプレッドシートに収めるために、ストーリーを十分シンプルにした。同様の、しかし若干複雑なストーリーについては、Kellogg and Charnes (2000) を参照。

伝統的な DCF 分析を使用したプロジェクトの期待価値

このプロジェクトの価値を、伝統的な割引キャッシュフロー分析を用いて推定すると、プロジェクトについてマイナスの正味現在価値を得る。

	A	B	C	D	E	F	G	H
1		バイオテック・プロジェクトの期待キャッシュフロー						
2	割引率		25%					
3	成長率		10%					
4								
5	年	段階	コスト	収益	純額	確率	期待キャッシュフロー	
6	0	発見	-1,000	0	-1,000	1	-1,000	<-- =F6*E6
7	1	臨床	-2,000	0	-2,000	0.5	-1,000	<-- =F7*E7
8	2	臨床	-2,000	0	-2,000	0.5	-1,000	
9	3	販売	-15,000	20,000	5,000	0.15	750	
10	4	販売	-15,000	22,000	7,000	0.15	1,050	
11	5	販売	-15,000	24,200	9,200	0.15	1,380	
12	6	販売	-15,000	26,620	11,620	0.15	1,743	
13	7	販売	-15,000	29,282	14,282	0.15	2,142	
14								
15	プロジェクトのNPV		-268	<-- =G6+NPV(B2,G7:G13)				

プロジェクトの正味現在価値がマイナスなので、DCF アプローチは、このプロジェクトに着手すべきでないことを示す。

リアル・オプション・アプローチの使用

収入の現在価値を推定するためのもう 1 つの方法は、プロジェクトのキャッシュフローを二項ツリーに描くことである。これは以下のようになる。

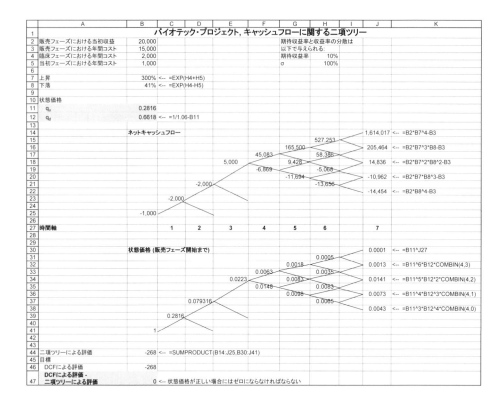

この計算には、Excel 関数の **Sumproduct** を用いている。

状態価格に関する注

プロジェクトからの収入の正味現在価値は、正味キャッシュフローと適切な状態価格との積である。

$$NPV = \sum_{t=0}^{7} \sum_{j=0}^{t} CF_{jt} * (q_U)^j * (q_D)^{t-j} * (そのノードまでの経路の数)$$

ここで、CF_{jt} は時点 t の状態 j におけるプロジェクトからの収入を表し、j は上昇回数である。第16章で説明したように、標準的な二項モデルでは、あるノードについての状態価格は $(q_U)^j (q_D)^{n-j} \binom{n}{j}$ である。ここで、n はそのノードの時点、j はそのノードに至るために必要な上昇ステップの数、$\binom{n}{j}$ はそのノードに至る経路の数である。後半の式は Excel で関数 **Combin(n,j)** を用いて計算される。しかしながら、上記のリアル・オプション・モデルでは、ツリーの最初（当初及び臨床の段階）はただ1つの経路でのみ到達することができるため、各ノードに至る経路の数は若干異なる。

上記のスプレッドシートでは、二項ツリーにおけるプロジェクトの現在価値がDCF評価による現在価値と等しくなるように、かつ、均衡条件 $q_U + q_D = \dfrac{1}{1.06}$ が成立するように、価格 q_U 及び q_D を（ソルバーを用いて）計算している。

以下にソルバーの画面を示す。

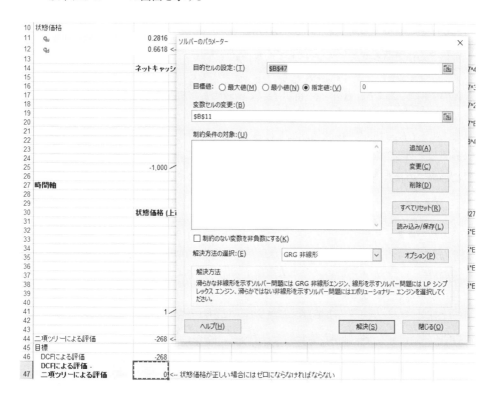

リアル・オプション・アプローチ

R&Dに対するリアル・オプション・アプローチは、プロジェクトの各段階で、プロジェクトを継続するかしないかを経営陣が選択できることを認識する。経営陣は、継続する価値とコストを比較することによって、この選択を行う。オプション用語で言えば、各段階で、オプションの行使による価値が行使価格を超える場合に、経営陣は継続オプションを行使する。以下のスプレッドシートでは、それ以降のキャッシュフローも削除することと、状態価格を調整すること（以下に詳細を示す）に注意して、販売段階からの明白なマイナス・キャッシュフローを削除している。

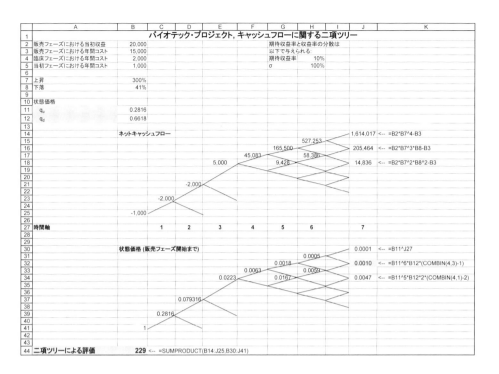

状態価格に関するもう1つの注

リアル・オプション・アプローチにおいて、ある状態を削除する場合、一部の状態にはもはや到達できなくなるという事実に対応するため、各ノードに至る経路の数も調整しなければならない。上記のスプレッドシートでは、これが行われている。例えば、セルJ32（ハイライトされている）の状態は、その結果、1つ少ない経路で到達可能である。

19.6 まとめ

資本予算がプロジェクトのオプション的側面を含むべきであると認識することは、極めて明白である。このようなオプションの評価は、多くの場合、難しい。本章では直観に力点を置き、可能な限りにおいて、評価の実装例を示すよう試みた。

練習問題

1. ある会社が機械 10 台を購入することを検討している。それぞれの機械は以下の期待キャッシュフローを有している（セル B3 の –550 ドルという値は、機械の取得価額である）。

	A	B	C	D	E	F
2	年	0	1	2	3	4
3	機械1台のCF	-550	100	200	300	400

   この機械についての適切な割引率は 25%と推定される。

   a. オプションの影響がないとき、機械 1 台の購入を勧めるだろうか？
   b. 購買部長は、現時点において機械を 1 台購入し、機械の運用状況を見た後で、6 ヶ月後に残り 9 台の機械の購入を再考するよう勧めている。機械からのキャッシュフローは標準偏差 30%を持ち、無リスク金利は 10 %であるとして、この戦略を評価しなさい。

2. ある会社が新しい設備を購入することを検討している。この設備は 50,000 ドルのコストがかかり、分析により、この設備からの将来キャッシュフローの PV は 45,000 ドルであると示されている。したがって、この設備の NPV は –5,000 ドルである。この予想 NPV は、メーカーから提示された初期数値と、会社の財務アナリストの創造的思考に基づいている。

   この新しい設備の販売会社は、設備の機能についての講習会を提供している。講習会のコストは 1,500 ドルである。設備のキャッシュフローの σ は 30%、無リスク金利は 6%と推定され、講習会の後、この設備を 50,000 ドルで購入するまで半年ある。この講習会を受ける価値はあるだろうか？

3. 以下のようなキャッシュフローのプロジェクトを考える。

	A	B	C	D	E	F	G	H
1	プロジェクトのキャッシュフロー							
2								
3					169		状態価格	
4			130				q_U	0.3000
5					91		q_D	0.5000
6	-100							
7					91			
8			70					
9					-90			

   a. 状態価格を用いてプロジェクトを評価しなさい。
   b. 時点 2 において、コストなしでこのプロジェクトを中止できるとする。これはプロジェクトの価値にどう影響するか？

c. 任意の時点において、100 ドルでこのプロジェクトを売却できるとする。キャッシュフローのツリーを示し、プロジェクトを評価しなさい。

4. 市場ポートフォリオは、平均 $\mu = 15\%$、標準偏差 $\sigma = 20\%$ であるとする。

   a. 無リスク金利が 8% のとき、「上昇」及び「下落」状態について、1 期間の状態価格を計算しなさい。
   b. 無リスク金利が状態価格に与える影響を（データ・テーブルで）示しなさい。
   c. σ が状態価格に与える影響を示しなさい。

5. 以下のキャッシュフローを考える。

	A	B	C	D	E
6	プロジェクトのキャッシュフロー				
7					180
8			130		
9					90
10		-50			
11					60
12			-50		
13					-100

   a. 資本コストが 30% で無リスク金利が 5 % のとき、プロジェクトの NPV に合致する状態価格を求めなさい。
   b. マイナスのキャッシュフローを全てゼロに変えることのできる中止オプションが存在するとき、プロジェクトを評価しなさい。

IV 債券の評価

第 20 章〜第 23 章では、債券と期間構造に関するテーマを取り扱う。第 20 章及び第 21 章は、典型的なデュレーションとイミュニゼーションの定式化に集中する。第 20 章では、基本的なマコーレー・デュレーションの概念を展開する。Excel の **Duration( )** 関数は若干扱いにくいので、新たな、より扱いやすい関数を構築するため、VBA を用いる。第 21 章では、デュレーションを用いて債券ポートフォリオをイミュナイズする方法を議論する。第 22 章では、様々な手法を用いて期間構造をモデル化する方法を示す。章の大半は Nelson-Siegel 期間構造モデルに集中する。第 23 章では、リスクのある社債の期待収益率をモデル化するために、マルコフ過程とデフォルト確率及び債券の回収率に関する多くの情報を用いる。

20 デュレーション

20.1 概要

デュレーションは、債券が割り引かれる金利の変化に対する、債券価格の感度の尺度である。これは、債券のリスク尺度（即ち、債券のデュレーションが大きいほど、そのリスクも大きい）として広く用いられている。本章では、期間構造がフラットな場合に定義される基本的なデュレーション尺度であるマコーレー・デュレーションを検討する。第21章では、イミュニゼーション戦略におけるデュレーションの使用を考察する。

支払額 C_t の債券を考える。ここで、$t = 1, \cdots, N$ である。通常、初回から $N-1$ 回までの支払額は利息の支払いであり、C_N は元本返済と最後の利息の支払いの合計である。期間構造がフラットであり、全ての支払額に対する割引率が r であるとき、現時点における債券の市場価格は次のようになる。

$$P = \sum_{t=1}^{N} \frac{C_t}{(1+r)^t}$$

マコーレー・デュレーション尺度（本章及び次章を通して、デュレーションという用語を用いる場合、常にこの尺度を指すものとする）は、債券から受け取る支払額の時間加重平均満期を表すようにつくられている。それは次のように定義される。

$$D = \frac{1}{P} \sum_{t=1}^{N} \frac{tC_t}{(1+r)^t}$$

20.3 節で、この式の意味をより深く考察する。しかし、その前に、Excel でデュレーションを計算する方法を示す。

20.2 2つの例

2つの債券を考える。債券 A は発行されたばかりである。額面価額は 1,000 ドルで、現在の市場金利である 7% のクーポン・レートがつき、10 年後に満期となる。債券 B は、金利がより高かった 5 年前に発行された。この債券の額面価額は 1,000 ドルで、13% のクーポン・レートがついている。発行時、この債券の満期は 15 年

だったので、残存期間は 10 年である。現在の市場金利は 7%であるため、債券 B の市場価格は次により得られる。

$$1{,}421.41 \text{ ドル} = \sum_{t=1}^{10} \frac{130 \text{ ドル}}{(1.07)^t} + \frac{1{,}000 \text{ ドル}}{(1.07)^{10}}$$

2 つの債券それぞれのデュレーションを、順を追って（一度だけ！）計算するのは無駄ではない。我々は Excel の表を用意した。17 行から 24 行は、デュレーションの長い計算に対する代替案を示している。

	A	B	C	D	E	F	G
1				基本的なデュレーションの計算			
2	YTM	7%					
3							
4	年	$C_{t,A}$	$t*C_{t,A}$ / $Price_A*(1+YTM)^t$		$C_{t,B}$	$t*C_{t,B}$ / $Price_B*(1+YTM)^t$	
5	1	70	0.0654		130	0.0855	<-- =$A5*E5/(E$16*(1+$B$2)^$A5)
6	2	70	0.1223		130	0.1598	<-- =$A6*E6/(E$16*(1+$B$2)^$A6)
7	3	70	0.1714		130	0.2240	
8	4	70	0.2136		130	0.2791	
9	5	70	0.2495		130	0.3260	
10	6	70	0.2799		130	0.3657	
11	7	70	0.3051		130	0.3987	
12	8	70	0.3259		130	0.4258	
13	9	70	0.3427		130	0.4477	
14	10	1,070	5.4393		1,130	4.0413	
15							
16	債券価格	1,000.00	<-- =NPV(B2,B5:B14)		1,421.41	<-- =NPV(B2,E5:E14)	
17	デュレーション	7.5152	<-- =SUM(C5:C14)		6.7535	<-- =SUM(F5:F14)	
18							
19	ExcelのDuration関数と「自家製の」Dduration関数を用いる						
20	債券 A	7.5152	<-- =DURATION(DATE(1996,12,3),DATE(2006,12,3),7%,B2,1)				
21		7.5152	<-- =dduration(A14,7%,B2,1)				
22							
23	債券 B	6.7535	<-- =DURATION(DATE(1996,12,3),DATE(2006,12,3),13%,B2,1)				
24		6.7535	<-- =dduration(A14,13%,7%,1)				

予想通りかもしれないが、債券 A の平均ペイオフは債券 B のそれより長い期間を要するため、債券 A のデュレーションは債券 B のデュレーションよりも長い。これを別の観点から見てみると、債券 A の初年度のペイオフ（70 ドル）の正味現在価値は、債券価格の 6.54%に相当する。これに対し、債券 B の初年度のペイオフ（130 ドル）の正味現在価値は、債券価格の 8.55%に相当する。2 年目のペイオフの数値は、それぞれ 6.11%及び 7.99%となる（デュレーション式では、各ペイオフが受け取る期間によって加重されるため、2 年目の値については、上のスプレッドシートの該当箇所を 2 で割る必要がある）。

Excel の Duration 関数の使用

Excel には、**Duration( )** 及び **MDuration( )** という 2 つのデュレーション関数がある。**MDuration** は、Excel によりやや不正確に名付けられたマコーレー・デュレーションであり、次の通り定義される。

$$MDuration = \frac{デュレーション}{\left(1 + \dfrac{満期利回り}{年間利払回数}\right)}$$

両式とも同じ構文を用いることになっている。例えば、**Duration** の場合、構文は以下の通りである。

Duration(受渡日, 満期日, 利率, 利回り, 頻度, 基準)

ここで、

受渡日は債券の受渡日（即ち、購入日）
満期日は債券の満期日
利率は債券のクーポン・レート
利回りは債券の満期利回り
頻度は年間利払回数
基準は「日数計算の基準」（即ち、1 年の日数）。これは 0 から 4 までのコードである。

  0 または省略　30 日/360 日（NASD 方式）
  1　実際の日数/実際の日数
  2　実際の日数/360 日
  3　実際の日数/365 日
  4　30 日/360 日（ヨーロッパ方式）

    Duration 関数は標準的なマコーレー・デュレーションの値を返す。**MDuration** 関数は債券価格の弾力性を計算するのに用いられる（20.3 節を参照）。これら 2 つのデュレーション関数は、受渡日と満期日両方の日付のシリアル値を必要とするため、実行するには、少しだけ工夫が求められるかもしれない。上記のスプレッドシートでは、債券 A の受渡日（ここでは現在の日付とする）を 1996 年 12 月 3 日、満期日を 2006 年 12 月 3 日と仮定し、セル B20 に Excel 関数が実装されている。日付の選択は適当である。Excel のデュレーション関数の最後の引数は、

基準を指定するが、これは随意であり、省略可能である。

Excel の **Duration** 関数に、シリアル形式の日付を挿入するのは多くの場合不便である。本章の後半では VBA を用いて、この問題を克服し、さらに債券の支払い間隔が一定でない場合の債券デュレーションを計算する、よりシンプルなデュレーション関数を定義する。この「自家製の」デュレーション関数は **DDuration** と名付けられる。この関数のプログラミングについては、20.6 節で論じる。前掲のスプレッドシートでは、セル B21 と B24 でこの関数を例示している。債券 B のデュレーションを **DDuration** で計算する際のダイアログボックスは以下の通りである。

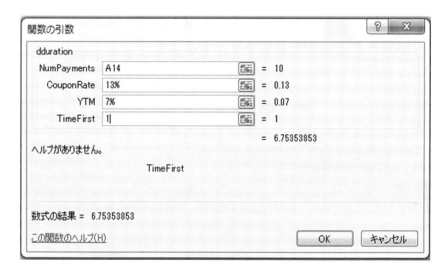

引数 **TimeFirst** は、債券の購入日から初回の支払いまでの期間である。債券 A と債券 B の例では、この引数は 1 である。

20.3 デュレーションは何を意味するか？

本節では、デュレーションの 3 つの異なる意味を提示する。それぞれがそれ自体で興味深く、重要である。

債券の支払額の時間加重平均としてのデュレーション

これが Macaulay（1938）のもともとの定義だった。デュレーションの式を以下のように書き直してみよう。

$$D = \frac{1}{P}\sum_{t=1}^{N}\frac{tC_t}{(1+r)^t} = \sum_{t=1}^{N}\left[\frac{C_t/P}{(1+r)^t}\right]*t$$

括弧内の項 $\left[\dfrac{C_t/P}{(1+r)^t}\right]$ は合計すると1になる。これは、債券価格の定義から必然的に導かれる。即ち、これらの項のそれぞれは、時点 t における支払額の、債券価格に占める割合である。デュレーションの式では、$\left[\dfrac{C_t/P}{(1+r)^t}\right]$ の各項が、その発生までの期間で乗じられる。したがって、デュレーションは、債券価格に占める割合としての、割引後の債券支払額の時間加重平均である。

割引率に対する債券価格の弾力性としてのデュレーション

デュレーションに対するこの見方は、なぜデュレーション尺度が債券価格のボラティリティを測るために用いられるのかを説明する。また、デュレーションが債券のリスク尺度としてしばしば用いられる理由も示す。この解釈を導くため、現在の金利に関する債券価格の導関数を求める。

$$\frac{dP}{dr} = \sum_{t=1}^{N}\frac{-tC_t}{(1+r)^{t+1}}$$

簡単な代数により次が示される。

$$\frac{dP}{dr} = \sum_{t=1}^{N}\frac{-tC_t}{(1+r)^{t+1}} = -\frac{DP}{1+r}$$

この式からデュレーションの2つの有用な解釈が得られる。

- 第1に、デュレーションは、ディスカウント・ファクターに対する債券価格の弾力性と見なすことができる。ここで、「ディスカウント・ファクター」は $1+r$ を指す。

$$\frac{dP/P}{dr/(1+r)} = \frac{債券価格の\%\,変化}{ディスカウント・ファクターの\%\,変化} = -D$$

- 第2に、前述の方程式を次のように書き直すことにより、債券の*価格ボラティリティ*を測定するためにデュレーションを用いることができる。

$$\frac{dP}{P} = -D\frac{dr}{1+r}$$

このデュレーションの解釈をスプレッドシートで示すため、前節の例に戻る。金利が7%から7.7%まで10%上昇したと仮定する。債券価格には何が生じるだろうか？債券Aの価格は次のようになる。

$$952.39 \text{ ドル} = \sum_{t=1}^{10} \frac{70 \text{ ドル}}{(1.077)^t} + \frac{1{,}000 \text{ ドル}}{(1.077)^{10}}$$

同様の計算により、債券Bの価格が次のようになることが示される。

$$1{,}360.50 \text{ ドル} = \sum_{t=1}^{10} \frac{130 \text{ ドル}}{(1.077)^t} + \frac{1{,}000 \text{ ドル}}{(1.077)^{10}}$$

価格ボラティリティの式から推測される通り、債券価格の変化は、$\Delta P \cong -DP\Delta r/(1+r)$ により近似される。確認のため、各債券について、この値を計算してみる。

	A	B	C	D	E	F
1	価格の弾力性としてのデュレーション 債券価格の変化は、ΔP ≈ - Duration*Price*Δr/(1+r)で近似できる					
2	割引率	7%				
3						
4	債券A			債券B		
5	クーポン・レート	7%		クーポン	13%	
6	額面価額	1,000		額面価額	1,000	
7	満期	10		満期	10	
8						
9	価格	1,000.00		価格	1,421.41	<-- =PV($B$2,E7,-E5*E6)+E6/(1+$B$2)^E7
10	デュレーション	7.5152		デュレーション	6.7535	<-- =DURATION(DATE(1996,1,1),DATE(2006,1,1),E5,B2,1)
11						
12	新割引率	7.70%				
13	新価格	952.39			1,360.50	<-- =PV($B$12,E7,-E5*E6)+E6/(1+$B$12)^E7
14						
15	価格の変化					
16	実際	47.61			60.92	<-- =E9-E13
17	近似としてdurationを使用 DP ≈ - Duration *Price*Δr/(1+r)	49.17			62.80	<-- =-E10*E9*($B$2-$B$12)/(1+$B$2)
18						
19	MDurationを使用	49.17			62.80	<-- =-($B$2-$B$12)*E9*MDURATION(DATE(1996,1,1),DATE(2006,1,1),E5,$B$2,1)

上掲のスプレッドシートの19行に注目すると、Excelの**Duration**関数を用いて、$\frac{\Delta r}{(1+r)}$ を乗じる代わりに、**MDuration**関数を用いて、Δr を乗じることもできたことが分かる。

Babcock の式: 債券利回りの凸結合としてのデュレーション

デュレーションの3つ目の解釈は、Babcock (1985) の式である。この式は、デュレーションが2つの要素の加重平均であることを示す。

$$D = N\left(1 - \frac{y}{r}\right) + \frac{y}{r} PVIF(r, N) * (1 + r)$$

ここで、債券の現在の利回りは、$y = \dfrac{債券クーポン}{債券価格}$ で、N 期間の年金の現在価値は、$PVIF(r, N) = \sum_{t=1}^{N} \dfrac{1}{(1 + r)^t}$ である。

この式は、デュレーション尺度に関する2つの有用な洞察を与えてくれる。

- デュレーションは、債券の満期及び債券に関する PVIF の $(1 + r)$ 倍の加重平均である(PVIF は Excel 関数 **PV(r,N,-1)** で求められることに留意しよう)。
- 多くの場合、債券の現在の利回り y は、その満期利回り r と大きく異ならない。このような場合、デュレーションは $(1 + r)PVIF$ とあまり異ならない。

前の2つの解釈と異なり、Babcock の式は、一定のクーポン支払額と時点 N における元本一括返済を伴う債券の場合にのみ成立する。即ち、この式は、支払額 C_t が時点により異なる場合には適用できない。

以下は、債券 B に関する Babcock の式の計算である。

	A	B	C
1		デュレーションのためのBabcockの式 デュレーションは現在の利回りと現在価値ファクターの凸集合: D = N*y/r + (1 - y/r) * PV(r,N,-1)*(1+r)	
2	N, 債券の満期	10	
3	r,	7%	
4	C, 債券クーポン	13%	
5	額面価額	1,000	
6	価格	1,421.41	<-- =PV(B3,B2,-B4*B5)+B5/(1+B3)^B2
7	現在の利回り	9.15%	<-- =B4*B5/B6
8	PVIF(r,N)	7.0236	<-- =PV(B3,B2,-1)
9			
10	2つのデュレーションの式		
11	Babcockの式	6.7535	<-- =B2*(1-B7/B3)+B7/B3*B8*(1+B3)
12	標準の式	6.7535	<-- =DURATION(DATE(1995,1,1),DATE(2005,1,1),B4,B3,1)

20.4 デュレーションのパターン

直観的に、デュレーションは債券のクーポンの減少関数であり、債券の満期の増加関数であると予想するだろう。最初の直観は正しいが、しかし二番目はそうではない。

以下のスプレッドシートは、債券のデュレーションについて、クーポンを増加させた場合の効果を示している。直観が示した通り、クーポンが増加するにつれ、確かにデュレーションは減少する。

	A	B	C	D
1		**デュレーションに対するクーポンの影響**		
2	現在の日付	1996/5/21	<--	=DATE(1996,5,21)
3	満期(年)	21		
4	満期日	2017/5/21	<--	=DATE(1996+B3,5,21)
5	YTM	15%	満期利回り(即ち、割引率)	
6	クーポン	4%		
7	額面価額	1,000		
8				
9	デュレーション	9.0110	<--	=DURATION(B2,B4,B6,B5,1)
10				
11	データ・テーブル: デュレーションに対するクーポンの影響			
12			9.0110	<-- =B9、データ・テーブルのヘッダー
13		0%	21.0000	
14		1%	13.1204	
15	債券クーポン -->	2%	10.7865	
16		3%	9.6677	
17		4%	9.0110	
18		5%	8.5792	
19		6%	8.2736	
20		7%	8.0459	
21		9%	7.7294	
22		13%	7.3707	
23		15%	7.2593	
24		17%	7.1729	

しかしながら、デュレーションが常に債券満期の増加関数であるとは限らない。

	A	B	C	D
1				デュレーションに対する満期の影響
2	現在の日付	1996/5/21	<-- =DATE(1996,5,21)	
3	満期(年)	21		
4	満期日	2017/5/21	<-- =DATE(1996+B3,5,21)	
5	YTM	15%	満期利回り(即ち、割引率)	
6	クーポン	4%		
7	額面価額	1,000		
8				
9	デュレーション	9.0110	<-- =DURATION(B2,B4,B6,B5,1)	
10				
11	データテーブル: デュレーションに対する満期の影響			
12			9.0110	<-- =B9，データテーブルのヘッダー
13		1	1.0000	
14		5	4.5163	
15	債券の満期 -->	10	7.4827	
16		15	8.8148	
17		20	9.0398	
18		25	8.7881	
19		30	8.4461	
20		40	7.9669	
21		50	7.7668	
22		60	7.6977	
23		70	7.6759	
24		80	7.6693	

20.5 不定期な支払いを伴う債券のデュレーション

上記で議論したデュレーションの式は、債券の支払いが定期的であることを仮定する。*初回の支払いを除けば*、これは、ほとんどの債券に当てはまる。例えば、1997, 1998, ⋯, 2010 年の各年の 5 月 1 日に利息を支払い、最終日に額面価額が償還される債券を考えてみよう。全ての支払いが 1 年間隔で行われる。しかしながら、この債券が 1996 年 9 月 1 日に購入されたとすると、最初の支払いまでの期間は 8 ヶ月（9 月から 5 月）となり、1 年ではなくなる。このような債券を*不定期な支払いを伴う債券*と呼ぶこととする。本節では、この（極めてありふれた）問題の 2 つの側面を議論する。

- 満期利回り（Yield To Maturity; YTM）が既知の場合における、このような債券のデュレーションの計算。このデュレーションには、定期支払いを伴う債券のデュレーション（つまり、標準的なデュレーションの式）と関連する、非常に簡

単な式があることを示す。議論の過程で、より簡単なデュレーション関数を Excel で構築する。
* 不定期な支払いを伴う債券の YTM の計算。これは若干工夫を必要とし、最終的には、もう 1 つの VBA 関数に繋がる。

不定期な支払いを伴う債券のデュレーション

最初の支払いが 1 より小さい時点 α で行われ、残りの支払いは一定間隔で行われる、N 回の支払いを伴う債券を考える。以下の導出で、このような債券のデュレーションは、次の 2 つの項の合計により与えられることを示す。

* 第 1 項：N 回の定期的な支払いを伴う債券のデュレーション（即ち、上記で議論した標準的なデュレーション）
* 第 2 項：$\alpha - 1$

なぜそうなるのかを示すことは比較的簡単である。$0 < \alpha < 1$ として、債券の支払いを $C_\alpha, C_{\alpha+1}, C_{\alpha+2}, \cdots, C_{\alpha+N-1}$ と表す。債券の価格は次により与えられる。

$$P = \sum_{t=1}^{N} \frac{C_{\alpha+t-1}}{(1+r)^{\alpha+t-1}} = (1+r)^{1-\alpha} \sum_{t=1}^{N} \frac{C_{\alpha+t-1}}{(1+r)^t}$$

この債券のデュレーションは次により与えられる。

$$D = \frac{1}{P} \sum_{t=1}^{N} \frac{(\alpha+t-1)C_{\alpha+t-1}}{(1+r)^{\alpha+t-1}}$$

この最後の式を以下のように書き直す。

$$D = \frac{1}{P}(1+r)^{1-\alpha} \left\{ \sum_{t=1}^{N} \frac{tC_{t+\alpha-1}}{(1+r)^t} + \sum_{t=1}^{N} \frac{(\alpha-1)C_{t+\alpha-1}}{(1+r)^t} \right\}$$

$$= \frac{1}{(1+r)^{1-\alpha} \sum_{t=1}^{N} \frac{C_{t+\alpha-1}}{(1+r)^t}} (1+r)^{1-\alpha} \left\{ \sum_{t=1}^{N} \frac{tC_{t+\alpha-1}}{(1+r)^t} + (\alpha-1) \sum_{t=1}^{N} \frac{C_{t+\alpha-1}}{(1+r)^t} \right\}$$

$$= \frac{1}{\sum_{t=1}^{N} \frac{C_{t+\alpha-1}}{(1+r)^t}} \left\{ \sum_{t=1}^{N} \frac{tC_{t+\alpha-1}}{(1+r)^t} \right\} + \alpha - 1$$

以下は、不定期な支払いを伴う債券のデュレーション計算例である。最初の支払いまでを α とするとき、デュレーション式が次のようになることを思い出そう。

$$D = \sum_{t=1}^{N} \frac{1}{P} \frac{(\alpha + t - 1)C_{\alpha+t-1}}{(1 + r)^{\alpha+t-1}}$$

C10 から C14 までのそれぞれのセルは、この式の項の値を計算する。

	A	B	C	D
1	不定期の支払いを伴う債券のデュレーション 力技による計算とDDuration関数			
2	α		0.3	最初のクーポン支払いまでの期間（年）
3	N		5	支払回数
4	YTM		6%	
5	クーポン		100	
6	額面		1,000	
7	債券価格		1,217	<-- =NPV(B4,B10:B14)*(1+B4)^(1-B2)
8				
9	期間	支払額	t*C_t/Price*$(1+YTM)^t$	
10	0.3	100	0.0242	<-- =(B10*A10)/(1+$B$4)^A10/$B$7
11	1.3	100	0.0990	
12	2.3	100	0.1653	
13	3.3	100	0.2237	
14	4.3	1,100	3.0249	
15	デュレーション		3.5371	<-- =SUM(C10:C14)
16				
17	新たに定義された VBA関数		3.5371	<-- =dduration(B3,B5/B6,B4,B2)

20.2 節で注記したように、Excel の組込関数 **Duration( )** は、日付を挿入しなければならないため、若干使いづらい。すでに VBA を用いたより簡単なデュレーション関数を紹介した。この関数の構文は、**DDuration(NumPayments,CouponRate, YTM,TimeFirst)** である。

```
Function DDuration(NumPayments, CouponRate, _
YTM, TimeFirst)
   price = 1 / (1 + YTM) ^ NumPayments
   DDuration = NumPayments / (1 + YTM) ^ _
   NumPayments
   For Index = 1 To NumPayments
      price = CouponRate / (1 + YTM) ^ _
      Index + price
   Next Index
   For Index = 1 To NumPayments
      DDuration = CouponRate * Index / _
      (1 + YTM) ^ Index + DDuration
   Next Index
   DDuration = DDuration / price + _
   TimeFirst - 1
End Function
```

　自家製関数 **DDuration** は、債券の支払回数、クーポン・レート、最初の支払いまでの期間 α のみを必要とする。この関数の使用は、前述のスプレッドシートのセル C17 に示されている。

不定期の場合の YTM の計算

上述の議論が示すように、デュレーションの計算には、債券の満期利回り（YTM）を知ることが必要になる。この YTM とは、債券の支払額と当初の価格についての内部収益率に過ぎない。多くの場合 YTM は既知であるが、既知でない場合、Excel の **IRR** 関数を使うことはできず、代わりに **XIRR** 関数を使わなくてはならない。

　現在の価格が 1,123 ドルであり、毎年 1 月 1 日に 89 ドルのクーポンを支払う債券を考える。2001 年 1 月 1 日に、この債券は年間クーポンと額面価額の合計、1,089 ドルを支払う。現在の日付は、1996 年 10 月 3 日である。この債券の YTM を求める上での問題は、債券のほとんどの支払いが 1 年ごとに行われる一方で、最初のクーポン支払いまでの期間が 0.2466 年しかないということである

(0.2466=(Date(1997,1,1)−Date(1996,10,3))/365)。したがって、Excelを用いて以下の式を解きたい。

$$-1,123 + \sum_{t=0}^{3} \frac{89}{(1+\text{YTM})^{t+0.2466}} + \frac{1,089}{(1+\text{YTM})^{4.2466}} = 0$$

この問題を解くために、Excel関数 **XIRR** を用いることができる。

	A	B	C	D
1		不定期の支払いの場合におけるIRRのXIRRを用いた計算		
2	現在の日付	1996/10/3		
3	年間クーポン	89	翌5年間、毎年1月1日に支払われる	
4	満期日	2001/1/1		
5	額面価額	1,000		
6	債券価格	1,123		
7				
8	最初の支払いまでの期間	0.2466	<-- =(B12-B11)/365	
9				
10		日付	支払額	
11		1996/10/3	-1,123	
12		1997/1/1	89	
13		1998/1/1	89	
14		1999/1/1	89	
15		2000/1/1	89	
16		2001/1/1	1,089	
17				
18		YTM	7.300%	<-- =XIRR(C11:C16,B11:B16)

XIRR 関数を用いるには、まず**分析ツール**がExcelに入っているかを確認する必要がある。[**ファイル**] - [**オプション**] - [**アドイン**] - [**管理（Excel アドイン）**] - [**設定**] に行くと、以下のメニューが表示されるので、**分析ツール**にチェックが入っていることを確認する。

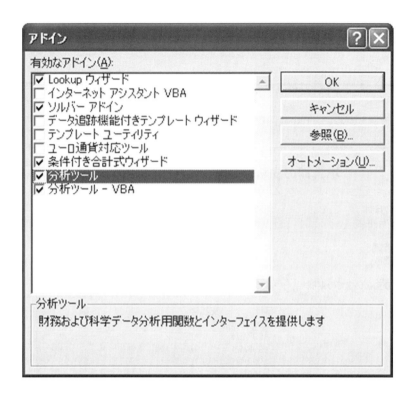

　これで、必ずしも定期的でないキャッシュフローの予定表についての内部収益率を返す **XIRR** を用いることができる。この関数を用いるためには、キャッシュフローと日付のリストを指定する必要がある。Excel 関数 **IRR** の場合と同様、IRR の推定値を入力することもできるが、省略してもよい。[1]

VBA プログラムを用いた不定期の支払いの場合における YTM の計算

　支払日が不明な場合、一連の不定期な支払いの YTM を計算するため、VBA を用いることが出来る。以下のプログラムは 2 つの関数でできている。最初の関数 **annuityvalue** は、$\sum_{t=1}^{N} \frac{1}{(1+r)^t}$ の値を計算する。二番目の関数 **unevenYTM** は、一連の不定期な支払いの YTM を計算するため、簡単な二分法を用いる。望ましい結果の精度 **epsilon** の選択は、読者に任せる。

---
1. 不定期に支払われる一連の支払額の現在価値を求める **XNPV** 関数もある。この関数は第 33 章で議論する。

```
Function Annuityvalue(interest, numPeriods)
    annuityvalue = 0
    For Index = 1 To numPeriods
        annuityvalue = annuityvalue + 1 / _
        (1 + interest) ^ Index
    Next Index
End Function

Function UnevenYTM(CouponRate, FaceValue, _
BondPrice, NumPayments, TimeFirst, epsilon)
    Dim YTM As Double
    high = 1
    low = 0
        While Abs(annuityvalue(YTM, _
        NumPayments) * CouponRate * _
            FaceValue + FaceValue / _
            (1 + YTM) ^ NumPayments - _
            BondPrice / (1 + YTM) ^ _
            (1 - TimeFirst)) >= epsilon
        YTM = (high + low) / 2
        If annuityvalue(YTM, NumPayments) * _
        CouponRate * _
            FaceValue + FaceValue / (1 + YTM) _
            ^ NumPayments - BondPrice / _
            (1 + YTM) ^ (1 - TimeFirst) > 0 _
            Then
                low = YTM
            Else
                high = YTM
            End If
        Wend
    UnevenYTM = (high + low) / 2
End Function
```

以下は、この関数の使用例である。

	A	B	C
1		**不定期の場合におけるYTMの計算の説明**	
2		このスプレッドシートは、VBA関数**unevenYTM**の説明である: この関数の構文は以下の通り **unevenYTM**(CouponRate,FaceValue,BondPrice,NumPayments,TimeFirst,epsilon)	
3	クーポン・レート	7.90%	
4	額面価額	1,000.00	
5	債券価格	1,123.00	
6	支払回数	5	
7	最初の支払いまでの期間	0.25	
8	Epsilon	0.00001	<-- YTMの計算の精度をコントロールする
9			
10	YTM	6.138%	<-- =unevenYTM(B3,B4,B5,B6,B7,B8)

関数の引数

unevenYTM
- CouponRate B3 = 0.079
- FaceValue   B4 = 1000
- BondPrice   B5 = 1123
- NumPayments B6 = 5
- TimeFirst   B7 = 0.25

= 0.061383447

ヘルプがありません。

CouponRate

数式の結果 = 0.061383447

この関数のヘルプ(H)   OK   キャンセル

もちろん、デュレーションを計算するために、**UnevenYTM** と併せて **DDuration** 関数を使うこともできる。

	A	B	C
1	**DDURATIONとUNEVENYTMを併せて使用する**		
2	クーポン・レート	7.90%	
3	額面価額	1,000.00	
4	債券価格	1,123.00	
5	支払回数	5	
6	最初の支払いまでの期間	0.25	
7	Epsilon	0.00001	<-- YTMの計算の精度をコントロールする
8			
9	YTM	6.138%	<-- =unevenYTM(B2,B3,B4,B5,B6,B7)
10			
11	デュレーション	3.5959	<-- =dduration(B5,B2,B9,B6)

20.6 フラットでない期間構造とデュレーション

期間構造の一般モデルでは、時点 t における支払額は金利 r_t で割り引かれるため、債券の価値は以下で与えられる。

$$P = \sum_{t=1}^{N} \frac{C_t}{(1+r_t)^t}$$

本章で議論したデュレーション尺度は、フラットな期間構造（即ち、全ての t について $r_t = r$）か、あるいは、平行に動く期間構造を仮定している。期間構造が平行移動を示す場合、

$$P = \sum_{t=1}^{N} \frac{C_t}{(1+r_t+\Delta t)^t}$$

として債券価格を表現でき、次に、Δt に関して導関数を取ることで、デュレーション尺度が導ける。

期間構造の一般モデルは、時点 t の支払額に対する割引率 r_t がどのように生じているか、そして、時点 t の金利がどのように変化するかを説明しなければならない。これは難しい問題であり、第 22 章と第 23 章において議論する。

これは、本章で示した単純なデュレーション尺度が、役に立たないことを意味するのだろうか？必ずしもそうではない。期間構造自体が比較的複雑で、フラットでない場合においてさえ、恐らくマコーレー・デュレーション尺度は、期間構造の変

化に起因した債券価値の変化に関して、良い近似値を与えるだろう。[2] 本節では、J. Huston McCullogh 教授が作成した期間構造のファイルからのデータ（本書のウェブサイトに掲載[3]）を用いて、この可能性を検討する。ファイルには、12.1946〜2.87（即ち、1946 年 12 月から 1987 年 2 月）の、米国における金利の期間構造に関する月次情報が保存されている。このファイルの典型的な行は次のようになっている。

年月	0ヶ月	1ヶ月	2ヶ月	3ヶ月	4ヶ月	5ヶ月	6ヶ月
12.1946	0.18	0.32	0.42	0.48	0.52	0.55	0.58

9ヶ月	1年	2年	3年	4年	5年	10年	15年	20年
0.65	0.72	0.95	1.15	1.3	1.41	1.82	2.16	2.32

この行は、1946 年 12 月における金利の期間構造である。金利は*年率*で示されており、0.32 は年利 0.32％を意味する。ファイルから抜粋した期間構造の図をいくつか示そう。[4] 以下のグラフでは、それぞれの線が、特定の月における期間構造を表している。1948 年は、期間構造に緊密な相関関係があり、全て右上がりとなっていた。

---

2. Gultekin and Rogalski（1984）による論文は、これを確認していると思われる。
3. データは McCullogh（1990）より引用。
   財務省証券の日々更新される期間構造は、http://www.treasury.gov/resource-center を参照。
4. 金利は純割引率であり、価格 P で N 回の支払い $C_1, C_2, \cdots, C_N$ を伴う債券の価値が、$P = \sum_{t=1}^{N} \frac{C_t}{(1+r_t)^t}$ になるように計算される。「0 ヶ月」の列は、*瞬間金利*（市場における最も短期の金利）である。これは、マネー・マーケット・ファンドで 1 日運用したときに支払われる金利と考えられる。

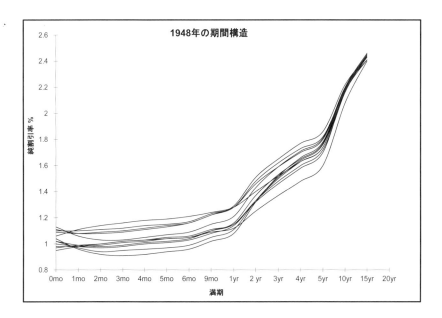

このグラフを 1981 年の期間構造と対比すると、右上がり及び右下がりの期間構造に加えて、「コブ」状の期間構造が見られた。

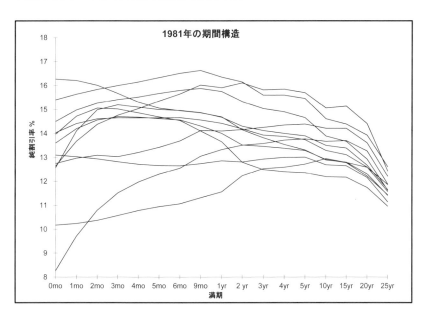

このように期間構造の形が多様であるにもかかわらず、マコーレー・デュレーションが、短期間における債券価値の変化に対して妥当な近似値をもたらすことを、本章の問題 7 で確認できる。

20.7 まとめ

本章では、債券のリスク尺度として一般的に使われるデュレーションの基礎を要約した。デュレーション尺度は、もともと Macaulay（1938）によって、債券の支払額の時間加重平均を測定するため開発された。デュレーションは、割引率の変化に対する債券価格の弾力性も表すことができる。本章はデュレーションの計算の基礎を検討したが、次章では、債券ポートフォリオのイミュニゼーションを説明するために、デュレーションを用いる。

練習問題

1. 以下のスプレッドシートで、デュレーションがクーポン・レート（クーポン = 0%, 1%, ⋯, 11%）の関数として計算された**データ・テーブル**を作りなさい。クーポン・レートとデュレーションの関係についてコメントしなさい。

	A	B	C
1		クーポン・レートの変化がデュレーションに与える影響	
2	現在の日付	2007/5/21	
3	満期(年)	21	
4	満期日	2027/5/21	
5	YTM	15%	
6	クーポン	4%	
7	額面価額	1,000	
8			
9	デュレーション	9.03982	<-- =DURATION(B2,B4,B6,B5,1)

2. 債券の満期が長くなることが、債券のデュレーションに与える影響は何か？前の事例同様、数値例を用いて、解答を図示しなさい。$N \to \infty$ のとき、債券はコンソル債（元本の償還はないが、クーポンの支払いが永遠に継続する債券）となることに留意しよう。コンソル債のデュレーションは、$(1 + YTM)/YTM$ で与えられる。数値例で示した解答が、この式に収束することを示しなさい。

3. 「デュレーションは債券のリスク度の代用品と見なすことができる。他の全て

の条件が同じであれば、2 つの債券のうち、よりリスクの高い債券は、より短いデュレーションを有する。」例を挙げて、この主張を検証しなさい。その経済的な論理は何か？

4. 満期 N の純粋割引債は、時点 $t = 1, \cdots, N-1$ において支払いのない債券である。また、$t = N$ となる時点 t で、純粋割引債は唯一の最終的な元利払いを行う。このような債券のデュレーションはいくらか？

5. 20.4 節の 2 つのグラフを複製しなさい。

6. 1987 年 1 月 23 日に、West Jefferson Development 社債の市場価格は 1,122.32 ドルだった。この債券は、1987 年から 1993 年まで、毎年 3 月 1 日と 9 月 1 日に 59 ドルの利息を支払う。1993 年 9 月 1 日に、債券は額面価額 1,000 ドルで償還される。この債券の満期利回りを計算し、次にデュレーションを計算しなさい。

7. 20.5 節の **DDuration** の式を記述しなおし、**TimeFirst** α が挿入されない場合、α が自動的に 1 を規定値とするようにしなさい。

21 イミュニゼーション戦略

21.1 概要

将来の債券ポートフォリオの価値は、そのポートフォリオが清算される日を含む、それまでの実勢の金利構造に依存する。もしあるポートフォリオが将来の特定の時点において、どのような金利構造になろうとも同じペイオフを持つなら、それはイミュナイズされていると言われる。本章はイミュニゼーション戦略を検討するが、これは第 20 章で議論したデュレーションの概念と密接な関係にある。多くのデュレーションの概念に対してイミュニゼーション戦略は議論されてきたが、本章では最も単純なデュレーションの概念であるマコーレー・デュレーションに限定する。

21.2 基本的で単純なイミュニゼーション・モデル

以下の状況を考える。ある会社が既知の将来債務 Q を負っている（この良い例は保険会社だろう。将来支払いを行わなければならないことが分かっている）。この債務の割引価値は次のようになる。

$$V_0 = \frac{Q}{(1+r)^N}$$

ここで、r は適切な割引率である。

この将来債務は、会社が保有する債券によってヘッジされているとする。これは、会社が将来債務の割引価値 V_0 と等しい価値 V_B を有する債券を現在保有しているという意味である。$P_1, P_2, \cdots, P_M$ が、この債券の予想支払額の流列であるとき、債券の現在価値は次により与えられる。

$$V_B = \sum_{t=1}^{M} \frac{P_t}{(1+r)^t}$$

ここで、基本となる金利 r が $r + \Delta r$ に変化したとする。一次の線形近似を用いると、将来債務の新しい価値は次により与えられることが分かる。

$$V_0 + \Delta V_0 \approx V_0 + \frac{dV_0}{dr}\Delta r = V_0 + \Delta r \left[\frac{-NQ}{(1+r)^{N+1}}\right]$$

一方、債券の新しい価値は次により与えられる。

$$V_B + \Delta V_B \approx V_B + \frac{dV_B}{dr}\Delta r = V_B + \Delta r \sum_{t=1}^{M} \frac{-tP_t}{(1+r)^{t+1}}$$

これら 2 式が等しければ、r の変化は、会社のポートフォリオのヘッジ特性に影響しないこととなる。2 式をイコールとおくと、次の条件を得る。

$$V_B + \Delta r \sum_{t=1}^{M} \frac{-tP_t}{(1+r)^{t+1}} = V_0 + \Delta r \left[\frac{-NQ}{(1+r)^{N+1}} \right]$$

ここで、$V_B = V_0 = \dfrac{Q}{(1+r)^N}$ であったことを思い出すと、この式は次のように簡約できる。

$$\frac{1}{V_B} \sum_{t=1}^{M} \frac{tP_t}{(1+r)^t} = N$$

　最後の式は、正式な命題として言い換える価値がある。金利の期間構造が常にフラットである（即ち、将来の全ての時点で発生するキャッシュフローの割引率が同一）か、あるいは期間構造が平行に上下すると仮定する。その時、割引率 r の任意の変化の下で、ある資産の市場価値が将来債務 Q の市場価値と等しくなる必要十分条件は、資産のデュレーションが債務のデュレーションと等しいことである。ここで、「等しい」という言葉は、一次近似の観点で等しいことを意味するものと理解する。

　この種の資産が手当てされている債務は、イミュナイズされていると言われる。

　上記の主張には 2 つの重大な制限がある。

- ここで議論したイミュニゼーションは、一次近似にのみ当てはまる。次の節の数値例に進むと、一次近似における等しさと「真」の等しさの間には、大きな隔たりがあることが分かる。動物農場でジョージ・オーウェルは、農家の庭について同様の観察をしている。「全ての動物は平等である。ただし、一部の動物は、他の動物より更に平等である。」
- ここでは、期間構造がフラットであるか、あるいは平行に上下すると仮定した。これは、現実の酷い近似であるとみなされるのがせいぜいかも知れない（20.6 節の期間構造のグラフを思い出そう）。期間構造の他の理論は、デュレーションとイミュニゼーションの他の定義に繋がる（代替理論については、Bierwag et al.（1981, 1983a, 1983b）、Cox, Ingersoll, and Ross（1985）、Vasicek（1977）を参照）。Gultekin and Rogalski（1984）は、これら代替理論に関する実証研究におい

て、本章で用いている単純なマコーレー・デュレーションが、これら代替理論と少なくとも同程度には有効であることを見いだした。

21.3 数値例

本節では、イミュニゼーションの基本的な数値例を考察する。現在価値 1,000 ドルである 10 年間の債務（これは、現在の金利 6%で、将来価値が 1,000 ドル・$(1.06)^{10}$ = 1,790.85 ドルになることを意味する）をイミュナイズしようとしているとする。1,000 ドル相当の債券または債券の組み合わせを購入することで、この債務をイミュナイズするつもりである。

ここで、3 種類の債券を考える。

- 債券 1 は、満期までの残存期間 10 年、クーポン・レート 6.7%、額面価額 1,000 ドルである。
- 債券 2 は、満期までの残存期間 15 年、クーポン・レート 6.988%、額面価額 1,000 ドルである。
- 債券 3 は、満期までの残存期間 30 年、クーポン・レート 5.9%、額面価額 1,000 ドルである。

現在の満期利回り 6%において、これら債券の価格は異なっている。例えば、債券 1 は 1,051.52 ドル = $\sum_{t}^{10} \frac{67}{(1.06)^t} + \frac{1,000}{(1.06)^{10}}$ の価値がある。したがって、この債券を 1,000 ドル分購入するには、債券の*額面価額*で 951 ドル =1,000 ドル/1,051.52 ドル購入しなければならない。

しかしながら、債券 3 には現在 986.24 ドルの価値があるため、この債券を現在の市場価値で 1,000 ドル分購入するには、債券の額面価額で 1,013.96 ドル購入しなければならない。もしこの債券を用いて、今から 10 年後の債務 1,790.85 ドルの資金を確保するつもりなら、直面する問題の概要は以下の通りである。

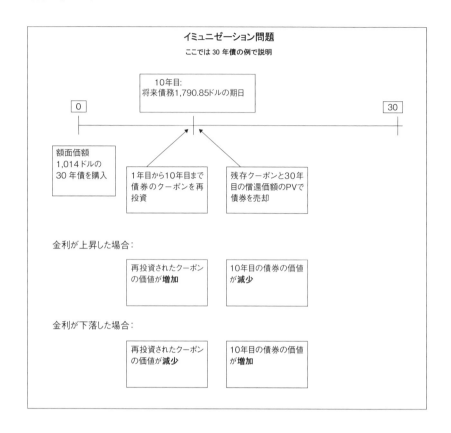

　以下で見るように、現在の市場金利6%が不変である場合にのみ、この30年債は将来債務1,790.85ドルをちょうどぴったり賄うことができる。
　3つの債券の価格及びデュレーションの情報の概要を以下に示す。

	A	B	C	D	E
1		3債券の場合のイミュニゼーションの基本例			
2	満期利回り	6%			
3					
4		債券1	債券2	債券3	
5	クーポン・レート	6.70%	6.988%	5.90%	
6	満期	10	15	30	
7	額面価額	1,000	1,000	1,000	
8					
9	債券価格	$1,051.52	$1,095.96	$986.24	<-- =-PV($B$2,D6,D5*D7)+D7/(1+$B$2)^D6
10	市場価値1,000ドルに相当する額面価額	$ 951.00	$ 912.44	$ 1,013.96	<-- =D7/D9*D7
11					
12	デュレーション	7.6655	10.0000	14.6361	<-- =dduration(D6,D5,$B$2,1)

デュレーションを計算するために、第 20 章で定義した「自家製の」**DDuration** 関数を用いたことに留意しよう。

満期利回りが変わらない場合、各クーポンを 6%で再投資できる。したがって、例えば債券 2 は 10 年目の年末に、次の最終価値をもたらすことになる。

$$\sum_{t=0}^{9} 69.88 \cdot (1.06)^t + \left[\sum_{t=1}^{5} \frac{69.88}{(1.06)^t} + \frac{1,000}{(1.06)^5} \right] = 921.07 + 1,041.62 = 1,962.69$$

この式の第 1 項 $\sum_{t=0}^{9} 69.88 \cdot (1.06)^t$ は、再投資されたクーポンの合計額である。第 2 項と第 3 項 $\sum_{t=1}^{5} \frac{69.88}{(1.06)^t} + \frac{1,000}{(1.06)^5}$ は、10 年目における債券の市場価値を表し、このとき債券は満期まで残り 5 年である。この債券を額面価額 912.44 ドル分だけ購入するので、10 年目の年末には、0.91244 * 1,962.69 ドル = 1,790.85 ドルを保有することになる。これはまさに、この時点において欲しかった金額である。満期利回りの変化がないことを前提として、3 債券全てについての計算結果を以下の表に示す。

	A	B	C	D	E
14	新しい満期利回り	6%			
15					
16		債券1	債券2	債券3	
17	債券価格	$1,000.00	$1,041.62	$988.53	<-- =-PV($B$14,D6-10,D5*D7)+D7/(1+$B$14)^(D6-10)
18	再投資されたクーポン	$883.11	$921.07	$777.67	<-- =-FV($B$14,10,D5*D7)
19	合計	$1,883.11	$1,962.69	$1,766.20	<-- =D17+D18
20					
21	購入された額面価額の割合を乗じる	95.10%	91.24%	101.40%	<-- =D10/1000
22	積	$ 1,790.85	$ 1,790.85	$ 1,790.85	<-- =D21*D19

この表の結論は、*市場金利 6%が変わらない限り*、3 債券のどれを 1,000 ドル分購入しても、(10 年後に) 将来債務 1,790.85 ドルに対する資金を確保できるということである。

次に、債券を購入した直後に満期利回りが新しい値に変化し、その値に留まるとしよう。これは明らかに、上記で行った計算に影響を与える。例えば、利回りが 5%に下落した場合、表は以下のようになる。

	A	B	C	D	E
14	新しい満期利回り	5%			
15					
16		債券1	債券2	債券3	
17	債券価格	$1,000.00	$1,086.07	$1,112.16	<-- =-PV($B$14,D6-10,D5*D7)+D7/(1+$B$14)^(D6-10)
18	再投資されたクーポン	$842.72	$878.94	$742.10	=-FV($B$14,10,D5*D7)
19	合計	$1,842.72	$1,965.01	$1,854.26	<-- =D17+D18
20					
21	購入された額面価額の割合を乗じる	95.10%	91.24%	101.40%	<-- =D10/1000
22	積	$ 1,752.43	$ 1,792.97	$ 1,880.14	<-- =D21*D19

したがって、利回りが下落すると、債券1はもはや債務を賄うことができなくなる一方で、債券3は債務以上の金額となる。債券2が債務を手当てする能力は、(デュレーションがちょうど10年であることを考慮すれば、驚くべきことではないが) ほとんど変化しない。任意の新しい満期利回りについて、この計算を繰り返すことができる。**データ・テーブル** (第31章を参照) を使って作成された結果が、以下の図に示されている。

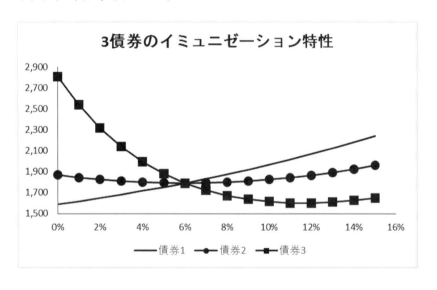

もしイミュニゼーション戦略が必要なら、明らかに債券2を購入すべきである！

21.4 コンベクシティ：イミュニゼーションの実験の続き

ポートフォリオのデュレーションは、ポートフォリオ内の資産のデュレーションを加重平均したものである。これは、デュレーションを 10 にする債券投資の方法が、他にもあることを意味する。例えば、債券 1 に 665.09 ドルを投資し、債券 3 に 344.91 ドルを投資すれば、このポートフォリオのデュレーションも 10 になる。加重ウェイトは以下のように計算される。

$\lambda *$デュレーション$_{債券1}+(1-\lambda)*$デュレーション$_{債券3} = 7.6655\lambda+14.6361(1-\lambda) = 10$

この債券ポートフォリオを用いて実験を繰り返すとしよう。以下のスプレッドシートの 15 行目以降において、債券 1 と債券 3 のポートフォリオを加えて、（YTM を変化させる）前節の実験を繰り返す。以下の結果は、23 行目の将来価値が、ポートフォリオについては変化しないことを示している。

	A	B	C	D	E	F	G
1		債券ポートフォリオとコンベクシティの実験					
2	満期利回り	6%					
3							
4		債券1	債券2	債券3			
5	クーポン・レート	6.70%	6.988%	5.90%			
6	満期	10	15	30			
7	額面価額	1,000	1,000	1,000			
8							
9	債券価格	$1,051.52	$1,095.96	$986.24	<-- =-PV($B$2,D6,D5*D7)+D7/(1+$B$2)^D6		
10	市場価値1,000ドルに相当する額面価額	$ 951.00	$ 912.44	$ 1,013.96	<-- =D7/D9*D7		
11							
12	デュレーション	7.6655	10.0000	14.6361	<-- =dduration(D6,D5,$B$2,1)		
13							
14							
15	新しい満期利回り	7%					
16							
17		債券1	債券2	債券3		債券1及び3のポートフォリオ	
18	債券価格	$1,000.00	$999.51	$883.47			
19	再投資されたクーポン	$925.70	$965.49	$815.17			
20	合計	$1,925.70	$1,965.00	$1,698.64			
21							
22	購入された額面価額の割合を乗じる	95.10%	91.24%	101.40%			
23	積	$ 1,831.35	$ 1,792.95	$ 1,722.34		$ 1,794.84	<-- =B26*B23+(1-B26)*D23
24							
25	債券1及び3のポートフォリオ						
26	債券1の比率	0.6651	<-- =(10-D12)/(B12-D12)				
27	債券3の比率	0.3349	<-- =1-B26				

この実験に基づくデータ・テーブルを作成し、結果をグラフ化すると、ポートフォリオのパフォーマンスは債券2単独の場合より良いことが分かる。

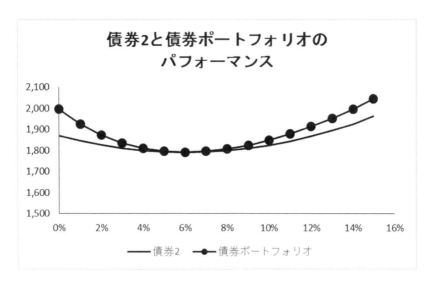

コンベクシティ

もう1度グラフに注目しよう。債券2と債券ポートフォリオの双方について、最終価値は満期利回りに関して若干凸状となっているが、債券ポートフォリオの最終価値の方が、単一債券の場合に比べ、より凸状である。デュレーション及びイミュニゼーション概念の有力な提唱者の1人であるRedington（1952）は、このコンベクシティ（凸性）を非常に望ましいと考えたが、納得できる。満期利回りがどのように変化しようと、この債券ポートフォリオは単一債券に比べ、将来債務に対してより多くの資金を提供するのである。これはイミュナイズされたポートフォリオにとって、明らかに望ましい性質であり、以下のルールの考案に導く。

既知の将来債務を賄うための2つのイミュナイズされたポートフォリオを比較する際、満期利回りの変化に関して、最終価値のコンベクシティが大きいポートフォリオの方が望ましい。[1]

---

[1]. この例で示したコンベクシティに関して、別の解釈がある。期間構造の平行な変化はありえないことを示しているというものである！もしそのような変化が期間構造に関する不確実性を表すなら、期間構造の変化から常に利益を得る債券のポジションを選ぶことができる。しかし、これは裁定であり、したがって不可能である。これを指摘してくれたZvi Wienerに感謝する。

21.5 より良い方法の構築

前節の説明にもかかわらず、利回りの変化に対する最終価値の感度が、できるかぎり小さい債券ポートフォリオの特徴を導くことにも若干の関心がある。債券ポートフォリオのパフォーマンスを向上（そう定義するなら）させる1つの方法は、価値変化の一次導関数（20.3節で見たように、これはデュレーションの概念を導く）を一致させるだけでなく、二次導関数も一致させることである。

21.2節の分析をそのまま拡張すると、二次導関数の一致には以下が必要であるという結論に繋がる。

$$N(N+1) = \frac{1}{V_B} \sum_{t=1}^{M} \frac{t(t+1)P_t}{(1+r)^t}$$

以下の例は、二次導関数も一致させたポートフォリオにおいて、なすことができる改善の種類を例証している。ここでは4債券を考える。そのうちの1つは前の例でおなじみの債券2であり、デュレーションはちょうど10である。4債券は以下の表で説明されている。

	A	B	C	D	E	F
1			債券のコンベクシティ			
2	満期利回り	6%				
3						
4		債券1	債券2	債券3	債券4	
5	クーポン・レート	4.50%	6.988%	3.50%	11.00%	
6	満期	20	15	14	10	
7	額面価額	1,000	1,000	1,000	1,000	
8						
9	債券価格	$827.95	$1,095.96	$767.63	$1,368.00	<-- =-PV($B$2,E6,E5*E7)+E7/(1+$B$2)^E6
10	市場価値1,000ドルに相当する額面価額	$ 1,207.80	$ 912.44	$ 1,302.72	$ 730.99	<-- =E7/E9*E7
11						
12	デュレーション	12.8964	10.0000	10.8484	7.0539	<-- =dduration(E6,E5,$B$2,1)
13	デュレーションの二次導関数	229.0873	136.4996	148.7023	67.5980	<-- =secondDur(E6,E5,$B$2)/bondprice(E6,E5,$B$2)

ここで、secondDur(numberPayments, couponRate, YTM)は、デュレーションの二次導関数を計算するために定義したVBA関数である。

```
Function secondDur(numberPayments, couponRate, YTM)

    For Index = 1 To numberPayments
        If Index < numberPayments Then
            secondDur = couponRate * Index * _
            (Index + 1) / (1 + YTM) ^ Index + _
                secondDur
        Else
            secondDur = (couponRate + 1) * _
            Index * (Index + 1) _
                / (1 + YTM) ^ Index + _
                secondDur
        End If

        secondDur = secondDur
    Next Index

End Function
```

デュレーション及びデュレーションの二次導関数が債務のそれと正確に一致する債券ポートフォリオを算定するには、3債券が必要となる。デュレーション及びデュレーションの二次導関数が、債務のそれに一致するポートフォリオの比率は、債券1 = −0.5619、債券3 = 1.6415、債券4 = −0.0797 である。[2] 以下の図が示す通り、このポートフォリオは最終価値に対して、債券2よりもずっと良いヘッジを提供する。

---

2. この計算の詳細については次の項を参照。

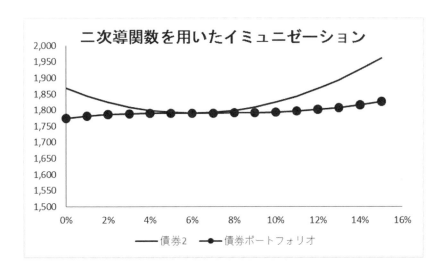

この債券ポートフォリオの計算

以下の条件を満たすように、債券 1、3 及び 4 にそれぞれ x_1、x_3、x_4 の比率で投資したい。

- ポートフォリオは、$x_1 + x_3 + x_4 = 1$ となるように全額投資される。
- ポートフォリオのデュレーションを債券 2 のものと一致させる。即ち、D_i が債券 i のデュレーションとして、$x_1 D_1 + x_3 D_3 + x_4 D_4 = D_2$ となる。
- ポートフォリオのデュレーションの二次導関数を債券 2 のものと一致させる。即ち、D_i^2 がデュレーションの導関数として、$x_1 D_1^2 + x_3 D_3^2 + x_4 D_4^2 = D_2^2$ となる。

これを行列で表すと、以下になる。

$$\begin{bmatrix} 1 & 1 & 1 \\ D_1 & D_3 & D_4 \\ D_1^2 & D_3^2 & D_4^2 \end{bmatrix} \begin{bmatrix} x_1 \\ x_3 \\ x_4 \end{bmatrix} = \begin{bmatrix} 1 \\ D_2 \\ D_2^2 \end{bmatrix}$$

この解は以下で与えられる。

$$\begin{bmatrix} x_1 \\ x_3 \\ x_4 \end{bmatrix} = \begin{bmatrix} 1 & 1 & 1 \\ D_1 & D_3 & D_4 \\ D_1^2 & D_3^2 & D_4^2 \end{bmatrix}^{-1} \begin{bmatrix} 1 \\ D_2 \\ D_2^2 \end{bmatrix}$$

これは Excel で簡単に求められる。

	I	J	K	L	M	N
15	債券ポートフォリオの計算:					
16					定数の	
17	係数の行列				ベクトル	
18	1	1	1		1	
19	12.8964	10.8484	7.0539		10.0000	
20	229.0873	148.7023	67.5980		110.0000	
21						
22	解					
23	-0.5619					
24	1.6415	<-- {=MMULT(MINVERSE(I18:K20),M18:M20)}				
25	-0.0797					
26						
27						
28	上記の説明:債券1,3及び4それぞれに対し、x_1, x_3及び x_4の					
29	比率で以下を満たすように投資したい。					
30	a) 投資総額は1,000ドル。これは、$x_1+x_2+x_4=1$を意味する。					
31	b) ポートフォリオのデュレーションは債券2のものと合わせる。これは					
32	D_iが債券iのデュレーションとして、$x_1*D_1+x_3*D_3+x_4*D_4 = D_2$					
33	であることを意味する。					
34	c) デュレーションの二次導関数の加重平均を債券2のものと一致					
35	させる。					
36						
37	これら3つの条件は、セルI18からK20の行列システムと					
38	セルI23からI25の対応する解を与える。					
39						

この解を基に、先のグラフは以下のデータ・テーブルで作成されている。

	A	B	C	D	E	F
26	データ・テーブル：債券2及び債券ポートフォリオの最終価値の金利に対する感度		債券2	債券ポートフォリオ		
27						
28		0%	1,868.87	1,774.63	<--	=I23*B23+I24*D23+I25*E23 , データ・テーブルのヘッダー（非表示）
29		1%	1,844.71	1,781.79		
30		2%	1,825.14	1,786.37		
31		3%	1,810.05	1,789.02		
32		4%	1,799.35	1,790.32		
33		5%	1,792.97	1,790.78		
34		6%	1,790.85	1,790.85		
35		7%	1,792.95	1,790.91		
36		8%	1,799.26	1,791.31		
37		9%	1,809.76	1,792.38		
38		10%	1,824.46	1,794.38		
39		11%	1,843.37	1,797.58		
40		12%	1,866.53	1,802.21		
41		13%	1,893.98	1,808.46		
42		14%	1,925.77	1,816.55		
43		15%	1,961.98	1,826.65		

21.6 要約

イミュナイズされた債券ポートフォリオの価値は、基本となる債券満期利回りの小さな変化に影響を受けない。イミュニゼーションは、対象となる債務に対して保有される債券ポートフォリオのデュレーションを、債務のデュレーションと一致させることを伴う。本章は、ポートフォリオのイミュニゼーションを達成する方法を示した。言うまでもなく、Excel はイミュニゼーションを計算するための優れたツールである。

練習問題

1. ポートフォリオのデュレーションが、ポートフォリオを構成する資産のデュレーションの加重平均であることを証明しなさい。

2. 本章の 21.5 節の計算を複製できるようなスプレッドシートを作成しなさい。

3. 21.5 節の例を用いて、デュレーションが 8 となる債券 1 と 3 の組み合わせを求めなさい。次に、デュレーションが 8 となる債券 1 と 2 の組み合わせを求めなさい。

4. 問題 3 で、デュレーション 8 の債務をイミュナイズするためには、どちらのポートフォリオが望ましいか。

5. 問題 3 で、目標デュレーションに 12 が必要であると仮定して、ポートフォリ

の比率を再計算しなさい。今度はどちらのポートフォリオが望ましいか。

22 期間構造のモデル化[*]

22.1 概要

本章は、金利の期間構造に方程式を適合させる問題を議論する。主要な問題は次のようなものである。一連の債券価格が与えられている。これらの債券の利回りについて、例えば、残存期間の観点や利回り対デュレーションの観点から、何か知的なことが言えるだろうか？

この問題は、驚くほど複雑である。債券のリスク度（一連の債券は同じリスクでなければならない）と、その利払い時期のパターンを考慮する必要があるのは明らかである。さらに複雑にする要因が存在する。債券に関する最も一般的な金利尺度は満期利回り（yield to maturity; YTM）で、これは本質的に債券価格と、債券に対して将来約束された支払額との内部収益率である。しかしながら、分析目的では、それぞれの期間の支払額に、ディスカウント・ファクター d_t を付加する方が、より意味がある。これらのディスカウント・ファクターは、債券に対して、いわゆる*純粋な割引利回り*を定義する。[1]

本章は、各期間にただ 1 つの債券があるという、最も単純な期間構造問題から始める。次に、より複雑な状況の議論に進む。期間構造に適合させる関数形式は、Nelson-Siegel モデル（1987）である。さらに、Svensson（22.8 節）による、このモデルのバリエーションも示す。

22.2 基本例

本節では、それぞれの債券満期が単一の債券に関連づけられている場合に、債券の価格評価を行なう方法を 2 つ紹介する。[2] 2 つの方法とは、以下である。

- それぞれの債券の満期利回りを計算する方法。それぞれの債券の満期利回り

---

[*] 本章は、Tel Aviv 大学の Alexander Suhov 博士（a.y.suhov@gmail.com）との共同執筆である。
[1] 米国財務省証券のストリップス債市場になじみ深い人は、ファクター d_t を米国財務省証券のストリップスに関連したディスカウント・ファクターとして認識するだろう。www.treasurydirect.gov/instit/marketables/strips/strips.htm を参照。
[2] 次の節では、矛盾した価格となる可能性を伴う、同じ満期に複数の債券があるケースを論じる。

（YTM）は、債券の価格と将来の支払額の内部収益率である。
- 債券に対して、一連の唯一かつ時間依存的なディスカウント・ファクターを計算する方法。t 期のディスカウント・ファクターを d_t と名付けると、債券価格は 価格 $= \sum_{t=1}^{N} C_t d_t$ で計算される。ここで C_t は t 期の約束された債券の支払額である。

これら 2 つの方法を説明するために、それぞれが満期まで毎年クーポンを支払い、100 の額面価額を持つ、15 組の債券を考える。これら債券の満期は、1 年, 2 年, ⋯, 15 年である。以下に切り取ったスプレッドシートで、債券、そのクーポン・レート及び YTM の表を示した。

	A	B	C	D	E	F
1		最初の例				
2	債券	価格	満期	年間クーポン・レート		YTM
3	1	96.60	1	2.0%		5.59%
4	2	93.71	2	2.5%		5.93%
5	3	91.56	3	3.0%		6.17%
6	4	90.24	4	3.5%		6.34%
7	5	89.74	5	4.0%		6.47%
8	6	90.04	6	4.5%		6.56%
9	7	91.09	7	5.0%		6.63%
10	8	92.82	8	5.5%		6.69%
11	9	95.19	9	6.0%		6.73%
12	10	98.14	10	6.5%		6.76%
13	11	101.60	11	7.0%		6.79%
14	12	105.54	12	7.5%		6.81%
15	13	109.90	13	8.0%		6.83%
16	14	114.64	14	8.5%		6.84%
17	15	119.73	15	9.0%		6.85%

YTM は、三角行列に債券の支払額を入力して計算されている。以下にその一部を示す。

	F	G	H	I	J	K	L	M	N
1			=IF(I$2<$C3,$D3*100,IF(I$2=$C3,(1+$D3)*100,0))						
2	YTM	金利 y_t	0	1	2	3	4	5	6
3	5.59%	1	-96.60	102.00	0.00	0.00	0.00	0.00	0.00
4	5.93%	2	-93.71	2.50	102.50	0.00	0.00	0.00	0.00
5	6.17%	3	-91.56	3.00	3.00	103.00	0.00	0.00	0.00
6	6.34%	4	-90.24	3.50	3.50	3.50	103.50	0.00	0.00
7	6.47%	5	-89.74	4.00	4.00	4.00	4.00	104.00	0.00
8	6.56%	6	-90.04	4.50	4.50	4.50	4.50	4.50	104.50
9	6.63%	7	-91.09	5.00	5.00	5.00	5.00	5.00	5.00
10	6.69%	8	-92.82	5.50	5.50	5.50	5.50	5.50	5.50
11	6.73%	9	-95.19	6.00	6.00	6.00	6.00	6.00	6.00
12	6.76%	10	-98.14	6.50	6.50	6.50	6.50	6.50	6.50
13	6.79%	11	-101.60	7.00	7.00	7.00	7.00	7.00	7.00
14	6.81%	12	-105.54	7.50	7.50	7.50	7.50	7.50	7.50
15	6.83%	13	-109.90	8.00	8.00	8.00	8.00	8.00	8.00
16	6.84%	14	-114.64	8.50	8.50	8.50	8.50	8.50	8.50
17	6.85%	15	-119.73	9.00	9.00	9.00	9.00	9.00	9.00
18									
19		<-- =IRR(H17:W17)							

この基本例のデータを解釈する別の方法もある。それぞれの期間 t が固有のディスカウント・ファクター d_t を持つとしよう。すると、債券の価格は債券の支払額の割引価格として以下のように表せる。

債券 1： $96.6 = 102 d_1$
債券 2： $93.71 = 2.5 d_1 + 102.5 d_2$
債券 3： $91.56 = 3 d_1 + 3 d_2 + 103 d_3$
…

一般：価格 $= \sum_{t=1}^{N} C_t d_t$

行列を使い、ディスカウント・ファクター d_t を解くことができる。

$$\begin{bmatrix} C_{11} & 0 & 0 & 0 & \cdots & 0 \\ C_{21} & C_{22} & 0 & 0 & \cdots & 0 \\ \cdots & & & & \cdots & \cdots \\ C_{N1} & C_{N2} & & & & C_{NN} \end{bmatrix} * \begin{bmatrix} d_1 \\ d_2 \\ \vdots \\ d_N \end{bmatrix} = \begin{bmatrix} 価格_1 \\ 価格_2 \\ \vdots \\ 価格_N \end{bmatrix}$$

550　第22章

この連立方程式を解くことで以下を得られる。

$$\begin{bmatrix} d_1 \\ d_2 \\ \vdots \\ d_N \end{bmatrix} = \begin{bmatrix} C_{11} & 0 & 0 & 0 & 0 & \cdots & 0 \\ C_{21} & C_{22} & 0 & 0 & 0 & \cdots & 0 \\ \cdots & & & & & \cdots & \cdots \\ C_{N1} & C_{N2} & & & & & C_{NN} \end{bmatrix}^{-1} * \begin{bmatrix} 価格_1 \\ 価格_2 \\ \vdots \\ 価格_N \end{bmatrix}$$

これは Excel で簡単に計算できる。

	F	G	H	I	J	K	L	M	N
1			=IF(I\$2<\$C3,\$D3*100,IF(I\$2=\$C3,(1+\$D3)*100,0))						
2	ﾃﾞｨｽｶｳﾝﾄ･ﾌｧｸﾀｰ d_t	金利 y_t	0	1	2	3	4	5	6
3	0.9471	1	-96.60	102.00	0.00	0.00	0.00	0.00	0.00
4	0.8911	2	-93.71	2.50	102.50	0.00	0.00	0.00	0.00
5	0.8354	3	-91.56	3.00	3.00	103.00	0.00	0.00	0.00
6	0.7815	4	-90.24	3.50	3.50	3.50	103.50	0.00	0.00
7	0.7300	5	-89.74	4.00	4.00	4.00	4.00	104.00	0.00
8	0.6814	6	-90.04	4.50	4.50	4.50	4.50	4.50	104.50
9	0.6358	7	-91.09	5.00	5.00	5.00	5.00	5.00	5.00
10	0.5930	8	-92.82	5.50	5.50	5.50	5.50	5.50	5.50
11	0.5530	9	-95.19	6.00	6.00	6.00	6.00	6.00	6.00
12	0.5157	10	-98.14	6.50	6.50	6.50	6.50	6.50	6.50
13	0.4809	11	-101.60	7.00	7.00	7.00	7.00	7.00	7.00
14	0.4484	12	-105.54	7.50	7.50	7.50	7.50	7.50	7.50
15	0.4181	13	-109.90	8.00	8.00	8.00	8.00	8.00	8.00
16	0.3898	14	-114.64	8.50	8.50	8.50	8.50	8.50	8.50
17	0.3635	15	-119.73	9.00	9.00	9.00	9.00	9.00	9.00
18									
19			{=MMULT(MINVERSE(I3:W17),-H3:H17)}						

価格決定におけるディスカウント・ファクターの優位点

ディスカウント・ファクターの優位点は、同じ支払いの時間パターンを持つ、他の全ての債券に対して、正確な価格決定を可能にすることである。例えば、3%のクーポンを持つ5期間の債券を考える。この債券の価格は、現行の期間構造を用いると、85.5549 である。

	G	H	I	J	K	L	M
21	期間 -->	0	1	2	3	4	5
22	新しい債券	85.5549	3	3	3	3	103
23			<-- {=MMULT(I22:W22,F3:F17)}				

ディスカウント・ファクターから期間構造へ

ディスカウント・ファクターはゼロ・クーポン期間構造を決定する。即ち、y_t が t 期の連続複利純割引率とするとき、$d_t = \exp(-y_t * t)$ である。このゼロ・クーポン金利についてディスカウント・ファクターを解くと次が得られる。

$$y_t = \ln(d_t)/t$$

これは債券価格の方程式を、ディスカウント・ファクターの代わりに割引率によって書けることを意味する。

$$価格 = \sum_{t=1}^{N} C_t d_t = \sum_{t=1}^{N} C_t e^{-y_t t}$$

これを例に当てはめる。

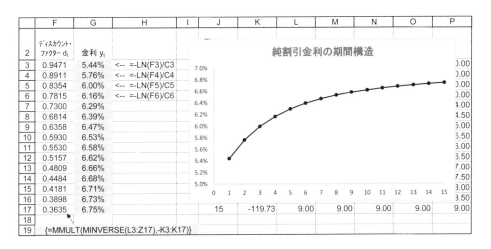

債券の価格やクーポンの違いは、極めて複雑な期間構造を生じさせうる。下記の例では、年間クーポン・レートが異なるデータ・セットで、ディスカウント・ファクターと金利を計算している。

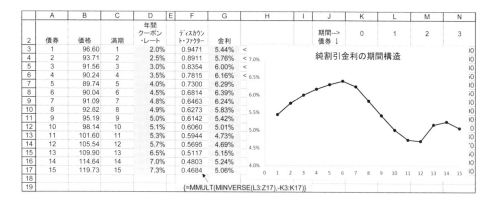

22.3 同じ満期を持つ複数の債券

前節では、各満期日に対して1つの債券だけがあった。現実のデータの状況では、往々にして、似たような満期を持ち、ことによると矛盾する価格づけがなされている、多くの債券が存在する。薄商いと、しばしば誤って報告される価格が象徴する債券市場では、これはよくある出来事である。次の例として、似たような満期を持つ複数の債券があると仮定する。以下の例では、3年、6年そして9年満期の債券が2つずつあり、それぞれわずかに YTM が異なっている。

	A	B	C	D	E	F
1		同じ満期を持つ 複数の債券				
2	債券#	価格	満期(年)	年間クーポン・レート		YTM
3	1	91.8967	1	2.0%		10.99%
4	2	83.2564	2	2.5%		12.47%
5	3	76.0000	3	3.0%		13.20%
6	4	76.2347	3	3.2%		13.32%
7	5	71.2110	4	3.5%		13.22%
8	6	67.9672	5	4.0%		13.14%
9	7	66.0000	6	4.5%		13.01%
10	8	66.1625	6	4.2%		12.56%
11	9	65.4881	7	5.0%		12.74%
12	10	65.7003	8	5.5%		12.53%
13	11	64.0000	9	5.8%		12.75%
14	12	66.6158	9	6.0%		12.35%
15	13	68.0989	10	6.5%		12.19%
16	14	70.0480	11	7.0%		12.06%
17	15	72.3857	12	7.5%		11.95%
18						↑
19						=IRR(H17:T17)

ここでは 12 の満期で 15 の債券があるので、キャッシュフローの行列はもはや正方形ではない。22.2 節では、支払いの行列の逆行列を求めることでディスカウント・ファクター d_t を見つけたが、この事例では、正方行列ではないので逆行列を求められない。

	F	G	H	I	J	K	L	M	N	O	P	Q	R	S	T
2	YTM	期間 --> 債券↓	0	1	2	3	4	5	6	7	8	9	10	11	12
3	10.99%	1	-91.90	102.00	0.00	0.00	0.00	0.00	0.00	0.00	0.00	0.00	0.00	0.00	0.00
4	12.47%	2	-83.26	2.50	102.50	0.00	0.00	0.00	0.00	0.00	0.00	0.00	0.00	0.00	0.00
5	13.20%	3	-76.00	3.00	3.00	103.00	0.00	0.00	0.00	0.00	0.00	0.00	0.00	0.00	0.00
6	13.32%	4	-76.23	3.20	3.20	103.20	0.00	0.00	0.00	0.00	0.00	0.00	0.00	0.00	0.00
7	13.22%	5	-71.21	3.50	3.50	3.50	103.50	0.00	0.00	0.00	0.00	0.00	0.00	0.00	0.00
8	13.14%	6	-67.97	4.00	4.00	4.00	4.00	104.00	0.00	0.00	0.00	0.00	0.00	0.00	0.00
9	13.01%	7	-66.00	4.50	4.50	4.50	4.50	4.50	104.50	0.00	0.00	0.00	0.00	0.00	0.00
10	12.56%	8	-66.16	4.20	4.20	4.20	4.20	4.20	104.20	0.00	0.00	0.00	0.00	0.00	0.00
11	12.74%	9	-65.49	5.00	5.00	5.00	5.00	5.00	5.00	105.00	0.00	0.00	0.00	0.00	0.00
12	12.53%	10	-65.70	5.50	5.50	5.50	5.50	5.50	5.50	5.50	105.50	0.00	0.00	0.00	0.00
13	12.75%	11	-64.00	5.80	5.80	5.80	5.80	5.80	5.80	5.80	5.80	105.80	0.00	0.00	0.00
14	12.35%	12	-66.62	6.00	6.00	6.00	6.00	6.00	6.00	6.00	6.00	106.00	0.00	0.00	0.00
15	12.19%	13	-68.10	6.50	6.50	6.50	6.50	6.50	6.50	6.50	6.50	6.50	106.50	0.00	0.00
16	12.06%	14	-70.05	7.00	7.00	7.00	7.00	7.00	7.00	7.00	7.00	7.00	7.00	107.00	0.00
17	11.95%	15	-72.39	7.50	7.50	7.50	7.50	7.50	7.50	7.50	7.50	7.50	7.50	7.50	107.50

最小二乗近似を用いることで、このディスカウント・ファクターを見つけることができる。各満期 t に対して、一連の債券の価格誤差の二乗が最小となるよう

に、ファクター d_t を見つける。最小二乗近似は、過剰決定体系、即ち方程式が未知数の数よりも多い方程式の組み合わせ、の近似解を決定するために通常用いられる。「最小二乗」とは、全体の解が各方程式の計算結果に生じた誤差の二乗の合計を最小化することを意味する。

債券の価格決定を最も良く近似するディスカウント・ファクター d のベクトルを求めたい。

[キャッシュフロー] * [ディスカウント・ファクター] = [債券価格]

$$\begin{bmatrix} 102 & & & & & & \\ 2.5 & 102.5 & & & & & \\ 3 & 3 & 103 & & & & \\ \vdots & & & & & & \\ 5.8 & 5.8 & & 5.8 & 105.8 & & \\ 6 & 6 & & 6 & 106 & & \\ 6.5 & 6.5 & 6.5 & & 6.6 & 106.5 & \\ 7 & 7 & 7 & 7 & & 7 & 107 \\ 7.5 & 7.5 & 7.5 & 7.5 & & 7.5 & 7.5 & 107.5 \end{bmatrix} \begin{bmatrix} d_1 \\ d_2 \\ \\ \vdots \\ \\ \\ \\ \\ d_{12} \end{bmatrix} = \begin{bmatrix} 91.8967 \\ 83.2564 \\ 76.0000 \\ \vdots \\ \\ \\ \\ \\ 72.3857 \end{bmatrix}$$

最小二乗近似の式は、$d = ($キャッシュフロー$^T *$ キャッシュフロー$)^{-1} * ($キャッシュフロー$^T *$ 価格$)$ である。Excel では、この式は以下の通りとなる。

d = MMult $\left(\textbf{Minverse} \left(\textbf{MMult}(\textbf{Transpose}(\text{キャッシュフロー}), \text{キャッシュフロー}), \textbf{MMult}(\textbf{Transpose}(\text{キャッシュフロー}), \text{価格}) \right) \right)$

これを事例に実装すると、次の通りとなる。

	A	B	C	D	E	F	G	H	I
1				期間構造の最小二乗法による解法					
2						最小二乗法と期間構造			
3		債券#	価格	満期(年)	年間クーポン・レート		満期	d(t)	y(t)	
4	1	91.8967	1	2.0%		1	0.9009	10.43%	<-- =-LN(G4)/F4
5	2	83.2564	2	2.5%		2	0.7903	11.77%	
6	3	76.0000	3	3.0%		3	0.6874	12.49%	
7	4	76.2347	3	3.2%		4	0.6076	12.46%	
8	5	71.2110	4	3.5%		5	0.5387	12.37%	
9	6	67.9672	5	4.0%		6	0.4863	12.01%	
10	7	66.0000	6	4.5%		7	0.4327	11.97%	
11	8	66.1625	6	4.2%		8	0.3911	11.74%	
12	9	65.4881	7	5.0%		9	0.3473	11.75%	
13	10	65.7003	8	5.5%		10	0.3231	11.30%	
14	11	64.0000	9	5.8%		11	0.2945	11.11%	
15	12	66.6158	9	6.0%		12	0.2687	10.95%	
16	13								
17	14								
18	15								

最小二乗法による期間構造

債券価格へのディスカウント・ファクターの適合は、もはや（前節のように）正確ではない。以下では、実際の債券価格を、適合させた価格と比較する。

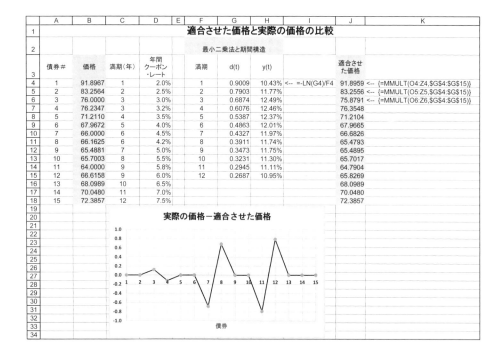

22.4 関数形式を期間構造に適合する

前節で算定された期間構造は、目的に適っているかもしれない。しかしながら、関数形式を期間構造に適合したい場合もある。関数形式の利点は、データ・セットに存在しない期間やクーポンに対する金利を補間できる点にある。さらに、構造的要因に対する期間構造の感度を測定することもできる。

期間構造に関する評判の良い適合形式は、Nelson-Siegel（NS）期間構造であり、これは以下を仮定する。

期間構造のモデル化 557

$$y(t) = \alpha_1 + \alpha_2 \left(\beta \left(\frac{1 - e^{-t/\beta}}{t} \right) \right) + \alpha_3 \left(\beta \left(\frac{1 - e^{-t/\beta}}{t} \right) - e^{-t/\beta} \right)$$

このモデルは以下のようにも書ける。

$$y(t) = \alpha_1 + (\alpha_2 + \alpha_3)\beta \left(\frac{1 - e^{-t/\beta}}{t} \right) - \alpha_3 e^{-t/\beta}$$

次節では、NS 期間構造モデルを分析し、パラメータ $(\alpha_1, \alpha_2, \alpha_3, \beta)$ の意味と妥当な値を議論する。本節では、モデルのこうした分析は割愛し、どのように NS 期間構造を前節の事例のディスカウント・ファクターに適合させるのかを示す。[3] 最終結果は以下の通りである(以下で説明)。

	A	B	C	D	E	F	G	H	I	J	K	L	M
1						NELSON-SIEGEL適合							
2	債券#	価格	満期(年)	年間クーポン・レート	満期	$d^{LS}(t)$	$y^{LS}(t)$	NSレート	誤差				
3	1	91.8967	1	2.0%	1	0.90094	11.00%	10.99%	5.0E-09		α1	0.09622	
4	2	83.2564	2	2.5%	2	0.79028	12.49%	12.56%	4.4E-07		α2	-0.0198	
5	3	76.0000	3	3.0%	3	0.68743	13.31%	13.17%	1.9E-06		α3	0.15235	
6	4	76.2347	3	3.2%	4	0.60759	13.27%	13.29%	7.4E-08		β	1.84868	
7	5	71.2110	4	3.5%	5	0.53867	13.17%	13.18%	1.6E-09		誤差	1.4E-05	<-- =SUM(I3:I14)
8	6	67.9672	5	4.0%	6	0.48632	12.77%	12.95%	3.5E-06		α1+α2	0.0764	<-- =L3+L4
9	7	66.0000	6	4.5%	7	0.4327	12.71%	12.70%	2.5E-08				
10	8	66.1625	6	4.2%	8	0.39109	12.45%	12.44%	7.5E-09				
11	9	65.4881	7	5.0%	9	0.34733	12.47%	12.21%	6.9E-06				
12	10	65.7003	8	5.5%	10	0.32313	11.96%	11.99%	1.1E-07				
13	11	64.0000	9	5.8%	11	0.29448	11.76%	11.80%	2.4E-07				
14	12	66.6158	9	6.0%	12	0.26871	11.57%	11.64%	4.1E-07	<-- =(G14-H14)^2			
15	13	68.0989	10	6.5%									
16	14	70.0480	11	7.0%									
17	15	72.3857	12	7.5%		=F14^(-1/G14)-1			=NSrate($L$3,$L$4,$L$5,$L$6,G14)				
18													
19					{=LS(C21:N35,B3:B17)}								

---

[3]. Charles R. Nelson and Andrew F. Siegel, "Parsimonsious Modeling of Yield Curves," *Journal of Business*, 1987. 債券のデータ・セットに NS 期間構造を適合させるのはアートである!本章の後の節では、本節で記述した手法の代替手法を議論する。

以下のグラフは、ディスカウント・ファクターと、適合させた NS 期間構造を示している。

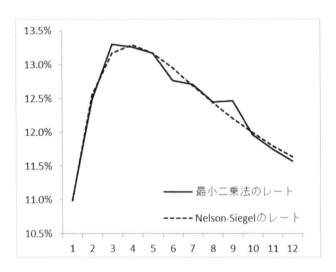

計算手順

上記の NS 期間構造をどのように計算したかを示す。

手順 1: データのディスカウント・ファクター d_t と、対応する利回り $y(t)$ を 22.2 節と 22.3 節で議論したのと同様の手法で、計算することから始める。上記の例ではこれらを $d^{LS}(t)$ 及び $y^{LS}(t)$ と名付ける。

手順 2: ここで $\alpha_1, \alpha_2, \alpha_3, \beta$ に、任意の、ただし合理的な値を仮定する。次節ではこれらの値がどういうものなのかを議論する。

手順 3: $\alpha_1, \alpha_2, \alpha_3, \beta$ の任意の初期値を所与とすると、以下の NS 割引ゼロ・クーポン利回りを得る。

$$y^{NS}(t) = \alpha_1 + \alpha_2 \left(\beta \left(\frac{1 - e^{-t/\beta}}{t}\right)\right) + \alpha_3 \left(\beta \left(\frac{1 - e^{-t/\beta}}{t}\right) - e^{-t/\beta}\right)$$

手順 4: 今度は NS と LS の差の二乗の合計、即ち $\sum_{t=1}^{N} \left[y^{LS}(t) - y^{NS}(t)\right]^2$ を最小化するように $\alpha_1, \alpha_2, \alpha_3, \beta$ を最適化する。ここで N はサンプル内の債券の数である。

例を挙げる。$(\alpha_1, \alpha_2, \alpha_3, \beta) = (0.1, -0.05, 0.13, 2)$ の初期値を置くとする。これにより以下の計算を得られる。

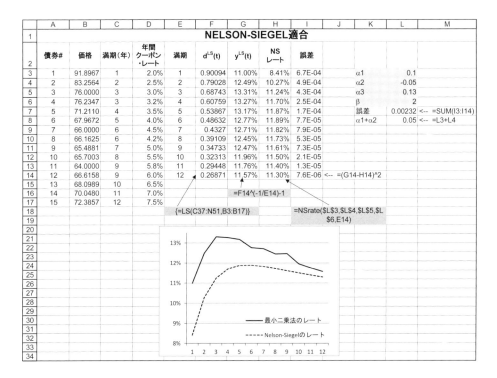

多少の説明をすると、

- 列 A–D はデータである。
- 列 F は各満期に対するディスカウント・ファクターの最小二乗法（LS）での適合である。
- 列 G はこの LS 適合を純割引金利に変換する。
- 列 H は現在の係数 $(\alpha_1, \alpha_2, \alpha_3, \beta) = (0.1, -0.05, 0.13, 2)$ に対応する Nelson-Siegel レートを与える。
- 列 I は LS レートと NS レートの間の差の二乗である。差の二乗の合計はセル L7 にある。

次に、Excel の**ソルバー**を用いてこの差の二乗の合計を最小化する $(\alpha_1, \alpha_2, \alpha_3, \beta)$ を見つける。ダイアログボックスはこの通り。

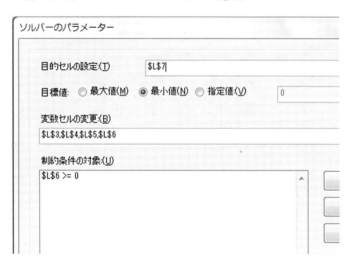

セル L6 の値は β のものである。次節でみるように、ベータは期間構造の「コブ」をコントロールし、正の値でなければならない。以下は、**ソルバー**で計算された解である。

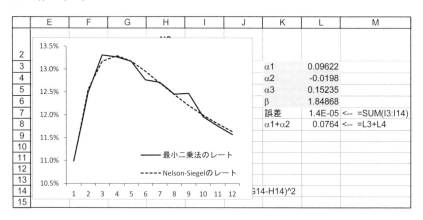

22.5 Nelson-Siegel 期間構造の性質

Nelson-Siegel（NS）期間構造をデータに適合させるには、パラメータ $(\alpha_1, \alpha_2, \alpha_3, \beta)$

の妥当な初期値を決める必要がある。本節では、これらの値がどういうものなのかを説明するために、NS を検証する。

NS ゼロ・クーポン利回りは、次の式で表される。

$$y(t) = \alpha_1 + \alpha_2 \left(\beta\left(\frac{1-e^{-t/\beta}}{t}\right)\right) + \alpha_3 \left(\beta\left(\frac{1-e^{-t/\beta}}{t}\right) - e^{-t/\beta}\right)$$

$$= \alpha_1 + (\alpha_2 + \alpha_3)\left(\beta\left(\frac{1-e^{-t/\beta}}{t}\right)\right) - \alpha_3 e^{-t/\beta}$$

NS の性質 1： 最短期間のレート $y(0)$

$t = 0$ とおくと $y(0) = \alpha_1 + \alpha_2$ となる。これは NS の最短期間のレートである。よって、たいていの期間構造では $\alpha_1 + \alpha_2 > 0$ になる。

NS の性質 2： 最長期間のレート $y(\infty)$

$t = \infty$ とおくと $y(\infty) = \alpha_1$ となる。これは NS モデルにおける漸近的な長期金利である。

NS の性質 3： β は期間構造のコブの位置をコントロールする

NS 期間構造は $\beta > 0$ のときにのみ定められる。もし期間構造に「コブ」があるなら、これは β によってコントロールされる。以下のグラフで、これを説明する。小さな β がコブのある期間構造をつくるのに対して、大きな β （例えば、以下では $\beta = 12$）は上向きに傾斜した期間構造をつくる。β の増大がコブを押しのけるのである。おおざっぱに言って、β はコブの位置である。

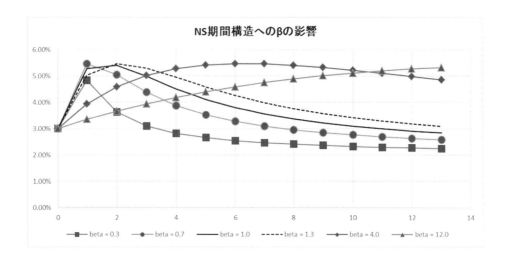

NS の性質 4 : α_3 はコブに影響する

ファクター α_3 は、極短期または極長期の利回りのどちらにも影響せず、中期の利回りにおいてのみ期間構造に寄与する。非常におおざっぱに言って、$\alpha_3 > 0$ のときには凹状の期間構造になり、$\alpha_3 < 0$ のときには凸状の期間構造に、$\alpha_3 = 0$ のときには平坦な期間構造になる。

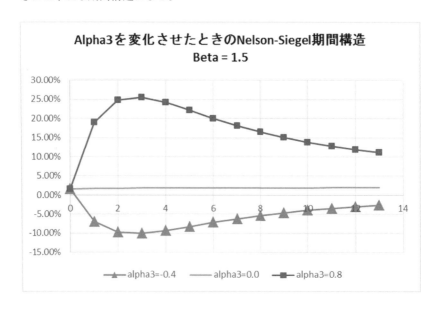

Nelson-Siegel：要約

期間構造を NS モデルに適合させるには、$(\alpha_1, \alpha_2, \alpha_3, \beta)$ の初期値を設定する必要がある。妥当な初期値は、経験的な期間構造を「じっと見て」、以下を設定することで定められる。

- $\alpha_1 + \alpha_2$ は、ゼロ期間利子率の近似である。
- α_1 は、長期レートの近似である。
- β は、コブの位置の近似である
- α_3 は、期間構造の凹性/凸性に影響する。

22.6 米国財務省中期証券の期間構造

本節では、Nelson-Siegel（NS）モデルを米国財務省中期証券（Treasury notes）の価格に適合させる。これは、前節で論じたものよりずっと大きなデータ・セットであり、別の最適化手法の説明を可能にする。

米国財務省中期証券（即ち、満期が 10 年以下の債券）の価格のデータ・セットから始める。データの日付は 1989 年 3 月 31 日である。

	A	B	C	D	E	F	G	H	I	J	K
1			1989年3月31日付の127本の米国財務省中期証券								
2	現在の日付		1989/3/31								
3											
4	Cusip #	クリーン・プライス	満期	クーポン・レート	経過利息	インボイス・プライス					
5	912827UU	99.8438	1989/4/30	7.125	2.972	102.8158		セルE5の経過利息の計算式は			
6	912827TP	99.7188	1989/5/15	6.875	2.583	102.3016		=COUPDAYBS($C$2,C5,2,1)/COUPD			
7	912827JQ	99.9688	1989/5/15	9.250	3.475	103.4439		AYS($C$2,C5,2,1)/2*D5			
8	912827QN	100.2500	1989/5/15	11.750	4.414	104.6644					
9	912827UX	99.7813	1989/5/31	8.000	2.659	102.4406					
10	912827UZ	99.5313	1989/6/30	7.375	1.834	101.3648					
11	912827SK	100.0625	1989/6/30	9.625	2.393	102.4555					
12	912827NK	101.3438	1989/7/15	14.500	3.004	104.3479					
13	912827VC	99.4063	1989/7/31	7.625	1.243	100.6490					
14	912827TX	98.9688	1989/8/15	6.625	0.805	99.7740					
15	912827QW	101.5313	1989/8/15	13.875	1.686	103.2177					
16	912827VF	99.3125	1989/8/31	7.750	0.653	99.9654					
17	912827VH	99.4375	1989/9/30	8.500	-	99.4375					
18	912827SU	99.8125	1989/9/30	9.375	-	99.8125					
19	912827NS	101.0313	1989/10/15	11.875	5.448	106.4794					
20	912827VL	98.9688	1989/10/31	7.875	3.285	102.2536					
21	912827UE	98.0313	1989/11/15	6.375	2.395	100.4263					

上記 B 列の「クリーン・プライス」は、債券の相場価格である。米国市場では、債券の買い手によって払われる実際の価格（いわゆるインボイス・プライス）は、

クリーン・プライスに現行クーポン支払額の相対的部分を足した合計である。[4] この後半の項（「経過利息」）は、以下で計算される。

$$経過利息 = \frac{現在の日付 - 最後の利払日}{次回利払日 - 最後の利払日} * 期間利息$$

この Excel ファイルでは、**Coupdaybs** 関数と **Coupdays** 関数を使って経過利息を計算している。

NS 期間構造の計算

これらのデータの Nelson-Siegel 期間構造を計算するために、$(\alpha_1, \alpha_2, \alpha_3, \beta)$ を入力データとして受け入れて、債券の Nelson-Siegel 価格を計算する VBA 関数 **NSprice** を定義する。次に、**ソルバー**を使って、**NSprice** と債券のインボイス・プライスとの絶対差の合計を最小化する。以下は、関連する最適化である。

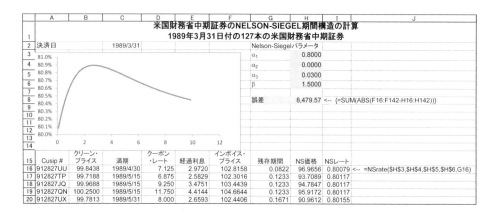

ソルバーでセル H8 の誤差項を最小化する。結果は以下の通り。

---

4. ヨーロッパのほとんどの債券市場では、債券の相場価格は債券に支払われる実際の価格であり、別途の経過利息の計算はない。

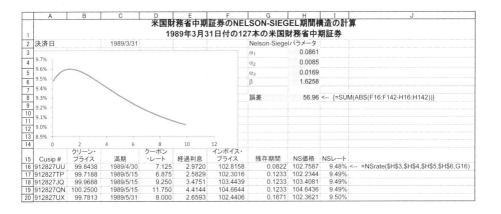

22.7 更なる計算の改善

本節では、Nelson-Siegel 期間構造を計算するもう 1 つの方法を提示する。この方法は短期証券に対してより良く収束するという利点がある。加えて、前節の方法は 4 つの非線形パラメータを最適化するが、本節の方法は 3 つの線形パラメータと 1 つの非線形パラメータを最適化するので、パラメータの非一意性の問題を最小化する。

この方法の手順は以下の通り。

- 22.6 節で説明した NS 手法を使ってディスカウント・ファクターを計算する。
- 債券の支払額を割り引くため、これらのディスカウント・ファクターを使う。ただし、額面の最終償還は割り引かない。
- 債券のモデル価格が (NS ディスカウント・ファクターと r_T の組み合わせを使って) 債券のインボイス・プライスと等しくなるように、それぞれの債券の額面価額を割り引く利率 r_T を計算する。
- そして r_T と対応する Nelson-Siegel レートとの差が最小になるように Nelson-Siegel を最適化する。

以下に定義を示す。

$$P_1 = \sum_{n=1}^{N_1} C_1 * d\left(t_n^1\right)/頻度 + 額面価額_1 * e^{-r_1 t_{N_1}^1}$$

$$P_2 = \sum_{n=1}^{N_2} C_2 * d\left(t_n^2\right)/頻度 + 額面価額_2 * e^{-r_2 t_{N_2}^2}$$

$$\vdots$$

$$P_K = \sum_{n=1}^{N_K} C_K * d\left(t_n^K\right)/頻度 + 額面価額_K * e^{-r_K t_{N_K}^K}$$

利率 r_T について、これらの方程式を解く。

$$r_1 = -\ln\left(\frac{\left(P_1 - \sum_{n=1}^{N_1} C_1 d(t_n^1)/頻度\right)}{額面価額_1}\right)\bigg/t_{N_1}^1$$

$$r_2 = -\ln\left(\frac{\left(P_2 - \sum_{n=1}^{N_2} C_2 d(t_n^2)/頻度\right)}{額面価額_2}\right)\bigg/t_{N_2}^2$$

$$\vdots$$

$$r_K = -\ln\left(\frac{\left(P_K - \sum_{n=1}^{N_K} C_K d(t_n^K)/頻度\right)}{額面価額_K}\right)\bigg/t_{N_K}^K$$

インプライド・レートはまた、期間構造の可視化にも使えるかもしれない。以下の図では、インプライド・レートと対応するNSレートの間の差を最小化した。

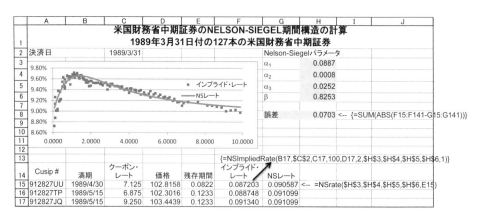

22.8 Nelson-Siegel-Svensson モデル

NS モデルは期間構造を特徴づける 4 つのパラメータを利用する。2 つの追加的なパラメータを導入することによって、NS モデルを顕著に改善できることが、Svensson によって提案された。[5] Nelson-Siegel-Svensson モデルは以下の代数形式を持つ。

$$y(t) = \alpha_1 + (\alpha_2 + \alpha_3)\left(\beta_1 \frac{1 - e^{-t/\beta_1}}{t}\right) - \alpha_3 e^{-t/\beta_1} + \alpha_4 \left(\beta_2 \frac{1 - e^{-t/\beta_2}}{t} - e^{-t/\beta_2}\right)$$

ソルバーのパラメータを使用する。

---

[5]. Lars E. O. Svensson, Estimating and Interpreting Forward Interest Rates: Sweden 1992–1994. IMF Working Paper 94/114, 1994.

結果は以下の通り。

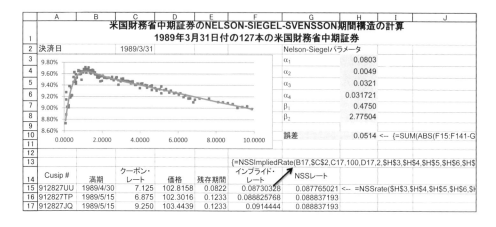

22.9 まとめ

本章では、期間構造を計算するための簡単で強力な数学的テクニックをいくつか提示した。Nelson-Siegel 近似は、(22.8 節の) Nelson-Siegel-Svensson のバリエーションとともに、詳細に紹介され、その応用が論じられた。期間構造が一意的に見つかるように、それぞれの満期に債券が1つだけあるという最も単純なケースから始めた。次に、いくつかの債券が同じ満期を持ちうるデータ・セットに、この方法を拡張した。そして、任意の満期を持ちうる米国財務省中期証券の実際のケースを議論した。最後に Svensson による NS 手法の拡張が紹介された。

補論: 本章で用いた VBA 関数

NSrate 関数は、4 つの NS パラメータである $\alpha_1, \alpha_2, \alpha_3, \beta$ の特定値に基づき、時点 t における Nelson-Siegel レートを計算する。

```
Function NSrate(alpha1, alpha2, alpha3, beta, t)
    If t = 0 Then
        NSrate = alpha1 + alpha2
    Else
        NSrate = alpha1 + (alpha2 + alpha3) * _
        (beta / t) * (1 - Exp(-t / beta)) - _
        alpha3 * Exp(-t / beta)
    End If
End Function
```

NSdiscount 関数は、NS ディスカウント・ファクターを計算する。

```
Function NSdiscount(alpha1, alpha2, alpha3, _
beta, t)
    If t = 0 Then
        NSdiscount = 1
    Else
        NSdiscount = Exp(-t * (alpha1 + _
        (alpha2 + alpha3) * (beta / t) * _
        (1 - Exp(-t / beta)) - alpha3 * _
        Exp(-t / beta)))
    End If
End Function
```

NSprice 関数は、Nelson-Siegel 期間構造を用いて標準的な利付債の価格を計算する。

```
Function NSprice(alpha1, alpha2, alpha3, _
beta, j, no_payments, rate, frequency)
    temp = 0
    rrate = rate / frequency

    For i = 0 To no_payments - 1
    temp = temp + rrate * 100 * _
    NSdiscount(alpha1, alpha2, alpha3, beta, _
    j + i / frequency)
    Next i
    NSprice = temp + 100 * NSdiscount(alpha1, _
    alpha2, alpha3, beta, j + (no_payments - 1) _
    / frequency)
End Function
```

NSImpliedRate関数は、Excel関数を使ってインプライド・レートを計算する。

```
Private Function LS(XMatrix, YVector)
Dim X, Y, A, B As Variant
X = XMatrix
Y = YVector
n = UBound(X, 1)
l = UBound(Y)
If n <> l Then GoTo FEnd

With WorksheetFunction
    A = .MMult(.Transpose(X), X)
    LS = .MMult(.MInverse(A), _
    .MMult(.Transpose(X), Y))
End With
FEnd:
End Function
```

23 債券のデフォルト調整後期待収益率の計算

23.1 概要

本章では、債券を満期まで保有するリターンに対する、デフォルト・リスクの影響を議論する。デフォルトするかもしれない債券の*期待収益率*は、債券の*約束された収益率*とは異なる。後者は債券の*満期利回り*として定義される。これは債券の現在の市場価格と将来における*約束された*クーポン支払い及び元本の*約束された最終的な償還*から計算される内部収益率である。債券の期待収益率はそれほど容易には計算できない。債券が将来デフォルトする可能性と*回収率*、即ち、デフォルトの場合に保有者が回収を期待できる元本の割合、の両方を考慮する必要がある。問題をさらに複雑にするのは、発行企業の信用力が緩やかに低下することを通じて、デフォルトが段階的に生じる可能性があることである。[1]

本章では、マルコフ・モデルを用いて、リスキーな債券の期待収益率を求める。言及した3つのファクター、即ち、デフォルト確率、ある信用状態から別の信用状態に至る発行体の推移、債券がデフォルトした際の額面価額の回収率は、調整手順において全て考慮される。23.2 節から 23.4 節では、まず比較的規模の小さい問題を解くために Excel を使う。次に、より詳細なスプレッドシート・モデルをプログラムするために、公的に入手可能な統計を用いる。最後に、証券に対する CAPM のリスク尺度である債券ベータ（第 8 章から第 11 章で既に議論した）を導くために、このモデルが使えることを示す。

準備

先に進む前に、いくつか用語を定義する。

- 債券は所与の元本または*額面価額*で発行される。債券が満期になったとき、債券の保有者には、この元本の償還が約束される。債券がパーで発行される場合、それは元本の額で販売される。

---

[1]. デフォルト・リスクに加えて、債券は期間構造リスクにさらされている。即ち、債券価格は、期間構造の変化の結果、時間の経過に伴って顕著な変動を示す可能性がある。この見解は特に長期債に当てはまる。本章では期間構造リスクを捨象し、債券の期待収益率に対するデフォルト・リスクの影響の議論だけに限定する。

- 債券はクーポン・レートと呼ばれる金利を支払う。債券の保有者に約束された定期的な支払額は、クーポン・レートと債券の額面価額の積である。
- 任意の時点において、債券は市場において*市場価格*で売却される。この価格は債券のクーポン・レートと異なる場合もある。[2]
- 債券の*満期利回り*（Yield To Maturity; YTM）は、債券が満期まで保有され、デフォルトしないと想定した場合の、債券の内部収益率である。

米国の社債は、債券発行体の債券償還能力に基づき、様々な機関によって格付される。2つの主要格付機関、Standard & Poor's(S&P) と Moody's の等級体系を以下に示す。

長期優先債務の格付

投資適格格付			投機的格付		
S&P	Moody's	説明	S&P	Moody's	説明
AAA	Aaa	最上級	BB+	Ba1	債務履行可能だが不確実性あり
			BB	Ba2	
			BB−	Ba3	
AA+	Aa1	上級	B+	B1	債務履行のリスク高い
AA	Aa2		B	B2	
AA−	Aa3		B−	B3	
A+	A1	高い支払能力	CCC+	Caa	デフォルトの懸念あり
A	A2		CCC		
A−	A3		CCC−		
BBB+	Baa1	妥当な支払能力	C	Ca	破産またはデフォルトもしくは他の欠陥
BBB	Baa2		D	D	
BBB−	Baa3				

---

2. 問題を複雑にするだけであるが、米国の慣習では、直近のクーポン支払時点と購入日との間で按分されたクーポン（経過利息）を、債券の表示価格に加える。これら2つの合計は、債券の*インボイス・プライス*と呼ばれる。インボイス・プライスは買い手にとって、任意の時点で債券を購入する際の実際のコストである。本章の議論では、*市場価格*という用語を用いてインボイス・プライスを表す。経過利息の計算は 23.5 節で説明する。

債券がデフォルトする場合、その保有者は一般的に、債券の約束されたクーポン・レート及び元本の償還よりは少ないが、いくらかの支払いを受ける。デフォルト時に支払われる額面価額の割合を*回収率*と呼ぶ。[3]

23.2　1期間のフレームワークにおける期待収益率の計算

債券の満期利回りは、その期待収益率ではない。債券の格付と、債券デフォルト時の債券保有者に対する予想ペイオフの両方が、債券の期待収益率に影響するのは明白である。他の条件が全て等しい時、もし2つの新規発行債券が同じ満期を持つなら、低格付債券（より高いデフォルト確率を伴う）はより高いクーポン・レートになるはずであると期待される。同様に、格付が引き下げられた既発流通債には、価格の下落が生じると期待される。また、デフォルトの際の予想ペイオフが少ないほど、債券の期待収益率が低くなると期待されるかもしれない。

簡単な説明として、満期日にデフォルトする可能がある1年物債券の期待収益率を計算する。ここで、以下の記号を用いる。

F = 債券の額面価額
P = 債券価格
Q = 債券の年間クーポン・レート
π = 年末に債券がデフォルトしない確率
λ = デフォルトの際に債券保有者が回収する債券価値の割合

債券の期待年末キャッシュフローは $\pi \cdot (1+Q) \cdot F + (1-\pi) \cdot \lambda \cdot F$ であり、その*期待収益率*は次により与えられる。

$$1\text{年物債券の期待収益率} = \frac{\text{期待年末キャッシュフロー}}{\text{当初債券価格 } P} - 1$$

$$= \frac{\pi \cdot (1+Q) \cdot F + (1-\pi) \cdot \lambda \cdot F}{P} - 1$$

---

3. そう考えたかもしれないが、債券の回収率は、破産時の最終清算における債券保有者へのペイオフではない。代わりに、財務的に困難なイベント直後における債券の価格として通常は計算される。

この計算は以下のスプレッドシートで説明されている。

	A	B	C
1	デフォルト確率を調整した1年物債券の期待収益率		
2	額面価額, F	100	
3	価格, P	90	
4	年間クーポン・レート, Q	8%	
5	デフォルト確率	20%	
6	回収率	40%	
7			
8	1期間の期待キャッシュフロー	94.4	<-- =B2*(1+B4)*(1-B5)+B2*B6*B5
9	期待収益率	4.89%	<-- =B8/B3-1

23.3　多期間のフレームワークにおける債券の期待収益率の計算

ここで、上記の問題に多期間を導入する。本節では、債券の期待収益率を計算するために格付推移行列を使用する基本的なマルコフ・モデルを定義し、非常に単純な（23.1節で説明した複雑な格付体系よりも格段に単純な）格付データを用いて、モデルを説明する。23.5節で、より現実的なデータを用いる。

いかなる時点においても、5つの債券「格付」がありうるとする。

A, B, C　　信用力の高い順で、支払能力のある債券の債券格付。

D　　　　　債券が初めてデフォルトし、額面価額は回収率 λ で支払われる。

E　　　　　債券が以前の期にデフォルトした。したがって、今期及び将来のいずれの期においても支払いは0である。

推移確率行列 Π は次により与えられる。

$$\Pi = \begin{bmatrix} \pi_{AA} & \pi_{AB} & \pi_{AC} & \pi_{AD} & 0 \\ \pi_{BA} & \pi_{BB} & \pi_{BC} & \pi_{BD} & 0 \\ \pi_{CA} & \pi_{CB} & \pi_{CC} & \pi_{CD} & 0 \\ 0 & 0 & 0 & 0 & 1 \\ 0 & 0 & 0 & 0 & 1 \end{bmatrix}$$

行列 Π の各行の確率は、1 期間に債券が格付 i から格付 j に移行する確率を示す。本節及び次の 2 節の数値例では、以下の Π を用いる。

	A	B	C	D	E	F
3		A	B	C	D	E
4	A	0.9700	0.0200	0.0100	0.0000	0.0000
5	B	0.0500	0.8000	0.1500	0.0000	0.0000
6	C	0.0100	0.0200	0.7500	0.2200	0.0000
7	D	0.0000	0.0000	0.0000	0.0000	1.0000
8	E	0.0000	0.0000	0.0000	0.0000	1.0000

この行列 Π は何を意味するのだろうか。

• 債券が今期 A 格に格付されている場合、次期に依然として A 格に格付されている確率は 0.97 である。次期に B 格に格付される確率は 0.02 で、C 格に格付される確率は 0.01 である。この債券が現時点において A 格に格付され、次期に D 格または E 格に格付される可能性はない。

• B 格からスタートする債券は、次期に、0.05 の確率で A 格に、0.8 の確率で B 格に、あるいは 0.15 の確率で C 格になりうる。今期 B 格に格付されている債券は次期にデフォルト（D 格）しない。C 格の状態から A 格、B 格、C 格そして D 格の状態への推移確率は、それぞれ 0.01、0.02、0.75 そして 0.22 である。

• A 格、B 格または C 格から、A 格、B 格、C 格または D 格のいずれかに移動する可能性はあるが、A 格、B 格または C 格から、E 格に移動する可能性はない。これは、E 格が*以前の期*においてデフォルトが生じたことを意味するからである。

• 現在 D 格の状態（つまり初回のデフォルト）にある債券は、必然的に次期に E 格になる。したがって、行列 Π の 4 行目は常に $\begin{bmatrix} 0 & 0 & 0 & 0 & 1 \end{bmatrix}$ となる。

• ひとたび格付が E 格になると、永久にその状態に留まる。これは行列 Π の 5 行目も常に $\begin{bmatrix} 0 & 0 & 0 & 0 & 1 \end{bmatrix}$ となることを意味する。

多期間推移行列

行列 Π は 1 期目の推移確率を定義する。2 期目の推移確率は行列積 $\Pi * \Pi$ で与えられる。以下のスプレッドシートは配列関数 **MMULT** を使用している。[4] 積 $\Pi * \Pi$ は、以下の通りである。

$$2\text{期目の推移確率} = \Pi * \Pi$$

$$= \begin{bmatrix} 0.9420 & 0.0356 & 0.0202 & 0.0022 & 0.0000 \\ 0.0900 & 0.6440 & 0.2330 & 0.0330 & 0.0000 \\ 0.0182 & 0.0312 & 0.5656 & 0.1650 & 0.2200 \\ 0.0000 & 0.0000 & 0.0000 & 0.0000 & 1.0000 \\ 0.0000 & 0.0000 & 0.0000 & 0.0000 & 1.0000 \end{bmatrix}$$

したがって、ある債券が現時点において「B 格」に格付されているなら、2 期間後に 9% の確率で「A 格」に格付され、2 期間後に 64.4% の確率で B 格に格付され、2 期間後に 23.3% の確率で C 格に格付され、2 期間後に 3.3% の確率でデフォルトする（したがって D 格に格付される）。

スプレッドシートはこの通り。

---

4. 行列積と配列関数に関する第 34 章の議論を参照。

	A	B	C	D	E	F
1	**MMULT関数を用いた多期間推移行列の計算**					
2	1期目の推移行列					
3		A	B	C	D	E
4	A	0.9700	0.0200	0.0100	0.0000	0.0000
5	B	0.0500	0.8000	0.1500	0.0000	0.0000
6	C	0.0100	0.0200	0.7500	0.2200	0.0000
7	D	0.0000	0.0000	0.0000	0.0000	1.0000
8	E	0.0000	0.0000	0.0000	0.0000	1.0000
9						
10	2期目の推移行列					
11		A	B	C	D	E
12	A	0.9420	0.0356	0.0202	0.0022	0.0000
13	B	0.0900	0.6440	0.2330	0.0330	0.0000
14	C	0.0182	0.0312	0.5656	0.1650	0.2200
15	D	0.0000	0.0000	0.0000	0.0000	1.0000
16	E	0.0000	0.0000	0.0000	0.0000	1.0000
17	セルB12:F16 には配列関数 =MMULT(B4:F8,B4:F8)が入力されている					
18						
19	3期目の推移行列					
20		A	B	C	D	E
21	A	0.9157	0.0477	0.0299	0.0044	0.0022
22	B	0.1218	0.5217	0.2723	0.0513	0.0330
23	C	0.0249	0.0366	0.4291	0.1244	0.3850
24	D	0.0000	0.0000	0.0000	0.0000	1.0000
25	E	0.0000	0.0000	0.0000	0.0000	1.0000
26	セルB21:F25には配列関数 =MMULT(B4:F8,B12:F16)が入力されている					

　一般に、t 年の推移行列は、行列の累乗 Π^t で与えられる。上記で説明した手順でこれらの行列累乗を計算するのは煩雑なので、行列の累乗を計算するための VBA 関数 **Matrixpower** を定義する。

```
Function Matrixpower(matrix, n)
   If n = 1 Then
      Matrixpower = matrix
      Else: Matrixpower = Application.MMult
      (Matrixpower(matrix, n - 1), matrix)
   End If
End Function
```

この関数の使い方は、以下で説明されている。**Matrixpower** 関数により、いかなる推移行列の累乗も一段階で計算できるようになる。

	A	B	C	D	E	F
1		MATRIXPOWER関数を使用した多期間推移行列の計算				
2	1期目の推移行列					
3			A	B	C	D	E
4	A	0.9700	0.0200	0.0100	0.0000	0.0000
5	B	0.0500	0.8000	0.1500	0.0000	0.0000
6	C	0.0100	0.0200	0.7500	0.2200	0.0000
7	D	0.0000	0.0000	0.0000	0.0000	1.0000
8	E	0.0000	0.0000	0.0000	0.0000	1.0000
9						
10	t		10			
11						
12	t期目の推移行列					
13			A	B	C	D	E
14	A	0.7648	0.0799	0.0699	0.0148	0.0706
15	B	0.2123	0.1429	0.1747	0.0432	0.4269
16	C	0.0450	0.0250	0.0755	0.0208	0.8338
17	D	0.0000	0.0000	0.0000	0.0000	1.0000
18	E	0.0000	0.0000	0.0000	0.0000	1.0000
19	セルB14:F18 には配列関数 =matrixpower(B4:F8,B10)が入力されている					

上記の例から、ある債券が A 格でスタートする場合、この債券が 10 期目の最後にデフォルトする確率は 1.48%、それ以前の期にデフォルトしていた確率（格付 E）は 7.06%ということになる。

債券のペイオフ・ベクトル

Q は債券のクーポン・レートを表し、λ は債券がデフォルトした場合における額面価額のペイオフの回収割合を表すということを思い出そう。債券のペイオフ・ベクトルは、現在その債券が最後の期 N にあるか、$t<N$ にあるかに依存する。

$$\text{ペイオフ}(t, t<N) = \begin{cases} Q \\ Q \\ Q \\ \lambda \\ 0 \end{cases} \quad \text{ペイオフ}(t, t=N) = \begin{cases} 1+Q \\ 1+Q \\ 1+Q \\ \lambda \\ 0 \end{cases}$$

各ベクトルの最初の 3 つの要素は、デフォルトが生じなかった状態におけるペイオフを表し、4 つ目の要素 λ は格付が D 格の場合のペイオフで、5 つ目の要素 0 は債券の格付が E 格の場合のペイオフである（E 格は債券がデフォルトした後の期間の格付であることを思い出すと、このモデルの E 格のペイオフは、常にゼロである）。2 つのベクトルの違いは、もちろん、最後の期における元本返済による。

期待ペイオフを定義する前に、更にもう 1 つのベクトルを定義する必要がある。これは債券の*初期状態*を表すものである。この現在の状態のベクトルは、債券の現在の格付に 1、それ以外に 0 を持つベクトルである。したがって、例えば、時点 0 で債券が A 格を有しているなら、当初ベクトル = $\begin{bmatrix} 1 & 0 & 0 & 0 & 0 \end{bmatrix}$ であり、時点 0 で B 格を有しているなら、当初ベクトル = $\begin{bmatrix} 0 & 1 & 0 & 0 & 0 \end{bmatrix}$ となる。

これで、t 期における債券の期待ペイオフを定義することができる。

$$E[ペイオフ(t)] = 当初ベクトル \cdot \Pi^t \cdot ペイオフ(t)$$

23.4 数値例

以下の特徴を持つ債券を価格付するため、引き続き前節からの数値 Π を用いる。

- 債券は現在 B 格に格付されている。
- クーポン・レート Q は 7% である。
- 債券は満期まで 5 年である。
- 債券の現在の市場価格は、額面価額の 100% である。
- 債券の回収率 λ は 50% である。

以下のスプレッドシートは、上記に記載した事実と、満期より前の時点（セル F3:F7）及び満期の時点（セル I3:I7）における債券のペイオフ・ベクトルを示している。推移行列はセル C10:G14 にあり、当初ベクトルは C16:G16 にある。

債券の期待ペイオフは、20 行にある。どのように計算されたかを説明する前に、ここで重要な経済的事実に言及すると、期待ペイオフが所与であれば、*債券の期待収益率*は Excel の **IRR** 関数によって計算されるのである。セル B21 が示すように、この期待収益率は 4.61% である。セル B21 の実際の数式は、**IRR(B20:AN20)** である。これで満期 40 年までの債券の IRR の計算ができる。

	A	B	C	D	E	F	G	H	I
1				債券の期待収益率の計算					
2	債券価格	100.00%				ペイオフ (t<N)			ペイオフ(N)
3	クーポン・レート, Q	7%			右列のセル	7%		右列のセル	107%
4	回収率, λ	50%			は20行で	7%		は20行で	107%
5	債券期間, N	5			"payoff1"	7%		"payoff2"	107%
6	当初格付	B			として参照	50%		として参照	50%
7						0%			0%
8									
9				A	B	C	D	E	
10	推移行列 →		A	0.9700	0.0200	0.0100	0.0000	0.0000	
11			B	0.0500	0.8000	0.1500	0.0000	0.0000	
12			C	0.0100	0.0200	0.7500	0.2200	0.0000	
13			D	0.0000	0.0000	0.0000	0.0000	1.0000	
14			E	0.0000	0.0000	0.0000	0.0000	1.0000	
15									
16	当初ベクトル			0	1	0	0	0	
17	セル C16の数式:	=IF(UPPER(B6)="A",1,0)							
18									
19	年		0	1	2	3	4	5	6	7
20	期待ペイオフ	-1.0000	0.0700	0.0842	0.0897	0.0899	0.8802	0.0000	0.0000
21	期待収益率	4.61%	<-- =IRR(B20:AN20,0)						
23									
24	期待ペイオフの	=IF(E19>bondterm,0,							
25	IRR	IF(E19=bondterm,MMULT(initial,MMULT(matrixpower(transition,E19),payoff2)),							
26		MMULT(initial,MMULT(matrixpower(transition,E19),payoff1))))							

債券の当初格付（セル B6）を、16 行の当初ベクトルに変換する際に、**IF** 関数を用いていることに留意しよう。混乱を避けるために、これを **IF(Upper(B6)="A",1,0)** 等と記述する。これは、債券格付が小文字で入力されても、当初ベクトルが正しく出力されることを保証する。

債券の期待ペイオフの計算方法

前節で示したように、t 期における債券の期待ペイオフは次の数式、$E[ペイオフ(t)] = 当初ベクトル \cdot \Pi^t \cdot ペイオフ(t)$ で計算される。20 行目の数式（以下の例は、セル C20 の数式）は、2 つの **IF** 関数を用いて、この数式を実装している。

=IF(C19>bondterm,0,
IF(C19=bondterm,MMULT(initial,MMULT(matrixpower
(transition,C19),payoff2)),
MMULT(initial,MMULT
(matrixpower(transition,C19),payoff1))))

以下に、これが何を意味するかを示す。

- 1つ目の **IF**：現在の年が債券期間 N（この例では $N = 5$）より大きいとき、債券のペイオフは 0 となる。
- 2つ目の **IF**：現在の年が債券期間 N と等しいとき、債券の期待ペイオフは **MMULT(initial,MMULT(matrixpower(transition,C19),payoff2))** となる。ここで **transition** はセル C10:G14 の推移行列の名前であり、**payoff2** はセル I3:I7 の名前である。
- 現在の年 n が債券期間よりも小さいとき、債券の期待ペイオフは **MMULT(initial, MMULT(matrixpower(transition,C19),payoff1))** となる。ここで **payoff1** はセル F3:F7 の名前である。

この数式をコピーすると、債券の期待ペイオフのベクトル全体が得られる。

23.5　設例による検証

データ・テーブルをいくつか構築することで、債券の期待収益率、クーポン・レート及び満期利回り（yield to maturity; YTM）の間の関係について、多少の洞察を得ることができる。以下のデータ・テーブルでは、債券の期待収益率を、その回収率 λ の関数として計算している。

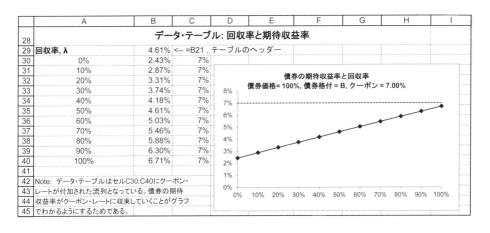

パーで販売される債券は、どの回収率 λ においても、期待収益率がクーポン・レート以下になると結論する。債券の当初格付が低ければ、どの λ においても期待収益率はより低くなる。

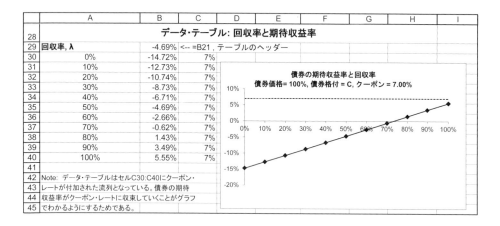

以下の例で示されるように、債券の価格がパー以下(債券が額面の100％より安く売られていることを意味する)の場合、債券の期待収益率はそのクーポン・レートより低くも高くもなりうる。

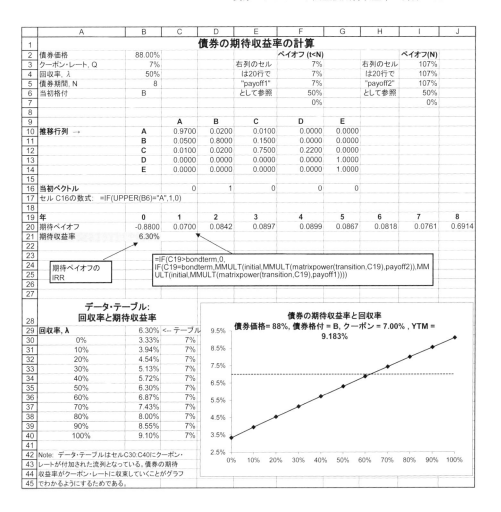

23.6 実際の債券で債券期待収益率を計算する

本節では、実際の債券に対する債券期待収益率の計算を説明する。用いる原則は上記で議論したものと同じであるが、新たに3つの点を取り入れる。

- 債券の実際の価格を、相場価格と経過利息を使って計算する。*経過利息*は、直近の利払い日以降の債券のクーポンの未払いの部分を意味する専門用語である。米国の債券市場では、債券に実際に支払われる額を計算するために、債券の相場価格に経過利息が加えられる。ほとんどの欧州の債券市場では、債券の相場価格は債券に支払われる実際の価格であり、別途に経過利息の計算はない。経過利息は以下のように定義される。

$$経過利息 = \frac{現在の日付 - 最後の利払日}{次回利払日 - 最後の利払日} * 期間利息$$

- 債券の実際の支払日を用い、債券の期待利回りを計算するため **XIRR** 関数を使う。
- 債券の格付の実際の推移行列を使用する。

我々が分析する債券は AMR（American Airlines の親会社）が発行した CCC 格の社債である。当初 1991 年 5 月 15 日に発行され、2021 年 3 月 12 日に満期を迎える、AMR 社債は 10.55％のクーポンが、半年毎（5 月 15 日と 11 月 15 日）に支払われる。

2005 年 7 月 20 日に Yahoo でこの社債を調べると、価格はパーの 76.75％であった。

76.75%の相場価格に対して、社債の経過利息を足さなければならない。

	M	N
3	**経過利息の計算**	
4	最終利払日	2005/3/15
5	次回利払日	2005/9/15
6	現在の日付	2005/7/20
7	経過期間の割合	0.69
8	経過利息	0.0364

この社債に支払われる実際の価格は、76.75% + 3.64% = 80.39% になる。以下のスプレッドシートで AMR の期待収益率を計算する。

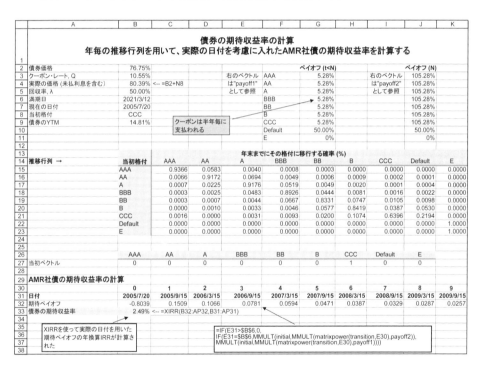

50％の回収率を仮定すると、この社債の期待収益率は 2.49％になる。

回収率とは何か？

回収率は、債券の期待収益率の計算において、明らかに重要なファクターである。様々な業種における破産時の回収率について相当なデータがある。Edward Altman と Velore M. Kishore による記事からの表を以下に示す。この表から、様々な業種の平均的な回収率は 41％であったことが分かる。

業種別回収率：3桁の SIC コードごとのデフォルト債券（1971-95 年）

			回収率			
業種	SIC コード	サンプル数	平均	サンプルによる加重	中央値	加重した標準偏差
Public utilities	490	56	70.47	65.48	79.07	19.46
Chemicals, petroleum, rubber and plastic products	280,290,300	35	62.73	80.39	71.88	27.10
Machinery, instruments, and related products	350,360,380	36	48.74	44.75	47.50	20.13
Services—business and personal	470,632,720,730	14	46.23	50.01	41.50	25.03
Food and kindred products	200	18	45.28	37.40	41.50	21.67
Wholesale and retail trade	500,510,520	12	44.00	48.90	37.32	22.14
Diversified manufacturing	390,998	20	42.29	29.49	33.88	24.98
Casino, hotel, and recreation	770,790	21	40.15	39.74	28.00	25.66
Building materials, metals, and fabricated products	320,330,340	68	38.76	29.64	37.75	22.86
Transportation and transportation equipment	370,410,420,450	52	38.42	41.12	37.13	27.98
Communication, broadcasting, movies, printing, publishing	270,480,780 600,610,620,630,670	65	37.08	39.34	34.50	20.79
Financial institutions		66	35.69	35.44	32.15	25.72
Construction and real estate	150,650 530,540,560,570	35	35.27	28.58	24.00	28.69
General merchandise stores	580,000	89	33.16	29.35	30.00	20.47
Mining and petroleum drilling	100,103	45	33.02	31.83	32.00	18.01
Textile and apparel products	220,230	31	31.66	33.72	31.13	15.24
Wood, paper, and leather products	240,250,260,310	11	29.77	24.30	18.25	24.38
Lodging, hospitals, and nursing facilities	700 through 890	22	26.49	19.61	16.00	22.65
合計		696	41.00	39.11	36.25	25.56

出所：E. Altman and V. M. Kishore, "Almost Everything You Wanted to Know about Recoveries on Defaulted Bonds," Table 3, *Financial Analysis Journal,* November/December 1996

Altman と Kishore の数字を使えば、運輸企業の平均的な回収率は 38.42%で、標準偏差は 27.98%である。平均の両側から 1 標準偏差をとって、運輸企業の回収率は（38.42% − 27.98%, 38.42% + 27.98%）=（〜10%, 〜66%）の間のどこかにあると結論できる。

　以下のスプレッドシートで、AMR 社債について、55%から 65%というもっともらしい一連の回収率を逆算して得た。AMR の回収に関するこれらの「当て推量」は、2 つの仮定に基づいている。

• AMR 社債の期待収益率は、無リスク収益率（計算時点では 4%程度であった）を著しく上回ってはならない。
• AMR 社債の期待収益率は、約 15% の YTM を著しく下回るはずである。YTM は約束された支払いに基づいており、これらが期待収益率に相当するというのは妥当ではない。

これにより、AMR 社債の期待収益率は 3.85%から 6.86%の間（以下の強調された範囲）になる。

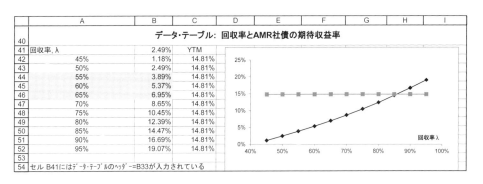

23.7 半年毎の推移行列

前節の AMR 社債の分析は、1 年毎の推移確率が半年毎にクーポンを支払う債券にも有効だと仮定している。S&P のデータから半年毎の推移行列を計算して、この仮定を改良することができる。このような行列は Π 行列の平方根であろう。これは Excel で簡単にできる計算ではない。以下のスプレッドシートでは半年毎の推移行列を得るために *Mathematica* の計算を使った。[5]

---

5. *Mathematica* は高性能な計算プログラムである。www.wolfram.com を参照のこと。

推移行列の平方根の計算

1年の推移行列

年末までにその格付に移行する確率 (%)

当初格付	AAA	AA	A	BBB	BB	B	CCC	Default	E
AAA	0.9366	0.0583	0.0040	0.0008	0.0003	0.0000	0.0000	0.0000	0.0000
AA	0.0066	0.9172	0.0694	0.0049	0.0006	0.0009	0.0002	0.0001	0.0000
A	0.0007	0.0225	0.9176	0.0519	0.0049	0.0020	0.0001	0.0004	0.0000
BBB	0.0003	0.0025	0.0483	0.8926	0.0444	0.0081	0.0016	0.0022	0.0000
BB	0.0003	0.0007	0.0044	0.0667	0.8331	0.0747	0.0105	0.0098	0.0000
B	0.0000	0.0010	0.0033	0.0046	0.0577	0.8419	0.0387	0.0530	0.0000
CCC	0.0016	0.0000	0.0031	0.0093	0.0200	0.1074	0.6396	0.2194	0.0000
Default	0.0000	0.0000	0.0000	0.0000	0.0000	0.0000	0.0000	0.0000	1.0000
E	0.0000	0.0000	0.0000	0.0000	0.0000	0.0000	0.0000	0.0000	1.0000

*Mathematica*により計算された1年の推移行列の平方根
負の入力値に注意

年末までにその格付に移行する確率 (%)

当初格付	AAA	AA	A	BBB	BB	B	CCC	Default	E
AAA	0.9677	0.0303	0.0015	0.0004	0.0001	0.0000	0.0000	0.0000	0.0000
AA	0.0034	0.9574	0.0362	0.0021	0.0002	0.0004	0.0001	0.0000	0.0000
A	0.0003	0.0117	0.9573	0.0272	0.0023	0.0010	0.0000	0.0003	-0.0001
BBB	0.0001	0.0012	0.0254	0.9439	0.0238	0.0038	0.0008	0.0017	-0.0007
BB	0.0002	0.0003	0.0018	0.0359	0.9115	0.0406	0.0056	0.0068	-0.0026
B	0.0000	0.0005	0.0017	0.0018	0.0314	0.9161	0.0225	0.0510	-0.0248
CCC	0.0009	-0.0001	0.0016	0.0050	0.0105	0.0624	0.7988	0.2706	-0.1495
Default	0.0000	0.0000	0.0000	0.0000	0.0000	0.0000	0.0000	0.0000	1.0000
E	0.0000	0.0000	0.0000	0.0000	0.0000	0.0000	0.0000	0.0000	1.0000

半年毎の推移行列
上記*Mathematica*の行列にある負の入力値を消去するため:
a. AAA, ... , CCC から E への推移はできないと仮定(即ち、最終列は下2つの入力値を除きゼロとなる)
b. 他の全ての負の入力値をゼロとする
c. それぞれの列の合計が1となるようにデフォルト確率を調整する

年末までにその格付に移行する確率 (%)

当初格付	AAA	AA	A	BBB	BB	B	CCC	Default	E
AAA	0.9677	0.0303	0.0015	0.0004	0.0001	0.0000	0.0000	0.0000	0.0000
AA	0.0034	0.9574	0.0362	0.0021	0.0002	0.0004	0.0001	0.0001	0.0000
A	0.0003	0.0117	0.9573	0.0272	0.0023	0.0010	0.0000	0.0001	0.0000
BBB	0.0001	0.0012	0.0254	0.9439	0.0238	0.0038	0.0008	0.0010	0.0000
BB	0.0002	0.0003	0.0018	0.0359	0.9115	0.0406	0.0056	0.0041	0.0000
B	0.0000	0.0005	0.0017	0.0018	0.0314	0.9161	0.0225	0.0261	0.0000
CCC	0.0009	0.0000	0.0016	0.0050	0.0105	0.0624	0.7988	0.1208	0.0000
Default	0.0000	0.0000	0.0000	0.0000	0.0000	0.0000	0.0000	0.0000	1.0000
E	0.0000	0.0000	0.0000	0.0000	0.0000	0.0000	0.0000	0.0000	1.0000

期待収益率の計算に半年毎の推移行列を使った場合、以下を得る。

	A	B	C	D	E	F	G	H	I	J	K
1				債券の期待収益率の計算　半年毎の推移行列を用いて、実際の日付を考慮に入れたAMR社債の期待収益率を計算する							
2	債券価格	76.75%					ペイオフ (t<N)			ペイオフ (N)	
3	クーポン・レート, Q	10.55%			右のベクトル	AAA	5.28%		右のベクトル		105.28%
4	実際の価格 (経過利息を含む)	80.39%	<-- =B2+N8		は"payoff1"	AA	5.28%		は"payoff2"		105.28%
5	回収率, λ	50.00%			として参照	A	5.28%		として参照		105.28%
6	満期日	2021/3/12				BBB	5.28%				105.28%
7	現在の日付	2005/7/20				BB	5.28%				105.28%
8	満期 (年)	15.65				B	5.28%				105.28%
9	半年毎の支払いの回数	30.00		クーポンは半年毎に		CCC	5.28%				105.28%
10	当初格付	CCC		支払われる		Default	50.00%				50.00%
11	債券YTM	14.81%				E	0%				0%
12											
13						年末までにその格付に移行する確率 (%)					
14	推移行列 →		当初格付	AAA	AA	A	BBB	BB	B	CCC	Default	E
15			AAA	0.9677	0.0303	0.0015	0.0004	0.0001	0.0000	0.0000	0.0000	0.0000
16			AA	0.0034	0.9574	0.0362	0.0021	0.0002	0.0004	0.0001	0.0001	0.0000
17			A	0.0003	0.0117	0.9573	0.0272	0.0023	0.0010	0.0000	0.0001	0.0000
18			BBB	0.0001	0.0012	0.0254	0.9439	0.0238	0.0038	0.0008	0.0010	0.0000
19			BB	0.0002	0.0003	0.0018	0.0359	0.9115	0.0406	0.0056	0.0041	0.0000
20			B	0.0000	0.0005	0.0017	0.0018	0.0314	0.9161	0.0225	0.0261	0.0000
21			CCC	0.0009	-0.0001	0.0016	0.0050	0.0105	0.0624	0.7988	0.1208	0.0000
22			Default	0.0000	0.0000	0.0000	0.0000	0.0000	0.0000	0.0000	1.0000	
23			E	0.0000	0.0000	0.0000	0.0000	0.0000	0.0000	0.0000	0.0000	1.0000
24												
25												
26				AAA	AA	A	BBB	BB	B	CCC	Default	E
27	当初ベクトル			0	0	0	0	0	0	1	0	0
28												
29	期間		0	1	2	3	4	5	6	7	8	9
30	日付		2005/7/20	2005/9/15	2006/3/15	2006/9/15	2007/3/15	2007/9/15	2008/3/15	2008/9/15	2009/3/15	2009/9/15
31	期待ペイオフ		-0.8039	0.1068	0.0903	0.0771	0.0664	0.0578	0.0508	0.0451	0.0405	0.0367
32	期待収益率		8.07%	<-- =XIRR(B31:AP31,B30:AP30)								

半年毎の推移行列は、一般に、1年毎の推移行列から得られるものより、債券の期待収益率が高くなる。

年毎と半年毎の推移行列での期待収益率の比較 実際の日付とXIRRを使って

回収率, λ	債券の期待収益率 年毎の推移行列	半年毎の推移行列
0%	-3.05%	0.93%
10%	-1.75%	2.14%
20%	-0.30%	3.45%
30%	1.32%	4.86%
40%	3.15%	6.40%
55%	5.25%	8.07%
60%	7.68%	9.90%
65%	10.51%	11.89%
80%	13.83%	14.07%
90%	17.73%	16.45%
100%	22.33%	19.04%

23.8 債券ベータの計算

コーポレート・ファイナンスにおけるやっかいな問題の1つは、債券ベータの計算である。本章で示されたモデルを用いて、容易に債券のベータを計算することができる。資本資産価格モデルの*証券市場線*(*Security Market Line; SML*)が、次により与えられることを第3章から思い出そう。

$$E(r_d) = r_f + \beta_d \left[E(r_m) - r_f \right]$$

ここで、
$E(r_d) = $ *債務の期待収益率*
$r_f = $ *無リスク債務の収益率*
$E(r_m) = $ *株式市場ポートフォリオの収益率*
である。

債務の期待収益率が分かっている場合、無リスク金利 r_f と市場の期待収益率 $E(r_m)$ が分かっているという条件で、負債ベータを計算することができる。例えば、市場リスク・プレミアム $E(r_m) - r_f = 8.4\%$、$r_f = 7\%$ と仮定しよう。そのとき、期待収益率8%の債券は0.119のベータを持つことになる。

債券ベータの計算

	A	B	C
1	**債券ベータの計算**		
2	市場リスク・プレミアム, E(r_m) - r_f	8.40%	
3	r_f	7%	
4	債券の期待収益率	8.00%	
5	インプライド債券ベータ	0.119	<-- =(B4-B3)/B2

SMLの税金調整バージョン（3.10節を参照）を用いる場合、債券SMLは、$r_D = 債務コスト = r_f + \beta_{Debt}\left[E(r_M) - r_f(1-T_c)\right]$ となる。これにより、債券ベータは次のようになる。

	A	B	C
7	税金調整後SML: $r_D = r_f + \beta_{Debt}*[E(r_M) - r_f*(1-T_C)]$		
8	市場リスク・プレミアム, E(r_m) - r_f	8.40%	
9	r_f	7%	
10	法人税率, T_C	40%	
11	債券の期待収益率	8.00%	
12	インプライド債券ベータ	0.089	<-- =(B11-B9)/(B8+B9*B10)

AMRのデータを用いて、標準的なSMLモデルでは以下を得る。

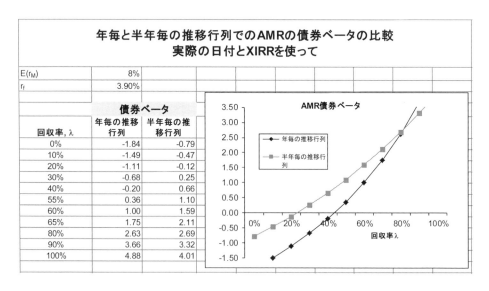

法人税率が $T_c = 40\%$ と仮定すると、税金調整後の CAPM では以下のベータを得る。

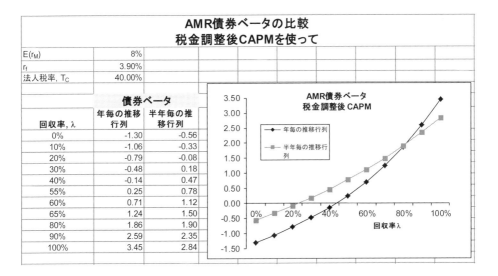

これらの債券ベータが大きいように思われるなら、AMR 社債はこれらの米国財務省長期証券と同等の満期を持ち、さらにかなりのデフォルト・リスクを抱えていることに留意しよう。

AMR 社債のベータをこの文脈の中に置くのに役に立つもう 1 つの事実は AMR の株式ベータである。Yahoo によれば、このベータは 3.617 である。

23.9 まとめ

本章では格付推移に関わる簡単な手法を用いて、リスキーな債券の期待収益率を計算する方法を示した。債券の期待収益率の計算は、債券の分析を株式の分析と同じ土俵に置く。期待収益率は、株式の分析では一般的だが、一般的な分析が満期利回りの観点からなされる債券では、めったに計算されない。しかし債券の満期利回りは、本質的には、約束された将来の支払いに基づく債券の IRR であり、債券のデフォルトに関する曖昧なプレミアムが含まれる。

債券の期待収益率を計算した後に、証券市場線（SML）を用いてそのベータを計算することができる。株式ベータを計算して調整する膨大な努力と比較して、債券ベータに関しては相対的にほとんど研究労力が費やされていない。本章で説明した債券格付の推移行列に基づく手法は比較的新しい。この手法にはまだ学術研究によって、改良や徹底的な検証がなされなければならない。債券の期待収益率を計算するための格付に基づく手法に対するいくつかの改良には、依然として検証が必要である。これらには以下を含む。

- *より良い推移行列*。推移行列は、改良され、そして、おそらく業界固有に作られる必要がある（業界固有のデータに伴う問題は、サンプル数が劇的に落ち込むことである。にもかかわらず、そのようなデータの例はある（例えば、参照文献に引用された不動産担保ローンに関する 2004 年の Standard & Poor's の研究）。
- *時間依存推移行列*。我々の手法は、推移行列が変化しない、即ち期間を通して一定、と仮定している。時間とともに行列が変化することを許容するよりよい手法が、おそらく開発できる。例えば、困難な経済状況下では、格付推移行列は「右に移行」し、所与の格付がどの期間においても悪化する確率が高まると予想される。
- *回収率についてのより多くのデータ*。

練習問題

1. 1 年満期の新規発行債券は価格 100 であり、これは額面価額と等しい。この債券のクーポン・レートは 15%、1 年後のデフォルト確率は 35%、デフォルトにおける債券のペイオフは額面価額の 65%になる。

    a. この債券の期待収益率を計算しなさい。
    b. 期待収益率を回収率と債券価格の関数として示すデータ・テーブルを作成しなさい。

2. 5 つの格付状態 A, B, C, D, E が生じ得るケースを考える。A, B, C は当初の債券格付である。D は初回のデフォルトを意味する記号であり、E は以前の期にデフォルトしていることを示す。推移行列 Π は次により与えられるとする。

$$\Pi = \begin{bmatrix} 1 & 0 & 0 & 0 & 0 \\ 0.06 & 0.90 & 0.03 & 0.01 & 0 \\ 0.02 & 0.05 & 0.88 & 0.05 & 0 \\ 0 & 0 & 0 & 0 & 1 \\ 0 & 0 & 0 & 0 & 1 \end{bmatrix}$$

現時点において A 格で額面発行された 10 年物債券が、7%のクーポン・レートであるとする。

- 現時点において債券が B 格で額面発行され、回収率が 50%である場合、その期待収益率も 7%となるためには、クーポン・レートはいくらであるべきか？
- 現時点において債券が C 格で額面発行され、回収率が 50%である場合、その期待収益率も 7%となるためには、クーポン・レートはいくらであるべきか？

3. 前問の推移行列を用いる。C 格の債券が 2007 年 7 月 18 日にパーで売られている。この債券の満期は 2017 年 7 月 17 日で、（毎年 7 月 17 日に支払われる）

11%のクーポンを有し、回収率 λ は 67% とする。この債券の期待収益率はいくらか？

4. 引受業者がクーポン・レート 9% で B 格の新規 7 年物債券を発行する。債券の期待収益率が 8% であるとき、この債券の暗黙の回収率 λ はいくらか？問題 2 の推移行列を仮定する。

5. 引受業者が C 格の新規 7 年物債券をパーで発行する。債券のデフォルトにおける予想回収率は 55% と見積もられている。その期待収益率が 9% であるためには、債券のクーポン・レートはいくらであるべきか？問題 2 の推移行列を仮定する。

V　モンテカルロ法

ファイナンシャル・モデリングの第 5 部は、ファイナンスの問題を Excel でどのようにシミュレーションするかを示す。伝統的なファイナンス理論は、ファイナンスの問題の解法に焦点を当てる。最適なポートフォリオは何か？オプションの価格はいくらか？シミュレーションは問題解法の代用ではないが、しばしば問題の根底にある不確実性の本質に新しい洞察を与えてくれる。いくつかのケース—例えば第 30 章で議論する経路依存型のオプション—においては、簡明な価格の解法はなく、シミュレーション法が許容しうる価格に到達する最も良い方法である。

第 5 部の目的は、読者がシミュレーションを理解するための方法、そして追加のアドインなしで Excel を用いてシミュレーションを組み立てるための方法を示すことである。第 24 章は、この議論の基礎であり、異なる分布を生成するために Excel の乱数ジェネレーターの使い方を示す。この章では、相関を持つ乱数を生成する方法も 2 つ提示する。

"モンテカルロ法" は、多くの場合に解析解を持たない複雑な関数の値を計算するための様々なシミュレーション技法のことをいう。第 25 章はモンテカルロ法による計算の基礎について議論する。基本的な例として、シミュレーションによって π の値を計算する方法を示す。

ほとんどのファイナンスのプライシング・モデルは、資産のリターンが対数正規分布すると仮定する。第 26 章では、この仮定について議論し、それをどのようにシミュレーションできるかを示す。第 27 章では、ポートフォリオへの投資結果を議論するためにシミュレーションを拡張し、第 28 章では、シミュレーション・モデルを背景として、バリュー・アット・リスクを議論する。

最後に、第 29 章及び第 30 章では、シミュレーション法のオプションへの適用を検討する。第 29 章では、ポートフォリオ・インシュアランスのシミュレーションを議論し、第 30 章では、経路依存型オプションのプライシングのためのモンテカルロ法を議論する。

24 乱数の生成及び使用

24.1 概要

本章では、乱数を生成する技法について議論する。第25章～第30章では、株価、投資戦略及びオプション戦略をシミュレーションするために、乱数を広く用いる。本章では、一様乱数及び正規乱数の生成方法を示す。

　コンピューターの乱数ジェネレーターは、一見無関係にみえる一連の数を生成する関数である。乱数とは*何か*という質問は、哲学的である。[1] 本章では、哲学的なことは考えず、いくつかの簡単な乱数ジェネレーター――主に Excel の乱数ジェネレーターである **Rand( )** 関数と、VBA の乱数ジェネレーターである **Rnd** 関数[2]――に集中する。これらの乱数ジェネレーターを用いて、一様乱数、続いて正規乱数を生成する方法を示す。本章の最後では、相関を有する乱数を生成するために、コレスキー分解を用いる。

　一様に分布する一連の乱数をイメージするために、000,001,002,…,999 と数字が書かれた 1,000 個の小さなボールで満たされた壺を考えよう。ここで、以下の実験を行う。まず、壺をゆすってボールを混ぜながらボールを1つ取り出し、その番号を記録する。次に、そのボールを壺に戻し、壺をしっかりゆすってそのボールを再び混ぜ、その上で新しいボールを1つ取り出す。この手順を何回も繰り返すことによって作り出された一連の数は、000 から 999 の間で一様に分布する。

　コンピューターの乱数ジェネレーターは、この手順をまねた関数である。本章で考察する乱数ジェネレーターは、実際には乱数と見分けがつかない数を生成する確定的な関数であることから、しばしば*疑似乱数ジェネレーター*と呼ばれる。全ての疑似乱数ジェネレーターは、循環する（即ち、いつかは最初に戻る）。長いサイクルを持つ乱数ジェネレーターを見つけることは重要である。Excel の **Rand( )** 関数は、非常に長いサイクルを持つ、満足できる乱数ジェネレーターである。

---

1. 哲学的？ ひょっとすると神学的かもしれない。Knuth（1981, p.142）は、以下を引用している："乱数列とは曖昧な概念であって，説明を聞かない者にとっては各項を予測することが困難であり，各数字は統計学者になじみの検定のうち，利用目的に応じて選んだいくつかのものに合格しているような数列である"（D.H.Lehmer, 1951 より）。
2. 本書では、通常 Excel 関数はかっこなしのボールド体で記載している。本章では、広く **Rand( )** とかっこ付きで記載しているが、これは（1）かっこが必要なこと、(2) かっこ内は空であること、を強調するためである。

乱数ジェネレーターを使ったことがないのであれば、Excel のスプレッドシートを開き、どこかのセルに =**Rand( )** と入力してみよう。0.000000000000000 と 0.999999999999999 の間の 15 桁の数が現れる。スプレッドシートを再計算する度に（例えば、**F9** キーを押すことによって）、その数は変わる。**Rand( )** がどのように働くかに関する技術的な詳細は、読者自身の乱数ジェネレーターの作り方を示す本章の練習問題に譲る。しかし、関数で作られた一連の乱数は、(脚注 1 の Lehmer の言葉を用いて) "通常の人には予測不可能" であるべきと言えば十分であろう。

本章では、いくつかの種類の乱数ジェネレーターを扱う。まず、Excel 及び VBA に実装されている一様乱数ジェネレーターを試す。続いて、正規分布する乱数を生成する。[3] 最後に、コレスキー分解を用いて相関を有する乱数を生成する。

24.2 Rand( ) と Rnd: Excel 及び VBA の乱数ジェネレーター

簡単に乱数表を作成したいとしよう。1 つの方法は、Excel の **Rand( )** 関数をそのセルの範囲にコピーすることである。

	A	B	C	D	E	F
1	EXCELのRAND()関数を使用する					
2	0.6230	0.9983	0.2132	0.3381	<-- =RAND()	
3	0.3836	0.7527	0.9139	0.3635		
4	0.5948	0.7089	0.9563	0.1333		
5	0.4543	0.7327	0.1095	0.9702		
6	0.0250	0.1392	0.9793	0.5049		
7	0.5001	0.3219	0.1293	0.2255		
8	0.8931	0.4278	0.8038	0.2239		
9	0.5847	0.9270	0.6634	0.5449		
10	0.4985	0.2468	0.8391	0.5452		
11						
12	それぞれのセルはRand()関数を含んでいる。スプレッドシートを更新するかF9キーを押すたびに、これらのセルは新たな乱数の組み合わせとなる。					

---

[3]. 通常の用語は "ランダムに分布する" と言うが、ファイナンス・エンジニアリングの世界だけは "正規分布する" と言う！

24.3 節では、**Rand( )** がうまく機能しているかどうかの大まかな検証を示す。

VBA の Rnd 関数を使用する

VBA は、Excel の **Rand** 関数に相当するものとして、**RND** 関数を内包している。[4] Rnd 関数の基本的な使い方を例示する小さな VBA プログラムを示す。

```
Sub RandomList()
'Produces a simple list of random numbers
   For Index = 1 To 10
       Range("A4").Cells(Index, 1) = Rnd
   Next Index
End Sub
```

下のスプレッドシートでは、VBA プログラムがボタンに登録されており、そのボタンをクリックするたびに 10 個の乱数を生成する VBA プログラムが作動する。

	A	B	C	D	E
1	VBAのRND関数を使用して乱数のリストを作成する				
2	リスト				
3	0.04534				
4	0.41403		RandomList Macro		
5	0.86262				
6	0.79048				
7	0.37354				
8	0.96195				
9	0.87145				
10	0.05624				
11	0.94956				
12	0.36402				

---

4. 混乱しませんか? 同じコンピューター・パッケージの中で同じことを行う、2 つの異なる関数…

マクロにボタンやコントロール文を登録する

603 ページのスプレッドシートでは、**RandomList** マクロを、「RandomList Macro」という名のボタンに登録した。Excel で描ける図形であればどんな形にも VBA プログラムを登録することができる。この例では長方形で作成し、この長方形の上で右クリックして、マクロを登録した。

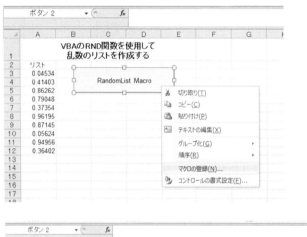

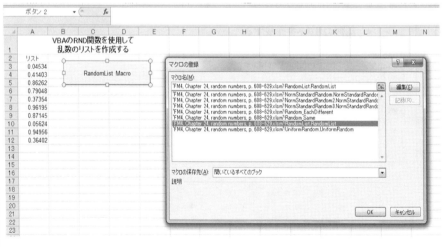

24.3 乱数ジェネレーターの検証

乱数のリストを作成することは興味深いが、少々情報が不足している。例えば、このリストに記載された数は、本当に一様に分布しているのか？簡単な検証方法は、それぞれの数を生成し、[0, 0.1), [0.1, 0.2), ···, [0.9, 1) の区間に入ることを測定することである。$[a,b)$という表記は、a と b の間の半開区間、即ちある数 x が $a \leq x < b$ であれば、x はこの区間に入ることを示す。もし、この乱数のリストが本当に一様に分布しているなら、"乱"数の数は 10 個の各区間で概ね均等になることが予想される。

この検証を行う 1 つの方法は、**Rand( )** 関数を多くのセルにコピーしてから、Excel の配列関数 **Frequency(データ配列, 区間配列)**[5] を使って、スプレッドシート上に乱数のリストを作成することである。以下のスプレッドシートの図は、これを示している。

	A	B	C	D	E	F
1			RAND()関数の分布を検証するために EXCELのFREQUENCY関数を使用する			
2	乱数			区間	頻度	
3	0.8978	<-- =RAND()		0.1	0	
4	0.8354			0.2	1	
5	0.5188			0.3	1	
6	0.7317			0.4	0	
7	0.5067			0.5	0	<-- =FREQUENCY(A3:A12,D3:D12)
8	0.2418			0.6	4	
9	0.6406			0.7	1	
10	0.1228			0.8	1	
11	0.5611			0.9	2	
12	0.5543			1	0	
13						
14	A3からA12の範囲にある各セルはRand()関数を含んでいる。F9キーを押すと、新たな乱数の組み合わせと頻度ができる。					

---

5. 配列関数については、第 34 章で説明する。

Frequency(A:A, D3:D12) と入力すると、A 列の空白でないセル全てを参照する。

	A	B	C	D	E	F
1				RAND()関数の分布を検証するために EXCELのFREQUENCY関数を使用する		
2	0.724913	<-- =RAND()		区間	頻度	
3	0.624834			0.1	155	
4	0.093701			0.2	150	
5	0.019565			0.3	154	
6	0.135518			0.4	148	
7	0.248544			0.5	155	<-- =FREQUENCY(A:A,D3:D12)
8	0.195843			0.6	142	
9	0.532975			0.7	159	
10	0.231059			0.8	148	
11	0.495747			0.9	139	
12	0.016572			1	145	
13	0.526739					
14	0.211719			合計	1495	<-- =SUM(E3:E12)
15	0.214072					
16	0.287068					
17	0.877499					
18	0.058629					
19	0.154429					

この方法は、乱数ジェネレーターで生成した多数の乱数を検証しようとする場合には、明らかに非効率的（時には実行不可能）な手法である。次のプログラムは、VBA を使って多数の乱数を生成し、それらを A3 から A12 の範囲の区間に区分する。

```
Sub UniformRandom()
'Puts random numbers into bins

    Range("E3") = Time
    'the number of random draws
    N = Range("B2").Value

    Dim distribution(10) As Long 'bins

    For k = 1 To N
        draw = Rnd
        distribution(Int(draw * 10) + 1) = _
            distribution(Int(draw * 10) + 1) + 1
    Next k

    For Index = 1 To 10
        Range("B5").Cells(Index, 1) = distribution(Index)
    Next Index

    Range("E4") = Time

End Sub
```

下に示したスプレッドシートでは、1 億個の乱数を 31 秒で生成した。

UniformRandom マクロについて、いくつか注釈しておく。

- このプログラムには、実行にかかった時間を計測するための "時計" がある。プログラム開始時に、**Range("E3")=Time** がその時刻をセル E3 に入力する。プログラム終了時には、**Range("E4")=Time** がその終了時刻をセル E4 に入力する。セル **elapsed** には、 =stoptime-starttime という式が組まれている。セルを正確に読み取るためには、適切なセルにコマンド ［**セルの書式設定**］ - ［**表示形式**］ - ［**時刻**］ を使う必要がある。
- このプログラムの核心は、関数 Int(draw * 10) + 1 を用いることである。乱数列に 10 を乗じて、最初の数字が 0, 1, ⋯, 9 となる数字を作る。VBA 関数 **Int** はこれを整数にする。**Distribution** は、1 から 10 までの数字が付けられた VBA の配列であり、**Distribution(1)** は区間 [0, 0.1) に属する乱数の数、**Distribution(2)** は区間 [0.1, 0.2) に属する乱数の数、⋯ を表す。こうして、Int(draw * 10) + 1 は、その乱数が属すべき **Distribution** の適切な場所に収まる。

Randomize コマンドを使って同じ（または異なる）乱数のリストを作成する

多くの乱数ジェネレーターは、最後に生成された"乱数"を次の乱数を生成する際に用いる。[6] ある乱数列で用いられる最初の数字は、"シード"によってコントロールされ、シードは通常コンピューターに内蔵された時計によって決められる。VBAの **Rnd** 関数も例外ではないが、コマンド **Randomize** を使うことによってシードをコントロールすることができる。下の小さなプログラムは、このコマンドの2つの使い方を示している。

- **Randomize** を数値指定なしで用いると、シードはリセットされる（これは、次の乱数と直近の乱数の間の繋がりが切断されることを意味する）。その効果を読み取るのは難しいが、**Random_EachDifferent** マクロはこれを示している。

```
Sub Random_EachDifferent()
'Produces a list of random numbers
Randomize
'Initializes the VBA random number generator
    For Index = 1 To 10
        Range("A5").Cells(Index, 1) = Rnd()
    Next Index
End Sub
```

- **Randomize(seed)** は、シードの特定の番号を用いる。
- **Rnd(負の数)** 及び **Randomize(seed)** コマンドを続けて使うと、同じ乱数列が保証される。**Random_Same** マクロは、これを示している。

---

6. 本章の最後の練習問題には、これに関するたくさんの例がある。

```
Sub Random_Same()
'Produces the same list of random numbers
'which is always the same
Rnd (-4)
'Initializes the VBA random number generator
Randomize (Range("seed"))
   For Index = 1 To 10
      Range("B5").Cells(Index, 1) = Rnd()
   Next Index
End Sub
```

下のスプレッドシートでは、上のボタンを押すと乱数の組がランダムに生成される。下のボタンを押すと、**Random_Same** マクロが働き、シード（セル B2）を変更しない限り、毎回同じ乱数の組が生成される。

	A	B	C
1	乱数リストの生成		
2	シード	334	
3			
4	結果: 毎回異なる	結果: 毎回同じ	Run Random_EachDifferent
5	0.54165	0.29708	
6	0.50241	0.70653	
7	0.99067	0.65463	
8	0.85176	0.96848	
9	0.97838	0.48999	Run Random_Same
10	0.40634	0.72373	
11	0.88656	0.06518	
12	0.59110	0.60034	
13	0.72938	0.25382	
14	0.49635	0.70398	
15			
16	注意: "Run Random_Same"ボタンの効果を見るには、セルB5からB14を消去すること。セルB2のシードが変わると、B列の結果も変化する。		

24.4 正規分布する乱数の生成

この前の節では、一様分布する乱数を生成した。本節では、Excel を用いて正規分布する乱数を生成する 4 つの方法を見ていく。

方法 1：［データ］-［データ分析］-［乱数発生］を用いた正規乱数

1 つ目の方法は、Excel の［データ］-［データ分析］-［乱数発生］コマンドを使うものである。ここでは、Excel を用いて正規分布（$\mu = 0$、$\sigma = 1$）する乱数 1,000 個を、スプレッドシートの A 列に生成する方法を示している。

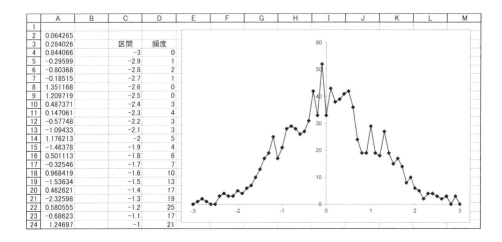

結果が正規分布しているかどうかを確認したい場合は、Excelで度数分布を作成（配列関数Frequencyか、[データ]-[データ分析]-[ヒストグラム]コマンドのいずれかを用いることによって）すればよい。上のグラフが示すように、結果は正規分布しているように見える。

方法2：Norm.S.Inv(Rand( ))を用いた正規乱数

ExcelのNorm.S.Inv(Rand( ))関数は、正規分布する乱数の生成に用いることができる。この関数の使用方法を理解するために、まずNorm.S.Dist関数を説明する。ExcelのNorm.S.Dist関数は、標準正規分布の値を計算するものである。下のスプレッドシートでは、例として、N(0.5)－標準正規分布に従う確率変数の値が0.5未満である確率－を計算するためにNorm.S.Dist(0.5, 1)を用いている。また、標準正規分布で-1から1の間に収まる確率を計算するためにNorm.S.Dist(1, 1)- Norm.S.Dist(-1, 1)も用いている

	A	B	C
1		NORM.S.DIST関数の使用	
2	x	0.500	
3	Norm.S.Dist	0.6915	<-- =NORM.S.DIST(B2,1)
4			
5	x_1	1	
6	x_2	-1	
7	$N(x_2)-N(x_1)$	0.68269	<-- =NORM.S.DIST(B5,1)-NORM.S.DIST(B6,1)

　Excel の **Norm.S.Inv( )** 関数は、**Norm.S.Dist** 関数の逆関数である。0 から 1 の間の値 x を与えると、Norm.S.Inv(x) は Norm.S.Dist(y, 1)=x となるような値 y を返す。**Norm.S.Inv(Rand( ))** 関数は、標準正規分布に従う乱数の組を生成する。

	A	B	C
1		NORM.S.INV( )関数を用いた正規乱数	
2	0と1の間のある数	0.6000	
3	正規分布の値	0.2533	<-- =NORM.S.INV(B2)
4	チェック:	0.6000	<-- =NORM.S.DIST(B3,1)
5			
6	正規乱数	0.8281	<-- =NORM.S.DIST(RAND(),1)

下のスプレッドシートでは、**Norm.S.Inv(Rand( ))** 関数を 1,000 回繰り返し、その結果の頻度をグラフにしている。結果は正規分布しているように見える。

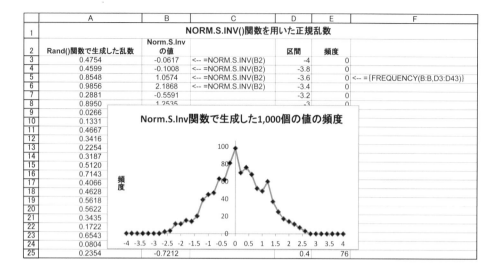

方法 3 ： VBA に Norm.S.Inv( ) を組み込む

VBA プログラム **NormStandardRandam** は、**Norm.S.Inv** を用いて乱数を生成する。プログラムとその結果を以下に示す。VBA では、関数のピリオドは下線に置き換え、**Norm_S_Inv** と書くことに注意しよう。

```
Sub NormStandardRandom()
'Produces a list of normally-distributed
'random numbers
'Randomize initializes the
'VBA random number generator
Randomize
Application.ScreenUpdating = False
Range("E2") = Time
   Range("A8").Range(Cells(1, 1), _
   Cells(64000, 1)).Clear
   N = Range("B2").Value

   For Index = 1 To N
      Range("A8").Cells(Index, 1) = _
      Application.WorksheetFunction.NormSInv(Rnd)
   Next Index
Range("E3") = Time
End Sub
```

　NormStandardRandam プログラムは、全シミュレーションにかかった時間を計測するための 2 つの行を含んでいる。このプログラムは非常に遅いが、これはスプレッドシートの関数の呼び出しを繰り返すことが大きな理由である。下の通り、著者の **Lenovo T420s** では、このプログラム 10,000 回の試行に約 45 秒かかる。以下はサンプル画面である（ボタンを押せばマクロが動く）。

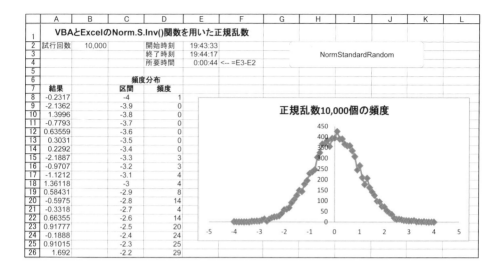

方法3のより速いバージョン

方法3は、VBAで全データを保持しながら、最後の度数分布だけスクリーンで描くようにすることで、ずっと速くすることができる。

```
Sub NormStandardRandom2()
'Randomize Initializes the VBA
'random number generator
Randomize
Dim distribution(-40 To 40) As Double
Application.ScreenUpdating = False
Range("E2") = Time
  N = Range("B2").Value

  For Index = 1 To N
    X = Application.Norm_S_Inv(Rnd())

  If X < -4 Then
      distribution(-40) = distribution(-40) + 1
   ElseIf X > 4 Then
      distribution(40) = distribution(40) + 1
   Else: distribution(Int(X / 0.1)) = _
   distribution(Int(X / 0.1)) + 1
   End If

  Next Index

For Index = -40 To 40
   Range("B7").Cells(Index + 41, 1) = _
   distribution(Index) / (2 * N)
Next Index

Range("E3") = Time
End Sub
```

100,000 回繰り返し計算した結果を示す。セル E4 の所要時間に注目してほしい。

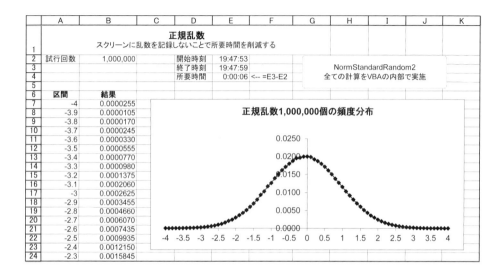

このプログラムについて、いくつか注記しておく。

- 正規分布から生じる大半の値は -4 から 4 の間に入る。**NormStandard Random2** プログラムでは、結果を区間に分ける際、これらの区間が $(-\infty, -3.9]$, $(-3.9, -3.8]$, $\cdots$, $(3.9, \infty)$ となるようにしたい。このため、最初に配列 `distribution(-40 To 40)` を定義した。この配列は、81 個のインデックスを持つ。特定の乱数（例えば、X）をこの配列の区間に振り分けるために、以下の関数を用いている。

```
  If X < -4 Then
      distribution(-40) = distribution(-40) + 1
  ElseIf X > 4 Then
      distribution(40) = distribution(40) + 1
  Else: distribution(Int(X / 0.1)) = _
  distribution(Int(X / 0.1)) + 1
  End If
```

- **NormStandardRandom2** プログラムは、ヒストグラム（これは特定の区間にどれだけの数値が入ったかを数えるもの）ではなく、相対度数分布を作成する。このために、スプレッドシートにデータをアウトプットする前に、試行回数の 2 倍（各試行で 2 つの乱数が生成されていることを思い出そう）、$2N$ で割っている。

```
  For Index = -40 To 40
      Range("output").Cells(Index + 41, 1) = _
          distribution(Index) / (2 * N)
  Next Index
```

- 最後に、コマンド Application.ScreenUpdating = False が大きな違いを生み出していることに注意しよう！このコマンドは、セルへの結果出力及び Excel グラフの更新を止めている。このコマンドを入れたプログラムと入れないプログラムをそれぞれ走らせ、その効果を見てほしい。

方法 4：ボックス-ミュラー法

正規乱数を生成するためのボックス-ミュラー法は、これら 4 つの中でもっとも速い方法である。[7] 下の VBA プログラムの Start の下 8 行は、繰り返しの都度、標準正規分布に従う 2 つの値を生成するルーチンである。このルーチンは、−1 と 1 の間にある $rand_1$ 及び $rand_2$ の 2 つの乱数を生成する。もしこれらの乱数の 2 乗

---
7. Box-Muller（1958）または Knuth（1981）を参照。

の和が単位円の中にあれば、2つの正規乱数は以下のように求められる。

$$\{X_1, X_2\} = \left\{ rand_1 * \sqrt{\frac{-2\ln(S_1)}{S_1}}, rand_2 * \sqrt{\frac{-2\ln(S_1)}{S_1}} \right\}$$

ここで、

$$S_1 = rand_1^2 + rand_2^2$$

VBA プログラムは以下の通りである。

```
Sub NormStandardRandom3()
'Box-Muller for producing
'standard normal deviates

Dim distribution(-40 To 40) As Long

Range("E2") = Time
N = Range("B2").Value

Application.ScreenUpdating = False
For Index = 1 To N

start:
    Static rand1, rand2, S1, S2, X1, X2
    rand1 = 2 * Rnd - 1
    rand2 = 2 * Rnd - 1
    S1 = rand1 ^ 2 + rand2 ^ 2
    If S1 > 1 Then GoTo start
    S2 = Sqr(-2 * Log(S1) / S1)
    X1 = rand1 * S2
    X2 = rand2 * S2
    If X1 < -4 Then
        distribution(-40) = distribution(-40) + 1
    ElseIf X1 > 4 Then
        distribution(40) = distribution(40) + 1
    Else: distribution(Int(X1 / 0.1)) = _
```

```
        distribution(Int(X1 / 0.1)) + 1
    End If
    
    If X2 < -4 Then
        distribution(-40) = distribution(-40) + 1
    ElseIf X2 > 4 Then
        distribution(40) = distribution(40) + 1
    Else: distribution(Int(X2 / 0.1)) = _
    distribution(Int(X2 / 0.1)) + 1
    End If

Next Index

For Index = -40 To 40
    Range("B7").Cells(Index + 41, 1) = _
    distribution(Index) / (2 * N)
Next Index

Range("E3") = Time

End Sub
```

このルーチンは非常に速い。下のスプレッドシートでは、1,000万個の正規乱数を18秒で生成した。

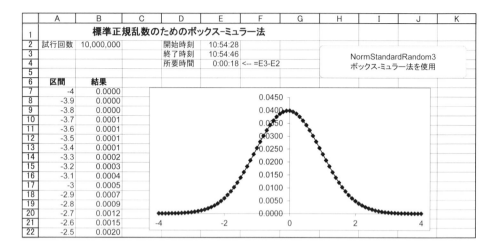

24.5 Norm.Inv 関数：正規乱数生成のもう1つの方法

Excel の **Norm.Inv(rand( ), 平均, 標準偏差)** 関数でも、正規乱数を生成することができる。**Norm.S.Inv(rand( ))** 関数が標準正規乱数のみの生成なのに対し、**Norm.Inv** 関数は乱数の平均及び標準偏差を変えることができる。第26章では、正規分布に従う株式のリターンを生成するために、この関数を時々使用する。

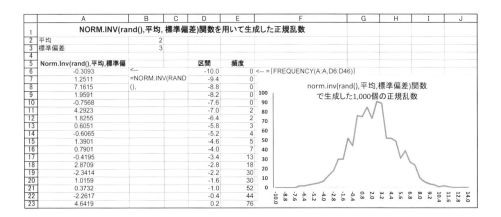

Norm.S.Inv 関数の代替としての Norm.Inv 関数

Norm.S.Inv(rand( )) 関数は、標準正規分布の逆関数であり、標準正規乱数を生成するために用いられる。**Norm.Inv(rand( ), 平均, 標準偏差)** 関数は、どのような正規分布に従う正規乱数でも生成することができる。下の例は、これを示している。

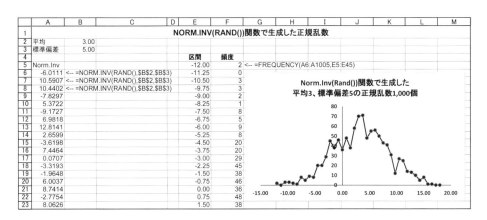

少し先走って: Norm.S.Inv 関数と Norm.Inv 関数のどちらが良いか？

最終的な目的は、株式のリターンをシミュレーションすることである。株式のリターンは（第 26 章で議論するように）、通常正規分布に従うと仮定される。もし株式のリターンを、年ベースの平均 μ 及び標準偏差 σ でシミュレーションするのであれば、明らかに **Norm.Inv(rand( ), μ, σ)** 関数を使用するのが便利である。第 26 章で議論するように、もし (μ, σ) が株式リターンの年次統計量で、1 年を n 期間に分けるなら、各期間の株式リターンは、$\Delta t = 1/n$ として **Norm.Inv(rand( ), $\mu\Delta t, \sqrt{\Delta t}\sigma$)** でシミュレーションすることができる。

一方、多くのファイナンス理論は対数正規分布に従う価格過程を用いて表現される。これは一般的には

$$r = \mu\Delta t + \sigma \sqrt{\Delta t} Z$$

と表される。ここで、Z は標準正規乱数を意味する。この表現に適合させるため、

$$r = \mu\Delta t + \sigma \sqrt{\Delta t}\ \textbf{Norm.S.Inv(rand( ))}$$

を用いてリターンをシミュレーションするのが、多くの場合、より便利（かつ理論的に等価）である。

本書では、両方を使い分ける。

24.6 相関を有する乱数の生成

本節では、相関を有する疑似乱数の生成方法を示す。まず、2 つの相関を有する正規乱数または一様乱数を生成する方法を示し、その後多変量の場合に進む。

例1 : 2つの相関を有する標準正規乱数

Z_1 及び Z_2 を標準正規乱数とする(下のスプレッドシートでは **Norm.S.Inv(Rand ( ))** で生成されている)。$z_3 = \rho z_1 + z_2 \sqrt{1-\rho^2}$ と定義し、Z_1 との間に意図した相関を有する乱数の組を生成する。

	A	B	C	D	E
1		1,000個の相関を有する標準正規乱数			
2	ρ	0.6			
3					
4	平均	0.0310	0.0047	0.0223	<-- =AVERAGE(D12:D1011)
5	標準偏差	0.9739	1.0197	1.0036	<-- =STDEV.S(D12:D1011)
6	歪度	-0.0300	-0.1090	-0.0563	<-- =SKEW(D12:D1011)
7	尖度	0.1394	0.1347	0.0690	<-- =KURT(D12:D1011)
8	データ数	1000	1000	1000	<-- =COUNT(D12:D1011)
9	z_1とz_3の相関	0.5826	<-- =CORREL(B12:B1011,D12:D1011)		
10					
11		Z_1	Z_2	Z_3	
12	=NORM.S.INV(RAND()) -->	0.5485	-0.1794	0.1856	<-- =$B$2*B12+SQRT(1-$B$2^2)*C12
13	=NORM.S.INV(RAND()) -->	-0.9463	-0.0169	-0.5813	<-- =$B$2*B13+SQRT(1-$B$2^2)*C13
14	=NORM.S.INV(RAND()) -->	0.3298	-1.2732	-0.8207	<-- =$B$2*B14+SQRT(1-$B$2^2)*C14
15		-1.0863	0.9192	0.0836	
16		-0.4140	0.5152	0.1638	
17		0.3959	-0.5686	-0.2173	
18		-0.1790	-1.5997	-1.3872	
19		0.5065	-1.2895	-0.7277	
20		1.0033	-0.8873	-0.1079	

頻度と分布は、以下の通りである。

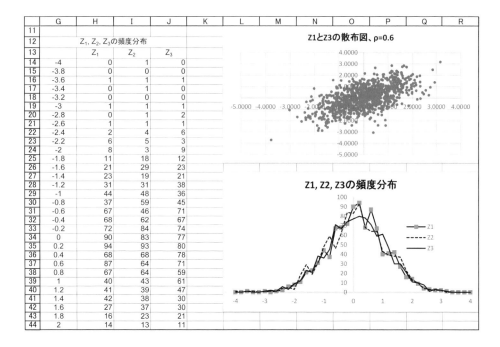

次のページは、様々な相関係数 ρ でシミュレーションした乱数の散布図である。

例 2 : 2 つの相関を有する一様乱数

相関を有する一様乱数を生成するため、最初に相関を有する標準正規乱数を生成し、次に **Norm.S.Dist** 関数を用いて一様乱数を生成する。手順は次の通りである。

- **Norm.S.Inv((Rand( ))** 関数を用いて、2 つの正規乱数を生成する。これらを z_1 及び z_2 とする。
- $z_3 = \rho z_1 + z_2 \sqrt{1-\rho^2}$ と定義する。上記の通り、z_3 と z_1 とは相関係数 ρ で相関する。

- ここで、u_1 =**Norm.S.Dist(z_1,1)** 及び u_2 =**Norm.S.Dist(z_3,1)** を定義する。すると、u_1 と u_2 は一様分布に従い、相関係数 ρ の相関を有する。

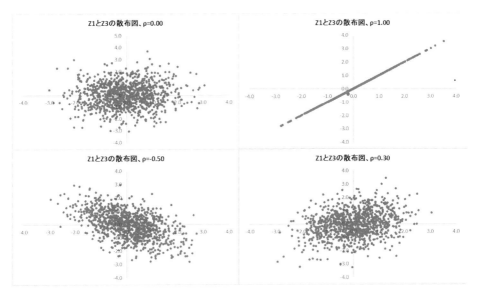

図 24.1
異なる相関係数を用いた標準正規乱数の散布図

　このルーチンを 2 回見せる。まず、下の大きなスプレッドシートである。u_1 に対する u_2 の散布図の "対角線の角度" に注意してほしい（これが相関を示す）。

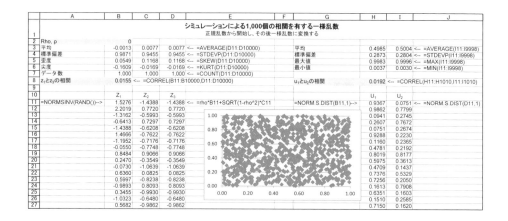

下のスプレッドシートのように関数を統合することによって、この方法をより効率的に(分かりにくくはなるが)することができる。A列の各セルには **Rand( )** 関数が入力されている。B列には、関数 **=NORM.S.DIST(Rho*NORM.S.INV(A7)+ SQRT(1-Rho^2)*NORM.S.INV(RAND( )),1)** が入力されている。

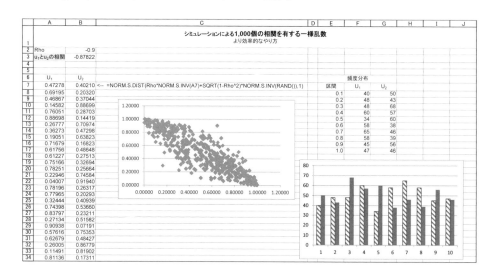

24.7 なぜ相関に関心を持つのか？簡単な事例[8]

ジェイコブは100万ドルの資金を貯めて、65歳で引退したばかりである。彼は、この60%を株式インデックス・ファンドに、残り40%を無リスク資産に投資することを考えている。彼は、無リスク資産のリターンを年ベースで $r_f = 3\%$ と見積もり、また株式市場ポートフォリオのリターンは正規分布し、そのリターンの $\mu = 11\%$ で、$\sigma = 20\%$ と見積もっている。

ジェイコブは、年初に彼の口座から5万ドルを引き出すつもりである。彼は、この資金は年平均3%で成長し、標準偏差は10%と考えている。その上で、彼は毎年の消費の伸び率は、株式市場と $\rho = 0.5$ で相関すると考えている。[9]

ここで問題：もしジェイコブが90歳まで生きるとしたら、彼は最愛の息子であるサイモンにいくら残すことができるだろうか？この問題に答えるためのシミュレーションを行おう（いくつかの行を隠している）。

---

8. 本節では第26章の内容をいくつか使うので、最初に読むときは飛ばしてもよい。
9. 彼のセオリー：株式市場が上昇すると、誰もがより消費する！

	A	B	C	D	E	F	G	H	I	J
1				退職後の資金の問題 消費と株式市場との相関あり						
2	65才時点の貯蓄	1,000,000								
3	毎年の費用									
4	65才の時	50,000								
5	平均成長率	3%								
6	成長率の標準偏差	10%						=$B$7*I17+SQRT(1-		
7	株式市場との相関	0.50						$B$7^2)*NORM.S.INV(RAND())		
8	株式市場									
9	平均	11%								
10	標準偏差	20%								
11	無リスク金利	4%								
12	株式市場への投資	60%								
13	相続財産	906,029	<-- =B42							
14										
15	=EXP($B$5+$B$6*J18)			消費		リターン			相関を有する 2つの標準正規乱数	
16		年齢	年初の 貯蓄	前年から の成長率	年末の 消費額	株式市場	無リスク 資産	年末の 貯蓄	Z_1	Z_2
17		65	1,000,000		50,000	1.0682	1.0408	1,004,359	-0.2203	-0.9133
18		66	1,004,359	0.9521	47,604	0.8125	1.0408	864,729	-1.5883	-0.7911
19		67	864,729	0.9953	47,381	1.0835	1.0408	871,664	-0.1488	-0.3470
20		68	871,664	1.0895	51,621	1.0418	1.0408	853,985	-0.3454	0.5573
21		69	853,985	1.1228	57,961	1.1690	1.0408	889,751	0.2309	0.8584
22		70	889,751	0.9806	58,836	0.7173	1.0408	705,228	-2.2114	-0.4961
23		71	705,228	1.1715	66,581	1.4352	1.0408	815,828	1.2564	1.2825
24		72	815,828	1.0569	70,371	1.2569	1.0408	872,528	0.5932	0.2537
25		73	872,528	0.9371	65,947	0.9205	1.0408	781,255	-0.9644	-0.9493
26		74	781,255	1.0533	69,463	1.1433	1.0408	784,598	0.1195	0.2194
27		75	784,598	0.9870	68,558	1.1017	1.0408	771,425	-0.0657	-0.4312
41		89	929,695	0.9389	65,230	1.0529	1.0408	906,029	-0.2921	-0.9299
42		90	906,029							

このシミュレーションの詳細をいくつか示す。

- 年末に残った貯蓄は、全て翌年初の貯蓄を構成する。
- Z_1 と Z_2 は相関を有する標準正規乱数である。関数は、

$$Z_1 = \text{Norm.S.Inv}(\text{Rand}(\ ))$$
$$Z_2 = \rho * Z_1 + \text{Sqrt}(1-\rho^2) * \text{Norm.S.Inv}(\text{Rand}(\ ))$$

このシミュレーションでは、ジェイコブは 906,029 ドルを相続人に残せる。空白セルに係わるデータテーブルを用いれば（第 31 章参照）、この同じ問題に対して多くのシミュレーションを行うことができる。

	M	N	O
17	試行	906,029	<-- =B13, データテーブルのヘッダー
18	1	-356,743	
19	2	351,558	
20	3	1,886,149	
21	4	387,357	
22	5	1,683,477	
23	6	390,121	
24	7	281,914	
25	8	576,245	
26	9	7,151,210	
27	10	1,251,162	
28	11	845,362	
29	12	3,731,611	
30	13	-461,524	
31	14	4,928,934	
32	15	2,700,700	
33	16	368,321	
34	17	3,127,197	
35	18	3,417,390	
36	19	2,707,635	
37	20	421,627	
38			
39	平均	1,769,485	<-- =AVERAGE(N18:N37)
40	標準偏差	1,959,905	<-- =STDEV.S(N18:N37)
41	最小値	-461,524	<-- =MIN(N18:N37)
42	最大値	7,151,210	<-- =MAX(N18:N37)
43	マイナス値	2	<-- =COUNTIF(N18:N37,"<0")

　平均的には、ジェイコブの相続人はまずまずの結果を得る。しかし、20回のシミュレーションのうち2回は、相続人に何も残らない。ここでも**データ・テーブル**を用いて、相関がこれらの結果に影響を与えるか否かを検証しよう。

	M	N	O	P	Q	R
15		=B13 データテーブルのヘッダー				
16				相関 ↓		
17		-0.80	-0.4	0.00	0.4	0.80
18	1	-9,208,659	3,170,554	3,203,382	3,785,735	2,667,905
19	2	1,282,980	2,430,952	-353,824	2,204,197	2,726,465
20	3	7,963,118	-1,818,111	3,361,649	1,680,969	6,282,248
21	4	276,651	-2,947,014	14,337,774	1,784,993	6,879,205
22	5	-1,780,692	2,250,315	4,456,252	2,403,919	-913,402
23	6	3,067,479	-630,263	10,037,217	1,280,899	1,664,357
24	7	1,435,592	718,311	1,827,268	2,261,576	1,863,233
25	8	3,627,215	6,871,791	13,387,080	373,271	3,786,064
26	9	5,751,766	-1,122,584	1,320,789	498,684	619,038
27	10	4,014,473	8,050,127	2,878,871	1,748,100	5,051,896
28	11	439,089	4,053,251	2,173,128	7,381,844	13,445,269
29	12	2,562,847	-1,177,750	-1,562,287	5,884,251	2,545,434
30	13	5,725,661	-700,188	4,704,009	-1,681,796	3,438,369
31	14	-1,376,916	2,494,968	-3,210,949	2,090,863	1,769,926
32	15	2,557,209	802,532	3,262,467	5,176,845	646,516
33	16	-1,891,881	1,662,779	1,818,090	5,548,178	-260,280
34	17	3,120,033	5,377,046	2,878,251	4,211,705	9,040,059
35	18	-1,214,800	7,598,180	8,244,721	2,016,503	1,607,321
36	19	395,636	6,807,371	-272,614	4,129,666	4,852,653
37	20	14,077,754	3,165,395	12,316	3,868,468	1,012,387
38						
39	平均	2,041,228	2,352,883	3,625,180	2,832,444	3,436,233
40	標準偏差	4,615,229	3,304,220	4,631,098	2,157,577	3,434,172
41	最小値	-9,208,659	-2,947,014	-3,210,949	-1,681,796	-913,402
42	最大値	14,077,754	8,050,127	14,337,774	7,381,844	13,445,269
43	マイナス値	5	6	4	1	2

　当然予想されるように、一般的に株式市場とジェイコブの費用との間の負の相関が高くなればなるほど、相続財産はより少なくなる。このことは、相関がマイナスだと、株式市場が下落するほど費用が増加する（またはその逆）と考えれば理解できる。

24.8 多次元の相関を有する乱数：コレスキー分解

　コレスキー分解を使えば、多次元の相関を有する乱数を生成することができる。予備知識を少し。任意の列ベクトル x に対して、積 $xSx^T > 0$ である場合、正方行

列は*正定値*と呼ばれる。第 8 章から第 12 章で見た証券のリターンに関する分散・共分散行列

$$S = \begin{bmatrix} \sigma_{11} & \sigma_{12} & \sigma_{1N} \\ \sigma_{21} & \sigma_{22} & \sigma_{2N} \\ \vdots & & \\ \sigma_{N1} & \sigma_{N2} & \sigma_{NN} \end{bmatrix}$$

は、正定値であり対称行列（$\sigma_{ij} = \sigma_{ji}$ なので）である。

もし対角成分及びその上方の成分が 0 ではないなら、正方行列は*上三角行列*と呼ばれる。また、もし（読者はこの空欄部分を埋められるであろう）なら、正方行列は*下三角行列*と呼ばれる。

　フランスの数学者アンドレ＝ルイ・コレスキー（1875 年-1918 年）は、正定値である正方行列 S が、下三角行列 L とその転置行列 L^T の積で表せることを証明した。これを*コレスキー分解*という。

具体例

下の具体例で、セル A2：D5 は 4×4 の分散・共分散行列である。セル A8：D11 は、この行列のコレスキー分解で、下三角行列 L である。セル A14：D17 は、L にその転置行列を乗じたものである。見てわかるように、その結果は元の分散・共分散行列に戻る。

	A	B	C	D	E
1	分散・共分散行列S				
2	0.400	0.030	0.020	0.000	
3	0.030	0.200	0.000	-0.060	
4	0.020	0.000	0.300	0.030	
5	0.000	-0.060	0.030	0.100	
6					
7	コレスキー分解L				
8	0.632	0.000	0.000	0.000	<-- {=cholesky(A2:D5)}
9	0.047	0.445	0.000	0.000	
10	0.032	-0.003	0.547	0.000	
11	0.000	-0.135	0.054	0.281	
12					
13	検証：上の行列にその転置行列を乗じる				
14	0.400	0.030	0.020	0.000	<-- {=MMULT(A8:D11,TRANSPOSE(A8:D11))}
15	0.030	0.200	0.000	-0.060	
16	0.020	0.000	0.300	0.030	
17	0.000	-0.060	0.030	0.100	

関数 **Cholesky** は、ホームページにある本書に付随するファイルに入っている。[10]

相関を有する正規乱数生成のためのコレスキー分解の使用

分散・共分散行列 $S = \begin{bmatrix} \sigma_{11} & \sigma_{12} & \sigma_{13} & \sigma_{14} \\ \sigma_{21} & \sigma_{22} & \sigma_{23} & \sigma_{24} \\ \sigma_{31} & \sigma_{32} & \sigma_{33} & \sigma_{34} \\ \sigma_{41} & \sigma_{42} & \sigma_{43} & \sigma_{44} \end{bmatrix}$ から始める。4つの乱数からな

るベクトル $\begin{Bmatrix} x_{1t} \\ x_{2t} \\ x_{3t} \\ x_{4t} \end{Bmatrix}$ を繰り返し生成するシミュレーションを行い、これらの乱数

が以下のような性質を有するようにしたい。

- 各乱数の平均はゼロ。即ち、$\frac{1}{n}\sum_{t=1}^{n} x_{it} \approx 0$ (ランダム性のため、正確にゼロになることは決して求められず、近似のみである)。
- 各乱数列の分散は、分散・共分散行列に合致。即ち

$Var\{x_{11}, x_{12}, x_{13}, \cdots\} \approx \sigma_{11}$
$Var\{x_{21}, x_{22}, x_{23}, \cdots\} \approx \sigma_{22}$
$\cdots$

- どの2つの乱数列の共分散も、分散・共分散行列の共分散に合致。即ち、
$Cov\{(x_{11}, x_{12}, x_{13}, \cdots), (x_{21}, x_{22}, x_{23}, \cdots)\} \approx \sigma_{21} = \sigma_{12}$
など。

このために、次の2つのステップを踏む。

1. 0から1の間の正規乱数の組を生成する。
2. これらの乱数のベクトルの左から、コレスキー分解した行列 L を掛ける。

---

[10] これを Wilmott.com に投稿し、本書での使用を許可してくれた Antoine Jacquier に感謝する。

以下は、このシミュレーションを1回行ったものを示している。

	A	B	C	D	E
1	基本的な多次元正規乱数のシミュレーション				
2		分散・共分散行列			
3	0.40	0.03	0.02	0.01	
4	0.03	0.30	0.00	-0.06	
5	0.02	0.00	0.20	0.03	
6	0.01	-0.06	0.03	0.10	
7					
8	コレスキー分解				
9	0.6325	0.0000	0.0000	0.0000	<-- {=cholesky(varcov)}
10	0.0474	0.5457	0.0000	0.0000	
11	0.0316	-0.0027	0.4461	0.0000	
12	0.0158	-0.1113	0.0654	0.2882	
13					
14	4つの正規乱数の生成				
15	-1.3212	<-- =NORMSINV(RAND())			
16	-1.1972	<-- =NORMSINV(RAND())			
17	0.9280	<-- =NORMSINV(RAND())			
18	2.2751	<-- =NORMSINV(RAND())			
19					
20	多次元正規乱数の生成				
21	-0.83560	<-- {=MMULT($A$9:$D$12,A15:A18)}			
22	-0.71594				
23	0.37547				
24	0.82886				

セルA15：A18では、**Norm.S.Inv**関数及び**Rand**関数を用いて、それぞれ平均ゼロ、標準偏差1の標準正規分布に従う4つの乱数を生成している。[11] セルA21：A24では、この乱数列ベクトルに、左からA9：D12のコレスキー行列を掛けている。A21：A24の乱数が、平均ゼロかつ分散・共分散行列で与えられた分散・共分散構造を持つ正規乱数であるというのが、ここでの主張である。もちろん、この主張を1回のシミュレーション結果から証明することはできない。次のスプレッドシートは、上記の手順を220回繰り返したものである。

---

11. ここでの作業の詳細については、第31章を参照。

第 24 章

	A	B	C	D	E	F
1	基本的な多次元正規乱数のシミュレーション					
2		分散・共分散行列				
3	0.40	0.03	0.02	0.01		
4	0.03	0.30	0.00	-0.06		
5	0.02	0.00	0.30	0.03		
6	0.01	-0.06	0.03	0.10		
7						
8	コレスキー分解					
9	0.6325	0.0000	0.0000	0.0000	<-- {=cholesky(varcov)}	
10	0.0474	0.5457	0.0000	0.0000		
11	0.0316	-0.0027	0.5468	0.0000		
12	0.0158	-0.1113	0.0534	0.2907		
13						
14	4つの正規乱数の生成					
15	-1.1066	0.0427	0.5522	-0.1607	1.1747	-0.6570
16	1.3488	0.0973	-0.1789	-0.1380	-0.6901	-0.7721
17	0.6291	-0.6040	-0.1421	-0.7268	-1.6977	0.7685
18	0.6768	-2.2200	-0.7643	0.4689	-0.7651	-0.5160
19						
20	多次元正規乱数の生成					
21	-0.69988	0.02701	0.34925	-0.10164	0.74294	-0.41553
22	0.68351	0.05513	-0.07144	-0.08293	-0.32083	-0.45250
23	0.30529	-0.32919	-0.05973	-0.40212	-0.88924	0.40158
24	0.06267	-0.68775	-0.20112	0.11033	-0.21766	-0.03338
25						
26			検証			
27	シミュレーション回数		220	<-- =COUNT(15:15)		
28						
29	平均1		0.05502	<-- =AVERAGE(21:21)		
30	平均2		0.02662	<-- =AVERAGE(22:22)		
31	平均3		0.07392	<-- =AVERAGE(23:23)		
32	平均4		-0.02130	<-- =AVERAGE(24:24)		
33						
34		分散・共分散行列より	シミュレーションより			
35	分散1	0.40	0.3658	<-- =VAR.P(21:21,21:21)		
36	分散2	0.30	0.2508	<-- =VAR.P(22:22,22:22)		
37	分散3	0.30	0.2997	<-- =VAR.P(23:23,23:23)		
38	分散4	0.10	0.0824	<-- =VAR.P(24:24,24:24)		
39						
40	共分散(1,2)	0.03	0.0319	<-- =COVARIANCE.P($21:$21,22:22)		
41	共分散(1,3)	0.02	0.0198	<-- =COVARIANCE.P($21:$21,23:23)		
42	共分散(1,4)	0.01	0.0158	<-- =COVARIANCE.P($21:$21,24:24)		
43						
44	共分散(2,3)	0.00	0.0095	<-- =COVARIANCE.P($22:$22,23:23)		
45	共分散(2,4)	-0.06	-0.0419	<-- =COVARIANCE.P($22:$22,24:24)		
46						
47	共分散(3,4)	0.03	0.0268	<-- =COVARIANCE.P(23:23,24:24)		

29から47行目で、平均、分散、各変数の共分散を、ゼロ（平均の場合）及び分散・共分散行列の値と比較することで検証している。**F9**キーを押すことによって、このシミュレーションを繰り返し、確かに目標とする分散・共分散構造と類似した多次元正規乱数の組が生成されることを納得しよう。

例えば、これがもう一度**F9**キーを押した結果である。

	A	B	C	D	E	F
26			検証			
27	シミュレーション回数		220	<-- =COUNT(15:15)		
28						
29	平均1		0.05387	<-- =AVERAGE(21:21)		
30	平均2		0.02040	<-- =AVERAGE(22:22)		
31	平均3		-0.05087	<-- =AVERAGE(23:23)		
32	平均4		-0.03520	<-- =AVERAGE(24:24)		
33						
34		分散・共分散行列より	シミュレーションより			
35	分散1	0.40	0.3767	<-- =VAR.P(21:21,21:21)		
36	分散2	0.30	0.2587	<-- =VAR.P(22:22,22:22)		
37	分散3	0.30	0.2655	<-- =VAR.P(23:23,23:23)		
38	分散4	0.10	0.1131	<-- =VAR.P(24:24,24:24)		
39						
40	共分散(1,2)	0.03	0.0107	<-- =COVARIANCE.P($21:$21,22:22)		
41	共分散(1,3)	0.02	0.0016	<-- =COVARIANCE.P($21:$21,23:23)		
42	共分散(1,4)	0.01	-0.0106	<-- =COVARIANCE.P($21:$21,24:24)		
43						
44	共分散(2,3)	0.00	0.0029	<-- =COVARIANCE.P($22:$22,23:23)		
45	共分散(2,4)	-0.06	-0.0692	<-- =COVARIANCE.P($22:$22,24:24)		
46						
47	共分散(3,4)	0.03	0.0391	<-- =COVARIANCE.P(23:23,24:24)		

さらに確証が必要か?

適切なやり方であることを自分自身に納得させるもう1つの方法は、各変数の度数分布を、Excel の **Frequency** 関数を用いて図示することである。

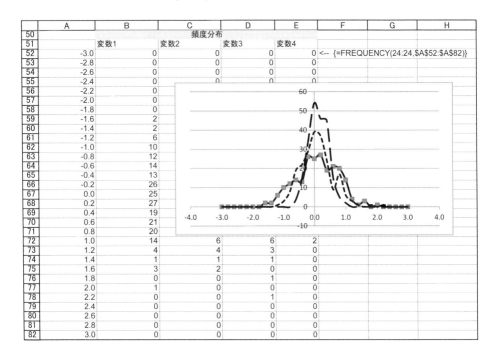

	A	B	C	D	E	F	G	H
50			頻度分布					
51		変数1	変数2	変数3	変数4			
52	-3.0	0	0	0	0	<-- {=FREQUENCY(24:24,$A$52:$A$82)}		
53	-2.8	0	0	0	0			
54	-2.6	0	0	0	0			
55	-2.4	0	0	0	0			
56	-2.2	0						
57	-2.0	0						
58	-1.8	0						
59	-1.6	2						
60	-1.4	2						
61	-1.2	6						
62	-1.0	10						
63	-0.8	12						
64	-0.6	14						
65	-0.4	13						
66	-0.2	26						
67	0.0	25						
68	0.2	27						
69	0.4	19						
70	0.6	21						
71	0.8	20						
72	1.0	14	6	6	2			
73	1.2	4	4	3	0			
74	1.4	1	1	1	0			
75	1.6	3	2	0	0			
76	1.8	0	0	1	0			
77	2.0	1	0	0	0			
78	2.2	0	0	1	0			
79	2.4	0	0	0	0			
80	2.6	0	0	0	0			
81	2.8	0	0	0	0			
82	3.0	0	0	0	0			

注意:シミュレーションは油断がならない! **F9** キーを何回か押して、異なる頻度及び統計量を見てみよう(図 24.2 参照)。

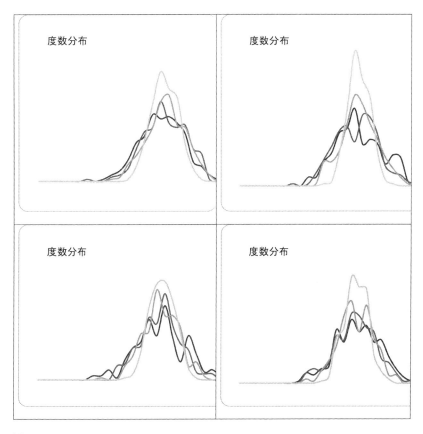

図 24.2
コレスキー分解を用いた 4 つの正規乱数の度数分布。全て "おおよそ" 正規分布であるように見えるが、それらは通常見る "教科書" 的な形とはなっていない。それが（シミュレーションした）現実の世界というものである！

24.9 平均がゼロではない多次元正規乱数

下では、資産のリターン（F3 から F6 で与えられている）がゼロではないケースを例証する。望むリターンで多次元のシミュレーションを行うために、列 21 から 24 行目で、単純に平均の目標値を多次元のシミュレーションに加えている。

	A	B	C	D	E	F	G	H	I
1				平均がゼロでない多次元シミュレーション					
2		分散・共分散行列				平均リターン			
3	0.40	0.03	0.02	0.01		5%			
4	0.03	0.30	0.00	-0.06		6%			
5	0.02	0.00	0.20	0.03		7%			
6	0.01	-0.06	0.03	0.10		8%			
7								セルB15:B18は、関数	
8	コレスキー分解							=NORMSINV(RAND())を含む	
9	0.6325	0.0000	0.0000	0.0000	<-- {=cholesky(varcov)}				
10	0.0474	0.5457	0.0000	0.0000				セルB21:B25は、関数	
11	0.0316	-0.0027	0.4461	0.0000			{=MMULT($A$9:$D$12,B$15:B$18)+$F$3:$F$6}		
12	0.0158	-0.1113	0.0654	0.2882					
13									
14	4つの正規乱数の生成								
15	0.5556	1.1031	0.3987	-0.3293	1.6139	0.2647	-0.2145	-0.5983	-0.2059
16	-0.7991	0.3031	0.2735	-1.1220	0.7048	1.2862	0.7759	0.0811	-0.5260
17	0.1769	0.4273	-1.5465	-0.9186	-0.3287	-1.0359	0.0249	1.3598	0.2827
18	-0.0305	-0.7747	0.5205	-0.8122	-1.1149	-0.9038	-0.7232	-1.7548	-0.1096
19									
20	多次元正規乱数の生成								
21	0.40140	0.74765	0.30216	-0.15825	1.07073	0.21740	-0.08569	-0.32840	-0.08025
22	-0.34970	0.27770	0.22813	-0.56783	0.52115	0.77440	0.47319	0.07586	-0.23677
23	0.16867	0.29466	-0.60802	0.47245	-0.02755	-0.38728	0.07221	0.65745	0.19103
24	0.18055	-0.13162	0.10467	0.02572	-0.31581	-0.38731	-0.21659	-0.35528	0.12222

このシミュレーションの正確性を証明するため、統計量を計算する。

	A	B	C	D	E
26			検証		
27	シミュレーション回数		220	<-- =COUNT(I5:I5)	
28					
29					
30		平均の目標値	シミュレーションの平均		
31	平均1	0.05	0.0093	<-- =AVERAGE(21:21)	
32	平均2	0.06	0.0512	<-- =AVERAGE(22:22)	
33	平均3	0.07	0.0618	<-- =AVERAGE(23:23)	
34	平均4	0.08	0.0884	<-- =AVERAGE(24:24)	
35					
36		分散・共分散行列より	シミュレーションより		
37	分散1	0.40	0.3502	<-- =VAR.P(21:21,21:21)	
38	分散2	0.30	0.2641	<-- =VAR.P(22:22,22:22)	
39	分散3	0.30	0.2205	<-- =VAR.P(23:23,23:23)	
40	分散4	0.10	0.0897	<-- =VAR.P(24:24,24:24)	
41					
42	共分散(1,2)	0.03	0.0096	<-- =COVARIANCE.P($21:$21,22:22)	
43	共分散(1,3)	0.02	0.0076	<-- =COVARIANCE.P($21:$21,23:23)	
44	共分散(1,4)	0.01	-0.0002	<-- =COVARIANCE.P($21:$21,24:24)	
45					
46	共分散(2,3)	0.00	0.0151	<-- =COVARIANCE.P($22:$22,23:23)	
47	共分散(2,4)	-0.06	-0.0502	<-- =COVARIANCE.P($22:$22,24:24)	
48					
49	共分散(3,4)	0.03	0.0332	<-- =COVARIANCE.P(23:23,24:24)	

平均（セル C31：C34）は、気が滅入るほど望んだ目標値からかけ離れている！目標値に近づけるには、もっと多くのシミュレーション・データが必要である。[12]

---

12. 目標に"当てる"ことの感覚ー平均を当てることは分散を当てることよりずっと難しい。この一文はほとんど形而上学的な意味を含んでいる。過去データから資産のリターンを計算するときーたとえその全てのリターンが定常的な分布から得られるものであっても（即ち、平均、分散、共分散が変化しない場合）、少ないサンプルでは分布の実際の平均に近づくことはほとんど期待できない。一方、実際の分散に近づけることはずっと容易である。共分散もまた、当てることが非常に難しい。

24.10 多次元一様乱数のシミュレーション

ここまで相関のある正規乱数のシミュレーションを行ってきたが、**Norm.S.Dist** 関数を用いて一様乱数を簡単にシミュレーションすることができる。下の例では、最初に（行 15 から 18）4 つの相関を有する標準正規乱数の列を生成している。

	A	B	C	D	E	F	G	H
1		基本的な多次元一様乱数のシミュレーション						
2		分散・共分散行列						
3	1.00	0.03	0.02	0.01				
4	0.03	1.00	0.00	-0.06				
5	0.02	0.00	1.00	0.03				
6	0.01	-0.06	0.03	1.00				
7								
8	コレスキー分解							
9	1.0000	0.0000	0.0000	0.0000	<-- {=cholesky(varcov)}			
10	0.0300	0.9995	0.0000	0.0000				
11	0.0200	-0.0006	0.9998	0.0000				
12	0.0100	-0.0603	0.0298	0.9977				
13								
14	多次元正規乱数の生成							
15	-0.95450	0.52393	-0.01498	0.45889	0.47207	-0.78706	0.81113	1.13469
16	0.08893	-2.06744	-0.36949	-0.33538	-1.35352	-0.12097	1.10413	1.46068
17	0.15682	1.89231	-1.66563	0.28293	-0.72093	-0.21203	1.04269	0.00869
18	-0.06897	1.13988	0.16480	-0.21954	-0.95462	1.18325	0.61655	-1.82526
19								
20	乱数の組		390	<-- =COUNT(15:15)				
21								
22		平均	分散	分散（理論値）	歪度	尖度		
23	-0.1087	<--	0.9225	1.0000	0.3156	0.0319	<-- =KURT(15:15)	
24	-0.0892	=AVERAGE(15:1 5)	0.9923	1.0000	0.1090	0.2091	<-- =KURT(16:16)	
25	-0.0217		1.0732	1.0000	0.0607	0.7864		
26	0.0015		0.9684	1.0000	-0.0014	-0.4970		

ここで、下に示すように **Norm.S.Dist** 関数を正規乱数に適用することによって、一様乱数を生成する。

	A	B	C	D	E	F	G	H
14	多次元正規乱数の生成							
15	1.60155	0.35557	1.03640	0.00638	0.26480	-0.87386	0.07279	0.68435
16	-0.60257	1.26064	0.66585	-0.75586	-1.16279	-0.38719	0.75299	-1.76904
17	-0.41759	-2.21796	0.16184	0.02274	0.57614	-0.67249	-0.05777	0.35109
18	0.14609	-0.29084	-1.33622	0.69459	1.61119	0.83252	-0.05966	1.73705
19								
20	乱数の組		390	<-- =COUNT(15:15)				
21								
22	平均		分散	分散(理論値)	歪度	尖度		
23	0.0239	<--	1.0822	1.0000	0.1665	-0.0117	<-- =KURT(15:15)	
24	-0.0782	=AVERAGE(15	0.9986	1.0000	-0.0257	-0.1524	<-- =KURT(16:16)	
25	-0.0075	:15)	0.8513	1.0000	-0.1257	0.0361		
26	0.0195		0.9418	1.0000	-0.0408	0.1898		
27								
28	多次元一様乱数の生成				=NORM.S.DIST(D15,1)			
29	0.9454	0.6389	0.8500	0.5025	0.6044	0.1911	0.5290	0.7531
30	0.2734	0.8963	0.7472	0.2249	0.1225	0.3493	0.7743	0.0384
31	0.3381	0.0133	0.5643	0.5091	0.7177	0.2506	0.4770	0.6372
32	0.5581	0.3856	0.0907	0.7563	0.9464	0.7974	0.4762	0.9588

シミュレーションによる一様乱数の統計量は、以下の通りである。[13]

---

13. 区間 (0,1) の一様分布の理論上の分散は、1/12 = 0.0833 であることを思い出そう。

	A	B	C	D	E
28	多次元一様乱数の生成				=NORM.S.DIST(D15,1)
29	0.0977	0.7258	0.2044	0.2876	0.8485
30	0.7253	0.5784	0.6019	0.8022	0.3373
31	0.0684	0.1728	0.1179	0.9484	0.2947
32	0.7104	0.3940	0.8212	0.8544	0.6659
33					
34		標本統計量 29～32行目	理論値		
35	平均	0.4992	0.5000		
36	分散	0.0830	0.0833		
37	標準偏差	0.2880	0.2887		
38	最大値	0.9998			
39	最小値	0.0000			
40	共分散(1,2)	0.0650	0.0300		
41	共分散(1,3)	0.0908	0.0200		
42	共分散(1,4)	-0.0015	0.0100		
43	共分散(2,3)	-0.0593	0.0000		
44	共分散(2,4)	-0.0656	-0.0600		
45	共分散(3,4)	-0.0151	0.0300		
46					
47	標本共分散行列				
48	0.0766	0.0053	0.0073	-0.0001	
49	0.0053	0.0857	-0.0051	-0.0056	
50	0.0073	-0.0051	0.0848	-0.0013	
51	-0.0001	-0.0056	-0.0013	0.0842	

　大きなサンプルなしで共分散を整合させるのは、非常に難しいことに注意してほしい。しかし、**F9**キーを何度も押せば、望んだ共分散構造に整合するということが確信できるかもしれない。

　最後に、最も簡単な検証であるが、29～32行目の度数分布はどうだろうか？

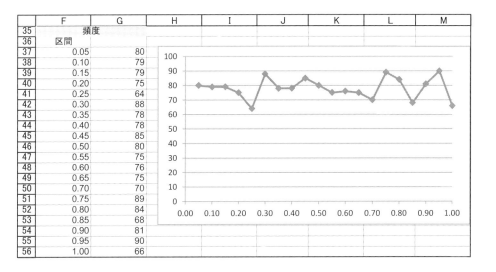

24.11 要約

乱数は、ファイナンシャル・エンジニアリング、特にオプション・プライシングにおいて広く利用される。本章は、Excel 及び VBA の乱数ジェネレーターを紹介し、正規乱数を生成するためのいくつかの手法を示した。

練習問題

1. これは、あなた自身が作ることができる乱数ジェネレーターである。

    - ある数字、即ち $Seed$ から開始する。
    - $X_1 = Seed + \pi, X_2 = e^{5+\ln(X_1)}$ とする。
    - 最初の乱数を、$Random = X_2 - Integer(X_2)$ とする。ここで $Integer(X_2)$ とは X_2 の整数部分である。
    - $Seed = Random$ として、このプロセスを繰り返す。

    これらの乱数を 1,000 個生成し、**Frequency** 関数を用いて、区間 0, 0.1, 0.2,⋯, 1 の度数分布を作成しなさい。

2. **Seed** 及び前問の規則によって乱数を生成する VBA 関数 **Exercise1(seed)** を作成しなさい。

3. $A mod B$ を、A を B で割った時の余りと定義する。例えば、36mod25 = 11 である。Excel はこの関数、**Mod(A,B)** を有している。今、以下のような、もう 1 つの乱数ジェネレーターがある。

   - X_0 = **seed**
   - $X_{n+1} = (7 * X_n) \mod 10^8$
   - $U_{n+1} = X_{n+1}/10^8$

   数列 $U_1, U_2, \cdots$ は、この乱数ジェネレーターで生成される疑似乱数である（これは、Abramowitz and Stegun, 1972 で示された、数多い一様乱数ジェネレーターの 1 つである）。

4. 多くの州は、毎日以下のような宝くじを販売している。それは、1 日のうちいつでも買うことができ、売り手は 000 から 999 までの数の中からあなたが選んだ数を宝くじチケットに記入する。その夜、3 つの数字が選ばれるのがテレビで放送される。もし、あなたのチケットの数字が選ばれた数字と合致したら、あなたは 500 ドルもらえる。もし外れたら、何ももらえない。

   a. 000 から 999 までの乱数を生成する Excel 関数を作成しなさい（ヒント：**Rand( )** と **Int( )** を使う）。
   b. 1 年間毎日同じ数字に 1 ドル賭けるものとする。1 年を通じたあなたの当たりの累積額を示しなさい。

5. タレクとジェミラは、お金をかけて 1 つのサイコロで遊んでいる。彼らのゲームのルールは、タレクが毎回のラウンドの初め、サイコロを投げる前に 0.5 ドルをジェミラに払う。そして彼らはサイコロを投げ、もし偶数だったらジェミラはサイコロの目と同額をタレクに払い、奇数だったらタレクはサイコロの目と同額をジェミラに払う。

   - 1 ゲームとして 25 ラウンド実施した後の、ジェミラの勝ち分の累積額をシミュレーションしなさい。
   - 50 ゲームをシミュレーションし、結果をグラフに表しなさい。

6. 株価のシミュレーション：ある株式の価格は、平均 μ = 15%で対数正規分布している。直近の株価 S_0 = 35 である。スプレッドシートのテンプレートに従い、[データ] − [データ分析] − [乱数発生] を使って 60 個の静的な標準正規乱数を生成しなさい。これらの乱数を、60 ヶ月の株価パスをシミュレーションするために用いる。標準偏差 σ = 15%、30%及び 60%の場合の株価パスを作り、これら 3 つのパスを同じ軸のグラフを描きなさい。

乱数の生成及び使用 **647**

7. 株価のシミュレーション：ある株式の価格は、平均 μ = 15%、標準偏差 σ = 50%で対数正規分布している。直近の株価 S_0 = 35 である。スプレッドシートのテンプレートに従い、**Norm.S.Inv(Rand( ))** 関数を使って 60 個の*動的*な標準正規乱数を生成しなさい。これらの乱数を、60 ヶ月の株価パスをシミュレーションするために用いてグラフを描きなさい。

8. マーカスは 25 歳である。彼は新しい職につき、今日から 34 年間、毎年 10,000 ドルを貯蓄する予定である（全部で 35 回貯蓄する）。彼は、資産の 30%を連続複利ベースで年 3%の無リスク債券に、残りを平均 μ = 12%、標準偏差 σ = 35%の対数正規分布に従う株式市場ポートフォリオに投資するという投資方針を決めた。スプレッドシートに、60 歳までの毎年のマーカスの資産累積額を示しなさい。結果のサンプルは以下の通りである。

	A	B	C	D	E
1		MARCUSの投資/貯蓄の決定			
2	毎年の貯蓄	10,000			
3	無リスク金利	3%			
4	株式市場ポートフォリオの平均	12%			
5	株式市場ポートフォリオの標準偏差	35%			
6	株式市場ポートフォリオの割合	70%			
7	60才までの資産累積額	12,048,869	<-- =B45		
8					
9	年齢	期初の総投資額	新規投資	期末の総投資額	
10	25	0	10,000	13,065.44	<--
11	26	13,065.44	10,000	27,795.31	=(B10+C10)*($B$6*EXP($B$4+$B$5*NORM.S.INV(RAND()))+(1-$B$6)*EXP($B$3))
12	27	27,795.31	10,000	52,906.64	
13	28	52,906.64	10,000	58,590.40	
14	29	58,590.40	10,000	99,352.45	

9. マーカスは、60歳になるまでに少なくとも2百万ドルが必要であると考えている。

   • この目標に到達する確率の近似値を求めるために、100回のシミュレーションを行いなさい。
   • 最終的な資産の平均と標準偏差を計算しなさい。
   • **データ・テーブル**を使って、リスク資産への投資割合と少なくとも60歳までに達成できる確率との間の関係を調べなさい。リスク資産の割合は、$0\%, 10\%, \cdots, 100\%$ に設定する。

10. マーサは、2つのコインを投げるコイン投げゲームで遊んでいる。2つ目のコインが表である確率と、1つめのコインが表である確率との間の相関 ρ は 0.6 である。この特殊なゲームで、マーサは、表が1枚出ると1ドルもらえる。

   • 2つのコインを1回投げる場合をモデル化しなさい。
   • もし2つのコイン投げを10回行う場合、彼女はいくらもらえるか？
   • 10回分のゲームを25サイクル行った場合をモデル化するため、**データ・テーブル**の空欄を埋めなさい。

25 モンテカルロ法の導入

25.1 概要

"モンテカルロ"（MC）法とは、パラメータの値を決めるために用いられる様々な乱数シミュレーションを指す。このMC法の導入章では、πの値を決めるためにMC法を用いる。次章以降では、投資やオプション戦略に対する洞察を得るためにMC法を用いる。モンテカルロ法は物理学から始まり、そこでは多くの場合、解析解[1]が存在しないモデルの値を求めるために用いられている。ファイナンスにおけるモンテカルロ法の1つの用い方はこれに近い。即ち、モンテカルロ法は、解析的な方法では容易に求められない資産価格を求めるためにシミュレーションを用いる。簡単に言えば、ある資産の価値を算出する公式がない場合、シミュレーションによってその価値を求めることができるかもしれないということである。

第27章から第30章では、モンテカルロ法を、不確実な状況下での様々な投資やオプション戦略に対する感じを掴むためにも用いる。この場合、不確実性の価格評価に対する含意に必ずしも関心があるのではなく、リターンが不確かな資産への投資戦略から、どのような種類の結果が生じうるかを例証したいと考えている。

本章は、モンテカルロ法によるプライシングの初心者向け入門である。[2] ここでは、乱数の導入部である第24章を読んだことを前提としている。

25.2 モンテカルロ法を用いたπの計算

全てのモンテカルロ法は、乱数シミュレーションを含んでいる。たぶん読者にもなじみ深い数であるπの値を計算するために、モンテカルロ法をどのように使うのか例示する。

これがその方法である。単位円（半径1の円）の面積がπであることは分かっている。そこで四分円の面積は$\pi/4$ということになる。下に示すように、正方形の中に四分円を描く。そして、正方形に対してランダムに点を"打ち"続ける。それ

---
1. モンテカルロ法の導入のための2つの良いWebサイトは、www.ornl.gov/~pk7/thesis/pkthnode19.html 及び www.puc-rio.br/macro.ind/monte-carlo.html である。
2. 非常に良い上級テキストには、Glasserman (2005) がある。

それのランダムな点は、x 座標と y 座標を持つ。このような点を、Excel の **Rand** 関数を用いて生成する。

下の絵は、正方形の中に描かれた四分円と、たまたま円の中に入った 1 つのランダムな点を示している。

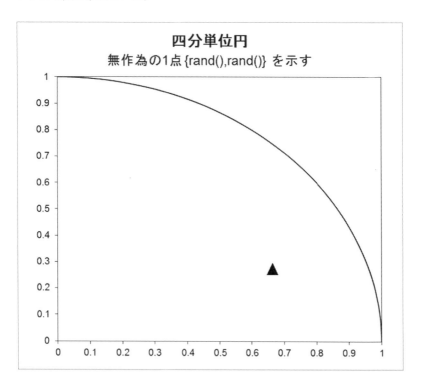

本章で使われているスプレッドシートで **F9** キーを押すと、異なるランダムな点を生成することができる。ある場合には、点は単位円の外側になるだろう。

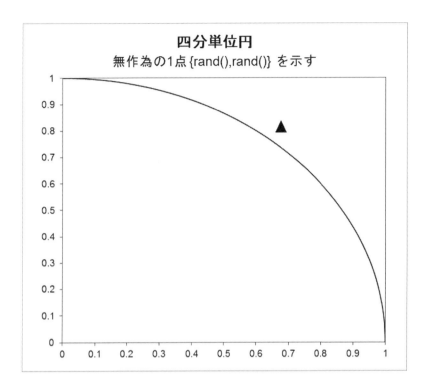

この点が円の中に入る確率の計算は、簡単にできる。

- 単位円の面積は、$\pi * r^2 = \pi$ である。したがって、四分単位円の面積は、$\pi/4$ である。
- {Rand( ), Rand( )} で生成されるランダムな点は、常に面積1の正方形の中に入る。
- したがって、ランダムな点が単位円の中に入る確率は、$\dfrac{単位円の面積}{単位正方形の面積} = \dfrac{\pi/4}{1} = \pi/4$ である。

モンテカルロ法による π の計算

単位円の中に落ちる点の比率を計算すれば、$\pi/4$ を近似できるはずである。即ち、

モンテカルロ法による π の近似

$\quad = 4 *$ 単位円の中の点の比率

$\quad = 4 * \dfrac{単位円の中の点の数}{全ての点の数}$

下のスプレッドシートでは、乱数のリストを生成し（B 列及び C 列）、その数が単位円の中か外かを判定するためにブール関数を用いている。8 行目以下は、例えば、B8 及び C8 の平方和が 1 以下であれば、関数 =**(B8^2+C8^2<=1)** は **TRUE** を返す。セル B2 では生成した全ての点の数を数える **Count** 関数を使い、セル B3 では単位円の中に落ちた点の数を数える **CountIf** 関数を使う。[3]

---

[3] この段落の全ての関数－ブール関数、**Count** 関数及び **CountIf** 関数－については、第 33 章で議論する。

モンテカルロ法の導入

	A	B	C	D	E
1		モンテカルロ法を用いたπの計算 最初の実験			
2	点の数		30	<-- =COUNT(A:A)	
3	円内の点の数		22	<-- =COUNTIF(D:D,TRUE)	
4	π?		2.933333333	<-- =B3/B2*4	
5					
6		これらの列のセルはExcel関数=Rand() が入っている			
7	試行	乱数1	乱数2	単位円 の中?	
8	1	0.57900	0.34959	TRUE	<-- =(B8^2+C8^2<=1)
9	2	0.93326	0.36009	FALSE	
10	3	0.12926	0.95214	TRUE	
11	4	0.15771	0.51533	TRUE	
12	5	0.90815	0.29758	TRUE	
13	6	0.18765	0.39832	TRUE	
14	7	0.64534	0.49509	TRUE	
15	8	0.29238	0.54888	TRUE	
16	9	0.92082	0.44067	FALSE	
17	10	0.62914	0.78688	FALSE	
18	11	0.37138	0.96630	FALSE	
19	12	0.78269	0.19274	TRUE	
20	13	0.93510	0.88145	FALSE	
21	14	0.76349	0.29180	TRUE	
22	15	0.35057	0.99806	FALSE	
23	16	0.47813	0.11418	TRUE	
24	17	0.80406	0.26970	TRUE	
25	18	0.07877	0.57428	TRUE	
26	19	0.74594	0.88638	FALSE	
27	20	0.38413	0.15511	TRUE	
28	21	0.59213	0.19429	TRUE	
29	22	0.62996	0.13222	TRUE	
30	23	0.74797	0.08800	TRUE	
31	24	0.11681	0.87129	TRUE	
32	25	0.40561	0.51438	TRUE	
33	26	0.42427	0.65559	TRUE	
34	27	0.03181	0.62219	TRUE	
35	28	0.94374	0.25518	TRUE	
36	29	0.49157	0.94504	FALSE	
37	30	0.27749	0.04641	TRUE	

F9 キーを押すたびにスプレッドシートは再計算され、**=Rand** は異なる値となり、その結果異なるモンテカルロ法の π の値が計算される。いくつか例を示そう。

	A	B	C	D	E
1		モンテカルロ法を用いたπの計算 最初の実験			
2	点の数	30	<-- =COUNT(A:A)		
3	円内の点の数	24	<-- =COUNTIF(D:D,TRUE)		
4	π?	3.2	<-- =B3/B2*4		
5					
6		これらの列のセルはExcel関数=Rand()が入っている			
7	試行	乱数1	乱数2	単位円の中?	
8	1	0.74445	0.90391	FALSE	<-- =(B8^2+C8^2<=1)
9	2	0.83393	0.84654	FALSE	
10	3	0.39334	0.64876	TRUE	
11	4	0.68533	0.93298	FALSE	
12	5	0.74667	0.01985	TRUE	
13	6	0.14784	0.47809	TRUE	
14	7	0.12291	0.17096	TRUE	

もう一度 **F9** キーを押すと、

	A	B	C	D	E
1		モンテカルロ法を用いたπの計算 最初の実験			
2	点の数	30	<-- =COUNT(A:A)		
3	円内の点の数	25	<-- =COUNTIF(D:D,TRUE)		
4	π?	3.333333333	<-- =B3/B2*4		
5					
6		これらの列のセルはExcel関数=Rand()が入っている			
7	試行	乱数1	乱数2	単位円の中?	
8	1	0.74713	0.98140	FALSE	<-- =(B8^2+C8^2<=1)
9	2	0.31638	0.04586	TRUE	
10	3	0.23447	0.70869	TRUE	
11	4	0.57200	0.17097	TRUE	
12	5	0.62704	0.10837	TRUE	
13	6	0.37043	0.79517	TRUE	
14	7	0.20791	0.55058	TRUE	

π として得る値は試行次第であることは明らかだが、もし多数の点でこれを行えば実際の π により近い値を得ることができる。下の例では、65,000 回の試行を行っている。

	A	B	C	D	E
1		モンテカルロ法を用いたπの計算 65000回の試行			
2	点の数	65000	<-- =COUNT(A:A)		
3	円内の点の数	51078	<-- =COUNTIF(D:D,TRUE)		
4	π?	3.143261538	<-- =B3/B2*4		
5					
6	試行	乱数1	乱数2	単位円の中?	
7	1	0.79027	0.34136	TRUE	<-- =(B7^2+C7^2<=1)
8	2	0.58737	0.54561	TRUE	
9	3	0.61881	0.99927	FALSE	
10	4	0.53165	0.93310	FALSE	

引き続き **F9** キーを押し続ければもっと正確な π の値が出てくる。数回 **F9** キーを続けて押したら、以下のモンテカルロ法による π の値が得られた。

3.150544034, 3.144256741, 3.139556532,
　3.149872576, 3.138213615, 3.132780906

より多くの点を使えば、この MC 法の π の値はより正確になるが、実際の π の値[4]に一致する値は生じない。

25.3 VBA プログラムを書く

このモンテカルロ法を現実的に行うには、VBA が必要になる。以下は、そのプログラムである。

---

4. 実際の π の値は、50 桁まで正確に示すと、3.14159265358979323846264338327950288419716939937510 である。章末問題の 1 つで、インドの数学者 Srinivasan Ramanujan（1887–1920）によるいくつかの驚くべき関数を使って、この値を迅速に計算する方法を示す。

```
Sub MonteCarlo()
    n = Range("Number")
    Hits = 0
    For Index = 1 To n
        If Rnd ^ 2 + Rnd ^ 2 < 1 _
        Then Hits = Hits + 1
    Next Index
    Range("Estimate") = 4 * Hits / n
End Sub
```

　下のスプレッドシートに、このプログラムと他の 2 つの VBA プログラムを示している。**MonteCarloTimer** プログラムは、**StartTime** 及び **StopTime** の両方を測ることで、計算にかかる所要時間を計算できる。下の図で、著者の Lenovo T420s ラップトップで、1,000 万回のプログラムの反復に 4 秒かかったことが分かる。

　MonteCarloTimeRecord プログラムは、プログラムの反復をスクリーンに記録する。この VBA ルーチンは、π の値が B3 セルでどのように変わっていくのかを見ることができる。[Ctrl] + [Break] キーを押すことによって、これや他の VBA ルーチンを途中で止めること可能である。このマクロは、ものすごく時間を使う。このルーチンを 5,000 回反復させるのに 103 秒かかった（対して、スクリーンの更新なしだと 2,000 万回反復できる）。

	A	B	C	D	E
1		VBAを用いたπの計算			
2	点の数	10,000,000	<-- このセルが"Number"		Sub MonteCarlo()
3	π?	3.1414508	<-- このセルが "Estimate"		n = Range("Number")
4					Hits = 0
5					For Index = 1 To n
6	開始時刻	10:59:49	<-- このセルが "StartTime"		If Rnd ^ 2 + Rnd ^ 2 < 1 Then Hits = Hits + 1
7	停止時刻	10:59:53	<-- このセルが "StopTime"		Next Index
8	所要時間	0:00:04	<-- =Stoptime-StartTime		Range("Estimate") = 4 * Hits / n
9					End Sub
10					
11	注意				Sub MonteCarloTime()
12	[Ctrl]+a で"MonteCarlo"マクロが走る				'Includes timer
13	[Ctrl]+e で時間を記録する"MonteCarloTime"マクロが走る				n = Range("Number")
14	[Ctrl]+f で、結果を記録する"MonteCarloTimeRecord"マクロが走る。点が多い場合、非常に時間がかかる！マクロを止めるには、[Ctrl]+[Break] を押すこと。				Range("StartTime") = Time
15					
16					n = Range("Number")
17					Hits = 0
18					For Index = 1 To n
19					If Rnd ^ 2 + Rnd ^ 2 < 1 Then Hits = Hits + 1
20					Next Index
21					Range("Estimate") = 4 * Hits / n
22					Range("StopTime") = Time
23					End Sub
24					
25					Sub MonteCarloTimeRecord()
26					'Records everything (takes a long time)
27					n = Range("Number")
28					Range("StartTime") = Time
29					n = Range("Number")
30					Hits = 0
31					For Index = 1 To n
32					Range("Number") = Index
33					If Rnd ^ 2 + Rnd ^ 2 < 1 Then Hits = Hits + 1
34					Range("Estimate") = 4 * Hits / Index
35					Range("StopTime") = Time
36					Next Index
37					End Sub

25.4 他のモンテカルロ法の問題：投資と退職の問題[5]

問題：あなたは65歳であり、100万ドルを保有している。あなたは、投資の組み合わせを決めようとしている。年率6%の無リスク債券と、期待される対数リターンが12%、リターンの標準偏差が30%のリスクのある株式ポートフォリオがある。制約条件は、毎年15万ドルを口座から引き出し、75歳の時点でいくらかの資産を残したいということである。

この状況をよりよく理解するため、以下のスプレッドシートを作成する。

---

[5]. 本章の残りの内容は、次章以下のいくつかの結果を先に使っており、最初に読むときは飛ばして構わない。

あなたの退職後プラン

	A	B	C	D	E	F	G	H	I
1				あなたの退職後プラン					
2	現在の財産	1,000,000							
3	無リスク金利	6%							
4	リスクのある投資に係るパラメータ								
5	年間期待リターン	8%							
6	リターンの標準偏差	20%							
7	リスク資産の割合	70%							
8	毎年の引き出し	150,000							
9									
10	年	年初の財産	リスク資産への投資	債券への投資	正規乱数	1+リスク資産のリターン	年末の財産	引き出し	10年目末の残存額
11	1	1,000,000	700,000	300,000	1.9244	1.5918	1,432,822	150,000	
12	2	1,282,822	897,976	384,847	-1.4860	0.8048	1,131,309	150,000	
13	3	981,309	686,916	294,393	-0.0298	1.0769	1,052,304	150,000	
14	4	902,304	631,613	270,691	-0.0795	1.0662	960,853	150,000	
15	5	810,853	567,597	243,256	1.3504	1.4192	1,063,826	150,000	
16	6	913,826	639,678	274,148	-0.9274	0.8999	866,737	150,000	
17	7	716,737	501,716	215,021	1.2246	1.3839	922,650	150,000	
18	8	772,650	540,855	231,795	0.8268	1.2781	937,392	150,000	
19	9	787,392	551,175	236,218	1.7324	1.5319	1,095,146	150,000	
20	10	945,146	661,602	283,544	1.5745	1.4842	1,283,042	150,000	1,133,042

=NORM.S.INV(RAND()) で生成される正規乱数

=C20*F20+D20*EXP($B$3)

年初の財産 =G19-H19

1+リスク資産のリターン =EXP($B$5+$B$6*E20)

リスク資産への投資 =B20*$B$7

　このスプレッドシートで、B列は毎年の年初の財産を示している。この財産は、セルB7の割合に応じて、リスク資産と無リスク資産に分けられる。無リスク資産は、連続複利ベースで6%のリターンを稼ぐ（意味：無リスク資産に投資された100ドルは、年末に$100*e^{6\%}$になる）。リスク資産へ投資した部分は、係数$e^{\mu+\sigma*Z} = e^{8\%+20\%*Z}$倍で成長する。ここで、Zは平均ゼロ、標準偏差1の正規分布に従う乱数である。第24章で説明したように、これらの乱数を生成する1つの方法は、Excelの **Norm.S.Inv(Rand( ))** 関数を使うことである。**F9**キーを押すたびに、この関数は再計算されて他の正規乱数を生成する。

　上のシミュレーションでは、投資者であるあなたは10年目末に資金を残している。しかし、全てのシミュレーションで10年後に余剰資金が残るわけではないことは明らかである。何回か**F9**キーを押してスプレッドシートを再計算すると、このようなことが起こる。

	A	B	C	D	E	F	G	H	I
1				あなたの退職後プラン					
2	現在の財産	1,000,000							
3	無リスク金利	6%							
4	リスクのある投資に係るパラメータ								
5	年間期待リターン	8%							
6	リターンの標準偏差	20%							
7	リスク資産の割合	70%							
8	毎年の引き出し	150,000							
9									
10	年		年初の財産	リスク資産への投資	債券への投資	正規乱数	1+リスク資産のリターン	年末の財産	引き出し	10年目の残存額
11	1		1,000,000	700,000	300,000	0.5277	1.2039	1,161,262	150,000	
12	2		1,011,262	707,883	303,378	0.8654	1.2880	1,233,880	150,000	
13	3		1,083,880	758,716	325,164	-1.1780	0.8559	994,658	150,000	
14	4		844,658	591,261	253,397	0.1699	1.1207	931,716	150,000	
15	5		781,716	547,201	234,515	-2.1326	0.7071	635,968	150,000	
16	6		485,968	340,178	145,790	-1.2476	0.8441	441,940	150,000	
17	7		291,940	204,358	87,582	-1.7982	0.7561	247,505	150,000	
18	8		97,505	68,253	29,251	-0.5458	0.9713	97,352	150,000	
19	9		-52,648	-36,853	-15,794	1.9705	1.6066	-75,978	150,000	
20	10		-225,978	-158,185	-67,794	0.3578	1.1637	-256,058	150,000	-406,058

正規乱数 =NORM.S.INV(RAND()) で生成される正規乱数

年末の財産 =C20*F20+D20*EXP($B$3)

年初の財産 =G19-H19

1+リスク資産のリターン =EXP($B$5+$B$6*E20)

リスク資産への投資 =B20*$B$7

　関心があるのは、投資と消費の割合をどのようにすれば、最後にプラスの資金が残るのかということである。この疑問に答えるために、モンテカルロ法を用いる。しかしその前に、経済的な疑問を考察する。

70%ルールをやみくもに適用すべきだろうか？

上の例では、リスク資産と無リスク資産への投資を機械的に分けた。また、口座に資金があるか否かに関係なく、資金を引き出し続けた。

　下のスプレッドシートでは、これを見直している。ここでは、投資者は"安全基準"を設けると仮定する。下のセルB8の安全基準は3で、投資者の年末のポートフォリオの価値が少なくとも3*150,000ドルなら、年間の引き出し額が150,000ドルになるという意味を持たせている。もしそうでなければ、投資者はポートフォリオの価値の1/3を引き出し額とする。

あなたの退職後プラン
安全弁3を用いる
投資者は年度末の財産＞3×150,000であれば150,000を、そうでなければ年度末の財産の1/3を引き出す

	A	B	C	D	E	F	G	H	I
2	現在の財産	1,000,000							
3	無リスク金利	6%							
4	リスクのある投資に係るパラメータ								
5	年間期待リターン	8%							
6	リターンの標準偏差	20%							
7	リスク資産の割合	70%							
8	安全弁	3							
9	毎年の引き出し	150,000							
10									
11	年	年初の財産	リスク資産への投資	債券への投資	正規乱数	1+リスク資産のリターン	年末の財産	引き出し	10年目末の残存額
12	1	1,000,000	700,000	300,000	-0.5471	0.9710	998,253	150,000	
13	2	848,253	593,777	254,476	0.4716	1.1904	977,072	150,000	
14	3	827,072	578,950	248,121	-0.8906	0.9065	788,306	150,000	
15	4	638,306	446,814	191,492	0.4212	1.1785	729,907	150,000	
16	5	579,907	405,935	173,972	0.9129	1.3003	712,560	150,000	
17	6	562,560	393,792	168,768	0.0895	1.1029	613,500	150,000	
18	7	463,500	324,450	139,050	-0.3590	1.0082	474,770	150,000	
19	8	324,770	227,339	97,431	-0.9809	0.8903	305,860	101,953	
20	9	203,906	142,734	61,172	-1.1469	0.8612	187,882	62,627	
21	10	125,255	87,678	37,576	-0.2985	1.0204	129,369	43,123	86,246

=NORMSINV(RAND()) で生成される正規乱数

=C21*F21+D21*EXP($B$3)

年初の財産 =G20-H20

1+リスク資産のリターン =EXP($B$5+$B$6*E21)

引き出し額の計算 =IF(G21>$B$8*$B$9,$B$9,G21/$B$8)

リスク資産への投資 =B21*$B$7

　このように多くのルールを考え出すことができる。ここでの問題ー退職後の投資と支払いとして表現されるーは、基金の投資と引出しの方針を同時にどのように決めるべきかという、基金の運用者が苦労する問題と本質的に同じである。我々が知る限り、この問題には解析的な解法はないが、ここで見たように、この問題をシミュレーションするのは難しいことではない。

25.5 投資問題に関するモンテカルロ・シミュレーション

本節では、投資問題に関する多次元のシミュレーションを行う。最初のシミュレーションは、31.7 節で説明する "空白セルに係わるデータ・テーブル" というテクニックを用いて、Excel のスプレッドシートで実行する。2 つ目のシミュレーションは、VBA で実行する。

空白セルに係わるデータ・テーブル

投資シミュレーションのスプレッドシートに、**データ・テーブル**を作成する。データテーブルのヘッダーは、セル I20 の遺産額を参照し、データ・テーブルのダイアログボックスにある**列の代入セル**は、空白セルを参照するように注意する。これは、31.7 節で説明するテクニックである。

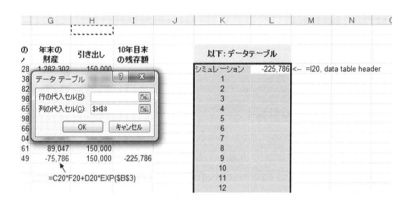

見えているのは 12 行だけだが、**データ・テーブル**には 20 行ある。**OK** を選択すると、シミュレーションが 20 回実行される。以下は、1 回のシミュレーション結果と統計量である。**F9** キーを押せば、シミュレーションが再び実行される。

	K	L	M	N	O	P	Q
5	平均	259,358	<--	=AVERAGE(L12:L30)			
6	標準偏差	458,417	<--	=STDEV.S(L12:L31)			
7	負の遺産	35%	<--	=COUNTIF(L12:L31,"<0")/COUNT(L12:L31)			
8							
9							
10	以下: データ・テーブル						
11	シミュレーション	-467,056	<--	=I20, data table header			
12	1	259,168					
13	2	1,510,116					
14	3	884,189					
15	4	-78,548					
16	5	-305,946					
17	6	16,602					
18	7	193,752					
19	8	257,127					
20	9	387,155					
21	10	-77,927					
22	11	288,386					
23	12	-17,045					
24	13	448,241					
25	14	139,194					
26	15	619,683					
27	16	-423,132					
28	17	901,079					
29	18	-151,025					
30	19	76,741					
31	20	-20,352					

VBA でシミュレーションを実行する

上記の問題をシミュレーションする VBA 関数 **SuccessfulRuns** をプログラムする。投資に関する方針を基に、関数 **SuccessfulRuns** は、投資期間終了時に退職者にプラスの資金を残すような投資/引出しの割合を決定する。

以下は、この関数の出力結果の例である。

	A	B	C	D	E
1		どうすればうまくいくのか？プラスの結果の割合			
2	現在の財産	1,000,000			
3	無リスク金利	8%			
4	リスクのある投資に係るパラメータ				
5	年間期待リターン	10%			
6	リターンの標準偏差	40%			
7	リスク資産の割合	40%			
8	毎年の引き出し	100,000			
9	投資期間	10			
10					
11	試行回数	1,000			
12					
13	プラスの結果	87.60%	<-- =successfulruns(B2,B8,B3,B5,B6,B7,B9,B11)		

セル B13 のこの関数の結果は、1,000,000 ドルを持って投資を開始し、リターン 8%の無リスク資産と確率的なリターン $\mu = 10\%$ 及び $\sigma = 40\%$ のリスク資産とに投資の意思決定をし、毎年 100,000 ドル引出そうとする場合を考えている。1,000 回のリターンをシミュレーションした結果、87.6%のケースで、10 年後にプラスの資金で終わると判断する。この関数を再び実行すると、もちろん異なる結果が出る。

SuccessfulRuns の VBA コード

忘れるところだった！以下に示す。

```
Function SuccessfulRuns(Initial, _
Drawdown, Interest, Mean, Sigma, _
PercentRisky, Years, Runs)
   Dim PortfolioValue() As Double
   ReDim PortfolioValue(Years + 1)
   Dim Success As Integer

   Up = Exp(Mean + Sigma)
   Down = Exp(Mean - Sigma)

   PiUp = (Exp(Interest) - Down) / (Up - Down)
   PiDown = 1 - PiUp

   For Index = 1 To Runs
   For j = 1 To Years
   Randomize

   PortfolioValue(0) = Initial
   If Rnd > PiDown Then
      PortfolioValue(j) = _
      PortfolioValue(j - 1) * _
      PercentRisky * Up + PortfolioValue(j - 1) _
      * (1 - PercentRisky) * _
      Exp(Interest) - Drawdown

   Else
      PortfolioValue(j) = PortfolioValue(j - 1) * _
      PercentRisky * Down + PortfolioValue(j - 1) _
      * (1 - PercentRisky) * Exp(Interest) _
      - Drawdown
   End If
   Next j
      If PortfolioValue(Years) > 0 _
      Then Success = Success + 1
   Next Index

   SuccessfulRuns = Success / Runs
```

```
End Function
```

25.6 まとめ

モンテカルロ法は、関数またはプロシージャーの数値を決定するための実験的なテクニックである。本章では、πの例を用いて、モンテカルロ法がどのように適用されるかを示した。評価技法として、MC モデルは他に解析的に値を求める方法がある場合は、適用すべきではない。本章の練習問題で示すように、πには非常に正確に近似値を算出する多くのすばらしい公式が存在するため、MC 法はπの値を計算するには良い方法ではない。しかし、それが正しくないとしても、近似値を求めるためにモンテカルロ法を用いることはできる。

モンテカルロ法は、資産のリターンの不確実性に対する洞察を得るために、投資問題のシミュレーションにも用いることができる。本章では、ある投資問題でこれを例証した。

練習問題

1. 25.2 節で、モンテカルロ法を用いてπの値を計算し、反復の都度スクリーンを更新するマクロを示した。スクリーンの更新を 1,000 回ごとにするよう、マクロを修正しなさい。

    ヒント：
    ● VBA 関数 **Mod** を使いなさい。VBA のヘルプメニューにあるように、この関数は **a Mod b** という構文であることに注意（これと似た Excel 関数は **Mod(a,b)** という構文を持つが、VBA では使えない）。
    ● スクリーンの更新をコントロールするために、VBA のコマンド **Application.ScreenUpdating = True** 及び **Application.ScreenUpdating = False** を使いなさい。

2. 前問で、スクリーンの更新をスプレッドシート上で"切り替え"できるようにしなさい（更新するかしないか、更新する場合の頻度はどの程度か）。

3. 関数 $\text{Exp}(x)$ を区間 $0 < x < 3$ で積分するために、モンテカルロ法を用いなさい。この関数のグラフは、以下の通りである。

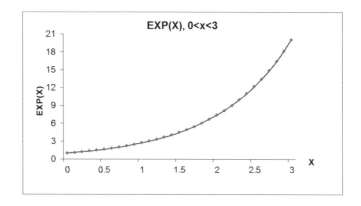

4. 本章のメッセージの 1 つは、モンテカルロ法は巧みな計算方法であるが、他に良い方法がある場合は使うべきではないということである。例えば、25.2 節のモンテカルロ法による π の計算は、収束が非常に遅い。π の計算にはよく知られた方法があるため、モンテカルロ法は良い方法ではない。このことを理解するために、以下の質問に答えなさい。

- 本章の MC 法を用いて π の値を小数点以下第 4 位まで正確に得るには、おおよそ何回のシミュレーションが必要になるか？
- 小数点以下第 8 位まで正確に得るには、おおよそ何回のシミュレーションが必要になるか？
- 小数点以下第 16 位まで正確に得るには、おおよそ何回のシミュレーションが必要になるか？

練習問題 5 及び 6 に関する注記：あなたに、π の値を計算するための 2 つの別の方法を示す。両方ともモンテカルロ法よりかなり優れている！

5. π を計算する最初の方法は、以下の通りである。

$$\frac{\pi^2}{6} = 1 + \frac{1}{2^2} + \frac{1}{3^3} + \cdots$$

この公式を用いて、π を近似せよ。

6. 偉大なインドの天才数学者 Ramanujan は、以下の式を示した。

$$\frac{1}{\pi} = \frac{\sqrt{8}}{9801} \sum_{n=0}^{\infty} \frac{(4n)!}{(n!)^4} \frac{(1103 + 26390n)}{396^{4n}}$$

$n!$ は、階乗を示し、

$$n! = n * (n-1) * (n-2) * \cdots * 2 * 1$$
$$0! = 1$$

である。

Excel の **Fact** 関数は、階乗を計算する。

この数列を用いて π の値を計算する VBA 関数を作りなさい。ここで、n はこの数列の項の数である。2 回の反復で 15 桁以上の正確性が得られることがわかる。

π の値に関するいくつかの注釈

練習問題 6 は、D.H.Bailey, J.M.Borwein, and P.B.Borwein の論文 "Ramanujan, Modular Equations, and Approximations to π Or How to Compute One Billion Digits of Pi" に基づいている。この論文は、*American Mathematical Monthly*, 1987, volume 96, number 3, page 201–219 に最初に掲載された。これは、http://www.cecm.sfu.ca/organics/papers/borwein/index.html からダウンロードできる。練習問題 6 の Ramanujan の方法は、反復のたびに概ね 8 桁の数字が追加される。Ramanujan はさらに速い方法を考案し、たった 13 回の反復で π の 10 億桁以上が得られるようにした（Excel の最大計算精度は 15 桁しかないが、32,767 桁まで精度を拡張する素敵なアドインがある：http://precisioncalc.com/）。

Srinivasan Ramanujan（1887–1920）は、全時代を通じての偉大な天才数学者の 1 人である。この類まれな個人の伝記：*The Man Who Knew Infinity: A Life of the Genius Ramanujan*, Charles Scribner, 1991（ペーパーバック版－Washington Square Press,1992）をお勧めする。

最後に：結局、π の値とは？ *Mathematica*－非常に洗練された数学用のプログラミング言語（http://www.wolfram.com）－は、以下の π の値を与える。この値は、Ramanujan の公式の 1 つを用いて計算されている。

有効数字	π の値
25	3.141592653589793238462643
50	3.14159265358979323846264338327950288419716939937510
75	3.141592653589793238462643383279502884197169399375105820974944592307816406 29
500	3.141592653589793238462643383279502884197169399375105820974944592307816406286208998628034825342117067982148086513282306647093844609550582231725359408128481117450284102701938521105559644622948954930381964428810975665933446128475648233786783165271201909145648566923460348610454326648213393607260249141273724587006606315588174881520920962829254091715364367892590360011330530548820466521384146951941511609433057270365759591953092186117381932611793105118548074462379962749567351885752724891227938183011949 1

26 株価のシミュレーション

26.1 概要

アセット・プライシングに対するモンテカルロ法のアプローチは、資産価格のシミュレーションを基礎とする。資産価格をシミュレーションすることによって、投資の成果に関する問題への解を期待する。例えば、

- 所与の時間軸上の貯蓄/消費パターンが、プラスの遺産を残す確率は、どの程度なのか？
- 離散的にポートフォリオを更新してオプションを複製する手法は、どの程度オプションの価格を正確に再現するのか？
- 最終的な価格が資産価格の経路に依存するオプションを、どのように評価するのか？

価格をシミュレーションするためには、株価の分布特性について何らかの仮定を置く必要がある。ファイナンスにおける標準的な仮定は、株価は対数正規分布する、もしくは同じことであるが、株価リターンは正規分布するというものである。本章では、これら2つの仮定の意味するところを提示し、Excelでどのようにしてシミュレーションできるかを示す。次章以降では、この考え方を投資やオプションのモデルに適用する。

このテーマについては、オプション・プライシングの議論で触れてきた。第16章では、株価の時間的な推移が二項モデルに従うという仮定について議論した。第30章では、二項モデルに戻り、これを使って、価格経路に依存するオプションのモンテカルロ法を示す。第17章では、ブラック・ショールズ・モデルが、株価が対数正規分布するという仮定を用いていることを示した。より高いレベルとして、16.7節では、二項モデルによるオプションの極限的な価格がブラック・ショールズ・モデル価格であると明らかにすることによって、二項モデルが対数正規性の仮定と極限において等価であることを数値的に示した。

本章では、価格の対数正規性に焦点を当て、この仮定をどのようにシミュレーションすればよいかを示す。本章の構成は、以下の通りである。

- まず、株価の"合理的な"仮定は何かに関して議論することから始める。

- その後、なぜ対数正規分布は株価の合理的な分布といえるのかについて議論する。
- 次に、対数正規分布に従う価格経路をシミュレーションする方法を示す。
- 最後に、対数正規分布のパラメータである株価リターンの平均及び標準偏差を、株価のヒストリカルデータから得る方法を示す。

26.2 株価は何に似ているように見えるか？

株価が時間と共にどのように振舞うのかに関して、合理的な仮定は何であろうか？株式（または他のリスキーな金融資産）の価格が不確実なのは明らかである。その分布はどのようなものなのか？これは、難しい質問である。この質問に対して答える1つの方法は、株価の合理的な統計的な特性はどのようなものかを問うことである。ここに、5つの合理的な特性を挙げる。

1. 株価は不確実である。今日の株価を知っていても、明日の株価は分からない。
2. 株価の変化は連続的である。短い時間間隔の中では株価の変化は非常に小さく、時間間隔をゼロに近づければ株価の変化はゼロになる。[1]
3. 株価はゼロにはならない。この特性は、"死んだ"企業の株価は除くことを意味する。
4. 株式保有から得られる平均的なリターンは、時間とともに増加する傾向を有する。"傾向を有する"という言葉に注意すること。株式をより長く保有すればより高いリターンが得られるかどうかはわからない。とはいえ、我々は、リスク資産を長期間保有することは、*平均的*にはより高いリターンをもたらすであろうと*期待する*。
5. 株式保有から得られるリターンの*不確実性*は、その保有期間が長くなればなるほど増大する傾向もある。従って、今日の株価を所与とすると、明日の株価の分散は小さい。しかしながら、1ヶ月先の株価の分散はより大きく、1年先の株価の分散はさらに大きくなる。

---

[1] 株価を見たことがあれば、通常は連続性の仮定は悪いものではないと考えるであろう。しかし、時々、その仮定は破滅をもたらす可能性がある（価格の*非連続性*の劇的な例として、1987年10月の株式市場の価格の動き方を見てほしい）。株価は通常は連続的だが、しばしば（そしてランダムに）ジャンプすると仮定してモデルを構築することが可能である。Cox and Ross（1976）、Merton（1976）、Jarrow and Rudd（1983）を参照。

合理的な株式の特性及び株価パス

これら5つの株価の"合理的な特性"を考察する1つの方法は、*価格経路*について考えてみることである。株式の価格経路は、一定期間の株価のグラフで示すことができる。例えば、ここにいくつかの株式の価格経路がある。

もし株価経路をシミュレーションしたら（本章の後半で、対数正規モデルを用いて少しやってみるが）、それがどのように見えると考えるだろうか？ 5つの特性は、以下が予想されることを示唆する。

1. 揺れ動く線である。
2. 連続していて（切れ目なく）、ジャンプしない線である。
3. 常に正の値を取り、価格がいくら下がってもゼロと交差しない線である。
4. どの時点を取っても、全ての想定される価格推移の平均は、当初の株価より高い。さらに進めば、この平均はさらに高くなる。
5. 全ての想定される価格推移の標準偏差は、先に進めばより大きくなる。

株価について考えるもう1つの方法がある。Standard & Poor's500株価指数の日次リターンを取るとしよう（データの最初だけを示す）。

672 第 26 章

	A	B	C	D
1		S&P 500 日次価格 1950-2011		
2	日付	価格	リターン	
3	03-01-50	16.66		
4	04-01-50	16.85	1.13%	<-- =LN(B4/B3)
5	05-01-50	16.93	0.47%	
6	06-01-50	16.98	0.29%	
7	09-01-50	17.08	0.59%	
8	10-01-50	17.03	-0.29%	
9	11-01-50	17.09	0.35%	
10	12-01-50	16.76	-1.95%	
11	13-01-50	16.67	-0.54%	
12	16-01-50	16.72	0.30%	
13	17-01-50	16.86	0.83%	
14	18-01-50	16.85	-0.06%	
15	19-01-50	16.87	0.12%	

任意の期間でこれらのリターンのグラフを描くと、解釈が難しい乱雑な点が得られる。

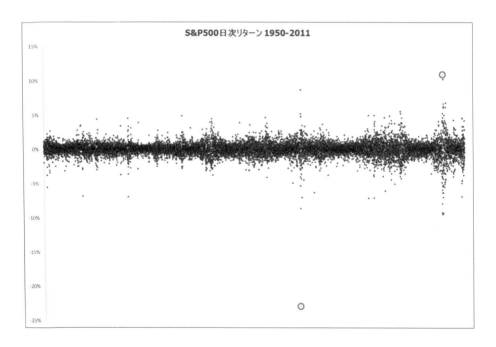

日次で最も増加した点と最も減少した点に〇を付けている。1987 年 10 月 19 日の −22.9%と 2008 年 10 月 13 日の +10.96%である。

このグラフ上の塗抹のような点を解釈するのは難しい。Excel は、我々がこのデータをある程度理解するのを助けてくれる。

	A	C	D	E	F	G	H	I
1					S&P 500 日次価格 1950-2011			
2	日付	リターン						
3	3-Jan-50				日次リターン数	15,601		
4	4-Jan-50	1.13%	<-- =LN(B4/B3)		1年あたり日数	251.629	<-- =G3/62	
5	5-Jan-50	0.47%	<-- =LN(B5/B4)					
6	6-Jan-50	0.29%	<-- =LN(B6/B5)		最大値	10.96%	13-Oct-08	
7	9-Jan-50	0.59%			最小値	-22.90%	19-Oct-87	
8	10-Jan-50	-0.29%						
9	11-Jan-50	0.35%			−1%と+1%の間のリターンの数	12,425	<-- =COUNTIFS(C:C,"<=1%",C:C,">=-1%")	
10	12-Jan-50	-1.95%			日次リターンの平均	0.0278%	<-- =AVERAGE(C:C)	
11	13-Jan-50	-0.54%			日次リターンの標準偏差	0.9822%	<-- =STDEV.S(C:C)	
12	16-Jan-50	0.30%						
13	17-Jan-50	0.83%			年間平均リターン	7.00%	<-- =G4*G10	
14	18-Jan-50	-0.06%			年間リターンの標準偏差	15.58%	<-- =SQRT(G4)*G11	

データを見るためのもう 1 つの方法は、Excel の **Frequency** 関数を用いてリターンの頻度を図に描くことである。詳細は、本書に付随するファイルにある。多少の左歪度があるものの、図はおおよそ正規分布に見える。

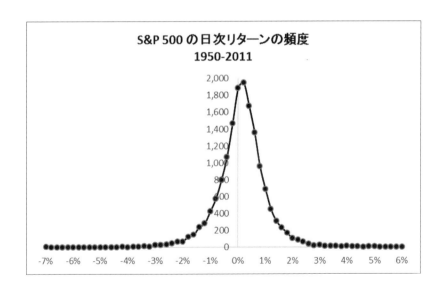

> **Excel に関する注記**
>
> 上の計算では、
>
> - −1％と +1％の間の日次リターンの数を数えるために **CountIfs** 関数を用いている。
> - C 列の全てのデータを示すための近道として **C:C** を用いている。
> - 62 年間のデータで、1 年間の平均営業日数は 251.629 である。この数は、日次リターンの平均及び標準偏差を年次の統計量に換算するために用いられている。
>   - 平均年次リターン＝（1 年当たり日数）＊（日次リターンの平均）
>   - 年次リターンの標準偏差=**Sqrt (1 年当たり日数)**＊ 日次リターンの標準偏差
> - リターンの最大値及び最小値が発生した日付を求めるために、Excel の **Match** 関数を用いている。
>   - **MATCH(G6,$C$3:$C$15604,0)** は、G6（リターンの最大値）の値が C3:C15604 の範囲のどの行で発生しているかを見出し、
>   - **INDEX($A$3:$A$15604, MATCH(G6,$C$3:$C$15604,0))** は、行 **MATCH (G6,$C$3:$C$15604,0)** の値を A3:A15604 の範囲内で見出す。これが、発生した日付である。

リターンの計算及び連続リターン生成過程を前提とした分布 [2]

$\ln\left(\dfrac{Price_t}{Price_{t-1}}\right)$ として定義される相対価格の自然対数をとることで、ある期間の株価リターンを求めることができる。さらに、$\{r_1, r_2, \ldots, r_M\}$ が等期間のリターンの列であれば、これらのリターンの平均、分散及び標準偏差は、以下のように計算できる。

---
2. 本節は 26.7 節を見越したものである。

株価のシミュレーション　675

$$期間平均 = \underbrace{\mu_{期間} = \frac{1}{M}\sum_{t=1}^{M} r_t}_{\uparrow}$$
Excel の **Average** 関数を使う

$$期間分散 = \underbrace{\sigma_{期間}^2 = \frac{1}{M-1}\sum_{t=1}^{M}(r_t - \mu_{期間})^2}_{\uparrow}$$
Excel の **Stdev.s** 関数を使う

1年に n 期間ある場合、年換算のリターンは、以下で計算できる。

年換算の平均 $= n * \mu_{期間}$
年換算の分散 $= n * \sigma_{期間}^2$
年換算の標準偏差 $= \sigma \sqrt{n}$

26.3 価格の対数正規分布及び幾何拡散過程

本節では、もう少し正式に、価格の対数正規分布が何を意味するかを説明する。それから対数正規価格過程を幾何拡散過程に関連づける。

　t 時点における1株の価格を S_t とする。対数正規分布は、1株を t 時点から $t + \Delta t$ 時点の間保有することによるリターンに1を加えた数の自然対数が、平均 μ 及び標準偏差 σ の正規分布に従うと仮定する。期間 Δt における（不確実な）リターン率を $\tilde{r}_{\Delta t}$ とすると、$S_{t+\Delta t} = S_t \exp[\tilde{r}_{\Delta t} \Delta t]$ と表すことができる。対数正規分布では、短い期間 Δt におけるリターン率 $\tilde{r}_{\Delta t}$ は、平均 $\mu \Delta t$、分散 $\sigma^2 \Delta t$ の正規分布に従うと仮定される。

　この関係を表現するもう1つの方法は、$t + \Delta t$ 時点における株価 $S_{t+\Delta t}$ を以下のように表すことである。

$$\frac{S_{t+\Delta t}}{S_t} = \exp\left[\mu \Delta t + \sigma Z \sqrt{\Delta t}\right]$$

ここで Z は、標準正規分布に従う確率変数（平均 = 0、標準偏差 = 1）である。[3]

この仮定が意味することを理解するために、最初に $\sigma = 0$ の場合を考えてみよう。この場合、

$$S_{t+\Delta t} = S_t \exp[\mu \Delta t]$$

となり、簡単に言うと、株価は指数的に確実に成長する。この場合、株式は連続複利 μ の金利を支払う無リスク債券と同じである。

ここで $\sigma > 0$ としよう。この場合、対数正規分布の仮定は、株価は上昇する傾向を持つが、考慮しなければならない不確実な要素（正規分布に従う）があることを意味する。これについて考える最も良い方法は、シミュレーションの観点から見ることである。例えば、平均 $\mu = 15\%$、標準偏差 $\sigma = 30\%$ 及び $\Delta t = 0.004$ で、対数正規価格過程のシミュレーションを試みるとしよう。0 時点の株価は $S_0 = 35$ とする。Δt 時点で可能性がある株価をシミュレーションするために、最初に標準正規分布から Z を（ランダムに）取り出す必要がある。[4] この数が 0.1165 だったとしよう。すると Δt 時点の株価 $S_{\Delta t}$ は、

$$S_{\Delta t} = S_0 * \exp\left[\mu \Delta t + \sigma Z \sqrt{\Delta t}\right]$$
$$= 35 * exp[0.15 * 0.004 + 0.3 * 0.1165 * \sqrt{0.004}] = 35.0985 \text{ となる。}$$

もちろん、異なる乱数を取り出すこともできた。もし、例えば乱数 Z が -0.9102 であったとしたら、

$$S_{\Delta t} = S_0 * \exp\left[\mu \Delta t + \sigma Z \sqrt{\Delta t}\right]$$
$$= 35 * exp[0.15 * 0.004 + 0.3 * (-0.9102) * \sqrt{0.004}] = 34.4214 \text{ になっていた。}$$

---

[3]. 拡散過程について知っているのであれば、対数正規価格過程は幾何拡散過程である。即ち、$\frac{dS}{S} = \left(\mu + \frac{\sigma^2}{2}\right)dt + \sigma dB$ である。ここで、dB はウィナー過程（"ホワイトノイズ"）であり、$dB = Z\sqrt{dt}$ である（Z は標準正規分布に従う確率変数）。
[4]. Excel と VBA を用いた乱数生成については、第 24 章を参照。

この過程は下のスプレッドシートに例示されている。ここでは、標準正規分布から 250 個の乱数（技術的な用語では "標準正規乱数"）を生成した。[5] それぞれが等しく Z になり得る候補である。特定の期間 Δt に対する Z を用いて、株価 $S_{t+\Delta t}$ は下のようになる。

スプレッドシートは、250 個の正規乱数のリストを生成するために、[データ] – [データ分析] – [乱数発生] を用いている。乱数発生ウィンドウは、このようになっている。

---

5. 1 年間の営業日数は、おおよそ 250 である。したがって、$\Delta t = 1/250 = 0.004$ とすることで、1 年間のうちの日次ベースの株価をシミュレーションすることになる。

　要約すると、株価が対数正規分布に従うとき、*株価の成長*をシミュレーションするためには、

- Δt （経過時間）を μ （平均成長率）に掛ける。これは、リターンの確定部分となる。
- 標準正規分布から乱数 Z を取り出し、これに $\sigma \sqrt{\Delta t}$ を掛ける。これは、リターンの不確定部分となる（平方根は、株価リターンの分散が時間に対して線形であることを意味する。下を参照。）
- 2つを加え、その指数を取る。日次リターンは $\exp[\mu\Delta t + \sigma Z \sqrt{\Delta t}]$ である。もし t 日の株価が S_t なら、$t+1$ 日の株価は $S_{t+1} = S_t * \exp[\mu\Delta t + \sigma Z \sqrt{\Delta t}]$ である。

26.4 対数正規分布はどのように見えるか？

我々は正規分布が"ベルカーブ"となることを知っている。対数正規分布はどうだろうか？次の実験では、1,000個の年末の株価をシミュレーションする。この実験は、前節で行った実験の続きである。年末の株価をシミュレーションするので、$\Delta t = 1$ に設定する。この実験を行うには、以下の通りに行う。

- 1,000 個の正規乱数を生成する。
- $\Delta t = 1$ なので、各正規乱数を使って、期間末の株価 $S_1 = S_0 * \exp\left[\mu \Delta t + \sigma Z \sqrt{\Delta t}\right] = S_0 * \exp[\mu + \sigma Z]$ を計算する。
- 株価を区間に分け、ヒストグラムを作成する。

この実験のスプレッドシートは、以下のようになる。

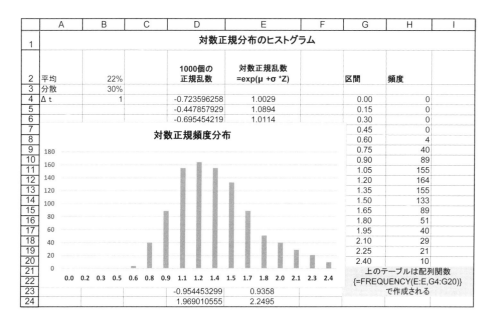

$\exp\left[\mu \Delta t + \sigma Z \sqrt{\Delta t}\right]$ で 1000 個の対数正規分布に従う相対価格を生成した後、配列関数 **Frequency( )**（この関数は第 33 章で議論する）を用いて、これらを区間に分けることができる。

多数の点についてこのシミュレーションを行うと、結果として生じる密度関数のカーブは滑らかになる。例えば、$\mu = 12\%$、$\sigma = 30\%$、及び $\Delta t = 1$ で 1,000,000 回試行した場合の度数分布は、以下のようになる。

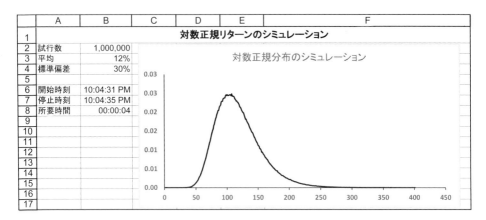

この結果を作り出した VBA プログラムは、以下の通りである。

```
'Simulating the lognormal distribution
'Note that I take delta = 1!
Sub RandomNumberSimulation()
Application.ScreenUpdating = False
Range("starttime") = Time
N = Range("runs").Value
mean = Range("mean")
sigma = Range("sigma")
ReDim Frequency(0 To 1000) As Integer
For Index = 1 To N
start:
    Static rand1, rand2, S1, S2, X1, X2
    rand1 = 2 * Rnd - 1
    rand2 = 2 * Rnd - 1
    S1 = rand1 ^ 2 + rand2 ^ 2
    If S1 > 1 Then GoTo start
    S2 = Sqr(-2 * Log(S1) / S1)
    X1 = rand1 * S2
```

```
    X2 = rand2 * S2

    Return1 = Exp(mean + sigma * X1)
    Return2 = Exp(mean + sigma * X2)

    Frequency(Int(Return1 / 0.01)) = _
    Frequency(Int(Return1 / 0.01)) + 1
    Frequency(Int(Return2 / 0.01)) = _
    Frequency(Int(Return2 / 0.01)) + 1
Next Index

For Index = 0 To 400
    Range("simuloutput").Cells(Index + 1, 1) = _
    Frequency(Index) / N
Next Index

Range("stoptime") = Time
Range("elapsed") = Range("stoptime") - 
Range("starttime")
Range("elapsed").NumberFormat = "hh:mm:ss"

End Sub
```

標準正規乱数をランダムに生成するルーチンは、start という言葉に続く 8 行に含まれている。このルーチンについては、さらに第 31 章で説明する。

26.5 対数正規価格経路のシミュレーション

ここで、26.3 節で議論を始めた対数正規価格経路のシミュレーションの問題に戻る。VBA でプログラムしたシミュレーションを通して、次の文章がもつ意味の理解を試みる。「今日の株価は 25 ドルである。株価は、年ベースの対数リターンの平均が 10％、標準偏差が 20％の対数正規分布に従っている。」我々は、株価が翌年までの間、日々どのようにふるまうのかを知りたい。株価経路の数は無限にある。我々がやろうとしているのは、これらの株価経路の一部を（ランダムに）シミュレーションすることである。もし他の株価経路が欲しければ、単にシミュレーションを繰り返せばよい。

1 年の営業日は約 250 日である。したがって、t 日から $t+1$ 日の間の 1 日の株価変動は、$\Delta t = 1/250 = 0.004$、$\mu = 10\%$、及び $\sigma = 20\%$ と設定することでシミュレーションできる。当初株価が $S_0 = 25$ ドルであれば、1 日後の株価は、

$$S_{0.004} = S_0 * \exp\left[\mu \Delta t + \sigma Z \sqrt{\Delta t}\right] = 25 * \exp[0.10 \cdot 0.004 + 0.20 \cdot Z \sqrt{0.004}]$$

となり、2 日後の株価は、

$$S_{0.008} = S_{0.004} * \exp[0.10 \cdot 0.004 + 0.20 \cdot Z \sqrt{0.004}]$$

となり、同様に続く。各ステップにおいて、正規乱数 Z はリターンの不確実要因である。この不確実性によって、全ての生成される経路は異なることとなる。

以下は、典型的な価格経路を再現する VBA プログラム **PricePathSimulation** である。

```
Sub PricePathSimulation()
Range("starttime") = Time

N = Range("runs").Value
mean = Range("mean")
sigma = Range("sigma")
delta_t = 1 / (2 * N)
ReDim price(0 To 2 * N) As Double

price(0) = Range("initial_price")
```

```
For Index = 1 To N
start:
    Static rand1, rand2, S1, S2, X1, X2
    rand1 = 2 * Rnd - 1
    rand2 = 2 * Rnd - 1
    S1 = rand1 ^ 2 + rand2 ^ 2
    If S1 > 1 Then GoTo start
    S2 = Sqr(-2 * Log(S1) / S1)
    X1 = rand1 * S2
    X2 = rand2 * S2

    price(2 * Index - 1) = price(2 * Index - 2)
    * Exp(mean * delta_t + _
        sigma * Sqr(delta_t) * X1)
    price(2 * Index) = price(2 * Index - 1) *
    Exp(mean * delta_t + _
        sigma * Sqr(delta_t) * X2)
Next Index

For Index = 0 To 2 * N
    Range("output").Cells(Index + 1, 1) = Index
    Range("output").Cells(Index + 1, 2) =
    price(Index)
Next Index

Range("stoptime") = Time
Range("elapsed") = Range("stoptime") -
Range("starttime")
Range("elapsed").NumberFormat = "hh:mm:ss"

End Sub
```

このプログラムの結果は、下のスプレッドシートのようになる。

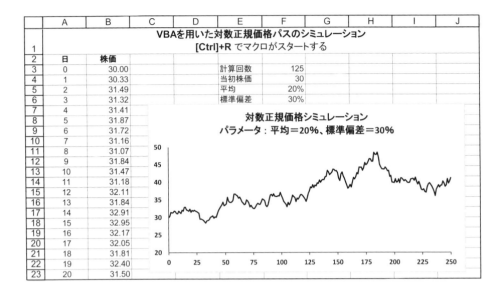

Norm.Inv を用いた価格経路のシミュレーション

下のスプレッドシートでは、リターンの計算に Norm.Inv を用いて、同様のシミュレーションを行っている(詳細は第 31 章を参照)。Norm.Inv(Rand( ), $\mu \Delta t, \sigma \sqrt{\Delta t}$) は、年ベースの平均 μ、標準偏差 σ で正規分布するリターンを生成する。Exp(Norm.Inv(Rand( ), $\mu \Delta t, \sigma \sqrt{\Delta t}$)) は、対数正規分布に従う価格変動である。

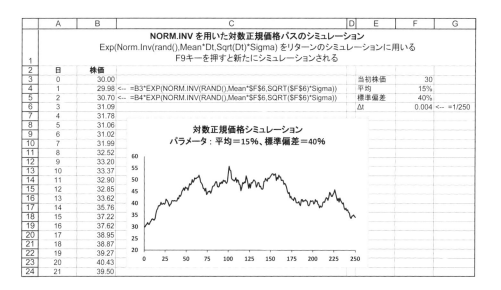

10個の対数正規価格経路

下のスプレッドシートでは、同じ統計的なパラメータを持つ10個の対数正規価格経路のシミュレーションに、少し異なるやり方を用いている。各セルには、標準正規分布から乱数を取り出すために **Norm.S.Inv(Rand( ))** を用いている。下に例示するように、この正規乱数は、株価をシミュレーションするために用いられる。

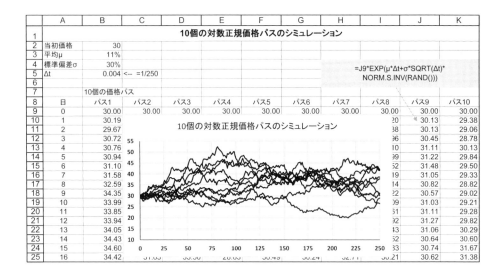

見て分かるように、平均して資産価格は時間の経過とともに上昇しており、リターンの分散も拡大している。これは、26.3 節で示した株価の特性 4 及び 5―資産のリターン及びリターンの不確実性は時間とともに増大する―と整合する。

26.6 テクニカル分析

証券アナリストは、"ファンダメンタル・アナリスト" と "テクニカル・アナリスト" に分かれる。この区分は、宇宙の創造者に関する彼らの見解とは何の関係もなく、彼らの株価の見方に係わっている。ファンダメンタル・アナリストは、株式の価値は究極的にその基礎となる経済的な変数によって決まると考える。したがって、ファンダメンタル・アナリストがある企業を分析する場合、分析者はその企業の利益、負債/資本比率、その市場などを見ようとする。

対して、テクニカル・アナリストは、株価はパターンによって決まると考える。彼らは、過去の株価のパターンを吟味することによって、将来の株価が予測できる（または、少なくとも合理的な説明ができる）と信じている。テクニカル・アナリストは、下の形のような株価のグラフを指して、「このところ、ヘッド・アンド・ショルダーズ（三尊）になっている」と言うかもしれない。

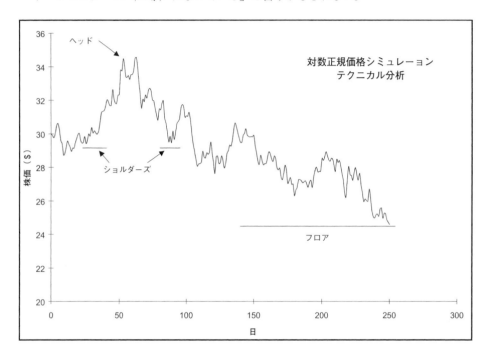

テクニカル・アナリストが用いる他の用語には、"フロア"（グラフに1つ出ている）、"リバウンド・レベル"、"ペナント"などが含まれる。

　テクニカル分析に関する学者（象牙の塔とも言う）の見方は、それは無価値であるというものである。ファイナンスの基礎理論は、市場は取引される証券に関する情報を効率的に織り込んでいると説明する。この理論にはいくつかの型がある。その1つ、ウィーク・フォームの効率的市場仮説によると、少なくとも過去の価格に関する全ての情報は、現在の価格に織り込まれているという。ウィーク・フォームの効率的市場仮説は、テクニカル分析はもっぱら過去の株価の情報を基礎とするため、将来の価格の予測ができないことを意味する。[6]

---

6. この点の議論については、Brealey, Myers, and Allen（2005）の第13章を参照。より上級の議論については、Copeland, Weston, and Shastri（2003）の第10-11章を参照。

とはいうものの、多くの人がテクニカル分析を信じている（このこと自体が、テクニカル分析に一定の正当性を与えるかもしれない）。本章で行っているシミュレーションは、テクニカル分析を行えば、将来の価格について"良い"予測が生じるパターンを数多く生成できる。例えば、先ほどの図では、それより下に行かないことから、24ドルが株価のフロアであるように見える。明敏なテクニカル・アナリストは、40日から100日の間に明らかなヘッド・アンド・ショルダーズのパターンがあることを見つけるだろう。そこでは35ドルが天井であるように見える。したがって、テクニカル・アナリストは、株価がそのレベルを超えて上昇しない限り、37ドルより下に止まると予測するかもしれない（もしあなたがテクニカル・アナリストになるつもりならば、このようなことを真顔で言うことを学ばなければならない）。

26.7 株価から得られる対数正規分布のパラメータの計算

本節の主目的は、対数正規分布のシミュレーションに必要な年ベースの平均リターン μ 及びリターンの標準偏差 σ を計算するために、株価データをどのように使うかを示すことである（また、第17章では、この σ がブラック・ショールズ式へのインプット項目として必要になる）。これを始める前に、期間 Δt における株価リターンの対数の平均および分散は、以下の通りであることを示しておく。

$$\text{平均}\left[\ln\left(\frac{S_{t+\Delta t}}{S_t}\right)\right] = \text{平均}\left[\mu\Delta t + \sigma Z\sqrt{\Delta t}\right] = \mu\Delta t$$

$$\text{分散}\left[\ln\left(\frac{S_{t+\Delta t}}{S_t}\right)\right] = \text{分散}\left[\mu\Delta t + \sigma Z\sqrt{\Delta t}\right] = \sigma^2\Delta t$$

これは、対数リターンの期待値と分散が、いずれも時間に対し線形であることを意味する。

ここで、対数正規分布の μ と σ を、過去の価格データから算出したい。すなわち、

$$\mu = \frac{\text{平均}\left[\ln(S_{t+\Delta t}/S_t)\right]}{\Delta t}, \quad \sigma^2 = \frac{\text{分散}\left[\ln(S_{t+\Delta t}/S_t)\right]}{\Delta t}$$

である。

これを具体的に行うため、下のスプレッドシートには特定の株式の月次株価がある。これらの価格から、対数リターン及び*年換算*した平均と標準偏差を計算する。データは標本であると仮定し、σ を計算するために関数 **Stdev.S** を使ったことを、注記しておく。

	A	B	C	D
1	Halliburton Corporationの2011年10月-2013年10月の月次株価データから計算したリターンをもとに年ベースの平均及び標準偏差を計算する			
2	月次平均		1.23%	<-- =AVERAGE(C10:C33)
3	月次標準偏差		6.74%	<-- =STDEV.S(C10:C33)
4				
5	年ベースの平均μ		14.76%	<-- =12*C2
6	年ベースの標準偏差σ		23.36%	<-- =SQRT(12)*C3
7				
8	日付	終値	月次リターン	
9	3/Oct/11	36.54		
10	1/Nov/11	36.08	-1.27%	<-- =LN(B10/B9)
11	1/Dec/11	33.84	-6.41%	<-- =LN(B11/B10)
12	3/Jan/12	36.07	6.38%	<-- =LN(B12/B11)
13	1/Feb/12	35.88	-0.53%	<-- =LN(B13/B12)
14	1/Mar/12	32.63	-9.49%	<-- =LN(B14/B13)
15	2/Apr/12	33.64	3.05%	<-- =LN(B15/B14)
16	1/May/12	29.55	-12.96%	
17	1/Jun/12	27.99	-5.42%	
18	2/Jul/12	32.67	15.46%	
19	1/Aug/12	32.39	-0.86%	

年ベースの平均対数リターンは月次平均対数リターンを 12 倍するのに対し、年ベースの標準偏差は月次標準偏差を $\sqrt{12}$ 倍することに注意する。一般に、年間当たり n 期間についてリターンのデータが与えられた場合、

$$平均_{年次リターン} = n \cdot 平均_{期間リターン}, \quad \sigma_{年次のリターン} = \sqrt{n} \cdot \sigma_{期間リターン}$$

となる。

もちろん、これは対数正規分布のパラメータを計算する唯一の方法ではない。少なくとも他に 2 つの方法を説明しておく必要がある。

- 過去のリターンのデータから、*将来の*リターンに関する平均及び標準偏差を外挿する他の方法を使うことができる。この 1 つの例は、移動平均を用いるものである。

- インプライド・ボラティリティ、すなわち株式オプションの価格に合わせた株式対数リターンの標準偏差を算出するために、ブラック・ショールズ式を使うことができる。これは、17.4 節で説明した。

26.8 まとめ

対数正規分布は、次章で議論する、ブラック・ショールズ・オプション価格式の土台の 1 つである。本章では、株価の対数正規性の持つ意味を検討した。S&P500 のポートフォリオを用いて、どのように対数正規性－資産のリターンが正規分布しているという仮定－が正当化できるかを示した。また、対数正規分布に従う価格経路のシミュレーション方法も示した。最後に、資産の過去のリターンを用いて、対数正規分布の平均と標準偏差を計算する方法を示した。

練習問題

1. 下に示したように、**Norm.S.Inv(Rand( ))** を使って月次株価のシミュレーションを作成しなさい。[7]

---

[7] この目的のための **Norm.S.Inv** の使い方は、24.4 節で議論した。

株価のシミュレーション

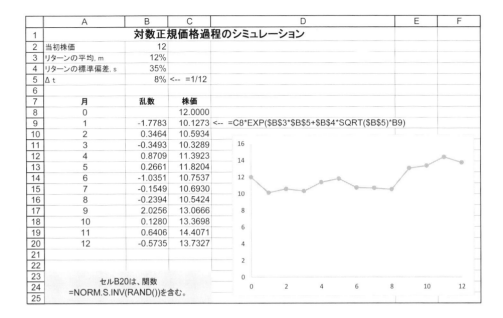

2. 前問を拡張し、**Norm.S.Inv(Rand( ))** を使って 250 日間（概ね 1 年間の取引日数）の日次株価のシミュレーションを作成しなさい。

3. 下のスプレッドシートを作り替えなさい。このスプレッドシート（**F9** キーを押すたびに乱数が再計算される）を用いて、σ がより大きくなると株価がより大きく変動することを確認しなさい。

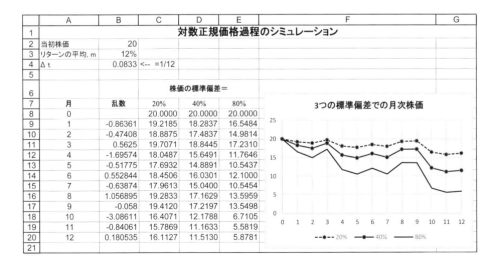

4. 任意のシミュレーション数で対数正規分布の度数分布を生成する VBA プログラムを作成しなさい。このプログラムは、以下のようになっている必要がある。

   - N 個の正規乱数を生成する。
   - 各乱数から、$\exp\left[\mu\Delta t + \sigma Z \sqrt{\Delta t}\right]$ で対数正規相対価格を生成する。
   - 各価格を $0, 0.1, \ldots, 3$ の区分に分ける。
   - スプレッドシートにその頻度を出力し、26.4 節にあるような度数分布のグラフを作成する。

5. 対数正規価格経路のシミュレーションを数回行い、価格のトレンドを検証しなさい。以下のテクニカル分析のパターンを、1つもしくはいくつか見付けなさい。

   サポート・エリア
   レジスタンス・エリア
   アップトレンド/ダウントレンド
   ヘッド・アンド・ショルダーズ
   逆ヘッド・アンド・ショルダーズ
   ダブル・トップ/ボトム
   ラウンデッド・トップ/ボトム
   トライアングル（上昇的、対称的、下降的）
   フラッグ

6. 本章の演習問題ファイルには、S&P500 株価指数及び Abbott Laboratories 社の 2007 年 4 月–7 月の 3 ヶ月間における日次株価データが含まれている。これらのデータを使って、S&P500 及び Abbott 社の対数正規リターンの年ベースの平均、分散及び標準偏差を計算しなさい。S&P500 と Abbott 社のリターンの相関はどのようになっているか？

7. 本章の演習問題ファイルでは、Vanguard Index 500 ファンド（VFINX）の 1987 年–2012 年の日次リターンデータが与えられている。これは S&P500 に連動するファンドであるが、そのリターンは配当を含んでいる（^GSPC－S&P500 のティッカー・シンボルーとは逆）。

   - 全期間を通じての日次リターンの統計量、即ち平均及び標準偏差を計算しなさい。
   - 1 年が 250 日であるとして、これらの統計量を年ベースに換算しなさい。
   - 年ごとに、日次及び年換算したリターンの統計量を計算しなさい。

   ヒント：第 33 章で扱う関数 **DAverage** と **DStdev** を見るとよい。

27 投資のためのモンテカルロ・シミュレーション

27.1 概要

本章では、1つ以上の株式からなるポートフォリオ投資のパフォーマンスをシミュレーションする。最初に、単独株式のシミュレーションから始める（前章の題材の簡単な復習）。そして、相関について扱う。最初は2つの相関する株式の事例を検討し、次にコレスキー分解（第24章）を用いて複数株式のポートフォリオへと一般化する。続けて、将来の引き出し資金を賄うためのポートフォリオ投資である年金問題のシミュレーションについて検討する。最後に、低いベータの株式がより高いアルファを有することを示しながら、ベータのシミュレーションについて議論する。

　本章を通じて、我々は感度分析を行うために、空白セルに対して**データ・テーブル**を実行するテクニックを活用する。複数のランダム・シミュレーションを走らせることを可能にするこのテクニックについては、第31章で説明している。

コンピューターに関する注記

本章のスプレッドシートは、極めて計算負荷が高い。この問題に対処するため、様々なテーマを扱うExcelファイルに分割した。また、データテーブルの自動計算をオフにすることを薦める（[**ファイル**] – [**オプション**] – [**数式**] – [**データテーブル以外自動**]）。

27.2 単独株式の価格とリターンのシミュレーション

本節では、ポートフォリオ投資のシミュレーションを行う。まず、既に第26章で扱った例、即ち、ある期間にわたる株式リターンのシミュレーションから始める。単独の株式から始め、この株式の取りうる将来価格の経路について検討するとしよう。下のスプレッドシートで、このような価格経路をシミュレーションしている。各 t 時点において、株式リターンに関する乱数

$$r_t = \mu \Delta t + \sigma \sqrt{\Delta t} Z$$

を生成する。ここで、Z は **Norm.S.Inv(Rand( ))**[1] によって生成された標準正規乱数である。t 時点の株価は、

$$S_t = S_{t-1} \exp \left[\mu \Delta t + \sigma \sqrt{\Delta t} Z \right]$$

で与えられる。

下は、月次株価のシミュレーション例である。

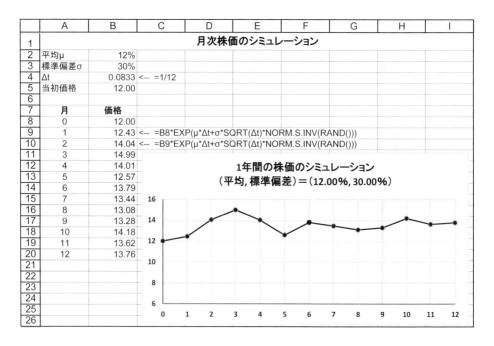

---

1. Excel2003 及び 2007 の場合、この関数を **NormSInv(Rand( ))** に置き換える。

価格の代わりにリターンをシミュレーションする

株式リターンについてこのシミュレーションを行うと、下のようになる。

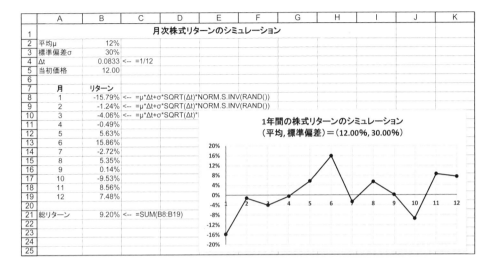

いくつかのリターン/価格の計算式

n 月間の累積リターンは、$n(\mu \Delta t) + \sigma \sqrt{\Delta t}(Z_1 + Z_2 + \cdots + Z_n)$ である。これは、n 月後の株価の期待値が $P_n = P_n \exp\left[\mu(n\Delta t) + \sigma^2(n\Delta t)/2\right]$ であることを意味する。12ヶ月（1年）の場合、株価の期待値は $P_n = P_n \exp\left[\mu + \sigma^2/2\right]$ である。もちろん、この期待値ちょうどの値を見ることはないだろうが、シミュレーションを数多く行うと、期間末の株価の平均値は概ね $P_n = P_n \exp\left[\mu + \sigma^2/2\right]$ となる。これを、下の**データ・テーブル**を使って示す。

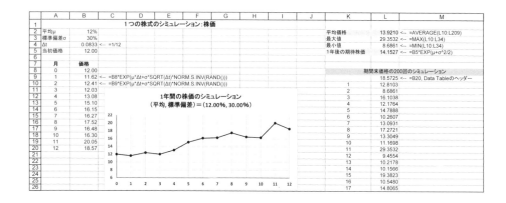

上例では、**データ・テーブル**で1年後の株価（セル B20）をシミュレーションしている。25回のシミュレーションによる1年後の株価の平均値は、1年後の期待株価（セル L5）に近い。[2]

27.3 2つの株式のポートフォリオ

前節の例を、相関 ρ を持つ2つの株式に拡張する。問題を簡単にするため、リターンについてのみ扱い、価格については扱わない。

理論

第24章で、$Z_2 = \rho Z_1 + \sqrt{1-\rho^2} Z_3$ である場合、2つの標準正規乱数 Z_1 と Z_2 は相関 ρ を有することを学んだ。ここで、Z_1 と Z_3 はいずれも標準正規乱数（Excel 関数 **Norm.S.Inv(Rand( ))** で生成される）である。このシミュレーションは、下のようになる。

---

[2] シミュレーション回数を200回に増やしたら、平均値（セル L2）はより期待値（セル L5）に近づく。統計家はこれを"小サンプルの問題"として言及するだろう。注意したいのは、25回の年間リターンのシミュレーションは―平易な言葉で言うと―25年分の年間リターンのシミュレーションであるということである。これは多量である！我々の解釈は、大量のデータが使える場合以外は、ファイナンスは小サンプルの問題に満ち溢れているというものである。株式のベータをシミュレーションする27.7節において、この論点を振り返る。

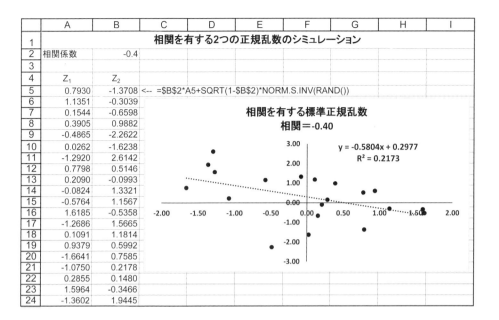

シミュレーションは、Z_2 の Z_1 に対する回帰分析を示している。期待される回帰の切片はゼロ、期待される回帰係数は相関 ρ、そして R^2 は ρ^2 である。しかし、乱数を用いたシミュレーションのため、これが正確に発生することは決してない。しかしながら、この実験を何回も行えば（空白セルで**データ・テーブル**を使う。31.7節参照）、近似する結果を得られることが分かる。

	J	K	L	M	N	O
2		Data Table の統計量				
3		相関係数	切片	傾き	R^2	
4	平均	-0.294	0.056	-0.371	0.135	<-- =AVERAGE(N12:N31)
5	期待値	-0.400	0.000	-0.400	0.160	<-- =B2^2
6	最大値	0.116	0.583	0.122	0.512	<-- =MAX(N12:N31)
7	最小値	-0.716	-0.516	-1.114	0.001	<-- =MIN(N12:N31)
8						
9		Data Table: シミュレーション20回				
10	シミュレーション	相関係数	切片	傾き	R^2	
11		-0.4661	0.2977	-0.5804	0.2173	<-- =RSQ(B5:B24,A5:A24), Data Tableのヘッダー
12	1	-0.1022	-0.2549	-0.1504	0.0105	
13	2	-0.2600	0.1026	-0.2589	0.0676	
14	3	-0.0983	-0.5157	-0.1329	0.0097	
15	4	-0.2588	0.0457	-0.3672	0.0670	
16	5	-0.2714	0.3611	-0.2890	0.0736	
17	6	-0.5162	0.2776	-0.6198	0.2664	
18	7	-0.0923	-0.0617	-0.0890	0.0085	
19	8	-0.1936	0.4798	-0.2671	0.0375	
20	9	-0.4958	-0.1013	-0.5964	0.2458	
21	10	-0.0889	0.5835	-0.0981	0.0079	
22	11	-0.3671	0.0616	-0.4986	0.1348	
23	12	0.1160	-0.0660	0.1220	0.0134	
24	13	-0.7159	0.3014	-1.1136	0.5124	
25	14	-0.2885	-0.0797	-0.2769	0.0832	
26	15	-0.5449	-0.2790	-0.7482	0.2969	
27	16	-0.4570	0.1291	-0.5048	0.2088	
28	17	-0.6334	0.1311	-0.6730	0.4012	
29	18	0.0231	-0.1004	0.0332	0.0005	
30	19	-0.1442	-0.1536	-0.1396	0.0208	
31	20	-0.4913	0.2595	-0.7526	0.2414	

もし、このシミュレーションをより多く反復すれば、より期待値に近い結果が得られる。

	J	K	L	M	N	O
2		Data Table の統計量、シミュレーション200回				
3		相関係数	切片	傾き	R^2	
4	平均	-0.324	-0.023	-0.403	0.149	<-- =AVERAGE(N12:N211)
5	期待値	-0.400	0.000	-0.400	0.160	<-- =B2^2
6	最大値	0.286	0.726	0.537	0.566	<-- =MAX(N12:N211)
7	最小値	-0.752	-0.806	-1.427	0.000	<-- =MIN(N12:N211)

相関を有する株式リターンのシミュレーション

下では、相関を有する 2 つの正規乱数 Z_1 と Z_2 のシミュレーションを行っている。そしてこれらの乱数を使って、$1, 2, \cdots, 12$ 月の 2 つの株式のリターンを計算する。

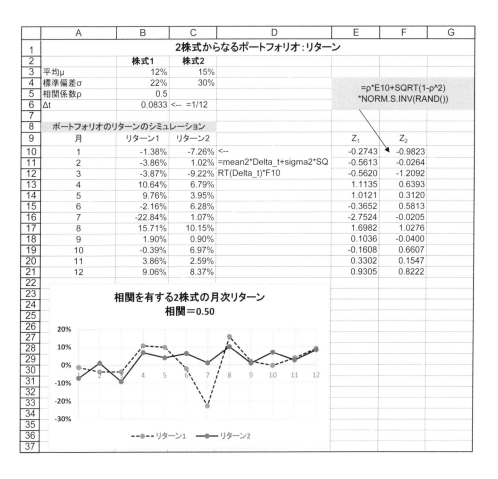

ポートフォリオに関する情報は、以下の通りである。

	A	B	C	D	E	F
42			ポートフォリオの計算			
43	当初財産額	1,000				
44	株式1の割合	25%				
45	当初投資額					
46	株式1	250.00	<--	=B44*B43		
47	株式2	750.00	<--	=(1-B44)*B43		
48	期間末の価値のシミュレーション	1,323.62	<--	=B46*EXP(SUM(B10:B21))+B47*EXP(SUM(C10:C21))		
49						
50	期待リターン	14.25%	<--	=B44*μ1+(1-B44)*μ2		
51	実際のリターン	28.04%	<--	=LN(B48/B43)		
52	リターンの標準偏差	25.70%	<--	=SQRT(B44^2*σ1^2+(1-B44)^2*σ2^2+2*B44*(1-B44)*ρ*σ1*σ2)		
53						

27.4 無リスク資産を加える

前節の例に無リスク資産を加え、2つのリスキーな株式と無リスク資産からなるポートフォリオへの投資のパフォーマンスをシミュレーションする。下のセルB13とB14は、リスク資産のポートフォリオの年ベースのリターンと標準偏差の期待値である。セルB19とB20は、40%をリスク資産、60%を無リスク資産に投資したポートフォリオの期待リターンと標準偏差を示す。

	A	B	C	D	E	F	G
1		2株式及び無リスク資産からなるポートフォリオ					
2		株式1	株式2				
3	平均μ	12%	22%	<-- セル名：mean1, mean2			
4	標準偏差σ	10%	15%	<-- セル名：sigma1, sigma1			
5	相関係数ρ	0.2	<-- セル名：corr				
6	Δt	0.0833	<-- =1/12, セル名：delta_t				
7							
8	無リスク金利、rf	3%	<-- セル名：rf				
9							
10	リスク資産のポートフォリオ						
11	株式1	30%	<-- セル名：prop1				
12	株式2	70%	<-- =1-prop1				
13	年ベースのリターンの期待値	19.00%	<-- =prop1*mean1+(1-prop1)*mean2				
14	年ベースのリターンの標準偏差	11.48%	<-- =SQRT(prop1^2*sigma1^2+(1-				
15			prop1)^2*sigma2^2+2*prop1*(1-prop1)*corr*sigma1*sigma2)				
16	投資						
17	リスク資産	40%	<-- セル名：prop				
18	無リスク資産	60%	<-- =1-prop				
19	期待リターン	9.40%	<-- =prop*B13+(1-prop)*rf				
20	リターンの標準偏差	4.59%	<-- =prop*B14				
21							
22	月	ポートフォリオのリターン		Z_1	Z_2		
23	1	0.22%		-2.151944	0.1503178		
24	2	1.41%		-0.488716	0.6570972		
25	3	1.76%		1.1322993	0.4840253		
26	4	1.38%		1.8182767	-0.026353		
27	5	-0.44%		-0.62981	-0.830752		
28	6	0.84%		1.5636709	-0.401164		
29	7	0.86%		-0.853733	0.3079892		
30	8	0.15%		-0.498033	-0.379522		
31	9	-0.02%		-0.138297	-0.622113		
32	10	0.35%		0.824115	-0.592715		
33	11	0.16%		-1.558568	-0.065594		
34	12	0.36%		0.8041702	-0.581376		
35							
36	年間リターン						
37	シミュレーション	7.04%	<-- =SUM(B23:B34)				
38	期待値	9.40%	<-- =prop*(prop1*mean1+(1-prop1)*mean2)+(1-prop)*rf				
39							
40	年ベースのリターンの標準偏差						
41	シミュレーション	2.30%	<-- =SQRT(12)*STDEV.S(B23:B34)				
42	期待値	4.59%	<-- =B20				
43							
44							
45	セルB23の式	=prop*(prop1*(mean1*delta_t+sigma1*SQRT(delta_t)*D23)+(1-					
46		prop1)*(mean2*delta_t+sigma2*SQRT(delta_t)*E23))+(1-prop)*rf*delta_t					

27.5 複数株式のポートフォリオ

ここまで、2株式のポートフォリオのパフォーマンスのシミュレーションを行ってきた。これを複数の株式にあてはめる場合、コレスキー分解（24.7節を参照）を用いる必要がある。コレスキー分解がどのように働くのか再確認する。下のような分散・共分散構造 S を有する正規乱数の組を生成したい。

$$S = \begin{bmatrix} \sigma_{11} & \sigma_{12} & \sigma_{1N} \\ \sigma_{21} & \sigma_{22} & \sigma_{2N} \\ \sigma_{N1} & \sigma_{N2} & \sigma_{NN} \end{bmatrix}$$

第24章で説明したように、これを行うためのステップは以下の通りである。

1. S の下三角コレスキー分解を行う。この行列を L と表記する。この行列の計算には、本書に付随されているファイルの VBA 関数 **Cholesky** を使う。
2. N 個の標準正規乱数からなる列ベクトルを作成する。Excel 関数 **Norm.S.Inv (Rand( ))** を使う。
3. 行列 L を標準正規乱数の列ベクトルに掛ける。
4. その結果が、相関を有する標準正規乱数の組である。

具体例：所与の相関構造を有する標準正規乱数

ここで具体例を示す。上記の方法の通り、指定した分散・共分散行列を引数として受け取る VBA 関数 **CorrNormal** をプログラムした。下では、この関数を使って、セル A3：D3 に設定された平均と、その下の分散・共分散行列で、月次リターンを3年分シミュレーションしている。

3年分の月次シミュレーションデータ

コレスキー分解を用いて生成した所定の平均を持つ正規乱数
3年分の月次シミュレーションデータ

	A	B	C	D	E	F	G	H	I	J	K
2		月次平均				月	3年分の月次リターンのシミュレーション				
3	4.00%	3.00%	2.00%	1.00%		1	-55.64%	40.12%	12.73%	-31.94%	<--
4						2	42.63%	-24.53%	-20.40%	11.17%	{=corrnormal($A$6:$D$9)+$A
5		分散・共分散行列				3	84.69%	27.49%	62.21%	40.10%	$3:$D$3}
6	0.400	0.030	0.020	0.000		4	-5.94%	23.86%	-2.64%	23.45%	
7	0.030	0.300	0.000	-0.060		5	9.59%	-32.37%	-11.98%	-33.56%	
8	0.200	0.000	0.200	0.030		6	69.96%	110.26%	41.87%	29.69%	
9	0.000	-0.060	0.030	0.100		7	24.01%	-8.94%	-28.29%	-17.38%	
10						8	-72.26%	-117.52%	-30.48%	63.70%	
11		統計量				9	108.93%	5.76%	80.21%	20.58%	
12	データ数	36	<--	=COUNT(G:G)		10	-13.06%	51.99%	3.72%	-26.77%	
13						11	-71.71%	-24.68%	-53.23%	-45.08%	
14		データの平均 vs 平均の理論値				12	-130.28%	-39.77%	-57.04%	40.02%	
15	0.0791	0.0420	0.1021	0.0535	<-- =AVERAGE(J:J)	13	34.85%	-10.04%	6.94%	12.09%	
16	0.0400	0.0300	0.0200	0.0100	<-- 平均の理論値	14	-94.09%	-68.53%	-34.43%	19.12%	
17						15	48.53%	67.79%	50.80%	-1.28%	
18		データの分散 vs 分散の理論値				16	-0.09%	-43.69%	-27.01%	-18.44%	
19	0.3952	0.3282	0.1733	0.0858	<-- =VAR.S(J:J)	17	119.93%	-11.34%	74.28%	34.99%	
20	0.4000	0.3000	0.2000	0.1000	<-- 分散の理論値	18	52.80%	86.59%	4.99%	-41.95%	
21						19	-91.36%	-4.18%	-20.37%	13.97%	
22		標本の分散・共分散				20	5.21%	42.58%	-1.82%	-17.47%	
23		一分散・共分散行列				21	53.07%	-30.94%	38.77%	17.75%	
24	0.0158	-0.0801	-0.1717	0.0074	<-- {=A6:D9-varcovar(G:J)}	22	31.56%	51.11%	-35.54%	-2.24%	
25	-0.0801	-0.0191	-0.0623	-0.0107		23	-14.62%	-112.71%	26.49%	53.11%	
26	0.0083	-0.0623	0.0315	0.0029		24	31.73%	87.74%	91.16%	19.75%	
27	0.0074	-0.0107	0.0029	0.0166		25	-47.70%	25.41%	-32.49%	-29.85%	
28						26	-83.60%	-5.89%	-42.91%	-12.70%	

このシミュレーションを 500 ヶ月分行うと、シミュレーションはパラメータ値により近くなる。

500月分の月次シミュレーションデータ

コレスキー分解を用いて生成した所定の平均を持つ正規乱数
500月分の月次シミュレーションデータ

	A	B	C	D	E	F	G	H	I	J	K
2		月次平均				月	500月分の月次リターンのシミュレーション				
3	4.00%	3.00%	2.00%	1.00%		1	54.84%	-43.85%	48.08%	10.76%	<--
4						2	3.67%	-63.32%	24.08%	67.04%	{=corrnormal($A$6:$D$9)+$A
5		分散・共分散行列				3	-38.29%	-44.04%	-29.15%	-6.27%	$3:$D$3}
6	0.400	0.030	0.020	0.000		4	-37.17%	-13.76%	-5.29%	-9.80%	
7	0.030	0.300	0.000	-0.060		5	-3.95%	-46.45%	-2.04%	16.71%	
8	0.200	0.000	0.200	0.030		6	56.41%	-42.27%	39.58%	95.51%	
9	0.000	-0.060	0.030	0.100		7	-39.12%	28.30%	-47.08%	-8.35%	
10						8	-83.73%	-9.99%	-72.07%	60.96%	
11		統計量				9	51.75%	-65.10%	-12.90%	17.34%	
12	データ数	500	<--	=COUNT(G:G)		10	99.17%	48.73%	60.98%	-23.15%	
13						11	59.12%	6.89%	18.81%	-10.12%	
14		データの平均 vs 平均の理論値				12	-8.01%	-92.15%	-49.45%	36.46%	
15	0.0491	0.0123	0.0158	-0.0056	<-- =AVERAGE(J:J)	13	-13.48%	-27.27%	0.54%	-15.71%	
16	0.0400	0.0300	0.0200	0.0100	<-- 平均の理論値	14	-44.96%	-66.92%	46.14%	5.11%	
17						15	-29.59%	-3.27%	-25.46%	31.12%	
18		データの分散 vs 分散の理論値				16	-34.42%	31.36%	-28.02%	17.17%	
19	0.4092	0.3015	0.1964	0.1041	<-- =VAR.S(J:J)	17	-78.14%	8.40%	-124.33%	-21.42%	
20	0.4000	0.3000	0.2000	0.1000	<-- 分散の理論値	18	16.15%	1.56%	34.44%	-16.64%	
21						19	-45.59%	-55.94%	-41.60%	19.99%	
22		標本の分散・共分散				20	75.33%	4.45%	13.34%	15.63%	
23		一分散・共分散行列				21	56.25%	3.98%	36.11%	-23.20%	
24	-0.0083	-0.0050	-0.1825	0.0009	<-- {=A6:D9-varcovar(G:J)}	22	20.69%	39.15%	30.93%	29.87%	
25	-0.0050	-0.0009	-0.0068	-0.0115		23	-17.60%	-58.93%	-3.73%	28.79%	
26	-0.0025	-0.0068	0.0040	-0.0012		24	112.39%	-69.31%	47.96%	-23.20%	
27	0.0009	-0.0115	-0.0012	-0.0039		25	25.66%	30.93%	39.56%	-54.45%	

VBA 関数 CorrNormal

相関を有する正規乱数を生成する VBA 関数は、2 つの関数を組み合わせたものである。2 つ目の関数 **URandomlist** は、標準正規乱数の列ベクトルを生成する。これらの乱数にコレスキー行列を掛ける。

```
Function CorrNormal(mat As Range) As Variant
CorrNormal = Application.Transpose(Application.
MMult(Cholesky(mat), _
    urandomlist(mat)))
End Function

Function urandomlist(mat As Range) As Variant
    Application.Volatile
    Dim vector() As Double
    numCols = mat.Columns.Count
    ReDim vector(numCols - 1, 1)
    For i = 1 To numCols
        vector(i - 1, 0) = Application.Norm_S_
    Inv(Rnd)
    Next i
    urandomlist = vector
End Function
```

27.6 年金のための貯蓄のシミュレーション

第 1 章で議論した問題に戻る。そこでは、その後の 8 年間にわたって 30,000 ドルずつ引き出すことを可能にするために 5 年間貯蓄しようと考えている潜在的な年金受給者の例を議論した。1.6 節で議論した問題は、年金資産（年利 8％で殖える）を 8 年間できっちり使い切るには、毎年いくら預金すればよいかであった。

この問題への答えは以下の通りである。

	A	B	C	D	E	F
1			退職の問題, 1.6節			
2	金利	8%				
3	毎年の預金額	29,386.55				
4	退職後の毎年の引き出し額	30,000.00				
5						=$B$2*(C7+B7)
6	年	資産残高、年初	年初の預金額	年間の金利収入	総資産残高、年末	
7	1	0.00	29,386.55	2,350.92	31,737.48	<-- =D7+C7+B7
8	2	31,737.48	29,386.55	4,889.92	66,013.95	
9	3	66,013.95	29,386.55	7,632.04	103,032.54	
10	4	103,032.54	29,386.55	10,593.53	143,012.62	
11	5	143,012.62	29,386.55	13,791.93	186,191.10	
12	6	186,191.10	-30,000.00	12,495.29	168,686.39	
13	7	168,686.39	-30,000.00	11,094.91	149,781.30	
14	8	149,781.30	-30,000.00	9,582.50	129,363.81	
15	9	129,363.81	-30,000.00	7,949.10	107,312.91	
16	10	107,312.91	-30,000.00	6,185.03	83,497.94	
17	11	83,497.94	-30,000.00	4,279.84	57,777.78	
18	12	57,777.78	-30,000.00	2,222.22	30,000.00	
19	13	30,000.00	-30,000.00	0.00	0.00	
20						
21	注記:この問題は、5年間の預金及び8年間の引き出しを、全て年初に行うものとする。13年目の年初は、退職プランの最終年である。毎年の預金額を正しく計算すれば、13年目の年初の資産残高は、資金引き出し後にゼロになるはずである。					

　本節では、この問題にモンテカルロ法を適用することを議論する。第 1 章と同様、将来の年金受給者は、現在年金のための貯蓄はなく、8 年間の引き出しが可能になるよう預金しようと考えている。しかし、ここでは、預金を平均リターン 12%、標準偏差 18%のリスク資産のポートフォリオに投資するものとする。我々の関心は、毎年の預金額をどの程度の水準にすると、将来計画している毎年 30,000 ドルの引き出しが可能になるかを知ることである。これを知るために、遺産の額—13 年目に残る年金資産の額—を検討する。いくつかのことが明らかである。

• 預金の 100%を無リスク資産に投資する場合を除き、預金または遺産の額はもはや確実とは言えない。
• 平均的には、リスク資産の割合を大きくすれば、遺産の平均値はより大きくなる。

シミュレーションの一例は、以下の通りである。

	A	B	C	D	E	F
1				退職の問題		
2	無リスク金利		8%	<-- セル名: rf		
3	リスク資産					
4	平均		12%	<-- セル名: mean		
5	標準偏差		18%	<-- セル名: sigma		
6	毎年の預金額		30,000	<-- 1-5年目		
7	投資ポリシー					
8	無リスク資産		30%	<-- セル名: prop		
9	リスク資産		70%	<-- =1-prop		
10	退職後の毎年の引き出し額		30,000	<-- 6-13年目		
11						
12	年	資産残高、年初	年初の預金額	年末の資産残高		
13	1	0	30,000	31,207	<-- =(B13+C13)*(prop*EXP(rf)+(1-	
14	2	31,207	30,000	57,715	prop)*EXP((mean+sigma*NORM.S.INV(RAND())	
15	3	57,715	30,000	92,887	)))	
16	4	92,887	30,000	169,150		
17	5	169,150	30,000	308,024		
18	6	308,024	-30,000	231,702		
19	7	231,702	-30,000	191,695		
20	8	191,695	-30,000	170,151		
21	9	170,151	-30,000	146,909		
22	10	146,909	-30,000	130,581		
23	11	130,581	-30,000	116,899		
24	12	116,899	-30,000	91,563		
25	13	91,163	-30,000	77,508		

不確実性を感じるために、空白セルに定番の**データ・テーブル**を使う。

	G	H	I
3		Data Tableの統計量	
4	平均	130,469	<-- =AVERAGE(H15:H24)
5	最大値	613,335	<-- =MAX(H15:H24)
6	最小値	-36,264	<-- =MIN(H15:H24)
7	標準偏差	193,818	<-- =STDEV.S(H15:H24)
8	プラスの遺産額の割合	90%	<-- =COUNTIF(H15:H24,">0")/10
9			
10			
11			
12		Data Table: 遺産額のシミュレーション	
13	シミュレーション	遺産額	
14		387,776	<-- =D25, Data Table のヘッダー
15	1	613,335	
16	2	79,823	
17	3	41,689	
18	4	3,386	
19	5	67,000	
20	6	319,044	
21	7	94,766	
22	8	59,295	
23	9	-36,264	
24	10	62,616	

この特定の 10 回のシミュレーションによる遺産額の平均は 130,469 ドルであるが、かなりの変動を伴っている。このシミュレーションは確率的であるため、スプレッドシートを開くたびに異なる値になる。90%のケースで、年金を全額引き出すことができる（遺産額がプラスという意味で）。無リスク資産への投資割合を変えてシミュレーションすると、以下の結果を得る。

	G	H	I	J	K	L	M
2				Data Table の統計量			
3				無リスク資産の割合			
4		100%	80%	60%	40%	20%	0%
5	平均	14,147	48,752	76,897	145,130	71,081	273,661
6	最大値	14,147	102,243	261,260	654,184	255,052	653,485
7	最小値	14,147	14,911	-54,312	-75,379	-210,525	-52,011
8	標準偏差	0	28,941	88,079	227,386	154,141	273,110
9	プラスの遺産額の割合	100%	100%	90%	70%	70%	90%
10							
11							
12				Data Table: 無リスク資産の割合の関数としての遺産額			
13	シミュレーション			無リスク資産の割合			
14	37,064	100%	80%	60%	40%	20%	0%
15	1	14,147	16,596	64,302	35,510	-95,892	650,004
16	2	14,147	102,243	97,221	-106	255,052	205,743
17	3	14,147	69,901	46,404	15,434	249,211	234,604
18	4	14,147	29,898	175,925	-75,379	-210,525	14,056
19	5	14,147	74,854	17,135	122,348	161,285	226,103
20	6	14,147	54,744	56,742	400,250	91,839	125,583
21	7	14,147	60,753	-54,312	654,184	215,411	653,485
22	8	14,147	20,414	84,593	115,265	-22,340	633,580
23	9	14,147	43,207	19,704	225,091	40,800	-52,011
24	10	14,147	14,911	261,260	-41,300	25,968	45,461

下のグラフは、これらのシミュレーションを要約したものである。

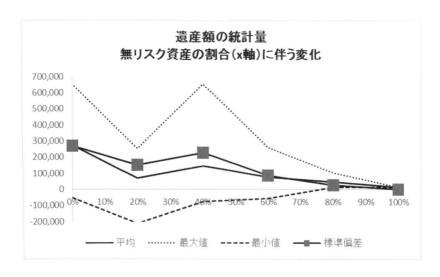

27.7 ベータとリターン

本節では、典型的なベータ算出のシミュレーションを行う。σ_M、σ_i 及び株式 i と市場との間の相関 ρ を知っているという意味で、"実際の"ベータが分かっていると想定する。そして、適切な分布からリターンを取り出すことによって、このベータをシミュレーションする。この例を用いて、データから算出した実際のベータが、ベータの理論値からどれだけ離れているかを説明する。

第 11 章を思い出すと、資産 i に関する β_i は、次のように定義される。

$$\beta_i = \frac{Cov(r_i, r_M)}{Var(r_M)}$$

下のシミュレーションでは、等価である 2 つの β_i の表現を用いる。まず、i と M との相関 ρ を用いて、β_i は以下のように表現できる。

$$\beta_i = \frac{Cov(r_i, r_M)}{Var(r_M)} = \frac{\rho \sigma_i \sigma_M}{\sigma_M^2} = \frac{\rho \sigma_i}{\sigma_M}$$

次に、もし株式及び市場のリターンに関する時系列データ $\{r_{it}, r_{Mt}\}$ があれば、回帰分析を行うことによって、次のように β_i を推定することができる。

$$r_{it} = \alpha_i + \beta_i r_{Mt}$$

そのデータで相関が ρ であれば、

$$\alpha_i = E(r_M) - \beta_i E(r_i), \beta_i = \frac{\rho \sigma_i}{\sigma_M}, R^2 = \rho^2 と考えられる。$$

資本市場では、β_i は 3 から 5 年間の月次リターンで計算されるのが典型的である。以下では、相関する 2 つの資産の 60 個のリターン・データをシミュレーションことによって、この手順を再現している。1 つ目の資産を "i"、2 つ目の資産を "M" とする。i と M の基本的なデータのいくつかは以下の通りである。

	A	B	C	D
2		平均	標準偏差	
3	株式 i	6%	22%	
4	マーケット M	10%	15%	
5	相関(i,M)	0.3000		
6	βi	0.4400	<-- =ρ*σ/σ_M	

シミュレーションの結果は、以下の通りとなる。

	A	B	C	D	E	F
1		ベータとアルファのシミュレーション				
2		平均	標準偏差			
3	株式 i	6%	22%			
4	マーケットM	10%	15%			
5	相関(i,M)	0.3000				
6						
7	予想αi	0.0160	<-- =μ_i-B8*μ_m			
8	予想βi	0.4400	<-- =ρ*σ_i/σ_m			
9	予想R²	0.0900	<-- =ρ^2			
10						
11						
12		ri の rM に対する回帰				
13	α	0.0351	<-- =INTERCEPT(E20:E79,F20:F79)			
14	傾き	0.3109	<-- =SLOPE(E20:E79,F20:F79)			
15	R²	0.0215	<-- =RSQ(E20:E79,F20:F79)			
16						
17	シミュレーション					
18	月	正規乱数			リターン	
19		Z_1	Z_2		株式	マーケット
20	1	1.2673	-0.6379		14.05%	7.24%
21	2	-0.1540	-0.0394		5.02%	9.83%
72	53	-1.3271	1.4512		-2.43%	16.28%
73	54	0.2315	-0.3024		7.47%	8.69%
74	55	1.4994	0.2883		15.52%	11.25%
75	56	1.1538	-0.0174		13.33%	9.92%
76	57	-0.4069	1.3367		3.42%	15.79%
77	58	2.0951	0.6692		19.31%	12.90%
78	59	0.1678	0.0043		7.07%	10.02%
79	60	-2.4346	-0.5871		-9.46%	7.46%
80						
81	式					
82	セルB20:=NORM.S.INV(RAND())					
83	セルC20:=ρ*B20+SQRT(1-ρ^2)*NORM.S.INV(RAND())					
84	セルE20:=μ_i+σ_i*SQRT(1/12)*B20					
85	セルF20:=μ_m+σ_m*SQRT(1/12)*C20					

このスプレッドシートで使っている関数は、以下の通りである。

- Z_1 =**Norm.S.Inv(Rand( ))**。第24章で見たように、これは標準正規乱数を生成する。
- $Z_2 = \rho * Z_1 + $ noum.s.inv(rand( ))$ * \sqrt{1-\rho^2}$。第24章で見たように、標準正規乱数 Z_2 は Z_1 と相関 ρ を有する。
- 株式のリターンの列は、$r_{株式} = \mu_{株式} + \sigma_{株式} \sqrt{1/12} * Z_1$ で計算されている。

- 市場リターンの列は、$r_{市場} = \mu_{市場} + \sigma_{市場}\sqrt{1/12} * Z_2$ で計算されている。

この結果、市場と株式のリターンは相関 ρ を有する。ここで、r_M に対する r_i の標準的な1回目の回帰を行う。上のシミュレーションのように、モンテカルロ・シミュレーションの結果は理論値からそれほど離れてはいない。

	A	B	C	D	E	F
7	予想αi	0.0160	<--	=μ_i-B8*μ_m		
8	予想βi	0.4400	<--	=ρ*σ_i/σ_m		
9	予想R²	0.0900	<--	=ρ^2		
10						
11						
12	ri の rM に対する回帰					
13	α	0.0086	<--	=INTERCEPT(E20:E79,F20:F79)		
14	傾き	0.4390	<--	=SLOPE(E20:E79,F20:F79)		
15	R²	0.0827	<--	=RSQ(E20:E79,F20:F79)		

全てのシミュレーションの結果が、望む結果に近くなるわけではない。例えば、下は、モンテカルロ・シミュレーションによる β_i が、期待される β_i からかなり離れた別のシミュレーションである。

	A	B	C	D	E	F
7	予想αi	0.0160	<--	=μ_i-B8*μ_m		
8	予想βi	0.4400	<--	=ρ*σ_i/σ_m		
9	予想R²	0.0900	<--	=ρ^2		
10						
11						
12	ri の rM に対する回帰					
13	α	-0.0037	<--	=INTERCEPT(E20:E79,F20:F79)		
14	傾き	0.5942	<--	=SLOPE(E20:E79,F20:F79)		
15	R²	0.1499	<--	=RSQ(E20:E79,F20:F79)		

このシミュレーションを 50 回繰り返すと、計算された β_i はかなりのボラティリティを示すことが分かる。

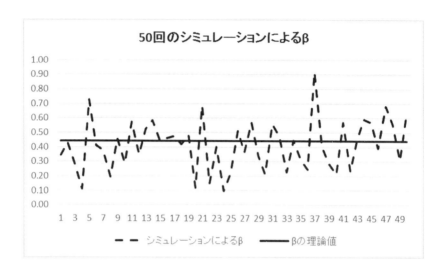

ベータとアルファは関連しているのだろうか？

低いベータの株式は高いアルファを持ち、逆もまたしかり、と主張する文献が増えている。[3] これが正しいことを、モンテカルロ・シミュレーションで示そう。下のスプレッドシートは、**データ・テーブル**を使って、ベータとアルファを σ_i の関数として示したものである。[4]

---

3. 参考文献としては、Frazzini-Pedersen (2011)、Cremers-Petajisto-Zitzewitz (2010)、Hong-Sraer (2012)、そして Nardin-Haugen (2012) を参照。
4. もちろん、より高い σ_i はより高い β_i をもたらす。

	H	I	J	K	L	M	N	O
4	切片		0.0559	<-- =INTERCEPT(J10:J20,I10:I20)				
5	傾き		-0.0911	<-- =SLOPE(J10:J20,I10:I20)				
6	R^2		0.9975	<-- =RSQ(J10:J20,I10:I20)				
7								
8	σ_i	β_i	α_i					
9		0.4462	0.0152	<-- =B13, Data Table のヘッダー				
10	0%	0.000	0.060					
11	20%	0.535	0.006					
12	30%	1.074	-0.036					
13	40%	0.778	-0.011					
14	50%	1.347	-0.068					
15	60%	1.823	-0.108					
16	70%	1.594	-0.094					
17	80%	1.911	-0.133					
18	90%	2.835	-0.201					
19	100%	4.526	-0.353					
20	110%	3.085	-0.223					

α対β
パラメータ：(σ_M, ρ)：(15%, 0.4)

$y = -0.0911x + 0.0559$
$R^2 = 0.9975$

以下は、さらに2つのシミュレーションである。1つ目では、市場ポートフォリオにずっと高い σ を想定した。

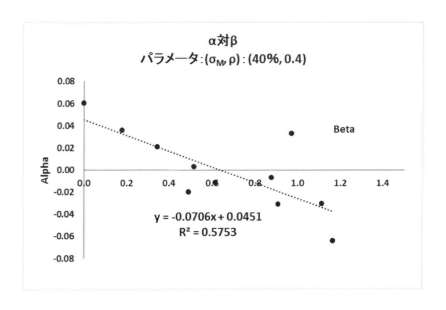

α対β
パラメータ：(σ_M, ρ)：(40%, 0.4)

$y = -0.0706x + 0.0451$
$R^2 = 0.5753$

2つ目では、市場ポートフォリオと株式 i の相関を変えた。

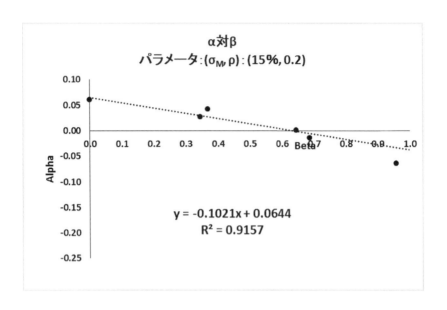

27.8 まとめ

モンテカルロ法は、投資問題に対し、リターンの平均と標準偏差について、通常の計算以上の洞察を与えてくれる。本章では、資産運用のいくつかのよくあるケースを検討した。単独株式のリターン、所与の相関構造を有するリスク資産ポートフォリオのリターン、不確実な投資を伴う標準的な貯蓄/年金問題、そして資産のベータの計算である。

練習問題

1. 統計的なパラメータが下のように与えられている2つの株式からなるポートフォリオを考える。

    - 株式 A：年ベースのリターンの平均 = 15%、リターンの標準偏差 = 30%
    - 株式 B：μ = 8%、σ = 15%

- 相関（A, B）= ρ = 0.3

バイ・アンド・ホールド戦略を取る投資家が、A60%、B40%からなるポートフォリオを取得し、20年間保有し続ける。このポートフォリオの年ベースのリターンをシミュレーションしなさい。推奨するテンプレートは、下の通りである。

	A	B	C	D	E	F	G	H
1		2株式からなるポートフォリオへの投資						
2		株式A	株式B					
3	平均	15%	8%					
4	標準偏差	30%	15%					
5	相関	0.3						
6	Aの割合	60%						
7								
8		ポートフォリオのリターンの要約						
9		理論値	実際					
10	平均							
11	標準偏差							
12								
13		シミュレーションしたリターン				正規乱数		
14	年	A	B					
15	1							
16	2							

2. 前問を再検討する。無リスク金利が4%であるとし、投資家（依然としてバイ・アンド・ホールド戦略を取る）は、無リスク資産に50%と、AとBが60/40からなるポートフォリオに50%投資する。リターンの理論値とシミュレーション結果とを比較しなさい。

3. 前問では無リスク金利は一定であると仮定した。おそらくより妥当な代替モデルは、無リスク金利が長期平均に平均回帰すると仮定するかも知れない。この仮定の下では、もし直近の金利が長期平均を上回っていたら次の期間の金利は下がる傾向を持ち、逆もまたしかりとなる。このようなモデルの1つに、以下のようなオルンシュタイン−ウーレンベック過程がある。

$$r_t = r_{t-1} + \underbrace{\varphi(\mu - r_{t-1})\Delta t + \sigma\sqrt{\Delta t}Z}_{\text{金利の新手法}}$$

この過程を12ヶ月にわたってシミュレーションしなさい。

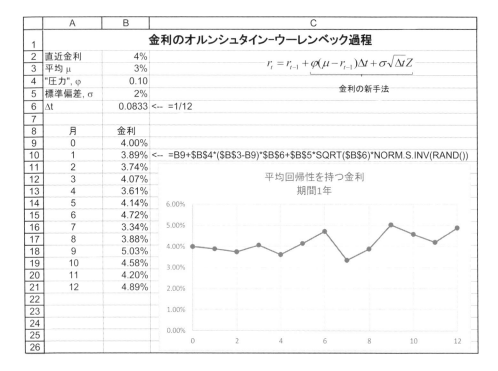

4. 本書に付随するファイルには、5つの米国の株式の月次データが5年分収録されている。

- 各株式の月次リターンを計算しなさい。
- これらの株式の平均月次リターンと標準偏差を計算しなさい。
- 株式のリターンに関する分散・共分散行列を計算しなさい。
- 株式のリターンに関する相関行列を計算しなさい。
- この分散・共分散構造から下三角コレスキー行列を計算しなさい。

5. 前問のデータを用いて、過去のリターンと同じ分散・共分散構造を仮定し36ヶ月分のリターンをシミュレーションしなさい。将来予想される月次リターンが、過去のリターンと同じであると仮定するのは、意味をなさないと注意しておく。その代わりに、下の値を使うこと。

	A	B	C	D	E	F
2		月次平均及び標準偏差				
3		JCP	AAPL	C	F	K
4	過去の平均	-1.08%	1.46%	-2.02%	2.02%	0.75%
5	予想される将来の平均	2.00%	1.50%	1.00%	2.00%	0.60%

28 バリュー・アット・リスク（VaR）*

28.1 概要

バリュー・アット・リスク（VaR）は、一定期間の下で与えられた信頼水準において、市場が通常状態である場合に予想される最悪の損失を算出する。参考文献の1つは、「VaRは、事前に決めた一定期間において $x\%$ の確率でいくら損失が生じるかという質問について答える」（J.P.Morgan, *RiskMetrics—Technical Document*）[1] と説明している。他の表現としては、VaRは所与のポートフォリオ内で、特定の期間内に発生しうる潜在的な損失の最も低い分位点である、というものである。基本的な保有期間 T と信頼水準（分位点）q は、リスク管理の全体的な目的に対して適切になるように選ぶべき 2 つの主要なパラメータである。保有期間は、活発なトレーディング・デスクの数時間から、年金ファンドの 1 年間までと、異なりうる。主要目的が、例えば、銀行の自己資本規制のような外部の規制要件を満たすことである場合、分位点は一般的に非常に小さい（例：最悪な結果の1%タイル）。しかしながら、企業がリスク・エクスポージャーの管理に用いる内部リスク管理モデルでは、通常はだいたい5%である（より詳しくは参考文献にあるウェブサイトを参照）。VaR の一般的な入門解説は、Linsmeier and Pearson（1996）と Jorion（1997）に見いだすことができる。

VaR の専門用語を使って、あるポートフォリオ・マネージャーが日次 VaR を1%で 100 万ドル抱えているとしよう。この文章は、通常の市場状態において、1 日で 100 万ドルを超える損失が発生する可能性が、100 回に 1 回だけあることを意味する。

28.2 非常に簡単な例

1 つの資産からなるポートフォリオを保有しているマネージャーを考えよう。資産

---

* 本章は、Zvi Wiener によって書かれ、最初に *Mathematica in Education and Research* 7（1998）に掲載された論文 "Value-at-Risk(VaR)" を基にしている。
1. J.P.Morgan によって作成されたこれと他の貴重な文書は、本書の付随ファイルに収録されている。

のリターンは、平均が20%で標準偏差が30%の正規分布に従う。現在のポートフォリオの価値は100百万ドルである。年末時点のポートフォリオの価値の分布に関して、以下のような種々の簡単な質問に答えたい。

1. 年末時点のポートフォリオの価値の分布はどのようなものか？
2. 年末までに20百万ドルを超える損失が発生する確率はどの程度か？（言い換えれば、年末の価値が80百万ドルを下回る確率はどの程度か？）
3. 1%の確率で発生する、年末の最大損失はいくらか？これが、1%のVaRである。

年末のポートフォリオの価値が80百万ドルを下回る確率は、以下の通り約9%である。

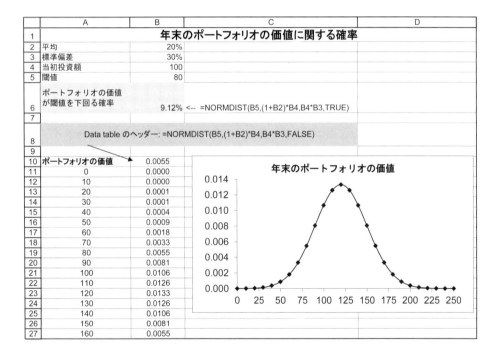

ExcelのNorm.Dist関数は、累積分布関数と確率密度関数の両方の値を返すことができる。[2] セルB6にNorm.Dist関数を使った場合、関数ウィンドウはこのようになる。

---

2. Excelのいくつかのバージョンでは、この関数はドットなしのNormDistで表示される。

バリュー・アット・リスク（VaR） 719

```
関数の引数
NORM.DIST
      X        B5           = 80
      平均     (1+B2)*B4    = 120
      標準偏差  B4*B3        = 30
      関数形式  TRUE         = TRUE
                            = 0.09121122
指定した平均と標準偏差に対する正規分布の値を返します。
           X には関数に代入する数値を指定します。
```

　スプレッドシートでは、2 つのバージョンの **Norm.Dist** を使っている。まず、セル B6 で、年末のポートフォリオの価値が 80 を下回る確率を計算するために用いる。このバージョンでは、**Norm.Dist** の最後の入力箇所を TRUE にし、=NORM.DIST(B5,(1+B2)*B4,B4*B3,TRUE) と入力すると、**Norm.Dist** は累積分布関数の値を返す。データ・テーブルでは、年末のポートフォリオ価値の確率密度関数を描くために、この値を FALSE に設定する。

28.3 Excel での分位点の設定

Excel のソルバーを使うことによって、1%の確率では、年末のポートフォリオの価値が 50.209 以下になると算定できる。思い出すと、バリュー・アット・リスクは、所与の信頼水準において、一定期間にわたって市場が通常状態である場合に予想される最悪の損失である。したがって、50.210 という値は、1%水準でのポートフォリオの VaR が、100 − 50.210 = 49.790 であることを意味する。

	A	B	C	D	E	F
1		年末のポートフォリオの価値に関する確率				
2	平均	20%				
3	標準偏差	30%				
4	当初投資額	100				
5	閾値	50.210				
6	ポートフォリオの価値が閾値を下回る確率	1.00%	<-- =NORMDIST(B5,(1+B2)*B4,B4*B3,TRUE)			

ソルバーのパラメーター

目的セルの設定(T): $E$6

目標値: ○最大値(M) ○最小値(N) ●指定値(V) 0.01

変数セルの変更(B): $B$5

この閾値は分布の分位点として知られる。Excel では、上のように**ソルバー**を使ってこれを計算できる。本書で用いる 2 つの分布－正規分布及び対数正規分布－については、Excel に分位点を見つける関数が組み込まれている。これらの関数－**Norm.Inv**、**Norm.S.Inv** 及び **Loginv**－は、正規分布、標準正規分布及び対数正規分布の逆関数を返す。

以下は、上例で与えられた数値の例である。ここでは、関数 =**NORM.INV(0.01, (1+B3)*B5,B5*B4)** をセル B6 に入力している。この関数は、平均 = 120 で標準偏差 = 30 の正規分布の、確率 1%の閾値点を見つけ出す。累積分布関数の一部を表示する下のグラフで、この点が確認できる。

バリュー・アット・リスク（VaR） 721

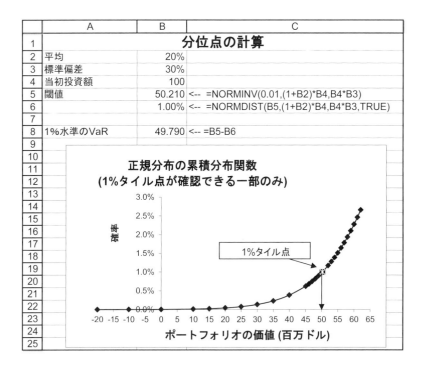

対数正規分布

対数正規分布は、多くの資産価格（マイナスの値を取らない）に関して、正規分布より合理的な分布である。ポートフォリオのリターン［リターン = Log（価格の相対比）］が、年次平均 μ と年次標準偏差 σ で正規分布するとしよう。さらに、ポートフォリオの直近の価値が V_0 であるとすると、T 時点のポートフォリオの価値 V_T の対数は、正規分布に従う（Hull, 2011 を参照）。[3] これは、

$$\ln(V_T) \sim Normal\left[\ln(V_0) + \left(\mu - \frac{\sigma^2}{2}\right)T, \sigma\sqrt{T}\right]$$

---

3. John C. Hull, *Options, Futures, and Other Derivatives* (Prentice-Hall, 8th edition, 2011)

であることを意味する。例えば、$V_0 = 100$、$\mu = 10\%$、$\sigma = 30\%$であるとしよう。年末のポートフォリオの価値の対数は正規分布に従うことから、

$$\ln(V_1) \sim Normal\left[\ln(100) + \left(0.10 - \frac{0.3^2}{2}\right), 0.3\right] = Normal[4.66017, 0.3]$$

である。したがって、当初価値が 100 百万ドルで、年次リターンが $\mu = 10\%$、$\sigma = 30\%$ の対数正規分布に従うポートフォリオは、1%の年間 VaR が 47.42 百万ドルになる。

	A	B	C
1	対数正規分布の分位点		
2	当初価値, V_0	100	
3	平均, m	10%	
4	標準偏差, s	30%	
5	期間, T	1	<-- 年単位
6			
7	$\ln(V_T)$ に関する正規分布のパラメータ		
8	平均	4.6602	<-- =LN(B2)+(B3-B4^2/2)*B5
9	標準偏差	0.3000	<-- =B4*SQRT(B5)
10			
11	閾値	52.576	<-- =LOGINV(0.01,B8,B9)
12	1%水準のVaR	47.424	<-- =B2-B11

ほとんどの VaR の計算では、1 年間の VaR は用いられない。規制当局と経営陣の主な関心事は、もっと短い保有期間におけるポートフォリオの損失である (典型的には数日かおそらく数週間)。分布の式 $\ln(V_T) \sim Normal\left[\ln(V_0) + \left(\mu - \frac{\sigma^2}{2}\right)T, \sigma\sqrt{T}\right]$ が、他のどんな保有期間の VaR の計算にも使えることは明らかである。T が年単位であることを思い出すと、もし 1 年間の取引日が 250 日なら、日次の VaR は $T = 1/250$ に相当する (多くの固定金利商品では、そのマーケット慣行に従って、1/360、1/365 または 1/365.25 を使うべきである)。

28.4 3つの資産の問題：分散・共分散行列の重要性

前の例からわかるように、VaR は原理的にはそれほど複雑な概念ではない。しかしながら、VaR の実装には、2 つの大きな実務上の問題がある (両方の問題が、RiskMetrics のウェブサイト、www.msci.com/resources/から入手可能な文献で、

より詳細に議論されている）。

1. 1つ目の問題は、資産リターンの分布に関するパラメータの推定である。VaRの"現実の世界"における適用では、平均、分散、及びリターンの相関を推定する必要がある。これは、些細な問題ではない！本節では、資産のリターン間の相関の重要性を例証する。次節では、市場データからリターン分布を推定する、非常に簡略化された例を提示する。例えば、ユーロの買いポジションと米ドルの売りポジションの両方を持つことは、一方のポジションの利益が他方の損失と概ね相殺される確率が高いことから、どちらか片方のポジションだけの場合と比べてリスクが小さいと想像できるだろう。

2. 2つ目の問題は、ポジション規模の実際の計算である。大きな金融機関は、数千にのぼるローン債権を保有している。これらのローンのデータ・ベースは、リスク度合いや満期までの期間による分類がなされていないかもしれない。あるいは、2つ目の例をあげると、銀行は、異なる地域の異なる支店間で、相殺可能な外国通貨のポジションを持っているかもしれない。ニューヨークにおけるユーロの買いポジションは、ジュネーブにおけるユーロの売りポジションによって相殺できるかもしれない。VaRで計測したい銀行のリスクは、正味のポジションに基づくものである。

まず資産リターン間の相関の問題から始める。引き続き前出の例を用いるが、ここでは3つのリスク資産があると仮定する。これまでのように、資産リターンの分布に関するパラメータは既知であり、平均は、μ_1, μ_2, μ_3 で、リターンの分散・共分散行列は

$$S = \begin{bmatrix} \sigma_{11} & \sigma_{12} & \sigma_{13} \\ \sigma_{21} & \sigma_{22} & \sigma_{23} \\ \sigma_{31} & \sigma_{32} & \sigma_{33} \end{bmatrix}$$ である。

行列 S は、もちろん対称行列である。σ_{ii} は i 番目のリターンの分散であり、σ_{ij} は資産 i と資産 j のリターンの共分散である（もし $i = j$ なら、σ_{ij} は資産 i のリターンの分散）。

現在のポートフォリオの総価値は100百万ドルで、このうち30百万ドルが資産1に、25百万ドルが資産2に、45百万ドルが資産3に投資されているとする。このポートフォリオのリターン分布の平均と分散は、以下で与えられる。

リターンの平均 $= x_1\mu_1 + x_2\mu_2 + x_3\mu_3$
リターンの分散 $= \{x_1, x_2, x_3\}.S.\{x_1, x_2, x_3\}^T$

ここで、$x = \{x_1, x_2, x_3\} = \{0.3, 0.25, 0.45\}$ は、3 資産それぞれの投資割合を示すベクトルである。リターンが正規分布に従うと仮定すると（これは価格が対数正規分布に従うことを意味する）、下のスプレッドシートのように VaR を計算することができる。

	A	B	C	D	E	F	G	H
1		3つの資産のVaRの問題						
2		リターンの平均		分散・共分散行列				割合
3	資産1	10%		0.10	0.04	0.03		0.30
4	資産2	12%		0.04	0.20	-0.04		0.25
5	資産3	13%		0.03	-0.04	0.60		0.45
6								
7	当初投資額	100						
8	リターンの平均	0.1185	<--	{=MMULT(TRANSPOSE(B3:B5),H3:H5)}				
9	ポートフォリオの標準偏差	0.3848	<--	{=SQRT(MMULT(MMULT(TRANSPOSE(H3:H5),D3:F5),H3:H5))}				
10								
11	ポートフォリオの価値の平均	111.8500						
12	ポートフォリオの価値の標準偏差	38.4838						
13								
14	閾値	22.3234	<--	=NORMINV(0.01,(1+B8)*B7,B9*B7)				
15	累積分布関数	0.01	<--	=NORMDIST(B14,B11,B12,TRUE)				
16	1%水準のVaR	77.6766	<--	=B7-B14				
17								
18			セルB8及びB9の関数は配列関数であることに注意。セルに関数を入力した後、[Ctrl]+[Shift]+[Enter]を押すこと。中カッコ{ }は入力不要である―自動的に現れる。					

28.5 データのシミュレーション：ブートストラップ法

しばしば、ブートストラップ法はデータのシミュレーションの助けになる。本節で一例を示す。現在は 1997 年 2 月 10 日であるとし、2 つの資産に投資している企業を考える。

- 会社は 2 単位のインデックス・ファンドの買いポジションを保有している。ファンドの直近の市場価格は 293 なので、インデックス・ファンドへの投資額は 2 * 293=586 である。
- 会社はルーブル建て外国債券の売りポジションを保有している。債券はゼロ・クーポン債（即ち、利息を支払わない）で、額面が 100 ルーブル、満期が 2000 年 5 月 8 日である。もし直近のルーブル金利が 5.30%なら、1997 年 2 月 10 日のルーブル建て債券の売りポジションの価値は、$-100 * \exp[-5.30\% * (2000$ 年 5

月 8 日 –1997 年 2 月 10 日）/365] = –84.2166 である。

このポジションのドル・ベースの価値は、–84.2166 * 3.40 = –286.3365 なので、ポートフォリオの正味価値は、586 – 286.3365 = 299.66 になる。

以下にこれを示す。

	A	B	C	D	E	F	G	H	I
1			ブートストラップ法—当初のポジション						
2	インデックスファンドの保有単位	2							
3	債券の満期		8/May/00						
4									
5	日付		インデックスファンドの価格	ルーブルの金利	ルーブルの為替レート	インデックスファンドの総価値	ルーブル建て債券の価値	債券のドルベースの価値	ポートフォリオの価値
6	1997/2/10		293	5.30%	3.40	586.00	-84.2166	-286.3365	299.66
7									
8						=B2*B6			
9							=G6*D6	=F6+H6	
10									
11						=-100*EXP(-(B3-A6)/365*C6)			

ここで、為替レートとインデックスのデータを持っているとする。ここでは 40 日分のデータを示す（途中のデータは非表示にしたが、行が 6 行目から 45 行目にわたっているのがわかるだろう）。

	A	B	C	D	E	F
1		**為替レート及びインデックスのデータ**				
2	インデックスファンドの保有単位	2				
3	債券の満期	8/May/00				
4						
5	日付	インデックス	外貨金利	為替レート		ポートフォリオの価値
6	1997/1/2	462.71	5.28%	3.50		632.13
7	1997/1/3	514.71	5.26%	3.47		738.41
8	1997/1/4	456.5	5.23%	3.46		622.49
9	1997/1/5	487.39	5.24%	3.45		685.17
10	1997/1/6	470.42	5.25%	3.45		651.28
43	1997/2/8	467.14	5.31%	3.44		644.75
44	1997/2/9	562.06	5.32%	3.41		837.17
45	1997/2/10	481.61	5.30%	3.40		676.88

これらのデータを、"ランダムな"リターンのデータを生成する基礎として使いたい。これを行うための、"ブートストラップ法"と呼ばれる1つの手法を例示する。これは、データのランダムな入れ替えを指し、反復するたびに、インデックス価格、金利、そして為替レートのデータを並び替え、ポートフォリオのリターンを計算する。[4]

	A	B	C	D	E	F	G	H
1				ブートストラップ法によるリターンの分布				
2	インデックスファンドの保有単位	2			反復数	5,000	開始時刻	11:45:50
3	債券の満期	8/May/00			リターン	0.15	所要時間	0:16:41
4	データの数	40						
5				インデックス		外貨金利		=H46/H7-1
6	日付	インデックス	インデックスの乱数	外貨金利	外貨金利の乱数	為替レート	為替レートの乱数	ポートフォリオの価値
7	1997/1/2	615.93	0.0029	5.31%	0.0148	3.40	0.0202	947.24
8	1997/1/3	757.02	0.0447	5.24%	0.0179	3.41	0.0456	1,227.87
9	1997/1/4	581.50	0.0452	5.32%	0.0377	3.44	0.0620	875.04
10	1997/1/5	651.99	0.0742	5.28%	0.0383	3.42	0.0846	1,017.27
11	1997/1/6	605.37	0.1027	5.28%	0.0634	3.50	0.1070	917.28
12	1997/1/7	514.71	0.1455	5.28%	0.0640	3.43	0.1321	741.79
13	1997/1/8	640.43	0.1574	5.28%	0.0652	3.48	0.1522	988.99
14	1997/1/9	645.50	0.2020	5.25%	0.0789	3.43	0.1532	1,003.00
15	1997/1/10	450.91	0.2049	5.34%	0.0884	3.46	0.1994	612.12
16	1997/1/11	475.49	0.2075	5.26%	0.1111	3.46	0.2074	660.47
17	1997/1/12	654.17	0.3184	5.36%	0.3611	3.42	0.2156	1,022.10
18	1997/1/13	445.77	0.3308	5.31%	0.3662	3.37	0.2309	608.98
19	1997/1/14	669.12	0.3799	5.28%	0.4016	3.44	0.2428	1,049.48
20	1997/1/15	500.71	0.3878	5.31%	0.4112	3.44	0.2469	712.65
21	1997/1/16	705.27	0.3951	5.35%	0.4387	3.46	0.2963	1,120.69
22	1997/1/17	533.40	0.4201	5.28%	0.4603	3.46	0.3266	776.23
23	1997/1/18	639.95	0.4465	5.32%	0.4751	3.42	0.3454	993.03
24	1997/1/19	444.27	0.4551	5.30%	0.4763	3.39	0.4183	603.96
25	1997/1/20	670.63	0.4654	5.25%	0.4797	3.45	0.5154	1,051.12
26	1997/1/21	470.42	0.4655	5.25%	0.4952	3.42	0.5357	653.18
27	1997/1/22	458.26	0.5114	5.26%	0.5059	3.45	0.5883	626.39
28	1997/1/23	466.45	0.5386	5.27%	0.5217	3.47	0.6197	641.14
29	1997/1/24	462.71	0.5456	5.27%	0.5596	3.48	0.6813	632.78
30	1997/1/25	459.27	0.5682	5.24%	0.5798	3.42	0.7240	630.62
31	1997/1/26	740.74	0.6100	5.23%	0.6026	3.41	0.7321	1,194.27
32	1997/1/27	790.82	0.6245	5.28%	0.6068	3.41	0.7507	1,294.86
33	1997/1/28	487.39	0.6405	5.34%	0.6384	3.44	0.7987	686.00
34	1997/1/29	456.50	0.6795	5.29%	0.6583	3.52	0.8033	616.98
35	1997/1/30	467.14	0.6922	5.24%	0.6601	3.40	0.8047	647.84
36	1997/1/31	481.61	0.7349	5.27%	0.6699	3.41	0.8337	676.18
37	1997/2/1	544.75	0.7357	5.26%	0.6836	3.42	0.8501	801.48
38	1997/2/2	453.69	0.7423	5.24%	0.7388	3.68	0.8512	597.22
39	1997/2/3	786.16	0.7436	5.27%	0.7867	3.49	0.8553	1,278.42
40	1997/2/4	561.88	0.7944	5.29%	0.8107	3.41	0.8797	836.74
41	1997/2/5	562.06	0.9345	5.32%	0.8328	3.45	0.8811	833.97
42	1997/2/6	472.35	0.9353	5.23%	0.8759	3.42	0.9045	656.19
43	1997/2/7	636.02	0.9406	5.35%	0.8899	3.42	0.9336	984.61
44	1997/2/8	461.79	0.9630	5.30%	0.9238	3.49	0.9662	629.75
45	1997/2/9	584.41	0.9688	5.26%	0.9403	3.47	0.9878	876.25
46	1997/2/10	687.33	0.9713	5.25%	0.9585	3.41	0.9990	1,087.02

---

4. ブートストラップ法の手法は、本章の補論で例示している。

ブートストラップ法によるリターンの分布は、このようになる。

	J	K	L	M	N	O	P	Q	R	S	T
1		ブートストラップ法によるリターンの頻度分布 反復回数5,000回									
2	リターンの最大値	1.16940	<--	=MAX(J:J)	=K3						
3	リターンの最小値	-0.53931	<--	=MIN(J:J)							
4											
5						=($K$2-$K$3)/50+L7					
6	結果		区間		累積確率						
7	-0.3950		-0.5393	1	0.0%						
8	-0.1775		-0.5051	53	1.1%						
9	-0.2292		-0.4710	96	1.9%						
10	-0.2688										
11	-0.0166										
12	0.0276										
13	0.5282										
14	-0.1496										
15	0.8918										
16	-0.4159										
17	-0.4101										
18	0.0182										
19	0.0449										
20	-0.3506										
21	-0.2166										
22	-0.3239										
23	-0.2028										
24	0.2835										
25	1.0692										
26	0.0790										
27	0.6386										
28	-0.2984										
29	0.2447										
30	-0.1735		0.2467	98	2.0%						
31	0.0521		0.2809	100	2.0%						
32	-0.0751		0.3150	109	2.2%						
33	-0.0110		0.3492	94	1.9%						

グラフは、正規分布からかけ離れたリターン分布を示している。列 L、M 及び N から、1%VaR は約 −50% であると見て取れ、これは 1%の確率で会社が投資額の 50%を失う可能性があることを意味する。

ブートストラップ法によるデータをどのように生成したのか？

ブートストラップ法は、基本的にデータのランダムな入れ替えから成り、それぞれの入れ替えを分布の中の点であるとみなす。726 ページのスプレッドシートでは、列 C、E 及び G が乱数を含んでいる。下の VBA プログラムには、3 つの **For** ループがあり、これらがスプレッドシートに 3 行の乱数列を挿入する。本章のスプレッドシートでは、このプログラムはショートカット［Ctrl］+a で実行することができる。

乱数を挿入した後、Excel の **Sort** 関数を用いて、インデックス価格（列 B）、外貨金利（列 D）及び為替レート（列 F）を並び替える。これは、ポートフォリオの価格に関する 3 つのファクターのランダムな組み合わせを作り出し、その結果としてのポートフォリオ価値を列 H で、ポートフォリオ・リターンをセル F3 で計算する。

```
'My thanks to Marek Jochec for cleaning
'up this code!
Sub randomizeit()
   Range("starttime") = Time
   Range("J7:J15000").ClearContents
   Application.ScreenUpdating = False

   For Iteration = 1 To Range("iterations")
   For Row = 1 To 40
   Range("IndexRand").Cells(Row, 1) = Rnd
   Next Row

   For Row = 1 To 40
   Range("InterestRand").Cells(Row, 1) = Rnd
   Next Row

   For Row = 1 To 40
   Range("ExchangeRand").Cells(Row, 1) = Rnd
   Next Row

   Range("B7:C46").Sort Key1:=Range("C6"), _
   Order1:=xlAscending, Header:=xlNo
   Range("D7:E46").Sort Key1:=Range("E6"), _
   Order1:=xlAscending, Header:=xlNo
   Range("F7:G46").Sort Key1:=Range("G6"), _
   Order1:=xlAscending, Header:=xlNo

   Range("returndata").Cells(Iteration, 1) = _
```

```
    Range("meanreturn")
Next Iteration

    Range("elapsed") = Time - Range("starttime")
End Sub
```

　ブートストラップ法のデータができたら、配列関数 **Frequency**（第 34 章を見よ）を用いて、シミュレーションによるデータの分布を作る。このシミュレーションは、非常に長い時間がかかることに注意！著者のラップトップでは、5,000 回のシミュレーションにほぼ 17 分かかる。

モンテカルロ・シミュレーション

ここでは、28.4 節で議論した 3 つの資産の問題に戻る。統計的な分析の代わりに、リターンのシミュレーションを行う。下のスプレッドシートでは、3 つの資産からなるポートフォリオの 30 日間の日次リターンをシミュレーションしている（列 G–J）。各資産の年次平均リターンは、非常に悲観的である（A3：C3）。ポートフォリオ（25%、50%、25%）では、この特定のシミュレーションに関して、30 日間の累積シミュレーション・リターンは-5.40%である（セル B19 及び J34）。

　この 30 日間のシミュレーションをデータテーブルで 1,000 回実施すると、うち 16 回（セル B24）で累積リターンが –10%を下回る。これは 1.6%水準の VaR である。

	A	B	C	D	E	F	G	H	I	J
1			VaR: ポートフォリオのパフォーマンスのシミュレーション							
2		年ベースの平均						30日間のリターンのシミュレーション		
3	-20%	-11%	-13%					資産の日次リターン		ポートフォリオの
4							資産1	資産2	資産3	累積リターン
5		日次平均				1	0.60%	0.63%	-0.16%	0.34%
6	-0.08%	-0.04%	-0.05%	<-- =C3/250		2	0.53%	0.40%	-0.08%	0.57%
7						3	-0.73%	-0.60%	-0.05%	0.00%
8		分散・共分散行列				4	0.07%	0.35%	-0.08%	0.09%
9	7.170E-05	5.075E-05	-9.038E-06			5	-0.51%	-0.33%	-0.03%	-0.29%
10	5.075E-05	4.070E-05	-5.990E-06			6	-0.02%	-0.02%	0.02%	0.38%
11	-9.038E-06	-5.990E-06	2.800E-06			7	-1.55%	-0.67%	0.23%	-1.12%
12						8	0.11%	0.42%	0.17%	-0.92%
13		ポートフォリオ				9	0.96%	0.57%	-0.07%	-0.49%
14	25%	50%	25%			10	-1.21%	-1.03%	0.16%	-1.35%
15						11	-0.67%	-0.53%	-0.21%	-1.91%
16	ポートフォリオのリターンのシミュレーション					12	-1.38%	-1.39%	0.18%	-2.99%
17	平均	-2.76%	<-- =AVERAGE(J:J)			13	-0.09%	-0.12%	-0.06%	-3.17%
18	標準偏差	1.95%	<-- =STDEV.S(J:J)			14	-0.13%	-0.14%	-0.09%	-3.37%
19	累積リターン	-5.40%	<-- =J34			15	-0.33%	0.17%	0.00%	-3.45%
20						16	0.90%	0.65%	-0.17%	-3.02%
21						17	0.20%	0.57%	-0.11%	-2.80%
22		Data Table の結果				18	-0.10%	0.16%	-0.07%	-2.84%
23	最小値	-12.12%	<-- =MIN(B29:B1028)			19	-0.97%	-0.67%	0.08%	-3.48%
24	リスク	16	<-- =COUNTIF(B29:B1028,"<-10%")			20	-0.13%	-0.34%	-0.07%	-3.78%
25	確率	1.60%	<-- =B24/1000			21	-0.79%	-0.47%	0.24%	-4.23%
26						22	-0.15%	-0.49%	-0.06%	-4.61%
27	Data Table: シミュレーション回数 1000					23	-0.10%	0.00%	-0.25%	-4.78%
28		-5.40%	<-- =J34, Data Table のヘッダー			24	-0.27%	-0.04%	0.16%	-4.91%
29	1	-5.07%				25	0.89%	0.55%	-0.24%	-4.55%
30	2	-0.64%				26	-0.21%	-0.45%	-0.10%	-4.94%
31	3	-3.15%				27	0.06%	0.06%	-0.15%	-5.01%
32	4	-1.04%				28	-0.03%	-0.01%	-0.08%	-5.12%
33	5	-5.66%				29	0.07%	0.12%	0.29%	-5.05%
34	6	-3.25%				30	-0.48%	-0.31%	0.01%	-5.40%
35	7	-6.55%								
36	8	-4.17%								

補論：ブートストラップ法のやり方： Excel でビンゴ・カードを作る

ブートストラップ法は、データをランダムに入れ替えて、より多くの "データ" を生成する手法をいう。この補論では、ブートストラップ法を簡単に例示する。これは、Helena Benninga の 85 歳の誕生日のために考えられた「誕生日ビンゴ」ゲームを基にしている。このゲームは次のように行われる。

- 全員が、それぞれ 5 つの数が 5 列に記された "Helen Bingo カード" をもらう。1 列目には 1 から 17 までのうち 5 つの数字が記され、2 列目には 18 から 34 までのうち 5 つの数字が記され、3 列目以降も同様である。カードの一例を示すと、次のようになる。

HELEN'S 85TH BIRTHDAY BINGO GAME!!!

H	E	L	E	N
3	23	51	52	75
15	26	40	57	70
9	21	50	68	82
7	22	49	56	71
8	20	45	55	69

- 答えが 1 から 85 になる 85 の質問を用意する。質問が書かれたカードが引かれると、誰かが正解を言わなければならず、その後、カードにその数がある人全員がそれを消すことができる。例えば、"Helen には何人の孫がいるでしょうか"との質問に対して、誰かが "13 人" と答えたとすると、1 列目に 13 がある人は全員それを消すことができる。

- 最初に 5 つの数が一直線 (列、行、または対角線) に並んだ人が商品を得る (勝つために特別な能力は必要なく、ただ正解を聞きさえすれば良いということに注意)。

　Excel を用いてカードを作りたかったのだが、最初はどのようにすればよいか分からなかった。しかし、最終的には必要な技法、即ち壺の中からボールを選びそのボールは戻さないというモデルを作ればよいということがわかった (以下で、この点を更に詳細に議論する)。

技法

この技法は非常に簡単である。例として、1 から 17 までの中から 5 つの数を無作為に選びたいとする (これらは、ある Helen Bingo カードの 1 列目の 5 つの数となる)。このやり方は以下の通りである。

- まず、1 から 17 までの数の列を作り、その隣に乱数の列を作る。これにより、以下のような表ができる。

	A	B
1	技法の説明	
2	1	0.041996
3	2	0.638563
4	3	0.231535
5	4	0.201975
6	5	0.678208
7	6	0.60949
8	7	0.089137
9	8	0.762878
10	9	0.185816
11	10	0.58846
12	11	0.493658
13	12	0.924981
14	13	0.683465
15	14	0.667014
16	15	0.815158
17	16	0.057147
18	17	0.18458

　数列自体は、2つの作業により作成される。1つ目の作業では、B2：B18の各セルに =**Rand**( ) を入力する。2つ目の作業では、B2：B18をコピーし、［ホーム］-［貼り付け］-［値の貼り付け］を用いて、元の場所に貼り付け直す。この手順により、これらの数の背後にある数式を取り除くことができる（そうしないと、=**Rand**( ) が入力されているセルは、［Enter］を押すたびにその値を変えてしまう）。

- 次に、2列目を並び替えのキーとして使用し、両方の列を並び替える。最初に、対象となるデータを選択し、Excelコマンドの［データ］-［並べ替え］を用いる。これにより以下のダイアログ・ボックスが表示されるが、ここではB列を用いたデータの並べ替えを選択している。

- この場合、並べ替えによって以下の結果となる。

	A	B
1	技法の説明	
2	1	0.041996
3	16	0.057147
4	7	0.089137
5	17	0.18458
6	9	0.185816
7	4	0.201975
8	3	0.231535
9	11	0.493658
10	10	0.58846
11	6	0.60949
12	2	0.638563
13	14	0.667014
14	5	0.678208
15	13	0.683465
16	8	0.762878
17	15	0.815158
18	12	0.924981

- 最後に、1列目から最初の 5 つの数を選ぶ（この例では 1, 16, 7, 17, 9）。もちろん、同様に、最後の 5 つでも、真ん中の 5 つでも、あるいは任意の他の 5 つを選んでも構わない。

確率的なモデル

ここで行っていることは、元に戻さずに壺から乱数を取り出すことと全く同じである。確率に関する全ての入門書で標準的なこのモデルは、ボールで満たされた壺を想定する。それぞれのボールは異なる数を持ち、この例の場合には、1 から 17 までの数が書かれた 17 個のボールがある。壺はボールが十分混ざるように振られ、5 つのボールが取り出される。それぞれのボールは、一度取り出されると、壺には戻されない。

これは、乱数を復元抽出する（即ち、一旦ボールに書かれた数を記録すると、ボールは壺に戻され、そのボールは再び取り出される可能性がある）標準的な乱数ジェネレーターとは若干異なる。[5]

VBA プログラムの作成

次の当然のステップは、VBA プログラムを作成してこの手順を自動化することである。スプレッドシートは、以下のようになる。

---

[5]. Excel には、最小値から最大値の間で整数の乱数を生成させる関数 **Randbetween(最小値, 最大値)** がある。したがって、1 から 17 の間で 5 つの数を生成するためには、=**Randbetween(1,17)** を隣接する 5 つのセルにコピーするだけでよい。しかしながら、これは壺に戻しながら数を取り出すのと同じであるため、同じ数を何度も取り出してしまう可能性がある。「ビンゴ！」とはいかないのである。

	A	B	C	D	E	F	G	H	I
1				**HELEN'S**					
2				**85TH BIRTHDAY**				[Ctrl]+[b]でマクロが走る	
3				**BINGO GAME!!!**					
4									
5			**H**	**E**	**L**	**E**	**N**		
6			11	34	40	54	74		
7			14	28	36	61	82		
8			12	18	45	65	73		
9			10	23	37	63	84		
10			8	20	39	59	78		
11									

このスプレッドシートを作成するコードは、以下の通りである。[6]

```
Public Const NperR = 17
Public Const BingoRows = 5
Public Const BingoColumns = 5
Public Const BingoCard = "C6:G10"

Option Base 1
```

---

6. *Financial Modeling* の前の版からこのプログラムのコードを大幅に改良してくれた Paul Legerer に感謝する。鋭い読者は、Paul のプログラムには乱数をソートする VBA コードが内包されており、その結果スプレッドシートにはカードが出力されるだけになっていることに気付くだろう。

```
Sub DoIt()
'loop 5 time (1 loop for each
'column on the bingo card)

For iii = 1 To BingoColumns
    Dim ArraySort(NperR, 2)
    For i = 1 To NperR

'first dimension of the array:
'random number between 0 and 1
    ArraySort(i, 1) = Rnd

'second dimension of the array:
'position in the array (1-17 in the first loop,
'18 to 34 in the second loop, etc…)
    ArraySort(i, 2) = i + (iii - 1) * NperR
    Next i

    For ii = 1 To NperR

'look for the minimum value in the array
'and keep also the value of the position
'(1 to 17)
    MinNum = ArraySort(ii, 1)
    MinIndex = ArraySort(ii, 2)
    RealIndex = ii
    For i = ii To NperR
        If ArraySort(i, 1) < MinNum Then
        MinNum = ArraySort(i, 1)
        MinIndex = ArraySort(i, 2)
        RealIndex = i
        End If

    Next i
```

```
'Replace the first number in the array by the
'minimum value and…
    TempNum = ArraySort(ii, 1)
    TempIndex = ArraySort(ii, 2)
    ArraySort(ii, 1) = MinNum
    ArraySort(ii, 2) = MinIndex
    ArraySort(RealIndex, 1) = TempNum
    ArraySort(RealIndex, 2) = TempIndex

'start again with the remaining numbers: once
'the last loop is completed, all numbers are sorted
    Next ii

'write the first 5 numbers (number of rows on the
'bingo card) of the results into the spreadsheet
    With ActiveSheet.Range(BingoCard)
        For ii = 1 To BingoRows
            .Cells(ii, iii) = ArraySort(ii, 2)
        Next ii
        End With
    Next iii
End Sub
```

ビンゴ・カードを作る他の方法[7]

Excel の **Rank** 関数を使って、ビンゴ・カードを作成する方法もある。

---

7. 助言をくれた A.C.M de Bakker に感謝する。

第 28 章

	A	B	C	D	E	F	G
1							
2		**H**	**E**	**L**	**E**	**N**	
3		10	32	42	60	70	<-- =(F$9-1)*17+RANK(F10,F$10:F$26)
4		16	27	45	61	78	<-- =(F$9-1)*17+RANK(F11,F$10:F$26)
5		7	34	47	68	85	
6		1	31	36	59	79	
7		8	26	40	57	80	
8							
9		1	2	3	4	5	
10		0.5095	0.1667	0.8049	0.4371	0.9207	<-- =RAND()
11		0.0752	0.5264	0.5176	0.3728	0.3660	<-- =RAND()
12		0.7711	0.0077	0.3440	0.0355	0.0432	<-- =RAND()
13		0.9832	0.2251	0.9596	0.5722	0.3306	
14		0.5769	0.6634	0.9205	0.6450	0.2643	
15		0.5667	0.4676	0.5821	0.1610	0.2555	
16		0.1116	0.5196	0.1113	0.6766	0.7025	
17		0.2429	0.8156	0.7072	0.0900	0.7220	
18		0.1959	0.8858	0.9633	0.9631	0.5252	
19		0.8964	0.8447	0.8490	0.3520	0.8364	
20		0.8245	0.6866	0.0689	0.6840	0.9175	
21		0.9737	0.7483	0.9474	0.5723	0.7173	
22		0.1325	0.7135	0.9268	0.0904	0.1525	
23		0.7752	0.2613	0.4824	0.7875	0.2257	
24		0.8437	0.7429	0.2844	0.1195	0.9975	
25		0.0555	0.1531	0.0363	0.0583	0.0942	
26		0.2376	0.7076	0.9460	0.7140	0.6384	

10–26 行目の数字は **Rand( )** で生成されている。ビンゴ・カードの数字は、以下の数式で計算される。

$$= \underbrace{(F\$9 - 1) * 17}_{\substack{\uparrow \\ \text{F 列の全ての数字} \\ \text{が 68 より大きいこ} \\ \text{とを保証する（そし} \\ \text{て他の列も同様）}}} + \underbrace{\text{RANK}(F10, F\$10 : F\$26)}_{\substack{\uparrow \\ \text{F10 は F10:F26 の中で何番目} \\ \text{か？ 1 つ下のセルにコピーす} \\ \text{ると、F11 は F10:F26 の中で} \\ \text{何番目か？ を示す}}}$$

この非常に賢いブートストラップ法実装の唯一の欠点は、カードの数字がスプレッドシートの再計算の都度変わることである。

29 オプション及びオプション戦略のシミュレーション

29.1 概要

本章では、オプション及びオプション戦略のシミュレーションを行う。まず、株式オプションが株式と債券の動的なポートフォリオによって複製可能であることを示す。続いて、このアプローチをポートフォリオ・インシュアランス（プットと株式の組み合わせ）とバタフライ・オプションに適用する。アプローチの根底には、ブラック・ショールズ式がある。この式は、オプションが、時間と共に原資産のポジションと無リスク資産のポジションが動的に調整されるポートフォリオであることを示していると解釈できる。驚くべきことに、ブラック・ショールズ式は、もし調整過程が連続的なら、この動的戦略が自己資本充足的であることを示している。即ち、最初にポートフォリオを組成した後は、追加で資金を投入する必要がない。

多くの現実的な状況では、当然ながらオプション戦略のポートフォリオを連続的に複製することは不可能である。定期的な調整を行うことで妥協せざるを得ないが、このことは、第一にこの戦略をどのように定義するのか、第二にこの妥協の戦略が、オプション戦略の複製においてどれだけ上手く機能するのか、についての検討を余儀なくさせる。この問題に対する、いくつかのアプローチを示す。

予備知識：価格シミュレーションとブラック・ショールズ式

第 26 章を思い出すと、株価のシミュレーションを行う方法は、$S_t = S_{t-1} * \exp\left[\mu \Delta t + \sigma \sqrt{\Delta t} Z\right]$ のシミュレーションを行うことである、ここで Z は、標準正規分布からの乱数である。Excel では、この式は次のようになる。[1]

$$S_t = S_{t-1} * \exp\left[\mu \Delta t + \sigma \sqrt{\Delta t} * \text{Norm.S.Inv}(\text{Rand}(\ ))\right]$$

本章を通して、この式を株価のシミュレーションに用いる。

また、第 17 章で説明したブラック・ショールズ式を思い出すと、ヨーロピアン・コール及びプットの価格は、以下で与えられる。

---

1. Excel 関数 **Norm.S.Inv** は、古いバージョンの **Normsinv** と同じである。より新しいバージョンの Excel には、両方の関数が備わっている。

$$Call = SN(d_1) - Xe^{-rT}N(d_2)$$
$$Put = -SN(-d_1) + Xe^{-rT}N(-d_2)$$
$$d_1 = \frac{\ln(S/X) + (r + \sigma^2/2)T}{\sigma\sqrt{T}}, d_2 = d_1 + \sigma\sqrt{T}$$

本章では、この式を、オプションは原資産の買いポジションまたは売りポジションと、無リスク資産（専門用語で"債券"）の買いポジションまたは売りポジションによって複製可能であると解釈する。

	株式のポジション	債券のポジション
$Call = SN(d_1)$ $-Xe^{-rT}N(d_2)$	$S_t N(d_1)$ 株式の買いポジション	$-Xe^{-r*(T-t)}N(d_2)$ 債券の売りポジション
$Put = -SN(-d_1)$ $+Xe^{-rT}N(-d_2)$	$-S_t N(-d_1)$ 株式の売りポジション	$Xe^{-r*(T-t)}N(-d_2)$ 債券の買いポジション

この場合、もしオプションを株式と債券のポートフォリオで複製するなら、このポートフォリオは頻繁にリバランスする必要がある。1973年の先駆的な論文において Black と Sholes によって証明された注目すべき事実は、リバランスを連続的に行えば、株式と債券のポジションの変化が、互いを正確に相殺するということである。この追加投資が不要という特性は"自己資本充足的"とも呼ばれ、ブラック・ショールズの複製ポートフォリオの特徴である。

この事実の証明はできないものの、ある程度の洞察を提供することは可能である。下のスプレッドシートには、2つの非常に近接した時間が示されている。時刻 $t = 0$ において、直近の価格 $S_0 = 50$ である株式のコールオプションの価格を計算する。このオプションは、行使価格 $X = 50$ で、満期 $T = 0.5$ である。このオプションの複製ポートフォリオは、28.9698の株式と −24.2745 の債券からなり、その結果コールオプションの価格は4.6952となる（セルB19）。

時刻 $\Delta t = 1/250$（だいたい1日後）において、ランダムに生成した株価は49.8708である。複製ポートフォリオは、今度は28.6400の株式と −24.0399 の債券からなる。このポートフォリオを達成するために必要な投資を計算するには、直前の株式及び債券投資を再評価する必要がある。直前の株式のポジションの価値は $28.9698 * \frac{49.8708}{50} = 28.8949$ に変わり、直前の債券のポジションの価値は $-24.2745 * e^{r*\Delta t} = -24.2784$ となる（1日分の金利が加わる）。これは、株式をいくらか売らなければならないことを意味する。即ち $(28.6400 - 28.8949) = 0.2548$ だけ売却しなければならない。したがって、株式のポジションの変化によって生

じるキャッシュフローはプラスである。債券のポジションについては、その売り
ポジションを −24.2784 から −24.0399 に変えたい。このことは、0.2385 を払っ
て負債を減らすためのキャッシュが必要であることを意味する。これらの変更に
伴う正味キャッシュフローは、+0.2549 − 0.2385 = 0.0163 である。スプレッド
シートは、以下のようになる。

	A	B	C	D	E	F	G
1				ブラックショールズの複製ポートフォリオ			
2	Δt	0.0040	<-- =1/250				
3							
4		時刻0	時刻Δt				
5	株価S	50.0000	49.8708	<-- 49.8708			
6	行使価格X	50.0000	50.0000				
7	無リスク金利r	4.00%	4.00%				
8	オプションの満期T	0.5000	0.4960	<-- =B8-B2			
9	標準偏差	30%	30%				
10							
11	d_1	0.2003	0.1873		=E18-C18		
12	d_2	-0.0118	-0.0240				
13							
14	$N(d_1)$	0.5794	0.5743	=B17*C5/B5	直近のポジションの価値	ポジションの変化に伴うキャッシュフロー	=E17-C17
15	$N(d_2)$	0.4953	0.4904				
16							
17	株式のポジション, $S*N(d_1)$	28.9698	28.6401	<-- =C5*C14	28.8949	0.2548	<-- Δ 株式
18	債券のポジション, $-X*N(d_2)$	-24.2745	-24.0399	<-- =-C6*EXP(-C8*C7)*C15	-24.2784	-0.2385	<-- Δ 債券
19	コールオプションの価値	4.6952	4.6002	<-- =SUM(C17:C18)		0.0163	
20							
21				=B18*EXP(B7*B2)			
22						=SUM(F17:F18)	
23						ポジション変更に伴うネットキャッシュフロー	
24							

　本章の Excel ファイルは、**F9** キーを押すたびに上例の数値が変わる動的なスプ
レッドシートになっている。このスプレッドシートを使って、以下のことを確か
めることができる。

- ポジションの変化額が完全に相殺されることはほとんどない。
- Δt をより小さくすると、ポジションの変化に伴う正味キャッシュフローはより
小さくなる。ブラック・ショールズ式は、このネットキャッシュフローが極限では
常にゼロになり、よってこの戦略が完全に自己資本充足的であることを証明した。

29.2 不完全だがキャッシュ不要となるコールオプションの複製

　ブラック・ショールズ式を使ってコールオプションを完全に複製するには、連続
的な取引が必要になる。厳格な BS 式の適用に対して少し妥協するとしよう。以
下では複製ポートフォリオ戦略を使うものの、これが自己資本充足的になるよう

に強制する。これを、以下のように行う。

- 時刻 0 において、BS 式通りの当初ポートフォリオを作る。即ち、*株式* = $S_0 N(d_1)$, *債券* = $-Xe^{-rT} N(d_2)$ に設定する。
- 時刻 $t > 0$ において、株式のポジションは $S_t N(d_1)$ にするが、債券のポジションは、株式のポジションの変更に伴うキャッシュフローと一致するようにする。即ち、

$$債券_{t+\Delta t} = \underbrace{債券_t * e^{r\Delta t}}_{\substack{時刻\ t\ の債券のポ\\ジションの、時刻\\ t+\Delta t\ における価値}} + \underbrace{S_t N(d_{1,t}) * \frac{S_{t+\Delta t}}{S_t}}_{\substack{時刻\ t\ の株式のポ\\ジションの、時刻\\ t+\Delta t\ における価値}} - \underbrace{S_{t+\Delta t} N(d_{1,t+\Delta t})}_{\substack{時刻\ t+\Delta t\ におい\\て必要となる株式\\のポジション}}$$

$$= 債券_t * e^{r\Delta t} + S_{t+\Delta t} \{N(d_{1,t}) - N(d_{1,t+\Delta t})\}$$

このやり方は以下のようになる。時刻 $t = 0$ において、複製ポートフォリオはブラック・ショールズ式と正確に一致している(セル H13：I13)。しかし、時刻 $t > 0$ では、ブラック・ショールズ式による価格とポートフォリオの価値は一致しない(しかし非常に近接している)。

	A	B	C	D	E	F	G	H	I
1		不完全だがキャッシュ不要となるコールオプションの複製ポートフォリオ							
		全期間通じて投資は不要だがブラックショールズ式と完全には一致しない							
2	株価S_0		50						
3	行使価格X		50						
4	満期日T		0.5						
5	株式リターンの平均μ		12%						
6	株式リターンの標準偏差σ		30%						
7	無リスク金利r		4%			=E13*EXP(interest*Delta_t)+B14*(NORM.S.DIST(done,B13,exercise,C13,interest,Sigma),1)-NORM.S.DIST(done(B14,exercise,C14,interest,Sigma),1))			
8	Δt		0.0192	<-- =1/52					
9									
10	=B14*NORM.S.DIST(done(B14,exercise,C14,interest,Sigma),1)								
11					複製ポートフォリオ		BS式と複製ポートフォリオの比較		
12		週	株価	残存期間	株式	債券	ポートフォリオ	BS	ポートフォリオ−BS
13		0	50.0000	0.5000	28.9698	-24.2745	4.6952	4.6952	0.0000
14		1	51.5352	0.4808	32.6613	-27.0953	5.5661	5.5265	0.0395
15		2	56.7985	0.4615	45.0595	-36.1786	8.8809	9.2048	-0.3239
16		3	54.7154	0.4423	40.4324	-33.2319	7.2005	7.5074	-0.3069

最終ペイオフの結果は、以下の通りとなる。

	A	B	C	D	E	F	G	H	I
34	21	56.8196	0.0962	52.7381	-45.6837		7.0545	7.1866	-0.1322
35	22	57.2687	0.0769	54.7693	-47.3331		7.4362	7.5101	-0.0739
36	23	55.5625	0.0577	52.0751	-46.3070		5.7680	5.7899	-0.0219
37	24	55.5729	0.0385	53.7926	-48.0504		5.7422	5.6916	0.0506
38	25	54.0177	0.0192	52.4561	-48.2563		4.1998	4.0815	0.1182
39	26	51.8656	0.0000						
40									
41			最終ペイオフ						
42	完全な複製オプション		1.8656	<--	=MAX(B39-exercise,0)				
43	ポートフォリオのペイオフ		2.0728	<--	=D38*B39/B38+EXP(interest*Delta_t)*E38				

このシミュレーションを 50 回実施し、完全なオプションの複製とこの投資ポートフォリオを比較する。第 31 章で述べたテクニック、"空白セルに係わる**データ・テーブル**"を用いて、シミュレーションを行う。この計算から、概ねこの不完全な複製戦略がうまく働いていると結論できる。

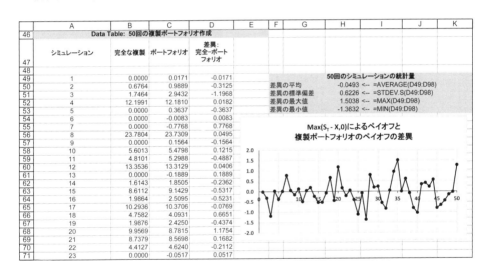

詳細は説明しないが、プット・オプションについても同じことが可能である。プットについて同じように計算すると、

$$債券_{t+\Delta t} = \underbrace{債券_t * e^{r\Delta t}}_{\substack{\uparrow \\ \text{時刻 } t \text{ の債券のポ} \\ \text{ジションの、時刻} \\ t+\Delta t \text{ における価値}}} \underbrace{- S_t N(-d_{1,t}) * \frac{S_{t+\Delta t}}{S_t}}_{\substack{\uparrow \\ \text{時刻 } t \text{ の株式のポ} \\ \text{ジションの、時刻} \\ t+\Delta t \text{ における価値}}} \underbrace{+ S_{t+\Delta t} N(-d_{1,t+\Delta t})}_{\substack{\uparrow \\ \text{時刻 } t+\Delta t \text{ におい} \\ \text{て必要となる株式} \\ \text{のポジション}}}$$

$$= 債券_t * e^{r\Delta t} + S_{t+\Delta t}\{-N(-d_{1,t}) + N(-d_{1,t+\Delta t})\}$$

このシミュレーションを作成し、50回実施すると、以下の通りとなる。

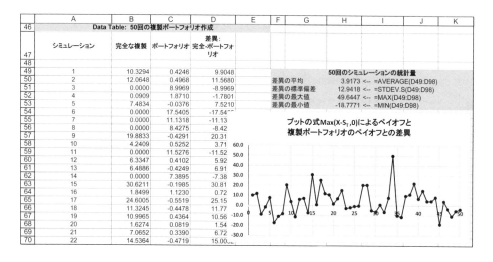

29.3 ポートフォリオ・インシュアランスのシミュレーション

オプションは、株式投資からの最低限のリターンを保証するために使うことができる。第15章のオプション戦略で示したように、株式（または株式のポートフォリオ）を取得し、同時に株式（のポートフォリオ）のプット・オプションを購入すると、この投資戦略のペイオフは、プットの行使価格を決して下回らないことが保証される。即ち、

$$株式 + プット・オプション = S_T + \max(X - S_T, 0)$$

$$= \begin{cases} S_T & \text{if } S_T > X \\ X & \text{if } S_T \leq X \end{cases}$$

である。

全てのポートフォリオについて、取引されているプット・オプションを常に見つけられるわけではない。この場合、ブラック・ショールズ・オプション価格式は、プット・オプションのリターンを複製するために、どのようにリスク資産（1つの株式またはポートフォリオ）への投資額と無リスク資産への投資額を動的に変えたらよいか示してくれる。このような複製戦略は、ここで検討するポートフォリオ・インシュアランス戦略の根幹である。

以下の簡単な例を考えることから始めよう。現在 56 ドルの General Pills 株式 1 株に投資することにした。この株式は配当を支払わない。1 年後に多額の売却益を期待しているが、株価が下がるかもしれないという心配もある。株式の下落に対して備えるために、この株式のヨーロピアン・プット・オプションを購入することにした。購入したプット・オプションは、1 年後に 50 ドルで株式を売ることを可能にする。プット・オプションのコスト 2.38 ドルは、以下のデータを用いて、ブラック・ショールズ・モデル（第 17 章を参照）で算出した。$S_0 = 56$、$X = 50$ ドル、$\sigma = 30\%$、$r = 8\%$。

	A	B	C	D	E
2	現在の株価 S0	56.00			
3	行使価格 X	50.00			
4	満期 T	1			
5	無リスク金利 r	8.00%			
6	標準偏差 σ	30%			
7	プットオプションの価格	2.38	<-- =bsput(B2,B3,B4,B5,B6)		

この、プロテクティブ・プットもしくはポートフォリオ・インシュアランス戦略は、General Pills 株式の持分からの損を 6 ドル以下にすることを保証する。もし、この株式の年末の株価が 50 ドルを超えたら、プット・オプションを行使せずに、単に終了すればよい。しかしながら、年末の株価が 50 ドルを下回ったら、プット・オプションを行使して 50 ドルを手に入れることができる。それはあたかも免責金額 6 ドルの、株式に対する保険契約を購入したようなものである。

もちろん、この保険はただで掛けられるわけではない。1 株に 56 ドルを投資す

る代わりに、58.38 ドルを投資したことになる。追加の 2.38 ドルを銀行に預金していれば、その年の間に金利を 8% * 2.38 ドル = 0.19 ドル得ることができた。あるいは、その 2.38 ドルで株式をさらに買うこともできた。

この戦略がどのように機能するかを見るために、最終的な株価 S_T の関数として、この戦略の利益の感度分析を行う。

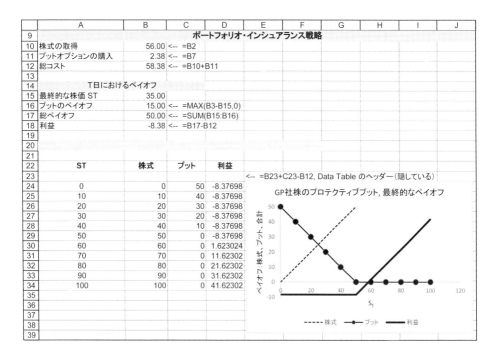

プット・オプションが取引されていない場合のポートフォリオ・インシュアランス

上の例では、株式ポートフォリオと正確にその原資産が一致するプット・オプションを購入することによって、ポートフォリオ・インシュアランス戦略を実行した。しかし、このやり方が常に可能とは限らない。

- 保険を掛けたい株式のプット・オプションが取引されていないかもしれない。
- より複雑な資産のバスケット、例えば、株式のポートフォリオに対するポートフォリオ・インシュアランスを購入したいかもしれない。ポートフォリオに対す

るプット・オプションは存在する（例えば、S&P100 や S&P500 ポートフォリオに対するプット・オプションは取引されている）が、ほとんどのポートフォリオに対して、プット・オプションは取引されていない。

　ここで、ブラック・ショールズ・オプション価格モデルが助けてくれる。この式から、株式（これ以降、"株式"という言葉は、1銘柄の株式だけでなく株式のポートフォリオも指すものとして使う）のプット・オプションは、単に株式の売りポジションと無リスク資産の買いポジションが、連続的にリバランスされるポートフォリオであるということになる。例えば、満期日 $T=1$ 及び行使価格 X であるプット・オプションのブラック・ショールズ式を考えてみよう。時点 t、$0 \leq t < 1$ において、このプット・オプションの価格は以下のようになる。

$$P_t = -S_t N(-d_1) + Xe^{-r(1-t)} N(-d_2)$$

$$d_1 = \frac{\ln(S_t/X) + (r + \sigma^2/2)(1-t)}{\sigma\sqrt{1-t}}, d_2 = d_1 - \sigma\sqrt{1-t}$$

ここで、$1-t$ は残存期間、S_t は t 時点における株価である。
したがって、プット・オプションを購入することは、時点1で満期を迎える無リスク資産に $Xe^{-r(1-t)} N(-d_2)$ を投資し、株式に $-S_t N(-d_1)$ を投資することと等価である。株式の投資額がマイナスなので、プット・オプションは、株式の売りポジション及び無リスク資産の買いポジションと等価であることを意味する。

　株式1株の購入とその株式のプット・オプションの購入に必要となる総投資額は、$S_t + P_t$ である。これをブラック・ショールズのプット・オプション式に当てはめると、以下の通りとなる。

$$\begin{aligned}
\text{プロテクティブ・プットの総投資額} &= S_t + P_t \\
&= S_t - S_t N(-d_1) + Xe^{-r(1-t)} N(-d_2) \\
&= S_t(1 - N(-d_1)) + Xe^{-r(1-t)} N(-d_2) \\
&= S_t N(d_1) + Xe^{-r(1-t)} N(-d_2)
\end{aligned}$$

最後の等式は、標準正規分布において $N(x) + N(-x) = 1$ であることを用いている。この問題のもう1つの見方は、時点 t における総投資額 $S_t + P_t$ を、株式と債券のポートフォリオとみなすことである。その場合、時点 t のポートフォリオのうち株式に投資すべき割合 ω_t はいくらなのかが問われる。上の式を、ポートフォリオにおける割合の形に書き換えると、以下の通りとなる。

$$\text{株式への投資割合} = \omega_t$$
$$= \frac{S_t N(d_1)}{S_t N(d_1) + X e^{-r(1-t)} N(-d_2)}$$
$$\text{無リスク資産への投資割合} = 1 - \omega_t$$
$$= \frac{X e^{-r(1-t)} N(-d_2)}{S_t N(d_1) + X e^{-r(1-t)} N(-d_2)}$$

要約すると、もし一定の資産ポートフォリオと一緒に時点 $t = 1$ で総投資額が X を下回らないことを保証する保険契約を購入したいなら、各時点 t において、総額のうち割合 ω_t を選択した特定のポートフォリオに投資し、割合 $1 - \omega_t$ を無リスク資産、即ち満期が $t = 1$ である単純な割引債に投資するべきである。ブラック・ショールズのプット・オプション式は、これらの割合を決定するのに使うことができる。

具体例

1,000 ドルを General Pills 株式（直近では 56 ドルで取引されている）と、行使価格 50 ドル及び満期が 1 年後のプロテクティブ・プットに投資することを決めたとする。これは、1 年後の 1 株当たりの価値が 50 ドルを下回らないことを保証する。General Pills 株式のプット・オプションは取引されておらず、株式と無リスク割引債への投資によって、自分自身のプット・オプションを作らなければならないとする。無リスク金利のレートは 8%、General Pills 社の対数リターンの標準偏差は 30% である。

この戦略を実現するために、週次ベースで更新するポートフォリオを構築する。前節の議論から、この複製戦略が完全ではないことは分かっている。これがどのように機能するかを見るために、シミュレーションを行う。

0 週目：即ち、今週の初めにおいて、General Pills 社の株式への当初投資は、
$$\omega_0 = \frac{S_0 N(d_1)}{S_0 + P_0} = \frac{56 * 0.7865}{56 + 2.38} = 75.45\%$$

とすべきであり、残りの割合、$1 - \omega_0 = 24.55\%$ は、期間 1 年の無リスク割引債に投資すべきである。もし、GP 社株式のヨーロピアン・プット・オプションが市場に存在し、オプションの行使価格が 50 ドルで満期が今から 1 年後なら、このオプションは 2.38 ドルで取引されているだろう。ここでの戦略は、GP 社株式を 17.13 株（コスト = 959.23 ドル）とそのプット・オプション 17.13 単位（コスト = 40.77 ドル）を購入することである。754.40 ドルの株式と 245.60 ドルの債券の購入は、最初に 17.13 株の株式と 17.13 単位のプット・オプションに投資することを正確に複製する。これらが等価であることは、ブラック・ショールズ式が保証する。このオプション価値及び適切なポートフォリオの割合の計算は、下のスプレッドシートに示されている。

	A	B	C
1			General Pills株のプットオプションに適用された ブラックショールズのオプション価格の公式
2	S	56	株価
3	X	50	行使価格
4	T	1	残存期間
5	r	8.00%	無リスク金利のレート
6	σ	30%	株式のボラティリティ
7	プットオプションの価格	2.38	<-- コールオプションの価格 - S + X*Exp(-r*T): プット・コール・パリティより算出
8			
9	ポートフォリオインシュアランスの割合の計算		
10	ω	75.45%	<-- =B2*NORM.S.DIST(done(B2,B3,B4,B5,B6),1)/(B2+B7), 株式の割合
11	1−ω	24.55%	<-- =1-B10, 債券の割合

時点 $t = 0$ において当初投資額 1,000 ドルでスタートする。今、次週の初め（$t = 1/52 = 0.0192$）までに GP 社の株価が 60 ドルに上昇したと想定する。ここで、1 週目の初めにおけるポートフォリオの更新を行う。株価が上昇したときは、ポートフォリオの株式割合が増加することが分かる。

	A	B	C
1		ポートフォリオ・インシュアランスの割合の更新	
2	直前の株価 St	56.00	
3	直前の残存期間	1.00	
4	時間の間隔, Δt	0.0192	<-- =1/52
5	更新後の残存期間	0.9808	<-- =B3-B4
6			
7	直前のポートフォリオ		
8	株式	754.50	
9	債券	245.50	
10	現在の株価 St+Δt	60.00	株価
11			
12		再更新前の現在のポートフォリオ	
13	株式	808.39	<-- =B8*B10/B2
14	債券	245.88	<-- =B9*EXP(B22*B4)
15	総額	1,054.27	<-- =SUM(B13:B14)
16			
17	ポートフォリオ・インシュアランスの割合の計算		
18	株式の割合 ω	82.53%	<-- =B10*NORM.S.DIST(done(B10,B21,B5,B22,B23),1)/(B10+bsput(B10,B21,B5,B22,B23))
19	1－ω	17.47%	<-- =1-B18

もし、逆に Δt 時点の株価が 52 ドルなら、株式の割合は減少し無リスク資産の割合が増加する。

オプション及びオプション戦略のシミュレーション 751

	A	B	C
1		ポートフォリオ・インシュアランスの割合の更新	
2	直前の株価 St	56.00	
3	直前の残存期間	1.00	
4	時間の間隔, Δt	0.0192	<-- =1/52
5	更新後の残存期間	0.9808	<-- =B3-B4
6			
7	直前のポートフォリオ		
8	株式	754.50	
9	債券	245.50	
10	現在の株価 St+Δt	52.00	株価
11			
12		再更新前の現在のポートフォリオ	
13	株式	700.61	<-- =B8*B10/B2
14	債券	245.88	<-- =B9*EXP(B22*B4)
15	総額	946.49	<-- =SUM(B13:B14)
16			
17	ポートフォリオ・インシュアランスの割合の計算		
18	株式の割合 ω	66.41%	<-- =B10*NORM.S.DIST(done(B10,B21,B5,B22,B23),1)/(B10+bsput(B10,B21,B5,B22,B23))
19	1−ω	33.59%	<-- =1-B18
20			
21	X	50	行使価格
22	r	8.00%	無リスク金利のレート
23	σ	30%	株式のボラティリティ

このシミュレーションを全期間にわたって行うと、以下の通りとなる。

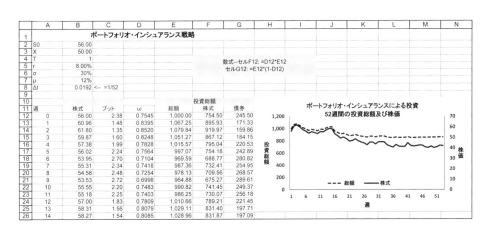

上のシミュレーションでは、株価は1年間で下落し、ポートフォリオ・インシュアランス戦略の最終的な資産割合は、全て無リスク資産となっている。下に、別の可能性を提示する。株価は1年間にわたって上昇し、ポートフォリオに占める株式の割合が増加して債券の割合がゼロになっている。

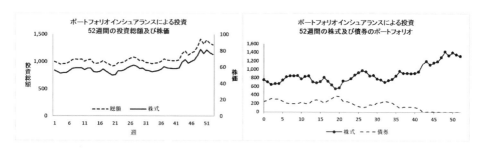

29.4 ポートフォリオ・インシュアランスのいくつかの特性

前出の例は、ポートフォリオ・インシュアランスのいくつかの典型的な特性を示している。3つの重要な特性は以下の通りである。

特性1 株価が行使価格 X 以上となると、リスク資産への投資割合 ω は50%以上となる。

証明 この特性を証明するには、ω の式を少し変形する必要がある。ω を、以下のように書き換える。

$$\omega = \frac{SN(d_1)}{SN(d_1) + Xe^{-r(1-t)}N(-d_2)} = \frac{1}{1 + Xe^{-r(1-t)}N(-d_2)/SN(d_1)}$$

$S \geq X$ のとき、ω の式の分母が2より小さいことを示すことで、この命題を証明する。まず、$S \geq X$ のとき $X/S \leq 1$ である。次に、$0 \leq t \leq 1$ のとき $e^{-r(1-t)} < 1$ である。最後に、以下の関係が使える。

$$\frac{N(-d_2)}{N(d_1)} = \frac{N(\sigma\sqrt{1-t} - d_1)}{N(d_1)}$$

$$= \frac{N(0.5\sigma\sqrt{1-t} - [\ln(S/X) + r(1-t)]/\sigma(1-t))}{N(0.5\sigma\sqrt{1-t} + [\ln(S/X) + r(1-t)]/\sigma(1-t))} < 1$$

以上より、1つ目の特性が証明される。

特性2 株価が上昇すると、株式への投資割合 ω は増加し、逆もまた真である。

証明 この特性を理解するためには、S が増加すると、プット・オプションの価値が下がり $N(-d_1)$ が減少することが分かれば十分である。ω の当初の定義を、以下の通り書き換える。

$$\omega = \frac{S[1 - N(-d_1)]}{S + P} = \frac{[1 - N(-d_1)]}{1 + P/S}$$

これより、S が増加すると、ω の分母は減少し、分子は増加する。したがって、特性2が証明される。

特性3 $t \to 1$ のとき、2つの場合のいずれかが起こる。$S_t > X$ なら、$\omega_t \to 1$ であり、$S_t < X$ なら、$\omega_t \to 0$ である。

証明 これを理解するために、$S_t > X$ かつ $t \to 1$ のとき、$N(d_1) \to 1$ であり $N(-d_1) \to 0$ であることに注目する。この場合は、$\omega_t \to 1$ となる。逆に、$S_t < X$ かつ $t \to 1$ のとき、$N(d_1) \to 0$ であり $N(-d_1) \to 1$ である。したがって $\omega_t \to 0$ である。(厳密に言うと、これらは"確率限界"としてのみ正しい―Billingsley,1968 を参照。$t \to 1$ で $S_t/X \to 1$ のときはどうだろうか？この場合は、$\omega_t \to 1/2$ となる。しかし、発生確率はゼロである。)

29.5 余談：ポートフォリオのリターン全てに保険を掛ける

ちょっと脱線して、興味深いポートフォリオ・インシュアランスの問題を考えてみよう。これまでは、1株につき1つ、合成的なプット・オプションを作る問題を考えてきた。これを少し変えて、当初投資額全額からのドル・リターン全てを保証する、プット・オプションと株式からなるポートフォリオを作る問題にする。典型的な例は、以下のようなものである。

1,000 ドルの投資資金があり、今から 1 年間で少なくとも $1,000z$ ドルになるように保証したい。ここで、z は、通常 0 と 1 の間の何らかの数である。例えば、$z = 0.93$ なら、最終的な富を少なくとも 930 ドルにしたいということである。[2] 現在の価格が S_0 である株式と、行使価格 X の株式のプット・オプションに投資したい。また、プット・オプションの数を株式数と同一にしたいので、株式とプット・オプションの各"パッケージ"には、$S_0 + P(S_0, X)$ の費用がかかる。この戦略を実行するためには、α 株の株式を購入する必要がある。ここで、

$$\alpha = \frac{1,000}{S_0 + P(S_0, X)}$$

となる。

　α 株の株式と α 単位の行使価格 X のプット・オプションを購入したので、ポートフォリオからの最低限のドル・リターンは αX である。これを、$1,000z$ と等しくしたいので、$\alpha = 1,000z/X$ を解く。その結果、

$$S_0 + P(S_0, X) = X/z$$

とすると、最低リターンが保証される。

　この等式のスプレッドシートの実装は、以下の通りである。データ・テーブルは、$S_0 + P(S_0, X) = X/z$ のグラフを示している。グラフが x 軸と交差しているところが、$S_0 = 56$、$\sigma = 30\%$、$r = 6\%$、$T = 1$、そして $z = 93\%$ のときのプット・オプションの行使価格 X の解である。

---

2. 次に示すように、(あるところまでは) $z > 1$ であっても、保険を掛けることは可能である。

	A	B	C	D
1			ポートフォリオのリターン全ての保証	
2	z	0.9300	保証水準	
3				
4	S0	56.0000	現在の株価	
5	X	56.4261	行使価格	
6	T	1	オプションの満期までの期間(年ベース)	
7	r	8.00%	無リスク金利	
8	σ	30%	株式のボラティリティ	
9				
10	Alpha	16.4817	<-- =1000/(B4+bsput(B4,B5,B6,B7,B8))	
11				
12	等式の解	0.00	<-- =B4+bsput(B4,B5,B6,B7,B8)-B5/B2	
13				
14			Data Table: B12 のXに対する感度	
15	行使価格↓	0.00	<-- =B12, Data Table のヘッダー	
16	50	4.6135		
17	51	3.8358		
18	52	3.0800		
19	53	2.3463		
20	54	1.6348		
21	55	0.9453		
22	56	0.2778		
23	57	-0.3679		
24	58	-0.9922		
25	59	-1.5953		
26	60	-2.1776		

行使価格をいくらとしてプットオプションをつくるか？

行使価格 X

　見て分かる通り、等式をゼロにするセル B12 の X は、56 と 57 の間にある。ソルバーを使うことで、正確な値 $X=56.4261$ を求めることができる。

	A	B	C	D
1			ポートフォリオのリターン全ての保証	
2	z	0.9300	保証水準	
3				
4	S0	56.0000	現	
5	X	50.0000	行	
6	T	1	オ	
7	r	8.00%	無	
8	σ	30%	株	
9				
10	Alpha	17.1300		
11				
12	等式の解	4.61		
13				
14		Data Tabl		
15	行使価格 ↓	4.61		

ソルバーは、等式 $S_0 + Put(S_0, X) - X/z = 0$ の解を見つける。その解は、下に示された通りである。

	A	B	C
1		ポートフォリオのリターン全ての保証	
2	z	0.9300	保証水準
3			
4	S0	56.0000	現在の株価
5	X	56.4261	行使価格
6	T	1	オプションの満期までの期間（年ベース）
7	r	8.00%	無リスク金利
8	σ	30%	株式のボラティリティ
9			
10	Alpha	16.4817	<-- =1000/(B4+bsput(B4,B5,B6,B7,B8))
11			
12	等式の解	0.00	<-- =B4+bsput(B4,B5,B6,B7,B8)-B5/B2
13			
14	チェック		
15	株式への支出	922.98	<-- =B10*B4
16	プットへの支出	77.02	<-- =B10*bsput(B4,B5,B6,B7,B8)
17	総支出	1,000.00	<-- =B15+B16
18			
19	ポートフォリオの最低リターン	930.00	<-- =B10*B5

解は、$\alpha = 16.4817$ のプット・オプション及び株式を購入することである（セル B17 を見て分かる通り、それらの総支出は 1,000 ドルである）。このポートフォリオの最低リターンは $16.4817 * X = 930$ ドルである（セル B19）。

当初投資額を上回る保険を掛けることはできるか？

保証水準を引き上げると、プット・オプションの行使価格は引き上げられる。これは、より多くの保険を購入するために、1,000ドルのうち相対的に多くをプット・オプション（保険）に使い、（価格上昇の可能性がある）株式を相対的に少なくすることを意味する。

現在の投資水準を上回る保険を掛けることはできるだろうか？別の言葉で言えば、$z > 1$ とすることができるだろうか？これは、当初投資額以上での終了を保証する保険水準を選ぶことを意味する。少し考えて多少計算すると、$z \leq 1 + r$ を満たしている限り、$z > 1$ を確かに選択できることが分かる。つまり、無リスク金利を上回るリターンは、保証することができないということである！これを理解するために、2つの例を提示する。下の最初の例では、$z = 1.08 = 1 + r$ について解く。これには解があった（セル B12 の値がゼロであることに注意）。

	A	B	C
1		ポートフォリオのリターン全ての保証	
2	z	1.0800	保証水準
3			
4	S0	56.0000	現在の株価
5	X	104.8368	行使価格
6	T	1	オプションの満期までの期間（年ベース）
7	r	8.00%	無リスク金利
8	σ	30%	株式のボラティリティ
9			
10	Alpha	10.3017	<-- =1000/(B4+bsput(B4,B5,B6,B7,B8))
11			
12	等式の解	0.00	<-- =B4+bsput(B4,B5,B6,B7,B8)-B5/B2
13			
14	チェック		
15	株式への支出	576.90	
16	プットへの　支出	423.10	
17	総支出	1,000.00	
18			
19	ポートフォリオの最低リターン	1,080.00	<-- =B10*B5

しかしながら、$z > 1.08$ のときは解が存在しない。本節の最初のグラフに戻ると、無リスク金利 8% を上回る 9%（$z = 1.09$）を保証するような解が存在しないことが分かる。

	A	B	C	D
1			ポートフォリオのリターン全ての保証	
2	z	1.0900	保証水準	
3				
4	S0	56.0000	現在の株価	
5	X	56.4261	行使価格	
6	T	1	オプションの満期までの期間（年ベース）	
7	r	8.00%	無リスク金利	
8	σ	30%	株式のボラティリティ	
9				
10	Alpha	16.4817	<-- =1000/(B4+bsput(B4,B5,B6,B7,B8))	
11				
12	等式の解	8.91	<-- =B4+bsput(B4,B5,B6,B7,B8)-B5/B2	
13				
14			Data Table: B12 の X に対する感度	
15	行使価格 ↓	8.91	<-- =B12, Data Table のヘッダー	
16	50	12.5054		
17	55	9.6264		
18	60	7.2927		
19	65	5.4649		
20	70	4.0756		
21	75	3.0466		
22	80	2.3018		
23	85	1.7738		
24	90	1.4072		
25	95	1.1581		
26	100	0.9932		

保証水準を z=1.09 とするプットの行使価格 X の探索

29.6 バタフライ戦略のシミュレーション

本章の最後の実例として、バタフライ戦略のシミュレーションを行う。第 15 章を思い出すと、バタフライ戦略は 3 つのオプションで構成される。本節では、日次でポジションのリバランスしながら、1 ヶ月間（22 日間）のバタフライ戦略のシミュレーションを行う。ここでのバタフライ戦略は、現在の株価 $S_0 = 35$ の株式に対する 3 つのコールオプションで構成される。株式リターンは $\sigma = 35\%$ の対数正規分布に従い、また $r = 2\%$ と想定する。3 つのコールオプションは、以下の通りである。

- コール 1：$X = 20$、ポジション：コール 1 単位買い
- コール 2：$X = 35$、ポジション：コール 2 単位売り
- コール 3：$X = 50$、ポジション：コール 1 単位買い

このバタフライ戦略のペイオフ/利益は、以下の通りである。

	A	B	C	D	E	F	G	H
1				バタフライ戦略				
2	S0	35						
3	T	0.0873016	<-- =22/252					
4	σ	80%						
5	r	2%						
6								
7		X	ポジション	支出				
8	コール1	20	1	15.05	<-- =bscall($B$2,B8,$B$3,$B$5,$B$4)			
9	コール2	35	-2	3.32	<-- =bscall($B$2,B9,$B$3,$B$5,$B$4)			
10	コール3	50	1	0.29	<-- =bscall($B$2,B10,$B$3,$B$5,$B$4)			
11	当初支出額		8.70	<-- =SUMPRODUCT(C8:C10,D8:D10)				
12								
13		利益の一例(Data Tableを使用)						
14	ST	47						
15	利益1	11.95	<-- =C8*(MAX($B$14-B8,0)-D8)					
16	利益2	-17.36	<-- =C9*(MAX($B$14-B9,0)-D9)					
17	利益3	-0.29	<-- =C10*(MAX($B$14-B10,0)-D10)					
18	合計	-5.70	<-- =SUM(B15:B17)					
19								
20		Data Table: STの関数としての利益						
21	ST	ペイオフ						
22		-5.70	<-- =B18					
23	0	-8.70						
24	5	-8.70						
25	10	-8.70						
26	15	-8.70						
27	20	-8.70						
28	25	-3.70						
29	30	1.30						
30	35	6.30						
31	40	1.30						
32	45	-3.70						
33	50	-8.70						
34	55	-8.70						
35	60	-8.70						
36	65	-8.70						
37	70	-8.70						
38	75	-8.70						
39	80	-8.70						
40	85	-8.70						
41	90	-8.70						

ここでブラック・ショールズ式を思い出し、オプションの満期までの残存期間を t とする。

$$Call(X) = S\,N(d_1, t) - Xe^{-rT}N(d_2, t)$$

$$d_1 = \frac{\ln(S/X) + \left(r + \sigma^2/2\right)t}{\sigma\sqrt{t}}, d_2 = d_1 - \sigma\sqrt{t}$$

バタフライ戦略のための一覧は、以下の通り。

N_{Low} コール $\quad Call(X_{Low}, t) = N_{Low}\left[S\,N(d_1(X_{Low}, t)) - X_{Low}e^{-rT}N(d_2(X_{Low}, t))\right]$

$$d_1(X_{Low}, t) = \frac{\ln(S/X_{Low}) + \left(r + \sigma^2/2\right)t}{\sigma\sqrt{t}}, d_2(X_{Low}, t) = d_1(X_{Low}, t) - \sigma\sqrt{t}$$

N_{Mid} コール $\quad Call(X_{Mid}, t) = N_{Mid}\left[S\,N(d_1(X_{Mid}, t)) - X_{Mid}e^{-rT}N(d_2(X_{Mid}, t))\right]$

$$d_1(X_{Mid}, t) = \frac{\ln(S/X_{Mid}) + \left(r + \sigma^2/2\right)t}{\sigma\sqrt{t}}, d_2(X_{Mid}, t) = d_1(X_{Mid}, t) - \sigma\sqrt{t}$$

N_{High} コール $\quad Call(X_{High}, t) = N_{High}\left[S\,N(d_1(X_{High}, t)) - X_{High}e^{-rT}N(d_2(X_{High}, t))\right]$

$$d_1(X_{High}, t) = \frac{\ln\left(S/X_{High}\right) + \left(r + \sigma^2/2\right)t}{\sigma\sqrt{t}}, d_2(X_{High}, t) = d_1(X_{High}, t) - \sigma\sqrt{t}$$

これらを合計することによって、以下の式を得る。

$$Butterfly(t) = S_t\{N_{Low} * N(d_1(X_{Low}, t)) + N_{Mid} * N(d_1(X_{Mid}, t))$$
$$+ N_{High} * N(d_1(X_{High}, t))\} + -e^{-rT}\{N_{Low} * X_{Low}N(d_2(X_{Low}, t))$$
$$+ N_{Mid} * X_{Mid}N(d_2(X_{Mid}, t)) + N_{High} * X_{High}N(d_2(X_{High}, t))\}$$

新たに定義した VBA 関数は以下の通り。

$$Butterfly(t) = S_t * \text{butterflyNd1}\left(X_{Low}, X_{Mid}, X_{High}, N_{Low}, N_{Mid}, N_{High}, S_t, X, t, \sigma, r\right)$$
$$- e^{-rT}\text{butterflyNd2}\left(X_{Low}, X_{Mid}, X_{High}, N_{Low}, N_{Mid}, N_{High}, S_t, X, t, \sigma, r\right)$$

VBA 関数 **ButterflyNd1** は以下のように定義される（関数 **ButterflyNd2** も同様である）。

```
Function butterflyNd1(XLow, XMid, XHigh, _
NumberLow, NumberMid, NumberHigh, Stock, _
Time, Interest, sigma)
butterflyNd1 = Stock * _
    (NumberLow * Application.Norm_S_Dist _
    (dOne(Stock, XLow, Time, Interest, sigma), 1) _
    + NumberMid * Application.Norm_S_Dist _
    (dOne(Stock, XMid, Time, Interest, sigma), 1) _
    + NumberHigh * Application.Norm_S_Dist _
    (dOne(Stock, XHigh, Time, Interest, sigma), 1))
End Function
```

自己資本充足的バタフライ戦略ポートフォリオ

自己資本充足条件（即ち、時刻 $t = 0$ 後はキャッシュフローを必要としない）を満たしつつ、このポジションを動的に複製することを試みる。

時刻 $t = 0$ において、下のように株式及び債券への投資額を定める。

$$Stock(0) = S_0 \left\{ \begin{array}{l} N_{Low} * N(d_1(X_{Low}, t=0)) + N_{Mid} * N(d_1(X_{Mid}, t=0)) \\ + N_{High} * N(d_1(X_{High}, t=0)) \end{array} \right\}$$

その後、時刻 $t + \Delta t$ において、株式への投資額を下の通り定め、株式を相殺するように債券の投資額を定める。

$$Stock(t+\Delta t) = S_{t+\Delta t} \left\{ \begin{array}{l} N_{Low} * N(d_1(X_{Low}, t+\Delta t)) + N_{Mid} * N(d_1(X_{Mid}, t+\Delta t)) \\ + N_{High} * N(d_1(X_{High}, t+\Delta t)) \end{array} \right\}$$

株式ポジションからのキャッシュフロー

株式ポジションからのキャッシュフローは、時刻 t におけるポジションの価値から、時刻 $t + \Delta t$ におけるポジションの価格を差し引いた額である。

株式のキャッシュフロー$(t + \Delta t) = Stock(t) * \dfrac{S_{t+\Delta t}}{S_t} - Stock(t + \Delta t) =$

$\dfrac{S_{t+\Delta t}}{S_t} \{N_{Low} * N(d_1(X_{Low}, S_{t}, t)) + N_{Mid} * N(d_1(X_{Mid}, S_{t}, t))$

$+ N_{High} * N(d_1(X_{High}, S_{t}, t))\} -$

$S_{t+\Delta t} \left\{ \begin{array}{l} N_{Low} * N(d_1(X_{Low}, S_{t+\Delta t}, t + \Delta t)) + N_{Mid} * N(d_1(X_{Mid}, S_{t+\Delta t}, t + \Delta t)) \\ + N_{High} * (d_1(X_{High}, S_{t+\Delta t}, t + \Delta t)) \end{array} \right\}$

Excel では、以下の通りとなる。

$\dfrac{S_{t+\Delta t}}{S_t} * butterflyNd1\left(X_{Low}, X_{Mid}, X_{High}, N_{Low}, N_{Mid}, N_{High}, S_t, X, t, r, \sigma\right)$

$- butterflyNd1\left(X_{Low}, X_{Mid}, X_{High}, N_{Low}, N_{Mid}, N_{High}, S_{t+\Delta t}, X, t + \Delta t, \sigma, r\right)$

債券ポジションからのゼロ投資キャッシュフロー

自己資本充足的戦略を構築するために、各時刻 t における債券のポジションに、株式のポジションの変化を"吸収"させる。時刻 $t = 0$ において、債券のポジションは、以下のようになる。

$Bond(0) = -e^{-rT} \left\{ \begin{array}{l} N_{Low} * X_{Low} N(d_2(X_{Low})) + N_{Mid} * X_{Mid} N(d_2(X_{Mid})) \\ + N_{High} * X_{High} N(d_2(X_{High})) \end{array} \right\}$

時刻 $t + \Delta t$ において、債券のポジションは、直前のポジションから株式のポジションからのキャッシュフローを差し引いた額となる。即ち、

$Bond(t + \Delta t) = Bond(t) * e^{r\Delta t}$
$- \left\{ \begin{array}{l} \dfrac{S_{t+\Delta t}}{S_t} * \text{butterflyNd1}\left(X_{Low}, X_{Mid}, X_{High}, N_{Low}, N_{Mid}, N_{High}, S_t, X, t, r, \sigma\right) \\ -\text{butterflyNd1}\left(X_{Low}, X_{Mid}, X_{High}, N_{Low}, N_{Mid}, N_{High}, S_{t+\Delta t}, X, t + \Delta t, r, \sigma\right) \end{array} \right\}$

債券のポジションからのキャッシュフローは、以下の通りとなる。
債券のキャッシュフロー $(t + \Delta t) = Bond(t) * e^{r\Delta t} - Bond(t + \Delta t)$

$= Bond(t) * e^{r\Delta t} - Bond(t) * e^{r\Delta t}$
$- \left\{ \begin{array}{l} \dfrac{S_{t+\Delta t}}{S_t} * \text{butterflyNd1}\left(X_{Low}, X_{Mid}, X_{High}, N_{Low}, N_{Mid}, N_{High}, S_t, X, t, r, \sigma\right) \\ -\text{butterflyNd1}\left(X_{Low}, X_{Mid}, X_{High}, N_{Low}, N_{Mid}, N_{High}, S_{t+\Delta t}, X, t + \Delta t, r, \sigma\right) \end{array} \right\}$

シミュレーションの実行

シミュレーションを実行すると、以下のようになる。

	A	B	C	D	E	F	G	H
1				バタフライ戦略のシミュレーション				
2	S0	35			バタフライ戦略	X	単位数	
3	T	0.0873	<-- =22/252		Xlow	20	-1	
4	σ	80%			Xmid	35	2	
5	r	2%			Xhigh	50	-1	
6	Δt	0.0040	<-- =1/252					
7								
8		バタフライ戦略のシミュレーション						
9	満期までの時間	株式価格	株式のポジション	債券のポジション				
10	0.0873	35.0000	0.8045	-9.5036				
11	0.0833	35.9853	3.5703	-12.2475				
12	0.0794	38.2162	9.5352	-17.9920	<-- =D10*EXP($B$5*Delta_t)+B11/B10*butterflyNd1($F$3,$F$4,$F$5,$G$3,$G$4,$G$5,B10,A10,$B$5,$B$4)-butterflyNd1($F$3,$F$4,$F$5,$G$3,$G$4,$G$5,B11,A11,$B$5,$B$4)			
13	0.0754	39.2815	12.4420	-20.6344				
14	0.0714	44.0946	19.8385	-26.5081				
15	0.0675	51.3834	18.2051	-21.5974				
16	0.0635	55.4641	13.8829	-15.8312				
17	0.0595	58.3421	10.4490	-11.6781				
18	0.0556	53.7981	15.8867	-17.9306				
19	0.0516	52.1648	18.2011	-20.7287				
20	0.0476	54.6344	14.5265	-16.1941				
21	0.0437	51.4888	19.5291	-22.0344				
22	0.0397	51.8353	19.0312	-21.4068				
23	0.0357	54.6581	13.6173	-14.9582				
24	0.0317	52.7117	17.1058	-18.9328				
25	0.0278	49.2187	25.1145	-28.0766				
26	0.0238	47.4536	29.8208	-33.6857				
27	0.0198	51.1643	20.2218	-21.7576				
28	0.0159	50.8787	20.8747	-22.5250				
29	0.0119	48.2869	30.7962	-33.5117				
30	0.0079	46.7202	38.2931	-42.0104				
31	0.0040	48.2913	36.0448	-38.4778				
32	0.0000	47.9545	35.7934	-38.4808				
33								
34		計算式のペイオフとシミュレーションのペイオフの比較						
35	計算式	-2.0455	<-- =G3*MAX(B32-F3,0)+G4*MAX(B32-F4,0)+G5*MAX(B32-F5,0)					
36	シミュレーション	-2.6874	<-- =SUM(C32:D32)					

このシミュレーションを 50 回繰り返し、計算式のペイオフ（セル B35）とシミュレーションのペイオフ（セル B36）を比較する。

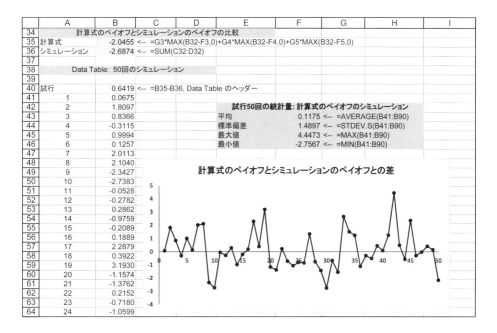

29.7 まとめ

本章では、オプション複製戦略のシミュレーションに集中した。全ての複製戦略は、ブラック・ショールズ公式から導かれるリスク資産と無リスク資産への動的な投資を基礎としている。この考え方を実行する場合、正味投資額が期間を通じてゼロとなるように（いわゆる自己資本充足的またはゼロ投資戦略）、この動的公式を調整しなければならない。そのため、複製戦略は多少不完全となり、これらの戦略の最終的なペイオフは公式のペイオフと近似的な一致にとどまる。より複雑な戦略（ここではバタフライ戦略を取り上げた）では、公式とこの戦略のペイオフとの間の不一致は重大となる可能性がある。

練習問題

1. あなたはポートフォリオ・マネージャーであり、$\sigma = 40\%$の資産に投資することを考えている。あなたは、プット・オプションを作って、年末の損失が5%以上にならないようにしたい。この特定の資産に関するプット・オプションは取引されていないため、動的な投資戦略—リスク資産と無リスク債券の割合を動的に変化させるポートフォリオの購入—を用いることで、人工的にプット・オプションを作りたいと考えている。無リスク金利が6%である場合、このポートフォリオ及び無リスク債券へいくら投資すべきか？

2. ポートフォリオを週次でリバランスすると想定して、上記戦略のシミュレーションを行いなさい。

3. 29.5節の数値例に戻り、ポートフォリオの推定価値 V_a を算出する VBA 関数を作りなさい（ヒント：17.5節でインプライド・ボラティリティを算出した際に用いた二分法を使いなさい）。また、その関数を用いて、ポートフォリオの価値とボラティリティとの間にトレードオフの関係があることを示すグラフを作成しなさい。

4. あなたは、ある会社の株式を取得することを提案された。売り手は、1株当たり55ドルを希望しているが、半年後に1株当たり50ドルとなったらその株式を買い戻したいと提案している。株式の対数リターンの標準偏差が80%である場合の1株当たりの価値を求めよ。無リスク金利は10%とする。

5. カバード・コールとは、株式の買いポジションとコールオプションの売りポジションの組み合わせである。そのペイオフの形状は、以下の通りである。

オプション及びオプション戦略のシミュレーション　767

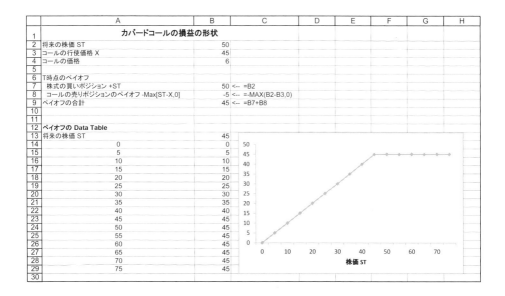

本問において、あなたは、週次でポジションを更新することを前提として、52週間にわたるカバード・コールのペイオフのシミュレーションを頼まれた。カバード・コールの公式を導くことから始めよう。ブラック・ショールズ式の価格と株価を合算すると、以下の通りとなる。

$$\underbrace{S_0}_{\text{株式の買い}} \underbrace{-S_0 N(d_1) + Xe^{-rT}N(d_2)}_{\text{コールの売り}} = \underbrace{S_0(1 - N(d_1))}_{\substack{\text{株式の買い} \\ \text{ポジション}}} + \underbrace{Xe^{-rT}N(d_2)}_{\substack{\text{債券の買い} \\ \text{ポジション}}}$$

このように、カバード・コールは、株式の買いポジションと債券の買いポジションからなることがわかる。スプレッドシートで、シミュレーションされたカバード・コール戦略の有効性を検証しなさい。

6. 29.2 節では、コールオプションを無資金で複製することを検討した。同じ考え方を用いて、プット・オプションの複製をスプレッドシートでプログラミングしなさい。

30 オプション・プライシングのための モンテカルロ法の活用

30.1 概要

本章では、前章の議論を続け、オプション・プライシング（価格評価）のためのモンテカルロ法の実装方法について示す。主な目的は、アジアン・オプションとバリア・オプションの価格の求め方を示すことである。これらは、*経路依存型*のオプションである。これらのオプションのペイオフは、原資産の最終的な価格だけではなく、途中の価格にも依存する。アジアン・オプションは、オプションの満期までの一定期間における原資産価格の平均に依存するペイオフを持ち、バリア・オプションのペイオフは、満期までのある時点において特定の水準に達した原資産価格に依存する。30.6 節～30.9 節において、これらの一般的な説明をより明確にしていく。

リスク中立とは何か？

無リスク債券と株式という 2 つの基本的な資産が存在する状況を考えよう。この債券の金利は無リスク金利と呼ばれ、通常 r と表記される。この 2 つの基本的な資産が存在する状況では、"リスク中立価格評価" は 2 つの意味を持ちうる。リスク中立のいずれの意味においても、派生的な（言い換えれば、基本的ではない）証券は、期待ペイオフの（無リスク金利での）割引価値として評価される。2 つのリスク中立の意味は、リスク資産（株式）のペイオフに到達するために用いられる手順において異なっている。

- リスク中立の 1 つ目の意味では、期待株価が 1 足す無リスク金利になるように、基になる株式リターンの分布を変える。オプションの価格評価には、オプションの期待ペイオフを無リスク金利で割り引くという、基本的なリスク中立価格評価の原則を適用する。このリスク中立の使い方においては、株式リターンは変換するが、期待ペイオフは実際のリターンの確率を用いて計算する。この手順は、30.2 節で例示する。
- リスク中立の 2 つ目の意味は、二項モデル（第 16 章を参照）を使うことである。ここでは、状態価格をリスク中立確率に変換する。このリスク中立の使い方

においては、株式のペイオフは変換しないが、代わりに実際の状態確率を等価の中立確率で置き換える。それから、期待ペイオフを無リスク金利で割り引くことによって、派生証券を価格評価する。

1つ目の価格評価方法は、そのペイオフが最終的な株価のみに依存するオプションの価格評価に最適である。このようなオプションを、*経路独立型*と呼ぶ。2つ目の方法はより一般的で、原理的には、どのようなオプションに対しても（たとえペイオフが経路依存型であっても）適用することができる。本章で検討するこのようなオプションの例は、アジアン・オプションとバリア・オプションである。これらは、いずれも経路依存型のオプションで、その価格が資産の最終的な価格だけではなく、最終的な価格に至るまでの間の価格経路にも依存する。一般的に、経路依存型のオプションには解析解は存在しない。モンテカルロ法は、このようなオプションの価格評価に、便利な計算ツールを提供する。経路依存型オプションのモンテカルロ法による価格評価は、原資産の価格経路のシミュレーションに依存する。

本章の構成

30.2節では、1つ目のリスク中立価格評価の考え方（株式リターンの変換）が、標準的なコール・オプション及びプット・オプションをモンテカルロ法で価格評価する際に、どのように使えるのかを示す。その後、2つ目の意味でのリスク中立に進み、バリア・オプション及びアジアン・オプションの価格評価にこれがどのように使えるかを示す。

本章をより自己完結的にするため、状態価格とリスク中立に関する簡単な復習を含めている（30.3節）。その上で、30.4節では、モンテカルロ法のアルゴリズムを用いたプレーン・バニラ・オプションの価格評価方法を示す。プレーン・バニラ・オプション（単に、その価格過程が対数正規分布に従う株式の、ヨーロピアン・コールとプットを意味する業界用語）は、ブラック・ショールズ式を用いて正確に価格評価できるので、この例はモンテカルロ評価法を既知の結果で検証することを可能にし、またより複雑なオプションのモンテカルロ法評価について、適切な洞察を深めることができる。

30.2 モンテカルロ法を用いたプレーン・バニラ・コール・オプションの評価

本節では、モンテカルロ法を用いた、標準的なヨーロピアン・コール・オプション及びプット・オプションの価格評価を検討する。30.1 節で議論した1つ目の意味でのリスク中立を使用し、株式の期待リターンが無リスク金利になるようにリターンを変換してから、オプションの期待ペイオフを無リスク金利で割り引く。

ヨーロピアン・コール・オプションとプット・オプションの価格評価に、このモンテカルロ法による複雑なモデルを用いることは、膨大な時間の無駄と思えるかもしれない。ブラック・ショールズ式(第17章)が、ヨーロピアン・コール・オプションとプット・オプションに対して、素晴らしい価格評価を提供するからである。しかしながら、第25章で議論した π の値の推定例のように、モンテカルロ法を用いたプレーン・バニラ・コール・オプション評価の実習は、モンテカルロ法の適用に関して深い洞察を与えてくれる。

手順

下に与えられたパラメータを持つ株式のコール・オプションを考えよう。このコール・オプションの価格は、ブラック・ショールズ式を用いて算出できる。リターンを変換するという1つ目のリスク中立の手順が、モンテカルロ法を用いたコール・オプションの価格評価に、どのように用いられるのかを示す。

	A	B	C
1	ブラックショールズ式でのコールの価格		
2	S0	50	
3	X	44	
4	T	1	
5	r	5%	
6	σ	15%	
7			
8	ブラックショールズ式でのコールの価格	8.5417	<-- =BSCall(B2,B3,B4,B5,B6)

オプションの価格を、以下のようにシミュレーションする。

- ステップ1:時点 T における一連の株価をシミュレーションする。株価は、平均 r 及び標準偏差 σ の対数正規分布に従うという特性を持つ。このシミュレーションを行うため、株価は平均 $r - \sigma^2/2$、標準偏差 σ を持つものと想定する。
- ステップ2:これらの株価から最終的なオプションのペイオフ、即ち $\max(S_T - X, 0)$

を計算する。
- ステップ 3：割り引いたペイオフの平均、即ち $\exp[-r*T]*Average[\max(S_T-X, 0)]$ を計算する。これは、ブラック・ショールズ価格と、（近似的に）同じになるはずである。

なぜ株価の平均リターンを $r - \sigma^2/2$ と想定するのか？

株式のリターンが、平均 μ、標準偏差 σ で正規分布するとしよう。第 26 章で議論したように、これは株価の期待値が、$S_0 \exp\left[(\mu + \sigma^2/2)t\right]$ であることを意味する。リスク中立の 1 つ目の意味においては、株価の期待値の平均が r となるように、リターンの分布を変換したい。μ を $r - \sigma^2/2$ に置き換えることによって、これを達成する。これにより、リスク中立価格評価の基本的な条件である、将来の期待株価がレート r で成長することが保証される。即ち、$S_0 \exp\left[(\mu + \sigma^2/2)t\right] = S_0 \exp\left[((r - \sigma^2/2) + \sigma^2/2)t\right] = S_0 \exp[rt]$ となる。

ステップ 1 ： 価格データの生成

この理論的な問題を整理したところで、計算に戻ろう。最初に、1,000 個の将来株価を生成する。それぞれの価格は、以下の式を用いて生成される。

$$S_T = S_0 * \exp\left[\left(r - \frac{\sigma^2}{2}\right) * T + \sigma * \sqrt{T} * Z\right]$$

ここで、Z は、第 26 章で示したように、Excel の関数 **Norm.S.Inv(Rand( ))** を用いて生成される標準正規乱数である。サンプルデータは、以下のようになる。

	A	B	C	D	E	F	G	H	I
1				リスク中立株価のシミュレーション D列の最終的な株価STは標準偏差s、期待リターンrを有する					
2				シミュレーションによる時点Tの株価				株価	
3	S0		50		50.3967	<-- =$B$3*EXP(($B$6-	サンプル数	1,000	<-- =COUNT(D:D)
4	X		44		53.2540	$B$7^2/2)*$B$5+$B$7*S	最大値	85.6409	<-- =MAX(D:D)
5	T		1		60.9666	QRT($B$5)*NORM.S.INV(	最小値	30.4048	<-- =MIN(D:D)
6	r		5%		46.7026		平均	53.0366	<-- =AVERAGE(D:D)
7	σ		15%		55.9399		標準偏差	8.2103	<-- =STDEV.S(D:D)
8					47.7380				
9	ブラックショールズ式のコール価格		8.5417	<--	48.1591			データの統計量	
10				=BSCall(B3,	49.9616		リターン	5.90%	<-- =LN(H6/B3)
11				B4,B5,B6,B7)	53.2891		リターンの標準偏差	15.48%	<-- =H7/H6
12					52.9477				
13					51.8787			統計量の理論値	
14					47.4826		リターン	5.13%	<-- =EXP(B6*B5)-1
15					45.9667		リターンの標準偏差	15.00%	<-- =B7
16					45.7930				

ステップ 2 及び 3

次に、サンプルデータを用いて、オプションのペイオフを計算する。以下では、シミュレーションした各株価からコール・オプションのペイオフを計算し（E 列）、セル B10 で、これらのペイオフの平均値を（無リスク金利で）割り引いた価値 $\exp[-r*T]*Average[\max(S_T - X, 0)]$ を計算している。前述の通り、この割引後の平均値は、ブラック・ショールズ価格に近似する。

	A	B	C	D	E	F
1			リスク中立価格のシミュレーションによるコールオプションの評価			
1			シミュレーション回数1000回 (D, E列)			
2				シミュレーションによる時点Tの株価	シミュレーションによるコールのペイオフ	
3	S0	50		45.9073	1.9073	<-- =MAX(D3-$B$4,0)
4	X	44		50.0120	6.0120	<-- =MAX(D4-$B$4,0)
5	T	1		54.3963	10.3963	<-- =MAX(D5-$B$4,0)
6	r	5%		45.5428	1.5428	
7	σ	15%		52.3809	8.3809	
8				67.3706	23.3706	
9	コールオプションの評価			41.6806	0.0000	
10	割引後の平均ペイオフ	8.7822	<-- =EXP(-B6*B5)*AVERAGE(E:E)	50.1624	6.1624	
11	ブラックショールズ式のコール価格	8.5417	<-- =BSCall(B3,B4,B5,B6,B7)	65.5933	21.5933	
12				44.6962	0.6962	

同じ手順で、プット・オプションの評価も可能である。

	A	B	C	D	E	F
1			リスク中立価格のシミュレーションによるプットオプションの評価			
1			シミュレーション回数1000回 (D, E列)			
2				シミュレーションによる時点Tの株価	シミュレーションによるコールのペイオフ	
3	S0	50		50.6118	0.0000	<-- =MAX($B$4-D3,0)
4	X	44		47.1570	0.0000	<-- =MAX($B$4-D4,0)
5	T	1		46.6323	0.0000	<-- =MAX($B$4-D5,0)
6	r	5%		57.4775	0.0000	
7	σ	15%		50.4741	0.0000	
8				45.5551	0.0000	
9	プットオプションの評価			70.7428	0.0000	
10	割引後の平均ペイオフ	0.3805	<-- =EXP(-B6*B5)*AVERAGE(E:E)	45.3666	0.0000	
11	ブラックショールズ式のプット価格	0.3958	<-- =bsput(B3,B4,B5,B6,B7)	59.5074	0.0000	
12				35.7686	8.2314	

デジタル・オプション

この方法の威力を示すために、最終的な株価の一の位をペイオフとする証券の価格を求めたいとしよう。例えば、もし $S_T = 43.5323$ なら"デジタル証券"のペイオフは 3 で、$S_T = 50.5323$ ならペイオフは 0 である（なぜこのような証券を買い

たがる人がいるのかは、別の問題である）。

下のスプレッドシートは、本節で説明したモンテカルロ法を用いて、この証券を簡単に評価できることを示している。1,000 個の株価をシミュレーションし、Excel 関数 **Int(Mod(S$_T$,10))** を使って最終的な株価の一の位を決定する。

	A	B	C	D	E	F
1			最終的な株価の一の位をペイオフとするデリバティブ			
2				シミュレーションによる時点Tの株価	シミュレーションによるオプションのペイオフ	
3	S0	50		44.8601	4.0000	<-- =INT(MOD(D3,10))
4	X	44		56.2802	6.0000	<-- =INT(MOD(D4,10))
5	T	1		58.2952	8.0000	<-- =INT(MOD(D5,10))
6	r	5%		53.8476	3.0000	
7	σ	15%		51.1838	1.0000	
8				49.6402	9.0000	
9		デジタルオプションの評価		61.8767	1.0000	
10	割引後の平均ペイオフ	4.2720	<-- =EXP(-B6*B5)*AVERAGE(E:E)	74.0719	4.0000	
11				61.0220	1.0000	

30.3 状態価格、確率、及びリスク中立

本章の残りでは、30.1 節で議論した 2 つ目のリスク中立の意味を用いる。二項モデルの枠組みで、リスク中立の状態確率を計算し、それからこれを用いて派生証券のペイオフの期待値を算出する。ここでの主目的は、バリア・オプション及びアジアン・オプションを評価することであるが、この原理は一般的であり、ほとんどのデリバティブに適用することができる。

本節では、第 16 章で扱った状態価格とリスク中立評価に関する基本事項の要約から始める。各期間において U 又は D で成長する株価 S の二項モデルを考える。金利を R とする。[1] リスク中立は、全ての状態価格の特性である。即ち、状態価格

$$\left\{ q_U = \frac{R-D}{R(U-D)}, q_D = \frac{U-R}{R(U-D)} \right\}$$

を所与とすると、リスク中立確率が $\{\pi_U = Rq_U, \pi_D = Rq_D\}$ によって定められる。リスク中立確率は、資産のペイオフの割引期待値を求めることによって、資産の価格付けに用いることができる。[2] 1 期後の状態 U 及び D それぞれにおいて、

---

1. 厳密に言うと、U、D 及び R は、I 足す成長率及び利率である。言葉を簡単にするために、意味は多少異なるものの、"上昇率""下落率"及び"金利"という言葉をよく用いる。
2. 第 16 章で示したように、リスク中立確率は、ある状態が発生する実際の確率ではない。実は、それは状態価格から算出された"偽の確率"である。

$\{Payoff_U, Payoff_D\}$ のペイオフを有する資産は、現時点で以下の価値を持つ。

$$現時点の資産価値 = q_U Payoff_U + q_D Payoff_D = \underbrace{\frac{\pi_U Payoff_U + \pi_D Payoff_D}{R}}_{\substack{\uparrow \\ \text{無リスク金利で割り引いた、リ}\\ \text{スク中立期待ペイオフ（リスク}\\ \text{中立確率で計算された期待値）}}}$$

$\{Payoff_U, Payoff_D\}$ は、一般に原資産価格の関数である。通常のコール・オプションでは、例えば $\{Payoff_U = \max(S*U - X, 0), Payoff_D = \max(S*D - X, 0)\}$ となる。

リスク中立評価の枠組みは、多期間構造に拡張することができる。U 及び D が時間と共に変化しない、多期間の二項モデルを考えよう。第 n 日目の状態ペイオフを $Payoff_{n,j}, j = 0, \cdots, n$ と表す。この $Payoff_{n,j}$ という表記は、二項ツリー上で j 回上昇した後の状態における、第 n 日目の資産のペイオフを示す。二項モデルの枠組みでは、コール・オプションのペイオフは $Payoff_{n,j} = Max(S * U^j D^{n-j} - X, 0)$ となる。その結果、この資産の価格は、以下のように与えられる。

$$現時点の資産価値 = \sum_{j=0}^{n} \binom{n}{j} q_U^j q_D^{n-j} Payoff_{n,j} = \underbrace{\frac{1}{R^n} \sum_{j=0}^{n} \binom{n}{j} \pi_U^j \pi_D^{n-j} Payoff_{n,j}}_{\substack{\uparrow \\ \text{リスク中立期待割引価格}}}$$

この特定な表記は、ツリーが*再結合する*ことを仮定する。これは、別の言葉を使えば、第 n 日目のペイオフが*経路独立*であることを仮定している。即ち、オプションのペイオフは最終的な株価のみの関数で、この価格に到達するまでの経路には依存しない（図 30.1 を参照）。本章の後半で、この点に戻る。

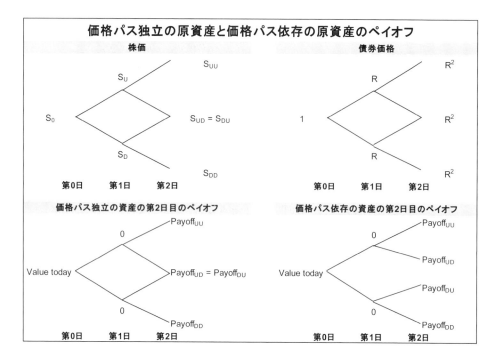

図 30.1
再結合する二項モデルと再結合しない二項モデル

30.4 二項モンテカルロモデルを用いたコール・オプションの評価

ばかばかしいほど簡単な例から始める。各期で株価が上昇もしくは下落する2期間設定で、モンテカルロ法を使ってヨーロピアン・コール・オプションを評価する。下のスプレッドシートでは、現在の株価が $S_0 = 50$ であるアット・ザ・マネーの株式オプションの評価に、モンテカルロ法を用いている。2期間あり、各期で株価は Up = 1.4 上昇するか、あるいは Down = 0.9 下落するかのいずれかである。金利は $R = 1.05$ とする。所与の上昇率と下落率で、株価ツリーは図30.2のようになる。

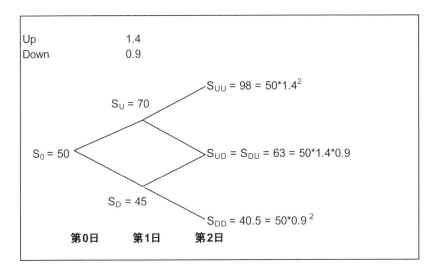

図 30.2
標準的な再結合二項モデルによる株価ツリー

下のスプレッドシートは、2つのランダムな価格経路とその価格評価を示している。

	A	B	C	D
1		簡単なシミュレーション: 2つの価格パスの2期間モデル		
2	当初株価	50		
3	X	50		
4				
5	Up	1.4		
6	Down	0.9		
7	R	1.05		
8				
9	状態価格			
10	qu	0.2857	<-- =(B7-B6)/(B7*(B5-B6))	
11	qd	0.6667	<-- =(B5-B7)/(B7*(B5-B6))	
12				
13	リスク中立確率			
14	pu	0.3000	<-- =B10*$B$7	
15	pd	0.7000	<-- =B11*$B$7	
16				
17		無作為の価格パスとモンテカルロ価格		
18	第1期間, up (1) or down (0)?	0	0	<-- =IF(RAND()>$B$15,1,0)
19	第2期間, up (1) or down (0)?	0	1	<-- =IF(RAND()>$B$15,1,0)
20				
21	上昇回数の合計	0	1	<-- =SUM(C18:C19)
22	最終的な株価	40.5	63	<-- =$B$2*Up^C21*Down^(2-C21)
23	オプションのペイオフ	0	13	<-- =MAX(C22-$B$3,0)
24				
25	割引ペイオフの平均	5.8957	<-- =AVERAGE(23:23)/R_^2	
26				
27	状態価格を用いた実際のオプション価格の計算			
28	ペイオフ			
29	最大	48	<-- =MAX(B2*Up^2-B3,0)	
30	中間	13	<-- =MAX(B2*Up*Down-B3,0)	
31	最小	0	<-- =MAX(B2*Down^2-B3,0)	
32	実際のオプションの価格	8.8707	<-- =q_up^2*B29+2*q_up*q_down*B30+q_down^2*B31	

状態価格とリスク中立確率は、セル B10：B11 及び B14：B15 で計算される。セル B18：B19 及び C18：C19 は、2つのランダムな価格経路を示している。各期で、Excel 関数 **Rand** によって生成された乱数を用いている。もし **Rand( )** $> \pi_D$ なら株価は上昇し、**Rand( )** $\leq \pi_D$ なら株価は下落する。

- 1つ目の価格経路（セル B18：B19）では、両期間とも株価は下落している。最終的な株価は 40.5 で、オプションのペイオフは 0 である（セル B23）。
- 2つ目の価格経路（セル C18：C19）では、第 1 期間で株価は下落し、第 2 期間で上昇している。最終的な株価は 63、オプションのペイオフは 13 である（セル C23）。

もしランダムな価格経路がこれら 2 つだけだったとしたら、モンテカルロ法によるオプション価格は割引ペイオフの平均 5.8957 となる（セル B25）。状態価格を用いて*実際のコール価格*も算出していることに気付いてほしい。B32 は、この価格が 8.8707 であることを示している。

> **モンテカルロ法におけるリスク中立確率**
>
> モンテカルロ・シミュレーションにおけるリスク中立確率の役割について注記する。価格経路は、*実際の確率*ではなく、リスク中立確率 π_U 及び π_D によって決定される。モンテカルロ法による価格評価では、実際の確率の出番はない。

2 期間モデルへの拡張

もちろん、モンテカルロ・シミュレーションを 2 つの価格経路だけで行うわけにはいかない。下のスプレッドシートでは、価格経路を 255 まで拡張した。セル B25 では、シミュレーションされた 255 の価格経路にわたるオプション価格の平均値を計算している。

	A	B	C	D	E	F	G	H	I
1		簡単なシミュレーション：より多くの価格パスによる2日間のモデル F9キーを押すことでシミュレーションが開始され、セルB25の値が変わる この値を、セルB32の実際のオプション価格と比較せよ							
2	当初株価	50							
3	X	50							
4									
5	Up	1.4							
6	Down	0.9							
7	R	1.05							
8									
9	状態価格								
10	qu	0.2857	<-- =(B7-B6)/(B7*(B5-B6))						
11	qd	0.6667	<-- =(B5-B7)/(B7*(B5-B6))						
12									
13	リスク中立確率								
14	pu	0.3000	<-- =B10*$B$7						
15	pd	0.7000	<-- =B11*$B$7						
16									
17		無作為の価格パスとモンテカルロ価格							
18	第1期間, up (1) or down (0)?	0	0	1	0	0	0	1	1
19	第2期間, up (1) or down (0)?	0	1	1	0	1	0	0	0
20									
21	上昇回数の合計	0	1	2	0	1	0	1	1
22	最終的な株価	40.5	63	98	40.5	63	40.5	63	63
23	オプションのペイオフ	0	13	48	0	13	0	13	13
24									
25	割引ペイオフの平均	8.7502	<-- =AVERAGE(23:23)/$B$7^2						
26									
27	状態価格を用いた実際のオプション価格の計算								
28	ペイオフ								
29	最大	48	<-- =MAX(B2*B5^2-B3,0)						
30	中間	13	<-- =MAX(B2*B5*B6-B3,0)						
31	最小	0	<-- =MAX(B2*B6^2-B3,0)						
32	実際のオプションの価格	8.8707	<-- =B10^2*B29+2*B10*B11*B30+B11^2*B31						

割引ペイオフの平均値（セル B25）は 8.7502 である。この値はランダムであり、F9 キーを押すたびに新たな乱数経路の組が生成され、値が変化する。モンテカルロ法は、さらに多くの価格経路を用いることで、実際のオプション価格 8.8707 に収束することを示唆する。次節では、モンテカルロ法が最終的にはこの価格への収束を実現することを示す。

30.5 モンテカルロ法によるプレーン・バニラ・コール・オプション価格はブラック・ショールズ価格に収束する

原理を理解できたところで、この論理を拡張する。ブラック・ショールズ価格に収束する条件の下で、モンテカルロ法を用いてプレーン・バニラ・コール・オプションの価格評価を行う VBA プログラムを書く。

基本的な設定は次の通りである。現在の価格が S_0 である株式に対するヨーロピアン・コール・オプション価格を求める。オプションの行使価格は X で、満期までの期間は T である。株価は、平均 μ 及び標準偏差 σ の対数正規分布に従うと仮定する。

モンテカルロ法を用いてこのコール・オプションの価格を求めるには、

- 単位時間を n 分割する。これは、$\Delta t = 1/n$ であることを意味する。
- 各 Δt において、$Up_{\Delta t} = \exp\left[\mu \Delta t + \sigma \sqrt{\Delta t}\right]$ 及び $Down_{\Delta t} = \exp\left[\mu \Delta t - \sigma \sqrt{\Delta t}\right]$ と定義する。間隔 Δt における金利は $R_{\Delta t} = \exp[r \Delta t]$ である。
- これは、状態価格及びリスク中立確率が、以下で与えられることを意味する。

$$q_u = \frac{R_{\Delta t} - Down_{\Delta t}}{R_{\Delta t}(Up_{\Delta t} - Down_{\Delta t})}, q_d = \frac{Up_{\Delta t} - R_{\Delta t}}{R_{\Delta t}(Up_{\Delta t} - Down_{\Delta t})}$$

$$\pi_u = \frac{R_{\Delta t} - Down_{\Delta t}}{Up_{\Delta t} - Down_{\Delta t}}, \pi_d = \frac{Up_{\Delta t} - R_{\Delta t}}{Up_{\Delta t} - Down_{\Delta t}} = 1 - \pi_u$$

- オプション満期までの時間は T なので、T までの価格経路は、$m = T/\Delta t$ 区間必要になる。m 区間にわたる価格経路は、0 から 1 までの乱数とリスク中立確率 π_d の関数として、株価の上昇または下落で生成される。30.3 節の例で説明したように、乱数が π_d より大きければ株式は上昇し、そうでなければ下落する。

VBA プログラム

下の VBA プログラムは、関数 **VanillaCall** を定義する。この関数は、インプットとして上述した変数を必要とする。変数 **Runs** は、生成されたランダム価格経路の数である。これらの経路を平均して、コール・オプションのモンテカルロ価格が決定される。

```
Function VanillaCall(S0, Exercise, Mean, sigma, _
Interest, Time, Divisions, Runs)
    deltat = 1 / Divisions
    interestdelta = Exp(Interest * deltat)

    up = Exp(Mean * deltat + _
    sigma * Sqr(deltat))
    down = Exp(Mean * deltat - _
    sigma * Sqr(deltat))

    pathlength = Int(Time / deltat)

'Risk-neutral probabilities
piup = (interestdelta - down) / _
(up - down)
pidown = 1 - piup

Temp = 0
For Index = 1 To Runs
    Upcounter = 0
    'Generate terminal price
    For j = 1 To pathlength
    If Rnd > pidown Then Upcounter = _
    Upcounter + 1
    Next j
    callvalue = Application.Max(S0 * _
    (up ^ Upcounter) * (down ^ (pathlength - _
    Upcounter)) - Exercise, 0) _
    / (interestdelta ^ pathlength)
    Temp = Temp + callvalue

Next Index
VanillaCall = Temp / Runs
End Function
```

株価上昇の回数はカウンター **Upcounter** に蓄積され、各 **Run** におけるコール・オプションの価格は、最終的な価格が $S_0 * Up^{Upcounter} Down^{Pathlength-Upcounter}$ であるコール・オプション・ペイオフの割引価格となる。ここで、`pathlength = Int(Time / deltat)` は $T/\Delta t$ の整数部分である。

```
callvalue = Application.Max(S0 * (up ^
Upcounter) * _
    (down ^ (pathlength - Upcounter)) _
    - Exercise, 0) / (interestdelta ^
    pathlength)
```

コール・オプションのモンテカルロ法による価格は、`VanillaCall = Temp / Runs` によって与えられる。

モンテカルロ・シミュレーションの原理を理解する

今後の参考のために、モンテカルロ・シミュレーションの原理を述べておく。これらの原理は、本節のプレーン・バニラ・オプションだけでなく、本章の後半で扱うアジアン・オプションでも成り立つ。

- 価格経路は、リスク中立確率を用いて生成される。プログラム **VanillaCall** では、例えば、乱数 $> \pi_D$ なら株価は上昇し、乱数 $\leq \pi_D$ なら株価は下落する。事実上、これは各価格経路のリスク中立確率 $\{\pi_U = 1 - \pi_D, \pi_D\}$ が、価格経路自体に織り込まれていることを意味する。
- モンテカルロ法を用いたオプション価格は、生成された価格経路の全ての結果を単純平均し、割引いた価値として算定される。

スプレッドシートで MC 関数 VanillaCall を実装する

下のスプレッドシートは、**VanillaCall** の実装を示している。セル B14 の値は、ブラック・ショールズ式によって計算されたオプション価格である。関数 **BSCall** は、第 19 章で定義されている。

	A	B	C
1	モンテカルロ法によるプレーン・バニラ・コールオプションの価格		
2	S0 , 現在の株価	50	
3	X, 行使価格	50	
4	r, 金利	10%	
5	T, 時間	0.8	
6	m, 株式リターンの平均	33%	
7	s, 株式リターンの標準偏差	30%	
8			
9	n, 単位時間の分割数	200	
10	試行数	3,000	
11			
12	VanillaCall	7.5861	<-- =vanillacall(B2,B3,B6,B7,B4,B5,B9,B10)
13			
14	BS call	7.2782	<-- =BSCall(B2,B3,B5,B4,B7)

この関数は、オプション満期までの期間 $T = 0.8$（セル B5）を 200 区間（セル B9）に区分するので、$\Delta t = 1/200$ である。関数が呼ばれるたびに、3,000 個（セル B10）の価格経路が生成される。上で示したこの関数の一例では、コール・オプションの価格は 7.5861（セル B12）だったが、ブラック・ショールズ式のコール・オプション価格は、第 19 章で定義した関数 **BSCall** を用いて計算すると、7.2782 である（セル B14）。

この MC プログラムはどれくらいの精度なのだろうか？これをテストする 1 つの方法は、このプログラムを数多く実行することである。下のスプレッドシートでは、関数 **VanillaCall** を 40 回実行した例を示している。

	A	B	C	D	E
1		モンテカルロ関数を複数回実行する			
2	S0, 現在の株価	50			
3	X, 行使価格	50			
4	r, 金利	10%			
5	T, 時間	0.8			
6	m, 株式リターンの平均	33%			
7	s, 株式リターンの標準偏差	30%			
8					
9	n, 単位時間の分割数	100			
10	試行数	3,000			
11					
12	VanillaCall	6.9844	<-- =vanillacall(B2,B3,B6,B7,B4,B5,B9,B10)		
13					
14	BS call	7.2782	<-- =BSCall(B2,B3,B5,B4,B7)		
15					
16		この関数の複数の試行			
17		7.2008	7.3757	7.0610	7.2803	<--
18		7.1409	7.2449	7.4489	7.2261	=vanillacall(B2,B3,B6,
19		7.1272	7.3684	7.3203	6.8669	B7,B4,B5,B9,B10)
20		6.9698	7.0250	7.3599	7.3470	
21		7.3847	7.2574	7.4160	7.4549	
22		6.9784	7.0804	7.3551	7.1748	
23		6.8877	7.3408	7.1025	7.2530	
24		7.3557	7.1851	7.6175	6.9928	
25		7.5823	7.4341	7.3478	7.3009	
26		7.3044	7.6030	7.4190	7.2724	
27					
28		7.2616	<-- =AVERAGE(A17:D26)		
29		0.1847	<-- =STDEV.S(A17:D26)		

平均値（セル A28）は、比較的低い標準偏差（セル A29）となっている。このモンテカルロ法のプログラムは、かなり良く機能している。

MC プログラムの効率性の改善

モンテカルロ法のプログラムは、本質的には非常に不経済である。なぜなら、真の値に対して妥当な近似値を得るために、それを何回も実行しなければならないからである。したがって、特定のプログラムをより効率的にすることは、多くの利益がある。**VanillaCall** の例を続けて、そのような効率の向上の一例を示す。

j 回の乱数生成の後、もはやコール・オプションがイン・ザ・マネーに決してならない乱数価格になったとする。j 回のコイントス後の価格上昇の回数を、$Upcounter(j)$ と表記する。その場合、もし $S_0 Up^{Upcounter(j)+(n-j)} Down^{j-Upcounter(j)} < X$ なら、n 回の乱数生成後のコール・オプションはイン・ザ・マネーにはなり得ない。この方式は、全ての残りの乱数（$n-j$ 個ある）が、株価上昇になると仮定している。

この場合、j 以後の乱数生成をやめ、コール・オプション価格をゼロとすべきである。下の **VBA** プログラムは、この論理を実装する。

```
Function BetterVanillaCall(S0, Exercise, Mean, _
sigma, Interest, Time, Divisions, Runs)
    deltat = Time / Divisions
    interestdelta = Exp(Interest * deltat)

up = Exp(Mean * deltat + sigma * Sqr(deltat))
down = Exp(Mean * deltat - sigma * Sqr(deltat))

pathlength = Int(Time / deltat)

'Risk-neutral probabilities
piup = (interestdelta - down)/(up - down)
pidown = 1 - piup

Temp = 0

For Index = 1 To Runs
    Upcounter = 0
    'Generate terminal price
    For j = 1 To pathlength
    If Rnd > pidown Then Upcounter = _
    Upcounter + 1
    If S0 * up ^ (Upcounter + pathlength - j) _
    * down ^ (j - Upcounter) < X _
    Then GoTo Compute
    Next j
Compute:
    callvalue = Application.Max(S0 * _
    (up ^ Upcounter) * (down ^ _
    (pathlength - Upcounter)) _
    - Exercise, 0) / (interestdelta _
    ^ pathlength)
    Temp = Temp + callvalue
```

```
    Next Index
    BetterVanillaCall = Temp / Runs
    End Function
```

コードの強調した部分が変更箇所である。**Compute** 以下の部分は、単に **Call-value** を計算する。

以下のスプレッドシートは、この実装を示している。

	A	B	C
1	モンテカルロ法によるプレーン・バニラ・コールオプションの価格 BetterVanillaCall:いくぶん効率的な関数:もし上昇回数k回を含むj回の乱数発生後、S0*Up(k+n-j)*Down(j-k)<Xである場合は、乱数価格パスの生成を中断し、コールオプションの価格をゼロとする。		
2	S0 , 現在の株価	50	
3	X, 行使価格	45	
4	r, 金利	6%	
5	T, 時間	0.8	
6	m, 株式リターンの平均	12%	
7	s, 株式リターンの標準偏差	30%	
8			
9	n, 単位時間の分割数	100	
10	試行数	2,000	
11			
12	VanillaCall	9.1966	<-- =bettervanillacall(B2,B3,B6,B7,B4,B5,B9,B10)
13			
14	BS call	9.2931	<-- =BSCall(B2,B3,B5,B4,B7)

ここからどこへ進むのか？

モンテカルロ法の技法と VBA での実装を理解したので、例題を 2 つの方向へ拡張できる。次節では、アジアン・オプション（オプションの最終ペイオフが価格経路の平均価格に依存するオプション）の評価を議論する。30.6 節では、バリア・オプションの評価を議論する。

30.6 アジアン・オプションの評価

アジアン・オプションは、そのペイオフが、オプション満期までのある期間における資産の平均価格に、何らかの形で依存するオプションである。[3] アジアン・オプションは、時々"平均価格オプション"と呼ばれる。アジアン・オプションには2つの一般的な種類ある。

- 1種類目のアジアン・オプションでは、オプションのペイオフは、原資産の平均価格と行使価格との差で決まり、Max［原資産の平均価格 − 行使価格,0］となる。図 30.3 のニューヨーク・マーカンタイル取引所（NYMEX）における原油契約や、図 30.4 のロンドン金属取引所における平均価格オプション（TAPO）は、この種類のオプションである。
- 2種類目のアジアン・オプションでは、オプションの行使価格は、オプション満期までのある期間における原資産価格の平均で、Max［最終的な原資産価格 − 原資産の平均価格,0］となる。このような*平均行使価格*のオプションは、電力市場で一般的である。このオプションは、主要なリスクが原資産の平均価格と関連している、ヘッジャーを助ける。

アジアン・オプションは、利用者が原資産をその期間を通して販売し、それゆえ平均価格のリスクにさらされている場合と、原資産に価格操作の危険がある場合に、特に役に立つ。アジアン・オプションは、単一の価格ではなく連続した価格を基にするので、価格操作の影響を和らげる。

---

3. www.riskglossary.com/articles/asian_option.htm 及び www.global-derivatives.com/options/asian-options.php で、いくつかの定義や文献の議論を参照されたい。参考文献リストは、本書の主要参考文献の節にも記載している。

Crude Oil Average Price Options

Light Sweet Crude Oil Average Price Options

Market Data	
Current Session Overview	
Current Session Calls	
Current Session Puts	
Previous Session Calls	
Previous Session Puts	
Contract Detail	
Description	
Specifications	
Expiration Schedule	
Request for Information	

Type

An Asian-style options contract that is cash-settled on expiration day.

Trading Unit

Upon expiration of a call options contract, the value will be the difference between the average front month settlement price over the calendar month of the underlying NYMEX Division West Texas Intermediate crude oil calendar swap futures contract and the strike price multiplied by 1,000 barrels or zero, whichever is greater. Upon expiration of a put options contract, the value will be the difference between the strike price and average front month settlement price over the calendar month of the underlying WTI crude oil calendar swap futures contract multiplied by 1,000 barrels or zero, whichever is greater.

図 30.3
ニューヨーク・マーカンタイル取引所で取引される原油の平均価格オプション。www.nymex.com/AO_spec.aspx

第 30 章

Copper
Where would we be without copper? Well in theory probably still in the stone age, as we would not have had the Bronze Age yet. Copper was the first mineral man extracted from the earth to make utensils, weapons and tools and since the early days it has become invaluable.

LME Traded Average Price Options Specification

Contract date:	The business day on which the contract is traded
Contract period:	Calendar months up to 15, 27 or 63 months forward (in line with the underlying futures contracts). The inclusive period between the first business day and the last business day of the traded month.
Option type:	Calls & puts based on the monthly average settlement price (MASP)
Currency & strike price:	US dollars :$1 gradations
Premium tick size:	0.01 USD (one cent)
Premium payment:	Next business day after contract is traded
Settlement date:	Settlement is two business days after exercise The futures trades settle as per LME rules & regulations

図 30.4
ロンドン金属取引所で取引される銅のアジアン・オプション。www.basemetals.com/html/cuinfo.htm

アジアン・オプションの最初の例

各期において、株価が 40% 上昇または 20% 下落するアジアン・オプションを検討することから始める。第 0 期から開始して、5 期日の株価を考える。

	A	B	C	D	E	F	G	H	I	J
1					アジアン・オプションの例示					
2	当初株価	30								
3	上昇率	1.4								
4	下落率	0.8								
5	R, 1+金利	1.08								
6	行使価格	50								
7										
8	状態価格									
9	qu	0.4321	<-- =(B5-B4)/(B5*(B3-B4))							
10	qd	0.4938	<-- =(B3-B5)/(B5*(B3-B4))							
11										
12	リスク中立確率									
13	pu	0.4667	<-- =B9*$B$5							
14	pd	0.5333	<-- =B10*$B$5							
15										
16										
17									115.25	<-- =G18*B3
18	株価						82.32			
19						58.80			65.86	<-- =G18*B4
20					42.00		47.04			
21		30.00				33.60			37.63	<-- =G20*B4
22					24.00		26.88			
23						19.20			21.50	<-- =G22*B4
24							15.36			
25									12.29	<-- =G24*B4
26										
27										
28									1.3605	<-- =G29*$B$5
29		債券価格					1.2597			
30						1.1664			1.3605	<-- =G31*$B$5
31					1.0800		1.2597			
32		1.0000				1.1664			1.3605	
33					1.0800		1.2597			
34						1.1664			1.3605	
35							1.2597			
36									1.3605	

オプションの価格を計算するため、最初にそれぞれの*価格経路*を計算する。価格経路は 16 ある。下のスプレッドシートは、各経路、その経路の平均株価、オプションのペイオフ、そして各経路のリスク中立確率を示している。

	A	B	C	D	E	G	H	I	J	K	L	M	N	O
1			全ての価格パスを評価することによるアジアン・オプションの評価											
2	当初株価	30												
3	上昇率	1.40												
4	下落率	0.80												
5	金利	1.08												
6	オプションの行使価格	30												
7														
8	上昇時の状態価格: qU	0.4321	<-- =(B5-B4)/(B5*(B3-B4))									セルO16の式: =$B$11^4		
9	下落時の状態価格, qD	0.4938	<-- =(B3-B5)/(B5*(B3-B4))									セルO18の式: =$B$11^3*$B$12		
10												M16の式 =AVERAGE(G16:K16)		
11	上昇時のリスク中立確率	0.4667	<-- =B8*B5											
12	下落時のリスク中立確率	0.5333	<-- =B9*B5									セルN16の式 =MAX(M16-$B$6,0)		
13														
14							株価							
15	価格パス		期間1	期間2	期間3	期間4	期間0	期間1	期間2	期間3	期間4	平均株価	オプションペイオフ	価格パスのリスク中立確率
16	全て上昇 (1 パス)		up	up	up	up	30.00	42.00	58.80	82.32	115.92	65.67	35.67	0.0474
17														
18	1期間下落 (4 パス)		down	up	up	up	30.00	24.00	33.60	47.04	65.86	40.10	10.10	0.0542
19			up	down	up	up	30.00	42.00	33.60	47.04	65.86	43.70	13.70	0.0542
20			up	up	down	up	30.00	42.00	58.80	47.04	65.86	48.74	18.74	0.0542
21			up	up	up	down	30.00	42.00	58.80	82.32	65.86	55.80	25.80	0.0542
22														
23	2期間下落 (6 パス)		down	down	up	up	30.00	24.00	19.20	26.88	37.63	27.54	0.00	0.0619
24			down	up	down	up	30.00	24.00	33.60	26.88	37.63	30.42	0.42	0.0619
25			down	up	up	down	30.00	24.00	33.60	47.04	37.63	34.45	4.45	0.0619
26			up	down	down	up	30.00	42.00	33.60	26.88	37.63	34.02	4.02	0.0619
27			up	down	up	down	30.00	42.00	33.60	47.04	37.63	43.09	13.09	0.0619
28			up	up	down	down	30.00	42.00	58.80	47.04	37.63	38.05	8.05	0.0619
29														
30	3期間下落 (4 パス)		up	down	down	down	30.00	42.00	33.60	26.88	21.50	30.80	0.80	0.0708
31			down	up	down	down	30.00	24.00	33.60	26.88	21.50	27.20	0.00	0.0708
32			down	down	up	down	30.00	24.00	19.20	26.88	21.50	24.32	0.00	0.0708
33			down	down	down	up	30.00	24.00	19.20	15.36	21.50	22.01	0.00	0.0708
34														
35	4期間下落 (1 パス)		down	down	down	down	30.00	24.00	19.20	15.36	12.29	20.17	0.00	0.0809
36														
37												オプション価格	5.3756	<-- =SUMPR
38														
39														
40							セルN37の式 =SUMPRODUCT(N16:N35,O16:O35)/B5^4							
41														

価格経路は、株価の*上昇*と*下落*の、回数及び順序によって決まる。説明のために、2つの価格経路を強調している。

- 経路 {up, down, up, up} の最終的な株価は 65.856、平均価格は 43.699、オプションのペイオフは 13.699、そしてリスク中立価格を用いた割引後の期待価格は 0.546 である。

	A	B	C
1		価格パスの例: {Up, Down, Up, Up}	
2	当初株価	30	
3	上昇率	1.40	
4	下落率	0.80	
5	金利	1.08	
6	オプションの行使価格	30	
7			
8	上昇時の状態価格: qU	0.4321	<-- =(B5-B4)/(B5*(B3-B4))
9	下落時の状態価格, qD	0.4938	<-- =(B3-B5)/(B5*(B3-B4))
10			
11	上昇時のリスク中立確率	0.4667	<-- =B8*B5
12	下落時のリスク中立確率	0.5333	<-- =B9*B5
13			
14	日付	期間初における価格	価格変動:上昇又は下落
15	0	30.000	
16	1	42.000	Up
17	2	33.600	Down
18	3	47.040	Up
19	4	65.856	Up
20	そのパスの平均値	43.699	<-- =AVERAGE(B15:B19)
21	そのパス終了時のオプションのペイオフ	13.699	<-- =MAX(B20-$B$6,0)
22	そのパスのリスク中立価格	0.0542	<-- =B11^COUNTIF(C16:C19,"Up")*B12^COUNTIF(C16:C19,"Down")
23	そのパスの価格:ペイオフ×リスク中立価格×割引ファクター	0.546	<-- =B21*B22/B5^4

この経路の平均株価は 43.699 なので、オプションのペイオフは max[43.699 − 30, 0]= 13.699 である。

- 経路 {up, up, down, up} の最終的な株価は前と同じ 65.856 である。しかしながら、平均価格は異なり、その結果オプション・ペイオフとオプション価格は異っている。

	A	B	C
1		価格パスの例: {Up, Up, Down, Up}	
2	当初株価	30	
3	上昇率	1.40	
4	下落率	0.80	
5	金利	1.08	
6	オプションの行使価格	30	
7			
8	上昇時の状態価格: qU	0.4321	<-- =(B5-B4)/(B5*(B3-B4))
9	下落時の状態価格, qD	0.4938	<-- =(B3-B5)/(B5*(B3-B4))
10			
11	上昇時のリスク中立確率	0.4667	<-- =B8*B5
12	下落時のリスク中立確率	0.5333	<-- =B9*B5
13			
14	日付	期間初における	価格変動:上昇又は下落
15	0	30.000	
16	1	42.000	Up
17	2	58.800	Up
18	3	47.040	Down
19	4	65.856	Up
20	そのパスの平均値	48.739	<-- =AVERAGE(B15:B19)
21	そのパス終了時のオプションのペイオフ	18.739	<-- =MAX(B20-$B$6,0)
22	そのパスのリスク中立価格	0.0542	<-- =B11^COUNTIF(C16:C19,"Up")*B12^COUNTIF(C16:C19,"Down")
23	そのパスの価格: ペイオフ×リスク中立価格×割引ファクター	0.747	<-- =B21*B22/B5^4

　これらの 2 つのパスは、アジアン・オプションの価格が*経路依存*であるということの意味を例証する。2 つの経路（両方とも当初株価 30 から始まり、65.856 で終わる）は、その経路の平均株価が異なるため、異なるオプション・ペイオフを持つ。

　この例（まだ途中だが）はまた、アジアン・オプションの評価の難しさも例証する。それぞれの価格経路を、16 個の別々の経路として扱わなければならない。これは、アジアン・オプションを通常のオプション（オプションの業界用語では"プレーン・バニラ"）の場合とは異なるものにする。ここで検討している例では、プレーン・バニラ・オプションは単に 5 つの最終価格だけを必要とする。

　アジアン・オプションを評価するために、各価格経路にリスク中立確率を付与する。

	M	N	O	P
15	平均株価	オプションペイオフ	価格パスのリスク中立確率	
16	65.67	35.67	0.0474	<-- =B11^4
17				
18	40.10	10.10	0.0542	<-- =$B$11^3*$B$12
19	43.70	13.70	0.0542	
20	48.74	18.74	0.0542	
21	55.80	25.80	0.0542	
22				
23	27.54	0.00	0.0619	<-- =$B$11^2*$B$12^2
24	30.42	0.42	0.0619	
25	34.45	4.45	0.0619	
26	34.02	4.02	0.0619	
27	43.09	13.09	0.0619	
28	38.05	8.05	0.0619	
29				
30	30.80	0.80	0.0708	<-- =$B$11*$B$12^3
31	27.20	0.00	0.0708	
32	24.32	0.00	0.0708	
33	22.01	0.00	0.0708	
34				
35	20.17	0.00	0.0809	<-- =B12^4
36				
37	オプション価格		5.3756	<-- =SUMPRODUCT(N16:N35,O16:O35)/B5^4

オプション価格は、期待ペイオフの割引価値であり、期待値はリスク中立確率を用いて以下の通り計算される。

$$\frac{\sum_{\text{全てのパス}} \pi_{\text{パス}} * \text{各パスのオプションのペイオフ}}{R^n} = 5.3756$$

リスク中立確率―再び

リスク中立確率の役割に関する前の説明（783 ページ）を繰り返す。即ち、各経路は、上昇率、下落率及び金利の関数である、割引後のリスク中立確率によって評価される。実際の状態確率は関係ない。

30.7 VBA プログラムを用いたアジアン・オプションの評価

前節のスプレッドシートの例は、モンテカルロ法によるオプションの評価の原理と、スプレッドシートで直接オプションを評価する場合の問題点の両方を例証している。4 期間の場合、$2^4 = 16$ 経路の計算が求められる。より一般的な n 期間の問題の場合、2^n の経路を考える必要がある。これはパワフルなコンピューターにとっても、急激に大きくなりすぎる。

正確なオプション評価のためには、数百、数千というシミュレーションを行う必要がある。スプレッドシートで直接これを行うのは、厄介である。明快な解決策は、このプロセスを自動化し、任意の大きな数のシミュレーションを行うことを可能にする VBA プログラムを書くことである。

本節では、アジアン・オプションのモンテカルロ・シミュレーションを行うための VBA プログラムを書く。原資産である株価の上昇または下落を連続的にシミュレーションすることによって、価格経路を生成する。上昇または下落の確率はリスク中立確率に依存する。この意味において、アジアン・オプションのモンテカルロ・シミュレーションは、30.4 節で例示したプレーン・バニラ・オプションのそれと似ている。生成したそれぞれの価格経路でオプションのペイオフを計算し、多数の価格経路を生成した後に、これらのペイオフを割り引いて平均することによって、オプションの価格を計算する。アジアン・オプションを評価する VBA 関数 **MCAsian** は、以下の通りである。

```
Function MCAsian(initial, Exercise, Up, Down, _
    Interest, Periods, Runs)
    Dim PricePath() As Double
    ReDim PricePath(Periods + 1)
    
    'Risk-neutral probabilities
    piup = (Interest - Down) / (Up - Down)
    pidown = 1 - piup
    
    Temp = 0
    
    For Index = 1 To Runs
        'Generate path
```

```
        For i = 1 To Periods
           PricePath(0) = initial
           pathprob = 1
           If Rnd > pidown Then
             PricePath(i) = PricePath(i - 1) _
             * Up
             Else:
             PricePath(i) = PricePath(i - 1) * _
             Down
           End If
         Next i

        PriceAverage = Application.Sum _
        (PricePath) / (Periods + 1)
           callpayoff = Application.Max _
        (PriceAverage - Exercise, 0)
           Temp = Temp + callpayoff

    Next Index

    MCAsian = (Temp / Interest ^ Periods) / _
       Runs

End Function
```

この関数を実装したスプレッドシートは、以下の通りである。

	A	B	C
1	モンテカルロ法によるアジアン・オプションの評価		
2	上昇率	1.4	
3	下落率	0.8	
4	金利	1.08	
5	当初株価	30	
6	期間	20	
7	行使価格	30	
8	試行数	500	
9	アジアン・コール・オプションの評価	8.7129	<-- =MCAsian(B5,B7,B2,B3,B4,B6,B8)

セル B9 の関数が、オプションのモンテカルロ法評価であり、シミュレーション価格が表示されている。スプレッドシートを再計算すると、関数が再稼働しオプション価格が再計算される。

下では、この関数の再計算結果の組を示している。セル A10：F17 のそれぞれが、=MCAsian(Initialprice,exercise,Up,Down,Interest,Periods,Runs) を含んでいるので、48 のオプション価格のシミュレーションができる。

	A	B	C	D	E	F	G
1		アジアン・オプションの価格—VBA関数 4期間及び100回試行した場合のアジアン・オプションの価格					
2	上昇率	1.4					
3	下落率	0.8					
4	金利	1.08					
5	当初株価	30					
6	期間	4					
7	行使価格	30					
8	試行数	100					
9							
10		5.1194	4.7902	4.1228	4.7715	5.3023	5.0731 <--
11		5.1518	5.6351	6.7462	5.4878	5.5148	4.7969 =MCAsian($B$5,$B$7,$
12		5.4005	5.8276	4.8956	5.8764	5.2787	6.6802 B$2,$B$3,$B$4,$B$6,$
13		4.4584	6.0220	5.9691	6.1843	4.8577	4.8206 B$8)
14		4.4783	4.1671	5.6265	5.1829	6.0717	4.0229
15		6.4342	5.8364	5.0676	5.8499	4.2561	7.1251
16		6.0930	4.9151	5.7653	6.2417	6.3230	5.4879
17		6.2318	6.5577	5.7617	4.6696	5.5783	4.9724
18							
19	MCシミュレーションの平均	5.4479	<-- =AVERAGE(A10:F17)				
20	真の価格	5.3756	<-- 30.6節より				
21							
22		4.0229	<-- =MIN(A10:F17)				
23		7.1251	<-- =MAX(A10:F17)				
24		0.7432	<-- =STDEV.S(A10:F17)				

我々は意図的に、真の値が分かっているこのアジアン・オプションの評価を行った。上例の上昇率・下落率・金利をパラメータとして持つ 4 期間のアジアン・オプションの価格は、30.6 節で示したように 5.3756 である。モンテカルロ・シミュレーションの平均値は 5.4479 で、標準偏差は 0.7432 である。

試行数（セル B8）を増やすと、シミュレーション結果の標準偏差（セル B24）は、一般に減少する。これは即ちシミュレーションの正確性が増すことである。下の例では、それぞれ試行数 500 回のシミュレーションを、48 回行ったものである。

	A	B	C	D	E	F
1	アジアン・オプションの価格—VBA関数 4期間及び500回試行した場合のアジアン・オプションの価格					
2	上昇率	1.4				
3	下落率	0.8				
4	金利	1.08				
5	当初株価	30				
6	期間	4				
7	行使価格	30				
8	試行数	500				
9						
10	5.4045	5.3001	5.3426	5.9365	5.3095	5.5966
11	5.4023	5.1529	5.8762	4.8983	5.6728	5.2179
12	5.1294	5.8378	5.5648	5.2793	5.4267	4.6406
13	5.4906	4.8439	5.5822	5.3599	5.1954	5.5854
14	5.3237	6.0613	5.2920	4.8781	5.1728	5.4665
15	5.2452	5.2902	5.8339	5.4509	5.6742	5.0927
16	5.7964	5.5277	5.7867	4.8417	5.8066	5.5210
17	6.0989	5.0626	4.9210	5.1229	5.0697	5.4780
18						
19	MCシミュレーションの平均	5.3929	<-- =AVERAGE(A10:F17)			
20	真の価格	5.3756	<-- 30.6節より			
21						
22		4.6406	<-- =MIN(A10:F17)			
23		6.0989	<-- =MAX(A10:F17)			
24		0.3365	<-- =STDEV.S(A10:F17)			

見てわかる通り、標準偏差は大きく減少し、試行数 100 回の場合の約半分になった。[4]

より多くの期間のアジアン・オプション

次のスプレッドシートでは、単位時間の間隔を n 区間に分けている。区間 Δt のリターン、状態価格及びリスク中立価格を決定するために、30.4 節の手順に従う。結果は、以下の通りである。

---

4. もちろん悪いニュースは、標準偏差を半分に減らすには、試行数を 5 倍に増やさなければならないことである。

	A	B	C	D	E	F
1	アジアン・オプションの評価—VBA関数 時間間隔をn区間に区分。このシミュレーションにおいて、当初株価＝50.00、行使価格＝45.00、満期までの期間＝0.40、単位時間を80区間に区分。株価プロセスは、平均リターン＝15.00%、標準偏差＝1.25%、金利＝8.00%。各モンテカルロシミュレーションを100回実施。					
2	S0, 現在の株価	50				
3	X, 行使価格	45				
4	T, オプションの満期までの期間	0.4				
5	r, 金利	8%				
6	m, 株式リターンの平均	15%				
7	s, 株式リターンの標準偏差	22%				
8						
9	n, Tまでの区間の区分数	80				
10	Δt	0.0125	<-- =1/B9			
11						
12	1区間での上昇率	1.0268	<-- =EXP(B6*B10+B7*SQRT(B10))			
13	1区間での下落率	0.9775	<-- =EXP(B6*B10-B7*SQRT(B10))			
14	1区間での金利	1.0010	<-- =EXP(B5*B10)			
15						
16	試行数	100				
17						
18		5.6315	5.5699	5.6731	5.4677	6.3585	5.7746
19		5.8053	5.6479	5.6113	6.1072	5.5926	5.4217
20		5.9105	5.9601	6.4410	6.3366	5.1107	5.6876
21		5.8420	6.4318	6.2657	5.3195	5.9996	5.4287
22		5.4415	6.1111	5.0362	5.7051	6.0043	5.5449
23		5.6659	5.5288	5.3547	6.1334	5.1710	6.0196
24		5.3710	5.5543	5.2529	5.6580	5.2825	5.5522
25		5.5747	5.4925	5.5037	5.6323	5.2780	5.1639
26							
27	平均	5.6756	<-- =AVERAGE(A18:F25)			
28	最大値	5.0362	<-- =MIN(A18:F25)			
29	最小値	6.4410	<-- =MAX(A18:F25)			
30	標準偏差	0.3564	<-- =STDEV(A18:F25)			

セル A18：F25 にある試算結果の一覧は、関数 **MCAsian** 48 回の試行の結果である。その下では、これらのシミュレーションの統計量を計算している。

上のシミュレーションは、関数 **MCAsian** の反復による価格経路を 100 個（セル B16）用いる。これはセル B16 に示された数である。**データ・テーブル**を用いて、試行数の変化による影響を見ることができる。

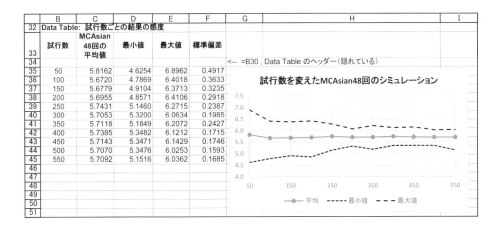

明らかに、試行数が増えるとシミュレーションの幅が狭まっている。

30.8 モンテカルロ法を用いたバリア・オプションの評価[5]

バリア・オプションのペイオフは、オプションの存続期間内で、価格が特定の水準に達するか否かに依存する。

- ノックイン・バリア・コール・オプションは、$t < T$、$S_T > K$ の時に限り、$\mathrm{Max}(S_T - X, 0)$ のペイオフを持つ。ノックイン・プット・オプションは、同じ条件を持つが、ペイオフは $\mathrm{Max}(X - S_T, 0)$ である。
- ノックアウト・バリア・コール・オプションまたはプット・オプションは、T までの間に株価がバリアに達しなかった場合にペイオフが生じる。

バリアを課すことは、満期時にオプションがイン・ザ・マネーであることをより困難にする。従って、バリア・オプションの価格は、通常のオプションより低くなる。

バリア・コール・オプションの簡単な例

下に、30.6節のアジアン・オプションの例に似た、ノックアウト・バリア・オプ

---

5. モンテカルロ法によるバリア・オプションの評価は、必ずしも良いアイデアとは言えないが、良い練習ではある。詳細な議論は、Broadie, Glaserrman, and Kou (1997) を参照。

ションの拡張例を示す。

	A	B	C	D	E	F	G	H	I	J	K	L	M	N	O	P
1							ノックアウト・バリア・オプションの評価									
2	当初株価	30														
3	上昇率	1.40														
4	下落率	0.80														
5	金利	1.08														
6	オプションの行使価格	30														
7	バリア	50.00														
8																
9	qU	0.4321	<--	=(B5-B4)/(B5*(B3-B4))												
10	qD	0.4938	<--	=(B3-B5)/(B5*(B3-B4))												
11																
12	上昇時のリスク中立確率	0.4667	<--	=B9*B5									セルM17の式: =MAX(G17:K17)<$B$7			
13	下落時のリスク中立確率	0.5333	<--	=B10*B5												
14																
15							株価									
16	価格パス	期間1	期間2	期間3	期間4	期間0	期間1	期間2	期間3	期間4		Max(St)<バリア?	価格パスのリスク中立確率	ノックアウト・オプションのペイオフ	
17	全て上昇 (1 パス)	up	up	up	up	30.00	42.00	58.80	82.32	115.25		FALSE	0.0474	0.00	
18																
19	1期間下落 (4 パス)	down	up	up	up	30.00	24.00	33.60	47.04	65.86		FALSE	0.0542	0.00	
20		up	down	up	up	30.00	42.00	33.60	47.04	65.86		FALSE	0.0542	0.00	
21		up	up	down	up	30.00	42.00	58.80	47.04	65.86		FALSE	0.0542	0.00	
22		up	up	up	down	30.00	42.00	58.80	82.32	65.86		FALSE	0.0542	0.00	
23																
24	2期間下落 (6 パス)	down	down	up	up	30.00	24.00	19.20	26.88	37.63		TRUE	0.0619	7.63	
25		down	up	down	up	30.00	24.00	33.60	26.88	37.63		TRUE	0.0619	7.63	
26		down	up	up	down	30.00	24.00	33.60	47.04	37.63		TRUE	0.0619	7.63	
27		up	down	down	up	30.00	42.00	33.60	26.88	37.63		TRUE	0.0619	7.63	
28		up	down	up	down	30.00	42.00	33.60	47.04	37.63		FALSE	0.0619	7.63	
29		up	up	down	down	30.00	42.00	58.80	47.04	37.63		TRUE	0.0619	7.63	
30																
31	3期間下落 (4 パス)	up	down	down	down	30.00	42.00	33.60	26.88	21.50		TRUE	0.0708	0.00	
32		down	up	down	down	30.00	24.00	33.60	26.88	21.50		TRUE	0.0708	0.00	
33		down	down	up	down	30.00	24.00	19.20	26.88	21.50		TRUE	0.0708	0.00	
34		down	down	down	up	30.00	24.00	19.20	15.36	21.50		TRUE	0.0708	0.00	
35																
36	4期間下落 (1 パス)	down	down	down	down	30.00	24.00	19.20	15.36	12.29		TRUE	0.0809	0.00	
37																
38													オプションの価格	1.7375		
39																
40													セルN38の式: =SUMPRODUCT(O17:O36,N17:N36)/B5^4			
41																
42													セルO36の式: =M36*MAX(K36-$B$6,0)			

この例では、5期日、4期間のバリア・コール・オプションをモデル化している。バリアは 50(セル B7)である。ノックアウト・オプションのペイオフは、価格がこのバリアを一度も越えなかった場合に発生し、ノックイン・オプションのペイオフは、価格がこのバリアを超えた場合に発生する。式で表すと以下のようになる。

$$\text{バリア・ノックイン・コールのペイオフ} = \begin{cases} \max[S_T - X, 0] & t < T \text{ で}、S_T > \text{バリアの場合} \\ 0 & \text{それ以外の場合} \end{cases}$$

$$\text{バリア・ノックアウト・コールのペイオフ} = \begin{cases} \max[S_T - X, 0] & t < T \text{ で}、S_T < \text{バリアの場合} \\ 0 & \text{それ以外の場合} \end{cases}$$

上で説明したノックアウト・バリア・コール・オプションは、2つのことが同時に発生した場合にのみペイオフが生じる。

- 株価がバリアを超えないこと。これが全ての経路で起こると、列 M に"TRUE"と表示される。この状態をセル M17 で検証するため、ブール関数（=MAX(G17：K17)< $B$7）を使う。[6] この関数は、この状態に適合しているか否かに基づいて、TURE か FALSE かを決定する。列 M の他のセルも同様の条件を用いる。下の箇条書きのように式に組み込むと、ブール関数はもし TRUE なら 1 を、FASLE なら 0 を返す。
- 最終的な株価 S_T が、オプションの行使価格 30 を上回ること。セル O18 では、条件 M17*MAX(K17−$B$6,0) を用いて、オプションのペイオフを評価している。
  - M17 = 0 の場合は（価格経路のどこかで $S_t > 50$ であり、オプションが"ノックアウト"されたことを意味する）、このオプションのペイオフは発生しない。
  - M17 = 1 の場合は（即ち、価格経路を通じて $S_t < 50$）、オプションは通常のコール・オプションのペイオフ max($S_T − X$, 0) を持つ。

本章で議論したここまでの全ての例のように、バリア・コール・オプションの価格はオプションの期待ペイオフを割り引いたもので、確率はリスク中立確率である。

$$\text{オプション価格} = \frac{\sum_{\text{全ての状態}\,j} \pi_j \text{ペイオフ}_j}{R^4} = 1.7375$$

ノックイン・バリア・コール・オプション

列 O の状態を変えることによって、ノックイン・バリア・コール・オプションの評価が可能になる。この場合、(例えば、セル O17 に)関数 =(1−M17)*MAX(K17−$B$6,0) を入力する。セル M17 の値は、バリアが一度も越えられていないかどうかを検証する。これが FALSE（即ち、値がゼロの場合）なら、オプションは"ノックイン"し、ペイオフは通常のコール・オプションのようになる。もし TRUE なら、バリアを一度も越えておらず、オプションのペイオフは発生しない。

---

6. ブール関数については第 33 章で議論する。

	A	B	C	D	E	F	G	H	I	J	K	L	M	N	O
1							ノックイン・バリア・オプションの評価								
2	当初株価	30													
3	上昇率	1.40													
4	下落率	0.80													
5	金利	1.08													
6	オプションの行使価格	30													
7	バリア	50.00													
8															
9	qU	0.4321	<--	=(B5-B4)/(B5*(B3-B4))											
10	qD	0.4938	<--	=(B3-B5)/(B5*(B3-B4))											
11															
12	上昇時のリスク中立確率	0.4667	<--	=B9*B5									セルM17の式: =MAX(G17:K17)<$B$7		
13	下落時のリスク中立確率	0.5333	<--	=B10*B5											
14															
15								株価							
16	価格パス	期間1	期間2	期間3	期間4		期間0	期間1	期間2	期間3	期間4		Max(St)<バリア?	価格パスのリスク中立確率	オプションのペイオフ
17	全て上昇 (1 パス)	up	up	up	up		30.00	42.00	58.80	82.32	115.25		FALSE	0.0474	85.25
18															
19	1期間下落 (4 パス)	down	up	up	up		30.00	24.00	33.60	47.04	65.86		FALSE	0.0542	35.86
20		up	down	up	up		30.00	42.00	33.60	47.04	65.86		FALSE	0.0542	35.86
21		up	up	down	up		30.00	42.00	58.80	47.04	65.86		FALSE	0.0542	35.86
22		up	up	up	down		30.00	42.00	58.80	82.32	65.86		FALSE	0.0542	35.86
23															
24	2期間下落 (6 パス)	down	down	up	up		30.00	24.00	19.20	26.88	37.63		TRUE	0.0619	0.00
25		down	up	down	up		30.00	24.00	33.60	26.88	37.63		TRUE	0.0619	0.00
26		down	up	up	down		30.00	24.00	33.60	47.04	37.63		TRUE	0.0619	0.00
27		up	down	down	up		30.00	42.00	33.60	26.88	37.63		TRUE	0.0619	0.00
28		up	down	up	down		30.00	42.00	58.80	47.04	37.63		FALSE	0.0619	7.63
29		up	up	down	down		30.00	42.00	33.60	47.04	37.63		TRUE	0.0619	0.00
30															
31	3期間下落 (4 パス)	up	down	down	down		30.00	42.00	33.60	26.88	21.50		TRUE	0.0708	0.00
32		down	up	down	down		30.00	24.00	33.60	26.88	21.50		TRUE	0.0708	0.00
33		down	down	up	down		30.00	24.00	19.20	26.88	21.50		TRUE	0.0708	0.00
34		down	down	down	up		30.00	24.00	19.20	15.36	21.50		TRUE	0.0708	0.00
35															
36	4期間下落 (1 パス)	down	down	down	down		30.00	24.00	19.20	15.36	12.29		TRUE	0.0809	0.00
37															
38													オプションの価格	9.0334	
39															
40													セルN38の式: =SUMPRODUCT(O17:O36,N17:N36)/B5^4		
41															
42													セルO36の式: =(1-M36)*MAX(K36-$B$6,0)		
43															

ノックアウト及びノックイン・バリア・オプションのスプレッドシートは、バリア・オプションの評価に関するもう1つの原理を例示している。即ち、ノックイン・オプションの価格とノックアウト・オプションの価格の合計は、プレーン・バニラ・コール・オプションの価格と等しい。

	A	B	C	D	E	F	G	H	I	J	K	L	M	N	O	P	Q
1							ノックイン+ノックアウト=プレーン・バニラ										
2	当初株価	30															
3	上昇率	1.40															
4	下落率	0.80															
5	金利	1.08															
6	オプションの行使価格	30															
7	バリア	50.00															
8																	
9	qU	0.4321	<--	=(B5-B4)/(B5*(B3-B4))													
10	qD	0.4938	<--	=(B3-B5)/(B3*(B3-B4))													
11																	
12	上昇時のリスク中立確率	0.4667	<--	=B9*B5								セルM17の式: =MAX(G17:K17)<$B$7					
13	下落時のリスク中立確率	0.5333	<--	=B10*B5													
14																	
15							株価										
16		期間1	期間2	期間3	期間4		期間0	期間1	期間2	期間3	期間4	Max(St)<バリア?	価格パスのリスク中立確率	ノックアウトのペイオフ	ノックインのペイオフ	プレーン・バニラ
	価格パス																
17	全て上昇 (1 パス)	up	up	up	up		30.00	42.00	58.80	82.32	115.20	FALSE	0.0474	0	85.2480	85.2480
18																	
19	1期間下落 (4 パス)	down	up	up	up		30.00	24.00	33.60	47.04	65.86	FALSE	0.0542	0	35.8560	35.8560
20		up	down	up	up		30.00	42.00	33.60	47.04	65.86	FALSE	0.0542	0	35.8560	35.8560
21		up	up	down	up		30.00	42.00	58.80	47.04	65.86	FALSE	0.0542	0	35.8560	35.8560
22		up	up	up	down		30.00	42.00	58.80	82.32	65.86	FALSE	0.0542	0	35.8560	35.8560
23																	
24	2期間下落 (6 パス)	down	down	up	up		30.00	24.00	19.20	26.88	37.63	TRUE	0.0619	7.632	0.0000	7.6320
25		down	up	down	up		30.00	24.00	33.60	26.88	37.63	TRUE	0.0619	7.632	0.0000	7.6320
26		down	up	up	down		30.00	24.00	33.60	47.04	37.63	TRUE	0.0619	7.632	0.0000	7.6320
27		up	down	down	up		30.00	42.00	33.60	26.88	37.63	TRUE	0.0619	7.632	0.0000	7.6320
28		up	down	up	down		30.00	42.00	33.60	47.04	37.63	FALSE	0.0619	0	7.6320	7.6320
29		up	up	down	down		30.00	42.00	58.80	47.04	37.63	TRUE	0.0619	7.632	0.0000	7.6320
30																	
31	3期間下落 (4 パス)	up	down	down	down		30.00	42.00	33.60	26.88	21.50	TRUE	0.0708	0	0.0000	0.0000
32		down	up	down	down		30.00	24.00	33.60	26.88	21.50	TRUE	0.0708	0	0.0000	0.0000
33		down	down	up	down		30.00	24.00	19.20	26.88	21.50	TRUE	0.0708	0	0.0000	0.0000
34		down	down	down	up		30.00	24.00	19.20	15.36	21.50	TRUE	0.0708	0	0.0000	0.0000
35																	
36	4期間下落 (1 パス)	down	down	down	down		30.00	24.00	19.20	15.36	12.29	TRUE	0.0809	0	0.0000	0.0000
37																	
38											ノックイン	9.0334	<--	=SUMPRODUCT(N17:N36,P17:P36)/B5^4			
39											ノックアウト	1.7375	<--	=SUMPRODUCT(N17:N36,O17:O36)/B5^4			
40											合計	10.7708	<--	=L38+L39			
41											プレーン・バニラ	10.7708	<--	=SUMPRODUCT(N17:N36,Q17:Q36)/B5^4			
42																	
43															セルP36の式:=(1-M36)*MAX(K36-$B$6,0)		
44																	
45															セルO36の式:=M36*MAX(K36-$B$6,0)		
46																	

30.9 VBA及びモンテカルロ法を用いたバリア・オプションの評価

ノックイン及びノックアウト・バリア・オプションを評価するため、2つのVBA関数を書く。

```
Function MCBarrierIn(Initial, Exercise, Barrier, Up, _
Down, Interest, Periods, Runs)
    Dim PricePath() As Double
    ReDim PricePath(Periods + 1)
    
    'Risk-neutral probabilities
    piup = (Interest - Down) / (Up - Down)
    pidown = 1 - piup
```

```
    Temp = 0

    For Index = 1 To Runs
        'Generate path
        For i = 1 To Periods
            PricePath(0) = Initial
            pathprob = 1
            If Rnd > pidown Then
                PricePath(i) = PricePath(i - 1) * Up

                Else:
                PricePath(i) = PricePath(i - 1) * Down
            End If
        Next i

            If Application.Max(PricePath) > Barrier Then _
            Callpayoff = _
                Application.Max(PricePath(Periods) - _
                Exercise, 0) _
                Else Callpayoff = 0
            Temp = Temp + Callpayoff

    Next Index

    MCBarrierIn = (Temp / Interest ^ Periods) / Runs

End Function

Function MCBarrierOut(Initial, Exercise, _
Barrier, Up, Down, Interest, Periods, Runs)
    Dim PricePath() As Double
    ReDim PricePath(Periods + 1)

    'Risk-neutral probabilities
    piup = (Interest - Down) / (Up - Down)
    pidown = 1 - piup

    Temp = 0
```

```
    For Index = 1 To Runs
       'Generate path
       For i = 1 To Periods
          PricePath(0) = Initial
          pathprob = 1
          If Rnd > pidown Then
          PricePath(i) = PricePath(i - 1) * Up

          Else:
          PricePath(i) = PricePath(i - 1) * Down
          End If
       Next i

       If Application.Max(PricePath) < Barrier _
       Then Callpayoff = Application.Max _
       (PricePath(Periods) - Exercise, 0) _
       Else: Callpayoff = 0
       Temp = Temp + Callpayoff

    Next Index

    MCBarrierOut = (Temp / Interest ^ Periods) _
    / Runs

End Function
```

　この関数は、30.6節の関数 **MCAsian** と非常によく似ているので議論しないが、"ノックイン"オプションのために働く部分が以下のコマンドに含まれている（Excel の **Max** 関数を **Application.Max** の形で使用していることに注意。VBA は最大値の関数を有していない）ことだけを指摘しておく。

```
If Application.Max(PricePath) > Barrier Then
Callpayoff = _
   Application.Max(PricePath(Periods) -
   Exercise, 0) _
Else Callpayoff = 0
```

下のスプレッドシートでは、この関数と関連する関数 **MCBarrierOut** を用いて、前に拡張例で評価したオプションの価格評価を行っている。

	A	B	C	D	E	F
1		モンテカルロ法によるバリア・オプションの評価				
2	上昇率	1.4				
3	下落率	0.8				
4	金利	1.08				
5						
6	当初株価	30				
7	期間	4				
8	行使価格	30				
9	バリア	50				
10						
11	試行数	100				
12						
13	ノックイン・オプションの価格	7.3752	<--	=mcbarrierin(B6,B8,B9,B2,B3,B4,B7,B11)		
14	実際の価格	9.0334	<--	ノックイン・オプションの前例のセルN38		
15						
16	ノックアウト・オプションの価格	1.1780	<--	=mcbarrierout(B6,B8,B9,B2,B3,B4,B7,B11)		
17	実際の価格	1.7375	<--	全計算した前例より		
18						
19		MCBarrierInの48回の反復結果				
20		9.0687	8.6411	9.9981	12.4092	9.8340	9.4360
21		8.2135	11.3338	10.1018	8.2008	9.3757	8.3215
22		11.4545	12.3182	8.9354	10.6289	7.4356	8.3257
23		11.3719	10.8660	7.6737	8.5850	10.0584	6.2649
24		8.8528	8.9862	8.4210	7.5435	10.2055	7.3361
25		5.6944	8.3818	6.4417	5.7590	9.7260	7.8505
26		4.4973	9.9504	11.3550	9.6826	9.0084	11.8429
27		9.6435	8.5459	6.3380	9.8816	13.9609	8.3384
28						
29	シミュレーションの平均値	9.1062	<--	=AVERAGE(A20:F27)		
30	真の価格	9.0334	<--	=B14		
31						
32		4.4973	<--	=MIN(A20:F27)		
33		13.9609	<--	=MAX(A20:F27)		
34		1.8994	<--	=STDEV(A20:F27)		

最後に、単位期間を n 区間に分けた場合の、関数 **MCBarrierIn** と **MCBarrier-Out** の実装例を示す。

	A	B	C	D	E	F
1	バリア・オプションの評価—VBA関数 時間間隔をn区間に区分。このシミュレーションにおいて、当初株価＝50.00、行使価格＝45.00、満期までの期間＝0.40、単位時間を80区間に区分。株価プロセスは、平均リターン＝15.00%、標準偏差＝1.25%、金利＝8.00%。各モンテカルロシミュレーションを100回実施。					
2	S0, 現在の株価	50				
3	X, 行使価格	45				
4	バリア	50				
5	T, オプションの満期までの期間	0.4				
6	r, 金利	8%				
7	m, 株式リターンの平均	15%				
8	s, 株式リターンの標準偏差	22%				
9						
10	n, 1期間の分割数	80				
11	Δt	0.0125	<-- =1/B10			
12						
13	1区間での上昇率	1.0268	<-- =EXP(B7*B11+B8*SQRT(B11))			
14	1区間での下落率	0.9775	<-- =EXP(B7*B11-B8*SQRT(B11))			
15	1区間での金利	1.0010	<-- =EXP(B6*B11)			
16						
17	試行数	100				
18						
19		7.2350	7.4756	6.6963	7.0444	7.1903	7.6262
20		6.8258	6.9642	6.6131	7.5193	7.4406	7.8346
21		6.4589	8.4148	7.4121	6.3624	6.9091	8.5218
22		7.7599	6.5359	5.9960	7.9052	7.5624	7.5641
23		7.0385	6.1352	6.2718	8.5573	6.9383	6.1900
24		6.8259	6.1266	7.5720	7.4308	7.5856	6.7506
25		7.8484	6.4543	6.2732	7.1473	6.6340	6.0877
26		7.3362	7.4083	7.8328	6.4537	6.7063	6.9138
27							
28	平均	7.0914	<-- =AVERAGE(A19:F26)			
29	最大値	5.9960	<-- =MIN(A19:F26)			
30	最小値	8.5573	<-- =MAX(A19:F26)			
31	標準偏差	0.6551	<-- =STDEV(A19:F26)			

30.6 節でアジアン・オプションについて議論した場合のように、試行数（セルB17）が大きくなるにつれて、近似はより良くなるが、その改善度合いは劇的なものではない。

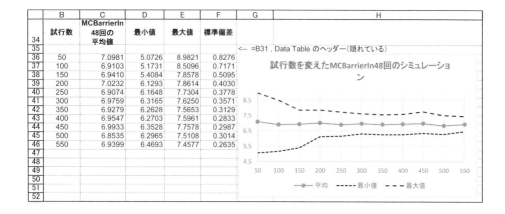

最後に、単位時間の分割数 n が非常に大きい場合、ノックイン・オプションとノックアウト・オプションの合計は、ブラック・ショールズ式のコール・オプション価格とほぼ同じであることを示す。

	A	B	C
1		ノックイン＋ノックアウト＝コール ほぼ連続である場合	
2	S0, 現在の株価	30	
3	X, 行使価格	30	
4	バリア	40	
5	T, オプションの満期までの期間	0.4	
6	r, 金利	8%	
7	m, 株式リターンの平均	15%	
8	s, 株式リターンの標準偏差	22%	
9			
10	n, 1期間の分割数	200	
11	Δt	0.0050	<-- =1/B10
12			
13	1区間での上昇率	1.0164	<-- =EXP(B7*B11+B8*SQRT(B11))
14	1区間での下落率	0.9853	<-- =EXP(B7*B11-B8*SQRT(B11))
15	1区間での金利	1.0004	<-- =EXP(B6*B11)
16			
17	試行数	700	
18			
19	ノックアウト・バリア・オプション	1.653148	<--
20	ノックイン・バリア・オプション	0.504321	<--
21	ノックアウトとノックインの合計	2.157468	<-- =B19+B20
22	ブラックショールズ式のコールオプション価格	2.153173	<-- =BSCall(B2,B3,B5,B6,B8)

30.10 まとめ

多数の株価経路をたどることによってオプション価格をシミュレーションするモンテカルロ法は、良くても"次善の策"の評価方法である。しかし、解析的な公式がない場合、モンテカルロ法はVBAで簡単にプログラミングでき、Excelで簡単に確認することができる。本章では、プレーン・バニラ・オプション、アジアン・オプション及びバリア・オプションのモンテカルロ法による評価を例示した。パス依存型の他の例とそのモンテカルロ法による解法は、練習問題で検討する。

練習問題

1. 乱数を生成し、下のようなメッセージボックスを表示するVBAプログラム（**Exercise1( )** と名付ける）を作成しなさい。

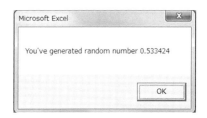

    注記　VBAのキーワード **Rnd** を使う。

2. 5つの乱数を生成し、下のようなメッセージボックスを表示するVBAプログラム（**Exercise2( )** と名付ける）を作成しなさい。

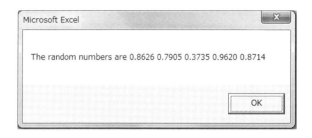

    注記　4桁だけ表示するには **FormatNumber**（表示,10進法の桁数）を使う。

3. 5つの無作為の1もしくは0を生成し、下のようなメッセージボックスを表示する VBA プログラム（**Exercise3( )** と名付ける）を作成しなさい。

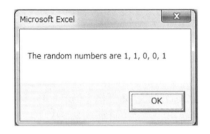

4. 株価が二項分布に従うと仮定する。VBA マクロで、株式のランダムな*価格経路*を生成したい。ここに、いくつかのアウトプットの例とともに、インプットするデータを示す。適切な VBA プログラムを作成しなさい。

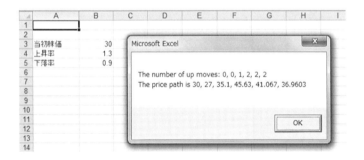

注記
- VBA のメッセージボックスで、新しい行を開始するには **Chr(13)** を使う。
- スプレッドシートから VBA プログラムに数字を渡すには、スプレッドシートの範囲名を使う。

5. 直前の練習問題を繰り返し実行しなさい。このとき、価格経路の平均を算出しなさい。

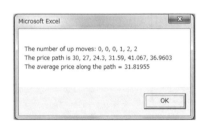

6. 本章で定義した関数 **VanillaCall** を使って、関数の試行回数とブラック・ショー

ルズ式のコール・オプションの価格との間の関係が分かるような**データ・テーブル**を作りなさい。その結果は、下のようになるはずである。

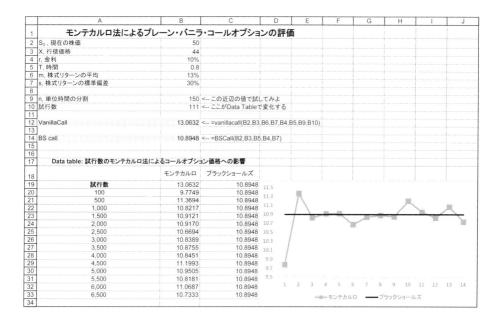

VI　Excelに関するテクニック

　本部を構成する5章では、Excelに関する技術的テーマを取り扱う。第31章では、Excelのすぐれた感度分析ツールである**データ・テーブル**について議論する。『フィナンシャル・モデリング』のこの改訂版で追加した重要な点として、空白セルに係るデータ・テーブルについての議論がある。これは、第V部で取り扱うシミュレーション及びモンテカルロ法に関する議論で広範囲に使用するツールである。

　第32章では、行列を取り扱うが、深い理論的側面については触れない。行列は、本書『フィナンシャル・モデリング』のポートフォリオ最適化の議論（第II部）の中で主に使用される。第33章は本書で用いられるExcel関数の多くについてのまとめである。第34章では、配列関数について議論する。これは、セルの長方形配列を引数とする関数であり、［Ctrl］＋［Shift］＋［Enter］を押して入力する関数である。

　最後に、第35章では、本書の他の章では記載できない様々なExcelのヒントを取り扱う。同章の最後の節で、Excelの個人用マクロブックに自分用に加工した作業手順を組み込む方法を紹介する。これは主に、少し面倒なExcelの「コピー/図として貼り付け」の機能を自動化するために使用する。

31 データ・テーブル

31.1 概要

データ・テーブルのコマンドは、複雑な感度分析を可能にする強力なコマンドである。Excel では1つまたは2つの変数を変化させる表を作成することができる。Excel のデータ・テーブルは配列関数であり、スプレッドシートの関連付けられたセルの変化に応じて、ダイナミックに変化する。

本章では1次元及び2次元の Excel データ・テーブルの作成方法を学習する。

31.2 設例

初期コストが 1,150 ドルで、その後 7 年間、連続したキャッシュフローを生むプロジェクトを考える。1 年目から 7 年目のキャッシュフローは成長率 g で成長し、t 年目におけるキャッシュフローは $CF_t = CF_{t-1} * (1 + g)$ となる。所与の割引率を r とすると、プロジェクトの正味現在価値(Net Present Value; NPV)は次のようになる。

$$NPV = -1,150 + \frac{CF_1}{(1+r)^1} + \frac{CF_1(1+g)}{(1+r)^2} + \frac{CF_1(1+g)^2}{(1+r)^3} + \cdots + \frac{CF_1(1+g)^6}{(1+r)^7}$$

内部収益率(Internal Rate of Return; IRR)i は、NPV がゼロになる割引率である。

$$0 = -1,150 + \frac{CF_1}{(1+i)^1} + \frac{CF_1(1+g)}{(1+i)^2} + \frac{CF_1(1+g)^2}{(1+i)^3} + \cdots + \frac{CF_1(1+g)^6}{(1+i)^7}$$

これらの計算は Excel で簡単に行うことができる。次の例では、当初のキャッシュフローを 234、成長率 g =10%、割引率 r =15% としている。

	A	B	C	D	E	F	G	H	I
1	CF₁	234							
2	成長率	10%							
3	割引率	15%							
4									
5	年	0	1	2	3	4	5	6	7
6	キャッシュフロー	-1150.00	234.00	257.40	283.14	311.45	342.60	376.86	414.55
7									
8	NPV	101.46	<-- =+B6+NPV(B3,C6:I6)						
9	IRR	17.60%	<-- =IRR(B6:I6,0)						

成長率、割引率、NPV、IRR のセル番地に留意しよう。それらは以下の説明で必要となる。

31.3 1次元データ・テーブルの作成

1つの変数を変化させて感度分析を行うデータ・テーブルを、*1 次元データ・テーブル*と呼ぶことにする。本節では1次元テーブルを議論し、31.4 節で2次元データ・テーブルを議論する。

　成長率の変化によって、NPV と IRR がどのように影響されるかを知りたいとする。これは**データ・テーブル**コマンドによって簡単に行うことができる。最初のステップはテーブル構造を設定することである。以下の例では、一番上の行にNPV と IRR の数式を入力し、左端の列に変化させたい変数（この例では成長率）を入力している。以上により、テーブルは以下のようになる。

	F	G	H	I	J
10					
11		=B8			=B9
12					
13			NPV	IRR	
14			101.46	17.60%	
15			0		
16		成長率	5%		
17			10%		
18			15%		
19					

（列や行の項目名に隣接する）実際のテーブルは、黒い罫線で囲まれた部分である。"NPV" と "IRR" という項目名の直下にある数値は、前の図の対応する数式を参照する。したがって、セル B8 に NPV の計算式が入力されていれば、"NPV" という文字の下のセルには "=B8" という数式が入力される。同様に、セル B9 に IRR のもとの計算式が入力されていれば、テーブルの "IRR" の下のセルには "=B9" という数式が入力される。

> データ・テーブルのスプレッドシートは 2 つの部分から成っていると考えたい。
>
> - 基本設例
> - 基本設例に関して感度分析を行うテーブル。この例では、テーブルの最初の行に、基本設例で行われた計算を参照する数式が入力されている。データ・テーブルの作成には他の方法もあるが、この構造が典型的であり、理解も容易である

続いて以下の手順を行う。

- テーブル領域（黒い罫線で囲まれた部分）を選択する。
- コマンド［データ］-［**What-If 分析**］-［**データ テーブル**］を実行する。［**行の代入セル**］及び/又は［**列の代入セル**］の入力を求めるダイアログボックスが現れる。

この例では、変化させたい変数がテーブルの左端の列に入力されている。したがって、［行の代入セル］は空白にしておき、［列の代入セル］にセル B2（基本設例における成長率が入力されているセル）を入力する。

結果は次のようになる。

	F	G	H	I	J
10					
11		=B8			=B9
12					
13			NPV	IRR	
14			101.46	17.60%	
15		0	-176.46	9.71%	
16	成長率	5%	-47.82	13.67%	
17		10%	101.46	17.60%	
18		15%	274.35	21.50%	
19					

31.4 2次元データ・テーブルの作成

データ・テーブルコマンドを用いて、*2つの変数を変えながら1つの数式を変化さ*せることもできる。例えば、様々な成長率と割引率について、キャッシュフローの正味現在価値（Net Present Value; NPV）を計算するとする。そのために次のような新しいテーブルを作る。

	F	G	H	I	J
21	=B8		割引率 ↓		
22		101.46	7%	10%	12%
23		0			
24	成長率 -->	5%			
25		10%			
26		15%			

テーブルの左上の角には、基本設例を参照する数式"=B8"を入力する。

ここで再び**データ・テーブル**コマンドを使う。今回は［**行の代入セル**］（基本説例における割引率が入力されたセル B3 を示している）と、［**列の代入セル**］（セル B2 を示している）の両方を入力する。

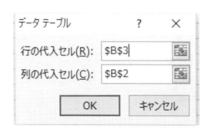

結果は次のようになる。

	F	G	H	I	J
21	=B8		割引率 ↓		
22		101.46	7%	10%	12%
23		0	111.09	-10.79	-82.08
24	成長率 -->	5%	297.62	150.74	65.13
25		10%	515.79	339.09	236.44
26		15%	770.34	558.25	435.41

31.5 美観のための注意: セルの数式の非表示

データ・テーブルは、計算の対象となる数式が表示されるため（上記の例では、最初のデータ・テーブルの一番上の行、2番目のデータ・テーブルの左上隅のセル）、多少見栄えが悪くなりがちである。これらのセルに入力された数式を非表示とすることで、テーブルの見栄えを良くすることができる。そのためには、目障りなセルを選択し、**セルの書式設定**コマンドを使う（またはマウスを右クリックし、[**表示形式**] – [**ユーザー定義**] を選択する）。ダイアログボックスの**種類(T)** と表示された欄にセミコロンを入力する。前の例では、画面には次のように表示される。

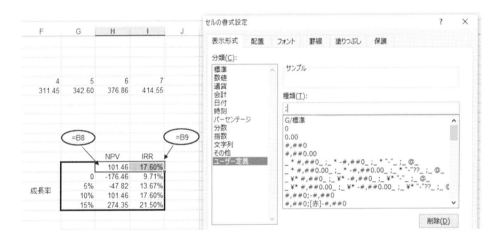

これでセルの内容は非表示となる。結果は次のようになる。

	F	G	H	I	J
10					
11		=B8			=B9
12					
13			NPV	IRR	
14					
15		0	-176.46	9.71%	
16	成長率	5%	-47.82	13.67%	
17		10%	101.46	17.60%	
18		15%	274.35	21.50%	
19					

31.6 Excel のデータ・テーブルは配列である

これは、Excel のデータ・テーブルが、基本設例にダイナミックに結び付けられていることを意味する。基本設例で変数を変更すれば、データ・テーブルの対応する列や行が変化する。例えば、当初のキャッシュフローを 234 から 300 に変更すると、前のデータ・テーブルは次のようになる

	A	B	C	D	E	F	G	H	I	J
1	CF_1	300								
2	成長率	10%								
3	割引率	15%								
4										
5	年	0	1	2	3	4	5	6	7	
6	キャッシュフロー	-1150.00	300.00	330.00	363.00	399.30	439.23	483.15	531.47	
7										
8	NPV	454.43	<-- =+B6+NPV(B3,C6:I6)							
9	IRR	26.01%	<-- =IRR(B6:I6,0)							
10										
11							=B8			=B9
12										
13								NPV	IRR	
14										
15							0	98.13	17.80%	
16						成長率	5%	263.06	21.92%	
17							10%	454.43	26.01%	
18							15%	676.09	30.07%	

31.7 空白セルに係るデータ・テーブル（応用）

データ・テーブルのわくわくするような使い方の1つは、多様なランダム・シミュレーションを繰り返し走らせることである。以下に例を示す。**Rand( )** を使い、0から1までの間の10個の乱数を生成してみよう。この Excel の乱数生成方法は、第24章で詳述されている。ここで説明しているシミュレーションは次のようになる。

	A	B	C	D	E	F
1				**10個の乱数**		
2	0.7566	<-- =RAND()				**統計値**
3	0.1448	<-- =RAND()		平均	0.5155	<-- =AVERAGE(A2:A11)
4	0.3493	<-- =RAND()		分散	0.0646	<-- =VAR.P(A2:A11)
5	0.3788	<-- =RAND()		標準偏差	0.2541	<-- =SQRT(E4)
6	0.6791	<-- =RAND()				
7	0.4600	<-- =RAND()				
8	0.9257	<-- =RAND()				
9	0.6424	<-- =RAND()				
10	0.6981	<-- =RAND()				
11	0.1203	<-- =RAND()				

この試行を10回繰り返した場合、スプレッドシートは次のようになる：

	A	B	C	D	E	F	G	H	I	J	K
1					10個の乱数						
2	0.0587	<-- =RAND()			統計値						
3	0.9350	<-- =RAND()		平均	0.6256	<-- =AVERAGE(A2:A11)					
4	0.7139	<-- =RAND()		分散	0.0940	<-- =VAR.P(A2:A11)					
5	0.8220	<-- =RAND()		標準偏差	0.3066	<-- =SQRT(E4)					
6	0.5603	<-- =RAND()									
7	0.0978	<-- =RAND()									
8	0.9301	<-- =RAND()									
9	0.5224	<-- =RAND()									
10	0.6980	<-- =RAND()									
11	0.9174	<-- =RAND()									
12											
13					10回の試行: 各々のセルに Rand() を含む						
14		1	2	3	4	5	6	7	8	9	10
15		0.3508	0.4460	0.0124	0.1563	0.6678	0.3770	0.2028	0.6804	0.2770	0.2760
16		0.9502	0.3261	0.7419	0.9432	0.8961	0.2520	0.8663	0.0659	0.3804	0.3545
17		0.1746	0.6171	0.0501	0.8582	0.2356	0.1586	0.7170	0.6716	0.1278	0.0229
18		0.8812	0.8461	0.0159	0.5128	0.1307	0.4709	0.0444	0.9816	0.8886	0.1450
19		0.9418	0.9195	0.9818	0.0899	0.0963	0.5930	0.5659	0.0291	0.7004	0.9447
20		0.2734	0.5548	0.0588	0.8403	0.0934	0.8752	0.4344	0.5299	0.3608	0.7092
21		0.7907	0.1739	0.9584	0.6517	0.2352	0.8309	0.4838	0.8182	0.3821	0.6543
22		0.9307	0.8939	0.9433	0.5080	0.1356	0.6567	0.2212	0.7914	0.8274	0.5671
23		0.3947	0.6244	0.5026	0.3977	0.3309	0.6103	0.0528	0.8705	0.1105	0.0951
24		0.6304	0.0400	0.9879	0.2550	0.9518	0.7260	0.3369	0.4277	0.2540	0.0065
25											
26	10回の試行に係る統計値										
27	平均	0.6318	0.5442	0.5253	0.5213	0.3773	0.5551	0.3925	0.5866	0.4309	0.3775
28	分散	0.0847	0.0815	0.1798	0.0816	0.1005	0.0510	0.0675	0.0959	0.0699	0.0952
29	標準偏差	0.2910	0.2854	0.4240	0.2857	0.3170	0.2259	0.2598	0.3096	0.2643	0.3086

空白セルを参照しながらデータ・テーブルを活用する

この試行を行うのに、以下に示すような、もう少し効率的な方法がある。**データ・テーブル**ダイアログボックス内で参照されているセルが空白であることに注目してほしい。

結果はこのような感じになるだろう（「ような感じ」としているのは、この試行の性質から、結果はランダムであり、**F9**を押すたびに、異なる一連の数字が生成されるためである）。

試行を実施するより良い方法

	A	B	C	D	E	F
1				**試行を実施するより良い方法**		
2	0.2258	<-- =RAND()			**統計値**	
3	0.0977	<-- =RAND()		平均	0.4801	<-- =AVERAGE(A2:A11)
4	0.4102	<-- =RAND()		分散	0.0562	<-- =VAR.P(A2:A11)
5	0.5475	<-- =RAND()		標準偏差	0.2372	<-- =SQRT(E4)
6	0.8343	<-- =RAND()				
7	0.6894	<-- =RAND()				
8	0.2551	<-- =RAND()				
9	0.7103	<-- =RAND()				
10	0.6981	<-- =RAND()				
11	0.3328	<-- =RAND()				
12						
13			データ・テーブル			
14	**試行**	平均	分散	標準偏差		
15		0.4801	0.0562	0.2372	<-- =E5, データ・テーブルのヘッダー	
16	**1**	0.5056	0.0888	0.2980		
17	**2**	0.5393	0.0698	0.2643		
18	**3**	0.4571	0.0840	0.2898		
19	**4**	0.4973	0.0865	0.2942		
20	**5**	0.4255	0.0532	0.2307		
21	**6**	0.6776	0.0710	0.2665		
22	**7**	0.4927	0.1007	0.3173		
23	**8**	0.4960	0.0972	0.3117		
24	**9**	0.4278	0.0929	0.3047		
25	**10**	0.5009	0.0666	0.2580		

若干現実的な例（またより高度な例）

なぜこのテクニックを用いるのか。27.6 節で議論した年金問題に戻ることにしよう。あなたが 75 歳で退職し、1,000,000 ユーロの貯蓄があるとしよう。このうち 60% をリスク資産に投資し、その平均年間収益率（μ）を 11%、収益率の標準偏差（σ）を 30% とする。その年及びその後 9 年間、年末に 100,000 ユーロを引き出すことを計画している。

10 年後に手元に残る金額は、リスク資産のランダムな年間収益率に依存する。第 26 章で説明した通り、これは、**Exp(μ + σ*Norm.S.Inv(Rand( )))** を使用してモデル化することができる。以下のスプレッドシートでは、その関数及び仮定を入力してある。最終的に手元に残る金額はセル B24 の金額である。以下の例ではセル B24 の数字がプラスになっているが、変数によっては、マイナスになることもある。[1]

---

[1] マイナスの数字は、もちろん問題である！他の資産があるかもしれないし、10 年間の消費方針を変更する必要があるかもしれないし、もしかすると、早く死ぬ必要があるかもしれない（決してそんなことはないように！）。ここでは、これらの問題を無視する。

データ・テーブル　827

	A	B	C	D	E	F
1			年金問題			
2	現在の預金残高	1,000,000				
3	投資内訳					
4	リスク資産	60%				
5	無リスク資産	40%	<-- =1-B4			
6	毎年の引出額	100,000				
7						
8	収益率パラメーター					
9	無リスク金利	4%			=B14*($B$4*EXP(mu+sigma*NORM.S.INV(R	
10	リスク資産の平均収益率(μ)	11%			AND()))+$B$5*EXP(riskfree))	
11	リスク資産の標準偏差(σ)	30%				
12						
13	年齢	年初預金残高	年末預金残高	年末引出額	引出後残高	
14	75	1,000,000	928,611	100,000	828,611	<-- =C14-D14
15	76	828,611	918,549	100,000	818,549	
16	77	818,549	627,585	100,000	527,585	
17	78	527,585	849,750	100,000	749,750	
18	79	749,750	961,824	100,000	861,824	
19	80	861,824	656,665	100,000	556,665	
20	81	556,665	476,731	100,000	376,731	
21	82	376,731	413,888	100,000	313,888	
22	83	313,888	320,007	100,000	220,007	
23	84	220,007	240,606	100,000	140,606	
24	85	140,606				

ここで、「空白セルに係るデータ・テーブル」の新テクニックを用いて、最終金額（セル B24）がいくらになるかを知るため、20回のシミュレーションを走らせてみよう。

	A	B	C	D	E	F	G	H	I	J
1			年金問題							
2	現在の預金残高	1,000,000								
3	投資内訳									
4	リスク資産	60%								
5	無リスク資産	40%	<-- =1-B4							
6	毎年の引出額	100,000								
7										
8	収益率パラメーター									
9	無リスク金利	4%		=B14*($B$4*EXP(mu+sigma*NORM.S.INV(RA						
10	リスク資産の平均収益率(μ)	11%		ND()))+$B$5*EXP(riskfree))				データ・テーブル		
11	リスク資産の標準偏差(σ)	30%						試行	最終残高	
13	年齢	年初預金残高	年末預金残高	年末引出額	引出後残高				-309,917	<-- =B24. データ・テーブルのヘッダー
14	75	1,000,000	618,455	100,000	518,455	<-- =C14-D14		1	-39,767	
15	76	518,455	545,196	100,000	445,196			2	-70,740	
16	77	445,196	387,334	100,000	287,334			3	911,341	
17	78	287,334	309,480	100,000	209,480			4	-205,780	
18	79	209,480	296,515	100,000	196,515			5	137,713	
19	80	196,515	106,527	100,000	6,527			6	-256,960	
20	81	6,527	11,235	100,000	-88,765			7	6,728	
21	82	-88,765	-67,224	100,000	-167,224			8	625,315	
22	83	-167,224	-158,202	100,000	-258,202			9	-75,756	
23	84	-258,202	-209,917	100,000	-309,917			10	313,249	
24	85	-309,917								

発展系

毎年の引出額に係るシミュレーションを行うこともできる

		データ・テーブル：引出額毎の最終金額				
		毎年の引出額　↓				
	238,021	50,000	75,000	100,000	125,000	150,000
	1					
シミュレーション -->	2					
	3					
	4					
	5					
	6					
	7					
	8					
	9					
	10					

（データ テーブル ダイアログ：行の代入セル(R): $B$6、列の代入セル(C): $I$10）

5つの異なる年間引出額に係る10回のシミュレーションを行った結果は次の通りである。興味と妥当性チェックの観点から、行26及び行27で統計値を計算している。

G	H	I	J	K	L	M
		データ・テーブル: 引出額毎の最終金額				
		毎年の引出額 ↓				
		-56,360	50,000	75,000	100,000	125,000	150,000
	1	9,786,970	724,671	295,774	1,461,369	154,685
シミュレーション -->	2	2,053,545	2,104,826	864,488	5,797,455	-82,744
	3	538,731	2,267,767	306,711	1,243,480	-603,927
	4	3,691,089	3,418,011	3,200,131	-24,396	717,243
	5	889,196	1,542,133	2,906,511	917,915	7,360,385
	6	752,269	1,178,525	6,414,822	448,135	-87,779
	7	769,702	1,664,961	-84,347	1,034,701	556,850
	8	2,195,922	1,010,700	1,913,910	38,723	727,742
	9	854,808	2,041,307	681,850	3,982,685	1,199,557
	10	2,608,857	101,414	-389,416	1,781,721	236,737
	平均	2,414,109	1,605,431	1,611,043	1,668,179	1,017,875
	標準偏差	2,644,710	880,047	1,977,362	1,749,758	2,169,490

31.8 データ・テーブルはパソコンを停止させるかもしれない

データ・テーブルは素晴らしいが、パソコンのリソースを信じられないほど無駄に使う可能性がある！数個の好奇心をそそるデータ・テーブルが、スプレッドシートの動きをのろのろとさせることがある。これを避ける1つの方法は、再計算を手動に設定することである。

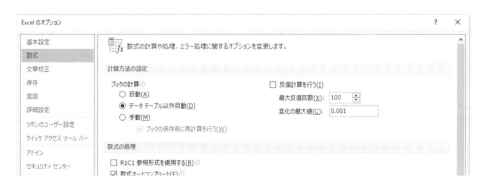

練習問題

1. a. **データ・テーブル**を使い、関数 $f(x) = 3x^2 - 2x - 15$ のグラフを作成しなさい。

	A	B	C	D	E	F	G	H	I
1			データ・テーブルを使い関数をグラフにする						
2	x		3						
3	f(x)		6	<-- =3*B2^2-2*B2-15					
4									
5									
6		x	6	<-- =B3, データ・テーブルのヘッダー					
7		-6	105						
8		-5	70						
9		-4	41						
10		-3	18						
11		-2	1						
12		-1	-10						
13		0	-15						
14		1	-14						
15		2	-7						
16		3	6						
17		4	25						
18		5	50						
19		6	81						
20		7	118						

　b. **ソルバー**もしくは**ゴールシーク**を用いて、$f(x) = 0$ となる 2 つの x の値を求めなさい。

2. Excel 関数 **PV(利率, 期間, 定期支払額)** は、一定の支払額の現在価値を計算する。例えば、以下のスプレッドシートの例では、次のようになる。

$$PV(15\%, 15, -10) = \sum_{t=1}^{15} \frac{10}{(1.15)^t} = 58.47$$

（支払額をマイナスの数値で入力していることに留意しよう。さもなければ、Excel はマイナスの現在価値を計算する！このような細かい不都合は第 1 章と第 34 章で議論している）。

以下に示すように、**データ・テーブル**を用いて、現在価値を割引率の関数としてグラフを作成しなさい。

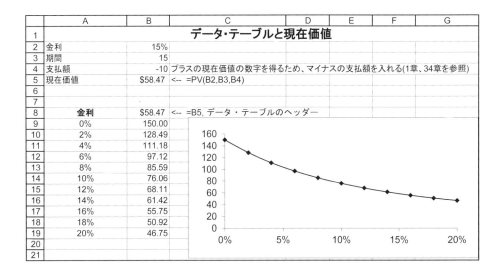

	A	B	C	D	E	F	G
1			**データ・テーブルと現在価値**				
2	金利	15%					
3	期間	15					
4	支払額	-10	プラスの現在価値の数字を得るため、マイナスの支払額を入れる(1章、34章を参照)				
5	現在価値	$58.47	<-- =PV(B2,B3,B4)				
6							
7							
8	金利	$58.47	<-- =B5, データ・テーブルのヘッダー				
9	0%	150.00					
10	2%	128.49					
11	4%	111.18					
12	6%	97.12					
13	8%	85.59					
14	10%	76.06					
15	12%	68.11					
16	14%	61.42					
17	16%	55.75					
18	18%	50.92					
19	20%	46.75					
20							
21							

3. 以下のスプレッドシートの一部は、あるプロジェクトの正味現在価値と内部収益率を示している。

	A	B	C	D	E	F	G	H
1			**NPV、割引率、成長率**					
2	成長率	10%						
3	割引率	15%						
4	コスト	500						
5	1年目のキャッシュフロー	100						
6								
7	年	0	1	2	3	4	5	
8	キャッシュフロー	-500.00	100.00	110.00	121.00	133.10	146.41	
9								
10	NPV	-101.42	<-- =NPV(B3,C8:G8)+B8					
11	IRR	6.60%	<-- =IRR(B8:G8)			セル B15にはデータ・テーブル関数=B10が入力されている		
12								
13								
14				成長率				
15			($101.42)	0%	3%	6%	9%	12%
16			0%	0.00	30.91	63.71	98.47	135.28
17		割引率	3%	-42.03	-14.56	14.55	45.38	78.01
18			6%	-78.76	-54.26	-28.30	-0.84	28.21
19			9%	-111.03	-89.08	-65.85	-41.28	-15.33
20			12%	-139.52	-119.78	-98.91	-76.86	-53.57
21			15%	-164.78	-146.97	-128.15	-108.28	-87.32
22			18%	-187.28	-171.15	-154.13	-136.16	-117.23
23			21%	-207.40	-192.75	-177.30	-161.01	-143.84
24			24%	-225.46	-212.11	-198.04	-183.22	-167.62

データ・テーブルを用いて、割引率を 0%,3%,6%,···,21%と変化させ、成長率を 0%,3%,6%,···,12%と変化させながら、プロジェクトの NPV に関する感度分析を行いなさい。

4. **データ・テーブル**を用いて、$x = 0, 0.2, 0.4, \cdots, 1.8, 2$ 及び $y = 0, 0.2, 0.4, \cdots, 1.8, 2$ について関数 $\sin(x*y)$ のグラフを作成しなさい。「等高線」グラフのオプションを用いて、この関数の 3 次元グラフを作成しなさい。

5. トムとジェリーはコインをトスしている。各々のトスにつき、コインが表だったら、ジェリーが 1 ドルを勝ち取る。コインが裏だったら、ジェリーはトムに 1 ドルを支払う。

    • ゲームのシミュレーションを 10 回行い、ジェリーの累積もうけ額を示せ。
    • 空白セルに係る**データ・テーブル**を用いて、10 回のゲームを 25 回シミュレーションし、ジェリーの累積もうけ額を示せ。

6. マリアとシャビットはコインをトスしている。彼らのゲームのルールは次の通りである。

    • 最初のトスで、コインが表だったときは、シャビットはマリアに 1 ドルを支払う（裏だったときは、マリアがシャビットに 1 ドルを支払う）。
    • その後のトスにおいて
      ◦ もしコインが表で、マリアが勝ち越している場合、シャビットは彼女の累積もうけ額を 2 乗した金額を支う。
      ◦ もしコインが表で、シャビットが勝ち越している場合、マリアのシャビットへの負債を免除する。

    10 回のトスの後のマリアのもうけ額をシミュレーションしなさい。

32 行列

32.1 概要

『ファイナンシャル・モデリング』のポートフォリオ最適化に関する章（第8章から第13章）では、効率的ポートフォリオを探すため、行列を広範囲に活用している。本章は、ポートフォリオ数学に必要な計算を行えるようにするのに、十分な行列に関する情報を十分カバーする。

行列とは、長方形の数字の配列である。以下の全てが行列である。

	A	B	C	D	E	F	G	H	I
1					Excelにおける行列				
2	行列 A (行ベクトル)				行列 B (3 x 3 正方行列)				行列 C (列ベクトル)
3	2	3	4		13	-8	-3		13
4					-8	10	-1		-8
5					-3	-1	11		-3
6									
7	行列 D (4 x 3 行列)								
8	13	-8	-3						
9	-8	10	-1						
10	-3	-1	11						
11	0	13	3						

1行しかない行列は*行ベクトル*とも呼ばれ、1列しかない行列は*列ベクトル*とも呼ばれる。行と列の数が等しい行列は*正方行列*と呼ばれる。

行列やベクトルを表すために、しばしば1つの文字が用いられる。この場合、例えば $B = [b_{ij}]$ のように表記し、b_{ij} は行列の i 行 j 列の成分を表す。ベクトルについては $A = [a_i]$、$C = [c_i]$ という表し方をすることもある。したがって、上の例では次のようになる。

$$a_3 = 4 \quad b_{22} = 10 \quad c_1 = 13 \quad d_{41} = 0$$

行列 B は*対称*であり、これは $b_{ij} = b_{ji}$ を意味する（第8章から第13章でのポートフォリオの議論で用いられた分散共分散行列は対称である）。

32.2 行列の計算

本節では、行列に対する基本的な演算を簡単に復習する。具体的には、行列のスカラー倍、行列の加算、行列の転置、行列の積である。

スカラー倍

行列をスカラー倍するには、行列の全ての成分にスカラーを掛ける。例えば、次のようになる。

	A	B	C	D	E
1		行列のスカラー倍			
2	スカラー	6			
3					
4	行列B	13	-8	-3	
5		-8	10	-1	
6		-3	-1	11	
7					
8	スカラー * 行列B				
9		78	-48	-18	<-- =D4*$B$2
10		-48	60	-6	
11		-18	-6	66	

行列の加算

同じ行数と列数の行列は足し合わせることができる。2つのベクトルや行列の加算は、それぞれの対応した成分を足せばよい。したがって、$A = [a_{ij}]$、$B = [b_{ij}]$なら、$A + B = [a_{ij} + b_{ij}]$ となる。

	A	B	C	D	E	F	G	H	I
1				行列の加算					
2	行列 A			行列 B			A+Bの和		
3	1	3		2	3		3	6	<-- =B3+E3
4	3	0		23	5		26	5	
5	6	-9		8	6		14	-3	
6	5	11		-15	1		-10	12	
7	7	12		4	-1		11	11	

行列の転置

転置とは、行列の行と列を入れ替える操作である。したがって、行列 E では次のようになる。

	A	B	C	D	E	F	G	H	I
1						行列の転置			
2	行列 E					Eの転置: E^T			
3	1	2	3	4		1	0	16	<-- {=TRANSPOSE(A3:D5)}
4	0	3	77	-9		2	3	7	
5	16	7	7	2		3	77	7	
6						4	-9	2	
7									
8	セルF3:H6は、配列関数 Transpose(A3:D5)によって作成されている。この関数を入力するには、必要な範囲を選択し、数式を								
9	タイプし、[Ctrl]+[Shift]+[Enter]を押下して確定する。詳しくは第34章参照のこと。								

上の例では配列関数 **Transpose** を用いている。配列関数の使用に関する詳細な説明は第 34 章で行っている。

行列の積

行列 A に行列 B を乗じて、積 AB を得ることができる。しかし、行列の乗法ができるのは、行列 A の列数と行列 B の行数が等しい場合のみである。乗法の結果得られた積 AB は、行列 A の行数と行列 B の列数を有する行列となる。

混乱しただろうか？いくつか例題を見れば理解が進むだろう。X を行ベクトル、Y を列ベクトルとし、それぞれ n 個の成分を有しているとする。

$$X = \begin{bmatrix} x_1 & \cdots & x_n \end{bmatrix}, Y = \begin{bmatrix} y_1 \\ \vdots \\ y_n \end{bmatrix}$$

X と Y の積は次のように定義される。

$$XY = \begin{bmatrix} x_1 & \cdots & x_n \end{bmatrix} \begin{bmatrix} y_1 \\ \vdots \\ y_n \end{bmatrix} = \sum_{i=1}^{n} x_i y_i$$

次に、2 つの行列 A、B を考え、A を p 行 n 列、B を n 行 m 列の行列とする。

$$A = \begin{bmatrix} a_{11} & a_{12} & \cdots & a_{1n} \\ \vdots & & & \\ a_{p1} & a_{p2} & & a_{pn} \end{bmatrix}, B = \begin{bmatrix} b_{11} & \cdots & b_{1m} \\ b_{21} & \cdots & b_{2m} \\ \vdots & & \\ b_{n1} & \cdots & b_{nm} \end{bmatrix}$$

A と B の積 AB は次の行列によって定義される。

$$AB = \begin{bmatrix} \sum_{h=1}^{n} a_{1h}b_{h1} & \sum_{h=1}^{n} a_{1h}b_{h2} & \cdots & \sum_{h=1}^{n} a_{1h}b_{hm} \\ \vdots & & & \\ \sum_{h=1}^{n} a_{ph}b_{h1} & \cdots & & \sum_{h=1}^{n} a_{ph}b_{hm} \end{bmatrix}$$ で、i 行 j 列の成分

$= \sum_{h=1}^{n} a_{ih}b_{hj}$ である。

行列 AB の i 行 j 列の成分が、A の i 行と B の j 列の積になっていることに留意しよう。例えば、

$$A = \begin{bmatrix} 2 & -6 \\ -9 & 3 \end{bmatrix}, B = \begin{bmatrix} 6 & 9 & -12 \\ -5 & 2 & 4 \end{bmatrix}$$

とすると

$$AB = \begin{bmatrix} 42 & 6 & -48 \\ -69 & -75 & 120 \end{bmatrix}$$

となる。

掛け合わせる行列の順番は極めて重要である。行列の乗法は可換ではない。つまり $AB \neq BA$ である。上の例が示すように、A と B を掛け合わせることができるという事実は、必ずしも BA が定義されることを意味しない。

Excel で行列の乗算を行うためには、配列関数 **MMult** を用いる。

	A	B	C	D	E	F
1			行列の積			
2	行列 A				行列 B	
3	2	-7		6	9	-12
4	0	3		-5	2	4
5						
6			ABの積			
7	47	4	-52	<-- {=MMULT(A3:B4,D3:F4)}		
8	-15	6	12			

2つの行列を掛け合わせるには、1つ目の行列の列数は2つ目の行列の行数と一致しなければならない。したがって、AB という乗算はできるが、BA という乗算はできない。Excelでそのような乗算を行うと、**MMult** 関数は次のようなエラーメッセージを返す。

	A	B	C	D	E	F
1	行列の積　1つ目の行列の列数は2つ目の行列の行数と一致しなければならない　行列 B を行列Aで掛けることはできない!						
2	行列 A			行列 B		
3	2	-7		6	9	-12
4	0	3		-5	2	4
5						
6		積BA				
7	#VALUE!	#VALUE!	#VALUE!	<-- {=MMULT(D3:F4,A3:B4)}		
8	#VALUE!	#VALUE!	#VALUE!			

32.3 逆行列

正方行列 I は、対角成分以外の成分が全て 0 であり、かつ対角成分が全て 1 であるとき、*単位行列*とよばれる。したがって

$$I = \begin{bmatrix} 1 & 0 & \cdots & 0 & 0 \\ 0 & 1 & \cdots & 0 & 0 \\ \vdots & \vdots & & \vdots & \vdots \\ 0 & 0 & & 1 & 0 \\ 0 & 0 & \cdots & 0 & 1 \end{bmatrix}$$

任意の行列 A に適切な次数の単位行列を掛けても、A のまま変わらないということが容易に確認できる。したがって、I_n が $n \times n$ の単位行列で、A が $n \times m$ の行列なら、$IA = A$ である。同様に、I_m が $m \times m$ の単位行列なら、$AI = A$ である。

次に n 次の*正方行列 A* を考える。$n \times n$ の行列 A^{-1} は、$A^{-1}A = AA^{-1} = I$ であるとき、A の*逆行列*と呼ばれる。逆行列の計算は大変な作業になる可能性があるが、幸いなことに、Excel の配列関数 **MInverse** がこの計算を行ってくれる。ここで例を示す。

逆行列

配列関数Minverseを用いて正方行列の逆行列を計算する

	A	B	C	D	E	F	G	H	I	J
1						逆行列				
2		行列 A					Aの逆行列			
3	1	-9	16	1		-0.0217	1.8913	0.5362	-1.1449	<-- {=MINVERSE(A3:D6)}
4	3	3	2	3		0.0000	-1.0000	-0.1667	0.6667	
5	2	4	0	-2		0.0652	-0.6739	-0.1087	0.4348	
6	5	7	3	4		-0.0217	-0.1087	-0.2971	0.1884	
7										
8		逆行列の確認								
9	AにAの逆行列を掛ける。下のセルには配列関数 {=MMULT(A3:D6,F3:I6)}が入力されている									
10	1	1.07E-15	-2.22045E-16	-9.4369E-16						
11	0	1	-1.11022E-16	2.22045E-16						
12	6.94E-18	8.33E-17	1	5.55112E-16						
13	1.39E-17	1.17E-15	-4.44089E-16	1						

上のスプレッドシートが示すように、**MMult** 関数を用いて、行列とその逆行列の積が実際に単位行列になることを確認できる。1.07E-15 という表示は $1.07 * 10^{-15}$ を意味しており、実質的にゼロである。[**セルの書式設定**] - [**表示形式**] - [**数値**] を用いて小数点以下の桁数を指定し、見づらい表示を取り除くことができる。

	A	B	C	D
8		逆行列の確認		
9	AにAの逆行列を掛ける。下のセルには配列関数 {=MMULT(A3:D6,F3:I6)}が入力されている			
10	1.0000	0.0000	0.0000	0.0000
11	0.0000	1.0000	0.0000	0.0000
12	0.0000	0.0000	1.0000	0.0000
13	0.0000	0.0000	0.0000	1.0000

逆行列が存在する正方行列は*正則行列*と呼ばれる。ある行列が正則行列となる条件は次の通りである。n 次の正方行列 A を考える。次の n 本の連立方程式

$$\sum_i a_{ij} x_i = 0, j = 1, \cdots, n$$

の唯一の解が、$x_i = 0, i = 1, \cdots, n$ である時、かつその時に限り、$A = [a_{ij}]$ が正則行列となる。逆行列の計算はテクニックを必要とする。成分がほとんどゼロであり、かつ、上の連立方程式の解となるベクトル X が存在すれば、その行列はたちの悪い行列であり、正確な逆行列を求めるのは恐らく非常に困難である。

32.4 連立 1 次方程式の解法

n 個の未知数を持つ n 本の連立 1 次方程式は次のように表される。

$a_{11}x_1 + a_{12}x_2 + \cdots + a_{1n}x_n = y_1$

$a_{21}x_1 + a_{22}x_2 + \cdots + a_{2n}x_n = y_2$

$\vdots$

$a_{n1}x_1 + a_{n2}x_2 + \cdots + a_{nn}x_n = y_n$

係数の行列を $A = [a_{ij}]$、未知数の列ベクトルを $X = [x_j]$、定数の列ベクトルを $Y = [y_j]$ とおくと、上の連立方程式を $AX = Y$ という行列の形で表すことができる。

連立方程式が全て解を持つわけではなく、連立方程式の解が全て唯一に定まるわけではない。しかし、行列 A が正方行列であり、かつ正則行列であれば、連立方程式 $AX = Y$ は常に唯一の解を持つ。この場合、方程式 $AX = Y$ の両辺に左から A の逆行列を乗じることにより、解を求めることができる。

$AX = Y \Rightarrow A^{-1}AX = A^{-1}Y \Rightarrow X = A^{-1}Y$

ここで例を示す。次の 3 × 3 の連立方程式の解を求めたいとする。

$3x_1 + 4x_2 + 66x_3 = 16$

$\quad\quad\quad -33x_2 + x_3 = 77$

$42x_1 + 3x_2 + 2x_3 = 12$

この問題を Excel に入力し、以下のように解く。

	A	B	C	D	E	F	G	H
1					連立方程式の解法			
2		係数の行列A			列ベクトルY		解 $A^{-1} Y$	
3	3	4	66		16		0.4343	
4	0	-33	1		77		-2.3223	<-- {=MMULT(MINVERSE(A3:C5),E3:E5)}
5	42	3	2		12		0.3634	
6								
7	解が機能することの確認							
8		16						
9		77	<-- {=MMULT(A3:C5,G3:G5)}					
10		12						

セル B8 から B10 では、行列 A に列ベクトル G3:G5 を掛け、この解が実際に

連立方程式を解くことを確認している。

32.5 自家製行列関数

ポートフォリオ問題に関する章で、Excel に含まれない多くの行列関数を用いている。本節で取り扱う自家製関数は、それらを使用するスプレッドシートに組み込む必要がある。本書冒頭のテクニカルノートまたは VBA セクション（第 36 章）を参照のこと。

分散共分散行列

株式のリターンを取り扱う際に、しばしば分散共分散行列を計算する必要が生じる。次の関数が有効である。

```
'Amir Kirsch と Beni Czaczkes に感謝する
Function VarCovar(rng As Range) As Variant
    Dim i As Integer
    Dim j As Integer
    Dim numcols As Integer
    numcols = rng.Columns.Count
    numrows = rng.Rows.Count
    Dim matrix() As Double
    ReDim matrix(numcols - 1, numcols - 1)
    For i = 1 To numcols
        For j = 1 To numcols
        matrix(i - 1, j - 1) = _
        Application.WorksheetFunction. _
        Covar(rng.Columns(i), rng.Columns(j)) _
        * numrows / (numrows - 1)
        Next j
    Next i
    VarCovar = matrix
End Function
```

ここに応用例を示す。次のスプレッドシートは10銘柄の株式の5年間の月次リターンを示したものである。

	A	B	C	D	E	F	G	H	I	J	K
1		10株式の5年間のリターン									
2		McDonalds	US Steel	Arelor-Mittal	Microsoft	Apple	Kellogg	General Electric	Bank of America	Pfizer	Exxon
3	日付	MCD	X	MT	MSFT	AAPL	K	GE	BAC	PFE	XON
4	2007/3/1	3.07%	11.18%	3.91%	-1.06%	9.36%	3.13%	1.27%	0.38%	1.17%	5.13%
5	2007/4/2	6.93%	2.37%	1.00%	7.18%	7.15%	2.84%	4.17%	-0.25%	4.64%	5.08%
6	2007/5/1	4.59%	11.02%	12.16%	2.80%	19.42%	2.55%	1.91%	0.73%	4.89%	5.09%
7	2007/6/1	0.41%	-3.98%	3.93%	-4.06%	0.70%	-4.14%	2.60%	-3.66%	-7.23%	0.85%
8	2007/7/2	-5.85%	-10.11%	-2.23%	-1.66%	7.66%	0.04%	1.24%	-3.06%	-8.39%	1.49%
9	2007/8/1	2.83%	-3.72%	8.65%	-0.53%	4.97%	6.42%	0.28%	6.66%	6.70%	1.09%
56	2011/7/1	2.53%	-14.09%	-10.97%	5.24%	15.12%	0.82%	-5.16%	-12.05%	-6.79%	-1.97%
57	2011/8/1	5.12%	-28.23%	-33.99%	-2.32%	-1.46%	-1.86%	-9.36%	-17.20%	-0.27%	-6.85%
58	2011/9/1	-2.92%	-31.32%	-32.29%	-6.66%	-0.92%	-2.10%	-5.99%	-28.81%	-7.13%	-1.89%
59	2011/10/3	5.58%	14.13%	26.47%	6.77%	5.97%	1.90%	9.37%	10.99%	8.57%	7.24%
60	2011/11/1	3.58%	7.58%	-8.23%	-3.27%	-5.74%	-8.89%	-4.89%	-22.61%	5.11%	3.56%
61	2011/12/1	4.91%	-3.13%	-3.78%	1.47%	5.79%	2.83%	12.79%	2.18%	7.56%	5.24%
62	2012/1/3	-1.28%	13.17%	12.05%	12.88%	11.97%	-2.10%	4.37%	24.87%	-1.13%	-1.22%
63	2012/2/1	0.94%	2.85%	12.71%	4.11%	7.73%	1.38%	2.22%	13.74%	-0.19%	1.90%

分散共分散行列を計算する。

	A	B	C	D	E	F	G	H	I	J	K
1		10株式の分散共分散行列									
2		MCD	X	MT	MSFT	AAPL	K	GE	BAC	PFE	XON
3	MCD	0.0020	0.0037	0.0028	0.0015	0.0017	0.0007	0.0020	0.0031	0.0015	0.0011
4	X	0.0037	0.0380	0.0284	0.0076	0.0111	0.0031	0.0127	0.0176	0.0043	0.0043
5	MT	0.0028	0.0284	0.0267	0.0065	0.0097	0.0031	0.0102	0.0133	0.0038	0.0039
6	MSFT	0.0015	0.0076	0.0065	0.0063	0.0049	0.0010	0.0046	0.0079	0.0018	0.0014
7	AAPL	0.0017	0.0111	0.0097	0.0049	0.0126	0.0016	0.0049	0.0049	0.0007	0.0020
8	K	0.0007	0.0031	0.0031	0.0010	0.0016	0.0026	0.0028	0.0046	0.0011	0.0003
9	GE	0.0020	0.0127	0.0102	0.0046	0.0049	0.0028	0.0122	0.0163	0.0041	0.0022
10	BAC	0.0031	0.0176	0.0133	0.0079	0.0049	0.0046	0.0163	0.0393	0.0080	0.0017
11	PFE	0.0015	0.0043	0.0038	0.0018	0.0007	0.0011	0.0041	0.0080	0.0041	0.0011
12	XON	0.0011	0.0043	0.0039	0.0014	0.0020	0.0003	0.0022	0.0017	0.0011	0.0026
13											
14				入力式: {=VARCOVAR('Return data'!B4:K63)}							

相関行列

前に記載した関数を変化させることで、リターンの相関行列を計算することができる。

```
Function CorrMatrix(rng As Range) As Variant
    Dim i As Integer
    Dim j As Integer
    Dim numCols As Integer
    numCols = rng.Columns.Count
    numRows = rng.Rows.Count
    Dim matrix() As Double
    ReDim matrix(numCols - 1, numCols - 1)
    For i = 1 To numCols
        For j = 1 To numCols
        matrix(i - 1, j - 1) = _
        Application.WorksheetFunction. _
        Correl(rng.Columns(i), rng.Columns(j))
        Next j
    Next i
    CorrMatrix = matrix
End Function
```

上記の例に適用すると、次の結果となる。

	A	B	C	D	E	F	G	H	I	J	K
1						10株式の相関行列					
2		MCD	X	MT	MSFT	AAPL	K	GE	BAC	PFE	XON
3	MCD	1.0000	0.4199	0.3859	0.4238	0.3379	0.2920	0.4064	0.3506	0.5411	0.4741
4	X	0.4199	1.0000	0.8898	0.4898	0.5062	0.3078	0.5904	0.4556	0.3491	0.4361
5	MT	0.3859	0.8898	1.0000	0.5044	0.5277	0.3692	0.5659	0.4103	0.3602	0.4620
6	MSFT	0.4238	0.4898	0.5044	1.0000	0.5497	0.2416	0.5312	0.5050	0.3542	0.3581
7	AAPL	0.3379	0.5062	0.5277	0.5497	1.0000	0.2827	0.3964	0.2205	0.0945	0.3425
8	K	0.2920	0.3078	0.3692	0.2416	0.2827	1.0000	0.4846	0.4559	0.3487	0.1234
9	GE	0.4064	0.5904	0.5659	0.5312	0.3964	0.4846	1.0000	0.7461	0.5842	0.3926
10	BAC	0.3506	0.4556	0.4103	0.5050	0.2205	0.4559	0.7461	1.0000	0.6328	0.1723
11	PFE	0.5411	0.3491	0.3602	0.3542	0.0945	0.3487	0.5842	0.6328	1.0000	0.3435
12	XON	0.4741	0.4361	0.4620	0.3581	0.3425	0.1234	0.3926	0.1723	0.3435	1.0000
13												
14					入力式: {=CorrMatrix('Return data'!B4:K63)}						

単位行及び単位列

ポートフォリオに関する計算では、時として、単位行または単位列を使う。例えば、第10章で取り扱った大域的最小分散ポートフォリオ（Global Minimum Variance Portfolio; GMVP）には次の公式がある。

$$行としてのGMVP = \frac{単位行(N) * S}{単位行(N) * S * 単位列(N)}$$

$$列としてのGMVP = \frac{S * 単位行(N)}{単位行(N) * S * 単位列(N)}$$

ここで、S とは次の分散共分散行列のことである。

$$S = \begin{bmatrix} \sigma_{11} & \sigma_{12} & \sigma_{13} & \ldots & \sigma_{1N} \\ \sigma_{21} & \sigma_{22} & \sigma_{23} & \ldots & \sigma_{2N} \\ \sigma_{31} & \sigma_{32} & \sigma_{33} & \ldots & \sigma_{3N} \\ \vdots & & & & \\ \sigma_{N1} & \sigma_{N2} & \sigma_{N3} & \ldots & \sigma_{NN} \end{bmatrix}$$

上記式の分母は、単純に分子の合計に過ぎないことから、上記式は次のように書き換えることができる。

$$行としてのGMVP = \frac{単位行(N) * S}{Sum(単位行(N) * S)}$$

$$列としてのGMVP = \frac{S * 単位行(N)}{Sum(S * 単位行(N))}$$

単位列または単位行は、次の2つの関数で計算することができる。

```
'Priyush Singh と Ayal Itzkovitz に感謝する
Function UnitrowVector(numcols As Integer) _
As Variant
    Dim i As Integer
    Dim vector() As Integer
    ReDim vector(0, numcols - 1)
    For i = 1 To numcols
        vector(0, i - 1) = 1
    Next i
    UnitrowVector = vector
End Function

Function UnitColVector(numrows As Integer) As Variant
    Dim i As Integer
    Dim vector() As Integer
    ReDim vector(numrows - 1, 1)
    For i = 1 To numrows
        vector(i - 1, 0) = 1
    Next i
    UnitColVector = vector
End Function
```

スプレッドシートにおけるこれらの関数の例は次の通りである。

	A	B	C	D	E
1		単位行及び単位列ベクトル			
2	1	<-- {=UnitColVector(5)}			
3	1				
4	1				
5	1				
6	1				
7					
8	1	1	1	1	<-- {=UNITROWVECTOR(4)}

これらの関数のより興味深い使用法は、それらを直接、式の中で使用することである。

次の例において、GMVP の計算を行っている。

大域的最小分散ポートフォリオ(GMVP)の計算

	A	B	C	D	E	F	G	H	I	J	K
2		MCD	X	MT	MSFT	AAPL	K	GE	BAC	PFE	XOM
3	MCD	0.0020	0.0037	0.0028	0.0015	0.0017	0.0007	0.0020	0.0031	0.0015	0.0011
4	X	0.0037	0.0380	0.0284	0.0076	0.0111	0.0031	0.0127	0.0176	0.0043	0.0043
5	MT	0.0028	0.0284	0.0267	0.0065	0.0097	0.0031	0.0102	0.0133	0.0038	0.0039
6	MSFT	0.0015	0.0076	0.0065	0.0063	0.0049	0.0010	0.0046	0.0079	0.0018	0.0014
7	AAPL	0.0017	0.0111	0.0097	0.0049	0.0126	0.0016	0.0049	0.0049	0.0007	0.0020
8	K	0.0007	0.0031	0.0031	0.0010	0.0016	0.0026	0.0028	0.0046	0.0011	0.0003
9	GE	0.0020	0.0127	0.0102	0.0046	0.0049	0.0028	0.0122	0.0163	0.0041	0.0022
10	BAC	0.0031	0.0176	0.0133	0.0079	0.0049	0.0046	0.0163	0.0393	0.0080	0.0017
11	PFE	0.0015	0.0043	0.0038	0.0018	0.0007	0.0011	0.0041	0.0080	0.0041	0.0011
12	XOM	0.0011	0.0043	0.0039	0.0014	0.0020	0.0003	0.0022	0.0017	0.0011	0.0026
13											
14						GMVP					
15	MCD	0.0326	<-- {=MMULT(B3:K12,UNITCOLVECTOR(10))/SUM(MMULT(B3:K12,UNITCOLVECTOR(10)))}								
16	X	0.2117									
17	MT	0.1754									
18	MSFT	0.0705									
19	AAPL	0.0873									
20	K	0.0340									
21	GE	0.1166									
22	BAC	0.1891									
23	PFE	0.0493									
24	XOM	0.0335									
25											
26		MCD	X	MT	MSFT	AAPL	K	GE	BAC	PFE	XOM
27		0.0326	0.2117	0.1754	0.0705	0.0873	0.0340	0.1166	0.1891	0.0493	0.0335
28		入力式:	{=MMULT(UNITROWVECTOR(10),B3:K12)/SUM(MMULT(UNITROWVECTOR(10),B3:K12))}								

練習問題

1.　Excelを用いて、以下の行列の計算を行いなさい。

a. $\begin{bmatrix} 2 & 12 & 6 \\ 4 & 8 & 7 \\ 1 & 0 & -9 \end{bmatrix} + \begin{bmatrix} 1 & 1 & 2 \\ 8 & 0 & -23 \\ 1 & 7 & 3 \end{bmatrix}$

b. $\begin{bmatrix} 2 & -9 \\ 5 & 0 \\ 6 & -6 \end{bmatrix} \begin{bmatrix} 3 & 1 & 1 \\ 2 & 3 & 2 \end{bmatrix}$

c. $\begin{bmatrix} 2 & 0 & 6 \\ 4 & 8 & 7 \\ 1 & 0 & -9 \end{bmatrix} \begin{bmatrix} 1 & 1 & 2 \\ 8 & 0 & -2 \\ 1 & 7 & 3 \end{bmatrix}$

2. 以下の行列の逆行列を求めなさい。

a. $\begin{bmatrix} 1 & 2 & 8 & 9 \\ 2 & 5 & 3 & 0 \\ 4 & 4 & 2 & 7 \\ 5 & -2 & 1 & 6 \end{bmatrix}$

b. $\begin{bmatrix} 3 & 2 & 1 \\ 6 & -1 & 3 \\ 7 & 4 & 3 \end{bmatrix}$

c. $\begin{bmatrix} 20 & 2 & 3 & -3 \\ 2 & 10 & 2 & -2 \\ 3 & 2 & 40 & 9 \\ -3 & -2 & 9 & 33 \end{bmatrix}$

3. Excel の配列関数 **Transpose** を用いて、次の行列を転置しなさい。

a. $A = \begin{bmatrix} 3 & 2 & 1 \\ -15 & 4 & 1 \\ 6 & -9 & 1 \end{bmatrix}$

b. $B = \begin{bmatrix} 1 & 2 & 3 & 4 & 5 \\ -2 & 7 & -9 & 0 & 0 \\ 3 & -3 & 11 & 12 & 1 \end{bmatrix}$

4. 行列を用いて次の連立方程式を解きなさい。

$$\begin{aligned} 3x &+ 4y - 6z - 9w = 15 \\ 2x &- y \phantom{{}+0z} + w = 2 \\ & y + z + w = 3 \\ x &+ y - z \phantom{{}+0w} = 1 \end{aligned}$$

5. A、Y、X を次のようにおくとき、$AX = Y$ を解きなさい。

$A = \begin{bmatrix} 13 & -8 & -3 \\ -8 & 10 & -1 \\ -3 & -1 & 11 \end{bmatrix}, Y = \begin{bmatrix} 20 \\ -5 \\ 0 \end{bmatrix}, X = \begin{bmatrix} x_1 \\ x_2 \\ x_3 \end{bmatrix}$

6. たちの悪い行列は、逆行列を「ほとんどもたない (almost doesn't have)」行列である。そのような行列の例は、Hilbert 行列である。n 次の Hilbert 行列は次のようなものである。

$$H_n = \begin{bmatrix} 1 & 1/2 & \cdots & 1/n \\ 1/2 & 1/3 & \cdots & 1/(n+1) \\ \vdots & & & \\ 1/n & 1/(n+1) & & 1/(2n-1) \end{bmatrix}$$

   a. H_2、H_3、H_8 の逆行列を計算しなさい。
   b. 次の連立方程式を考えなさい。

$$H_n \begin{bmatrix} x_1 \\ x_2 \\ \vdots \\ x_3 \end{bmatrix} = \begin{bmatrix} 1 + 1/2 + \cdots + 1/n \\ 1/2 + 1/3 + \cdots + 1/(n+1) \\ \vdots \\ 1/n + 1/(n+1) + \cdots + 1/(2n-1) \end{bmatrix}$$

   これらの問題に対する解答を直感により求めなさい。
   c. $n = 2, 8, 14$について、$H_n * X = Y$ を解きなさい。また、その違いを説明しなさい。

33 Excel 関数

33.1 概要

Excel には数百もの関数がある。本章では、本書で用いられる関数のみを概観する。議論する関数は次の通りである。

- 財務関数： **NPV, IRR, PV, PMT, XIRR, XNPV**
- 日付関数： **Now, Today, Date, Weekday, Month, Datedif**
- 統計関数： **Average, Var, Varp, Stdev, Stdevp, Correl, Covar**
- 回帰関数： **Slope, Intercept, Rsq, Linest**
- 条件関数： **If, VLookup, HLookup**
- **Large, Rank, Percentile, Percentrank**
- **Count, CountA, CountIf**
- **Offset**

配列関数の重要な項目については、第 34 章を独立した章として充てる。

33.2 財務関数

Excel には多くの財務関数が備わっている。本節では、本書で使われる主な関数を検討する。

NPV

Excel における **NPV** の定義は、ファイナンスにおける標準的な定義とは多少異なっている。ファイナンスの文献では、割引率 r における、キャッシュフロー流列 $C_0, C_1, C_2, \cdots, C_n$ の正味現在価値は以下の式で表される。

$$\sum_{t=0}^{n} \frac{C_t}{(1+r)^t} \text{ または } C_0 + \sum_{t=1}^{n} \frac{C_t}{(1+r)^t}$$

多くの場合、C_0 は資産購入のためのコストを表し、したがってマイナスとなる。

ExcelにおけるNPVの定義では、常に1期後に最初のキャッシュフローが生じるものと仮定している。したがって、ファイナンスの標準的な式を用いたい読者は$NPV(r, \{C_1, \cdots, C_n\}) + C_0$として計算する必要がある。以下が、その例である。

	A	B	C	D
1		ExcelのNPV関数		
2	割引率	10%		
3				
4	年	キャッシュフロー	現在価値	
5	0	-100.00	-100.00	<-- =B5/(1+$B$2)^A5
6	1	35.00	31.82	
7	2	33.00	27.27	
8	3	34.00	25.54	
9	4	25.00	17.08	
10	5	16.00	9.93	
11				
12	将来キャッシュフローの現在価値		111.65	<-- =SUM(C6:C10)
13			111.65	<-- =NPV(B2,B6:B10)
14	純現在価値(NPV)		11.65	<-- =B5+NPV(B2,B6:B10)

NPV関数は、潜在的なバグを抱えている。NPV関数はゼロを含むセルと空白セルとを区別する。これは以下の例に見られるように混乱を生じさせることがある。B5:B7のキャッシュフローの現在価値は65.75で、これは、$\frac{100}{1.15^3}$に相当する。しかし、別の同様の例であるB11:B13のキャッシュフローにおいて、ExcelのNPV関数は最初のキャッシュフローを100と認識し、現在価値として$\frac{100}{1.15} = 86.96$の答えを返す。したがって、NPV関数を使用する場合には、ゼロのキャッシュフローには明確にゼロを入力する必要がある。

	A	B	C
1		NPVは空白セルを無視する！	
2	割引率	15%	
3			
4	年	キャッシュフロー	
5	1	0.00	
6	2	0.00	
7	3	100.00	
8	現在価値	65.75	<-- =NPV(B2,B5:B7)
9			
10	年	キャッシュフロー	
11	1		
12	2		
13	3	100.00	
14	現在価値	86.96	<-- =NPV(B2,B11:B13)

IRR

キャッシュフロー流列 $C_0, C_1, C_2, \cdots, C_n$ の内部収益率(Internal Rate of Return; IRR)は、キャッシュフローの正味現在価値がゼロとなるような金利 r である。

$$\sum_{t=0}^{n} \frac{C_t}{(1+r)^t} = 0$$

IRR 関数の Excel での構文は、**IRR(範囲, 推定値)** である。ここで、**範囲**は最初のキャッシュフロー C_0 を含む、全てのキャッシュフロー流列を表し、**推定値**は IRR を算出するアルゴリズムの任意の起点である。

推定値の入力は必須ではなく、IRR が 1 つしかない場合には、推定値に意味はない。

	A	B	C
1			ExcerlのIRR関数
2	年	キャッシュフロー	
3	0	-100	
4	1	35	
5	2	33	
6	3	34	
7	4	25	
8	5	16	
9			
10	IRR	15.00%	<-- =IRR(B3:B8)
11		15.00%	<-- =IRR(B3:B8,5%), IRRの推定値 = 5%

複数のIRRが存在する場合には、**推定値**の選択によって差異を生じさせることがある。例えば、以下のキャッシュフローを考えてみよう。

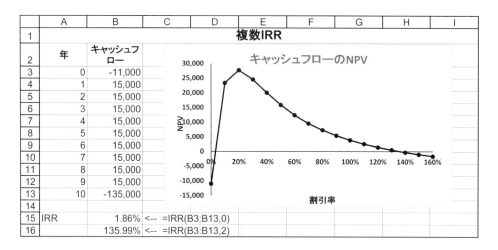

グラフ（表示されていない**データ・テーブル**から作成）は、NPVの曲線が x 軸と2回交わっているため、2つのIRRが存在することを示している。これら2つのIRRを見つけるためには、**推定値**を変える必要がある（ただし、この場合も正確な**推定値**は重要ではない）。次の例では、両方の推定値を変えたが、依然として同じ解が得られる。

	A	B	C	D
15	IRR	1.86%	<--	=IRR(B3:B13,0)
16	IRR	135.99%	<--	=IRR(B3:B13,2)

注 一般に、一連の所与のキャッシュフローは、その中で符号の変化が2回以上ある場合に、2つ以上のIRRを有することとなる。つまり、前の例では、最初のキャッシュフローがマイナスで、CF_1 から CF_9 がプラスである（符号の変化が1回生じている）。一方、CF_{10} ではマイナスとなり、2回目の符号の変化が生じている。キャッシュフローが2つ以上のIRRを有すると考えられる場合、最初になすべきことは、ここで行ったようにExcelを用いてNPVのグラフを作成することである。NPVのグラフが x 軸と交差する回数により、IRRの個数（及びその概算値）が示される。

PV

この関数は、年金(一連の定期的な定額支払)の現在価値を計算する。例えば、次のようになる。

	A	B	C
1		**PV関数**	
2		期末における支払い	
3	金利	10%	
4	期間数	10.00	
5	1回毎の支払額	100.00	
6	現在価値	-614.46	<-- =PV(B3,B4,B5)

つまり、$614.46 \text{ ドル} = \sum_{t=1}^{10} \frac{100}{(1.10)^t}$ となる。ここで、**PV** 関数について留意すべき点が 2 点ある。

- **PV(B3,B4,B5)** と記述するということは、支払いが時点 $1, 2, \cdots, 10$ に行われることを仮定している。支払いが時点 $0, 1, 2, \cdots, 9$ に行われるのであれば、次のように記述するべきである。

	A	B	C
9		期初における支払い	
10	金利	10%	
11	期間数	10.00	
12	1回毎の支払額	100.00	
13	現在価値	-675.90	<-- =PV(B10,B11,B12,,1)

入力式 **PV(B10,B11,B12,,1)** は、次のダイアログボックスから作成することも可能である。

関数の引数

PV

利率	B10	= 0.1
期間	B11	= 10
定期支払額	B12	= 100
将来価値		= 数値
支払期日	1	= 1

= -675.9023816

投資の現在価値を返します。現在価値とは、将来行われる一連の支払いを、現時点で一括払いした場合の合計金額のことをいいます。

利率 には 1 期間あたりの利率を指定します。たとえば、年率 6% のローンを四半期払いで返済する場合、利率には 6%/4 = 1.5 (%) を指定します。

数式の結果 = -675.90

この関数のヘルプ(H)　　　　　　　　　　　　　　　OK　　キャンセル

- 腹立たしいことに **PV** 関数は、(以下で述べる **PMT, IPMT, PPMT** 関数も同様に)、定期支払額または将来価値がプラスの場合、マイナスの数値を返す (これには理屈はあるものの、説明するほどのこともない)。解決方法は自明である。**-PV(B4,B5,B6)** と記述するか、**PV(B4,B5,-B6)** として定期支払額をマイナスとするかのいずれかである。

PMT

この関数は、一定期間における定額支払いの下で、ローン返済に必要な支払額を計算する。例えば、以下の最初の計算では、年利 8% で 10 年返済のローン 1,000 ドルについて、元利合計で年間 149.03 ドルの定額支払いが必要であることを示している。計算結果は以下の方程式の解と同じである。

$$\sum_{t=1}^{n} \frac{X}{(1+r)^t} = 当初ローン元本$$

	A	B	C
1		**PMT関数**	
2		期末における支払い	
3	金利	8%	
4	期間数	10.00	
5	元本	1,000.00	
6	支払額	-149.03	<-- =PMT(B3,B4,B5)
7			
8		期初における支払い	
9	金利	8%	
10	期間数	10.00	
11	元本	1,000.00	
12	支払額	-137.99	<-- =PMT(B9,B10,B11,,1)

PMT 関数用いて返済計画表を計算できる。この返済表（詳しくは第 1 章で説明されている）は、各支払額の利息と元本の内訳を示している。（**PMT** 関数で計算される）各期におけるローンの返済額は以下のように分けられる。

• まず、期初元本残高に対して、その期の利息を計算する。以下の表では、第 1 年度末に、期初ローン元本残高に対して、80 ドル（= 8% * 1,000 ドル）の利息が発生する。

• 支払額の残額（第 1 年度で 69.03 ドル）は元本残高を減少させる。

	A	B	C	D	E	F
1			返済計画表			
2	金利	8%				
3	期間数	10			=$B$5	
4	元本	1,000				
5	年支払額	149.03	<-- =-PMT(B2,B3,B4)			
6						
7				支払額の内訳		
8	年	年初元本	支払額	利子	元本返済	
9	1	1,000.00	149.03	80.00	69.03	<-- =C9-D9
10	2	930.97	149.03	74.48	74.55	
11	3	856.42	149.03	68.51	80.52	
12	4	775.90	149.03	62.07	86.96	
13	5	688.95	149.03	55.12	93.91	
14	6	595.03	149.03	47.60	101.43	
15	7	493.60	149.03	39.49	109.54	
16	8	384.06	149.03	30.73	118.30	
17	9	265.76	149.03	21.26	127.77	
18	10	137.99	149.03	11.04	137.99	
19						
20	=B9-E9				=$B$2*B9	

第 10 年度末に、元本返済額が年初元本残高と全く同額となっていることに留意しよう (即ち、ローンは完済されたのである)。

IPMT, PPMT 関数

上記で見てきた通り、返済計画表は、(**PMT** 関数を用いて計算した) ローンの定額支払いを利息と元本に分けて表示する。前の小節の返済計画表では、まず各期の定額支払額を計算し (C 列)、次に期初の元本に対する利息を計算し (D 列)、最後に各期の支払額から利息を控除して (E 列)、この明細を計算した。

IPMT と **PPMT** は、支払額に依存することなく、この計算を行うことができる。ここに例を示す。

	A	B	C	D	E
1			IPMT と PPMT		
2	金利	8%			
3	期間数	10			
4	元本	1,000			
5					
6	年	年末元本返済額		年末利息支払額	
7	1	69.03	<-- =PPMT($B$2,A7,$B$3,-$B$4)	80.00	<-- =IPMT($B$2,A7,$B$3,-$B$4)
8	2	74.55		74.48	
9	3	80.52		68.51	
10	4	86.96		62.07	
11	5	93.91		55.12	
12	6	101.43		47.60	
13	7	109.54		39.49	
14	8	118.30		30.73	
15	9	127.77		21.26	
16	10	137.99		11.04	

計算される支払額は、前の小節の返済計画表の金額と同じであることが確認できる。

33.3 日付/時刻関数

次の Excel ヘルプの引用を読むと、スプレッドシートに日付/時刻を入力することに関し、知る必要があるほとんど全てを知ることができる。

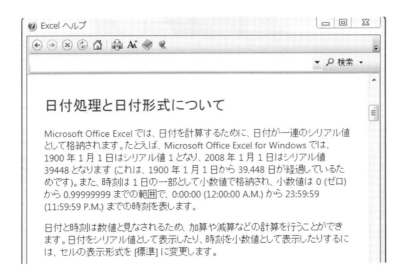

知る必要がある基本的な事実は、Excel が日付/時刻を数値に変換することである。以下に例を示す。日付をあるセルに入力するとする。

[Enter] を押下すると、Excel は日付が入力されたと判断する。以下のように表示される。

注意して欲しいのは、数式バー（上の矢印で示されているところ）において、Excel は日付を **2015/2/3**[1] と解釈している点である。セルの書式を［**書式設定**］－［**表示形式**］－［**標準**］で変更すると、Excel はその日付を 42038 番と解釈していることが分かる。これは、Excel が 1900 年 1 月 1 日を 1 番としているためである。

スプレッドシートの日付は引き算することができる。以下のスプレッドシートでは、2 つの日付を入力し、それらを引き算して、2 つの日付の間の日数を求めている。

---

1. どのように表示され、解釈されるかは、Windows のコントロールパネルの地域設定に依存する。

	A	B	C
1	日付 1	1940年8月15日	
2	日付 2	1952年9月28日	
3	日数	4427	<-- =B2-B1

　同様に、ある日付に数値を足すことで、別の日付を求めることができる。例えば、1947 年 11 月 16 日から 165 日後の日付はいつになるか。

	B	C
5	1947年11月16日	
6	1948年4月29日	<-- =B5+165

日付を伸ばす

以下の 2 つのセルにおいて、日付を 2 つ入力し、それを「伸ばす（stretched）」と、それら 2 つの日付と同間隔の日付を得ることができる。

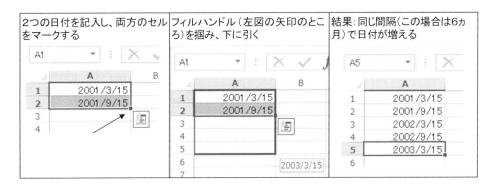

スプレッドシートにおける時刻

時間、分などをセルに入力することもできる。下のセルにおいては、8:22 と入力している。

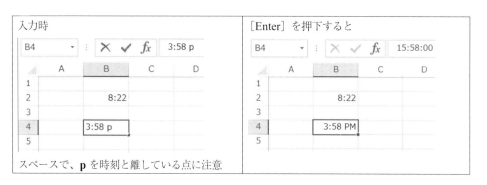

[Enter] を押下すると、Excel はこれを午前 8:22 と解釈する。

Excel は 24 時間を認識し、また、**a** は午前（AM）、**p** は午後（PM）として認識する。

日付と同様、時刻も引き算できる。下のセル B5 セルには、7 時間 32 分が経過したことが表されている（B5 の「AM」は無視すること）。

	B	C
3	3:48 PM	
4	8:16 AM	
5	7:32 AM	<-−=B3-B4

上のセルの書式を［セルの書式設定］-［表示形式］-［標準］で変えると、時刻が 1 日に占める割合として Excel 上に表示されることが分かる。

	B	C
3	0.658333	
4	0.344444	
5	0.313889	<-−=B3-B4

日付と時刻をタイプし、書式を変換すると、次のように表示される

Excelの時刻と日付関数

Excelは多くの日付と時刻の関数を備えている。有益と考えるいくつかの関数を紹介する。

- **Now** は、コンピューターの時計を読み取り、日付と時刻を表示する。**Now** は引数を取らず、括弧の中を空欄として入力される：**Now( )**。
- **Today** は、コンピューターの時計を読み取り、日付を表示する。この関数は、**Now** と同様、括弧の中を空欄として入力される：**Today( )**。
- **Date(yyyy,mm,dd)** は入力した日付を返す。
- **Weekday** は、曜日を返す。
- **Month, Weeknum, Day** は、その日の月、週、日を返す。

次にこれらの関数のいくつかをスプレッドシートに示す。

	A	B	C
1	シリアル表示	日付／時刻形式	
2	42287.57659	2015/10/10 13:50	<-- =NOW()
3	42287	2015/10/10	<-- =TODAY()
4	43924	2020/4/3	<-- =DATE(2020,4,3)
5			
6	Now() の異なる表示		
7		2015/10/10	<-- =NOW()
8		2015/10/10 13:50	<-- =NOW()
9		1:50 PM	<-- =NOW()
10			
11	Weekday, Month, Weeknum, Day を使用する		
12		7	<--=WEEKDAY(NOW())
13		5	<--=WEEKDAY("1947/4/3")
14		4	<--=MONTH(B4)
15		10	<--=MONTH(NOW())
16		41	<--=WEEKNUM(NOW())
17		10	<--=DAY(NOW())

2つの日付の差を計算する：Datedif関数

Excelの **Datedif** 関数は、2つの日付の差を、様々な有益な方法で計算する。

	A	B	C	D
1			DATEDIFは2つの日付の差を計算する	
2	日付1	1947/4/3		
3	日付2	2013/1/15		
4				
5		65	<-- =DATEDIF(B2,B3,"y")	2つの日付間の年数
6		789	<-- =DATEDIF(B2,B3,"m")	2つの日付間の月数
7		24029	<-- =DATEDIF(B2,B3,"d")	2つの日付間の日数
8		12	<-- =DATEDIF(B2,B3,"md")	月数を超える1ヶ月未満の日数
9		9	<-- =DATEDIF(B2,B3,"ym")	年数を超える1年未満の月数
10		287	<-- =DATEDIF(B2,B3,"yd")	年数を超える1年未満の日数

33.4 XIRR 関数、XNPV 関数

XIRR 関数と **XNPV** 関数は特定の日に受け取る一連のキャッシュフローの内部収益率及び正味現在価値を計算する。これらの関数は日付が等間隔でない場合に、内部収益率と正味現在価値を計算する際に特に有益である。[2] これらの関数が見当たらない場合、[**Excel のオプション**] – [**アドイン**] – [**分析ツール**] – [**設定**] に行く必要がある。**アドイン**を選択し、**分析ツール**をマークする。

[2]. Excel の **IRR** 関数は、最初のキャッシュフローは現時点で発生し、次のキャッシュフローは 1 期間後に発生し、次のキャッシュフローは 2 期間後に、以下同様に発生することを前提とする。Excel の **NPV** 関数は、最初のキャッシュフローは現時点から 1 期間後に発生し、次のキャッシュフローは 2 期間後に、以下同様に発生することを前提とする。これを「等間隔のキャッシュフロー」と呼ぶ。そうでない場合は、**XIRR** 関数、**XNPV** 関数が必要となる。

XIRR

ここに例を示す。2001年2月16日にある資産を購入するために600ドルを支払い、その資産から2001年4月5日に100ドル、2001年7月15日に100ドルを受け取り、その後、2001年から2009年まで毎年9月22日に100ドルを受け取る。それらの日付は等間隔ではないため、**IRR**関数を使うことができない。**XIRR**関数を用いて（下のセルB16）、*年間内部収益率*（第1章で定義されている実効年利率（Effective Annual Interest Rate; EAIR））を計算することができる。

	A	B	C
1	ExcelのXIRR関数		
2	日付	支払い	
3	2001/2/16	-600	
4	2001/4/5	100	
5	2001/7/15	100	
6	2001/9/22	100	
7	2002/9/22	100	
8	2003/9/22	100	
9	2004/9/22	100	
10	2005/9/22	100	
11	2006/9/22	100	
12	2007/9/22	100	
13	2008/9/22	100	
14	2009/9/22	100	
15			
16	XIRR	21.97%	<-- =XIRR(B3:B14,A3:A14)

XIRR関数はキャッシュフローを日歩で割り引くことで機能する。上記の例では、最初のキャッシュフロー100ドルは当初の日付から48日後に発生し、次のキャッシュフローは149日後に発生する。**XIRR**関数は、21.97%を日歩に変換し、それを用いてキャッシュフローを割り引く。

$$-600 + \frac{100}{(1.2197)^{48/365}} + \frac{100}{(1.2197)^{149/365}} + \cdots + \frac{100}{(1.2197)^{3140/365}} = 0$$

	A	B	C	D	E
1			XIRR関数はどのように機能するのか？ XIRR関数は日歩内部収益率を計算する		
2	日付	支払い	当初の日付からの日数	現在価値	
3	2001/2/16	-600		-600.00	<-- =B3
4	2001/4/5	100	48	97.42	<-- =B4/(1+$B$16)^(C4/365)
5	2001/7/15	100	149	92.21	<-- =B5/(1+$B$16)^(C5/365)
6	2001/9/22	100	218	88.81	<-- =B6/(1+$B$16)^(C6/365)
7	2002/9/22	100	583	72.81	<-- =B7/(1+$B$16)^(C7/365)
8	2003/9/22	100	948	59.70	<-- =B8/(1+$B$16)^(C8/365)
9	2004/9/22	100	1,314	48.91	
10	2005/9/22	100	1,679	40.10	
11	2006/9/22	100	2,044	32.88	
12	2007/9/22	100	2,409	26.96	
13	2008/9/22	100	2,775	22.09	
14	2009/9/22	100	3,140	18.11	
15					
16	XIRR	21.97%	<-- =XIRR(B3:B14,A3:A14)	0.00	<-- =SUM(D3:D14)
17					
18	C4セルには、A4-$A$3				
19	の式が入力されている				

XNPV

XNPV 関数は、等間隔でないキャッシュフローの NPV を計算する。下の例において、**XIRR** で使用した例と同じ例の NPV を、この関数を用いて計算する。

	A	B	C
1		**ExcelのXNPV関数**	
2	日付	支払い	
3	2001/2/16	-600	
4	2001/4/5	100	
5	2001/7/15	100	
6	2001/9/22	100	
7	2002/9/22	100	
8	2003/9/22	100	
9	2004/9/22	100	
10	2005/9/22	100	
11	2006/9/22	100	
12	2007/9/22	100	
13	2008/9/22	100	
14	2009/9/22	100	
15			
16	割引率	15%	
17	XNPV	97.29	<-- =XNPV(B16,B3:B14,A3:A14)

　XNPV 関数は、1 期目のキャッシュフローから始まる **NPV** 関数と異なり、（最初のキャッシュフローから始まる）全てのキャッシュフローを含める必要があることに留意しよう。

XIRR と XNPV のバグ（欠陥）

XIRR 関数と **XNPV** 関数は、キャッシュフローの日付が特定されているとき、現在価値への割引の問題を解決する。しかし、2 つのバグがあり、**XNPV** は割引率がゼロのときに機能せず、また、**XIRR** は複数の内部収益率があるときに対処できない。次に、これらの問題を議論する。それから 2 つの新しい関数を定義する。**NXNPV** 関数と **NXIRR** 関数で、これらの問題を解決することができる。これら 2 つの関数は、本章に付属するスプレッドシートに、追加的な関数として含まれている。[3]

問題：XNPV は割引率がゼロの場合、機能しない

XNPV は割引率がプラスのときはうまく機能するが、割引率がゼロのときは機能

---

[3] **NXIRR** 及び **NXNPV** の 2 つの追加的な関数は、Benjamin Czaczkes によって開発された。これらの関数を自分のスプレッドシートにコピーする方法は、本書に付随するファイルの「Getformula をあなたのスプレッドシートに追加」を読むと分かる。

しない。[4] これを以下で説明する。

	A	B	C	D	E	F
1			XNPV は割引率がゼロのとき機能しない			
2	割引率	3%		割引率	0%	
3	XNPV	579.00	<-- =XNPV(B2,B6:B11,A6:A11)	XNPV	#NUM!	<-- =XNPV(E2,E6:E11,D6:D11)
4						
5	日付	キャッシュフロー		日付	キャッシュフロー	
6	2012/1/13	-1,000		2012/1/13	-1,000	
7	2012/8/18	115		2012/8/18	115	
8	2013/1/20	121		2013/1/20	121	
9	2013/7/15	100		2013/7/15	100	
10	2014/1/1	333		2014/1/1	333	
11	2014/7/16	1,011		2014/7/16	1,011	

新しい関数である **NXNPV** はこの問題を解決する。

	A	B	C	D	E	F
1			NXNPV はこの問題を解決する			
2	割引率	3%		割引率	0	
3	XNPV	579.00	<-- =nXNPV(B2,B6:B11,A6:A11)	XNPV	680	<-- =nXNPV(E2,E6:E11,D6:D11)
4						
5	日付	キャッシュフロー		日付	キャッシュフロー	
6	2012/1/13	-1,000		2012/1/13	-1,000	
7	2012/8/18	115		2012/8/18	115	
8	2013/1/20	121		2013/1/20	121	
9	2013/7/15	100		2013/7/15	100	
10	2014/1/1	333		2014/1/1	333	
11	2014/7/16	1,011		2014/7/16	1,011	

問題： XIRR は 2 つの IRR が存在するとき機能しない

XIRR の推定値の引数は機能しない。これは、下の例のように、複数の内部収益率を持つキャッシュフローに対して、**XIRR** が IRR を計算できないことを意味する。

---

[4]. 割引率がゼロのとき、正味現在価値は全てのキャッシュフローの単純合計と等しいことを思い出そう。

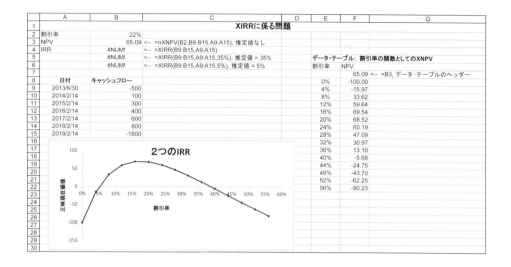

データ・テーブルより、2つの内部収益率を持つことは明らかである（5%と40%のあたり）。しかし、**XIRR**関数ではいずれの内部収益率を特定することもできない（下のセル B4：B6 を参照の）。追加的な関数である **NXIRR** はこの問題を解決することができる。

	A	B	C
1		NXIRR は問題を解決する	
2	IRR	5.06%	<-- =nXIRR(B7:B13,A7:A13)
3		38.80%	<-- =nXIRR(B7:B13,A7:A13,35%), 推定値 = 35%
4		5.06%	<-- =nXIRR(B7:B13,A7:A13,5%), 推定値 = 5%
5			
6	日付	キャッシュフロー	
7	2013/6/30	-500	
8	2014/2/14	100	
9	2015/2/14	300	
10	2016/2/14	400	
11	2017/2/14	600	
12	2018/2/14	800	
13	2019/2/14	-1800	

33.5 統計関数

Excel には多数の統計関数がある。ここでは、以下の例を用いて、これらの関数を説明する。Excel2013 の導入に伴い、いくつかの関数の名前が変更されたものの、全ての関数は変わらずに機能することに留意が必要である。例えば、母分散は Var（Excel の古いバージョン）または Var.p（新しいバージョン）で計算できる。

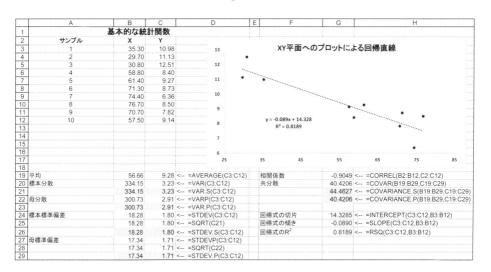

関数 **Varp, Var.p, Stdevp, Stdev.p** は母分散と母標準偏差を計算する一方、関数 **Var, Stdev, Var.s, Stdev.s** は標本分散と標本標準偏差を計算する。これら 2 つの関数の相違点は、**Varp** はデータが母集団全体であると仮定し、したがって、データの個数で除しているのに対し、**Var** はデータが分布の標本であると仮定している点である。

$$Varp(x_1, \cdots, x_N) = \frac{1}{N} \sum_{i=1}^{N} (x_i - Average(x_1, \cdots, x_N))^2$$

$$Stdevp(x_1, \cdots, x_N) = \sqrt{Varp(x_1, \cdots, x_N)}$$

$$Var(x_1, \cdots, x_N) = \frac{1}{N-1} \sum_{i=1}^{N} (x_i - Average(x_1, \cdots, x_N))^2$$

$$Stdev(x_1, \cdots, x_N) = \sqrt{Var(x_1, \cdots, x_N)}$$

Covar、Covariance.s.、Covariance.p、及び Correl

ポートフォリオの章（第 8 章〜第 13 章）で幅広く使用されるこれらの関数は、2 組の一連の数字の共分散及び相関係数を計算するために用いられる。関数 **Covariance.s** と **Covariance.p**（標本共分散、母共分散を各々計算する）は、新たに Excel 2013 において登場したものである。定義については、8.2 節を参照していただきたい。以下は、McDonald 株式と Wendy's 株式のリターンの共分散と相関係数を計算する例である。相関係数の 2 つの計算に注目してもらいたい。最初に（セル E9）、Excel の **Correl** 関数を使用する。セル E10 では、相関係数の定義である、相関係数(MCD, WEN) =共分散$(MCD, WEN)/(\sigma_{MCD} * \sigma_{WEN})$ を用いる。**Covar** 関数は母共分散である（つまり、M を母集団のサイズとした場合、M で割る）。セル E11、E12 では、相関係数の計算に当たって、もう 2 つの異なる計算方法を紹介している。

	A	B	C	D	E	F
1	MCDONALD'S株式(MCD)とWENDY'S株式(WEN)の共分散と相関係数を計算する ハイライトされたセルは、Excel 2013の新しい関数である					
2	日付	MCD	WEN		共分散	
3	2005/8/1	4.01%	-8.97%		0.00085	<-- =COVAR(B3:B26,C3:C26)
4	2005/9/1	3.14%	-4.30%		0.00085	<-- =COVARIANCE.P(B3:B26,C3:C26)
5	2005/10/3	-5.78%	3.42%		0.00085	<-- =COVARIANCE.P(B3:B26,C3:C26)
6	2005/11/1	8.89%	8.71%		0.00089	<-- =COVARIANCE.S(B3:B26,C3:C26)
7	2005/12/1	-0.36%	8.44%			
8	2006/1/3	3.76%	6.47%		相関係数	
9	2006/2/1	-0.29%	-1.52%		0.36204	<-- =CORREL(B3:B26,C3:C26)
10	2006/3/1	-1.60%	6.97%		0.36204	<-- =COVAR(B3:B26,C3:C26)/(STDEVP(B3:B26)*STDEVP(C3:C26))
11	2006/4/3	0.62%	-0.45%		0.36204	<-- =COVARIANCE.P(B3:B26,C3:C26)/(STDEV.P(B3:B26)*STDEV.P(C3:C26))
12	2006/5/1	-4.14%	-2.20%		0.36204	<-- =COVARIANCE.S(B3:B26,C3:C26)/(STDEV.S(B3:B26)*STDEV.S(C3:C26))
13	2006/6/1	1.29%	-3.35%			
14	2006/7/3	5.20%	3.17%			
15	2006/8/1	1.41%	6.29%			
16	2006/9/1	8.61%	4.74%			
17	2006/10/2	6.90%	9.76%			
18	2006/11/1	2.53%	-5.79%			

データベースに関する統計量を計算する

Excel には、データベースについて機能する多くの統計関数が備わっている。これらの関数は全て、文字「D」で始まる（「データ」の意味だが、分かった？）。そのような関数のリストには、**DAverage**、**DCount**、**DMin**、**DVar**（標本分散）、**DVarP**（母分散）、**DStdev**、及び **DStevP** が含まれる。他にもあるが、それらは読者の探求に委ねる。

これらの関数がどのように機能するかを見るために、次の例を考えてみよう。ここに Apple の月次株価及び収益率に関するデータがある。10%を超える全ての収益率の平均収益率を計算するとする。

	A	B	C	D	E	F	G	H	I
1		DAVERAGE, DVAR等を用いてAPPLE株式の収益率、価格を処理する							
2							条件範囲 (2行)		
3	日付	AAPL	収益率			日付	AAPL	収益率	
4	2001/9/7	7.69						>10%	
5	2001/10/1	8.70	12.34%	<-- =LN(B5/B4)					
6	2001/11/1	10.56	19.38%			平均	15.38%	<--	=DAVERAGE(A3:C140,3,F3:H4)
7	2001/12/3	10.85	2.71%			分散	0.0021	<--	=DVAR(A3:C140,3,F3:H4)
8	2002/1/2	12.25	12.14%			標準偏差	4.55%	<--	=DSTDEV(A3:C140,3,F3:H4)
9	2002/2/1	10.75	-13.06%						
10	2002/3/1	11.73	8.72%						
11	2002/4/1	12.03	2.53%						

上記例を見ると、3 つの部分に分かれていることが分かる。

- セル A3:C140 にデータベースが入っている。ヘッダーは**日付**、**AAPL**、**収益率**としている。
- 2 行の**条件範囲**がある。最初の行にはデータベースのヘッダーと同じものが記載されている。次の行には、**収益率**の下に「>10%」と入力されている。
- 次に関数である。**DAverage(A3:C140,3,F3:H4)** は、10%を超える全ての収益率の平均を計算する。引数のある **DVar** は母分散を計算し、**DStdev** も同様である。

条件範囲を変化させると、別の解答が得られる。

	F	G	H	I
2		条件範囲 (2行)		
3	日付	AAPL	収益率	
4			<9%	
5				
6	平均		-1.71%	<-- =DAVERAGE(A3:C140,3,F3:H4)
7	分散		0.0078	<-- =DVAR(A3:C140,3,F3:H4)
8	標準偏差		8.83%	<-- =DSTDEV(A3:C140,3,F3:H4)

"D" 関数の応用的活用

特定の年の Apple の収益率の統計量を知りたいとする。以下のようにする。

	F	G	H	I
2		条件範囲 (2 行)		
3	日付	AAPL 株価	収益率	
4	>38353			<-- =">"&TEXT(G11,"0")
5				
6	平均	2.88%	<-- =DAVERAGE(A3:C140,3,F3:H4)	
7	分散	0.0114	<-- =DVAR(A3:C140,3,F3:H4)	
8	標準偏差	10.67%	<-- =DSTDEV(A3:C140,3,F3:H4)	
9				
10				
11	日付	2005/1/1		

セル G11 に日付を入力し、**Text** 関数を用いて、日付ヘッダーの下に適切な条件を入れている。

もう 1 つ例を挙げるが、後は読者に委ねる。各年の Apple の収益率に関する統計量を知りたいとする。年データを加えることで、データ・ベースと条件範囲を拡大させる。2001 年を例とすると、その年の平均収益率と標準偏差は 11.47%と 3.47%になる。[5] 年を変化させるパラメータとしてデータ・テーブルを走らせると、次のような結果を得られる。

---

[5] ファイナンス的な例としては、これはあまり意味がない。なぜなら 2001 年のデータとしては 3 ヶ月分しかないからである。

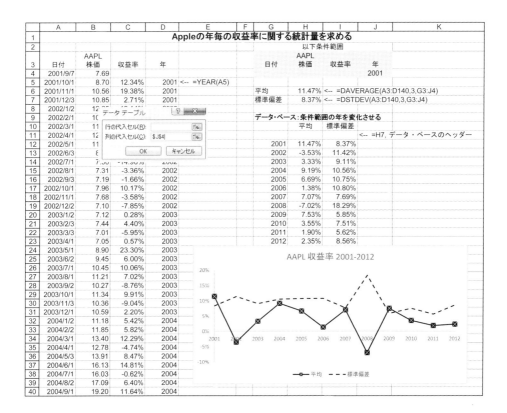

33.6 Excelによる回帰分析

Excelで最小二乗法による回帰分析を行うには、いくつかの方法がある。直前で議論したMcDonald's及びWendy'sのデータを用いて3つの方法を示す。

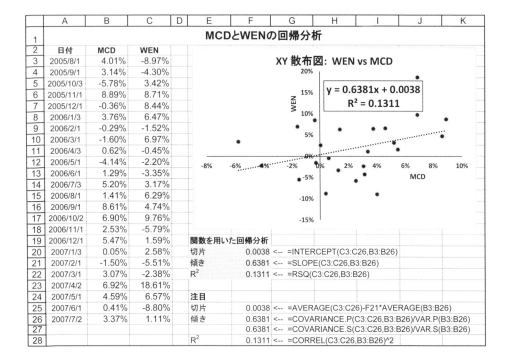

Excel 関数を活用する

最初の方法は、**Slope、Intercept** 及び **Rsq** 関数を用いるものである。これらの関数により、B 列のデータと C 列のデータの単回帰のパラメータが与えられる。これらの数字を用いると、WEN と MCD の収益率の関係を示す最も説明力の高い線形式は次の通りになる。

$$WEN = 0.0038 + 0.6381 MCD, R^2 = 13.11\%$$

散布図と近似曲線を活用する

単回帰を作成するもう 1 つの方法は、散布図でデータをグラフ化し、次に**近似曲線**機能を用いて、回帰を計算するものである。

- 最初に**散布図**を用いてデータをプロットする。
- データをクリックし、[**近似曲線の追加**] に進む。回帰に関するメニューは、この見出しに続く図の下に示されている。

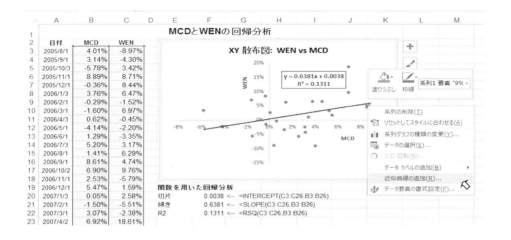

以下がメニューである。線形近似を選び、図に数式と R^2 を表示するため2つのボックスをクリックしている。

以下が最終的な結果である。

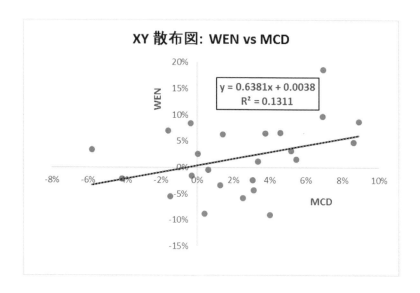

回帰分析のためのデータ分析を活用する

前と同じデータを使いながら、[データ] – [データ分析] – [回帰分析] をクリックする。[6] 下の図では、アウトプットがセル E4 に表示されるように設定している。

---

[6]. この手続は既に**データ分析**アドインがインストールされている場合にのみ使用可能である。Excel の**データ**メニューに**データ分析**が見当たらない場合、[ファイル] – [オプション] – [アドイン] に進み、表示された画面の下部にあるアドインの**設定**を押下する。次の画面に進み、**分析ツール**の隣にあるチェックボックスをクリックしよう。

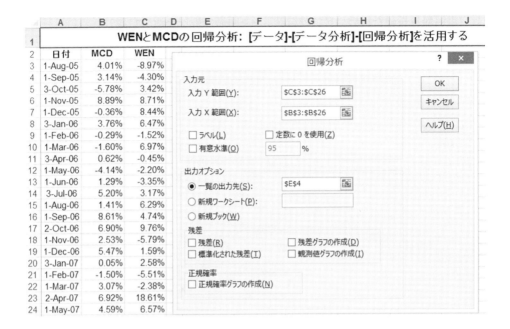

以下が結果である。関連するExcel関数によって計算された切片、傾き、R^2に対応するセルを強調表示している。

重回帰分析のための [データ分析] − [回帰分析] を活用する

重回帰分析についても同じモジュールを用いることができる。下の図では、結果がセル F3 に表示されるように設定している。

結果は次の通りである。前の設例で出てきた最も重要な値に対応するセルを強調表示している。

F	G	H	I	J	K	L	M	N
概要								
回帰統計								
重相関 R	0.9589							
重決定 R2	0.9196							
補正 R2	0.8966							
標準誤差	0.5783							
観測数	10							
分散分析表								
	自由度	変動	分散	観測された分散比	有意 F			
回帰	2	26.7674	13.3837	40.0228	0.0001			
残差	7	2.3408	0.3344					
合計	9	29.1082						
	係数	標準誤差	t	P-値	下限 95%	上限 95%	下限 95.0%	上限 95.0%
切片	14.1705	0.6271	22.5967	0.0000	12.6877	15.6534	12.6877	15.6534
X 値 1	-0.0987	0.0110	-8.9405	0.0000	-0.1248	-0.0726	-0.1248	-0.0726
X 値 2	0.0089	0.0030	2.9599	0.0211	0.0018	0.0159	0.0018	0.0159

Index

Index 関数は、次の小節においてのみ使用したいことから、この議論を統計に関する節に含めている。時として配列の中から、個別の値を取り出したいことがある。次の例では、セル範囲 A2:C4 に数値と人名が混在している。この範囲から個別の値を取り出すために、**=Index(A2:C4, 行番号, 列番号)** を用いる。ここで、**行番号**と**列番号**はセル範囲における相対値である。したがって、A2:C4 の範囲における 2 行 3 列には「Howie」が入力されていることになる。

	A	B	C
1	INDEX関数を使用する		
2	a	b	3
3	Simon	6	Howie
4	q	7	Jack
5			
6	Howie	<-- =INDEX(A2:C4,2,3)	

次の小節において、**Index** 関数を用いて、**Linest** 関数の配列から個別の値を取り出す。

Linest の使用

Excel には配列関数 **Linest** があり、この関数の計算結果は、いくつかの最小二乗法による回帰の統計量で構成される。[7] スプレッドシートと **Linest** のダイアログ・ボックスの図を以下に示す。

---

7. Excel には **Logest** という関数もあり、この関数の構文は **Linest** と全く同じである。**Logest** は指数関数を当てはめたパラメータを計算する。

Linest は配列関数 (次章参照) であり、[Enter] の代わりに、[Control] + [Shift] + [Enter] を同時に押下する。上記例のデータについて、**Linest** 関数を使用し、以下の結果を得られる。

	A	B	C	D
1		単回帰分析にLINESTを使用する		
2	サンプル	X	Y	
3	1	35.3	10.98	
4	2	29.7	11.13	
5	3	30.8	12.51	
6	4	58.8	8.4	
7	5	61.4	9.27	
8	6	71.3	8.73	
9	7	74.4	6.36	
10	8	76.7	8.5	
11	9	70.7	7.82	
12	10	57.5	9.14	
13				
14		Linest の計算結果		
15		傾き	切片	
16	傾き(Slope) (=slope(C3:C12,B3:B12)と同じ)-->	-0.0890	14.3285	<-- 切片(Intercept)
17	傾きの標準誤差 -->	0.0148	0.8770	<-- 切片の標準誤差
18	R^2 (=Rsq(C3:C12,B3:B12)と同じ)-->	0.8189	0.8117	<-- y値の標準誤差 (=Steyx(C3:C12,B3:B12)と同じ)
19	F値 -->	36.1825	8	<-- 自由度
20	SS_{xy} = 傾き*(平均と実現値との差の積の合計値) -->	23.8377	5.2705	<-- SSE = 残差平方和
21				
22		傾き	-0.0890	<-- =INDEX(LINEST(C3:C12,B3:B12,,1),1,1)
23		切片	14.3285	<-- =INDEX(LINEST(C3:C12,B3:B12,,1),1,2)
24		R^2	0.8189	<-- =INDEX(LINEST(C3:C12,B3:B12,,1),3,1)
25		t値	16.3376	<-- =C23/INDEX(LINEST(C3:C12,B3:B12,,1),2,2)
26				
27		傾き	-0.0890	<-- =INDEX(LINEST(C3:C12,B3:B12,,TRUE),1,1)
28		傾きの標準誤差	0.0148	<-- =INDEX(LINEST(C3:C12,B3:B12,,TRUE),2,1)
29		t値	-6.0152	<-- =C27/C28

Linest は、計算結果を認識するための列のヘッダーや行のラベルは表示せず、一組の計算結果のみを表示する。Excel のヘルプで、計算結果の意味について、理解しやすい説明を得ることができる。上の図では、説明を加えている。

この関数の構文、**Linest(既知の y, 既知の x, 定数, 補正)** に留意しよう。**既知の y** は従属変数のセル範囲であり、**既知の x** は独立変数のセル範囲である。**定数** が (この例のように) 省略されるか、**True** とされた場合には、回帰は標準的に計算される。**定数** が **False** とされた場合、切片は強制的にゼロになる。また、**補正** が (この例のように) **True** とされた場合には、一連の統計量が計算される。それ以外の場合には、傾きと切片のみが計算される。

計算結果の個別項目は、前に議論した **Index** 関数を使ってアクセスすることができる。例えば、傾きについて t 検定を実施したいとする。この場合、傾きの値をその標準誤差によって割る必要がある。

	A	B	C	D
19		Linest の計算結果		
20		傾き	切片	
21	傾き(Slope) (=**slope(C3:C12,B3:B12)**と同じ)-->	-0.0890	14.3285	<-- 切片(Intercept)
22	傾きの標準誤差 -->	0.0148	0.8770	<-- 切片の標準誤差
23	R^2 (=**Rsq(C3:C12,B3:B12)**と同じ) -->	0.8189	0.8117	<-- y 値の標準誤差 (=**Steyx(C3:C12,B3:B12)**と同じ)
24	F 値 -->	36.1825	8	<-- 自由度
25	SS_{xy} = 傾き*(平均と実現値との差の積の合計額) -->	23.8377	5.2705	<-- SSE = 残差平方和
26				
27		傾き	-0.0890	<-- =INDEX(LINEST(C3:C12,B3:B12,,1),1,1)
28		切片	14.3285	<-- =INDEX(LINEST(C3:C12,B3:B12,,1),1,2)
29		R^2	0.8189	<-- =INDEX(LINEST(C3:C12,B3:B12,,1),3,1)
30				
31		傾き	-0.0890	<-- =INDEX(LINEST(C3:C12,B3:B12,,TRUE),1,1)
32		傾きの標準誤差	0.0148	<-- =INDEX(LINEST(C3:C12,B3:B12,,TRUE),2,1)
33		t 値	-6.0152	=C31/C32

Linest を用いての重回帰分析

以下に示すように、**Linest** を用いて重回帰分析を行うこともできる。

	A	B	C	D	E	F
1			重回帰分析を行うためにLINESTを活用する			
2			サンプル	X_1	X_2	Y
3			1	35.3	81.2	10.98
4			2	29.7	22.5	11.13
5			3	30.8	77.3	12.51
6			4	58.8	34.8	8.4
7			5	61.4	55.1	9.27
8			6	71.3	124.8	8.73
9			7	74.4	18.5	6.36
10			8	76.7	234.6	8.5
11			9	70.7	22.5	7.82
12			10	57.5	123.3	9.14
13						
14				x_2 係数	x_1 係数	切片
15			傾き -->	0.0089	-0.0987	14.1705	<-- 切片
16			標準誤差 -->	0.0030	0.0110	0.6271
17			R^2 -->	0.9196	0.5783	#N/A
18			F値 -->	40.0228	7.0000	#N/A
19			SS_{xy} -->	26.7674	2.3408	#N/A

<-- {=LINEST(E3:E12,C3:D12,,TRUE)}

予測 Y 値と実測 Y 値は次に示されている。

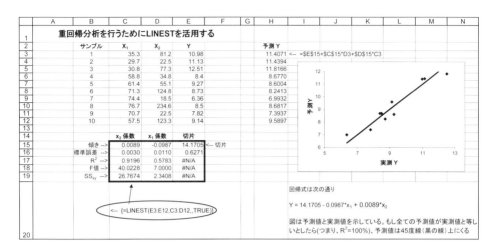

33.7 条件関数

If、**VLookup**、**HLookup** の 3 つは、条件文を設定できる関数である。

Excel の **If** ステートメントの構文は、**If(論理式, 真の場合, 偽の場合)** である。以下の例では、B3 の初期値 3 であるとき、望まれる出力結果は 15 となる。B3>3 であるときには、出力結果は 0 となる。

	A	B	C
1			**IF関数**
2	初期値	2	
3	If ステートメント	15	<-- =IF(B2<=3,15,0)
4			
5	初期値	2	
6	If ステートメント	3以下	<-- =IF(B5<=3,"3以下","3超")

6 行目のところを見て分かる通り、表示させたい文字列を引用符で囲むことにより、**If** に文字列を表示させることもできる。**VLookup** と **HLookup** は同じ構造なので、ここでは **VLookup** に集中し、**HLookup** の理解については読者自身に任せる。**VLookup** は、スプレッドシートで表の検索を行う方法である。例を示そう。所得に対する限界税率が、以下の表により与えられているとする（即ち、

8,000 ドル未満の所得に対しては限界税率 0%、8,000 ドル以上の所得に対しては限界税率 15%等)。セル B9 では、関数 **VLookup** を用いて限界税率を調べる方法が示されている。

	A	B	C
1		**VLOOKUP関数**	
2	所得	税率	
3	0	0%	
4	8,000	15%	
5	14,000	25%	
6	25,000	38%	
7			
8	所得	15,000	
9	税率	25%	<-- =VLOOKUP(B8,A3:B6,2)

　この関数の構文は、**VLookup(検索値, 範囲, 列番号)** である。検索する表の最初の列 A3:B6 は、昇(増加)順になっていなければならない。**検索値**(この例では 15,000 の所得)は、表の適切な行を決定するために用いられる。適切な行とは**検索値**以下の値となる最後の行である。つまり、この例では 14,000 で始まる行ということになる。**列番号**の値は、適切な行のどの列から解答を得るかを決定する。この例では、限界税率は 2 列目に入力されている。

33.8 Large 及び Rank、Percentile 及び Percentrank

Large(配列,k) は、配列の中で k 番目に大きな値を返し、**Rank(数値,配列)** は、配列における**数値**の順位を返す。

　以下は、各関数の例である。

	A	B	C
1	LARGE, RANK, PERCENTILE, PERCENTRANK		
2	データ		
3	10.98		
4	11.13		
5	12.51		
6	8.40		
7	9.27		
8	8.73		
9	6.36		
10	8.50		
11	7.82		
12	9.14		
13			
14	順位, k	3	
15	K番目に大きな値	10.98	<-- =LARGE(A3:A12,B14)
16			
17	特定の値	9.27	
18	上からの順位	4	<-- =RANK(B17,A3:A12)
19	下からの順位	7	<-- =RANK(B17,A3:A12,1)
20			
21	百分率順位	0.8	
22	百分率	11.01	<-- =PERCENTILE(A3:A12,B21)
23			
24	特定の値	9.27	
25	百分率順位	0.666	<-- =PERCENTRANK(A3:A12,B24)

したがって、A3:A12 の範囲で 3 番目に大きな値は 10.98 であり、A3:A12 の範囲で 4 番目に大きな値は 9.27 である。セル B19 のように、**Rank** 関数にパラメータを追加すれば、9.27 は A3:A12 の範囲で下から 7 番目の値であることが分かる。

図で示しているように、Excel には百分率に関する同様の関数、**Percentile** と **PercentRank** がある。

33.9 Count、CountA、CountIf、AverageIf、AverageIfs

名前が示す通り、これら 6 つの関数は全て数を数える関数である。

- **Count**: セル範囲内の数値が入力されているセルの数を数える。
- **CountA**: セル範囲内の空白セル以外のセルの数を数える。

- **CountIf**：特定の条件を満たすセルの数を数える。
- **CountIfs**：複数の条件に依存してセルの数を数える。
- **AverageIf** と **AverageIfs**：自明であろう

以下に Count と CountA の例を示す。

	A	B	C	D	E	F	G
1		COUNT, COUNTA					
2	Count: 数値のみを数える	5	<-- =COUNT(E2:G4)		1	two	3
3	CountA: 空白セル以外のセルを数える	8	<-- =COUNTA(E2:G4)		4		six
4					seven	8	9

CountIf を使用するためには条件の特定が必要である。下のスプレッドシートには、Merck 株式の毎週の収益率が 1 年分記載されている（ここには表示されていない行もある）。

	A	B	C	D
1	MERCK株式の週次収益率に関しCOUNTIFを活用する			
2	収益率の数	52	<-- =COUNT(C10:C61)	
3	2%超の収益率	13	<-- =COUNTIF(C10:C61,">2%")	
4				
5	足切り	5%		
6	足切を超える収益率	2	<-- =COUNTIF(C10:C61,">"&TEXT(B5,"0.00%"))	
7				
8	日付	Merck 株価	収益率	
9	2006/1/3	31.82		
10	2006/1/9	32.15	1.03%	<-- =LN(B10/B9)
11	2006/1/17	31.94	-0.66%	
12	2006/1/23	33.33	4.26%	
13	2006/1/30	33.04	-0.87%	
14	2006/2/6	32.96	-0.24%	
15	2006/2/13	34.63	4.94%	
16	2006/2/21	33.72	-2.66%	
17	2006/2/27	33.81	0.27%	
18	2006/3/6	33.76	-0.15%	
19	2006/3/13	34.61	2.49%	

セル B3 で、2%を超える全ての収益率を数えている。B5:B6 のセルでは、別の手法を紹介している。セル B5 に記載の足切りレートは **Text** 関数[8] を用いて

---
8. Text 関数及びほかの文字列関数については第 35 章で議論されている。

CountIfに組み込まれる。セルB5の入力値を変えれば、特定の水準を超える収益率の数を数えることができる。この情報を、以下に**データ・テーブル**を用いて示す。

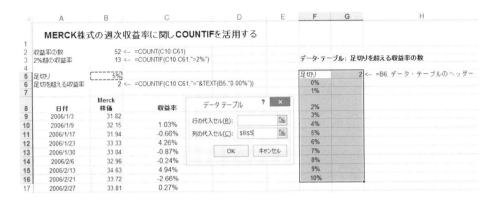

結果のテーブルは次の通りである。

52の週次収益率のうち、0%を超えるものが30個、1%を超えるものが21個等である。

Countifs関数を用いて、複数条件によるカウントを組み込むことができる。

	A	B	C
1		複数条件によるカウントにCOUNTIFSを活用する	
2	下限足切り	2%	
3	上限足切り	4%	
4	単一足切り	13	<-- =COUNTIF(C:C,">2%")
5	複数足切り	7	<-- =COUNTIFS(C:C,"<4%",C:C,">2%")
6		7	<-- =COUNTIFS(C:C,"<"&TEXT(B3,"0%"),C:C,">"&TEXT(B2,"0%"))
7			
8	日付	Merck 株価	収益率
9	2006/1/3	31.82	
10	2006/1/9	32.15	1.03%
11	2006/1/17	31.94	-0.66%
12	2006/1/23	33.33	4.26%
13	2006/1/30	33.04	-0.87%

33.10 ブール（Boolean）関数

括弧内に質問を含めるとき、ブール関数を設定している。

	A	B	C
1		基本的なブール関数	
2	x	22	
3	y	-15	
4			
5	数値	25	
6	数値 <= x?	FALSE	<-- =(B5<=B2)
7	数値 > y?	TRUE	<-- =(B5>B3)
8			
9	乗算	0	<-- =B6*B7

セル B6 に、**=(B5<=B2)** と入力した。これは、B5 が B2 以下かどうか尋ねているものである。もしその答えが間違っていれば、Excel は **False** と返し、正しければ **True** を返す。**False*True** または **False*False** の乗算は 0 を返し（セル B9 参照）、**True*True** の乗算は 1 を返す。

	A	B	C
1	基本的なブール関数		
2	x		22
3	y		-15
4			
5	数値		20
6	数値 <= x?		TRUE	<-- =(B5<=B2)
7	数値 > y?		TRUE	<-- =(B5>B3)
8			
9	乗算		1	<-- =B6*B7

ブール関数を活用する

ブール関数はとても意外な場所で活用することができる。下のスプレッドシートでは、最初の2列に、2年間のMarriot株式の月次収益率が記載されている。直面する問題は、収益率の任意の上限・下限の間にある収益率の数を数え、その範囲内にある収益率の平均を計算することである。

	A	B	C	D	E	F	G	H
1				BOOLEAN関数を活用する				
2	日付	Marriott株価	収益率					
3	2005/1/7	31.2				データの数は?	24	<-- =COUNT(C4:C27)
4	2005/2/1	31.65	1.43%	<-- =LN(B4/B3)		最大収益率	8.02%	<-- =MAX(C4:C27)
5	2005/3/1	33.06	4.36%			最少収益率	-8.02%	<-- =MIN(C4:C27)
6	2005/4/1	31.03	-6.34%					
7	2005/5/2	33.4	7.36%					
8	2005/6/1	33.78	1.13%			上限値	5%	
9	2005/7/1	33.91	0.38%			下限値	-2%	
10	2005/8/1	31.3	-8.01%					
11	2005/9/1	31.25	-0.16%			上限値未満のデータ数は?	16	<-- =COUNTIF(C4:C27,"<"&G8)
12	2005/10/3	29.58	-5.49%			下限値を超えるデータ数は?	19	<-- =COUNTIF(C4:C27,">"&G9)
13	2005/11/1	32.05	8.02%					
14	2005/12/1	33.27	3.74%			上限値・下限値間のデータ数は?	11	=SUMPRODUCT((C4:C27>G9)*(C4:C27<G8),(C4:C27>G9)*(C4:C27<G8))
15	2006/1/3	33.11	-0.48%					
16	2006/2/1	33.98	2.59%			上限値・下限値間の平均収益率は?	1.36%	=SUMPRODUCT((C4:C27>G9)*(C4:C27<G8),(C4:C27>G9)*C4:C27/SUMPRODUCT((C4:C27>G9)*(C4:C27<G8),(C4:C27>G9)*(C4:C27<G8)))
17	2006/3/1	34.14	0.47%					
18	2006/4/3	36.36	6.30%					
19	2006/5/1	35.99	-1.02%					
20	2006/6/1	38	5.43%					
21	2006/7/3	35.07	-8.02%					
22	2006/8/1	37.61	6.99%					
23	2006/9/1	38.59	2.57%					
24	2006/10/2	41.71	7.77%					
25	2006/11/1	45.09	7.79%					
26	2006/12/1	47.72	5.67%					
27	2007/1/3	45.1	-5.65%					

セル G3 では **Count** を使用し、収益率のデータ数を測定している。セル G11 と G12 では **CountIf** を使用し、何個の収益率データがセル G8 の上限を下回り、またセル G9 の下限を超えるかを測定している。しかし何個の収益率データが上限・下限の間にあるのか？その答えは **CountIf** では求められないが、ブール関数を含むテクニックを使うことで求めることができる（セル G14）。

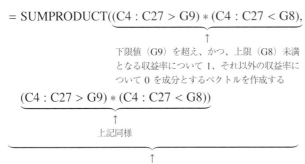

セル G15 では、同様の方法を用いて、上限・下限の間にある収益率の平均を求めている。

$$= \frac{\text{SUMPRODUCT}((C4:C27 > G9)*(C4:C27 < G8), C4:C27)}{\text{SUMPRODUCT}((C4:C27 > G9)*(C4:C27 < G8), (C4:C27 > G9)*(C4:C27 < G8))}$$

$$= \frac{\text{分子は 1 と 0 を成分とするベクトルを収益率に乗じている。}}{\text{したがって、上限・下限の間にある収益率の合計値である}}$$
$$\overline{\text{上限・下限の間にある収益率データを数える}}$$

これはやや技巧的ではあるが、とても役にも立つ！

33.11 Offset

Offset 関数により、配列内のセルまたはセル範囲を特定することができる。それ自体では使えないが、むしろ、他の Excel 関数の一部分として用いるべきものである。以下の例は、数値の大きな配列を示している。その大きな配列の中で、4 行 5 列の配列内の数値を合計したいとする（それらの数値はセル B6 と B7 で特定される）。セル B3 及び B4 で指定されているように、数値を合計する配列は、大き

な塊の数値の3行2列の右下から始まるようにしたい。

	A	B	C	D	E	F	G	H
1			**OFFSETを活用する**					
2	スタート地点							
3	下に移動する行数	3						
4	右に移動する列数	2						
5	合計する範囲							
6	行数	4						
7	列数	5						
8	合計		811	<-- =SUM(OFFSET(A11:H31,B3,B4,B6,B7))				
9	チェック		811	<-- =SUM(C14:G17)				
10								
11	89	34	72	42	41	89	75	41
12	33	6	49	7	62	50	38	17
13	71	69	42	68	39	75	32	77
14	1	69	8	79	40	8	67	46
15	70	12	44	48	88	27	38	51
16	85	0	23	35	83	30	17	52
17	30	50	16	28	73	4	55	68
18	35	56	31	24	15	47	89	88
19	99	31	55	60	45	24	28	3
20	93	72	7	75	90	81	52	71
21	62	56	55	19	73	81	33	76
22	87	27	80	38	65	61	38	68
23	10	59	27	81	6	83	51	1
24	70	88	44	35	70	35	0	82
25	98	45	17	45	89	19	58	42
26	83	75	21	13	80	9	18	64
27	32	23	4	86	88	52	52	69
28	76	61	72	28	83	1	32	38
29	64	87	32	67	50	73	19	83
30	54	55	57	64	80	29	17	92
31	12	95	66	59	48	78	87	23

　セルB8に入力されている関数 **OFFSET(A11:H31,B3,B4,B6,B7)** は、セル範囲A11:H31の中から、セル範囲を特定している。このセル範囲は、範囲A11:H31の左上の隅から*3行下に移動*（セルB3の数値）し、*2列右に移動*（セルB4の数値）したところを起点とする。その範囲自体は、4行の高さ（セルB6の数値）、5列の幅（セルB7の数値）をもつ。

　セルB6とB7の数値は常にプラスでなければならないが、B3及びB4の数値はプラスと同様に、マイナスとすることも可能である。以下の例では、最初の参照セル範囲がB22:H31で、**Offset** はこのセル範囲の上にあるセル範囲を指定している（B3の数値がマイナスのため）。

	A	B	C	D	E	F	G	H
1		数値がマイナスの場合のOFFSETの活用						
2	スタート地点							
3	下に移動する行数	-5						
4	右に移動する列数	1						
5	合計する範囲							
6	行数	4						
7	列数	5						
8	合計	899	<-- =SUM(OFFSET(B22:H31,B3,B4,B6,B7))					
9	チェック	899	<-- =SUM(C17:G20)					
10								
11		89	34	72	42	41	89	75	41
12		33	6	49	7	62	50	38	17
13		71	69	42	68	39	75	32	77
14		1	69	8	79	40	8	67	46
15		70	12	44	48	88	27	38	51
16		85	0	23	35	83	30	17	52
17		30	50	16	28	73	4	55	68
18		35	56	31	24	15	47	89	88
19		99	31	55	60	45	24	28	3
20		93	72	7	75	90	81	52	71
21		62	56	55	19	73	81	33	76
22		87	27	80	38	65	61	38	68
23		10	59	27	81	6	83	51	1
24		70	88	44	35	70	35	0	82
25		98	45	17	45	89	19	58	42
26		83	75	21	13	80	9	18	64
27		32	23	4	86	88	52	52	69
28		76	61	72	28	83	1	32	38
29		64	87	32	67	50	73	19	83
30		54	55	57	64	80	29	17	92
31		12	95	66	59	48	78	87	23
32									

Offset の革新的な使い方については、第 14 章 14.6 節を参照のこと。

34 配列関数

34.1 概要

Excel の配列関数や配列数式は、セルの長方形の集まりに対して演算を行う。最も簡単な例として、Excel に組み込まれた **Transpose** や **MMult** などの配列関数は、1 つの配列を転置したり、2 つの行列を掛け合わせたりする。一度、配列関数のコツを掴めば、自分独自の配列数式を作ることも可能である。本章では、例えば、配列数式を用いて、行列の非対角要素の最大値や最小値を探したり、行列の対角要素を取り出したりする方法（第 8 章から 13 章で議論されたように、ポートフォリオ計算を行う際に、知っておくと便利なテクニック）を説明する。

　配列関数や配列数式について覚えておくべき重要な点は、［Ctrl］＋［Shift］＋［Enter］を同時に押して、スプレッドシートに入力することである。これは、［Enter］だけを押して関数や数式を入力する通常の手続と対比をなすものでる。

34.2 いくつかの組み込まれた配列関数

本節では、Excel に組み込まれた配列関数である **Transpose**、**MMult**、**MInverse** 及び **Frequency** を議論する。他の関数は本書の別のところで議論されている。例えば、**Linest** 関数は第 33 章で議論されている。

Transpose

スプレッドシートのセル範囲 A2：B4 にある 3×2（3 行 2 列）行列の転置（transpose）を計算してみよう。

	A	B
2	1	5
3	2	6
4	3	7

　Excel には **Transpose( )** という関数があるが、全ての配列関数同様、用いる際

には注意が必要である。

- **目標となるセル範囲を選択する**：転置行列を入力したいセル範囲 D3：F4 を選択する。
- **配列関数をタイプする**： **=Transpose(A2:B4)** とタイプする。この式は、選択したセル範囲の左上のセルに表示される。もちろん、どのセル範囲を意図しているかを Excel に指示するための通常の方法（例えば、直接セル範囲を選択する、もしくは、名前を付けたセル範囲を用いる）を用いることができる。

この時点で、スプレッドシートは次のようになる。

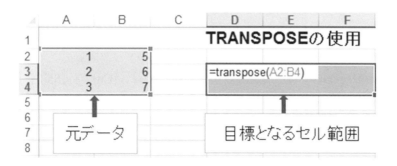

- **[Ctrl]＋[Shift]＋[Enter]**：数式をタイプし終わっても、[Enter] を押下してはいけない！代わりに、[Ctrl] ＋ [Shift] ＋ [Enter] を用いる。こうすることで、選択したセル範囲の全てに配列関数が入力される。

最終形は次のようになる。

	A	B	C	D	E	F	G
1			TRANSPOSE の使用				
2	1	5					
3	2	6		1	2	3	<-- {=TRANSPOSE(A2:B4)}
4	3	7		5	6	7	

配列関数は中括弧 { } で囲まれていることに注意して欲しい。これをタイプする必要はなく、Excel が自動的に追加する。

［貼り付け］-［形式を選択して貼り付け］-［行列を入れ替える］

もちろん配列を転置する別の方法もある。もとの配列をコピーし、次に［**貼り付け**］-［**形式を選択して貼り付け**］を用いて、**行列を入れ替える**をクリックし、選択した範囲を転置できる。

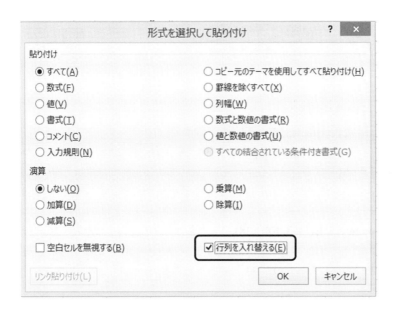

これは選択範囲を転置するが、元の範囲とコピー先の範囲は関連づけられない。つまり、元の範囲に変更を加えても、コピー先の範囲では何も変わらない。配列関数 **Transpose** の素晴らしい点は、全ての配列関数や配列数式同様に、それが*動的関数*（*dynamic function*）であることである。即ち、元の一連のセルの 1 つを変化させると、転置された配列も変化する。

MMult と Minverse—行列の積と逆行列

これら 2 つの関数はポートフォリオの章（第 8 章〜13 章）で使用され、説明されているので、ここでは簡単な要約に留める。

- **MMult(配列 1, 配列 2)** は、配列 1 の行列に配列 2 の行列を乗ずる。もちろん、これが可能なのは、**配列 1** の列数と**配列 2** の行数が同じ場合に限られる。
- **MInverse(配列)** は、配列に入力された行列の逆行列を計算する。配列は正方行列でなければならないことに注意が必要である。

Frequency

Excel の配列関数 **Frequency(データ配列, 区間配列)** は、データ・セットの度数分布を計算する。下のスプレッドシートは、1977 年 1 月から 2006 年 12 月までの期間における Ford 株式の月次収益率データを示している。E 列に度数分布の区間を入力しているが、最初の区間が月次収益率の最小値未満となり、最後の区間が月次収益率の最大値*超*となるように注意を払っている。F8：F38 の範囲には、配列関数 **Frequency(C4:C363, E8:E38)** が入力されている。得られた表から、例えば、20 年間の間に、月次収益率が −25.71% と −23.71% の間にあったのが 2 回、4.29% と 6.29% の間にあったのが 33 回であったことが分かる。

	A	B	C	D	E	F	G
1					FREQUENCY配列関数		
2	日付	Ford株価	月次収益率				
3	1977/1/3	0.50					
4	1977/2/1	0.48	-4.08%	<-- =LN(B4/B3)	最小値	-24.71%	<-- =MIN(C4:C363)
5	1977/3/1	0.45	-6.45%		最大値	32.48%	<-- =MAX(C4:C363)
6	1977/4/1	0.47	4.35%				
7	1977/5/2	0.46	-2.15%		区間	頻度	
8	1977/6/1	0.50	8.34%		-25.71%	0	{=FREQUENCY(C4:C363,E8:E38)}
9	1977/7/1	0.48	-4.08%		-23.71%	2	
10	1977/8/1	0.47	-2.11%		-21.71%	1	
11	1977/9/1	0.50	6.19%		-19.71%	2	
12	1977/10/3	0.47	-6.19%		-17.71%	6	
13	1977/11/1	0.48	2.11%		-15.71%	3	
14	1977/12/1	0.50	4.08%		-13.71%	5	
15	1978/1/3	0.47	-6.19%		-11.71%	8	
16	1978/2/1	0.47	0.00%		-9.71%	10	
17	1978/3/1	0.51	8.17%		-7.71%	18	
18	1978/4/3	0.58	12.86%		-5.71%	23	
19	1978/5/1	0.56	-3.51%		-3.71%	26	
20	1978/6/1	0.53	-5.51%		-1.71%	35	
21	1978/7/3	0.53	0.00%		0.29%	35	
22	1978/8/1	0.51	-3.85%		2.29%	37	
23	1978/9/1	0.53	3.85%		4.29%	30	
24	1978/10/2	0.48	-9.91%		6.29%	33	
25	1978/11/1	0.49	2.06%		8.29%	22	
26	1978/12/1	0.50	2.02%		10.29%	21	
27	1979/1/2	0.50	0.00%		12.29%	9	
28	1979/2/1	0.50	0.00%		14.29%	13	
29	1979/3/1	0.53	5.83%		16.29%	5	
30	1979/4/2	0.55	3.70%		18.29%	4	
31	1979/5/1	0.53	-3.70%		20.29%	5	
32	1979/6/1	0.53	0.00%		22.29%	2	
33	1979/7/2	0.53	0.00%		24.29%	1	
34	1979/8/1	0.55	3.70%		26.29%	1	
35	1979/9/4	0.56	1.80%		28.29%	0	
36	1979/10/1	0.48	-15.42%		30.29%	2	
37	1979/11/1	0.40	-18.23%		32.29%	0	
38	1979/12/3	0.42	4.88%		34.29%	1	
39	1980/1/2	0.45	6.90%				

Ford収益率の度数分布
1977年1月 - 2006年12月

34.3 自家製配列関数

これまでの経験に基づけば、配列関数は、長い、反復的な計算を行う必要がある状況から、しばしば生み出される。そして、1 つの配列関数で、同じ計算ができることに気付く。多くの場合、なぜ特定の配列テクニックがうまく機能するのかは判然としない。例えば、本章では、A3+B6:B8 という式が、B6:B8 の各々のセルにセル A3 を加算するという事実を用いる。なぜそうなるのか？神のみぞ知るところである！また、B3:B7^A3:A7 という式が、セル B3 を A3 乗し、セル B4 を A4 乗し、… という（知る限りにおいて、文章化されていない）技を用いる。

本節では、投資収益に関係する 2 つの例を用いて、自家製配列関数を説明する。

10 年間の収益率データから複利の年間収益率を計算する

以下の表は、ハーバード大学基金の年間収益率を示している。10 年間にわたる複利年間収益率の計算を依頼されたとしよう。表の収益率が離散的に計算されていると仮定すれば（つまり、$r_t = \frac{基金価値_t}{基金価値_{t-1}}, t = 1, \cdots, 10$）、複利年間収益率は、$r = ((1+r_{2002})*(1+r_{2003})\cdots*(1+r_{2011}))^{1/10} - 1$ となる。下のセル B14 で、単一の配列関数を使って、この計算を行う。

	A	B	C
1		ハーバード大学基金の収益率	
		6月決算	
2	年	収益率	
3	2002	-0.50%	
4	2003	12.50%	
5	2004	21.20%	
6	2005	19.20%	
7	2006	16.70%	
8	2007	23.00%	
9	2008	8.60%	
10	2009	-27.30%	
11	2010	11.40%	
12	2011	21.40%	
13			
14	複利の年間収益率	9.50%	<-- {=PRODUCT(1+B3:B12)^(1/10)-1}

Excel の **Product** 関数は、セル範囲に含まれる複数のセルを乗じる。セル B14 の入力式は、B3:B12 の各々のセルに 1 を加え、それらのセルを乗じてから、1/10

乗し、その結果から 1 を控除する。それらが全て 1 つのセルで行われているのである（もちろん、［Cntl］＋［Shift］＋［Enter］を押して入力する）。[1]

連続複利年間収益率を計算する

下のスプレッドシートの B 列は、Youngtalk 投資ファンドの、ある顧客口座の累積投資額である。連続複利年間収益率は $r_t = \ln\left(\dfrac{口座残高_t}{口座残高_{t-1}}\right)$ によって求めることができる。また、その期間の平均収益率は、$\dfrac{1}{10}\sum_{t=1}^{10} r_t$ となる。下のセル C15 で、年間収益率の平均をとってこの計算を行い、セル C16 では、1 つのセルで全ての計算を行う配列関数を示している。なんと素晴らしいことか！

	A	B	C	D
1		YOUNGTALK投資ファンド		
2	年	年初投資額	年収益率	
3	1996	100.00		
4	1997	121.51	19.48%	<-- =LN(B4/B3)
5	1998	132.22	8.45%	
6	1999	98.63	-29.31%	
7	2000	75.65	-26.53%	
8	2001	140.48	61.90%	
9	2002	221.40	45.49%	
10	2003	243.46	9.50%	
11	2004	280.11	14.02%	
12	2005	398.72	35.31%	
13	2006	543.58	30.99%	
14				
15	複利の年間収益率		16.93%	<-- =AVERAGE(C4:C13)
16	配列関数による同一の計算		16.93%	<-- {=AVERAGE(LN(B4:B13/B3:B12))}
17			16.93%	<-- =LN(B13/B3)/10, より簡単な計算！

---

[1] このような素晴らしい機能がなぜうまく働くかについて記載した Excel 文書はない。しかし、うまく働く…

最後の注：セル C17 を見て欲しい。もし連続時間数学を多少知っていれば、**LN(B13/B3)/10** が同じ結論を生み出すことを理解できるだろう。もっと簡単である！

配列関数を用いたディスカウント・ファクターの計算

一連の金利 $r_1, r_2, \cdots$ を所与とし、式 $\sum_{t=1}^{n} \frac{1}{(1+r_t)^t}$ を計算したいとする。Excel の **NPV** 関数ではこれをうまく計算できないので、自分自身で関数を作る必要がある。下のスプレッドシートで、2つの方法を紹介する。

	A	B	C	D
1		配列関数を用いた現在価値ファクターの計算		
2	年	金利		
3	1	6.23%		
4	2	4.00%		
5	3	4.20%		
6	4	4.65%		
7	5	4.80%		
8				
9	現在価値		4.3746	<-- {=SUM(1/((1+B3:B7)^A3:A7))}
10				
11	再帰的な数式を用いた数式チェック			
12	年	利率	$1/(1+r_t)^t$ の合計	
13	1	6.23%	0.9414	<-- =1/(1+B13)^A13
14	2	4.00%	1.8659	<-- =C13+(1/(1+B14)^A14)
15	3	4.20%	2.7498	<-- =C14+(1/(1+B15)^A15)
16	4	4.65%	3.5836	
17	5	4.80%	4.3746	<-- =C16+(1/(1+B17)^A17)

セル B9 では配列関数 **{=SUM(1/((1+B3:B7)^A3:A7))}** を用いている。((1+B3:B7)^A3:A7) の記述は、B3:B7 の各セルに 1 を足し、その結果をセル A3:A7 の数値で累乗することを意味する。そして、**Sum** を使用し、結果を得ている（もちろん、これは配列関数なので、［Ctrl］＋［Shift］＋［Enter］で入力する必要がある）。

13–17 行目の代替的な方法は、再帰的に結果を得るものである。これは同じ結果をもたらすが、より多くの作業を必要とする。

34.4 行列に関する配列数式

本節では、行列に関係するいくつかの配列関数を作成する。

行列から定数を減じる

第8章～13章のポートフォリオ計算では、しばしば、行列から定数を引く必要がある。これは、[Ctrl] + [Shift] + [Enter] で入力する配列数式を用いれば簡単である。

	A	B	C	D	E
1	行列から定数を控除する				
2	行列				
3	1	6		定数	3
4	2	6			
5	3	8			
6	4	9			
7	5	10			
8					
9	行列マイナス定数				
10	-2	3			
11	-1	3	<-- {=A3:B7-E3}		
12	0	5			
13	1	6			
14	2	7			

対角要素が1、それ以外はゼロの行列の作成

これは、第10章で出てくる問題である。対角要素が1、非対角要素がゼロの行列が欲しい。下のスプレッドシートで、これを行う3つの方法を示す。

	A	B	C	D	E	F
1	要素が1と0の行列の作成 対角要素を1、それ以外は0としたい これは第10章で取り扱われている					
2	要素1の対角行列の作成。下のセル範囲には配列数式 {=IF(B3:E3=A4:A7,1,0)}が入力されている。					
3		A	B	C	D	
4	A	1	0	0	0	
5	B	0	1	0	0	
6	C	0	0	1	0	
7	D	0	0	0	1	
8						
9	要素1の対角行列の作成。下のセル範囲には配列数式 {=IF(B$10=$A11,1,0)}が入力されている。					
10		A	B	C	D	
11	A	1	0	0	0	
12	B	0	1	0	0	
13	C	0	0	1	0	
14	D	0	0	0	1	
15						
16	枠がない場合の要素1の対角行列の作成。下のセル範囲には配列数式 {=IF(ROW()-ROW($B$17)=COLUMN()-COLUMN($B$17),1,0)}が入力されている。					
17		1	0	0	0	
18		0	1	0	0	
19		0	0	1	0	
20		0	0	0	1	

1番目と2番目の方法は、行と列のラベルに依存する。最初の例では、**=IF(B3:E3=A4:A7,1,0)** の式で、行のラベルが列のラベルと一致するかどうかをテストしている。もしこれが真なら、セルに1を入力し、そうでなければ0を入力する。2番目の例では、絶対参照と相対参照を混ぜて **If** 関数を用いることで、同じ結果を得ている。3番目の例では、行と列のラベルがないため、**Column** 関数及び **Row** 関数に依拠して、行列内における行と列の相対的な位置が等しいかどうかテストしている。

行列の非対角要素の最大値及び最小値を探す

行列の非対角要素の最大値及び最小値を求めたい。以下はこれを行う2つの方法の例である。

	A	B	C	D	E	F
1		行列の非対角要素の最大値及び最小値を求める (長い工程)				
2			元の行列			
3			A	B	C	D
4		A	10	2	3	4
5		B	-3	20	4	-3
6		C	1	5	60	6
7		D	4	2	-10	25
8						
9	下のセル範囲には配列数式 {=IF(B3:E3=A4:A7,"",B4:E7)}が入力されている。					
10			A	B	C	D
11		A		2	3	4	<-- {=IF(B3:E3=A4:A7,"",B4:E7)}
12		B	-3		4	-3
13		C	1	5		6
14		D	4	2	-10	
15						
16	非対角要素の最大値		6	<-- =MAX(B11:E14)		
17	非対角要素の最小値		-10	<-- =MIN(B11:E14)		
18						
19						
20	配列数式でない数式のみを使用					
21	下のセル範囲には配列数式でない数式 =IF(B$3=$A4,"",B4)が入力されている。					
22			A	B	C	D
23		A		2	3	4	<-- =IF(E$3=$A4,"",E4)
24		B	-3		4	-3
25		C	1	5		6
26		D	4	2	-10	
27						
28	非対角要素の最大値		6	<-- =MAX(B23:E26)		
29	非対角要素の最小値		-10	<-- =MIN(B23:E26)		

　上の例では、まず配列関数を用いて、全ての対角要素を空白セルに置き換える。次に非対角要素の最大・最小値を決定するために、**Max** 及び **Min** が使える。また、行 20 から行 29 に表示されているように、セル B23 で配列数式でない式 **=IF(B$3=$A4,"",B4)** を用いて、それを行列の残りの部分にコピーすることもできた。

　Max と **Min** に直接配列式を組み込み、最大値と最小値を求めることも可能である。

第 34 章

	A	B	C	D	E	F
1	行列の非対角要素の最大値及び最小値を求める (1工程)					
2		元の行列				
3			A	B	C	D
4		A	10	2	3	4
5		B	-3	20	4	-3
6		C	1	5	60	6
7		D	4	2	-10	25
8						
9	非対角要素の最大値		6	<-- {=MAX(IF(B3:E3=A4:A7,"",B4:E7))}		
10	非対角要素の最小値		-10	<-- {=MIN(IF(B3:E3=A4:A7,"",B4:E7))}		

Vlookup を用いて非対角要素を置き換える

以下に説明されているように、lookup テーブルを用いて、非対角要素を置き換えるとする。

	A	B	C	D	E	F
1	行列の非対角要素の最大値及び最小値を求める 長い工程、配列数式でない数式					
2		元の行列				
3			A	B	C	D
4		A	10	2	3	4
5		B	-3	20	4	-3
6		C	1	5	60	6
7		D	4	2	-10	25
8						
9	置き換えのためのLookupテーブル					
10		-10	i			
11		-6	ii			
12		-2	iii			
13		2	iv			
14		6	v			
15		10	vi			
16						
17	下のセル範囲には配列数式でない数式 =IF(B$3=$A4,B4,VLOOKUP(B4,$A$10:$B$15,2))が入力されている。この数式は全てのセルにコピーされている。					
18			A	B	C	D
19		A	10	iv	iv	iv	<-- =IF(E$3=$A4,E4,VLOOKUP(E4,$A$10:$B$15,2))
20		B	ii	20	iv	ii
21		C	iii	iv	60	v
22		D	iv	iv	i	25

配列数式は、この手続を簡素化できる。

	A	B	C	D	E	F
1		行列の非対角要素の最大値及び最小値を求める配列数式を活用				
2		元の行列				
3			A	B	C	D
4		A	10	2	3	4
5		B	-3	20	4	-3
6		C	1	5	60	6
7		D	4	2	-10	25
8						
9	置き換えのためのLookupテーブル					
10	-10	i				
11	-6	ii				
12	-2	iii				
13	2	iv				
14	6	v				
15	10	vi				
16						
17	下のセル範囲には配列数式 =IF(B3:E3=A4:A7,B4:E7,VLOOKUP(B4:E7,A10:B15,2))が入力されている。					
18			A	B	C	D
19		A	10	iv	iv	iv	<-- {=IF(B3:E3=A4:A7,B4:E7,VLOOKUP(B4:E7,A10:B15,2))}
20		B	ii	20	iv	ii
21		C	iii	iv	60	v
22		D	iv	iv	i	25

練習問題

1. 自家製配列関数を用いて、ベクトル {1,2,3,4,5} に定数 3 を乗じなさい

2. 配列関数 **Transpose** 及び **MMult** を用いて、行ベクトル {1,2,3,4,5} と列ベクトル $\begin{Bmatrix} -8 \\ -9 \\ 7 \\ 6 \\ 5 \end{Bmatrix}$ を乗じなさい

3. 以下に 6 つの株式の分散共分散行列がある。配列関数を用いて、対角要素に分散のみで、それ以外はゼロの行列を作成しなさい。

	A	B	C	D	E	F	G
1		GE	MSFT	JNJ	K	BA	IBM
2	GE	**0.1035**	0.0758	0.0222	-0.0043	0.0857	0.1414
3	MSFT	0.0758	**0.1657**	0.0412	-0.0052	0.0379	0.1400
4	JNJ	0.0222	0.0412	**0.0360**	0.0181	0.0101	0.0455
5	K	-0.0043	-0.0052	0.0181	**0.0570**	-0.0076	0.0122
6	BA	0.0857	0.0379	0.0101	-0.0076	**0.0896**	0.0856
7	IBM	0.1414	0.1400	0.0455	0.0122	0.0856	**0.2993**

4. 上記の問題で、配列関数を用いて、対角要素がゼロ、非対角要素が共分散である行列を作成しなさい。

5. 練習問題の Excel ファイルに、3 つの投資信託のデータが与えられている。各投資信託の離散年間収益率を求めなさい。また、次に配列関数を用いて、その期間の複利の年間収益率を求めなさい。なお、複利が離散的に行われる場合、t 年の収益率は、(*投信価値*$_t$/*投信価値*$_{t-1}$) -1 となり、複利が連続的に行われる場合、t 年の収益率は $\ln$ (*投信価値*$_t$/*投信価値*$_{t-1}$) となることを思い出そう。

35 Excel のヒント

35.1 概要

本章は、時に直面する問題や必要事項を処理する際の Excel のヒントを集めている。しかしながら、本章がカバーする範囲は統一的でも網羅的でもない。取り上げる論点は以下の通りである。

- 素早い挿入/コピー
- データ変更時に更新されるグラフタイトル
- 行が複数になったセルの作成（セル内での改行やグラフタイトルのリンクに有用）
- ギリシア文字の入力
- 下付き文字や上付き文字の入力（両方同時にはできない）
- 名前が付けられたセル
- セルの非表示
- 数式の検証
- 複数のスプレッドシートへの記述
- コピー及び貼り付けや書式設定を速やかに行うための Excel の個人用マクロブックの使用

35.2 素早いコピー: 入力済みの列に隣接するセルへのデータ入力

通常、セルのフィルハンドルをドラッグすることでセルをコピーする。しかし、場合によっては、より簡単な方法を用いることができる。以下の状況を考えてみよう。

	A	B	C
1	オートフィル/コピー		
2	1	2	
3	2	5	<-- =B2+3
4	3		
5	4		
6	5		
7	6		
8	7		
9	8		

ここで、「フィルハンドル」(以下の図中の十字) をダブルクリックしてみよう。ダブルクリックすると、自動的にセル範囲 B2:B9 に B3 の数式が入力される。

	A	B	C
1	オートフィル/コピー		
2	1	2	
3	2	5	<-- =B2+3
4	3		
5	4		
6	5		
7	6		
8	7		
9	8		
10			

以下が結果である。

	A	B	C
1	オートフィル/コピー		
2	1	2	
3	2	5	<-- =B2+3
4	3	8	
5	4	11	
6	5	14	
7	6	17	
8	7	20	
9	8	23	
10			
11	隣接するセルが空白でなければ、セルの「フィルハンドル」をダブルクリックすると、列の残りの部分にコピーされる。		

35.3 連続データの入力

時にセルに連続データを入力したいことがある。そのときは、**ホーム**タブにある、[**編集**]-[**フィル**]-[**連続データの作成**]を選択すればできる。

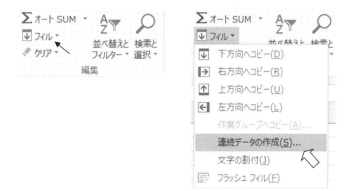

次に例を示す。セル A1 から開始し、16 になるまで 3 ずつ増加させて、その列のセルを埋める。

OK ボタンを押すと次のようになる。

	A
1	1
2	4
3	7
4	10
5	13
6	16

　この興味深いコマンドには他にもいろいろなオプションがあるので自分で試してみよう。

35.4 行が複数になったセル

セル内での改行、つまり行が複数になったセルの作成が有用な場合がある。改行したい場所で［Alt］＋［Enter］を押して実行する。

	A
1	セル内での改行
2	これが行が複数になったセルである。 改行したい場所に[Alt]+[Enter]を入力して、 改行されている。

　行を複数にするには、当然、他の方法もある。もっとも分かりやすい方法は、［**セルの書式設定**］－［**配置**］にある「**折り返して全体を表示する**」ボックスを使用する方法である。

以下は折り返して全体を表示した後のセルである（上のダイアログボックスにおいて、縦位置を**中央揃え**に設定している点にも留意してほしい）。

	A
1	このセルの文字列の長さは隣のセルにも及ぶものだが、[**ホーム**]-[**数値**]-[**配置**]を使用することで、折り返して全体を表示している。

35.5 文字列操作の式での行が複数になったセル

文字列操作の式が入力されたセルで改行したいときがある。下の例のように、セル A4 の文字列操作の式は、A1 と A2 のセルにある文字を結合するものである。

	A	B
1	Simon	
2	Jack	
3	SimonJack	<-- =A1&A2
4	SimonJack	<-- =A1&CHAR(10)&A2, 書式設定が正しくなされていない
5	Simon Jack	<-- =A1&CHAR(10)&A2, ホームタブの「折り返して全体を表示する」をチェックする

次の2つを行うことで、文字列操作の式で改行を行うことができる。

- A1とA2の間にChar(10)を挿入し、セルに、**=A1&Char(10)&A2**という式を記述する。**Char(10)**は、改行するためのコードである。
- ホームタブの「**折り返して全体を表示する**」をチェックする。そうすると、2つのセルの入力値の間、**Char(10)**を入力したところで改行される。

35.6 複数のスプレッドシートへの記述

このExcelの技術により、複数のスプレッドシートに同時に記述することができる。まず、[Shift]キーを押し、タブをクリックすることで複数のシートを選択する。下の例では、**Sheet1**、**Sheet2**、**Sheet3**のタブをクリックしている。そうすると、1つのシートに記述したものは3つのシート全てに記述される。

1つのシートに記述したものは全て、他の全てのシートの同じセルにも記述され、3つの同一のスプレッドシートを作成することができる。

35.7 Excelブック内の複数のシートの移動

［Shift］を押しながら、関連するスプレッドシートのタブを選択することで、複数のシートに記述する。同様なテクニックで、同じExcelのブック内の複数のシートを移動させることができる。

- ［Shift］を押しながら、適当なシートをクリックして、複数のシートを選択する
- ［書式］-［**シートの移動またはコピー**］を使い、同じスプレッドシートの別の場所または別のスプレッドシートに、シートを移動若しくはコピーすることができる。

35.8 Excel の Text 関数

Text 関数で数値を文字列に変更することができる。以下に例を示す。

	A	B	C
1		**TEXT関数**	
2	所得	15,000	
3	税率	35%	
4	納税額	5,250	<-- =B2*B3
5			
6			
7	文字列とされた税率	35.00%	<-- =TEXT(B3,"0.00%")
8		0.4	<-- =TEXT(B3,"0.0")
9			
10	日付とされた所得	Jan.24,1941	<-- =TEXT(B2,"mmm.dd,yyyy")

様々な方法を選択して、セル B3 の文字列形を書式設定できることに留意しよう。セル B7 では、少数点以下 2 桁の百分率として税率を書式設定している。一方、セル B8 では、小数点以下 1 桁に四捨五入して税率を書式設定している。

セル B10 の若干おかしな例についても留意しよう。Excel では、日付は 1900 年 1 月 1 日からの日数を表す単なる数値なので、セル B2 の 15,000 ドルの所得を日付として表示することもできる。

次節では、Text 関数を用いて、自動更新されるグラフタイトルを作成する。

35.9 グラフタイトルの更新

スプレッドシートのパラメータが変更された場合、グラフタイトルも変更したい。例えば、次のスプレッドシートでは、グラフタイトルに成長率を表示したいとする。

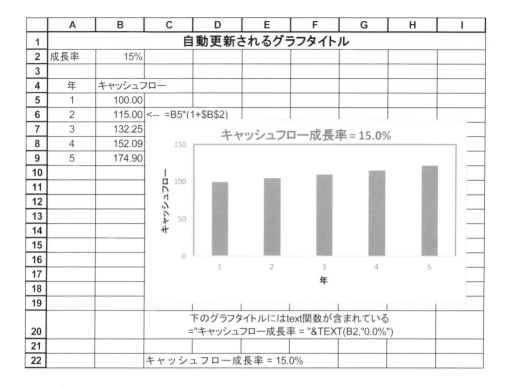

必要な処理を完了すると、成長率の変更に応じて、以下のようにグラフ及びそのタイトルの両方が変更される。

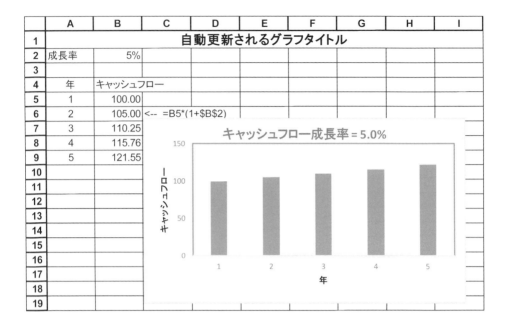

グラフタイトルを自動更新するために、以下の処理を行う。

- 作成したい書式でグラフを作成する。グラフに仮のタイトル（何でも良い。すぐに削除することになる）を付けておく。この段階でグラフは以下のようになっているだろう。

	A	B	C	D	E	F	G	H	I
1			**自動更新されるグラフタイトル**						
2	成長率	12%							
3									
4	年	キャッシュフロー							
5	1	100.00							
6	2	112.00	<--	=C6*(1+$C$3)					
7	3	125.44	<--	=C7*(1+$C$3)					
8	4	140.49							
9	5	157.35							
10									
11									
12									
13									
14									
15									
16									
17									
18									
19									
20			下のグラフタイトルにはtext関数が含まれている ="キャッシュフロー成長率 = "&TEXT(B2,"0.0%")						
21									
22			キャッシュフロー成長率 = 12.0%						

- セルに好きなタイトルを入力する。この例では、セル C22 に次の式が入力されている。

="キャッシュフローグラフ 成長率 = **"&TEXT(B2,"0.0%")**

- グラフタイトルをクリックして選択し、次に数式バーに行き、等号を挿入して数式であることを示す。そして、数式の入力されたセル C22 を**選択**し、[Enter] を押す。次の図では、グラフタイトルが選択され、グラフタイトルを表示する数式バーに、数式「='chart titles, step2'!$C$22」が示されているのが分かる。

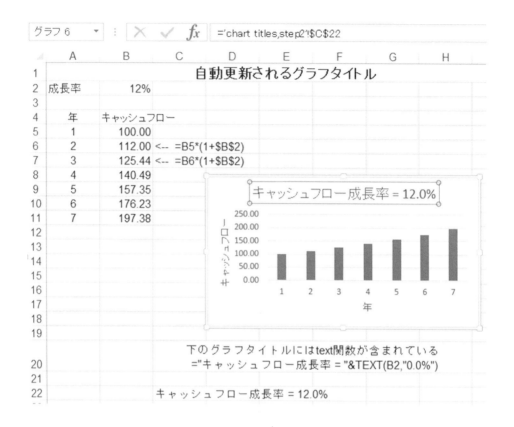

35.10 ギリシア文字のセルへの入力

どのようにしてスプレッドシートにギリシア文字を入力するのだろうか？

ギリシア文字に対応するアルファベットを知っていれば、この処理は極めて簡単である（例えば、μ と σ はそれぞれ小文字 m と s であり、Σ と Δ は大文字 S と D である）。例えば、まずセル A5 に "デルタ Dt" と入力し、次に数式バーの D を選択する。

そして、フォントを Arial から Symbol へ変更する。

［Enter］を押せば、望み通りの結果となる。

35.11 上付き文字と下付き文字

上付き文字と下付き文字を Excel に入力するのは非常に容易である。セルに文字列を入力し、上付き文字または下付き文字に変換したい文字を選択する。

セルの書式設定で上付きのボックスをチェックする。

以下が結果である。

	A	B
1	上付き文字と下付き文字	
2		
3	X²	
4		
5	X²₁	上付き文字と下付き文字を同時に入力することはできない

上のセル A5 から分かるように、1 つの文字に上付き文字と下付き文字を両方同時には付けられない。これは、x_i^2 を表示できないということである。

35.12 名前が付けられたセル

セルに名前を付けることが有用な場合がある。例を以下に示す。

	A	B	C
1	名前が付けられたセル		
2	所得	15,000	
3	税率	33%	
4	支払税額	4,950	<-- =B3*B2

「tax」という名前でセル B3 を参照したい。そのために、まずセルを選択し、ツールバーの名前ボックスに行く。

	A	B	C	D
	B3		fx	33%
1	名前が付けられたセル			
2	所得	15,000		
3	税率	33%		
4	支払税額	4,950	<-- =B3*B2	
5				

B3 がハイライトされている名前ボックスに「tax」の文字をタイプすると、Excel ワークブックのあらゆる場所で、この名前により B3 を参照することが可能となる。

	A	B	C
1	名前が付けられたセル		
2	所得	15,000	
3	税率	33%	
4	支払税額	4,950	<-- =tax*B2

Excel では、実際には上記で説明した手順を踏まずに、セルの名前を用いることができる場合がある。次の例では、Excel はセルの名前として列のヘッダーを使わせてくれる。

	A	B	C	D	E
8	売上高	利益率	利益		
9	1000	20%	200	<-- =売上高*利益率	
10	5000	30%	1500	<-- =売上高*利益率	

名前を付けたセルの管理は、**数式**タブの**名前の管理**で行うことができる。

35.13 セルの非表示

しばしば本書では、データ・テーブルのヘッダーとなっているセルの入力内容を非表示にしてきた。以下は単純なデータ・テーブルである（このテーマは第31章で詳述している）。

	A	B	C	D
1			セルの非表示	
2	支払額	100		
3	支払回数	15		
4	割引率	15%		
5	現在価値	$584.74	<-- =PV(B4,B3,-B2)	
6				
7			支払額の現在価値	
8	データ・テーブル		584.74	<-- =B5, データ・テーブルのヘッダー
9		0%	1,500.00	
10		3%	1,193.79	
11		6%	971.22	
12		9%	806.07	
13		12%	681.09	
14		15%	584.74	
15		18%	509.16	
16		21%	448.90	

セル C8 に入力されているデータ・テーブルのヘッダーは、テーブルが機能するために必要である。しかしながら、見た目が悪い上、テーブルを他のドキュメントにコピーした場合、混乱を招く可能性がある。C8 の内容を非表示にするには、セルを選択し、[**書式**] メニューに行く（または右クリックする）。

［表示形式］-［ユーザー定義］-［種類］のボックスにセミコロンを入力する。これにより、セルの内容は保存されるが見えなくなる。セルをコピーすると以下のようになる。

	B	C	D
7		支払額の現在価値	
8			<-- =B5,データ・テーブルのヘッダー
9	0%	1,500.00	
10	3%	1,193.79	
11	6%	971.22	
12	9%	806.07	
13	12%	681.09	
14	15%	584.74	
15	18%	509.16	
16	21%	448.90	

セル C8 に関する注　スプレッドシートには常に注を付けることをお勧めする。そうすれば、数週間または数ヶ月後に再度スプレッドシートを開いたとき、セル C8 に何かが入力されているということが分かるからである。

最後の注　数式が入力されているセルを参照するセルを非表示にするには、3 つのセミコロン（;;;）が必要となる場合がある。次のスプレッドシートでは、セル B5 に **If** 関数が入力されている。セル B7 は、このセルを参照する。B7 を非表示にするためには、[**セルの書式設定**] − [**表示形式**] − [**ユーザー定義**] − [**種類**] のセミコロンを 1 つではなく 3 つ入力する（これに理屈があるとしても、すぐに忘れてしまうようなことである）。

	A	B	C
1		数式を参照するセルの非表示	
2			
3	a	33	
4	b	8	
5	c	bbb	<-- =IF(B4+B3<15,"aaa","bbb")
6			
7	非表示にするセル -->		<-- =B5

35.14 数式の検証

Excel には、あるセルをどの数式で使ったのか、また、ある特定の数式がどのセルを参照しているのかがわかる機能が備わっている。[**数式**] − [**ワークシート分析**] をクリックすると、それを行うためのメニューが立ち上がる。

結果は次の通りである。

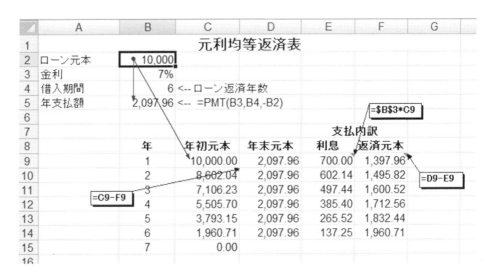

同様な方法で、どのセルが特定のセルの参照元になっているかを確認することができる。

	A	B	C	D	E	F	G
1			元利均等返済表				
2	ローン元本		10,000				
3	金利		7%				
4	借入期間		6	<-- ローン返済年数			
5	年支払額		2,097.96	<-- =PMT(B3,B4,-B2)			
6							
7						支払内訳	
8			年	年初元本	年末元本	利息	返済元本
9			1	10,000.00	2,097.96	700.00	1,397.96
10			2	8,602.04	2,097.96	602.14	1,495.82
11			3	7,106.23	2,097.96	497.44	1,600.52
12			4	5,505.70	2,097.96	385.40	1,712.56
13			5	3,793.15	2,097.96	265.52	1,832.44
14			6	1,960.71	2,097.96	137.25	1,960.71
15			7	0.00			

注釈: =$B$3*C9、=D9-E9、=C9-F9

数式の検証は、良いスプレッドシートを構築するための一般的なルール、即ち、参照元と参照先のいずれもないセルを避けるべきとのルールを実践するのに役立つものである。

35.15 百万を千として書式設定する

［セルの書式設定］-［ユーザー定義］を使うことで、百万の単位を千の単位に変換することができる。これが便利な場合を確認するため、以下の損益計算書を考えてみよう。

	A	B
1	損益計算書	
2	売上高	31,235,689
3	売上原価	15,250,888
4	販売費及び一般管理費	2,356,188
5	支払利息	1,999,824
6	税引前利益	11,628,789
7	税金	4,418,940
8	税引後利益	7,209,849

損益計算書を千単位で表示させるとする(言い換えれば、31,235,689 の代わりに、31,236 と表示させる)。以下がその方法である。

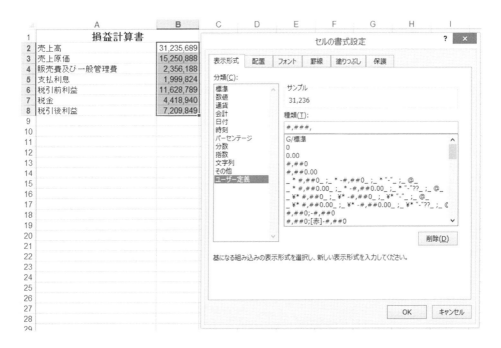

[種類]ボックスに、**#,###,** と記述する。最後のカンマは、Excel に、最後の 3 桁の数字を(四捨五入して)省略するよう指示する。そして、**#,###**は、残った数字を、カンマを付けて表示するよう指示する。これは単に書式の変更で、実際の数字は変わっていない。下図のセル B10 は、売上高を 2 倍したもので、結果は 62,471,378 である。

[種類]ボックスのカンマを 1 つ増やすと(つまり、**#,###,,**)、更に 3 桁の数字が省略される。

	A	B	C
1	損益計算書		
2	売上高	31,236	
3	売上原価	15,251	
4	販売費及び一般管理費	2,356	
5	支払利息	2,000	
6	税引前利益	11,629	
7	税金	4,419	
8	税引後利益	7,210	
9			
10	セルは元の値を保持している	62,471,378	<-- =B2*2

35.16 Excel の個人用マクロブック：頻出する手順を自動化する

Excel の個人用マクロブックで、自分だけがアクセスできるマクロと手順を保存することができる。そのような手順の 2 つの例を以下に示す。

- Excel の［図としてコピー］機能を説明する。また、個人用マクロブックに保存されたマクロにこれを追加する方法を示す。これは、Excel をコピーし、Microsoft Word に貼り付ける方法を極めて簡略化する（本書のコピー/貼り付けは全てこの方法でなされている）。
- 個人用マクロブックに、数字の書式設定を保存する方法を説明する。

Excel の図としてコピー機能を使用する[1]

Excel2010 と 2013 には、Excel から図としてコピーするとても便利な方法が備わっている。これは、Excel スプレッドシートの図を、リンクなく Word に貼り付けるのにとても有用である。以下に、これがどのように機能するかを示す。

1. Excel において、コピーしたい箇所を選択する

---

[1]. 本節は Excel 2010 及び 2013 には対応しているが、それ以前のバージョンには対応していない。

2. ホームタブにある［コピー］-［図としてコピー］に行く。

3. ［用紙に合わせる］を指定する。

4. Microsoft Word に行き、コピー/貼り付けを行う。結果は、Excel とのリンクが一切ない図を貼り付けることができる。

	A	B	C	D	E	F
2	分散共分散行列					平均
3	0.2000	-0.0200	0.0250	-0.0080		3%
4	-0.0200	0.3000	0.0600	0.0030		2%
5	0.0250	0.0600	0.4000	0.0000		8%
6	-0.0080	0.0030	0.0000	0.5000		4%

手順を自動化する

この手順を自動化したい。

- これをマクロ化する。
- マクロにショートカットキー（この場合、[Ctrl] +q）を追加する。
- マクロとショートカットキーを、自分の全ての Excel スプレッドシートで使えるようにする。

上記を行うため、**Personal.xlsb** ファイルを作成する必要がある。このファイルは隠れているが、Excel を起動する度にアクティブ化される。これは自分だけが見えるものであり、そのスプレッドシートの他の利用者には見えない。次にその手順を示す。

- メニューバーにある**開発**タブを起動する。
- ［**マクロの記録**］を使い、個人用ブックとしてマクロを保存する
- 意図に合わせて個人用ブックを編集する。

開発タブを起動する

［ファイル］-［**Excel のオプション**］-［**リボンのユーザー設定**］に行き、以下のように**開発**タブを起動する。

Excel のヒント 931

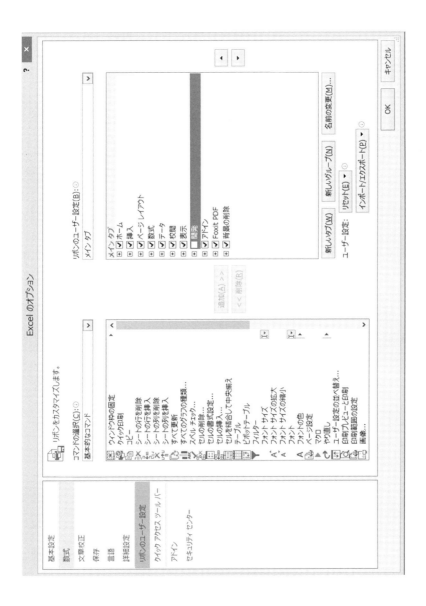

［マクロの記録］を使用する

開発タブで、マクロを記録し、それを **Personal.xlsb** ブックの一部として保存することができる。図としてコピーの機能を用いて、これを説明する。

1. 空白の Excel ブックを開き、**開発**タブをクリックし、［マクロの記録］に進む。

Excel は記録する内容の詳細を尋ねてくる。以下にここでの入力例を示す。**個人用マクロブック**として保存していること及びショートカットキー［Ctrl］+q を使用していることに留意して欲しい。

2. **ホーム**タブに行き、スプレッドシートの範囲を選択し、［**図としてコピー**］機能の一連の手順を行う。

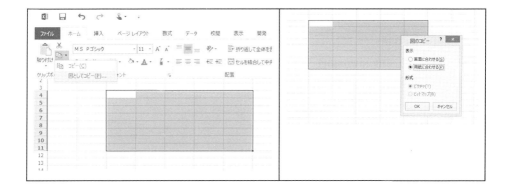

3. **開発**タブに戻り、記録を終了する。

4. Excel を終了する。Excel は個人用マクロブックを保存してよいか聞いてくるが、もちろん、答えは「保存」するである。

そうすると、以下のファイルが作成される（"simon benninga" はもちろん私のコンピューターのユーザーネームなので、自分のユーザーネームに置き換える）。

C:￥Users￥simonbennings￥AppData￥Roaming￥Microsoft￥Excel￥XLSTART￥PERSONAL.XLSB

個人用マクロブックを編集する

これで **Personal.xlsb** ファイルが作成されたので、これを編集してみよう。何らかの Excel ファイルを開き、［Alt］+［F11］を押して、VBA エディタに進む。Personal.xlsb もそこにあることに留意しよう。

Range("C4:G11").Select の行を削除する。すると、マクロは次のようになる。

```
Range("C3:G10"):
Sub Macro1()
'
' Macro1 Macro
' 図としてコピー
'
' Keyboard Shortcut: Ctrl+q
    Selection.CopyPicture Appearance:=xlPrinter, _
    Format:=xlPicture
End Sub
```

マクロを使ってみる

これからは、自分のコンピューターでファイルを開く都度、［Ctrl］+q を使用して、一定の範囲を図としてコピーすることができる。この機能は自分のコンピューターのみで動くことに留意しよう。なぜなら、それは個人用マクロブックにあるからである。

迅速な数字の書式設定

しばしば数字にカンマによる桁区切りをつけ、小数点以下を省略するよう書式設定したいことがある。例えば、次のような場合である。

	A	B
1	1356.001	1987.398
2	3387.3	4458.98

これらの数字を一様に書式設定するには

- 数字の範囲を選択する。
- 適当な書式設定を選択し、［Enter］を押す。

結果は次の通りである。

	A	B
1	1,356	1,987
2	3,387	4,459

　前述した図としてコピー・貼り付けと同様の手順により、個人用マクロブックにマクロを作成することができる。ここでは［Ctrl］+w をこのマクロに割り当てている。

```
Sub Commas()
' Commas Macro
' Keyboard Shortcut: Ctrl+w
    Selection.NumberFormat = "#,##0"
End Sub
```

VII ビジュアル・ベーシック・フォー・アプリケーション (VBA)

ビジュアル・ベーシック・フォー・アプリケーション（VBA）は、Excel に付属しているプログラミング言語である。VBA は非常に機能的で、柔軟性がある。VBA は、Excel ワークシートにあらかじめ組み込まれているため、金融業界で広く使われている。VBA には、標準的なプログラミング言語の要素となっている多くの機能が備わっている。そして、VBA の習得は、既に何らかのプログラミングの経験があれば難しいことではない。

『ファイナンシャル・モデリング』のセクション I から VI を理解するためには、VBA の達人である必要はない。これらのセクションは、本書の序文に組み入れた（またはホームページにある本書の付属ファイルにある "GetFormula 関数をスプレッドシートに加える（Adding Getformula to your Spreadsheet）" という小さなファイル）、かなり初歩的な VBA の原理以上の知識がなくても理解できる。

本セクションの4つの章は、独自のプログラムを開発することに関心を持つ読者向けに、ビジュアル・ベーシック・フォー・アプリケーション（VBA）の話題を取り扱う。第 36 章は、Excel のスプレッドシートに追加できる関数の記述法を示す。ファイナンシャル・モデリングでは、いくつもの "自家製" 関数を用いている。例としては、2 ステージ・ゴードン・モデル（第 3 章）、オプションのブラック・ショールズによるプライシング（第 17 章）、そして、Nelson-Siegel 期間構造の導出（第 22 章）である。

第 37 章は、より高度なテーマとして、VBA 内の変数と配列に関する議論をする。このテーマについては、Excel の **XNPV** 関数と **XIRR** 関数のバグの修正（第 1 章）の箇所でも触れた。第 38 章は、VBA におけるサブルーチンの作り方を示す。サブルーチンは関数ではなく、いくつかの反復実行の自動化である。『ファイナンシャル・モデリング』は、至る所でサブルーチンを用いている。例えば、空売りのない状態での効率的フロンティアの計算（第 12 章）である。

最後に、第 39 章は、オブジェクトとアドインについて議論する。この章では、Excel のユーザー定義アドインの作成について、他の話題とあわせて議論する。

36 VBAによるユーザー定義関数

36.1 概要

第36章～第39章では、Excelのプログラミング言語であるビジュアル・ベーシック・フォー・アプリケーション（Visual Basic for Application; VBA）の使用方法を議論する。VBAは、完全なプログラミング言語と、Excel及びその他全てのMicrosoft Officeアプリケーションと十分に統合された環境を提供する。本章では、本書の様々な箇所で用いられているユーザー定義関数を紹介する。

例や画面の図はExcel2013の作業環境で示されているが、（注記しない限り）ビジュアル・ベーシック・フォー・アプリケーションを用いているExcelの全バージョン（バージョン5以上）と完全に互換性がある。

36.2 VBAエディタを用いてユーザー定義関数を構築する

本書を通して、Excelに含まれていない関数を定義するためにVBAを用いている。1つの例は、本書にある全てのスプレッドシートに付属している**Getformula**関数である。もう1つの例は、ブラック・ショールズによるオプション価値を計算する関数である（第17章）。本節では、ユーザー定義関数の構築方法を示す。ユーザー関数とは、ある値を生成させるための、Excelに対する一連の指示が保存されたものである。ひとたびユーザー関数を定義すると、他の全ての関数と同様、Excelのワークシートで用いることができる。[1]

---

[1] 通常、ユーザー定義関数は特定のワークブックに添付され、そのワークブックがExcelで開かれている時にのみ使用可能である。特定のコンピューターでExcelを使う時にいつでもマクロを利用可能したければ、そのマクロを**個人用マクロブック**に保存すれば良い。第35章の16節を参照。ワークシート間でVBA関数を呼び出す他の方法は、アドインに追加することである。第39章、Excelアドインの導入を参照。

本節では、最初のユーザー定義関数を記述する。この作業を行う前に、VBA エディタを起動する必要がある。これはショートカットキー［Alt］+F11 で実行することもできるし、Excel リボン（［**開発タブ**］-［**Visual Basic Editor**］）から実行することもできる。初期設定では、Excel は**開発**タブを Excel リボンに表示していない。**開発**タブを表示させるために、［**ファイル**］-［**オプション**］-［**リボンのユーザー設定**］へと進み、**開発**にチェック入れる。

いずれの方法で実行した場合でも、以下のスクリーンショットのような、新しいウィンドウが表示される（読者のウィンドウとは若干異なるかもしれないが、機能的には同じである）。

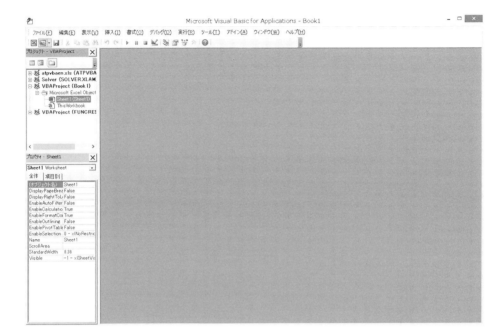

ユーザー定義関数はモジュールに記述しなければならない。新しいモジュールを開くためには、VBA の編集環境のメニューから、[挿入] - [標準モジュール]を選択する。これにより、次のスクリーンショットのような、新しいウィンドウが開く。

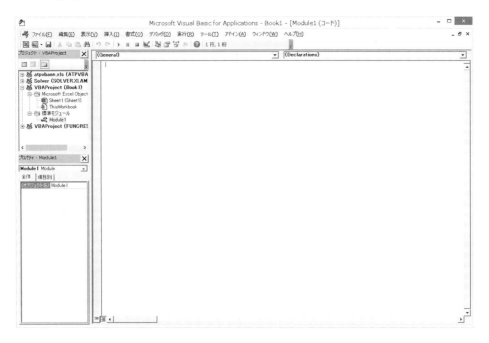

これで最初の関数を記述する準備ができた。この関数（「**plus**」と名付けた）は、2 つの数を足し合わせるものである。

Excel のユーザー定義関数には、3 つの必須要素がある。

1. 関数名とパラメータのリストが記述される先頭行
2. 最終行（通常は VBA により挿入される）
3. 先頭行と最終行の間のプログラム行

関数の最初の行を書き始めよう。

```
function plus (parameter1,parameter2)
```

Enter キーを押下して行を終えると、すぐに VBA がチェックを行う。VBA がプログラミング言語の一部と認識した単語（「予約語」）は、全て色が変化する。全ての予約語は 1 文字目が大文字に変換される。1 つ目のパラメータと 2 つ目のパラメータを分けるカンマの後にスペースが入れられる。関数の最終行が挿入され、入力を続けられるように、先頭行と最終行の間にカーソルが移動する。

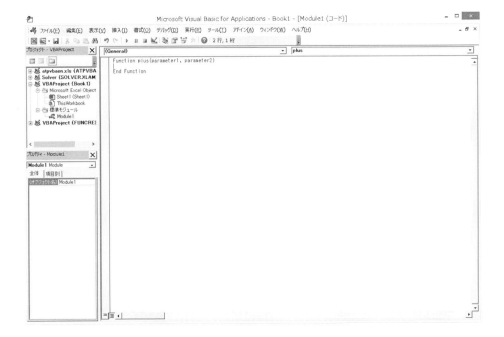

これで関数の行を入力する準備ができた。これは関数に何かを実行させる行である。[2] 最初の関数は、2つの変数を受け取り、それらの合計を返す。

```
Function plus(parameter1, parameter2)
    plus = parameter1 + parameter2
End Function
```

これで、この関数をスプレッドシートで使うことができる。

	A	B	C
1	Plus の実行		
2	Parameter1	3.25	
3	Parameter2	1.5	
4	Plus	4.75	<-- =plus(B2,B3)

---

2. VBA コード中の行のインデント（ここでは手入力した）は、VBA に要求されているものではないが、これによりコードが非常に読みやすくなる。

関数を挿入する最も早い方法は、(関数名を知っていると仮定すると) 関数名を入力し始めることである。関数名が候補リストに出てきたら、リストから適切な関数名を選択する。

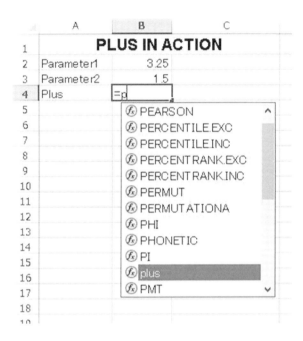

Excel の関数ウィザードで、この関数を用いることもできる。ツールバーの
× ✓ ⨍ アイコンをクリックすると、次の画面が表示される。

プルダウン・メニューから**ユーザー定義**を選択すると、全てのユーザー定義関数を列挙した次のような画面が表示される。これらの関数のうち、1つが新たに加えた **plus** 関数である。

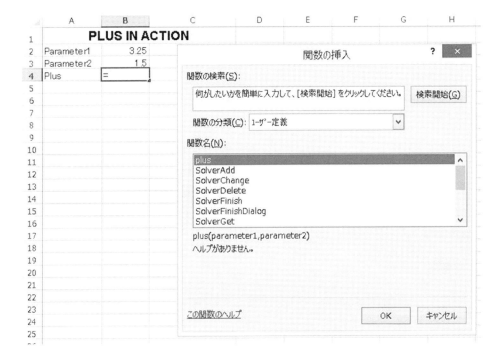

plus を選択し OK をクリックすると、Excel はこの関数を他の関数と同様に処理し、**parameter1** と **parameter2** の位置や値を問うダイアログボックスが表示される。

この時点では、関数の説明やヘルプがないことに注目しよう。次の節で改善策の一部を示す。

36.3 関数ウィザードでユーザー定義関数のヘルプを表示する

下の Excel の関数ウィザードは簡潔なヘルプ（関数が行うことの説明）を表示する。以下のように、Excel は組み込み関数を関数ウィザードで説明する。

ユーザー定義関数に文章による説明を加えるには、マクロの選択ボックスをアクティブにする。Excel リボン（[**開発**] - [**マクロ**]）からでも、ショートカットキー［Alt］＋ F8 でも、これを実行できる。

　マクロ名（M）ボックスをクリックして、関数名を入力する（マクロのダイアログボックスに、この関数名がないことに注目しよう。関数名をタイプする必要がある）。

オプションボタンをクリックする。

説明ボックスに説明文をタイプする。**OK** をクリックし、マクロの選択ボックスを閉じる。これでこの関数にヘルプが付く。

Excel 関数には、各パラメータについての説明文と、ヘルプ・ファイルの項目がある。ここでの関数にも同じものを提供できるが、残念ながら、この話題は導入の範囲を超えている。

36.4 VBA コンテンツを含む Excel ワークブックの保存

工程の途中で、それまでの作業を保存しておく必要がある。[3]Excel 2007 に戻って始めると、VBA コンテンツを含む Excel ワークブックは、「マクロ含有ファイル」

---

[3]. 早めに、何度も保存することを勧める。

として保存する必要がある。はじめて VBA コンテンツを含むワークブックを保存しようとすると、Excel は次のメッセージを表示する。

いいえを選択し、**名前を付けて保存**ダイアログで、新しいファイルの種類を選択することができる。

ここで丸を付けた箇所を開き、2番目の**Excelマクロ有効ブック**（xlsm）を選択し、ワークブックを保存する。もし、VBAを頻繁に使うなら、デフォルトのExcelのファイル形式を**Excelマクロ有効ブック**に変更することを検討しても良いかもしれない。[4]

36.5 VBAにおけるミスの修正

VBAを使い始めると、きっとミスを犯す。この節では、何種類かの典型的なミスを例示し、それらを修正する手助けをする。ここでリストするミスは網羅的なものではなく、VBA初心者が典型的に犯すミスを選んでいる。

ミス1: 誤った構文の使用

Plusを記述している時に、**parameter1**と**parameter2**の間に「+」記号を忘れたとする（この関数は**parameter1+parameter2**を求めるものであることを思い出そう）。Enterキーを押すと、以下のエラーメッセージが表示される。

OKボタンをクリックして、この問題を修正できる。

---

4. このコマンドは［ファイル］-［オプション］-［保存］-［ファイルの保存形式］である。

ミス 2: 正しい構文だがミスタイプがある場合

関数を使おうとして、初めて発見されるようなミスタイプを犯すことは良くある。次の例では **function1** と **function2** という 2 つの関数を定義している。不幸にも、**function2** のプログラム行が、誤って関数 "function1" を呼び出している。

```
(General)
Function function1(p)
    function1 = p + 1
End Function
Function function2(p)
    function1 = p + 2
End Function
```

VBA エディタは、このミスをすぐには認識しない。ミスの存在は、この関数をワークシートで用いようとしたときに明らかになる。Excel はミスを犯したことを知らせ、VBA エディタを起動する。

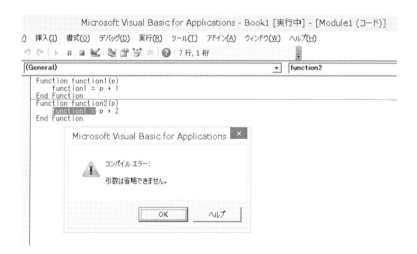

読者がミスを認識できれば、それを修正できる。また、**ヘルプ**をクリックしてVBA のヘルプを参照してみることもできる (多くの場合、どういうわけか複雑な

説明へと導かれる）。

　読者がミスを認識したとする。**OK** をクリックし、"Function1" という単語を "Function2" に置き換えることで、エラーを修正する。この時点で、画面は次のようになる。

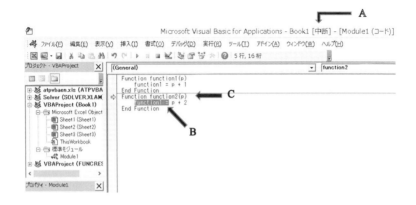

　注目しよう。：

A. タイトルバーにある［**中断**］という単語。
B. 問題の箇所が選択される。
C. 関数の行を強調し、余白部分の矢印で指し示した。

　VBA は関数の実行中にエラーを発見したため、デバック状態と呼ばれる特別な実行モードに入っている。とりあえずは、作業を続行できるように、この特別なモードから抜け出すだけで良い。そのためには、VBA ツールバーにある ■ アイコンをクリックする。これで関数を修正し、使用できる。

　モジュール内でこの関数を使おうとする前に、VBA にモジュールのエラーを確認させることができる（そして、確認させるべきである）。VBA メニューから［**デバッグ**］-［**コンパイル VBA プロジェクト**］を選択する。そうすると、前述のように、ただしデバッグ状態に入ることなく、モジュール内にある最初のエラーが発見され、指摘される。

36.6 条件付実行: VBA 関数における If ステートメントの使用

本節では、VBA で使用できる **If** ステートメントを考察する。人生の全てが直線的ということはなく、時には意思決定をしなければならない。**If** ステートメントは VBA で意思決定を行う 1 つの方法である。

1 行形式の If ステートメント

1 行形式の **If** ステートメントは、VBA 関数の実行をコントロールする最も簡単な方法である。ある条件が真であるとき、1 つのステートメントが実行され、ある条件が真でないとき、もう 1 つのステートメントが実行される。全ての条件とそのステートメントが 1 行になければならない。以下に例を示す。

```
Function OneLineIf(Parameter)
      If Parameter > 5 Then OneLineIf = 1 _
      Else OneLineIf = 15
End Function
```

これで関数 **OneLineIf** を Excel で使うことができる。**Parameter**>5 のとき、**OneLineIf** は 1 を返す。**Parameter**≤ 5 のとき、**OneLineIf** は 15 を返す。

	A	B	C
1	\multicolumn{3}{c}{OneLineIf の実行}	
2	Parameter		
3	12	1	<-- =OneLineIf(A3)
4	3	15	<-- =OneLineIf(A4)

1 行形式の **If** ステートメントは **Else** 部分さえ必要としない。以下の関数 **OneLineIf2** は、「Parameter>5」という条件が満たされないとき、0 を返す。

```
Function OneLineIf2(Parameter)
    If Parameter > 5 Then OneLineIf2 = 1
End Function
```

	A	B	C
6	OneLineIf2 の実行		
7	Parameter		
8	12	1	<-- =OneLineIf2(A8)
9	3	0	<-- =OneLineIf2(A9)

プログラミングにおける良い習慣：*最初*に関数に値を割り当てる

上の関数では、**If** ステートメントを書き入れる前に、まず関数に値を割り当てておくことが、プログラミングにおける良い習慣になるだろう。この方法なら、**Parameter** に対する条件が満たされないときには、**OneLineIf3** が初期値 −16 を返すことが分かっている。

```
Function OneLineIf3(Parameter)
   OneLineIf3 = -16
   If Parameter > 5 Then OneLineIf3 = 1
End Function
```

このことがもたらす違いを確認するため、次のスプレッドシートを見てみよう。

	A	B	C
11	OneLineIf3 の実行		
12	Parameter		
13	12	1	<-- =OneLineIf3(A13)
14	3	-16	<-- =OneLineIf3(A14)

If⋯ElseIf ステートメント

2つ以上のステートメントが条件付で実行される場合、ブロック形式の **If⋯ElseIf** ステートメントを用いることができる。これには以下の構文を用いる。

 If 条件 0 **Then**
  ステートメント
 ElseIf 条件 1 **Then**
  ステートメント

［…**ElseIf** が続く］
Else
　　ステートメント
End If

Else 節及び **ElseIf** 節はいずれも任意のものである。**If** に続けて **ElseIf** 節を必要なだけ記述できるが、**Else** 節の後には記述できない。**If** ステートメントは入れ子にできる。

以下に例を示す。

```
Function BlockIf(Parameter)
    If Parameter < 0 Then
        BlockIf = -1
    ElseIf Parameter = 0 Then
        BlockIf = 0
    Else
        BlockIf = 1
    End If
End Function
```

この関数が Excel でどのように機能するかを、以下で示す。

	A	B	C
1	BlockIf の実行		
2	Parameter		
3	-3	-1	<-- =BlockIf(A3)
4	0	0	<-- =BlockIf(A4)
5	13	1	<-- =BlockIf(A5)

入れ子になった **If** 構造

前節で述べたように、**If** ステートメントは、もう 1 つの **If** ステートメントの一部として用いることができる。他の **If** ステートメントの中にいくつかの別の **If** ステートメントを含むプログラム構造は、入れ子になった *If* 構造と呼ばれる。この構造における各 **If** ステートメントは、完結した **If** ステートメントでなければならない。1 行形式でもブロック形式でも、いずれも用いることができる。

以下の関数は、**入れ子になったIf**構造の使用例である。

```
Function NestedIf(P1, P2)
   If P1 > 10 Then
     If P2 > 5 Then NestedIf = 1 Else NestedIf _
     = 2
   ElseIf P1 < -10 Then
     If P2 > 5 Then
       NestedIf = 3
     Else
       NestedIf = 4
     End If
   Else
     If P2 > 5 Then
       If P1 = P2 Then NestedIf = 5 Else
       NestedIf = 6
     Else
       NestedIf = 7
     End If
   End If
End Function
```

Excelでは、以下のようになる。

	A	B	C	D
1	**NestedIf の実行**			
2	11	6	1	<-- =NestedIf(A2,B2)
3	22	3	2	<-- =NestedIf(A3,B3)
4	-22	6	3	<-- =NestedIf(A4,B4)
5	-57	4	4	<-- =NestedIf(A5,B5)
6	6	6	5	<-- =NestedIf(A6,B6)
7	-5	7	6	<-- =NestedIf(A7,B7)
8	4	3	7	<-- =NestedIf(A8,B8)

36.7 論理型演算子と比較演算子

If ステートメントで条件として用いられる式は、論理式としても知られている。論理式は、ある条件が満たされるときは真、その条件が満たされない時は偽という、2つに1つの値を持つ。通常、論理式は、比較演算子と論理型演算子の両方、またはいずれか一方を用いて構成される。以下は最も一般的な比較演算子の一覧である。

演算子	意味
<	未満
<=	以下
>	超
>=	以上
=	イコール
<>	ノットイコール

論理積（And）演算子

次の関数では、2つの条件が同時に満たされるのかを確認するために、論理型演算子を用いている。

```
Function AndDemo(parameter1, parameter2)
    If (parameter1 < 10) And (parameter2 > 15) _
    Then
        AndDemo = 3
    Else
        AndDemo = 12
    End If
End Function
```

以下にいくつかの例を示す。

	A	B	C	D
1		ANDDEMO の実行		
2	parameter1	parameter2		
3	9	14	12	<-- =AndDemo(A3,B3)
4	9	16	3	<-- =AndDemo(A4,B4)
5	11	14	12	<-- =AndDemo(A5,B5)
6	11	16	12	<-- =AndDemo(A6,B6)

AndDemo が行っていることに注目しよう。これは、条件（Parameter1<10）及び（Parameter2>15）の**両方**を確認している。両方の条件が満たされると、その結果組合せ条件が満たされ、関数は 3 の値を返す。そうでなければ（即ち、どちらか 1 つでも条件が満たされないとき）、関数は 12 を返す（両方の条件が括弧に入っていることに留意しよう）。

以下の関数と画面は、2 つの条件の下で起こりうる 4 つの全ての組み合わせと、条件を組み合わせた結果を示している。

```
Function AndTable(parameter1, parameter2)
    AndDemoTable = parameter1 And parameter2
End Function
```

	A	B	C	D
1		ANDTABLE の実行		
2	parameter1	parameter2		
3	FALSE	FALSE	FALSE	<-- =AndDemoTable(A3,B3)
4	FALSE	TRUE	FALSE	<-- =AndDemoTable(A4,B4)
5	TRUE	FALSE	FALSE	<-- =AndDemoTable(A5,B5)
6	TRUE	TRUE	TRUE	<-- =AndDemoTable(A6,B6)

論理和（Or）演算子

以下で示す関数 **OrDemo** は、2 つの条件のうち少なくとも 1 つが満たされているかを確認する。

```
Function OrDemo(parameter1, parameter2)
    If (parameter1 < 10) Or (parameter2 > 15) _
    Then
        OrDemo = 3
    Else
        OrDemo = 12
    End If
End Function
```

	A	B	C	D
1		ORDEMO の実行		
2	parameter1	parameter2		
3	9	14	3	<-- =OrDemo(A3,B3)
4	9	16	3	<-- =OrDemo(A4,B4)
5	11	14	12	<-- =OrDemo(A5,B5)
6	11	16	3	<-- =OrDemo(A6,B6)

OrDemo が行っていることに注目しよう。これは第 1 条件（parameter1<10）か第 2 条件（parameter2> 15）の**一方または両方**が満たされているかを確認する。両方の条件が満たされないときにのみ、関数は 12 の値を返すことになる。そうでなければ、（即ち、条件の一方または両方が満たされるとき）関数は 3 を返す（両方の条件が括弧に入っていることに留意しよう）。

以下の関数と画面は、2 つの条件の下で起こりうる 4 つの全ての組み合わせと、条件を組み合わせた結果を示している。

```
Function OrDemoTable(parameter1, parameter2)
    OrDemoTable = parameter1 Or parameter2
End Function
```

	A	B	C	D
1		ORTABLE の実行		
2	parameter1	parameter2		
3	FALSE	FALSE	FALSE	<-- =ORDemoTable(A3,B3)
4	FALSE	TRUE	TRUE	<-- =ORDemoTable(A4,B4)
5	TRUE	FALSE	TRUE	<-- =ORDemoTable(A5,B5)
6	TRUE	TRUE	TRUE	<-- =ORDemoTable(A6,B6)

36.8 ループ

ループ構造は、何かを繰り返し行う必要がある場合に用いられる。例のごとく、望ましい結果を得る方法は 2 つ以上ある。一般的に、主なループ構造は 2 つある。

- *最初に条件判断するループ*: 他の処理が実行される前に、ループ条件が確認される。ループの入口で条件が満たされない場合は、処理されるべきことが行われないままでも良い。
- *最後に条件判断するループ*: 処理されるべきことが行われた後に、ループ条件が確認される。処理されるべきことは常に最低 1 回は行われることになる。

VBA には 2 つの主要なループ構造があり、**Do** ステートメントとそのバリエーションによって、あらゆる潜在的な用途に対応する。以下の全ての項では、説明のために階乗を求める関数を用いる。用いる関数は次のように定義される。

$$f(0) = 1 \quad f(1) = 1 \quad f(2) = 2 * f(1) = 2 \cdots f(n) = n * f(n-1)$$

Do While ステートメント

Do While ステートメントは、最初に条件判断するループ群の1つである。これは1つ以上のステートメントを、**0回**、または条件が真である間は1回以上、VBAに実行させる。以下の関数は、この動作を示している。

```
Function DoWhileDemo(N)
    If N < 2 Then
        DoWhileDemo = 1
    Else
        i = 1
        j = 1
        Do While i <= N
            j = j * i
            i = i + 1
        Loop
        DoWhileDemo = j
    End If
End Function
```

	A	B	C
1	\multicolumn{3}{c}{DoWhileDemo の実行}	
2	5	120	<-- =DoWhileDemo(A2)
3	9	362880	<-- =DoWhileDemo(A3)
4	13	6227020800	<-- =DoWhileDemo(A4)

Do ··· Loop While ステートメント

Do ··· Loop While ステートメントは、最後に条件判断するループ群の 1 つである。これは 1 つ以上のステートメントを、**1 回**、または条件が真である間は 2 回以上、**VBA** に実行させる。以下の関数は、この動作を示している。

```
Function DoLoopWhileDemo(N)
    If N < 2 Then
        DoLoopWhileDemo = 1
    Else
        i = 1
        j = 1
        Do
            j = j * i
            i = i + 1
        Loop While i <= N
        DoLoopWhileDemo = j
    End If
End Function
```

	A	B	C
1	**DoLoopWhileDemo の実行**		
2	5	120	<-- =DoLoopWhileDemo(A2)
3	9	362880	<-- =DoLoopWhileDemo(A3)
4	13	6227020800	<-- =DoLoopWhileDemo(A4)

Do Until ステートメント

Do Until ステートメントは、最初に条件判断するループ群の1つである。これは1つ以上のステートメントを、**0回**、または条件が満たされるまで1回以上、VBAに実行させる。以下の関数は、この動作を示している。

```
Function DoUntilDemo(N)
    If N < 2 Then
        DoUntilDemo = 1
    Else
        i = 1
        j = 1
        Do Until i > N
            j = j * i
            i = i + 1
        Loop
        DoUntilDemo = j
    End If
End Function
```

	A	B	C
1	\multicolumn{3}{c}{DoUntilDemo の実行}		
2	5	120	<-- =DoUntilDemo(A2)
3	9	362880	<-- =DoUntilDemo(A3)
4	13	6227020800	<-- =DoUntilDemo(A4)

Do ··· Loop Until ステートメント

Do ··· Loop Until ステートメントは、最後に条件判断するループ群の 1 つである。これは 1 つ以上のステートメントを、1 回、または条件が真になるまで 2 回以上、VBA に実行させる。以下の関数は、この動作を示している。

```
Function DoLoopUntilDemo(N)
    If N < 2 Then
        DoLoopUntilDemo = 1
    Else
        i = 1
        j = 1
        Do
            j = j * i
            i = i + 1
        Loop Until i > N
        DoLoopUntilDemo = j
    End If
End Function
```

	A	B	C
1	**DoLoopUntilDemo の実行**		
2	5	120	<-- =DoLoopUntilDemo(A2)
3	9	362880	<-- =DoLoopUntilDemo(A3)
4	13	6227020800	<-- =DoLoopUntilDemo(A4)

For ループ

For ループは、ループのテーマにおける（ひとまず）最後のバリエーションである。**For** ループは、処理を繰り返す回数が事前に分かっているループで、主に用いられる。以下の関数は、その使用法及びバリエーションを示している。

```
Function ForDemo1(N)
    If N <= 1 Then
        ForDemo1 = 1
    Else
        j = 1
        For i = 1 To N Step 1
            j = j * i
        Next i
        ForDemo1 = j
    End If
End Function
```

	A	B	C
1		ForDemo1 の実行	
2	5	120	<-- =ForDemo1(A2)
3	9	362880	<-- =ForDemo1(A3)
4	13	6227020800	<-- =ForDemo1(A4)

ステートメントの **Step** という部分は、（この場合のように）増加幅が 1 のとき、省略できる。例えば、次のようになる。

```
For i = 1 To N
   j = j * i
Next i
```

ループにカウントダウンさせたい場合、次の関数で示されるように、**Step** 値をマイナスにすることができる。

```
Function ForDemo2(N)
    If N <= 1 Then
        ForDemo2 = 1
    Else
        j = 1
        For i = N To 1 Step -1
            j = j * i
        Next i
        ForDemo2 = j
    End If
End Function
```

	A	B	C
1		ForDemo2 の実行	
2	5	120	<-- =ForDemo2(A2)
3	9	362880	<-- =ForDemo2(A3)
4	13	6227020800	<-- =ForDemo2(A4)

For ループは、**Exit For** ステートメントを用いて、途中で抜け出すことができる。次の関数（階乗を求める関数ではない）で示す。

```
Function ExitForDemo(Parameter1, Parameter2)
    Sum = 0
    For i = 1 To Parameter1
        Sum = Sum + i
        If Sum > Parameter2 Then Exit For
    Next i
    ExitForDemo = Sum
End Function
```

	A	B	C	D
1	ExitForDemo の実行			
2	Parameter1	Parameter2		
3	5	22	15	<-- =ExitForDemo(A3,B3)
4	6	22	21	<-- =ExitForDemo(A4,B4)
5	7	22	28	<-- =ExitForDemo(A5,B5)
6	8	22	28	<-- =ExitForDemo(A6,B6)

36.9 VBA における Excel 関数の使用

VBA では、Excel のワークシート関数の多くを使うことができる。ここでは、二項分布（これ自体が Excel 関数ではあるが）を定義する方法を示しながら説明する。二項乱数の確率分布は、$binom(p, n, x) = \binom{n}{x} p^x (1-p)^{n-x}$ と定義される。ここで、p は成功確率、x は成功回数、n は試行回数である。$\binom{n}{x} = \frac{n!}{(n-x)!x!}$ が二項係数であり、n 要素の中から x 要素を選ぶ方法が何通りあるかを示す。例えば、8 人の候補から 2 人のチームを作りたいと考え、何通りのチームを作ることができるのかが知りたいとする。この解答は、$\binom{8}{2} = \frac{8!}{6!2!} = \frac{8 \cdot 7 \cdot 6 \cdot 5 \cdot 4 \cdot 3 \cdot 2 \cdot 1}{6 \cdot 5 \cdot 4 \cdot 3 \cdot 2 \cdot 1 * 2 \cdot 1} = 28$ によって与えられる。Excel 関数 **Combin**(8,2) はこの計算を行う。

この Excel 関数を以下の VBA 関数で用いる。

```
Function Binomial(p, n, x)
    Binomial = Application.WorksheetFunction. _
    Combin(n, x) * p ^ x * (1 - p) ^ (n - x)
End Function
```

通常通り、これをスプレッドシートで適用できる。

	A	B	C
1		Binomial の実行	
2	p	0.5	
3	n	10	
4	x	6	
5	Binomial	0.205078125	<-- =Binomial(B2,B3,B4)

この関数では、**Application.WorksheetFunction.Combin(n, x)** を用いて $\binom{n}{x}$ を計算していることに留意しよう。名前（**Application.WorksheetFunction.Something**）から推測できるかもしれないが、この関数は Excel のワークシート関数 **Combin( )** である。全てではないが、[5] ほとんどの Excel のワークシート関数を全く同じ様に VBA で用いることができる。完全なリストについては、ヘルプ・ファイルを参照されたい。

もう 1 つ注目すべき点は、2 行目の終わりにある、スペースの次にあるアンダースコア (_) である。1 行として扱うには長すぎる場合、この仕掛けを用いて、その行を次の行に続けることができる（VBA に関する限り、**Binomial** の 2 行目と 3 行目は 1 行である）。[6]

Binomial(0.5,10,15) を計算するために、我々の **Binomial** 関数を用いてみるとしよう。これでは機能しない。

	A	B	C
1		Binomial の実行	
2	p	0.5	
3	n	10	
4	x	15	
5	Binomial	#VALUE!	<-- =Binomial(B2,B3,B4)

---

[5] 同様の関数が VBA 独自の関数として利用できるとき、対応する Excel 関数は VBA では利用できない。例えば、VBA では、**rnd( )** を使うが、**Application.WorksheetFunction.Rand( )** は使わない。また、VBA では、**sqr( )** を使うが、**Application.WorksheetFunction.Sqrt( )** は使わない。

[6] 長すぎるとはどういうことか。これはプログラミングの好みの問題だが、ここでの目的に対しては、どの行においても 70–80 文字を超えると長すぎると考えられる。

Binomial で使われている $\begin{pmatrix} n \\ x \end{pmatrix}$ を計算するには、$x < n$ でなければならないことが、問題の原因である。この場合、VBA は Excel にエラーメッセージ **#VALUE!** を返させる。Excel のエラー値の論点は若干曖昧であるため、本章の補論で取り扱う。

36.10 ユーザー定義関数におけるユーザー定義関数の使用

Excel 関数同様に、ユーザー定義関数を他のユーザー定義関数で用いることができる。次の関数はワークシート関数 COMBIN の代わりである。COMBIN は、$c(n, x) = \dfrac{n!}{(n-x)! x!}$ と定義される。ここで ! は階乗を求める関数を表している（階乗を求める関数 $n!$ は、$n > 0$ となる任意の n について定義されることを思い出そう。$0! = 1$ であり、$n > 0$ のとき、$n! = n * (n-1) * (n-2) * \cdots * 1$ である）。

ここで、階乗を求める関数及び COMBIN 関数という、2 つの関数を、VBA バージョンで記述する。

```
 1 Function HomeFactorial(n)
 2   If Int(n) <> n Then
 3     HomeFactorial = CVErr(xlErrValue)
 4   ElseIf n < 0 Then
 5     HomeFactorial = CVErr(xlErrNum)
 6   ElseIf n = 0 Then
 7     HomeFactorial = 1
 8   Else
 9     HomeFactorial = HomeFactorial(n - 1) * n
10   End If
11 End Function
```

2 行目は、入力値が整数かどうかを、"n" の整数部分を "n" と比較することにより確認している。"Int" 関数は VBA の一部である。例えば **HomeFactorial(3.3)** を求めるといった誤りを犯した場合、プログラムの 3 行目は Excel に **#VALUE!** を

返させる。同様に、4 行目と 5 行目は、誤ってマイナスの値の **HomeFactorial** を求めていないかを確認している。この場合、5 行目は Excel に **#NUM!** を返させる。エラー値の使用法に関する、より完全な説明については、本章の補論を参照されたい。

9 行目では、関数がその関数自身を用いて返すべき値を計算するという新しい概念を導入している。これは再帰と呼ばれる。以下でこの関数の実行例を示す。

	A	B	C		D	E
1			再帰の実行			
2	1	1	<-- 1		1	<-- =HomeFactorial(A2)
3	2	2	<-- =B2*A3		2	<-- =HomeFactorial(A3)
4	3	6	<-- =B3*A4		6	<-- =HomeFactorial(A4)
5	4	24	<-- =B4*A5		24	<-- =HomeFactorial(A5)
6	5	120	<-- =B5*A6		120	<-- =HomeFactorial(A6)

これで **Combin** の VBA バージョン（**HomeCombin** と呼ぶことにする）を作成するために、**HomeFactorial** が利用できる。

```
Function HomeCombin(n, x)
    HomeCombin = HomeFactorial(n) / _
        (HomeFactorial(n - x) * HomeFactorial(x))
End Function
```

ようやく、VBA バージョンの二項関数を作成するために、**HomeCombin** が利用できる。

```
Function HomeBinom(p, n, x)
    If n < 0 Then
        HomeBinom = CVErr(xlErrValue)   '関数に #VALUE! を
                                        '返させる
    ElseIf x > n Or x < 0 Then
        HomeBinom = CVErr(xlErrNum)     '関数に #NUM! を
                                        '返させる
    Else
        HomeBinom = HomeCombin(n, x) _
                    * p ^ x * p ^ (n - x)
    End If
End Function
```

VBA コードにコメントを付ける

上の関数で示したように、VBA は、ある行のアポストロフィ以降の全ての記述を無視する（新たなコメント行ごとに、アポストロフィで始める必要があることに留意しよう）。

練習問題

1. $f(x) = x^2 - 3$ について VBA 関数を記述しなさい。

	A	B	C
1	問題1		
2			
3	X		
4	1	-2	<-- =Exercise1(A4)
5	2	1	<-- =Exercise1(A5)
6	3	6	<-- =Exercise1(A6)

2. $f(x) = \sqrt{2x^2} + 2x$ について VBA 関数を記述しなさい。これを行う方法は 2 つあることに留意しよう。1 つ目は VBA 関数 **Sqr** を用いることである。2 つ目は VBA 演算子 " ^ " を用いることである。両方とも試してみることを勧める。

	A	B	C
1		問題 2	
2	x		
3	1	3.414213562	<-- =Exercise2(A3)
4	2	6.828427125	<-- =Exercise2(A4)
5	1	3.414213562	<-- =Exercise2a(A5)
6	2	6.828427125	<-- =Exercise2a(A6)

3. ある株式が時点 0 で価格 P_0 に価格付けされ、時点 1 では価格 P_1 に価格付けされるとしよう。このとき、連続複利での収益率は $\ln\left(\dfrac{P_1}{P_0}\right)$ で定義される。この関数を VBA で実行しなさい。この計算を行う方法は 2 つある。**Worksheet-Function.Ln** または VBA 関数 **Log** を用いることができる。

	A	B	C	D
1			問題 3	
2	P_0	P_1		
3	100	110	0.09531	<-- =Exercise3(A3,B3)
4	100	200	0.69315	<-- =Exercise3(A4,B4)
5	100	110	0.09531	<-- =Exercise3a(A5,B5)
6	100	200	0.69315	<-- =Exercise3a(A6,B6)

4. ある銀行は以下のような方法で、預金額に基づき、顧客に異なった年利を提示している。

預金額が 1,000 ドル以下の場合、金利は 5.5%
預金額が 1,000 ドル超 10,000 ドル以下の場合、金利は 6.3%
預金額が 10,000 ドル超 100,000 ドル以下の場合、金利は 7.3%
預金額がそれ以外の場合、金利は 7.8%

VBA で関数 **Interest(Deposit)** を実行しなさい。**ブロック形式の If** 構造を用いることができる点に留意しよう。

	A	B	C
1	問題 4		
2	Deposit		
3	-1	#VALUE!	<-- =Interest(A3)
4	100	5.50%	<-- =Interest(A4)
5	1100	6.30%	<-- =Interest(A5)
6	9999.99	6.30%	<-- =Interest(A6)
7	10000	6.30%	<-- =Interest(A7)
8	10000.001	7.30%	<-- =Interest(A8)
9	100000.001	7.80%	<-- =Interest(A9)

5. 問題 4 の関数を用いて、関数 **NewDFV(Deposit,Years)** を実行しなさい。この関数は、預金と獲得した利息が、所与の年数再投資されると仮定し、銀行預金の将来価値を返す。したがって、例えば **NewDFV(10000,10)** は $10000*(1.063)^{10}$ を返すことになる。

	A	B	C	D
1	問題 5			
2	Deposit	Years		
3	10000	10	18421.82	<-- =NewDFV(A3,B3)
4	10000.001	10	20230.06	<-- =NewDFV(A4,B4)

6. ある投資会社が FT100 インデックスに連動する債券を売りに出している。償還時に、この債券は額面価額に、(A) 額面価格にインデックスの変化率をかけたものか、あるいは (B) 月次複利で年利5%の、どちらか大きい方を加えたものを支払う。例えば、インデックスが 110 の時に投資され、1 年後にインデックスが 125 の時に償還される場合は、$(B)100*(1+0.05/12)^{12} = 105.116$ ではなく、$(A)100 + 100*(125-110)/100 = 113.636$ を支払う。VBA 関数 **Bond(Deposit,Years,FT0,FT1)** を作成しなさい。

	A	B	C	D	E	F
1	問題 6					
2	Deposit	Years	FT0	FT1		
3	100	1	110	125	113.636	<-- =Bond(A3,B3,C3,D3)
4	100	1	110	100	105.116	<-- =Bond(A4,B4,C4,D4)
5	100	12	110	125	181.985	<-- =Bond(A5,B5,C5,D5)
6	100	12	110	1387.53	1,261.391	<-- =Bond(A6,B6,C6,D6)
7	100	12	110	1387.535	1,261.395	<-- =Bond(A7,B7,C7,D7)

7. VBA 関数 **ChooseBond(Deposit,Years,FT0,FT1)** を作成しなさい。この関数は、有利な投資が、問題 5 の銀行なら 1 の値を返し、問題 6 の会社なら 2 の値を返す。

	A	B	C	D	E	F
1				問題 7		
2	Deposit	Years	FT0	FT1		
3	100	1	110	125	2	<-- =ChooseBond(A3,B3,C3,D3)
4	100	1	110	110	1	
5	100	1	110	116.04	1	
6	100	1	110	116.05	2	
7	100,000	1	110	125	2	<-- =ChooseBond(A7,B7,C7,D7)
8	100,000	1	110	110	1	
9	100,000	1	110	118.02	1	
10	100,000	1	110	118.03	2	

8. ある銀行が以下の貯蓄プランを提供している。一定年数、毎月 1 日に一定額を投資する。最後の支払いの翌月 1 日に、元金と累積利息を受け取る。銀行は年利を示しているが、利息は月次ベースで複利計算される。毎月の預金額とプランの年数に応じ、8 つの異なる金利が提示されている。
以下の表は提示された金利の一覧である。

	1 月当たりの合計額 <=100 ドル	1 月当たりの合計額 >100 ドル
期間 2 年	3.5%	3.9%
期間 3 年	3.7%	4.5%
期間 4 年	4.2%	5.1%
期間 5 年	4.6%	5.6%

このような投資の将来価値を返す、引数が 2 つの関数 **DFV(Deposit,Years)** を作成しなさい。

	A	B	C	D
1			問題 8	
2	Deposit	Years	DFV	
3	10	5	675.746	<-- =DFV(A3,B3)
4	10	4	523.511	<-- =DFV(A4,B4)
5	10	3	381.293	<-- =DFV(A5,B5)
6	10	2	248.949	<-- =DFV(A6,B6)
7	10	1	#NUM!	<-- =DFV(A7,B7)

9. 問題 8 で与えられた情報を用いて、将来（2,3,4,5 年後）、一定額を得るために必要な月次の拠出額を返す、引数が 2 つの関数 **DEP(DFV,Years)** を作成しなさい。注: このプログラムの方がより興味深い。金利は月次拠出額に依存することを思い出そう。

	A	B	C	D
1	問題 9			
2	DFV	Years	DEP	
3	-100	2	-4.01689	<-- =DEP(A3,B3)
4	200	5	2.959693	<-- =DEP(A4,B4)
5	1000	4	19.10181	<-- =DEP(A5,B5)
6	2499	2	99.96106	<-- =DEP(A6,B6)
7	2500	2	100.0011	<-- =DEP(A7,B7)

10. フィボナッチ数列は、中世ヨーロッパの傑出した数学者である Leonardo Fibonacci（1170–1230）に因んで名付けられた。フィボナッチ数列は以下のように定義される。

$F(0) = 0$

$F(1) = 1$

$F(2) = F(0) + F(1) = 1$

$F(3) = F(1) + F(2) = 2$

$F(4) = F(2) + F(3) = 3$

以下同様

一般に、$F(n) = F(n-2) + F(n-1)$ である。

フィボナッチ数列の n 番目の数値を計算する VBA 関数を、**再帰**を用いて記述しなさい。

	A	B	C
1	問題 10		
2	n	Fibonacci	
3	0	0	<-- =fib(A3)
4	1	1	<-- =fib(A4)
5	2	1	<-- =fib(A5)
6	3	2	<-- =fib(A6)
7	4	3	<-- =fib(A7)
8	5	5	<-- =fib(A8)
9	6	8	<-- =fib(A9)
10	7	13	<-- =fib(A10)

11. フィボナッチ数列の n 番目の数値を計算する VBA 関数を、再帰を用いずに記述しなさい。

	A	B	C
1		問題 11	
2	n	LoopFibonacci	
3	0	0	<-- =LoopFibonacci(A3)
4	1	1	<-- =LoopFibonacci(A4)
5	2	1	<-- =LoopFibonacci(A5)
6	3	2	<-- =LoopFibonacci(A6)
7	4	3	<-- =LoopFibonacci(A7)
8	5	5	<-- =LoopFibonacci(A8)
9	6	8	<-- =LoopFibonacci(A9)
10	7	13	<-- =LoopFibonacci(A10)

補論: Excel 及び VBA におけるセル・エラー

Excel はエラーを報告するのに特殊な値を用いる。**CVErr( )** 関数は VBA の一部である。これは入力された値を、Excel がエラーを報告するために用いる特殊な値に変換する。Excel には、何かが間違っていたことを知らせるために、関数が返せるエラー値が数多くある。以下に例を示す。関数 **NewMistake(x,y)** は x/y の結果を返す。しかし、y=0 のとき、この関数は#DIV0!という（謎めいた）エラーメッセージを出力する。

```
Function NewMistake(x, y)
    If y <> 0 Then NewMistake = x / y Else _
        NewMistake = CVErr(xlErrDiv0)
End Function
```

今後の混乱を事前に予想する

VBA の全てのエラー値は "xlErr…" と記述される。タイプされたアルファベットの l は、数字の 1 のようにも見えるため、Microsoft が "XLErr…" と大文字を用いていれば、より簡単だったであろう。しかし … 。

これは Excel における **NewMistake** である。

	A	B	C	D
1	NewMistakeの実行			
2				
3	X	Y	NewMistake	
4	1	2	0.5	<-- =NewMistake(A4,B4)
5	2	1	2	<-- =NewMistake(A5,B5)
6	0	1	0	<-- =NewMistake(A6,B6)
7	1	0	#DIV/0!	<-- =NewMistake(A7,B7)

エラー値とそれらの説明を以下の表で示す。

エラー値	VBA での名称	考え得る原因
#NULL!	XlErrNull	#NULL!というエラー値は、共通部分のない2つの範囲の共通部分を指定したときに生じる。
#DIV/0!	XlErrDiv0	#DIV/0!というエラー値は、数式で 0（ゼロ）による除算が行われたときに生じる。
#VALUE!	XlErrValue	#VALUE!というエラー値は、誤った型の引数が用いられたときに生じる。
#REF!	XlErrRef	#REF!というエラー値は、セル参照が有効でないときに生じる。
#NAME?	XlErrName	#NAME?というエラー値は、Microsoft Excel が数式中の文字列を認識しないときに現れる。
#NUM!	XlErrNum	#NUM!というエラー値は、数式や関数の数値に問題が起きたときに生じる。
#N/A	XlErrNA	#N/A というエラー値は、ある値が関数や数式で利用できないときに生じる。

37 変数と配列

37.1 概要

本章の前半では、関数における変数の宣言について紹介する。本章の後半では、配列について紹介する。配列とは、同じ変数名で、同じデータ型を持つ変数を集めたものである。配列は、インデックスを用いて個別に参照される。ベクトル及び行列は、1次元配列と2次元配列の良い例である。配列とワークシートのセル範囲の関係から議論をはじめ、続く節では、単純な配列及び動的配列（実行時に大きさを変えられる）について論じる。配列をパラメータとして使う方法、変数のデータ型について簡単に議論して、本章を締めくくる。

37.2 関数変数を宣言する

関数変数は、値を格納するのに用いられる。関数変数は、パラメータにも単純な変数にもなりうる。パラメータの宣言は、関数を作成する際に、関数名の後に続く括弧内にパラメータを列挙して行う。今まで、最初に用いる時はVBAに処理を任せて、必要なときに単純な変数を用いてきた。本書に出てきたほとんどのシナリオでは、このやり方で十分であり、また、早いという利点がある。

　最初に関数変数の2つの性質が出てきたのは、**DoWhileDemo**関数だった。

```
Function DoWhileDemo(N)
    If N < 2 Then
        DoWhileDemo = 1
    Else
        i = 1  ' ループ・カウンター
        j = 1  ' 一連の演算結果を格納する
        Do While i <= N
            j = j * i
            i = i + 1
        Loop
        DoWhileDemo = j
    End If
End Function
```

　変数 **N** はパラメータであり、関数を実行するアプリケーション（Excel または別の関数）から値を受け取る。変数 **i**、**j** は単純な変数である。両方のタイプの関数変数（内部変数またはローカル変数として知られる）が、（明示または黙示に）変数が宣言されている関数内でのみ認識され、Excel や他の VBA 関数では認識されない。

　これは非常に短い関数なので、変数を明示的に宣言するまでもなく、コメントを付けておけば全てが十分に明確になる。より多くの変数を持つ、より長い関数では、維持管理を容易にし、プログラミングが明瞭になるので、関数の最上部で変数を宣言する利点があるかもしれない。次の関数が示すように、単純な変数は、**Dim** ステートメントを用いて宣言する。

```
    Function NewDoWhileDemo(N)
    Dim i  ' ループ・カウンター
    Dim j  ' 一連の演算結果を格納する
        If N < 2 Then
            NewDoWhileDemo = 1
        Else
            i = 1
            j = 1
            Do While i <= N
                j = j * i
                i = i + 1
            Loop
            NewDoWhileDemo = j
        End If
    End Function
```

Option Explicit ステートメント

モジュールの最初の行に **Option Explicit** ステートメントを挿入しておくと、宣言されていない変数を使った場合に、VBA に警告させることができる。このステートメントを挿入しておくと、宣言されていない変数を使うと、全てエラーとなり、新しい変数が作成されない。**Option Explicit** ステートメントはモジュール内の全てのルーチンに有効である。

　変数の宣言を強制することは、関数にエラーが入り込むのを防ぐ手助けとなる。以下に（若干無理のある）例を示す。次の関数は、（"Temp" が "Remp" と綴られる）タイプ・ミスを含んでいる。

```
    Function Typo(Parameter)
        Remp = Parameter * 3 + 1
        Typo = Temp
    End Function
```

Option Explicit ステートメントがなければ、Excel は、お気楽に、以下の結果を表示する。

	A	B	C
1		TYPO の実行	
2	5	0	<-- =Typo(A2)

しかし、この VBA コードの前に **Option Explicit** ステートメントを挿入し、ワークシートを再計算すると、以下の実行時エラーになる。

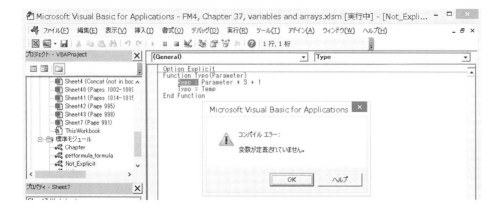

問題点が警告されたら、OK ボタンをクリックして VBA の実行を止め、"Remp" を "Temp" に置き換えて問題点を修正することができる（第 36 章を思い出すと、VBA のミスを修正した後、VBA エディタのツールバーにある ■ ボタンを押す必要がある）。

37.3 配列と Excel のセル範囲

VBA 配列は、同じ変数名で、同じデータ型を持つ変数を集めたものであり、1 つ（あるいは複数の）インデックスを用いて個別に参照される。VBA には VBA 固有の配列があり、以降の節ではこのタイプの配列について取り扱う。差し当たり、**バリアント型**を示す。関数に、Excel のセル範囲をパラメータとして受け取らせたい場合、パラメータのデータ型を指定しないままにしておくか、あるいは、パラメータをバリアント型として宣言する必要がある（同じ意味である）。関数内で

は、変数は配列のようになる。これを例示するために、パラメータの 1 番目から 4 番目までの要素の値を足し合わせる、**SumRange** という短い関数を作成する。

```
Function SumRange(R)
   S = 0
   For i = 1 To 4
      S = R(i) + S
   Next i
   SumRange = S
End Function
```

	A	B
1	**SUMRANGE の実行**	
2	1	<-- 1
3	2	<-- 2
4	3	<-- 3
5	4	<-- 4
6	10	<-- =SumRange(A2:A5)

	A	B	C	D
1	**SUMRANGE の実行**			
2	1	2	3	4
3	10	<-- =SumRange(A2:D2)		

どちらのケースでも、変数 R は、最初の要素が **R(1)** で最後の要素が **R(4)** の配列として取り扱うことができる。各要素は 1 つの変数として取り扱える。即ち、**R(2)** は 1 つの変数であり、**R(i-3)**（i-3 が >=1 かつ <=4 の整数値をとると仮定する）も同じである。配列として扱われるセル範囲は、常にインデックス番号 1 から始まる。

この関数に渡すセル範囲が長方形の場合は、どうなるだろうか？これを示すために、修正版 **SumRange** を紹介する。この関数には、合計する要素数を関数に指示する、2 番目のパラメータが挿入されている。

```
Function SumRange1(R, N)
   S = 0
   For i = 1 To N
      S = R(i) + S
   Next i
   SumRange = S
End Function
```

	A	B	C	D
1	SUMRANGE1 の実行			
2	3	4	5	
3	6	7	8	
4	9	10	11	
5	18	<-- =SumRange1(A2:C4,4)		
6	25	<-- =SumRange1(A2:C4,5)		
7	33	<-- =SumRange1(A2:C4,6)		

　見て分かるように、VBA は、長方形の配列を、もとのセル範囲の行で構成された 1 行の配列として扱う。関数 **SumRange1** の 2 番目のパラメータは、いくつの要素が足し合わされるべきかを示す。したがって、例えば、Sumrange1(A2:C4,5) は、最初の行と、2 番目の行の 2 つのセルを足し合わせる。

回収期間関数

セル範囲の少し複雑な使い方を、単純な回収期間関数によって示すことができる。資本予算における回収期間とは、投資の収益が初期投資の合計額を"払い戻す"のに必要な期間を意味することを思い出そう。例えば、毎年 500 ドルのキャッシュフローを支払う 1,000 ドルの投資は、回収期間 2 年になる。問題を簡単にするために、以下に定義する関数 **PayBack** は、年単位での解答を与えるものとする。もし、キャッシュフローの合計が、5 年では <0 だが、6 年だと >0 になるなら、この関数は 6 を返す。また、最初のキャッシュフローは初期投資（マイナス）であり、これ以外にマイナスのキャッシュフローはないものと仮定する。

```
Function PayBack(R, N)
    Temp = 0
    For i = 1 To N
        Temp = Temp + R(i)
        If Temp >= 0 Then Exit For
    Next i
    PayBack = i - 1
End Function
```

	A	B	C	D	E	F
1	**PAYBACK の実行**					
2	Period	1	2	3	4	5
3	Cash-flow	-1500	400	600	600	300
4	PayBack	3	<-- =PayBack(B3:F3,5)			

ここで定義した関数には若干の問題が含まれている。1 つは、次の画面で示すように、初期支出が回収されない場合、関数が間違った答えを返してしまうことである。

	A	B	C	D	E	F
1	**PAYBACK の実行**					
2	Period	1	2	3	4	5
3	Cash-flow	-4000	400	600	600	300
4	PayBack	5	<-- =PayBack(B3:F3,5)			

回収期間を返す前に、確認プログラムを挿入することにより、この問題は解決する。

```
Function PayBack1(r, n)
    Temp = 0
    For i = 1 To n
        Temp = Temp + r(i)
        If Temp >= 0 Then Exit For
    Next i
    If Temp >= 0 Then
        PayBack1 = i - 1
    Else
        PayBack1 = "No Payback"
    End If
End Function
```

	A	B	C	D	E	F
1	PAYBACK1 の実行					
2	Period	1	2	3	4	5
3	Cash-flow	-4000	400	600	600	300
4	PayBack	No Payback	<-- =PayBack1(B3:F3,5)			

37.4 簡単な VBA 配列

VBA 配列を宣言するにはいくつかの方法があるが、全て **Dim** ステートメントを用いる。配列を宣言する最も簡単な方法は、配列のインデックス番号が取り得る最大値を、そのまま VBA に入力することである。別段の指示をしない限り、VBA 配列のインデックス番号は常に 0 から始まる。以下の関数では、**MyArray** は 0, 1, 2, ⋯, 5 の番号が割り当てられた 6 つの要素を持っている。

```
Function ArrayDemo1()
    Dim MyArray(5)
    For i = 0 To 5
        MyArray(i) = i * i
    Next i
    S = ""
    For i = 0 To 5
        S = S & " # " & MyArray(i)
    Next i
    ArrayDemo1 = S
End Function
```

スプレッドシートで **ArrayDemo1** を用いると、以下の結果になる。

	A	B
1	**ARRAYDEMO1 の実行**	
2	# 0 # 1 # 4 # 9 # 16 # 25	<-- =ArrayDemo1()

注記：

- **MyArray** は 6 つの要素（変数）を持つ。最初が **MyArray(0)** で、最後が **MyArray(5)** である。特に指定しない限り、全ての VBA 配列は 0 から始まる（後述の **Option Base** に関する議論を参照）。
- 配列の要素はちょうど変数のように取り扱われる。**MyArray(2)** は変数であり、**MyArray(i-3)** も同様である（i-3 が >=0 かつ <=5 以下の整数値を取ると仮定している）。
- 連結演算子 **&** の使用。この演算子は 2 つの被演算子を連結（結合）し、1 つの文字列を生成する。連結演算子の被演算子が文字列でない場合、文字列に変換されてから連結される。

配列に含まれない要素を使おうとすると、VBA はエラーメッセージを返す。以下の関数で示す。

```
Function ArrayDemo2(N)
   Dim MyArray(5)
   Dim i As Integer
      For i = 0 To 5
        MyArray(i) = i * i
     Next i
   ArrayDemo2 = MyArray(N)
End Function
```

	A	B	C
1	**ARRAYDEMO2 の実行**		
2	0	0	<-- =ArrayDemo2(A2)
3	1	1	<-- =ArrayDemo2(A3)
4	2	4	<-- =ArrayDemo2(A4)
5	3	9	<-- =ArrayDemo2(A5)
6	4	16	<-- =ArrayDemo2(A6)
7	5	25	<-- =ArrayDemo2(A7)
8	6	#VALUE!	<-- =ArrayDemo2(A8)

LBound 及び UBound

LBound と **UBound** という 2 つの VBA 組み込み関数は、配列を扱う際に非常に便利な関数である。これらの関数は、配列のインデックス番号が取り得る最小値と最大値を返す。一次元配列での使用法を、以下の関数で示す。

```
Function ArrayDemo3(N)
   Dim MyArray(5)
   If N = "LB" Then
      ArrayDemo3 = LBound(MyArray)
   ElseIf N = "UB" Then
      ArrayDemo3 = UBound(MyArray)
   End If
End Function
```

	A	B	C
1			ARRAYDEMO3 の実行
2	LB		0 <-- =ArrayDemo3(A2)
3	UB		5 <-- =ArrayDemo3(A3)

配列 **MyArray** は6つの要素を持っており、**LBound** が示すように最初の要素は **MyArray(0)** であり、**UBound** が示すように最後の要素は **MyArray(5)** であることに注目しよう。

多次元配列に使う時には、知りたい境界値をもつ次元を指定するために、2つ目のパラメータを与える必要がある。次の関数で示す。

```
Function ArrayDemo4(Dimension, Bound)
   Dim MyArray(2, 3, 4)
   If Bound = "LB" Then
      ArrayDemo4 = LBound(MyArray, Dimension)
   ElseIf Bound = "UB" Then
      ArrayDemo4 = UBound(MyArray, Dimension)
   End If
End Function
```

	A	B	C	D
1		ARRAYDEMO4 の実行		
2	LB	1	0	<-- =ArrayDemo4(B2,A2)
3	UB	1	2	<-- =ArrayDemo4(B3,A3)
4	LB	2	0	<-- =ArrayDemo4(B4,A4)
5	UB	2	3	<-- =ArrayDemo4(B5,A5)
6	LB	3	0	<-- =ArrayDemo4(B6,A6)
7	UB	3	4	<-- =ArrayDemo4(B7,A7)

関数で Excel セル範囲の境界値を取得する方法

悲しいことに、組み込み関数 **LBound** と **UBound** は、関数に渡されたセル範囲には機能しない。パラメータが実際にはセル範囲であるという事実を利用し、そのプロパティのいくつかを用いることで、必要な結果を得ることができる。以下の関数でこれを示す。

```
Function RangeBound(R, What)
   If What = "C" Then
      RangeBound = R.Columns.Count
   ElseIf What = "R" Then
      RangeBound = R.Rows.Count
   End If
End Function
```

	A	B	C
1		**RANGEBOUND の実行**	
2	C	2	<-- =rangebound(D1:E5,A2)
3	R	5	<-- =rangebound(D2:E6,A3)
4	c	0	<-- =rangebound(D3:E7,A4)
5	r	0	<-- =rangebound(D4:E8,A5)

小文字では、この関数が機能しないことに気が付いただろうか。大文字と小文字にとらわれたくないなら、一般的に行われているように、**VBA** 関数 **UCase** を用いて "what" を大文字に置換することができる。

```
Function RangeBound1(R, What)
   If UCase(What) = "C" Then
      RangeBound1 = R.Columns.Count
   ElseIf UCase(What) = "R" Then
      RangeBound1 = R.Rows.Count
   End If
End Function
```

	A	B	C
1		**RANGEBOUND1 の実行**	
2	C		2 <-- =rangebound1(D1:E5,A2)
3	R		5 <-- =rangebound1(D2:E6,A3)
4	c		2 <-- =rangebound1(D3:E7,A4)
5	r		5 <-- =rangebound1(D4:E8,A5)
6	1		0 <-- =rangebound1(D5:E9,A6)

Excel の NPV 関数の修正

第 1 章から以下を思い出そう。

割引キャッシュフローに関する Excel 用語は、通常のファイナンス用語と若干異なっている。Excel は NPV という単語を一連のキャッシュフローの現在価値（正味現在価値で**はない**）を表すものとして用いる。

　Excel を用いて、ファイナンスでいう一連のキャッシュフローの正味現在価値を計算するためには、将来キャッシュフローの現在価値を計算し（Excel の NPV 関数を用いる）、この現在価値から時点 0 のキャッシュフローを控除しなければならない（これは大抵、対象となる資産の取得原価である）。

　この欠点に対応する関数 **nNPV** を書いてみよう。この過程で VBA における Excel のセル範囲について若干学ぶことになる。関数を簡単にするために、キャッシュフローが一行の場合にのみ機能することとする。

```
Function nNPV(Rate, R)
   nNPV = R(1) + Application.WorksheetFunction _
   .npv(Rate, R.Range("B1", R.End(xlToRight)))
End Function
```

　R.Range(CellTopLeft,CellBottomRight) は、パラメータによって指定されるセル範囲を返す。セル番地は、ワークシートにおける番地ではなく、**R** における相対的な番地であることに注意しよう。

　R.End(Direction) は、**R** における 4 つの方向にある最後のセルのうち、**Direction** に従って進んだ方向にある 1 つを返す。**Direction** が取り得る値は、xlDown、 xlToLeft、xlToRight、xlUp である。

R が 1 行のセル範囲と仮定すると、**R.Range("B1",R.End(xlToRight))** は、**R** に含まれる全てのセルから最初のセルを除いた、セル範囲を返す。

	A	B	C	D	E	F
1		NNPV の実行				
2	Cash Flows ▶	-400	100	100	100	100
3	Rate ▶	10%				
4	Excel NPV ▶	-75.4667776	<-- =NPV($B$3,$B$2:$F$2)			
5	Excel C$_0$+NPV ▶	-83.01345537	<-- =$B$2+NPV($B$3,$C$2:$F$2)			
6	nNPV ▶	-83.01345537	<-- =nNPV($B$3,$B$2:$F$2)			

新しい IRR 関数

この新たに獲得したツールを使って、もう 1 つ実用的な関数 **nIRR** を作成できる。第 1 章を思い出すと、内部収益率（IRR）は、以下のように NPV をゼロにする複利収益率 r と定義される。

$$CF_0 + \sum_{t=1}^{N} \frac{CF_t}{(1+r)^t} = 0$$

IRR を計算するために、継続的改善（successive refinement）と呼ばれるテクニックを使う。

1. NPV を計算するのに、もし r の当初の推測値が与えられればその値を使い、そうでなければ 50% を使う。
2. 計算された NPV がゼロ（または十分ゼロに近い）なら、この時点の推測値を返す。
3. 計算された NPV がマイナスなら、推測値を $r = r - r/2$ に置き換える。
4. 計算された NPV がプラスなら、推測値を $r = r + r/2$ に置き換える。
5. NPV を再計算する。
6. 2-5 のステップを繰り返す。

最初のキャッシュフローはマイナスで、他の全てはプラスであると仮定する。

以下に、この関数を示す。

```
Function nIRR(R, Optional guess = 0.5)
   n = nNPV(guess, R)
   Do While Abs(npv) > 0.0001
      If n < 0 Then
         guess = guess - guess / 2
      Else
         guess = guess + guess / 2
      End If
      n = nNPV(guess, R)
   Loop
   nIRR = guess
End Function
```

オプショナル・パラメータ

Optional guess = 0.5 を用いて、最後のパラメータをオプショナルと宣言し、値が提供されない場合には、デフォルト値としている点に注目しよう。ひとたび、あるパラメータがオプショナルと宣言されると、以降のパラメータは全て、同様にオプショナルと宣言しなければならない。例えば、以下で示す宣言は問題ない。

```
Function WillWork(a, Optional b = 5, Optional c = 4)
```

ところが、以下は結果がエラーになる。

```
Function WillNotWork(a, optional b= 5, c)
```

この関数はとても遅いため、結果を計算するのに数秒を要する場合があることに注意しよう。

	A	B	C	D	E	F
1		**NIRR の実行**				
2	Cash Flows ▶	-375	100	100	100	100
3	Guess ▶	5%				
4	IRR ▶	2.63247%	<-- =IRR($B$2:$F$2,$B$3)			
5	nIRR ▶	2.63247%	<-- =nIRR($B$2:$F$2,$B$3)			
6	nIRR ▶	2.63248%	<-- =nIRR($B$2:$F$2)			
7	nNPV ▶	7.708E-11	<-- =nNPV($B$4,$B$2:$F$2)			
8	nNPV ▶	9.795E-06	<-- =nNPV($B$5,$B$2:$F$2)			
9	nNPV ▶	-9.55E-05	<-- =nNPV($B$6,$B$2:$F$2)			

Option Base ステートメント

Excel の配列は 1 から始まるが、VBA の配列は、特に定義しない限り 0 から始まる。モジュールオプションを用いて、明確に宣言されていない全ての配列のインデックスを 1 から始めさせることができる。**ArrayDemo3** を用いて例示する。新しい VBA モジュールを開いて、最初の行に "OptionBase1" と記述しよう。この変更を反映するように、先に出てきた関数の名前を変える。

```
Option Base 1
Function ArrayDemo3OptionBase1(N)
   Dim MyArray(5)
   If N = "LB" Then
      ArrayDemo3OptionBase1 = LBound(MyArray)
   ElseIf N = "UB" Then
      ArrayDemo3OptionBase1 = UBound(MyArray)
   End If
End Function
```

モジュールの最初の行に **Option Base 1** を挿入すると、次の結果（唯一異なるのは、セル B2 が 0 ではなく 1 になる）が得られる。

	A	B	C
1		**ARRAYDEMO3OPTIONBASE1 の実行**	
2	LB	1	<-- =ArrayDemo3optionbase1(A2)
3	UB	5	<-- =ArrayDemo3optionbase1(A3)

Option Base 1 ステートメントは、全ての Option ステートメント同様、モジュール内の全ての関数及びサブルーチンの前に挿入する必要がある。全ての Option ステートメント同様、その効果はカレント・モジュール内の全てのルーチンのみに限定される。

37.5 多次元配列

配列は 2 つ以上のインデックスを持つことができる。2 次元配列では、1 つ目のインデックスは行を、2 つ目のインデックスは列を参照する。配列内に宣言できるインデックスの数に、正式な制約はない。次の関数では、多次元配列を宣言するための構文を例示する。

```
Function Matrix1(R, C)
   Dim MyMat(2, 1)
   For i = 0 To 2
      For j = 0 To 1
         MyMat(i, j) = i * j
      Next j
   Next i
   If R >= 0 And R <= 2 And C >= 0 And C <= 1 _
      Then
      Matrix1 = MyMat(R, C)
   End If
End Function
```

	A	B	C	D
1			**MATRIX1 の実行**	
2	R	C	Matrix1(R,C)	
3	0	0	0	<-- =Matrix1(A3,B3)
4	1	0	0	<-- =Matrix1(A4,B4)
5	2	0	0	<-- =Matrix1(A5,B5)
6	0	1	0	<-- =Matrix1(A6,B6)
7	1	1	1	<-- =Matrix1(A7,B7)
8	2	1	2	<-- =Matrix1(A8,B8)
9	3	1	0	<-- =Matrix1(A9,B9)
10	1	3	0	<-- =Matrix1(A10,B10)

次の関数では、多次元配列での **LBound** と **UBound** の使い方を例示する。

```
Function Matrix2(R, C)
   Dim MyMat(1, 1)
   For i = LBound(MyMat, 1) To UBound(MyMat, 1)
      For j = LBound(MyMat, 2) To _
             UBound(MyMat, 2)
         MyMat(i, j) = i * j
      Next j
   Next i
   If R >= LBound(MyMat, 1) And _
      R <= UBound(MyMat, 1) And _
      C >= LBound(MyMat, 2) And _
      C <= UBound(MyMat, 2) Then
      Matrix2 = MyMat(R, C)
   End If
End Function
```

	A	B	C	D
1	\multicolumn{3}{c}{}	**MATRIX2 の実行**	
2	R	C	Matrix2(R,C)	
3	0	0	0	<-- =Matrix2(A3,B3)
4	1	0	0	<-- =Matrix2(A4,B4)
5	2	0	0	<-- =Matrix2(A5,B5)
6	0	1	0	<-- =Matrix2(A6,B6)
7	1	1	1	<-- =Matrix2(A7,B7)
8	1	2	0	<-- =Matrix2(A8,B8)

　LBound 及び **UBound** の 2 番目の引数の使い方に注意しよう。1 つの引数だけを使う場合、いずれの関数とも、配列の最初の次元で取りうる最も大きなインデックスを返す。(このケースのように) 2 次元以上の配列の場合、知りたい次元を指定するために、関数の 2 番目の引数を使うことができる。

37.6 動的配列と ReDim ステートメント

プログラムの実行中に配列の大きさを設定（及び再設定）できると、便利な場合が多々ある。動的配列とは、実行時に大きさを変更できる配列である。動的配列は **Dim** ステートメントを用いて宣言するが、以下のように括弧の中には何も入れない。

```
Dim 名前()
```

配列を用いる前に、以下のように **ReDim** ステートメントを用いて、その大きさを設定する必要がある。

```
ReDim 配列名(整数値)
```

例えば、次のように記述するとしよう。

```
ReDim Prices(12)
```

動的配列 **Prices** の大きさを 12 の要素に設定する。以下のように、大きさには変数を使うことが、より典型的だろう。

```
ReDim Prices(I)
```

これで **Prices** の大きさが I の値に設定される。

ReDim ステートメントを用いて、動的配列（実際は全ての VBA 配列）の大きさを変更することもできる。配列の大きさを変更すると、その配列のデータが全て失われる。次のように **ReDim Preserve** を用いると、以前のデータが保持される。

```
ReDim 配列名 ( 整数値 )
```

　以下の関数は、一連の将来キャッシュフローの現在価値を計算する。関数を簡単にするため、金利は1期間当たり5%に固定されている。この関数を使って、当初の入力値の大きさ（変数 **n**）から、配列の大きさを決める動的配列（変数 **CF**）の使い方を例示する。

```
Function DynPV(r As Range)
   ' n は期間数
   ' cf() はキャッシュフローの動的配列
   Dim n
   Dim cf()
   Dim Temp
   Dim i
   ' 以下では、データが行にあるのか列にあるのかを区別する。
   If r.Columns.Count = 1 Then
      n = r.Rows.Count
   ElseIf r.Rows.Count = 1 Then
      n = r.Columns.Count
   Else
      Exit Function
   End If
   ' 配列の次元を再定義する。
   ReDim cf(1 To n)
   For i = 1 To n
      cf(i) = r(i)
   Next i
   Temp = 0
   For i = 1 To n
   Temp = Temp + cf(i) / 1.05 ^ i
   Next i
   DynPV = Temp
End Function
```

この関数を実行すると、以下の結果になる。

	A	B	C
1	**DYNPV の実行(縦)**		
2	Cash Flows		
3	100		
4	200		
5	300		
6	DynPV ▶	535.79527	<-- =DynPV(A3:A5)

	A	B	C	D
1	**DYNPV の実行(横)**			
2	Cash Flows ▶	100	200	300
3	DynPV ▶	535.79527	<-- =DynPV(B2:D2)	

ReDim Preserve ステートメントの使用

既に述べたように、**ReDim** ステートメントの **Preserve** 部分は、次元が再定義された配列のデータ喪失を防ぐ。**Preserve** を使うことは、**ReDim** の使用に、2つの重要な制約を課す。

- インデックスの最小値の変更ができないこと
- 次元数を変更できないこと

ReDim Preserve を主に使うのは、インタラクティブなプログラム内なので、ユーザー・インタラクションについて扱う後の章で説明する。

37.7 配列の割り当て

犯しやすい間違いを以下に示す。以下の例では、**Array2** が **Array1** と同じになるように VBA に指示したい。

```
Function ArrayAssignError()
    Dim Array1(5)
    Dim Array2(5)
    For i = 0 To 4
        Array1(i) = i * i
    Next i
    Array2 = Array1
    ArrayAssignError = Array2
End Function
```

次のスクリーン・ショットを見て分かる通り、VBA ではそのようにできない。

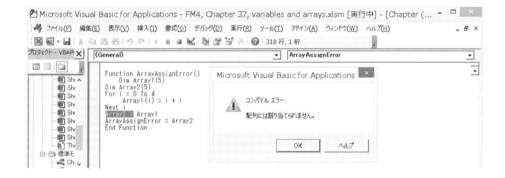

自明であるが、配列を割り当てる 1 つの方法は、**For** ループを用いて、各要素を個別に割り当てることである。

```
For I = 0 To 4: Array2(I) = Array1(I):
Next I
```

「：」演算子

ステートメントの終わりを示すために「：」演算子を使っていることに留意しよう。この方法により、2つ以上の短いステートメントを同じ行にまとめられる。もう1つの、そして、より簡単な配列の割り当て方は、次節で議論する。

37.8 配列を格納するバリアント

バリアント型の変数は配列を格納することができる。通常の配列を宣言するのに比べて、手順は若干複雑だが、割り当てという点での効果は、手間をかけるだけの価値がある場合がある。以下の関数では、配列を格納する**バリアント**の使い方を例示する。

```
01 Function ArrayAssign(r, j)
02    Dim Array1                    'これがバリアント
03    Dim Array2                    'これがバリアント
04    Dim n                         'Rの要素数の数
05    Array1 = Array()
06    If r.Columns.Count = 1 Then   '列のデータ
07       n = r.Rows.Count
08    ElseIf r.Rows.Count = 1 Then  '行のデータ
09       n = r.Columns.Count
10    Else                          '無効なデータ
11       Exit Function
12    End If
13    ReDim Array1(1 To n)
14    For i = 1 To n
15       Array1(i) = r(i)
16    Next i
17    '***************************この点に注目
18    Array2 = Array1               'この点に注目
19    '***************************この点に注目
20    If j >= 1 And j <= n Then
21       ArrayAssign = Array2(j)
22    End If
23 End Function
```

（5行目にある）関数 **Array( )** は、配列を格納するバリアントを返す。同じ行における割り当てにより、**Array1** が配列となる（この時点では初期化されない）。また、13行目の **ReDim** ステートメントにより、**Array1** が **n** 要素からなる配列になる。全ての手間に対する見返りは、18行目に示されている。以下では、この関数をワークシート上で示す。

	A	B	C	D	E
1		**ARRAYASSIGN の実行**			
2	55	88	77	12	99
3	1	55	<-- =ArrayAssign($A$2:$E$2,A3)		
4	2	88	<-- =ArrayAssign($A$2:$E$2,A4)		
5	3	77	<-- =ArrayAssign($A$2:$E$2,A5)		
6	4	12	<-- =ArrayAssign($A$2:$E$2,A6)		
7	5	99	<-- =ArrayAssign($A$2:$E$2,A7)		
8	6	0	<-- =ArrayAssign($A$2:$E$2,A8)		

37.9 関数のパラメータとしての配列

配列は、関数のパラメータとして使うことができる。以下に提示する一連の関数は、37.6節で議論した **DynPV** の改良版である。補助的な処理を全て別の関数に任せると、メイン関数である **NewDynPV** が非常に読みやすくなることに注目しよう。

関数 **ComputePV(CF( ))** は、**倍精度浮動小数点数型**の配列に格納された一連のキャッシュフローの現在価値を計算するために用いられている。

```
Function ComputePV(CF())
    Temp = 0
    For i = LBound(CF) To UBound(CF)
        Temp = Temp + CF(i) / 1.05 ^ i
    Next i
    ComputePV = Temp
End Function
```

ComputePV(CF( )) では、インデックス情報を伴わずに **CF( )** を宣言しなければならないことに留意しよう。その結果として、インデックス情報を得るために、**LBound** 及び **UBound** を用いる。

GetN(R As Range) 関数は、R 内の要素の数を返す。

```
Function GetN(R As Range)
    If R.Columns.Count = 1 Then    '列のデータ
        GetN = R.Rows.Count
    ElseIf R.Rows.Count = 1 Then   '行のデータ
        GetN = R.Columns.Count
    Else
        GetN=0
    End If
End Function
```

メイン関数は以下の通りである。

```
Function NewDynPV(R As Range)
    Dim n As Integer          '期間の数
    Dim CF() As Double        'キャッシュフローの動的配列
    n = GetN(R)
    If (n=0) Then
        NewDynPV = n
        Exit Function
    End If
    ReDim CF(1 To n)          '配列の次元を再定義する
    For i = 1 To n
        CF(i) = R(i)
    Next i
    NewDynPV = ComputePV(CF)
End Function
```

	A	B	C	D
1	NEWDYNPV の実行			
2	Cash Flows ▶	100	200	300
3	NewDynPV ▶	535.79527	<-- =newDynPV(B2:D2)	

より良い IRR 関数と NPV 関数

ここで 37.4 節の **nIRR** と **nNPV** を振り返り、内部配列を用いて、これらをより速くしてみよう。

```
Function fNPV(Rate, cf)
    Temp = 0
    For i = LBound(cf, 2) + 1 To UBound(cf, 2)
        Temp = Temp + cf(1, i) / (1 + Rate) ^ _
           (i - 1)
    Next i
    fNPV = Temp + cf(1, LBound(cf, 2))
End Function

Function fIRR(R, Optional guess = 0.5)
    cf = R.Value
    n = fNPV(guess, cf)
    Do While Abs(npv) > 0.0001
       If n < 0 Then
          guess = guess - guess / 2
       Else
          guess = guess + guess / 2
       End If
       n = fNPV(guess, cf)
    Loop
    fIRR = guess
End Function
```

	A	B	C	D	E	F
1	**FIRR の実行**					
2	Cash Flows ▶	-375	100	100	100	100
3	Guess ▶	5%				
4	IRR ▶	2.63247%	<-- =IRR($B$2:$F$2,$B$3)			
5	fIRR ▶	2.63247%	<-- =fIRR($B$2:$F$2,$B$3)			
6	fIRR ▶	2.63248%	<-- =fIRR($B$2:$F$2)			
7	nNPV ▶	7.70797E-11	<-- =nNPV($B$4,$B$2:$F$2)			
8	nNPV ▶	9.79546E-06	<-- =nNPV($B$5,$B$2:$F$2)			
9	nNPV ▶	-9.54928E-05	<-- =nNPV($B$6,$B$2:$F$2)			

これで劇的に速く動くようになったが、さらなる改良を加えることもできる。

37.10 データ型の使用

VBA における、全ての値、変数、関数は、デフォルトのままか、あるいは明示することにより、データ型が指定される。デフォルトのままでは、VBA における全ての変数と関数は**バリアント型**になる。**バリアント型**は、値のカテゴリー（データ型）の1つであり、どんな種類のデータ型でも格納できる。多くのケースではデータ型を単純に無視できるが、時として、**バリアント型**ではなく別のデータ型を変数に指定することが非常に便利な場合がある。変数にデータ型を指定することで、変数を用いる際に、変数に関する情報を VBA から得ることができる。この点は、後の章で Excel のオブジェクトを使い始める時に明確になる。ここでは、データ型を指定した変数を宣言する方法を説明し、さらに、データ型を指定した変数を扱う際に、VBA が行ってくれる入力補助機能の実例を簡単に提供するに留める。変数のデータ型を指定するには、変数を宣言する際に、変数名の後に **As** という予約語に続けてデータ型の名前を記述して行う。例えば、"Dim x As Integer" というステートメントは、x という変数名で整数型の変数を宣言する。

　データ型を指定した変数の有用性を示すために、37.4 節の **RangeBound** 関数を再度用いる。ここでの新しいバージョンでは、最初のパラメータを明示的に Range 型に指定している。（これがなくても動くので）必要という訳ではないが、入力が簡単になる。関数を記述する際、変数にデータ型を指定すると、プロパティを用いようとするときに VBA がヒントを与えてくれる。以下の例でいうと、R の後

にピリオドを打つと、VBA は利用可能なプロパティやメソッドのリストを提示する。選択したプロパティ（ここでは、Rows）に、それ自身のプロパティがある場合には、プロパティの名前の後にピリオドを打つと、選択できる候補リストが表示される。

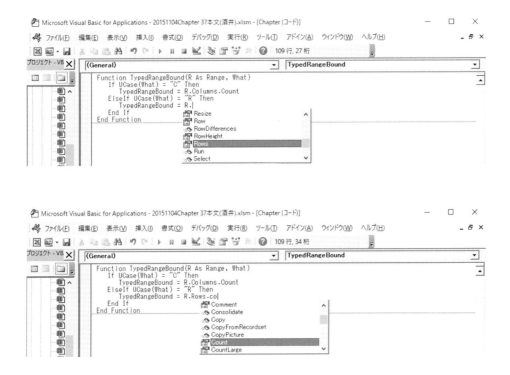

37.11 まとめ

VBA 関数は、情報を格納するために変数を用いる。変数はいかなる種類の情報でも格納できる。特定の種類の情報のみを格納できる変数（**データ型を指定した変数**）を宣言し、用いることで、プログラミング作業がやりやすくなり、プログラムがより読みやすくなる。それだけでなく、コンピューターのメモリ使用量も少なくなる。

第 37 章

配列とは、同じ変数名で、同じデータ型を持つ変数を集めたものであり、1 つ（あるいは複数の）インデックスを用いて個別に参照される。VBA では、配列のインデックスは整数である。デフォルトでは、配列における最初の要素のインデックスは 0 である。**Option Base 1** ステートメントを使うことにより、モジュール内で用いられる全ての配列で、最初の要素のインデックスを 1 に変更することができる。配列の大きさと次元は、その配列を宣言した時に設定され、プログラムを書くときには分かっていなければならない。動的配列とは、実行時に大きさ（次元ではない）を設定することができる配列である。

練習問題

1. 金利 r で、5 期間の所与のキャッシュフロー **CF** の現在価値を計算する関数 **NewPV(CF,r)** を作成しなさい。

$$NewPV(CF,r) = \frac{CF}{(1+r)^1} + \frac{CF}{(1+r)^2} + \frac{CF}{(1+r)^3} + \frac{CF}{(1+r)^4} + \frac{CF}{(1+r)^5}$$

	A	B	C	D
1	**NEWPV の実行**			
2	CF	r	NewPV	
3	100.0000	10%	379.0787	<-- =NewPV(A3,B3)
4	50.0000	10%	189.5393	<-- =NewPV(A4,B4)
5	100.0000	1%	485.3431	<-- =NewPV(A5,B5)
6	50.0000	1%	242.6716	<-- =NewPV(A6,B6)

2. n 期間に対応できるように、問題 1 の関数を **BetterNewPV(CF,r,n)** として作成し直しなさい。

	A	B	C	D	E
1	**BETTERNEWPV の実行**				
2	CF	r	n	BetterNewPV	
3	100.0000	5%	5	432.9477	<-- =BetterNewPV(A3,B3,C3)
4	50.0000	10%	5	189.5393	<-- =BetterNewPV(A4,B4,C4)
5	100.0000	1%	10	947.1305	<-- =BetterNewPV(A5,B5,C5)
6	50.0000	1%	10	473.5652	<-- =BetterNewPV(A6,B6,C6)

3. ある銀行がローンに対し、様々な金利を提示している。金利は期間返済額（**CF**）と以下の表に基づく。銀行ローンの現在価値を表すように、問題 2 の関数を **BankPV(CF,r,n)** として作成し直しなさい。

期間返済額 <=	金利
100.00	r
500.00	$r - 0.5\%$
1,000.00	$r - 1.1\%$
5,000.00	$r - 1.7\%$
1,000,000.00	$r - 2.1\%$

	A	B	C	D	E
1				**BANKPV の実行**	
2	**CF**	**r**	**n**	**BankPV**	
3	-1	5%	5	E	<-- =BankPV(A3,B3,C3)
4	100.00	5%	5	432.95	<-- =BankPV(A4,B4,C4)
5	100.01	5%	5	439.04	<-- =BankPV(A5,B5,C5)
6	1,000.00	5%	5	4464.36	<-- =BankPV(A6,B6,C6)
7	1,000.01	5%	5	4540.79	<-- =BankPV(A7,B7,C7)
8	5,000.00	5%	5	22703.71	<-- =BankPV(A8,B8,C8)
9	5,000.01	5%	5	22964.11	<-- =BankPV(A9,B9,C9)

4. ある銀行が預金に対し、様々な金利を提示している。金利は期間預金額（**CF**）と以下の表に基づく。将来価値関数 **BankFV(CF,r,n)** を作成しなさい。

期間預金額	金利
<=100.00	r
<=500.00	$r + 0.5\%$
<=1,000.00	$r + 1.1\%$
<=5,000.00	$r + 1.7\%$
>5,000.00	$r + 2.1\%$

BANKFV の実行

	A	B	C	D	E
1			BANKFV の実行		
2	CF	r	n	BankFV	
3	-1	5%	5	E	<-- =Bankfv(A3,B3,C3)
4	100.00	5%	5	580.19	<-- =Bankfv(A4,B4,C4)
5	100.01	5%	5	588.86	<-- =Bankfv(A5,B5,C5)
6	1,000.00	5%	5	5992.91	<-- =Bankfv(A6,B6,C6)
7	1,000.01	5%	5	6099.47	<-- =Bankfv(A7,B7,C7)
8	5,000.00	5%	5	30497.07	<-- =Bankfv(A8,B8,C8)
9	5,000.01	5%	5	30856.78	<-- =Bankfv(A9,B9,C9)

5. 別の銀行は 10,000.00 を超える残高の普通預金に対し、金利1%の上乗せを提示している。この方針を反映させた将来価値関数 **Bank1FV(CF,r,n)** を作成しなさい。

	A	B	C	D	E
1			BANK1FV の実行		
2	CF	r	n	Bank1FV	
3	-1	5%	5	E	<-- =Bank1FV(A3,B3,C3)
4	9,999.00	5%	5	59620.975	<-- =Bank1FV(A4,B4,C4)
5	10,000.00	5%	5	59626.938	<-- =Bank1FV(A5,B5,C5)
6	10,001.00	5%	5	59759.161	<-- =Bank1FV(A6,B6,C6)
7				5.963	<-- =D5-D4
8				132.223	<-- =D6-D5

6. 問題5の銀行は金利の上乗せ方針を変更し、今度は、以下の表に基づいて金利を増やすことを提示している。この変更を反映するように **Bank1FV(CF,r,n)** を作成し直しなさい。

残高	金利
<=1,000.00	$r + 0.2\%$
<=5,000.00	$r + 0.5\%$
<=10,000.00	$r + 1.0\%$
>10,000.00	$r + 1.3\%$

	A	B	C	D	E
1	\multicolumn{5}{c}{BANK2FV の実行}
2	CF	r	n	Bank2FV	
3	-1	5%	5	E	<-- =Bank2FV(A3,B3,C3)
4	9,999.00	5%	5	60237.933	<-- =Bank2FV(A4,B4,C4)
5	10,000.00	5%	5	60243.957	<-- =Bank2FV(A5,B5,C5)
6	10,001.00	5%	5	60288.290	<-- =Bank2FV(A6,B6,C6)

7. プラスのキャッシュフローに対する金利と、マイナスのキャッシュフローに対する金利がある、2つの金利に対応するバージョンの現在価値関数を作成しなさい。この関数は、ワークシート用で、列範囲と行範囲の両方をパラメータとして受け入れる必要がある。関数の宣言行は以下のようにする。

```
Function MyPV(CF As Variant, PositiveR As Double, _
    NegativeR As Double) As Double
```

	A	B	C	D	E	F	G
1	\multicolumn{6}{c}{MYPV の実行}
2	PositiveR	5%	100	100	100	272.325	<-- =MyPV(C2:E2,$B$2,$B$3)
3	NegativeR	10%	-100	-100	-100	-248.685	<-- =MyPV(C3:E3,$B$2,$B$3)
4			-100	100	100	86.178	<-- =MyPV(C4:E4,$B$2,$B$3)
5			-62.538	<-- =MyPV(C2:C4,$B$2,$B$3)			

8. 問題7の関数の将来価値バージョンを作成しなさい。

9. ある銀行はローンに対して様々な金利を提示している。金利は期間返済額（CF_i）で決まり、以下の表に基づく。この銀行のローンの現在価値を表すように、現在価値関数 **BankPV(CF,r)** を作成しなさい。関数は、ワークシート関数として使えるようにする必要がある。**CF** は行範囲または列範囲のいずれにもなる可能性がある。

期間返済額 <=	金利
100.00	r
500.00	$r - 0.5\%$
1,000.00	$r - 1.1\%$
5,000.00	$r - 1.7\%$
1,000,000.00	$r - 2.1\%$

10. ある銀行は預金に対して様々な金利を提示している。金利は期間預金額（CF_i）で決まり、以下の表に基づく。将来価値関数 **BankFV(CF,r)** を作成しなさい。関数は、ワークシート関数として使えるようにする必要がある。**CF** は行範囲または列範囲のいずれにもなる可能性がある。

期間預金額	金利
<=100.00	r
<=500.00	$r + 0.5\%$
<=1,000.00	$r + 1.1\%$
<=5,000.00	$r + 1.7\%$
>5,000.00	$r + 2.1\%$

11. 別の銀行は 10,000.00 を超える残高の普通預金に対し、金利 1%の上乗せを提示している。この方針を反映させた将来価値関数 **Bank1FV(CF,r)** を作成しなさい。関数は、ワークシート関数として使えるようにする必要がある。**CF** は行範囲または列範囲のいずれにもなる可能性がある。

38 サブルーチンとユーザー・インタラクション

38.1 概要

サブルーチンは、Excel で手順や反復処理を自動化するために用いられる、VBA のユーザー・プログラムである。サブルーチンはマクロと呼ばれることもある。本章最後のテーマとして、モジュールとモジュール変数を紹介する。

38.2 サブルーチン

サブルーチンは関数に似ているが、宣言する際の **Function** という単語が「Sub」という単語に置き換えられる。サブルーチンの名前に続く括弧は空白である（関数名に続く括弧は関数のパラメータを与えることを思い出そう）。サブルーチンが実行するステートメントは、先頭行と最終行との間にある。以下は、画面にメッセージを表示させる、非常に簡単なサブルーチンである。

```
Sub SayHi()
    MsgBox "こんにちは", , "あいさつ"
End Sub
```

上記サブルーチンは、**MsgBox** と呼ばれる VBA の組込サブルーチンを紹介している。また、あるサブルーチンから他のサブルーチンを起動する（呼び出す）方法も紹介している。**MsgBox** はコマンドとして指定され、同じ行にカンマで区切られた引数のリストが続く。この構文に注目しよう。

```
MsgBox "こんにちは", , "あいさつ"
```

あらゆる **MsgBox** の 3 つの引数は、カンマにより区切られる。

- 「こんにちは」は表示されるメッセージである。
- 2番目の引数は空白である。カンマの間のスペースに注目しよう。この引数を用いて、メッセージボックスのボタンを定義することができる。この話題は38.3節で議論する。
- 3番目の引数は「あいさつ」である。これはメッセージボックスのタイトルである。

Excelワークシートから、様々な方法でサブルーチンを起動する（実行する）ことができる。サブルーチンを実行する最も簡単な方法は、**Excelリボン**の**開発**タブにある**マクロ**ボタンを押すか、ショートカットキー［Alt］+F8を用いることである。どちらの方法でも、マクロの選択ボックスが表示される。[1] このボックスは、全ての使用可能なサブルーチンを、アルファベット順に列挙する。このサブルーチンを見つけ出して、名前をクリックし、**実行**ボタンをクリックする。

そして、次が表示される。

---

[1]. **開発**タブがない場合、［**ファイル**］-［**オプション**］-［**リボンのユーザー設定**］に進む。表示された画面の右側にある**開発**のボックスにチェックを入れる。

　この時点で Excel は動かなくなる。先に進む前に、**OK** ボタンをクリックする必要がある。

サブルーチンのショートカットキー

より早くサブルーチンを実行する方法は、ショートカットキーを用いることである。サブルーチンにショートカットを登録するには、次のようにする。

- マクロ選択ボックスから**オプション**ボタンを選択する。
- 所定の場所に文字を入力し、**OK** をクリックする。
- 右上の × を押してマクロ選択ボックスを閉じる。

　これでショートカット（ここでは［Ctrl+h］）を用いて、サブルーチンを起動することができる。

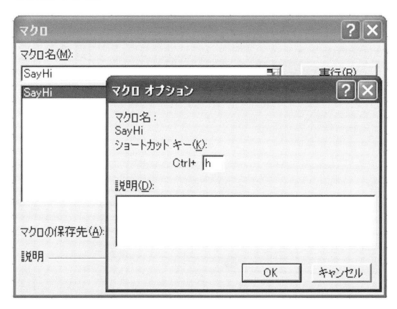

サブルーチンの記録

サブルーチンを書き始める簡単な方法の 1 つは、サブルーチンで実行させたい手順を記録し、それから、必要な最終結果が得られるよう、記録されたサブルーチンを編集することである。本書では、興味深い数式が入力されたセルの右側のセルに、**Getformula** 関数を挿入するという作業を何度も行ってきた。この作業を行うサブルーチンを記録してみよう。

1. 関心のある数式が入力されたセルの右側のセルを選択する (このケースでは B4)。
2. Excel リボンの**開発**タブを選択する。
3. コードグループにある**相対参照で記録**をクリックする。これにより Excel はサブルーチンにおいて、初期設定（実際のセル番地での記録）ではなく、相対的なセル番地で記録するようになる。
4. **マクロの記録**をクリックする。
5. この時、オプションとしてサブルーチンに名前を付けることはもちろん、他の様々な種類のオプションが選択できる。これらオプションの大部分は、直ぐに変更することになるので、全てのオプションを無視し、最終的に **OK** をクリックして記録を開始する。
6. =**Getformula(A4)** という数式を入力する。
7. **記録終了**（このボタンは先程使った**マクロの記録**ボタンと同じである）をクリックする。

サブルーチンとユーザー・インタラクション　**1021**

図 38.1
「相対参照で記録」を示している。

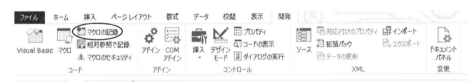

図 38.2
サブルーチンの記録を開始する。

図 38.3
サブルーチンの記録を終了する。終了ボタンは**マクロの記録**ボタンと同じ場所にある。

ここで VBA エディタを見ると、ワークブックに新たなモジュールが加わっているのが確認できる。このモジュールには **Macro1** が入っている。

```
Sub Macro1()
    ActiveCell.FormulaR1C1 = _
    "=getformula(RC[-1])"
End Sub
```

記録したサブルーチンに、付加機能を追加することができる。以下の記録したサブルーチンでは、サブルーチンの名前を変え、空白でないセルの偶発的な上書きを防ぐために一行を加えた。

```
Sub RecordGetformula()
' 左側のセルについての Getformula を入力する
    If IsEmpty(ActiveCell) Then
    ActiveCell.FormulaR1C1 = _
    "=getformula(RC[-1])"
    End If
End Sub
```

ワークシートのボタンからサブルーチンを実行する

開発タブやショートカットキーからサブルーチンを実行する代わりに、ワークシート上でサブルーチンを実行するためのボタンを、ワークシートにも挿入できる。これを示すために、**RecordGetformula** というサブルーチンを実行するボタンを挿入してみる。

1. Excel リボンの**開発**タブを選択する。
2. **コントロール**グループの**挿入**をクリックする。
3. **フォームコントロール**から**ボタン**を選択する。

サブルーチンとユーザー・インタラクション　1023

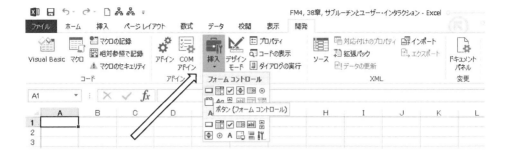

4. シート上で十字マークをドラッグし、ボタンを描く。
5. マウスのボタンを放すと、**マクロの登録**ダイアログが表示される。

6. 対象となるサブルーチンを選択し、**OK** をクリックする。

7. ボタンが選択されていれば（コントロールハンドルで囲まれる）、ボタンに表示されているテキストを編集できる。ボタンが選択されていなければ、ボタンの上で右クリックすれば、ローカルメニューが開き、テキストやボタンに登録されたサブルーチンを変更することができる。

	A	B	C	D	E	F
1		Recording の実行				
2		1				
3		2			Apply Getformula	
4		3	<-- =A2+A3			

38.3 ユーザー・インターフェイス

本節では、スプレッドシートのユーザーからデータを聞き出すためのサブルーチンの使い方を示す。**MsgBox** コマンドで説明するが、(既に議論したように) **MsgBox** コマンドは、画面にメッセージを表示し、クリックされたボタンに基づく値を返す。この関数で利用可能な様々なオプションのいくつかを、以下のサブルーチンで例示する。

```
Sub MsgBoxDefault()
    Dim Temp As Integer
    Temp = MsgBox("初期メッセージ", , _
    "初期タイトル")
    MsgBox _
    "MsgBoxの戻り値は：" _
    & Temp
End Sub
```

注: **MsgBox** は初期設定のままだと **OK** ボタンを 1 つ表示する。初期タイトルは Microsoft Excel である。**OK** ボタンをクリックすると、**MsgBox** は 1 の値を返す。

```
Sub MsgBoxOKCancel()
    Dim Temp As Integer
    Temp = MsgBox("初期メッセージ", , _
    vbOKCancel)
    MsgBox _
    "MsgBoxの戻り値は: " _
    & Temp
End Sub
```

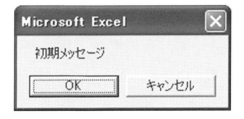 

前述の注のように、**MsgBox** の 2 つ目の引数は、どのボタンが表示されるかを決定する。このサブルーチンの例では、定数 **vbOKCancel** を用いて、**OK** と**キャンセル**の 2 つのボタンを表示している。**キャンセル**ボタンをクリックすると、**MsgBox** は 2 の値を返すことに留意しよう。

InputBox 関数:ユーザーからのデータ取得

InputBox は、ユーザーからテキスト情報を取得し、サブルーチンの変数に取り込むために用いられる、VBA の組み込み関数である。この関数の機能を、以下の現在価値を計算するサブルーチンで説明する。サブルーチン **PVCalculator** は、$\sum_{t=1}^{10} \frac{CF}{(1.05)^t}$ を計算する。ここで、CFはユーザーによって入力される数値である。

```
Sub PVCalculator()
    Dim CF
    CF = InputBox("キャッシュフローの値を入力して下さい", _
        "現在価値計算", "100")
    MsgBox "10期分の" & CF & _
        "の5%における現在価値は" & _
        Round(Application.PV(0.05, 10, -CF), _
        2), vbInformation, "現在価値計算"
End Sub
```

次の構文に留意しよう。

```
CF = InputBox("キャッシュフローの値を入力して下さい", _
    "現在価値計算", "100")
```

- 「キャッシュフローの値を…」という **InputBox** の1つ目の引数は、画面に表示されるメッセージである。
- 「現在価値計算」という2つ目の引数は、ダイアログボックスのタイトルである。
- 「100」という3つ目の引数は、ダイアログボックスに入力される文字列の初期値である。この初期値を他の数値に置き換えない場合、これがこの関数からの戻り値ともなる。
- サブルーチンを実行すると以下の結果となる。

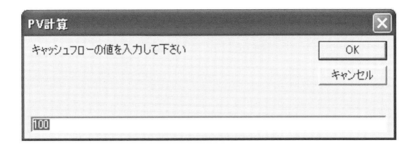

　この時点で「100」を他の数値に置き換えることができる（この例では、そのままにしている）。**OK** ボタンをクリックすると、以下のダイアログボックスが表示される。

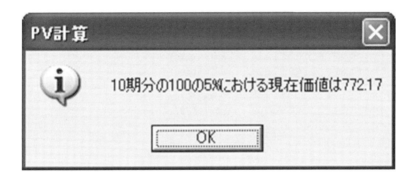

38.4 サブルーチンを使った Excel ワークブックの変更

サブルーチンを使って、スプレッドシートに変更を加えることができる。ここで簡単な例を示す。これは第 35 章の最後で提示した例と非常に良く似ている。ここでのサブルーチンは、アクティブセル領域のフォーマットを、カンマを入れた、小数なしの数値に変更する。

```
Sub Format()
   ActiveCell.CurrentRegion.NumberFormat _
   = "#,##0"
End Sub
```

ActiveCell.CurrentRegion は、アクティブセル（以下の画面では B5）の周りにあるセル範囲で、ワークシートで［Ctrl］+A を押して選択されるセル範囲と同じである（以下の画面では A3:C7）。

実行すると

次のサブルーチンは、**ActiveCell.CurrentRegion** にある実際のデータを、各々の数値を 1,000 で割り、最も近い整数に丸めることによって、千単位に変更する。

```
Sub ConvertToThousands()
    s = ActiveCell.CurrentRegion.Cells.Count
    For i = 1 To s
        ActiveCell.CurrentRegion(i).Value = _
        Round(ActiveCell.CurrentRegion(i). _
        Value / 1000, 0)
    Next i
End Sub
```

実行すると

38.5 モジュール

VBA は、ユーザー定義関数とサブルーチンを、モジュールと呼ばれる単位でまとめている。VBA プロジェクト（即ち、関数とサブルーチンを有するワークブックの一部）は、2 つ以上のモジュールを持つことができる（持つ方が良いこともある）。モジュールは名前を持つ。VBA は、初期設定として、「Module」の後に数字を続けた名前でモジュール名を示すが、若干説明的な名前を付けることが有用であるかもしれない。

（VBA エディタで）モジュールに名前を付け直すには、**プロジェクトエクスプローラペイン**でそのモジュールを選択する。

サブルーチンとユーザー・インタラクション　1031

プロジェクトエクスプローラペインが表示されていなければ、**表示**のメニューから、**プロジェクトエクスプローラ**を選択する。

モジュールが選択されると、そのモジュールのプロパティ一覧が**プロパティウィンドウ**に表示される。**プロパティウィンドウ**が表示されていなければ、**表示**メニューから、**プロパティウィンドウ**を選択する。モジュールのオブジェクト名（唯一使用可能なプロパティである）をクリックし、名前を変更する。モジュールの名前はアルファベット文字で始めるべきである。そして、アルファベット文字、アラビア数字、アンダースコア（_）だけを用い、他の文字は使うべきではない。

Enter キーを押下すると、名前が変更される。プロジェクトエクスプローラの変化に注目しよう。

モジュールには独自の名前をつけなければならず、サブルーチンや関数と同じ名前を付けることはできない。もし Tom という名前のモジュールに、Tom という名前の関数があると、この Tom という関数はワークブックで利用できない。1 つの一般的な慣習は、モジュールの名前（そしてモジュールの名前だけ）を M から始めることである。

モジュールレベル変数

Dim ステートメントは、モジュール内にある全てのルーチンの前に用いて、モジュールレベル変数を宣言することができる。モジュールレベル変数は、そのモジュール内のどこでも認識され、ワークブックが閉じられるまでの間、値を保持する。モジュールレベル変数は、パラメータを介して情報を受け渡しする必要なく、2 つ以上のルーチンに関連する情報を格納するために使用できる。モジュールレベル変数は、相互に作用する多くのルーチンを持つ、大きなモジュール内で使われるのがより一般的なので、以下の例示は、必然的に幾分つまらないものとなっている。

```
Dim MyStatus
Sub SetMyStatus()
    MyStatus = InputBox _
    ("my status に値を入力して下さい", , "OK")
    Calculate
End Sub
Function MyStatusIs()
    MyStatusIs = MyStatus
End Function
Sub ShowMyStatus()
    MsgBox "MyStatus は: " & MyStatus
End Sub
Function MyStatusIsVolatile()
    Application.Volatile
    MyStatusIsVolatile = MyStatus
End Function
```

最初にワークブックを開くと、次の画面が表示される。

をクリックすると**インプットボックス**が表示される。

OK ボタンをクリックすると次の表示になる。

変数 **MyStatus** は「OK」という値を持つことが分かっている。それなのになぜ関数 **MyStatusIs** はゼロを返すのだろうか。同じように、なぜ **MyStatusIsVolatile** は「OK」という（正しい）値を返すのだろうか。

Application.Volatile

上記質問の答えは、**MyStatusIsVolatile** 内の **Application.Volatile** ステートメントにある。ワークシートで使われる関数で、**Application.Volatile** が最初のステートメントとして用いられると、ワークシート上で何か再計算が行われる時はいつでも、関数が再計算される。MyStatusIs が再計算を実行するのは、その（存在しない）パラメータが変化したときだけであり、このケースでは、セルの編集をして Enter を押したときだけである。したがって、セル A3 を選択して、（セルの編集のために）F2 を押し、それから Enter を押すと、次の結果が得られる。

MODULE VARIABLES の実行		Set MyStatus
OK	<-- =MyStatusIs()	Show MyStatus
OK	<-- =MyStatusIsVolatile()	

38.6 まとめ

サブルーチンは、Excel で手順や反復処理を自動化するために用いられる、VBA のユーザー・プログラムである。VBA は、**MsgBox** 関数と **InputBox** 関数という、重要かつ非常に柔軟性のある 2 つの関数を、ユーザー・インターフェイスのために提供する。VBA は、サブルーチンと関数を、モジュールと呼ばれる単位にグループ化する。関連する関数やサブルーチンをグループ化しておくことは、大きなプロジェクトを取り扱う際に有用である。本章で検討した話題は全て、Excel でファイナンスのプログラミングを行う際に助けになるだろう。

練習問題

1. 以下のメッセージボックスを表示するサブルーチンを作成しなさい。メッセージボックスは他の全てのウィンドウの一番上に表示され、ボタンの 1 つがクリックされるまで、ユーザーは全てのアプリケーションで何も操作できないようにすること。

    ヒント: 本書で取り扱わなかった **MsgBox** のいくつかのオプションを用いる必要がある。VBA ヘルプを参照のこと。

2. 38.4 節で示したものと同様の現在価値計算サブルーチンを作成しなさい。しかし、(以下に図示されているように) ここでのサブルーチンはユーザーに、キャッシュフローの値、金利、期間数の入力を求める必要がある。そして、結果をメッセージボックスに表示すること。また、全ての引数について、適当な初期値が与えられるべきである。Excel の **PV** 関数は用いないこと。自分自身で現在価値関数を作成し、用いなさい。

覚書: $PV(CF, r, n) = \sum_{i=1}^{n} \dfrac{CF}{(1+r)^i}$

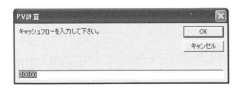
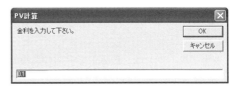

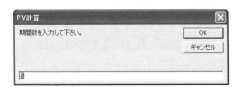

ここで行っているように、Excel の **PV** 関数を用いて、サブルーチンが正しいことを確認できる。

3. ユーザー・インターフェイスが以下の画面のように表示されるように、前の問題のサブルーチンを作成し直しなさい。このサブルーチンを作成するのに必要な関数のいくつかは、本書では論じていない。ここでは以下の関数を用いた。

- **Val**－文字列の数字を数値に変換するために用いられる関数
- **Left**－文字列の左側を返すために用いられる関数
- **Right**－文字列の右側を返すために用いられる関数
- **FormatPercent**－数値の形式を変更するために用いられる関数
- **FormatCurrency**－数値の形式を変更するために用いられる関数

これらの関数についての更なる情報は、VBA ヘルプファイルから入手でき、これを用いることを勧める。

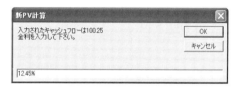
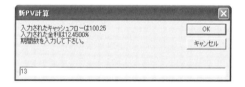
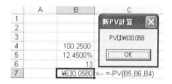

注: コンピュータによっては、異なる通貨の記号を表示する場合がある。

4. **キャンセル**ボタンを適切に取り扱うように、前の問題のサブルーチンを作成し直しなさい。

- 新しいサブルーチンの簡単なバージョンは、どの段階で**キャンセル**がクリックされても、サブルーチンを中止する。
- 新しいサブルーチンのより洗練されたバージョンは、ユーザーが最初からデータを再入力できるようにする。
- 新しいサブルーチンの最も洗練されたバージョンは、古いデータを初期値として用い、データを再入力できるようにする。

注: 最後のバージョンは、ループ内でループを用いる、若干複雑な練習問題である。

5. 支払スケジュール計算サブルーチンを作成しなさい。このサブルーチンは、ローン総額、支払回数、金利の入力をユーザーに求める。期末における支払いを仮定する。出力結果は以下の例のようになる必要がある。

ヒント:

- ワークシート関数 **PMT** を用いたいと考えるかもしれない。
- 以下のサブルーチン及び出力結果が役立つかもしれない。

```
Sub StringConcat()
    Dim s As String
    s = "列1" & Chr(9) & "列2"  ' Chr(9) は Tab
    s = s & Chr(13) & "aaa" & Chr(9) & "bbb"
    MsgBox s
End Sub
```

以下は、問題で求められているサブルーチンの実行例である。

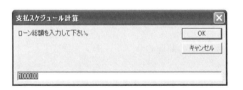

6. 支払額を利息と元本返済に分けて表示するように、支払スケジュール計算サブルーチンを作成し直しなさい。スペースの関係上、この例の入力ボックスは省略している。

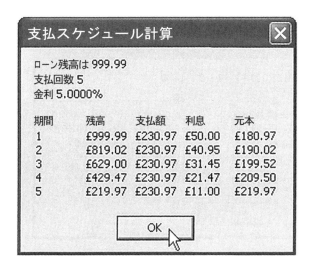

7. 支払スケジュール計算サブルーチンを作成しなさい。このサブルーチンは、ローン総額、支払額、金利の入力をユーザーに求める。期末における支払いを仮定する。このサブルーチンは、支払額を利息と元本返済に分けて表示する必要がある。最終支払額は明らかに、ユーザーによって入力された支払額よりも少額になる可能性がある（多額になることはない）。出力結果は以下の例のようになる必要がある（スペースの関係上、入力ボックスは省略している）。

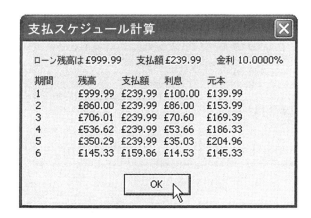

8. 問題7のサブルーチンの若干複雑なバージョンは、以下のような、より見た目の良い結果を表示するだろう。このバージョンのサブルーチンを作成しなさい。
注: **Format** 関数のヘルプファイルを一読すると、この点において有用であるかもしれない。

```
支払スケジュール計算                                    [X]

ローン残高は £9,999.99  支払額 £2,399.99  金利 9.9900%

期間    残高           支払額         利息          元本
1      £9,999.99      £2,399.99      £0,999.00     £1,400.99
2      £8,599.00      £2,399.99      £0,859.04     £1,540.95
3      £7,058.05      £2,399.99      £0,705.10     £1,694.89
4      £5,363.16      £2,399.99      £0,535.78     £1,864.21
5      £3,498.95      £2,399.99      £0,349.54     £2,050.45
6      £1,448.50      £1,593.21      £0,144.71     £1,448.50

                        [ OK ]
```

9. スライド支払スケジュールは、ローン期間中に定率で変化する支払額を伴う。問題8の支払スケジュール計算の、スライド支払バージョンを作成しなさい。既に説明した全ての入力項目に加えて、このサブルーチンは支払額の変化率 (%単位) をユーザーから得る。以下に実行時の画面を示す。

39 オブジェクトとアドイン

39.1 概要

本章では、VBA に関するより高度なテーマをいくつか扱う。これらのテーマのほとんどは Excel オブジェクト・モデルに関するものである。本章の大部分で、いくつかの役に立つ Excel オブジェクトとそれらの使用法を説明する。39.6 節では、ワークシートをより明瞭で読みやすくする方法である、Names を紹介する。そして、自分で作った関数を自動的にワークブック間で利用可能にする 1 つの簡単な方法である Excel アドインの議論をして本章を終える。

39.2 Worksheet オブジェクトの導入

オブジェクトは、VBA の基本要素である。オブジェクトを使っていることに気付いていないかもしれないが、VBA で行うことのほとんどが、オブジェクトの操作を必要とする。あるオブジェクトは、変数、関数、サブルーチンを中に入れておく、一種の容器と考えることができる。Excel の構成要素（ワークブック、ワークシート、セル範囲等）は、全て、VBA オブジェクトの階層構造における 1 つのオブジェクトによって表される。オブジェクトのデータは、ドット (.) 演算子を用いてアクセスできる、プロパティと呼ばれる特殊な変数に格納される。**Range オブジェクト**は、VBA における最も重要なオブジェクトの 1 つである。ワークシートのセル及びセル範囲は、全て **Range オブジェクト**である。以下の項では、定義済み **Range** オブジェクト変数をいくつか紹介する。

ActiveCell

VBA には、使用できる多くの定義済み変数がある。`ActiveCell` は、役に立つ変数の 1 つである。`ActiveCell` は、カーソル・ボックスで囲まれたワークシートのセルを表す、定義済み **Range** オブジェクト変数である。以下の関数は、アクティブセルの中身を、文字列表示へと置き換える。これには `Formula` プロパティを使う。このプロパティは、セル内の文字を文字列のまま保持し、変更する

ことができる。

```
Sub ToString()
   ActiveCell.Formula = "'" & _
   ActiveCell.Formula
End Sub
```

実行前

実行後

Selection

もう 1 つの非常に役に立つ定義済み変数は、`Selection` である。この変数は、Excel で現在選択されている要素を表す。`ActiveCell` 変数とは異なり、`Selection` はセル範囲に限定されず、あらゆる選択対象となりうる（セル範囲、グラフ、その他の多くのもの）。`TypeName` 関数を用いて、データ型の確認をしてみよう。メソッドは、オブジェクトに含まれている関数である。メソッドは、そのオブジェクトを操作するために用いられる。プロパティのように、メソッドもドット演算子 (.) を用いてアクセスできる。メソッドとプロパティの境界は、時としてかなり曖昧である。以下のサブルーチンでは、**Range Object** のいくつかのメソッドと、定義済み `Selection` 変数の使い方を例示する。

```
Sub SelectBlank()
  If UCase(TypeName(Selection)) <> "RANGE" _
  Then Exit Sub
  Selection.SpecialCells(xlCellTypeBlanks). _
  Select
End Sub
```

　最初の行は、現在選択されているのがセル範囲であるかどうかを確認し、セル範囲でなければサブルーチンを停止させる。非教育的な状況化なら警告を出すのが適切だったろう。

　2行目の最初にある`Selection.SpecialCells(xlCellTypeBlanks)`は、**Range**オブジェクトの`SpecialCells`メソッドを用いて、現在選択中の範囲内における全ての空白セルを含むRangeを返す。

　返されたRangeの`Select`メソッドが、そのセル範囲を選択するために起動される。

実行前

実行後

39.3 Rangeオブジェクト

前節では、定義済み**Range**オブジェクト変数がいくつか出てきた。本節では、VBAにおけるセル範囲の使い方を示すとともに、**Range**オブジェクトのプロパティとメソッドをさらにいくつか紹介する。

関数のパラメータとしての Range

この項では、パラメータとしてセル範囲を受け入れる関数を構築する。`MeanReturn` と名付けた新しい関数は、列範囲にある資産価格をパラメータとして受け入れ、その列内の資産の平均収益率を計算して返す。ある資産の t 期における収益率は $r_t = \dfrac{価格_t - 価格_{t-1}}{価格_{t-1}}$ で、ある資産の平均収益率は $\bar{r} = \dfrac{1}{N}\sum_{t=1}^{N} r_t$ であることを思い出そう。r_t を計算するために、補助関数 `AssetReturn` を用いている。

```
Function MeanReturn(Rng)
    NumRows = Rng.Rows.Count
    Prices = Rng.Value
    T = 0
    For i = 2 To NumRows
        T = T + AssetReturn(Prices(i - 1, 1), _
        Prices(i, 1))
    Next i
    MeanReturn = T / (NumRows - 1)
End Function
```

留意すべき行

- `NumRows = Rng.Rows.Count`

この行では、ドット演算子が2回使われている。`Rng` は、`Range` オブジェクトである。`Rows` は、`Range` オブジェクトのプロパティなので、`Rng.Rows` は、セル範囲にある全ての行を表す、`Collection` 型のオブジェクトである。`Count` は、コレクションに含まれる要素の数を格納する、`Collection` 型のオブジェクトのプロパティなので、`Rng.Rows.Count` は、セル範囲にある行数を格納する変数である。

- `Prices = Rng.Value`

`Value` は、セル範囲にある全てのセルの値を格納する、`Range` オブジェクトのプロパティである。`Value` はバリアント型である。セル範囲の大きさが2つ以上のセルである場合、`Value` は2次元配列となる。`Value` の1つ目のインデッ

クスは、1から始まる行インデックスであり、2つ目のインデックスは、1から始まる列インデックスである。

	A	B	C
1		MEANRETURN の実行	
2	100		
3	110	10.000%	<-- =(A3-A2)/A2
4	121	10.000%	<-- =(A4-A3)/A3
5	145	19.835%	<-- =(A5-A4)/A4
6	174	20.000%	<-- =(A6-A5)/A5
7		14.959%	<-- =AVERAGE(B3:B6)
8		14.959%	<-- =MeanReturn(A2:A6)

Range プロパティ

Range プロパティは、ワークシートのセル範囲にアクセスする方法の1つである。Range は多くの Excel オブジェクトのプロパティである。次のサブルーチンのように単独で用いられると、Range は ActiveSheet.Range を短縮した記述方法となる。

```
Sub RangeDemo()
    Range("A2").Formula = 23
End Sub
```

予想通り、このサブルーチンは、アクティブワークシートのセル A2 の数式を23にする。

実行前

実行後

	A	B	C	D	E	F
1		RANGEDEMO の実行			Run Sub	
2	23					

次のサブルーチンは、アクティブワークシートのセル範囲 A2:C3 にある各セルの数式を 23 にする。

```
Sub RangeDemo1()
    Range("A2:C3").Formula = 23
End Sub
```

	A	B	C	D	E	F
1	RANGEDEMO1 の実行				Run Sub	
2	23	23	23			
3	23	23	23			

Range プロパティを使ってセル範囲を参照する別の方法を、次のサブルーチンで例示する。このサブルーチンは、アクティブワークシートのセル範囲 A2:C3 にある各セルの数式を 23 にする。Range の 1 つ目の引数は、セル範囲の左上の角に位置するセルである。2 つ目は、セル範囲の右下の角に位置するセルである。

```
Sub RangeDemo2()
    Range("A2", "C3").Formula = 23
End Sub
```

Range は Range オブジェクトのプロパティでもある。このように Range を用いて返されるセル範囲は、その Renge オブジェクトと相対的なものである。次のサブルーチンは、アクティブワークシートのセル C3 の数式を 999 にする。

```
Sub RangeDemo3()
    Range("B2").Range("B2").Formula = 999
End Sub
```

注: `Range("B2")` は、アクティブワークシートのセル範囲（あるいはセル）B2 を返す。`Range("B2").Range("B2")` は、B2 をセル範囲の左上の角にしたときに、B2 に当たるセルを返す。ワークシートでは、`Range("B2").Range("B2")` は、セル C3 を返す。

次のサブルーチンは、アクティブワークシートのセル範囲 C2:D3 にある各セルの数式を 23 にする。このサブルーチンは、セル C2 をスタート地点として用いている。

```
Sub RangeDemo4()
    Range("C2").Range("A1", "B2").Formula = 23
End Sub
```

注: `Range("C2")` は、`Range("C2").Range("A1")` と同じであり、ワークシートのセル C2 を指す。`Range("C2").Range("B2")` は、ワークシートのセル D3 を指す。B2 は、列を 1 つ右に、そして 1 行下に、という意味である。したがって、`Range("C2").Range("A1", "B2")` は、`Range("C2", "D3")` と同じである。

39.4 With ステートメント

With ステートメントは、特定のオブジェクトに対して、自明の記述（オブジェクトの名前や属性であり、非常に長くなる場合がある）を繰り返すことなく、一連のステートメントを実行可能にする。1 つのオブジェクトに対して、2 つ以上のプロパティを変更したり、2 つ以上のメソッドを用いたりする場合に、With ステートメントを使う。With ステートメントにより、プロシージャの実行がより速くなるだけでなく、タイピングの繰り返しもしなくて済む。以下のサブルーチンは少し不自然だが、アクティブセル領域の左上の角にあるセルについて、フォントに関するプロパティをいくつか設定する。フォントは、Arial、太字、赤、サイズ 15 ポイントに設定される。

```
Sub WithoutDemo()
    ActiveCell.CurrentRegion.Range("A1"). _
    Font.Bold = True
    ActiveCell.CurrentRegion.Range("A1"). _
    Font.Name = "Arial"
    ActiveCell.CurrentRegion.Range("A1"). _
    Font.size = 15
End Sub
```

以下は、With ステートメントを用いた、同じサブルーチンである。

```
Sub WithDemo()
    With ActiveCell.CurrentRegion. _
    Range("A1").Font
        .Bold = True
        .Name = "Arial"
        .size = 15
    End With
End Sub
```

With ステートメントのプロパティの前にあるドット (.) 演算子に注目しよう。第 38 章から、**ActiveCell.CurrentRegion** は、アクティブセル（スクリーンショットでは C4）の周囲にある空白でないセルが隣接するセル範囲であり、ワークシートで［Ctrl］+ A を押して選択されるセル範囲（スクリーンショットでは A3:D5）と同じであることを思い出そう。

実行前

実行後

39.5 コレクション

コレクションとは、1 単位として参照できる要素の集合である。`Add` メソッドを用いて要素を追加でき、`Remove` メソッドを用いて要素を削除できる。特定の要素は、整数インデックスを用いて参照できる。`Count` メソッドを通じて、**コレクション**に現在含まれている要素の数を取得できる。ここでの**コレクション**の使用法は、Excel オブジェクト・モデルに属する**コレクション**（非常に多い）の使用に限られる。少しだけ示すと、`Range` はセルのコレクションであり、`Worksheets` はワークブックにある全てのワークシートのコレクションであり、`Workbooks` は Excel にある全ての開いているワークブックのコレクションである。

配列及びコレクションに対する For Each ステートメントの使用

`For Each` ステートメントは、`For` ループの一種である。このステートメントには、2 つの異なる種類がある。1 つ目の種類は、以下のサブルーチンで例示するように、VBA 配列をループさせるためにこのステートメントを用いる。

```
Sub ForEachDemo()
    Dim A(4)
    For i = 0 To 4: A(i) = i * i: Next i
    x = "x is: "
    y = "y is: "
    For Each Element In A
        x = x & vbTab & Element
        Element = Element * 2
    Next Element
    For Each Element In A
        y = y & vbTab & Element
    Next Element
    MsgBox x & vbCrLf & y, , "For Each Demo"
End Sub
```

留意すべき点：

1. 配列の現在の要素は、ループ内において、ループ変数（この関数では `Element`）を通して、ステートメントで利用できる。
2. ループ変数（この関数では `Element`）は、配列の型によらず、**バリアント型**でなければならない。
3. `Element` の変更は、実際の配列には反映されない。8 行目における `Element` の変更は、y には反映されないことに注意。
4. 配列をループするために、次元数やインデックス範囲が分かっている必要はない。

[Excelスクリーンショット: FOREACHDEMO の実行、For Each Demo ダイアログに x is: 0 1 4 9 16、y is: 0 1 4 9 16 と表示]

コレクションに対する For Each ステートメントの使用

`For Each` ステートメントの 2 つ目の種類は、コレクションをループさせる。

```
Sub ZeroRange()
    Set Rng = ActiveCell.CurrentRegion
    For Each Cell In Rng
        Cell.Formula = 0
    Next Cell
End Sub
```

このサブルーチンを実行させると、以下の結果になる。

実行前

	A	B	C	D	E	F	G	H
1		**ZERORANGE の実行**					Run Sub	
2								
3	1			3	4	16		
4	10			8	7	17		
5	11			13	14	18		

実行後

	A	B	C	D	E	F	G	H
1		**ZERORANGE の実行**					Run Sub	
2								
3	1			0	0	16		
4	10			0	0	17		
5	11			0	0	18		

留意すべき点：

1. Ranges はコレクションなので、変数 **Rng** は、アクティブセル領域（ここの例では C3:D5）にある、全てのセルのコレクションである。
2. **Cell** は、コレクションの全ての要素を繰り返すために用いられる変数である。
3. **Cell** は、**バリアント**型、**オブジェクト**型、あるいは**コレクション**を構成する要素の特定の型でなければならない。（全ての変数は、特に宣言しなければ、**バリアント**型になることを思い出そう。）
4. **Cell** はコレクションの実際の要素を参照し、**Cell** の変更は**コレクション**に反映される。
5. **Set** ステートメントの使用法を完全に説明することは、本書の範囲を超える。ここでは単に、全てのオブジェクトの割り当ての前に、予約語 **Set** を付ける。

Workbooks コレクションと Workbook オブジェクト

現在開いている全てのワークブックは、**Workbooks** コレクションの **Workbook** オブジェクトとして表される。以下のサブルーチンは、開いている全てのワークブックを列挙する。

```
Sub ListOpenWorkbooks()
    Temp = "開いているワークブックのリスト" & _
        "作成日:" & FormatDateTime(Date, _
        vbLongDate) _
        & " At: " & FormatDateTime(Time, _
        vbLongTime)
    For Each Element In Workbooks
        Temp = Temp & vbCrLf & Element.FullName
    Next Element
    MsgBox Temp, vbOKOnly, "開いているワークブックのリスト"
End Sub
```

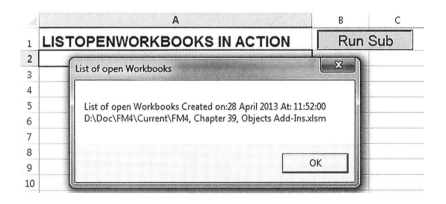

留意すべき行：

```
Temp = "開いているワークブックのリスト" & _
       "作成日：" & _
       FormatDateTime(Date, vbLongDate) _
       & " At: " & _
       FormatDateTime(Time, vbLongTime)
```

- Date 関数は、現在のシステム日付を返す。
- Time 関数は、現在のシステム時刻を返す。
- FormatDateTime 関数は、Date 変数及び Time 変数の表示形式を変更する。

```
For Each Element In Workbooks
    Temp = Temp & vbCrLf & Element.FullName
Next Element
```

この For ステートメントは、Workbooks コレクション全体をループする。ループする都度、Element はコレクションに含まれる Workbook オブジェクトの1つになる。FullName は、Workbook オブジェクトのプロパティであり、ワークブックの完全なパスネームを格納する。

Worksheets コレクションと Worksheet オブジェクト

ワークブックに含まれる全てのワークシートは、Worksheets コレクションの Worksheet オブジェクトである。Worksheets コレクションは、Workbook オブジェクトのプロパティである。Worksheets コレクションを、オブジェクトを伴うことなく、ActiveWorkbook.Worksheets の短縮形として用いることができる。

39.6 Names

Excel では、セルやセル範囲を、ユーザー定義の名前を使って参照できる。売上!C20:C30 のような理解し難いセル範囲を参照するために、製品といった、理解しやすい名前を使うのである。名前を使うと、数式を読むのが簡単になる。=sum('sheet12'!a10:a10) という数式と =sum(lastYearSales) という数式を比較してみよう。本節では、VBA における名前について扱う。

サブルーチンを用いてセル範囲に名前を付ける

以下のサブルーチンは、選択されたセルに「Jon」という名前を付ける。

```
Sub NameSelection()
    Names.Add "Jon", "=" & _
    Selection.Address
End Sub
```

セル A2:D3 を選択し、サブルーチンを実行する。次の 2 つのスクリーンショットは、NameSelection サブルーチンを使う前後の Excel の名前ボックスの状態を示している。

実行前

実行後

　Names は、アクティブワークブックに含まれる全ての名前の**コレクション**である。Add は、コレクションに要素を追加するために用いられる、Names **コレクション**のメソッドである。ここでは、このメソッドの最初の 2 つのパラメータのみを用いている。1 つ目のパラメータ「Jon」は、Names **コレクション**に追加される名前である。2 つ目のパラメータは、追加された名前が参照するセル番地、数式または数値を含む文字列であり、"=" に続けて入力される。

定義された名前を調べる

「Jon」という名前がたった今定義されたので、以下のスクリーンショットで示すように、ワークブック内で使うことができる。たとえ大文字を使ったとしても、Excel はもともとの「Jon」に戻してくれることに注目しよう。

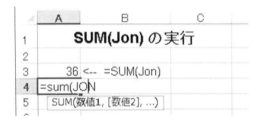

以下の関数で示すように、「Jon」という名前を、VBA で直接用いることはできない。

```
Function SumJon()
SumJon = Application.WorksheetFunction. _
Sum(Jon)
End Function
```

	A	B	C
1		SUM(Jon) の実行	
2			
3	36	<-- =SUM(Jon)	
4	0	<-- =SumJon()	

名前が付けられたセル範囲の参照

名前が付けられたセル範囲にある値を得るために、次の関数で例示するように、組み込み関数 `Application.Evaluate` を使うことができる。この関数は、**配列関数**として用いられるように設計されている点と、ワークブックに変更が加えられたときは必ず数値の更新が行われるように `Application.Volatile` が使われている点に注意しよう。

```
Function JonAsArray()
    Application.Volatile
    JonAsArray = Application.Evaluate("Jon")
End Function
```

	A	B	C	D	E	F
1			JonASARRAY の実行			
2	1		2	<-- {=JonAsArray()}		
3	3		4	<-- {=JonAsArray()}		

名前が参照する実際のセル範囲をさらに参照することは、本書の範囲を超える。

39.7 アドインと統合

Excel アドインは、Excel を立ち上げた時に Excel がロードできるファイルである。このファイルには、Excel に追加機能を加える VBA コードが含まれているが、通常は新しい関数の形式である。アドインは、Excel をパワーアップさせる優れた方法を提供してくれるだけでなく、あつらえの（手製の）関数を配布するための理想的な手段でもある。本節では、VBA 関数が含まれる Excel ワークブックをアドインに変換する方法、アドインを Excel と VBA にロードして使用する方法を示す。この手続は、いくぶん難解であり、以下に提示する順番通りに従わなければならない。

ベースとなるワークブックの作成とデバッグ

一度作成されてしまったアドインを編集することは非常に難しいので、アドインがベースとするオリジナルのワークブックを、元のままワークブックとして保持しておくことが大切である。ここでの説明では、1 つのワークシートと、1 つの関数及び 1 つのサブルーチンが記述されたモジュール 1 個の VBA プロジェクトを含むワークブックを作成した。

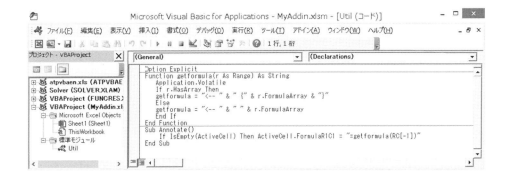

ベースとなるワークブックをアドインに変換する

アドインを作成するために、ワークブックをアドインとして保存する。Excel の ファイルメニューから、**名前を付けて保存**を選択し、**ファイルの種類**を「Excel ア ドイン」に変更する。**保存場所**は、コンピューター内のアドインディレクトリに 変更される。これを別の場所にしても良い（我々はファイルを一緒に保管する傾 向がある）。それから、**保存**をクリックする。アドインに新しい名前を使っても良 い（ここではそうしない）。

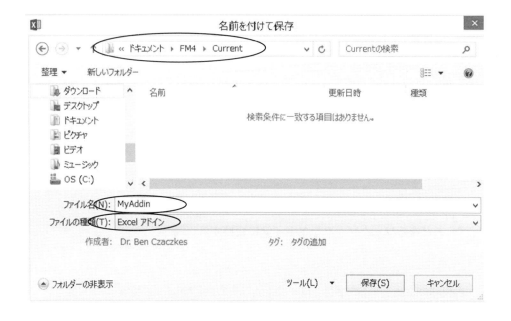

Excel ワークシートからアドインをインストールして使う

アドインのインストールは、コンピューター毎に行う（実際にはコンピューターのユーザー毎に）。したがって、Excel を閉じて、再び新しい Excel ワークブックを開くよう指示する章でも、混乱することはない。[**開発**] − [**アドイン**] を選択する。以下のダイアログボックスが表示される（名前は異なっているかもしれない）。

参照をクリックし、読者のアドインを探す。読者のアドインを選択し、**OK** をクリックする。

新しいアドインが利用可能となり、起動されていることに注目しよう。**OK** をクリックしてアドイン・ダイアログを閉じる。これで、このアドインにある全ての関数が、Excel の全てのワークブックで利用可能になる。これを確認するために、セル（A1）に数式を挿入し、数式を挿入したセルの隣のセル（B1）を選択し、［Alt］+F8 を押してみよう。

すると、**マクロ・ダイアログボックス**が表示される。悲しいことに、annotate はリストに無いが、**マクロ名**ボックスに「annotate」とタイプすると、**実行**ボタンが利用可能になり、押すと期待した結果が示される。

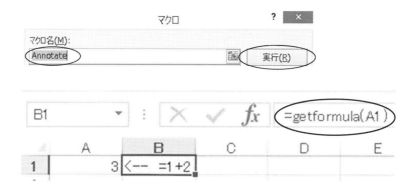

39.8 まとめ

本章では 2 つの個別のテーマを議論した。まず、VBA プログラミング・コンセプトの基にある、オジェクトに関するより広範囲な議論から始めた。オブジェクトによって、プログラミング内の参照の仕方をずっと簡単にできる。Excel でのアドインの構築方法ついての議論で本章を終えた。

練習問題

1. 一連の数値と数式が入力されたスプレッドシートがあるとする。

	A	B	C
1	問題 1	Run Sub	
2			
3	価格	収益率	
4	1000.00		
5	1069.45	0.069451061	<-- =A5/A4-1
6	1158.53	0.083296895	<-- =A6/A5-1
7	1213.49	0.047440948	<-- =A7/A6-1
8	1269.56	0.046204665	<-- =A8/A7-1
9	1287.02	0.013745727	<-- =A9/A8-1
10	1316.34	0.022788538	<-- =A10/A9-1
11	1332.09	0.01195957	<-- =A11/A10-1

これを以下のように変更したいとする。

	A	B	C
1	問題 1	Run Sub	
2			
3	価格	収益率	
4	1000.00		
5	1069.45	6.945106119	<-- =(A5/A4-1)*100
6	1158.53	8.329689467	<-- =(A6/A5-1)*100
7	1213.49	4.744094796	<-- =(A7/A6-1)*100
8	1269.56	4.620466489	<-- =(A8/A7-1)*100
9	1287.02	1.374572664	<-- =(A9/A8-1)*100
10	1316.34	2.278853849	<-- =(A10/A9-1)*100
11	1332.09	1.195956963	<-- =(A11/A10-1)*100

この目的を達成するサブルーチンを作成しなさい。サブルーチンは、次を満たす必要がある。

- 括弧を挿入し、セルの内容を 100 倍する。

- 1 セル分、下に移動する（39.2 節の **ActiveCellDemo1** を参照）。
- このプロセスを繰り返すかどうかを尋ねる（はいの場合は繰り返し、いいえの場合はサブルーチンが終了する）。

注：括弧は「=」の後に来る必要がある。この処理のために、**Right** 関数が用いられるかもしれない。

MsgBox 関数と、それが返す値に関する更なる情報について 38.3 節を参照すべきかもしれない。

2. 一連の入力範囲の最後のセルを正しく扱えるように、問題 1 のサブルーチンを作成し直しなさい。考え得る修正の 1 つは、最後のセルを処理する際に、プロセスを繰り返すかどうか尋ねないようにすることである。
   ヒント　このサブルーチンについては、`Cell.Item(2,1).Formula=" "` という基準を満たすセルとして、一連の入力範囲の最後のセルを考えることが有用であるかもしれない（39.3 節を参照）。

3. アクティブセル領域にある全てのセルを 2 倍するサブルーチンを作成しなさい。

4. サブルーチンの実行がセルの内容に依存するように、問題 3 のサブルーチンを作成し直しなさい。
   - セルの内容が数式の場合、数式を、2 倍された数式で置き換える。
   - セルの内容が数値の場合、数値を、2 倍された数値で置き換える。
   - アクティブセル領域にある、その他全てのセルに対しては何もしない。

   注：簡単化のため、この問題に関して、数式とは「=」で始まる全てのものであり、数値とは「0」から「9」までの文字で始まる全てのものであると仮定してよい。

5. 別の方法（正しいもの）を用いて、セル内の数式の存在を調べるように、問題 4 のサブルーチンを作成し直しなさい。ヘルプファイルで、**Range** オブジェクトの様々なプロパティを確認するとよい。

6. 本書では、ワークシートの数式に対する（**GetFormula** を使用した）注記をサブルーチンにより行った。例えば、次のワークシートでこのサブルーチンを実行すると、

以下の結果が示される。

この注記を行うサブルーチンを作成しなさい。アクティブセルのすぐ右隣のセルが空白でない場合、ユーザーの確認を得た後にのみ、サブルーチンは **GetFormula** を用いてそのセルを上書きするべきである。

7. **Selection** オブジェクトは、ワークシートの現在の選択対象を表す。**Selection** は通常、(そして、ここでの目的では常に)、**Range** オブジェクトである。選択されたセル範囲に対して機能するように、問題 6 のサブルーチンを作成し直しなさい。

    以下の点に留意しよう。

    - 選択されたセル範囲が単一セルなら、問題 6 のサブルーチンを実行させる。
    - 選択されたセル範囲が 1 列なら、列にある全てのセルで繰り返しサブルーチンを実行させる。
    - 選択されたセル範囲が 2 列以上なら、サブルーチンは適切なメッセージを返して中断する。

8. 配列関数は 2 つ以上の値を返す関数である。例えば、ワークシート関数 **Transpose** は、以下のワークシートが示すように、90 度回転させた引数を返す。

中括弧はタイプされたのではなく、配列関数であることを示すために Excel によって加えられたものである。上記のワークシートは以下のサブルーチンにより作成された。

```
Sub TransposeMe()
      Range("E3:E6").FormulaArray = "=Transpose(A3:D3)"
End Sub
```

次のサブルーチンは、行範囲において任意の大きさや位置を処理できる、より複雑なバージョンである。

```
Sub TransposeMeToo()
    C = Selection.Columns.Count
    R = Selection.Rows.Count
    If C = 1 Then        'これは列
       MsgBox "列は処理できません。"
    ElseIf R = 1 Then    'これは行
       Selection.Cells(1, C + 1).Range("A1:A" & C). _
       FormulaArray = "=Transpose(" _
              & Selection.AddressLocal(False, False) & ")"
    Else    'これは何?
         MsgBox "これは何?"
    End If
End Sub
```

行範囲と同様に、列範囲も処理できるように、**TransposeMeToo** を作成し直しなさい。

9. 全てのセル範囲を処理できるように、問題 8 の **TransposeMeToo** を作成し直しなさい。

厳選された参考文献

注意：これは広範な参考文献一覧を意図していない。ファイナンシャル・モデリングの中で言及された参考文献を記載し、時々、より発展的なトピックスに関する読者の視野を広げるために有益な本や記事を加えた。同じ参考文献が何度か異なったセクションに登場することもある。いくつかの章の参考文献がまとめて記載されることも、1つの章の参考文献のみが記載されることもある。

第1章－第6章　コーポレート・ファイナンスと企業価値評価

Benninga, S., and O. Sarig. 1997. *Corporate Finance: A Valuation Approach*. McGraw-Hill.

Benninga, S., and O. Sarig. 2003. Risk, Returns and Values in the Presence of Differential Taxation. *Journal of Banking and Finance*.

Brealey, R. A., S. C. Myers, and F. Allen. 2013. *Principles of Corporate Finance*, 11th ed. McGraw-Hill.

DeAngelo, H., L. DeAngelo, and D. J. Skinner. 2008. Corporate Payout Policy. *Foundations and Trends in Finance*.

Dittmar, A. K., and R. F. Dittmar. 2004. Stock Repurchase Waves: An Explanation of the Trends in Aggregate Corporate Payout Policy. Working paper, University of Michigan.

Fruhan, W. E. 1979. *Financial Strategy: Studies in the Creation, Transfer, and Destruction of Shareholder Value*. Irwin.

Gordon, M. J. 1959. Dividends, Earnings and Stock Prices. *Review of Economics and Statistics*.

McKinsey & Company, T. Koller, M. Goedhart, and D. Wessels. 2010. *Valuation: Measuring and Managing the Value of Companies*, 5th ed. Wiley.

Ross, S. A., R. W. Westerfield, and J. Jaffe. 2010. *Corporate Finance*, 9th ed. McGraw-Hill.

第7章　リース

Abdel-Khalik, A. R. 1981. *Economic Effects on Lessees of FASB Statement No. 13, Accounting for Leases*. Financial Accounting Standards Board.

Copeland, T. E., and J. F. Weston. 1982. A Note on the Evaluation of Cancelable Operating Leases. *Financial Management*.

Financial Accounting Standards Board. 1976. *Statement No. 13: Accounting for Leases*. Stamford, Conn.

Franks, J. R., and S. D. Hodges. 1978. Valuation of Financial Lease Contracts: A Note. *Journal of Finance*.

Levy, H., and M. Sarnat. 1979. On Leasing, Borrowing and Financial Risk. *Financial Management*.

Lewellen, W. G., M. S. Long, and J. J. McConnell. 1979. Asset Leasing in Competitive Capital Markets. *Journal of Finance*.

McConnell, J. J., and J. S. Schallheim. 1983. Valuation of Asset Leasing Contracts. *Journal of Financial Economics*.

Myers, S. C., D. A. Dill, and A. J. Bautista. 1976. Valuation of Financial Lease Contracts. *Journal of Finance*.

Ofer, A. R. 1976. The Evaluation of the Lease versus Purchase Alternative. *Financial Management*.

Schallheim, J. S. 1994. *Lease or Buy? Principles for Sound Decision Making*. Harvard Business School.

第8章―第12章　ポートフォリオの計算

Bengtsson, C., and J. Holst. 2002. On Portfolio Selection: Improved Covariance Matrix Estimation for Swedish Asset Returns. Working paper, Lund University.

Black, F. 1972. Capital Market Equilibrium with Restricted Borrowing. *Journal of Business*.

Bodie, Z., A. Kane, and A. J. Marcus. 2011. *Investments*, 9th ed. McGraw-Hill/Irwin.

Burton, G. M. 2005. Reflections on the Efficient Market Hypothesis: 30 Years Later. *Financial Review*.

Chan, L. K. C., J. Karceski, and J. Lakonishok. 1999. On Portfolio Estimation: Forecasting Covariances and Choosing the Risk Model. *Review of Financial Studies*.

D'Avolio, G. M. 2003. The Market for Borrowing Stock. *Journal of Financial Economics*.

Disatnik, D., and S. Benninga. 2007. Shrinking the Covariance Matrix—Simpler Is Better. *Journal of Portfolio Management*.

Elton, E. J., and M. J. Gruber. 1973. Estimating the Dependence Structure of Share Prices. *Journal of Finance*.

Elton, E. J., M. J. Gruber, S. J. Brown, and W. N. Goetzmann. 2009. *Modern Portfolio Theory and Investment Analysis*, 8th ed. Wiley.

Elton, E. J., M. J. Gruber, and T. Ulrich. 1978. Are Betas Best? *Journal of Finance*.

Fama, E., and K. French. 1997. Industry Costs of Equity. *Journal of Financial Economics*.

Frost, P., and Savarino, J. 1986. An Empirical Bayes Approach to Efficient Portfolio Selection. *Journal of Financial and Quantitative Analysis*.

Green, R. C. 1986. Positively Weighted Portfolios on the Minimum-Variance Frontier. *Journal of Finance*.

Green, R. C., and B. Hollifield. 1992. When Will Mean-Variance Efficient Portfolios Be Well Diversified? *Journal of Finance*.

Jensen, M. C. (Ed.). 1972. *Studies in the Theory of Capital Markets*. Praeger.

Ledoit, O., and M. Wolf. 2003. Improved Estimation of the Covariance Matrix of Stock Returns with an Application to Portfolio Selection. *Journal of Empirical Finance*.

Ledoit, O., and M. Wolf. 2004. Honey, I Shrunk the Sample Covariance Matrix. *Journal of Portfolio Management*.

Lintner, J. 1965. The Valuation of Risky Assets and the Selection of Risky Investments in Stock Portfolios and Capital Budget. *Review of Economics and Statistics*.

Markowitz, H. 1952. Portfolio Selection. *Journal of Finance*.

Merton, R. C. 1973. An Analytic Derivation of the Efficient Portfolio Frontier. *Journal of Financial and Quantitative Analysis*.

Mossin, J. 1966. Equilibrium in a Capital Market. *Econometrica*.

Nielsen, L. R. 1987. Positively Weighted Frontier Portfolios: A Note. *Journal of Finance*.

Roll, R. 1977. A Critique of the Asset Pricing Theory's Tests, Part I: On Past and Potential Testability of the Theory. *Journal of Financial Economics*.

Roll, R. 1978. Ambiguity When Performance Is Measured by the Securities Market Line. *Journal of Finance*.

Sharpe, W. F. 1963. A Simplified Model for Portfolio Analysis. *Management Science*.

Sharpe, W. F. 1964. Capital Asset Prices: A Theory of Market Equilibrium Under Conditions of Risk. *Journal of Finance*.

Surowiecki, J. 2003. Get Shorty. *The New Yorker*. http://newyorker.com/talk/content/?031201ta_talk_surowiecki.

第13章　Black-Litterman

Best, M. J., and R. R. Grauer. 1985. Capital Asset Pricing Compatible with Observed Market Value Weights. *Journal of Finance*.

Best, M. J., and R. R. Grauer. 1991. On the Sensitivity of Mean-Variance-Efficient Portfolios to Changes in Asset Means: Some Analytical and Computational Results. *Review of Financial Studies*.

Bevan, A., and K. Winkelmann. 1998. Using the Black-Litterman Global Asset Allocation Model: Three Years of Practical Experience. Goldman-Sachs.

Black, F., and R. Litterman. 1991. Global Asset Allocation with Equities, Bonds, and Currencies. Goldman-Sachs. (See the disk that accompanies this book.)

Chopra, V. K., and W. Ziemba. 1993. The Effect of Errors in Means, Variances, and Covariances on Optimal Portfolio Choice. *Journal of Portfolio Management*.

DeMiguel, V., L. Garlappi, and R. Uppal. 2007. Optimal versus Naive Diversification: How Inefficient Is the 1/N Portfolio Strategy? *Review of Financial Studies*.

Goldman-Sachs. 1999. The Intuition Behind Black-Litterman Model Portfolios. Author.

Jagannathan, R., and T. Ma. 2002. Risk Reduction in Large Portfolios: A Role for Portfolio Weight Constraints. *Journal of Finance*.

Kandel, S., and R. F. Stambaugh. 1995. Portfolio Inefficiency and the Cross-Section of Expected Returns. *Journal of Finance*.

Litterman, R. 2003. *Modern Investment Management: An Equilibrium Approach*. Wiley.

Schwartz, T. 2000. How to Beat the S&P 500 with Portfolio Optimization. Mimeo.

Sharpe, W. F. 1974. Imputing Expected Portfolio Returns from Portfolio Composition. *Journal of Financial and Quantitative Analysis*.

第14章　イベント・スタディ

Ball, C., and W. N. Torous. 1988, Investigating Security Price Performance in the Presence of Event Date Uncertainty. *Journal of Financial Economics*.

Binder, J. J. 1985, On the Use of the Multivariate Regression Model in Event Studies. *Journal of Accounting Research*.

Boehmer, E., J. Musumeci, and A. B. Poulsen. 1991. Event-Study Methodology Under Conditions of Event-Induced Variance. *Journal of Financial Economics.*

Brown, S., and J. B. Warner. 1985. Using Daily Stock Returns: The Case of Event Studies. *Journal of Financial Economics.*

Campbell, J. Y., A. Lo, and C. McKinley. 1996. *The Econometrics of Financial Markets.* Princeton University Press.

Fama, E. 1976, *Foundations of Finance.* Chapters 3 and 4. Basic Books.

Fama, E., L. Fisher, M. Jensen, and R. Roll. 1969. The Adjustment of Stock Prices to New Information. *International Economic Review.*

MacKinlay, C. 1997. Event Studies in Economics and Finance. *Journal of Economic Literature.*

Salinger, M. 1992. Value Event Studies. *Review of Economics and Statistics.*

Thompson, R. 1995. Empirical Methods of Event Studies in Corporate Finance. Chapter 29. R. Jarrow et al. (Eds.), *Handbooks in OR & MS* (Vol. 9). Elsevier Science B.V.

第15章－第19章　オプション

Bhaghat, S., J. Brickley, and U. Loewenstein. 1987. The Pricing Effects of Interfirm Cash Tender Offers. *Journal of Finance.*

Billingsley, P. 1968. *Convergence of Probability Measures.* Wiley.

Black, F., and M. Scholes. 1973. The Pricing of Options and Corporate Liabilities. *Journal of Political Economy.*

Brennan, M. J., and E. S. Schwartz. 1976. The Pricing of Equity-Linked Life Insurance Policies with an Asset Value Guarantee. *Journal of Financial Economics.*

Brennan, M. J., and R. Solanki. 1981. Optimal Portfolio Insurance. *Journal of Financial and Quantitative Analysis.*

Copeland, T. E., and J. F. Weston Shastri. 2003. *Financial Theory and Corporate Policy.* Addison-Wesley.

Cox, J., and S. A. Ross. 1976. The Valuation of Options for Alternative Stochastic Processes. *Journal of Financial Economics.*

Cox, J., and M. Rubinstein. 1985. *Options Markets.* Prentice-Hall.

Cox, J., S. A. Ross, and M. Rubinstein. 1979. Option Pricing: A Simplified Approach. *Journal of Financial Economics.*

Cvitanić, J., Z. Wiener, and F. Zapatero. 2006. Analytic Pricing of Employee Stock Options. *Review of Financial Studies.*

Gatto, M. A., R. Geske, R. Litzenberger, and H. Sosin. 1980. Mutual Fund Insurance. *Journal of Financial Economics.*

Haug, E. G. 2006. *The Complete Guide to Option Pricing Formulas*, 2nd ed. McGraw-Hill.

Hull, J. 2000. *Options Futures, and Other Derivative Securities*, 8th ed. Prentice Hall.

Hull, J., and A. White. 2004. How to Value Employee Stock Options. *Financial Analysts Journal.*

Jacobs, B. 1983. The Portfolio Insurance Puzzle. *Pensions and Investment Age.*

Jacques, W. E. 1987. Portfolio Insurance or Job Insurance? *Financial Analysts Journal.*

Jarrow, R. A., and A. Rudd. 1983. *Option Pricing.* Irwin.

Knuth, D. E. 1981. *The Art of Computer Programming. Vol. 2: Seminumerical Algorithms.* Addison-Wesley.

Leland, H. E. 1980. Who Should Buy Portfolio Insurance? *Journal of Finance*.

Leland, H. E. 1985. Option Pricing and Replication with Transaction Costs. *Journal of Finance*.

Merton, R. C. 1973. Theory of Rational Option Pricing. *Bell Journal of Economics and Management Science*.

Merton, R. C. 1976. Option Pricing When Underlying Stock Returns Are Discontinuous. *Journal of Financial Economics*.

Omberg, E. 2012. A Note on the Convergence of Binomial-Pricing and Compound-Option Models. *Journal of Finance*.

Pozen, R. C. 1978. When to Purchase a Protective Put. *Financial Analysts Journal*.

Press, W. H., B. P. Flannery, S. A. Teukolsky, and W. T. Vetterling. 2007. *Numerical Recipes: The Art of Scientific Computing*, 3rd ed. Cambridge University Press.

Rubinstein, M. 1985. Alternative Paths to Portfolio Insurance. *Financial Analysts Journal*.

Rubinstein, M., and H. E. Leland. 1981. Replicating Options with Positions in Stock and Cash. *Financial Analysts Journal*.

第19章　リアル・オプション

Amram, M., and N. Kulatilaka. 1998. *Real Options: Managing Strategic Investment in an Uncertain World*. Harvard Business School Press.

Benninga, S., and E. Tolkowsky. 2004. Real Options—An Introduction and an Application to R&D Valuation. *Engineering Economist*.

Dixit, A. K., and R. S. Pindyck. 1995. The Options Approach to Capital Investment. *Harvard Business Review*.

Luehrman, T. A. 1998. Investment Opportunities as Real Options: Getting Started on the Numbers. *Harvard Business Review*.

Trigeorgis, L. 1993. Real Options and Interactions with Financial Flexibility. *Financial Management*.

Trigeorgis, L. 1996. *Real Options: Managerial Flexibility and Strategy in Resource Allocation*. MIT Press.

第20章-第21章　デュレーションとイミュニゼーション

Altman, E. 1989. Measuring Corporate Bond Mortality and Performance. *Journal of Finance*.

Altman, E., and V. M. Kishore. 1996. Almost Everything You Wanted to Know About Recoveries on Defaulted Bonds. *Financial Analysts Journal*.

Babcock, G. 1985. Duration as a Weighted Average of Two Factors. *Financial Analysts Journal*.

Bierwag, G. O. 1977. Immunization, Duration, and the Term Structure of Interest Rates. *Journal of Financial and Quantitative Analysis*.

Bierwag, G. O. 1978. Measures of Duration. *Economic Inquiry*.

Bierwag, G. O., G. G. Kaufman, and A. Toevs. 1983a. Duration: Its Development and Use in Bond Portfolio Management. *Financial Analysts Journal*.

Bierwag, G. O., G. G. Kaufman, and A. Toevs. 1983b. *Innovations in Bond Portfolio Management: Duration Analysis and Immunization*. JAI Press.

Bierwag, G. O., G. G. Kaufman, R. Schweitzer, and A. Toevs. 1981. The Art of Risk Management in Bond Portfolios. *Journal of Portfolio Management.*

Billingham, C. J. 1983. Strategies for Enhancing Bond Portfolio Returns. *Financial Analysts Journal.*

Chance, D. M. 1983. Floating Rate Notes and Immunization. *Journal of Financial and Quantitative Analysis.*

Chance, D. M. 1996. Duration Convexity, and Time as Components of Bond Returns. *Journal of Fixed Income.*

Chua, J. H. 1984. A Closed-Form Formula for Calculating Bond Duration. *Financial Analysts Journal.*

Cooper, I. A. 1977. Asset Values, Interest Rate Changes, and Duration. *Journal of Financial and Quantitative Analysis.*

Cox, J. C., J. E. Ingersoll, and S. A. Ross. 1979. Duration and Measurement of Basis Risk. *Journal of Business.*

Fisher, L., and R. L. Weil. 1971. Coping with the Risk of Market-Rate Fluctuations: Returns to Bondholders from Naive and Optimal Strategies. *Journal of Business.*

Gultekin, B., and R. J. Rogalski. 1984. Alternative Duration Specifications and the Measurement of Basis Risk: Empirical Tests. *Journal of Business.*

Hicks, J. 1939. *Value and Capital.* Clarendon Press.

Ingersoll, J. E., Jr., J. Skelton, and R. L. Weil. 1978. Duration Forty Years Later. *Journal of Financial and Quantitative Analysis.*

Leibowitz, M. L., and A. Weinberger. 1981. The Uses of Contingent Immunization. *Journal of Portfolio Management.*

Macaulay, F. R. 1938. *Some Theoretical Problems Suggested by Movements of Interest Rates, Bond Yields and Stock Prices in the United States Since 1856.* National Bureau of Economic Research.

McCullogh, J. H. 1990. U.S. Term Structure Data, 1946–1987. *Handbook of Monetary Economics* (Vol. 1). North-Holland.

Ott, R. A., Jr. 1986. The Duration of an Adjustable-Rate Mortgage and the Impact of the Index. *Journal of Finance.*

Redington, F. M. 1952. Review of the Principle of Life-Office Valuations. *Journal of the Institute of Actuaries.* Reprinted in G. A. Hawawini (Ed.), *Bond Duration and Immunization: Early Developments and Recent Contributions.* Garland, 1972.

Samuelson, P. A. 1945. The Effects of Interest Rate Increases on the Banking System. *American Economic Review.*

Smith, D. J. 1998. A Note on the Derivation of Closed-Form Formulas for Duration and Convexity Statistics on and between Coupon Dates. *Journal of Financial Engineering.*

Weil, R. L. 1973. Macaulay's Duration: An Appreciation. *Journal of Business.*

第22章　期間構造のモデル化

Adams, K. J., and D. R. Van Deventer. 1994. Fitting Yield Curves and Forward Rate Curves with Maximum Smoothness. *Journal of Fixed Income.*

Annaert, J., G. P. Claes, M. J. K. Ceuster, and H. Zhang. 2013. Estimating the Spot Rate Curve Using the Nelson-Siegel Model: A Ridge Regression Approach. *International Review of Economics and Finance.*

Chambers, D., W Carleton, and D. Waldman. 1984. A New Approach to Estimation of Term Structure of Interest Rates. *Journal of Financial and Quantitative Studies.*

Coleman, T. S., L. Fisher, and R. Ibbotson. 1992. Estimating the Term Structure of Interest from Data That Include the Prices of Coupon Bonds. *Journal of Fixed Income.*

Coleman, T., L. Fisher, and R. Ibbotson. n.d. *U.S. Treasury Yield Curves 1926–1994.* Moody's Investor Service.

Diament, P. 1993. Semi-Empirical Smooth Fit to the Treasury Yield Curve. *Journal of Fixed Income.*

Fabozzi, F. J. 1996. *Bond Markets, Analysis and Strategies.* Prentice Hall.

Fisher, M., and D. Zervos. 1996. Yield Curve. In H. R. Varian (Ed.), *Computational Economics and Finance: Modeling and Analysis with Mathematica.* Springer.

Ho, T. S. Y. 1992. Key Rate Durations: Measures of Interest Rate Risk. *Journal of Fixed Income.*

Jarrow, R. A.. 1996. *Modeling Fixed Income Securities and Interest Rate Options.* McGraw-Hill.

Litterman, R., and J. Scheinkman. 1991. Common Factors Affecting Bond Returns. *Journal of Fixed Income.*

Mann, S. V., and P. Ramanlal. 1997. Relative Performance of Yield Curve Strategies. *Journal of Portfolio Management.*

McCulloch, J. F. 1971. Measuring the Term Structure of Interest Rates. *Journal of Business.*

McCulloch, J. F. 1975. The Tax-Adjusted Yield Curve. *Journal of Finance.*

Nelson, C., and A. Siegel. 1987. Parsimonious Modeling of Yield Curves. *Journal of Business.*

Shea, G. 1984. Pitfalls in Smoothing Interest Rate Term Structure Data: Equilibrium Models and Spline Approximations. *Journal of Financial and Quantitative Analysis.*

Shea, G. 1985. Interest Rate Term Structure Estimation with Exponential Splines: A Note. *Journal of Finance.*

Stigum, M., and F. L. Robinson. 1996. *Money Market & Bond Calculations.* Irwin.

Suits, D. B., A. Mason, and L. Chan. 1978. Spline Functions Fitted by Standard Regression Methods. *Review of Economics and Statistics.*

Sundaresan, S. 1997. *Fixed Income Markets and Their Derivatives.* South-Western College.

Taggart, R. A., Jr. 1996 *Quantitative Analysis for Investment Management.* Prentice-Hall.

Tuckman, B. 1996. *Fixed-Income Securities.* Wiley.

Vasicek, O., and G. Fong. 1982. Term Structure Estimation Using Exponential Splines. *Journal of Finance.*

第 22 章　期間構造

Diebold, F. X., and C. Li. 2006. Forecasting the Term Structure of Government Bond Yields. *Journal of Econometrics.*

Gürkaynak, R. S., B. Sack, and J. H. Wright. 2007. The U.S. Treasury Yield Curve: 1961 to the Present. *Journal of Monetary Economics.*

Nelson, C., and A. Siegel. 1987. Parsimonious Modeling of Yield Curves. *Journal of Business.*

Svensson, L. E. O. 1995. Estimating Forward Interest Rates with the Extended Nelson & Siegel Method. *Sveriges Riksbank Quarterly Review.*

第 23 章　債券の期待収益率

Altman, E. I., and A. C. Eberhart. 1994. Do Seniority Provisions Protect Bondholders' Investments? *Journal of Portfolio Management*.

Altman, E. I., and V. M. Kishore. 1996. Almost Everything You Wanted to Know About Recoveries on Defaulted Bonds. *Financial Analysts Journal*.

Altman, E. I., and S. Nammacher. 1984. The Default Rate Experience of High Yield Corporate Debt. *Financial Analysts Journal*.

Amihud, Y., and H. Mendelson. 1991. Liquidity, Maturity, and the Yields on U.S. Treasury Securities. *Journal of Finance*.

Antonov, A., and Y. Yanakieva. 2004. Transition Matrix Generation. International Conference on Computer Systems and Technologies.

Bakshi G., D. B. Madan, and F. X. Zhang. 2004. Understanding the Role of Recovery in Default Risk Models: Empirical Comparisons and Implied Recovery Rates. Unpublished working paper.

Cantor, R. 2001. Moody's Investors Service Response to the Consultative Paper Issued by The Basel Committee on Banking Supervision and Its Implications for the Rating Agency Industry. *Journal of Banking and Finance*.

Carty, L. V., and J. S. Fons. 2003. Measuring Changes in Corporate Credit Quality. Moody's Special Report, November.

Chacko, G. 2005. Liquidity Risk in the Corporate Bond Markets. Working paper, Harvard Business School.

Cochrane, J. H. 2001. *Asset Pricing*. Princeton University Press.

Crosbie P. J., and J. R. Bohn. 2002. *Modeling Default Risk*. KMV.

Driessen, J., and F. de Jong. 2005. Liquidity Risk Premia in Corporate Bond Markets. Discussion paper, University of Amsterdam.

Duffie, D. 1998. Defaultable Term Structure Models with Fractional Recovery of Par. Working paper, Stanford University.

Duffie, D., and K. J. Singleton. 1997. An Econometric Model of the Term Structure of Interest-Rate Swap Yields. *Journal of Finance*.

Duffie, D., and K. J. Singleton. 1999. Modeling Term Structures of Defaultable Bonds. *Review of Financial Studies*.

Dynkin L., A. Gould, J. Hyman, V. Konstantinovsky, and B. Phelps. 2006. *Quantitative Management of Bond Portfolios*. Princeton University Press.

Edwards, A. K., L. E. Harris, and M. S. Piwowar. 2004. *Corporate Bond Market Transparency and Transaction Costs*. UWFC.

Fama, E., and K. R. French. 1993. Common Risk Factors in the Returns of Stocks and Bonds. *Journal of Financial Economics*.

Finger, C. C., V. Finkelstein, G. Pan, J. P. Lardy, T. Ta, and J. Tierney. 2002. CreditGrades Technical Document, RiskMetrics Group, Inc.

Gebhardt W. R., S. Hvidkjaer, and B. Swaminathan. 2005. The Cross-Section of Expected Corporate Bond Returns: Betas or Characteristics? *Journal of Financial Economics*.

Hagan, P., and G. West. 2005. Methods for Constructing a Yield Curve. *Wilmott Magazine*.

Hickman, W. B. 1958. *Corporate Bond Quality and Investor Experience*. Princeton University Press.

Jafry, Y., and T. Schuermann. 2004. Metrics for Comparing Credit Migration Matrices. *Journal of Banking and Finance*.

Jarrow, R. A., D. Lando, and S. M. Turnbull. 1997. A Markov Model for the Term Structure of Credit Spreads. *Review of Financial Studies.*

Jarrow, R. A., and S. M. Turnbull. 1995, Pricing Derivatives on Financial Securities Subject to Credit Risk. *Journal of Finance.*

Lando, D. 1998. On Cox Processes and Credit Risky Securities. *Review of Derivatives Research.*

Lando, D. 2004. *Credit Risk Modeling Theory and Applications.* Princeton University Press.

Löffler, G. 2004. An Anatomy of Rating Through the Cycle. *Journal of Banking and Finance.*

Löffler, G. 2005. Avoiding the Rating Bounce: Why Rating Agencies Are Slow to React to New Information. *Journal of Economic Behavior and Organization.*

Longstaff, F. A. 2001. The Flight-to-Liquidity Premium in U.S. Treasury Bond Prices. *Journal of Business.*

Longstaff, F. A., S. Mithal, and E. Neis. 2004. Corporate Yield Spreads: Default Risk or Liquidity? New Evidence from the Credit-Default Swap Market. *Journal of Finance.*

Merton, R. C. 1974. On the Pricing of Corporate Debt: The Risk Structure of Interest Rates. *Journal of Finance.*

Moody's Special Report. 1992. *Corporate Bond Defaults and Default Rates.* Moody's Investors Service.

Nelson, C., and A. Siegel. 1987. Parsimonious Modeling of Yield Curves, *Journal of Business.*

Parnes, D. 2005. Homogeneous Markov Chain, Stochastic Economics, and Non-Homogeneous Models for Measuring Corporate Credit Risk. Working paper, University of South Florida.

Subramanian, K. V. 2001. Term Structure Estimation in Illiquid Markets. *Journal of Fixed Income.*

Yu, F. 2002. Modeling Expected Return on Defaultable Bonds. *Journal of Fixed Income.*

第24章ー第30章 モンテカルロ法

Abramowitz, M., and I. A. Stegun. 1965. *Handbook of Mathematical Functions.* Dover.

Acworth, P., M. Broadie, and P. Glasserman. 1996. A Comparison of Some Monte Carlo and Quasi-Monte Carlo Techniques for Option Pricing. In Niederreiter et al. (Eds.), *Monte Carlo and Quasi-Monte Carlo Methods.* Springer.

Bailey, D. H., J. M. Borwein, and P. B. Borwein. 1987. Ramanujan, Modular Equations, and Approximations to π; or, How to Compute One Billion Digits of Pi. *American Mathematical Monthly.*

Baker, N. L., and R. A. Haugen. 2012. Low Risk Stocks Outperform Within All Observable Markets of the World. http://ssrn.com/abstract=2055431.

Barone-Adesi, G., and R. E. Whaley. 1987. Efficient Analytic Approximation of American Option Values. *Journal of Finance.*

Benninga, S., and M. Blume. 1985. On the Optimality of Portfolio Insurance. *Journal of Finance.*

Box, G. E. P., M. E. Muller. 1958. A Note on the Generation of Random Normal Deviates. *Annals of Mathematical Statistics.*

Boyle, P. P. 1977. Options: A Monte Carlo Approach. *Journal of Financial Economics.*

Boyle, P. P., M. Broadie, M. Glasserman. 1997. Monte Carlo Methods for Security Pricing. *Journal of Economic Dynamics and Control.*

Boyle, P. P., and S. H. Lau. 1994. Bumping Up Against the Barrier with the Binomial Method. *Journal of Derivatives.*

Boyle, P. P., and Y. K. Tse. 1990. An Algorithm for Computing Values of Options on the Maximum or Minimum of Several Assets. *Journal of Financial and Quantitative Analysis*.

Boyle, P. P., and T. Vorst. 1992. Option Replication in Discrete Time with Transaction Costs. *Journal of Finance*.

Broadie, M., and P. Glasserman. 1997. Pricing American-Style Securities Using Simulation. *Journal of Economic Dynamics and Control*.

Broadie, M., P. Glasserman, and G. Jain. 1997. Enhanced Monte Carlo Estimates for American Option Prices. *Journal of Derivatives*.

Cox, J., S. A. Ross, and M. Rubinstein. 1979. Option Pricing: A Simplified Approach. *Journal of Financial Economics*.

Cremers, M., A. Petajisto, and E. Zitzewitz. 2010. Should Benchmark Indices Have Alpha? Revisiting Performance Evaluation. http://ssrn.com/abstract=1108856.

Dupire, B. 1998. *Monte Carlo Methodologies and Applications for Pricing and Risk Management*. Risk Books.

Frazzini, A., and L. H. Pedersen. 2011. Betting Against Beta. http://ssrn.com/abstract=2049939.

Fu, M., S. B. Laprise, D. B. Madan, Y. Su, and R. Wu. 2001. Pricing American Options: A Comparison of Monte Carlo Simulation Approaches. *Journal of Computational Finance*.

Galanti, S., and A. Jung. 1997. Low-Discrepancy Sequences: Monte Carlo Simulation of Option Prices. *Journal of Derivatives*.

Gamba, A. 2002. Real Options Valuation: A Monte Carlo Approach. http://ssrn.com/abstract=302613.

Gentle, J. E. 1998. *Random Number Generation and Monte Carlo Methods*. Springer.

Glasserman, P. 2004. *Monte Carlo Methods in Financial Engineering*. Springer.

Grant, D., G. Vora, and D. E. Weeks. 1996a. Path-Dependent Options: Extending the Monte Carlo Simulation Approach. *Management Science*.

Grant, D., G. Vora, and D. E. Weeks. 1996b. Simulation and Early-Exercise of Option Problem, *Journal of Financial Engineering*.

Haugh, M. 2004. The Monte Carlo Framework, Examples from Finance and Generating Correlated Random Variables. www.columbia.edu/~mh2078/MCS04/MCS_framework_FEegs.pdf.

Haugh, M. B., and L. Kogan. 2008. Duality Theory and Approximate Dynamic Programming for Pricing American Options and Portfolio Optimization. In J. R. Birge and V. Linetsky (Eds.), *Handbooks in OR & MS* (Vol. 15). Elsevier.

Heynen, R. C., and H. M. Kat. 1994a. Crossing Barriers. *Risk*.

Heynen, R. C., and H. M. Kat. 1994b. Partial Barrier Options. *Journal of Financial Engineering*.

Hong, H G., and D. A. Sraer. 2012. Speculative Betas. Available at SSRN. http://ssrn.com/abstract=1967462 or http://dx.doi.org/10.2139/ssrn.1967462.

Kanigel, R. 1992. *The Man Who Knew Infinity: A Life of the Genius Ramanujan*. Scribner.

Knuth, D. E. 1981. *The Art of Computer Programming. Volume 2: Semi-Numerical Algorithms*. Addison-Wesley.

Lehmer, D. H. 1951. Mathematical Methods in Large-Scale Computing Units, Proceedings of the 2nd Symposium on Large-Scale Digital Calculating Machinery. *Annals of the Computational Laboratory of Harvard University*. Harvard University Press.

Longstaff, F. A., and E. S. Schwartz. 2001. Valuing American Options by Simulation: A Simple Least-Square Approach. *Review of Financial Studies*.

Raymar, S. B., and M. J. Zwecher. 1997. Monte Carlo Estimation of American Call Option on the Maximum of Several Stocks. *Journal of Derivatives*.

Rogers, L. C. G. 2002. *Monte Carlo Valuation of American Options*. Mathematical Finance.

Tavella, D. 2002. *Quantitative Methods in Derivatives Pricing—An Introduction to Computational Finance*. Wiley.

Tezuka, S. 1998. Financial Applications of Monte Carlo and Quasi-Monte Carlo Methods. In P. Hellekalek and G. Larcher (Eds.), *Random and Quasi-Random Point Sets*. Springer.

Tilley, J. A. 1998. Valuing American Options in a Path Simulation Model. In B. Dupire (Ed.), *Monte Carlo*. Risk Books. Originally published in 1993.

Tsitsiklis, J. N., and B. Van Roy. 2001. Regression Methods for Pricing Complex American-Style Options. *IEEE Transactions on Neural Networks*.

Willard, G. A. 1997. Calculating Prices and Sensitivities for Path-Independent Derivative Securities in Multifactor Models. *Journal of Derivatives*.

第 28 章　バリュー・アット・リスク

Beder T. 1996. VAR: Seductive But Dangerous. *Financial Analysts Journal*.

Jorion, P. 1997. *Value at Risk: the New Benchmark for Controlling Market Risk*. McGraw-Hill.

Linsmeier, T. J., and N. D. Pearson. 2000. Risk Measurement: An Introduction to Value at Risk. *Financial Analysts Journal*.

RiskMetrics. 1995. Introduction to RiskMetrics. This and other documents can be found at www.riskmetrics.com/techdoc.html.

索　引

【ア行】

アウト・オブ・ザ・マネー・オプション　358
アジアン・オプション
　　例　789 図, 790 図
　　モンテカルロ法　770, 788-799
　　　　最初の例　790-795
　　　　多期間の―　798-799
　　　　価格経路　791-794
　　　　原理　783
　　　　リスク中立価格　794-795
　　　　VBA プログラム　796-799
　　ペイオフ　769-787
　　タイプ　788
　　有用性　788
アット・ザ・マネー・オプション　358, 428-430
アドイン　1058-1061
　　ワークブックを変換する　1059-1060
　　ワークブックを作成する　1058-1059
　　インストールと使用法　1060-1061
　　使用法　1058
アブノーマル・リターン（AR）　327, 330-331
　　平均　343, 345
　　累積　327, 330
　　例　333, 336, 337-338, 342-345, 349
　　例　333, 334-335, 336, 338, 341, 342, 349, 350
アメリカン・コール・オプション　358
　　プライシング　369-371
　　　　二項モデル　391-394
　　VBA 関数　396-400
安全基準（退職後プラン）　659-660
按分されたクーポン（債券）　574 注
1 回目の回帰（証券市場線（SML）の検証）　236, 272-274
1 次元データ・テーブル　818-819
一定相関モデル（分散共分散行列）　255, 258-259, 262, 263
イベント　333

イベントウィンドウ　328, 329-330
　　例　334-335, 338, 349, 350
イベント・スタディ　327-353
　　アブノーマル・リターン　327, 330-331
　　　　例　333, 334-335, 336, 338, 341, 342, 349, 350
　　推定ウィンドウ　328-330
　　　　例　333, 334-335, 338, 349, 350
　　例
　　　　より完全な―　338-345
　　　　最初の―　331-338
　　Linest 関数（Excel）　347-348
　　市場調整モデル　330-331
　　Offset 関数（Excel）　342, 351-353
　　概略　327-329
　　概要　327
　　イベント発生後ウィンドウ　329
　　Steyx 関数（Excel）　334-335, 342, 345, 351
　　―の時間軸　327-328
　　2 ファクターモデル　331, 346-351
イベント発生後ウィンドウ　329
イミュニゼーション戦略　533-545
　　コンベクシティ（凸性）　539-540
　　ポートフォリオのパフォーマンス向上　541-545
　　制限　534-535
　　数値例　535-538
　　概要　533
　　単純なモデル　533-535
　　期間構造　534-535, 540 注
入れ子になった **If** 構造　959-960
イン・ザ・マネー・オプション　358
インプライド・ボラティリティ
　　ブラック・ショールズ・モデル　427-430, 690
　　分散共分散行列の計算　255, 262-265
インボイス・プライス（債券）　574 注
ウィーク・フォームの効率的市場仮説　687-688

索　引

後ろ向きのボラティリティ　427
売上予測（ファイナンシャル・モデリング）　160-161
売り手（コール・オプション）　359
上付きセル　919-920
営業活動によるキャッシュフロー　59-60
エラー
　　セル（Excel, VBA）　980-981
　　確認　956
　　VBA
　　　　ミスの修正　954-956
　　　　実行時　985-986
オブジェクト（VBA）　1041-1055
　　ActiveCell 変数　1041-1042
　　コレクション　1049-1054
　　導入　1041-1043
　　メソッドを用いる　1042-1043
　　関数のパラメータとしての―　1043-1045
　　プロパティ　1041
　　Range オブジェクト変数　1043-1047
　　Selection 変数　1042-1043
　　With ステートメント　1047-1049
オプション　357-375
　　中止　491-499
　　　　設備の売却　493
　　　　状態価格　494-496,503-504,505
　　　　価値を高める　493
　　　　一連のプットとしての評価　497-499
　　　　プロジェクトの評価　492
　　事業規模の変更　488
　　アメリカン vs. ヨーロピアン　358
　　アット・ザ・マネー、イン・ザ・マネー、アウト・オブ・ザ・マネー　358,428-430
　　平均価格　788
　　コール　357
　　　　バタフライ戦略　759-765
　　　　ペイオフ・パターン　359,361-365
　　　　損益パターン　362-366
　　　　複製　741-744
　　規模の縮小　487
　　延期あるいは待機　487
　　例　360-361
　　行使価格　357
　　拡張　488-490

　　行使期限　357
　　成長　488
　　経路依存型　769-770,794
　　経路独立型　770,775,776 図
　　ペイオフと損益パターン　359-360,361-366
　　　　戦略　366-368
　　価格　358
　　プライシング　オプション・プライシングを参照のこと
　　プット　357
　　　　下限　371
　　　　ペイオフ・パターン　359-360,365-366
　　　　プライシング　425
　　　　損益パターン　365-366
　　　　プロテクティブ　366-367
　　　　一連の中止オプションの評価　497-499
　　リアル―　487-505
　　　　中止オプション　491-499
　　　　ブラック・ショールズ・モデル　491
　　　　割引キャッシュフロー vs.　492,500,501
　　　　例　488-490
　　　　拡張オプション　488-490
　　　　概要　487-488
　　　　バイオテクノロジー・プロジェクトの評価　499-505
　　スプレッド　368
　　株価　357
　　用語　357-358
　　建設時期　487
　　購入 vs. 売却　359-360,364-365
オプション戦略　366-368
オプション価格　358
オプション裁定命題　368-374
オプションのギリシア文字　461-485
　　プットの計算　465
　　コール及びプットのデルタ　465,465 図,466 図
　　コール及びプットのセータ　465,467 図,468 図
　　計算　462-465
　　コールのデルタ・ヘッジ　468-470
　　カラーのヘッジ　470-479
　　概要　461
　　スプレッドシートにおける実装　464

株価シミュレーション　476-477
VBA プログラム　480-485
オプションの手法によるインプライドボラティリティ（分散共分散行列）　255,262-265
オプション・プライシング
　裁定制約　368-374
　二項モデル　379-415
　　利点　379
　　アメリカン・オプション　391-394
　　ブラック・ショールズ価格への収束　400-403
　　従業員ストック・オプション　404-413
　　多期間　385-390
　　標準的でないオプション　413-415
　　概要　379
　　状態価格　381-385
　　2 時点の例　379-381
　　VBA プログラミング　394-400
　ブラック・ショールズ（BS）モデル　421-422
　　出費に見合うだけの価値　451-453
　　基本式　421-422
　　債券オプション評価　453-456
　　中心的な仮定　669
　　二項プライシングの収束　400-403
　　配当の調整　433-435,434 図
　　過去の収益率の計算　426-427,430
　　インプライド・ボラティリティの計算　427-430
　　概要　421
　　プットのプライシング　425
　　スプレッドシートにおける実装　422-425
　　仕組証券　437-450
　　VBA プログラム　423-425,430-432
　　ボラティリティの計算　426-430
　ギリシア文字　461-485
　　プットの計算　465
　　コール及びプットのデルタ　465,467 図,468 図
　　コール及びプットのセータ　465,466 図,467 図
　　計算　462-465
　　コールのデルタ・ヘッジ　468-470
　　カラーのヘッジ　470-479
　　概要　461
　　スプレッドシートにおける実装　464
　　株価シミュレーション　476-477
　　VBA プログラム　480-485
　マートン・モデル　435-436,462
　モンテカルロ法　769-810
　　アジアン・オプション　788-799,789 図,790 図
　　バリア・オプション　801-810
　　ブラック・ショールズ式　739-740
　　効率性の改善　785-787
　　概要　769
　　プレーン・バニラ・コール・オプション　770-774,774-776,778-779,794-795
　　原理　783
　　リスク中立性の特性　769,774-776,778-779,794-795
　　状態価格，確率及びリスク中立　775-776,776 図
　　株価の公式　739-740
　　2 期間モデル　776-780
　　VBA プログラム　781-785,786-787,796-799,805-810

【カ行】

回帰
　Excel 関数　873-883
　データ分析　876-877
　Index　879
　Linest　879-883
　重　878
　近似曲線と散布図　874-876
　1 回目の—　236,272-274
　"完全な"—　236
　2 回目の—　236,272,274-275
回帰分析のためのデータ分析　876-877
会計上の帳簿価額　50-54
　貸借対照表　50-52
　　効率的市場アプローチ　54-55
　　事業価値　52,53
　　例　51,52,53-54
　　モデル　50-52

回収率（債券）　575-576,580-581
買い手（コール・オプション）　359
開発 タブ（Excel）（起動）　930-931,940-941
［開発］-［アドイン］コマンド（Excel）　1060-1061
価格（リスク中立価格 vs. 状態価格）　384-385
価格経路（アジアン・オプション）　791-794
価格弾力性　452
　　　割引率に対する債券の一　515-516
価格ボラティリティ（債券）　516
格付調整後利回り　72-73,76-77
額面価額（債券）　535-536,537
確率（年末のポートフォリオの価値）　717-719
過去の収益率（ブラック・ショールズ・モデル）　426-427,430
加算
　　　Excel の日付　859
　　　行列　834
加重平均資本コスト（WACC）　67-109
　　　ベータ　85-59
　　　計算　98-104
　　　　　　Caterpillar　101-104
　　　　　　Merck
　　　　　　Whole Foods Market　100-101
　　　負債コスト　68,72-77
　　　株主資本コスト　68,78-97
　　　　　　資本資産価格モデル　77-78,85-91
　　　　　　市場に対する期待収益率　94-97
　　　　　　ゴードン配当モデル　77-85
　　　　　　証券市場線　92-94
　　　ファイナンシャル・モデリング　134-135
　　　企業の負債　70-71
　　　企業の株主資本　69-70
　　　公式　67
　　　ーで割り引いたフリー・キャッシュフロー　50,56-57,65
　　　概要　67
　　　モデルの問題　104-108
　　　税率　71-72
　　　ーの使用　67
カッパ（オプション・プライシング）　461,463
株価　357
　　　非連続性　670 注
　　　業績発表　338-345

対数正規分布　675-682,688-690
合理的な特性　670-671
シミュレーション　669-690
　　　ファンダメンタル・アナリストとテクニカル・アナリスト　686-687
　　　Norm.Inv　684-685
　　　概要　669
　　　10 個の対数正規価格経路　685-686
　　　ウィーク・フォームの効率的市場仮説　687-688
企業買収　332-335
テクニカル分析　686-687
株価収益率
　　　ーの連続リターン生成過程　674-675
　　　相関行列　250-252,841-842
　　　ポートフォリオ・モデル　191-196
　　　　　　計算　191-193
　　　　　　連続複利収益率と幾何収益率　212-213
　　　　　　相関係数　196
　　　　　　共分散　194-196
　　　　　　母集団統計と標本統計　192-194
株価のテクニカル分析　686-687
株価パス　670-674
　　　例　671-672
　　　Excel による計算　674
　　　日次リターンの頻度　673-674
　　　日次リターンのグラフ　671-673
　　　合理的な特性　671
　　　シミュレーション　682-684
　　　株式の特性　672-673
株式
　　　ブラック・ショールズ・モデル
　　　　　　過去の収益率　426-427,430
　　　　　　インプライド・ボラティリティ　427-430
　　　ペイオフ・パターン
　　　　　　購入後　259
　　　　　　空売り　362
　　　損益パターン　362-363
株式オプション　357
株式にリンクした証券（ブラック・ショールズ・モデル）　445-449,450 図
株主資本
　　　ーを使用した企業価値評価　49,54

索 引　1083

コスト　資本コストを参照のこと
株主資本からの支払額合計（ファイナンシャル・
　モデリング）　82,82,99-101,104
株主資本コスト　68,78-97
　　資本資産価格モデル　77-78,85-91
　　　　ベータ　85-89
　　　　Catapillar　101-104
　　　　Excel の「データ分析」アドイン　90-91
　　　　Merck　99
　　　　問題　106-108
　　　　TIntercept 及び **TSlope** 関数　87-90
　　　　Whole Foods Market　100-101
　　市場に対する期待収益率　94-97
　　ゴードン配当モデル　77-85
　　　　株主資本に対する全てのキャッシュフ
　　　　　ローの説明　81-82
　　　　一の適用　78-85
　　　　Caterpilar　101-104
　　　　市場に対する期待収益率　104
　　　　Merck　79-81,99
　　　　問題　104-106
　　　　並外れた成長　82-83
　　　　2 段階モデル　84-85
　　　　Whole Foods Market　100-101
　　証券市場線　91-94
株主資本利益率（ROE）（財務諸表モデル）　147-
　149
カラー
　　ガンマ
　　　　抑制　477-479
　　　　中立　477
　　ヘッジ　470-479
　　デルタ　474-477
空売り
　　一が無い場合の効率的ポートフォリオ　287-
　　　300
　　　　制約条件のある一　295-296
　　　　効率的フロンティアのグラフ　294-296
　　　　数値例　288-294
　　　　他の保有制約　298-299
　　　　概要　287-288
　　　　制約条件のない一　291-292
　　　　VBA プログラム　295-298
関数（Excel）　Excel 関数を参照のこと

関数ウィザード（Excel）　946,949-952
関数変数　883-986
感度分析
　　データ・テーブル　819
　　従業員ストック・オプション・プライシング
　　　411-413
　　事業価値　121-123
"完璧な" 回帰　236
元本（債券）　573
「元本保証、上昇チャンス」（PPUP）証券（ブ
　ラック・ショールズ・モデル）　437-439
カンマにより区切られた数字（書式設定）　935-
　936,1027-1029
ガンマ
　　カラー
　　　　抑制　477-479
　　　　中立　477
　　ヘッジ（中立）　479
　　オプション・プライシング・モデル　461,463
幾何拡散過程（と対数正規価格過程）　675-679,
　721-722
幾何収益率　212-213
期間構造のモデル化　547-571
　　基本例　547-550
　　債券のリスク度　547
　　同じ満期を持つ債券　552-556
　　ディスカウント・ファクター
　　　　価格決定における優位点　550-551
　　　　純粋な割引利回り　547
　　関数形式の適合　556-560
　　イミュニゼーション戦略　534-535,540 注
　　Nelson-Siegel　560-563
　　Nelson-Siegel-Svensson モデル　567-568
　　概要　547
　　米国財務省中期証券　563-565
　　VBA 関数　569-571
　　満期利回り　547
　　　　単一の債券　547,548-549
　　　　同じ満期を持つ複数の債券　552-556
　　ゼロ・クーポン　551,561
期間構造リスク（債券）　573 注
企業（評価）
　　現金預金及び市場性ある有価証券　136-137
　　固定資産　138-140

索引

フリー・キャッシュフロー　134-138,171
年央の割引　137-138,148-149
感度分析　140-141
継続価値　134,135,136,140
企業価値評価　49-64
　範囲　49
　負債　49
　事業価値　49-64
　　会計上の帳簿価額アプローチ　50-54
　　連結キャッシュフロー計算書　50,58-62
　　定義　49
　　割引キャッシュフロー　50
　　効率的市場アプローチ　54-55
　　計算方法　49-64
　　フリー・キャッシュフローの現在価値　54-55
　　予測財務諸表　62-64
　株主資本　49
　会社に関連するその他の証券　49
企業買収と株価　332-335
疑似乱数ジェネレーター　601-602
逆行列　837-838
キャッシュフロー
　連結財務諸表　連結キャッシュフロー計算書を参照のこと
　フリー・―　フリー・キャッシュフロー（FCF）を参照のこと
　レバレッジド・リース　184-186
　　分析　184-186
　　計算　185-186
行が複数になったセル
　改行　910-911
　文字式操作の式　911-912
業績発表と株価　338-345
行の代入セル（Excel）819,820
共分散（ポートフォリオ収益率）　194-196
行ベクトル　833
行列　833-845
　加算　834
　行列に関する配列関数　901-905
　　非対角要素の最大値及び最小値　902-904
　　対角要素が1、それ以外はゼロ　901-902
　　行列の非対角要素を置き換える　904-905
　　定数を引くために使う　245
　　分散共分散に使う　245
　相関　841-842
　単位　837
　　たちの悪い―　838
　　逆の―　837-838
　積　835-837
　正則　838
　非対角要素
　　最大値及び最小値を探す　902-904
　　置き換え　904-905
　対角要素が1、それ以外はゼロ　902
　演算　834-837
　概要　833
　ポートフォリオの計算　199-201
　スカラー倍　834
　正方　833,837,838
　　コレスキー分解　633-640
　　下三角　633
　　正定値　633
　定数の控除　901
　対称　833
　連立1次方程式　839
　用語　833
　推移（債券のデフォルト調整後期待収益率）　576-577,578-580,590-593
　転置　835
　単位行と単位列　843-845
　分散共分散　分散共分散行列を参照のこと
行列のスカラー倍　834
行列の積　835-837,896
　スカラー倍　834
行列の転置　835
許容可能な最低リース料　178-181
ギリシア文字
　セル　918-919
　オプション・プライシング・モデル　461-485
　　プットに関する計算　465
　　コール及びプットのデルタ　465,465図,466図
　　コール及びプットのセータ　465,467図,468図
　　計算　462-465

コールのデルタ・ヘッジ　468-470
カラーのヘッジ　470-479
概要　461
スプレッドシートにおける実装　464
株価シミュレーション　476-477
VBA プログラム　480-485
空白セル（データテーブル）　698,707,746,823-829
クーポンの影響（債券デュレーション）　518
クーポン・レート　573
グラフタイトル（の自動更新）　914-918
繰越欠損金（財務諸表モデル）　149-150
経過利息
　　債券　564,586-587
　　米国財務省中期証券　563-564
継続価値（事業価値評価）　134,135,136,140
継続的改善（successive refinement）テクニック（VBA）　996-997
経路依存型オプション　769,770,776 図,794
経路独立型オプション　770,775,776 図
月次期待収益率　192
月次収益率　192,213
　　期待　192
減価償却
　　フリー・キャッシュフロー　57,117
　　レバレッジド・リースの分析　184-186
研究開発（R&D）（評価）　504-505
現金預金
　　企業価値評価における―　136-137
　　ファイナンシャル・モデリング　169
現在価値（PV）
　　正味　正味現在価値（NPV）を参照のこと
　　PV 関数（Excel）　15
減算
　　Excel の日付　858-859
　　Excel の時刻　861
建設時期のオプション　487
現代ポートフォリオ理論（MPT）　301,302
行使価格
　　従業員ストック・オプション　404
　　オプション　357
行使期限（オプション）　357
効率的フロンティア
　　資本資産価格モデル　270

ポートフォリオ　204
　　計算　221-226
　　資本市場線と　232
　　定義　217
　　空売りの無い　294-296
　　―を作る VBA プログラム　295-298
効率的ポートフォリオ　215-238
　　資産価格モデル　215,217-221,279-281
　　資本市場線　232-234
　　計算　253-255
　　効率的フロンティア　221-226
　　表記法　215-217
　　ワンステップで計算　226-229
　　最適化過程　229-231
　　概要　215
　　証券市場線　235-237,242
　　理論的　217-221
　　　　言明に対する証明　240-243
　　空売りが無い場合　287-300
　　　　制約条件のある　295-296
　　　　効率的フロンティアのグラフ　294-296
　　　　数値例　288-294
　　　　他の保有制約　298-299
　　　　概要　287-288
　　　　制約条件のない　291-292
　　　　VBA プログラム　295-298
国際会計基準審議会（IASB）（役員ストック・オプション価値の評価）　405
個人用マクロブック（Excel）
　　頻出する手順の自動化　928
　　図としてコピー機能　928-934
　　ファイル編集　934
　　迅速な数字の書式設定　935-936
　　―に保存する　933-934
　　ファイル編集　934
　　迅速な数字の書式設定　935-936
　　―に保存する　933-934,939 注
　　マクロを用いて　935
ゴードン式　20
ゴードン配当モデル　77-85
　　株主資本に対する全てのキャッシュフローの説明　81-82
　　適用　78-85
　　Caterpillar　101-104

市場に対する期待収益率　104
Merck　79-81,99
問題　104-106
並外れた成長　82-83
2段階モデル　84-85
Whole Foods Market　100-101
コピー（Excel）
　　セル（素早いコピー）　907-908
　　図としてコピー機能　928-934
　　ブック内の複数シート　913
［コピー］－［図としてコピー］コマンド（Excel）　928
コメント（VBAコード）　975
コール・オプション
　　ポートフォリオ・インシュアランスのためのバタフライ戦略　759-765
　　下限　369
　　ペイオフ・パターン　359-360
　　　　購入　363
　　　　売却　364
　　プライシング
　　　　ブラック・ショールズ式　422-423
　　　　マートン・モデル　435-436
　　　　一の複製　741-744
　　損益パターン　363-365
コール価格　364
　　凸性　373-374
　　より高い下限　369-370
コールの売り手　364
コールの買い手　364
コールの見返り（ブラック・ショールズ・モデル）　451-453
ゴールシーク機能（Excel）
　　ブラック・ショールズ・モデル　438-439
　　許容可能な最低リース料　178-179
　　内部収益率　20,25
　　退職の問題　35
　　状態価格　497
コレスキー分解（多次元の乱数）　632-639,639図
コントロール文（マクロに登録する）　604
コンベクシティ
　　債券利回り　517
　　コール・オプション　373-374
　　イミュニゼーション戦略　539-540

プット価格　374

【サ行】

再帰（VBA）　974
債券
　　経過利息　564,586-587
　　クーポン・レート　573
　　デフォルト調整後期待収益率　573-597
　　　　経過利息　586-587
　　　　ペイオフの計算　582-583
　　　　実際の債券での計算　585-588
　　　　債券ベータの計算　593-596
　　　　設例による検証　583-585
　　　　多期間のフレームワーク　576-580
　　　　1期間のフレームワーク　575-576
　　　　概要　573
　　　　ペイオフ・ベクトル　580-581
　　　　対 約束された収益率　573
　　　　回収率　573,575-576,580-581,588-589
　　　　半年毎の推移行列　590-593
　　　　用語　573-575
　　　　推移行列　576-577,578-580
　　額面価額　535-536,537
　　イミュニゼーション戦略　533-545
　　　　コンベクシティ（凸性）　539-540
　　　　ポートフォリオのパフォーマンス向上　541-545
　　　　制限　534-535
　　　　概要　533
　　　　単純なモデル　533-535
　　　　期間構造　534-535, 540 注
　　初期状態　581
　　パーで発行される　573
　　元本　573
　　約束された収益率　573
　　按分されたクーポン　574 注
　　回収率　575-576,580-581
　　期間構造のモデル化　547-571
　　　　基本例　547-550
　　　　リスク度　547
　　　　同じ満期を持つ債券　552-556
　　　　関数形式の適合　556-560
　　　　イミュニゼーション戦略　534-535,

索 引 **1087**

　　　　540 注
　　　Nelson-Siegel　560-563
　　　Nelson-Siegel-Svensson モデル　567-568
　　　概要　547
　　　価格決定におけるディスカウント・ファクターの優位点　550-551
　　　米国財務省中期証券　563-565
　　　VBA 関数　569-571
　　　満期利回り　547-549,552-553
　　　ゼロ・クーポン　551
　　期間構造リスク　573 注
債券オプション評価（Black によるモデル）　453-456
債券価格
　　割引率に対する弾力性　515-516
　　フォワード　453-456
　　インボイス　574 注
　　市場　574
　　ボラティリティ　516
債券格付　574,576-577
債券デュレーション　511-530
　　Babcock の式　517
　　債券満期と一　529
　　利回りの凸結合　517
　　クーポンの影響　518
　　Duration 関数（Excel）　513-514
　　例　511-526
　　マコーレー尺度　527-530
　　意味　514-516
　　フラットでない期間構造　527-528
　　概要　511
　　パターン　518-519
　　割引率に対する価格の弾力性　515-516
　　支払額の時間加重平均　515
　　不定期な支払いを伴う一　514,519-527
　　一の使用　511
債券の支払額（一の時間加重平均）　515
債券のペイオフ・ベクトル　580-581
債券ポートフォリオ
　　計算　543-545
　　パフォーマンス向上　541-545
債券満期（一の債券デュレーションへの影響）　529

債券利回り
　　凸結合　517
　　満期一　574
　　　　イミュニゼーション戦略　537-538,540
　　　　不定期な支払いを伴う一　513,520-527
最小二乗近似（同じ満期を持つ複数の債券）　552-554
最小二乗法（OLS）回帰分析　873
最終行（ユーザー定義関数）　942
裁定（プライシング）　380-381
最低リース料（許容可能な）　178-181
最適投資ポートフォリオ　269,271-272
債務
　　一を使用した企業価値評価　39,55
　　コスト　68,72-77
　　　　平均　72-76
　　　　Merck　74-77
　　　　格付調整後利回り　72-73,76-77
　　　　United States Steel　73-74
債務の返済スケジュール（財務諸表モデル）　145-147
財務活動によるキャッシュフロー　60
財務関数（Excel）　849-857
　　IPMT と **PPMT**　856-857
　　IRR　851-852
　　NPV　849-850
　　PMT　854-856
　　PV　853-854
財務省短期証券（T-bill）金利（ポートフォリオ最適化）　305
財務諸表モデル　125-153
　　貸借対照表分析　159
　　貸借対照表等式　159
　　現金預金及び短期証券　169
　　Caterpillar　155-172
　　債務のコスト　168-169
　　流動資産と流動負債　162
　　債務の返済スケジュール　145-147
　　減価償却　166-167
　　配当　167
　　例　155-172
　　2 年目以降へのモデルの拡張　131-132
　　固定資産と売上高　164-166
　　フリー・キャッシュフロー　132-138,170

測定　132-133
　　キャッシュ残高の調整　133-134
　　企業の評価　134-138,171
損益計算書の等式　129-130
長期債権　168
営業費用　163-164
その他負債と年金　167-168
概要　125
プラグ　127-128,169
次年度の貸借対照表と損益計算書の予測　128-129
株主資本利益率　147-149
売上予測　160-161
目標負債/株主資本比率　160-161
繰越欠損金　149-150
税率分析　168
理論と簡単な例　125-127
企業価値の評価
　　現金預金及び市場性ある有価証券　136-137
　　固定資産　138-140
　　フリー・キャッシュフロー　134-138,171
　　年央の割引　137-138,148-149
　　感度分析　140-141
　　継続価値　134,135,136,140
加重平均資本コスト　134-135
財務諸表（予測）　125
サブルーチン（VBA）　1017-1024
　実行　1018-1019
　スプレッドシートの変更　1027-1029
　編集　934-935
　フォーマット　1017
　ショートカットキー　1019
　記録　1020-1022,1021 図
　ワークシートのボタンからマクロを走らせる　604
　ユーザー・インタラクション　1024-1031
　　　InputBox 関数　1026-1027
　　　MsgBox 関数　1024-1031
　　一を用いて　1017-1024
残存価額（リース分析）　181-183
散布図
　　異なる相関係数を用いた標準正規乱数　627,627 図
近似曲線　874-876
時間加重平均（債券の支払額の一）　515
事業価値（EV）　49
　会計帳簿　50,52,53
　効率的市場アプローチ　54,55
　計算方法　49-50
　年央の割引　118,137-138,148-149
　フリー・キャッシュフローの現在価値　54-55,117-118
　予測財務諸表　63-64
　継続価値　117-118
　1 株当たり利益　121-123
事業価値評価モデル
　会社に対する一　49-64
　　会計上の帳簿価額アプローチ　50-54
　　連結キャッシュフロー計算書　50,58-62,115-123
　　定義　49
　　割引キャッシュフロー　50
　　効率的市場アプローチ　54-55
　　計算方法　49-50
　　年央の割引　118,137-138,148-149
　　フリー・キャッシュフローの現在価値　54-55
　　予測財務諸表　62-64
　　1 株当たり利益　121-123
　非金融会社向けの一
　　現金預金及び市場性ある有価証券　136-137
　　固定資産　138-140
　　フリー・キャッシュフロー　134-138,171
　　年央の割引　137-138,148-149
　　感度分析　140-141
　　継続価値　134,135,136,140
仕組証券　437-450
　より複雑な例　439-445,442 図
　リバース・コンバーチブル　445-449,450 図
　簡単な例　437-439
時刻（Excel）
　スプレッドシートへの入力　859-860
　Excel 関数　862
　書式設定　861

索 引 **1089**

引き算 861
日付（Excel）も参照のこと
資産
 アルファ 87-88
 ベータ 85-89,270-271
資産の残存価額（リース分析） 181-183
資産のペイオフ（割引期待値） 774-775
資産のリターン（バリュー・アット・リスク）
 717-728
市場価格（債券） 574
市場価値（リバース・エンジニアリング） 121-123
市場性ある有価証券（事業価値の評価） 112
市場調整モデル（イベント・スタディ） 330-331
市場に対する期待収益率 94-97
市場ポートフォリオ
 資本資産価格モデル
  効率性 279-281
  非効率性 279-281
  真の— 281-282
 包絡線 229-230
 見つける 232-234
下三角行列 633
下付きセル 919-920
実現可能ポートフォリオ 216-217
実現可能集合 216
実行時エラー 985-986
四分円（モンテカルロ法による π の計算） 649-650
資本（コスト） 資本コストを参照のこと
資本コスト 67-109
 ベータ 85-89
 計算方法 98-104
  Catapillar 101-104
  Merck 99
  Whole Foods Market 100-101
 負債コスト 68,72-77
  平均 72-76
  Merck 74-77
  格付調整後利回り 72-73,76-77
  United States Steel 73-74
 株主資本コスト 68,78-97
  資本資産価格モデル 77-78,85-91
  市場に対する期待収益率 94-97

ゴードン配当モデル 77-85
証券市場線 91-94
公式 67
概要 67
モデルの問題 104-108
—の使用 67
加重平均 加重平均資本コスト（WACC）を参照のこと
資本資産価格モデル（CAPM） 269
 Black のゼロ・ベータ 219
 資本コスト 77-78,85-91
  ベータ 85-89
  Caterpilar 101-104
  Excel の「データ分析」アドイン 90-91
  Merck 99
  問題 106-108
  TIntercept and TSlope 関数 89-90
  Whole Foods Market 100-101
 効率的ポートフォリオ 215,217-221
 個人的な最適化と一般均衡 269-271
  無リスク資産が存在しない場合 270-271
  規範的かつ記述的ツールとしての 271
 無リスク資産 269-271
 検証 272-275
  配列数の絶対値 278
  結果についての議論 276-278
  効率的市場ポートフォリオ 279-281
  超過収益率 282-283
  1 回目の回帰 272,273-274
  市場ポートフォリオの非効率性 279-281
  結果の問題 275-276
  2 回目の回帰 272,274-275
  証券市場線 272-276
  真の市場ポートフォリオ 281-282
  ゼロ・ベータモデル 270-271
 使い道 284
資本市場線（CML） 232-234
収益率
 アブノーマル（AR） 327,330-331
  平均 343,345
  累積 337-338,342-345,349
  例 333,334-335,336,338,341,342,349,350

資産(バリュー・アット・リスク) 717-718
債券
　デフォルト調整後期待収益率　デフォルト調整後期待収益率(債券)を参照のこと
　約束された一　573
年間複利　898-899
超過一
　資本資産価格モデル　282-283
　行列　246-247
internal rate of　内部収益率(IRRs)を参照のこと
ポートフォリオ　191-196
　年次換算　213
　平均期間　212
　連続複利収益率と幾何収益率　212-213
　相関係数　196
　相関行列　250-252,841-842
　共分散　194-196
　例示　216
　月次　192,213
　母集団統計と標本統計　192-194
　分散　198-203,216
収益率の相関係数　250-252,841-842
重回帰分析(Excel 関数)　878,882-883
従業員ストック・オプション(ESO)　404
　二項オプション・プライシング・モデル　404-413
　一を使用した企業価値評価　49
　行使価格　404
　感度分析　411-413
　価値　46
　VBA プログラム　404-410
　待機期間　404
縮小推定法(分散共分散行列)　255,260-262,307-308
循環参照(Excel)　131
純粋な割引利回り　547
条件関数(Excel)　883-884
証券市場線(SML)　269
　基本的一　92
　債券ベータの計算　593-594
　資本コスト　92-94

包絡線ポートフォリオ　235-237,242
税金調整後一　92-94
検証　235-237,272-276
条件付実行(VBA)　957-964
　論理型演算子と比較演算子　961-964
　If … ElseIf ステートメント　958-959
　入れ子になった If ステートメント　959-960
　一行形式の If ステートメント内　957-958
状態価格　381-383
　中止オプション　494-496,503-504,505
　バイオテクノロジー・プロジェクト　494-496,503-504,505
　リアル・オプション・アプローチ　492
　リスク中立価格 vs.　384-385,774-775
正味現在価値(NPV)
　レバレッジド・リース　183
　NPV 関数(Excel)　14-16
　リアル・オプション vs.　487-488
　等間隔でないキャッシュフロー　865-866
初期状態(債券)　581
[書式]-[シートの移動] コマンド(Excel)　913
書式設定(セル)
　非表示にされたセル　821-822,922-923
　百万を千として　926-928
　上付き文字と下付き文字　919-920
　変更するためのサブルーチン　1027-1029
書式設定(データ・テーブル)　818-819,820
　非表示　821-822
ショートカットキー(マクロ)　1019
シリアル値　862
シングルインデックスモデル(SIM)(分散共分散行列)　255,256-258
真の市場ポートフォリオ　281-282
信頼水準
　Black-Litterman アプローチによるポートフォリオ最適化における投資家の見解　319-320
　一のためのバリュー・アット・リスク　717,719-721
図(Excel のコピー機能)　928-934
推移行列(債券のデフォルト調整後期待収益率)　576-577,578-580
推定ウィンドウ　328-330
　例　332-334,336,349

索 引

数式（names） 1055
数式の検証 924-926
［数式］-［ワークシート分析］コマンド（Excel）
　　924-926
数値（Excel）
　　文字列に変更 914
　　百万を千として書式設定 926-928
　　迅速な書式設定 935-936
図としてコピー 機能（Excel） 928-934
ストック・オプション　従業員ストック・オプション（ESO）を参照のこと
素早いコピー（Excel ソフトウェア） 907-908
スプレッド 368
スプレッドシート
　　注釈 934
　　頻出する手順の自動化 928
　　　　図としてコピー機能 928-934
　　　　個人用マクロブックの編集ファイル 934
　　　　迅速な数字の書式設定 935-936
　　　　個人用マクロブックのマクロの使用 935
　　ブラック・ショールズ式の実装 422-425
　　素早いコピー 907-908
　　百万を千として書式設定 926-928
　　数式の検証 924-926
　　ギリシア文字 918-919
　　非表示とされたセル 922-924
　　投資のためのモンテカルロ・シミュレーション 661-662
　　行が複数になったセル
　　　　改行 910-911
　　　　文字式操作の式 911-912
　　複数
　　　　移動 913
　　　　記述 912-913
　　セルに名前を付ける 920-921
　　セルの参照元 926
　　ボタンからマクロを走らせる 604
　　変更するためのサブルーチン 1027-1029
　　上付き文字と下付き文字 919-920
　　text 関数 914
　　自動更新されるタイトル 914-918
正則行列 838

成長オプション 488
正定値正方行列 632-633
正方行列 833,837,838
　　下三角 633
　　正定値 633
税率（債務の加重平均） 71-72
セータ（オプション・プライシング） 461,463,466,467 図,468 図
絶対値、配列数 278
セル
　　数式検証 924-926
　　空白（データ・テーブル） 697,707,743,823-829
　　素早いコピー 907-908
　　ギリシア文字 918-919
　　非表示 821-822
　　複数行
　　　　改行 910-911
　　　　文字式操作の式 911-912
　　名前を付ける 228、920-922
　　参照元 926
　　上付き文字と下付き文字 919-920
セル・エラー（Excel、VBA） 980-981
セルの参照元（スプレッドシート） 926
［セルの書式設定］コマンド（Excel）
　　百万を千として書式設定する 927-928
　　セルを非表示にする 821-822,922-923
　　上付き文字と下付き文字 919-920
［セルの書式設定］-［配置］コマンド（Excel）
　　910-911
［セルの書式設定］-［表示形式］-［時刻］コマンド（Excel） 608
［セルの書式設定］-［表示形式］-［数値］コマンド（Excel） 838,858,861,922-924
［セルの書式設定］-［ユーザー定義］コマンド（Excel） 926-928
セル範囲の名前
　　マクロ 1055-1056
　　参照 1057
ゼロ・クーポン期間構造 551,561
ゼロ・ベータ・ポートフォリオ 219-220
ゼロ・ベータ CAPM 270-271
全体を表示（Excel） 910-911,912
先頭行（ユーザー定義関数） 942

相関を有する株価リターンのシミュレーション 699-700
相関を有する乱数のシミュレーション
　　相関を有する疑似乱数の生成　624-628,627 図
　　コレスキー分解による多次元の乱数　632-639,639 図
　　退職後プラン　629-632
［挿入］－［標準モジュール］コマンド（VBA）942
遡及プライシング（オプション）　386,387,389-390
ソルバー機能（Excel）
　　ブラック・ショールズ・モデル　438-439
　　将来価値の問題　33
　　カラーのヘッジ　471
　　許容可能な最低リース料の管理　179
　　ポートフォリオ・インシュアランス　756
　　ポートフォリオ最適化　289-290,291-294,296
　　リアル・オプション　503-504
　　状態価格　496
　　期間構造のモデル化　560,567
　　米国財務省中期証券の
　　　　Nelson-Siegel 期間構造　564
　　　　Nelson-Siegel モデルの Svensson
　　　　　　バリエーション　567
　　バリュー・アット・リスク　719-721
損益計算書（フリー・キャッシュフローに関連して）　57-58
損益パターン（オプション）　361-366

【夕行】

大域的最小分散ポートフォリオ（GMVP）（計算）253-255,843-845
待機期間（従業員ストック・オプション）　404-413
貸借対照表
　　企業価値評価　50-52
　　　　効率的市場アプローチ　54-55
　　　　事業価値　52,53
　　　　例　51,52,53-54
　　　　モデル　50-52

貸借対照表分析（ファイナンシャル・モデリング）159
対称行列　833
退職後の計画
　　相関を有する乱数のシミュレーション　629-632
　　［データ］－［テーブル］コマンド　631-632,661-662
　　Goal Seek 関数（Excel）　35
　　モンテ・カルロ法　656-657
　　　　年金のための貯蓄　704-708
　　乱数生成　630
　　安全基準　659-660
対数正規分布
　　表現　678-682
　　ブラック・ショールズ・モデル　669
　　計算　675-679
　　連続リターン生成過程　674-675
　　幾何拡散過程　675-679
　　ヘッド・アンド・ショールダーズ　687
　　株価から得られるパラメータの計算　688-690
　　株価パス　670-674
　　　　シミュレーション　682-686
　　テクニカル分析　686-688
　　バリュー・アット・リスク　721-722
多期間二項モデル（オプション・プライシング）385-390
多次元のシミュレーション
　　ゼロでないリターン　640-641
　　一様分布　640-641
たちの悪い行列　838
単位行列　837
段階的投資　487
短期証券（ファイナンシャル・モデリング）　169
単純なアプローチ（ポートフォリオ最適化）　303-307
中止オプション　491-499
　　設備の売却　493
　　状態価格　494-496,503-504,505
　　価値を高める　493
　　一連のプットとしての評価　497-499
　　プロジェクトの評価　492
注釈（スプレッドシート）　934

索引 1093

超過収益率
　　資本資産価格モデル　282-283
　　行列　246-247
賃借人　173
賃貸人　173
［ツール］-［ゴール・シーク］（Excel）　ゴール・シーク関数を参照のこと
［ツール］-［データ分析］-［回帰分析］コマンド（Excel）（資本資産価格モデル）　88,89-90
ディスカウント・ファクター　900
　　期間構造モデル
　　　　計算　548,549-550
　　　　年間クーポン・レートが異なるデータ・セット・552
　　　　Nelson-Siegel 期間構造　558,564
　　　　価格決定における優位点　550-551
　　　　純粋な割引利回り　547
テキストの中央揃え（Excel）　911
テキストの配置（Excel）　911
データ型（VBA）　1010-1011
データ型のエラー（VBA）　955-956
［データ］-［ソルバー］コマンド（Excel）　ソルバー関数を参照のこと
［データ］-［データ分析］-［回帰分析］コマンド（Excel）
　　資本資産価格モデル　91
　　インストール　876n
　　を用いて　876-877
［データ］-［データ分析］-［ヒストグラム］コマンド　612
［データ］-［データ分析］-［乱数発生］コマンド（Excel）
　　正規分布する乱数のための　611-612
　　株価の分布のための　677
データ・テーブル（Excel）　1,817-834
　　配列として　822
　　空白セル　698,707,746,823-829
　　設例　817-818,887
　　セルの数式の非表示　821-822
　　1 次元　818
　　概要　817
　　再計算を手動に設定する　829
　　2 次元　820
［データ］-［テーブル］コマンド（Excel）　171

効率的ポートフォリオの計算　281-282
ブラック・ショールズ・モデル　423,431, 444-445
事業価値　121-123
コールのヘッジ　470
カラーのヘッジ　481
イミュニゼーション戦略　538
アジアン・オプションのモンテカルロ法　800
モンテ・カルロ・シミュレーション
　　ポートフォリオのコール・オプション　743
　　株価リターンの　698,707,712
　　ポートフォリオの収益率　198,697-698
　　退職後プランのための一　631-632,661-662
　　テーブルのセットアップ
　　　　1 次元　818-819　2 次元　820
データ・テーブルの手動計算　829
［データ］-［並べ替え］コマンド　732-733
データのシミュレーション（バリュー・アット・リスク）　724-738
［データ］-［分析］-［ソルバー］（Excel）コマンド　496
データベース（統計量の計算）　870-873
データ　メニュー（Excel）　33
［データ］-［What-if 分析］-［データ テーブル］コマンド（Excel）　819
［デバッグ］-［コンパイル VBA プロジェクト］コマンド　956
デフォルト・リスク（債券）　573
デフォルト調整後期待収益率（債券）　573-597
　　経過利息　586-587
　　ペイオフの計算　582-583
　　実際の債券での計算　585-588
　　債券ベータの計算　593-596
　　設例による検証　583-585
　　多期間のフレームワーク　576-580
　　1 期間のフレームワーク　575-576
　　概要　573
　　ペイオフ・ベクトル　580-581
　　約束された収益率 vs.　573
　　回収率　573,575-576,580-581,588-589
　　半年毎の推移行列　590-593
　　用語　573-575

推移行列　576-577,578-580
デュレーション（債券）　511-530
　　Babcock の式　517
　　債券満期　529
　　利回りの凸結合　517
　　クーポンの影響　518
　　例　511-526
　　Duration 関数（Excel）　513-515
　　マコーレー尺度　527-530
　　意味　514-516
　　フラットでない期間構造　527-528
　　概要　511
　　パターン　518-519
　　割引率に対する価格の弾力性　515-516
　　支払額の時間加重平均　515
　　不定期な支払いを伴う—　514,519-527
　　—の使用　511
デルタ（オプション・プライシング）　461,463, 465,465 図,466 図
デルタ・ヘッジ
　　コール　468-470
　　カラー　474-477
典型的なミス（VBA）　954-956
等価ローン法　175-178
等間隔でないキャッシュフロー（**XNPV** 関数（Excel））　865-866
統計量（ポートフォリオ収益率の計算）　192-194
投資
　　モンテカルロ・シミュレーション　661-664, 693-714
　　ベータとリターン　709-714
　　相関を有する株価リターン　699-700
　　データ・テーブル　661-662,698,707,712
　　—を扱う Excel ファイル　693
　　複数株式のポートフォリオ　702-703
　　概要　693
　　2 つの株式のポートフォリオ　696-697
　　単独株式の価格とリターン　693-696
　　退職後プラン　656-657
　　無リスク資産　700-701
　　年金のための貯蓄　704-708
　　VBA シミュレーション　662-664
投資活動によるキャッシュフロー　60
投資家の意見（ポートフォリオの最適化）　309, 312-314,317-319
動的関数　895
度数分布　619,638,639 図,644-645
ドット演算子（VBA）　1042
トラッキング行列（Black-Litterman アプローチによるポートフォリオ最適化）　315-317

【ナ行】

内部収益率（IRRs）
　　IRR 関数（Excel）　2, 24-27, 851, 996
　　Rate 関数（Excel）　25
　　レバレッジド・リース　183-184
　　年間　864
　　日歩　864
　　継続的改善（successive refinement）テクニック　996-997
名前が付けられたセル　920-921
名前の管理 機能（Excel）　921-922
名前ボックスの特徴（Excel）　228
名前を付けて保存 コマンド（Excel）（ワークブックをアドインとして）　1059-1060
並外れた成長とゴードン・モデル　82-83
2 回目の回帰（証券市場線（SML）の検証）　236, 272,274-275
二項オプション・プライシング・モデル　379-415
　　利点　379
　　アメリカン・オプション　391-394
　　ブラック・ショールズ価格への収束　400-403
　　従業員ストック・オプション　404-413
　　多期間　385-390
　　標準的でないオプション　413-415
　　概要　379
　　リスク中立　769-770
　　状態価格　381-385
　　　　リスク中立価格 vs.　384-385
　　2 時点の例　379-381
　　VBA プログラミング　394-400
2 次元データ・テーブル　820
2 段階モデル　84-85
2 ファクターモデル（イベント・スタディ）　331, 346-351
年央の割引（事業価値）　118,137-138,148-149

年間内部収益率（IRRs） 864
年金のための貯蓄（モンテカルロ・シミュレーション） 704-708
年次収益率 213
年次収益率の平均 213
年末時点のポートフォリオの価値
    対数正規分布 721-722
    確率 717-719
ノックアウト・バリア・コール・オプション 801, 803-805,807-810
ノックイン・バリア・コール・オプション 801, 803-805,807-810
のれん 59

【ハ行】

バイオテクノロジー・プロジェクト
    フェーズ 500
    プロジェクトの評価 499-505
配当
    ファイナンシャル・モデリング 167
    ゴードン・モデル 77-85
        株主資本に対する全てのキャッシュフローの説明 81-82
        ―の適用 78-85
        Caterpilar 101-104
        市場に対する期待収益率 104
        Merck 79-81,99
        問題 104-106
        並外れた成長 82-83
        2 段階モデル 84-85
        Whole Foods Market 100-101
    再投資 210-211
配当の再投資 210-211
配当の調整
    ブラック・ショールズ・モデル 433-436
        連続的な支払い 435-436
        オプションの満期前に支払われる既知の配当 433-435,434 図
    ポートフォリオ・モデル 209-212
配列（VBA）
    データ・テーブル 822
    Excel のセル範囲 986-990
    For Each ステートメント 1049-1051

LBound 及び **UBound** 関数 992-995
    多次元 993
配列関数（Excel） 893-905,1057
    連続年間収益率 899-900
    組み込まれた 893-897
    複利年間収益率 898
    ディスカウント・ファクター 900
    スプレッドシートへの入力 893
    Frequency 896-897
    自家製 898-900
    行列 901-904
        対角要素が1、それ以外はゼロの行列 901-902
        行列の非対角要素の最大値及び最小値 902-904
    MMult と **Ninverse** 896
    概要 893
    行列の非対角要素を置き換える 904-905
    行列からの定数の控除 901
    Transpose 893-894
    分散共分散行列 245
配列数の絶対値 278
バタフライ戦略（ポートフォリオ・インシュアランス） 759-765
    ペイオフ/利益パターン 759-761
    シミュレーションの実行 764-765
    自己資本充足 762-763
    3 つのコール・オプション 759
    VBA 関数 761-762
発見フェーズ（バイオテクノロジー・プロジェクト） 500
パラメーター変数 883
バリア・オプション
    モンテカルロ法 801-810
        ノックイン・バリア・コール 801,803-805,807-810
        ノックアウト・バリア・コール 801, 803-805,807-810
        簡単な例 801-803
        VBA プログラム 805-810
バリア・コール・オプション
    ノックイン 801,803-805-807,810
    ノックアウト 801,803-805-807,810
バリアント型のパラメータ 986

バリアント型の変数（VBA） 1010,1052
　配列を含む— 986,1006-1007
　Range オブジェクト 1044
［貼り付け］—［形式を選択して貼り付け］コマンド（Excel） 895
バリュー・アット・リスク（VaR） 717-738
　資産のリターン 717-718
　ビンゴ・カードの問題 730-738
　ブートストラップ法 724-738
　対数正規分布 721-722
　モンテカルロ・シミュレーション 729-730
　Norm.Dist 関数（Excel） 719-720
　概要 717
　ポジションの大きさ 723
　分位点（信頼水準） 717
　簡単な例 717-719
　3 つの資産の問題 722-724
　保有期間 717
　分散共分散行列 722-724
バリュエーション
　債券オプション 453-456
　会社に対する— 49-64
　　会計上の帳簿価額アプローチ 50-54
　　連結キャッシュフロー計算書 56-58
　　定義 49
　　割引キャッシュフロー 50
　　効率的市場アプローチ 54-55
　　計算方法 49-50
　　フリー・キャッシュフローの現在価値 56-58
　　予測財務諸表 62-64
　従業員ストック・オプション 405
　企業の—
　　現金預金及び市場性ある有価証券 136-137
　　固定資産 138-140
　　フリー・キャッシュフロー 134-138,171
　　年央の割引 137-138,148-149
　　感度分析 140-141
　　継続価値 134,135,136,140
半年毎の推移行列（債券のデフォルト調整後期待収益率） 590-593
販売ステージ（バイオテクノロジー・プロジェクト） 500
比較演算子（VBA） 961-964
ビジュアル・ベーシック・エディター 関数（VBA） 940
ビジュアル・ベーシック・フォー・アプリケーション（VBA） 937
　起動 940-941
　アドインと統合 1058-1061
　二項オプション・プライシング・モデル 394-400
　　従業員ストック・オプション 406-410
　ブラック・ショールズ・モデル
　　プライシング関数の定義 423-425
　　インプライド・ボラティリティを求める 430-432
　　ギリシア文字 462-465,474-477
　論理型演算子と比較演算子 961-964
　セル・エラー 980-981
　コード内のコメント 975
　効率的フロンティア 295-298
　ヘルプ・ファイル（ユーザー定義関数に加える） 949-952
　ループ 964-982
　　最初に条件判断する— 964
　　最後に条件判断する— 964
　　Do…Loop Until ステートメント 968
　　Do…Loop While ステートメント 966
　　Do Until ステートメント 967
　　Do While ステートメント 965
　　For ステートメント 969-971
　マクロサブルーチン 1017-1024
　　実行 1018-1019
　　スプレッドシートの変更 1027-1029
　　編集 1017
　　フォーマット 1017
　　ショートカットキー 1019
　　記録 1020-1022,1021f
　　ワークシートのボタンからマクロを走らせる 604
　　ユーザー・インタラクション 1024-1027
　　—の使用 1017-1024
　モジュール 1030-1035
　　開かれている新しいモジュール 942
　　名前の付け直し 1030-1033

独自の名前　1033
　　変数　1033-1035
モンテカルロ法　655-658,662-664
　　アジアン・オプション・プライシングの
　　　ための　786-787
　　バリア・オプション・プライシング
　　　796-799
　　プレーン・バニラ・コール・オプション・
　　　プライシング　781-785
名前　1055-1057
　　一を調べる　1056-1057
　　モジュール　1030-1033
　　セル範囲　1055-1057
　　一を参照する　1057
オブジェクト　1041-1055
　　AcriveCell 変数　1041-1042
　　コレクション　1049-1054
　　導入　1041-1042
　　メソッドを用いる　1042-1043
　　関数のパラメータ　1043-1045
　　プロパティ　1041
　　Range オブジェクト変数　1043-1047
　　Selection 変数　1042-1043
　　With ステートメント　1047-1049
ポートフォリオ・インシュアランス
　　761-762
乱数生成ジェネレーター　606-607,614-616,
　　620-621
再帰　974
株価の分布　680-683
期間構造のモデル化　569-571
データ型　1010-1011
ユーザー・インプット及び **InputBox** 関数
　　1026-1027
ユーザー・アウトプット及び **MsgBox** 関数
　　1024-1025
ユーザー定義関数の使用　939-981
　　起動　940
　　コード内のコメント　975
　　条件付実行（**If** ステートメント）　957-
　　　964
　　Excel 関数　971-973
　　ミスの修正　954-956
　　関数の行　944

先頭行と最終行　942
モジュール　942,1033
必須要素　942
他のユーザー定義関数内での一　973-
　　975
概要　939
関数ウィザード内にヘルプを提供
　　949-952
予約語　943
保存　939 注,952-954
VBA エディタを用いた構築　940-948
バリュー・アット・リスク　727-729
変数　983-986,1033-1035
分散共分散行列での使用　259
不定期の場合の満期利回り（YTM）　524-
　　526
百万を千として書式設定　926-928
非表示とされたセル　821-822,922-923
標準的でないオプション（二項オプション・
　　プライシング・モデル）　413-415
標本分散　249
標本分散共分散行列　245
　　計算　245-250,264
　　　代替的方法　255,263
　　大域的最小分散ポートフォリオ（GMVP）
　　　253-255
非連続性（価格）　670 注
ビンゴ・カードの問題　730-738
頻出する手順の自動化（個人用マクロブック
　　（Excel））　928
　　図としてコピー機能　928-934
　　ファイル編集　934
　　迅速な数字の書式設定　935-936
　　マクロを用いて　935
ヒント（Excel）　Excel のヒントを参照のこと
［ファイル］-［**Excel のオプション**］-［リボンの
　　ユーザー設定］コマンド（Excel）　930-931,940-
　　941
フォワード価格（債券）　453-456
複数のシート
　　移動　913
　　記述　912-913
複利の年間収益率
　　連続　210-212,899-900

索 引

10年間の収益率データから　898-899
負債（ファイナンシャル・モデリング）　162,167-168
負債コスト　68,72-77
　平均　72-76
　ファイナンシャル・モデリング　168-169
　Merck　74-77
　格付調整後利回り　72-73,76-77
　Unitd States Steel　73-74
2つの日付の差　862-863
プット・オプション　357
　下限　371
　ペイオフ・パターン　359-360
　　購入　365
　　売却　365-366
　プライシング（ブラック・ショールズ式）　422-423,425
　損益パターン　365-366
　プロテクティブ　366-367
　一連の中止オプションの評価　497-499
プット・コール・パリティ　367 注,372-373
　ブラック・ショールズ・モデル　421-422
プットの価格（コンベクシティ（凸性））　374
プットの売り手　365-366
プットの見返り（ブラック・ショールズ・モデル）　452
不定期な支払い（債券デュレーション）　514,519-527
ブートストラップ法
　ビンゴ・カードの問題　730-738
　データ生成　727-728
　［データ］－［並べ替え］コマンド　732-733
　定義　726
　［ホーム］－［貼り付け］－［値の貼り付け］コマンド　732
　Frequency 関数（Excel）　729
　For ループ（Excel）　728
　Rand() 関数　732,738
　Rank 関数（Excel）　737-738
　リターンの分布　726-727
　Sort 関数（Excel）　728-729,732-733
　バリュー・アット・リスク　724-738
　VBA プログラム　728-729
プライシング

　裁定による－　380-381
　資本資産　資本資産価格モデル（CAPM）を参照のこと
　オプション　オプション・プライシングを参照のこと
プラグ（財務諸表モデル）　127-128,169
ブラック・ショールズ（BS）モデル　421-456
　出費に見合うだけの価値　451-453
　基本式　421-422
　債券オプション評価　453-456
　中心的な仮定　669
　二項プライシングの収束　400-403
　配当の調整　433-436
　　連続的な支払い　435-436
　　オプションの満期前に支払われる配当　433-435,434 図
　ギリシャ文字　ギリシア文字を参照のこと
　過去の収益率の計算　426-427,430
　インプライド・ボラティリティの計算　427-430,690
　モンテカルロ法による株価シミュレーション　739-741
　概要　421
　リアル・オプション vs.　491
　スプレッドシートにおける実装　422-425
　仕組証券　437-450
　　より複雑な例　439-445
　　リバース・コンバーチブル　445-449,450 図
　　簡単な例　437-439
　VBA プログラム
　　プライシング関数の定義　423-425
　　インプライド・ボラティリティを求める　430-432
　ボラティリティの計算　426-430
フリー・キャッシュフロー（FCF）
　企業価値評価　50,58-62
　　主要な概念　56
　　連結キャッシュフロー計算書　58,59-62,116,118-120
　　利払前・税引前利益（EBIT）　58
　　定義にあたっての損益計算書　57-58,117
　　予測　58

予測期間　56-57
予測財務諸表　58,62-64
市場価値のリバース・エンジニアリング　121-123
継続価値　117-118
加重平均資本コスト　50
定義　117
財務諸表モデル　132-138,170
　測定　132-133
　キャッシュ残高の調整　133-134
　企業の評価　134-138,171
ブル・スプレッド　368
プレーン・バニラ・コール（モンテ・カルロ・プライシング）
　ブラック・ショールズ価格への収斂　739-741
　簡単な例　770-774,780-787
　2期間モデル　776-780
　VBAプログラム　781-785
プロジェクトエクスプローラペイン（VBA）　1030-1032
プロテクティブ・プット　366-367（ポートフォリオ・インシュアランスも参照のこと）
プロパティーズペイン（VBA）　1032
分位点（バリュー・アット・リスク）　717,719-721
分散
　インプライド（ブラック・ショールズ・モデル）　427-430
　ポートフォリオの収益率　196-203,216
分散共分散行列　245-264
　計算　245-250
　　代替的方法の選択　265
　　一定相関モデル　255,258-259,262,263
　　Mで割るかM-1で割るか　249-250
　　オプションの手法でインプライドボラティリティ　255,262-265
　　標本　246,255,264
　　縮小推定法　255,260-262,307-308
　　シングルインデックスモデル　255,256-258
　　VBA関数　248-249
　効率的ポートフォリオの計算　253-255
　大域的最小分散ポートフォリオ（GMVP）　253-255
　概要　245
　ポートフォリオ・モデル　201
　ポートフォリオ最適化　307-308,321-324
　株式リターン　840-841
　バリュー・アット・リスク　722-724
ペイオフ・パターン（オプション）　359-360,365-366
　コール　363-365
　プット　365-366
　戦略　366-368
ペイオフ・ベクトル（債券）　580-581
米国財務省証券のストリップ債市場　547注
米国財務省中期証券（Nelson-Siegel期間構造）　563-565
ベガ（オプション・プライシング）　461,463
ベータ（β）
　資産の—　270
　株価のリターンの—　709-714
ヘッジ
　ガンマを中立にする　479
　頻度を増やす　477-479
ヘッジする
　コール　468-470
　カラー　470-479
ヘッド・アンド・ショルダーズ（株価）　687
ヘルプ・ファイル（VBA），ユーザー定義関数に加える　949-952
返済計画表の計算　855-856
ベンチマーク・ポートフォリオ　302
　ポートフォリオ最適化　309-312
［編集］－［フィル］－［連続データの作成］コマンド（Excel）　909-910
平均アブノーマル・リターン（AAR）　343,345
平均価格オプション（アジアン・オプションも参照のこと）　788
米国財務会計基準審議会（FASB）
　基準書13号（FASB 13）（リースの会計処理）　173,184
　基準書123号（FASB 123）（従業員ストック・オプション評価　405,412
変数（VBA）　983-986
　モジュール　1033-1035
変数のデータ型（VBA）　1010-1011

包絡線ポートフォリオ　216
　　効率的フロンティア　221-226
　　ーを見つける　220-221
　　最適化過程　229-231
　　証券市場線　235-237,242
　　理論　221-226
　　　　証明　240-243
ポジションの大きさ（バリュー・アット・リスク）　723
母集団共分散　249
母集団統計、ポートフォリオ収益率の計算　192-194
母集団標準偏差　255
母集団分散　250
ボタン（マクロに登録する）　604
ボックス・ミュラー法（乱数生成）　619-622
ポートフォリオ
　　ベンチマーク　302,309-312
　　効率的ー　効率的ポートフォリオを参照のこと
　　包絡線　204-207
　　　　効率的フロンティア　221-226
　　　　見つける　220-221
　　　　最適化過程　229-231
　　　　証券市場線　235-237,242
　　　　理論的ー　217-221,240-243
　　実現可能　216-217
　　大域的最小分散（GMVP）　253-255,843-845
　　市場
　　　　効率的　279-281
　　　　包絡線　229-230
　　　　見つける　232-234
　　　　非効率性　279-281
　　　　真のー　281-282
　　平均と分散　198-203
　　効率的でないー　207,279
　　最適投資　269
　　リスク資産　216
　　バリュー・アット・リスク　717
　　ゼロ・ベータ　270-271
ポートフォリオ・インシュアランス
　　ポートフォリオ・インシュアランスのためのバタフライ戦略　759-765
　　ペイオフ・パターン　367

　　戦略のシミュレーション　744-752
　　リターン全て　753-758
　　VBA 関数　761-762
ポートフォリオ最適化（Black-Littermanアプローチ）　301-325
　　仮定　302-303
　　自信度　319-320
　　インプライド資産収益率　303
　　国際資産分散投資への適用　320-321
　　単純なアプローチ　303-307
　　概要　301-303
　　ステップ1（ベンチマークポートフォリオ）　309-312
　　ステップ2（投資家の意見）　309,312-314
　　トラッキング行列　315-317
　　2つ以上の見解　317-319
　　分散共分散行列　307-308,321-324
ポートフォリオ収益率　191-196
　　連続複利収益率と幾何収益率　212-213
　　相関係数　196
　　相関行列　250-252,841-842
　　共分散　194-196
　　期待　216
　　モンテカルロ・シミュレーション　729-730,693-714
　　母集団統計と標本統計　192-194
　　分散　198-199,216
ポートフォリオの期待収益率　215
ポートフォリオの平均　196-203
ポートフォリオ・モデル　190-213
　　配当の調整　209-212
　　行列　199-201
　　平均と分散　196-203
　　概要　191
　　収益率　191-196
　　　　計算　191-193
　　　　連続複利収益率と幾何収益率　212-213
　　　　相関係数　196
　　　　共分散　194-196
　　　　母集団統計と標本統計　192-194
［ホーム］－［貼り付け］－［値の貼り付け］コマンド（Excel）　732
保有期間（バリュー・アット・リスク）　717
ボラティリティ（ブラック・ショールズ・モデ

索 引　1101

　　ルにおけるインプライド―）　427-430,690

【マ行】

前向きの推定値　427
マクロ
　　Excel
　　　　ボタンやコントロール文の登録　604
　　　　個人用マクロブックの編集ファイル　934
　　　　ユーザー定義関数にヘルプを提供する　949-952
　　　　記録と保存　932-934
　　　　個人用マクロブックからの使用　935
　　VBA
　　　　セル範囲の名前を付ける　1055-1057
マクロ含有ファイル　952
マコーレー・デュレーション尺度　527-530
マートン・モデル（オプション・プライシング）　435-436,462
満期利回り（YTM）（債券）　574
　　イミュニゼーション戦略　537-538,540
　　期間構造のモデル化　548
　　　　単一の債券　547,548-549
　　　　同じ満期を持つ複数の債券　552-556
　　不定期の支払いを伴う―　522-527
ミス（VBA, 修正）　954-956
無リスク資産
　　―のある資本資産価格モデル　269-271
　　―のない資本資産価格モデル　270-271
メソッド　1042
　　―を用いるオブジェクト　1042-1043
モジュール（VBA）　1030-1035
　　新しく開く　942
　　名前の付け直し　1030-1033
　　独自の名前　1033
　　変数　1033-1035
文字列操作（行が複数になったセル）　911-912
モンテカルロ（MC）法　649-675
　　コール・オプションのプライシング　776-780
　　πの値を決めるための―　649-675
　　投資のための―　661-664,693-714
　　　　ベータとリターン　709-714
　　　　相関を有する株価リターン　699-700
　　　　―を扱う Excel ファイル　693
　　　　複数株式のポートフォリオ　702-703
　　　　概要　693
　　　　2つの株式のポートフォリオ　696-697
　　　　無リスク資産　700-701
　　　　年金のための貯蓄　704-708
　　オプション・プライシング　769-810
　　　　アジアン・オプション　788-799,789 図,790 図
　　　　バリア・オプション　801-810
　　　　ブラック・ショールズ式　739-741,780-787
　　　　効率性の改善　785-787
　　　　概要　769
　　　　プレーン・バニラ・コール・オプション　770-774,780-787
　　　　―の原理　783
　　　　リスク中立の特性　769,774-776,778-779,794-795
　　　　状態価格、確率及びリスク中立　775-776,776 図
　　　　株価の公式　739-740
　　　　2期間モデル　776-780
　　　　VBAプログラム　781-785,786-787,796-799,805-810
　　概要　649
　　退職後プラン　656-657
　　VBA プログラム　655-658,662-664
　　バリュー・アット・リスク　729-730

【ヤ行】

ユーザー定義 関数（VBA）　939-981
　　起動　940
　　コード内のコメント　975
　　内の条件付実行（**If** ステートメント）　957-964
　　Excel 関数内　971-973
　　ミスの修正　954-956
　　　　誤った構文　954-955
　　　　ミスタイプ　955-956
　　関数の行　944

1102　索　引

先頭行と最終行　942
モジュール　942,1033
必須要素　942
他のユーザー定義関数内で　973-975
概要　939
関数ウィザード内にヘルプを提供　949-952
予約語　943
保存　939 注,952-954
VBA エディタを用いた構築　940-948
　　起動　940-941
　　開かれている新しいモジュール内　942
サンプルの関数による記述と使用　942-948
予測財務諸表　125
会社の事業価値　63-64
一の基となるフリー・キャッシュフロー　58,62-64
典型的なモデル　63-64
予約語（VBA のユーザー定義関数）　943
ヨーロピアン・コール（モンテカルロ法）　739-741
ブラック・ショールズ式への収斂　739-741
簡単な例　770-774,780-787
2 期間モデル　776-780
VBA プログラム　781-785
ヨーロピアン・コール・オプション　358
二項モデル　389-390

【ラ行】

乱数　601,605-610
一様に分布する　601,605-610
乱数の生成　601-645
相関を有する疑似乱数　624-628,627 図
正規分布する乱数を生成するための一　611-624
　　ボックス・ミュラー法　619-626
　　［データ］－［データ分析］－［乱数発生］コマンド　611-612
　　Norm.Inv(Rand())　624
　　Norm.Inv(Rand(),平均,標準偏差) 関数（Excel）　626-627,628
　　Norm.S.Inv(Rand()) 関数（Excel）　612-614

NormStandardRandom 関数（VBA）　602-603,635-636
　概要　601-602
　疑似乱数の生成　624
Rand 関数（Excel）　602-603,635-636
Rnd 関数（VBA）　603-604,609-610
　ジェネレーターの検証　605-610
　Randomize 関数（VBA）　609-610
乱数の生成のための **Rnd** 関数（VBA）　603-604,609-610
リアル・オプション　487-505
中止オプション　491-499
　　設備の売却　493
　　状態価格　494-496,503-504,505
　　価値を高める　493
　　一連のプットとしての評価　497-499
　　プロジェクトの評価　492
ブラック・ショールズ・モデル　491
割引キャッシュフロー vs.　492,500,501
例　488-490
拡張オプション　488-490
概要　487-488
バイオテクノロジー・プロジェクトの評価　499-505
離散複利期間　210-211
リスク（バリュー・アット・リスク）　バリュー・アット・リスク（VaR）を参照のこと
リスク資産（ポートフォリオ）　216
リスク中立性　769-770
リスク中立価格 vs. 状態価格　775-776,776 図
リスク中立確率（モンテカルロ・シミュレーション）　769,774-776,778-779,794-795
リスク調整後割引率（RADR）　68（資本コストも参照のこと）
リスク度（債券）（期間構造のモデル化）　547
リース分析　173-187
　資産の残存価額　181-183
　等価ローン法　175-178
　許容可能な最低リース料　178-181
　レバレッジ　183-186,185 表
　簡単な例　173-175
リバース・エンジニアリング（市場価値）　121-123
リバース・コンバーチブル（ブラック・ショール

ズ・モデル） 445-449,450 図
利払前・税引前利益（EBIT） 57
臨床フェーズ（バイオテクノロジー・プロジェクト） 500
累積アブノーマル・リターン（CAR） 327,330
　例 333,336,337-338,342-345,349
ループ（VBA） 964-971
　最後に条件判断する— 964
　Do···Loop Until ステートメント 968
　Do···Loop While ステートメント 966
　Do Until ステートメント 967
　Do While ステートメント 965
　For ステートメント 969-971
　最初に条件判断する— 964
列の代入セル（Excel） 819,820
列ベクトル 833
レバレッジド・リース 183-186
　例 184-186
　内部収益率 183-184
　多段階法 183-184
　正味現在価値 183
　関係者 183-184
連結演算子（&）（VBA） 991
連結キャッシュフロー計算書（CSCF）
　—を使用した企業価値評価 59-62,115-123
　　調整 119-120
　　例 60-62,118-120
　　計算手順 59-60
　　市場価値のリバース・エンジニアリング 121-123
　—を使用したフリー・キャッシュフロー予測 58,116,117-121
　　年央の割引 118
　　技術的問題 115
　　テンプレート 115-116
　　継続価値 117-118
連続（セルの入力）（Excel） 909-910
連続複利収益率
　計算 210-212,899-900
　幾何収益率 212-213
連立1次方程式の解法 839
ロー（オプション・プライシング） 461,463
論理型演算子（VBA） 961-964
論理積演算子 961-962

論理和演算子 963-964

【ワ行】

割引期待値（資産のペイオフ） 774-775
割引キャッシュ（DCF）
　—を使用した企業価値評価 50
　2つのアプローチ 50
　リアル・オプション vs. 492,500,501
割引（年央） 137-138,148-149
割引率に対する債券価格の弾力性 515-516

【A～G】

AAR（平均アブノーマル・リターン） 343,345
Abs 関数（Excel） 278
Active cell オブジェクト（VBA） 1028-1029, 1041-1042
Add-Ins 関数（Excel） 863,876 注
Add Trendline 関数（Excel） 89 図表,874
AndDemo 関数（VBA） 961-962
Annuity Value 関数（Excel） 524-526
Application.Evaluate 関数（Excel）（VBA） 1057
Application.Max 関数（Excel），VBAにおける 807
Application.Volatile 関数（Excel）（VBA） 1057
Application.WorksheetFunction.Combin 関数（Excel），VBA内 972
AR　アブノーマル・リターン（AR）を参照のこと
AssetReturn 関数（VBA） 1043-1044
Average 関数（Excel）
　月次期待収益率 192-193
AverageIf 関数（Excel） 886
AverageIfs 関数（Excel） 886
Babcockの式（債券デュレーション） 517
Binomial 関数（Excel） 395-396,401
Black, Fischer 219,302,421,453
Blackによるモデル（債券オプション評価） 453-456
Black-Litterman（BL）アプローチによるポートフォリオ最適化 301-325
　仮定 302-303
　自信度 319-320

1104　索　引

　　インプライド資産収益率　303
　　国際資産分散投資への適用　320-321
　　単純な問題　303-307
　　概要　301-303
　　ステップ 1（ベンチマークポートフォリオ）
　　　309-312
　　ステップ 2（投資家の意見）　309,312-314
　　トラッキング行列　315-317
　　2 つ以上の見解　317-319
　　分散共分散行列　307-308,321-324
Black のゼロ・ベータ CAPM　219
Boolean 関数　888-890
BS モデル　ブラック・ショールズ・モデルを参照のこと
BSCall 関数（VBA）
　　ブラック・ショールズ・モデル　423-424
　　二項オプション・プライシング・モデル　401
　　モンテカルロ・オプション・プライシング　784
BSMertoncall 関数（Excel）　469
BSMertonCall 関数（VBA）
　　（ギリシア文字）　469
BSPut 関数（VBA）（ブラック・ショールズ・モデル）　425
　　中止オプション　498
ButterflyNd1 関数（VBA）　761-762
ButterflyNd2 関数（VBA）　761
CallOption 関数（VBA）　432
Callvalue（VBA）　787
CallVolatility 関数（VBA）　262,428,430-432
CAPM　資本資産価格モデル（CAPM）を参照のこと
CAR（累積アブノーマル・リターン）　327,330
　　例　333,336,337-338,342-345,349
Cell 変数（VBA）　1052
Cholesky 関数（VBA）　634,702
CML（資本市場線）　232-234,269
Collection オブジェクト（VBA）　1044,1049-1054
　　Count プロパティ　1044
　　For Each ステートメント　1051-1052
　　Workbooks　1053-1054
　　Worksheets　1054
Column 関数（Excel）（対角要素が 1、それ以外

　　はゼロの行列の作成）　902
Combin 関数（Excel）
　　二項オプション・プライシング・モデル　390,395
　　リアル・オプション　503
　　VBA 内　971-972
Compute 関数（VBA）　787
Conditional Formatting 関数（Excel）　122
Constantcorr 関数（VBA）　259
Correl 関数（Excel）
　　収益率　193,195,250-251
　　一を用いて　870
CorrNormal 関数（VBA）　702-704
Count 関数（Excel）
　　Boolean　890
　　モンテカルロ法によるπの計算　652-655
　　一を用いて　885,886
Count プロパティ（VBA）　1044
CountA 関数（Excel）　885,886
CountIf 関数（Excel）
　　Boolean　890
　　イベント・スタディ　351,352
　　モンテカルロ法によるπの計算　652-655
　　株価とリターン　674
　　一を用いて　885,886-888
Coupdaybs 関数（Excel）　564
Coupdays 関数（Excel）　564
Covar 関数（Excel）　250
　　資本資産価格モデル　87-88
　　収益率　193-194
　　一を用いて　870
Covariance 関数（VBA）　248-249
Covariance 関数（Excel）　195,248,249,870
CSCF　連結キャッシュフロー計算書を参照のこと
CurrentRegion オブジェクト（VBA）　1048
CVErr 関数（VBA）　980
Date 関数（Excel）　862
Date 関数（VBA）　1054
Dateif 関数（Excel）　862-863
DAverage 関数（Excel）　870-873
DCF　割引キャッシュフローを参照のこと
DCount 関数（Excel）　870
DDuration 関数　513,521-522,527

索 引　1105

DeltaCall 関数（VBA）　464
DeltaPut 関数（VBA）　465
Dim ステートメント（VBA）　984,990-991,1022
Distribution 関数（VBA）　608
DMin 関数（Excel）　870
DStdev 関数（Excel）　870-873
DStevP 関数（Excel）　870
DVar 関数（Excel）　870-871
DVarP 関数（Excel）　870
Do…Loop Until ステートメント（VBA）　968
Do…Loop While ステートメント（VBA）　965
Do Until ステートメント（VBA）　968
Do While ステートメント（VBA）　966
DoWhileDemo 関数（VBA）　983-985
dOne 関数（VBA）　423-424
dTwo 関数（VBA）　423-424
Duration 関数（Excel）　509,513-514,516,521
Element 変数（VBA）　1050,1054
Else 節（VBA）　957,958-959
ElseIf 節（VBA）　958-959
Enable Iterative Calculation オプション（Excel）　131
Epsilon（不定期の場合の満期利回り（YTM））　524-525
ESO 関数（Excel）　405-407,411-413
ESOs　従業員ストック・オプション（ESOs）を参照のこと
EV　事業価値を参照のこと
Excel
　　アドイン　1058-1061
　　行列に関する配列関数　901-904
　　セル・エラー　980-981
　　循環参照　131
　　関数ウィーザード内　946,949-952
　　名前　1055-1057
　　本書のバージョン　v
Excel オブジェクト・モデル　1041,1049
Excel 関数　849-892
　　配列　893-905
　　　　連続年間収益率　899-900
　　　　組み込まれた―　893-897
　　　　複利年間収益率　898-899
　　　　ディスカウント・ファクター　900
　　　　スプレッドシートへの入力　893

Frequency　896-897
　自家製　898-900
　行列に関して　901-904
　対角要素が 1、それ以外はゼロの行列　901-902
　MMult と Ninverse　896
　行列の非対角要素の最大値及び最小値　902-904
　概要　893
　行列の非対角要素を置き換える　904-905
　行列からの定数の控除　901
　Transpose　893-894
　分散共分散行列　245
　ブール（Boolean）　888-890
　条件　883-884
Count, CountA, CountIf, CountIfs, Average-If と AverageIfs　885-888
　日付と日付関数　857-863
　2 つの日付の差の計算　862-863
　　日付を伸ばす　859
　　時刻と日付関数　862
　　スプレッドシートの時刻　859-860
　財務　849-857
　　IPMT と PPMT　856-857
　　IRR　851-852
　　NPV　849-850
　　PMT　854-856
　　PV　853-854
Getformula　1-10
Large, Rank, Percentile と PercentRank　884-885
　正規分布する乱数を生成する　611-622
　　ボックス-ミュラー法　619-626
　　［データ］-［データ分析］-［乱数発生］　611-612
　　Norm.S.Inv　615-619
　　Norm.S.Inv(Rand())　612-614
Offset　890-892
　概要　849
　回帰分析　873-883
　　データ分析　876-877
　　Index　879
　　Linest　879-883

重一 878
近似曲線と散布図 874-876
統計 869-873
　Covar, Covariance と **Correl** 870
　データベース 870-873
　Var と **Stdev** 869
株価の計算 674
VBA 内 971-972
XIRR と **XNPV** 863-868
Excel スプレッドシート　スプレッドシートを参照のこと
［**Excel** のオプション］－［アドイン］－［分析ツール］－［設定］コマンド（Excel）863,876 注
Excel のテキスト中央揃え 911
Excel の統計関数 869-873
　"D" 関数の応用的活用 872-873
　Covar, Covariance と **Correl** 870
　データベース 870-871
　Var と **Stdev** 869
Excel の日付 857-863
　足し算 859
　2 つの日付の差の計算 862-863
　スプレッドシートへの入力 857
　Excel 関数 862
　書式設定 858
　伸ばす 859
　引き算 858-859
　数値に変換 858
　時刻（Excel）も参照のこと
Excel のヒント 909-936
　スプレッドシートの注釈 934
　頻出する手順を自動化するための一 928
　　図としてコピー機能 928-934
　　　個人用マクロブックの編集ファイル 935
　　　迅速な数字の書式設定 935-936
　　　個人用マクロブックのマクロの使用 935
　自動更新されるグラフタイトル 914-918
　素早いコピー 907-908
　連続データの入力 909-910
　百万を千として書式設定する 926-928
　数式の検証 924-926
　非表示とされたセル 922-924
　行が複数になったセル 910-912
　名前が付けられたセル 920-921
　セルの参照元 926
　ギリシア文字のセルへの入力 918-919
　上付き文字と下付き文字 919-920
　text 関数 914
　複数のスプレッドシートの作業 912-913
Excel VBA ヘルプ・ファイル（ユーザー定義関数に加える） 949-952
Exp 関数（Excel） 36,826
FASB　米国財務会計基準審議会を参照のこと
FCF　フリー・キャッシュフロー（FCF）を参照のこと
For Each ステートメント
　配列 1049-1051
　コレクション 1051-1052
For ループ（Excel）（ブートストラップ法） 728
Format DateTime 関数（VBA） 1054
Formula プロパティ（**ActiveCell** オブジェクト） 1041
Frequency 関数（Excel）
　ブートストラップ法 729
　乱数の生成 605-606,612,638
　株価とリターン 673,689
　一を用いて 896-897
FV 関数（Excel） 30-31
Gamma 関数（VBA） 483
Getformula 関数（Excel） 1-10
　有効にする iv-v
　自動化 6-7
　コンテンツの有効化 v
　マクロ 6-10
　概要 1
　Excel ブックへの追加 1-4
　記録
　　Macintosh 9
　　Windows 7
　ブックの保存 4-5
Goals（株式にリンクした証券）（ブラック・ショールズ・モデル） 445-449,450 図

【H〜N】

Helen ビンゴ・カード問題 730-738

HLookup 関数（Excel） 883-986
Hull-White モデル 404,411,412,413
If…ElseIf ステートメント（VBA） 958-959
If 関数（Excel）
　入れ子になった— 959-960
　—を用いて 883-884
If ステートメント
　書き入れる前に関数に値を当てる 958
　論理型演算子と比較演算子 961-964
　対角要素が1、それ以外はゼロの行列の作成 902
　債券のデフォルト調整後期待収益率 582-583
　事業価値 121
　入れ子になった— 959-960
　一行形式 957-958
　VBA 関数内 957-964
　Excel で使用して 883
ImpliedVolVarCov 関数（VBA） 264
Index 関数（Excel） 674
　資本資産価格モデル 89
　回帰分析のための— 879
InputBox 関数（VBA） 1026-1027
Int 関数（Excel） 774
Int 関数（VBA） 608
Intercept 関数（Excel）
　資本資産価格モデル 87-88,273
　イベント・スタディ 351,353
　回帰分析 874
IPMT 関数（Excel）
　問題 854
　—を用いて 856-857
IRR 関数（Excel）
　債券のデフォルト調整後期待収益率 581
　内部収益率 2, 24,-27, 996
　—を用いて 851-852,863 注
IRRs　内部収益率（IRRs）を参照のこと
Iteration 関数（Excel） 131
Large 関数（Excel） 884-885
LBound 関数（VBA） 992-995
Lehman Brothers（LB）Global Aggregate index 320-321
Linest 関数（Excel）
　資本資産価格モデル 89-90

イベント・スタディ 347-348
回帰
　重回帰分析 879-883
　—を用いて 879-881
Litterman, Robert 302
Ln 関数（Excel） 247
Logest 関数（Excel） 879 注
Loginv 関数（Excel） 247
Markowitz, Henry 301
Match 関数（Excel） 674
Mathematica 590,667
MatrixPower 関数（VBA） 579-580,582-583
Max 関数（Excel）
　バリア・オプション・プライシング 807
　行列の非対角要素の最大値及び最小値を探す 903-904
MC methods　モンテ・カルロ（MC）法を参照のこと
MCAsian 関数（VBA） 796
MCBarrierIn 関数（VBA） 808-809
MCBarrierOut 関数（VBA） 807-809
McCullogh, J. Huston 528
MDuration 関数（Excel） 513,516
Min 関数（Excel）（行列の非対角要素の最大値を探す） 903-904
MInverse 関数（Excel） 837
　効率的フロンティア 223
　効率的ポートフォリオ 226
　—を用いて 896
MMult 関数（Excel）
　債券のデフォルト調整後期待収益率 578-579,582-583
　効率的フロンティア 222,224
　効率的ポートフォリオ 226
　逆行列 838
　行列の積 202,835-837,896
　ポートフォリオ・モデル 201-202
　ポートフォリオ最適化 323
　—を用いて 896
　分散共分散行列 245,308
MonteCarloTimer 関数（VBA） 656-657
MonteCarloTimerRecord プログラム（VBA） 656-657
Month 関数（Excel） 862

Moody's 債券格付　574
Morgan Stanley Capital International（MSCI）
　Emerging Markets index of　320
　World ex-US index of　320
MPM（multiple ohases method）
　レバレッジド・リースの分析　183-184
MPT（現代ポートフォリオ理論）　301,302
MsgBox 関数（VBA）　1017,1024-1026
Multiple phases method（MPM）
　レバレッジド・リースの分析　183-184
Myron Scholes　421
Names
　VBA　1055-1057
　　セル　228,920-922
　VBA
　　一を調べる　1056-1057
　　モジュール　1030-1033
　　一を参照　1057
Names（VBA）1056
Names コレクション（VBA）1056
Nelson-Siegel（NS）期間構造　547,560-563
　一を計算するもう一つの方法　565
　米国財務省中期証券　563-565
Nelson-Siegel-Svensson モデル　547,567-568
NewMistake 関数（Excel）　981
nIRR 関数（VBA）　996-998,1009-1010
Norm.Dist（**NormDist**）関数（Excel）（バリュー・アット・リスク）718-719
Norm.Inv 関数（Excel）
　株価のシミュレーション　684-685
　バリュー・アット・リスク　720
Norm.Inv(Rand()) 関数（Excel）（乱数生成）624
Norm.S.Dist 関数（Excel）（相関を有する一様乱数）628-629,642-645
Norm.S.Inv 関数（Excel）
　古いバージョン　739 注
　乱数生成　613-619,635-636
　バリュー・アット・リスク　720
Norm.S.Inv(Rand()) 関数（Excel）
　相関を有する正規標準乱数　625-626,630
　ポートフォリオ・シミュレーション
　　ベータとリターン　710

　複数株式　702
　2つの株式　697
　乱数生成　612-614,626,658
　退職後プラン　630
　リスク中立価格評価　772
　株価パス　685-686
Norm.Inv(Rand().mean, sigma) 関数（Excel）
　乱数生成　626-627
NormSDist 関数（Excel）（ブラック・ショールズ・モデル）　424
Norm.S.Dist 関数（Excel）（相関を有する一様乱数）　626,627-628
Norm.S.Inv(Rand))（相関を有する一様乱数）626-628
NormStandardRandom プログラム（VBA）（乱数生成）614-619
NormStandardRandom2 プログラム（VBA）（度数分布）618-619
Now 関数（Excel）　862
NPV　正味現在価値（NPV）を参照のこと
NPV 関数（Excel）　14-16, 900
　有限成長アニュイティの価値の計算　19
　修正　995-996
　潜在的な問題　850
　一を用いて　849-850,863 注
NSprice 関数（VBA）（Nelson-Siegel 期間構造）564
NXIRR 関数（Excel）　41,42,866 注,868
NXNPV 関数（Excel）　40-42, 866 注, 867

【O〜Z】

Offset 関数（Excel）
　イベント・スタディ　342,351-353
　マイナス値　891-892
　一を用いて　890-892
OLS（最小二乗法）回帰分析　873
OneLineIf 関数（Excel）　957-958
Option Base ステートメント（VBA）（配列）991,999,1012
Option Explicit ステートメント（VBA）　985-986
OptionGamma 関数（VBA）　464,465,483
OptionReturnEnd（VBA）（二項オプション・プ

索引　1109

ライシング・モデル）398
OptionReturnMiddle（VBA）（二項オプション・プライシング・モデル）398
OrDemo 関数（VBA）963-964
Percentile 関数（Excel）884,885
PercentRank 関数（Excel）884,885
Pi（π）
　―の値　655,667
　　　モンテカルロ法による計算　649-650
PMT 関数（Excel）27,31,35
　問題　854
　―を用いて　854-856
PPMT 関数（Excel）
　問題　854
　―を用いて　856-857
PPUP（元本保証、上昇チャンス）証券（ブラック・ショールズ・モデル）437-439
PricePathSimulation 関数（Excel）682-684
Product 関数（Excel）（複利年間収益率の算定）898-899
PutVolatility 関数（VBA）428
PV　現在価値（PV）を参照のこと
PV 関数（Excel）15,18-19,31,35,517
　問題　854
　―を用いて　853-854
PVCalculator マクロ（VBA）1026-1027
RADR（リスク調整後割引率）68（資本コストも参照のこと）
Ramanujan, Srinivasan　655 注,666,667
Rand 関数（Excel）823
　ブートストラップ法　732,738
　モンテカルロ法　650-651,653,650
　　　オプション・プライシング　778
　乱数の生成　602-603,635-636
Random_EachDifferent マクロ　609
Random_Same マクロ　609
Randombetween（最大値, 最小値）関数　734 注
Randomize 関数（VBA）609-610
RandomList マクロ　603,604
Range（セルのコレクション）1049,1052
Range オブジェクト（VBA）1041,1043
　　ActiveCell オブジェクト（VBA）1041-1042

　　関数のパラメータ　1043-1045
　　Range パラメータ　1043-1045
　　Range プロパティ　1045-1047
　　Selection 変数　1042-1043
　　バリアント型変数　1044
Range プロパティ（VBA）1041,1043-1044, 1045-1047
RangeRound 関数（VBA）1010-1011
Rank 関数（Excel）884-885
　ブートストラップ法　737-738
Rate 関数（Excel）25
R&D（研究開発），（評価）504-505
Record Macro 関数（Excel）7-9,930,932-934, 1020,1021 図
Record New Macro 関数（Excel）9
RhoCall 関数（VBA）464
RhoPut 関数（VBA）465
ROE（株主資本利益率）（財務諸表モデル）147-149
Round 関数（Excel）（二項オプション・プライシング・モデル）399
Row 関数（Excel）（対角要素が1、それ以外はゼロの行列の作成）902
RSQ 関数（Excel）
　資本資産価格モデル　87-88,273
　イベント・スタディ　351,353
　回帰分析　874
Runs 変数（VBA）781-783
Russell 2000 Index　320
Russell 3000 Index　320
S&P（Standard & Poor's）債券格付　574
S&P 500（Standard & Poor 500）指数　272,276-277,320,323
　　SPDR（SPY, "スパイダー"）426-430,436
SecondDur 関数（VBA）（イミュニゼーション戦略）542
Select メソッド（VBA）1043
Selection オブジェクト（VBA）1042-1043
Set ステートメント（VBA）1052
Slope 関数（Excel）
　資本資産価格モデル　87-90,273
　イベント・スタディ　351,353
　回帰分析　874
　収益率　194

SML　証券市場線（SML）を参照のこと
Sort 関数（Excel）（ブートストラップ法）　728-729,732-733
SPDR S&P 500（SPY；"スパイダー"）（ブラック・ショールズ・オプション・プライシング・モデル）　426-430,436
SpecialCell メソッド（VBA）　1043
Sqrt() 関数（Excel）　674
Standard & Poor's（S&P）債券格付　574
Standard & Poor 500 指数（S&P500）　272, 276-277,320,323
　　SPDR（SPY；"スパイダー"）　426-430,436
StartTime 関数（VBA），モンテカルロ法による π の計算のための　656-657
Stdev 関数（Excel）　869
Stdevp 関数（Excel）　869
　　月次期待収益率　192-194
　　株価の分布　689
　　ーを用いて　869
Steyx 関数（Excel）（イベント・スタディ）　334-335,342,345,351
StopTime 関数（VBA），モンテカルロ法による π の計算のための　656-657
Stoxx50 株価指数　441,443-445
Successfulruns 関数（VBA）　662-664
Sum 関数（Excel）　900
SumProduct 関数（Excel）
　　効率的フロンティア　224
　　バイオテクノロジー・プロジェクトの評価　502
　　加重平均減価償却率　166
SumRange 関数（VBA）　986-988
Svensson のバリエーション（Nelson-Siegel モデル）　547,567-568
Text 関数（Excel）
　　数字を文字列に変更　914
　　イベント・スタディ　351,352
　　設例　914
　　ーを用いて　872,886,914
ThetaCall 関数（VBA）　464
ThetaPut 関数（VBA）　465
Time ステートメント（VBA）　984
TimeFirst（引数）　514
TIntercept 関数（資本資産価格モデル）　88,89-90
Today 関数（Excel）　862
Transpose 関数（Excel）
　　行と列の転置　835
　　ポートフォリオ・モデル　202
　　ポートフォリオ最適化　322
　　ーを用いて　893-894
　　分散共分散行列　245,322
Trendline 関数（Excel）　196
　　資本資産価格モデル　88
　　散布図を用いて　874-876
TSlope 関数（資本資産価格モデル）　87-90
TwoStageGordon 関数（Excel）　84-85
UBound 関数（VBA）　992-995
UCase 関数（VBA）　994
UnevenYTM 関数（Excel）　524-527
UniformRandom 関数（Excel）　607-610
Upcounter（VBA）　783,785
URandomList 関数（VBA）　704
Value プロパティ，**Range** オブジェクトの（VBA）　1044
VanillaCall 関数（VBA）　781-785
Var　バリュー・アット・リスク（VaR）を参照のこと
Var 関数（Excel）　192-193,194,250
　　月次期待収益率　192-194
　　ーを用いて　869
VarCovar 関数（Excel）　248,280,840
Varp 関数（Excel）
　　資本資産価格モデル　88
　　月次期待収益率　192
　　ーを用いて　869
VBA　ビジュアル・ベーシック・フォー・アプリケーションを参照のこと
Vega 関数（VBA）　464
VLookup 関数（Excel）　883-884,904-905
WACC　加重平均資本コスト（WACC）を参照のこと
Weekday 関数（Excel）　862
With ステートメント（VBA）　1047-1049
Word ファイル（Excel からのコピー及び貼り付け）　928
Wordbook オブジェクト（VBA）　1053-1054
Workbooks　1049

アドインに変換する　1059-1060
アドインのために作成する　1058-1059
アドインをインストールして使う　1060-1061
ユーザー定義 VBA コンテンツを含む保存　952-954
個人用マクロブック（Excel）も参照のこと

Workbooks オブジェクト（VBA）　1053-1054
Worksheet オブジェクト（VBA）　1054
Worksheets　1049
Worksheets コレクション（VBA）　1054
Wrap text 関数（Excel）　910-911,912
XIRR 関数（Excel）
　年率換算された収益率　40
　ブラック・ショールズ・モデル　449

債券のデフォルト調整後期待収益率　586
インストール　863
―の問題　41-42, 866-868
総資産利益率と株主資本利益率　116
―を用いて　863-865
不定期の場合の満期利回り（YTM）　522-524
XNPV 関数（Excel）
連結キャッシュフロー計算書　116
インストール　863
特定の日における正味現在価値　39-40
―の問題　41-42, 866-868
―を用いて　863,865-866
不定期の場合の満期利回り（YTM）　524 注
XY Scatter Plot 関数（Excel）　88,89 図表,874

監訳者略歴

大野　薫（おおの・かおる）
　中央大学大学院　教授
　1986 年　イリノイ大学大学院博士課程修了 (学位取得)　Ph.D.
　1989 年　ゴールドマン・サックス証券会社東京支店　金融戦略部長
　1991 年　ゴールドマン・サックス・アセット・マネージメント ジャパン 常務取締役日本支店長
　1995 年　エンデバー・インベストメント 代表取締役社長
　2002 年　中央大学大学院国際会計研究科 教授
　2013 年～中央大学国際会計研究科長
　［主な著書］
　『モンテカルロ法入門』（共著、金融財政事情研究会）、『モンテカルロ法によるリアルオプション分析―事業計画の戦略的評価―』（金融財政事情研究会）、『コーポレートファイナンスの原理（第 9 版）』（翻訳、金融財政事情研究会）、『コーポレートファイナンスの原理（第 7 版）』（翻訳、金融財政事情研究会）、『日本のコーポレートファイナンス』（共著、金融財政事情研究会）、『コーポレートファイナンスの原理（第 6 版）』（翻訳、金融財政事情研究会）、『ニュー・ファイナンシャル・テクノロジーズ』（監訳、金融財政事情研究会）

訳者略歴

小堀一英（こぼり・かずひで）　セクションⅠ（第 1 章～第 7 章）担当
　有限責任監査法人トーマツ　航空運輸事業ユニットパートナー
　公認会計士、公認不正検査士
　早稲田大学商学部卒業、中央大学大学院国際会計研究科修士（ファイナンス）、中央大学大学院商学研究科博士後期課程単位取得退学
　平成 4 年 10 月　大原簿記学校会計士課にて財務諸表論を担当
　平成 5 年 10 月　監査法人トーマツ（現 有限責任監査法人トーマツ）に入社
　平成 18 年 8 月から平成 21 年 7 月　企業会計基準委員会（ASBJ）専門研究員
　現在、日本公認会計士協会 学術賞審査委員会副委員長、平成 29 年より公認会計士試験試験委員（財務会計論）
　［主な著書］
　『連結会計の経理入門（第 2 版）』（中央経済社）、『組織再編ハンドブック』（共著、中央経済社）、『日本のコーポレートファイナンス』（共著、金融財政事情研究会）、『詳解連結財務諸表作成ガイドブック』（共著、清文社）、『ファイナンシャル・モデリング（第 2 版）』（共訳、清文社）

奥山　勉（おくやま・つとむ）　セクションⅡ（第 8 章～第 14 章）担当
　独立系資産運用会社運用部勤務
　日本証券アナリスト協会検定会員
　早稲田大学政治経済学部経済学科卒業、中央大学大学院国際会計研究科修士（ファイナンス）
　昭和 62 年 4 月　西武クレジット（現クレディセゾン）入社
　平成 23 年 4 月　独立系資産運用会社へ出向

[主な著書]

『ジャック・シュワッガーのテクニカル分析』（共訳、金融財政事情研究会）、『企業価値評価・実践編』（共著、ダイヤモンド社）、『ファイナンシャル・モデリング（第 2 版）』（共訳、清文社）

茨田雅行（ばらだ・まさゆき）　セクションⅢ（第 15 章〜19 章）担当
　ビズアドバイザーズ株式会社　マネージャー
　株式会社 ROOL PARTNERS　　CFO
　合同会社 FIRST TRACK　　代表社員
　一橋大学商学部経営学科卒業、中央大学専門職大学院国際会計研究科修了（ファイナンス修士）、東京理科大学理学部二部数学科卒業

中島健二（なかしま・けんじ）　第 0 章、セクションⅣ（第 20 章〜23 章）担当
　アライド株式会社　取締役
　日本証券アナリスト協会検定会員
　慶応義塾大学法学部政治学科卒業、中央大学専門職大学院国際会計研究科修了（ファイナンス修士）
　平成 7 年 4 月　株式会社東海銀行（現　株式会社三菱東京 UFJ 銀行）入行
　平成 16 年 5 月　アライド株式会社入社
[著書]

『日本のコーポレートファイナンス』（共著、金融財政事情研究会）、『ファイナンシャル・モデリング（第 2 版）』（共訳、清文社）

尾野賢一（おの・けんいち）　セクション V（第 24 章〜第 30 章）担当
　三菱 UFJ 信託銀行 経営企画部 副部長
　不動産鑑定士、宅地建物取引士
　慶應義塾大学法学部法律学科卒業、中央大学大学院国際会計研究科修士（国際会計）、筑波大学大学院ビジネス科学研究科修士（経営学）
　平成 2 年 4 月　三菱信託銀行（現 三菱 UFJ 信託銀行）入社

藤田　章（ふじた・あきら）　セクション Ⅵ（第 31 章〜第 35 章）担当
　税理士法人朝日中央綜合事務所　パートナー税理士
　一橋大学法学部卒業、中央大学専門職大学院国際会計研究科修了（ファイナンス修士（専門職））
　昭和 63 年 4 月　日本長期信用銀行（現 新生銀行）入行
　平成 21 年 3 月　税理士登録
　平成 26 年 2 月　税理士法人朝日中央綜合事務所入社
[主な著書]

『法人税務重要事例集（平成 24 年改訂版）』（共著、大蔵財務協会）、『同族会社のための税務』（共著、大蔵財務協会）

酒井雅弘（さかい・まさひろ）　セクション Ⅶ（第 36 章〜第 39 章）担当
　西東京共同法律事務所　パートナー弁護士

中央大学法学部政治学科卒業、中央大学専門職大学院国際会計研究科修了（ファイナンス修士（専門職））、東京大学大学院法学政治学研究科総合法政専攻博士課程中途退学
平成13年4月　最高裁判所司法研修所入所
平成14年10月　弁護士登録（第二東京弁護士会）、西東京共同法律事務所入所
［主な著書］
『チャレンジする東大法科大学院生—社会科学としての家族法・知的財産法の探究』（共著、商事法務）

Financial Modeling
fourth edition
Uses EXCEL

ファイナンシャル・モデリング

2017年2月25日　発行

著　者	Simon Benninga サイモン・ベニンガ
監　訳	大野 薫
訳　者	小堀 一英・奥山 勉・茨田 雅行・中島 健二
	尾野 賢一・藤田 章・酒井 雅弘
発行者	橋詰 守
発行所	株式会社 ロギカ書房
	〒 101-0052
	東京都千代田区神田小川町2丁目8番地
	進盛ビル 303
	Tel 03（5244）5143
	Fax 03（5244）5144
	http://logicashobo.co.jp/

印刷・製本　　藤原印刷株式会社

©2017　kaoru ono
Printed in Japan
定価はカバーに表示してあります。
乱丁・落丁のものはお取り替え致します。
無断転載・複製を禁じます。
ISBN978-4-909090-00-3　C2033